Kurt Flasch · Dietrich von Freiberg

KURT FLASCH

Dietrich von Freiberg

Philosophie, Theologie, Naturforschung um 1300

VITTORIO KLOSTERMANN

Bibliographische Information der Deutschen Nationalbibliothek

Die Deutsche Nationalbibliothek verzeichnet diese Publikation in der Deutschen Nationalbibliographie; detaillierte bibliographische Daten sind im Internet über *http://dnb.d-nb.de* abrufbar.

Gedruckt auf alterungsbeständigem Papier ∞ ISO 9706
Satz: Mirjam Loch, Frankfurt am Main
Druck: Wilhelm & Adam, Heusenstamm
Printed in Germany
ISBN 978-3-465-03301-1

Für Loris Sturlese

INHALT

ERSTER TEIL: DIETRICHS WELT

ZWEITER TEIL: GRUNDRISS EINER PHILOSOPHIE

DRITTER TEIL: AUSBAU ONTOLOGIE – THEOLOGIE – NATURFORSCHUNG

VORWORT

Als Albert von Köln 1280 hochbetagt starb, hatte der Zeitenwind sich gedreht. Die große Rezeptionsbewegung der griechisch-arabischen Philosophie und Wissenschaft war fast abgeschlossen. Nach endlosen Debatten und mehreren Verurteilungen galt sie nicht mehr als selbstverständlich. Die großen Ordenslehrer Thomas und Bonaventura waren schon sechs Jahre vor Albert gestorben. Es begann eine Phase des Überprüfens. Waren die großen Entwürfe bewiesen? Hatte man im Eifer, das Ganze kathedralenartig aufzurichten, nichts übersehen? Stand das Gebäude fest oder waren bei der Grundlegung kleine Nachlässigkeiten unterlaufen? War die Summa die literarische Form, die der neuen intellektuellen Situation noch entsprach?

Eine solche Situation erzeugt keine „Klassiker", sie braucht Kritiker. Aber Hume und Kant beweisen: Auch Kritiker können Klassiker werden; sie sind Klassiker in Zeiten der Kritik.

Eine inzwischen überholte Historiographie sah die Zeit nach Alberts Tod als Abfall und Zersetzung. Heute wissen wir: Damals haben Heinrich von Gent und Gottfried von Fontaines, Duns Scotus und Johannes von Jandun, Dante und Lull neue Möglichkeiten entdeckt. Zu den charakteristischen Autoren dieses Stadiums gehört Dietrich von Freiberg. Er selbst hat seine Studien als *Nachlese* bezeichnet. Die große Ernte, schien ihm, sei getan. Er gehe hinter den Erntearbeitern her und lese die Ähren auf, die aus irgendeinem Grund übersehen worden waren. Den mächtigen Autoritäten des 13. Jahrhunderts war einiges entgangen, „Kleinigkeiten" vielleicht nur, aber, wie einer von ihnen gesagt hatte, entstehen aus einem kleinen Anfangsirrtum am Ende große Fehler. Durch die Schärfe seiner Analysen und die produktive Andersheit seiner Entwürfe gehört Dietrich zu den Großen in der Geschichte der Selbstrevision des europäischen Denkens. Allmählich rückt er als bedeutender Denker in die notorisch zögerlichen Lexika ein. Dieser einfallsreiche und eigensinnige Philosoph/Theologe und Naturforscher der Zeit um 1300 könnte, wenn wir näher hinsähen, unser Bild von „Scholastik" und von der Entwicklung der mittelalterlichen Kultur verändern.

Damit deutet sich an, was das Studium Dietrichs verspricht: Er hat die Umrisse einer neuen Konzeption des christlichen Selbstverständnisses gezeichnet, zu der, hätte er gesiegt, die Reformation Luthers – nach einem Wort Egon Friedells über Eckhart – sich verhielte wie ein reinigendes Gewitter zu einem epochalen Klimawandel.

Sodann: Dietrichs Arbeit an Aristoteles, Averroes und Augustin, an deren Interpretation und Wahrheit beleuchtet die Ideenentwicklung der gesamten zweiten Jahrhunderthälfte. Sie gibt zudem ein neues Bild von Thomas von Aquino. In Dietrichs geschichtlicher Situation mußte er seinen Antithomismus mit Akribie begründen; sein sorgfältig-kritischer Rückblick zeigt ungesehene Defekte im Denken des Thomas von Aquino, „schwere Mängel", wie Dietrich schrieb.

Ferner: Mit seiner Analyse des Regenbogens war Dietrich einer der erfolgreichsten Naturforscher der älteren Zeit. Sein Meisterstück als Naturforscher beweist, was ein methodisch strenger Kopf im Quellgelände des spätmittelalterlichen Denkens durch sinnliche Erfahrung und im Zusammenwirken mit Aristoteles, Averroes und arabischer Perspektivistik an bleibender Naturerkenntnis gewinnen konnte.

Und nicht zuletzt: Ohne das Studium Dietrichs läßt sich nicht mit historischem Anspruch über Meister Eckhart sprechen. Dietrich war ein wenig älter als Eckhart und hat ihm den Weg gebahnt, intellektuell und nicht nur in der Theorie. Das Verhältnis Dietrich – Eckhart ist bis auf gelegentliche Erwähnung nicht Gegenstand dieses Buches; es befaßt sich im Blick auf den Stand der Forschung fast ausschließlich mit Dietrich und mit der intellektuellen Konstellation, die seine Originalität ermöglicht hat. Den Zusammenhang mit Eckhart habe ich belegt in meinem Buch: *Meister Eckhart – Die Geburt der „Deutschen Mystik" aus dem Geist der arabischen Philosophie*, München 2006.

Es gibt in Deutschland, in der Schweiz, in Frankreich und Italien seit vierzig Jahren eine intensive Dietrichforschung. Dieses Buch ist mit gutem Grund einem der Meister dieser Studien gewidmet: Loris Sturlese. Er hat um die Herausgabe der Texte Dietrichs und Eckharts, um die Erforschung der Biographie und um die historisch-philosophische Interpretation außergewöhnliche Verdienste. Mit seiner Hilfe wurden Dietrichs Schriften kritisch ediert und seine Theorien in neues Licht gestellt. Er hat Dietrichs Werk in den weiten Zusammenhang gestellt, den das CORPUS PHILOSOPHORUM TEUTONICORUM MEDII AEVI dokumentiert.

Wir wissen nicht zuletzt durch Loris Sturlese heute über Dietrichs intellektuelle Herkunft, seine Theorien und seine Wirkung mehr als vor vierzig Jahren.

Dieser Fortschritt ist im Ausland mehr beachtet worden als in Deutschland. In Paris erscheint soeben eine mehrbändige lateinisch-französische Dietrich-Ausgabe; italienische Forscher arbeiten an einem ähnlichen Ziel. In Deutschland haben Gelehrte vom Rang Kurt Ruhs und Werner Beierwaltes' die Bedeutung Dietrichs bald erkannt. Aber Dietrichs Texte sind nicht leicht zu lesen; sie bedürfen der Erschließung. Vier dichtgedrängte Bände mit lateinischen Texten sind unter meiner Leitung von 1977 bis 1985 in rascher Folge erschienen; es folgten die vielen Bände des CORPUS PHILOSOPHORUM TEUTONICORUM MEDII AEVI und eine Reihe philosophisch-thematischer Untersuchungen; grundlegend Neues brachte 1984 die biographische Dietrich-Studie von Loris Sturlese.

Aber unsere Veröffentlichungen zu Dietrich mußten zunächst eng zugeschnittenen, streng fachlichen Charakter haben. Hier versuche ich eine offenere Gesamtdarstellung, seit 1906 das erste zusammenfassende Buch über Dietrich. Es wird erhebliche Lücken haben; die Forschungen sind nicht abgeschlossen. Es bringt eine textnahe Untersuchung zu Dietrichs Denken und sämtlichen Schriften nach dem gegenwärtigen Stand der Forschung. Es verschweigt nicht die offenen Ränder, sondern ruft nach kritischer Weiterführung. Es stellt erstmals die Gedankenwelt des wiederentdeckten Meisters aus Freiberg als Ganzes mit Hilfe der neu edierten Quellen vor. Es beschreibt Dietrichs Innovationen als markanten Schritt in der Geschichte der mittelalterlichen Kultur und Wissenschaft. Es sucht, soweit möglich, ihren Zusammenhang mit Diskussionen der Zeitgenossen. Es betritt Neuland. In dieser Situation helfen nicht großflächige Charakterisierungen, sondern nur detaillierte Analysen, Traktat für Traktat. Solche Kleinarbeit erfordert Geduld und Raum. Daher ergab sich der mir unwillkommene Umfang des Buches.

Das Buch hat drei Teile: Die breitgefächerte Einleitung dient der ersten Annäherung an Dietrichs Welt. Sie stellt Autor und Werk vor und gibt Einblick in die Forschungsgeschichte. Sodann skizziert sie einige intellektuelle Entwicklungen der Zeit, in der er tätig war, besonders der Jahrzehnte von etwa 1270 bis etwa 1300. Teil 1 ist lockerer gehalten als die folgenden beiden Teile. Er dient der Hinführung und wählt aus der Fülle des Materials frei aus. Mit Teil 2 beginnt die strengere Textarbeit an Dietrichs vermutlich frühester Schrift, Teil 3 endet mit Dietrichs vermutlich letztem Traktat. Bei beiden letzten Teilen empfiehlt sich eine veränderte Leserhaltung.

Teil 2 analysiert Argumentation und geschichtliche Stellung der ersten Schriften Dietrichs. Er zeichnet den Aufriß einer neuen Philosophie.

Teil 3 verfolgt den Ausbau dieser philosophischen Revision. Er widmet sich zunächst Fragen der allgemeinen Ontologie und geht dann über zu regionalontologischen Untersuchungen. Bei diesen geht es um die Intensivierung und Minderung, die Natur der Gegensätze und die Philosophie von Dauer und Zeit. Es folgen ausführliche Erörterungen zu Dietrichs Konzept der Theologie. Zuletzt charakterisiere ich Dietrichs Beiträge zur Naturforschung, insbesondere sein großes Buch über den Regenbogen.

Gerne spreche ich auch hier den lebhaften Dank aus, den ich den Freunden und ersten Mitarbeitern am Dietrich-Projekt schulde: Ruedi Imbach, Alain de Libera, Burkhard Mojsisch und Loris Sturlese. Ohne sie wäre weder die Dietrich-Ausgabe noch dieses Buch möglich gewesen. Besonders Ruedi Imbach (Paris) war mir ständig Ermutigung und Hilfe.

Herzlich gedankt sei Frau Dr. Catherine König-Pralong (Lausanne). Ihre Freundlichkeit und hohe Kompetenz sind einigen Kapiteln dieses Buches zugute gekommen. Dem Präsidenten der Päpstlichen Kommission zur Herausgabe der Werke des Thomas von Aquino, P. Adriano Oliva (Paris), bin ich für freundschaftliche Hilfe herzlich dankbar.

An diesem Buch habe ich viele Jahre gearbeitet, in Gaeta, in Mainz, zuletzt in Paris.

Dieses Vorwort schließe ich, ganz in der Nähe der Sorbonne, Ende Januar 2007, mit herzlichem Dankesgruß an Loris Sturlese, dem dieses Buch gewidmet ist.

Paris, 31.1.2007 Kurt Flasch.

ABKÜRZUNGEN DER WERKE DIETRICHS VON FREIBERG

acc.	De accidentibus
an.	De animatione caeli
cael.	De corporibus caelestibus quoad naturam eorum corporalem
cog.	De cognitione entium separatorum
col.	De coloribus
cont.	De natura et proprietate continuorum
contrar.	De natura contrariorum
corp.	De corpore Christi mortuo
dot.	De dotibus corporum gloriosorum
el.	De elementis corporum naturalium
en.	De ente et essentia
hab.	De habitibus
int.	De intellectu et intelligibili
intellig.	De intelligentiis et motoribus caelorum
ir.	De iride
luce	De luce et eius origine
mag.	De magis et minus
mens.	De mensuris
misc.	De miscibilibus in mixto
or.	De origine rerum praedicamentalium
pot.	De ratione potentiae
quid.	De quiditatibus entium
subi.	De subiecto theologiae
subst.	De substantiis spiritualibus et corporibus futurae resurrectionis
utrum	Quaestio utrum in deo sit aliqua vis cognititiva inferior intellectu
utrum subst.	Quaestio, utrum substantia spiritualis sit composita ex materia et forma
vis.	De visione beatifica

ANDERE ABKÜRZUNGEN

Acta	Acta capitulorum generalium ordinis Praedicatorum, ed. B. M. Reichert, Band 1 und 2, Rom – Stuttgart 1898 bis 1899
AHDMA	Archives d'histoire doctrinale et littéraire du Moyen Age, Paris 1926ff.
Ar. Lat.	Aristoteles latinus, cur. Lorenzo Minio-Paluello, zuerst Brügge, dann Leiden
Beiträge	Beiträge zur Geschichte der Philosophie (seit 1928: und Theologie) des Mittelalters, hg. von Clemens Baeumker, Münster 1891ff.
CC	Corpus Christianorum. Series Latina, Turnhout 1951ff.
CSEL	Corpus Scriptorum Ecclesiasticorum, Wien 1866ff.
CPTMA	CORPUS PHILOSOPHORUM TEUTONICORUM MEDII AEVI, Hamburg 1985ff.
CUP	Chartularium Universitatis Parisiensis, ed. H. Denifle – A. Chatelain, Paris 1889–1891
fol.	folio
LW	Meister Eckhart, Lateinische Werke, Stuttgart 1936ff.
met.	Metaphysica
MM	Miscellanea Mediaevalia, Berlin
phys.	Physica
PL	J. P. Migne, Patrologiae cursus completus. Series Latina, Paris 1844ff.
qu.	quaestio
Quodl.	Quodlibet
RE	Paulys Realenzyclopädie der classischen Alterumswissenschaft. Neue Bearbeitung, München 1893–1978
ScG	Thomas von Aquino, Summa contra Gentiles, Editio Leonina, Band 13–15, Rom 1918–1930
Sth	Thomas von Aquino, Summa theologiae
TRE	Theologische Realenzyklopädie, 3. Auflage, Berlin, 1977ff.

Zur Zitationsweise der Werke Dietrichs:

Die Zitate geben zuerst abgekürzt Dietrichs Buchtitel, es folgt die Stelle in der Gliederung von Dietrichs Schrift, dann nennt eine römische Ziffer den Band von Dietrich von Freiberg, Opera omnia, Hamburg 1977–1985 = CORPUS PHILOSOPHORUM TEUTONICORUM MEDII AEVI, Bände II 1 bis II 4, zuletzt eine arabische Ziffer die Seitenzahl.

ERSTER TEIL:
DIETRICHS WELT

I. ANNÄHERUNGEN

1. Anfänge

Dietrich, aus der Silberstadt Freiberg in Sachsen, ist um 1240 geboren. Damals gab es in „Deutschland" keine Universität. Die erste Universität auf dem Gebiet des heutigen Deutschland entstand fast 150 Jahre später, nämlich 1386 in Heidelberg. Dietrich wurde Magister der angesehensten Universität des Mittelalters, der von Paris. Dort erhielt er, wie Meister Eckhart, den Titel: „Meister". Wie konnte ein junger Mann aus Kolonialdeutschland – so nannte Rudolf Borchardt fast aus mittelalterlicher Perspektive die östlichen Provinzen jenseits des Limes – eine solche Karriere machen? „Magister" in Paris, das war ein hohes Amt, mit dem eines Bischofs vergleichbar. Zwei anderen Deutschen ist ein ähnlicher Aufstieg gelungen: Albert von Köln und Meister Eckhart. Wie war diese Karriere möglich?

Dietrich profitierte von der dominikanischen Bildungsoffensive, die im Laufe des 13. Jahrhunderts Europa mit einer Vielzahl von Studienzentren überzogen hatte. In jedem Konvent der Dominikaner gab es einen Professor, einen lector, der die Mitbrüder ständig fortbilden sollte. Jeder Mitbruder, auch der Prior, war verpflichtet, an seinen Vorlesungen teilzunehmen.

Von diesen Konventsschulen mit einem einzigen Dozenten werden wir uns keine übertriebenen, keine universitätsanalogen Vorstellungen machen. Der Lektor hatte Rücksicht zu nehmen auf die Bedürfnisse seiner Zuhörer, die Prediger oder Beichtväter waren bzw. werden sollten. Er erklärte kursorisch die Bibel und das Handbuch der mittelalterlichen Theologie, die Sentenzen des Petrus Lombardus.

Die Dominikaner sollten als Predigerbrüder den christlichen Glauben gegen die neuen Häretiker, besonders die Albigenser, verteidigen. Ihre Aufgabe weitete sich bald aus: Sie sollten durch Predigt und Beichtehören das „Heil der Seelen" fördern. Sie mußten in der neu entstandenen Stadtkultur, in der es manche Zweifelnde gab, das Christentum verkünden und begründen. Sie waren die ersten unter den neugegründeten Orden, die für ihre Mitglieder eine einheitliche Ausbildung organisierten. Mit jedem Konvent war eine Schule verbunden, die dem allgemeinen Publikum offenstand. Kinder kamen dorthin zum Grammatikstudium; auch Erwachsene, Laien konnten kommen, natürlich keine Frauen. Dante hat wohl im Konvent S. Maria Novella Philosophie studiert. Die Wissenschaft, die sie beherrschen sollten, war die Theologie, aber die Theologie war im Laufe des 13. Jahrhunderts dabei, einen neuen Begriff von sich zu entwickeln. Es gab davon mehrere Varianten; Gegenstand und Verfahren der Theologie waren umstritten, aber sie war nicht „Glaubenswissenschaft" im modernen Sinn, sondern ein nach den Regeln der aristotelischen Logik erarbeitetes Wissen, interpretiert als menschliche Teilhabe am Wissen Gottes. Sie war Betrachtung der Welt, ihres Ursprungs und ihres Ziels, aus der Sicht ihres Erschaffers und Lenkers. Sie wußte Struktur und Sinn des Universums und umfaßte insofern alles Wissen. Um theologische Bücher lesen und verstehen zu können, mußten die Schüler zunächst Latein, aber dann noch viel mehr lernen.

Verdeutlichen wir uns den Bildungsgang eines jungen Mannes wie Dietrich, der um 1240, vielleicht wenige Jahre später, geboren wurde. Wir haben keine persönlichen Dokumente über Dietrich aus dieser Zeit, doch geben die allgemeinen Studienvorschriften der Dominikaner eine ungefähre Vorstellung von seinem Werdegang. Eine solche Skizze bleibt zwar hypothetisch, gibt aber chronologische und bildungsgeschichtliche Ausgangspunkte für weitere Forschungen. Die Generalversammlungen der Ordensoberen, die sog. Generalkapitel, haben seit 1220 die allgemeinen Regeln fixiert; sie sind für einzelne Regionen, nicht gerade für Deutschland, gut überliefert und in der Aktensammlung von B. M. Reichert bequem zugänglich, aber sie waren in dieser frühen Zeit noch im Fluß. Die Oberen konnten Ausnahmen gestatten; es gab viele lokale und individuelle Unterschiede. Beim jungen Thomas von Aquino z.B. war die Ausnahme fast die Regel.[1]

[1] Acta capitulorum generalium ordinis Praedicatorum, ed. B. M. Reichert, Band 1 und 2, Rom – Stuttgart 1898–1899. Diese beiden Bände umfassen die Beschlüsse von 1220 bis 1378, ich zitiere sie als Acta mit Band und Seitenangabe. Unentbehrlich ist ferner das Chartularium Universitatis Parisiensis, ed. H. Denifle – A. Chatelain, Band 1 und 2, Paris 1889–1891, zitiert als CUP mit Band, Dokumentennummer und Seite. – Grundlegend für Dietrichs Biographie ist Loris Sturlese. Dokumente und Forschungen zu Leben und Werk Dietrichs von Freiberg, Hamburg 1984. Zur Bildungsgeschichte des Ordens: W. A. Hinnebusch, The History of the Dominican Order. Intellectual and Cultural Life to 1500, II, New York 1973; Isnard Wilhelm Frank, Zur Studienorganisation der Dominikanerprovinz

In Freiberg in Sachsen gab es seit 1236 das Dominikanerkloster St. Pauli, vermutlich mit der dafür vorgeschriebenen Schule, die nicht nur für künftige Ordensbrüder bestimmt war. Dort könnte Dietrich Lesen und Schreiben, Grundbegriffe der christlichen Religion und Latein gelernt haben. Dies alles mußte er können, wenn er in den Orden eintreten wollte, der in die Bergwerks- und Handelsstadt eine neue Form christlichen Lebens, einen Hauch von Wissenschaft und internationaler Kultur brachte. Die Regel sah vor, daß ein Novize 18 Jahre alt sein mußte, mindestens aber fünfzehn. Wenn Dietrich 1240/1242 geboren ist, dann dürfte er in den Jahren 1258 bis 1260 als Novize aufgenommen worden sein. Die Leitung des Ordens lag damals, von 1254 bis 1263, in den Händen Humberts aus Romans, einem kleinen Ort in der Dauphiné. Humbert war als magister generalis eine wichtige Figur in der Ordensgeschichte: Er kämpfte in Paris für die Lehrberechtigung von Mitgliedern der Bettelorden; er setzte die heftig umstrittene Eingliederung eines weiblichen Zweigs seines Ordens durch; er konsolidierte das religiöse und intellektuelle Leben des Ordens, indem er die Liturgie regulierte, die Legende des Ordensgründers festschrieb und die alten Konstitutionen kommentierte. Die Ordensverfassung schrieb vor, daß der Eintrittswillige von drei älteren Dominikanern geprüft würde; sie teilten das Ergebnis des Bewerbungsgesprächs dem Prior mit, der nach Beratschlagung mit dem Konvent über die Aufnahme entschied. Die Unterhaltung mußte in lateinischer Sprache erfolgen; der Kandidat bekam ein Diktat, mit dem er bewies, daß er schreiben konnte; er mußte Auskunft geben über die Gründe seines Entschlusses. Humbert nahm diesem Examen nur wenig von seiner Strenge, indem er vorschlug, die drei Examinatoren könnten bei ihrer lateinischen Unterhaltung mit dem jungen Mann auch einen Spaziergang im Garten machen.[2]

Teutonia in der ersten Hälfte des 14. Jahrhunderts und zum Studium des Seligen Heinrich Seuse OP. In: Ephrem Filthaut (Hg.), Heinrich Seuse, Köln 1966, S. 39–70; M. Michèle Mulchahey, „First the Bow is Bent in Study …" Dominican Education before 1350, Toronto 1998; Walter Senner, Johannes von Sterngassen OP und sein Sentenzenkommentar, Band 1, Berlin 1995, S. 75–144; Studio e studia. Le scuole degli ordini mendicanti fra XIII e IXIV secolo. Convegno Internazionale di Studi Francescani, Spoleto 2002; Walter Senner, Gli studia generalia nell'ordine dei Predicatori nel Duecento, in: Archivum Franciscanum Historicum 98 (2005), S. 151–175. – Doch vgl. auch Olga Weijers, Le maniement du savoir: pratiques intellectuelles à l'époque des premières universités (XIIIe–XIVe siècles), Turnhout 1996; dies. (Hg.), L'enseignement des disciplines à la faculté des arts (Paris et Oxford, XIIIe–XVe siècles): Actes du colloque international. Turnhout 1997.

2 Humbertus de Romanis, Opera de vita regulari, ed. J. J. Berthier, Band 2, zuerst Rom 1888, Turin 1956, S. 268–270; Mulchahey, S. 75.

Humberts Ordenspolitik bekam für Dietrich besondere Bedeutung, denn Humbert regelte 1259 die Studienordnung neu. Aber bleiben wir noch für einen Augenblick bei dem Novizen. Das Noviziat dauerte in der Regel ein Jahr; es diente der religiösen Erziehung und der Einübung ins klösterliche Leben. Wissenschaft war nicht vorgesehen. Die Novizen lernten die Psalmen auswendig; sie lasen die Ordensregeln, die *Constitutones*. Im Noviziat sollte der religiöse Reformgeist der ersten Generation der Bettelorden – Dominikus war 1221 gestorben – den jungen Mönch erfassen. Es wurde ihm gezeigt, daß er ein strenges, ein „apostolisches" Leben zu erwarten hatte: Fasten vom Herbst bis Ostern, gänzliches Verbot von Fleischgenuß, ein hartes Lager, Kleider nicht aus Leinen, sondern aus Wolle auf der Haut. Er durfte kein Geld bei sich haben, niemals zu Pferd reisen; er lernte das Betteln. Die Dominikaner haben zwischen 1260 und 1300 die intellektuelle Führung des lateinischen Westens übernommen, aber ihre Hochschätzung von Bildung und Wissenschaft stand nicht von vornherein fest und wurde auch immer wieder einmal in Frage gestellt. Das Studium sollte der Predigt und der Rettung der Seelen dienen, der Rest schien vielen Ordensleuten, die sich als Neubekehrte verstanden, weltlich und überflüssig. Die Ordensregeln von 1220 verboten das Studium der heidnischen und philosophischen Bücher. Weltliche Wissenschaften sollten die Ordensleute nicht erlernen. Nur theologische Bücher waren erlaubt.[3] Der Eifer für Armut und religiöse Erneuerung erzeugte nicht nur bei Franziskanern Feindschaft gegen die Wissenschaft und gegen die teuren Bücher. Im Dominikanerorden war die Dekade von 1225 bis 1235 bestimmt vom frommen Protest gegen das weltliche Wissen im Orden. Dies änderte sich in der Lebenszeit Dietrichs, aber es gab auch damals und später Widerstand gegen Wissenschaft, Kunst und Kultur. Zeitweise beteiligten sich Päpste an diesem Widerstand. Sie warnten davor, zuviel wissen zu wollen. 1228 ermahnte Papst Gregor IX. in leidenschaftlichem Ton die Pariser Professoren, sie sollten das Wort Gottes nicht mit weltlichem Wissen verunreinigen; sie sollten keine Naturforschung betreiben, sondern sich abwenden von den Hirngespinsten der Philosophen, non adulterantes verbum Dei philosophorum

[3] Walter Senner, Johannes von Sterngassen, Band 1, Berlin 1995, S. 108 und Mulchahey, S. 56 Anm. 190 zitieren und erklären die alten Konstitutionen: in libris gentilium et philosophorum non studeant, etsi ad horam inspiciant. Seculares scientias non adiscant, nec etiam artes quas liberales vocant, sed tantum libros theologicos tam iuvenes quam alii legant.

figmentis.[4] Der Orden begann als religiöse Erweckungsbewegung; der wissenschaftsfeindliche Ton ist aus ihm nie völlig verschwunden; er wurde zurückgedrängt, behielt aber im Noviziat seinen institutionellen Ort. Wilhelm von Tournai, der 1272 und 1274 in Paris lehrte, hat zwischen 1249 und 1264 einen Traktat über die Noviziatserziehung geschrieben, *De instructione puerorum.* Er beschreibt die geistige Welt, in die ein Novize gegen Ende der fünfziger Jahre, nachdem er die Grammatikschule durchlaufen hatte, eingeführt werden sollte. Auch Humbert von Romans erklärte gegen 1265, wozu das Lesen im Noviziat dienen sollte: weltliches Wissen war zu vernachlässigen; die Novizen sollen sich ganz den göttlichen Dingen hingeben. Die Lektüre soll der Erbauung dienen. Humbert nennt die Bücher, die gelesen werden sollen. Es sind die Klassiker des monastischen Lebens: Die Lebensbeschreibungen der Wüstenväter, die *Vitae patrum,* Cassians *Collationes Patrum,* die Schrift *De diligendo Deo* des Bernhard von Clairvaux und die ihm zugeschriebenen *Meditationen.* Empfohlen sind auch die *Bekenntnisse* Augustins und dessen Gesamtwerk.[5]

Nehmen wir einmal an, Dietrich habe früh diese Bücher gelesen und die monastische Mentalität kennengelernt. Was davon ist in seinen Werken geblieben? Noch in einem späten Werk, in *De cognitione entium separatorum* 25 (8) Opera omnia II 190, erinnert Dietrich sich an einen Wüstenvater, der sich bei einem Krankenbesuch verspätet und deswegen erfolgreich der Sonne befiehlt, sie solle in ihrem Lauf stillstehen, bis er am Ziel ist. Dietrich arbeitete an einer rationalen Theorie der Bewegung der Himmelskörper; er erwähnte die Legende, um daran zu erinnern, woher Einwände gegen sein Vorhaben kommen könnten. Blicken wir uns weiter in Dietrichs Werken um, dann fällt auf, daß Dietrich nirgends Cassian oder Bernhard von Clairvaux zitiert. Er erwähnt nie einen meditativen Text wie die *Epistola ad fratres de Monte Dei* des Wilhelm von St. Thierry. Hier zeigen sich erste Linien der intellektuellen Physiognomie Dietrichs: Distanz zur Wüstenväterlegende, völliges Verschweigen Bernhards und Cassians, volle Präsenz Augustins, aber in pointierter Auswahl. Dietrich hat aus dem Noviziat mitgenommen nur, was zu ihm paßte.

[4] CUP I Nr. 59, S. 114–116, das Zitat S. 116.

[5] Mulchahey, S. 110.

Dietrich dürfte 1260 das Noviziatsjahr hinter sich gebracht und sein Studium begonnen haben. Vorgesehen war zunächst ein Theologiestudium im Konvent. Die Vorschriften für diese erste theologische Schulung schwankten eine Zeitlang; meist wurden zwei Jahre verlangt, manchmal nur *ein* Jahr; 1307 verlängerte die römische Ordensprovinz diesen Lehrgang auf drei Jahre.[6] An diesen Vorlesungen teilzunehmen waren alle Ordensbrüder eines Konvents verpflichtet, nicht nur die Studenten. Vorgeschrieben waren täglich zwei Vorlesungen: Die erste bot einen kursorischen Durchgang durch die Bibel als ganze; die zweite erklärte das Sentenzenwerk des Petrus Lombardus. Es fand täglich eine Wiederholungsstunde zu beiden Vorlesungen statt; hinzukam eine wöchentliche Disputation und eine wöchentliche Repetition. Dies zeigt, daß das Hausstudium nach dem Muster und Lehrplan der Universität Paris ausgerichtet war; es wiederholte deren Rhythmus von lectio, repetitio und disputatio. Es war aber verkürzt und primär für künftige Prediger, Seelsorger und Hauslektoren bestimmt. Es bot Einführung und Überblick. Schon 1247 wurden die Lektoren ermahnt, ihre Hörer mit der *ganzen* Bibel bekannt zu machen (Acta I 47); sie durften sich nicht auf ein einzelnes Buch konzentrieren; bei der Erörterung der Sentenzen sollten sie Subtilitäten und insbesondere philosophische Erörterungen vermeiden (Acta I 159–160). Für die praktischen Bedürfnisse der Seelsorger dürfte das vierte Buch des Sentenzenwerks mit seinen Erörterungen der Sakramente besonders wichtig gewesen sein.

Immer wieder drang die Ordensleitung darauf, der Bibel den Vorrang einzuräumen (Acta I 190); sie widersprach der offenbar starken Tendenz, theoretische Diskussionen nach dem neuen aristotelischen Wissenschaftsbegriff der Schrifterklärung vorzuziehen. Freilich mußten die Bibelvorlesungen sich auf einen eiligen Durchgang beschränken; bei der Vielzahl der biblischen Bücher dürften die Lektoren sich auf Inhaltsübersichten und Klarstellung des „Literalsinns“ beschränkt haben. Oft wird der Lektor sich orientiert haben an der Zusammenfassung der biblischen Geschichte durch Petrus Comestor († 1187) in seiner *Historia scholastica* (PL 198, 1053–1644), der unter Dietrichs Autoritäten niemals auftaucht. Das Hausstudium der Dominikaner beruhte im 13. Jahrhundert zunächst noch auf den traditionellen Textbüchern, bis sich ordenseigene Autoren

[6] Das Generalkapitel von Venedig 1297 verlangt ein Jahr Noviziat plus ein Jahr Hausstudium, Acta I, S. 285; 1307 beschloß die römische Provinz, daß das Logikstudium erst im dritten Jahr begonnen werden durfte, Mulchahey S. 107.

durchsetzten. Das war zu Dietrichs Anfangszeit der Fall. Bereits 1279, also fünf Jahre nach Thomas' Tod, verbot das Generalkapitel ihn zu kritisieren (Acta I 204). 1286 erklärte der Orden Thomas zum Ordenslehrer. Wer gegen ihn sprach, sollte seinen Posten verlieren (Acta I 235). Nach der Affäre, die der Dominikaner Durandus 1307/1308 durch seine Kritik am Ordenslehrer ausgelöst hatte, verschärfte das Generalkapitel 1309 die Festlegung auf Thomas (Acta II 38). 1313 wurde befohlen, Petrus Lombardus mit Hilfe des Thomas zu erklären. Dessen Textbuch, die *Summa theologiae*, verdrängte aber erst im 16. Jahrhundert den Lombarden. Abweichlern vom Ordensthomismus wurden 1313 harte Strafen angedroht: die Bücherzensur der Ordensmitglieder wurde verschärft (Acta II 65).

In den ersten Studienjahren befand sich der junge Dominikaner durchweg in seinem Heimatkonvent, keineswegs am studium generale in Köln oder gar an der Universität in Paris. Diese höheren Studien waren wenigen, besonders Qualifizierten vorbehalten. Was ein guter Hauslektor zu tun hatte, erklärte ihm Humbert von Romans: Er sollte sich der Aufnahmefähigkeit seiner Hörer anpassen; er sollte klar und verständlich über Dinge reden, die für sie nützlich und förderlich sind; statt neuer Theorien sollte er die alten und sicheren Lehren vortragen. Und niemals solle er über etwas reden, was er selbst nicht verstanden hat.[7]

Ein gewisser Konservatismus war für den Hausgebrauch vorgeschrieben. Doch wenn Dietrich etwa 1262 das theologische Jahr hinter sich hatte, betrat er eine andere Welt. Sie war weder von der monastischen Tradition bestimmt noch von der Spiritualität Augustins. Es galt seit 1259 eine von Humbert angeregte neue Studienordnung, an der Albert und Thomas von Aquino mitgearbeitet hatten. Sie sah folgende Abfolge vor:

Zwei, ab 1305 drei Jahre[8] Studium der Logik waren vorgeschrieben. Das wären nach unserer provisorischen Rechnung für Dietrich die Jahre 1262 bis 1264. Die Quellen bezeichnen diesen Studienabschnitt oft noch als studium artium, aber dieser Ausdruck bedeutete jetzt nicht mehr das spätantik-frühmittelalterliche System der sieben artes. Er wurde auch studium in logicalibus genannt. Gemeint war also die Logik, auch Dialektik genannt, allenfalls noch die Rhetorik. Seit Ende der vier-

[7] Humbertus de Romanis, Instructiones de officiis ordinis c. 11, 1 in: Opera II S. 254; Mulchahey, S. 137.

[8] Acta II 12–13; Mulchahey, S. 248.

ziger Jahre war im Orden die Abwehr gegen die artes zurückgegangen; seit etwa 1250 lockerte der Generalmeister Johannes von Wildeshausen das Verhältnis des Ordens zu diesem Komplex spätantik-frühmittelalterlicher Bildung. 1256 richteten die Dominikaner der Provence vier studia artium ein. 1259, im Rahmen der neuen Studienordnung, ordnete das Generalkapitel an, der wissenschaftliche Nachwuchs sei zu fördern und jede Provinz müsse mindestens ein Studienhaus für die artes bereitstellen.[9] Das Logikstudium war also nicht mehr an den Ausgangskonvent gebunden, sondern wurde von der Provinz organisiert. Aber damit hatte ein Student aus Erfurt noch nicht das studium generale in Köln erreicht. Der Logikstudent blieb in seiner Region. Die neue Regelung erfolgte also ziemlich genau am vermutlichen Anfang der Studienjahre Dietrichs, auch wenn die deutsche Provinz zunächst keinen besonderen Eifer für die Neuordnung zeigte, denn das Generalkapitel von 1261 ermahnte die deutschen Mitbrüder, zwei oder drei Konvente für das Logikstudium einzurichten (Acta I 109). 1265 wurden andere Provinzen immer noch dazu gemahnt (Acta I 129). Rom richtete erst 1269 ein Logikstudium ein. Es gab Widerstände. Antiphilosophische Mönchslegenden kursierten: Der Weltenrichter erschien einem Ordensmann im Traum und donnerte ihn an: „Du bist kein Mönch, du bist ein Philosoph!“[10] Das Muster dieser Traumschelte war vorgegeben: Hieronymus hatte im Traum erlebt, wie ihm vorgeworfen wurde: „Du bist kein Christ, du bist Ciceronianer!“ Ein englischer Dominikaner träumte, Christus erscheine ihm, zeige ihm eine verschmutzte Bibel und werfe ihm vor: „Ihr habt sie mit euren Philosophen befleckt!“[11] Die neue Kulturpolitik, immer umstritten, brachte zunächst die Öffnung zur Logik, dann, in einer späteren zweiten Phase, die Zurücknahme des Banns gegen die Naturforschung, gegen die naturalia. Bleiben wir zunächst bei den zwei oder drei Jahren für die *Logik*. Sie war leichter anzuerkennen. Mancher fromme Prediger, der gegen die Philosophie im allgemeinen polemisierte, schätzte das Training im Argumentieren. Die antiphilosophischen Attacken hörten keineswegs auf; auch Humbert war nicht ganz frei von ihnen, er mahnte, die Philosophie nütze wenig für die Seelen. Immer wieder einmal erinnerte die Christenheit sich der Warnung des Apostels Paulus im Brief an die Kolosser (2, 8), sich nicht von der Philosophie verführen zu lassen. Nach

9 Acta I 99–100 und CUP I Nr. 335 S. 385–386.

10 Mulchahey, S. 235.

11 Dazu Walter Senner, Johannes von Sterngassen, Band 1, Berlin 1995, S. 109.

Humberts Ansicht war die Philosophie nur etwas für ganz wenige Spezialisten, auf die der Orden nicht verzichten sollte; für die Mehrzahl der Mitglieder war sie zunächst nicht vorgesehen. Aber Logik, verstanden als Semantik, Beweistechnik und Argumentationskunst, war gefragt, um mit Häretikern und Juden zu diskutieren; die Praxis der Disputationes schulte die Studenten dafür. Außerdem mußten die Logikstudenten weiterhin an den Theologievorlesungen teilnehmen, die im Konvent stattfanden. Sie sollten die biblische und die dogmatische Lebensgrundlage nicht verlieren; sie hörten also vier Vorlesungen am Tag.

Was de facto gelehrt werden sollte, waren die logischen Schriften des Aristoteles. *De praedicamentis* bot mit der Kategorienlehre zugleich eine Einführung in die Ontologie; die kleine Schrift *De interpretatione* bot eine Verhältnisbestimmung von Sache-Gedanke-Wort und Satz. Gelesen wurden diese Texte mit der „Einleitung" des Porphyrius, oft mit den Kommentaren des Boethius. Beide Texte *blieben* für Dietrich Gegenstand seiner Studien; er zitierte sie beide je etwa zehnmal. Er kannte auch den *Liber De sex principiis,* der Gilbert von Poitiers zugeschrieben wurde; er zitierte ihn gelegentlich (Opera omnia IV 82). Die *Analytiken* des Aristoteles vermittelten den Begriff von Wissenschaft und Beweis, ohne den am Ende des 13. Jahrhunderts niemand mehr Theologie als Wissenschaft vortragen konnte. Das wichtigste Textbuch des Logikstudiums wurden die Traktate, *Tractatus,* auch *Summulae logicales* genannt, des Petrus Hispanus, des späteren Papstes Johannes XXI., deren Kenntnis bei Dietrich vorausgesetzt werden kann.

Naturwissen und Naturphilosophie, das studium naturae war bei den frühen Dominikanern lange geächtet und von Päpsten verboten. Es war die Dominikanerprovinz der Provence, die 1262 das erste studium naturarum einrichtete, unter dem Einfluß Humberts. Wie die Studienhäuser für Logik wanderte das Studienhaus für Naturdinge von Konvent zu Konvent; es war nicht örtlich fixiert wie die studia generalia. Es blieb, aufs Ganze des Ordens gesehen, auch lange, etwa für zehn Jahre, eine vereinzelte Erscheinung. Erst 1271 schuf der Orden ein umfassendes Netzwerk der Studienhäuser für Naturwissen. Jetzt waren zwei Jahre des Studiums dafür vorgeschrieben. Davon hätte der Student Dietrich nicht mehr profitieren können; für sein Studium des Naturwissens kann man, mit den erklärten Einschränkungen, im virtuellen Lebenslauf Dietrichs die Jahre 1265 bis 1267 ins Auge fassen. Aber in Deutschland eilte ähnlich wie in der Provence die Entwicklung den allgemeinen Studienordnungen des Ordens voraus. Wovor der Papst 1228 noch so energisch warnte, wurde hier wie dort für drei Jahre das Arbeitspensum junger Dominikaner. Dies lag an der Präsenz Alberts des Großen, der sich an die Spitze einer kulturellen Bewegung gesetzt und zusammen mit Thomas von Aquino und einer Reihe anderer Kollegen schließlich das Gesamtprogramm des Ordens bestimmt hatte. Sein Interesse an Aristoteles ging bis in die dreißiger Jahre zurück, er hatte in diesem Sinn als Hauslektor in Hildesheim, Freiburg, Regensburg und Straßburg gewirkt. Von 1245 bis 1248 las er als Magister der Theologie in Paris. In diesen Jahren tobte dort der Streit um das Armutsideal und das Recht der Bettelorden auf Lehrstühle; ihr Hauptgegner, Wilhelm von S. Amour, bezeichnete die Dominikaner als Pseudoapostel, die statt Theologie nur Logik und Philosophie lehrten. In diesem Zusammenhang verteidigte Albert das Recht auf Philosophie. Er wollte sie nicht verchristlichen, wie man zuweilen noch liest; er sicherte ihr unter Theologen und Christen Heimatrecht als selbständige Vernunfteinsicht. In seinem Kommentar zum siebten Brief des Dionysius Areopagita nannte er die Feinde der Philosophie unvernünftige Tiere, die gegen etwas anrennen, was sie nicht kennen. Sein Wutausbruch hat einen merkwürdigen Doppelsinn; er sprach von Leuten, die den Gebrauch der Philosophie bekämpfen, vor allem bei den Predigerbrüdern, wo ihnen keiner Widerstand leistet: „Auf alle Weise bekämpfen sie den Gebrauch der Philosophie, vor allem bei den Dominikanern, wo ihnen keiner Widerstand leistet, während sie wie das dumpfe Vieh lästern gegen das, was sie gar nicht kennen."[12] Dieser Satz klang wie eine Verteidigung der philosophischen Neigungen der Dominikaner, aber kritisierte auch Ordensbrüder. Albert sprach, als käme der Widerstand auch aus den eigenen Reihen und jedenfalls wehre sich keiner von ihnen gegen die Herabsetzung der Gottesgabe der Vernunft. Dieser Satz ist ungefähr in der Zeit geschrieben, als die Ordensleitung Albert beauftragte, das studium generale in Köln aufzubauen.[13] Offenbar fand seine Denkrichtung Unterstützung. Albert begann seine Lehrtätigkeit in

[12] Albertus, Super Dionysii Mysticam Theologiam et Epistolas, Epistola septima, Ed. Colon. 37, 2, Münster 1978, S. 504 a: omnibus modis velint impugnare usum philosophiae, et maxime in praedicatoribus, ubi nullus eis resistit, tamquam bruta animalia blasphemantes in his quae ignorant. Dazu Walter Senner, Johannes von Sterngassen, Band 1, Berlin 1995, S. 112–113.

[13] Acta I 34–35, 38 und 41.

Köln mit der Erklärung der *Ethik* des Aristoteles, die Robert Grosseteste wenige Jahre zuvor neu übersetzt hatte. Er war der erste Professor, der erste Theologe, der über die Ethik des Aristoteles Vorlesung hielt.[14] Bald, in der ersten Hälfte der fünfziger Jahre, weitete er sein Programm auf die gesamte Realphilosophie des Aristoteles aus. In der Vorrede zu seiner Erklärung der *Physica* gebrauchte er den Ausdruck philosophia realis und erklärte, er wolle die scientia naturalis im Sinne des Aristoteles vortragen. Die philosophia realis habe drei Teile, die Physik, die Metaphysik und die Mathematik. Der Sache nach sei die Metaphysik die erste und grundlegende Wissenschaft, aber da sie abgelegenere Gegenstände behandle als die Physik, beginne er mit der Physik als der Einführung in die gesamte Realphilosophie.[15] Dies gibt einen ersten Begriff, was natura und was scientia naturalium fortan in den Anweisungen der Ordensleitung bedeutete. Das waren die Termini, die auch Gregors IX. Drohbrief gebraucht hatte. Albert meinte die Schriften des Aristoteles, allen voran dessen *Physik*, die eine vollkommene Darstellung des Naturwissens enthalte und den Eingang in die Realphilosophie bilde. Die scientia naturalium führe weiter zur Metaphysik. Sie umfaßte die wahrnehmungstheoretischen Texte und die Seelenlehre des Aristoteles mit dem folgenreichen dritten Buch von *De anima.* Intellekttheorie gehörte zu den rationes naturales; die Schrift *De anima* zählte zur Naturphilosophie des Aristoteles. Die Dominikanerstudenten lasen in den zwei oder drei vorgesehenen Studienjahren die aristotelischen Schriften *Über den Himmel*, über *Meteorologie*, *Über Pflanzen*, auch den *Liber de causis.* Für die *Metaphysik* war ein ganzes Jahr vorgesehen. Albert erklärte zwischen 1250 und 1268 diese Bücher und schuf damit das maßgebende Textcorpus für die Folgezeit. Scientia naturalis bedeutet also nicht: Naturwissenschaften im modernen Sinn, auch nicht nur Naturphilosophie, sondern Naturphilosophie im damals die Naturkunde umfassenden weiten Sinn, einschließlich philosophische Seelenlehre und Metaphysik.

Festzuhalten ist dieser institutionelle und chronologische Zusammenhang: Albert lehrte, Aristoteles kommentierend, von 1248 bis 1254 in Köln. Er setzte auch als Provinzialoberer zwischen 1254 bis 1257 seine Aristotelesarbeit fort. Während er Provinzial war, leitete Humbert von Romans, der sich von den bedeutendsten Ordensgelehrten beraten

[14] Albertus, Super Ethica: Commenta et quaestiones, Ed. Colon. 14, 1, Münster 1968.
[15] Albertus, Physica, Ed. Colon. IV, 1, Münster 1987, S. 1 a–b.

ließ, den Orden, und erließ 1259 die neue Studienordnung. 1260 amtierte Albert als Bischof von Regensburg. Zu Beginn der sechziger Jahre hatte er 17 von 19 Aristoteleserklärungen vorgelegt: 1262 gründete Humbert das erste studium naturarum. Die Annahme liegt nahe: Humbert begann die Organisation des studium naturarum, für das Albert die Textbücher schrieb. Der Orden war weit davon entfernt, insgesamt auf die neue Linie der Hochschätzung des studium naturarum umzuschwenken. Der Prozeß zog sich lange hin: die Provinz Rom gründete erst 1288 ein studium naturarum. Endlich, 1305, ordnete das Generalkapitel an, es müsse in *allen* Provinzen ein studium naturarum geben (Acta II 12). Immer gab es Varianten: War Albert selbst der Ansicht, die Physik bilde den Ausgangspunkt, so erklärte die Provinz Toulouse die Ethik zum Haupttext, sie stehe der Theologie und den Bedürfnissen der Prediger näher.

Hatten Dominikanerstudenten aus Thüringen die Grammatikschule, die beiden Jahre im Logikstudium und die zwei bis drei Jahre im studium naturae durchlaufen, wurden einige wenige Kandidaten zum Generalstudium nach Köln geschickt. Dort hörten sie Theologie; es war die durch das Vorbild Alberts und die aristotelische Wissenschaftslehre geprägte Theologie. Wir haben keine Belege für den Aufenthalt Dietrichs in Köln, wir wissen auch nicht, an welchem anderen Konvent er studiert hat. Für das gehobene Theologiestudium am studium generale waren drei Jahre vorgesehen. Wenn Dietrich, wie hypothetisch angenommen, sein studium naturarum 1267 abgeschlossen hat, dann ist es nicht unwahrscheinlich, daß er die drei Jahre bis 1270 in Köln war, denn 1271 ist er als Lektor im Konvent zu Freiberg bezeugt. Dann wissen wir noch von ihm, daß er vom Herbst 1272 bis 1274/75 in Paris studierte. Vielleicht war er längere Jahre in Paris und erlebte die Philosophenverurteilung von 1277 dort mit.[16] Die Überlieferung ist lückenhaft: 1280/81 lehrte Dietrich als Lektor der Theologie in Trier; für das Jahrzehnt 1282 bis 1292 haben wir keine Urkunden. Wahrscheinlich war er in diesen Jahren noch einmal in Paris und las als Bakkalaureus über die Sentenzen. Jedenfalls wurde er 1293 zum Oberen der deutschen Ordensprovinz gewählt und ging 1296 als Magister der Theologie nach Paris, was das Bakkalaureat voraussetzte. Die deutsche Ordensprovinz war außerordentlich groß; ihr Oberer, der Provinzial, hatte für die einzelnen Regionen Stellvertreter; als seinen

[16] Die biographischen Angaben nach Sturlese, 1984, bes. S. 4 und 136. Der genaue Anfang der Pariser Studentenzeit ist nicht ganz sicher. Vgl. Sturlese, 1984, S. 4.

Vikar für Thüringen wählte Dietrich Meister Eckhart. Spätestens also für die Zeit ab 1293 bestand zwischen beiden eine enge berufliche Beziehung. Wie lange Dietrich in Paris gelehrt hat, wissen wir nicht. Üblich war eine kurze Lehrzeit, oft von nur zwei Jahren. Ab Herbst 1302 wurde Dietrichs Vikar Eckhart nach Paris geschickt, um dort Doctor der Theologie zu werden. Es sind zwei weitere Begegnungen Eckharts und Dietrichs sicher bezeugt: Beide nahmen im Mai 1304 am Generalkapitel in Toulouse teil. Damals bat der Ordensgeneral Aymerich von Piacenza Dietrich, seine Regenbogentheorie schriftlich niederzulegen. 1310 wurde Dietrich noch einmal zum Provinzialvikar gewählt. Er leitete die Wahl in Speyer, aus der Eckhart als Provinzial hervorging.[17] Spätere Nachrichten über Dietrich besitzen wir (noch) nicht; er dürfte gegen 1318/1320 gestorben sein.

2. *Schriften*

Es wird wohl nie eine Biographie Dietrichs geben, es sei denn, es gelänge ein sensationeller Handschriftenfund. Wir wissen zu wenig von seinem Leben. Das Wenige, das wir wissen, fasse ich noch einmal zusammen, jetzt im Hinblick auf den chronologischen Rahmen seiner Schriften: Er stammte aus Freiberg in Sachsen, durchlief nach Grammatikausbildung und Noviziat die Studiengänge: Haustheologie, Logik, Naturforschung und Theologie zunächst dort und/oder an anderen deutschen Studienhäusern der Dominikaner. Er war 1271 in Freiberg Lektor. Er ging 1272/3 jedenfalls bis Ende 1274, vielleicht bis 1277 zum Weiterstudium nach Paris; 1280/81 treffen wir ihn als Lektor in Trier. Wahrscheinlich wirkte er nach 1282 und jedenfalls vor 1293 als eine Art Juniorprofessor (Bakkalar) wieder in Paris. Er muß vor 1293 Vorlesungen über die Sentenzen des Petrus Lombardus gelesen haben. Von 1293 bis 1296 war er Oberer (Provinzial) der deutschen Dominikanerprovinz, die wegen ihrer außerordentlichen Größe bald darauf geteilt worden ist. Von 1294 bis 1296 war er Vertreter des obersten Leiters des gesamten Ordens (Vikar

[17] Zur biographischen Verbindung Dietrichs mit Eckhart vgl. Sturlese, 1984, S. 19, 59, 62, 140.

des Magister generalis für die deutsche Provinz). 1296/1297 wurde er Magister in Paris und dürfte dort einige Jahre gelehrt haben. 1310 wurde er in Piacenza noch einmal mit der vorübergehenden Leitung einer der beiden deutschen Ordensprovinzen beauftragt. Nach diesem Jahr verschwindet er aus den heute bekannten Urkunden.[18]

Immerhin zeigen diese wenigen Angaben: Dietrich war nicht nur ein Mann der Studierstube. Er hatte immense Verwaltungsaufgaben; er hatte mit Königen und Städten zu verhandeln; er ist viel gereist.

Weiterhin zeigen die wenigen Daten: Dietrich stand bis zuletzt in hohem Ansehen. Er war Magister, er wurde in hohe Ämter gewählt. Er war längere Jahre eine führende Persönlichkeit des Dominikanerordens. Insofern war er kein Außenseiter. Er wurde verdächtigt, aber wohl nie der Ketzerei beschuldigt wie Meister Eckhart. Als eigenwilliger Denker, der aus der Ordenslinie ausscherte, hatte er viele Gegner, aber auch Bewunderer und Anhänger. Gelegentlich äußerte er, er hätte sein Buch wohl besser nicht geschrieben wegen der Verdächtigungen, die es ihm einbringen werde. Geschrieben hat er es dann doch.

Was die Schriften Dietrichs angeht, so verfügen wir jetzt – nach Vorschlägen von William A. Wallace, einer glücklichen Entdeckung von Maria-Rita Pagnoni-Sturlese, die einen Zusammenhang Dietrichs mit Gottfried von Fontaines belegen konnte, und gemeinsamen Anstrengungen der Herausgeber der *Opera omnia* – wenigstens über einige Annahmen zu ihrem chronologischen Rahmen.[19] Sie sind alle zwischen 1285 und 1311 geschrieben. *De origine*, von dem Stegmüller sich noch vorstellen konnte, es sei nach 1300 geschrieben, ist eher um 1286 entstanden. *De iride* muß zwischen 1304 und 1311 verfaßt sein. Das genaue Datum wissen wir von keiner Schrift, aber wir haben aufgrund innerer Verweise, mit denen Dietrich auf frühere Schriften zurückkommt oder auf Geplantes voraus verweist, Ansätze zu einer relativen Chronologie. Argumente zur Abfassungszeit der einzelnen Schriften finden sich in den Einleitungen der Bearbeiter der einzelnen Schriften Dietrichs in den *Opera omnia*; wo ich ihnen heute nicht mehr zustimme, werde ich meine abweichen-

[18] Grundlegend, wie schon erwähnt: Sturlese 1984. – Zur Überlieferung der Werke Dietrichs in den Handschriften: Prolegomena, in: Dietrich von Freiberg, Opera omnia I S. XXVII–XXXIX und Band II, S. XXXIII–XXXVI.

[19] William A. Wallace, 1959, S. 16–18 und S. 299–300. Vgl. auch B. Mojsisch, 1977, S. XXXVIIIs. und Sturlese, 1985, S. 137 Anm. 143 und ders. In: Opera omnia III S. 132.

den Vermutungen bei Gelegenheit der einzelnen Traktate vortragen. Hier gebe ich einen ersten Aufriß der wahrscheinlichen chronologischen Abfolge wichtiger Werke:

De origine rerum praedicamentalium, Dietrichs erste erhaltene Schrift, aber kein „Jugendwerk", wurde wohl um 1286 verfaßt, eher etwas später. Ohne den Quellenwert von Vorreden zu überschätzen, kann man dem *Prooemium* (III 137–138) entnehmen:

Dietrich wußte, daß er eine abweichende originelle Theorie vorlegte und daß es sich empfahl, sie als Klärungsversuch ohne offene Polemik vorzutragen,

seine Schrift ist im Zusammenhang mit dem Lehrbetrieb (in Paris?), dessen Mühsal betonend, entstanden,

sie wurde auf Bitten einiger Ordensgenossen (socii) formuliert,

sie soll die Lehre des Aristoteles und der Peripatetiker klarstellen.

Diese Vorrede erinnert mit dem Hinweis auf Lehrbetrieb und Ordensgenossen an das soziale Umfeld des Schriftstellers Dietrich. Der Bezug auf Aristoteles steht denjenigen modernen Interpreten im Wege, die Dietrich als Neuplatoniker charakterisieren. Zumindest zu Beginn seiner literarischen Laufbahn dürfte er es nicht gewesen sein. Dietrich erörtert in diesem umfangreichen Text die Erstbegriffe der Metaphysik: Seiend, Eines-Vieles und ihre Koordination mit den Kategorien des Aristoteles. Er geht aus von der Frage, ob sie ihren Ursprung in der Natur oder im Intellekt haben. Er antwortet: Der menschliche Intellekt hat konstitutive Funktion bezüglich der Realität, in simultanem Zusammenwirken mit der göttlichen Erstursache und der Natur. Diese Position ist nicht-thomistisch, aber der Traktat enthält noch keine Polemik gegen Thomas von Aquino und verteidigt die Theorie von der Einzigkeit der substantialen Form im Menschen, die Siger und Gottfried von Fontaines aus Aristoteles/Averroes entwickelt hatten, die aber besonders mit Thomas verbunden wurde. Diese Frage war höchst umstritten, bis das Konzil von Vienne 1311 sie im Sinne des Thomas entschied.[20] Der Traktat ließ sich lesen, als verteidige er die dominikanische Ordenslehre, indem er sie über Thomas hinaustrieb, aber ihr in zwei wesentlichen Punkten nahe blieb – in der Theorie der Einheit der Form im Menschen und in der Höherbewertung

[20] Klaus Bernath, Anima forma corporis, Bonn 1969; Theodor Schneider, Die Einheit des Menschen. Die anthropologische Formel anima forma corporis im Korrektorienstreit und bei Petrus Johannis Olivi. Beiträge NF 8, 2. Auflage Münster 1988.

des Intellekts gegenüber dem Willen. Aber mit der These von der konstitutiven Funktion der menschlichen Erkenntnis gab er der aristotelisch-averroistischen Linie eine originelle Wendung; diese weit über Thomas hinausgehende These hat er in späteren Schriften mehrfach bestätigt.[21]

In erheblichem zeitlichem Abstand von etwa zehn Jahren folgt das Triptychon *Über drei schwierige Probleme, De tribus difficilibus quaestionibus*. Daß Dietrich längere Zeit geschwiegen hat, erklärt sich nur zum Teil aus der Verwaltungsarbeit in der Leitung des Ordens. Er sagt selbst, er habe schweigen müssen wegen des Widerstands derer, die wie alle reden, der, wie Dietrich sagt, communiter loquentes (Prol. generalis (1) III 9). Sie siegen durch ihre Überzahl, nicht durch die Qualität ihrer Argumente (III 55). Die communiter loquentes halten sich an die herrschende Lehre. Es sind vor allem die Anhänger des Thomas, die im Orden dabei waren, die thomistische Ordensorthodoxie durchzusetzen. Sie sahen keinen Anlaß zu einer prinzipiellen Revision. Noch hatten sie nicht gesiegt; noch gab es im selben Orden Fragende, die Dietrichs Argumente kennenlernen wollten. Ihnen Genüge zu tun, schreibe er seine drei Traktate. Er sucht drei thematisch weit auseinanderliegende, damals umstrittene Fragen auf und beweist bei deren Lösung, warum es notwendig sei, über Thomas von Aquino hinauszugehen. Thomas überzeuge weder in der sachlichen Argumentation noch in der Auslegung der Quellen. Die antithomistische Trilogie ist eine Art Programmschrift zur Revision der Philosophie und Theologie; sie dürfte eher 1296/1297 als, wie früher (Opera omnia I 7) angenommen, vor 1293 verfaßt sein. Sie gehört wohl in die Zeit Dietrichs in Paris als Magister der Theologie. Auch einige *Quaestiones* passen in diese Zeit und zu diesem Amt, vor allem die wichtige *Quaestio utrum in Deo sit aliqua vis cognitiva inferior intellectu* (III 283–315, auch III 316–382). Dietrich berichtet (int. I 7 (4) I 141), er habe dieses Thema in scholis in der Art einer quaestio erörtert und entschieden (determinavi). Dies sind Ausdrücke, die sich aller Wahrscheinlichkeit nach auf Paris und die Tätigkeit als Magister 1296/97 beziehen.

Dietrichs Unzufriedenheit mit Positionen des Thomas betraf nicht nur die drei ausgewählten Fragen. Eine Revision der allgemeinen Ontologie war nötig. Dies beweisen die wenig später verfaßten Schriften über

[21] Dietrich bestätigt De origine in int. I 2 (3) I 137, contrar. 15 (1) II 95 und cog. 34 (4) II 197.

das Seiende und das Wesen: *De quiditatibus entium* (III 91–118) und *De ente et essentia* (II 17–42). Sie gehen von der begriffsrealistischen Überzeugung aus, Irrtümer bezüglich der allgemeinsten Bestimmungen führten notwendigerweise zu Irrtümern bei Einzelfragen (*Prooemium* (1) II 25). Gegen Thomas will Dietrich nachweisen, daß zwischen „Seiend" und „Wesen" kein realer Unterschied besteht. Den Tenor dieser Schriften könnte man „konservativ" nennen: Die thomistische Lehre von dem realen Unterschied zwischen essentia und esse zerstöre die Wissenschaft, sie sei unvereinbar mit den Grundlagen der Philosophie des Aristoteles und des Averroes. Dietrich plädiert nicht für ein Zurück zu Augustin oder zu Neuplatonismen; er verlangt von Aristotelikern Kohärenz. Er faßt seine Gegner ins Auge: „Es gibt einige, die das Gegenteil des von mir Gesagten behaupten und öffentlich lehren. Sie stützen sich auf sophistische Argumente, von denen sie sich täuschen lassen – nicht ohne großen Schaden für die wahre Wissenschaft" (en. II 1 (1) II 38).[22] Die Argumente, die Dietrich bekämpft, finden sich, wie Ruedi Imbach gezeigt hat, durchaus schon bei Thomas selbst, aber Dietrichs unmittelbare Gegner waren Thomasanhänger der neunziger Jahre, Aegidius Romanus, Bernhard von Trilia und Thomas von Sutton.

Früh, in *De origine* angekündigt, aber erst *nach* den jetzt genannten Texten verfaßt ist die wichtige Schrift über den Intellekt und seinen Inhalt, *De intellectu et intelligibili.* Ihre relative chronologische Stellung ergibt sich daraus, daß sie *De visione beatifica* in II 32 (6)–(8) I 170 resümiert, die *Quaestio Utrum in Deo* in I 8 (4) I 131 und *De quiditatibus* in III 16 (4) I 189 zitiert. Sie führt Themen aus *De visione beatifica* fort und klärt im Anschluß an Aristoteles und Augustinus, Proklos und Averroes den Begriff des Intellekts, den Engelbert Krebs Dietrichs „Zentralbegriff" genannt hat. Sie bespricht die Frage, wie unser Intellekt sich selbst und wie er sein Prinzip erkennt; sie behandelt das Verhältnis von tätiger und möglicher Vernunft. Sie bringt Klarstellungen zu Dietrichs Konzept von Wissen. Die Frage, wie Aristoteles-Averroes, Augustinus, Proklos und der *Liber de causis* logisch kohärent zusammengeführt werden könnten, war eine Frage von außerordentlicher kultureller Bedeutung für die Zeit um 1300; sie reichte über jedes einzelne Thema hinaus, aber Dietrich demonstrierte sie am Begriff des Intellekts. Ob man vom „Zen-

[22] Ruedi Imbach, Gravis iactura verae doctrinae. Prolegomena zu einer Interpretation der Schrift De ente et essentia Dietrichs von Freiberg, in: Freiburger Zeitschrift für Philosophie und Theologie 26 (1979), S. 369–425, in: Quodlibeta, Fribourg 1996, S. 153–208.

tralbegriff" Dietrichs sprechen soll, ob er so etwas überhaupt gehabt hat, kann nur die durchgeführte Einzeluntersuchung aller Schriften zeigen.

Zwei Themenkreise hat Dietrich vor allem in der späten Phase seiner literarischen Tätigkeit, also wohl nach 1300, behandelt: Die Naturforschung und die im engeren Sinne theologischen Fragen.

Zur deutlich späteren Gruppe der Naturphilosophie gehört vor allem das Regenbogenbuch, *De iride.* Es ist Dietrichs umfangreichstes Buch, nach 1304 verfaßt. In die spätere Zeit, aber mit erkennbarem zeitlichem Abstand, dürften gehören die Abhandlungen:

> Über chemische Verbindungen (*De miscibilibus in mixto*), die zeitlich vor *De elementis* 3 (2) IV 60s. liegt,
> über das Licht (*De luce et eius origine),* die aber in *contrar.* 40 (4) II 111 und in cog. 60 (6) II 223 zitiert wird,
> und über die Farben (*De coloribus),* die in 3 (1) IV 279 auf *De luce* zurückverweist. Die Schriften zur Naturforschung stehen alle im vierten Band der *Opera omnia.*

Dietrich war Magister der Theologie und hat immer auch theologische Fragen erörtert, so in den wahrscheinlich recht frühen Texten *De subiecto theologiae* (III 275–282) und *De corpore Christi mortuo.* Letztere Schrift ist trotz des Titels nichts anderes als eine Abhandlung zur Einheit der Wesensform im Menschen (II 137–150). Im spezifischeren Sinn theologisch sind die relativ spät entstandenen Abhandlungen über verklärte Leiber, *De dotibus corporum gloriosorum* (II 261–289) und sein *De substantiis spiritualibus et corporibus futurae resurrectionis* (II 291–342), von dem er einleitend sagt, es werde ihm mehr noch als seine früheren Werke üble Nachrede bringen, magis patebit calumniae inter omnia opsucula mea (II 299). Dietrichs größte im engeren Sinne „theologische" Schrift ist die umfangreiche Abhandlung über die Erkenntnisweise der immateriellen Substanzen, *De cognitione entium separatorum.*[23] Sie ist ein reflektierender Durchgang durch Hauptthemen der mittelalterlichen Theologie. Dietrich teilt uns nicht mit, warum er in einer späten Phase diese im engeren Sinne theologischen Themen behandelt hat. Er sagt aber, was seine Intention dabei war: Er wollte den Versuch wagen, schreibt er, ob wir das, was wir allein aufgrund der Autorität der Heiligen Schrift erfahren haben, zum Beispiel die Eigenschaften verklärter Leiber nach dem Jüng-

[23] Die relativ späte Datierung ist – mit den mehrfach genannten Vorbehalten – daraus zu erschließen, daß Dietrich die genannten Traktate (cog., subst. dot.) nicht zitiert.

sten Tag, nicht auch aus Vernunftüberlegungen gewinnen können, potest haberi etiam secundum rationem (dot. 2 (2) II 270). Am Eingang seiner größten, im engeren Sinne „theologischen" Schrift – der genaue Sinn des Wortes „theologia" bei Dietrich wird zu präzisieren sein –, hält Dietrich fest, es handle sich hier um Themen, die von der Wahrnehmung und der gewöhnlichen, an Sinnesdingen orientierten Denkart weit abliegen, aber es sei nicht zu verwundern, wenn Vernunft auch hier Seltenes und Verborgenes entdecken könne, non est mirandum, si aliquid occultum rarum ratione patefiat (cog. prol. (4) II 167). Weder die „naturwissenschaftlichen" noch die „theologischen" Schriften Dietrichs stellen einen Bruch mit seinen "philosophischen" Intentionen dar. Ganz am Ende seines literarischen Wirkens kam er noch einmal auf seine Astrophilosophie zurück, in den Schriften *De intelligentiis et motoribus caelorum* und *De corporibus caelestibus* (II 343–386). Es sind Alterswerke, am Ende des Lebens verfaßt, aber auch von ihnen sagt er, er habe sie geschrieben nach den Grundsätzen der Philosophie, ohne damit theologischen Entscheidungen vorzugreifen, secundum principia philosophicae inquisitionis (intellig. Prolog. (3) II 353). Wenn Dietrich über Naturerscheinungen wie das Licht oder den Regenbogen schrieb, verstand er sich als Philosophen der Natur; wenn er über verklärte Leiber abhandelte, wollte er als Philosoph der christlichen Religion Verborgenes offenlegen.

In den letzten Schriften zeigt Dietrich sich etwas mitteilsamer über die Adressaten seiner Schriften. Im Vorwort zu *De intelligentiis et motoribus caelorum* nennt er die dominikanischen Ordensgenossen mit Namen, die nach seiner Ansicht gefragt haben und denen er seinen Traktat zuschickt: Heinrich von Freiburg und Heinrich von Ettlingen (II 353). Wenn er in anderen Schriften allgemein von seinen socii spricht, für die er schreibe, so zeigt die Nennung der süddeutschen Dominikaner, daß dies bei ihm nicht nur ein rhetorischer Topos war. Am deutlichsten wird das soziale Umfeld von Dietrichs Schriftstellerei im Regenbogenbuch; es ist dem Ordensoberen Haimericus gewidmet, der Dietrich aufgetragen hatte, seine Ansichten über die optischen Himmelserscheinungen aufzuschreiben. Er schickt dem Ordensgeneral *De iride* und *De coloribus*, denn zu den Aufgaben der kirchlichen Autoritäten gehöre die Sorge für den Fortschritt der Wissenschaften, ad scientiarum profectum (Prolog. (2) IV 121).

Die vorstehenden Angaben über Dietrichs Biographie und seine Schriften sind unvollständig und vorläufig. Sie dienen dem ersten, kurzen

Überblick. Detailfragen werde ich später erörtern. Vorbehalte sind angebracht. Die Dietrichforschung ist nicht abgeschlossen. Wir wissen von Werktiteln, die entweder verloren gegangen sind oder in unerschlossenen Handschriften ruhen. Es gibt noch immer Handschriftensammlungen, die nicht oder schlecht katalogisiert sind. Es sind noch Entdeckungen möglich. Fast alle namhaften Dietrichforscher mußten sich irgendwann einmal korrigieren. Dies wird weiterhin so bleiben. Die Daten und selbst die relative Abfolge der Schriften Dietrichs geben nur den heutigen Stand der Forschung wieder.

Sie reichen nicht aus, um eine Entwicklungsgeschichte des Denkers Dietrich zu schreiben. Wir überschauen zwar die etwa 25 Jahre seiner literarischen Produktion, und es zeichnen sich Unterschiede ab. Zum Beispiel fehlt die antithomistische Polemik zunächst, schwillt gegen 1296/1297 an und tritt später wieder zurück, ohne daß Dietrich Thomist geworden wäre. Er hat sich anderen Themen zugewandt. Auch hat die Bedeutung des Proklos für Dietrich sich verschoben. Aber das reicht nicht aus, eine Entwicklungsgeschichte zu schreiben. Nicht als sei eine solche bei Philosophen der früheren Zeit prinzipiell unmöglich. Augustinus lädt geradezu dazu ein, ebenso Nikolaus von Kues. Aber Dietrich spricht nie über seine Lehrentwicklung, und seine Bücher haben die Eigenart, sich auf enge Einzelfragen zuzuspitzen und die Quellenbenutzung allein vom Thema her zu bestimmen. Wenn er darin bestimmte Autoritäten nicht erwähnt oder eine sonst geführte Polemik nicht auftaucht, erklärt sich das aus der Themenstellung und erlaubt keine genetischen Schlüsse.

Diese Sachlage bestimmt meine Darstellungsweise. Ich folgte der Chronologie und stelle *De origine* an den Anfang und lasse die Probleme der *Drei schwierigen Fragen* (wohl nicht vor 1293, sondern um 1296/1297) folgen. Die spezifisch-theologischen und naturwissenschaftlichen Positionen Dietrichs, die er vor allem in späteren Texten behandelt hat, erörtere ich im dritten Teil. Da dieser chronologische Rahmen unsicher ist, habe ich die Darstellung der denkerischen Positionen Dietrichs an einzelne Schriften geknüpft. Dies hat zwar den Nachteil, daß bei der Rekonstruktion der Argumentation Dietrichs Wiederholungen kaum zu vermeiden sind, da Dietrich sich wiederholt hat, aber ich konnte sie weder als Phase einer Entwicklung präsentieren noch als bleibendes System. Es gibt Momente der Kontinuität, und ich werde auf sie aufmerksam machen. Aber beim Stand der Forschung waren die Argumentationen Dietrichs in den einzelnen Schriften zu ermitteln. Meine Darstellung ist so angelegt, daß, sollte sich durch glückliche Entdeckungen oder schärfere Analysen das Gesamtbild verschieben, die Themenblöcke umgesetzt werden können. Ihr liegt eine vorsichtige Kombination von chronologischer und thematischer Ordnung zugrunde; sie trägt dem Fehlen einer genauen Chronologie dadurch Rechnung, daß sie Problemkreise anhand einzelner Traktate abhandelt. Als in der Mitte der siebziger Jahre der Aufbau von Dietrichs *Opera omnia* festzulegen war, mußten wir uns aus mehreren Gründen für eine Gliederung nach wenigen Themenfeldern wie Intellekttheorie, Naturphilosophie, Metaphysik und Theologie entscheiden. Inzwischen hat sich durch unsere gemeinsame Arbeit die relative Chronologie verfeinert; die Grobgliederung der Sachgebiete auf den Bandtiteln, die immer inadäquat war und als solche bezeichnet worden ist, muß heute genaueren Unterscheidungen weichen. Ich beginne also mit *De origine*, das erst im dritten Band der *Opera omnia* erschienen ist, und stelle den Zusammenhang der *Drei schwierigen Fragen* wieder her, die in der Gesamtausgabe auf die Bände I und III verteilt sind. Das Fragment über den Gegenstand der Theologia, das im zweiten Band veröffentlicht ist, behandle ich im Zusammenhang mit den theologischen Traktaten, die im dritten Band stehen. Wo es möglich war, habe ich innerhalb der thematischen Einheiten die wahrscheinliche chronologische Abfolge berücksichtigt.

3. Sprache

Dietrichs Sprache spiegelt seinen Ausbildungsgang und die kulturelle Situation. Als er in den achtziger Jahren seine Schriftstellerei begann, war die Wissenschaftssprache geprägt von der strengen logischen Schulung und von der Terminologie der Realphilosophie der griechisch-arabischen Wissenschaft, d. h. durch Aristoteles und seine ins Lateinische übersetzten Kommentatoren Avicenna und Averroes, die Albert dem Westen verständlich gemacht hatte. Das Latein, in dem er seine Texte schrieb, war vorwiegend geformt durch Logikstudium und Aristoteleslektüre. Es war ein bewegliches, aber streng auf Präzision angelegtes Latein. Was er sagte, wollte und mußte er *genau* sagen; nicht selten wurden seine Sätze darüber kompliziert. Dietrich wurde also und blieb ein „scholastischer" Autor. Deutschsprachige Texte von ihm sind – anders als bei Meister Eckhart – bisher nicht wiedergefunden worden. Wir haben von ihm – wieder anders als bei Eckhart – keine Predigten, weder lateinische noch deutsche; er blieb in der Diktion wie in der Struktur seiner Texte ein Professor der Zeit um 1300. Eine Summa hat er nicht mehr geschrieben. Dies ist für ihn charakteristisch; die Form der Summa entsprach nicht mehr seiner Auffassung von dem, was jetzt nötig sei. Er hat auch keine Bibelkommentare verfaßt, auch das unterscheidet ihn von Eckhart. Dietrich sprach in schulmäßiger Sprache Gedanken aus, die alles andere als schulmäßig waren. Er schreibe opponendo (III 9), hat er gesagt, aber das bezog sich auf Zeitgenossen, nicht auf die großen Denker der Vergangenheit; er wollte die Klassiker der Vergangenheit gegen ihre Banalisierung verteidigen und beanspruchte, die großen Texte der Tradition – Aristoteles, Averroes, Augustin, Proklos – genauer zu lesen als andere, aber in seiner Gegenwart sah er sich als Außenseiter. Er wußte es und sprach es schroff aus, daß er die Mehrheit gegen sich hatte. Diese distanzierte Originalität kommt in seiner Diktion zum Ausdruck. Sie erscheint nur beim ersten Hinsehen allgemeinscholastisch; in Wirklichkeit ist sie unverwechselbar energisch, angespannt, präzis. Wer mit ihr vertraut geworden ist, kann sofort sagen: Das sind Sätze von Dietrich.

Dietrich wollte nicht verwechselt werden. Er fand für seine Denkart eine markante Metapher; er verstand sie als Nachlese. Dieses Bild, bereits vor ihm von Schriftstellern als Demutsformel gebraucht, charakterisiert sein Selbstverständnis; es gibt fast eine Formel für seine Forschungsrichtung und seine geschichtliche Selbsteinordnung. Seine philosophische Forschung, dachte er, habe nachholenden Charakter; sie baue kein neues „System", sondern suche nach dem, was maßgebende Denker vorausgesetzt, aber nicht argumentativ erbracht haben. Er wollte nicht das ganze Gebäude zum Einsturz bringen, sondern die Fundierung nachholen. Seine Vorgänger hatten eine solche intendiert; er mußte zeigen, was versäumt worden war und wie Abhilfe zu schaffen wäre. Er hatte das Bewußtsein, ein Spätling zu sein. Und deswegen verglich er sich mit Ruth, von der das gleichnamige alttestamentliche Buch folgendes erzählt:

Eine Frau aus Moab namens Ruth hatte den Sohn eines Einwanderers geheiratet, der wegen einer Hungersnot Juda hatte verlassen müssen. Als ihr Mann starb, wollte Noomi, die Frau des Einwanderers, in ihre Heimat zurückwandern. Ruth wollte mitgehen, Noomi wehrte ab, aber Ruth beharrte darauf, Noomi zu begleiten. Als sie in Bethlehem ankamen, begann dort gerade die Erntearbeit. Sie waren zu arm, um sich etwas zum Essen zu kaufen. Da bot Ruth sich an, etwas zu besorgen. Sie, die Fremde, die Moabiterin, hatte kein Recht, Getreide selbst vom Acker holen; sie suchte sich eine Gruppe von Erntearbeitern und bat den Besitzer, hinter ihnen hergehen zu dürfen, um einzusammeln, was die begleitenden Mägde liegengelassen hatten.[24]

Mittelalterliche Vorreden mit ihren Demutsformeln enthalten oft rhetorische Gemeinplätze. Aber Dietrich hat die Metapher, er arbeite „wie Ruth", individuell gesetzt: Er kommt als Fremder in die gegebene Problemsituation; er kommt wie die Ausländerin Ruth. Er gehört nicht zu den Schnittern, nicht zu den einheimischen Mägden. Er greift auf, was liegengeblieben ist. Er untersucht die Reste, die unbeachtet geblieben sind, wie jene „Kleinigkeiten", nach denen Sokrates zu fragen pflegte. Hatten die großen Summenbauer nicht doch irgend etwas vergessen? Die scholastische Wissenschaft schien um 1280 vollendet zu sein; soeben war Albert gestorben; Thomas von Aquino und Bonaventura waren ihm vor sechs Jahren vorausgegangen. Doch irgend etwas fehlte. Dietrichs Selbstcharakteristik steht in einer relativ späten Schrift. Er gehört nicht mehr zu den Schnittern; er ist kein amtierender Professor. Er blickt spät auf seine Lebensarbeit zurück und faßt sie dahin zusammen, er habe sich beschäftigt mit dem kleinen Rest, den andere – er wisse nicht, warum – vernachlässigt hätten. Es ging um die Revision von Grundlagen, um die Fundamente einer wissenschaftlichen, einer religiösen und gesellschaftlichen Kultur. Irgendeine „Kleinigkeit" war bislang übersehen worden.

Philosophen von geschichtlicher Bedeutung setzen auch sprachlich ihre Markenzeichen. Sie geben vorhandenen Worten ein Gewicht und einen neuen Umhof, die schwer zu vergessen sind. Selbst der nüchterne Aristoteles, den Lessing einen „Wortsparer" nannte, schuf solche individuellen Fügungen und Metaphern, so wenn er im XII. Buch seiner *Metaphysik* vom „Denken des Denkens" sprach oder wenn er vom „ersten Beweger" sagte, er bewege das Weltall „wie das Geliebte". Solche Wendungen klingen – ohne „gesucht" zu sein – individuell gedacht. Sie sind Abbreviaturen eines komplexen philosophischen Denkens und markieren zugleich den Abstand zu anderen Denkern – in dem Verdrängungswettbewerb, den das philosophische Denken *auch* ist. Sie sind schwer oder gar nicht

[24] Buch Ruth, 2, 1–23, bei Dietrich: subst., Prooemium (1) II 299.

übersetzbar, sie behalten ihre sozusagen persönliche Physiognomie. Das gilt zum Beispiel für das Stichwort des Aristoteles: usia, das wirkliche Seiende, das Wesen, die „Substanz". Auch Kant hat solche Wortzeichen gesetzt. Wenn er fragt, wie sind „synthetische Urteile a priori möglich?", dann faßte er mit dieser Formel die Denkarbeit eines Jahrzehnts zusammen. Die Wortgruppe wirkt zunächst fremd, aber sie ist präzis erklärbar. Kant gehört mit seinen Frühschriften, die ihn als Autor fast in die Nähe Lessings rücken, zu den großen Schriftstellern deutscher Sprache; er wollte sich allgemeinverständlich, nicht schulmäßig, also universitätskonform ausdrücken, geriet aber dann ins Dickicht einer unverkennbar überreflektierten individuellen Diktion.

Gilt Ähnliches auch für Dietrich? Hat er Ausdrücke oder Metaphern, die beim Leser wie von selbst haften bleiben und die sein individuelles Denken prägnant anzeigen? Er hat sie, und sie gestatten eine erste Annäherung an sein Denken. Sie erschöpfen es nicht; sie ersetzen keine Begründung. Dietrich war ein Argumentationskünstler; er hat nicht mit Schlagworten gearbeitet. Aber er hatte seine eigene Sprache; er hat Kurzformeln geschaffen und Metaphern geprägt, die den Ductus seines Denkens anzeigen. Sie kommen im Gang seiner Schriften öfter vor. Der Vergleich mit der Nachlese Ruths gab eine erste Probe seines sprachlichen Eigengeruchs und seiner Denkart. Ich möchte noch hinweisen auf einen Terminus und eine charakteristische Wendung Dietrichs.

Dietrich hat ein sprachliches Koagulat geschaffen, das einen Schwerpunkt seiner philosophischen Interessen zusammenfaßt, indem er sagte, er rede vom intellectus per essentiam semper in actu. Der Ausdruck kommt bei ihm häufig vor;[25] ich versuche, ihn zu übersetzen:

Intellectus ist ein Fachausdruck, denn man heute vielleicht am besten mit „Vernunft" wiedergibt, denn „Intellekt" klingt zu kalt-modern, „Geist" klingt zu romantisch-idealistisch. Es ist von der höchsten Erkenntnisfähigkeit die Rede, auf dem Hintergrund einer griechisch-philosophischen Tradition, die vor allem im XII. Buch der *Metaphysik* des Aristoteles und im dritten Buch seines Werks *Über die Seele* zum Ausdruck kommt.

Von dieser Vernunft heißt es, sie sei in actu. Das heißt: Sie ist nicht bloß *möglicherweise* Einsicht, sondern sie ist Vollzug des Wissens; sie realisiert sich. Sie ist *wirkliches* Wissen. Aristoteles hatte zwischen mög-

[25] vis. 1.1.3.6 (2) I 22; vis. 1.1.6 (2) I 31; vis. 1.1.8 (6) I 34; vis. 3.1 (3), I 68; int. I 1 (1) I 137; int. I 8 (1) I 141; int. I 10 (2) I 143; int. II 32, 1, I 171; utrum 1.1 (4) III 293.

lichem (potentiellem) Sein und wirklichem (akthaftem) Sein unterschieden; die Vernunft gehört, dieser Formel Dietrichs zufolge, auf die Seite akthafter Verwirklichung. Sie ist das gelungene Erkennen, kein bloßes Wissenwollen, kein Ahnen oder Glauben. Sie weiß, daß sie es ist, die weiß. Sie erwartet nichts; sie hat. Sie hat sich selbst. Was sie hat – sagt Dietrichs Formel –, das hat sie immer und von ihrem Wesen her. Nicht von außen, nicht durch Zufall. Sie ist Weltdarstellung durch innenbestimmte Selbstverwirklichung.

Gibt es so etwas?, fragt ein moderner Leser. Wie kann man von der menschlichen Vernunft sagen, daß sie „immer" und aus ihrem „Wesen" heraus erkennt? Ist sie nicht auf Außenerfahrung und Dazulernen angewiesen? Oder treibt Dietrich, als mittelalterlicher Mönch, hier „Theologie"? Redet er von der *göttlichen* Vernunft? Behauptet er etwas über die Erkenntnis der Engel? Die mögen immer im Vollbesitz aller Erkenntnis sein; *wir* sind es jedenfalls nicht.

Es ist gut, solche Zweifel bei der Lektüre Dietrichs im Sinn zu behalten. Er machte Voraussetzungen, die heute kaum jemand mehr teilt. Aber er nannte diese Voraussetzungen mit größerer Klarheit als andere, die sie in Anspruch genommen, aber nicht problematisiert haben. Seine Formel von der Vernunft, die ihrem Wesen nach immer in aktuellem Vollzug ist, war nicht alles, was er zur Frage der Erkenntnis und der Vernunft zu sagen hatte; sie hält eine Position paradigmatisch fest. Ich werde auf sie mit Dietrich zurückkommen. Hier nur dies noch, um das Problem lieber zuzuspitzen als zu verharmlosen: Dietrich lehrte, Gott sei ein solcher intellectus, aber auch jeder Mensch sei ein solcher Intellekt. Also um reine Theologie ging es dabei nicht; er sprach von „unserer Vernunft", intellectus noster.[26]

Wie kann ein sorgfältig argumentierender Philosoph uns Menschen eine so zeitüberlegene Erkenntnisweise zusprechen? Sie soll immer in actu sein? Entwickelt sie sich nicht erst in Kindern und in geschichtlichen Gesellschaften? Schläft diese Vernunft nicht manchmal? Gehört sie einem individuellen Wesen an oder ist sie überindividuell, damit sie frei sein kann von Zeitintervallen und Außenabhängigkeiten?

Ich werfe diese Fragen auf, nicht um sie hier zu lösen – sie werden uns noch genug beschäftigen –, sondern um auf die prägnante Formel hinzuweisen, die Dietrich für seine Lösung geschaffen hat, übrigens aus

[26] or. 5 (20) III 185; 5 (32) III 189 u. ö.

tradierten Elementen. Er hat sie hart geprägt; sie zieht Einwände förmlich herbei. Dietrich wollte Diskussionsstoff schaffen; er wollte zeigen, was derjenige ablehnt, der sie verwirft. Fällt das, worauf seine Formel verweist, dann fällt die gesamte bisherige Metaphysik, sowohl in ihrer aristotelischen wie in ihrer augustinischen Variante. Denn sie setzt eine solche Instanz voraus, nicht in Gott, sondern in uns Menschen. Die Wendung „intellectus per essentiam semper in actu" kondensiert Prämissen der bisherigen Philosophie; über sie nachzudenken, das heißt, den Denkweg Dietrichs eine große Strecke lang zu begleiten.

Dietrichs Sprache verdiente eine monographische Untersuchung. Hier gebe ich erste Hinweise auf seine Eigenart. Außer der Prägung markanter Formeln fallen an ihr drei Züge auf: „Verbalisierung der Fachsprache", „Provokation mit Erklärung" und die „Benennung des Namenlosen".

Zur Verbalisierung: essentia und quiditas waren im 13. Jahrhundert gängige Münze. Aber Dietrich, der das Universum als fluxus und die Natur als dynamischen Prozeß dachte, liebte die Wörter „essentiare" und „quidificare". Beide Verben kommen bei Thomas von Aquino nicht vor: Albert kennt gelegentlich ein essentiatur (In Met. XI tr. 1 c. 12, Ed. Colon. 16, 2 S. 479 Zeile 15); Dietrich gebraucht die verbalen Formen häufiger:[27] Er bildet substantificare, quidificare und gibt inbesondere dem Verb constituere eine den Dynamismus hervorhebende Kraft. Dietrich treibt den verbalen Charakter seines Sprechens so weit, daß er sagen kann: homo hominat, en. II 1 (9) I 39.

Zur Provokation mit Erklärung: Das Wort „Paradoxie" hat seit Kierkegaard eine terminologische Fassung bekommen, die bei einem Denker der Zeit um 1300 fernzuhalten ist. Fideistische und intuitionistische Erklärer mittelalterlicher Autoren lieben es zwar, aber es gehört nicht hierher. Ich spreche daher von *provokativer Wortfolge,* der die Erklärung folgt, d.h. von Dietrichs sprachlicher Eigenart, eine verblüffende, zunächst absurd scheinende Äußerung zu machen, sie aber sofort

[27] Dietrich, vis. 1.1.3.1 (3) I 28: sic sensualitas seu sensatio non eo modo essentiat sensum, sicut intellectualitas figit in esse intellectum.

Acc. 9 (7) III 66: ... in iam dictis modis differenter habendi suam essentiam attenditur diversus gradus distandi a nihilo. Magis enim essentiatur et magis rationem et perfectionem entis habet et per consequens magis distat a nihilo.

Acc. 15 (2) III 73: quiditas est id, quo formalissime essentiatur et constituitur res in esse secundum actum formalem.

Noch in ir. 4 (2) IV 280: In substantialibus enim res essentiatur et substantificatur et capit suam rationem a forma.

zu erklären. Dadurch sprengt er die Strukturen des „normalen“ Wissens auf, ohne sie hastig und inkonsequent zu verlassen. Dietrich wollte das Wissen erneuern; er entwickelte ein Pathos des Neuen und fixierte auch sprachlich die Notwendigkeit neuer Schritte. Er läßt den Leser sie einüben, denn er weiß, die Menschen verlassen das Gewohnte ungern. Nehmen wir ein Beispiel: Dietrich liebte die Formulierung, der Intellekt werde dadurch in seiner Substanz konstituiert, daß er seinen göttlichen Grund denkend erfasse.[28] Erst aufgrund seiner intellektuellen Tätigkeit konstituiert sich sein Wesen. Dies war am Ende des 13. Jahrhunderts eine Wendung von gesuchter Anstößigkeit. Denn zunächst einmal verstieß sie gegen die aus Aristoteles abgeleitete Vorstellung, zuerst müsse ein Wesen *sein*, bevor es tätig werden könne. Dietrichs Satz stellte die Vorstellung von Substanz und eigenschaftlicher Aktivität auf den Kopf. Er kollidiert mit einer elementaren Regel der aristotelischen Kategorienlehre. Die Vorliebe für das Wort „konstituieren“, das Dietrich nicht erfunden hat, zeigt an, daß er glaubte, die Betrachtung der Welt und des Menschen komme mit den Vorstellungen schlichten Vorhandenseins nicht aus. Er begnügte sich nicht mit der Vorstellung, der Intellekt sei erschaffen wie alles andere auch. Er sah, daß er eine neue Betrachtungsweise eröffnen mußte, die sowohl über die Vorstellung fester Ding-Subjekte wie des technomorphen Weltenschöpfers hinausging. Ein Intellekt wird nicht einfach ins Dasein *gesetzt*. Er setzt sich auch nicht unabhängig von seinem göttlichen Grund selbst ins Dasein. Er *setzt sich ins* Dasein, indem er *in sich* seinen göttlichen Grund intellektuell erfaßt. Dies ist eine subtile Position. Wie sich noch genauer zeigen wird, ist sie vom gewöhnlichen Kreationismus weit entfernt. Hier sei sie erst einmal unter dem Gesichtspunkt ihrer sprachlichen Darstellung betrachtet: Sie provoziert; sie legt dem Leser Einwände geradezu in den Mund, um sie in der Folge argumentierend aufzulösen. Dietrich schreibt „Provokationen mit Erklärung“.

Dietrichs Sprache ist Benennen des Unbenannten. Sie ist dies im mehrfachen Sinn: Sie ist es zunächst einmal in der erwartbaren Bedeutung der theologia negativa. Mit Berufung auf den *Liber de causis* (so in int. I 4 (2) I 138), teils in späteren Schriften mit ausdrücklichem Bezug auf Proklos, erklärt Dietrich, daß wir für das göttliche Eine keine positiven Namen haben:

[28] Dietrich, vis. 1.2.1.1.7 (2) I 43; ib. 1.3.3 (8) I 58 und 1.3.3 (11) I 59 und öfter.

Ecce, nomine unius circumloquitur primam causam, Deum, quasi non habens proprium nomen, quo positive ipsum designet (cog. 37 (4) II 201; vgl. cog. 9 (2) II 175, auch subst. 5 (2) II 307).

Er bricht in die Klage aus, daß wir vom Göttlichen nur stotternd reden können:

Modo humano loquimur, quantum ad modum intelligendi, quo divina balbutiendo resonamus (vis. 1.2.1.1.4. (2) I 39).

Das Mißverhältnis unserer immer vielheitlichen Sprache zum göttlichen Einen ist bei Dietrich ein mehrfach vorkommendes Motiv, das durch Dionysius Areopagita bei ihm verstärkt worden ist, aber es ist weder der einzige noch der wichtigste Fall der Benennung des Ungenannten. Philosophie war Wissen aus den Ursachen, aber gleich in seiner ersten großen Schrift erklärte Dietrich, es gebe eine wichtige Form der Kausalität, die keinen Namen habe und mit deren Beschreibung er sich befasse (or. 1 (5) III 138). Dieser Begründungsmodus sei innominatus quidem, fingatur autem nomen. Dietrich bleibt nicht stehen bei der Klage über die Unbenennbarkeit. Fehlen ihm die Worte, ersetzt er den Mangel durch Erfinden. Das sagt Dietrich, wenn es um eine qualitative Bestimmung eines Elements geht (cog. 31 (2) II 195).). Ein anderes Mal spricht er davon, es gebe eine Art des Gegensatzes, die noch keinen Namen habe (nat. 20 (2) II 98). Eine Reihe von Gründen setzt in den Augen Dietrichs die gewöhnliche Sprache, auch die gewöhnliche Wissenschaftssprache, in ihrem sachlichen Anspruch herab: Sie bleibt bei groben Vorstellungen des Volkes stehen. Sie bezeichnet zum Beispiel einen Lichteffekt als „Nebel", der keineswegs ein Nebel ist, quamvis aestimatio grossa vulgi sic nominet (ir. 4 (2) IV 139). Ferner sind unsere Vokabeln Wörter der Körperdinge; wir reden gewöhnlich secundum proprietatem nominum corporalium (dot. 21 (3) II 284). Daraus folgt die Notwendigkeit der theoretischen Korrektur. Aber die unterbleibt oft. Eine wissenschaftsinterne Fehlerquelle ist das Ausdehnen des Wortfelds bloß logischer Termini: Gemeinsame Vokabeln decken die realen Verschiedenheiten zu. Die mangelnde Unterscheidung von Logik und Realphilosophie erzeugt Wörter mit allzu verallgemeinernder Bedeutung. Besonders Theologen leiden an dieser Zerdehnung des Wortgebrauchs (or. 2 (40) III 154). Es sind solche Mängel der gewöhnlichen Sprache, denen Dietrich seine eigene, seine erneuerte Diktion entgegensetzt.

4. Wiederentdeckung

Dietrich war nie völlig vergessen. Die mittelalterlichen Verzeichnisse der Dominikanerschriftsteller nennen seinen Namen und die Titel seiner Werke.[29] Zeitgenossen nahmen zu seinem Werk Stellung. Teils stimmten sie ihm zu, wie Berthold von Moosburg, der Nachfolger Eckharts auf dem Lehrstuhl in Köln, der, ohne Dietrich zu nennen, viele Passagen Dietrichs in seinen riesigen Kommentar zu Proklos' *Elementatio theologica* einfügte. Teils kritisierten sie ihn wie seine deutschen Ordensbrüder, die Thomisten Heinrich von Lübeck und Nikolaus von Straßburg.[30] Die Debatte bezog sich allerdings nicht, soweit wir wissen, auf Dietrichs Schrift *Über den Regenbogen*. Dietrich hat diese Schrift dem Generalmagister des Predigerordens zugesandt; alle Lehrer des Ordens, welche die aristotelische *Meteorologie* zu erklären hatten, mußten die Frage beantworten können, wie der Regenbogen entsteht. Keiner hat, soviel wir heute wissen, dabei auf Dietrichs originelle Theorie Bezug genommen. Insofern war Dietrich ein „Außenseiter der mittelalterlichen Wissenschaftsgeschichte".[31] Gilt das auch für seine Philosophie? Loris Sturlese spricht davon, sie sei einer „jahrhundertelangen Zensur" verfallen.[32] Jedenfalls scheint das richtig für die Zeit *nach* den Debatten der Zeitgenossen, insbesondere dem Tod Bertholds (1361). Freilich hat Nikolaus von Kues 1449 auf Berthold als auf einen Repräsentanten der höheren Weisheit hingewiesen, die nur für Eingeweihte sei.[33] Bei der starken Präsenz der Theorien Dietrichs bei Berthold könnte dies ein Beweis seiner indirekten Nachwirkung im 15. Jahrhundert sein. Doch ist Vorsicht am Platze: Es scheint unmöglich, zu unterscheiden, welche Anregungen Cusanus von Proklos selbst, welche er von seinem Kommentator bekommen hat. Cusanus brauchte diesen Kommentar kaum. Man

[29] Belege bei Loris Sturlese, 1984, S. 128–135.

[30] Heinrich von Lübeck, Quodlibeta I q. 6 und q. 15; Nikolaus von Straßburg, Vorrede zu seiner Summa. Vgl. Sturlese, 1984, S. 138, ferner Ruedi Imbach, Metaphysik, Theologie und Politik, 1986, S. 359–395 = Imbach, 1996, S. 251–295; Tiziana Suarez-Nani, Tempo ed essere nell'autunno del medioevo, Amsterdam 1989; dies. (Hg.), Nikolaus von Straßburg, Summa. Liber 2, Tractatus 8–14. CORPUS PHILOSOPHORUM TEUTONICORUM MEDII AEVI BAND V, 2 (3), Hamburg 1990. Vgl. Sturlese, 2007.

[31] Sturlese, 1985, S. XLV.

[32] Sturlese, 1985, S. XLV.

[33] Nikolaus von Kues, Apologia doctae ignorantiae, ed. R. Klibansky, Leipzig 1932, S. 30, 1.

kann zweifeln, ob er ihn studiert hat, denn er entstellt den Namen seines Verfassers zu Iohannes de Mossbach. Eine solche Zitierweise sieht nicht nach intensiver Arbeit aus. So muß man wohl zusammenfassend sagen: Dietrich – der Denker, nicht der Organisator – verstand sich als Fremden wie Ruth; er ist der westlichen Wissenschaft fremd geblieben, bis es zu einer historischen Untersuchung kam. Diese setzte allerdings früh ein; Dietrich war in den Verzeichnissen der Ordensschriftsteller genannt und kurz beschrieben.[34] Wie in fast allen anderen Fällen, beginnt die kritische historische Erforschung des mittelalterlichen Denkens nicht, wie man oft behauptet, im 19. Jahrhundert als Folge der Romantik oder gar der Neuscholastik, sondern bei den Gelehrten des 18., ja des 17. Jahrhunderts. Jacques Quétif, der Dominikanerbibliothekar von St. Honoré in Paris, hat von 1618 bis 1698 gelebt.[35] Venturi berichtet, sein Interesse für Dietrich sei durch das alte Nachschlagewerk von Quétif-Echard geweckt worden; was er suchte, war die Regenbogentheorie Dietrichs. Dietrich war es erstmals gelungen, die Entstehung der Farben beim Regenbogen zu erklären: Er unterschied Hauptregenbogen und Nebenregenbogen; er analysierte den Weg der Sonnenstrahlen durch die Wassertropfen. Die Farben des Hauptregenbogens ergeben sich demnach aus zweimaliger Brechung und Reflexion im Innern des Tropfens, die umgekehrte Farbenanordnung im Nebenregenbogen ergibt sich aus zweimaliger Brechung und zweimaliger Reflexion. Diese originelle und bis heute im wesentlichen richtige Theorie war nicht ohne methodische Reflexion zu gewinnen. Die Frage, wie Dietrich auf sie gekommen war, welche Anreger er hatte und welche Experimente er ausführte, stellte sich früh. Zur Vorbereitung seines 1814 erschienen Buches über die Geschichte der

[34] Jacques Quétif–Jacobus Echard, Scriptores ordinis Praedicatorum, Band I, Paris 1719, p. 513: Theodoricus de Saxonia ordinis praedicatorum circa 1311 scripsit in quatuor libros sententiarum et de radialibus impressionibus ad Aimericum Placentinum ordinis Magistrum. Dietrich ist berücksichtigt bei Casimir Oudin, Commentarius de Scriptoribus Ecclesiae, Band 3, Leipzig 1722, p. 603, ferner bei Christian Gottlieb Jöcher, Allgemeines Gelehrten-Lexicon, Band 4, Leipzig 1751, Sp. 1099, der ihn aus Freiburg im Breisgau stammen läßt, eine Reihe von Werkstiteln mitteilt, darunter De origine und De iride, Autoren tadelt, die aus „diesem Scriptore zweye" machen, um in der folgenden Spalte (1100) einen Theodoricus aus Sachen zu verzeichnen, der um 1310 gelebt und De radialibus impressionibus geschrieben habe.

[35] Vgl. dazu K. Flasch, Das Selbstverständnis des historischen Wissens, in: Otto Gerhard Oexle (Hg.), Naturwissenschaft, Geisteswissenschaft, Kulturwissenschaft: Einheit – Gegensatz – Komplementarität? Göttingen 1998, S. 61–77, jetzt in: Flasch 2005, S. 279–288, bes. S. 281–282.

Optik reiste G. B. Venturi nach Basel und fertigte sich eine Abschrift von Dietrichs Traktat *De iride* an.[36] Das Interesse an der Revolution Dietrichs in der Optik ist seitdem nicht mehr erloschen: Johann Christian Poggendorf verbesserte 1863 die biographischen Angaben der bisherigen Lexika.[37] 1914 kam es zu einer ersten, wenn auch unbefriedigenden Edition des Traktats.[38] Die Historiker der Naturwissenschaft haben dann eine Reihe von Untersuchungen zu Dietrichs Naturwissen vorgelegt; ich nenne nur Crombie, Boyer, Wallace, Federici-Vescovini, Birkenmajer und Lindberg. Hauptthemen dieser Untersuchungen waren die Quellen der Optik Dietrichs und die Frage, ob seine Methodologie mehr der aristotelischen oder eher der neuplatonischen Tradition entstamme und wie er das Verhältnis von Experiment und Theorie fasse. Häufig dominierte die Frage, wieweit Dietrich die Theorien Descartes' und Newtons „vorweggenommen" habe. Es kann heute als sicher gelten, daß Dietrichs Untersuchung nichts mit der sogenannten Oxforder Lichtmetaphysik zu tun hat, wie Crombie meinte. Erst 1985 kam es zur definitiven Edition des Textes mit der unentbehrlichen Einleitung von Loris Sturlese.[39] Von einer abschließenden Bewertung dieses großen Buchs von Dietrich sind wir weit entfernt.

Einen markanten Einschnitt in der Geschichte der Dietrich-Forschung bedeutete das Buch von Engelbert Krebs: *Meister Dietrich. Sein Leben. Seine Werke. Seine Wissenschaft. Beiträge zur Geschichte der Philosophie des Mittelalters*, hg. von Clemens Baeumker, Band 5, Heft 5–6, Münster 1906. Es hat bis in die siebziger Jahre hinein das Bild Dietrichs bestimmt. Das Buch ist Heinrich Finke gewidmet, dem Historiker des

[36] Aus Handschrift Cod. F IV 30. Vgl. Giovanni Battista Venturi, Commentarj sopra la storia e la teoria dell'ottica, I., Bologna 1814. Vgl. Sturlese, 1984, S. 72.

[37] Johann Christian Poggendorff, Biographisch-literarisches Handwörterbuch zur Geschichte der exacten Wissenschaften, Band 2, Leipzig 1863.

[38] Joseph Würschmidt, Dietrich von Freiberg über den Regenbogen und die durch Strahlen erzeugten Eindrücke. Baeumkers Beiträge zur Geschichte der Philosophie des Mittelalters, Band XII Heft 5, Münster 1914. Zur Bewertung vgl. Sturlese, 1985, S. 98–99.

[39] Alistair C. Crombie, Robert Grosseteste and the Origins of Experimental Science 1100–1700, Oxford 2. A. 1962; Carl B. Boyer, The Rainbow. From myth to Mathematics, New York – London 1959; William A. Wallace, The Scientific Methodology of Theodoric of Freiberg. A Case Study of the Relationship between Science and Philosophy, Fribourg 1959; Graziella Federici-Vescovini, Studi sulla prospettiva medievale, Turin 1965; Aleksander Birkenmajer, Etudes d'histoire des sciences en Pologne, Breslau 1972; David C. Lindberg, Studies in the History of Medieval Optics, London 1983; Loris Sturlese 1985, XIII–LVII., ders., Artikel: Optik, in LMA 6, 1993, Spalte 1419–1422; Gudrun Schleusener-Eichholz, Das Auge im Mittelalter, 2 Bände, München 1995.

Spätmittelalters, der bei seinen Studien zur Geschichte des Dominikanerordens auf Dietrich gestoßen war, 1891 zwei Briefe Dietrichs ediert[40] und 1901 eine „abschließende Arbeit über ihn"[41] gefordert hatte. Finke war, wie wir aus den Forschungen von Heinrich Ott wissen, die graue Eminenz der Freiburger philosophischen Fakultät; ihm ein Buch zu widmen, war angemessener Dank für die Anregung und allemal karrierefördernd.

Krebs hatte mit Heinrich Denifle in Verbindung gestanden, der selbst eine Arbeit über Dietrich in Aussicht gestellt hatte. Krebs verstand seine Dietrich-Darstellung als Versöhnung der Lebensarbeiten des Germanisten Wilhelm Preger und Heinrich Denifles, die inzwischen verstorben waren und zu Lebzeiten sich als Gegner einander gegenüber gestanden hatten.[42] Damit waren für Krebs einige Forschungslinien vorgezeichnet: Er wollte das vorhandene Interesse an großen Naturforschern ausnutzen und Dietrichs Regenbogentheorie günstig plazieren; er wollte wie Denifle möglichst exakt die Stellung Dietrichs in der Philosophie seiner Zeit bezeichnen, was damals darauf hinauslief, die Nähe oder Ferne zum „Fürsten der Scholastik", also zu Thomas von Aquino, zu bestimmen; er wollte die durch Preger aufgeworfene Frage der Beziehung Dietrichs zur sogenannten „Deutschen Mystik" klären.

Als Freiburger hatte Krebs schließlich ein Interesse daran herauszufinden, ob Dietrich aus Freiburg im Breisgau oder aus Freiberg in Sachsen stammte; er plädierte erfolgreich für Sachsen. Krebs gab erstmals genaueren Einblick in das Werk Dietrichs, indem er 36 Texte Dietrichs kurz paraphrasierte, deren Hauptstellen im Originalwortlaut mitteilte und zwei Schriften Dietrichs vollständig edierte, nämlich *De intellectu et intelligibili* und den kleinen Traktat *De habitibus.* Krebs befaßte sich mit Dietrichs Quellen; er hob Augustin hervor, dem Dietrich niemals

[40] Heinrich Finke, Ungedruckte Dominikanerbriefe des 13. Jahrhunderts, Paderborn 1891, Nr. 159 und 161.

[41] Engelbert Krebs, Meister Dietrich. Sein Leben. Seine Werke. Seine Wissenschaft. Beiträge zur Geschichte der Philosophie des Mittelalters, hg. von Clemens Baeumker, Band 5, Heft 5–6, Münster 1906, S. 9. Über ihn: Albert Junghanns, Der Freiburger Dogmatiker Engelbert Krebs (1881–1950). Ein Beitrag zur Theologiegeschichte, Freiburg/Br., 1979.

[42] Wilhelm Preger, Altdeutscher Traktat über wirkende und mögliche Vernunft, in: Sitzungsberichte der Bayerischen Akademie der Wissenschaften, Philosophisch-historische Klasse 1871, S. 157–189; ders., Geschichte der deutschen Mystik, Band 1, Leipzig 1874, S. 292–305; ders., Dietrich von Freiberg, in: Allgemeine Deutsche Biographie, Band 5 (1877) S. 190–191. Denifles Kritik an Preger in: Historisch-politische Blätter 75, 1875, S. 679–706, 771–790 und 903–928, zu Dietrich S. 789–790, mit S. 790 Denifles Urteil, Dietrich teile mit

widerspreche;[43] er betonte den Einfluß Avicennas.[44] Er sah Dietrichs geschichtliche Stellung als Übergang von der „aristotelisch-scholastischen Lehre", worunter er immer Thomas verstand, zur neuplatonischen.[45] Dietrich habe sich völlig dem Proklos ergeben.[46] Zusammenfassend urteilte Krebs, drei Elemente hätten sich in Dietrichs Denken gemischt: Proklos, Augustin und Aristoteles. Gelegentlich sprach Krebs von „Gemenge", Dietrich habe „mehr kompiliert als originaliter erdacht";[47] er sei „ein arabisierender Neuplatoniker".[48] Krebs tadelte diese Orientierung Dietrichs; er kritisierte, Dietrich habe den „Intellektualismus" bis zum „traurigen Determinismus" gesteigert.[49] Daneben stehen anerkennende Urteile: Dietrich sei ein „völlig individueller Denker"; er habe durch konsequente Anwendung seines „Zentralbegriffs", des Intellekts, seinem Denken einen „geschlossenen einheitlichen Charakter" gegeben.[50]

Diese Geschlossenheit hat Krebs mehr behauptet als gezeigt. Gelegentlich hat er sie auch bestritten. Sein Buch hat die Forschung entscheidend bestimmt und ihr folgende Schwerpunkte gesetzt:

- Die Bedeutung des Intellektbegriffs und der Regenbogentheorie,
- Dietrich wird beurteilt primär im Verhältnis zu Thomas, nicht zu Albert, nicht zur Situation in Paris *nach* 1277,
- Zurückdrängen der Seite Aristoteles-Averroes,
- Vorrang des Neuplatonismus und Augustins;
- da Thomas wesentlich als Aristoteliker galt, erhielt Dietrichs Denken das Etikett: vorthomistisch;[51]
- Krebs konstatierte die Nähe Dietrichs zu den 1277 verurteilten Häresien (vermittelte creatio, Gnadentheorie, menschliches Erkennen als

Heinrich von Gent „manche Extravaganzen". Krebs profitierte außer von den Historikern der Physik auch von dem Abschnitt über Dietrich im Band 27 (1877) der Histoire littéraire de la France, den B. Hauréau verfaßt hatte, S. 74–79. Hauréau fand, Dietrich trenne sich von Thomas in der Frage der Individuation, bemerkte S. 76, De origine sei einer der bedeutendsten Traktate Dietrichs; er nannte Dietrich „un philosophe universel", stellte fest, seine Werke seien zu seiner Zeit wenig beachtet worden (S. 79).

43 Krebs, 1906, S. 96.

44 Krebs, 1906, S. 97.

45 Krebs, 1906, S. 65 und 87.

46 Krebs, 1906, S. 63f.

47 Krebs, 1906, S. 153.

48 Krebs, 1906, S. 87.

49 Krebs, 1906, S. 99. Vgl. S. 151.

50 Krebs, 1906, S. 153.

51 Krebs, 1906, S. 150.

Substanz[52]) und hob zugleich die Übereinstimmung mit Thomas in der Frage der Einheit der substantialen Form hervor,[53] aber in der Regel stelle Dietrich sich gegen ihn.[54]

– Gegen Preger insistierte Krebs: Dietrich war kein Mystiker. Preger hatte, allein auf den Text *De visione beatifica* gestützt, Dietrich als den Übergang von der Scholastik zur Mystik bezeichnet; die Mystik habe sich dann bei Eckhart von der Scholastik befreit. Dagegen insistierte Krebs: Thomas war mehr Mystiker als Dietrich; ein gewisser Bezug zur deutschen Mystik bestehe, doch habe Dietrich ihr nicht die theoretische Grundlegung geboten, sondern eher dekorative Zutaten. Unter „deutscher Mystik" verstand Krebs vor allem Tauler. Übrigens hatte schon Gottfried Arnold in seiner *Unpartheyischen Kirchen- und Ketzerhistorie* Eckhart, Dietrich und Tauler in engsten Zusammenhang gebracht:

  M. Eckardus, M. Dietrich, deren in den Schriften Tauleri viel gedacht wird, als denen er ziemlich gleich kommen ist.[55]

Es ist heute leicht, Krebs zu kritisieren. Wir haben bessere Texte Alberts und gute Texte Dietrichs. Unsere „Scholastik" hat nicht mehr nur einen einzigen „Fürsten" und nicht mehr nur eine einzige Residenz, nämlich Paris. Unser Bild ist pluriform geworden, dezentralisiert, regionalisiert. Aber das ist nicht einmal das Wesentliche: Die Standards philosophiehistorischer Forschung haben sich verschoben. Bei Philosophien zählen die Argumente mehr als ihr punktuelles Ergebnis, und dieses messen wir nicht an einem äußeren Maßstab, etwa der Orthodoxie oder des Thomismus, die wir im geschichtlichen Wandel sehen. Krebs hat sich eingearbeitet in die Geschichte der Optik, aber wenn er das *Denken* Dietrichs beschreibt, bleibt er wesentlich mehr Theologe als Dietrich dies war. Oder besser: Er verstand unter „Theologie" etwas recht anderes als Dietrich. Die Dominanz eines geschichtlich kontingenten Typus von Theologie war forschungsgeschichtlich so folgenreich, daß der Dietrichleser sie sich heute verdeutlichen muß: Krebs wollte einmal die „Hauptthemen der Philosophie Dietrichs" zusammenstellen und sprach dabei

[52] Krebs, 1906, S. 69 und 83: Nähe zu Thesen, die 1277 verurteilt worden waren. S. 152: Nähe zu Häretikern.

[53] Krebs, 1906, S. 88.

[54] Krebs, 1906, S. 91, 113, 117, 151, 152.

[55] Gottfried Arnold, Unpartheyische Kirchen- und Ketzerhistorie, zuerst 1699–1700, ich zitiere die Ausgabe Frankfurt/M. Band 1, 1729, S. 420 a.

ausdrücklich von dessen „Philosophie", aber dann nannte er folgende Themen Dietrichs:

- Ausfluß der Schöpfung aus der Gottheit,
- Verhältnis des Intellekts zu Gott einerseits, zur Menschenseele andererseits,
- Prinzip der Individuation.

Diese Auswahl erfolgte primär theologisch: Das Philosophische und das Argumentative bleibt außer acht. Selbst das genuin philosophische Problem der Individuation erörterte Krebs im Hinblick auf die Abweichung von Thomas. Es käme aber darauf an zu untersuchen, mit welchen Argumenten Dietrich von Thomas abgewichen ist, in welchem Kontext diese stehen und wie diese Argumente philosophisch zu bewerten sind.

Dazu kommt ein anderes Defizit: Krebs ordnete das Denken Dietrichs ein in seine neuscholastischen Vorstellungen von philosophischen Disziplinen; er historisierte nicht diese Einteilungen. Er unterschied: Logik, Optik, Kosmologie und Naturphilosophie, Psychologie, Intelekttheorie und Theologie.[56] Merkwürdigerweise fehlt hier Ontologie oder Metaphysik; Dietrichs Erörterungen der Kategorien ordnete Krebs der Logik zu. Schon diese Einteilung war schief; sie eliminierte die fundamentalphilosophischen Erörterungen, also die prinzipientheoretischen Elemente in Dietrichs Denken. Aber was noch folgenreicher war: In seiner Darstellung der Lehre Dietrichs behandelte Krebs die Schriften überhaupt nicht, die er der „Logik" zugeordnet hatte. Dadurch wurde Dietrich bei Engelbert Krebs ein Dietrich ohne *De origine rerum praedicamentalium,* dessen Paraphrase zudem noch außerordentlich knapp ausfiel: Krebs verschwendete auf diesen wichtigen Traktat kaum mehr als eine Seite. Zur Interpretation begnügte Krebs sich mit einem einzigen Satz: Der Intellekt sei für die Formen und modi, die er bezüglich der Naturdinge „feststellt", „in Wahrheit kausales Prinzip". Als Friedrich Stegmüller 1957 den Traktat *De origine* edierte, opferte auch er der Auslegung nur einen einzigen, an Krebs erinnernden Satz: Dietrich versuche hier, „den Ursprung der Kategorien aus dem Intellekt nachzuweisen".[57] Kein Wort darüber, warum das so sein soll und wieweit es gilt: Sollen etwa *alle* Kategorien ihren Ursprung im Intellekt haben? Und was haben diese selbstgemachten Kategorien mit der Wirklichkeit zu tun? Dietrich

[56] Krebs 1906, S. 7*.

[57] Vgl. Krebs 1906, S. 11* mit Stegmüller, 1957, S. 115.

war ungleich genauer. Aber darin sind ihm weder Krebs noch Stegmüller gefolgt. Dabei blieben auch die Autoren, die, wie Bernhard Geyer und Etienne Gilson, sich ausdrücklich an Krebs anschlossen.[58] Ihr Dietrichbild beruhte auf der Regenbogenschrift und auf dem von Krebs edierten *De intellectu*. Mehrere Eckhartforscher haben unter diesen von Krebs geschaffenen Prämissen das Verhältnis Dietrichs zu Eckhart behandelt, auch dann noch, nachdem Stegmüller 1957 *De origine* ediert hatte.

Krebs ist noch in einem anderen Zusammenhang zu erwähnen. Der junge Martin Heidegger plante 1913/1914 seine Habilitation im Fach Philosophie in Freiburg. Er besprach sich darüber mit seinem acht Jahre älteren geistlichen Freund und Berater, mit Engelbert Krebs. Heidegger wollte sich für einen katholisch geprägten Lehrstuhl für Philosophie qualifizieren. Krebs riet ihm, seine Habilitationsschrift über eine „logische Schrift" des Dietrich von Freiberg zu verfassen. Es ist kaum vorstellbar, was es für die Dietrichforschung bedeutet hätte, wäre Heidegger diesem Rat gefolgt und hätte *De origine* untersucht, das Krebs unter die logischen Schriften eingeordnet hatte. Aber Heidegger war das Thema zu historisch; er zog es vor, über Duns Scotus zu schreiben, worauf ihn Heinrich Finke verwiesen hatte.[59]

Bekanntlich hat Heidegger dann über Thomas von Erfurt geschrieben, allerdings in der Meinung, er erforsche Texte von Duns Scotus. Inzwischen ging die Dietrich-Forschung auch ohne Heidegger weiter. Engelbert Krebs lieferte noch einen Beitrag, in dem er sich selbst korrigierte. Er hatte 1906 die Position Dietrichs zu essentia und esse für thomistisch gehalten und edierte 1911 dessen Traktat *De esse et essentia* in der *Revue néoscolastique de philosophie* 18 (1911), 519–536, und erkannte den anti-thomistischen Charakter der essentia-Theorie Dietrichs. Da unter neuscholastischen Autoren die Frage der sogenannten Realdistinktion zwischen Sein und Wesen noch vielfach diskutiert wurde, erfreute sich die Frage des Verhältnisses von ens und esse einer gewissen Aktualität. Sie führte zu weiteren Forschungen über die früheste thomistische Schule und die ersten Polemiken gegen Thomas. In diesem Zusammenhang interessieren insbesondere die ersten Dominikanerprofessoren, die sich

[58] Bernhard Geyer, Die patristische und scholastische Philosophie. Ueberwegs Grundriß II, Berlin 1928, S. 554–560; Etienne Gilson, La philosophie au Moyen Age, 2. Auflage, Paris 1952, S. 520–524; Thomas von Aquino tritt auf ab S. 525.

[59] Heinrich Ott, Martin Heidegger. Unterwegs zu einer Biographie, Frankfurt – New York 1988, S. 82.

gegen Thomas gestellt haben; zu ihnen zählt neben Durandus a S. Porciano auch Dietrich. Nachdem Etienne Gilson in seinem *L'Etre et l'essence*, Paris 1948, die thomistische Philosophie des actus essendi in der Diskussion mit der Existenzphilosophie aktualisiert hatte, erlebte die Beschäftigung mit der thomistischen Philosophie von ens und esse eine Nachblüte, die zu gelegentlichen Untersuchungen auch über Dietrich und zu Teileditionen führte. Der Bezugspunkt blieb Thomas von Aquino, meist in der letzten Auslegung durch Gilson. Dadurch blieb es bei der Tendenz von Krebs, Dietrich als vorthomistischen Neuplatoniker vorzustellen. Immerhin wurden dadurch einige kleinere Schriften Dietrichs ediert, so publizierte Armand Maurer Dietrichs *De quidditatibus entium* (Medieval Studies 18 (1956), 189–203), und Pasquale Mazzarella verband seine Untersuchung über *Metafisica e gnoseologia nel pensiero di Teodorico de Vriberg* (Neapel 1967) mit der Edition der *Quaestio Utrum substantia spiritualis sit composita ex materia et forma* (ebda. S. 249–272). Friedrich Stegmüller, Inhaber des Lehrstuhls von Engelbert Krebs, enthielt sich einordnender Interpretationen, bereicherte aber das Bild durch die Edition der zeittheoretischen Traktate in Gilsons *Archives d'histoire doctrinale et littéraire du Moyen Age* (Bd. 13, 1942, S. 155–221), vor allem aber durch die Herausgabe von Dietrichs *De origine* (ebda., 24, 1957, S. 115–201). Es war, als wolle Stegmüller, neben Heidegger lehrend, mit den neuen Dietrich-Texten eine andere Metaphysik von Sein und Zeit bekannt machen; er spielte in seinen Aufsatztiteln „Über die Zeit und das Sein“ auf diese Konstellation an, entwickelte sie aber nicht.

So verdienstvoll die genannten Editionen zu ihrer Zeit waren, sie hatten eine auffallende Gemeinsamkeit: Sie konzentrierten sich auf Fragen der metaphysisch konzipierten Ontologie; sie widmeten sich weder den regionalontologischen Untersuchungen Dietrichs wie *De natura contrariorum* noch den theologischen Schriften wie *De cognitione entium separatorum*. Die ausweitenden Impulse kamen von zwei anderen Seiten:

Erstens: Die Naturforschung Dietrichs hatte kontinuierlich Interesse gefunden: Nachdem J. Würschmidt 1914 *De iride* ediert hatte (Beiträge XII 5–6, S. 33–204), wies A. Birkenmajer auf drei neue Handschriften hin (Beiträge XX 5, 1922, S. 70–90). Nachdem Anneliese Maier in ihren Studien zur Naturphilosophie der Spätscholastik (Rom 1949ff.) das Bild dieser Zeit bereichert und Dietrich darin einen markanten Platz eingeräumt hatte, vor allem mit ihrer Untersuchung über die „Subjektivierung der Zeit“, schlug der amerikanische Dominikaner William A. Wallace ein neues Blatt der Dietrichforschung auf, indem er *The Scientific Methodology of Dietrich of Freiberg* thematisierte (Fribourg 1959). Er stellte in Auseinandersetzung mit A. C. Crombie die Frage nach dem Verhältnis von Naturforschung und Philosophie bei Dietrich; er brach mit der schematischen Zuordnung Dietrichs zum Neuplatonismus. Er kannte die zeitgenössischen Debatten der angelsächsischen Wissenschaftstheoretiker; er achtete vor allem auf Dietrichs Methode; er nahm Dietrich heraus aus den Schemata theologischer Zensuren und mystischer Assoziationen. Da ich auf seine Dietrich-Deutung später zurückkomme, beschränke ich mich hier auf den Hinweis, daß W. A. Wallace das Studium des Naturforschers Dietrich auch dadurch gefördert hat, daß er zwei Traktate Dietrichs und Exzerpte aus drei weiteren naturphilosophischen Schriften ediert hat (ebda., S. 305–276).

Zweitens: Paul Vignaux hat in seiner substantiellen kleinen Schrift *La pensée au Moyen Age* (2. Auflage Paris 1948), auf Krebs gestützt, eine zwar kurze, aber weiterführende Interpretation von *De intellectu* vorgelegt und von dieser Schrift aus die Beziehung zu Meister Eckhart klargestellt. Diese Textbasis war schmal, konnte aber die Eckhartforschung inspirieren. Denn Joachim Kopper hat in seiner Saarbrücker Habilitationsschrift *Die Metaphysik Meister Eckharts* (Saarbrücken 1955) die Hinweise von Paul Vignaux aufgenommen und fortgeführt, konnte aber aufgrund ihrer bewußt gewählten methodischen Eigenart andere Eckhartforscher schwerlich auf neue Wege führen. Immerhin: Das Thema Dietrich – Eckhart blieb auf dem Weg Vignaux – Kopper gestellt. Für viele führt der Weg zu Meister Dietrich über Meister Eckhart.

Daher gebe ich hier, obwohl dies nicht das Hauptthema des vorliegenden Buches ist, einleitend wenigstens *einen* Beleg für Dietrichs Beziehung zu Meister Eckhart.

Walter Schulz, der in Tübingen lehrende Gadamerschüler, hat in seinem schönen Buch *Der Gott der neuzeitlichen Metaphysik* (Tübingen 1953) zu zeigen versucht, die subjektive Wende der neuzeitlichen Philosophie habe bei Eckhart in theologischer Form begonnen und sei dann säkularisiert worden. Er berief sich dabei auf Eckharts erste Pariser *Quaestio* von 1302/1303. Eckhart fragt dort, ob in Gott Sein und geistige Erkenntnis, esse und intelligere, identisch seien. Er antwortet, Gott *erkenne* nicht, weil er *ist,* sondern er *ist*, weil er *erkennt*. In Gott sei das Erkennen die Grundlegung des Seins, fundamentum ipsius esse. Eckhart bringt dafür eine Reihe von Gründen, ich hebe nur sein drittes

Argument hervor: Gott sei die Wahrheit, und Wahrheit sei Beziehung auf den Intellekt. Deswegen heiße es im Evangelium: *Am Anfang war das Wort*, und nicht: Am Anfang war das Seiende. Gott sei die Wahrheit, und die Wahrheit sei Relation oder schließe sie jedenfalls ein. Die Relation aber habe *ihr ganzes Sein* von der Seele und sei *als solche, als von der Seele begründet, eine reale Kategorie*, so wie auch die Zeit ihr Sein ganz von der Seele habe und gerade als solches eine reale Kategorie bilde. In lateinischer Form lautet Eckharts Satz:

Relatio autem totum suum esse habet ab anima et ut sic est praedicamentum reale, sicut quamvis tempus suum esse habet ab anima, nihilominus est species quantitatis realis praedicamenti.[60]

Dieser Satz erstaunt aus mindestens drei Gründen:

Erstens: Er verläßt den engeren Zusammenhang, also das Verhältnis von geistiger Erkenntnis und Sein in Gott und macht die generelle, allgemein-ontologische Aussage: Es gibt primäre Realität, kategorial bestimmtes Seiendes, das *ganz* von der Seele begründet wird. Von der Seele, nicht von Gott. Eckhart bringt zwei Beispiele für von der Seele bewirktes reales Sein: Die Relation und die Zeit. Eckhart betont, die Paradoxie hervorhebend: Diese Realitäten sind *ganz* von der Seele bewirkt, sind aber keine bloßen Gedankendinge, also keine entia rationis, sondern kategorial bestimmte Realität.

Zweitens: Zwar steht bei Aristoteles im vierten Buch seiner *Physik,* Kapitel 14, daß die Zeit nicht ohne die Seele sein kann. Die Zeit ist Zahl der Veränderung, ohne ein Zählendes kann es keine Zeit geben, also ist Zeit nicht ohne die Seele. Aber daraus folgt nicht, daß die Zeit ihr *ganzes* Sein von der Seele hat; überdies wurde bei Aristoteles nicht klar, an welche Seele er dabei gedacht hat; vielleicht war es die Weltseele. Außerdem ist bei Eckhart die Zeit nicht die einzige von der Seele begründete Realität, auch die Relation ist es.

Drittens: Diese These Eckharts widerspricht der Philosophie des Thomas von Aquino. Thomas unterscheidet: Kategorial bestimmtes Seiendes ist real vorgefundene Wirklichkeit; was die Seele ganz begründen kann, sind Kunstgegenstände, Handwerksprodukte und Gedankendinge, sonst nichts. Gemäß der Relationstheorie des Thomas von Aquino hän-

[60] Meister Eckhart, Quaestio Parisiensis I: Utrum in deo sit idem esse et intelligere, n. 4 LW 5, 41.

gen reale, also prädikamental bestimmte Relationen gerade *nicht* von der Seele ab. Die menschliche Seele ist, Thomas zufolge, nicht so mächtig, kategorial bestimmte Realität zu begründen. Eckhart aber geht von dieser Begründungsmacht der Seele aus und gewinnt im Blick auf sie seinen neuen Gottesbegriff.

Das Buch von Anton Krempel, *La doctrine de la relation chez Saint Thomas d'Aquin* (Paris 1952), beweist mit großer gedanklicher und philologischer Präzision: Die Relationstheorie in Eckharts Pariser erster *Quaestio* widerspricht derjenigen des Thomas. Damit, scheint es, verliert der Satz Eckharts jeden historischen Ort. Nehmen wir ihn also wie ein Leitfossil und untersuchen wir, aus welcher archäologischen Schicht er stammt.

Eckhart hat diesen Satz so bestimmt formuliert und so knapp gehalten, als habe er angenommen, diese Theorie der Relation und der Zeit sei seinen Zuhörern in Paris bekannt. Vor allem das zuspitzende ut sic mußte erklärt werden. Denn es sagte doch: Gerade als von der Seele begründet, sind Relation und Zeit keine bloßen Gedankendinge, keine Abstraktion, wie genus und species. Sie sind keine bloß formalen Zurechtlegungen, sondern seelenbegründete *Realität*. Wie konnte Eckhart, en pleine Sorbonne, eine so weitgehende Neuerung als bereits zugestanden oder doch als bekannt anführen? Worauf mochte er sich dabei bezogen haben? Die Eckhartliteratur hat sich mit dem rätselhaften Satz lange Zeit nicht beschäftigt, trotz der epochalen Wichtigkeit, die Walter Schulz der *Quaestio* I bescheinigt hatte. Eckharts Satz:

Relatio autem totum suum esse habet ab anima et ut sic est praedicamentum reale,

faßt zusammen, was Dietrich in seiner Abhandlung *De origine rerum praedicamentalium* auf vielen Seiten entwickelt hatte. Eckhart war zumindest in dieser wesentlichen Lehre kein Thomist. Die von Alois Dempf und Bernhard Welte vertretene und von den Herausgebern des lateinischen Eckhart lange praktizierte Rückverweisung auf Thomas traf nur gelegentlich und ungenau den Gedanken Eckharts. Walter Schulz war von der Vorstellung ausgegangen, die neuzeitliche Subjektivität habe eine „mystische“ Vorgeschichte und habe sich erst spät, im Deutschen Idealismus, zu einer immanent-philosophischen Theorie entwickelt. Dietrichs Abhandlung aber legt Zweifel nahe am Schema der Säkularisation mittelalterlicher Theologeme zu neuzeitlicher Metaphysik. Eine allgemein-ontologische Theorie der Relation und der Zeit war bei Dietrich dem Eckhartschen Gotteskonzept vorausgegangen und hatte es mit ermöglicht.

Dies ist das einfache Resultat höchst umständlicher Recherchen. Denn es ist nach Möglichkeit auch auszuschließen, daß ein anderer Autor diese Theorie Eckharts und Dietrichs vorweggenommen hätte, zum Beispiel Albert der Große oder Averroes oder Heinrich von Gent. Aber es findet sich keine Entsprechung zu dem Satz Eckharts. Doch es gibt Vorbereitungen und Ähnlichkeiten. Sie machen auf die geschichtliche Umgebung des Denkers Dietrich aufmerksam, die ich nun einleitend beschreibe.

II. INTELLEKTUELLE SITUATIONEN 1270–1300

1. Die Ausgangslage

Es kann nicht alles jederzeit gedacht werden. Philosophien sind zeitlich. Wer philosophiert, ist unzufrieden mit den Lösungen, die ihm angeboten worden sind, bezieht sich aber zurück auf diese Antworten. Terminologische und thematische Vorgaben, persönliche und institutionelle Voraussetzungen haben seine Denkschritte ermöglicht. Ob diese in ihrer Zeit als sinnvolle Tätigkeit anerkannt oder als sinnlos abgewiesen worden sind – in jedem Falle korrespondieren sie einem gesellschaftlichen Zustand. Philosophen, die erwähnenswert sind, setzen sich von Vorgängern und Zeitgenossen ab, sie haben mit ihnen Themen und Verfahrensweisen, Textbücher, Arbeitsplätze und Institutionen gemeinsam. Theorien entstehen in Netzwerken. Die monographische Behandlung eines einzelnen Philosophen, wie sie in den folgenden Kapiteln versucht wird, läuft Gefahr, derartige Zusammenhänge abzublenden und ihren Hauptthelden zu überschätzen oder – einem Denker der älteren Zeit einen seinerseits zeitgebundenen Begriff von Originalität oder Genialität zu unterstellen. Untersuchungen von Ruedi Imbach zu Siger von Brabant haben gezeigt, daß Texte dieser Zeit für Texte anderer Autoren durchlässig, gewissermaßen osmotisch sind. Das gilt auch für Dietrich, dessen schriftstellerische Tätigkeit in den Jahren 1286 bis 1304/1311 liegt und in dessen Schriften Sätze stehen, die auch bei Gottfried von Fontaines vorkommen, ohne daß diese Sätze als Zitat gekennzeichnet wären. Ich versuche, sowohl dem Netzwerkcharakter des Denkens wie – in den späteren Kapiteln, die einzelnen Schriften gewidmet sind – der argumentativen Sorgfalt und Originalität des Denkens Dietrichs gerecht zu werden und skizziere daher einleitend die intellektuellen Situationen, die Dietrich vorfand, als er wohl gegen Ende der sechziger Jahren sein Normalstudium abschloß, als er 1272 nach Paris zum Studium kam, als er – vermutlich – in den achtziger Jahren wieder in Paris arbeitete und als er 1296/1297 dort Magister wurde. Die Theorieentwicklung dieser Jahrzehnte auch nur einigermaßen vollständig zu beschreiben, würde den Rahmen des Buches sprengen; die intellektuelle Produktion dieser Jahrzehnte war zu vielförmig. Vieles ist noch unbekannt. Daher sind selbst die chronologischen Daten, die im folgenden zu nennen sind, cum grano salis zu nehmen; sie beruhen oft auf Rekonstruktion aufgrund von Ausbildungsregeln, die nicht immer gleichmäßig angewendet worden sind. Neue Funde und neue Analysen könnten die Bezugsjahre ein wenig verschieben. Sie sind relativ zu lesen, relativ aufeinander und relativ auf den Forschungsstand. Es bleiben Unsicherheiten, aber wir tappen nicht im Dunkeln, wenn wir zum Vorverständnis der Werke Dietrichs fragen: Wie sah die intellektuelle Welt des lateinischen Westens aus, in die Dietrich eintrat, als er etwa am Ende der fünfziger Jahre sein Studium begann? Wie ging diese Entwicklung weiter in den Jahren rund um Dietrichs Pariser Studium, also von etwa 1270 bis etwa 1277? Welche Diskussionen, die Dietrich beschäftigen konnten, fanden statt im Jahrzehnt seiner ersten Schriften und seiner Tätigkeit als Magister in Paris, also grob gesagt zwischen 1285 und 1300?

Die Hinweise dazu in diesem Kapitel sind im Hinblick auf Dietrich ausgewählt. Sie beanspruchen nicht, ein vollständiges Panorama dieser vielfach noch dunklen Jahrzehnte zu bieten. Es genügt, wenn sie meine Abweichung von zwei methodischen Fehleinstellungen plausibel machen: Erstens, es gebe zeitlose „Probleme", die sich in den Schriften eines Denkers inkarnieren, zweitens die historische Position Dietrichs sei mit Rückverweisen auf Thomas von Aquino befriedigend beschrieben.

Beginnen wir mit der Zeit um 1260: Aristoteles, Avicenna, Averroes und Moses Maimonides waren in lateinischer Fassung verfügbar. Der christliche Westen stand vor dem Lebensproblem, ob und wie er die griechisch-arabische Wissensmasse rezipieren, mit der augustinisch-monastischen Weltansicht in Beziehung setzen und dabei die erheblichen Wissensgewinne des 12. Jahrhunderts integrieren konnte. Dieses Bedürfnis prägte fast alle intellektuelle Arbeit der zweiten Jahrhunderthälfte. Alberts Aristoteleskommentare, seit dem Anfang der fünfziger Jahre entstanden, lagen vor oder waren im Entstehen; der Kommentar Alberts zur *Metaphysik* dürfte 1263 abgeschlossen gewesen sein; an seiner für Dietrich wichtigen Schrift *De causis et processu universitatis* hat Albert bis etwa 1268 gearbeitet. Inzwischen legten Albertschüler ihre Arbeiten vor: Thomas von Aquino hatte schon zwischen 1252 und 1256 seine kleine einflußreiche Schrift *De ente et essentia* verfaßt; zwischen 1259 und 1264/65 schrieb er seine *Summa contra Gentiles*; Ulrich von Straßburg arbeitete seit 1265 an seiner großen Summe. Er konnte sie nicht vollenden; er ist 1277 gestorben. Es ist wahrscheinlich, daß Dietrich ihm Anregungen verdankte; soeben legt Alessandra Beccarisi Belege dafür vor. Sie betreffen die Frage, ob Intellekt oder esse die primäre Bestimmung Gottes sei. Danach dachte Ulrich seinen Gott primär als Intellekt und sekundär als esse. Außerdem versuchte Ulrich ähnlich wie Dietrich mit der augustinischen Unterscheidung von providentia Dei naturalis und providentia voluntaria die Selbständigkeit der philosophischen Betrachtung zu sichern.[1]

Im Laufe der sechziger Jahre traten die schulbildenden Gegensätze zwischen Albert und Roger Bacon, zwischen Bonaventura und Thomas deutlich hervor; um das Erbe Alberts stritten bald sehr verschiedenartige Denker. Einer von ihnen, Siger von Brabant, lehrte seit 1266 an der Pariser Artistenfakultät; er legte seinen Aristoteles, besonders die Metaphysik und die Theorie des Intellekts, mit Hilfe des Averroes aus. 1269 erörterte er das dritte Buch des Aristoteles über die Seele und löste damit den wütenden Protest des Thomas von Aquino mit dessen Schrift *De unitate intellectus* aus. Reibungslos war die Aristotelesrezeption von Anfang an nicht verlaufen, Albert war im Predigerorden trotz seines hohen Ansehens auf Widerstand gestoßen. Mochte bis gegen 1265 eine Phase relativ ruhiger Assimilation herrschen, von dann begann der harte Konflikt um den sogenannten lateinischen Averroismus.[2] Dietrich, 1271 Lektor in Freiberg und 1272/1274, vielleicht auch länger, Student in Paris, konnte diese Konflikte nicht übersehen; es waren die Jahre zwischen der ersten Philosophenverurteilung von Paris, der Streitschrift des Thomas gegen die Averroisten in der Frage der Einheit des Intellekts (beide 1270) und der zweiten Verurteilung im Jahr 1277. Nehmen wir für eine Art Augenblicksaufnahme das Jahr 1273: Siger erklärte die *Metaphysik* des Aristoteles; im Frühjahr 1273, hielt Bonaventura seine anti-averroisti-

[1] Alessandra Beccarisi, Einleitung zu Ulrich von Straßburg, De summo bono, Liber 2, Tractatus 5–6. CORPUS PHILOSOPHORUM TEUTONICORUM MEDII AEVII, Band 1. 2 (2), Hamburg 2006, S. VIII–XI.

[2] Dazu vgl. Ferdinand Van Steenbergen, Maitre Siger de Brabant, Löwen 1977; Luca Bianchi, Il vescovo e i filosofi, Bergamo 1990; Francois Xavier Putallaz – Ruedi Imbach, Profession Philosophe: Siger de Brabant, Paris 1997; Olaf Pluta, Siger von Brabant, in: Flasch, 1998, S. 292–317; Tony Dodd, The Life and Thought of Siger of Brabant, Thirteenth-CenturyParisian Philosopher, Lewiston N.Y. 1998; Flasch, 2000, S. 408–417; Carlos Steel, Siger of Brabant versus Thomas Aquinas on the Possibility of Knowing the Separate Substances, in: MM 28, S. 211–232, Flasch, 2006, S. 36–37. Gute Bibliographie in: Valeria Sorge, Profili dell' Averroismo bolognese. Metafisica e scienza in Taddeo da Parma, Neapel 2001.

schen Brandreden. Sie gingen gegen Averroes, aber nicht nur gegen ihn; sie waren ein „antiphilosophisches Manifest" (Ruedi Imbach).[3]

Dietrich trat in eine Welt offener Konflikte. In den letzten Jahrzehnten ist das Bild der Philosophie im letzten Drittel des 13. Jahrhunderts vielfältiger geworden: Die Werke Heinrichs von Gent edierte Raymond Macken seit 1979 in kritischer Edition; eine kritische Ausgabe des Aegidius Romanus hat unter der Leitung von Francesco del Punta und Gianfranco Fioravanti begonnen; über die intellektuelle Umgebung informiert die Ausgabe der *Apologia* des Aegidius durch Robert Wielockx, Florenz 1985; die Werkausgabe des Raimundus Lullus macht regelmäßige schnelle Fortschritte; das Werk Sigers von Brabant und seine geschichtliche Stellung sind gut erforscht, zusammengefaßt in der Monographie Ferdinand van Steenberghens: *Maitre Siger de Brabant*, Leuven 1977; hinzu kommen die Ausgaben Ulrichs von Straßburg, Nicolaus' von Straßburg und Bertholds von Moosburg im Rahmen des CORPUS PHILOSOPHORUM TEUTONICORUM MEDII AEVI. Eine Reihe von Studien erleichtert die Orientierung, zum Beispiel die Studien von Raymond Macken, Ludwig Hödl, Stephan F. Brown, Pasquale Porro und Michael Laarmann zu Heinrich von Gent. John F. Wippel hat mit *The Metaphysical Thought of Godfrey of Fontaines*, Washington 1981, den Konflikt zwischen Gottfried, Aegidius und Heinrich von Gent erforscht. Der monumentale Band 28 der *Miscellanea Medievalia* ist dieser Zeit gewidmet: *Nach der Verurteilung von 1277. Philosophie und Theologie an der Universität von Paris im letzten Viertel des 13. Jahrhunderts*, Berlin 2001. Catherine König-Pralong bringt in *L'Avènement de l'Aristotelisme en terre chrétienne*, Paris 2005, eine instruktive Mikrostudie zu zentralen Debatten der Zeit zwischen 1285 und 1300, gefolgt von der Dokumentation: *Être, essence & contingence. Henri de Gand, Gilles de Rome, Godefroid de Fontaines*, Paris 2006.

Andererseits bleibt noch viel zu tun. Die neu edierten Texte des Aegidius und des Heinrich von Gent machen nur einen Bruchteil von deren Gesamtwerk aus; ähnliches gilt für Ulrich von Straßburg und Berthold von Moosburg; Lull, dessen Werke zügig erscheinen, steht für den hier interessierenden Zeitraum am Rande; er und Dietrich waren 1297 beide in Paris, scheinen aber keinen Bezug aufeinander zu nehmen.[4] Die

[3] Dazu vgl. immer noch Jules D'Albi, Saint Bonaventure et les luttes doctrinales de 1267–1277, Tamines – Paris 1922; Ruedi Imbach, in: Flasch 1998, S. 270–291.

[4] Sturlese 1984, S. 56.

in der Umgebung Dietrichs wohl wichtigsten Autoren, nämlich Heinrich von Gent, Aegidius Romanus oder Gottfried von Fontaines werden neuerdings beachtet, sind aber philosophiehistorisch immer noch zu wenig erforscht. Trotz hervorragender Studien, zum Beispiel von Alain de Libera und Loris Sturlese, bleibt das Werk Alberts unausgeschöpft; seine Beziehungen zu Averroes einerseits, zu Thomas andererseits sind nicht im Detail dokumentiert; es ist noch nicht einmal Lehrpunkt für Lehrpunkt dokumentiert und nicht analysiert, wie Thomas von Aquino sich zu Averroes verhalten und wie er sich dabei gewandelt hat.

Die Schriften Dietrichs historisch lesen, heißt immer auch: untersuchen, wie er in anstehenden Konflikten Position bezogen hat. Er hat Siger wahrscheinlich gekannt, aber wir werden seine Texte nicht auf die einfache Alternative reduzieren: Averroist oder nicht? Noch weniger ist die Gegenwart des Averroes auf die vielgenannten theologischen Zensurpunkte zu fixieren: Ewigkeit der Welt, Einzigkeit des Intellekts für alle Menschen. Die einschneidenste Neuerung war ausgelöst durch Aristoteles, Averroes und Albert als Aristoteleskommentator, aber es gab auch die neuplatonische Traditionsmasse, besonders Dionysius Areopagita, den Albert ebenfalls kommentiert hatte. Zu dieser Gruppe gehörte der *Liber de causis,* der lange als Schrift des Aristoteles galt, ferner die Schrift des spätantiken heidnischen Philosophen Proklos über die *Elemente der Theologie*, die seit 1268 in lateinischer Übersetzung vorlag und die z.B. auch in der Erklärung der *Metaphysik* des Aristoteles bei Siger eine Rolle spielte. Nicht zuletzt gab es Augustins Schriften. Dessen Texte deuteten in recht verschiedene Richtungen; wir haben zuzusehen, welchen genauen Gebrauch Dietrich von ihnen gemacht hat.

Aus diesen wenigen Hinweisen geht hervor: Es ist ein zu grobes Verfahren, sich auf die Frage zu fixieren, ob Dietrich aristotelisch oder neuplatonisch gedacht hat, ob er zur Gruppe der Augustinisten oder der an Proklos orientierten Neuplatoniker zu zählen ist. Nach 1250/1260 konnte kein Philosoph den neuen griechisch-arabischen Wissensschub übersehen. Es ist Vorsicht geboten, Dietrich mit Engelbert Krebs als vorthomistischen Neuplatoniker mit einigen aristotelisch-averroistischen Elementen darzustellen. Diese Einordnung hat bei Etienne Gilson zu einer merkwürdig unhistorischen Konstruktion geführt: In seiner großen Geschichte der mittelalterlichen Philosophie handelt er Dietrich *vor* Thomas von Aquino ab, obwohl Dietrich seine ersten Schriften noch nicht verfaßt hatte, als Thomas starb (1274). Mancher thomistische

Historiker des mittelalterlichen Denkens konnte sich im 20. Jahrhundert schlecht vorstellen, daß es um 1300 gute Kenner des Thomas gab, die seine Positionen mit scharfsinnigen Argumenten kritisierten, weil sie diese roh und unverständlich fanden. Die Einteilung in Schulrichtungen ist so problematisch wie die in die verschiedenen philosophischen Disziplinen. Mögen sie zur Beschreibung einzelner Argumente und Texte nützlich sein, bei der Gesamtcharakteristik eines bedeutenden Denkers reduzieren sie in der Regel die argumentative Substanz. Um deren Inhalt und um deren geschichtliche Stellung geht es in den folgenden Kapiteln; äußerliche Etikettierungen möchte ich vermeiden.

2. *Denkgeschichtliche Prämissen*

Vor den Autoren der Zeit um 1300 lag bereits eine lange Geschichte der Philosophie. Sie hatten davon ein recht gutes Bild, auch wenn ihnen die erst im 15. Jahrhundert wiedergewonnenen Quellen fehlten, also der vollständige Platon, Plotins Texte und Diogenes Laertius mit seinen Epikurtexten. Von den antiken Skeptikern war Sextus Empiricus lateinisch übersetzt, aber wenig einflußreich. Sie hatten Aristoteles mit seinen Lehrberichten; sie lasen doxographische Berichte bei Seneca; sie kannten Augustins Rückblicke auf die antike Philosophie; sie studierten Boethius und Dionysius Areopagita. Ihnen war der Problemstand bekannt, wie er sich am Ende der christlichen Spätantike präsentierte.[5] Der war schon komplex genug, aber im Laufe des 13. Jahrhunderts waren der vollständige Aristoteles und die arabische Wissenschaft hinzugekommen. Dies schuf generelle theoretische Voraussetzungen:

a. Ein gewisser Platonismus im Wissensbegriff, den auch Aristoteles nicht oder nicht konsequent verlassen hatte: Wissen als das Haben des Allgemeinen, Notwendigen, Bleibenden, das in der Definition zum Ausdruck kommt. Selbst entschiedene Aristoteliker zweifelten kaum daran, daß die Welt strukturiert war in Entsprechung zu den Ideen im Geiste Gottes. Philosophisches Wissen galt vielen als Teilhabe an diesen Ideen. Viele, nicht alle Autoren, anerkannten „Erste Philosophie“ oder Meta-

[5] Dazu Kurt Flasch, Das philosophische Denken im Mittelalter, 2. Auflage, Stuttgart 2000, S. 92–133.

physik als oberste Wissenschaft und definierten deren Gegenstand mit Aristoteles als das Seiende als Seiendes. Das Wissen des Allgemeinsten, des Seienden als Seienden und was ihm per se zukommt, galt nicht als leer, sondern als die Grundlage allen Wissens, als fundierende Erste Philosophie.

b. Auch Aristoteles hatte einen gewissen anthropologischen Dualismus nicht überwunden, denn für ihn war der Nus der Mensch, und der Nus trat „von außen" in den Menschen ein. Die aristotelische Stoff-Form-Lehre, die Überlegenheit der arabischen Medizin und das Naturinteresse Alberts haben diesen Dualismus moderiert, nicht beseitigt. Auch indem Aristoteles die Seele definierte als die Wesensgestalt (Form) eines organischen Körpers, hat er diese Situation nicht beendet, denn er gab zu verstehen, daß diese Definition zwar für die Seele, nicht aber für den Geist zutraf. Viele, nicht alle Aristoteleserklärer glaubten im Sinne des Stagiriten zu sprechen, wenn sie vom Geist behaupteten, er brauche kein körperliches Organ.

c. Aristoteles hatte in seiner *Metaphysik* deren Hauptfrage nach dem Seienden als Seienden umgewandelt in die Frage, was die usia sei. Das Wort „usia" erwies sich schon für ihn als vieldeutig, die lateinischen Übersetzungen schwankten zwischen essentia, quiditas und substantia, die deutschen bewegen sich heute noch zwischen Seiendheit, Wesen und Substanz. Seit der Aristotelesrezeption standen Philosophen vor der Frage, was die als substantia verstandene usia sei. Sie war abzugrenzen von essentia und quiditas. Waren essentia und quiditas identisch? Aristoteles hatte in den sogenannten „Substanzbüchern" seiner *Metaphysik* die usia nach manchen Umwegen bestimmt als das to ti en einai, das quod quid erat esse und dieses mit der Wesensform identifiziert. So war die Frage nach dem Seienden als Seiendes umgewandelt in die Frage nach der substantia und der Wesensform. Dann ergab sich die Frage, ob es im Menschen wegen seines komplizierten Aufbaus aus Körper, Seele und Geist mehrere Wesensformen gebe oder ob es für ihn nur eine einzige Wesensform geben könne. Ihr genaues Verhältnis zu Eigenschaften war zu bestimmen. Für Aristoteles war jedes Seiende entweder Substanz oder Akzidens; ein Mittleres zwischen beiden konnte es nicht geben. Das Akzidens war ein Seiendes nur als das Seiende eines Seienden, ein ens entis; es war die Disposition einer substantia. Dann war zu entscheiden, ob Akzidenzien von ihrer Substanz abgetrennt existieren können oder ob dies ein Widerspruch wäre, den auch Gottes Allmacht nicht außer kraft setzen könnte. Diese Frage stellte sich durch die seit 1215 dogmatisch fixierte Doktrin von der Transsubstantiation beim Abendmahl. Wie akut dieses Problem war, zeigt sich auch daran: Als Gottfried von Fontaines 1285 die Reihe seiner *Quodlibeta* eröffnete, wurde ihm Frage gestellt, ob ein Akzidens ohne Träger existieren könne.[6]

d. Das Verhältnis der Metaphysik als allgemeiner Ontologie zur Theologik war zu bestimmen und ebenso das Verhältnis dieser philosophischen Gotteslehre zur Offenbarungstheologie. Dies war eine wissenschaftstheoretische, eine religionsphilosophische, aber auch eine kulturpolitische Frage: Wieviel an wirklicher Gotteserkenntnis war Heiden zugänglich? Wieweit durfte ein Christ den griechischen und den islamischen Denkern entgegenkommen?

Zu erörtern war ferner das Verhältnis der Metaphysik als Theorie des Seienden als Seienden zur Philosophie des Geistes. Waren dies zwei völlig getrennte Disziplinen? Gehörte die Theorie des Geistes in die Naturphilosophie, wie es die Schriften des Aristoteles nahelegten? Dagegen gab es die aus Aristoteles/Avicenna entwickelte Theorie, das Seiende als Seiendes sei das eigentliche Objekt des Geistes, der seiner Natur nach alle Dinge werden und damit die Ordnung des Universums in sich nachzeichnen könne. Thomas von Aquino hat in seinem ersten Artikel von *De veritate* (I 1) aus der *Metaphysik* des Avicenna (I 6) eine Theorie des inneren Zusammenhangs zwischen der Geistseele und dem Seienden in seiner größten Allgemeinheit erhoben und damit einen Zusammenhang von Ontologie und Theorie des Geistes hergestellt. Aber die Philosophie des Nus bei Aristoteles war nicht eindeutig formuliert. Neoplatonisierende Aristoteleskommentatoren der Antike hatten sie umgeschrieben, dann hatten Augustin, Dionysius Areopagita und Johannes Eriugena, Avicenna und Averroes sie zu verschiedenen Varianten verarbeitet. Die Frage, ob und wie sie beizubehalten und fortzuführen sei, wie die bisherigen Deutungen untereinander und mit der Theologie der Zeit zu vereinbaren seien, schuf um 1300 einen gemeinsamen Ausgangspunkt, von dem aus man in verschiedene Richtungen aufbrechen konnte.

e. Die Theoriedebatten des letzten Drittels des 13. Jahrhunderts waren oft kompliziert und kunstvoll ausziseliert. Aber reine Theorie waren sie nicht. Sie bemühten sich um die Koordination auseinanderstrebender

[6] Gottfried von Fontaines, Quodlibet I 20, ed. M. de Wulf – A. Pelzer. Les Philosophes Belges Band 2 (Louvain 1904), S. 43: Utrum alicui accidenti conveniat per naturam habere esse sine subiecto.

Traditionen, sie wollten möglichst die Übereinstimmung der maßgebenden Lehrer herstellen und jeweils die Wahl einer Autorität begründen. Es ging auch um das Verständnis der christlichen Lehre und ihrer Organisationsform der westlichen Kirche. Es ging um das Bild Gottes und um das Verhältnis des Menschen zu diesem Gott. Da die Kirche um 1300 fast noch die ganze Gesellschaft war, hatten abstrakte Diskussionen praktische, auch politische Konsequenzen. Der Begriff Gottes und das Bild seiner irdischen Vertreter änderte sich, je nachdem, ob ein Autor die sogenannte Realdistinktion von Wesen und Dasein bejahte oder verwarf. Die Einführung eines Souveränitätsvorbehaltes Gottes bezüglich des Daseins betraf nicht nur das Verständnis von Erschaffung, sondern auch die Konzeption der Vernunft und des Menschen. Wie ließen sich Selbständigkeit des Denkens und Würde des Menschen mit der Allmacht Gottes vereinen? Konnte das christliche Denken mit dem wachsenden Individualitätsbewußtsein und der zunehmenden Notwendigkeit der Objektivierung der Natur mitwachsen oder mußte es sich all dem entgegenstemmen? Bedrohte die griechisch-arabische Wissenschaft die eigene Kultur? Unter welchen Bedingungen konnte sie dazu verhelfen, das bisherige westliche Selbstverständnis zu korrigieren und zu vertiefen?

f. Die Bedeutung der Natur war seit dem 12. Jahrhundert gewachsen; das Eindringen der griechisch-arabischen Naturphilosophie und Kosmologie machte das Bedürfnis einer kohärenten Naturforschung noch fühlbarer. Dabei stellten sich Fragen nach den Gründen körperlicher Veränderung, nach Materie und Form. Aber es gab für die großen Theoretiker nicht nur die Fragen der Metaphysik der Natur; sie mußten Einzelfragen beantworten wie diese: Was ist ein Element, und wie können Elemente zu Verbindungen zusammentreten? Gibt es zwei prinzipiell verschiedene Arten von Stoff – hier die Materie der Welt unter dem Mond und dort oben der ganz andere Stoff der Himmelskörper? Was war die Milchstraße? Und wie bewegten sich die Sterne? Es war nicht ein Sonderinteresse Dietrichs, darüber nachzudenken, wieviel Himmelsschalen es gebe; diese Fragen hatten Aristoteles und Averroes als philosophische Probleme aufgeworfen; auch Albert und Thomas von Aquino haben sich mit ihnen befaßt.

Soviel zu den generellen Prämissen der philosophischen Kultur der zweiten Hälfte des 13. Jahrhunderts. Diese generelle Charakteristik möchte ich nun im Blick auf Dietrich präzisieren. Ich gehe in drei Schritten vor:

Ich skizziere erstens kurz und nur im Hinblick auf Dietrich die Bedeutung des Averroes und Alberts für die philosophische Kultur dieser Zeit. Dann ermittle ich – zweitens – Streitfragen, die Dietrich in Paris 1272/1274, also zwischen den beiden Philosophenverurteilungen von 1270 und 1277, vorfand. Drittens: Heinrich von Gent lehrte von 1277 bis 1292 als Magister der Theologie. Als 1285 Aegidius Romanus und Gottfried von Fontaines ebenfalls als Magistri der Theologie in Paris antraten, kam es zu heftigen Debatten. Sie wirken in Dietrichs Schriften nach, die um 1286 einsetzen. Heinrich von Gent kritisierte Aegidius Romanus; Gottfried von Fontaines kritisierte beide und entwickelte eine Position, die sich als nächste Vorstufe der Schriften Dietrichs erweist.

3. Präsenz des Averroes

Die intellektuelle Entwicklung des lateinischen Westens im 13. Jahrhundert war bestimmt durch das Bekanntwerden des Gesamtwerks des Aristoteles. Aber die realphilosophischen Werke des Aristoteles waren schwer zu verstehen. Der Westen brauchte dazu Hilfe. Diese boten ihm zunächst ab etwa 1180 die Werke des Ibn Sina, den die Lateiner Avicenna nannten, ab etwa 1230 waren ihnen die präziseren Kommentare des Averroes (Ibn Rushd) zugänglich. Der Westen brauchte einige Jahrzehnte ruhiger Aneignung für das Riesenwerk des Averroes. Er benutzte es eine Zeitlang, um die Seelenlehre des Avicenna zu korrigieren. Es ging dabei um die Theorie des aktiven Intellekts, der individuell unsterblich sein sollte. Aber im Laufe der sechziger Jahre verschob sich die Front; jetzt wurde Averroes, der als Kommentator unentbehrlich blieb, der Hauptgegner, schien es doch, als habe er sogar dem *möglichen* Intellekt die Individualität bestritten und damit die individuelle Seelenunsterblichkeit unbeweisbar gemacht.[7] Dies führte zu vielfachen Diskussionen in Paris,

[7] Vgl. R. A. Gauthier, Notes sur les débuts (1225–1240) du premier „Averroisme“, in: Revue des sciences philosophiques et théologiques 66/3 (1982), S. 321–375; ders., Notes sur Siger de Brabant, ebda., 67/2 (1983), S. 201–233; Charles Butterworth – Blake Andrée Kessel (Hg.), The Introduction of Arabic Philosophy into Europe, Leiden 1994. Weitere Analysen und Literatur: Flasch 2006.

die mit den beiden Verurteilungen vom Dezember 1270 und März 1277 nicht endeten. In diese Situation ist Dietrich eingetreten. Daher gebe ich einleitend erste Hinweise auf Averroes.[8]

Weder seine Theorie der Relation noch die der Zeit entspricht dem Satz aus der Pariser *Quaestio* I Eckharts.[9] Allerdings lassen sich einige Passagen des Averroes lesen als deren Vorbereitung. Denn nach Averroes wird die Zeit als Wirklichkeit vollendet durch die Seele. Nicht als sei sie ein Produkt der Seele. Sie existiere vielmehr in der Realität, aber „verborgen". Sie ist nach Averroes in der Veränderung der Körperdinge als Möglichkeit angelegt; die Seele muß sie aktuieren, sonst wird Zeit nicht wirklich. Zeit wird durch die Seele ein ens completum.[10] Was es ohne die Seele in der Natur gibt, ist allein das sich verändernde Ding und seine Veränderung. Die geistige Seele hält die einzelnen Momente der Veränderung durch Unterscheidung in Früher und Später fest und begründet so die Zeit:

extra mentem non est nisi motum et motus. Et tempus non fit, nisi quando mens dividit motum in prius et posterius.[11]

Das ist fast schon die These Eckharts. Allerdings bleibt hier – anders als bei Eckhart – offen, ob die Zeit zum primären Seinsbestand zählte. Und es kam immer noch darauf an, das potentielle Sein der Zeit in der Natur zu interpretieren. Bedeutete es, daß es die Prius-Posterior-Struktur in der Natur nicht gab, wenn die Seele sie nicht schuf? Da war noch Interpretationsspielraum, den Averroes nicht entschieden ausgefüllt hatte. Noch weniger hatte er allgemein von der Begründung realen, prädikamental bestimmten Seins durch den Intellekt gesprochen. Andererseits hatte er im Anschluß an Aristoteles *De anima* III 5 den Intellekt mit außerordentlich hohen Prädikaten versehen:

[8] Corpus commentariorum Averrois in Aristotelem. Versiones latinae, Cambridge/Mass. 1949ff.; Averrois opera. Series B: Averroes latinus, ed. A. Zimmermann, jetzt J. A. Aertsen, Louvain 1996ff.; besonders wichtig: F. Stuart Crawford (Hg.), Commentarium magnum in Aristotelis De anima libros, ed., Cambridge/Mass. 1953. Dazu Flasch 2006, S. 22–30, 46–66, dort ausführliche Literaturangaben S. 164–168.

[9] Dazu oben S. 57.

[10] Averroes, In Aristotelis Physicam IV 131, Venedig 1562, Band IV, 202 v G–H. Vgl. auch Phys. IV 88, Venedig 1562, 174 r A–B. Zur Zeittheorie des Averroes vgl. Udo Reinhold Jeck, Aristoteles contra Augustinum. Zur Frage nach dem Verhältnis von Zeit und Seele bei den antiken Aristoteleskommentatoren, im arabischen Aristotelismus und im 13. Jahrhundert. Bochumer Studien zur Philosophie, Band 21, Amsterdam 1994, S. 152–170.

[11] Averroes, In Aristotelis Physicam IV 109, Venedig 1562, Band IV, 187 r C.

- Er sei, als intellectus agens, *in actu* und erkenne aufgrund seiner Aktualität *alles*: hoc enim, quia est in actu, est causa ut intelligat in actu omnia.[12]
- Der Intellekt ist, wie Aristoteles lehrt, seinem *Wesen nach Tätigkeit.* Als Wissen, das actu ist, *ist* er seine Inhalte. Er ist sie auf seine, d.h. auf tätige Weise. Der Intellekt schafft seine Inhalte; die lateinische Übersetzung verwendet für seine Tätigkeit mehrfach das Wort creare, erschaffen. Allgemeine Bestimmungen, die universalia, haben kein Sein ohne ihn.[13]
- Das Schaffen des Intellekts, sein creare, besteht darin, die Erkenntnisinhalte zu machen, facere. Er schafft sie für den veränderlichen Intellekt. Der lateinische Text spricht von einem creare intelligibilia, von einem generare ipsa intelligibilia.[14]
- Averroes gerät in religiöses Pathos, wenn er vom Intellekt spricht. Der Mensch ist aufgrund des Intellekts, wie Themistius lehre, Gott ähnlich, werde er doch als Intellekt gewissermaßen alle Dinge. Die Dinge seien nichts anderes als das Wissen Gottes. Und diese Einrichtung der Dinge errege Bewunderung: mirabilis est iste modus.[15] Gottähnlichkeit durch das Allsein des Intellekts, das ist, wenn man den Ausdruck liebt, philosophische Mystik.

Averroes war seit etwa 1265 berüchtigt wegen seiner Lehre von der Einzigkeit auch des möglichen Intellekts. Ohne auf diese große Debatte hier einzugehen, möchte ich im Hinblick auf Dietrich eine Bemerkung dazu machen:

Wissen war seit Platon/Aristoteles das Haben des Allgemeinen und Notwendigen. Es war im Unterschied zum Meinen als überindividuell definiert. Dieses Konzept von Wissen hat Augustin nicht angegriffen; er hat es nur modifiziert. Wissen ist auch bei ihm das Erfassen des Bleibenden, für alle Gültigen; er exemplifizierte es an Einsichten der Mathematik und der Ethik. Er folgerte daraus: Die geistige Seele, da sie Bleibendes erfaßt, muß selbst bleibend, also unsterblich sein. Worum es dieser philosophischen Tradition ging, läßt sich noch einfacher sagen. Bei Averroes

[12] Averroes, In Aristotelis De anima III 18 Crawford, S. 437, 15–16.

[13] ib. III 18 Crawford S. 440, 86–88 und III 19 Crawford, S. 440, 13 und Crawford, S. 442, 57–58: semper est in sua substantia actio.

[14] ib. III 36 Crawford, S. 489, 274–278: actio eius est creare intellecta ... Et perfectio in creando intellecta in potentia esse intellecta in actu. Auch Crawford, S. 495, 472.

[15] ib. III 36 Crawford, S. 501, 621.

steht einmal: Der Begriff des Pferdes muß für dich derselbe sein wie für mich. Individualität war für das *Endergebnis* des Erkenntnisprozesses nicht vorgesehen. Geistige Erkenntnis war gedacht als das Eintreten des individuellen Denkens in die Sphäre der Allgemeinheit, Verbindlichkeit, Über-Individualität. Das heißt: Averroes ist nicht widerlegt, indem man darauf hinweist, geistiges Erkennen sei doch Sache des einzelnen Menschen: Hic homo intelligit. Das ist zwar richtig, aber das wußte Averroes auch. Er deutete Individualität und Zeitlichkeit des erkennenden Einzelnen als Ausgangspunkt, der im geistigen Erkennen, durch die Verbindung (continuatio) mit dem Intellekt mehr und mehr zurücktritt und zuletzt überwunden ist. Dies liegt im platonisch-aristotelischen Ansatz von Metaphysik: Wenn es strikt allgemeine Erkenntnis realer Weltverhältnisse gibt, wenn Metaphysik nicht nominalistisch oder perspektivistisch minimalisiert und relativiert wird, kann ihr Wissen als solches nicht individuell sein. Das gilt auch noch für Kant: Die Vernunft, von der die *Kritik der reinen Vernunft* handelt, ist nicht deine oder meine Vernunft. Sie ist Vernunft schlechthin, sie ist reine Vernunft. Sie kann die Objektivität, gar Notwendigkeit ihrer Erkenntnisse nicht sichern, ohne die Individualität zu ignorieren oder wenigstens als zweitrangig zu bewerten. Doch um noch einmal auf das angezogene Beispiel zurückzukommen: Die charakteristische Relations- und Zeitphilosophie in Eckharts *Erster Pariser Quaestio* ist bei Averroes zwar angelegt, aber nicht argumentativ entwickelt. Aus Averroes ließen sich auch andere Philosophien entwikkeln.

4. Positionen Alberts

Zum Beispiel durch Albert. Wir wissen nicht, ob Dietrich bei Albert studiert hat. Die Annahme, daß er ihn persönlich gekannt hat, hat durch Loris Sturleses biographische Studien an Wahrscheinlichkeit gewonnen.[16] Wilhelm Preger hatte es behauptet, und es hatte immer eine gewisse Wahrscheinlichkeit für sich.[17] Jedenfalls haben der von Averroes kom-

[16] Sturlese 1984, S. 138, mit eingeschränkter Gewißheit, ebda., S. 14.
[17] Wilhelm Preger, Band 1, 1874, S. 293, dazu Sturlese 1984, S. 14.

mentierte Aristoteles und Albert die kulturelle Umgebung Dietrichs geprägt, ohne daß wir Dietrich monokausal auf Albert zurückführen könnte. Es finden sich Gemeinsamkeiten und Gegensätze.[18]

Es gibt allerdings nicht nur *einen* Albert. Er selbst hat gelegentlich bemerkt, er habe sich entwickelt; er sei mehr und mehr zu der Überzeugung gekommen, die arabische Philosophie sei wahrer als die der Lateiner. Das bezog sich vor allem auf Averroes. Einige Philosophiehistoriker haben Albert apologetisch zum Vorläufer des Thomas von Aquino bei der Bekämpfung des Averroes stilisiert. Aber Albert hat darauf bestanden, er stimme im wesentlichen mit Averroes überein, er weiche nur in wenigen Dingen von ihm ab.[19] Wir haben im Einflußbereich des Kölner Studium generale mit intensiver Einwirkung der arabischen Denker zu rechnen. Das Werk Alberts ist zu umfangreich und seine Wirkung zu breit, um hier auf wenigen Seiten charakterisiert zu werden. Es gibt neben dem Aristoteleserklärer Albert auch den Dionysiuskommentator und den Theologen. Was seine Philosophie angeht, wären Entwicklungen zu beachten und mindestens drei Hauptstränge zu verfolgen: Alberts allgemeine Metaphysik als Ontologie und Lehre vom Seienden und Wesen, die sich eher an Avicenna anlehnt, die zugleich philosophische Theologie ist, als solche ihre Selbständigkeit behauptet und den eigenen Gang der Offenbarungstheologie anerkennt; zweitens seine Lehre von Ursprung, Struktur und Rückkehr des Universums zu seinem göttlichen Grund, also seine Metaphysik des Fluxus und der „wesenhaften Ursache" (causa essentialis), die eher dem *Liber de causis* oder Dionysius folgt; und drittens seine Theorie des Intellekts, die sich eher an Aristoteles und Averroes orientiert. Sowohl Alberts Kommentar zur Metaphysik (erster Themenkreis) wie sein Werk *De causis et processu universitatis* und die Dionysiuskommentare (zweiter Themenkreis) sind Werke von großer Bedeutung, auf sie werde ich im Zusammenhang mit Dietrich öfter zurückkommen. Zunächst beschränke ich mich hier auf seine Theorie des Intellekts (dritter Themenkreis), die sich – zugegeben: etwas grob – folgendermaßen zusammenfassen ließe:

[18] Vgl. auch Udo R. Jeck bei Flasch 1998b, S. 193–215 und die neuere Literatur bei Flasch 2000, S. 721 und Flasch 2006, S. 67–85, besonders Alain de Libera, Albert le Grand et la philosophie, Paris 1990; ders., Métaphysique et noétique. Albert le Grand, Paris 2005; Sturlese 1993, S. 324–388 und ders. bei Flasch-Jeck, 1997, S. 46–55. Nützlich: Henryk Anzulewicz, Neuere Forschung zu Albertus Magnus, in: Recherches de théologie et philophie médievale 66 (1999) 163–176. Zuletzt: Sturlese 2007, bes. S. 1–14.

[19] Belege bei Flasch 1987, S. 129–133.

- Der tätige Intellekt bedeutet eine Anähnlichung an die Gottheit aufgrund seiner universalen Aktivität, er ist ein „getrenntes“, d.h. vom Stoff unabhängiges Licht. Als „getrennter“, d.h. immaterieller Intellekt hat er „mit nichts etwas gemein“, nihil ulli habens commune.[20]
- Der Intellekt ist nicht „dies und das“, kein Einzelding, aber omnis res est hoc et hoc. Sofern sein Inhalt das Allgemeine und Ewige ist, kann er nicht aus den Dingen stammen, denn diese sind immer individuell.[21] Das Universale dient zur Erkenntnis der Einzeldinge, sofern diese sich zur Verallgemeinerung eignen, also eine aptitudo haben zur allgemeinen Bestimmung.[22]
- Was nicht stoffgebunden ist, ist universal. Es ist die Ansicht so gut wie aller Philosophen, vor allem der tota secta Peripateticorum, daß nur das Universale intelligibel ist.[23] Der Intellekt ist das Haben des Universalen; das Universale existiert nur im Intellekt. Das Wesen des Intellekts muß universal sein. Wäre es individuell, würde in ihm das Universale, sein eigentlicher Inhalt, individuiert, also zerbrochen.[24]
- Das Universale ist der Inhalt des Wissens. Dieser muß notwendig und ewig sein.[25]
- Der Intellekt als solcher kann nicht individuell sein: ipse intellectus non est individuus. Aber da aus der Einheit aller Geistseelen Seelen sich absurde Folgerungen ergäben, muß man einschränkend sagen: Als Teil der Seele, die der menschlichen Natur das spezifische Sein gibt, ist er individuell; sofern er aber intellektuell tätig ist, bleibt er universal.[26]
- Die Prinzipien des Seins und des Wissens müssen dieselben sein. Nur ihr Modus ist verschieden: Als universale Prinzipien sind sie im Intel-

[20] Albert, De intellectu et intelligibili I tr. II c. 1, Borgnet 9, 491 b. – Vgl. B. Carlos Bazán, Conceptions of the Agent Intellect and the Limits of Metaphysics, in: MM 28, S. 178–210.

[21] Albert, De intellectu et intelligibili I tr. II c. 1 Borgnet 9, 490 bis 491 ganz.

[22] Albert, De intellectu et intelligibili I tr. II c. 2 Borgnet 9, 493.

[23] Albert, De intellectu et intelligibili I tr. II c. 1 Borgnet 9, 490: sententia fere omnium, quod solum universale sit intelligibile.

[24] Albert, De intellectu et intelligibili I tr. I c. 7 Borgnet 9, 487 b: intellectus enim in se recipit universale, neque est universale nisi in intellectu: oportet igitur quod natura intellectus est universalis: quia si esset individua, individuaretur quod est in ipso. Vgl. auch ib. c. 6 Borgnet 9, 486 a. Dort vor allem betont das separatum esse, die Gottähnlichkeit aufgrund der Universalität.

[25] Albert, De intellectu et intelligibili II tr. un. c. 3 Borgnet 9, 508 a.

[26] Albert, De intellectu et intelligibili I tr. I c. 7 Borgnet 9, 488 a und b.

lekt, als partikularisierte bestimmen sie die Naturdinge.[27] Insofern ist das Universale ante rem und der spezifische Inhalt des Intellekts, sein proprium obiectum.[28]

- Intellekt und Intelligibles sind eins, der Intellekt gibt seinem Inhalt aktual die Form der Intelligibilität. Dieser ist in ihm nicht wie ein Akzidens in seinem Träger.[29]
- Der tätige Intellekt wirkt universal, er wirkt aufgrund seines eigenen Wesens, per essentiam, nicht aufgrund von Außeneinwirkung. Und er wirkt immer, incessanter. Nicht die Formen der Dinge wirken auf die Seele ein, sondern diese, vornehmer als sie, wirkt auf sie ein. Die Formen der äußeren Dinge wirken nur insofern auf die Seele ein, als sie selbst gewisse Intellekte sind, d.h. sofern sie im Licht der tätigen Vernunft wirken.[30]
- Das theoretische Verhalten ist höchste Aktivität, es ist Glückseligkeit. Die Verbindung mit dem aktiven Intellekt ist das Glück. Der tätige Intellekt ist grundsätzlich in allen Menschen gegenwärtig, aber je nach Weisheit und Klugheit in den Einzelnen mehr oder weniger.[31] Durch den Intellekt ist der Mensch Gott verbunden. Dadurch wird er, wie Homer sage, zum Sohn Gottes. Er wird ein göttlicher Mensch: homo divinus est et optimus in scientiis et virtutibus ... non videbitur viri mortalis filius esse, sed Dei. Albert schreibt diese Einsicht Homer zu. Er dachte Gottessohnschaft als allgemeinmenschliche, philosophisch erfaßbare Wirklichkeit. Hermes Trismegistus, fuhr er fort, füge hinzu: Ein solcher Mensch sei das Bindeglied zwischen Gott und der Welt: homo nexus est Dei et mundi.[32] Albert häuft hier Zitate vorchristlicher Denker. Er gründete die Gottesbeziehung des Menschen nicht auf Offenbarung. Er stimmte auch darin mit Averroes überein.

Die Intellekttheorie Alberts steht auf aristotelisch-averroistischer Grundlage. Sie gibt dem menschlichen Intellekt eine Überindividualität, Überzeitlichkeit und Selbsttätigkeit, die schon im Mittelalter als irreligiös und häretisch beurteilt worden ist – dem enormen Ansehen Alberts

[27] Albert, De int. I tr. II c. 1 Borgnet 9, 492.
[28] Albert, De int. I tr. II c. 3 Borgnet 9, 494 b.
[29] Albert, De int. I tr. III c. 1 Borgnet 9, 499 a.
[30] Albert, De int. II tr. un. c. 3 Borgnet 9, 507 b.
[31] Albert, De int. I tr. I c. 7 Borgnet 9, 489 a.
[32] Albert, De int. II tr. un. c. 9 Borgnet 9, 517.

zum Trotz. Zenon Kaluza hat gezeigt, wie Jean Gerson sich zunächst in der Dionysiusinterpretation von Albert leiten ließ, dann aber seit etwa 1418 immer stärker die Übermenschlichkeit von dessen Intellektbegriff kritisiert hat. Wenn die Verbindung des Intellekts mit der Gottheit die Glückseligkeit bringe, dann liege sie in der Natur jeder Vernunft, dann bedürfe der Mensch zu seinem Heil keiner besonderen Gnadeneinwirkung, protestierte der Theologe Gerson gegen Albert den Großen.[33] Mit seiner Lehre von der natürlichen Seligkeit des Intellekts war Albert fast so „heidnisch" wie Averroes. Schließlich war er mit seinem Pathos des Vernunftgebrauchs und seinem Programm einer methodisch selbständigen Philosophie auch der Anreger des Siger von Brabant, der von Albert das Programm übernahm: Als Philosophen gehen uns die Wunder Gottes nichts an, wenn wir als Naturphilosophen von der Natur reden: Nihil ad nos nunc de Dei miraculis, cum de naturalibus naturaliter disseramus.[34]

Wie gesagt ist es unmöglich, in Kürze über Albert zu sprechen. Die Sachlage ist zu kompliziert, die Beziehungen Späterer zu ihm sind ambivalent. Ein instruktives Beispiel bietet Alberts Theorie der Zeit und der Relation. Hat er darin Eckharts Erster Pariser These vorgearbeitet? Zum Zeitproblem bei Albert haben wir die Studie von Udo R. Jeck; danach hat Albert auf der Entwicklungsstufe seines Kommentars zur *Physik* einerseits die averroistische Argumentation vermittelt: Die Zeit kann ohne Seele nicht sein, weil sie allein zählen kann und weil Zeit die Zahl von Naturveränderungen ist. Andererseits hat Albert diese Theorie entkräftet, indem er Naturvorgängen einen gewissen Zahlcharakter zuerkannte, den sie ohne die Seele haben sollten.[35] Die Zeit hat also bei Albert keineswegs ihr ganzes Sein von der Seele, wie Eckhart das 1302/1303 behauptet hat. Noch weniger hat Albert wie Dietrich eine allgemeine Theorie entwickelt, der zufolge der menschliche Intellekt kategorial bestimmtes Sein hervorbringen kann. In dieser Hinsicht fußt Eckharts zitierter Satz nicht auf Albert.

[33] Zenon Kaluza, Gerson critique d'Albert le Grand, in: Francis Cheneval – Ruedi Imbach – Thomas Ricklin, Albert le Grand et sa réception au moyen age. Hommage à Zenon Kaluza, Fribourg 1998, S. 169–205.

[34] Siger, De anima intellectiva III, ed. B. Bazán, Louvain 1972, S. 84.

[35] Jeck 1994, S. 219 bis 266, besonders S. 265.

5. Besorgnisse Bonaventuras

Die christliche Welt des lateinischen Westens der Zeit um 1270 sah sich durch die griechisch-arabische Wissenschaft sowohl bereichert wie bedroht. Sie brauchte das neue Wissen, denn es war begrifflich differenzierter und erfahrungsnäher als das im Westen Tradierte. Es enthielt Wissenschaften, die man bisher im Westen höchstens dem Namen nach kannte, zum Beispiel Metaphysik und Ökonomie. Unbestreitbar überlegen war das Wissen der Griechen und Araber auf den Gebieten der Medizin und der Optik. Das Angewiesensein auf einen als fremd, ja feindlich angesehenen Geber erzeugt Aggression. Die Aggressivität der christlich-westlichen Zivilisation auf hohem intellektuellem Niveau belegen die Brandreden, die der heilige Bonaventura 1267, 1268 und, kurz vor seinem Tod, 1273 in Paris gehalten hat: Das Heidentum, ruft er aus, ist eingedrungen ins Zentrum christlichen Wissens; die Theologen gehen mit ihm tausend Kompromisse ein. Dies ist der Tenor seiner Universitätsreden. Der Hochmut der Philosophen gebiert antichristliche Ungeheuer. Bonaventura war gut informiert und zu wirksamem Eingreifen entschlossen; er beließ es nicht bei vagen Anklagen. Er nannte im einzelnen die Irrtümer, denen die Theologen in Paris zu sehr entgegenkommen. Seine Liste der Irrtümer wurde immer umfangreicher, von der Predigtreihe *De decem praeceptis* von 1267 über die Reihe *De donis Spiritus Sancti* vom Frühjahr 1267 bis zu den *Collationes in Hexaemeron* von 1273. Er verwarf vor allem die These von der Ewigkeit der Welt. Sie zerstöre das christliche Konzept von Erschaffung. Die Philosophenlehre von der Einzigkeit des Intellekts aller Menschen leugne die individuelle Unsterblichkeit; sie mache es unmöglich, daß die Erwählten belohnt und die Verworfenen bestraft werden. Der dritte Irrtum, der aus der Anmaßung der Philosophen entspringt, ist die Ansicht, nichts Sterbliches könne Unsterblichkeit erlangen.

Besonders der Hauptirrtum des Aristoteles hat den jungen Bonaventura entsetzt. Er erzählt: „Als ich Student war hörte ich davon, Aristoteles habe gelehrt, die Welt sei ewig. Als ich die Gründe hörte, die dafür vorgebracht wurden, war ich im Herzen erschüttert und begann zu überlegen: Wie kann so etwas nur sein?“[36] Das sind die drei Anklagepunkte in

[36] Bonaventura, De decem praeceptis, col. 2, 28 Opera omnia V 515 a.

Bonaventuras erster antiphilosophischen Predigtreihe. Dietrich hat keine dieser drei verworfenen Thesen je vertreten. Insofern, scheint es, hat ihn Bonaventuras Angriff auf die Philosophen nicht betroffen. Doch im Folgejahr denunzierte Bonaventura weitere Irrtümer der Philosophen. Wieder nannte er empört die Hauptirrtümer: Ewigkeit der Welt und Einzigkeit des Intellekts, aber er fügte hinzu: Die Ansicht von der Notwendigkeit des Fatums, das jede freie Entscheidung ausschließt.[37] Das ist der sogenannte Necessitarismus der arabischen Philosophie. Zusammenhängend mit ihm klagt Bonaventura einen weiteren Philosophenirrtum an, nämlich die Lehre, ein reines Geistwesen, eine intelligentia erschaffe die andere. Dies widerspreche dem Glauben und der wahren Einsicht, die lehren, daß Gott allein erschafft und die Menschen erleuchtet.[38] Das ist die Lehre von der vermittelten Erschaffung oder von der Emanation, die den Weg nimmt vom göttlichen Einen, das, weil es Eines ist, nur wiederum eine Einheit erzeugen kann, nämlich das oberste Geistwesen, in dem es erstmals Vielheit gibt und das daher das Viele begründen kann. Also schon 1267 verwarf Bonaventura diese Emanationstheorie der Philosophen, weil sie die Alleinbegründung der Welt durch Gott leugne. Dietrich wird diese Theorie nicht in dem von Bonaventura bekämpften Sinn lehren. Aber er wird einen theoretischen Weg suchen, das Motiv der von Bonaventura bekämpften Philosophen festzuhalten, ohne den von Bonaventura beklagten Irrtum zu teilen.

Fünf Jahre später, in den *Collationes in Hexaemeron*, entwarf Bonaventura ein noch düstereres Bild. Jedenfalls war es komplizierter, die Zahl der Irrtümer zahlreicher. Bonaventura verteidigt gegen Aristoteles mit Augustin die Ideen im Geist Gottes also den sogenannten Exemplarismus; er besteht auf der Allmacht des Schöpfers, der Tote auferwecken könne und jede Einzelheit der Welt wisse. Im Blick auf Dietrich interessieren drei Themenkomplexe:

Erstens nennt Bonaventura als Philosophenirrtum die Lehre vom akzidentellen Charakter der Seelenvermögen. Ihm mißfällt das Schema von Substanz/Akzidens, wenn es um die geistige Seele geht. Wer die menschliche Seele aufteilt nach Seelensubstanz und akzidentellem Vermögen, nimmt ihr die Gottebenbildlichkeit. Diese kommt nur in der Drei-Einheit von Wesen, Wirkkraft und Tätigkeit zum Ausdruck.[39] In dieser Fra-

[37] Bonaventura, De donis Spiritus Sancti, col. 8, 16, Opera omnia, vol. V 497 b.
[38] Bonaventura, De donis Spiritus Sancti, col. 8, 15, vol. V 497 a.
[39] Bonaventura, Collationes in Hexaemeron, col. 2, 24–26, Opera omnia V 340 a–b.

ge bleibt Bonaventura auf der Seite Augustins; er sucht gegen Thomas von Aquino eine aus der Natur der Geistseele argumentierende Theorie der Trinität, nicht als selbständige Trinitätsphilosophie, wohl aber als rationaler Nachvollzug des Geglaubten und als philosophierende Selbsterkenntnis des menschlichen Geistes. Philosophen haben die Einfachheit des Intellekts so forciert, daß Trinitätstheorie unmöglich wird. Damit verliert die Christenheit die Gottebenbildlichkeit als Wissensinhalt.

Zweiter Komplex: Bonaventura beruft sich auf die „Mystische Theologie" des Dionysius und fordert, den Intellekt zu übersteigen. Die Seligkeit liegt im Hinausgehen über jeden Intellekt, nicht in der intellektuellen Erkenntnis selbst.[40] Dies richtet sich gegen die griechisch-philosophische, insbesondere die aristotelische Auffassung, der Geist erreiche Glückseligkeit nur durch eigene Tätigkeit; sie könne ihm nicht umgeworfen werden wie ein Mantel. Damit war zugleich die Frage aufgeworfen, was das Höchste im Menschen sei. Albert, Thomas und Dietrich haben auf diese Frage geantwortet: Das Supremum in uns ist der Intellekt; nur in ihm geschieht die Vollendung des Menschen, seine Seligkeit. Für Bonaventura hingegen war das Übersteigen des Intellekts durch Liebe das eigentlich Beseligende. Non est tota beatitudo in intellectiva.[41]

Drittes Feld der Berührungen: Absolute Einfachheit ist das Privileg Gottes.[42] Die Geschöpflichkeit fordert in allem Geschaffenen, auch den reinen Geistern, die Zweiheit sowohl eines hyletischen wie eines forma-haften Prinzips.[43] Bonaventura verwarf, was den gottebenbildlichen Seelengrund angeht, die Zusammensetzung von Substanz und Akzidens, von Seele und ihren Vermögen: virtus (hier nicht im Sinne von Tugend, sondern von Seelenvermögen) enim non est substantiae accidentalis,[44] er sah aber die Abgrenzung zwischen geistigem Geschöpf und Schöpfer gefährdet, wenn die Geistseele nicht zusammengesetzt gedacht werde aus zwei Prinzipien, einem aktiven und einem passiven, das im weiteren Sinn „Stoff" heißen kann.

Der fromme Franziskaner hat diese Lehre nicht im Neuen Testament gefunden. Der Eiferer gegen die arabischen Philosophen hat sie Avicebron entnommen, einem jüdischen Denker des 11. Jahrhunderts,

[40] Bonaventura, Collationes in Hexaemeron, col. 2, 29, Opera omnia V 341 a.
[41] Bonaventura, Collationes in Hexaemeron, col. 2, 29, Opera omnia V 341 a.
[42] Bonaventura, Collationes in Hexaemeron, col. 4, 12, Opera omnia V 351 a.
[43] Bonaventura, Collationes in Hexaemeron, col. 2, 24, Opera omnia V 340 a–b.
[44] Bonaventura, Collationes in Hexaemeron, col. 2, 26, Opera omnia V 340 b.

dessen Lehre von der Zusammengesetztheit auch der geistigen Wesen aus Stoff und Form im Franziskanerorden schon länger Heimstatt gefunden hatte.

Dies gilt auch für die weitere Doktrin Bonaventuras, wonach die substantiale Form nicht direkt der ersten Materia vereint werde. Bonaventura forderte Zwischenformen, die zwischen bloßem Stoff und letzter Wesensgestalt (forma) vermitteln. Dies zu leugnen, sagt Bonaventura, sei ungesund, insanum est dicere.[45]

Damit hat Bonaventura eine Reihe von Problemen aufgeworfen, mit denen Dietrich sich befassen mußte: Wie war die Einheit des menschlichen Geistes zu denken, ohne die Lehre Augustins von der Gottebenbildlichkeit zu verletzen? Ließ sich das Verhältnis von erschaffenem Geist und erschaffendem Geist neu konzipieren? War es nicht inkohärent, die Philosophie des Aristoteles zu rezipieren, aber seine Lehre von der Eudaimonie, die allein im Nus liege, zu verwerfen? Jedenfalls war die Frage der Einfachheit des Geistes und seiner Glückseligkeit neu zu erörtern.

Diese Fragen spielten nicht im Himmel reiner Abstraktionen; sie wurden Parteipositionen in der Rivalität der Bettelorden. Die Polemik Bonaventuras hatte unverkennbar eine Spitze gegen Thomas von Aquino. Er klagte Thomas an wegen

- dessen Theorie von der Einzigkeit der substantialen Form,
- der Unterscheidung von Seelensubstanz und Seelenvermögen,
- dessen Ablehnung einer Zusammensetzung aus Stoff- und Formgrund bei reinen Geistwesen,
- der engen Verknüpfung von Intellekt und Glückseligkeit.

Dietrich wird schon in seinem ersten großen Buch, in *De origine,* aber auch in *De corpore Christi mortuo* die thomistische Lehre von der Einzigkeit der substantiellen Form verteidigen. Hingegen wird er die Lehre des Thomas ablehnen, der aktive und der mögliche Intellekt seien neben dem Willen je ein Seelenvermögen. Er wird sich in dieser Frage auf die Seite Bonaventuras stellen und es ablehnen, den tätigen Intellekt als Akzidens der Seele zu deuten; er wird das Motiv der philosophisch erkennbaren Gottebenbildlichkeit stärken, weil der Intellekt als Intellekt imago der Gottheit ist. Er wird stärker noch als Thomas die Einfachheit jedes intel-

[45] Bonaventura, Collationes in Hexaemeron, col. 4, 10, Opera omnia V 351 a.

lectus per essentiam in actu herausarbeiten, die Theorie des Thomas von der Zusammensetzung von Wesen und Sein in reinen Geistern ablehnen, ohne die Einzigartigkeit der ontologischen Stellung Gottes zu mindern, die Bonaventura schon durch Thomas gefährdet sah; er wird über Thomas hinaus die Verbindung von Intellekt und Glückseligkeit im Sinne des Aristoteles intensivieren.

Wir wissen nicht, ob Dietrich Bonaventura gelesen oder gehört hat. Aber mit den Auswirkungen der Polemik Bonaventuras hatte er es zu tun. Vielleicht kannte er auch Bonaventuras Unwillen, das Schema Substanz-Akzidens in allen Fragen durchzusetzen.[46] Dies hätte ihn anregen können, die Kategorientafel des Aristoteles, insbesondere das Verhältnis Substanz-Akzidens, neu zu fassen. Dies sind schwierige Fragen, die mit den herkömmlichen Bezeichnungen „Franziskanerschule" nicht zu entscheiden sind. Offen muß heute auch bleiben, ob und wie ein Verhältnis Dietrichs zu den bedeutenden zeitgenössischen Bonaventuraschülern bestand, zu Matthäus von Aquasparta († 1302), zu Johannes Peckham († 1292), zu Roger Marston († 1303), Richard von Mediavilla († 1307/1308) und zu Petrus Joannis Olivi († 1296).[47]

6. *Irrtümer der Philosophen*

Die aggressiven Ansprachen Bonaventuras vor einem großen Pariser Universitätspublikum – es ist von 160 Leuten die Rede – fielen in die Jahre 1267 bis 1273. 1274 starben Bonaventura und Thomas; 1272 kam Dietrich nach Paris. Kurz zuvor hatte ein Kenner der Universitätssituation sich ein Verzeichnis der in Paris gängigen Irrtümer der Philosophen angelegt, das lange Aegidius Romanus zugeschrieben worden ist. Concetta Luna hat diese Zuschreibung mit guten Gründen bestritten;[48] am

[46] Bonaventura, Collationes in Hexaemeron, col. 4, 8, Opera omnia V 350 a.

[47] Zu diesem Komplex vgl. L. Sileo im dritten Band der von Giulio d'Onofrio herausgegebenen Storia della teologia nel Medioevo, Casale Monferrato 1996, und Alain Boureau, Théologie, science et censure au XIIIe siècle. Le cas de Jean Peckham, Paris 1999; ders. (Hg.), Pierre de Jean Olivi. Pensée scolastique, dissidence franciscaine et societé, Paris 1999.

[48] Concetta Luna, La Reportatio della lettura di Egidio Romano sul Libro III delle Sentenze (Clm 8005) e il problema dell'autenticità dell' Ordinatio, in: Documenti e studi sulla tradizione filosofica medievale 1 (1990), S. 164–167.

Quellenwert dieser Liste ändert das nichts. Ihr Verfasser wollte wissen, was er denken durfte und was nicht. Er ging sorgfältiger vor als Bonaventura; daher ist seine Schrift eine wertvolle Quelle für die intellektuelle Situation in Paris zu Beginn der siebziger Jahre. Das Thema, das nicht nur die Zuhörer Bonaventuras beschäftigte, hieß: die Irrtümer der Philosophen. Welche waren das? Unser Verfasser differenzierte nach einzelnen Autoren, beginnend mit Aristoteles. Seine Liste wurde umfangreich; ich nenne Artikel, die für Dietrich wichtig gewesen sein dürften:

An den Anfang setzte der Verfasser den Hauptirrtum des Aristoteles, seine Lehre von der Ewigkeit der Welt. Er gab auch die Argumentation des Aristoteles dafür wieder: Weil jede Veränderung einen Naturprozeß voraussetzt, können die Naturprozesse nicht begonnen haben. Also galt für Aristoteles die Welt als ewig.[49] Die Liste der Irrtümer verzeichnet das Argument, die Kreisbewegung des Himmels dauere ewig, weil sie gegensatzlos sei und daher keinen inneren Grund des Verfalls in sich trage.[50] Aristoteles irre ferner, indem er die Ansicht nahelege, selbst Gott könne kein Akzidens von seiner Substanz trennen.[51] Die Natur der Himmelsbewegung, besonders aber die Unmöglichkeit, das Akzidens abzutrennen, werden wesentliche Themen Dietrichs werden. Auffälligerweise registriert die Liste die Theorie von der Einzigkeit der substantiellen Form als einen Irrtum des Aristoteles; dies ist ein Grund, sie Aegidius abzusprechen.[52] Denn das war dann ein „Irrtum", den Aegidius mit Thomas verfochten hat und den Dietrich verteidigen sollte. Für Dietrichs Denken wurde die vierzehnte Irrlehre des Aristoteles wichtig, nämlich es gebe so viele Intelligenzen wie es Sternbeweger gebe. Die Liste beschreibt diesen Irrtum, als habe Aristoteles astrophilosophisch gegen die Millionenheere himmlischer Heerscharen argumentiert.[53]

Averroes ist der zweite Philosoph, dessen Irrtümer unser Verzeichnis festhält. Averroes habe alle Irrtümer des Aristoteles geteilt und noch eigene hinzugefügt. Ihm muß man heftiger als dem Aristoteles widersprechen, denn er hat ironisch-abfällig vom christlichen Glauben gesprochen, magis directe fidem nostram impugnavit. Averroes habe die Ewigkeit der

[49] Aegidius Romanus, Errores philosophorum, ed. Josef Koch – John O. Riedl, Milwaukee/Wisc. 1944, c. I, 1, S. 2. Zur Autorschaft vgl. Concetta Luna in Anm. 48.
[50] ib. I 4 S. 4.
[51] ib. I 10 S. 8.
[52] ib. I 11 S. 8.
[53] ib. 1 14 S. 10.

Welt und die Einzigkeit des Intellekts für alle Menschen behauptet; er habe irrtümlich gelehrt, alle reinen Geistwesen seien ewige und reine Aktivität, keine Möglichkeit sei ihnen beigemischt; sie seien reiner Akt.[54] Dieser Intellekt sei nicht die Wesensform des Menschen; er sei mit dem menschlichen Leib nicht enger verbunden als ein rein geistiger Sternbeweger mit dem Himmel.[55] Die Irrtümerliste belegt: Die aristotelisch-averroistische Theorie des Intellekts, seine wesenhafte Aktivität, seine Verbindung zum einzelnen Menschen und die genaue Beziehung der Intelligenzen zu der von ihnen bewegten Himmelsschale waren aktuelle Fragen der siebziger Jahre in Paris. Dietrich wird sie aufgreifen.

Es folgen die Irrtümer des Avicenna. Auch die Reihenfolge der Verantwortlichen in unserer Liste der bedrohlichen Irrtümer ist aufschlußreich, sie zeigt, welche Autoren besonders aktuell waren, Avicenna an dritter Stelle. Als erster Irrtum des Avicenna galt dem Verfasser die These von der Einzigkeit der substantiellen Form, in der Avicenna mit Averroes übereinstimme.[56] Aus der Aufnahme dieser These in die Irrtumsliste darf man, wie gesagt, schließen, daß Aegidius Romanus nicht der Autor dieser Zeilen war. Getadelt wird Avicenna weiterhin dafür, daß er eine vermittelte Erschaffung gelehrt hat: Da aus Einem nur ein Eines folgen könne, lasse Avicenna die Vielheit der Weltdinge nicht unmittelbar aus Gott hervorgehen.[57] Deshalb sei er zusätzlich in den Irrtum verfallen, Intelligenzen hätten die Himmelsseelen hervorgebracht.[58] Genau diese Thesen stehen in Alberts *De causis;* Dietrich wird sie mit vorsichtigen Vorbehalten teilen. Der Autor des Verzeichnisses der Irrlehren sah in dieser These eine Einschränkung der göttlichen Erschaffung; er behauptete, nach Avicenna seien Intelligenzen die Erschaffer der Himmelsseelen und die Himmelsseelen erschüfen die Himmelskörper.[59] Irrtümlich habe Avicenna gelehrt, die Himmelskörper seien beseelt, erravit circa animationem caeli.[60] Die Beseeltheit der Himmelskörper, die vermittelte Erschaffung, die mentale Glückseligkeit und die durch Aristoteles-Averroes nahegelegte Nicht-Abtrennbarkeit der Akzidenzien – das sind die Themen in Dietrichs Programmschrift über *Drei schwierige Fragen*. Avicenna, heißt

54 ib. 4, 5, S. 20.
55 ib. 4, 11 und 12, S. 22.
56 ib. 6, 1, S. 24.
57 ib. 6, 6, S. 28.
58 ib. 6, 7, S. 28.
59 ib. 6, 8, S. 28.
60 ib. 6, 10, S. 30.

es in der Liste weiter, habe aus kosmologischen Gründen die Zahl der Intelligenzen auf 40 beschränkt und damit die Zahl der Engel drastisch vermindert.[61] Avicenna habe schließlich auch bezüglich der menschlichen Glückseligkeit geirrt, denn er habe behauptet, sie hänge ab von unseren Werken, ex operibus nostris, und sie bestehe in der Erkenntnis der äußersten Intelligenz, ultimae intelligentiae.[62] Worin genau die Glückseligkeit bestehe und welche genaue Funktion die Aktivität des Intellekts dabei habe, das waren – ebenso wie die Unterscheidung von Intelligenzen und Engeln – Themen Alberts, die Dietrich fortführen wird.

Die Irrlehren des Algazel boten dem Autor des Verzeichnisses wenig Interesse; sie glichen, schrieb er, denen des Avicenna. Wichtiger seien die Irrtümer des Moses Maimonides. Dessen Lehre von der absoluten Einfachheit Gottes und vom Vorrang der negativen Theologie widerspreche der Trinitätslehre; zudem teile er die Lehre von der Beseeltheit der Himmelskörper und behaupte, selbst Gott könne kein Akzidens von seiner Substanz trennen.[63] Wiederum zeigen sich Themen Dietrichs.

7. Fragen an Thomas von Aquino 1268–1272

Es gibt kaum eine bessere Information über aktuelle Themen in bestimmten Jahrzehnten des Mittelalters als die *Quodlibeta.* Die disputatio de quolibet war eine akademische Veranstaltung, die deswegen so heißt, weil dem Magister aus dem Publikum jede interessierende Frage gestellt werden konnte. Diese Textsorte nahm gegen das Ende des 13. Jahrhunderts an Bedeutung zu, denn die Fragen wurden zahlreicher, und mancher Magister widmete sich lieber der Ausarbeitung seiner Texte aus solchen Disputationen als einer pädagogisch abgerundeten Darstellung der „Wahrheit“ in der Form einer Summa. Die *Quodlibeta* bieten dem Historiker Einblick in die Fragen, die damals die Zuhörer bewegten. Ich

[61] ib. 6, 15, S. 32.
[62] ib. 7, 21 und 22, S. 36 und 38.
[63] ib. 12, 1, S. 58: absolute Einfachheit Gottes; ib. 12, 3, S. 60: Vorrang der negativen Theologie; ib. 12, 5, S. 60: Beseeltheit der Himmelskörper; ib. 12, 8, S. 62: Unabtrennbarkeit des Akzidens.

werde im Laufe dieser Arbeit öfter auf Quodlibeta als Quelle zurückgreifen; ich beginne hier mit den *Quodlibeta* des Thomas von Aquino, denn sie beleuchten die intellektuelle Situation um 1270.

Die überlieferten *Quodlibeta* des Thomas gehören zwei verschiedenen Zeitschichten an: Die *Quodlibeta* VII bis XI stammen aus seiner Pariser Lehrperiode von 1256 bis 1259; die *Quodlibeta* I–VI und XII sind zwischen 1269 und 1272 in Paris entstanden und sind deshalb für die Frage nach der intellektuellen Atmosphäre um 1270 von besonderem Interesse.[64] Informativ sind aber bereits die Texte vom Ende der fünfziger Jahre. Da wurde Thomas z.B. gefragt, welche Rollen jeweils der tätige und der mögliche Intellekt bei der Schau der Seligen im Himmel spiele.[65] Das war die Frage nach der Tauglichkeit der arabischen Intellekttheorie für das Selbstverständnis von Christen. In dieser Richtung wurde weiter gefragt, ob es die Natur des menschlichen Intellekts überhaupt erlaube, das Wesen Gottes unmittelbar zu kennen.[66] Die Ontologie des Aristoteles warf Fragen auf wie die, ob im Altarsakrament die Broteigenschaften ohne substantiellen Träger bestehen können (*Quodl.* IX 3 Ed. Leonina 25, 1, S. 97 b–100 b). Das war nicht nur eine Frage nach der Theorie der Akzidenzien; sie berührte das Selbstverständnis menschlicher Vernunft angesichts der Allmacht Gottes. Das *Quodlibet* XII 5, 2 aus der zweiten Lehrperiode (Ed. Leonin. 25, 2, S. 405 b–406 a) fragt, ob die Himmelskörper beseelt seien. Thomas antwortet, Platon und Aristoteles hätten das behauptet, Anaxagoras habe es bestritten und sei deswegen hingerichtet worden, Augustin lasse die Frage offen, da sie nicht direkt den Glauben berühre. Die *Quodlibeta* des Thomas behandeln folgende Fragen, die Dietrich 1296/1297 erörtern wird: Die Beseeltheit der Himmelskörper, die Rolle des tätigen und des möglichen Intellekts in der beseligenden Schau und die Abtrennbarkeit der Akzidenzien von ihrer Substanz.

Unter den späteren Themen, also denen, die Thomas um 1270 zu beantworten hatte, fällt auf, daß mehrfach nach der Leiche Jesu gefragt wurde: Kann man das Auge des Toten in demselben Sinn „Auge" nennen wie beim lebendigen Leib?[67] Oder: Ist der Leib eines Toten identisch mit

[64] Zur Datierung Jean-Pierre Torell – G. Emery, Initiation à S. Thomas d'Aquin, Fribourg 1993, S. 492, und die Einleitungen zu Band 25, 1 der Editio Leonina, Rom 1996.

[65] Thomas von Aquino, Quodl. VII 1, Thomas de Aquino, Opera omnia, Ed. Leonina Band 25, 1, Rom 1996, S. 7–12.

[66] Thomas von Aquino, Quodl. X 8 Ed. Leonina, Band 25, 1, S. 146 b–147 b

[67] Thomas von Aquino, Quodl. III 2,2 Ed. Leonina, 25, 2, S. 245 b–247 a.

dem Leib eines lebenden Menschen?[68] Diese Fragen mögen heute seltsam klingen, aber sie ergaben sich, wenn Siger wie Thomas behaupteten, es gebe im Menschen nur eine einzige Wesensform. Wenn die Seele vom Leib getrennt war, schien die Leiche mit der Person nichts mehr zu tun zu haben, denn die These von der Einzigkeit der menschlichen Wesensform bestritt, daß es eine eigene Form der Körperlichkeit gebe, die in diesem Fall Identität sichere.[69] Diese aristotelisch/averroistische These widersprach bestimmten theologischen und mentalitätsgeschichtlichen Voraussetzungen der Zeit; sie kam nicht zur Ruhe. Dietrich, der mit Siger und Thomas die Einzigkeit der Wesensform im Menschen behauptete, mußte sich mit ihr befassen.

Aus den bunt zusammengewürfelten Fragen der *Quodlibeta* des Thomas hebe ich noch die folgenden hervor:

Können reine Geister (Engel) mitwirken bei der Erschaffung menschlicher Seelen?[70] Thomas lehnt eine solche vermittelte Erschaffung ab, denn sie setze den falschen Grundsatz voraus, aus dem Einen könne immer nur ein Eines hervorgehen. Diesen Grundsatz hatte der Verfasser der *Errores philosophorum* als Philosophenirrtum des Avicenna notiert.

Kann die vom Leib getrennte Seele unter physischem Höllenfeuer leiden (Quodl. III 10, 1 Ed. Leonin. 25, 2, S. 281 a–b)? Diese Frage ergab sich daraus, daß Aristoteles den Geist als leidenslos, impassibel beschrieben hatte und Augustin bestritten hatte, daß geistige Wesen unter direkter Einwirkung von Körperdingen leiden könnten. Thomas hat sie orthodox bejaht.

Thomas wurde auch nach der Theorie des Regenbogens gefragt. Niemand erwartete von ihm eine physikalische Erklärung. Man wollte wissen, warum der Regenbogen immer noch auftritt, obwohl Gott nach *Genesis* 9, 15 versprochen hat, es werde keine Sintflut mehr geben.[71] Thomas antwortet, der Bericht der *Genesis* sei buchstäblich zu nehmen, aber der Regenbogen entstehe immer wieder, weil die Sonne feuchte Dämpfe in die Höhe treibe, aus denen Regenwolken würden, die den Regenbogen

[68] Thomas von Aquino, Quodl. II 1, 1 Ed. Leonin. 25, 2, S. 211 a–b 212 a und IV 5, 1 Ed. Leonin. 25, 2, S. 327 b–328 b.

[69] Thomas von Aquino, Quodl. XII 6, 1 Ed. Leonin. 25, 2, S. 406 b. Zur Sache vgl. Theodor Schneider (wie Anm. 97) und Alain Boureau (wie Anm. 47).

[70] Quodl. III 3, 1 Ed. Leonina 25, 2, S. 248 b–250 a.

[71] Quodl. III 14, 1 Ed. Leon. 25, 2, S. 288 b–289 b.

ermöglichen, wenn die Sonne sich ihnen gegenüber in einem gewissen Maße durchsetze. Überwiegen die Regenmassen, könnten sich auch heute Überschwemmungen ergeben. Dies hänge vom Klima ab; bei mittleren Verhältnissen zwischen Regenwolken und Sonne trete der Regenbogen öfter auf, ohne eine Sintflut vorherzusagen, im übrigen sei der Regenbogen ein Symbol Christi, der uns vor Überschwemmungen geistlicher Art schütze. Thomas ging also auf die Physik des Regenbogens soweit ein, daß er ihn aus dem Zusammentreffen eines mittleren Maßes feuchter Dämpfe und Sonnenlicht erklärte, aber auch seine ungenaue Analyse und das Zugeständnis einer zwar sekundären, aber nicht zu vernachlässigenden christologischen Symbolik konnte zu Zweifeln und zu strengerer Forschung Anlaß geben.

8. Von Beruf Philosoph: Siger von Brabant

Lange Zeit war es üblich, die intellektuelle Situation im Paris der siebziger Jahre durch die Zuteilung von Strömungsnamen zu klären: radikaler Aristotelismus, Thomismus, Neo-Augustinismus. Ich ziehe die indirekte Charakteristik aus bezeichnenden Einzelheiten vor. Bei dem Wort „Thomismus" denkt niemand an die Regenbogentheorie des Heiligen. Sie gewinnt aber im Hinblick auf Dietrich signifikante Bedeutung. So bleibe ich – mikrohistorisch, wie man sagt – bei einzelnen Texten, jetzt bei der Metaphysikvorlesung des Siger von Brabant, die er um 1273, also als Dietrich wohl in Paris war, gehalten hat. Ich beurteile diesen Text nicht nach seiner Vereinbarkeit mit der thomistisch definierten Orthodoxie; ich behandle nicht die Reizthemen der Theologen: Ewigkeit der Welt und Einzigkeit des möglichen Intellekts. Ich nehme Siger als das, was er war: Philosoph. Ruedi Imbach hat gezeigt, daß Siger vor allem in der Debatte um Dasein und Wesen folgenreiche Ausgangspunkte geschaffen hat, indem er – im Anschluß an Averroes, aber über ihn hinausgehend – das ontologische Problem semantisch analysierte und die viel umstrittene Frage dahingehend entschied, Dasein und Wesen seien in der Sache identisch, unterschieden sich aber in der Bezeichnungsweise, im modus significandi. Mit „Dasein" bezeichnen wir das Seiende in seiner aktualen Präsenz, „Wesen" deutet auf das Seiende in seinem ruhigen Besitz des Daseins.[72] Siger interpretierte die Debatte um Wesen und Dasein, die Thomas mit seinem *De ente et essentia* (1252–1256) ausgelöst hatte, als Konflikt zwischen naiver Ontologisierung von Vokabeln und Aufmerksamkeit auf Bezeichnungsweisen. Er mochte glauben, die Intention des Aristoteles wiederherzustellen, indem er sich gegen Avicenna auf die Seite des Averroes stellte. Er monierte, Albert sei in dieser Frage auf der Seite des Avicenna geblieben; ihm entging nicht, daß Thomas insofern von Avicenna abwich, als ihm zufolge das Dasein nicht *als Akzidens* zum Wesen hinzutrete, es komme bei Thomas zwar zum Wesen *wie* ein Akzidens hinzu, werde aber durch die Prinzipien des Wesens konstituiert.[73] Siger beseitigte die sogenannte Realdistinktion als sprachlogisches Mißverständnis und betonte, sie sei keineswegs notwendig, um den metaphysischen Abstand zwischen Schöpfer und Geschöpf festzuhalten, Gott unterscheide sich als reiner Akt von allen Geschöpfen, deren Akthaftigkeit immer mit Möglichkeit vermischt bleibe. Siger macht in diesem Zusammenhang keine Ausnahme für den Intellekt.

Siger hat in einer Reihe von Lehrpunkten Konsequenzen der Aristotelesrezeption zur Geltung gebracht. Ich stelle diese Theorien hier listenartig zusammen, ihren argumentativen Gehalt erörtere ich im Zusammenhang mit Dietrichs Schriften:

a. Das Akzidens ist eine Disposition der Substanz, es ist ein ens entis. In dieser Frage habe Avicenna Verwirrung gestiftet.[74] Aus Sigers Klarstellung wurde das, was Martin Grabmann als die These von der Seinslosigkeit des Akzidens bei Eckhart bezeichnet hat.[75] Zu ihr gehörte, die Beziehung des Akzidens auf seine Substanz sei nicht selbst akzidentell.[76]

[72] Ruedi Imbach, Averroistische Stellungnahmen zur Diskussion über das Verhältnis von esse und essentia, in: ders., Quodlibeta 1996, S. 209–250, besonders S. 221. Zu Siger generell vgl. Francois-Xavier Putallaz – Ruedi Imbach, Profession: Philosophe. Siger de Brabant, Paris 1997; Carlos Steel, Siger of Brabant versus Thomas Aquinas on the Possibility of Knowing the Separate Substances, in: MM 28, 2001, S. 211–231.

[73] Siger von Brabant, Quaestiones in Metaphysicam, Text inédit de la reportation de Cambridge, hg. von A. Maurer, Louvain 1983, S. 30–37. Ich zitiere im folgenden immer diese Ausgabe. Zu Thomas dort S. 32. Das Resultat dort S. 33: Ens enim significat substantiam uniuscuiuscumque per modum actus, quia ratio entis ab actu essendi sumitur. Res autem significat substantiam uniuscuiusque per modum potentie magis.

[74] Siger, Quaestiones in Metaphysicam V qu. 23 S. 237–239, besonders S. 237: Et in hoc peccavit Avicenna.

[75] Dazu vgl. Flasch, 2006, S. 102.

[76] Siger, Quaestiones in Metaphysicam V qu. 21 S. 235–236.

b. Aristoteles suchte das, was das Wesen bestimme. Er nannte es to ti en einai, quod quid erat esse. Darunter verstand er aber keine abstrakte Wesensbezeichnung wie humanitas, sondern die substantiale Wesensform. Der Mensch ist demnach nicht Mensch durch das Menschsein, sondern durch seine Wesensform, die Seele.[77]

c. Metaphysik ist Theorie der Substanz und vor allem deren Wesensform. Sigers *Quaestiones naturales* der Jahre 1272/1273, der Studienzeit Dietrichs, verteidigen die Lehre von der Einzigkeit der substantialen Form.[78] Die Abhängigkeit des Akzidens von der Substanz, also sein Charakter als ens entis, dient Siger im Anschluß an Aristoteles/Averroes als Modell der Analogie.[79]

d. Das aktuale Sein steht vor dem möglichen. Aussagen über Mögliches nehmen Bezug auf das Aktuale.[80] Gott ist reiner Akt,[81] und das unterscheidet ihn von allen Geschöpfen, auch von reinen Geistwesen, „wenn es sie gibt", von denen die Philosophen als von intelligentiae gesprochen haben.[82]

e. Zur Substanzphilosophie Sigers gehörte eine bestimmte Kosmologie: Die Sterne sind reine Substanz; sie tragen kein Akzidens außer ihrer lokalen Bewegung. Sonst könnten unvorhergesehene Konstellationen am Himmel auftreten. Aber an den Himmelskörpern gibt es keinen Zufall.[83] Wesensphilosophie und Wissenskonzept Sigers fordern, daß „Mensch" immer aktual gegeben sein muß, daß die Menschheit also immer bestanden hat und bestehen wird. Damit berühren wir die Theorie von der Ewigkeit der Welt.[84]

f. Man hat Siger einen unkritischen Verehrer des Aristoteles genannt. Die Quellen bestätigen dieses Zerrbild nicht. Siger wandte sich gegen die halbherzige und ungenaue Aristotelesrezeption und sagte von ihr, sie verstoße gegen Aristoteles und gegen *die Wahrheit.* Die Beweise des Aristoteles für die Ewigkeit der Welt waren Siger zufolge keine vollgül-

[77] Siger, Quaestiones in Metaphysicam II qu. 18 S. 63–64; VII 9 S. 339–340; VII 10 S. 341–343 und VII 21 S. 374–375.

[78] Zur Naturphilosophie vgl. F. van Steenberghen, Maître Siger de Brabant, S. 326–338.

[79] Siger, Quaestiones in Metaphysicam III 5 S. 86 und IV 2 S. 136–137.

[80] Siger, Quaestiones in Metaphysicam III 26 S. 131–132.

[81] Siger, Quaestiones in Metaphysicam III 27 S. 133.

[82] Siger, Quaestiones in Metaphysicam III 5 S. 87. Dort S. 83 die Wendung si plures sint, die man auch anders deuten könnte.

[83] Siger, Quaestiones in Metaphysicam VI 4 S. 307–308.

[84] Siger, Quaestiones in Metaphysicam III 26 S. 131–132.

tigen Beweise, sondern mehr Postulate.[85] Siger wollte keinen Kult der Autoritäten: Autoren sind Menschen wie andere auch.[86] Wir dürfen uns ein Urteil erlauben.

Mehr als einzelne Thesen Sigers dürfte seine Denkweise auf Studenten gewirkt haben. Er hat nach seinem Grundsatz gehandelt, es sei nicht gut, die Ansichten des Aristoteles zu verschleiern, um sie dem christlichen Glauben leichter anpassen zu können.[87] Wenn eine Zivilisation auf Traditionen aufbaut, die einander widersprechen, dann ist es besser, den Widerspruch klar herauszuarbeiten als taktische Scheinversöhnung herzustellen. Diese Abwehr des Konkordismus führte in der Folgezeit zu genauerem Aristotelesstudium und detaillierter Kritik an Thomas von Aquino.

9. Die Verurteilungen. 1270 und 1277

Wer 1272 zum Studium nach Paris kam, traf sie an in einer Krise. Die Ansprachen Bonaventuras und die Liste des unbekannten Verfassers der „Irrtümer der Philosophen" sind nicht die einzigen Zeugnisse dieser Konflikte. Die bischöfliche Behörde sah sich zum Eingreifen motiviert. Bereits 1270 hatte Bischof Tempier 13 Thesen der Philosophen verworfen. Er mußte sehen, daß er damit die Debatten und Abweichungen nicht beenden konnte. Er berief eine große Theologenkommission ein und bereitete eine lange Liste von verbotenen Theorien vor; am 7. März 1277 veröffentlichte er sein Verzeichnis; es enthielt nicht weniger als 219 zu verbietende Thesen.

Die Hintergründe dieser Verurteilungen, ihr genauer Sinn und ihre räumliche Reichweite und ihre Wirkung auf die intellektuelle Entwicklung der Folgezeit sind vielfach diskutiert worden.[88] Hier geht es allein

[85] Siger, Quaestiones in Metaphysicam III 15 S. 109.

[86] Siger, Quaestiones in Metaphysicam III 5 S. 84.

[87] Luca Bianchi, Velare philosophiam non est bonum. In: Rivista critica di storia della filosofias 40 (1985), S. 255–270.

[88] Vgl. Roland Hissette, Enquête sur les 219 articles condamnées à Paris le 7 mars 1277, Leuven 1977; Kurt Flasch, Aufklärung im Mittelalter? Die Verurteilung von 1277, Mainz 1989; Luca Bianchi, Il vescovo e i filosofi. La condanna parigina del 1277 e l'evoluzione dell' aristotelismo scolastico, Bergamo 1990; ders., Censure et liberté intellectuelle à l'Université

um Bezüge im Werk Dietrichs zu diesen Verurteilungen. Die akademischen Diskussionen, die diesen autoritativen Akten vorangingen und folgten, mögen für Dietrich folgenreicher gewesen sein als die amtlichen Akte. Dennoch lesen sich diese Dekrete wie die Themenstellung, nicht wie die *Thesen*vorgabe für einen künftigen philosophischen Autor.

Das gilt kaum für die 13 Thesen von 1270. Sie betreffen die gröberen Formen von Averroismus, die Dietrich nie gelehrt hat. Verboten werden Thesen zur Einzigkeit des Intellekts und damit zur individuellen Unsterblichkeit, zur Ewigkeit der Welt und zur kosmologischen Nötigung des Willens. Für Dietrich von Bedeutung wurde allerdings die These 8. Damit verbot der Bischof die Behauptung, die rein geistige Seele könne nach dem Tod nicht von körperlichem Höllenfeuer gepeinigt werden.[89] Er wiederholte diese Zensur 1277 und stellte damit Philosophen vor folgendes Dilemma. Die Seele sollte den Zusammenbruch des Organismus überstehen, also unsterblich sein. Wenn sie dies war, und zwar kraft ihrer ontologischen Selbständigkeit, ihrer Geistigkeit und Unbeeinflußbarkeit durch Körpervorgänge, wie konnte dann physisches Feuer sie in ihrem körperlosen Zustand quälen? Aber in der Hölle sollte sie quälbar sein. Daher der Konflikt des Bischofs mit den Philosophen. Diesem Konflikt wird Dietrich sich in *De substantiis spiritualibus* c. 31 und 35 stellen.[90] Er wird finden, die Annahme physischer Einwirkung auf einen körperlosen Geist sei widersprüchlich, also seien die Reden vom Höllenfeuer metaphorisch zu deuten. Er blieb bei der verurteilten These.

Die ausführlichere Liste von 1277 bezeichnet eine Reihe von Konfliktherden zwischen Kircheninteresse und Philosophie. Ich nenne fünf solcher Kampffelder, die Dietrich betreten wird:

a. Die Annahme einer durch Zwischenwesen vermittelten Erschaffung. Unter der Voraussetzung, der Weltgrund sei im strikten Sinne Einheit,

de Paris: XIIIe–XIVe siècles. Paris 1999; Francois-Xavier Putallaz, Insolente liberté. Controverses et condamnations au XIIIe siècle, Fribourg 1995; David Piché, La condamnation parisienne de 1277, Paris 1999; Jan A. Aertsen, Kent Emery Jr., Andreas Speer (Hg.), Nach der Verurteilung von 1277. Philosophie und Theologie an der Universität von Paris im letzten Viertel des 13. Jahrhunderts. Studien und Texte, MM 28, Berlin 2001.

[89] H. Denifle – A. Chatelain, Chartularium Universitatis Parisiensis, I 486–487. Ich zähle die Thesen nach der Anordnung im Chartularium, nicht nach der neuscholastischen Umgruppierung bei P. Mandonnet. Vgl. dazu K. Flasch, Die Seele im Feuer. Aristotelische Seelenlehre und augustinisch-gregorianische Eschatologie bei Albert von Köln, Thomas von Aquino, Siger von Brabant und Dietrich von Freiberg, in: M. J. F. M. Hoenen – A. de Libera (Hg.), Albertus Magnus und der Albertismus, Leiden 1995, S. 107–131.

[90] II 333 und 337–338.

daher könne aus ihm nur eine Einheit entstehen, hatten Avicenna und andere aus Gott erst die Intelligentiae hervorgehen lassen, die über die Himmelsseelen und die Himmelskörper die irdische Dingwelt begründen sollten. Diese Theorie nahm der Gottheit die Möglichkeit direkter Eingriffe; sie bedrohte das Privileg Gottes, der einzige Erschaffer der Welt zu sein. Deswegen hatten Bonaventura und Thomas diese Lehre verworfen; sie kommt in der Liste der Philosophenirrlehren unter dem Namen des Avicenna vor; Dietrich hat sie weitergeführt, indem er sie dahin korrigierte, daß trotz vermittelter Erschaffung die ursprüngliche Seinsgründung, also die Erschaffung der Welt, Gott allein vorbehalten blieb.

Der Bischof hat die Lehre von der vermittelten Erschaffung mit einer Reihe von Nuancen verurteilt, die er in den Thesen 30, 38, 43, 44, 58, 61, 73, 83, 84 und 189 nannte. Der Bischof wollte den gesamten Theoriekomplex erfassen und abwehren. So verbot Tempier speziell die Behauptung, Gott erschaffe die irdischen Dinge nur mit Hilfe der Himmelskörper (These 38). Dietrich wird diese Philosophenlehre verteidigen und sie dahin modifizieren, daß sie mit der Erstursächlichkeit des erschaffenden Gottes vereinbar wurde. Er wird in diesem Zusammenhang die ängstliche Befangenheit der Theologieprofessoren tadeln: Sie fürchten etwas, was man gar nicht fürchten muß: timent non timenda.[91]

b. Dietrich anerkannte den Erschaffungsvorbehalt der Gottheit, integrierte ihm aber den hierarchischen Gang der Vermittlung von Zwischenursachen. Das wurde die Grundthese von Dietrichs Schrift über die Beseeltheit der Himmelskörper. Aber auch das hatte Tempier zu sagen verboten; er wollte in der Kette der Veränderungen (motus) keine hierarchische Abfolge vom unbewegten Beweger über die Himmelsseele auf die irdische Welt zulassen (These 67). Aber schließlich hatte auch Albert die Hierarchie Intelligentia – Himmelsseele – Himmelskörper – sublunare Welt gelehrt. Dietrich versuchte dessen Erbe zu erneuern und die Unbedenklichkeit einer solchen Hierarchisierung der Kausalität innerhalb eines kreationistischen Gesamtkonzepts zu beweisen. Der Bischof hat die These von der Beseeltheit des Himmels verworfen (Thesen 92, 94, 95), Dietrich wird sie lehren. Dabei unterschied er wie Albert die kosmologisch unentbehrlichen Intelligenzen, die es in beschränkter Anzahl, wenn überhaupt, geben sollte, von den Engeln, die der Bischof

[91] Dietrich, subst. 19 und 20 II 316–318. Das Zitat steht subst. 20, 1 II 318.

nicht nach der Zahl kosmologischer Funktionen beschränkt sehen wollte (These 69). Dietrich wird, auf Albert gestützt, zwei Ordnungen unterscheiden und durch die Unterscheidung von Intelligenzen und Engeln vermeiden, daß er dem Bischof direkt widersprach: Mochte es Engel so viele geben, wie immer die göttliche Allmacht will, die Zahl der Intelligenzen war, ihm zufolge, mit Aristoteles und Albert nach rationalen Kriterien festzulegen – aufgrund astronomischer Überlegungen wie bei Aristoteles, Avicenna und Averroes. Wenn es sie überhaupt gab.

c. Der Konflikt von Intellekttheorie und christlichem Glauben. Der Bischof hielt die Einzigkeit des Intellekts für glaubenswidrig. Darin kann ihm kaum jemand widersprechen, jedenfalls wird Dietrich es nicht tun. Aber Tempier ging weiter; er verbot, dem Intellekt mit Aristoteles-Averroes die hohen Prädikate des intellectus in actu per essentiam zuzusprechen. Er verwarf die These, in reinen Intellekten sei alles reine Aktualität (These 71); sie seien in keiner Weise in potentia, in passiver Rezeptivität. Es sei dahingestellt, ob er damit verlangt hat, die These der Franziskaner von der geistigen Stofflichkeit zu vertreten; jedenfalls wird ihm Dietrichs Theorie vom Intellekt als reiner Aktualität widersprechen. Er wird gewußt haben, daß Siger in der Quaestio 37 seiner *Quaestiones super librum de causis* von 1275/1276 diese These zurückgenommen hat, mit der Begründung, bei Gott allein seien Wesen und Tätigkeit identisch.[92]

Der Bischof verbot, den Intellekt zu stark zu machen, keinesfalls sollte er göttliche Prädikate erhalten. Er formulierte die Geschöpflichkeit reiner Geister folgendermaßen: Ihr Wissen sollte nicht ihr Wesen sein (These 85). Das war direkt gegen Aristoteles gesagt. In dieser Frage standen Bonaventura und Thomas auf Seiten des Bischofs, aber Dietrich wird in *De visione beatifica* lehren, nicht nur reine Intellekte, sondern auch der tätige Intellekt in uns Menschen *sei* seine Tätigkeit, sein Erkennen sei seine Substanz.

Der Bischof verbot weiterhin die Behauptung, der Intellekt erkenne, indem er sich selbst erkenne, Gottes Wesen und alle Dinge (These 115 und 36), und zwar auf dieser Erde, in unserem sterblichen Leben. Dieses Thema der naturhaften Glückseligkeit des Intellekts wird Dietrich in *De visione beatifica* angehen und den Zusammenhang von Selbsterkenntnis, Gotteserkenntnis und Erfassen des Seienden als Seienden eng zeichnen, denn unser Intellekt wird bei ihm die Gesamtheit der Realität. Er wird

[92] Siger, Quaestiones super librum de causis, Quaestio 37, ed. A. Marlasca, Louvain 1972, S. 145–146.

nicht glauben, Gott dadurch höher zu stellen, daß er den Intellekt, dessen Bild, herabsetzte. Dietrichs intellectus-agens-Lehre wird Tempiers Thesen 115 bis 127 widersprechen. Bei diesem Komplex waren der Bischof und seine Kommission ins Detail gegangen; auch diese Theologen sahen die Intellekttheorie als besonders wichtig an. Der Bischof verbot zu lehren, Intellekte als solche seien gleichrangig (These 124). Er gestattete nicht, vom *möglichen* Intellekt zu behaupten, er sei nichts, bevor er erkennt. Das stand so bei Aristoteles; der Bischof untersagte es (These 126), Dietrich wird es verfechten. Auch die aristotelische Lehre von der Einheit von Intellekt und Intelligiblem fand der Bischof verwerflich (These 127); Dietrich, aber nicht nur er allein, wird sich diesem Urteil nicht unterwerfen. Er wird nicht einsehen, eine Geistseele könne unter physischem Feuer leiden, was der Bischof mit These 19 verlangte. Der Bischof verbot ferner die These, der Intellekt erfasse Gott unmittelbar, also in sich selbst (These 211), und stellte damit der Folgezeit die Frage, ob ein christlicher Denker behaupten dürfe, Gott sei das Ersterkannte.

d. Der Bischof hielt sich für kompetent, Einzelfragen der Theorie der möglichen Vernunft zu entscheiden, vor allem mit seinen Thesen 126 und 127. Ebenso griffen er und seine Kommission ein in Debatten über allgemeine Ontologie. Er verbot zu behaupten, ein Akzidens sei von der Substanz nicht abtrennbar (Thesen 138–141) und die Zeit habe Realität nur in unserer Auffassungsweise (in apprehensione, These 200). Die Pariser Verurteilung steht im Hintergrund von Dietrichs Arbeiten von vor 1300: Er wird in *De origine* zeigen, daß die menschliche Vernunft Zeit und Relation konstituiert, daß diese gleichwohl prädikamental bestimmte Realität sind, also nicht nur in unserer Betrachtungsweise existieren; in den *Drei schwierigen Fragen* wird er sich stellen

erstens gegen die Abtrennbarkeit des Akzidens,
zweitens gegen die Abschwächungen der Theorie des Intellekts,
drittens gegen die unbegründete Verwerfung einer ontologischen Stufung: Intelligenz – Himmelsseelen – Gestirne – irdische Welt.

e. Im Dokument des Bischofs waren noch andere Fragen autoritativ entschieden, die Dietrich erneut aufgreifen wird. Der Bischof hatte untersagt, von Intellekten zu behaupten, sie seien prinzipiell gleichrangig (These 124); ferner verbot er zu lehren, es sei ein Widerspruch, den auch die göttliche Allmacht nicht überwinden könne, daß mehrere Exemplare von Engeln innerhalb derselben species existieren (These 81).

Der Bischof verbot auch die These des Thomas vom Stoff als Grund der Individuation (Thesen 96 und 191). Damit war die Frage des Prinzips der Individuation gestellt, mit der sich die Denker im ausgehenden Jahrhundert, darunter auch Dietrich von Freiberg, zu befassen hatten.

10. Pariser Debatten nach 1285
Heinrich von Gent gegen Aegidius Romanus

Die Diskussionen im Jahrzehnt zwischen 1285 und 1295 bilden den zweiten Knotenpunkt intellektueller Entwicklung, den ich im Hinblick auf Dietrich näher betrachten will. Das Jahr 1285 bietet sich an als Ausgangspunkt, denn damals begannen in Paris neue, gut dokumentierte dramatische Auseinandersetzungen: Aegidius kehrte in diesem Jahr nach Paris zurück; er wurde Kollege Heinrichs von Gent, der seit Beginn seiner Magistertätigkeit mit seinem ersten *Quodlibet* im Jahre 1276 gegen Aegidius und seine Lehre von der Realdistinktion von esse und essentia polemisiert hatte.[93] Die beiden lieferten sich und uns ein Ping-Pong-Spiel wechselseitiger Kritiken und Repliken. Aegidius brachte seine programmatischen *Theoremata de esse et essentia* mit nach Paris, in denen er die von Heinrich bekämpfte Theorie über Wesen und Dasein vortrug, Heinrich antwortete umgehend, Aegidius insistierte mit seinen *Quaestiones de ente et essentia,* besonders mit deren *Quaestio* 9, auf die Heinrich sich in seinem *Quodlibet* X 7 bezog.[94] Dagegen wiederum schrieb Aegidius drei neue *Quaestionen,* die er seinen *Quaestiones de esse et essentia* anhängte: Heinrich seinerseits ging darauf in seinem *Quodlibet* XI 3 von 1287 ein. Es gab also zwischen 1285 und 1287 einen lebhaften Schlagabtausch zwi-

[93] Für die folgenden Abschnitte vgl. Leonardo Sileo – Fabio Zanatta, I maestri di teologia della seconda metà del Ducento, in: Giulio d'Onofrio, Storia della teologia nel medioevo, Band 3, Casale Monferrato 1996, S. 59–105; Jan A. Aertsen, Kent Emery Jr., Andreas Speer (Hg.), Nach der Verurteilung von 1277. Philosophie und Theologie an der Universität von Paris im letzten Viertel des 13. Jahrhunderts. Studien und Texte, MM 28, Berlin 2001, hier zunächst: William J. Courtenay, The Parisian Faculty of Theology in the Late Thirteenth and Early Fourteenth Centuries, in: MM 28, 233–247; König-Pralong 2005 und 2006.

[94] Gianfranco Fioravanti, Forma ed essere in Enrico di Gand: preoccupazioni teologiche ed elaborazione filosofica, in: Annali della Scuola Normale Superiore di Pisa, Classe di Lettere, Storia e Filosofia 5 (1975), S. 985–1031.

schen beiden Kollegen. Aber die Situation spitzte sich noch weiter zu: Denn fast zur selben Zeit (1285/1286) wurde Gottfried von Fontaines Magister der Theologie. Er hatte Philosophie bei Siger und Theologie bei Heinrich studiert und wandte sich jetzt sowohl gegen Aegidius als auch gegen seinen theologischen Lehrer Heinrich. Er urteilte in einer Reihe von *Quodlibeta* selbständig über deren Hauptstreitpunkt, die Unterscheidung von Wesen und Dasein. Deren Entstehung zog sich von 1285 (*Quodlibet* I) bis über das Jahrhundertende hinaus; sein *Quodlibet* XIV gehört in die Jahre 1298/1299. Doch sehen wir uns die Kontrahenten näher an:

Aegidius Romanus ist im präzisen Sinn ein Zeitgenosse Dietrichs; er ist um 1243 in Rom geboren und 1316 in Avignon gestorben. Er trat früh in den Orden der Augustiner-Eremiten ein. Er studierte und lehrte die Artes in Paris. Dort hörte er 1269 bis 1272 Thomas von Aquino. Im Winter 1276/77 las er in Paris über die Sentenzen des Petrus Lombardus, geriet aber in der Hexenjagd-Atmosphäre des Jahres 1277 in Häresieverdacht. Zumal er nicht bereit war, eine Reihe von aristotelisierenden Thesen, die er im Anschluß an Thomas formuliert hatte, zurückzunehmen. Seine akademische Laufbahn wurde für zehn Jahre unterbrochen; erst aufgrund einer Intervention des Papstes wurde er 1285 Magister der Theologie in Paris.[95] Er lehrte dort bis 1292, als erster Augustiner. Bereits 1287 wurden die Lehrer seines Ordens auf seine Doktrin verpflichtet – ein weiteres Symptom der administrativen Abschließung der Orden, unter der Dietrich zu leiden hatte. Aegidius wurde Ordensoberer, dann Erzbischof von Bourges. Aber er blieb als Schriftsteller weiter tätig, besonders mit seinem Traktat *De ecclesiatica potestate* von 1301/02, in dem er die Idee der päpstlichen Weltherrschaft verteidigte und die Bulle *Unam sanctam* vorbereitete. Er gehörte zu der Kommission, die 1306 den Dominikaner Jean Quidort wegen seiner Ablehnung der Transsubstantionstheorie verurteilte.[96]

Aegidius hat lange gelebt; sein Werk ist umfangreich. Mehr noch als bei anderen Autoren ist es schwer, über seine Lehre etwas Begründetes zu sagen; die seit 1985 begonnene Neuausgabe seiner Schriften und die

[95] CUP 1, Nr. 522, S. 633.

[96] Biographie nach F. del Punta, S. Donati, C. Luna, Egidio Romano, in: Dizionario biografico degli italiani, 42 Rom 1993, S. 319–341; Adolar Zumkeller in: TRE 1, 1977, S. 462–463; Verurteilung von Jean Quidort im CUP 2, 120 Nr. 656. – Vgl. Giorgio Pini, Being and Creation in Giles of Rome, in MM 28, 2001, S. 390–409.

sie begleitenden Studien versprechen eine neue, sichere Basis. Bis dahin muß vieles offen bleiben. Doch einige Gemeinsamkeiten und Differenzen mit Dietrich zeichnen sich schon ab.

Aegidius hat wie Dietrich hohe Ordensämter begleitet; anders als dieser hat er sich mit seiner Doktrin in seinem Orden durchsetzen können, obwohl er für sieben Jahre von der Universität ausgeschlossen war. Anders als Dietrich hat er sich als Autor nicht auf spekulative und naturwissenschaftliche Themen beschränkt; er schrieb um 1280 für seinen Schüler, den Kronprinzen und späteren König Philipp den Schönen, den einflußreichen Fürstenspiegel *De regimine principum*, später, etwa 1301, vertrat er mit *De ecclesiastica sive de summi pontificis potestate* offensiv die Papstpolitik Bonifaz' VIII. Aber mit Dietrich hatte er eine Reihe von Themen gemeinsam; sie lagen sozusagen in der Luft; fast immer hatten sie zu tun mit der Frage nach der Bewertung des Aristoteles und des Averroes. Wie heiß und wie politisch die Debatte 1277 war, belegt ein Bericht Heinrichs von Gent, der erzählt, er sei zu Beginn des Jahres 1277 vom päpstlichen Legaten einbestellt worden, weil er in dem Verdacht stand, die Einzigkeit der substantialen Form im Menschen gelehrt zu haben, die 1311 auf dem Konzil von Vienne dogmatisiert worden ist.[97] Thematische Schwerpunkte der Auseinandersetzung mit Aristoteles-Averroes waren die Theorie der Himmelskörper und die Lehre vom Intellekt; Aegidius schrieb darüber die anti-averroistischen Schriften: Die Beschaffenheit der Himmelskörper (*De materia caeli*[98] und *De intellectu possibili*). Von seinen *Theoremata de ente et essentia,* entstanden vor 1285, und den *Quaestiones de ente et essentia* war schon die Rede.

Charakteristisch für die intellektuell aufgewühlte Situation in Paris ist das Anschwellen der Quaestiones Quodlibetales. Die *Quodlibeta* des Aegidius entstammen der Zeit von 1285/86 bis 1291 und illustrieren die Kampfthemen dieser Jahre:

Mit allem Vorbehalt ist zur theoretischen Position des Aegidius zu sagen: Er übernahm vieles von Thomas, verstärkte aber das Nebenein-

[97] Vgl. Theodor Schneider, Die Einheit des Menschen. Die anthropologische Formel ‚anima forma corporis' im sog. Korrektorienstreit und bei Petrus Johannis Olivi, Beiträge NF 8, Münster 2. Auflage 1988. – Zum Bericht Heinrichs von Gent vgl. Robert Wielockx, Aegidii Romani, Apologia. Opera omnia III 1, Florenz 1985, S. 82–83.

[98] Aegidius Romanus, Questiones methaphisicales (sic), Venedig 1501, mein Nachdruck: Frankfurt 1966; Ders., De materia celi, in: Aegidius Romanus, Super libros de Anima. De materia celi. De intellectu possibili. De gradibus formarum, Venedig 1500, Nachdruck Frankfurt 1982.

ander aristotelischer und augustinistischer Motive. Zu der aristotelisch-thomistischen Lehre von der Einzigkeit der substantialen Form scheint er mehrfach die Position gewechselt zu haben, nachdem er 1277 ihretwegen beschuldigt worden war, obwohl er sie nur mit Einschränkungen vorgetragen hatte. Als er sie um 1274 unter dem Titel *Theoremata de corpore Christi* erörterte, erklärte er sie für sehr wahrscheinlich. In seinem Kommentar zum Werk des Aristoteles *Über die Seele* schrieb er um 1276, er teile die Lehre von der Einzigkeit der substantialen Form, wende sie aber nicht auf den Menschen an. Augustinisch inspiriert betonte er das affektive Ziel der Theologie, teilte er die Lehre von Gott als dem Ersterkannten und die These von den Keimgründen, den rationes seminales. Früher hielten viele ihn für einen treuen Schüler des Thomas; neuere Arbeiten zeigen mehr seine Eigenständigkeit. Thomisten des 20. Jahrhunderts beschuldigten ihn gern der Vergröberung der Lehren des Thomas. Weil sie sich schlecht vorstellen konnten, daß zeitgenössische Universitätslehrer wie Heinrich von Gent und Gottfried von Fontaines gegen Thomas triftige Einwände hatten, neigten sie dazu, deren Polemik auf Aegidius zu beziehen. Das ist zuweilen tatsächlich der Fall, besonders in Bezug auf das Verhältnis von essentia und esse. Aegidius verteidigte die sogenannte Realdistinktion des Thomas, nur drückte er sich in dieser Frage weniger geschmeidig aus als der Aquinate und faßte Wesen und Sein als je verschiedene Sache (res). Während neuere Thomisten darauf bestehen, die Komposition von Seiendem und Sein dürfe nicht als das Zusammengesetztsein aus zwei physischen Elementen gedacht werden,[99] sprach Aegidius von zwei „Sachen“ und machte die Realdistinktion noch angreifbarer als sie ohnehin schon war. Das Seiende war dann kaum noch eine Einheit, oder es war, wie Aegidius selbst sich ausdrückte, nur beiläufig ein Eines, ein unum per accidens. Dadurch wird begreiflich, daß er die nächste Zielscheibe der Kritik Heinrichs und Gottfrieds war. Nach Forschungen von Ruedi Imbach hat Dietrich auch an ihn gedacht, wenn er die Realdistinktion verwarf. Nur kämpfte Dietrich gegen die Vorherrschaft des Thomas in seinem Orden und hatte gute Gründe, Thomas genau zu lesen, wenn er von den aliqui sprach, denen er nicht zustimmen konnte.

Dietrich befaßte sich, wie man sieht, mit den aktuellen Fragen seiner Zeitgenossen. Die Verurteilung von 1277 hat ihn angeregt, nicht beirrt. Er erwähnt sie nicht nur nie, er nahm auf sie nicht direkt Rücksicht. Man

[99] Etienne Gilson, L’être et l’essence, Paris 1948, S. 115.

kann versuchen, das damit erklären, daß die Pariser Verurteilung, kirchenrechtlich gesehen, nur für die Diözese Paris galt und daß die Dominikaner exempt waren, also nicht der bischöflichen Jurisdiktion unterstanden. Aber schließlich lehrte Dietrich auch als Magister in Paris; die Lage in Paris konnte ihm nicht gleichgültig sein. Robert Wielockx hat nachgewiesen, daß Aegidius Romanus nach seiner Rehabilitation, also ab 1285, auch keine Rücksicht auf die Irrtumsliste von Tempier genommen hat, wie seine *Quodlibeta* I bis VI belegen.[100] Das spricht dafür, daß die Verurteilung von 1277 ab 1285 lockerer genommen worden ist. Die verbotenen Thesen wurden, wenigstens teilweise, wieder zur Diskussion zugelassen. Tempier war am 3. September 1279 gestorben; der damalige päpstliche Legat, Simon de Brion, inzwischen Papst Martin IV., segnete am 28. März 1285 das Zeitliche. Die maßgebenden Zensoren waren tot; die Rehabilitation des Aegidius wurde zwar abhängig gemacht davon, daß er die Verurteilung von 1277 anerkannte, aber manches deutet auf eine Entspannung der Atmosphäre. Dies könnte erklären, daß Dietrich sich größere Freiheiten erlauben konnte, als es zwischen 1277 und 1285 möglich war.[101]

Der wichtigste Kontrahent des Aegidius war Heinrich von Gent, der, wie erwähnt, schon 1276 gegen ihn polemisiert hatte. Heinrich von Gent war vor Aegidius da; er war Magister der Theologie von etwa 1275 bis etwa 1292. Seine umfangreichen *Quodlibeta* und seine *Summa quaestionum ordinariarum* geben Auskunft über die intellektuellen Probleme, die im letzten Drittel des Jahrhunderts in Paris diskutiert wurden und die Dietrich nicht ignorieren konnte.

In den letzten zwei Jahrzehnten hat sich eine Neubewertung des Denkers Heinrich von Gent durchgesetzt. Der Beginn einer kritischen Ausgabe (Raymond Macken, seit 1979) und eine Reihe von Studien

[100] Robert Wielockx, Apologia (wie Anm. 48), S. 111. Für das Folgende dort S. 112–113.

[101] Die Debatte um Aegidius zeigt sachlich und terminologisch Nähen zu Theorien und Termini, die sich bei Dietrich finden. Nur zwei Beispiele:

1. Aegidius Romanus wurde von Heinrich von Gent angegriffen, weil er vom Menschen behauptete substat per corpus, subsistit per animam. Die Unterscheidung zwischen substare und subsistere bei Aegidius art. 35 der Apologia, Wielockx 56, war auch Heinrich von Gent wichtig, vgl. dazu Wielockx, S. 153–155.

2. Aegidius lehrte, albedo est alba, Apologia art. 34, Wielockx, S. 55. Heinrich von Gent widersprach ihm. Belege bei Wielockx, S. 152 Anm. 134, mit der für jeden platonisierenden Denker selbstverständlichen Gegenthese: albedo non est alba. Bei Dietrich quid. 3, 1 III 102 steht: Ipsa autem albedo non est alba, sed, ut dictum est, aliquid est album albedine.

(R. Macken, Kent Emery Jr., Steven P. Marrone, Pasquale Porro, M. Laarmann, Leonardo Sileo) sowie die *Miscellanea medievalia,* Band 28, Berlin 2001, und die Studien von C. König-Pralong) ermöglichen eine neue Sichtweise.[102] Die frühere Einschätzung fand bei Heinrich ein augustinistisch-aristotelischens Mischsystems, eine „konservative" Rückkehr zu „vorthomistischen" Positionen. Diese Einordnung konnte sich immerhin darauf berufen, daß Heinrich ein einflußreiches Mitglied der bischöflichen Kommission gewesen ist, welche die Verurteilung von 1277 vorbereitet hat.

Aus seinen Schriften ergibt sich ein differenziertes Bild. Zunächst fällt auf: Bei Heinrich herrscht ein genauerer Umgang mit den berühmten Autoren, als er in der Generation vor ihm – bei Bonaventura oder Thomas – üblich gewesen war. Heinrich schuf schon dadurch eine neue Problemsituation, daß er zeigte, wie einseitig und ungenau bisher die Klassiker je nach Interessenrichtung ausgelegt worden waren. Er hat exaktere, fast philologisch ambitionierte Studien zu den Lehren Augustins und Aristoteles' getrieben. Bereits dadurch geriet er in Gegensatz zu Thomas von Aquino und zu Aegidius Romanus, sofern Aegidius sich an Thomas von Aquino orientierte. Er sah, daß eine Reihe von Fragen noch offen waren, die in den sich abschließenden Ordensschulen als entschieden galten. Heinrich zeichnete sich aus durch eine abwägende Art, Probleme zu erörtern; er konnte z.B. in seinem ersten *Quodlibet* über Theorien, die er ablehnte, wie die des Aegidius Romanus von der Einzigkeit der substantialen Form, so objektiv sprechen, daß einige Zuhörer glaubten, er vertrete sie selbst. Dadurch und durch die Kritik, die seine eigenen Lösungsversuche fanden, eröffnete er ein neues Stadium der intellektuellen Entwicklung. Das Werk Dietrichs ist auch in diesem Zusammenhang zu lesen.

Das gilt insbesondere, weil Heinrich den tätigen Intellekt anders dachte als Thomas. Im Gegensatz zu Thomas lehrte Heinrich, daß die tätige Vernunft selbst erkennt, also nicht nur die Phantasmata durchleuchtet, und damit Erkenntnis *ermöglicht*, die durch den intellectus possibilis erfolgt. Damit stellte sich die Frage nach der Möglichkeit der

[102] Vgl. Pasquale Porro, Enrico di Gand. La via delle proposizioni universali, Bari 1990; Alain de Libera, La querelle des universaux de Platon à la fin du Moyen Age, Paris 1996, bes. S. 307–313; Steven P. Marrone, The Light of Thy Countenenace. Science and Knowledge of God in the Thirteenth Century, Leiden 2000; Kent Emery Jr., The Image of God Deep in the Mind, in: MM 28, 2001, S. 59–124.

beseligenden Schau neu (*Quodlibeta* IX 13–15). Wer um 1300 die Frage beantwortete, wie die beseligende Schau möglich sei, mußte zeigen, wie körperlose Geistwesen erkennen können. Er brauchte ein Modell rein geistiger Erkenntnis, um zu untersuchen, wozu geistige Erkenntnis fähig ist, wenn die sinnliche Wahrnehmung wegfällt. Er mußte das Verhältnis von Rezeption und Produktion in der geistigen Erkenntnis neu anfassen. Dabei fand Heinrich, der Intellekt sei kein Seelenvermögen; weder Aristoteles noch Augustin hätten ihn in dieser Weise bestimmt. Durch eingehende Vergleiche wies Heinrich nach, der intellectus agens des Aristoteles entspreche objektiv dem abditum mentis Augustins.[103] Er sah darin die objektive Grundlage seiner Vermittlung zwischen Aristoteles und Augustin und zwischen deren zerstrittenen Anhängern. Die Argumentation Heinrichs zeigte, selbst wenn man sie nicht teilte, daß neue Studien zum Problem des tätigen Intellekts nötig waren. Sie konnte anregen, die Unterbringung der wirkenden Vernunft im Gefüge der Seelenvermögen in Frage zu stellen, die schon Bonaventura mißfallen hatte; Heinrich sah, daß die Lösung des Thomas mit Augustins Metaphysik der mens unvereinbar war. Wer die anliegenden Aufgaben anfaßte, mußte neu entscheiden, ob der tätige Intellekt erkennt oder Erkenntnis nur vorbereitet.[104] Dies ließ sich am leichtesten an der scheinbar rein theologischen Frage studieren, ob und wie die körperlose Seele, der keine sinnlichen Vorstellungsbilder zur Verfügung standen, geistig erkenne. Der Zusammenhang von Selbsterkenntnis, Gotteserkenntnis, Welterkenntnis war neu zu bestimmen. Heinrich entwickelte dabei seine Theorie von Gott als dem Ersterkannten.[105] Er lenkte die Aufmerksamkeit auf Fragen, die Dietrich bearbeiten wird, insbesondere auf die Erkenntnisweise des tätigen Intellekts, erörtert am Modellfall der beseligenden Schau.

Heinrich hat ein weiteres Problemfeld bearbeitet, das auch Dietrich betreten wird, nämlich die Verhältnisbestimmung von essentia und esse. Als genauer Leser Augustins wußte er, daß essentia von esse kommt; als sorgfältiger Interpret des Aristoteles wußte er, daß die Forma das Sein prägt, ja das Sein der usia ist; er konnte die thomistische These

[103] Heinrich von Gent, *Quodlibet* IX 15. Vgl. Kent Emery Jr., The Image of God Deep in the Mind, in: MM 28, S. 62–71, speziell S. 65, S. 98–102, 110–112.

[104] Vgl. Kant-Emery Jr. in MM 28, S. 107 und B. Carlos Bazán in: MM 28, S. 179.

[105] Vgl. dazu M. Laarmann, Deus, primum cognitum. Die Lehre von Gott als dem Ersterkannten des menschlichen Intellekts bei Heinrich von Gent († 1293). Beiträge NF 52, Münster 1999.

der sogenannten Realdistinktion zwischen der essentia und ihrem Sein nur ablehnen.[106] Da Thomas und der junge Aegidius Romanus die reale Unterscheidung von Seiendem und Sein auch damit begründet hatten, das einzelne Seiende habe nur *Teil* am der Fülle des Seins, geriet auch das Problem der Partizipation in die neu eröffnete Debatte.[107] Andere ontologische Grundbegriffe waren zu erörtern, die schon genannte Frage nach dem Grund der Individuation[108] oder nach dem Sein der Zeit und der Relation.[109] Dietrich wird zu diesen Fragen Stellung nehmen, die zwischen 1275 und 1292 in Paris diskutiert worden sind. Daß Dietrich Vorlesungen und/oder Disputationen Heinrichs gehört hat, steht so gut wie fest.[110]

11. Gottfried von Fontaines

Gottfried ist im engeren Sinne als Heinrich, der 1293 gestorben ist, ein Zeitgenosse Dietrichs: Vor 1250 geboren, hat er von 1286 bis 1300 als Magister der Theologie in Paris gelehrt und ist zwischen 1306 und 1309 gestorben. Wie bei Heinrich besteht sein Werk aus *Quodlibeta* und aus *Quaestiones disputatae.*[111]

Gottfried ist berühmt geworden, weil er eine Korrektur der Bischofsentscheidung von 1277 gefordert hat; er hat fast einen Anlauf zur Ver-

[106] Vgl. dazu Gregory, Storia 6, S. 210–211; Kent Emery Jr., in: MM 28, S. 106 A.; 112; Giorgo Pini, in: MM 28, S. 403; Gyulia Klima, in: MM 28, S. 439–443; Steen Ebesen, in: MM 28, S. 457–458.

[107] Vgl. dazu Gyulia Klima, in: MM 28, S. 448–453.

[108] Gregory, Storia 6, 211 und Gyulia Klima in: MM 28, S. 446–448, Steen Ebenesen, in: MM 28, S. 459–460.

[109] Dazu U. R. Jeck 1994.

[110] Dietrich, int. II 30 I 169. Dietrich berichtet, er habe einen solemnis magister über die Ewigkeit der Welt diskutieren gehört, qui tunc actu disputabat et habuit totum studium. Das müßte vor 1292 gewesen sein. Dazu Sturlese, 1984, S. 11–12.

[111] Ediert sind die Quodlibeta im Rahmen der Sammlung Les Philosophes Belges, Band 2–5, ed. M. de Wulf – A. Pelzer – J. Hoffmans, Louvain 1904–1935, und Band 15, ebda. 1937. – Über ihn vgl. J. F. Wippel, The Metaphysical Thought of Godfrey of Fontaines, 1981; John F. Wippel, Godfrey of Fontaines at the University of Paris in the Last Quarter of the Thirteenth Century, in: MM 28, S. 357–389, und die beiden Arbeiten von Catherine König-Pralong 2005 und 2006. Über seine Beziehung zu Dietrich vgl. M. R. Pagnoni-Sturlese, Per una datazione del De origine di Teodorico di Freiberg, in: Annali della Scuola Normale di Pisa 3, 11 (1981), S. 431–445. Dazu unten S. 162.

teidigung der Lehrfreiheit gemacht.[112] Gottfried, der Schüler Sigers, hat – mehr als Heinrich – versucht, ein konsequenter Aristoteliker zu sein. Er betonte in der Theorie des Erkennens die Notwendigkeit der Präsenz und der Einwirkung der sinnlichen Dinge, allerdings – wie Aristoteles selbst – nicht für die intellektuelle Erkenntnis. Er trug die fast schon konventionell gewordene aristotelische Theorie vom intellectus agens vor, wandte sich dabei aber dagegen, den tätigen Intellekt mit der augustinischen Illuminationslehre zu verknüpfen, wie dies Heinrich von Gent und auch Dietrich versucht haben; insofern blieb er bei einem strikten Aristotelismus.[113]

Ebenso hielt er es bei der Frage nach Wesen und Dasein. Er war mit Aristoteles/Averroes der Überzeugung, „Seiendes", „Sein" und „Wesen" seien der Sache nach identisch, sie unterschieden sich nur in der Art des Bezeichnetwerdens, im modus significandi.[114] Das war eine markante Verstärkung der von Averroes eröffneten Polemik gegen Avicenna, die Siger gegen Thomas fortgeführt hatte. Dies wird Dietrich ähnlich sehen. Die Diskussionen Heinrichs und Gottfrieds belegen, daß in Paris kurz nach dem Tod des Thomas von Aquino keineswegs eine kompakte thomistische Gruppe dominierte. Die Einwände, die Heinrich und Gottfried gemeinsam gegen die Realdistinktion bei Aegidius und Thomas vorgebracht haben, dürften Dietrich in dem Eindruck bestärkt haben, sein Orden manövriere sich mit der immer stärker werdenden Festlegung auf Thomas ins wissenschaftliche Abseits. Nicht als hätten sie Thomas nicht beachtet; er wurde mit kritischen Augen studiert.[115] Dessen These von der Einzigkeit der substantialen Form, die auch Dietrich verteidigt hat, nannte Gottfried „wahrscheinlich"; er diskutierte sie wie Thomas vor ihm und Dietrich nach ihm am Beispiel des toten Christus: War seine Leiche noch identisch mit dem Körper des lebendigen Jesus? Hatte sein Körper eine eigene, von der Geistseele verschiedene Forma?[116] Viele an dieser Debatte Beteiligte sagten, diese Frage ließe sich genauso gut bezüglich jeder anderen Leiche stellen. Aber es hatte sich eingebürgert, Debatten über die Einzigkeit der substantialen Form

[112] Dazu vgl. sein Quodlibet VII 5 in der zitierten Ausgabe Band 3, 323–324. Ich habe die zentralen Passagen daraus übersetzt: Flasch 1989, S. 268–272.
[113] Gottfried von Fontaines, Quodl. V 10, Band 3, 38–39.
[114] Gottfried von Fontaines, Quodl. III 1, Band 2, 164.
[115] Gottfried von Fontaines, Quodl. III 5, Band 2, 127.
[116] Gottfried von Fontaines, Quodl. III 5, Band 2, 201.

am Beispiel des toten Christus zu exemplifizieren. Auch Dietrich wird dabei bleiben.

Dietrich suchte wie Gottfried eine neue Theorie der Individuation. Gegen 1300 wurde die thomistische Begründung der Individuation aufgrund des Stoffs – genauer: aufgrund der abgegrenzten Quantität – zunehmend als unbefriedigend angesehen. Auch Heinrich von Gent suchte eine andere Theorie der Individuation. Gottfried lehnte es ab, sie aus der Materie zu begründen; der Grund des Individuellseins müsse in der Forma selbst gefunden werden.[117]

Als Aristoteliker hatte auch Gottfried Schwierigkeiten mit der Transsubstantiationslehre. Er hielt es für unmöglich, das Akzidens abtrennbar zu denken. Er suchte einen merkwürdigen Ausweg, um die Transsubstantiationslehre zu retten. Er hielt es für möglich, daß Gott einen Körper in einen anderen verwandelt und dabei die Substanz des ersten bewahrt. Diese Theorie war seltsam. Aber in ihrem negativen Teil, also in der Weigerung, dem Akzidens ein selbständiges, abtrennbares Sein zuzugestehen, konnte sie einen Aristotelesleser wie Dietrich darin bestärken, in der Ontologie keine „Ausnahmen“ zu machen.

Gottfried blieb mit seiner Ablehnung der Realdistinktion und der Abtrennbarkeit von Akzidenzien auf der Linie Averroes/Siger. Doch war Proklos – wie John F. Wippel ermittelt hat – mit seiner *Elementatio theologica* für Gottfried – wie übrigens auch schon für Siger – eine wichtige Autorität.[118] Er berief sich auf sie und beschrieb die Erschaffung der Welt als Hervorgang des Vielen aus dem Einen. Gottfried dachte aristotelischer als Aegidius und auch als Heinrich, aber dies schloß die Orientierung am Weltmodell des Proklos nicht aus. Auch darin ist Dietrich ihm und Siger nahe geblieben. Wir werden, wenn wir uns jetzt den Schriften Dietrichs zuwenden, den in diesem Kapitel genannten Personen und Themen mehrfach begegnen.

[117] Gottfried von Fontaines, Quodl. VII 5 Band 3, 323–324.

[118] John F. Wippel, The Metaphysical Thought of Godfrey of Fontaines, Washington 1981, S. 95 und 150–151.

ZWEITER TEIL: GRUNDRISS EINER PHILOSOPHIE

I. DIE WIRKLICHE WELT DENKEN

1. Die kategoriale Bestimmbarkeit der Welt

Dietrich wollte wissen, wie es möglich ist, die wirkliche Welt zu begreifen. Albert hatte behauptet, die Prinzipien des Denkens und des Seins seien dieselben. Aber Albert hatte das mehr so dahergesagt; Dietrich wollte es genau wissen. Gleich seine erste Schrift, die umfangreiche Abhandlung *De origine rerum praedicamentalium* (abgekürzt: or.) untersucht diesen Komplex.[1]

Der Titel sagt: Es geht um den Ursprung der wirklichen Welt, der res, deren Bestand seit Aristoteles in zehn Kategorien eingeteilt worden ist. Der Titel ist also nicht zu übersetzen mit: Vom Ursprung der Kategorien. Dies könnte in die falsche Richtung führen, als ginge es primär um menschliche Denkformen, um bloß subjektive Leistungen des Denkens. Dietrich hingegen suchte den Ursprung der kategorialen Bestimmbarkeit der Welt. Er wollte die „Kleinigkeit" wissen, aus welchem Grund die Prinzipien des Seins und des Denkens dieselben sind.

Dietrich zeigt sich nicht besorgt darum, *ob* wir überhaupt die Wahr-

[1] Der Text ist umfangreich: Opera omnia III 136–201. Es bleibt das Kuriosum, daß Krebs und Stegmüller zum Inhalt von or. jeweils nur einen einzigen Satz gesagt haben. Die ersten Interpretationen: Flasch 1972, Flasch 1983, S. LX–LXXXIII, Flasch 1984 und Flasch 2000, S. 450–462 (zuerst 1986). Meinen Artikel: Zum Ursprung der neuzeitlichen Philosophie im späten Mittelalter. Neue Texte und Perspektiven, in: Philosophisches Jahrbuch 85 (1978) 1–18, habe ich revidiert; mein Tübinger Vortrag, der ihm zugrunde liegt, war dazu bestimmt und hat dazu geführt, eine freundschaftliche Diskussion mit Walter Schulz auszulösen und paßte sich dessen Terminologie zunächst einmal an. Meine Retractatio und die Kritik am Epochenkonzept: Kurt Flasch, Philosophie hat Geschichte. Band 1: Beschreibung einer Denkart, Frankfurt/M. 2003.

Zu or.: Maria Rita Pagnoni-Sturlese, Per una datazione del De origine di Teodorico di Freiberg, in: Annali della Scuola Normale di Pisa 3, 11 (1981), S. 431–445; Alain de Libera, Introduction à la mystique rhénane, Paris 1984; ders., Albert le Grand et la philosophie, Paris 1990; Francois-Xavier Putallaz, La connaissance de soi au XIIIe siècle. De Mathieu d'Aquasparta à Thierry de Freiberg, Paris 1991; Loris Sturlese, 1993, S. 185–204; Burkhard Mojsisch, in: Flasch 1998b, S. 318–332; Dominik Perler, Theorien der Intentionalität im Mittelalter, Frankfurt/M. 2002, S. 146–183. – Dietrich fehlt in: Otto Bruun – Lorenzo Corti (Hg.), Les Catégories et leur histoire, Paris 2005.

heit über die Welt wissen können; er untersucht, *wie* dies möglich sei. Sein leitendes Interesse ist nicht „erkenntnistheoretisch". Er will wissen, was das Seiende als Seiendes ist, was aus seiner Wesensart für die Kategorien folgt und was vorauszusetzen ist, daß ein Seiendes in eine Kategorie sowie in genus und species eingeordnet werden kann. Er arbeitet als Theoretiker des Seienden als Seienden; er fragt nach dem Ursprung, origo, von substantia und Akzidens; insofern gehört sein Traktat in das Feld der Ontologie oder der Metaphysik. Viele, sagt er im Prooemium, haben über die Kategorien geschrieben. Aber sie haben ihren Ursprung nicht geklärt. Sie haben vorausgesetzt, es gebe einfach Substanzen und Eigenschaften; damit haben sie die Rolle des Intellekts bei der Konstitution primärer Realität übersehen. Dies holt sein Traktat nach. Er grenzt das Feld der Ersten Philosophie schärfer ab von Physik und Logik. Er sucht eine Metatheorie zu Metaphysik, Naturphilosophie und Logik.

2. Wissen vom Seienden als solchen

In Dietrichs Fragestellung gingen – zumindest – zwei traditionelle Voraussetzungen ein. Beide hatte Aristoteles festgelegt. Erstens: „Sein" oder vielmehr „das Seiende" ist die erste und grundlegende Bestimmung zum Erfassen der wirklichen Welt. Alles, von dem wir sonst noch etwas behaupten, betrachten wir grundlegend als Seiendes, denn wir sagen von ihm oder setzen voraus, daß es auf irgendeine Weise „ist" oder nicht ist. In welchem Sinn wir „seiend" sagen, das läßt sich nicht für alle Inhalte einzeln vorhersagen, aber generelle Grundbedeutungen lassen sich angeben. Und dies zu tun ist Aufgabe der „Ersten Philosophie", die auch „Metaphysik" heißt. Sie fragt, was in der Bestimmung „seiend" von ihr selbst her liegt. „Von ihr selbst her", das heißt: Sie nennt nicht Zufälle, die ein einzelnes Seiendes geprägt haben, sondern begründet Aussagen, die allgemein von jedem Seienden gemacht werden können, z. B. daß es eines oder vieles, daß es möglich oder wirklich ist. Die „Erste Philosophie" ermittelt, was dem Seienden als solchen immer und notwendig zukommt oder was „an sich" in der Bestimmung „seiend" liegt und was infolgedessen in der Bestimmung jedes Einzelseienden wieder auftaucht.

Aristoteles hatte diesen höchsten Allgemeinheitsgrad für *grundlegend,* also für jedes Wissen *fundierend* gehalten, aber er hatte sich nicht auf ihn beschränkt. Er wollte theoretisch den Weg von den An-sich-Bestimmungen des Seienden zu den Einzeldingen bahnen und suchte daher – zweitens – die Hauptarten des Seienden anzugeben. Er sah, daß wir sowohl von einem Baum wie von einer Farbe sagen, daß sie „sind". Auch eine Veränderung des Baumes „ist", aber sie *ist* in einem anderen Sinn als der Baum. Wie viele Grundarten gibt es? Er teilte das Seiende ein in zehn Hauptgruppen, die sogenannten Kategorien. Dies waren immer noch sehr allgemeine Bestimmungen, nicht zu verwechseln mit Artbegriffen wie „Katze", sondern von solcher Allgemeinheit wie „Ding" oder „Eigenschaft", Quantum oder qualitative Beschaffenheit. Charakteristisch für diese aristotelische Konstruktion einer Grundlagenwissenschaft war die Vorrangstellung der Bestimmung „seiend" und ihre Verknüpfung mit der Einteilung des Seienden in zehn Kategorien. Fragte man einen Philosophen des 13. Jahrhunderts, was er unter „seiend" verstehe, so antwortete er, das Wort habe mehrere Bedeutungen, aber vor allem sei „seiend" das, was nach zehn verschiedenen Weisen ausgesagt wird, also in einer der zehn Kategorien vorkommt. Das kategorial Eingeteilte ist das wirkliche Sein; es ist nicht vom menschlichen Denken erzeugt.[2] Er konnte hinzufügen, es gebe notwendige Folgebestimmungen von „seiend", seiend sei in erster Linie das, was nach Wirklichkeit und Möglichkeit und dann nach den zehn Kategorien eingeteilt werde.[3] Das waren die Standardantworten um 1270. Sie hatten mindestens drei Mängel:

[2] Thomas von Aquino, In Metaphysicam Aristotelis, lib. V lectio 9, n. 890, ed. M. R. Cathala, Turin 1935, 286: ea in quae dividitur ens primo, dicuntur esse praedicamenta, quia distinguuntur secundum diversum modum praedicandi.

[3] Thomas von Aquino, In Metaphysicam Aristotelis, lib. VII lectio 1 n. 1245, Cathala 375: Ens autem per se, quod est extra animam, dupliciter dividitur … Uno modo in decem praedicamenta, alio modo per potentiam et actum.

Heinrich von Gent, Quodlibet IX (Ostern 1286) qu. 2, ed. R. Macken, Opera omnia XIII, Leuven 1983, S. 31–32, Zeile 53–63: Ens dividitur in ens diminutum, quod continet omne ens constitutum ab intellectu in esse cognitum, quod non habet aliud esse praeter istud nec potest habere, et in ens verum et perfectum, et illud subdividit in ens per accidens sive accidentaliter, et in ens per se sive essentialiter, ens essentialiter intelligit (sc. Aristoteles) quidquid ad se est aliquid natum existere in esse vero et perfecto extra intellectum. Et ens istud subdividit in decem praedicamenta, quia ad rationem praedicamenti et quod aliquid dicatur esse res praedicamenti, nihil requiritur nisi quod sit aliquid per essentiam, non ab opere intellectus nostri.

Das zitierte Quodlibet IX ist vor Ostern 1286 entstanden. Datierungen der Quodlibeta Heinrichs hier und im folgenden nach R. Macken, in: Henrici de Gandavo, Quodlibet I, ed. R. Macken, Leuven – Leiden 1979, Introduction, S. XVII.

Für Hinweise zu Heinrich von Gent danke ich Catherine König-Pralong (Lausanne) und Pasquale Porro (Bari). Dietrich dürfte in Terminologie und Fragestellung engeren

Erstens: Sie wurden in dem Bewußtsein vorgetragen, daß Kategorien Aussageweisen waren und daß sie gewonnen waren aus der Analyse unseres Sprechens über die Welt. Aber sie beantworteten nicht die Frage, wieso unsere Redeformen zugleich Bestimmungen des realen Seins waren.

Zweitens: Sie stellten die notwendigen Bestimmungen des Seienden als solchen *neben* dessen Einteilung in zehn Weisen des Seins. Sie beantworteten nicht die Frage, wie sich diese beiden Aussagegruppen der ersten Philosophie zueinander verhalten. Aristoteles hatte dazu die Auskunft gegeben: Der Sinn von Sein bezieht sich primär auf die usia, die „Substanz", und auch die neun Kategorien, die etwas von der usia sagen, beziehen sich auf die usia. Wenn sich aber alle Hauptaussagen der Metaphysik auf die usia bezogen, war es um so wichtiger, genau zu sagen, was usia, genau genommen, bedeutete. Die Kategorienschrift gab darauf die schlichte Antwort, usia sei so etwas wie „dieser Mensch da" oder „dieses individuelle Pferd" (Kateg. 5, 2 a 13–14). Studierte man aber die sogenannten Substanzbücher der aristotelischen *Metaphysik,* also die Bücher VII bis IX,[4] ergab sich ein komplexes Bild. Die usia sollte das sein, was in der Definition erfaßt wird. Dann mußte sie irgendwie selbst ein Allgemeines sein. Dann war sie doch mehr als „dieses Pferd da". War sie „dieses Pferd da" nach seinem allgemeinen Wesen? Die ontologische Grundfrage war in den sogenannten Substanzbüchern nur dunkel entschieden; vor allem war sie nicht ausgeglichen mit der scheinbar so einleuchtenden Antwort der Kategorienschrift.

Drittens: Die Kategorien waren aus der Analyse des Sprechens gewonnen, aber woher sollte man wissen, ob die Zehnzahl sie vollständig erfaßte? Vielleicht waren die zehn Kategorien nicht alle in demselben Sinne

Bezug zu Heinrich haben als zu Thomas, doch lassen beide, Thomas wie Heinrich, das Problem liegen: Sie beschreiben Kategorien einerseits als Aussageweisen und definieren zugleich das kategorial Bestimmte als das allein wahre Sein und setzen es dem entgegen, was unser Intellekt hervorbringt.

Zu Heinrich generell vgl. Pasquale Porro, Enrico di Gand. La via delle proposizioni universali, Bari 1990; W. Vanhamel (Hg.), Henry of Ghent. Proceedings of the International Colloquium on the Occasion of the 700th Anniversary of his Death (1993), Louvain 1997; Matthias Laarmann, Deus, primum cognitum. Die Lehre von Gott als dem Ersterkannten des menschlichen Intellekts bei Heinrich von Gent. Beiträge NF 52, Münster 1999; Catherine König-Pralong, Avènement de l'aristotélisme en terre chrétienne. L'essence et la matière: Paris 2005; dies. (Hg.), Être, essence et contingence. Henri de Gand, Gilles de Rome, Godefroid de Fontaines, Paris 2006.

[4] Ar. lat. Band XXV 3, 2 (1995): Metaphysica. Recensio Guillelmi, S. 132–194.

Kategorien; vielleicht gab es noch andere Grundaussageformen. Noch Kant hatte Grund zu der Beanstandung, die Tradition habe ihre Kategorien nur „aufgeklaubt", nicht abgeleitet. Ihre Vollständigkeit war nicht bewiesen.

Dietrich hat diese drei Mängel erkannt. Seine Untersuchung des Ursprungs der kategorialen Bestimmbarkeit der Welt sollte sie beheben.

3. Wie ist Welterkenntnis möglich?

Dietrichs *De origine* handelt formell nicht von Kategorien, sondern vom Grund ihrer Anwendbarkeit auf Sachen. Im Titel seiner Schrift ist jedes Wort genau gesetzt: Es geht nicht um Prädikamente, sondern um die Sachen, sofern sie praedicamentalia, kategorial bestimmbar sind. *Res praedicamentales,* das sind nicht Begriffe, sondern Sachen, sofern einige Begriffe höchster Allgemeinheit auf sie anwendbar sind. Es gab den Ausdruck praedicabilia, aber der war schulmäßig längst anders festgelegt; Dietrich griff deswegen einen damals relativ jungen Terminus auf, den der res praedicamentalis.[5] Dieser Ausdruck *allein* sagte um 1290 noch nicht, daß der Autor eine realphilosophische Untersuchung intendierte; Aegidius Romanus nannte eine nicht existierende Rose eine res praedicamenti. Aber diese Aussage galt unter der Prämisse seiner Unterscheidung von esse essentiae und esse existentiae, die real unterschieden sein sollten. Da Dietrich diese ontologische Position nicht teilte, kündigte er keine rein logische Untersuchung an; er wollte auch nicht nur die Kategorienschrift des Aristoteles erklären und ergänzen; er wollte das bei Aristoteles auf Kategorienschrift und *Metaphysik* aufgeteilte Problem aus einem neuen einheitlichen Gesichtspunkt erörtern. Es ging um eine Systematisierung der bisherigen Ontologie in einem Verfahren, das man meta-metaphysisch nennen müßte, denn es war nicht mehr die Frage, was das Wort „Seiend" und „Substanz" bedeute, auch nicht nur, warum es Substanzen und ihre Akzidenzien gab, sondern warum und unter welchen Bedingungen unsere Kategorien auf Weltdinge zutreffen. Dietrich sagt dafür,

[5] Vgl. Heinrich von Gent, Quodlibet VII qu. 1–2 (Weihnachten 1282), ed. G. A. Wilson, S. 34–35, Zeile 48–52 und Quodl. VI qu. 1–2 (Weihnachten 1281), ed. G. A. Wilson, S. 23–24, Zeile 53–62 und 81–85.

er frage nach der *origo,* dem Ursprung, der Sachen, sofern sie nach allgemeinsten Begriffen bestimmt sind. Übrigens war die Wortgruppe oriri und origo bei Erörterungen der Kategorien damals nicht ganz singulär, wie eine Stelle im neunten *Quodlibet* des Heinrich von Gent belegt, das um Ostern 1286 entstanden ist.[6] Mit feinem sprachlichem Takt vermied Dietrich hier das Wort *causa,* Grund oder Ursache. Dieser Ausdruck hätte das Neue seines Vorhabens verdeckt. Er hätte die Antwort nahegelegt, die Welt sei erkennbar, weil Gott sie zuvor gedacht habe. Dieses Argument kommt in Dietrichs Abhandlung nicht vor. Thomas von Aquino hatte die Möglichkeit wahrer Erkenntnis damit erklärt, daß die Naturdinge zwischen zwei Intellekten aufgestellt seien, zwischen Gottes Denken und dem menschlichen. Daher seien sie aufgrund ihrer Natur geeignet, in uns eine wahre Erkenntnis hervorzubringen. Gott als ihr Maß habe sie bewirkt; sie, von Gottes Denken bewirkt, bilden das Maß für unser Denken, sofern es wahr ist. Unser Intellekt bilde das Maß für handwerklich Hergestelltes, nicht aber für Naturdinge. Diese bilden das Maß für uns, nicht wir für sie. Die Sachen, die außerhalb der Seele sind, bewegen, Thomas zufolge, den menschlichen Intellekt.[7] Hätte Dietrich seine Untersuchung unter den Titel der causa und nicht den der origo der prädikamentalen Bestimmbarkeit der Sachen gestellt, hätte er von vornherein den Blick auf Ursache-Folge-Verhältnisse wie Schöpfer – Schöpfung oder Außending – menschliche Erkenntnis gelenkt. Er wollte aber auf etwas anderes hinaus: Er stellte die origo-Frage prinzipiell neu; dem entsprach der unbelastete Terminus. Der Frage nach Grund und Folge wich er damit nicht aus; er kehrte das Verhältnis von Naturding und Denken – unter genau angegebenen Einschränkungen – schließlich um, unterschied aber sorgfältig die besondere Art dieses Abfolgeverhältnisses von gewöhnlichen Konzepten des Grund-Folge-Verhältnisses bzw. der Kausalität.

[6] Heinrich von Gent, Quodl. IX (Ostern 1286) qu. 3, S. 30.

[7] Thomas von Aquino, De veritate 1, 2. Heinrich von Gent hat es hart ausgesprochen: Das Objekt ist die causa efficiens unserer Erkenntnis. Dazu unten S. 134.

4. Die Tafel der Kategorien

Woher kommen die Sachen, sofern sie durch Kategorien begrifflich bestimmbar sind? Substanzen und ihre Akzidenzien stehen nicht einfach um uns herum, unsere Erkenntnis bildet sie nicht einfach ab. Dietrich fragt nach ihrem Ursprung. Um diese Frage zu lösen, mußte er sagen, was das Seiende als Seiendes ist. Er brauchte einen ontologischen Gesamtentwurf mit einer neuen Tafel der Prinzipien der Dinge. Sie ist teilweise die des Aristoteles; sie ist zugleich deren Korrektur. Dietrich sucht die Modi, wie Seiende als Seiende gegründet werden. Was ist der Ursprung ihres Seinscharakters? Dietrich unterscheidet:

Eine Sache hat äußere Ursachen, die Wirkursache (causa efficiens) und den Zielgrund, um dessentwillen etwas geschieht (causa finalis). Diese Gründe gehen nicht in das Eigenwesen der Sache ein; sie bleiben gewissermaßen „draußen". Das heißt nicht, daß sie unwichtig wären. Denken wir uns mit Aristoteles einen Stuhl oder eine Katze. Beide würden nicht existieren, hätten sie nicht einen erzeugenden Kater und eine gebärende Katze oder einen bewirkenden Schreiner zur Effizienzursache. Allein aus dem Katze-Sein, aus der Wesensform, kann kein neues Wesen entstehen. Beide, Katze wie Stuhl, sind im Hinblick auf ein Ziel entstanden: Der zeugende Kater hatte – nach aristotelischer Annahme – die Dauer der Species „Katze" als Ziel, der Schreiner das Sitzen auf dem Stuhl. Ohne ein solches Ziel kommen Veränderungen nicht zustande. Weder in der Natur noch im Handwerk entsteht irgend etwas ohne Effizienz- und Finalgrund.

Doch ist eine Sache einmal geworden, dann hat sie ihre charakteristische Gestalt; dann hat sie innere Wesensgründe. Materie und Form sind Komponenten ihres Wesens. Das ergab folgendes Schema:

causa efficiens	–	forma + materia quiditas, substantia	–	causa finalis

Diese vier Arten von Gründen hatte Aristoteles im ersten Buch seiner *Physik* entwickelt und in seine *Metaphysik* übernommen. Dietrich fand diese Aufstellung unzureichend; er ergänzte sie zu Beginn seiner Abhandlung: Es gebe noch eine dritte Art des Prinzipiierens, die noch keinen Namen habe: Bei dieser anonymen Art des Begründetwerdens beziehe das begründete Seiende seine formhafte Wesensbestimmung, die in seiner Definition zum Ausdruck komme, aus einem anderen. Hier folge aus der Washeit (quiditas) eines Grundes etwas für ein anderes. Diese Art der Folge komme auf vierfache Weise vor:

I. Bestimmungen ergeben sich aus einer Wesensbestimmung für die Sache *in sich selbst*. So entstehen z. B. die Bestimmungen, daß sie eines oder vieles sei.

II. Etwas folgt aus einer Wesensbestimmung, aber im Blick auf ein *anderes* Wesen. Daraus ergeben sich Bestimmungen wie Grund und Folge, causa und causatum, und eine Reihe anderer relationaler Bestimmungen.

III. *Innerhalb* desselben naturhaften Trägers von Eigenschaften entstehen Beziehungen *zwischen den Eigenschaften* verschiedener Art. Hier spielt das Grund-Folge-Verhältnis innerhalb desselben Trägers, aber auf je verschiedener Grundlage. Nicht alle Beziehungen gehören hierher. Zum Beispiel nicht die rein gedanklichen Beziehungen, sondern nur reale Beziehungen verschiedener Eigenschaften innerhalb eines Trägers.

IV. Ein Naturding trägt Bestimmungen aufgrund von *Eigenschaften* in einem *anderen Naturding*. Eine solche Abfolge liegt vor, wenn wir von einem Ding sagen, *wo* es ist.

Immer geht es darum, wie ein Seiendes hervorgehen kann. Wie es aus etwas folgt, das ist seine origo. Die Vorstellung naturhaften Verursachens, also effizienter Kausalität, verweist Dietrich auf eine untergeordnete Stelle. In der Sprache des Metaphysikers Dietrich: Er will vollständig die Weisen ermitteln, wie ein Seiendes aus einem anderen den Seinscharakter, seine ratio entitatis, bezieht. Er studiert die ontologische Dependenz formhafter Art, secundum rationem formae, or. 1 (23) III 143.

Das ergibt folgendes Schema:

Das Prinzip oder der Ursprung

I	II	III
Steht außerhalb des Wesens des begründeten Seienden:	ist innerhalb der essentia des begründeten Seienden:	bisher unbenannte Art der Abfolge:
causa efficiens	Stoff	innominate
causa finalis	Forma	Dependenz
Bereich der Natur	substantia	forma-hafter Art

Erklärung zu I und II: Das ist die Prinzipienlehre der aristotelischen Tradition.

Erklärung zu III: In diesem Fall steht das Prinzip des Seienden außerhalb von dessen essentia, bestimmt aber forma-haft dessen Charakter als Seiendes und geht deshalb in dessen Definition ein. Daraus ergeben sich vier genera oder Modi, ein ens entis zu sein:

ens

1. entis secundum rationem quiditatis	2. entis secundum rationem subiecti	3. entis secundum subiectum et secundum aliud in eodem subiecto	4. entis secundum subiectum et secundum rationem alterius in alio subiecto

Die Gruppe 1 hat zwei Unterarten: Erstens das Seiende als in sich stehendes Wesen; so ergeben sich die Bestimmungen Eines – Vieles. Zweitens das Seiende als Wesen, aber in Bezug auf andere. So ergeben sich die Bestimmungen causa – causatum und eine Reihe wesensbegründeter Relationen.

Mit Gruppe 2 – das Seiende als Träger – taucht der wichtige Begriff der substantia auf, zunächst vom substare definiert: Sie ist das, was die anderen Kategorien trägt: Die Quantität und die Qualität, ohne die es keine Naturprozesse (motus) gäbe.

In Gruppe 3 geht es um Begründungsverhältnisse innerhalb des Seienden selbst. Es sind reale Relationen von Eigenschaften innerhalb des sie tragenden Seienden, keine bloßen Gedankenbeziehungen.

Die Gruppe 4 verzeichnet Seiende, die Träger sind, aber als Träger sich auf ein anderes Wesen beziehen. Als Beispiel führt Dietrich den räumlichen Bezug eines Dings auf andere Dinge an, also die Kategorie des Wo, aber auch alle restlichen Kategorien, die schon Boethius als von außen hinzukommende Formen bezeichnet habe.

An dieser Tafel ist zunächst bemerkenswert, daß Dietrich sie überhaupt aufgestellt hat. Er suchte einen *vollständigen* Überblick über Ursprünge. Er bewies die Unvollständigkeit der bisherigen Übersichten über Stammbegriffe. Die Pariser Großordinarien der Jahre um 1285 werden kaum erfreut gewesen sein: Ein akademischer Neuling zeigte, daß Aristoteles, aber auch sie selbst, die ihre Wissenschaft als Wissen von Begründungsweisen, von causae, und als Kunst des Einteilens verstanden, aus einer subtileren Einteilung entnehmen mußten, daß sie eine wichtige Art des Prinzipiierens übersehen hatten.

Das Wesentliche an dem von Dietrich entdeckten dritten Modus des Gründens: Hier geht es um Folgen aus der Wesensgestalt oder forma des prinzipiierenden Seienden. Es sind ontologische Dependenzen, die von den herkömmlichen Konzepten der causae nicht erfaßt werden. Es sind Arten, wie ein Seiendes zu einem Seienden gehört. Es geht um Zusatzbestimmungen der substantia, die selbst kein ens entis sein kann. Dietrich brauchte für seine weiteren Untersuchungen diesen dritten Typus: Sollte sich herausstellen, daß die quiditas selbst vom menschlichen Denken konstituiert wird, dann hätte auch alles, was aus der Washeit folgt, seinen Ursprung im menschlichen Intellekt. Dies würde insbesondere für Relationen gelten, seien es Wesensbeziehungen wie unter 2., reale Relationen innerhalb desselben Trägers wie unter 3. oder räumliche und zeitliche Außenbeziehungen wie unter 4. Dann kämen wir als Ergebnis zu der Zeit- und Relationstheorie, die Eckhart etwa zwei Jahrzehnte später in seiner ersten Pariser *Quaestio* kurz zusammenfassen wird.[8] Dietrich hat nicht aus bloßen Vollständigkeitseifer die Tafel des Begründens vervollständigt; er brauchte diese kategorialanalytische Voruntersuchung, um später die konstitutive Funktion des menschlichen Intellekts zu erklären und in ihrem Umfang genau zu bestimmen.[9]

Dietrichs Neuerung zeichnet sich ab: Er fügt den traditionellen Modi des Prinzipiierens einen neuen, bislang unentdeckten und unbenannten hinzu und eliminiert die Effizienz- und Zielursache aus der Metaphysik. Effiziente und finale Ursachen bleiben *außerhalb* des Wesens einer Sache. Sie mögen den Seinscharakter einer Sache mit begründet haben, *danach* bleiben sie draußen vor. Wer das Seiende als Seiendes denken will, darf den Blick gerade nicht auf diese Außengründe lenken. Da Dietrich zudem fordert, der von ihm entdeckte dritte Modus des Prin-

[8] Dazu vgl. oben S. 57.

[9] Dietrich von Freiberg, De origine rerum praedicamentalium (von jetzt ab: or), 1 (1)–1 (13) III 138–141. Im Laufe des Traktats ist der dritte Modus in Anspruch genommen: or. 1 (23) III 143 bis 1 (30) III 145; vgl. 2 (8) III 146; 2 (32) III 151.

Besonders aber or. 5 (14) III 183: Es handelt sich darum, daß aliquid ex alio deducitur secundum rationem formae ita, ut ratio quiditativa trahatur ex ratione quiditativa alterius, und or. 5 (49) III 195: ea quae secundum hanc rationem insunt ut propria, suam entitatem capiunt ab operatione intellectus.

zipiierens gehöre zur Aufgabe der ersten Philosophie,[10] plädiert er für eine Schwerpunktsverschiebung im Aufgabenfeld der Metaphysik: Der erste Modus des Bewirkens – effizient und final – gehört in die Physik, nicht in die Metaphysik; der zweite Modus muß insbesondere auf die forma konzentriert werden; der dritte Modus und seine Konsequenzen sind in die erste Philosophie neu aufzunehmen. Dietrichs origo-Analyse beansprucht, zugleich Theorie der Wissenschaften zu sein. Sie bestimmt nicht nur die Aufgabe der Metaphysik neu; sie faßt auch das Gebiet der Physik strenger und zieht die Grenze zwischen Logik und Metaphysik schärfer. Ob man ein solches Vorhaben einen Umsturz, eine Reform oder eine Verbesserung der aristotelischen Tradition nennt, bleibt gleichgültig, solange nur Dietrichs Position klar wird. Wenn Dietrich ein Revolutionär war, dann ein konservativer Revolutionär, denn er wollte nur herausstellen, was er in der Philosophie der Peripatetiker enthalten fand und es gegen waltende Banalisierungen verteidigen.

5. Elimination von Effizienzursache und Finalität aus der Metaphysik

Dietrich macht das Innensein der Wesensgründe zum Hauptgesichtspunkt der von der *Physik* strenger abgesetzten „ersten Philosophie". „Seiend" im Ursinn ist allein das, was als die Sache selbst formhaft und aktual existiert.[11] Das Seiende als Seiendes denken kann man nur, indem man *aufhört*, es als bewirkt oder als final bezogen zu denken. Als Seiendes steht es in sich selbst, mag es auch als Naturding eine physische Herkunft und eine Zielbestimmung haben. Die Metaphysik urgiert den Gesichtspunkt der erreichten Eigengestalt und der Immanenz, die Physik den der Außenabhängigkeit und der Mittel-Zweck-Beziehungen. Das Seiende als Seiendes blüht ohne Warum. Wir müssen, um es zu denken, seine faktische Herkunft sozusagen vergessen, von seinen causae absehen, um es in seinem Insich vor uns zu haben.[12] Andererseits erweitert Dietrich

[10] or. 1 (12) III 141.
[11] or. 1 (7) III 139.
[12] or. 1 (9)–1 (10) und 1(12) III 140–141.

die Metaphysik um die Analyse von Strukturbeziehungen und Begründungsweisen, in denen Seiende ihren Seinscharakter aus einem Prinzip beziehen, das nicht in ihr Wesen eingeht und in diesem Sinn „außerhalb" ihrer bleibt, aber es doch forma-haft bestimmt und deshalb auch in ihre Definition eingeht, wie es, Dietrich zufolge, im klassischen Fall des Akzidens zutrifft. Akzidenzien haben ihr eigenes Wesen, aber die substantia geht in ihre Definition ein. Dietrich bereitet hier seine Analyse der Akzidentalität vor. Der Metaphysiker hat diese Art des Hervorgehens von Seienden zu untersuchen und hat zuzusehen, ob es nicht noch andere Entspringensweisen des Seienden als Seienden gibt. Dietrich wollte diese formhafte Seinsstiftung nicht verwechselt sehen mit äußerlichen Begründungsweisen nach Art des Machens von etwas.

Der Metaphysiker sieht das Seiende als gegenwärtig, als in seinem Wesen vollendet. Anders sieht es der Physiker. Sein Recht, das Ding als bewegenden und bewegten Träger von Eigenschaften zu betrachten, läßt der Metaphysiker Dietrich nicht nur gelten, sondern begründet es neu. Das Ergebnis ist ein präzisierter Naturbegriff. Dietrich unterschied einen doppelten Sinn des Wortes „Natur". „Natur" kann soviel bedeuten wie Wesen, aber hier geht es um einen verengerten Begriff von Natur. Zu ihm gehören nur die Veränderung und deren Bedingungen, letztere einschließlich der Substanzen als Naturdinge. Die aus der Metaphysik verwiesene Effizienz- und Finalkausalität gehört in den Bereich der Natur.

Die Grenzverschiebung zwischen Metaphysik und Physik, also Dietrichs Ent-Physikalisierung der Metaphysik und Physikalisierung des Naturbegriffs waren ein ideengeschichtlich wichtiger und von langer Hand vorbereiteter Vorgang; zunächst war er unentbehrlich für die immanente Logik des Denkens Dietrichs. Um mich etwas altmodisch auszudrücken: Er ist ein „Pfeiler" seines „Systems". Denn Dietrich wird weiter argumentieren: Für alles, was wir prädikamental bestimmen, gibt es nur zwei Ursprünge, die Natur und den Intellekt. Alles, was nicht aus dem eng definierten Naturkonzept als notwendig einzusehen ist, wird vom Intellekt konstituiert. Doch bleiben wir noch einen Augenblick bei Dietrichs Restriktion des Naturkonzepts. Was ist darin eingeschlossen, was nicht?

Zur Natur Dietrichs gehört alles das und nur das, was zweckgerichtete Veränderungen hervorruft. Dazu muß vorhanden sein: Ein Naturding, seine Quantität und seine Qualitäten, die Prozesse auslösen können. Die Zehnzahl der Kategorien des Aristoteles täuscht auf diesem Feld: Von

Natur aus vorhanden ist allein das, was Prinzip naturhafter Prozesse ist.[13] Alles, was man sonst noch von einem Naturding aussagen kann, vermerkt Dietrich, mit geschickter Ausnutzung einer Boethiusstelle, bezeichne nicht Sachen, sondern Umstände der Sache: non ... res, sed rerum circumstantias.[14] Das heißt bei Dietrich nicht: Diese vom Naturvorgang nicht geforderten Bestimmungen seien bloße Gedankendinge. Es heißt: Sie sind nicht von der Natur, sondern von unserem Intellekt konstituiert. Damit kommen wir zu Dietrichs wesentlicher These, von der er sagt, sie sei in seinen vorausgehenden Analysen immer schon impliziert gewesen: Unser Intellekt ist Grund nicht nur von Gedankendingen (entia rationis, entia secundae intentionis), sondern von Seiendem der realen Welt, von entia primae intentionis, quae constituuntur operatione intellectus. Dies sind Formulierungen Dietrichs aus dem Vorwort zu seinem Buch.[15]

6. *Die zwei Argumente*

Alles, was sich nicht aus dem soeben umschriebenen Naturkonzept ergibt, hat Dietrich zufolge seinen Ursprung im Intellekt. Nun hatte das Wort „Intellekt" um 1280 viele Bedeutungen. Von einigen wird später noch die Rede sein. Aber in Dietrichs Abhandlung *De origine* ist klar: Auch Gott ist Intellekt. Vielleicht gibt es auch abgetrennte, d.h. rein immaterielle Intelligenzen. Doch wenn Dietrich von der konstitutiven Tätigkeit des Intellekts spricht, die wirkliche Seiende, nicht bloß Gedankendinge produziere, dann meint er den *menschlichen* Intellekt. Er sagt

13 or. 2 (11) III 147. Zur Einschränkung des natura-Konzepts vgl. ib. 2 (13) III 147; 1 (15)–1(18) III 142; 2 (11) III 147; 5 (10) III 182; 5 (31) III 189. Daß die drei ersten der zehn Kategorien einen festeren ontologischen Stand hatten als die folgenden, war seit Boethius und Gilbert Porretanus „scholastisches" Normalwissen, besonders deutlich greifbar bei Heinrich von Gent. Strittig war daher der Realitätscharakter, insbesondere der Relationen sowie des Wann und Wo.

14 or. 3 (7) III 159.

15 or. Prooemium (9) III 138. Zur Geschichte und Bedeutung der Ausdrücke prima–secunda intentio vgl. Jan Pinborg, Zum Begriff der intentio secunda, in: Cahiers de l'Institut du Moyen Age Grec et Latin 13 (1974), 49–59, und Alfonso Maierù, Influenze arabe e discussioni sulla natura della logica presso i latini in XIII e XIV secoli, in: La diffusione delle scienze islamiche nel medio evo europeo. Rom 1987, S. 243–267; Dominik Perler, Theorien der Intentionalität im Mittelalter, Frankfurt/M. 2002, bes. S. 160–161 und 306–313.

ausdrücklich: intellectus *noster*.[16] Er spricht von einer intellektuellen Tätigkeit, durch die der Mensch seine eigene Vollkommenheit erwirbt.[17] Er meint damit auch nicht die Banalität, daß der Mensch kraft seines *praktischen* Intellekts Handwerks- und Kunstdinge herstellen kann. Dies ist so wenig strittig wie die menschliche Fabrikation von Gedankendingen. Die technische und künstlerische Produktivität des menschlichen Geistes war längst ein Thema der mittelalterlichen Denker; Augustin hatte dem vorgearbeitet. Die These Dietrichs geht darüber hinaus und lautet: Der menschliche Intellekt begründet in theoretischer, erkennender Einstellung nicht nur bloße Gedankendinge, also rein logische Rahmen, sondern primären Seinsbestand qua Bedeutungsgehalt. Das Denken geht primär auf Sachen, nicht primär auf seine logischen Einteilungen und Konstruktionen. Es konstituiert primären Seinsbestand.

Dafür brachte Dietrich zwei Argumente:

Erstens: Was nicht von der Natur (im engeren, definierten Sinn) stammt, hat seinen Ursprung im erkennenden menschlichen Intellekt.[18] Dieses Argument habe ich schon genannt unter dem Gesichtspunkt, daß es einen präzisierten Natura-Begriff voraussetzt. Aber eine Verfeinerung, die Dietrich diesem Beweis gegeben hat, ist noch nachzuholen: Die Natur kann nicht Unterschiede setzen. Und auf diesem Feld bedeutet Unterscheiden soviel wie Bewirken.[19] Es kann nicht die Natur sein, die aus der Wesensbestimmung irgend etwas ableitet oder gewinnt; aber der dritte, der anonyme Modus des Begründens betrifft im wesentlichen Sachverhalte, die von der Wesensbestimmung, der ratio rei, prinzipiiert sind. Die Natura kann nicht unterscheiden zwischen der Sache und der ratio rei. In dieser Wendung hat das Argument weitgehende Folgen: Wenn wir den Menschen traditionell definieren als animal rationale, dann stammt die Unterscheidung von animal und rationale von uns. Mit dieser Unterscheidung *bewirken* wir die Bestandteile der Definition des Menschen.

Zweites Argument: Wenn es in der Gesamtheit aller Seienden etwas gibt, das von sich aus, also seinem Wesen nach, einen für es spezifischen und unauslöschbaren Bezug zu einem anderen hat, dann ist es mit diesem

[16] or. 5 (20) III 185; ib. 5 (32) III 189: Cum igitur intellectus noster habet rationem principii et causae respectu huius rationis, quae est animal rationale, ut dictum est, ergo habet et respectu ipsius hominis, secundum quod habet esse secundum hanc rationem, quod est esse quiditativum.

[17] or. 5 (45) III 194.

[18] or. 2 (51) III 156; 5 (1) III 181; 5 (17) III 184–5 (20) III 185.

[19] or. 5 (31) III 189: Idem enim est in huiusmodi distinguere et efficere.

anderen entweder identisch oder es steht zu ihm in einer kausalen Beziehung, d. h. dann begründet es dieses andere. Dietrich schränkt ein: Das gilt für eine Sache, sofern dieser Bezug ihr wesentlich ist, nicht sich einer zufälligen Konstellation verdankt. Es muß in der allgemeinen Natur dieses Wesens liegen; eine bloß individuelle Besonderheit sei hier ausgeschlossen. Eine solche wesenhafte Beziehung kann nicht nur durch die Betrachtungsweise eines anderen entstehen; es muß dem Wesen von sich her zukommen. Dann aber bleibt nur Identität oder kausale, das heißt: forma-hafte Dependenz.

Unser Intellekt ist ein solches, in sich seiendes Wesen, das eine wesenhafte, nicht-zufällige Beziehung zu seinem Inhalt hat. So wie unsere Sinne eine wesenhafte Beziehung zum Wahrnehmbaren haben, so hat unser Intellekt eine wesenhafte Beziehung auf das, was ist. Er ist Beziehung auf das, was intelligibel ist. Für unseren Intellekt besteht also die Alternative: Entweder ist er „mit den Sachen bzw. den Washeiten der Sachen" identisch, oder er verhält sich zu ihnen als ihr Grund. Er ist aber nicht identisch mit den Sachen; seine Wesensbeziehung zu ihnen kann also nur die des Grundes zum Begründeten sein.[20] Also ist unser Intellekt der Grund der intelligiblen Washeit der Dinge und dessen, was aus ihr folgt.

Er erzeugt keineswegs nur Begriffe, denn seine Beziehung geht nicht primär auf Begriffe, sondern auf das, was ist. Der Intellekt konstituiert nicht bloß logische Einteilungen, sondern die ratio rei, die Washeit oder die Formbestandteile, die in der Definition als wesentlich gewußt werden.

7. Ausmaß und Grenzen der Konstitution

Wenn der menschliche Intellekt die ratio rei, also die Washeit der von ihm erkannten Sachen konstituiert, dann konstituiert er auch die Sachen selbst, denn die ratio ist das interne Wesensgesetz der Sache; das Problem, das Dietrich sich zu lösen vorgenommen hatte, war die Bestimmbarkeit der Sachen selbst. Das ergibt sich aus der Logik seiner Argumentation. Aber nicht jeder Philosoph erfaßt die Konsequenzen, die in seinem

[20] or. 5 (17) III 184–5 (21) III 186.

Ansatz liegen. Daher ist historisch-faktisch zu prüfen, ob Dietrich diese Konsequenz auch ausgesprochen hat. Dies ist der Fall. Dietrich argumentiert: Wenn unser Intellekt der Grund und die Ursache dieser Wesensbestimmung „animal rationale" ist, dann ist er auch Prinzip und Ursache *des Menschen selbst*, sofern ihm diese Wesensbestimmung zukommt. Sie macht sein washaftes Sein, sein esse quiditativum, aus. Und dieses konstituiert unser Intellekt.[21]

Die konstitutive Tätigkeit des menschlichen Intellekts betrifft demnach die Sachen selbst, unter dem Gesichtspunkt ihres Was und ihres quiditativen Seins. Es gibt nichts an der Sache, was nicht von dieser Wesensbestimmung bestimmt wäre; insofern konstituieren wir die Sache *ganz*. Totum suum esse habet ab anima, das sagte der Signalsatz Eckharts. Dietrich schreibt: Die Sache wird nach ihrem wesenhaften Sein von der Tätigkeit des Intellekts begründet, et sic secundum se totam est ab actu intellectus.[22] Nur wenn dies unabgeschwächt stehen bleibt, wird die These Dietrichs begreiflich, unser Intellekt begründe primären Seinsbestand, nicht bloße Abstraktionen.

Nun hatte auch Thomas von Aquino die Frage vor sich, wie unser begriffliches Wissen des Allgemeinen wahr sein kann, wenn die Sachen doch individuell existieren. 1256 berief er sich für die Lösung der Frage auf Averroes und argumentierte mit diesem: Ihrem Sein nach sind die Dinge nur potentiell intelligibel, aber wir *machen* sie intelligibel, nos facimus eas intelligibiles, und zwar im Licht der tätigen Vernunft. So wie Farben durch das Sonnenlicht zum Gegenstand der Wahrnehmung werden und gesehen werden können, so machen wir im Licht des intellectus agens die potentiell intelligiblen Sachen actu intelligibel.[23]

Diese These habe ich schon bei der Zeittheorie des Averroes erwähnt: Die Naturveränderung sollte potentiell zählbar sein und durch die Seele aktual gezählt werden. Daraus ließen sich konträre Philosophien ableiten. Man konnte folgern, und dies hat Dietrich getan: Als Naturbestand existiert die Zeit nicht, sie existiert nur als Constitutum der Seele. Albert und Thomas haben hingegen gefolgert: Also hat die Zeit ein reales, wenn auch nur potentielles Sein in der Natur. Ähnlich hier bei der Washeit:

[21] or. 5 (32) III 189: Cum igitur intellectus noster habet rationem principii et causae respectu huius rationis, quae est animal rationale, ut dictum est, ergo habet et respectu ipsius hominis, secundum quod habet esse secundum hanc rationem, quod est esse quiditativum.

[22] or. 5 (37) III 192.

[23] Thomas von Aquino, De veritate 2, 2 c.a.

Aber was wäre in der Natur der Sache eine *potentielle* Washeit? Wie könnte eine nur potentielle Washeit das Sein einer Sache bestimmen? Dietrich argumentiert: Die Washeit kann nur als aktuale wirklich prägend wirken. Im bloßen Naturbestand kommt die ratio rei oder die quiditas nicht vor. Also konstituiert unser Intellekt die Washeit und damit die Sache selbst.

Das ist eine radikale These. Sie ist neu, jedenfalls in Bezug auf Averroes und auf den averroistischen Einschlag in der Erkenntnisphilosophie des Thomas.[24] Sie bezieht sich auf deren Fragestellung, redet ebenso wie Averroes, Albert und Thomas von der nur potentiellen Seinsweise der Seinsgründe,[25] geht aber in der Lösung weiter: Der Intellekt setzt dieses Prinzip überhaupt erst actu und konstituiert damit die Sache selbst. Nur macht sie auch wesentliche Einschränkungen, ohne die These zurückzunehmen, es sei unser Intellekt, der die Sache selbst als ganze konstituiert.

Drei Einschränkungen modifizieren diese These, ohne sie abzuschwächen:

Erstens: Dietrich hat nicht gesagt, unser Intellekt erschaffe die Welt. Die erste Ursache oder Gott ist das Prinzip von allem, der Sachen wie der Gedanken. Nur läßt dies sich nicht als Argument gebrauchen, um die kategoriale Bestimmbarkeit der Sachen zu begründen. Denn wir müßten erst eine Erkenntnis Gottes und der Sachen haben, um daraus zu folgern, daß Gott die Sachen im Hinblick auf unseren Intellekt intelligibel, wenn auch vielleicht nur potentiell intelligibel, gemacht hat. Aber Dietrich dachte, Gott konstituiert die quiditativ bestimmten Sachen ganz, so wie der Intellekt sie seinerseits ganz konstituiert. Die Prinzipen, die erste Ursache und der konstitutive Intellekt, verdrängen einander nicht. Ich nenne diese Theorie die Idee der Simultankausalität.

Zweitens: Die Konstitution einiger Sachen durch den menschlichen Intellekt verdrängt nicht die Naturbestände, sondern setzt sie voraus. Die Naturdinge in sich selbst sind geprägt durch ihre substantielle Form. Sofern es sich um begrifflich bestimmte Naturdinge handelt, findet die Natursache ihren Ursprung zugleich in Gott, in der – eingeschränkt definierten – Natur und zugleich in unserem Intellekt.[26] Diese drei Arten des Ursprungs wirken ineinander; sie bleiben in der philosophischen Analyse klar unterscheidbar. Die verschiedenen Funktionen von Natur einerseits

[24] Ob sie neu war auch im Vergleich zu Heinrich von Gent, erörtere ich unten S. 134.
[25] De or. 5 (27) III 188.
[26] or. 5 (36)–5 (37) III 191–192.

und Intellekt andererseits sind auseinandergehalten: Die Natura ist entmetaphysiziert, der Intellekt ist ent-physikalisiert, beide sind ent-theologisiert, ohne den Prärogativen des ersten Weltgrundes zu nahe zu treten. Dietrich beließ Gott seine Allwirksamkeit, der Natur ihren Prozeßcharakter und dem Intellekt seine weltbestimmende Konstitutionskraft.

Drittens: Dietrich spricht von „Verursachen", „Bewirken" und vom „Setzen" bei der Konstitution primären Seinsbestandes durch den theoretischen menschlichen Intellekt, doch hält er alle Assoziationen von Effizienzkausalität von dieser Art realen, aber forma-haften Begründens fern. Dietrich hatte einen eigenen Ausdruck für die Wirkweise des menschlichen Intellekts. Er sagte, er „quidifiziere" die Sachen ganz.

8. *Einwände und Lösungen*

Dietrich trägt in *De origine* seine neue Philosophie unpolemisch vor. Man hat den Eindruck, daß er noch nicht in Kämpfe verwickelt war. Im Dominikanerorden war es schon üblich geworden, Treue zum Ordenslehrer Thomas zu verlangen, und Dietrich stellte sich in einer wichtigen Frage, der nach der Einheit der Form, in dem großen vierten Abschnitt seiner Schrift mit Thomas auf die Seite von Aristoteles, Averroes und Siger: Jedes Seiende ist bestimmt durch eine einzige substantiale Form. Aber es war nicht nur der universitäre Brauch, Einwände zu formulieren und deren Auflösung zu zeigen, der Dietrich motivierte, Gegengründe gegen seine Neuerung anzuführen. Er wußte, daß er der peripatetischen Tradition etwas abgewann, was diese bisher nicht gelehrt hatte. Er mußte sich auf den status quo des Aristotelismus beziehen. So formulierte er im Schlußteil vier Einwände gegen seine Theorie von der konstitutiven Funktion des menschlichen Intellekts. Er griff sie nicht aus der Luft. Sie gehörten zum Bestand der Ordensdoktrin. Sie standen, wenn auch hochgradig nüanciert, bei Albert und Thomas. Sie lauten:

I. Aristoteles charakterisierte geistige Erkenntnis als Rezeptivität, als Erleiden, als eine Art von pati.[27] Insofern ist der Intellekt ein pas-

[27] Aristoteles, De anima III 4, 429 a 13–14, in der Textvorlage Alberts, der Übersetzung des Iacobus Venetus Ed. Colon. VII 1 S. 177, 74–75: si igitur est intelligere sicut sentire, aut pati aliquod sit ab intelligibili, aut aliquid huiusmodi alterum sit.

sives Vermögen. Er agiert nicht aktiv, sondern läßt sich beeindrucken, or. 5 (5).

II. Der Verstand oder die Vernunft kann Gedankendinge hervorbringen, res rationis et res secundae intentionis, aber nicht – wie Dietrich behauptet – primäre Realität, Seiendes, das in eine Kategorie gehört, or. 5 (6).

III. Die Operation des Intellekts verändert in der Sache nichts. Sie setzt nichts in der Sache selbst außerhalb des Intellekts. Was er setzt, besteht allein in seinem Erfassen, in apprehensione, nicht in der Sache, in re, or. 5 (7).

IV. Wenn vom Intellekt behauptet wird, er setze etwas an den Sachen selbst, dann gilt das noch mehr von der Phantasie. Aber daraus folgt nicht, daß die Sache so ist, wie die Phantasie imaginatio sie ausmalt. Was die imaginatio erfaßt, hat nicht den Charakter eines Seienden. So scheint es sich auch mit den Hervorbringungen des Intellekts zu verhalten, or. 5 (8).

Übrigens übersetze ich imaginatio mit „Phantasie" und vis cogitativa oder ratio particularis mit „Vorstellungskraft". Darüber gleich mehr. Dietrich antwortet auf diese Einwände:

Zu I. Eine gewisse Produktivität des Intellekts müssen auch Dietrichs Gegner zugeben, denn zumindest bringt, auch ihnen zufolge, unser Denken Verstandesdinge hervor; sie selbst denken es nicht als nur als rezeptiv. Sie unterscheiden zwischen möglichem und tätigem Verstand. Nicht als sei Dietrich zufolge der mögliche Verstand, intellectus possibilis, rein rezeptiv gegenüber den Dingen. Er erleidet keine Eindrücke von *Außendingen*; er ist rezeptiv gegenüber dem tätigen Intellekt, intellectus agens, der ihn aktuiert. Auf diese Weise zum aktualen Sein erhoben, entfaltet er seine Aktivität, indem er aus den eigenen Prinzipien heraus Seiendes in seiner Washeit bestimmt. Er quidifiziert es, wie Dietrich sagt, or. 5 (56).

Zu II. Die Konstitutionsleistung unseres Intellekts ersetzt nicht die Natur, die Naturdinge hervorbringt. Wenn der Intellekt diese örtlich oder zeitlich plaziert, bestimmt er etwas an den Dingen selbst; er bewirkt primären Seinsbestand, der in eine Kategorie gehört. Was er hervorbringt,

Aristoteles, De an. III 4, 429 b 22–25 in der Textvorlage Alberts, übersetzt von Iacobus Venetus, Ed. Colon. VII 1. S. 201, 80–81: Dubitabit autem aliquis, si intellectus simplex est et impassibile et nulli nihil habens commune, sicut dixit Anaxagoras, quomodo intelliget, si intelligere pati aliquid est.

ist etwas anderes als eine res secundae intentionis, etwa eine logische Artbezeichnung (species) oder grammatische Begriffe wie Subjekt und Prädikat. Solche Abstraktionen lassen sich auf Seiende wie auf Nichtseiende anwenden. Anders die kategorial bestimmten Sachen selbst, res primae intentionis: Die vernunftkonstituierten Realitäten sind nicht bloß, wie die Abstraktionen, Formen, unter denen die Naturdinge vernunftgemäß werden, fiunt rationabiles. Sie sind nicht Verstandesoperationen und -inhalte, sondern sie stehen außerhalb des Intellekts, obwohl sie ihren Ursprung in ihm haben; sie sind ab intellectu et extra ipsum. Der Intellekt bringt sie zum Sein; er hat sie nicht nur als einen Verstandesinhalt, or. 5 (53–54).

Zu III. Wird eingewendet, der Intellekt setze nichts in der Sache selbst, so ist das richtig bezüglich des Naturdings als Naturding. Ein solches muß von der Natur in Naturprozessen gebildet werden. Sofern das Naturding aber ein Was hat, ein esse quiditativum, wird es vom Intellekt konstituiert, nach dessen eigenen Prinzipien. Der Mensch ist auch ein Naturwesen in der Natur, aber indem der Intellekt sein Wesen bestimmt als vernunftbegabtes Lebewesen, animal rationale, konstituiert er das Naturding „Mensch" in seinem realen Sein unter dem Gesichtspunkt quiditativer Bestimmtheit. Die Prinzipien des Denkens, die Elemente seiner Definition, sind dann zugleich die Prinzipien der Sache.

Die philosophische Analyse der Relationen bestätigt dieses Resultat: Sofern sie ein Fundament in der Natur haben, gehören sie zum Naturbestand; sofern die geistige Erkenntnis sie entsprechend ihren eigenen Prinzipien konstituiert, sind sie, die von Natur aus als solche nichts sind, kategorial bestimmte Realität, keine bloße Abstraktion. Dietrich schreibt wörtlich, was der Intellekt begründe, bestehe nicht nur in dessen Akt des Erfassens, in apprehensione. Zu beachten ist das Stichwort: in apprehensione. Dieses Stichwort „nur in apprehensione" hatte Bischof Tempier 1277 in der verworfenen These 202 gebraucht, um eine subjektivistische Zeittheorie zu verwerfen. Dietrich will zeigen, daß seine vernunftbegründeten entia nicht nur in apprehensione existieren, also seine Theorie der Zeit und der Relationen dem Verdikt von 1277 nicht unterliegt. Nur muß man dann zugeben, daß unsere Vernunft primäre Sachen, entia primae intentionis, begründen kann.

Zu IV: Der Einwand verwechselt Phantasie, imaginatio, und Intellekt. Es gibt gewisse Übereinstimmungen zwischen Phantasie und Intellekt. Beide setzen nichts in der Sache selbst, wenn sie Bilder oder Begriffsbestimmungen zusammensetzen, etwa zu Großbildern oder zu Urteilen. Aber die Einbildungskraft hat andere Grundlagen als der Intellekt: Die erste Formaufnahme geschieht bei beiden anders: Der Intellekt faßt aktiv die Sache in ihrem washeitlichen Sein, indem er die quiditative Bestimmtheit in ihr aus eigenen Prinzipien erwirkt. Diese Prinzipien sind die „Teile der Wesensform", zum Beispiel animal und rationale, welche die Definition erfaßt. Dadurch erst bekommt die Sache den Charakter des Objekts. Der Intellekt verschafft sich sein Objekt. Die Einbildungskraft hingegen faßt, ähnlich wie die Sinneserkenntnis, das Objekt nach dessen vorgegebenen Formen auf. Sie ist insofern passiv im Verhältnis zu ihrem Gegenstand, während der Intellekt sich aktiv verhält, also ein Ding zu seinem Gegenstand erst macht. Dies war, scheint mir, eine der wichtigsten Entdeckungen Dietrichs.[28]

9. Voraussetzungen

Dietrichs Konstitutionstheorie ist ein hochspekulatives und komplexes Gebilde. Ich bewerte sie nicht als einen Schritt zur Wahrheit schlechthin, sondern als Aufhellung von Voraussetzungen, die um 1280 von vielen gemacht, aber nicht als solche gerechtfertigt wurden. Die Wahrheit dieser Theorie besteht, meine ich, darin, daß sie Prämissen zeigt, die metaphysisches Denken damals machte, zumal wenn es sich auf Aristoteles und Averroes berief, wie dies bei Albert und Thomas von Aquino der Fall war. Ich stelle hier einige dieser Voraussetzungen zusammen:

I. Das theoretische Denken, insbesondere das Wissen vom Seienden als Seienden, also die Metaphysik, besteht in der Eliminierung des Zufälligen. In der älteren Sprache ausgedrückt: per-accidens-Verbindungen sind theoretisch uninteressant. Wirkliches Wissen geht auf per-se-Verbindungen. Metaphysik ist Wissen von per-se-Verbindungen des Seienden als Seienden.

[28] Dies sind seine maßgeblichen Formulierungen:
or. 5 (26) III 187: in cognoscendo incipit habere obiectum propriam rationem obiecti.
or. 5 (58) III 199: res intellecta operatione intellectus acquirit rationem obiecti.

Das Wort „Wesen" ist eine Abkürzung für Bezugspunkte notwendiger Folgerungen, die sie per se ergeben. Wenn sie wirkliche Welt sein sollen, muß der Intellekt konstitutiv wirken.[29]

II. Wissen ist das Haben von Wesensbestimmungen, also von per-se-Verbindungen. Diese werden in Definitionen erfaßt. Daher die Bedeutung von Definitionen überhaupt in der älteren Philosophie und insbesondere in Dietrichs Denken. Die konstitutive Funktion des menschlichen Wissens ist notwendig, wenn Wissen vornehmlich die Form von Definitionen hat.[30]

III. Die Definition bezieht sich das Notwendige, Bleibende, per-se-Geltende. Dies ist nur möglich, wenn die eigentliche Wirklichkeit das Allgemeine ist. Das Zeitliche und Individuelle ist nur dessen Abschattung. Insofern herrscht auch bei aristotelisierenden Denkern ein gewisser Platonismus. Bei Dietrich erhält er die Form, daß er unterscheidet zwischen dem bleibenden ens simpliciter und dem verwehenden ens ut nunc.[31] Der Intellekt ist ein ens simpliciter und gehört auf die Seite der bleibenden Wesensbestimmungen.

IV. Aktivität ist besser, steht metaphysisch höher als Rezeptivität. Die höhere Seinsstufe zeigt sich in weiterreichender Aktivität. Diese allgemeine Voraussetzung fast aller bisherigen Metaphysiken treibt Dietrich, vom Intellekt sprechend, über sich hinaus. Die konstitutive Funktion des geistigen Erkennens ist die konsequentere Fassung davon, daß das agierende Wesen „vornehmer" ist als das rezipierende.

V. Die bisherige Philosophie setzte eine markante Unterscheidung von Vorstellen und geistiger Erkenntnis voraus. Dietrich spitzt sie nur zu. In or. kennt er vier Stufen der Erkenntnis:

Sinneserkenntnis,
imaginatio, Phantasie, die von der Sinneserkenntnis abhängt,
die vis cogitativa, Einbildungskraft, die, wie Dietrich mit Averroes

[29] Zur Bedeutung der per-se-Verbindungen vgl. or. 3 (8) III 160 und 5 (17) III 181. – Philosophieren, das hieß: Rekurrieren auf per-se-Verbindungen. Das war bei Aristoteles, Albert und Thomas stehende Lehre. Vgl. z. B. Aristoteles, Metaphysik VI 1, 1025 b 10–16; Albert, Liber de causis et processu universitatis, Lib I tract. 2 c. 1, Ed. Colon. XVII 2 S. 25: omne per accidens ad aliquid prius se reducitur, quod est per se.

[30] Zur Bedeutung der Definition und der objektiven Bedingungen, die gegeben sein müssen, wenn Wissen als Definieren verstanden wird, vgl. or. 4 (31) III 177 und 5 (26) III 187. Zur Vorlage bei Aristoteles: Christof Rapp (Hg.), Aristoteles, Metaphysik. Die Substanzbücher, Berlin 1996, besonders S. 135–156 (W. Mensch) und S. 229–251 (H. Steinfath).

[31] or. 5 (17) – 5 (18) III 184–185.

sagt, die substantia von allen Bildern entkleiden und rein denken kann,
den intellectus, der aus sich die Prinzipien der Sache bestimmt und damit quiditativ ihr reales Sein bestimmt.[32]

Entscheidend ist Dietrichs qualifizierter Begriff von geistiger Erkenntnis. Sie ist intus legere. Sie darf nicht mit der imaginatio verwechselt werden; nicht einmal die partikuläre Vernunft, ratio particularis, oder Vorstellungskraft reicht an sie heran.[33] Die strikte Unterscheidung von Vorstellen und Denken war seit Platon eine Voraussetzung des europäischen Philosophierens; sie ist bei Dietrich, auch bei Eckhart, immer mit zu denken. Die geistige Erkenntnis hat nicht das Dieses-Da, sondern das allgemeine und bleibende Seiende, das ens simpliciter, zum Gegenstand.[34] Dieses Allgemeine wird in der Definition angezeigt. Dies macht die außerordentliche Bedeutung der Definition in Dietrichs Wissenschaftsbegriff verständlich. In dieser Hinsicht blieb Dietrich auf der Linie von Aristoteles-Averroes. Er weist nur ihre unbeachteten Voraussetzungen nach.

10. Bewertungen

Kurt Ruh ist aufgefallen, „daß fast die gesamte neuere Literatur (zu Dietrich, K. F.) vom Herausgeberteam der Opera omnia, mithin der Flasch-Schule und ihr nahe stehenden, gleichsam verbündeten Gelehrten bestritten wird".[35] Das ist heute nicht mehr richtig, schließlich haben François Putallaz, Tiziana Suarez-Nani, Jens Halfwassen, Nikolaus Largier, Karl-Hermann Kandler und vor allem Dominik Perler selbständige Arbeiten vorgelegt. Es gibt heute zu Dietrich wie bei jedem namhaften Philosophen eine Vielfalt von Bewertungen. Daher gebe ich – vorerst nur für *De origine* – einige Hinweise zur philosophischen und historischen Bewertung.

32 or. 5 (26) III 187–188.
33 Vgl. dazu or. 5 (22) III 186 und 5 (58) III 198.
34 or. 5 (33)III 190.
35 Kurt Ruh, 1996, S. 185.

Alle Beteiligten sind darin einig, Dietrich nicht abzulösen von seinen Quellen und von seiner Umgebung, wie man das mit Eckhart getan hat. Die Bochumer Gruppe hatte von Anfang an Dietrich im Zusammenhang mit Albert von Köln und der anderen Albertschüler ins Auge gefaßt: Siger von Brabant, Thomas von Aquino, Ulrich von Straßburg, dessen Summa im CORPUS PHILOSOPHORUM TEUTONICORUM MEDII AEVI erscheint. Die Idee dieses CORPUS beruhte auf der Anerkennung sowohl des Zusammenhangs wie der individuellen Verschiedenheiten von Albert bis Berthold von Moosburg. Für *De origine* insbesondere liegt auf der Hand, daß Dietrich von Aristoteles – Averroes – Albert seinen Ausgang genommen hat und daß er sich auf Heinrich von Gent bezieht. Er erklärt ausdrücklich, er behandle sein Thema im Sinne der Peripatetiker, secundum philosophos et maxime Peripateticos (or. Prooemium (9) III 138). Das hieß, er schreibe kein theologisches, sondern ein philosophisches Buch und halte sich vor allem (maxime) an die Peripatetiker. Selbst wenn er mit Albert zu den „Peripatetikern" manchen Text gezählt haben dürfte, den wir nicht mehr dazurechnen, so ging er in *De origine* doch von Voraussetzungen aus, die er mit Aristoteles, Averroes und den aristotelisierenden Zeitgenossen, also insbesondere mit Siger und Gottfried von Fontaines, teilte. Ich nenne von diesen noch einmal: Die begriffliche Bestimmbarkeit der realen Welt, die Konzepte von Intellekt und Natura, die Bedeutung der per-se-Verbindungen, die Rolle der Definition im Wissenskonzept, den Vorrang des Tätigen vor dem Rezeptiven, die Differenz von Vorstellen und intelligere, das aristotelische Konzept von erster Philosophie als Wissen vom Seienden als Seienden und seiner per-se-Verknüpfungen. Auch Dietrichs Wortgebrauch war vielfach vorgegeben; selbst der Ausdruck, der Intellekt konstituiere seine Objekte, kam schon bei Albert vor, der dabei allerdings vom göttlichen Intellekt sprach, und, wie gezeigt, konnte auch Thomas mit Averroes sagen, wir *machten* die Objekte intelligibel: nos facimus eas intelligibiles.[36]

Dietrich war um 1300 nicht der einzige Autor, der nur die Kategorien Substanz, Quantität und Qualität als Naturbestand gelten lassen wollte. Nur hatten, soweit ich sehe, die anderen Denker daraus geschlossen, die restlichen Kategorien seien zwar vom menschlichen Intellekt begründet, seien aber deswegen bloße Gedankendinge, entia rationis. Dietrich

[36] Albertus Magnus, Liber de causis et processu universitatis, Lib. I tract. 1 c. 2, Alberti Magni, Ed. Colon. Band XVII, Pars 2, Münster 1993, S. 7, 5–6: intellectus lumen constitutivum intelligibilium. – Thomas von Aquino, De veritate 2, 2.

bezieht sich auf diese Theorie in der Form, in der Heinrich von Gent sie referiert hat. Der Herausgeber von *De origine,* Loris Sturlese, hat bemerkt, daß der Bezug Dietrichs auf Heinrich besonders die Theorie der Relation betrifft, insbesondere in dem Zusammenhang, daß die für den engeren Naturbegriff entbehrlichen Kategorien nur soweit Realität hätten, als sie ein Fundament in der Natur haben: realitas talium entium non est nisi realitas sui fundamenti.[37]

Pasquale Porro hat die Beziehung Heinrich von Gent – Dietrich untersucht; Nähe und Distanz beider lassen sich auch in folgenden Lehrpunkten präzisieren:

a. Heinrich gibt eine Vorlage für Dietrichs Ausdruck res praedicamentalis. Heinrich unterschied zwischen res praedicamenti und ratio praedicamenti und lehrte, die sachhaltigen Kategorien würden konstituiert durch das Zugleich von res und ratio praedicamenti.[38]

Die terminologische Nähe ist gegeben, aber sie darf nicht täuschen: Die Überlegung Heinrichs steht nicht im Zusammenhang einer Analyse der Kategorien als solcher, sondern soll die Übertragung zweier Kategorien – Substanz und Relation – auf Gott rechtfertigen: Die *Sache* der Kategorie sei übertragbar, ihre (menschlich beschränkte, abteilende) *ratio* nicht. Die menschlich gefaßte *ratio* der Kategorien beruht auf deren Unterscheidung, verfehlt die absolut einfache Gottheit. Heinrich spricht von dem Zugleich von res und ratio des Prädikaments, aber im gleichen Augenblick trennt er sie. Wie dennoch die ratio die Sache der Kategorie trifft, bleibt offen. Von einer Konstitution der Sache ist nicht die Rede. Tiefgreifende Andersheit tritt zutage, wenn beide Denker ihre Auffassung von Wesen und Dasein vortragen.[39]

b. Heinrich untersuchte das Problem, das Aristoteles in *Metaphysik* Z 10 gestellt hat und das Avicenna und Averroes kontrovers gelöst haben, nämlich wie sich Definition und Sache verhalten. Sind z. B. die Elemente der Definition des Menschen – animal und rationale – auch Aufbauteile des Menschen in der Natur? Er antwortete, es sei Sache der möglichen Vernunft, das esse quiditativum zu begründen: esse quiditativum habet esse ab intellectu dividendo et congregando. Die Bestandteile der Defini-

[37] or. 2 (39) III 153 mit Anm. 29 und or. 2 (48) III 155 mit Anm. 39.

[38] Heinrich von Gent, Summa (Quaestiones ordinariae) art. 35 qu. 5, ed. R. Macken, S. 79, Zeilen 14–29; ib. Art. 32 qu. 2, ed. R. Macken, S. 36, Zeile 35–49. Hinweise von Paquale Porro.

[39] Dazu weiter unten im Kapitel über Dietrichs De ente et essentia, S. 345–367.

tion sind das Werk der einteilenden und zusammenfassenden möglichen Vernunft.[40]

Nach dem, was wir heute wissen, kommt diese Theorie Heinrichs unter den zeitgenössischen Philosophen Dietrich am nächsten. Pasquale Porro hat sie entdeckt und daran erinnert, daß Dietrich in or. 5 (26) die Leistung des Intellekts ähnlich beschreibt: Der Gegenstand des Intellekts ist – im Unterschied zur vis cogitativa – die quiditas, die in der Definition zum Ausdruck kommt. Damit hält Heinrich fest, was Averroes in seinem Kommentar zu *Metaphysik* Z 10 über den Zusammenhang von res, sogenannten partes formae und definitio gelehrt hatte und was für Dietrich ebenfalls wichtig war. Zugleich zeigen sich Differenzen: Heinrich sagt, das esse quiditativum stamme aus unserem Intellekt, weil der Intellekt die Universalität aktualisiert, die potentiell in den Dingen liege. Das ist die klassische Abstraktionstheorie. Wieweit Dietrich sich von ihm entfernt hat, zeigt Heinrichs These, der Wissensinhalt erzeuge das Wissen im Wissenden auf die Weise der causa efficiens.[41] Dietrich hingegen: Unser Intellekt (intellectus noster) konstituiert – in einer eigens zu erörternden, nicht-effizienten Kausalität – primären Seinsbestand (res primae intentionis), und indem er das washafte Sein der Dinge selbst konstituiert, ist er Realgrund der Sachen selbst, und zwar der Sachen in ihrer Ganzheit in simultaner Kausalität mit Gott und Natura. Am Beispiel der Philosophie der Zeit und der Relation zeigt sich, wie deutlich Dietrich über Averroes hinausgegangen ist und sich absetzt von Albert, Thomas von Aquino und Heinrich von Gent: Zeit und bestimmte Relationen sind nicht bloße Gedankendinge, gerade *weil* sie von unserem Intellekt konstituiert sind.[42] Sie existieren nicht nur in unserer Auffassungsweise, in apprehensione. Diese These war neu, und Dietrich hat sie nicht hingetupft, sondern in gründlicher Auseinandersetzung vor allem mit Aristoteles-Averroes detailliert begründet. Er nahm die damals weithin anerkannten Prämissen auf, untersuchte sie genauer und kam zu dem Ergebnis: Wenn ihr sie weiterhin halten wollt, vor allem mit eurem Anspruch, welthaltige per-se-Verbindungen zu wissen, dann müßt ihr den menschlichen Intellekt

[40] Heinrich von Gent, Quodlibet XIV (Weihnachten 1290) qu. 6 Paris 1520, Band 2, fol. 566 vE.

[41] Heinrich von Gent, Quodl. IX (Ostern 1286) qu. 2, ed. R. Macken, Leuven 1983, S. 43, Zeile 99–101: Similiter scibile, quod est mensura scientiae, est principium in esse eius, ipsam adgenerando in sciente secundum genus causae efficientis.

[42] Zur Theorie der Relation bei Heinrich vgl. das besonders umfangreiche Quodlibet IX (Ostern 1286) qu. 3, ed. R. Macken, S. 46–89 mit Dietrich, or. 2 (38)–(40) III 153–154.

als seinsgebenden Ursprung anerkennen, was ihr seither versäumt habt, aus Gründen, die ich in or. 5 (5) bis 5 (8) aufgezählt und anschließend widerlegt habe.

Dietrich gab mit *De origine* seine Visitenkarte ab in der Welt der Philosophen. Auch wenn wir von terminologischen und thematischen Querverbindungen zu Zeitgenossen noch wenig wissen, ist an seiner Originalität im Konzert der Stimmen des ausgehenden Jahrhunderts nicht zu zweifeln. Er sprach kompromißlos, aber er polemisierte noch nicht, wie später, schroff gegen Thomas, gegen Aegidius und frühe Thomisten. Er votierte wie Thomas in der Frage der Einheit der Form. Die Analyse der causae hatte Dietrich zum Primat der Form geführt (or. 1 (7) III 139): Soll jedes Seiende je *eines* sein, muß eine *einzige* Form es dazu machen. Das ergab sich aus Dietrichs Ansatz; das sagte er nicht aus Gehorsam gegenüber der Ordensdisziplin.

Dietrich hat seine neue Konstitutionstheorie unmißverständlich präsentiert. Thomistisch war sie keinesfalls. Auch bei Albert fand Dietrich sie nicht. Insofern war sie „eine Abkehr von den Theorien seiner Zeit". Dominik Perler bestreitet das auf S. 166 seines ausgezeichneten Buches über *Theorien der Intentionalität im Mittelalter*, Frankfurt/M. 2002, stellt aber auf der nächsten Seite (167) klar, daß sie sowohl von Thomas wie von Albert abrückt. Das genügt. Es ist das, was hier zählt, denn daß er Aristoteles, Averroes und auch Augustinus für sie anführt, diente der konkreten Kritik der Autoren des 13. Jahrhunderts, die sich inkonsequent zu diesen Autoritäten verhalten, während seine Theorie deren Intention einlöse. Er selbst faßte sie im Vorwort (or. proemium 1 (9)) dahin zusammen:

entia primae intentionis … constituuntur operatione intellectus.

Ebenso scharf bezeichnete er die Grenzen der Seinsbegründung durch theoretische Operation: Unser Intellekt *erschafft* weder die Naturdinge noch ersetzt er Naturvorgänge. Die wirkliche Welt, sofern wir sie begrifflich bestimmen, hat ihren Ursprung, origo, in unserem Intellekt, aber nicht nur in ihm. Damit ein kategorial bestimmtes Seiendes zustande kommt, bedarf es *dreier* Ursprünge: Gott, Natur, Intellekt. Dietrich hat alles getan, um dies klarzustellen: Alle drei Weltgründe konstituieren jedes kategorial bestimmte naturhaft Seiende *ganz*. Ihre Begründungsrolle läßt sich nicht auf Teile oder Aspekte begrenzen. Daher habe ich seit Sommer 1969 von „Simultankausalität" gesprochen; es bestand nie Anlaß zu onkelhaften Ratschlägen, die Konstitutionsleistung des Intellekts und die Bedeutung Dietrichs nicht zu übertreiben und die göttliche Weltbegründung bei Dietrich nicht zu übersehen. Die konstitutive Operation unseres Intellekts gründet reales Weltsein, unter dem Gesichtspunkt washafter Bestimmtheit. Damit verursacht unser theoretischer Intellekt, Dietrich zufolge, die Sachen *ganz.* Er bewirkt in ihnen nicht bloß das Gedachtsein, sondern den Seinscharakter, agit in eis entitatem, ohne die göttliche Erstursache oder die Naturkausalität zu verdrängen.

Diese Theorie Dietrichs gehört in den Zusammenhang Aristoteles – Averroes – Albert – Thomas – Heinrich von Gent – Eckhart; ihr geschichtlicher Ort ist ein anderer als die intellektuelle Welt Kants, die bestimmt ist durch Hume, Leibniz – Wolff, Newtonsche Naturforschung und Rousseau. Die per-se-Verbindungen, deren Sachhaltigkeit die aristotelisierende Metaphysik beansprucht, und Kants synthetische Urteile a priori sind nicht dasselbe. Dennoch gibt es innerhalb dieser Differenzen auch eine Gemeinsamkeit. Diese besteht, auch wenn sie nicht zu Epochenspekulationen hinreißen sollte: Lassen sich Dietrichs per-se-Verknüpfungen und lassen sich Kants synthetische Urteile a priori durch die Einwirkung (Affektion) von Sachen auf den rezeptiven Verstand erklären oder nicht? Sowohl die Bejahung dieser Frage wie ihre Verneinung haben eine jahrhundertealte Tradition. Dietrich wie Kant beantworten sie mit einem ausdrücklichen Nein. Zwar hatte Dietrich weder die Newtonsche Physik noch die Kantsche Ethik zu begründen, aber er hat die Frage nach dem Ursprung kategorial bestimmter Sachen aufgeworfen und hielt sie weder mit dem konstitutiven Denken Gottes noch mit dem Vorhandensein auf uns einwirkender Naturdinge für befriedigend erklärt. Unser Intellekt kann sich auch nicht, wie eine beliebte Wendung sagt, den Dingen gleichförmig machen. Wie sollte er das, wenn ihre washafte Bestimmtheit nur *potentiell*, d.h. vor seiner Tätigkeit *überhaupt nicht* gegeben war? Dietrich hat entdeckt, daß unser Intellekt sich ein Ding zu seinem Gegenstand erst *machen* muß, daß er aktiver ist als unsere Phantasie. Dadurch wurde ihm die Frage nach der Differenz zwischen Naturding und Intellektgegenstand dringlicher als sie zuvor je war. In welcher Richtung sollte dann die Kausalität verlaufen? Dietrich antworte: Dann schon eher vom Intellekt zur Sache als umgekehrt. Ich muß dieses Zitat im Wortlaut hersetzen:

Si igitur inter intellectum et huiusmodi sua obiecta attenditur aliqua causalitas, necesse est ipsam inveniri potius apud intellectum respectu rerum quam e converso.[43]

Das heißt: Wenn ihr schon von „Kausalität" sprecht im Verhältnis von Ding und Intellekt, dann bitte nicht als Einwirkung von Naturdingen auf den Intellekt, der viel formhafter und akthafter, auch tätiger, ist als jedes Naturding, sondern eher schon als Bewirken des Naturdings durch den Intellekts. Um es noch präziser mit Dietrich zu sagen: Dann wirkt eher der Intellekt *aus seinen eigenen Prinzipien* heraus auf das Naturding als umgekehrt. Deswegen kann nicht mehr davon die Rede sein, daß er sich dem naturgegebenen Ding *gleichförmig* macht. Er muß es sich erst zum Gegenstand machen und es nach seinen Regeln bestimmen. Es hat eine Naturform. Das bleibt unbestritten. Aristoteles konnte in schöner Unbefangenheit sagen, das Naturding, die usia, habe einen logos, es sage etwas, und was es sagt, komme in seiner Wesensbestimmung, also in der Definition, zum Ausdruck. Die Aristoteliker des 13. Jahrhunderts sprachen das nach. Aber Dietrich ist die Ratio-Haftigkeit des Naturdings zum Problem geworden. Er sagt: Ihr wollt vom Ding zu seiner Definition auf dem Weg der Dingeinwirkung auf den Intellekt kommen. Aber das ist unmöglich. Versuchen wir es doch eher einmal e converso, or. 5 (21).

Dies steht unbezweifelbar in Dietrichs Text *De origine*. Andererseits bestreitet niemand die Neuheit und Originalität der Kantschen Vernunftkritik. Dietrich teilt weder Kants Einschränkungen im „transzendenten" Vernunftgebrauch noch die Unterscheidung von Ding an sich und Erscheinung. Aber nachdem dies klar ist und alle Epochenspekulationen verbannt sind, muß man der historischen Wahrheit zuliebe hinzufügen: Es gibt bemerkenswerte Parallelen. Sie werden nicht dadurch aus der Welt geschafft, daß man wiederholt, was selbstverständlich ist, daß die Zeit um 1800 andere Probleme hatte als die um 1300. Wer sie hervorhebt, schiebt damit nicht die Jahrhunderte ineinander; wer sie nicht sieht, weil er die *Kritik der reinen Vernunft* nur vom Hörensagen kennt, erwirbt sich damit noch kein Verdienst in der Mittelalterforschung.

Kant schreibt: „Bisher nahm man an, alle unsere Erkenntnis müsse sich nach den Gegenständen richten." Das heißt: Man nahm die Kausa-

[43] Or. 5 (21) III 186. Vgl. auch or. 5 (27) III 188: Oportet igitur potius inveniri causalitatem apud intellectum respectu rei ex propriis principiis quam ex parte rei per propria principia respectu intellectus.

lität von den Sachen auf den Intellekt zum Ausgangspunkt, sei es in der verfeinerten Form, daß der Intellekt sich den Dingen angleichen müsse. „Aber", fährt Kant fort, „alle Versuche über sie (die Gegenstände, K. F.) a priori etwas durch Begriffe auszumachen, wodurch unsere Erkenntnis erweitert würde, gingen unter dieser Voraussetzung zunichte." In der Sprache Dietrichs hieße das: Ihr braucht, um eure Metaphysik, aber auch eure Physik und Kosmologie, zu treiben, per-se-Verbindungen. Diese kommen aber in der Natur qua Natur nicht vor. Versucht es doch einmal e converso, so daß der Intellekt seine Prinzipien in die Naturdinge legt. Kant: „Man versuche es daher einmal, ob wir nicht in den Aufgaben der Metaphysik damit besser fortkommen, daß wir annehmen, die Gegenstände müssen sich nach unserem Erkenntnis richten, welches so schon besser mit der verlangten Möglichkeit einer Erkenntnis derselben a priori zusammenstimmt, die über Gegenstände, ehe sie uns gegeben werden, etwas festsetzen soll."[44]

Bis in den Tonfall bestehen Parallelen: Der einladende Gestus, der zarte Spott: Unter den alten Voraussetzungen hat es mit Erweiterung unserer a-priori-Erkenntnisse oder mit der Sicherung unserer per se-Verbindungen nicht so glänzend geklappt, als daß man sich auf den Versuch gar nicht erst einzulassen brauchte, es einmal e converso zu betrachten. Indem ich diese Gemeinsamkeit belege, mache ich Dietrich nicht zum Vorläufer Kants. Von „Vorläufern" zu sprechen, überlasse ich evangelischen Pastören, die vom Johannes dem Täufer predigen, meinetwegen auch ihren Söhnen, die nicht selten Professoren der Philosophie werden. Zwischen Dietrich und Kant besteht keinerlei direkte historische Beziehung. Aber eine an Texten festzumachende sachliche Parallele besteht gleichwohl; die Tendenz mancher Mittelalterfachleute, sie zu bestreiten oder zu minimieren, ist nur die Folge einer historisch leicht zu erklärenden Berührungsscheu gegenüber Kant. Ich behaupte keine „kopernikanische Wende" Kantischen Ausmaßes im Mittelalter, ich widerspreche nur der Neigung mancher Ideenhistoriker, vor lauter „Tradition" keine Innovation mehr als solche zu sehen. Daß Innovationen sich auf den status quo beziehen und von ihm auch abhängen, liegt in ihrem Begriff. Die originelle Neuerung Dietrichs läßt sich auch in anderen Sprachen als der kantianischen beschreiben. Aber nachdem es Kant einmal gegeben hat, lesen wir Dietrichs Texte anders als zuvor, so wie frühere Versuche der

[44] Kant, Kritik der reinen Vernunft, Vorrede zur zweiten Auflage, B XVI.

Atlantiküberquerung für uns erhöhtes Interesse bekommen haben, nachdem Kolumbus Amerika entdeckt hat. Damit machen wir die Genuesen des 13. Jahrhunderts, die im Atlantik verschwunden sind, nicht zu „Vorfahrern" des Kolumbus; wir sagen nur: Zwischen der bloßen Natursache und den von allen Metaphysikern, Kosmologen und Physikern beanspruchten per se-Verknüpfungen lag auch schon 1280 ein Atlantik. Und Dietrich hat versucht, ihn zu überqueren.

11. Die geschichtliche Stellung von De origine

Als Dietrich *De origine* schrieb, hatte er eine persönliche philosophische Position entwickelt. Dies Buch ist kein Jugendwerk; sein Verfasser wird etwas über vierzig Jahre alt gewesen sein. Er wußte genau, was er sagen und wovon er sich abgrenzen wollte, aber er trug sein Ergebnis in harmonisch-kolloquialem Stil vor. Er entschied nicht magistral; er bot Stoff zur Diskussion. Er wolle nichts definitiv festlegen, schrieb er im Vorwort; er wolle für andere und sich einen gemeinsamen Fragestoff ausbreiten, als Ausgangspunkt für weiteres Zweifeln und Suchen (ut ipsis mihique sit communis materia dubitandi et inquirendi), um schließlich gemeinsam etwas Wahres aufzudecken in einer so schwierigen und dunklen Frage wie der nach dem Ursprung der kategorial bestimmten Realität.

Wahrheit war für Dietrich etwas, das gemeinsam zu suchen war. Er bot keinen Schulstoff. Er erforschte die Grundlagen der geltenden Metaphysiken. Er wollte mehr geben als eine didaktisch geschickte Präsentation des alten Wahren. Er wollte forschend schreiben, perscrutatorio modo (Proemium 1 (3), III 137).

Natürlich hatte sein Denken Traditionsbezüge, und das sprach er auch aus. Wer allerdings von dem Dietrichbild herkommt, das Krebs geschaffen und das Gilson verbreitet hat, kann sich über die hier dokumentierte Stellung Dietrichs zu den Denkern der Vergangenheit nur wundern. Natürlich wußte Krebs, daß Dietrich in die intellektuelle Konstellation nach Thomas' Tod gehörte. Er unterschied auch mehrere Komponenten in Dietrichs Philosophie: Aristoteles, „arabischer Neuplatonismus" und Augustin,[45] beklagte aber kurz darauf, Dietrich habe sich „völ-

[45] Krebs 1906, S. 62.

lig" den Lehren des Proklos „überantwortet".[46] Krebs fand, Dietrichs Denken sei ein „Gemenge"; bei näherer Betrachtung sah er darin den „Übergang von der aristotelisch-scholastischen Lehre" zur „neuplatonischen", also ein Zurückgehen hinter Thomas zu Augustin und Proklos, ein „stetes Zurückgehen auf Augustinus".[47] Das Thema muß uns noch öfter beschäftigen; bleiben wir zunächst bei *De origine* und der Beziehung dieses Textes zu Augustin, von dem Krebs versichert, Dietrich habe an dessen Worten gehangen:[48] Hier gibt es keine Spur von Rückkehr zum vorthomistischen Augustinismus. Augustin wird insgesamt sechsmal zitiert. Beim umfangreichen und zerklüfteten Werk Augustins ist genau zuzusehen, was genau, aus welcher Entwicklungsstufe, ein späterer Autor ihm entnommen und wie er es verwendet hat. In unserem Fall stellt sich heraus, daß Dietrich von Augustin vor allem *De Trinitate* V und *Confessiones* XI anführt. Bleiben wir bei *De Trinitate* V: In diesem Buch handelt Augustin von der Kategorienfrage, insbesondere von der Relation, die er für seine Deutung der Trinität brauchte. Dietrich zog die rein philosophischen Motive aus diesem Zusammenhang heraus: Relationen gehören zum Naturbestand der Sachen nur aufgrund des Naturcharakters der Relationsfundamente.[49] Das hieß in Dietrichs Zusammenhang: Die Relation ist als Naturbestand nichts als ihre Fundamente; die Relation als solche existiert entweder als intellektkonstituierte Realität oder überhaupt nicht.

In *De origine* gibt es noch ein weiteres, ein besonders sprechendes Augustinzitat. Es geht dabei um eine Frage, die Dietrich auch später noch öfter beschäftigen wird: Gehört ein totes Tier noch zur selben Gattung, zum Beispiel zur Gattung der Katze, oder gehört die Leiche einer totgefahrenen Katze zur Gattung lebloser Dinge? Dietrich hat dazu seine eigene Ansicht: Der Körper eines toten Tieres ist mit dem des lebenden Tieres identisch, obwohl das Fleisch einer Leiche nur im äquivoken Sinne „Fleisch" heißt im Verhältnis zum lebenden Tier. Im Hintergrund dieser Frage steht der Disput um die Einzigkeit der Form: Wenn der Tierkörper des toten Tieres „derselbe" heißen kann wie der des lebendi-

46 Krebs 1906, S. 63f.

47 Krebs 1906, S. 64: „Gemenge", S. 65: „Übergang", S. 101: „Stetes Zurückgehen auf Augustinus", S. 150: „vorthomistisch", aber S. 153: „nachthomistisch".

48 Krebs 1906, S. 99.

49 Dietrich zitiert in or. 2 (39) III 154 Augustin, De Trinitate V 16 n. 17, Corpus Christianorum, Series Latina, Band 50 A, S. 224–227.

gen, wenn er also noch dieselben körperlichen Eigenschaften zeigt, dann scheint es eine eigene Form der Körperlichkeit zu geben. Das war die Ansicht vieler Lehrer aus dem Franziskanerorden, denen Siger, Thomas und Gottfried von Fontaines widersprochen hatten. Dietrich zitiert nun für seine These eine Stelle, wiederum aus Augustins fünften Buch *De Trinitate*, die sagt, alles geminderte oder geschädigte Seiende gehöre noch reduktiv zu seiner ursprünglichen Gattung.[50]

Das sind strategisch gesetzte Augustinzitate. Sie betreffen ausdrücklich philosophische Fragen; sie dienen dazu, eine aristotelisierende Position abzustützen. Gegen Franziskaner sind Augustinzitate besonders nützlich. Die Polemik mit ihnen ist wichtig, aber für Dietrich hier nicht zentral.

Ein anderer Punkt ist ihm wichtiger. Wieder geht es um die Philosophie der Zeit. Sie existiert, Dietrich zufolge, als reales Seiendes nur dann, wenn der Intellekt sie konstituiert. Dietrich fragt sich: Wie haben frühere Philosophen darüber gedacht? Er gibt eine höchst nuancierte Antwort: Aristoteles sagt, ohne die Seele ist keine Zeit, weil die Zeit Zahl der Naturveränderung ist und es keine Zahl gibt, wo keine Seele zählt. Doch gibt Dietrich zu verstehen: Das hat Aristoteles nicht mit Entschiedenheit gelehrt, es *scheint* seine Intention gewesen zu sein: Videtur ... fuisse intentio Philosophi. Averroes hingegen sage das klar, manifeste, und Augustin führe dies deutlich und breit aus, im elften Buch der *Confessiones*, plane et late determinat.[51]

Insgesamt zähle ich in *De origine* sechs Augustinzitate. Sie betreffen alle rein philosophische Fragen und sind so plaziert, daß ihnen ein Aristoteles und/oder Averroeszitat vorausgeht, das sich Dietrich durch Augustin bestätigen läßt. Die Zahl der Aristoteles- und Averroesstellen ist deutlich größer. Dies entspricht der Ankündigung Dietrichs, den Philosophen, besonders den Peripatetikern, folgen zu wollen.

Dieser Befund lädt zu weiteren Überlegungen ein: Augustinzitate finden sich in geringer Anzahl und immer in untergeordneter Funktion.

[50] Dietrich zitiert in or. 3 (35) III 168 Augustin, De Trinitate V 7 n. 8, CC 50 A, S. 212–215.

[51] Dietrich zitiert Augustin, Confessiones XI 14, 17–22, 28, CC 27, S. 202–208 in or. 5 (2) III 181. – Auch in der Frage der Seelenaktivität bei der sinnlichen Wahrnehmung konstruiert Dietrich dieselbe Abfolge: Zuerst Aristoteles, dann Averroes, und dem stimme auch Augustin zu: etiam Augustinus consentit in multis locis, or. 5 (24) III 186. Dasselbe Arrangement der Zitate in der Frage des Vorrangs des Aktiven vor dem Rezeptiven: or. 5 (21) III 186. Aristoteles als Ideengeber, dem Augustin zustimme, auch in or. 5 (35) III 190–191.

Nirgends nennt Dietrich den Intellekt imago. Nirgends in *De origine* begründet er die konstitutive Funktion des menschlichen Intellekts mit dessen Gottebenbildlichkeit; er entwickelt sie als die bisher übersehene Voraussetzung der Philosophie des Aristoteles und des Averroes. Das religiöse Pathos der Intellektlehre des Averroes fehlt. Obwohl Albert vom Intellekt als Grund der Gotteskindschaft bei Homer gesprochen hatte, kommt dieses Thema in or. nicht vor. Ebenso fehlen Prokloszitate ganz. Dionysius Areopagita wird kein einziges Mal zitiert. Zum *Liber de causis* kündigt Dietrich einen eigenen Traktat an – es ist nicht von einem Kommentar die Rede, aber das war bei Albert ähnlich –, aber er zitiert ihn nur einmal, und zwar mit der ersten *Propositio*, der zufolge das Sein das erste aller geschaffenen Dinge sei.[52]

Ich ziehe aus all diesen Tatsachen den Schluß: In *De origine* hat Dietrich auf strikt philosophischer Basis gearbeitet, keine Theologie getrieben, Augustin nur zur Bestätigung einiger philosophischer Thesen gebraucht. Die philosophische Fragestellung, die Argumente und die Diktion waren durch Aristoteles/Averroes geprägt. Augustins Spekulationen zu mens und imago sind nicht benutzt. Der *Liber de causis* ist bis auf *eine* Verwendung ausgespart; Proklos fehlt noch ganz. Die seinsbegründende Tätigkeit des Intellekts führt Dietrich in or. nie auf den *Liber de causis* zurück. Das von Krebs geprägte Bild eines vorthomistischen Neoplatonikers mit aristotelischen Einsprengseln trifft auf *De origine* in keiner Weise zu.

Das genaue Verhältnis von *De origine* zu Alberts Aristoteleskommentaren zu bestimmen, ist Sache einer Spezialuntersuchung. Dietrich hat Albert und Thomas zweifellos gekannt, aber nach dem Brauch der Zeit in *De origine* nicht genannt. Dietrich behandelt in *De origine* Thomas mit Respekt. Er stimmt ihm mehrfach der Sache nach zu.[53] In der Hauptsache allerdings geht er in ruhiger Gangart über ihn hinaus. Dies alles hat Dietrich später geändert. Ich habe 1983 aufgrund dieser Beobachtungen die Folgerung publiziert, daß *De origine* der älteste uns erhaltene Text

[52] Ankündigung eines Tractatus De causis: or 3 (37) III 168. Dietrich zitiert die erste Propositio in or. 5 (36) III 191.

[53] In or. 2 (38) III 151 harmonisiert er Thomas mit Anselm. Bei der Frage der Aktivität der Seele in der sinnlichen Wahrnehmung spielt er den Gegensatz des Thomas zu Augustin herunter. Obwohl er der Ansicht Augustins und des Aristoteles zuneigt, läßt er die Frage offen: or. 5 (24)–5 (25) III 186–187. – Thomas hatte zwischen der forma einer Sache und ihrem actus essendi unterscheiden wollen. Dietrich neigt zu der Ansicht, die forma sei das Sein einer Sache, läßt aber in or. 4 (9) III 171 die Frage offen.

Dietrichs ist.[54] Vorher hatten alle Autoren *De origine* dem Werk über die drei schwierigen Fragen zeitlich nachgeordnet.

Zudem gelang Maria Rita Pagnoni-Sturlese eine wichtige Entdekkung; sie fand Dietrichzitate im zweiten *Quodlibet* des Gottfried von Fontaines, das auf 1286 datiert wird. Für *De origine* wurde daraus gefolgert, diese Schrift müsse vor 1286 geschrieben sein.[55] Die Identität einiger Sätze bei Gottfried, *Quodl.* II 7, und bei Dietrich or. 4 (10) und 4 (30), die ich unten in Abschnitt 13 vorlegen und diskutieren werde, ist unverkennbar; einer unserer beiden Autoren muß zitiert haben. Aber vielleicht zitiert Dietrich den damals berühmteren Magister Gottfried. Dann wäre *De origine* nicht *vor*, sondern *nach* 1286 geschrieben. Ich neige zu dieser Ansicht. Dann wäre *De origine* nicht lange nach 1286 geschrieben worden. Pasquale Porro hat Bezugnahmen Dietrichs auf das neunte *Quodlibet* Heinrichs von Gent nachgewiesen, das ebenfalls auf 1286 datiert wird. Eine neue Diskussion der relativen Chronologie ist also angebracht. Dabei bleibe ich bei meiner Argumentation in der *Einleitung* von 1983, in der ich Loris Sturlese freundschaftlich widersprochen habe; wir sind heute beide der Ansicht: *De origine* ist der älteste erhaltene Text Dietrichs.

Dies hat methodische und zugleich sachlich-philosophische Konsequenzen. Die Lehre vom konstitutiven Akt des menschlichen Intellekts ist nicht einer weltanschaulichen Option, nicht der Theologie, nicht der mens-Metaphysik Augustins und nicht der neuplatonischen Spekulation entsprungen. In ihrer ersten Fassung, die Dietrich während seiner ganzen Schriftstellerlaufbahn als maßgebend ansah, war sie eine immanentphilosophische Untersuchung im Kontext der Kategorienschrift und der *Metaphysik* des Aristoteles, gelesen immer zusammen mit dem Kommentar des Averroes.

Dies sichert ein Minimum für eine genetische Analyse der Philosophie Dietrichs. Als er *De origine* schrieb, berief er sich für seine zentrale These weder auf Proklos noch auf den *Liber de causis*, er kündigte aber an, er wolle ein Buch *De causis* verfassen, or. 3 (37). Wenn er dies getan oder auch nur vorbereitet hat, beschäftigte er sich mit neuplatonischen Quellen, auch mit der *Elementatio theologica* des Proklos, die seit 1268 in lateinischer Übersetzung vorlag. Dann ergibt sich für die Entstehung der Philosophie Dietrichs folgendes Bild: Dietrich hat in *De*

54 Kurt Flasch, Einleitung zu Opera omnia III, 1983, S. LXXXII–LXXXIII.

55 Zusammenfassung der Belege bei Loris Sturlese, in: Opera omnia III, S. 131–133.

origine, als Aristoteliker unter Aristotelikern argumentierend, das bisher unentdeckte Fundament von per-se-Bestimmungen nachgeholt, was andere Metaphysiker, Kosmologen und Physiker übergangen hatten. Er hat es in ruhiger Denkarbeit als Bestimmung des Seienden als Seienden entwickelt und seinen Ursprung angegeben. Er hat es gegen traditionelle Abschwächungen sachlich klargestellt. Aber er wurde in Polemiken verwickelt; er suchte eine breitere Abstützung durch anerkannte Autoritäten; er befaßte sich erneut mit Augustin, auf dessen Protektion er nicht verzichten konnte, und vor allem mit Proklos und dem *Liber de causis.* Jetzt erst erweiterte er seine Theorie der Erkenntnis und des Intellekts. Er entwickelte neu folgende wichtige Bestimmungen, die in or. noch fehlen:
- des intellectus per essentiam semper in actu,
- des ens conceptionale,
- des Intellekts als Bild, imago,
- der Differenz von rationaler und intellektueller Erkenntnis.

Ich werde diese Termini und das Gewicht dieser Neuerungen erklären bei der Besprechung späterer Schriften Dietrichs. Ich nenne sie hier nur, um zu zeigen, daß sie nicht aus späteren Schriften in *De origine* hineingelesen werden dürfen und daß die Darstellung der Philosophie Dietrichs mit diesem Buch zu beginnen hat. Dietrich hat nicht immer dasselbe gelehrt. Er war ein lebendiger und produktiver Denker. Allerdings hat er – anders als Augustinus und Nikolaus von Kues – nie Bemerkungen über seine intellektuelle Entwicklung niedergeschrieben. Oft ist selbst die relative Chronologie unsicher. Ohne sie läßt sich keine genetische Analyse vornehmen. Sie hat also bei Dietrich nur höchst eingeschränkte Chancen. Aber wenn man sie auffaßt nicht als starres Verfahren, als methodische Dampfwalze, sondern als genetische *Aufmerksamkeit,* die sich den faktischen Gegebenheiten und dem Forschungsstand anpaßt, bringt sie auch für die philosophische Analyse einen Ertrag. Sie schließt es zum Beispiel aus, die Originalität von *De origine* aus der imago-Theorie Augustins oder aus Proklos erklären zu wollen. Sie rechnet damit, daß ein Autor mehr weiß, als er hinschreibt. Oft reserviert er sich einen Themenkomplex für eine spätere ausführlichere Behandlung. So sagt Dietrich in *De origine*, es sei der verwirklichte mögliche Intellekt, der, seiner Theorie zufolge, Seinsbestand konstituiert. Er wußte, daß diese Aussage ein Wissen über das Wesen des Intellekts und über das Verhältnis von tätigem und möglichem Intellekt voraussetzt. Er kündigte darüber einen eigenen Traktat an (or. 5, 19), nämlich *De intellectu et intelligibili*, in dem er Augustins mens-Metaphysik und Proklos ins Spiel bringen wird und sich der Termini „intellectus per essentiam semper in actu" und „ens conceptionale" bedient. Um so auffälliger ist es, daß *De origine* in Terminologie und Fragestellung im Umkreis der durch Averroes – Albert geprägten Aristoteleskommentierung bleibt und gerade dabei über diese hinausgeht. Ersparen wir uns die bloß terminologischen Diskussionen innerhalb der abstrakten Alternative von Traditionsbezug oder Bruch. Dietrichs *De origine* ist offenbar beides.

12. Die Struktur von De origine

Dietrichs erste Schrift ist ein schwieriger Text. Ich habe ihn auf den vorausgehenden Seiten vereinfacht dargestellt. Um dieses pädagogische Entgegenkommen auszugleichen, arbeite ich im folgenden den argumentativen Aufbau dieses umfangreichen und komplexen Traktats heraus, auch als Leitfaden für die philosophisch mitdenkende Lektüre der gesamten Schrift. Ich gebe die Strukturanalyse erst an dieser Stelle; ohne die vorausgehenden Erläuterungen wären ihre Einzelheiten kaum verständlich. Dietrich neigt wie seine Zeitgenossen zu feinen Distinktionen; er bezieht sich auf zeitgenössische Diskussionen, die wir noch nicht alle kennen. Zum Beispiel widmet er das ganze vierte Kapitel der Diskussion mit Gegnern der Einzigkeit der Form. Das alles ist kompliziert, und auch meine Untersuchung kann nicht auf alle Finessen eingehen, dennoch ist es notwendig, Dietrichs Argumentation in ihrem Zusammenhang zu rekonstruieren:

Das *Proemium* (III 137–138) betont die Wichtigkeit des Themas: Es geht um das Seiende und was dem Seienden als solchen zukommt. „Seiendes" ist die allgemeinste und grundlegendste Bestimmung. Wer sie verfehlt, irrt in allen Einzelfragen. Es geht um das Seiende an sich, das ens per se, nicht um das, was einzelnen Seienden zufällig zukommt, sondern um das, was notwendigerweise in der Bestimmung „seiend" liegt.

Die erste Einteilung von „Seiend" erfolgt in die allgemeinsten Gattungen der kategorial bestimmten Sachen. Von deren Ursprung (origo) und genauer Bestimmung (ratio) handelt der Traktat. In der Manier mittelalterlicher Schriftsteller behauptet Dietrich, Gefährten hätten ihn um diesen Text gebeten. Er wolle nicht abschließend urteilen, sondern forschend darstellen, um Anlaß geben zu weiterer Untersuchung in einer so dunklen Sache. Dann nennt Dietrich die Themen der fünf Kapitel:

1. Über den Ursprung der kategorial bestimmten Sachen im allgemeinen und der Substanz im besonderen.
2. Über den Ursprung aller anderen Bestimmungen, die der Substanz innewohnen.
3. Über den allgemeinen Grund dafür, daß etwas in eine Kategorie eingeordnet werden kann und aus welchem Grund einige Wesen prinzipiell nicht in eine Kategorie gehören.
4. Wodurch das Seiende sich vom Nichts oder vom Nicht-Seienden unterscheidet. Dabei geht es um die Einheit und die Abfolge der Wesensgestalten (unitas et ordo formarum). Diese sei in den vorausgehenden Überlegungen vorausgesetzt.
5. Über eine weitere Voraussetzung des zuvor Gesagten: Der Intellekt hat in Bezug auf einige Seiende den Charakter des begründenden Prinzips (causalis principii). Einiges real Seiende (entia primae intentionis) werde konstituiert durch die Tätigkeit des Intellekts. Dies sei die Lehre der Philosophen und insbesondere der Peripatetiker, deren Lehre er im Gange seiner Untersuchung vorlege.

Kapitel (particula) 1

Dietrich untersucht die Weisen, wie etwas für etwas anderes Grund ist. Es sind Weisen des Hervorgebrachtwerdens und des Hervorgehens des Seienden. Einleitend definiert Dietrich, was er unter „Seiendes“ versteht: Das, was an ihm selbst (per se) ist als vollendete Wirklichkeit, wie sie diesem Seienden seiner Gattung nach zukommt: quod est per se et quod est completum secundum actum, qui sibi competit secundum proprium genus.

Damit ist ausgeschlossen: Etwas, das seinem Wesen nach nicht die Natur des Seienden hat, sondern nur so heißt. Ebenso ausgeschlossen sind bloß potentielle Prinzipien und indirekte Grund-Folge-Verhältnisse, also zum Beispiel eine conditio sine qua non. Für den Fortgang der Argumentation ist der Ausschluß bloß potentieller Prinzipien von besonderer Bedeutung. Wovon wir hier reden, muß secundum actum existieren.

Es gibt drei Weisen, wie Seiendes begründet wird oder hervorgeht: Erstens: Seiendes kann Seiendes begründen in der Weise der Wirk- oder der Zielursache. In beiden Fällen liegt der Grund *außerhalb* des begründeten Wesens (1 (2) III 158, näher erklärt 1(13)–1 (22) III 141–149).

Seiendes kann zweitens begründet werden in der Art der Wesensgestalt (forma) oder des Stoffs. In diesem Fall liegt der Grund *im* begründeten Wesen selbst .

Bis hierhin hat Dietrich die Lehre von den vier Ursachen – Wirk-, Ziel-, Stoff- und Formursache – der aristotelischen Tradition wiederholt. Er verweist dafür auf Averroes (1 (4) III 138). Näher erklärt: 1 (7) – 1 (12) III 139–141. Er fährt fort, es gebe aber außer diesen beiden bekannten Begründungsweisen noch eine dritte, namenlose, bei der etwas seinen Seinscharakter (ratio suae entitatis) aus einem anderen Seienden bezieht 1 (5) III 138–139, näher erklärt: 1 (23)–1 (30) III 143–145. Diese Art des Begründens und Hervorgehens liegt dort vor, wo etwas, das außerhalb des Wesens des Begründeten steht, dessen Sein und Wesen bestimmt und auch in dessen Definition als eines Seienden gehört. Es geht um den Seinscharakter (ratio entitatis) der Akzidenzien: Sie gehen als Seiende aus der Substanz hervor, deren Wesen außerhalb ihres eigenen steht, aber die doch in ihre Definition gehört, sofern wir sie als Seiende untersuchen, d. h. als Metaphysiker, nicht nur als Logiker über Akzidenzien sprechen. Es geht um das Verhältnis der Substanz zu den Akzidenzien, nicht unter dem Gesichtspunkt, daß die Substanz ihre Ursache (causa) ist – was sie auch ist –, sondern unter dem Gesichtspunkt des Seinscharakters von Akzidenzien, die ihrem Wesen nach Seiende sind, aber in deren Wesen die Zuordnung zu einem anderen, nämlich zur Substanz gehört. Kurzer Hinweis auf die Attributionsanalogie.

Für den Seinscharakter der nach einer dieser drei Arten Begründeten bedeutet das:

Die zweite Art des Begründens, der Dietrich den langen Abschnitt von 1 (6) bis 1 (12) III 139–141 widmet, bringt das Seiende im eigentlichen Sinn hervor. Bei diesem Hervorgang aus eigenen inneren Prinzipien erhält die Sache an ihr selbst und im absoluten, im losgelösten Sinne (absolute) – das heißt: im genauen und eigentlichen Sinn – die Bestimmtheit als Seiendes. Und diese Bestimmtheit ist die erste und grundlegende, aufgrund deren sie sich vom Nichts unterscheidet. Est omnium intentionum prima, qua res primo formaliter distat a nihilo, 1 (7) III 139. Wenn wir etwas als „Seiendes" bezeichnen, meinen wir jenes Innere in ihm, wodurch es als Wesensgestalt und in der Art des Aktualen – das heißt: nicht nur Möglichen – subsistiert. Bei zusammengesetzten Wesen ist das die Wesensform. Bei einfachen Wesen (Geistwesen) ist es ihre einfache Wesenheit. Solche einfachen Wesen haben keinen Stoff; sie sind kraft ihres Wesens sofort, – statim, ohne weitere Vermittlungsinstanz – ein Seiendes und ein Eines. Sie sind Seiende, unabhängig von jeder äußeren Ursache. Aber das gilt im gewissen Sinne nicht nur für reine Geistwesen, sondern auch für stoffliche Dinge: Sofern sie aus der Möglichkeit zum aktualen Dasein hervorgehen, brauchen sie eine äußere Ursache, gehören sie dem Begründungsmodus 1 zu, eine Wirk- und eine Zielursache geht ihnen vorher, aber auch sie subsistieren aufgrund ihrer internen Prinzipien, die mit ihnen identisch sind und jedes eigentlich zu einem Seienden machen (1 (7)–1 (8) III 139).

Unterscheide also bei einem Körperding: Es *ist,* weil seine inneren Prinzipien in ihm selbst anwesend sind und es gestalten. Etwas anderes ist sein Gewordensein durch Veränderung in der Natur, die nicht ohne Wirk- und Zielursache vor sich gehen kann. Diese sind aber sekundär im Blick auf seinen Charakter als Seiendes, erklärt Dietrich mit Berufung auf Averroes. Das Gewordensein des Körperdings und dessen äußere Ursachen betrachtet die Physik; die Metaphysik denkt seinen Seinscharakter aufgrund der Immanenz seiner spezifischen Prinzipien. Durch ihre Anwesenheit hat es seine Unabhängigkeit und Absolutheit: Es *ist* sein Wesen, und dieses Wesen bedarf keiner Zusatzeigenschaft, keiner weiteren akzidentiellen Disposition um „sofort" ein Seiendes und ein Eines zu sein. Bestimmungen, die dem unabhängig seienden Wesen zukommen, z. B. daß sie eines sind oder viele, kommen ihnen *von sich her* zu, unabhängig von jeder äußeren Ursache; sie sind nicht Akzidenzien, sondern Proprietäten. Diese Innenbestimmtheit kommt per se, also notwendigerweise, der Substanz zu (1 (9)–1 (12) III 140–141).

Wenden wir uns der ersten der drei Arten des Grundlegens zu, so fällt zunächst auf, daß Dietrich die Reihenfolge umgekehrt hat. Da er das Seiende als Seiendes bestimmen und die Metaphysik von der Physik absetzen will, da es dabei um Rangfolge geht, rückt er das Immanent-Grundgelegtsein vor das Verhältnis der Sache zu ihren äußeren Ursachen. Bei letzteren sind wir im Bereich körperlicher Veränderung, also des motus; hier geschieht nichts ohne Wirkkraft und Ziel, und dazu bedarf es körperlicher Eigenschaften, also der Akzidenzien.

Dietrich überlegt: Gäbe es, wie die Philosophen behaupten, reine Geistwesen, intelligentiae, dann wären sie nicht wie Körperdinge auf das Erreichen eines Ziel durch eigenschaftliche Veränderung angewiesen; dann gäbe es bei ihnen keinen motus, keine Zeit, keine Akzidenzien. Sie brauchten keine Wirkursache; sie hätten ihr Ziel immer schon erreicht, es läge in ihnen selbst, in ihrem Wesen: Sie wären tätig nicht aufgrund hinzukommender Impulse oder Eigenschaften, nicht um etwas zu erstreben, das ihnen noch fehlt, sondern ihr Wesen wäre ihre Tätigkeit, und ihre Tätigkeit wäre ihr Wesen. Dietrich zitiert Averroes: Es gibt zwei Typen von Substanzen: Die sinnliche Substanz kann der Akzidenzien nicht entbehren, denn sie braucht sie, um ihre Ziele und damit sich selbst zu realisieren; die rein geistigen Wesen brauchen keine Eigenschaften und haben deswegen keine. Sie sind durchgehend durch ihr eigenes Wesen bestimmt, in keiner Weise von außen. In Wesen hingegen, die ihr Ziel nur durch Anderswerden, durch Veränderung erreichen können, also bei Körperdingen, die auf motus angewiesen sind, muß es die Zusatzausstattung mit Eigenschaften geben, die gewissermaßen außerhalb ihrer Wesensbestimmung liegen, die ihnen aber Veränderung gestatten. Qualitäten ermöglichen Veränderung niemals ohne Quantität und Ortsbewegung (1 (13)–1 (17) III 141–142).

Unvollkommene Wesen erreichen ihr Ziel nur durch Veränderung und brauchen Akzidenzien. Das ist deren Naturbestimmung. Wenn es also Eigenschaften gibt, die nicht direkt der Zielerreichung durch motus dienen, wie zum Beispiel das Wosein und das Wannsein eines Seienden, dann handelt es sich nicht um reale, naturhafte Wirkgründe, denn die Natur arbeitet mit den von ihr gesetzten Eigenschaften auf Ziele hin. Wenn es solche nicht-naturbegründete Bestimmungen gibt – bei denen es sich um Beziehungen eines Naturgegründeten auf ein anderes handelt, also um Relationen –, dann werden sie vom Intellekt konstituiert. Denn es gibt nur zwei Grundarten von Prinzipien: Natur und Intellekt. Wenn die Eigenschaften, die sich um das Naturding mit seinen Qualitäten und seiner Quantität legen, einer anderen Ordnung als der zielgerichteten Naturdynamik angehören, dann müssen sie auf den Intellekt zurückgeführt werden, sie existieren aufgrund der Tätigkeit des Intellekts, operatione intellectus, aber nicht als bloße Begriffsgebilde, nicht als bloße

Gedankendinge, die zu keiner kategorial bestimmbaren Wirklichkeit gehören. Sie sind keine res secundae intentionis, sondern sie bilden durch sich selbst oder an ihnen selbst aufgrund ihrer Eigenart Kategorien und konstituieren sogar einige der zehn Kategorien ganz, die man seit Aristoteles anführt. Denn nicht alles, was sich der Wirksamkeit des Intellekts verdankt, ist ein bloßes Gedankengebilde, das zu keinem Naturding gehört (1 15)–1 (19) III 142–143). Die realen Seienden, die der Intellekt konstituiert, beziehen sich im Unterschied zu bloßen Gedankendingen auf Naturdinge; sie sind Formen und Modi der Natur-Seienden. Die naturhaft Seienden gehören zu ihrer Definition; der Naturbezug ist das, was sie im eigentlichen Sinne zu Seienden macht, aber dies ist ein intellektueller Naturbezug, und sie gehören nicht in den Dynamismus der Natur; sie dienen nicht der Erreichung eines Naturziels, sondern der Vervollkommnung des Intellekt, der ihr konstituierender Grund ist. Wie dies zu denken sei, verspricht Dietrich vom 2. Kapitel an näher zu erläutern: 1 (20)–1 (22) III 143).

Kommen wir zur dritten Gruppe der Seienden, die aus dem dritten, dem namenlosen modus des Grundlegens und Hervorgehens hervorgehen und auf diese Weise ihren Ursprung haben (1 (23)–1 (30) III 143–145). Um das Hervorgehen von Substanzen kann es sich bei dieser Art des Prinzipiierens nicht handeln, denn was so bewirkt wird, erhält seine formhafte Wesensgestalt von einem anderen. Dieser Modus des Grundlegens besteht in Wesensprägung durch Formvermittlung. Dietrich nennt dies Hervorgehenlassen ein Wesensbestimmen, quidificare (1 (24) III 144). Was auf diese Weise prinzipiiert wird, hängt aufgrund seines Wesens von einem anderen Seienden ab, das auch in seine Definition eingeht. Dabei kann es sich nur um Bestimmungen handeln, die der Substanz zukommen und von ihr abhängen, also um Akzidenzien. Es geht um zusätzliche, aus dem Wesen konstituierte Bestimmungen, also nicht nur und nicht zuerst um physische Eigenschaften, sondern primär um Wesenseigentümlichkeiten.

Dietrich präzisiert sowohl sein Konzept von substantia wie das von Akzidens. Indem er die Substanz von dieser Art des Hervorgebrachtwerdens prinzipiell ausschließt, zeigt sich deren Unabhängigkeit und in diesem Sinne ihre Absolutheit. Die Substanz hat an ihr selbst und absolut betrachtet die Bestimmtheit, ein vollständiges Seiendes, ein vollkommen Seiendes zu sein. Sie hat diese Vollständigkeit in sich, sowohl was ihre Wesensgestalt wie was ihr Ziel angeht. Sie kann in der forma-Hinsicht nicht etwas von einem anderen sein oder aus einem anderen hervorgehen. In der Formulierung Dietrichs:

Habent enim substantiae secundum se et absolute rationem entis completi et quoad perfectionem sui actus formalis et quoad perfectionem finis, (1 (23) III 143).

Anders ausgedrückt: Die Substanz heißt ihrem Wesen nach ein Seiendes mit dem Charakter absoluten Insichstehens. Substantia dicitur ens per suam essentiam secundum rationem absolutae subsistentiae (1 (26) III 144). Was sonst in der Substanz vorkommt, kann auch wesenhaft Seiendes genannt werden, aber in Zuordnung zu der Substanz.

Für das Akzidens ergibt sich: Es hat Wesen und Dasein. Man kann sagen, es sei ein ens per essentiam, aber es wird in seinem Wesen geprägt, quidifiziert, durch die Substanz, die im wahren Sinn des Wortes das Seiende ist, zu dem es gehört.

Dietrich weist die Vorstellung zurück, das Wesen des Akzidens bestehe in seinem Inhärieren. Was inhäriert, muß erst einmal als etwas geprägt sein. Es ist seinem Wesen nach ein inhaltich bestimmter und insofern wesenhafter modus der Substanz oder deren Disposition (1 (29) III 145). Das Akzidens inhäriert, aber darin besteht nach einem Wort Avicennas, nicht sein Wesen. Das Wesen des Akzidens kommt der Sache und dem Begreifen nach *vor* der Inhärenz. Diese ist eine Wesenseigentümlichkeit, die aus dem Wesen sich erst ergibt. Die Inhärenz ist nicht seine Essenz, sondern ein proprium.

Ich unterbreche hier die bloße Inhaltsangabe. Ich mache auf drei Punkte aufmerksam, die an diesem Text auffallen. Es ist die erste Präsentation der Philosophie Dietrichs. Hier zeichnet er ihren Grundriß:

a. Dietrich unternimmt diese Analyse im Hinblick auf die konstitutive Funktion des menschlichen Intellekts. Aber er hebt nachdrücklich hervor, diese setze naturhafte Realität voraus. Was der Intellekt konstituiert, muß auch von der Natur konstituiert sein. Es muß in rerum natura vorkommen. Damit präzisiert er den Sinn seines Ausdrucks res praedicamentalis. Aegidius Romanus hatte erklärt, auch eine nicht-existierende Rose sei aufgrund ihres esse essentiae eine res praedicamentalis, d.h. sie könne „substantia“ und „Blume“ heißen. Mit dieser Position ist Dietrichs Grundrißtext unvereinbar. Fast könnte man annehmen, er stelle sich als Alternative neben sie, ohne sie zu erwähnen. Dietrich führt die Untersuchung ständig als Metaphysik, als Theorie des Seienden als Seienden; er handelt vom aktual Seienden und ignoriert die Verselbständigung der Wesensseite, die der Ausdruck esse essentiae suggeriert. Die Ontologie, in die er seine Untersuchung einbettet, ist Theorie der real existierenden Substanz. Dafür liefert er in 1 (30) III 145 eine abschließende Formulierung: Die Substanz ist Seiendes im Sinne absoluter Subsistenz; sie ist ens per se aufgrund der in ihr anwesenden Wesensform: substantia dicitur ens secundum rationem absolutae subsistentiae et ens per se secundum rationem intrinseci actus formalis.

b. Der Ausdruck von der Absolutheit der Substanz, der mehrfach wiederkehrt, hat als sachlichen Grund die Zurückstellung der Effizienz- und Finalkausalität. Etwas als Seiendes zu betrachten, heißt absehen von seiner Ursache: Unumquodque enim dicitur ens per suam essentiam, non concernando aliquam causam (1 (27) III 144). Wenn ich im Laufe dieser Arbeit vom „Immanentismus" Dietrichs sprechen werde, ist allein dieser Zusammenhang gemeint, ohne theologische Assoziation. Die Physik betreibt causa-Analyse und untersucht Naturvorgänge, die ihr Ziel außerhalb ihrer haben; die Metaphysik ist Betrachtung des anwesenden Seins, das kein Ziel außerhalb seiner hat.

c. Dietrichs Gesamtargumentation im ersten Kapitel ging davon aus, er wisse, was Natura heißt und was sie kann. Sie erstrebt Ziele durch Veränderungen von Eigenschaften. Dazu braucht sie nur drei Kategorien: Substanz, Quantität, Qualität. Alles was sonst in der Wirklichkeit der Natur vorkommt – das sind vor allem Relationen –, ist real, muß also vom Intellekt konstituiert sein. Auffallend ist der strikte Finalismus des Naturkonzepts. Ich nenne ihn „strikt", weil Dietrich sich auf ihn als auf das Kriterium beruft, um ontologische Setzungen zu bejahen oder zurückzuweisen. Man könnte – besonders im Hinblick auf 1 (15) bis 1 (18) – von Dietrichs finalistischem Rationalismus in der Ontologie der Natur sprechen. Als Gegenkraft steht ihm das Herausnehmen des Seienden als Seienden, besonders der substantia, aus jeder finalistischen Außenabhängigkeit gegenüber. Die Substanz ist ihr Ziel, vollkommen in sich selbst. Sie hat als solche nichts mehr zu gewinnen.

Kapitel 2

Kapitel 2 untersucht Voraussetzungen der Konstitution der Seienden durch die Natur und/oder den Intellekt. Dietrich analysiert sie bei Substanzen wie bei Eigenschaften und klärt das Verhältnis von Natur und Intellekt (besonders or. 2 (15) III 148).

Thema ist die bislang unbenannte Art des Prinzipiierens. Man könnte fragen, warum sie bisher nicht untersucht und benannt worden ist. Die Antwort dürfte sein: Hier geht es um Folgebestimmungen, die aus der Substanz hervorgehen. Auf die Abfolge von Substanz und Zusatzbestimmungen ist die aristotelische Vier-Ursachen-Lehre schwerlich anwendbar, jedenfalls de facto nicht angewendet worden, und auch Dietrich tut sich schwer.

Die eingangs genannte dritte Art des Hervorgehenlassens hat vier Formen. Daraus ergibt sich das Schema von S. 117 oben. Man könnte es dahin zusammenfassen: Das Seiende kommt als Grund für Seinsbestimmungen in vierfacher Weise vor. Gemeinsam haben diese Seienden, daß sie ihren Seinscharakter, ihre entitas, aus einem anderen Wesen ziehen (2 (1) III 146).

Eine *erste* Gruppe bilden Folgebestimmungen, proprietates, die sich aus dem ursprunggebenden Seienden aufgrund von dessen quiditas ergeben. Das Wort „Akzidens“ hat hier allgemeinere Bedeutung; es besagt: abgeleitete Bestimmung wie zum Beispiel: eins – vieles.

Wir können das selbständige, entspringenlassende Wesen auch betrachten in Bezug auf *andere* Wesen. Dann betrachten wir es als Ursache oder Verursachtes. Dies sind Bestimmungen, die der Verstand bewirkt, der allein das prinzipiierende Wesen auf ein Anderes beziehen kann (2 (8) III 145–2 (17) III 148).

Hatte Dietrich schon bei seiner ersten Skizze der konstitutiven Funktion des Intellekts (1 (18)–(21) III 142–43) das notwendige Zusammenwirken von Natur und Intellekt betont, als fürchte er, man werde seinen Intellekt mit leerem Vorstellen verwechseln, so kommt er jetzt mit der komplizierten Formel darauf zurück. Indem der Intellekt ein Seiendes bezieht auf andere Wesen, bewirkt er Dispositionen des Seienden, aber nicht ohne die Substanz quasi als Träger und nicht ohne die Wesensbestimmung der Sache, die ratio rei, als gewissermaßen Ursprung und Formgeber. In der Sprache Dietrichs:

Oportet igitur principium et causam horum accipere apud intellectum quasi effective et apud substantiam sive rei essentiam quasi subiective et rei rationem quasi originaliter et informative (2 (14) III 147).

Dieser Satz zeigt exemplarisch Dietrichs Denk- und Sprechstil: Das dreifache quasi und die neue Kausalitätsform des originaliter et informative lassen die Schwierigkeit erkennen, seine Untersuchungsweise in aristotelischer Terminologie zum Ausdruck zu bringen. Es geht um Bestimmungen, die aus der forma-haften ratio rei folgen. Aber, fährt Dietrich fort: Die Natur unterscheidet nicht zwischen Sache und Wesensbestimmtheit der Sache, zwischen res und ratio rei. Diese Unterscheidung verdankt sich dem Intellekt, ja, der Intellekt bewirkt die ratio rei. Intellectus est constitutens rei rationem inquantum huiusmodi. Daher bewirkt er auch, was aus der formhaften ratio rei folgt (2 (14) III 147–148). Dietrich präzisiert: Unser tätiger Intellekt steht am Anfang, aber auch die mögliche Vernunft, sobald sie aktuiert ist im Blick auf die quiditas der Sache, bewirkt aus ihr heraus diese Seienden, ex rei quiditate elicit huiusmodi entia et agit entitatem in eis. Gerade diese Aktivität des aktuierten intellectus possibilis ist gebunden an den Naturbefund: Das Naturdingsein gehört zur quiditas der Dinge und kommt in deren Definition vor. Noch mehr: Das naturhafte Sein ist Wurzel und Ursprung alles dessen, was der Intellekt bewirkt: haec est prima radix et origo (2 (15) III 148).

Im ersten Kapitel hatte Dietrich als vom Intellekt konstituiert nur die äußeren Dispositionen, vor allem bestimmte Relationen des Naturdings genannt. Dort, in 1 (17) – 1 (19) III 142 war das Argument: Die Beziehungen haben im strikt finalistisch konzipierten Naturbegriff keinen Platz. Man muß sie entweder alle für bloße Gedankendinge erklären oder sie mit Heinrich von Gent auf die Realität ihres Fundaments zurückführen. Dieses Dilemma läßt sich vermeiden, indem man annimmt, der Intellekt konstituiere diese Dispositionen der Naturdinge als kategorial bestimmte Realität. Nun, in 2 (14) und (15), läßt Dietrich die ratio rei als solche vom Intellekt konstituieren. Die Begründungsrolle des aktuierten möglichen Intellekts betrifft nicht nur äußere Dispositionen, überhaupt nicht nur Akzidenzien, sondern das Wesen, sofern es in einer ratio rei gefaßt wird. Dietrich verweist darauf, daß er dies in einem späteren Kapitel näher begründen werde.

Im nächsten Abschnitt erörtert Dietrich das Hervorgehen von Folgebestimmungen aus dem Seienden, aber nun nicht nach dessen quiditativen

Sein, sondern aufgrund seiner Trägerfunktion für Eigenschaften. Bei dieser *zweiten* Gruppe handelt es sich um Akzidenzien im strengen Sinn, die ihre Seiendheit formhaft von der Substanz beziehen, die hier nicht als subsistentia, sondern in ihrer zweiten Rolle als subiectum auftritt. Dietrich gibt eine generelle Theorie der Akzidenzien (2 (18)–2 (33) III 148–151).

Er untersucht zwei Weisen ihres Entspringens: Es entstehen Eigenschaften aus ihrem Träger, sofern dieser sich auf etwas anderes bezieht, das sich im selben subiectum findet: *Dritte* Gruppe (2 (34)–(53) III 151–156). Dieser Abschnitt ist lang; es geht um die Theorie der verschiedenen Arten von Relationen; der Unterabschnitt 2 (38)–2 (40) bildet einen Exkurs über Spezialfragen der Relationstheorie, den Dietrich beendet mit einem: Redeundum autem ad propositum.

Eine *vierte* Gruppe bilden Bestimmungen aus dem subiectum im Bezug auf einen anderen Träger, z.B. wenn ich sage, *wo* etwas ist (2 (54)–2 (61) III 156–158). Dietrich hebt hervor, daß seine Aufzählung vollständig ist. Sie leistet das, was Aristoteles in der Kategorienschrift nicht erreicht hat.

Bei der Erforschung der ersten Gruppe von Bestimmungen fällt Dietrich auf: Sie ergeben sich aus dem Wesen der Sache, secundum rationem suae quiditatis, führen aber einen Gegensatz mit sich: Eines – Vieles, Gleich – Ungleich, Ähnlich – Unähnlich. Der ursprunggebende Grund ist hier das für sich bestehende und für sich genommene Wesen; als solches kann es sich selbst keine weitere positive Bestimmtheit geben, wohl aber kann es kraft seines Wesens fremde Dispositionen ausschließen; daher treten hier Privationen auf, die das Wesen von sich fernhält. Es sind Privationen, auch wenn die Vernunft sie zuweilen in positiver Art ausdrückt (2 (9) I 146).

Dietrichs Interesse gilt dann Seinsbeschaffenheiten, die auf einer *Unterscheidung* beruhen. Wir unterscheiden an einer Substanz, die etwas verursacht, ihr Sein als Substanz von ihrem Sein als Ursache. Woher bezieht „Ursache“ den Seinscharakter, die ratio entitatis, um die es im Rahmen einer allgemeinen Ontologie immer geht? Dietrich antwortet: Es gibt nur zwei Prinzipien, aus denen etwas entstehen kann – die Natur und der Intellekt. „Natur“ hat hier die engere Bedeutung: Prinzip des Werdens durch körperliche Veränderung. Noch genauer: Sie ist Prinzip eigenschaftlicher Veränderung im Hinblick auf ein Ziel des Naturwesens. Was „Intellekt“ heißt, wird nur flüchtig erklärt; Dietrich kündigt darüber in or. 5 (68) III 201 ein eigenes Buch an, das er später tatsächlich geschrieben hat, *De intellectu.* Soviel erfahren wir: Intellekt ist das, was allgemeine Bestimmungen erkennt. Er ist das, was insbesondere Definitionen machen kann.

Die Natur ist ein grundlegendes Seinsprinzip, aber was sie nicht kann, ist: unterscheiden. Das kann nur der Intellekt. Was er unterscheidet, das *bewirkt* er. Deswegen ist er Ursprung aller Seienden, die aufgrund einer Unterscheidung sind. Nehmen wir als Beispiel die Bestimmungen rechts und links. Werden sie von Seienden ausgesagt, müssen Naturdinge oder Natureigenschaften da sein. Ohne die Natur sind sie keine Seienden; aber sie beruhen auf Unterscheidungen, auf der Unterscheidung von Ding und Eigenschaft, von Eigenschaften gegeneinander. Diese Unterscheidungen bringt nicht die Natur hervor, sondern allein der Intellekt. Deswegen ist er seinsgebendes Prinzip, zusammen mit der Natur. Wenn das, was wir „rechts" genannt haben, verschwindet, ändert sich nichts physisch an dem, was wir „links" genannt haben. Da liegt ein nicht-physisches Seinsverhältnis vor, das – aufgrund von Naturgegebenheiten – allein der Intellekt bewirken kann. Es müssen Wesen dasein, die diese Dispositionen tragen; aber bewirken kann sie nur der Intellekt. Er gibt Seinscharakter an wirkliches Sein, und zwar an Substanzen wie an Eigenschaften. Was er bewirkt, ist nicht nur abstrakter Rahmen, nicht nur subjektive Zurechtlegung, kein bloßes ens rationis. Wie gesagt, gilt diese Analyse nicht nur für Eigenschaften. Die Natur kann nicht unterscheiden zwischen einem substantialen Träger und seiner allgemeinen Wesensbestimmung. Unterscheiden aber ist in solchen Sachen Bewirken. Eine besondere Schwierigkeiten bilden die Relationen, weil Beziehungen sowohl reine Gedankendinge sein können wie vom Intellekt gestiftete primäre Realität.

Die zweite Hälfte des zweiten Teils (or. 2, 34–60) ist der ontologischen Analyse des Beziehungsseins gewidmet und hat zum Ergebnis: Relationen haben ein Fundament; insofern liegt ihre Ursache bei der Natur, aber die genaue Eigentümlichkeit der Kategorie der Beziehung ist damit nicht erfaßt. Diese setzt der Intellekt. Denn die Natur bewirkt nichts aufgrund der ratio rei; sie unterscheidet nicht zwischen res und ratio rei, also muß der Intellekt reale Relationen bewirken; der Hinweis auf die Realität des Fundaments ist richtig, aber sekundär (2 (51)–(52) III 156).

Kapitel 3

Der Traktat fragt insgesamt nach der kategorialen Bestimmbarkeit der Realität. Kapitel 3 untersucht, welche Bedingungen ein Seiendes erfüllen muß, um in eine reale Kategorie und überhaupt in eine Gattung (genus) eingeordnet zu werden (Erste Hälfte von Teil 3, or. 3, 1 bis 3, 13). Damit wird deutlich, was aus der Koordination zu einer Kategorie oder einem genus ausgeschlossen werden muß (Zweite Hälfte von Teil 3, or. 3, 14 bis 3, 37). Dabei insistiert Dietrich auf dem Unterschied zwischen logischer und realphilosophischer Analyse. Die Logiker fassen als einheitlich zusammen, wo der Realphilosoph wesentliche Differenzen sieht.

Drei Bedingungen müssen erfüllt sein, damit etwas – in nicht nur logischer Betrachtung – generisch bestimmt werden kann:

Erstens muß etwas ein naturhaftes Wesen sein, eine res naturae. Was keine res in der Natur ist, kann auch keine res praedicamentalis sein. Die nicht-existierende Rose des Aegidius Romanus und die dem Dasein gegenüber indifferente Wesenheit des Heinrich von Gent hat also keine Chance, eine res praedicamenti zu sein, was beide jedoch behauptet haben. Es gibt Stufen naturhaften Seins. Die im Konzept des strikt finalistischen Naturkonzepts privilegierten drei ersten Kategorien unterscheiden sich von den nachfolgenden Genera, die keine naturhaften Dispositionen sind, deren entitas vom Intellekt bewirkt wird und die keine res sind, sondern circumstantiae rerum (or. 3, 4 bis 3, 7).

Zweitens muß ein Seiendes seine vollständige Wesensgestalt erreicht haben. Dietrich erläutert seine Bestimmung des Seienden, dessen Differenzierung die Kategorien bilden: Seiendes zu sein, ist die erste und grundlegende aller Bestimmungen. Sie bezeichnet das Seiende in seinem Unterschied zum Nichtsein. Sie meint das in sich vollständig Bestimmte. Das Seiende ist das, was die Bestimmung seiner Art vollständig in sich hat (or. 3, 8). Dietrich greift zurück auf seinen Ausgangspunkt in or. 1, 1: „Seiendes" untersucht er, sofern es ein Wesen in sich selbst ist, vollständig bestimmt durch seine Wesensart: quod est per se et quod est completum secundum actum, qui sibi competit secundum proprium genus.

Nur was als Wesen vollständig bestimmt ist, unterscheidet sich vom Nichtsein. „Seiendes" und Wesen sind als solche nur, wenn sie vollständig sind, d. h. wenn sie die Struktur ihrer Species ganzheitlich darstellen. Wenn sie Mängel haben, sind es Mängel an der Species-Vollkommenheit, an der Art-Struktur. Ohne diese Vollständigkeit gibt es kein Seiendes. Es muß schlechthin und an sich, simpliciter et per se, von der Natur intendiert sein, also einer Species zugehören, und deren Struktur muß vollständig und vollkommen realisiert sein.

Drittens muß ein Seiendes, um kategorial bestimmt werden zu können, geprägt sein von *realer* Gemeinsamkeit, von einer ratio communis. Dadurch besteht in ihm das Verhältnis von Bestimmbarkeit zur Bestimmung, vergleichbar dem Verhältnis von Stoff und Wesensform. Wo es diese Differenz nicht gibt, also bei absolut einfachen Wesen, ist keine Zuordnung zu einem genus möglich. Was absolut einfach ist, unterscheidet sich seiner Ganzheit nach von anderem Einfachen, cum actus simplex a simplici se toto differat (or. 3, 11). Dietrich erklärt sich zur Universalienfrage (or. 3, 11) und präzisiert: Realphilosophen stellen andere Anforderungen an ein genus als Logiker, die nur gewissen Wahrscheinlichkeiten nachgehen, wenn sie in einheitliches genus z.B. für irdische und himmlische Substanzen behaupten; sie halten sich an die herrschende sprachliche Auslegung der Welt, secundum famositatem (or. 3, 12).

Diese drei Bedingungen entscheiden darüber, was nicht kategorial oder generisch koordiniert werden kann:

Bloße Gedankendinge, entia rationis, sind ausgeschlossen (or. 3, 14), ebenso Prozesse der Intensivierung oder Schwächung von Eigenschaften, also Verhältnisse, bei denen es ein magis et minus gibt (or. 3, 18–3, 22): Um definiert, also in ein genus eingeordnet zu werden, muß das innere Maß des Wesens erreicht sein. Nur was aktual und was als ganzes präsent ist, kann im ursprünglichen und eigentlichen Sinn generisch bestimmt werden. Es muß an ihm selbst sein, ein ens per se; es muß von der Natur um seiner selbst willen intendiert sein; es muß seine substantiale Wesensgestalt erreicht und bewahrt haben. Exemplarisch trifft dies zu für das Lebendige, das sein Ziel in sich selbst hat, aber es gilt auch für die Elemente (or. 3, 24).

Dann beschäftigt Dietrich sich mit zwei Schwierigkeiten: Zunächst erörtert er die ontologischen Probleme, die das *Werden* stellt. Wenn die erreichte Wesensgestalt das Maß der kategorialen Zuordnung gibt, ist auch der Weg zu ihr im Hinblick auf sie begrifflich zu bestimmen (or. 3, 27–30). Dasselbe gilt – zweitens – von der *Privation*: Sie ist von der aktualen Form her zu bestimmen: Deshalb gehört das tote Tier noch zur Gattung des Tieres, auch wenn der Kadaver nicht mehr dasselbe Fleisch ist wie das des lebenden Tieres. Er gehört nicht zum genus des

Leblosen wie ein Stein. Das Fehlen von etwas an etwas ist als solches kein Naturbestand; Leichen sind geprägt von der Wesensform des Lebendigen (or. 3, 31–35).

Für die aus Aristoteles – Averroes entwickelte Form- und Wesensmetaphysik Dietrichs bilden das Werden, auch das Mißlungene und Verdorbene eine gewisse theoretische Schwierigkeit. Er löst sie durch den Hinweis, dies alles sei vom erreichten Actus, also von der kompletten Wesensgestalt her zu sehen.

Dietrich formuliert hier ontologische Fragen, die ihn noch lange beschäftigen werden: Die Ontologie des Mehr und Weniger sowie die Ontologie der Privation, des Gegensatzes von Ja und Nein, von seiend und nicht-seiend, von lebendig und tot.

Teil drei schließt, wie zu erwarten war, mit dem Ausschluß Gottes aus kategorialer Bestimmbarkeit (or. 3, 36). Von Engeln ist nicht die Rede, wohl aber von Intelligenzen, von denen die Philosophen behaupten, daß es sie gebe. Wenn es sie gibt – Dietrich suspendiert sein Urteil –, gehören sie in keine Kategorie (or. 3, 37). Vom intellectus agens, dessen Theorie in 2 (15) III 148 bereits umrissen war, ist nicht die Rede.

Kapitel 4

Dietrich verteidigt die Lehre von der Einheit der substantialen Form gegen die Franziskanerschule, auch gegen Heinrich von Gent. Dessen großes *Quodlibet* X 5 stammt aus dem Jahr 1286 und warnt, heute gebe es Leute, die über das Fleisch Christi reden und dabei wie bei anderen Fragen nur philosophische Argumente gebrauchen und sich um die Kirchentradition nicht kümmern:

Re vero isto tempore maxime cavendum est in proposita quaestione circa carnem Christ, si forte inveniantur modo homines, qui sic innituntur philosophiae, ut in hac materia et pluribus aliis solas rationes philosophicas pro se adducunt, nihil curantes de auctoritatibus et dictis sanctorum et maiorum.[56]

Heinrich hebt hervor, dieser Verdacht, man stelle die Philosophie über

[56] Heinrich von Gent, Quodlibet X qu. 5, ed. R. Macken, Louvain 1981, S. 79 Zeile 73–76.

die theologische Tradition, sei jetzt, isto tempore, besonders aktuell. Er bezieht dies auf die Lehre von der Einzigkeit der Forma, die Dietrich hier im vierten Kapitel entwickelt:

Ausgangspunkt ist wieder Dietrichs Konzeption des Seienden als solchen; es ist das, was sich vom Nichts absetzt durch seine in sich vollständig bestimmte Aktualität, differt a nihilo per suum actum completum (or. 4, 1). Was sich im Werden befindet und was nur möglich ist, muß von der aktualen Form her gedacht und definiert werden. Die Wesensform ist es, die in ein genus einordnet, und das nur, indem sie auch die engste species-Bestimmung gibt (or. 4, 10). Noch einmal stellt sich das ontologische Problem der Privation, exemplifiziert am Problem der Leichen (or. 4, 11–20). Diese Frage, schon 1270 und 1277 umstritten,[57] war um 1285 erneut aktuell: Die *Quodlibeta* I 4 und II 3 und X 5 des Heinrich von Gent, dann die *Quodlibeta* II 1 und II 7 Gottfrieds von Fontaines handeln von der Ontologie der Leiche. Das philosophische Problem dabei ist die Theorie der Privatio, ihre Realitätsart und Definierbarkeit. Aber aus lebensweltlichen Bedingungen der mittelalterlichen Kirche, auf die ich später zu sprechen kommen werde, besaß das Problem gesellschaftliche, praktische Brisanz. Dietrich erörtert das Problem gegen den Rat Alberts philosophisch und hält fest: Die erreichte Wesensgestalt, die ultima forma, gibt das spezifische Sein, von ihr hängt die Möglichkeit ab, kategorial bestimmt zu werden. Noch einmal betont Dietrich die Verschiedenheit der Auffassung des genus bei Logikern und Realphilosophen (or. 4, 21); er weitet die Fragestellung aus von der Theorie der Privation zu einer allgemeinen Analyse der Entstehung von Gegensätzen, contraria (or. 4, 24).

Wenn das Seiende sich vom Nichtsein absetzt aufgrund des vollkommen realisierten Wesensaktes, muß die substantiale Wesensgestalt *eine* sein. Dies entscheidet gegen die Lehre von der Mehrheit der substantialen Form in einem Wesen. Die Elemente der Definition, die auch „Teile der Wesensform" heißen können – Beispiel: animal und rationale beim Menschen –, beruhen nicht jeweils auf einer eigenen Wesensform (or. 4, 259). Die Einheit der Definition ist überhaupt nur möglich aufgrund der Einheit der Wesensgestalt , der substantialen forma.

Dietrich braucht die Einheit der substantialen Form, sonst gäbe es kei-

[57] Sie bildete den Artikel 14 der Anfrage, die Aegidius von Lessines an Albert richtete und auf die Albert in De quindecim problematibus, Ed. Colon. XVII 1, S. 43, antwortete, es sei gewagt, temerarium, philosophisch darüber befinden zu wollen, eo quod rationi humanae non subicitur.

ne Eindeutigkeit der kategorialen Bestimmung, folglich keine eindeutige Definition der Sachen; das Konzept der Logizität der Welt wäre in Gefahr. Natürlich war Dietrich nicht dadurch schon Thomist, daß er die Theorie von der Einzigkeit der substantialen Form verteidigte: Diese Theorie war aristotelisch und averroistisch; Siger von Brabant hat sie geteilt ebenso wie Gottfried von Fontaines. Soviel zum allgemeinen Inhalt von Kapitel 4. In der Feinstruktur unterscheide ich folgende sechs Abschnitte:

1. 4 (1)–4 (7) III 169–170: Vorstellung der Hauptthese: Die ratio entis liegt beim Akthaften. Potentielles bestimmt sich im Hinblick auf den actus completus.
2. 4 (8)–4 (10) III 170–171: Entscheidend bei gestufter Entwicklung eines Naturwesens ist der *Abschluß* des Entstehungsprozesses, der *letzte* Wesensakt. Die früheren Formen bleiben nicht im vollendeten Wesen.
3. 4 (11)–4 (20) III 171–174: Theorie der Privation und des Kadavers. Es gibt keine eigene substantiale Form des Fleisches oder der Körperlichkeit. In 4 (17) III 173 beruft Dietrich sich auf Aristoteles und Averroes für die Lehre von der Einzigkeit der substantialen Form.
4. 4 (21)–4 (27) III 174–176: Neue Begründung: Ein einziger Wesensakt oder die spezifischen Wesensform enthält einheitlich in sich die Mehrheit von Bestimmungen, vom allgemeinen Genus bis zur differentia specifica.
5. 4 (28)–4 (34) III 176–179: Dieses Enthaltensein und das Verhältnis von Möglichkeit zur Wirklichkeit wird untersucht am Problem der Definition.
6. 4 (35)–4 (41) III 179–181: Dietrich widerlegt weitere Einwände gegen die unitas formae.

Kapitel 5

Dietrich hatte erklärt, die Erörterungen in Teil 3 und Teil 4 klärten die Voraussetzungen der in Teil 5 ausgesprochenen These von der konstituierenden Funktion des menschlichen Erkennens, das primären Seinsbestand, res primae intentionis, entstehen läßt. Dietrich stellt jetzt diese These dar, entwickelt seine Theorie der Simultankausalität und verteidigt seine Lehre gegen fünf Haupteinwände. Diese These und die argumentative Struktur von Kapitel 5 wurde bereits oben herausgearbeitet.

13. Dietrichs De origine *und* *Gottfried von Fontaines'* Quodlibet *II*

Wir kennen die intellektuellen Situationen der Jahre 1277 bis 1290 heute besser als vor drei Jahrzehnten, aber Dietrichs Bezug auf sie erschließen wir indirekt aufgrund von Themenstellung, Argumentation und Terminologie. An direkten Belegen besitzen wir, wie erwähnt, erst einen einzigen, nämlich die Gleichheit der folgenden Texte, die Maria Rita Pagnoni-Sturlese entdeckt hat:

Gottfried von Fontaines, *Quodlibet* II 7 S. 99:	Dietrich, *De origine* 4 (10) III 171, Zeile 77–82:
Sed arguitur quod sic non est pluralitas formarum in aliquo, quoniam in omnibus generibus natura generalissimi magis convenit rei secundum ultimam formam per quam habet esse specificum quam seundum aliquam aliam earum quae finguntur praecedere et simul coexistere in eadem re generata. Equus enim magis et verius subsistit per animam per quam habet esse specificum quam per aliquam aliam praecedentem quae possit inesse.	Praetera videmus *in omnibus generibus,* quod *natura generalissimi magis convenit rei secundum ultimam formam, per quam habet esse specificum, quam secundum aliquam aliam, quae finguntur praecedere et simul coexistere in eadem re generata.* Homo enim *et equus magis subsistit per animam, per quam habet esse specificum, quam per aliquam aliam formam, quae possit inesse.*

Ferner:

Gottfried von Fontaines, *Quodlibet* II 7 S. 106:

Nec valet quod dicitur de completo et incompleto, quia cum unaquaeque formarum substantialium det actum essendi, unaquaeque earum est actus completus simpliciter, et ita si in re sint plures actus substantiales quantumcumque incompleti, illa res erit plura sive multa simpliciter, cum secundum actum essendi res uniuntur.

Dietrich, *De origine* 4 (30) III 177, Zeile 287–292:

Cum enim *unaquaeque* earum *det actum essendi,* qui in essentialibus est simpliciter ultimum in natura et ita *actus completus* non ergo habens ordinem secundum rationem potentiae ad ulteriorem actum. Sequitur ergo, quod aut erunt in eadem re multi actus essendi, et ita ipsa res erit multa numero, *cum secundum actum essendi res* numererentur.

Die kursiv gedruckten Textteile Dietrichs zeigen wörtliche Gleichheit, also die Abhängigkeit des einen Autors vom anderen. Sie zeigen nicht, in welcher Richtung die Abhängigkeit verlaufen ist. Die beiden Autoren sind sich einig: Hätte ein Wesen mehrere substantielle Formen, dann wäre es nicht eines, sondern viele Wesen. Dietrich bringt zusätzlich die Überlegung: Wenn diese substantiellen Formen sich wie Potenz zu Akt verhalten, dann gilt die Argumentation nicht. Aus dieser Erweiterung folgere ich noch nicht, Dietrichs Text sei später geschrieben als der Gottfrieds. Ich beschreibe zunächst den genauen Ort dieser Zitate:

Gottfried setzt ein mit einem: arguitur. Nun kommt es in seinen *Quodlibeta* öfter vor, daß er ein Argument aus der Quodlibet-Sitzung anführt mit einem: arguebatur. Dann folgen Argumente, die er korrigiert oder zurückweist. Solche Stellen gehen regelmäßig seiner eigenen Antwort voraus, die später im Text kommt und die er einleitet mit: Respondeo dicendum. Dieses Respondeo dicendum steht in Quodl. II 7 auf S. 96, das arguitur steht erst auf S. 99, und ihm folgt die eigene Ansicht Gottfrieds. Er führt hier keine fremde Meinung an, sondern leitet im Rahmen seiner Gesamtantwort eine neue eigene Argumentation ein mit einem arguitur im Praesens, das man frei übersetzen kann mit: „Hier läßt sich folgendes sagen. Dazu möchte ich wie folgt argumentieren.“ Bei Dietrich fehlt eine solche Formel.

Die Argumentation Gottfrieds bezieht sich auf Heinrich von Gent.

Die Herausgeber Gottfrieds (S. 97) zitieren als Gottfrieds Gegenüber Heinrichs *Quodlibet* IV 13, das 1279 oder 1280 entstanden sein dürfte. Dies legt nahe, daß Dietrichs viertes Kapitel sich nicht nur gegen Franziskanertheologen richtet, sondern in die Diskussion mit Heinrich von Gent gehört, die Gottfried 1286 breit eröffnet. Dietrich sagt, daß er gegen Heinrich auf Seiten Gottfrieds steht.

Die Lehre von der Einheit der Wesensform erörtert Dietrich, wie er selbst sagt, als die Voraussetzung seiner Lehre von der Konstitution des quiditativen Seins; aber die Diskussion des vierten Kapitels ufert aus, verwickelt sich mehr als nötig in zeitgenössische Debatten um 1286.

Ob *De origine* kurz vor oder kurz nach 1286 geschrieben ist, – man kann mit knappen Zeitspannen rechnen, denn, wie der Schlagabtausch zwischen Aegidius und Heinrich beweist, waren die Pariser Magistri schnell im Besitz des Textes ihres Kontrahenten – das ist weniger wichtig, als daß wir uns mit Gottfrieds zweitem *Quodlibet* nachweisbar in der Nähe von Dietrichs *De origine* befinden. Dieses zweite *Quodlibet* – und natürlich auch das erste – gewinnt dadurch für den Leser von *De origine* ein besonderes Interesse. Ich nenne daraus nur einige weitere Motive:

Quodl. I 7 S. 18–21 untersucht den möglichen *aktiven* Anteil des *möglichen* Intellekts;

Quodl. I 20 S. 43–44 bestreitet die Abtrennbarkeit des Accidens;

Quodl. II 2 S. 53–68 bekämpft die Realdistinktion zwischen essentia und esse bei Aegidius und die intentionale Distinktion bei Heinrich. Darauf werde ich anläßlich von Dietrichs Schrift *De ente et essentia* eingehen, hier ist festzuhalten, daß der Ausdruck res praedicamentalis S. 53–S. 55 mehrfach vorkommt, bei der Aufzählung der Argumente der Anhänger der Indifferenz der essentia zum Dasein. Um eine vera res praedicamentalis soll es sich ihnen zufolge handeln, wenn die Sache ein ideales Urbild im Geiste Gottes hat, wodurch sich die nicht-existierende Rose des Aegidius von einer Chimäre unterscheide. Gottfried gesteht dieser Rose nur zu, eine vera essentia praedicamentalis zu sein (S. 64), sofern sie der Möglichkeit nach eine aktual existierende Rose und in der Kraft ihrer Entstehungsgründe schon vorhanden ist;

Quodl. II 4 S. 80–85 bestreitet, daß irgendein Geschöpf mit seiner Tätigkeit identisch sein könne; jede geschöpfliche Tätigkeit sei ein Akzidens;

Quodl. II 7 S. 95–133 bringt die extrem ausführliche Auseinandersetzung mit Heinrich von Gent über die Einheit der substantialen Form, wobei sich die engste inhaltliche Berührung mit *De origine* ergibt. Spezifische Argumente dabei sind:

Die letzte, die spezifische Wesensform schließt die allgemeinere ein, also „Mensch" enthält auch „animal" und „Körper" (S. 98);

Vielheit substantialer Formen würde aus *einer* Sache *viele* machen – Dietrichs Argument in or. 4 (10);

Logiker mögen univoke genera bei wesensverschiedenen Sachen behaupten, der physicus aber, der auch artifex realis heißt, sieht darin Aequivokationen (S. 103);

die Definition ist ein einheitlicher Satz, trotz einer Vielheit von Bestandteilen, und bezieht sich auf eine einzige substantiale Form (S. 105);

die substantiale Form gibt den actus essendi. Dieser ist *einer* (S. 106 wie or. 4, 30);

die Frage nach der Einheit der substantialen Form führt zu der Frage, wie die Elemente sich in mixto verhalten: Bleibt deren substantiale Form erhalten, dann hätten wir in der Natur mehrere substantiale Formen gleichzeitig (S. 109–111);

sie ist zu erörtern in Bezug auf die Leiche Christi (S. 113–114) und eine Reihe theologischer Einwände (S. 125–133);

Quodl. II 8 S. 134–136 bringt Gottfrieds Diskussion des Konzepts der Seelenvermögen.

Diese Gemeinsamkeit an Themen und teilweise an Positionen setzt sich in den späteren *Quodlibeta* Gottfrieds fort. Auf sie gehe ich bei späteren Texten Dietrichs ein. Sieht man die wörtliche Übereinstimmung von Quodl. II 7 und *De origine* 4 (10) und 4 (30) in diesem größeren Zusammenhang, scheint es mir eher wahrscheinlich, daß Gottfried, von seinem Lehrer Siger angeregt, gegen Aegidius und gegen Heinrich die strenger aristotelische Richtung auch für Dietrich bestärkt oder eröffnet hat. Zu überlegen ist, ob Dietrich Baccalaureus in Paris war, als Gottfried dort ab 1285 als Magister lehrte. Vielleicht war er bei einer dieser Quodlibet-Debatten dabei. Dann wäre das arguitur in seiner Präsenzform und die Übereinstimmung dieses Arguments mit der Responsio des Magisters erklärt.

Dies sei opponendo, per modum inquisitionis vorgetragen. Ich glaube, Dietrich sei von Gottfried abhängig, nicht umgekehrt, aber allzuviel hängt davon nicht ab. Denn ob *De origine* kurz *vor* oder kurz *nach* 1286 vorlag, diese Schrift dürfte unter den erhaltenen Werken Dietrichs das früheste sein.

II. WAS DIE HIMMELSKÖRPER BEWEGT

1. Astro-Philosophie

„Der gestirnte Himmel über mir“ – von Thales über Kant zu Blumenbergs *Die Vollzähligkeit der Sterne* (1997) war dies ein philosophisches Arbeitsfeld, von dem sich keinen Begriff macht, wer in der Tradition der deutschen Philosophie der zweiten Hälfte des 19. Jahrhunderts verharrt. Die antike, die mittelalterliche, die frühneuzeitliche Philosophie war Astrophilosophie; sie war Kosmologie und Sternentheorie.[1] Sie war es bis hin zu Kant, der 1755 eine *Allgemeine Naturgeschichte und Theorie des Himmels* veröffentlichte, und bis zum jungen Hegel, der 1801 mit seiner Arbeit über die Planeten habilitiert wurde, *De orbitis planetarum*. Der Ausflug Hegels in den Weltraum hat ihm im späten 19. Jahrhundert manchen Spott eingetragen. Aber die Abtrennung der Kosmologie von der Philosophie verdient noch härtere Kritik; sie hat die Philosophie reduziert auf Methodenlehre und Ethik, vielleicht noch Psychologie und Erkenntniskritik. Aus diesem verengten Blickfeld heraus wurde auch die Geschichte der Philosophie geschrieben. Die Sternenneugier, aber auch die ernsten astrophilosophischen Forschungen der älteren Philosophen wurden systematisch vernachlässigt. Das gilt auch für Darstellungen der antiken und der mittelalterlichen Philosophie.

Nietzsche fand, man lerne aus dem Diogenes Laertius mehr über die antike Philosophie als aus modernen Philosophiegeschichten. Das stimmt, besonders für die Sternenphilosophie der Antike. Da berichtet Diogenes Laertius von Anaxagoras: Als er gefragt wurde, wozu er gebo-

[1] Zum Verhältnis von Sternentheorie und Metaphysik vgl. Tullio Gregory, Mundana sapientia. Forme di conoscenza nella cultura medievale, Rom 1992, bes. S. 291–328; ders., Naturae qualitas planetarum, in: Micrologus IV: Il teatro della natura, Turnhout 1996, S. 1–23, dort S. 1 in Anm. 3 umfassende Bibliographie. Verweis auf Dietrich dort S. 4. Zum Auf- und Abbau der kosmologischen Vorstellungen der Zeit um 1300 vgl. Edward Grant, Planets, Stars and Orbs. The Medieval Cosmos, 1200–1687, Cambridge 1994 (informativ, zu Dietrich ein kurzer Hinweis S. 471 Anm. 169); William G. L. Randles, The Unmaking of the Medieval Christian Cosmos. 1500–1760. From Solid Heavens to Boundles Aether, Aldershot 1999; Michel-Pierre Lerner, Il mondo delle sfere. Genesi e trionfo di una rappresentazione del cosmo, zuerst Paris 1996; ich benutze die erweiterte italienische Ausgabe, Mailand 2000, besonders S. 245–287.

ren sei, antwortete er: „Zur theoria, zur Betrachtung, zur Theorie der Sonne, des Mondes und des Himmels."[2] Er sagte nicht: Zum Studium der Philosophie. Er sagte: Zum Anschauen von Sonne, Mond und Himmel, zu ihrer Beobachtung, zum Nachdenken über sie. Das war antike Philosophie. Sie hat es zu Theorien recht respektabler Exaktheit gebracht; sie hat begonnen, den Sternenhimmel zu entmythologisieren. Diesbezüglich berichtet Diogenes Laertius, Anaxagoras habe von der Sonne behauptet, sie sei nichts als eine glühende Metallmasse.[3] Philosophie war Nachdenken über Himmelskörper und ihre Bewegungen, das gilt – mit Abwandlungen – auch für das Mittelalter, mehr jedenfalls, als meist beachtet wird. Nehmen wir als Beispiel Thomas von Aquino. In seinem monumentalen Buch über *Thomas von Aquin* (Bonn 1938) sprach Hans Meyer viel von ordo und Vorsehung, aber er, der ein guter Kenner der Antike war, verlor fast kein Wort über die Himmelskörper; er streifte sie nur. Bei Thomas selbst war das anders. Er argumentierte an wichtigen Stellen über ordo und Providenz im Blick auf die Himmelskörper. Dafür ein Beispiel:

Thomas will in der *Summa contra Gentiles* III 64 die göttliche Vorsehung beweisen. Er bringt viele Argumente; das Thema war wichtig in der Auseinandersetzung mit der arabischen Philosophie. Einer seiner Beweise läuft so: Wir finden für einige Bewegungen der Himmelskörper keine Gründe aus der Naturnotwendigkeit, ex necessitate naturae, denn einige Himmelskörper haben mehrere Bewegungsrichtungen und unregelmäßige Bahnen. Also bedarf es einer wissenden Vorsehung, sie zu koordinieren. Indem sie die Planetenbahnen ordnet, beherrscht sie alle irdischen Vorgänge.[4] Ich bewerte dieses Argument nicht; ich stelle nur fest, es ist das, was man um 1700 théologie astronomique nannte und die es heute nicht mehr gibt. Dadurch verstellt sich uns der Blick in die Vergangenheit. Um bei Thomas zu bleiben: Aus der Stabilität der Himmelsbewegungen – die Planeten als Problemfälle einmal ausgenommen – folgerte er, sie stünden der Immobilität Gottes näher als alles Irdische. Die Himmelskörper waren ihm der größere und der bessere Teil des Universums. Sie waren der irdischen Stofflichkeit und ihren Gegensätzen, Konflikten und Untergängen, entzogen; sie bewegten sich in der vollkommensten

[2] Diogenes Laertius, Leben und Meinungen II 10 Anaxagoras, Diogenes Laertius, Lives of eminent Philosophers, With an English Translation, ed. R. D. Hicks, Loeb Classical Library, Nachdruck London 1966, I 140.

[3] Diogenes Laertius, Leben und Meinungen, II 8, ed. R. D. Hicks (wie Anm. 2) I 136.

[4] Thomas von Aquino, Summa contra Gentiles III 64, Ed. Leonina XIV, Rom 1926, S. 179 a 49–b 2.

Form, nämlich in Kreisen; sie bestanden aus einem Stoff höherer Art. Bei ihnen herrschte Ordnung, mochte auf der Erde vieles drunter und drüber gehen. Daher konnte Thomas die sog. Theodizeefrage relativ leicht lösen, indem er argumentierte, das Übel oder das Böse, das als Gegenbeweis gegen die göttliche Vorsehung angeführt wurde, betreffe nur den unwichtigsten und niedersten Teil des Universums. Es war der Quantität nach unerheblich; es kam nur in der niedersten und unwichtigsten Region vor; daher konnte es im Weltsystem des Thomas nicht gegen die Vollkommenheit des Universums und seines Gründers geltend gemacht werden. Nam generabilia et corruptibilia, in quibus solum contingit esse malum naturae, sunt modica pars totius universi.[5]

Quasi nihil sunt in comparatione ad illa.[6] Der größere und „göttlichere" Teil des Universums, eben die Himmelskörper, war den Gegensätzen der irdischen Dinge, damit allem Untergang und allem Übel entzogen.[7] Der christliche Vorsehungsglaube verlor, als die Sonderstellung der Sternenwelt wegfiel, eine starke rationale Stütze; er wurde zur Glaubens- und Willenssache.

2. *Die Sterne göttlich und beseelt*

Platon hat die vorsokratische Erbschaft der Sternenphilosophie in seinem *Timaios*, dieser poetischen Gründungsurkunde einer „wahrscheinlichen" teleologischen Physik, kodifiziert und weiterentwickelt, bis hin zu einer konkret-medizinischen Anthropologie.[8] In Platons Dialog erteilt Kritias dem Timaios das Wort, weil er „der Sternkundigste unter

[5] Thomas von Aquino, Sth I 49, 3 ad 5.

[6] Thomas von Aquino, De substantiis separatis c. 2, Ed. Leonina, Band 40, Teil D, Rom 1968, Seite 45 b Zeile 142–143.

[7] Thomas von Aquino, Sth I 49, 3: supra qualitates contrarias elementorum invenitur virtus corporis caelestis.

[8] Plato, Timaeus a Calcidio translatus commentarioque instructus, ed. J. H. Waszink. Plato Latinus IV, London[2] 1975. Zur Natur- und Sternenphilosophie des Timaios vgl. Francis Macdonald Cornford, Plato's Cosmology, London 1937; Walther Kranz, Kosmos, Bonn 1955; Gregory Vlastos, Plato's Universe, Seattle 1975; Richard D. Mohr, The Platonic Cosmology, Leiden 1985; Luc Brisson, Le Même et l'Autre dans la structure ontologique du Timée de Platon, Sankt Augustin 1995[2]; Pierre Hadot, Physique et poésie dans le Timée de Platon, in: ders., Etudes de philosophie ancienne, Paris 1998, S. 277–305; Thomas K. Johansen, Plato's Natural Philosophy. A Study of the Timaeus-Critias, Cambridge 2004; Thomas

uns" ist (*Timaios 27 a*). Der *Timaios* Platos, den Dietrich kannte, auch wenn er in seinem Gesamtwerk – ausschließlich hier, in *De animatione* caeli (25 (4) III 33; 31 (1) und 32 (1) III 38) – nur dreimal anspielend auf ihn zu sprechen kommt, legte für die Folgezeit fest:

Der Gott war neidlos gut und wollte der Welt von seiner Gutheit so viel mitteilen, wie sie aufzunehmen imstande war (*Timaios* 29 e). Bei der Weltgründung blickte der Demiurg auf die bleibenden Urbilder, nicht auf Vergängliches. Die Sternenwelt als das Bleibende entspricht daher am meisten dem ursprünglich Intendierten. Der Kosmos als Abbild des Schönen und Sichgleichbleibenden hat die vollkommenste Gestalt, die der Kugel; die Sterne ziehen eine Bahn, die der Vernunft am nächsten ist, nämlich im Kreis. Die Kreisbewegung verbindet, einzigartig, Bewegung und Sichgleichbleiben.

Aristoteles hatte gegen Platon vieles einzuwenden, aber astrophilosophisch blieb er ihm nahe:

- er hielt fest an der Wichtigkeit der Sternenbetrachtung. Die Sterne waren ihm das Göttlichste unter allem Sichtbaren, göttlicher als so ein Mensch.[9] Daher der hohe Rang der Astro-Philosophie;
- er glaubte zu *sehen*, was Platon deduziert hatte, nämlich daß die Sternenbewegungen immer gleich seien, die Planeten ausgenommen. Er berichtet, er habe versucht, ältere Nachrichten über Veränderungen am Himmel zu bekommen. Aber sein Ergebnis war das platonische: „Soweit man sich auf die menschliche Überlieferung verlassen kann: In der ganzen vergangenen Zeit hat sich, soweit die Erinnerung reicht, der oberste Himmel weder im Ganzen noch in irgendeinem seiner ihm eigentümlichen Teile verändert."[10] Worauf es ankommt, ist die Ewigkeit des obersten Himmels; die Planetensphären haben einen unruhi-

Leinkauf, Platons Timaios als Grundtext der Kosmologie in Spätantike, Mittelalter und Renaissance, Leuven 2005. Doch vgl. auch Platon, Nomoi X 898 d–899 d.
Unentbehrlich bleibt: Pierre Duhem, Le système du monde. Histoire des doctrines cosmologiques de Platon à Copernic, 10 Bände Paris 1913–1959. Ferner: Samuel Sambursky, The Physical World of the Greeks, London 1987.

[9] Aristoteles, Nikomachische Ethik VI 7, 1141 b 1–2; De caelo I 3, 270 b 1–14; I 9, 278 b 15–17. Die lateinische Übersetzung des Gerhard von Cremona, in: Albertus Magnus, In De caelo, Ed. Colon. V 1.

[10] Aristoteles, De caelo I 3, 270 b 13–17, übersetzt nach O. Gigon, Aristoteles, Vom Himmel. Von der Seele. Von der Dichtkunst, 2. Auflage, München 1987, S. 62. Wertvolle Einleitung dort S. 11–53; in der translatio Gerhardi, in: Albertus Magnus, Ed. Colon. V 1 S. 23; vgl. die Einleitung von Paul Moraux zu Ausgabe von De caelo, Paris 1965, dessen Artikel Quinta Essentia in: RE 24 Sp. 1171–1263; Gerhard Endress, Averroes' De caelo.

gen Sonderstatus. Aristoteles suchte einen eher empirischen Ansatz; er erkundigte sich nach früheren Sternbeobachtungen und zeigt eine gewisse Unsicherheit, aber er kommt dann doch zu seinem platonisierenden Ergebnis: Der Sternenhimmel als Muster der Stabilität;

- die vollkommenste Bewegung ist die Kreisbewegung. Wir *sehen*, behauptete er, wie die Sterne sich in Kreisbahnen bewegen. Da ihre ständig gleichbleibende Kreisbewegung sich deutlich absetzt von der immer endlichen und gradlinigen Bewegung irdischer Elemente, nahm Aristoteles, in diesem Punkt von Platon abweichend, für die Himmelskörper eine quinta materia an, *De caelo* I 2 und 3.

Waren dies die vermeintlichen oder wirklichen empirischen Daten, von denen Aristoteles ausging, so hat er sie überfrachtet mit einer ganzen Anzahl ästhetisch-ethischer Idealvorstellungen. Das All ist das Vollkommene, und das All, das waren vor allem die Himmelskörper. Ihnen mußte alles zugeschrieben werden, was als vollkommen galt: Das Weltall, lehrte er, sei durch die Dreizahl bestimmt, daher die drei Dimensionen der Körper. Die vollkommenste Bewegung sei die Kreisbewegung. Aber da die vier Elemente sich in gerader Linie entweder aufwärts bewegen wie Luft und Feuer oder abwärts wie Wasser und Erde, müsse es einen fünften Stoff geben, den Aither, der göttlicher und ursprünglicher sei als die anderen vier Elemente. Aus ihm bestünden die Himmelskörper. Diese seien einfach und bewegten sich im Kreis, denn nur die Kreisbewegung entspreche ihrer Natur. Sie sei ihnen „natürlich", nicht gewaltsam aufgeprägt wie die Bewegung des Steins, den wir nach oben werfen. Weil die Sternbewegung naturgemäß sei, dauere sie allein ewig. Die Bewegung der Elemente sei demgegenüber immer befristet; sie erlösche, wenn das Element seinen „natürlichen Ort" erreicht habe. Die Kreisbewegung als die vollkommenste Bewegung müsse der *Ursprung* aller anderen Veränderungen sein.

Aristoteles zufolge ist der Himmel unvergänglich; er nimmt weder zu noch ab; er verändert sich nicht. Denn Werden vollziehe sich durch Gegensätze hindurch, der Himmel aber habe nichts Entgegengesetz-

Ibn Rushd's Cosmology in his Commentary on Aristotle's „On the Heaven" in: Arabic Sciences and Philosophy 5 (1995), S. 9–49. Zur Astrophilosophie des Aristoteles: Friedrich Solmsen, Aristotle's System of the Physical World, Ithaka, New York 1960; Leo J. Elders, Aristotle's Cosmology. A Commentary of the De caelo, Assen 1966; Geoffrey E. R. Lloyd, Aristotelian Explorations, Cambridge 1996.

tes. Es gebe keine Bewegung, die der Kreisbewegung entgegengesetzt sei, während der Bewegung nach oben, also dem Aufsteigen, das Fallen entgegengesetzt sei. Der Himmel ist aus allen Gegensätzlichkeiten herausgenommen, auch aus dem Gegensatz von Entstehen und Vergehen. Er steht außerhalb der Zeit; er ist alterslos; er kann nur *einer* sein. Kurz: Er ist göttlich, allerdings nicht unbegrenzt. Aristoteles machte die Entmythologisierung des Himmels rückgängig, die Anaxagoras betrieben hatte. Der Himmel des Aristoteles ist das vollkommene Gegenstück zur unvollkommenen irdischen Welt. Aristoteles verrät etwas von der Herkunft seiner quasi-göttlichen Epitheta, indem er sagt, die Himmelskörper seien um so ehrwürdiger, je weiter sie von den irdischen Dingen hier unten entfernt sind. Ihre Physik ist das Andere der irdischen Physik. Die Natur mache generell nichts ohne Zweck, aber Himmelskörper erfüllen die Zweckhaftigkeit exemplarisch: Dort macht die Natur nichts, gar nichts umsonst, während es bei uns Zufälle, also Überlappungen von Kausalitätsströmen und kleinere Mißbildungen, gibt.

Ich habe bisher fast nur referiert über die Schrift des Aristoteles *De caelo* I 1–9. Ab Kapitel 10 argumentiert Aristoteles für das Ungewordensein des Himmels gegen die angebliche Lehre Platons von der Gewordenheit des Alls; er folgert weiter, der Himmel könne nie zugrunde gehen. Hier steht die im Mittelalter so umstrittene Lehre von der Ewigkeit der Welt.

Heute wird *De caelo* von Philosophen kaum noch gelesen; sie erwarten darin nichts anderes als veraltete Kosmologie. Man könnte sagen: Alles darin ist falsch, und gerade deswegen ist *De caelo* ein höchst informativer Text, der zeigt, wie Metaphysik sich stabilisiert, indem sie sich Empirie *schafft*. Die Himmelslehre des Aristoteles war Metaphysik in physikalischem Mimikry, nicht bloß Kosmologie. Was ist das wahrhaft Seiende? Darauf antwortet *De caelo*: das Bleibende, Kontinuierliche, das als ewig Bewegtes der Ursprung allen Lebens und aller Veränderung ist. Nicht die platonischen Ideen sind das Muster des bleibenden Seins, sondern die Himmelskörper. Sie sind die wahren Ursachen dessen, was auf der Erde geschieht; sie geben allem die Form; der Himmel ist das Vollkommene, Lebenspendende, Göttliche. Die Reduktion des Vielen, Veränderlichen auf das Eine, Gestaltende, die den Philosophen ausmacht, soll nicht zu Platons Ideen zurückführen, sondern zu den ewigen und göttlichen Himmelskörpern des Aristoteles. Es bleibt bei platonisierenden Bewertungen: Das Vollkommene ist Seinsgrund, ist zuerst, ist kontinuierlich, zeitüberlegen; nur die Kandidaten für den ontologischen Vorrang haben gewechselt: Sterne statt Ideen. Von den Sternen kann man alles behaupten, was sich als das Beste, das Zielgemäßeste denken läßt. Als Grund aller Bewegung muß ihnen die Bewegung *natürlich* sein; sie müssen aus sich selbst bewegt sein; sie müssen *beseelt* sein. Der Uranos ist empsychos und hat in sich die arche der kinesis.[11] Dafür hat Aristoteles nicht weiter argumentiert; es ergibt sich ihm aus dem Gesagten. Er mußte den Himmel für unvergänglich, für göttlich und damit auch für beseelt erklären. Die Natur, die sonst kein Lebewesen vernachlässigt, kann diese hohen Wesen nicht kärglich ausgestattet haben. Wir müssen die Himmelskörper als Wesen denken, die „an Handeln und Leben teilhaben" (*De caelo* II 12, 292 a 18–22). Zwar bedauert Aristoteles, wir wüßten sehr wenig über die so weit entfernten Sterne, aber um so munterer hilft er sich mit teleologischen und anthropomorphen Übertragungen: Den Sternen als Ursprung von Sinn und Leben sind alle Vollkommenheiten zuzuschreiben, die zu einem solchen Ursprung gehören. Unter dieser Voraussetzung war es gar nicht so töricht, daß die Gegner Galileis sich weigerten, mit dem Fernrohr den Mond zu betrachten oder Sonnenflecken zuzulassen: Die supralunarische Welt mußte – bis auf die in sich zurücklaufende Ortsbewegung – unveränderlich und vollkommen sein.

Ich habe bisher von „Sternen" gesprochen" oder, um Sonne und Mond einzuschließen, von „Himmelskörpern". Aber die Kommentatoren des Aristoteles haben dies präzisiert: Es gehe um Sternenschalen, in denen die Himmelskörper fest angebracht sind. Nicht der einzelne Himmelskörper ist beseelt, sondern die Sternschalen, um deren von innen kommende Bewegung, also um deren Beseeltheit es hier geht. Wer nahe am Text des Aristoteles blieb, hatte allerdings ein Problem: Aristoteles erklärte in *Metaphysik* XII 8, 1074 a 31, es gebe nur *einen* Himmel; auch im Traktat Dietrich steht caelum im Singular. Der Student der Philosophie lernte im Mittelalter den Spruch: Unum tantum est caelum et non plures.[12] Aber wenn „caelum" Sternschale bedeutete, mußte es mehrere geben; die

[11] Aristoteles, De caelo II 2, 285 a 29–30. In der Translatio Gerhardi, der Textvorlage Alberts, In De caelo II tr. 1 c. 5, Ed. Colon. V 1, S. 114, 73:

... si caelum habet animam et est in eo principium motus, tunc sunt ei proculdubio sursum et deorsum et dextra et sinistra. Doch gibt es bei Aristoteles „antiplatonische" Stellen wie De caelo I 2, 269 b 4–6 und II 1, 284 a 14, aber so gut wie alle Kommentatoren fanden bei Aristoteles die Lehre von der Beseeltheit des Himmels.

[12] Jacqueline Hamesse (Hg.), Auctoritates Aristoteles, Metaphysica, Nr. 274, Louvain 1974, S. 138.

Sternbewegungen, vor allem die der Planeten, waren zu kompliziert, um auf einer einzigen Schale angebracht zu werden; Aristoteles errechnete bis zu 55 ersten Bewegern. Er lehrte auch, daß die nach innen folgenden Sternschalen die Kugelgestalt der äußersten Schale aufweisen. Es ließ sich aus seinen Sätzen eine Vielzahl von kugeligen Sternschalen folgern, Averroes hatte dies ausgeführt, und der mittelalterliche Student lernte auch, das Wort „Himmel, caelum" habe drei Bedeutungen: Erstens die achte Sphäre, zweitens die quinta essentia und drittens das ganze Universum.[13] Danach hieß immerhin die achte Sphäre, also die äußerste, alles umfassende Schale „Himmel", und wer es genau nahm, durfte die Sphären eins bis sieben nicht „Himmel", sondern mußte sie „Sphären" nennen.

3. Liebe bewegt die Sonne und die anderen Sterne. Averroes

Das Ergebnis der aristotelischen Sternentheorie war eine klare Abtrennung, fast ein neuer Dualismus, nicht mehr zwischen Ding und Idee, wohl aber zwischen den Stufen des Kosmos: die göttliche gegensatzlose Welt jenseits des Mondes, die supralunarische, beseelte stabile Welt dort, die dem Kosmos Dauer und Schönheit sicherte, die zerrissene, unstabile infralunarische Welt hier. Die Kommentatoren bauten das Weltschalensystem sorgfältig aus. Wir kennen die Kommentare zu *De caelo,* die auf Dietrichs Arbeitstisch lagen: Der Kommentar zu *De caelo* von Averroes, zu ergänzen um dessen Schrift *De substantia orbis.* Dann lag dort der Kommentar Alberts zur *Physik* und zu *De caelo,* in dieser Reihenfolge zwischen 1251 bis 1255 verfaßt. Wichtig waren der Kommentar Avicennas und Alberts zur *Metaphysik* (um 1262 bis 1264) und vor allem das Buch Alberts *De causis,* das weit mehr ist als ein Kommentar zum *Liber de causis* (um 1265 bis 1268). Zuletzt war da noch der Kommentar des Thomas von Aquino zu *De caelo*, 1272 verfaßt. Diese Texte fallen in die entscheidenden Ausbildungsjahre Dietrichs; als Thomas im letzten Arbeitsjahr seines Lebens *De caelo* erklärte, war Dietrich schon Lektor. Auch dies wird mitgespielt haben, daß er sich auch auf ihn bezog.

[13] Jacqueline Hamesse (Hg.), Auctoritates Aristotelis, De caelo et mundo, Nr. 27, Louvain 1974, S. 160.

So wichtig diese Kommentare auch waren: Das Thema der Beseelung der Himmelskörper war längst in andere Textsorten vorgedrungen, in Summen, Sentenzenkommentare und Quaestionen. Außerdem waren die Kommentare zum achten Buch der *Physik*, zum 12. Buch der *Metaphysik* und zum dritten Buch von *De anima* unvermeidbare Orte der Diskussion des Themas. Metaphysik, Seelentheorie und Astrophilosophie bildeten ein relativ einheitliches Ganzes: Die Himmelsseelen und ihre Körper vermittelten zwischen dem höchsten Gut und der sinnlichen Welt. Alle Autoritäten hielten diese Vermittlung für unvermeidlich; daher die Schlüsselrolle der Himmelskörper und ihrer Seelen. Sie verbanden das göttliche Eine mit dem Vielen. Über sie liefen Ausfluß und Rückkehr zum Grund aller Wesen. In dieser Reflexion über den Urprung der Welt liefen folgende Motive zusammen: Die nicht-effiziente Wirksamkeit des obersten, göttlichen Intellekts und die intellektuelle Sehnsucht des Intellekts zur höchsten Vollkommenheit, durch deren Nachahmung Form und Gestalt der Dinge entstehen. Die Liebe zum höchsten Gut bewegt die tägliche Bewegung der Sternschalen; sie treibt den Himmel und die andren Sterne.[14] Beseelte Himmelsschalen sind dem göttlichen Grund ähnlich und verleihen der Natur Werden und Vergehen. Die Frage, *wie* die Sterne die Naturprozesse leiten, stellte sich also an systematisch wichtiger Stelle.

Die Sphärenseelen bildeten eine metaphysische Hierarchie; sie wurden von oben nach unten in Bewegung versetzt und zum Bewegen motiviert: Sie unterstanden jeweils einer Intelligenz, die sich nach der je höheren Intelligenz wandte. Die oberste Intelligenz setzte den äußersten Fixsternhimmel, das primum mobile, in Bewegung, indem sie sich sehnte nach der obersten Substanz, nach dem Gut aller Güter, das Intellekt war. Vom einheitlichen Weltgrund führte somit eine Emanationslinie zur körperlichen Natur, aber es war eine Emanation, nicht bewegt durch effiziente Kausalität der obersten Instanz, sondern durch die intellektuelle Sehnsucht der Sternseelen selbst.

[14] Avicenna, Metaphysica IX 2 Van Riet Band 2, S. 447, 464, teilt den Sphären sowohl eine immanente sensitive Seele wie eine zugeordnete Intelligenz zu, was Averroes und viele Lateiner ablehnen: Der Sternenhimmel ist perfekt teleologisch organisiert; eine sensitive Seele, die der Daseinssicherung dienen würde, brauchen die Sterne nicht: Averroes, In De caelo II 37, Opera V fol. 121 vH, jetzt in: Averroes, Commentum magnum super libro „De celo et mundo Aristotelis, ex recognitione Francis James Carmody ed. Rüdiger Arnzen, Leuven 2003, S. 340; Averroes, In Metaphysicam XII 36, Band 8, fol. 318 vG und XII 37, Venedig 1562, Band 8, fol. 320 vH–vI.

Das ist, etwas vereinfacht, das kosmologisch-metaphysische Weltsystem des Averroes. Sein Kommentar machte den zerstückten, recht ungeordneten Text des Aristoteles *De caelo* für viele erst lesbar, indem er die Argumente paraphrasierte und ihren Zusammenhang aufsuchte. Die Beseelung der Sterne, ihre ewige Bewegung im Kreis, stand dabei von Aristoteles her fest, sie wurde nicht genauer diskutiert. Was Averroes scharf akzentuierte, war die aristotelische Lehre von der Ewigkeit der Welt. Er insistierte auf ihrer Notwendigkeit und kritisierte offen die Theologen der drei mittelmeerischen Religionen: Sie ließen sich von der Phantasie leiten und behaupteten, etwas könne aus nichts entstehen. Mit ihrer Auffassung von der creatio, die Aristoteles schon bei Platon kritisiert habe, mißverstünden die Vertreter der drei „Gesetze" das Wesen des Kosmos, sie verwechselten Wissen mit Phantasievorstellungen.[15]

Ich fasse die wichtigsten astrophilosophischen Thesen des Averroes, auch um ihre fortwirkende Terminologie festzuhalten, nun noch einmal in etwas mehr technischer Form zusammen, wie Averroes sie im Kommentar zum 12. Buch der *Metaphysik* entwickelt:

Das Ziel der Welt ist Teilhabe am Selbstgenuß des sich erkennenden Intellekts, der ein intellectus per se ist, die Einheit von Erkennendem und Erkanntem. Unser Glück der lustvollen Theorie bedeutet für uns ein Zeichen auf diesen Zielpunkt der Weltentwicklung: *In Met.* XII 39, fol. 322 ra A–rb F. Dies fordert, daß Sterne ewig sind: natura enim stellarum est aeterna, XII 43, fol. 327 r A. Unter ihnen besteht eine hierarchische Abfolge vom obersten Beweger über den zweiten zum dritten. Die Zahl und Reihenfolge der Beweger bestimmt sich nach der Ordnung der Sternenschalen: *In Met.* XII 44, fol. 327 rb F.

Der Hervorgang der Intelligenzen ist nicht als effiziente, sondern allein als finale Kausalität zu denken, gegen die Emanation des Avicenna.

[15] Die antitheologische Polemik gegen Schöpfungslehre und die Entstehung ex nihilo: In Met. XII 17, fol. 304 r F und fol. 305 r F; wichtig ist der Kommentar zu De caelo; Averroes, In Aristotelis De caelo I 22, Venedig 1562, Band V fol. 17 r und v; jetzt in: Averroes, Commentum magnum super libro De celo et mundo Aristotelis, ed. Rüdiger Arnzen, Leuven 2003, S. 43–46. Diskussionen über die aeternitas mundi, fol. 17 v M, ed. Arnzen, S. 45–46; ähnlich: ib. I 102, fol. 70 r A–E, ed. Rüdiger Arnzen, 2 Bände, Leuven 2003, S. 194–197; I 106 fol. 73 r A, ed. Arnzen S. 202–205; I 124 fol. 85 r A–B, ed. Arnzen, S. 237–240.

Daß der Himmel animatus ist, steht in II 13, folio 102 r E–F, ed. Arnzen S. 287.

Zur Metaphysik der Kreisbewegung vgl. In De caelo I 90, folio 59 r A, ed. Arnzen S. 164, 25: motus circularis debet esse unus sine principio et sine fine, et alii motus reducuntur ad istum motum. Das bedeutet die Notwendigkeit von Zwischenstufen zwischen dem Ewigen und den Naturdingen.

Der einzelne Himmelskörper sehnt sich nach dem Höheren, nicht nach dem Menschen: XII 30, fol. 315 A. Beweger der Himmelskörpers sind ohne Potenzialität, sie sind reiner Akt, ihre Tätigkeit ist ihre Substanz: XII 30, fol. 315 ra B–C; sie brauchen keine sensitive Seele und haben sie folglich nicht, gegen Avicenna. Was ewig ist, muß substantielle Aktivität sein: omne enim aeternum est actio pura.

Der erste Beweger, primus motor, gibt dem äußersten Sternenkreis, dem orbis primus, die Bewegung, und schafft damit die Verbindung von der Ewigkeit zum Zeitlichen: XII 3, fol. 317 C. Er muß durch sein Wesen wirken, nicht durch Eigenschaften, ib. 317 D: Necesse est ut agat per se. Er hat diese Doppelfunktion: der Rückbindung an die Ewigkeit und der Weitergabe an Naturprozesse. Die Gestirnseelen sehnen sich intellektuell, nicht nach Art sinnlicher Leidenschaft, nach dem Intellekt; das ist ihr Leben und ihre voluptas: XII 36, fol. 318 v G–H. Was sie erstreben, ist das bonum simpliciter. Die Himmelskörper haben Sehnsucht nach dem Intellekt, der Intellekt strebt das oberste Gute an. Daraus ergibt sich mit Notwendigkeit, daß die Himmelskörper ein größeres Gut anstreben als sich selbst, und zwar durch Kreisbewegung. Die ganze Bewegung gilt dem höchsten Gut, der ganze Himmel strebt dieses an durch seine täglichen Drehung, motu diurnu, XII 36, fol. 319 r A–D.

4. Warum die Hähne krähen: Albertus Magnus

Albert wußte, daß es Denker gegeben hatte, die den Himmelskörpern keine eigene Physik zugestanden und sie nicht als beseelt angesehen hatten – die Beseeltheit der Himmelskörper war kein uraltes Mythologem, die sich bis zu seiner Zeit bruchlos durchgehalten hätte –, aber schon in seinem Kommentar zu *De caelo*, geschrieben um 1251 bis 1255, setzte er sich von ihnen ab.[16] Die Äußerungen des Aristoteles seien nicht eindeutig, aber fest stehe doch: Die Himmelskörper hängen ab von einem Intellekt. Dieser sei die Wesensform des Himmels, die forma caeli. Der

[16] Belege für die Ablehnung einer eigenen Materie der Himmelskörper vor Albert bei Edward Grant 1994, S. 190 und Anm. 10. Thomas von Aquino berichtet von solchen Ansichten in seinem Kommentar zu De caelo I 6 n. 3, Ed. Leonina III, Rom 1886, S. 22 b.

Stoff der Himmelskörper gehöre einer anderen Ordnung an als irdische Materie. Der Intellekt, der sie leitet, ist universal; er ist mit seinem Inhalt, den intelligibilia, identisch. Diesen prägenden Intellekt kann man auch die „Seele" des Himmelskörpers nennen, aber dann wird das Wort „Seele" im übertragenen Sinn gebraucht. Es bedeutet dann den „reinen, abgetrennten Intellekt". Eine partikularisierte Seele in der Art eines irdischen Lebewesens, wie Avicenna irrtümlich annehme, sei damit nicht gemeint. Die erste Ursache habe diese Intellekte angeordnet gemäß der Anordnung der Himmelsschalen und der Himmelskörper.[17] Die Himmelskörper brauchen Beweger (motores), die eine seelenartige Funktion haben. Ohne im engeren Sinne „Seele" zu sein, sind sie mit dem Himmel verbunden (coniunctum) und bewegen ihn *immer*. Insofern wissen wir, daß Himmelskörper lebendig sind: scimus caelestia hoc modo esse viva vita intellectuali habentia operationem taliter dictae animae.[18]

In diesem relativ frühen Kommentar ist die Lehre von den Himmelsseelen noch nicht weiter entfaltet; die Art ihres motus wird nicht näher erklärt. Albert polemisiert mit Averroes gegen Avicennas Konzeption von somatisierten Himmelsseelen. Er wendet sich gegen den Monopsychismus, bringt diesen aber noch nicht mit dem Namen des Averroes in Verbindung. Anders ist das Bild in dem fast zehn Jahre später geschriebenen Kommentar zur *Metaphysik* (um 1262 bis um 1264). Ohne der Polemik gegen Averroes große Bedeutung zuzumessen, entfaltet Albert breit die Lehre von den Himmelsseelen. Alle Peripatetiker, auch Moses Maimonides, teilten sie; fast alle verstünden unter Himmelsseelen reine Intellekte. Ihre Zahl bestimme sich nach der Zahl der Himmelsbewegungen.[19] Diese Beweger müssen den Himmelskörpern irgendwie immanent sein, denn der Himmel hat das Prinzip seiner Bewegung in sich. Die Art der Himmelsbewegung sei nicht gewaltsam, violentus, und nicht gegen die Natur, contra naturam, während gewöhnliche Naturkörper sich nur durch einen äußeren Eingriff, der „gewaltsam" sei, im Kreis bewegten, weil die Kreisbewegung nicht in ihrer natürlichen Bewegungsrichtung nach oben oder unten liege.[20] Der sternenbezogene

[17] Albertus Magnus, In De caelo, lib. I tr. 3 c. 4, Ed. Colon. V 1 63 b–65 b.

[18] Albertus Magnus, In De caelo lib. II tr. 3 c. 13, Ed. Colon. V 1 p. 171 b–172 b.

[19] Albertus Magnus, In Metaphysicam, lib. XI, tr. 2 c. 22, Ed. Colon . XVI 2, p. 511, 18–19. Vgl. Albertus, Problemata determinata XLVII, ed. J. Weisheipl, Ed. Colon. XVII 1, Münster 1975, S. 48–52.

[20] Albertus Magnus, In Metaphysicam XI tr. 2 c. 10, Ed. Colon. XVI 1, 495 b.

Intellekt als Himmelsmotor ist das *Leben* des Himmelskörpers; er prägt die Wesensformen, die er in sich enthält, durch die Himmelsbewegung dem Naturprozeß auf. Wie der Sachverstand, die ars des Handwerkers dessen Hand bewege, so bewege die Wesensgestalt, die der Intellekt einprägt, die Himmelsbewegung: sicut manus movetur per formam artis, ita movetur caelum per formam intellectus.[21] Zu der Art, wie der Intellekt den Himmelskörper bewegt, erfahren wir, dies geschehe durch seinen Befehl und seine Festsetzung, praecipiendo et determinando motum.[22] Die universalen Formen des Intellekts werden dabei eingeschränkt auf ein Hier und Jetzt. Die im übertragenen Sinne verstandene Beseelung der Himmelskörper erfolgt durch Intellekte, die wesenhafte Intellekte sind, intellectus per essentiam, in denen also Intellekt und Intelligibles identisch sind.[23] Auf diese Weise verknüpft Albert, Aristoteles folgend, die Theorie der Sternbewegung mit der Philosophie des wesenhaften Intellekts, des intellectus per essentiam, und mit der geforderten Identität von Sein und Denken. Der Intellekt enthält in sich die Wesensgestalt, die forma des von ihm Begründeten.[24] An ihm ist nichts zufallsbestimmt, nichts zeitlich, nichts kommt ihm von außen. Alberts Formel, er sei movens per se,[25] faßt alle diese Bestimmungen zusammen. Die Folge davon ist: Die Bewegung, die der intellectus verursacht, ist dem Himmelskörper angemessen. Albert schreibt sogar, er sei ihm dulcissimus.[26] Denn durch seine geistgeleitete Bewegung „berührt" (attingit) der Himmelskörper das, was im bewegenden Intellekt ist, und durch diesen berührt er den höchsten, den göttlichen Intellekt.[27] Der Himmel wird durch liebende Sehnsucht (desiderium) nach der obersten Form bewegt, wie bei Averroes. Daher sei es das Glück des menschlichen Geistes, auf seine Weise den obersten Intellekt zu berühren. Damit trete der Mensch ein in eine Sphäre ohne Zeit und ohne Mühsal, nur könne er darin nicht verharren wegen der Last des Körpers und der ständigen Veränderung der Naturdinge. Was das Leben des Sternengeists immer ausmacht, das berühren wir nur für Augenblicke. Aber wenn unser Geist vom Körper befreit ist, wird er immer verbunden sein mit dem höchsten Geist; das

[21] Albertus Magnus, ib. c. 13 p. 500, 72–75. Vgl. c. 12 p. 499, 3–13 und 89–90.
[22] ib. c. 10 p. 495, 21–22.
[23] ib. c. 10 p. 495, a–b.
[24] ib. c. 12 p. 499, 75–79.
[25] ib. c. 11 p. 497, 3.
[26] ib. c. 11 p. 497, 34.
[27] ib. c. 11 p. 497, 34.

wird seine größte Freude und das ist das Reich der Himmel, regnum caelorum.[28] Der Himmelskörper, der ständig bewegt ist und nie Ermattung zeigt, hat schon etwas von diesem ewigen intellektuellen Leben; der ihm zugehörige Intellekt steht in einem harmonischen Ganzen übergeordneter Intellekte, die stufenweise das Licht nach unten weitergeben; die jeweils höhere Intelligenz prägt die Wesensform der nächst niederen. Sie erschafft sie nicht, sie prägt aber ihr Wesen, informat inferiorem.[29] Philosophiehistoriker nannten so etwas ein Emanationssystem, und Albert gebraucht genau diesen Ausdruck: quia secunda manat ex prima et tertia manat ex prima et secunda.[30] Also die dritte Substanz fließt nicht direkt aus der ersten. Zwar verleiht diese allein das Sein; sie allein *erschafft*; aber ihre Wirkung erreicht die dritte Substanz nur auf dem Weg über die zweite. Das ist ein Emanationssystem innerhalb der Kreationstheorie, ein seltenes und merkwürdiges Gedankengebilde. Zu ihm gehört die Lehre, unser Intellekt, der sich wie der Himmelskörper zurückwende zum höchsten Intellekt, vollende dadurch seine natürliche Glückseligkeit, wenn auch nur in glücklichen Augenblicken der Kontemplation. Man könnte von einer philosophischen Astro-Mystik sprechen, wenn das Wort „Mystik" nicht den irrationalistischen Strömungen des 20. Jahrhunderts zum Opfer gefallen wäre. Die Sternbewegung ist durch ihre metaphysische Rückbindung an den Quell der Formen höchste Lust, summa delectatio[31]. Die Gottheit hat immer, was zu ihr gehört, und wir haben in glücklichen Augenblicken daran Anteil. Und dann macht Albert einen seiner begeisterten Aufrufe, mitten in der trockenen Arbeit des Kommentierens: Das, ruft er aus, sei das Beste in der ganzen Philosophie; sie vergewissere uns, daß dies das Leben der Gottheit ist und daß die Menschen göttlich werden, wenn sie sich so verhalten: Et ista consideratio est melior quae est in tota philosophia, quia pro certo sic se habet deus, et homines divini efficiuntur, quando sic se habent.[32]

Der Mensch, der dies kontempliert und sich einreiht in die Logik der Sternenbewegung, wird vergöttlicht; er wird homo divinus. Wenn Albert

[28] ib. c. 11 p. 497, 46–50 und 63–69.

[29] ib. c. 21 p. 509, 75–76.

[30] ib. c. 19 p. 507, 34–35.

[31] ib. c. 19 p. 496, 60.

[32] ib. c. 11 p. 498, 50–53. Während ich hier die letzten Korrekturen vornehme, kommt mir dazu das schöne Buch in die Hand: Loris Sturlese, Homo divinus. Philosophische Projekte in Deutschland zwischen Meister Eckhart und Heinrich Seuse, Stuttgart 2007.

gelegentlich einstreut, er suspendiere sein Urteil, er berichte hier nur, was die Peripatetiker behaupten,[33] so bezog sich diese Zurückhaltung auf Einzelheiten der Terminologie und der begrifflichen Ausgestaltung sowie auf die internen Diskussionen seiner arabischen Vorlagen, aber weder auf die Sternbewegung durch Intellekte noch auf das kreationistische Emanationsschema noch auf die Beseligung durch intellektuelle Kontemplation, die den Aufbau des Universums sieht. Er lehrt durchaus im eigenen Namen: Sternschalen, orbes, werden durch abgestufte und spezialisierte Intelligenzen bewegt, die man auch Himmelsseelen nennen kann. Eher unwillig weist er darauf hin, das ungebildete Volk (vulgus) nenne diese hohen Intelligenzen auch „Engel".[34] Albert redet, als spreche nur das einfache Volk von „Engeln". Aber er nimmt es auch mit den Theologen auf, die dem Volk das beigebracht haben: Wer lehrt, zuerst habe Gott Engel erschaffen und dann erst die Sternenschalen, die orbes, der wird das niemals beweisen können. Außerdem seien das bildliche Reden, die nichts beweisen, mit denen er, Albert, sich überhaupt nicht befasse.[35] Kohärente Sternenphilosophie duldet keine Einmischung von volkstümlichen Ausdrücken wie „Engel", keine Intervention von nichts beweisenden theologischen Reden.

Die große Schrift Alberts *De causis*, um 1265 bis um 1268 entstanden, ist das letzte der hier zu besprechenden Werke zur Astro-Metaphysik. Viele Argumente wiederholt Albert, z. B. daß die Sternbewegung wegen ihrer Kontinuität, Regelmäßigkeit und ewiger Dauer andere Bewegungsgründe fordere als irdische Naturdinge; sie sei magis aequalis, magis continua et regularis.[36] Sie sei eine von *innen* kommende, eine wesenhafte oder per-se-Bewegung und fordere daher ein immanentes Prinzip, das Albert konstant anima nobilis, Himmelsseele, nennt. Sie bildet die dritte Stufe im Ganzen des Aufbaus des Universums mit den Stufen:

causa prima
intelligentia, „Intelligenz"
anima nobilis, „Himmelsseele"
natura.

[33] ib. c. 10 p. 496, 63–70 und c. 12 p. 500, 14–17.
[34] ib. c. 10 p. 495, 56.
[35] ib. c. 17 p. 505, 24–29.
[36] Albertus Magnus, De causis et processu universitatis a prima causa, Ed. Colon. XVII 2, lib. 2, tr. 1 c. 22, p. 87, 3–4.

Mehrfach erläutert Albert sein Vierstufensystem der Realität.[37] Er wiederholt seine emanationistische Ansicht, diese Stufen gingen auseinander hervor, ohne daß damit die Ersterschaffung durch die erste Ursache überflüssig würde. Die zweite und die dritte Ursachenstufe wirken durch Formgebung. Die jeweils niedere Stufe erhält ihre Form und gibt formend ihre Prägung weiter: formata quidem a superiori, formans vero inferiora.[38] Das Weltganze ist ein Prozeß, eine vierstufige Kaskade der Wesensgestaltung. Die „Himmelsseele", die anima nobilis bewege als Wesensgestaltung, per influentiam formae.[39] Albert faßt seine Weltsicht so zusammen:

Wesensgestalten, Formen, die aus der ersten Ursache hervorgehen, gehen durch das Licht des Geistwesens, der Intelligentia, hindurch zur Himmelsseele, zur anima nobilis; durch deren Vorarbeit und Bewegung fließen sie weiter bis zur Natur. Sie treten durch die allgemeine Natur, die über alle Himmelskörper verteilt ist, hindurch in die Sphäre der aktiven und der passiven Größen ein und gehen schließlich weiter in den diesen unterworfenen Stoff der Dinge, die entstehen und vergehen.[40] Wieder einmal überläßt Albert es ausdrücklich jedem Leser, welche Theorie er bei Einzelfragen annehmen wolle oder nicht: quid quilibet eligat, lectoris iudicio relinquentes.[41] Aber er selbst steht zu diesem viergliedrigen Weltaufbau und hebt dabei besonders hervor: Erstens, nur die Epikureer seien der Ansicht, die Bewegung der Himmelskörper geschehe nur durch die Natur.[42] Albert läßt offen, ob man von Seelen oder Intelligenzen sprechen will. Zweitens, nach Ansicht so gut wie aller Philosophen könne aus dem Einen nur Eines hervorgehen; deswegen bedürfe es einer Hierarchie der Weltbegründungsweisen.[43] Diese Theorie bedeute keinen Eingriff in die Sonderrolle der Erstursache. Das creare als das Geben von Sein, esse, bleibe der Erstursache vorbehalten.[44] Sein, esse, ist das charakteristisch

[37] ib. c. 2 p. 62–63 ganz; ib. c. 3 p. 63, 67–76; ib. c. 22 p. 86 b ganz; ib. lib. II tr. 5 c. 16 p. 181, 70–182, 4.

[38] ib. tr. 2 c. 37 p. 131, 30–34.

[39] ib. tr. 1 c. 12 p. 74, 74.

[40] ib. tr. 2 c. 41 p. 135, 25–32: formae a prima causa procedentes per lumen intelligentiae procedunt in animam et per animae praeparationem et motum procedunt in naturam et per naturam universalem in omnibus corporibus caelestibus diffusam in sphaeram procedunt activorum et passivorum et per illam tandem procedunt in subiectam generatorum et corruptorum materiam.

[41] ib. lib. I tr. 4 c. 7, p. 55, 57–58.

[42] ib. lib. I tr. 2 c. 7, p. 53, 55–58.

[43] ib. lib. I tr. 4 c. 8 p. 55, 72–76.

[44] ib. tr. 1 c. 13 p. 75 b und c. 17 p. 81, 43–44.

allein von der Erstursache Bewirkte: esse est proprius effectus primae causae.[45] Gleichwohl begründe jede der drei gebenden Weltgründe das von ihm Begründete *ganz*, nicht zu einem Teil.[46] Das reine Geistwesen, das der anima nobilis vorgesetzt ist, muß wesenhafter Intellekt sein, intellectus per essentiam. Es ist Intellekt in dem von Anaxagoras-Aristoteles in *De anima* III 4 beschriebenen Sinn: von allem getrennt und unvermischt, der mit nichts etwas gemein hat: ab omnibus separatus et immixtus nulli nihil habens commune.[47] Von solchen Wesen gelte, daß sie konstituieren, was sie erkennen. Sie konstituieren durch ihr Erkennen die nächste Stufe, also die anima nobilis.[48] Wenn dabei von motus die Rede ist, dann bedeute das nichts anderes als Weitergabe der Form: motus nihil aliud est nisi forma post formam.[49] So gibt die Sternseele, anima nobilis, ihre Formprägung weiter an die Himmelskörper, und diese prägen die Naturdinge, und deswegen wissen die Hähne, wann sie zu krähen haben, nämlich ex impressione figurarum caelestium.[50] Sie sehen den Widerglanz des Lichtes der Intelligenz im ersten Morgendämmer.

Ich beschließe hiermit den Abschnitt über Albert. Ich muß nur noch sagen, warum ich mich hier so lange mit ihm befaßt habe: Er hat zunehmend der Frage der Sternbewegung Aufmerksamkeit geschenkt; er hat sie von Anfang an als eine besondere Art der Beseeltheit der Gestirnssphären interpretiert und sie zunehmend in ein Weltganzes des Formenflusses oder der Emanation integriert. Er hat die Kosmologie verknüpft mit Formenmetaphysik, mit Intellekttheorie und mit dem Konzept intellektueller Glückseligkeit. Er hat die Theorie der Simultankausalität entwickelt: Alles Begründete ist in seinem Grund. Es ist sowohl in der Natur *ganz* wie in der Weltseele, in der Intelligenz wie in der Ersten Ursache als in seinem Grund. Albert hat diese Theorie der Formkaskaden und der Simultankausalität geradezu wütend gegen fundamentalistisch-theologische Einreden verteidigt. Hier sein erneuter anti-theologischer Ausbruch:

„Wendet jemand ein, die erste Ursache oder Gott bedürfe keiner Mittelstufen, weil er alles selbst bewirke und keine Mittelstufe braucht, dann

45 ib. tr. 1 c. 13 p. 75, 63–65.

46 ib. c. 13 p. 76 a–77 a ganz. Vgl. auch tr. 1 c. 4 p. 64, 71–77.

47 ib. tr. 2 c. 29 p. 123, 8–9.

48 ib. tr. 5 c. 2 p. 171, 2–4: cum intelligere in talibus sit intellecta constituere, secundum hoc constituit esse animae nobilis.

49 ib. tr. 2 c. 29 p. 123, 8–9.

50 ib. c. 23 p. 87, 62–63.

behauptet er, die Himmel und die Himmelsbewegungen seien umsonst da und Gott bewirke nicht die Vorgänge in der Natur. Gibt er aber zu, Gott wirke in der Natur, dann sehe ich keinen Grund, warum er nicht zugesteht, Gott wirke in den Intelligenzen, in Himmelsseelen und Himmelsbewegungen."[51]

Diesen Theorieaufbau und Alberts Hartnäckigkeit muß im Auge behalten, wer Dietrich oder seinen berühmteren Zeitgenossen Dante liest. Was Dietrich angeht, so macht der Bericht über Albert klar, wie wichtig Albert und Averroes für ihn geworden sind. Bei ihnen fand er die Frage nach der Beseelung der Himmelskörper im Zusammenhang einer Analyse der Begründungsweisen. Bei Averroes schon, noch stärker beim späteren Albert fand er die Hierarchisierung des Universums, die Abfolge von prima causa, intelligentia, Himmelsseele und Natur. Er fand bei beiden die Sonderstellung des Intellekts und die Verknüpfung der Intellekttheorie mit dem Problem des intellektuellen Glücks. Bei Albert stand die These, aus dem Einen könne nur wieder ein Eines entstehen; hier las er, es sei die Eigenheit des Intellekts, zu *konstituieren, was er erkenne*. In Alberts *De causis* war constituere geradezu eine Lieblingsvokabel. Wir wissen wenig von Dietrichs Absichten; aber daß er um 1286 selbst den *Liber de causis* kommentieren und ein Buch *De intellectu* schreiben wollte, das hatte er angekündigt; schon deshalb ist es mehr als wahrscheinlich, daß er Alberts *De causis* gründlich studiert hat. Um Dietrichs Originalität brauchen wir deshalb nicht besorgt zu sein, auch wenn sich zeigt, daß sie aus der Arbeit an den Texten des Averroes und Alberts hervorgegangen ist. Denn es war ungeheure argumentative Arbeit notwendig, Aristoteleslesern zu beweisen, daß, was Albert von der himmlischen Intelligenz sagte, daß nämlich ihr Erkennen ein Konstituieren ist, auch dem *menschlichen* Intellekt zukomme. Mit einer bloß rhetorischen „Säkularisierung", wußte er, konnte er damit nicht durchkommen, denn seine aristotelisierenden Zeitgenossen waren vom Gegenteil überzeugt und legten die Klassiker in ihrem Sinne aus. Allerdings die Thesen, die Engelbert Krebs für den Neuplatonismus Dietrichs tadelnd namhaft gemacht hat – die vierfache Hierarchie, die vermittelte Erschaffung als kreationistische Emanation –, finden sich alle schon bei Albert.[52]

[51] ib. lib. II tr. 2 c. 29 p. 123, 67–74.

[52] Es bleibt nachlesenswert, wie Georg von Hertling und Martin Grabmann Alberts Schrift De causis als bloße Paraphrase, die nichts über Alberts Denken sage, abzuwerten suchten: Martin Grabmann, Mittelalterliches Geistesleben, Band 2, München 1936, S. 294–308. Zur

Albert hatte den *Liber De causis* für ein peripatetisches Buch, ja für die Vollendung der *Metaphysik* des Aristoteles gehalten. Krebs hat Albert einseitig als den Begründer des christlichen Aristotelismus und als den Lehrer des Thomas charakterisiert. Unter dieser falschen Voraussetzung mochte Dietrich als vorthomistisch erscheinen. In Wahrheit hat Dietrich auf seine eigenwillige Weise die Arbeit Alberts fortgesetzt. Wie er dabei vorging, zeigt seine Schrift über die Gründe der Bewegung der Himmelskörper.

5. *Kampf um das Erbe Alberts*

Dietrichs Schrift über die Gründe der Bewegung der Himmelskörper *De animatione caeli* (abgekürzt: an.) – aber Dietrich nannte sie selbst auch *De principiis moventibus corpora caelestia* – hat bei Ideenhistorikern bislang wenig Interesse ausgelöst. Außer einem einzigen, allerdings fundamentalen Artikel von Loris Sturlese kenne ich dazu keine auf Dietrich konzentrierte Forschungsliteratur.[53] Daher gebe ich zunächst einmal einen Überblick über ihren Inhalt:

Dietrich beginnt nach dem Vorwort (*Prooemium*) mit einem Abschnitt, den man „Grundlegung" nennen könnte (2–18). Darin erklärt er die Art

neueren Sicht nach Nardi, de Libera und Sturlese vgl. David B. Twetten, Albert the Great, Double Truth, and Celestial Causality, in: Documenti e studi sulla tradizione filosofica medievale, 12 (2001), S. 275–358; Therèse M. Bonin, Creation and Emanation. The Origin of Diversity in Albert's the Great On the Causes, Notre Dame, Ind. 2001.

[53] Loris Sturlese, Il „De animatione caeli" di Teodorico di Freiberg, in: Xenia Medii Aevi historiam illustrantia oblata Thomae Kaeppeli O.P., Rom 1978, 175–247. Doch vgl. Krebs 1906, S. 64–75; James A. Weisheipl, The Celestial Movers in Medieval Physics, in: Thomist 24 (1961), S. 28–326; Harry A. Wolfson, The Problem of the Souls of the Spheres from the Byzantine Commentaries on Aristotle through the Arabs and St. Thomas to Kepler, in: Isadore Twersky – George H. Williams (Hg.), Studies in the History of Philosophy and Religion, Cambridge/Mass. 1973, S. 22–59; Richard C. Dales, The De-animation of the Heavens in the Middle Ages, in: Journal of the History of Ideas 41 (1980), S. 531–550, dazu Edward Grant, Planets, Stars and Orbs. The Medieval Cosmos, 1200–1687, 1994, S. 486 Anm. 231 und Michel-Pierre Lerner, Il mondo delle sfere, Mailand 2000, S. 245–287; Paula Zambelli, Le stelle ‚sorde e mute' ed i loro ‚motori' alle origini della scienza moderna? Un case-study storiografico, in: Burkhard Mojsisch – Olaf Pluta (Hg.), Historia philosophiae Medii Aevi. Studien zur Geschichte der Philosophie des Mittelalters, Band 2, Amsterdam 1991, S. 1099–1117.

seines Vorgehens, nämlich nur aufgrund der Vernunft; er entwirft seine Grundidee der dynamischen Einheit des Universums.

Dann widerlegt Dietrich mit neun Argumenten die Theorie des Thomas über die Sternbewegung; der zufolge Gott eine Gruppe niederer Engel abgeordnet habe zur Bewegung der Sternschalen (18–39). Er bestätigt sich dieses Vernunftergebnis durch Autoritätsbeweise; dabei liefert er eine detaillierte Analyse der Position Augustins (30–33). Er löst abschließend einige verbleibende Schwierigkeiten seiner Theorie (34–37). Dabei nimmt er Gelegenheit, den wichtigen Teminus intellectus per essentiam zu erklären und seine Anwendung auf die „Engel" zu erörtern (36); er versucht plausibel zu machen, daß ein solcher Intellekt, der seinem Wesen nach „abgetrennt", separatum, sei, in wesenhafter Verbindung zu Himmelskörpern stehen kann.

Die Nachricht von dem Entmythologisierer Anaxagoras, der die Sonne einen Haufen glühender Steine genannt habe und dafür von den Athenern hingerichtet worden sei, war im Mittelalter nicht verloren gegangen; Augustin hatte sie erzählt (*De civitate Dei* XVIII 41), Thomas hat sie aufgenommen (Sth I 70, 3). Aber sowohl Platon wie Aristoteles hatten diese aufklärerische Roheit verworfen; seitdem galt der Himmel als beseelt, und unter caelum verstand man in diesem Zusammenhang die Himmelssphäre oder Sternschale. Christliche Autoren hatten zwar ein Interesse daran, jeden Sonnenkult und jede Mondverehrung zu vermeiden, einige von ihnen wie Hieronymus und Johannes Philoponos hatten die Beseeltheit des Himmels bestritten – eine Kirchenversammlung von Konstantinopel hatte Origines wegen dieser Lehre verurteilt –, aber sie konnten die Entzauberung des Sternenhimmels nicht konsequent festhalten; das hätte den Bruch sowohl mit der platonischen, der aristotelischen als auch mit der neuplatonischen Tradition gebracht. Augustin schwankte; er überlegte ernsthaft, ob er nicht Sonne und Mond oder wenigstens deren Seelen in die Gruppe der Engel aufnehmen sollte. Schließlich erklärte er, diese Frage berühre nicht den Glauben. Seit der Aristotelesrezeption des 13. Jahrhunderts war die Beseeltheit der Himmelskörper schwer zu umgehen; sie wurde von Platon und Aristoteles, von Avicenna und Averroes, vom *Liber de causis* und Proklos geteilt. Unumstritten war sie nicht. In einer bestimmten Form, nämlich als Beseelung durch eine sensitive Seele, war sie kaum mehrheitsfähig, wohl in der abgeschwächten Form, daß Engel beauftragt waren, die Sternschalen zu bewegen. Robert Grosseteste lehnte sie ab. Sie war im Verzeichnis der Philosophenirrtümer, *De erroribus philosophorum*, unter dem Namen Avicennas notiert, aber im Sinne einer immanenten sensitiven Seele. Thomas von Aquino schwankte;[54] Siger von Brabant folgte Aristoteles.[55] 1277 wurde sie als These 92 und 94 verworfen. Dietrich und Johannes von Jandun haben sie gleichwohl bejaht. Nicolaus Oresme fand sie überflüssig. Er fragte: Könnten die Sterne nicht laufen aufgrund des göttlichen Erstimpulses, wie Uhren, die dann ohne Eingriff des Uhrmachers weiterlaufen? Dietrich verwarf mit Albert die Identifikation der Intelligenzen mit Engeln, aber sie blieben mit dieser Ansicht isoliert. Bis ins 17. Jahrhundert galt als allgemeine Überzeugung, Engel bewegten die Sterne.[56] Dabei war die Vorstellung zu vermeiden, die Engel könnten nach eigenem Gutdünken die Sterne bewegen, sie waren weisungsgebunden, und nur die niederen Stufen der Engelshierarchien waren derart festgelegt. 1277 wurde mit der These 212 auch die Meinung verboten, die Intelligenzen bewegten nur aufgrund ihres Willens den Himmel. Gottfried von Fontaines hat im Jahr 1288 in seinem *Quodlibet* V 6 dieses Verbot erklärt: Engel bewegen demnach die Sternschalen als Diener Gottes, und zwar aufgrund einer speziellen, rein geistigen Antriebskaft (virtus motiva);[57] Richard von Mediavilla erläuterte 1293/1294 die Ursächlichkeit der Engel als Instrumente in der Hand Gottes.[58] Die Frage besaß also erneut Aktualität, als Dietrich sich 1296/1297 mit ihr beschäftigte.

Dietrich faßte die Frage weder primär theologisch noch kosmologisch, sondern metaphysisch. Er erklärte, die Zahl der Sternbeweger spiele bei der Art seiner jetzigen Untersuchung keine Rolle (an. 15 (1) III 26). Damit grenzte er sein Projekt deutlich ab. Seit Aristoteles im XII. Buch der *Metaphysik* die Zahl der Sphären zu berechnen versucht

[54] Thomas von Aquino, Sth I 70, 3. Thomas betont die Schwierigkeit der Frage und die Vielfalt der Meinungen darüber: In hac autem opinionum diversitate. Seine Ansicht: Relinquitur ergo, quod (anima unitur corpori caelesti) propter solam motionem. Ad hoc autem, quod moveat, non oportet ut uniatur ut forma, sed per contactum virtutis, sicut motor unitur mobili. Ferner: Thomas von Aquino, De substantiis separatis, cc. 1–4, Ed. Leonina XL, Rom 1968, S. D 43–47. Vgl. Flasch 1983, Einleitung zu Band 3, S. XXIX–XXXVIII.
[55] Dazu Roland Hissette, 1977, S. 68–69.
[56] Edward Grant, 1994, S. 527.
[57] Gottfried von Fontaines, Quodlibet V 6, ed. M. De Wulf – A. Pelzer, Louvain 1914, S. 22–23; Datierung nach Wippel, 1981, S. XXVII. Vgl. P. Duhem, Le système, Band 6, S. 46–51; Grant, 1994, S. 530–531; Lerner 2000, S. 252–253.
[58] Richard a Mediavilla, In 2 Sent 14, 1, 6. Super quatuor libros sententiarum quaestiones, Brescia 1591, mein Nachdruck: Frankfurt/M. 1963, Band 2, S. 173 b. – Datierung nach Grant 1994, S. 530 Anm. 141, der Gilson folgt.

hatte, kamen die Erklärer aus den Diskussionen über die Zahl ihrer Beweger nicht mehr heraus. Angesichts der komplizierten Untersuchungen Alberts und Thomas' zur Zahl der Himmelsbeweger[59] charakterisierte Dietrich damit sein Projekt als fundamentalphilosophisch, als Metaphysik des Universums und der in ihm wirkenden drei Kausalitätsformen. Nicht, als habe ihn die Struktur der Weltschalen und die Zahl ihrer Beweger nicht interessiert, er hat später, in *De intelligentiis et motoribus caelorum* (II 351–369) über sie geschrieben, aber hier untersuchte er, wie Himmelsseelen und ihre motorische Leistung zu denken waren, nur, um Kohärenz herzustellen bei der Betrachtung der Welt und um die Welt als Einheit dynamisch als Einheit von Begründungsprozessen zu denken. Wenn man schon eine metaphysische Hierarchie behauptete, mußte sie auch eine kosmologische Funktion haben. Dietrichs Argumentationsziel war, am Ursprung der Natur jede Zufälligkeit zu beseitigen. Er nahm eine Korrektur herrschender Ansichten vor; er warf sie nicht völlig um, schon gar nicht im Sinne des Anaxagoras, auch nicht nach dem „deistischen" Modell des Nicolaus Oresme, das uns heute wegen seiner größeren Einfachheit leichter einleuchtet, das aber die Intelligenzen funktionslos macht und die tradierte ontologische Hierarchievorstellung verletzt. Dietrich zeigte, daß die Intention der sterntheoretischen Klassiker durch bisherige Theorien nicht erfüllt war; er schlug eine neue, kohärentere Theorie vor, um das alte astro-philosophische System zu stärken. Das war eine konservierende Reparatur mit erheblichen Folgekosten. Denn damit stellte er sich in Gegensatz zu entscheidenden Theorieentwicklungen der nächsten Folgejahrzehnte. Im Laufe des vierzehnten Jahrhunderts traten Forscher auf, die drei Revolutionen auf unserem Feld vollzogen: Erstens bestritten sie, daß Sterne aus einem besonderen Stoff, der Quintessenz, bestünden; sie entdeckten die prinzipielle Einheitlichkeit der Materie des Universums, stellten also die klassische Zweistufung der Welt in Frage, die Dietrich verteidigte. Wieweit sie dabei gingen und ob ihre Argumente naturphilosophischer oder abstraktmetaphysischer Art waren, bliebe zu untersuchen. Jedenfalls blieb an den europäischen Universitäten bis ins 17. Jahrhundert hinein die Zwei-Stockwerks-Physik in Kraft; erst Beobachtungen Tycho Brahes und Galileis, nicht Einwände des 14. Jahrhundert schafften die quinta essentia

[59] Um nur Beispiele zu nennen: Albert, In de caelo II tr. 3 c. 11, Ed. Colon. V 1, S. 165 b–169 b; Albert, De causis I tr. 4 c. 7, Ed. Colon. XVII 2, S. 52 a–55 b, Thomas von Aquino, In De caelo, lib. II, lectio 18–19, Ed. Leonin. III S. 190–199.

ab.[60] Zweitens bestritten sie die teleologische Erklärung von Naturvorgängen, kritisierten das System der vier Ursachen des Aristoteles und eliminierten die Finalität aus ihrer Kosmologie. Drittens: Sie erklärten die Sternbewegung durch den Impetus, den Gott ihnen bei der Erschaffung mitgegeben habe; Sternbeweger wie Seelen oder Intelligenzen wurden dadurch überflüssig, auch wenn es noch einige Jahrhunderte lang Autoren gab, die sie mit dem Impetus kombinierten.[61]

Das waren Eingriffe, die manche Autoren dem „Mittelalter" gar nicht zutrauen und die andere zu schnell als den Anfang der „modernen" Physik feiern. Im Vergleich zu ihnen dachte Dietrich konservativ; er machte die alte, die zweistöckige Physik so kohärent wie möglich. Er konnte dabei ausgehen von einem breiten Konsens der Philosophen, insbesondere der Leser der Schrift des Aristoteles *Über den Himmel*, der Kommentare des Averroes und Alberts und der Schrift des Averroes *De substantia orbis*. Albert hatte die kosmologischen Lehren des Aristoteles-Averroes mit denen des *Liber de causis* kombiniert. Alle billigten den Sternen eine Sonderstellung im Universum zu. Thomas von Aquino erklärte, bei den Sternen gebe es weder Veränderung noch Zeit.[62] Sie stritten über die Art der Beseelung; aber so gut wie niemand zweifelte, daß es Geistwesen waren, die den Sternen die ewigen und geordneten Richtungen wiesen: moventur a substantia vivente separata, sagte Thomas von Aquino, auch wenn er die Beseeltheit der Sterne ablehnte.[63] Thomas bemerkte denn auch, es sei fast nur ein Unterschied in der Ausdrucksweise, nicht in der Sache, wenn die einen die Beseeltheit der Sterne behaupteten, die anderen sie ablehnten.[64] Alle Philosophen der Zeit um 1300 blickten auf die Sterne mit Bewunderung; sie sprachen von ihnen, wie einfache Leute von ihren vornehmen adligen Bekannten redeten; wie diese deren Blut für andersartig, nämlich nicht für rot, sondern für blau hielten. Ähnlich erklärten die Philosophen, der Stoff der Sterne sei keines der vier Elemente, sondern das fünfte Element, die quinta essentia; das Verhältnis von Stoff und Form dort oben sei ein prinzipiell anderes als bei uns hier unten; die

[60] Korrekturen an Übertreibungen der Neuerung bezüglich der einheitlichen Materie bei Lerner 2000, S. 208.

[61] Vgl. Annliese Maier, Zwei Grundprobleme der scholastischen Naturphilosophie: Das Problem der intensiven Größe: Die Impetustheorie, Rom 1951²; Grant 1994, S. 548–552. Zu Kombinationstheorien, ebda., S. 553–568.

[62] Thomas von Aquino, In De caelo, lib. I lect. 6 n. 5, Ed. Leonin. III, Rom 1886, S. 23 b.

[63] Thomas von Aquino, De potentia 6, 6 ad 10.

[64] Thomas von Aquino, Sth I 70, 3.

Wesensform der Sterne fülle die Potentialität des Stoffs voll aus, so daß es dort kein Werden und Vergehen außer der Ortsbewegung gebe. Thomas beschrieb die gemeinsame Überzeugung der verschiedenen Albertschüler vom Adel der Himmelskörper, wenn er ihnen nachrühmte, sie seien frei von Zerstörung und jenseits aller Gegensätze, die irdische Dinge zerreißen; wegen der Höhe ihrer Lage und der Herrlichkeit ihres Glanzes hätten sie einen höheren Rang als alles andere Sichtbare.[65] Es war nicht nur der ästhetische Reiz und die Neigung zu sichtbarer Hierarchisierung, die den Blick auf die Himmelskörper richteten; sie waren der Schlüssel zum Kosmos; in ihrer aristotelischen Sonderstellung kamen sie dem Ductus der älteren Philosophie entgegen, alles auf einfachere Wesensgründe zu reduzieren. Sie waren das sichtbare Unterpfand des metaphysischen Denkens. Im Blick auf die Himmelskörper stellte Thomas fest, es sei die gemeinsame Intention jeden Denkens, alle Vielheit auf Einheit und alle Mannigfaltigkeit auf Eingestaltigkeit zurückzuführen. Damit beschrieb er den eigentlich metaphysischen Sinn der Astrophilosophie: reducere multitudinem in unitatem et varietatem in uniformitatem.[66] Innerhalb dieser Vorgaben verbleibend, die erst Galilei mit dem Hinweis auf neue Sterne, auf Kometen, auf Unebenheiten der Mondoberfläche und Sonnenflecken zerstörte, brachte Thomas zwei Einschränkungen an: Die Sterne durften nicht das allerhöchste Prinzip, also den göttlichen Urgrund, ersetzen, und sie sollten nicht aufgrund ihrer Beseeltheit an der Erschaffung der Dinge als aktive hohe Emanationsstufe beteiligt gewesen sein. Ihre Priorität bestehe nur darin, Grund aller irdischen Veränderung zu sein. Das ging gegen Avicenna und lief darauf hinaus: Die Sterne sind unentbehrliche Reduktionsstufen der irdischen Mannigfaltigkeit; sie sind Grund aller Naturprozesse, aber nur auf die Weise des motus, nicht als forma. Genau dies bestritt Dietrich als inkonsequent: Wenn die Himmelskörper eine vorzügliche Instanz der metaphysischen Reduktion seien, dann dürfe ihre Weltwirkung nicht auf irgendeiner Art Zufälligkeit beruhen. Dann war bei der Reduktion professionell metaphysisch zu verfahren, ohne sich durch theologische Einmischung beirren zu lassen, gegen die schon Albert sich gewandt hatte, zumal alle Beteiligten sich darin einig waren, die Frage der Beseeltheit des Himmels berühre keine Glaubensfrage[67] und Sternseelen seien nicht von der Art irdischer, sensitiver Seelen, der

65 Thomas von Aquino, In 2 librum Sententiarum, dist. 14 qu. 1 a. 4.
66 Thomas von Aquino, De veritate 5, 9 c.a.
67 Thomas von Aquino, ScG II 70.

Ausdruck „Seele“ werde bei Himmelskörpern äquivok gebraucht.[68] Der Streit ging nach damaliger Ansicht um ein genuin philosophisches, nicht um ein theologisches Problem, allerdings hatte es Thomas indirekt dann doch mit der Theologie verknüpft. Schon früh, im *Sentenzenkommentar*, hatte er gelehrt, die Geistwesen, die er als Sternbeweger behauptete, dürfen nicht Wesensform (forma) der Himmelskörper sein, sondern nur ihre Beweger (motores), sonst würden sie den Sternen das Sein geben; das wäre Avicennas hierarchische Emanation. Die christliche Auffassung von der unmittelbaren Erschaffung aller Dinge durch Gott schließe Geistwesen als Wesensgestalt, forma, der Himmelskörper aus. Engel seien als Beweger, nicht als Wesensform der Himmelskörper abgeordnet, höhere Engel für die Funktion der intelligentia, niedere Engel an der Stelle der Sternenseele.[69] Die neuplatonisch-arabische Hierarchie von intelligentia und anima caeli erkannte Thomas an; er wollte sie nur christianisieren und auf Engelordnungen verteilen. Diese Sätze hat Thomas etwa 1254 geschrieben, lange vor Alberts *De causis*, in dem die Hierarchie: Erste Ursache, Geistwesen (intelligentia) und Himmelsseele (anima nobilis) eine entscheidende Rolle spielte. Die Fronten im Dietrichstreit verliefen keineswegs so, als hätte Dietrich energischer auf der Hierarchie von intelligentia und anima nobilis bestanden als Thomas, der sie ausdrücklich anerkannt hat.[70] Dietrich wollte sie nur strenger konzeptualisieren und sie wie Albert von theologischen Interventionen freihalten. Folgen wir ein wenig seiner Argumentation.

6. Die Absicherung autonomer Naturforschung

Zunächst sichert Dietrich sich den Argumentationsstandard strikter Rationalität. Er wußte, daß er den Grund der Sternbewegung nicht wirklich wußte. Uns bleibt nichts anderes übrig, als rationale Mutmassungen zu entwerfen: rationalibiliter conicimus.[71] Wir müssen von unserer Untersuchungsart ausgehen und konsequent bei ihr bleiben. Dietrich weiß – im Unterschied zu Thomas – noch nicht einmal, ob es Intelligen-

68 Thomas von Aquino, Sth I 70, 3.
69 Thomas von Aquino, In 2 librum Sententiarum 14 qu. 1 a. 3.
70 Thomas von Aquino, De veritate 5, 9 ad 7.
71 Dietrich von Freiberg, an. 5 (3) III 17.

zen im Sinne der Philosophen überhaupt gibt.[72] Er weiß, daß *er* Erklärungsinstanzen *setzt*; er spricht ausdrücklich von einem *Setzen*, ponere, das vernünftig sein müsse.[73] Würden wir die rein geistigen Sternbeweger kennen, dann würden wir sie in die Definition der Sterne einschließen. Davon sind wir weit entfernt.[74] Wenn Dietrich dann doch mit Zuversicht argumentiert, so deswegen, weil wir nichts anderes als rationale Deduktionen haben. Dafür schafft er sich den Weg frei, indem er drei Augustinuszitate anbringt. Dietrich hat Augustin hervorragend gekannt, denn es gehörte viel dazu, Augustin zum Patron kohärenter Vernunftprojektionen über den Kosmos zu machen.

Zitat 1: Alles, was aufgrund vernünftiger Überlegung zu setzen ist, von dem müssen wir behaupten, daß Gott es getan hat. Quidquid recta ratione ponendum est, Deum fecisse fatendum est.[75]

Zitat 2: Augustin habe gelehrt, man müsse zwei Ordnungen auseinander halten. Man dürfe die Ordnung der göttlichen Vorsehung, sofern sie die Naturdinge begründe und leite, nicht verwechseln mit der göttlichen Vorsehung, sofern sie zu unserem Heil sich des Willens von Engeln und Menschen bediene. Augustin hatte von einer doppelten Providenz gesprochen, einmal vom ordo der naturalis providentia, sodann von der Ordnung der Willensprovidenz, vom ordo voluntariae providentiae.[76] Man braucht nur wenig von Augustin zu lesen, um zu wissen, daß Augustin damit keineswegs eine vom Glauben unabhängige Naturforschung oder Metaphysik installieren wollte. Er hat vielmehr ausdrücklich gelehrt, „natürlich" sei für jedes geschaffene Wesen das, was der Wille Gottes mit ihm mache, denn er sei der Urheber aller Naturen. Aber Dietrich macht daraus ein Programm gegen theologische Interventionen: Wer, wenn es um den Aufbau des Universums geht, Glaubensinhalte ins Spiel bringt, der begeht, Dietrich zufolge, eine Verwechslung der Ordnungen, die Augustin unterschieden wissen wollte. Dietrich macht aus

[72] ib. an 7 (5) III 18.

[73] ib. an 10 (1) III 21.

[74] ib. an 11 (4) III 23.

[75] ib. an 1 (2) III 13, zitiert Augustinus, De libero arbitrio III 5, 13 PL 32, 1277; CC 29 Green 282: Quidquid enim tibi uera ratione melius occurrerit scias fecisse deum tamquam bonorum omnium conditorem. Das Zitat finde ich wörtlich dort nicht. Dietrich zitiert es frei auch int. II 20 (2) I 160 und cog. 9 (3) II 176. Alle Herausgeber verweisen auf Pl 32/1277.

[76] ib. an 20 (1) bis (4), III 30 zitiert Augustinus, De Genesi ad litteram VIII 9, 17 CSEL 28 Zycha, S. 244.

der Unterscheidung Augustins, die ihm in or. noch nicht zur Verfügung gestanden hatte, ein Schlachtroß seiner künftigen Kämpfe; wir werden ihr öfter noch begegnen. Dietrich drückt sich auffallend schroff aus, wenn er das Getrenntsein der beiden Ordnungen beschreibt. Sie haben gar nichts miteinander zu tun; sie sind penitus disparati ... diese Instanzen sind penitus alienae[77]

Drittes Zitat, aus der Frühschrift *De ordine*: „Wir werden notwendigerweise auf zwei Wegen zum Wissen geführt: Durch Autorität und durch Vernunft. Der Zeit nach steht die Autorität voran, der Sache nach hat die Vernunft den Vorrang." Dietrich gestattet sich bei diesem Zitat einen Ausruf: „Sieh, welche Kraft die Vernunft hat, daß sie sogar der Sache nach über der Autorität steht!" Sie genügt, um eine klare Einsicht in die Sache zu bekommen, aber wirksamer (efficacior) ist sie, wenn ihr die Autorität zur Seite steht.[78]

Geschickter konnte Dietrich seine unabhängige Vernunftforschung nicht absichern, als indem er seinen Weg ausgerechnet mit Augustinzitaten pflasterte. Gegen Augustin konnten theologische Eiferer am wenigsten etwas sagen. Dietrich bestritt Gottes übernatürliche Interventionen nicht; ausdrücklich sprach er von der göttlichen Allmacht, die um der Auserwählten willen Wunder tue.[79] Das alles mochte es geben, nur sollte es Dietrichs methodisch strenges Vorgehen nicht stören. Das war die Fortsetzung des „Rationalismus" Alberts des Großen mit augustinischen Mitteln.

7. Drei metaphysische Prämissen

Dietrich brauchte für sein konjekturales Vernunftprogramm inhaltliche Prämissen. Sorgfältig achtete er darauf, daß sie der allgemeinen philosophischen Traditionsmasse entstammten; anders konnte er seine Sonderlehren nicht argumentativ aufbauen. Er mußte zeigen, daß er konsequenter war als andere; dazu mußte er deren Prämissen deklarieren. Ich nenne davon drei:

[77] Dietrich, an. 20 (5) III 30.

[78] Dietrich, an. 30 (1) III 37 zitiert Augustinus, De ordine II 9, 26 PL 32, 1007; CC SL 29 Green, S. 121–122.

[79] Dietrich, an. 1 (3) I 13.

Erstens: Am Fundament der gesamten Natur durfte es keinen Zufall geben. Dem Universum darf nichts fehlen.[80] „Die Natur macht nichts ohne Zweck“, hieß der allgemein gebilligte aristotelische Grundsatz. Wir kennen die Wesen nicht direkt oder vielmehr überhaupt nicht, welche die Sternschalen bewegen. Aber wir unterstellen die Rationalität der Welt und sind berechtigt alles anzunehmen, was besonders an der Ursprungsstelle der Natur den Zufall ausschließt.[81]

Zweitens: Die Aufgabe der Wissenschaft ist es, zufällige Verbindungen auf An-sich-Verbindungen zurückzuführen oder sie, wenn das nicht möglich ist, konsequent zu ignorieren. Dafür nannte Aristoteles gerne das Beispiel: Bei Aussagen über das Gebildetsein eines Menschen spielt es keine Rolle, ob er weiß oder nicht-weiß ist. In der Sprache der Philosophen des 13. Jahrhunderts hieß das: per-accidens-Verbindungen sind auf per-se-Verknüpfungen zurückzuführen, soweit dies möglich ist. Man konnte dafür auch sagen: Die per-se-Verknüpfungen sind der Sache nach „früher“ (prius) als Zufallsverbindungen. „Früher“ hieß dabei: Sie sind ontologisch grundlegend und für die Wissenschaft allein erforschenswert. „Suche per-se-Verbindungen!“, das war der Imperativ nicht nur der aristotelischen Philosophie, sondern, man kann sagen: der gesamten bisherigen Metaphysik. Das war die Reduktion des Vielen auf das Eine, die sie als ihr Wesen ansah. Schon in *De origine* hat Dietrich sich präsentiert als der Denker, der es mit der Reduktion auf das per se genauer nahm als andere.

Dritte Prämisse: Bei dynamischen Einheiten ist es sinnvoll, zwischen den Extremen eine mittlere Instanz zu postulieren. Historiker der Philosophie verbinden dieses Axiom gerne mit der Engellehre des Dionysius Areopagita. Das gibt ihrem Mittelalterbild zusätzliches frommes Parfum. Unrecht haben sie übrigens mit ihrem Rückverweis nicht, nur sollten sie hinzufügen, daß dieses Postulat einer Mittelinstanz schon bei Aristoteles steht, daß er es insbesondere in seiner Astrophilosophie in *De caelo* gebraucht hat, daß Albert es als aristotelisch zitiert und daß der heilige Thomas es als allgemeinen philosophischen Grundsatz ohne Rückverweis auf den Areopagiten benutzt hat.[82] Dietrich beruft sich für dieses Postulat einer Mitte zwischen Extremen auf Aristoteles[83] und

[80] Dietrich, an. 10 (1) III 21.

[81] Dietrich, an. 1 (2) III 13; an. 2 (1) III 13; an. 9 (1) III 20.

[82] Albertus Magnus, In de causis l. 2 tr. 5 c. 17 Ed. Colon. XVII 2, S. 183, 59–61; Thomas von Aquino, In 2 Sent. 14, 1, 3 und Sth I 55, 2 ad 2.

[83] Dietrich, an. 10 (2) III 21.

Averroes[84] und fordert auf seiner Grundlage einen mittleren Modus des Bewirkens zwischen der Erschaffung und Naturprozessen, nämlich die Mitteilung der Wesensform in wesenhafter Einheit, ut forma, unione essentiali.

8. Die zentrale Argumentation

Auf der Grundlage der drei Prämissen, die kein Philosoph des 13. Jahrhundert bestritten hat, argumentiert Dietrich: Das Universum ist eine dynamische Einheit. Es ist seiend und eines; es ist eines und seiend durch sich selbst, nicht durch zufällige Einwirkung von anderer Seite. Es gibt keine andere Seite. Es ist eine dynamische per-se-Einheit von Prozessen. Zwischen den beiden relativ bekannten Prozessen, den Naturveränderungen einerseits und der göttlichen Welterschaffung andererseits, muß es eine mittlere Art der Verursachung geben. Oder, wie Dietrich genauer sagt, wir müssen sie im Zug unseres rationalen Vorgehens als notwendig setzen: necessarium est ponere secundum rationabilem rationis investigationem.[85] Dietrich drückt sich mit auffälliger Strenge aus, als sage er: Ich rede nicht vom Universum schlechthin, sondern vom Universum, sofern wir uns über seinen Aufbau eine vernünftige Mußmaßung bilden.[86] Dabei setzt Dietrich seinen eng gefaßten Naturbegriff ein: Natur ist die Gesamtheit entstehender und vergehender Dinge; Naturveränderung (motus) ist ein stofflicher Prozeß, durch Quantitäten und Qualitäten vermittelt, bei dem nicht aus allem alles wird, sondern bei dem bestimmte Formen (also Wesensgestalten, gedankenaffine Ganzheiten) entstehen. Die Himmelsbewegungen sind der unentbehrliche Grund dieser Naturvorgänge. Dietrich sagt dafür: Der Himmel ist *per se* ihr Grund.[87] Zwischen Himmelsbewegung und Naturprozessen muß eine zufallsfreie Verbindung bestehen, die eine Mitte darstellt zwischen der göttlichen Gesamtgründung der Welt und den Naturvorgängen im engeren Sinne. Das heißt aber, wie schon Albert gelehrt hatte: Es muß sich um

[84] Dietrich, an. 9 (2) III 20.
[85] Dietrich, an. 9 (1) III 20. Vgl. auch an. 5 (3) III 17.
[86] Dietrich, an. 5 (3) III 16 und 20 (1) III 30.
[87] Dietrich, an. 8 (2) III 9.

Formvermittlung, um Übertragung der Wesensgestalten handeln. Deswegen wird auf der Erde nicht aus allem alles. Dabei sind selbstverständlich, wie Dietrich hervorhebt, die Naturdinge und ihre Eigenschaften als Instrumente des Himmels mit einbeschlossen. Aber die Wesensgestalt als Wesensgestalt begründen, das kann der Naturprozeß im engen Sinne nicht. Dazu muß der Grund die Wesensgestalt des neu Entstehenden in sich selbst haben; das kann kein Körper, das kann nur ein Geistwesen. Dessen Begründung der irdischen Welt muß aus dessen Wesen kommen, wofür Dietrich sagt, diese Begründung muß einer Wesensordnung oder eine Wesenskausalität (causa essentialis) entspringen. Dies allein, kein Vergleich mit Tier- oder Menschenseelen, sei gemeint, wenn Philosophen von der „Beseelung" des Himmels sprechen. Sie wollen damit sagen, die bloß effiziente Kausalität sei ungenügend, sie werde der dynamischen Einheit des Universums als Strom von Formen nicht gerecht. Wer Geistwesen zur Sternbewegung einführt, sie aber nur als Bewegungsanstoß fungieren läßt, verletzt die per-se-Einheit des Universums; er kann keinen inneren, wesenhaften Bezug der Beweger zum Bewegten angeben und setzt damit die gesamte Natur an ihrem Ursprung dem Zufall aus.[88]

9. Polemik gegen Thomas von Aquino

Der Mittelteil von Dietrichs Traktat bringt neun Argumente gegen die Theorie des Thomas, der Geistwesen zur Sternbewegung abgestellt sein ließ, ihnen aber keine gestalthafte Wesenskausalität, sondern nur ein Bewegen zugestanden hat. Dietrich nennt Thomas nicht beim Namen. Aber die Polemik ist eindeutig gegen Thomas gerichtet. Die neun Argumente gegen ihn trägt Dietrich in scholastisch-ruhigem Ton vor; sie beruhen im wesentlichen darauf, daß die Sternbeweger des Thomas keine wesenhafte Beziehung zu ihrem Stern bzw. ihren Sternschalen haben und daß Thomas eine niedere Form der Kausalität auf die höchsten Wesen, die am Ursprung der sichtbaren Welt stehen, übertragen habe, nämlich die der effizienten Ursache unter Ausschluß der Gestaltursache. Thomas hat Engel beauftragt, die Himmelskörper zu bewegen, effizient kau-

[88] Dietrich, an. 2 (1) III 13; an. 8 (2)–(3) III 19; an. 7 (5) III 18; an. 15 (1)–16 (1) III 26.

sal, das war für Dietrich eine Verwechslung der Offenbarungswelt mit der Naturordnung, ein Verstoß gegen die Unterscheidung Augustins, wie Dietrich sie auffaßte. Wer Alberts *De causis et processu universitatis* gelesen hatte, konnte nicht im Zweifel sein: Dietrich wollte die Position Alberts neu begründen und gegen Thomas' Abschwächung argumentativ verteidigen. Thomas hatte genau das getan, was Albert abschätzig als unphilosophische Vermischung der Metaphysik mit bloß rhetorischen Sprüchen verworfen hat. Hier empfiehlt sich ein Blick auf die Chronologie: Thomas hatte seine Engel-Theorie schon im *Sentenzenkommentar* (um 1254) vorgetragen, dann in *De veritate* 5, 9 ad 14 von 1256 wiederholt. Auch seine ausführlichen Erklärungen in der *Summa contra Gentiles* (II 70 und II 92, vgl. III 23 und 24) lagen zeitlich vor Alberts Schrift *De causis*. Professoren lesen ungern die Bücher ihrer Schüler, aber es ist denkbar, daß Albert mit seiner abfälligen Bemerkung, von Engeln rede bei kosmologischen Fragen nur das gemeine Volk, Avicenna nannte und Thomas mitmeinte. Auch Albert hatte Prozesse primär als Formübertragungen gedeutet; das entwickelte Dietrich zu der antithomistischen These weiter, der Himmelskörper werde bewegt von einem intellektuellen Wesen, das mit ihm eine Wesenseinheit auf die Weise einer Wesensgestalt (forma) bilde. Schließlich waren die Sterne auch nach Ansicht des Aristoteles und des Averroes lebende Wesen; wären sie es nicht, stünde jedes Lebewesen auf der Erde dem Rang nach höher als die toten, nur von außen angestoßenen Himmelskörper. Sollen sie aber lebendig sein, müssen sie ihr Lebensprinzip in sich haben, nicht nur als Außen-Motor wie bei Thomas. Die Sternbewegung als Grund aller Naturvorgänge muß den Sternen *natürlich* sein, d. h. sie muß ihr Prinzip in ihnen selbst haben. Thomas ließ zwischen Bewegern und Bewegten nur eine per-accidens-Verbindung zu. Aber was hat ein x-beliebiger Engel mit einem x-beliebigen Stern zu tun, den er von außen bewegt? Daß er dazu abkommandiert sein soll, gehört a) in eine andere Betrachtungsweise und stellt b) keine innere, wesenhafte Verbundenheit her; es hat etwas Gewaltsames an sich. Die Verbindung des Engels zu dem von ihm bewegten Stern ist um so äußerlicher, als, Thomas zufolge, Engel nicht wesenhafte Tätigkeit sind. Beim Engel besteht, Thomas zufolge, ein realer Unterschied zwischen Erkennen, Sein und Tätigkeit. Erkenntnisse sind im Engel hinzugekommene, eigenschaftliche; selbst wenn es göttliche Einströmungen sind, bilden sie nicht das Wesen des Engels, können also nicht *wesenhafte* Gründe des bewegten Himmelskörpers sein.

An einer einzigen Stelle wird Dietrich im Ton grob. Er schreibt: Wer behauptet, die Beziehung des Himmelskörpers zu dessen Beweger beruhe auf der eigenschaftlichen (akzidentellen) Disposition des Himmelskörpers zu seinem Beweger, der verrät damit nicht nur Unwissenheit, sondern törichte Roheit, non solum ignorantia, sed stolida ruditas.[89] Soll das gegen Thomas gehen? Wie gesagt, Dietrich nennt keinen Namen, weder Alberts noch Thomas' Name fällt. Es ist an thomistische Zeitgenossen der Jahre gegen 1300 zu denken. Immerhin war es auch Thomas darum zu tun, die Bewegung der Sternensphäre als naturgemäß zu erweisen; er hatte seinen Kompromiß mit der religiösen Sprache philosophisch zu verdecken gesucht und die Natürlichkeit dieses Bewegtwerdens damit begründet, es bestehe eine naturhafte Hinneigung des Bewegten zum Beweger. Thomas hatte zugunsten der Natürlichkeit der Sternbewegung vorgebracht, es bestehe im Bewegten eine Geeignetheit, aptitudo, vom Engel bewegt zu werden (Sth 70, 3 ad 4). Das vierte Argument Dietrichs gegen Thomas kritisiert die Aussage, es handle sich schon um eine naturgemäße Bewegung der Sterne, wenn sie eine *naturhafte Hinneigung* zu ihrem Beweger hätten.[90] Das ist nicht weit weg von „eigenschaftlicher Disposition", die nach Dietrich nur Tölpel als Grund der Naturgemäßheit der Sternbewegung nennen, Leute wie das vulgus Alberts. Übrigens kehrt bei dem Albertleser Dante die Bemerkung wieder, es sei das einfache Volk, das die Intelligenzen „Engel" nenne, *Convivio* II 4, 2–3.[91]

10. Was ist ein wesenhafter Intellekt?

Scheiden die Engel für die Sternbewegung aus neun Gründen aus, dann muß man entweder die kosmologische Abstützung der metaphysischen Reduktion vom Vielen auf das Eine, die Thomas wichtig war, aufgeben oder man muß annehmen, Geistwesen eines anderen Typs als Engel übernähmen diese Funktion. Solche Geistwesen müßten eine wesenhafte

[89] Dietrich, an. 17 (8), III 29.
[90] Dietrich, an. 23 (1)–(4), III 32.
[91] Vgl. dazu den Kommentar von Cesare Vasoli, in: Dante Alighieri, Opere minori, I 2, Mailand 1988, S. 142–148.

Beziehung zum Bewegten haben und hießen nur im übertragenen Sinn seine „Seele“. Sie wären reine Geistwesen, um aber die Wesensgestalten der Weltdinge alle in sich zu tragen, müßten sie wesenhaft, nicht bloß sekundär geistiges Erkennen sein. Das war ja einer der Einwände Dietrichs gegen Thomas: Dessen Engel sollten nicht mit ihrer erkennenden Tätigkeit identisch sein; die Formen der von ihnen begründeten Dinge wären nicht ihr Wesen, ihre Beziehung zum Bewegten wäre kein wesenhafter Bezug, keine relatio essentialis. Also muß, soll die Aspiration auf metaphysische Reduktion des Vielgestaltigen auf das Einfache statthaben, ein formgebender Intellekt mit der Sternenschale vereint sein. Die Natur eines solchen Intellekts beschreibt Dietrich folgendermaßen:

Es müßte ein Wesen von hoher Einfachheit sein. In seinem Wesen durfte es keine Verschiedenheit, keine Differenz geben. Eine Mannigfaltigkeit ja, aber nicht als Anderssein innerhalb des Wesens, nullam diversitatem seu differentiam vel, ut sic loquar, alietatem habeat principiorum naturae. Es dürfte nicht aus Teilen zusammengesetzt sein. Es müßte in dem Sinne einfach sein, daß bei ihm die Gesamtheit das ganze Wesen durchdringt; es müßte sich als ganzes ganz selbst gegenwärtig sein; es müßte aufgrund eigener Tätigkeit sein gesamtes Sein ganz durchdringen, in einer Aktivität, die nicht von Teil zu Teil erkennend weiterschreitet, denn es hat keine Teile. Es ist eine vielgliedrige, weil inhaltsreiche Ganzheit, die sich unausgegliedert ganz selbst erfaßt. Ein solches Wesen wäre aktive Ganzheit, so sehr einheitlich, daß ihm keine äußere Ergänzung zufallen kann. Es ist so sehr Wesen, daß es keine Eigenschaften hat. Was es hat, das ist es, und was es ist, das ist es ganz.[92]

Ein solches Wesen, das in der ganzen übrigen Natur nicht vorkommt, ist ein intellectus per essentiam. Damit hat Dietrich zum ersten Mal das erklärt, was Engelbert Krebs mit einer bestreitbaren Metapher Dietrichs „Zentralbegriff“ genannt hat. Er sagt sofort dazu, woher er ihn hat. Er nennt an erster Stelle das dritte Buch des Aristoteles *Über die Seele*, in dem Aristoteles vom Nus sagt, er sei choristos, separatus, getrennt.[93] In diesem Sinne hätten Aristoteliker und Platoniker übereinstimmend vom getrennten Wesen gesprochen, wie Aristoteles im 12. Buch der *Meta-*

[92] an. 36 (3)–(5) III 43.

[93] Aristoteles, De anima III 4, 429 b 4–5, lateinisch nach Iacobus Venetus bei Albert, Ed. Colon. VII 1, S. 198, 82–83: ... *cum intellectus intelligat aliquid valde intelligibile. Non minus intelligit infima, sed magis. Sensitivum enim non sine corpore est. Hic autem separatus.*

physik und Averroes in seinem Kommentar dazu sage. Avicenna handle davon in seiner *Metaphysik*, aber auch Proklos und der *Liber de causis.*

Diese historische Ortsbestimmung kann ein moderner Philosophiehistoriker nicht besser vornehmen. Dietrich hat erkannt, daß der aristotelische Nus in die neoplatonische Tradition eingegangen ist, und daß es bei seiner Wesensbeschreibung keine grundlegenden Differenzen zwischen Platonikern und Aristotelikern gegeben hat. Heute kann man hinzufügen: Aufgrund der Tatsache, daß Plotin die aristotelischen Beschreibungen des Nus im dritten Buch *Über die Seele* und im 12. Buch der *Metaphysik* übernommen und weiterentwickelt hat, war dieses Konzept auch bei Proklos und im *Liber de causis* anzutreffen und konnte in Augustins Konzeption der mens als imago Gottes nachwirken.

Gibt es solche Intellekte? Es gibt sie nicht, wie es Bäume und Sträucher gibt. Dietrich nahm aber an, daß Intellekte dieser Art die Sterne bewegen müssen, wenn die Sternbewegung auf dem Niveau der bisherigen Metaphysik, die sich als Reduktionsverfahren definierte, erklärt werden soll. Es muß sie geben, wenn das Universum eine Einheit per se sein soll. Dann müssen Intellekte existieren, die aus ihrem Wesen heraus geistige Erkenntnis sind. Nur solche Wesen tragen den Formenreichtum der Welt als ihre eigene *wesenhafte* Tätigkeit in sich, und nur sie treten in eine *Wesensbeziehung* zu Weltdingen. In ihrer vollständigen Selbstdurchdringung wären sie Intellekte per se. Ihre Beschreibung erfolgt im wesentlichen negativ: Sie sind unstofflich, sie sind nicht zerlegbar oder teilbar; sie haben nichts von Differenz oder Anderssein an sich; ihnen fällt von außen nichts zu. Sie haben Weltbezug, weil ihnen alles als ihre Tätigkeit präsent ist. Sie sind fensterlos, um alles sehen zu können; sie sind Wesen ohne Eigenschaften, weil sie wesenhaft Intellekte sind. Diese Intellekte sind anders als Dinge. Sie zu begreifen, erfordert eine Reform des dingorientierten Denkens. An einem Thema, das uns abgelegen erscheinen muß, an den Prinzipien der Bewegung der Himmelskörper, hat Dietrich begonnen, die Grundlinien einer solchen Reform zu zeichnen; er verstand sich als Wiederhersteller der großen Tradition der Geistphilosophie, in der Aristoteliker und Platoniker übereinstimmten und von der er zeigen wollte, daß die allgemeine Universitätslehre sie zwar in Anspruch nahm, dabei aber inkonsequent verfuhr und die Lehre der Großen banalisierend reduzierte.

11. Ein Fehdehandschuh

Dietrich hat kein Lehrgebäude errichtet; er hat Schneisen in einen undurchdringlichen Urwald geschlagen. Die argumentativen Querverbindungen zwischen den einzelnen Schneisen hat er selten ausdrücklich formuliert; die Schrift über die Sternbewegung berührt nicht die Frage des Ursprungs der Kategorien; sie zitiert nicht *De origine*. Mit seiner Theorie der Himmelskörper verteidigte Dietrich eine altmodische Kosmologie. Aber man kann dieses Buch auch anders lesen: Es insistierte auf einer neuen methodischen Strenge. Es gestand seinen Entwurfcharakter und die Indirektheit seiner Beweisführungen ein. Es formulierte Rationalitätspostulate und stützte sie auf die weittragende Unterscheidung von Naturordnung und göttlichen Willenseingriffen. Es enthielt einen ersten Entwurf zu Kategorien der intelligiblen Welt. Mit den Konzepten der causa essentialis und der relatio essentialis betrat Dietrich neuen Boden; Körper, an denen die bisherigen Kategorien orientiert waren, kennen keine Wesensbeziehung (relatio essentialis) und können keine Wesensgründe anderer Dinge (causae essentiales) sein. Sie sind in einem qualitativ anderen Sinne als Intellekte „getrennt", nämlich durch Undurchdringlichkeit voneinander geschieden, von anderen Körpern abgesetzt.[94] Intellekte können im Gegensatz zu ihnen *ineinander* und *in Dingen* sein. Dietrich trug hier erstmals sein Konzept von einem wesenhaft tätigen Intellekt und von substantieller wechselseitiger Durchdringung vor. Dies alles stand noch nicht in *De origine*. Er hat seine Quellenbenutzung erweitert und verfeinert; Dietrich zitiert jetzt Proklos, allerdings insgesamt nur vier Mal, und benutzt den *Liber de causis* ausgiebig, nicht etwa, um sich der neuplatonischen „Strömung" anzuschließen, sondern um den historisch wohlbegründeten Konsens in der Geistphilosophie sowohl der Aristoteliker wie der Neuplatoniker mit neuen Argumenten zu stärken. Dietrich ist zum feinsinnigen Ausleger Augustins geworden. In der Sternenschrift hat er sein terminologisches Instrumentarium erheblich verbessert und sein methodologisches Programm präzisiert. Er

[94] Dietrich, an. 8 (3) III 19–20: omnium corporum substantiae et naturae sic sunt absolutae et disparatae ab invicem,ut nullum eorum essentialiter contineat in se essentiam alterius corporis sic, quod essentia unius sit in essentia alterius secundum aliud esse altius et nobilius eo modo, quo essentialis causa continet causatum suum essentialiter; immo ipsa talis causa essentialiter est suum causatum secundum aliud esse.

erklärt nicht mehr nur, wie in *De origine*, die Konsequenz der peripatetischen Lehre, sondern trägt im eigenen Namen das theoretische Konzept vor, das Aristoteles, Augustin, Proklos und Averroes in sachliche Konkordanz zu bringen erlaubt. Um die dynamische Einheit des Universums zu beschreiben, greift Dietrich jetzt stärker zu neuplatonischen Termini. Er muß wesenhafte Forma-Mitteilung konzeptualisieren und spricht daher von processus und conversio.[95] Seine Welt ist ein fluxus;[96] Proklos und der *Liber de causis* haben an Bedeutung gewonnen.[97] Er sieht sich in einer Kampfsituation und baut durch geschickte Montage seiner Zitate Einwänden vor: So holt er aus Aristoteles das eher neuplatonische Postulat eines Mittleren zwischen Extremen; er läßt Augustin die Vernünftigkeit der Welt und das Recht auf autonome philosophische Untersuchung bezeugen.[98] All dies legt nahe, zwischen *De origine* und *De animatione caeli* einen längeren Zeitraum anzunehmen.

Dafür sprechen auch andere Gründe. *De animatione caeli* ist der erste Text einer Dreiergruppe, die Dietrich unter dem Titel*: Drei schwierige Fragen (De tribus difficilibus quaestionibus)* zusammengefaßt hat. Diese drei Texte können nicht gleichzeitig geschrieben sein; sie umfassen zu verschiedene Themen, von denen jedes sorgfältig studiert werden mußte; aber die drei Schriften sind gleichzeitig unter einem gemeinsamen Titel in Umlauf gekommen. Wann? Dazu hat Loris Sturlese einen Vorschlag gemacht: Während Dietrich Magister in Paris war oder kurz danach, also 1296/1297 oder wenig später. Dies ist nicht absolut unanfechtbar zu beweisen, aber es ist höchst plausibel aus einer Reihe von Gründen:

Die inhaltliche Ausarbeitung, die Terminologie und Quellenbenutzung ist charakteristisch anders als in *De origine.* Dies macht einen relativ langen Zeitabstand zu dessen Abfassungszeit um 1286 wahrscheinlich.

Dietrich hat den *Drei schwierigen Fragen* einen allgemeinen Prolog vorausgeschickt, in dem er sein längeres Schweigen erklärt; er habe schweigen müssen wegen der communiter loquentes. Der Ausdruck communiter loquentes ist vieldeutig; er bezeichnet die herrschende Universitätslehre. Zuweilen klingt er verächtlich wie „Allerweltsdenker“, aber er nahm in Dietrichs Situation auch die spezifischere Bedeutung

[95] Dietrich, an. 2 (3) III 14.

[96] Dietrich, an. 7 (1) III 17.

[97] Dietrich zitiert Proklos: an. 2(4) III 14; an. 7 (2) III 18, den Liber de causis 7 (4) III 18; 12 (3) III 23; an. 14 (1)–(3) III 25.

[98] Dietrich zitiert Augustin: an. 1 (2) III 13; an. 5 (3) III 17; an. 31 (1)–((3) III 37–38.

an „Thomisten im eigenen Orden". In *De origine* gab es den Ausdruck noch nicht. Wenn damals von einer gegenüberstehenden Gruppe die Rede war, handelte es sich um Franziskaner und um andere Anhänger der These von der Mehrheit substantieller Formen. Aber seit 1286 hat der Orden zunehmend versucht, administrativ die thomistische Orthodoxie mit Strafandrohung durchzusetzen. Aegidius Romanus war seit 1285 in Paris Magister und nahm eine Reihe thomistischer Motive auf. Jetzt aber, nach Jahren des Schweigens, schreibt Dietrich weiter, wolle er seine Untersuchungen vortragen, um gemeinsamen Diskussionsstoff zu geben, damit ihm seine Gegner vielleicht den Weg zur Wahrheit zeigen. Er wolle als Dissident sprechen, schreibt er, opponendo. Er muß ermutigt worden sein, sein Schweigen zu brechen. Seine Stellung im Orden dürfte sich verstärkt haben. Hier setzt die kluge Hypothese von Loris Sturlese ein: Dietrich hat in den zehn Jahren zwischen 1286 und 1296 nicht nur geschwiegen; er hat im Orden Karriere gemacht. Er hat drei Jahre lang die übergroße deutsche Dominikanerprovinz geleitet (1293 bis 1296); er war für etwa 18 Monate der Vertreter der obersten Ordensleitung in Deutschland (1294–1296); danach bekam er das angesehene Amt eines Magisters in Paris, auf dem Lehrstuhl, den einst Albert innegehabt hatte.[99] Das alles bedeutete Prestige, Macht und Ansehen. Jetzt konnte Dietrich sein Schweigen brechen. Damit traten die drei antithomistischen Traktate in einen neuen Zusammenhang; sie hätten den Beginn einer intellektuellen Neuorientierung des gesamten Ordens bedeuten können. Der Orden sollte nicht bei Thomas stehen bleiben; er sollte sich, in Fortsetzung der Linie Alberts, einer neuen Kulturpolitik und Wissenschaftspraxis öffnen. Wir wissen im Nachhinein, daß dieses Unternehmen gescheitert ist. Der Orden war festgelegt; die neuen Orden schufen sich hauseigene Philosophien und Theologien, und das war für die Dominikaner der vorgeschriebene Thomismus. In Deutschland konnte Dietrich noch Wirkungen entfalten; Paris und der Orden insgesamt haben sich ihm verschlossen. Um so größeres geschichtliches und sachliches Interesse verdienen seine antithomistischen Traktate. Nebenbei zeigen sie, wie haltlos es war, auf der Linie von Krebs, Geyer und Gilson, Dietrich als „vorthomistischen" Denker einzuordnen. Diese Einschätzung scheitert daran, daß Dietrich äußerst sorgfältig gegen Thomas argumentiert. Sie ist auch deswegen falsch, weil es die Philosophie

[99] Loris Sturlese 1996, S. 247–249.

Dietrichs vor Dietrich und vor Thomas nicht gegeben hat, selbst nicht bei Albert, dem Dietrich noch am nächsten stand.

12. Schwierige Fragen

Kunstwerke und philosophische Texte werden um so rätselhafter, je länger man sich mit ihnen beschäftigt. Als Dietrich in Paris, an höchster akademischer Stelle, mit *De animatione caeli* seine neue Position anzeigte, mutete er seinen Zeitgenossen viel zu. Es ging um Sternbeweger, und befremdlich war schon, daß er erklärte, deren *Zahl* sei für seine Untersuchung unerheblich (an. 15 (1) III 26). Demnach könnte es sein, daß es von ihnen nur einen einzigen gäbe, einen umfassenden Weltgeist, verschieden allerdings von Gott, der den Formenreichtum der Welt in sich trüge. Es wäre dessen Wesen, nicht sein zufälliger Einfall oder sein zurücknehmbarer Auftrag, diese Formen in die sichtbare Welt auszubreiten. Er wäre der Quell, die Welt wäre sein Fluß. Er fände in der sichtbaren Welt seine eigenen Inhalte wieder; er würde in ihnen – auf abgewandelte Weise – existieren. Dietrich erklärt, für sein Beweisziel würde es genügen, wenn ein einziger solcher Beweger existierte. Aber er geht noch einen Schritt weiter und sagt, daß wir von keinem dieser Beweger etwas wissen. Passagenweise redet er, als stünde die Sphärenzahl und damit die Reihe ihrer Beweger fest. Er vergißt alle skeptische Zurückhaltung und versichert, seine Dreigliederung der Formen des Prinzipiierens beschreibe das Universum *vollständig* (an. 12 III 23–24). Dann wiederum läßt er mehrfach einfließen, die ganze Überlegung sei hypothetisch: Sie gilt, *wenn* es solche Intelligenzen gibt, wie sie die curiositas der Philosophen ausgedacht hat (an. 7 (5) III 18). Nicht nur, daß wir wenig von ihnen wissen, da wir nicht einmal die Weltschalen sehen oder hören, geschweige die Art beobachten können, wie sie bewegt werden, sondern ihre Existenz bleibt zweifelhaft. Dietrich erläutert an ihrem Beispiel, was ein wesenhafter Intellekt ist, aber der einzige wesenhafte Intellekt, den wir kennen, ist unser eigener tätiger Intellekt. Ansonsten steht alles unter dem Vorbehalt: si essent (an. 7 (5) III 18). Dietrich hat diese Skepsis immer wieder vorgebracht.[100]

[100] Dietrich, or. 3 (37) III 168; vis. 3.2.9.8 (1) I 99; int. II 34 (1) I 172; mens. 2 (43) III 224; dot. 24 (5) II 287.

Aber fällt damit nicht die Voraussetzung seines Traktats? Sein Postulat mittlerer Wesen und mittlerer Weisen des Prinzipiierens zwischen zwei Extremen sichert nicht die Existenz solcher Wesen: Wie kann er dann von ihnen reden?

Ist dieses Dilemma Dietrich entgangen? Es sieht nicht danach aus. Denn er sagt mit auffallendem Nachdruck, wir müßten die Vernünftigkeit der Welt unterstellen und dann darauf achten, daß mit der Vernunft übereinstimmt, was wir über den Weltaufbau vermutend behaupten (20 (1) III 30). Gott hat die Welt vernünftig gegründet; *wir* müssen darauf achten, daß unsere Untersuchung so vernünftig wie möglich bleibt, also z. B. nicht per-se-Verhältnisse und per-accidens-Ereignisse verwechselt. „Ich spreche vom Universum gemäß dem Maßstab, was wir über seine Grundlegung ins Sein vernünftigerweise mutmaßen" (an. 5 (3) III 16). Das ist kein konstruktivistisches Programm, denn unsere Vernunft erfaßt das allgemeine Wesen der Dinge, aber bei den Sternbewegern erkennt sie nicht einmal (oder kaum oder nur vermutend) ihr Wirken, geschweige ihr Wesen. Dietrich hatte einleitend gesagt, er schreibe polemisch und untersuchend, opponendo et per modum inquisitionis (*Prologus generalis* (1) III 9). Dazu genügt es, der abgelehnten Theorie – in unserem Fall der Lehre des Thomas von den abgeordneten Engeln – ihre Mängel nachzuweisen. In der dritten der drei Abhandlungen Dietrichs wird er keinen Versuch machen, einen positiven Gegenentwurf vorzulegen; er wird sich mit der Widerlegung begnügen. In der ersten und zweiten der *Drei schwierigen Fragen* skizziert Dietrich seine eigene Lösung; aber bei den Sternbewegern bleibt sie hypothetisch, aber als vermutende Alternative sinnvoll.

Gestehen wir hypothetisch einmal zu, es gäbe reine Intellekte, welche die Sternenschalen geordnet bewegen. Dann ergibt sich eine neue Schwierigkeit: Sie sollen reine Geistwesen sein, wesenhafte Intellekte, also in der Fachsprache substantiae separatae. Wie können sie „abgetrennt" heißen, wenn sie als „Form in wesenhafter Einung", unio essentialis, ihrer Sphäre verbunden sind? Dietrich setzt dabei sein Konzept des Universums als System der Forma-Mitteilung voraus und zeigt in eingehender Untersuchung, es bestehe kein Widerspruch zwischen der Immanenz des Formgebers im Geformten und seiner „Getrenntheit", an. 34 (7)–36 (7) III 40–44, es herrscht Identität der Forma im Begründenden und im Begründeten. Das Prinzipiierte ist im Prinzipiierenden enthalten, aber dieses geht im Bewirkten nicht auf. Die Vorstellung effizienter Kausalität ist fernzuhalten, an. 3 (2) III 14–15. Es geht um Forma-Verhältnisse, die das Wesen des Intellekts *und* das Wesen des Begründeten ausmachen. Diese besondere Art von Wesenseinheit ist mit „Getrenntheit" vereinbar. Es handelt sich um etwas, was in der Philosophie des Thomas von Aquino nicht vorkommt, um relationes essentiales zwischen Geschöpfen (an. 36 (6) III 44). Gäbe es solche Intellekte, dann würde ihr „Getrenntsein" bedeuten: Sie wären keine Körper, sie wären nicht betroffen von zufälligen Bestimmungen und eigenschaftlichen Umwandlungen. Sie wären das, was sie sind, mit ihrem ganzen Wesen. Sie wären sich ganz als ganzen präsent; sie würden sich selbst als ganze durchdringen, als die Tätigkeit, die ihr Wesen ist (an. 36 (3)–(5) III 43). In der Erörterung der Sternbeweger bleibt ihr Wesen eine Hypothese; in der zweiten Abhandlung der *Drei schwierigen Fragen* lernen wir ein solches Wesen als wirklich kennen, nämlich uns selbst als tätigen Intellekt.

13. Rückblick auf De origine *und* De animatione caeli

Dietrich hat in *De animatione caeli* seine frühere Schrift *De origine* nicht erwähnt. Das heißt nicht, er habe sich von ihr distanziert, denn er hat im Laufe seiner Schriftstellerei kein anderes eigenes Werk so oft bestätigt wie *De origine,* nämlich insgesamt dreimal, in *De intellectu* I 2 (3) I 137, in *De natura contrariorum* 15 (1) II 95 und in *De cognitione entium separatorum* 34 (4) II 197. Aber er hatte gute Gründe, aus der Trilogie *De tribus difficilibus quaestiones* die Konstitutionsproblematik von *De origine* herauszuhalten, sie hätte deren Aufnahme zusätzlich erschwert. Was der Autor getrennt hat, soll sein Historiker nicht verbinden, zumal zwischen beiden Schriften ungefähr der Abstand eines Jahrzehnts liegt. Und doch zeigen sie Gemeinsamkeiten der philosophischen Position. Beide Schriften laufen auf die konstitutive Funktion eines je anderen Intellekts hinaus; beide ringen um die Besonderheit forma-hafter, nicht technomorpher Ursprünge; beide drängen die Vorstellung effizienter Kausalität zurück; beide arbeiten die per-se-Beziehung zwischen dem Intellekt und seinem Constitutum heraus; beide erklären sich für wesenhafte, nicht nur eigenschaftliche Beziehungen, für relationes essentiales. Diese Gemeinsamkeiten kondensieren sich in einem Terminus, der in beiden Schriften wichtig ist und den ich rückblickend hervorheben möchte: informatio. Diesem Wort sind natürlich alle Assoziationen fernzuhalten, die es im Zeitalter von Presse, Radio, Fernsehen und Informatik angenommen hat. Es bedeutet: Mitteilung der forma, die der immanente Grund des Seins und der eigentliche Inhalt der metaphysischen Betrachtung ist. Informatio ist Forma-Mitteilung, also inhaltliche Prägung der Wirklichkeit. Ich gebe einige Beispiele der Verwendung des Terminus bei Dietrich:

Dietrich unterscheidet in or. 5 (14) III 183s. drei Arten forma-hafter Gestaltung und resümiert dann:

Es gibt Seiende, die, als Seiende betrachtet, einen formahaften Zusammenhang mit anderen Seienden aufweisen. Deren Eigenart verkennt, wer sie mit effizienter oder finaler Kausalität verbindet.[101] Die informatio von diesen physikalischen Kausalformen abzusetzen, ist Dietrichs Metaphysik der informatio so wichtig, daß er dies in dem kurzen Abschnitt gleich zweimal ausspricht.

Demnach ist informatio der Prozeß des Innewohnens eines Prinzips, und zwar eines wesenhaften, nicht bloß akzidentellen Innenseins. Dies erklärt, weshalb die Vorstellung effizient-kausalen Hervorbringens sowohl bei der konstitutiven Leistung unseres Intellekts wie bei der Leitung der Weltschalen fernzuhalten ist. Daß beide als intellektuale und informatio-hafte Vorgänge zu begreifen sind, dies ist der theoretische Zusammenhang von *De origine* und *De animatione caeli.* In *De animatione* 10 (3) III 21 Zeile 87–88 erklärt Dietrich den mittleren Modus der Seinsbegründung als informatio, quo aliquid est causa alterius per modum formae. Das ist die einzige Art von Sternbewegung durch „Beseelung", die er anerkennen kann. Informatio ist das Hervortreten, procedere, der Gestalt, die in das Gestaltete prägend eintritt, es ins Sein führt, als ein Bestimmtes abgrenzt und in sich enthält, modo tamen essentiali, wie es an. 10 (4) III 22 Zeile 19 heißt. Informatio ist das Auftreten derselben Forma

[101] Dietrich, or. 5 (14) III 183s.: Dico autem iam dictos modos esse causas secundum rationem formae, quia circumscriptis ab ente omnibus causis efficientibus et finalibus, si consideretur solum secundum rationem essendi, adhuc invenitur hic quaedam formalis dependentia unius ex altero, non quidem per modum efficientis nec per intentionem et ex suppositione, quod proprium est fini, sed per aliqualem, ut dictum est, informationem.

Sein Ausdruck, ut dictum est, bezieht sich auf folgende Stelle am Anfang von 5 (14) III 183 Zeile 79 bis 81: … per informationem rei intrinsecam, videlicet quod aliquis actus se ipso et per suam essentiam est alicuis entis intrinsecum principium et causa, sicut se habet anima in animatis.

in anderer Seinsweise. Es ist die Art, wie das Universum sich als „Fluß“, fluxus, erweist, in dem das Seiende gleichwohl Prägung, Gestalt, Wesensnorm zeigt. Informatio fügt zu „seiend“ den Gesichtspunkt quiditativen Eigengehalts hinzu. Durch sie unterscheidet das Seiende sich nicht nur vom Nichts, sondern hat eine ihm eigene Natur und Gestalt.[102]

[102] Dietrich, quid. 1 (4) III 99.

III. DAS HÖCHSTE IM MENSCHEN

1. Situation und Vorredner

Rein abstrakt und unhistorisch betrachtet, hätte jeder Christ der Spätantike und jeder Muslim sich die Frage stellen können, wie seine beseligende Schau Gottes im Himmel möglich sein werde. Er wußte doch, daß er sterben, also seine leiblichen Erkenntnisvermögen verlieren werde, und glaubte gleichwohl, es könne für ihn ein glückseliges Leben im Jenseits geben. Aber de facto wurde und wird sie nicht überall und immer, auch nicht von allen Gläubigen gestellt. Philosophische Probleme existieren nicht im zeitlosen An-Sich. Sie ergeben sich unter exakt erforschbaren intellektuellen Bedingungen; sie werden vermittelt und erörtert in einem präzisen sozialen Umfeld. Die Frage nach der beseligenden Schau bedurfte intellektueller Vorbereitungen, terminologischer Gemeinsamkeiten und geschichtlicher Situationen. Das Bedürfnis, sie zu klären und die Möglichkeit, sie begrifflich scharf zu artikulieren, entstand, als die Bücher des Aristoteles und seiner arabischen Kommentatoren im lateinischen Westen bekannt wurden. Wenn die Kirche ihre führende gesellschaftliche Stellung und ihr Privileg der Weltdeutung behaupten wollte, mußte sie eine nach damaligen Kriterien gültige Antwort geben. Dieses Bedürfnis bestand zumal im Predigerorden, der dem seit dem 12. Jahrhundert wachsenden Stadtpublikum mit seiner zunehmenden rationalen Schulung Antworten geben und die erarbeiteten Antworten vermitteln sollte.

Augustinus hatte vorgearbeitet. Er kam von der spätantiken rhetorischen und philosophischen Bildung her und legte sich, vornehmlich die ersten zehn Jahre nach seiner Bekehrung, die christliche Überlieferung nach spätantik-kulturellen Kriterien zurecht. Ein Hauptmotiv der antiken Denkschulen war gewesen, Philosophie führe zum Glück und gebe theoretisch Auskunft über Seligkeit. Wenn man Augustin fragte, was Philosophie sei, so antwortete er, sie sei Wissen vom Glück des Menschen, scientia de beatitudine. Platoniker und Aristoteliker, Stoiker und Neuplatoniker vor ihm waren darin übereingekommen, in der Philosophie gehe es um Eudaimonie. Nur tadelte Augustin in *De civitate Dei* die Anmaßung der Philosophen, sich die Seligkeit selbst zu erwerben. Spöttisch warf er ihnen vor, sie seien nicht einmal einig darüber gewesen, worin die Seligkeit des Menschen bestehe. Sie hätten nicht weniger als 272 verschiedene Antworten auf diese Frage gegeben. Das Glück, von dem sie handelten, sei fiktiv gewesen. Das irdische Leben sei mehr Tod als Leben, mehr Unglück als Glück. Er verlegte die Seligkeit, die alle Menschen erstrebten, in das jenseitige Leben und schuf sich damit die Möglichkeit, das irdische Leben und die soziale Welt so pessimistisch wie möglich zu beschreiben.

Aber die Zivilisation des lateinischen Westens war seit dem 12. Jahrhundert dabei, die irdische Welt wohnlicher und übersichtlicher zu gestalten, verstand aber immer noch das menschliche Leben als Vorbereitung oder als Verfehlen des allein möglichen jenseitigen Glücks. Gleichzeitig entwickelte und verbreitete sie strengere Rationalitätsstandards; daher war die Frage nicht mehr abzudrängen, worin *genau* die ewige Seligkeit bestehe. Wenn wenigstens einige Menschen, vor allem die Mönche, nach dem Tod die Seligkeit zu erwarten hatten, dann fragte sich doch, wie nach dem Verlust des Leibes und der irdischen Erkenntnisvermögen der erlöste Mensch seine Erfüllung finden könne. Auch wenn die ewige Seligkeit nicht mehr wie bei antiken Philosophen durch Wissen und Tugend selbst erworben werden konnte, sondern das Geschenk des souveränen Gottes an wenige Auserwählte war, so fragte sich doch, wie ein Sterblicher nach seinem Tod glücklich werden, also das einzig wahre Glück erfahren könne. Den Leib und alle sinnlichen Freuden hatten sie, der Christenlehre zufolge, die sich scharf von islamischen Paradiesesfreuden absetzte, verloren, also blieb für die beseligende Erfüllung nur die Geistseele als Empfänger übrig, sofern sie den Zusammenbruch ihres biologischen Apparates überstand. Aber wie konnte ein endlicher Geist ewige Freuden erhalten? Griechische Philosophen hatten oft genug gesagt, das wahre Glück des Menschen bestehe in einem Leben der Theoria. Christliche Denker griffen diese intellektualistische Glückslehre auf und verwandelten sie dahin, die ewige Seligkeit bestehe in der Anschauung Gottes. Der Selige sehe Gott; er sehe ihn als den Grund aller Dinge, diese Schau sei die Erfüllung der allgemeinen menschlichen Sehnsucht nach allumfassender und sicherer Wahrheit, sie sei das Ziel allen menschlichen Lebens.

Dann blieben immer noch Fragen offen. Wie wurde die Disproportion überwunden zwischen dem endlichen Menschengeist und der unendlichen Wahrheit, die Gott selbst war? Und wenn die Glückseligkeit in der *Erkenntnis* Gottes bestand, welche Rolle spielten dann Affekte, Liebe und Willenszuwendung im Konzept der Seligkeit?

Als im Westen des 13. Jahrhunderts die griechisch-arabischen Wissenschaften mit ihren verschiedenen Konzepten von Glückseligkeit zugänglich wurden, erhielten solche Fragen ihre konzeptuelle Form. Der Begriff der Wissenschaft wurde mit Aristoteles' *Zweiten Analytiken* strenger gefaßt; es bestand das Bedürfnis, die Theologie als Wissenschaft zu entwickeln und die Frage nach Glück und Lebensziel des Menschen mit größerer Präzision zu beantworten. Albert und Thomas von Aquino, Boethius von Dacien, Aegidius Romanus und Heinrich von Gent hatten auf dieses Bedürfnis reagiert.[1] Auf diese Situation bezog sich Dietrich, als er – wohl in den Jahren 1296/1297 in Paris – als zweiten Teil seiner Trilogie über die *Drei schwierigen Fragen* den Traktat schrieb über die beseligende Schau, *De visione beatifica.* Dietrich ging die Frage mit den neuen Mitteln der griechisch-arabischen Wissenschaft an. Das hatten vor ihm schon Albert und Thomas, Boethius von Dacien, Heinrich von Gent und andere getan. Sie sahen im menschlichen Intellekt eine den Tod überdauernde, menschengemäße Verbindung zum göttlichen Geist. Aber was war der Intellekt? Sie studierten das dritte Buch des Aristoteles *Über die Seele, De anima,* und unterschieden mit ihm die mögliche Vernunft (intellectus possibilis) von der tätigen Vernunft (intellectus agens).

Griechische, arabische und lateinische Autoren hatten über intellectus agens und intellectus possibilis divergierende Theorien entwickelt, aber keinem dieser Philosophen darf man unterstellen, er habe sagen wollen, es gebe im Menschen *zwei* verschiedene Vernünfte. Mochte der eine oder andere Denker meinen, diese Intellekte seien oberhalb der Menschheit selbständig existierende Geistwesen, von denen er im Plural sprechen konnte, und sie erleuchteten den Menschen, der sich ihnen verbinde – im Menschen selbst konnte es sich nur um zwei verschiedene Phasen oder Momente des geistigen Erkennens handeln. Aber warum und woran sie zu unterscheiden waren, was jedes Element zu leisten hatte und wie sie zueinander standen, das wurde diskutiert. In moderner Sprache könnte man sagen, es sei um das Verhältnis von Spontaneität und Rezeptivität im menschlichen Denken gegangen: Welche Rolle spielt die Außenwelt im Denkprozeß? *Machen* wir unsere Erkenntnisinhalte oder finden wir sie

[1] Dazu Ruedi Imbach, Sur le bonheur. Thomas d'Aquin, Boèce de Dacie, Paris 2005.

vor? Wie kommen Steine in die Seele? Können die Dinge selbst auf uns *einwirken* oder *konstruieren* wir unsere Welt?

Den Ausgangspunkt für Debatten dieser Art bildeten die zwei berühmten Kapitel vier und fünf im dritten Buch des Aristoteles *Über die Seele.* Aristoteles untersucht dort, was Denken, phronein, heißt. Er vergleicht Denken und Wahrnehmen. Beide nehmen ihren Gegenstand auf, „erleiden" ihn, sie verhalten sich im Erkennen rezeptiv, aber in verschiedener Form. Der Nus, der Geist oder Intellekt, also das, womit die Seele denkt, darf, da er *alles* denken, also alles in sich aufnehmen soll, nichts von allem sein. Bevor er denkt, ist er nichts von allen Dingen. Er ist die Möglichkeit zu allen Dingen, muß daher mit ihnen unvermischt, amigés, und von ihnen nicht direkt beeindruckbar sein. Er ist „leidenslos", apathés. Er ist von der Dingwelt unterschieden; er ist anders als sie, ist abgetrennt, choristos. Aristoteles kann dafür auch sagen: Der Nus sei „einfach" (nicht im psychologischen Sinn, sondern im Gegensatz zum vielteiligen Körper) oder – nach einem Spruch des Anaxagoras – er habe mit nichts etwas gemein. Bevor er denkt, sei der Intellekt wie eine Schreibtafel, auf der noch nichts steht. Aber wo eine Möglichkeit ist, muß es ein Bewirkendes geben. Generell gebe es im Kosmos Mögliches und Aktuales, zu Verwirklichendes und Verwirklichtes. Diese beiden Modi müsse es auch beim Intellekt geben; daher unterschied Aristoteles den Nus, der zu allem *wird*, die *mögliche* Vernunft, und den Nus, der *bewirkend,* poetikos, ist und der alles Erkennen *bewirkt.* Diese *tätige* Vernunft ist wie das Licht: Ohne Licht wären die Farben nur in der Möglichkeit da, erst die Sonne mache sie sichtbar. So mache die tätige Vernunft allgemeine Inhalte denkbar. Sie sei „abgetrennt, leidensunfähig und unvermischt"; sie sei im *Wesen*, also nicht zufällig und gelegentlich, Tätigkeit, energeia. Sie wirke immer, sie denke zeitüberlegen. Als das Wirkende sei sie „edler", vornehmer als das Rezeptive. Die tätige Vernunft sei Urgrund, arche, der Denkwelt. Sie sei unsterblich, während die leidende Vernunft, der nus pathetikos, sterblich sei und ohne die tätige Vernunft nichts denke.

Aristoteles sprach über dieses Thema in kurzen, oft abgehackten Sätzen. Der erhaltene Text ist kaum in Ordnung; die Kommentare, griechische, arabische, lateinische und moderne, sind Legion. Es ist schwer dahinter zu kommen, was es heißt, der Nus sei „abgetrennt", nur der poietische Nus sei unsterblich: Ist er ein selbständiges Wesen, oberhalb des Menschen? Ist er ein reines Geistwesen, eine für sich existierende intelligentia? Ist er *einer* für alle Menschen? Das würde erklären, daß Denken keine bloß individuelle Tätigkeit ist. Denn es gilt für alle Denkenden, daß zwei und zwei vier ergibt. Die Debatten wurden unter Christen besonders heftig, weil einige Philosophen den tätigen Nus als *abgetrennte* Wesenheit, nicht als Teil der menschlichen Seele deuteten. Das mochte hingehen, solange sie unter diesem Geist Gott selbst verstanden, aber andere sahen darin die Leugnung der Unsterblichkeit der individuellen Seele. Die Individualität war dann nur etwas Irdisches, Vergängliches, gar Minderwertiges; die Theologen fürchteten, die persönliche Belangbarkeit der Sünder im Jenseits gehe verloren. Das Thema kochte über in der christlichen Welt, nachdem gegen 1250 der lateinische Averroes vorlag, der nicht nur die tätige, sondern auch die mögliche Vernunft als eine Art selbständigen, einheitlichen Menschheitsgeist gedacht zu haben schien.

Die Gründe des Aristoteles für die Unterscheidung von tätigem und rezeptivem Intellekt waren zwei. Erstens: In allem Seienden finde sich dieser Unterschied zwischen Möglichem und Wirklichem, folglich gebe es ihn auch beim Intellekt. Dieses Argument appliziert die allgemeine Ontologie mit ihrer Unterscheidung von Potenz und Akt auf den Intellekt. Sodann: Nahm man mit Aristoteles an, es gebe keine selbständigen Ideen, wie Platon sie angeblich gelehrt habe, sondern die allgemeinen Bestimmungen seien in den Einzeldingen selbst, dann mußten sie, wenn Wissen weiterhin als das Haben allgemeiner Bestimmungen verstanden wurde, was bei Aristoteles und nicht nur bei Peripatetikern der Fall war, aus diesen Einzeldingen herausgelöst und in ihre Allgemeinheitsform gebracht werden. Dies zu tun, war die Aufgabe des tätigen Intellekts. Dieses Argument ergab sich aus der Ablehnung dessen, was man unter „Platonischer Ideenlehre“ verstand bei gleichzeitiger Beibehaltung des Wissensbegriffs als Wissen allgemeiner Wesenheiten.[2]

Dietrichs wichtigste Vorredner in der Schrift *De visione beatifica*

[2] Aristoteles, De an. III 5, 430 a 10–23. In der lateinischen Form des Iacobus Venetus, die Albert vorlag, in De An. III tr. 2 c. 18, Ed. Colon. VII 1 S. 203, 86–92:

Quoniam autem, sicut in omni natura, erit aliquid aliud quam materia in unoquoque genere (hoc autem omnia potentia illa), altera autem causa est et efficiens quidem est et omnia facit, ut ars ad materiam sustinuit, necesse est et in anima has esse differentias. Et huiusmodi est intellectus, quo omnia fiunt. Ille vero, quo omnia est facere, sicut habitus quidam est ut lumen, quodam modo et lumen facit potentia colores actu colores. Et hic intellectus separatus, immixtus et impassibilis, substantia actu est. Semper enim honorabilius est agens patiente et principium materia. Idem autem secundum actum scientia rei; quae vero secundum potentiam est, tempore prior in uno est, omnino autem neque tempore. Sed non aliquando intelligit, aliquando vero non intelligit. Separatus autem solus est hoc quod vere est et hoc solum immortale et perpetuum est.

(abgekürzt: vis.) waren Aristoteles und Averroes, Augustin und Albert, Proklos und der *Liber de causis*. Albert und Thomas, Ägidius Romanus, Heinrich von Gent und andere hatten die Debatte über die Möglichkeit der glückseligen Schau im Himmel verbunden mit der philosophischen Frage nach dem Verhältnis des tätigen zum leidenden Intellekt.[3] Nun weist schon der Quellenapparat der kritischen Ausgabe nach, daß *De visione beatifica* eine ausgesprochen antithomistische Position entwickelt; die Untersuchung von Anne-Sophie Robin erweitert diese Nachweise und zeigt: Dieser Traktat bildet das Mittelstück eines antithomistischen Triptychon, obwohl Thomas nie genannt wird. In grober Annäherung ließe sich der Traktat dahin zusammenfassen: *Wenn* der Mensch das Wesen Gottes direkt schauen soll, dann kann es nicht, wie Thomas lehrt, durch

[3] Anders als De animatione caeli hat De visione beatifica im Anschluß an Krebs 1906, S. 115–120, in der neueren Forschung mehrfach Aufmerksamkeit gefunden: Martin Grabmann, Mittelalterliche Deutung und Umbildung der aristotelischen Lehre vom Nous Poietikos nach einer Zusammenstellung im Cod. B III 22 der Universitätsbibliothek Basel, SB der bayerischen Akademie der Wissenschaften, Philos.-historische Abteilung 4, München 1936, S. 94–101, auch in: Martin Grabmann, Gesammelte Akademieabhandlungen, Band 1, Paderborn 1979, S. 1021–1122; Burkhard Mojsisch, Die Theorie des Intellekts bei Dietrich von Freiberg, Hamburg 1977; Alain de Libera, Introduction à la Mystique Rhénane d'Albert le Grand à Maitre Eckhart, Paris 1984, S. 171–229; Francois-Xavier Putallaz, Conscience et connaissance de soi de Thomas d'Aquin à Thierry de Freiberg, Paris 1991, S. 303–380; Loris Sturlese, Storia della filosofia tedesca nel medievo. Il secolo XIII, Florenz 1996, S. 213–242; Kurt Ruh, Geschichte der abendländischen Mystik, Band 3, München 1996, S. 208–212. Vgl. auch Nikolaus Wicki, Die Lehre von der himmlischen Seligkeit in der mittelalterlichen Scholastik von Petrus Lombardus bis Thomas von Aquin, Fribourg 1954; Christian Trottmann, La vision béatifique des disputes scolastiques à sa définition par Benoît XII, Rom 1995; Ruedi Imbach, L'antithomisme de Thierry de Freiberg, in: Revue Thomiste 97 (Toulouse 1997), S. 245–257; La visione e lo sguardo nel medio evo I. Micrologus V, Florenz 1977, dort besonders die Beiträge von Jean-Pierre Torell, S. 43–68, inbesondere S. 55–58 zum lumen gloriae, und Ruedi Imbach – Francois-Xavier Putallaz, S. 69- 88; Jérôme Baschet, Vision béatifique et représentations du Paradis, in: Micrologus VI, Florenz 1998, S. 73–93; Michael Laarmann, Deus, primum cognitum. Die Lehre von Gott als dem Ersterkannten des menschlichen Intellekts bei Heinrich von Gent († 1293), Münster 1999, 323–333; Kent-Emery Jr., The Image of God Deep in the Mind, in: MM 28, 2001, S. 59–124, bes. S. 71ff.; Burkhard Mojsisch (Hg.), Theodoricus de Vriberch, Dietrich von Freiberg, Tractatus da visione beatifica. Abhandlung über die beseligende Schau. Lateinisch-Deutsch, Tbilisi 2003; Loris Sturlese, Vernunft und Glück, Die Lehre vom intellectus adeptus bei Albert dem Großen. Lectio Albertina 7, Münster 2005; Flasch 2006, bes. S. 50 bis 66, 75–80. 102–111, 156–160; Sturlese, 2007, bes. S. 10, 25 Anm. 33, 53, 58, 110–113, 177–178. – Anne-Sophie Robin (Paris) hat mir freundlicherweise ihre reich dokumentierte, noch ungedruckte Studie über den Anti-Thomismus Dietrichs in De visione beatifica zur Verfügung gestellt. Sie weist nach, daß Dietrich die Positionen des Thomas und der frühen Thomisten korrekt, wenn auch oft im aggressiven Ton darstellt. Dietrich hat die Philosophie des Thomas genau gekannt und nicht karikiert.

den intellectus possibilis geschehen. Dietrich beansprucht Gewißheit nur für *diesen* Zusammenhang: Eine Theorie, die von der visio beatifica spricht, aber den tätigen Intellekt funktionslos macht, ist unsinnig. Dies behauptet Dietrich zu wissen; über die tatsächliche visio Gottes traut er sich nur ungewisse Mutmaßungen zu.[4] Der Leser darf nicht vergessen, daß diese Schrift opponendo et per modum inquisitionis konzipiert ist:[5] Ein klares negatives Ergebnis genügt, es ist besser als ein unklares positives Votum: Thomas hat, Dietrich zufolge, die Lehre vom Intellekt bei Aristoteles und von der mens Augustin herunterinterpretiert und den tätigen Intellekt minimalisiert. Er verstößt gegen Aristoteles und gegen die Wahrheit. Doch kommt es bei Dietrich auf philosophische Argumentation an, nicht auf rohen Thesengegensatz:

Bei Thomas war über die Notwendigkeit des tätigen Intellekts folgendes zu lesen: Der tätige Intellekt macht die in den Stoffdingen ruhenden allgemeinen Bestimmungen aktual erkennbar, damit der rezeptive Intellekt sie denken kann.[6] Die Dinge der Außenwelt können sich, Thomas zufolge, nicht selbst in die geistige Erkenntnis eindrücken. Die sinnlichen Vorstellungsbilder, die wir von ihnen haben, affizieren nicht direkt den Intellekt, sondern der tätige Intellekt muß sie zu einer höheren Seinsweise erheben, indem er sie als allgemeine verwirklicht, dann kann der rezeptive Intellekt sie aufnehmen, also geistig in ihrem allgemeinen Charakter erkennen.[7] Der tätige Intellekt macht die Vorstellungsbilder individueller Sinnesdinge intelligibel, d. h. allgemein. Er selbst erkennt nicht; er schafft dem möglichen Verstand die Bedingung geistiger Erkenntnis. Insofern steht er *höher* als dieser. Thomas rühmt ihn in hohen Tönen; er kann von ihm sagen, er *bilde* die Wesenheiten der Dinge, formando quiditates rerum.[8] Wenn Thomas die Leistung des intellectus agens beschreibt – verhalte er sich doch zum möglichen Intellekt wie das Sonnenlicht zum Auge –, kommt es zu Sätzen, die fast an Dietrichs These von der konstitutiven Funktion des menschlichen Erkennens heranreichen. Dennoch bleiben sie durch drei Gräben von ihr getrennt:

[4] Dietrich, vis. 4.1.6 (6) I 106.

[5] Dietrich, Prologus generalis in tractatum de tribus difficilibus quaestionibus (1) III 9.

[6] Thomas von Aquino, ScG 2, 76 und 3, 45. Vgl. De ver. 10, 6; Quaest. disp. De anima a. 4 ad 1 und a. 15 et ad 9; Sentencia De anima III 10; Sth I 54, 4 und 79, 3.

[7] Thomas von Aquino, De ver. 22, 5 ad 10: res quae est extra animam non imprimit speciem suam in intellectum possibilem nisi per operationem intellectus agentis; et pro tanto dicitur anima in seipsa formas rerum formare.

[8] Thomas von Aquino, De ver. 3, 2.

1) Die allgemeine Form ist, Thomas zufolge, *potentiell* in den individuellen Dingen vorhanden; der tätige Intellekt hebt sie nur heraus; er produziert nur die *Form* der Allgemeinheit; 2) der tätige Intellekt selbst erkennt bei Thomas nicht, er ermöglicht nur Erkenntnis; noch weniger erkennt er in sich selbst alle Dinge – dies ist das Privileg Gottes; 3) in dem Bestreben, den Intellekt, den möglichen wie den tätigen, als Teile der Seele zu verankern, ihn also weder mit Gott zu identifizieren noch ihn mit Avicenna oder Averroes zu einem selbständigen, für alle Menschen identischen höheren Geistwesen zu machen, bringt ihn Thomas in folgendes Schema unter: Es gibt die individuelle Seele. Diese ist eine Substanz, ausgestattet mit Vermögen, Potenzen, die Akzidenzien oder Quasi-Akzidenzien sind. Der Intellekt ist wie der Wille ein Seelenvermögen, ein Etwas an der Seelensubstanz.[9] Da es in unserer Macht liegt, ihn in Funktion zu setzen, also allgemeine Wesensbestimmungen aus Vorstellungsbildern herauszuholen, muß er ein Teil unserer Seele sein. Er ist individuell in jedem einzelnen Menschen. Doch da das Machen intelligibler Bestimmungen und das Empfangen derselben so verschieden sind wie Akt und Potenz, wie Wirklichkeit und Möglichkeit, müssen der tätige und der empfangende Intellekt zwei verschiedene Seelenvermögen, potentiae animae sein. Thomas gab zu, daß es dann schwierig wird, die Einheit der beiden Vermögen zu denken. Denn die Seele wäre gleichzeitig in bloßer Möglichkeit und in actu. Die Unterscheidung zweier verschiedener Potenzen sollte gerade diesen Widerspruch auflösen. Die Seele, lautet die Antwort, ist in der *einen* Hinsicht der Möglichkeit nach alle Dinge, in *anderer* Hinsicht der aktualisierten Wirklichkeit nach.[10]

2. *Der tätige Intellekt und die selige Schau*

Eine Schwierigkeit der Intellekttheorie des Thomas: Nach Thomas hat Gott gut daran getan, einen Geist der niedersten Rangstufe wie den menschlichen mit einem Leib zu versehen. Denn der menschliche Geist

[9] Dazu besonders Thomas von Aquino, De ver. 10, 1 und Sth I 77, 1 ad 5 und 79, 1. Auch Dietrich bezeichnet in einem hapax legomenon den tätigen Intellekt als aliquid animae, cog. 90 (14) II 252, nie aber als Seelenvermögen.

[10] Thomas von Aquino, In 2 Sent. 17, 2, 1.

brauche, gut aristotelisch, sinnliche Vorstellungen, damit er in Gang kommt. Er bekam den tätigen Intellekt, um aus dem Sinnesstoff geistige Wesenheiten herauszulösen. Thomas als Theologe war wesentlich an der individuellen Unsterblichkeit interessiert. Ohne sie gebe es keinen Adressaten für Lohn und Strafe im Jenseits. Nimmt man aber mit Thomas an, die menschliche Geistseele überstehe den Zusammenbruch ihres Organismus, also den Tod, dann verliert sie den Leib und bekommt keine sinnlichen Anschauungsbilder, keine phantasmata, mehr. Nach Aristoteles kann sie dann nicht mehr denken. Aber Thomas beseitigt diese Schwierigkeit mit der theologischen Erklärung, Gott ersetze durch Einstrahlung die Selbstherstellung allgemeiner Begriffe aus Sinnesdaten. Dann kann die arme Seele zwar erkennen, aber ihr höchstes Erkenntnisorgan, der intellectus agens, wird überflüssig. Dann würde bei der Vollendung des Menschen sein vornehmstes Vermögen funktionslos. Oder ist der tätige Intellekt nicht das Höchste im Menschen, das ihn mit der Gottheit verbindet? Dann widerspräche Thomas seinem Grundsatz, daß das Tätige „vornehmer" ist als das „Erleidende", agens honorabilius est patiente (ScG I 65). Auf diese Weise wird die Frage dringend, *womit* die Seligen Gott schauen, wenn sie ihn nach dem Tod sehen. Daher steht Dietrichs Abhandlung über das Verhältnis von tätigem und rezeptivem Intellekt unter dem Titel: *Über die beseligende Schau.* Ein Buch über die Erkenntnisweise der Seligen im Himmel ist gewiß ein theologisches Buch, aber es kommt darauf an, welchen Begriff von Theologie man hat. Dietrich hatte seinen eigenen Begriff von Theologie, den ich weiter unten genauer untersuchen werde; sehen wir zunächst zu, wie er argumentiert hat: Schon Thomas hatte die Frage nach der Erkenntnisweise der Seligen mit der Frage verknüpft, was das Beste, das Höchste in der menschlichen Natur sei. Denn Thomas dachte hierarchisch und lehrte, wenn Menschen mit Gott verbunden seien, dann geschehe dies aufgrund des *höchsten* Elements der menschlichen Natur, und das sei der Intellekt.[11]

[11] Thomas von Aquino, De ver. 8, 1: Constat enim quod cuiuslibet intellectualis creaturae beatitudo consistit in sua perfectissima operatione; illud autem quod est supremum in qualibet creatura rationali, est intellectus. Daß der tätige Intellekt „vornehmer" sei als der mögliche, steht bei Aristoteles, De an. III 430 a 18–19, lateinische Übersetzung von Iacobus Venetus oben in Anm. 2, bei Thomas, Quaest. disp. De anima 5 ad 10: intellectus agens nobilior est possibili, sicut virtus activa nobilior quam passiva, et magis separatus, secundum quod magis a similitudine materiae recedit. Fast das Gegenteil dessen behauptet Thomas, Quaest. disp. de an. 2 ad 4, wo der intellectus possibilis das supremum in anima heißt, wohl unter dem allgemeinen Gesichtspunkt, daß er Intellekt ist.

Damit verwandelte sich die Frage nach der ewigen Seligkeit. Es war zu bestimmen, was das supremum, das Ranghöchste, in der menschlichen Natur sei. Dietrich teilte mit Thomas die Überzeugung, die Gnade zerstöre nicht die Natur; daher suchte er die *dem Menschenwesen gemäße Art* der Vermittlung zum göttlichen Ursprung. Thomas wie Dietrich wollten das Lebensziel des Menschen *wissen.* Sie gaben sich nicht damit zufrieden, dies sei das Geheimnis Gottes. Die beseligende Erkenntnis Gottes als des Inbegriffs aller Wahrheit mußte *möglich* sein; sie mußte an etwas anknüpfen, was in der Natur des Menschen lag. Gottes Souveränität konnte nicht so weit gehen, aus Steinen glückselige Himmelsbewohner zu erwecken. Thomas und Dietrich fragten demzufolge: Was ist das Höchste, das Gott der menschlichen Natur eingepflanzt hat? Dietrich schränkte seinen Beweisanspruch ein und fügte hinzu, Gott habe versprochen, die Seligen würden ihn in der Herrlichkeit seines Wesens sehen: ob dies de facto eintrete, das könne er aus bloßer Vernunft nicht behaupten, aber ihm gehe es um die Frage, wie dieses Sehen aufgrund der Natur des Menschen *möglich* sei.[12] Er nannte als sein Beweisziel: zeigen, der tätige Intellekt sei das Höchste, was Gott in die Menschennatur eingepflanzt hat und was *deswegen* die gesuchte naturgemäße Verbindung von Mensch und Gott darstelle.[13] Er wollte *beweisen*, daß der tätige Intellekt diese Vermittlungsinstanz sei, und zwar mit *Notwendigkeit, wenn* es eine Anschauung des göttlichen Wesens gebe. Ob dies *faktisch* der Fall sei, stellte er der göttlichen Allmacht anheim. Aber dieses Thema bot Gelegenheit, das Oberste im Menschen philosophisch zu ermitteln und die liegengebliebenen Fragen nach dem Verhältnis von tätigem und möglichem Intellekt zu klären. Dietrich sah die Möglichkeit, durch strengeres Philosophieren ein intimeres Verhältnis von Intellekt und Gott *theoretisch* zu begründen. Um zu klären, wie die selige Anschauung des göttlichen Wesens möglich sei, mußte Dietrich vorher entscheiden, was der tätige Intellekt sei, was er ohne sinnliche Erkenntnisbilder anfange und ob er intellektuelle Erkenntnis leiste oder diese nur vorbereite. Die Einheit der beiden war aufzuweisen; es war zu entscheiden, ob das Schema von Seelensubstanz und Seelenvermögen angemessen sei. Nicht, daß Dietrich ein frommer Mönch der Zeit um 1300 war und ein Amt als Magister der Theologie in Paris begleitete, ist das historisch Charakteristische, sondern daß er Fragen wie die nach den Bewegern der Himmels-

12 Dietrich von Freiberg, vis. 4.3 (1) I 111.

13 Dietrich von Freiberg, vis. Prooemium (3)–(6) I 14.

körper umwandelte in eine Metaphysik der Formalkausalität im Kosmos und die nach der Gottesschau im Himmel zu der Frage nach dem Besten im Menschen. Er hat jede dieser Fragen als Beispiele behandelt, die gegen 1300 eine philosophische und folglich auch eine religiöse und kulturpolitische Neuorientierung erzwangen. Gewiß hatte Dietrich eine biblische Ausgangsgegebenheit als Anlaß und lebensweltliche Vorgabe seiner philosophischen Untersuchung: Gott versprach in der Schrift, die Seligen würden ihn von Angesicht zu Angesicht sehen (1 Kor 13, 12). Sie würden ihn sehen, wie er ist (1 Joh 3, 2). Das selige Leben bestehe darin, den allein wahren Gott zu sehen (Joh 17, 3). Die Theologen des 13. Jahrhunderts hatten das intellektualisierend dahin umformuliert: Die Seligen werden Gott in seinem Wesen, per suam essentiam, sehen. Und Dietrich fragte, wie das möglich wäre. Die Himmelsschau sollte nicht nur ein Allmachtserweis an Auserwählten sein, sondern das Höchste im Menschen sollte als intendierte Vermittlungsinstanz im höchsten Maße tätig sein.

Was das Höchste im Menschen sei, das war philosophisch auszumachen, auch wenn es dafür eine theologische *Ausgangsfrage* gab. Theologische *Konsequenzen* traten ohnehin ein, wenn Dietrich zeigen konnte, daß Thomas von Aquino, der in diesen Jahren zunehmend zur Ordensautorität stilisiert wurde, eine Grundfrage des christlichen Selbstverständnisses vielleicht eben orthodox, aber theoretisch flach beantwortet hatte.

Thomas von Aquino zufolge ist kein Geistwesen, nicht einmal der höchste Engel, *aufgrund seiner Natur* imstande, die göttliche Wesenheit zu sehen. Der Mensch in diesem irdischen Leben könne es schon gar nicht, weil seine geistige Erkenntnis auf sinnliche Anschauungsbilder angewiesen sei. Thomas forderte für alle Geschöpfe, selbst für die reinsten Geistwesen, eine zusätzliche Ergänzung, eine gnadenhaft verliehene *akzidentelle* Disposition, die den Intellekt instand setzen soll, Gottes Wesen zu erblicken.[14] Der Abstand zwischen dem limitierten Geschöpf und dem unendlichen Schöpfer sei zu groß; selbst wenn ein Geistgeschöpf sein eigenes Wesen vollständig erfasse, gewinne es daraus nicht die Erkenntnis Gottes nach dessen Wesen, denn Geschöpf und Schöpfer gehörten keiner gemeinsamen Gattung an. Die Distanz sei so groß, daß sie nur von Seiten Gottes zu überwinden sei, nur durch das göttliche Geschenk einer zusätzlichen, eigenschaftlichen Erkenntnisfähigkeit,

[14] Thomas von Aquino, 3 Sent. 14 art. 1. sol. 3 n. 50 Mandonnet 3, 439; De ver 8, 3; ScG 3, 49 und 3, 51–55; Quodlibet VII 1, 1; Sth I 12, 1 bis 12, 5; Compendium theologiae I 105.

dem lumen gloriae, dem Licht der Herrlichkeit. Wäre dem geschaffenen Intellekt das Sehen des göttlichen Wesens *prinzipiell* unmöglich, verfehlte die gesamte Weltveranstaltung als Rückführung des Universums zu seinem Ursprung ihren Sinn; die Sehnsucht des Menschen nach der Erkenntnis des ersten Grundes wäre vergeblich. Aber diese naturgemäß erstrebte Schau ist nicht möglich nur aufgrund der geschöpflichen Ähnlichkeit des menschlichen Geistes mit Gottes Geist. Weder Engel noch Menschenseelen überbrücken diesen Abstand aus natürlicher Kraft. Um die göttliche *Wesenheit* in ihrem An-Sich zu sehen, genügt weder die natürliche Ausstattung des Menschen noch die Begnadung der Auserwählten; Gott muß, wenn er einen Menschen beseligen will, eine neue Qualität in dessen Geist erschaffen, die allein den menschlichen Geist dazu in Stand setze. In diesem Zusammenhang gebrauchte Thomas – wie schon Albert[15]– die Wendung, diese Zusatzausstattung, das sog. Licht der Herrlichkeit, lumen gloriae, mache den Intellekt „gottförmig" deiformis.[16] Bei Dietrich *ist* der tätige Intellekt das Bild, imago, Gottes. Er ist nicht eine entfernte Ähnlichkeit wie die äußeren Dinge und auch der mögliche Intellekt; er ist die ausdrücklichste Darstellung der Gottheit. Weil der tätige Intellekt substantiales „Bild" der Gottheit ist, ist er aufgrund *seiner Natur* „gottförmig". Gegen eine Zusatzausstattung des Intellekts sprechen andere philosophische Gründe: Der tätige Intellekt kann keine Akzidenzien aufnehmen; schließlich überwände auch kein geschaffenes *Akzidens* den Abstand zum Unendlichen. Aber vor allem: Es braucht keine Aufstockung. Die unmittelbare Gottesverbindung liegt, Dietrich zufolge, in der Natur des tätigen Intellekts; sie ist intimer, stabiler und zufallsfreier begründet als in einem zusätzlichen Gnadenerweis, für den wir keinen Grund wüßten. Der tätige Intellekt ist die subsistierende Gottesverbindung, die real existierende Religion. Damit verschiebt sich das Koordinatensystem im christlichen Selbstverständnis: Der Mensch schaut in sich selbst die Trinität – in seinem tätigen Intellekt, der als substantia das drei-eine Bild der Trinität und der für sie charakteristischen Konsubstantialität gibt; er ist, wie Augustin sage, una vita, una mens, una essentia in drei substantialen Funktionen. Bei Thomas war die Trinität nur aus dem Glauben aufzunehmen; erst nachträglich konnte sie

[15] Albert, In 2 Sent dist. 4 art. 1, Borgnet 27, S. 105 b; Quaestio de visione Dei in patria, Ed. Colon. XXV 2 S. 98 a–99 b, besonders 99 a; Quaestio de dotibus sanctorum in patria, Ed. Colon. XXV 2 S. 111 b.

[16] Thomas von Aquino, Sth I 12, 5 ad 3.

als widerspruchsfrei, nicht als notwendig erwiesen werden. Anders bei Dietrich: Sich selbst kennen, das heißt, wie sich noch im Detail zeigen wird, die Trinität wissen. Glauben und Wissen treten damit in eine qualitativ andere Beziehung als bei Thomas. Menschliche Selbständigkeit und generell die Eigenwirksamkeit der von Albert und Thomas gegen den theologischen Absolutismus verteidigten Zweitursachen, bekommen eine neue, eine erhöhte Systemstelle. Bei Dietrich ergibt sich das aus der Natur des tätigen Intellekts. Seine diesbezügliche Theorie ist keine weltanschauliche, eine fromme und/oder neuplatonische Option, sondern das Ergebnis philosophischer Argumentation. Von intellectus agens und possibilis sprachen mittlerweile alle, die das Jenseitsschicksal erörterten. Dietrich wollte es auf konsequente Weise tun, auch wenn er dabei, weil er das lumen gloriae als überflüssiges Theorieprodukt verwarf, nicht nur gegen Thomas und die ersten Thomisten, sondern auch gegen Albert und fast alle anderen Theologen zu stehen kam.

3. Der nicht-dinghafte Selbstbegriff des Menschen

Dietrich hat aus den knappen Sätzen des Aristoteles im dritten Buch *Von der Seele* in philosophischer Argumentation ein neues Selbstverständnis des Menschen und damit ein neues Gottverhältnis entwickelt. Aktual, voll verwirklicht soll der tätige Intellekt sein. Da er *alle* Erkenntnis ermöglichen soll, muß er *ganz* Erkenntnis, nichts als geistige Tätigkeit sein. Aristoteles sagte, er sei *seinem Wesen nach* intellektuelle Operation, keine bloße Eigenschaft und nicht zufällig, nicht zeitweilig tätig. Er erkennt immer, außenweltunabhängig. Er ist ganz und ausschließlich dadurch bestimmt, daß er Intellekt ist. Das heißt: er ist intellectus per se. In *De origine* ging es um die Frage, was das *ens per se* sei; in der Sternenschrift lief alles darauf hinaus, das *Wissen* auf per-se-Verbindungen zu stützen. Jetzt erklärt Dietrich, was das *per-se-Sein* des *Intellekts* bedeutet.

Unser tätiger Intellekt ist Substanz, ist geistige Substanz. Alles, was im Intellekt ist, ist da auf intellektuelle Weise, d.h. im Modus geistiger Tätigkeit. Er ist subsistierende Erkenntnis. Dietrich erklärt es für unbegreiflich, wie Thomas von ihm behaupten konnte, er erkenne nicht selbst, er schaffe nur die Vorbedingung der geistigen Erkenntnis. Er erkennt sich selbst, seinen göttlichen Grund und alles Seiende, nicht durch zusätzliche Datenaufnahme, sondern aus seinem Wesen heraus, das nichts anderes ist als intellektueller Akt. Sofort entsteht die Frage, wie eine solche Substanz *im sterblichen Menschen* sein kann. Klingen ihre Beschreibungen nicht wie die einer Gottheit? Dietrich sah, daß er sich anthropologische Schwierigkeiten einhandelte. Er verschob die Details seiner Antwort auf eine eigene Schrift über den Intellekt, aber schon jetzt besteht er darauf: Dieser tätige Intellekt ist *unser* Intellekt. Es sei verständlich gewesen, daß einige arabische Philosophen ihn für ein höheres als ein menschliches Wesen gehalten hätten, aber er sei das Beste im Menschen, sei ihm so innerlich wie dem Körper das Herz. Als *unser* Intellekt ist er das Beste in uns und fungiert als der unräumliche Ort der Vermittlung zu Gott, seinem Prinzip, der ihm näher ist als er sich selbst. Nichts kommt ihm von außen, denn wenn etwas in ihn eintritt, dann nur auf *seine* Weise, also als die intellektuelle Tätigkeit, die sein Wesen ist. Nicht, als habe er keine Welt, nur hat er sie so, daß er dies Welthaben *ist.*

An ihm versagt die Vorstellung, die ihn sich „denkt" als zunächst ruhendes Subjekt, das sekundär, von außen angeregt, in Tätigkeit überginge. Er ist immer tätig. Er ist substantielle Tätigkeit. Die Vorstellung eines Trägers, dem Potenzen und zusätzliche Dispositionen zukämen, ist von ihm fernzuhalten. Er ist keiner akzidentellen Vervollkommnung fähig, weil er ihrer nicht bedarf. Akzidenzien gehören in die Welt des zielgerichteten Erstrebens eines Ziels, eines Guten, das anfangs nicht vorhanden ist. Sie gehören in die Natur, in der engeren Fassung dieses Begriffs, wie ihn *De origine* präzisiert hat. Der tätige Intellekt steht immer im zeitüberlegenen, im bleibenden Licht seiner aktualen Erkenntnis. Der Mensch ist kraft seines Intellekts prinzipiell anders zu denken als Dinge. Das Schema von Substanz und Eigenschaften, von ruhendem Subjekt und zeitgebundener, zielorientierter Tätigkeit brauchen wir, aber nur für Dinge und für die Beschreibung *naturhafter* psychischer Vorgänge, nicht aber für das Beste in uns, die substantielle, vollkommene Selbstdurchdringung. Diese ist Selbstverwirklichung in einem qualifizierten, von Dietrich präzis beschriebenen und gegen die Vorstellung effizienter Erschaffung durchgehaltenen Sinn: Ein solcher Intellekt konstituiert sich selbst als seiend, indem er sich erkennt. Wer sein Denken an der Dingvorstellung orientiert, fordert, der Intellekt müsse erst *sein,* damit er *denken* kann. Nicht so bei Dietrich: Der Intellekt tritt durch seine eigene

Tätigkeit ins Sein. Diese Tätigkeit ist geistiges Erkennen seiner selbst und damit seines göttlichen Grundes. Indem der Intellekt sich selbst erkennt, erfaßt er seinen Grund und geht in einem einzigen Wesensakt sowohl aus ihm hervor wie zu ihm zurück. Bei ihm sind Herauskommen, processus, und Rückgang, conversio, dasselbe. Der Bildgehalt des Ausfließens oder der Emanation ist denkend zu überwinden.

Der wesentliche Impuls solcher Aussagen ist die Zerstörung der Dingvorstellung, wenn es um den tätigen Intellekt geht. Ohne intellektuelle Umkehr, ohne bewußtes Verlassen üblicher Denkbahnen ist er nicht zu fassen, bleiben wir uns selbst unbekannt. Dietrich forciert noch die Schwierigkeiten für den gesunden Menschenverstand, die schon in dem aristotelischen Dictum lagen, er sei *seinem Wesen nach* Tätigkeit, seiner usia nach energeia, 430 a 18. In der Übersetzung des Iacobus venetus hieß das, er sei substantia actu.[17] Doch dann sagt Dietrich, über Aristoteles hinausgehend: Seine Tätigkeit *begründet* sein Sein und ist zugleich seine Gottesbeziehung. Sein Ins-Sein-Treten ist seine Religion; sie ist es als seine Tätigkeit. Der tätige Intellekt ist zeitüberlegen das Sich-Fixieren in die Ewigkeit.[18] Er ist Bild der drei-einen Gottheit, nicht nur – wie der mögliche Intellekt – ihre Ähnlichkeit.[19] Er ist seinem Wesen nach – nicht durch zufällige Eingriffe – gottfähig, essentialiter capax Dei sua intellectione.[20]

Wer heute Dietrichs Theorie des tätigen Intellekts darstellt, hört fast unweigerlich den wohlfeilen Einwand, er lege zuviel von Kant, Fichte und Hegel in Dietrich hinein. Deswegen muß ich hier ein Minimum an Dokumentation vorlegen, zunächst nur aus *De visione beatifica.* Es gibt Mittelalterforscher, die ein Interesse daran haben, solche Theorien aus ihrem Bild des Mittelalters fernzuhalten; sie mögen folgende Sätze Dietrichs über unseren tätigen Intellekt erklären:

Er denkt immer. Semper intelligit.[21] Dietrich wußte – wie Albert, der gesagt hatte: intellectus agens semper incessanter agit –,[22] daß es kein empirisches Seelenleben gibt, das zeitfrei verliefe, also „immer" denken

17 Text oben in Anm. 2. – Zur philologischen Interpretation dieses Ausdrucks bei Aristoteles und Dietrich vgl. Burkhard Mojsisch, Die Theorie des Intellekts bei Dietrich von Freiberg, Hamburg 1977, S. 62 Anm. 73.

18 vis. 1.1.1 (3) I 15.

19 vis. 1 (1) I 15.

20 vis. 1 (1) I 15.

21 vis. 1.1.1.3.6 (2) I 22, doch siehe 1.1.2 ganz, I 22–25.

22 Albert, De intellectu et intelligibili II tr. un. c.3 Borgnet 9, 507 b.

könnte. Aber wenn der tätige Intellekt überhaupt erkennt, dann muß er *immer* erkennen: Si intelligit, semper intelligit. Bei ihm kann es keinen Übergang geben von der Möglichkeit zur Wirklichkeit; er ist seinem Wesen nach das Verwirklichende, also Unveränderliche; er ist keiner variatio unterworfen.[23] Er steht oberhalb der Zeit. Als immerwährende substantielle Tätigkeit kann er keine Zusätze, keine weiteren Dispositionen aufnehmen, von wem immer sie kommen mögen. Die Vorstellung einer übernatürlichen Aufstockung ist naiv bildhaft und widerspricht seinem Wesen. Das spricht gegen die Vorstellung geschaffener Gnade und des als Zusatzeigenschaft vorgestellten lumen gloriae. Er trägt keine Akzidenzien; er ist reines, aktuales und aktives Wesen.[24]

Er ist Urbild des gesamten Seins. Est exemplar totius entis.[25] Er soll, Aristoteles und Thomas zufolge, alles intelligibel machen. Das kann er nur, weil er alles Intelligible seinem *Wesen* nach, also nicht nachträglich, *ist.* Er muß alles Seiende umfassen, totum ens secundum omnem sui ambitum. Er ist das Urbild aller Seienden als Seiender. Von ihm her, nicht von Bäumen nehmen wir das Konzept von Sein und Seiendem. Kommende Kapitel werden daher zu zeigen haben, wie Dietrichs Analyse des Seienden als Seienden dazu führt, es als Abbild des tätigen Intellekts zu erkennen.

Er ist die Konstitution seiner selbst. Er ist seinem Wesen nach Tendenz zu sich selbst, eine intellektuelle Tätigkeit, die ihn im Sein konstituiert: hoc non est nisi ipsum intellectum in se ipsum intellectualiter tendere et per hoc constitui substantiam eius.[26] Dietrich weist den Einwand ab, der Intellekt müsse erst *sein,* um etwas konstituieren zu können. Der tätige Intellekt tritt ins Dasein, *indem* er geistig erkennt. Er setzt Gottes Wirken und Sein voraus, aber er wird nicht „gemacht".

Er hat keine Teile, d.h. keine in seiner Definition nicht enthaltene Bestimmungen. Er ist kein „Seelenvermögen", sondern substantia; er ist seinem substantiellen Wesen nach Intellekt, intellectus per essentiam. Er nimmt nichts Äußeres auf, carens partibus et quacumque extranea natura. Was er wirkt, wirkt er mit seiner Wesenheit, denn sein Wesen ist sein Wirken: operatur per suam essentiam et eius operatio ex parte sui est essentia sua. Er ist Ursache für anderes, aber auch dies auf intellek-

[23] vis. 1.1.2.1 (1) I 22.
[24] vis. 1.1.2.1 (1) I 22.
[25] vis. 1.1.4 I 28–30.
[26] vis. 1.1.3 (2) I 26.

tuelle Weise; er ist Ursache für Erkenntnisse des möglichen Verstandes. Das wurde als allgemeine Redeweise oft gesagt, aber Dietrich gibt dem den besonderen Akzent: Der tätige Intellekt geht ins Sein hervor, indem er intellektuell tätig ist und damit den gesamten Aufbau der geistigen Erkenntnis begründet. Kein Naturding, betont Dietrich, biete einen Vergleich für ein solches Hervorgehen, doch können wir uns probeweise einen Vergleich dafür bilden: Denken wir uns die Axiome Euklids als beseelt, dann ginge aus ihnen die gesamte Geometrie hervor.[27]

Bei ihm gibt es nicht den Unterschied von Tätigem und Tätigkeit, von Tun und Resultat des Tuns, von Subjekt und Objekt. Dietrich gebraucht die Termini subiectum und obiectum in dem soeben beanspruchten „modernen“ Sinn:

non est distinguere inter substantiam et operationem, qua in seipsum recipit suam intellectionem. Omnia enim haec sunt idem, videlicet substantia intellectus et intellectualis operatio eius et ipsum obiectum intellectualis operationis intraneum.[28]

Dies ist eine fast feierliche Erklärung durchgehender Identität. Im tätigen Intellekt ist dies alles dasselbe, idem: Die Substanz des Intellekts, seine Tätigkeit und, was das erstaunlichste ist, auch sein Objekt.

Er ist wesenhaft Rückkehr zu sich selbst, semper in seipsum conversus.[29] Das Zurückkommen auf sich selbst ist nicht eine nachträgliche Phase seiner Aktivität; es ist seine ganze Tätigkeit, es ist sein Wesen. Sein ursprünglicher und wesenhafter Bezug geht auf ihn selbst, primo et per se intra suam essentiam terminatur.[30]

Er erkennt nichts außerhalb seiner; er hat kein Außen, ist er doch das Urbild, exemplar, alles Seienden als Seienden und umgreift alles: nihil intelligit extra se.[31] Nicht, als sei er in sich verschlossen; er ist das Offensein alles Eröffneten, denn indem er sich selbst erkennt, erkennt er in seinem Wesen alles andere, in einem Erkenntnisakt, der nichts anderes ist als sein Wesen, intelligendo se intelligit omnia alia.[32]

Ich entschuldige mich bei meinen Lesern für die lateinisch-deutsche

[27] vis. 1.1.3 (3) I 26.
[28] vis. 1.1.3 (4) I 26.
[29] vis. 1.1.1.3 (5) I 27.
[30] vis. 1.1.3.1 (2) I 28.
[31] vis. 1.1.3.1 (3) I 28.
[32] vis. 1.1.5.1 (1) I 30.

Mischsprache dieses Abschnitts. Aber sie war unvermeidlich, übrigens habe ich alles Wichtige übersetzt. Diese Sätze Dietrichs sind so außerordentlich und so wenig „mittelalterlich", daß, wenn ich sie nicht wörtlich zitieren würde, jeder Halbgebildete auf den Einwand verfiele, sie seien im „Mittelalter" nicht möglich gewesen und ich wolle das Mittelalter moderner darstellen als es war. Sie sind aber um 1300 geschrieben. Sie sagen, der Sache nach, nun in unserer Sprache:

Ihr Menschen mißversteht euch, wenn ihr euch nach dem Modell von Sachen denkt. Damit gebt ihr dem Äußeren eine Gewalt, die euer Bestes erdrückt. Es gibt Gewalt; es gibt Außenwelt, aber dies können wir nur von einem Identitätspunkt aus sagen, den keine Gewalt und keine Außeneinwirkung erreicht. Dieser tätige Identifikationskern ist kein Bestandteil eurer äußeren Erfahrung, er ist deren verborgene Bedingung. Jeder, der sich banal betrachtet, darf weiterhin einwenden, er habe noch nicht bemerkt, daß er immer denke, und er wisse nichts davon, daß er das Urbild alles Seienden als Seienden sei. Deswegen ist dieser Identitätsgrund aber keine bloße Konstruktion oder nur ein Postulat; er ist in eurem intellektuellen und willentlichen Leben das, was das Herz im Leibe ist. Er ist lebendiger Selbstvollzug, intellektuelle Durchdringung und liebende Bejahung seiner selbst. Von ihm her, nicht aus der Physik sollt ihr euer Konzept von Gott bilden. Hier habt ihr sein Bild, seine von ihm begründete, ausdrücklichste Selbstdarstellung. Es ist kein statisches Bild, sondern die Einheit von Statik und Dynamik. Indem ihr euch selbst auf diese Weise begreift, begreift ihr euer Leben neu. Auch euren Gott denkt ihr dann anders. Es ist an der Zeit, diese Änderung der Denkart vorzunehmen und sie argumentierend in der Philosophie, in der Theologie, in der Naturwissenschaft durchzuführen. Befreien wir unseren Selbstbegriff von verdinglichenden Vorstellungen und erneuern wir unser Verständnis des christlichen Glaubens. Wir beginnen ihn zu begreifen.

Im lateinischen Westen war um 1300 die organisierte Religion, die Kirche, zugleich die Gesellschaft. Eine Neufassung des christlichen Selbstverständnisses wäre zugleich eine neue Konzeption der Gesellschaft gewesen. Zu dieser Umformung ist es nicht gekommen. Dietrich hat gegen Thomas den Kampf verloren. Seine Denkart war nicht mehr ganz zu vergessen; der „Traktat von der Seligkeit" gab die Lehre von *De visione* ausführlich wieder;[33] der Traktat über Seligkeit und tätigen Intellekt in

[33] Vgl. dazu Flasch, 2006, S. 154–160 und Sturlese, 2007, S. 110–113; 139–143; 186, 189, 196.

der Baseler Handschrift B III 22 begründete ausführlich ihre Ablehnung; Meister Eckhart, auch Berthold von Moosburg haben sie verändert fortgeführt. Der Orden, die Universitäten und schließlich die Kirche haben sich an Thomas gehalten. Dietrichs Kampf gegen Thomas war deswegen geschichtlich nicht minder bedeutend. Er hat verloren. Machtverehrer lieben die res vincens, denkende Historiker die res victa. Eine Chance wurde vertan. Eine zweite Wende, nach derjenigen, die Roger Bacon, Albert und Thomas eingeleitet hatten, fand nicht mehr statt. Wie argumentierte Dietrich gegen Thomas?

4. Gegen Thomas von Aquino

Dietrich hat gewußt, welch gefährliches Pflaster er betrat, als er daran ging, den Ordenslehrer Thomas von Aquino scharf zu kritisieren. Er ging sorgfältig vor, er mußte es auch. Um die ansteigende Zahl seiner Ordensbrüder, die sich für Thomas mehr oder weniger eigenständig entschieden hatten, zu gewinnen, mußte er objektiv und ruhig die Mängel der thomistischen Position vorführen. Dies ist der historische Ort seiner Schrift. Sie hat mit den Fragen Alberts, Thomas', Ägidius' und Heinrichs von Gent zu tun, nichts aber mit dem einige Jahrzehnte späteren Streit um die visio beatifica, den Papst Johannes XXII. 1331/1332 ausgelöst hat, indem er in mehreren Predigten die These vertrat, die geretteten Seelen kämen erst nach dem Weltgericht in den Genuß der seligen Anschauung. Dietrich hatte ein anderes Gegenüber, nämlich die These des Thomas und nicht nur des Thomas, die selige Anschauung erfolge durch die mögliche Vernunft und diese bedürfe wegen der Distanz zwischen Schöpfer und Geschöpf einer akzidentellen Ergänzung. Dieser Disput erhielt ideenpolitische Bedeutung: Sollte sich der Dominikanerorden oder die Kirche insgesamt auf die philosophisch-theologische Position des Thomas festlegen, oder gab es Alternativen? Die Kirche hat sich im Konzil zu Vienne 1311/1312 auf diese zwei Thesen festgelegt: Die selige Anschauung Gottes übersteigt alle Kräfte der Natur. Und: Es bedarf dazu einer eigenen, zusätzlichen Disposition, des lumen gloriae. Beide Lehrpunkte gehören bis heute zur dogmatischen Korrektheit katholischer Theologen. Sie behaupten die Notwendigkeit der gnadenhaften Zuteilung einer eigenen, zusätzlichen übernatürlichen Fertigkeit, des sog. Glorienlichtes.[34] Dietrich wollte die Alternative. Um sie vorzustellen und eventuell durchzusetzen, mußte er sich auf genau belegbare Einzelfragen konzentrieren, zuerst auf die Sternbeweger, sodann auf den tätigen Intellekt bei Thomas. Man könnte die Kritik Dietrichs dahin zusammenfassen: Thomas hat den Begriff des tätigen Intellekts abgeschwächt, er hat ihn für den Vollendungszustand funktionslos gemacht. Ein Intellekt, der nichts mehr leisten und nicht einmal erkennen sollte, wurde sinnlos. Damit hat Thomas das Beste im Menschen minimalisiert; er hat es dingorientierten Denkformen unterworfen, statt diese zu korrigieren; er hat seinen eigenen Grundsatz, daß die Gnade die Natur nicht zerstört, inkonsequent angewendet. Er hat die immanente Vermittlungsinstanz zwischen Mensch und Gott verfehlt und das religiöse Verhältnis veräußerlicht. Er hat ihm die Unmittelbarkeit genommen zugunsten von Vermittlungsmechanismen. Aber diese können ihr Ziel nicht erreichen; eine akzidentelle, *geschaffene* Fertigkeit überbrückt nicht die Distanz von Geschöpf und Schöpfer, auch nicht im jenseitigen Leben.

Dies ist, grob gesprochen, die Richtung der Kritik. Doch hat Dietrich sie in feinerer, genauerer, scholastischer Manier scharfsinnig formuliert; ich folge ihm dabei in den Hauptpunkten.

1. Thomas hat, von Dietrich her gesehen, verkannt, daß der tätige Intellekt als reine Aktualität nicht als Seelenvermögen der Seelensubstanz zugeordnet werden kann. Der tätige Intellekt ist in uns, aber seine Immanenz muß anders formuliert werden als nach dem Schema Ding und Eigenschaft, Substanz und Vermögen. Thomas hat das Argument Augustins verworfen, Erkenntnis und Liebe seien dem Geist wesentlich; sie seien essentialiter, nicht nur akzidentell in ihm, weil sie den Erkennenden und Liebenden überschreiten, erkenne und liebe er doch durch sich auch anderes. Thomas wollte Intellekt und freien Willen als Potenzen verstanden wissen. Er legte mit komplizierten Distinktionen Augustins Dictum so lange aus, bis Erkenntnis und Liebe des Geistes als eine Art von Akzidenzien erschienen.[35] Er machte aus Selbsterkenntnis und willentlicher Selbstbejahung des Geistes habituelle Dispositionen.[36] Er verkannte die Einfachheit des tätigen

[34] Beispielsweise Ludwig Ott, Grundriß der Dogmatik, 7. Auflage, Freiburg 1965, S. 27 und 569.

[35] Thomas von Aquino, De ver 24, 4 ad 4; Dietrichs Kritik: vis. 1.1.1.3.2 (2) I 19.

[36] Dietrich, vis. 1.1.2.4 (1) I 25.

Intellekts und stellte sich fälschlich vor, er sei von außen kommender, akzidenteller Ergänzungen fähig.[37] Aber alles, was im Intellekt ist, lebt als dessen substantielle Lebendigkeit und Tätigkeit.[38] Thomas hat die Neigung nicht überwunden, ihn sich als Gefäß vorzustellen, das von außen gefüllt wird. Ihn motivierte unnötige theologische Bedenklichkeit. Unter *seinen* Voraussetzungen war es konsequent zu fürchten, wenn im Intellekt die Tätigkeit identisch sei mit seinem Wesen, dann trete er an die Stelle Gottes. Aber diese Befürchtung war, Dietrich zufolge, grundlos; es blieb immer das Privileg Gottes, das Sein der Dinge zuerst zu begründen. Nur sollte die technomorphe Vorstellung des Welt-Machens verschwinden. Am Kreationismus hat Dietrich festgehalten – ipse solus creat[39]–, nur hat er ihn anders ausgelegt als Thomas, vor allem mit seiner Lehre von der Simultankausalität und der Selbstkonstitution des Intellekts. So sagt er gegen Thomas, im Intellekt seien Substanz, Tätigkeit und Objekt identisch.[40] Damit beansprucht er für unseren Intellekt, was unter den philosophischen Voraussetzungen des Thomas das Privileg Gottes war.

2. Thomas hat den intellectus agens, Dietrich zufolge, unterbewertet. Er soll nicht selbst erkennen, sondern nur Erkenntnis ermöglichen. Das war ein merkwürdiger Intellekt, der nicht erkennen sollte und dennoch „vornehmer" sein sollte als die mögliche Vernunft.[41] Die tradierte These, das Tätige stehe höher als das Rezeptive, hat Thomas zu diesem Zweck banalisierend herunter interpretiert, als sei der tätige Intellekt immer nur dann vornehmer, wenn er einmal tätig ist.[42] Denn wenn Thomas den Satz des Aristoteles, der Intellekt denke *immer,* dahin auslege, er denke immer dann, wenn er denkt, so fand Dietrich das schlicht lächerlich.[43] Thomas muß für den immer actu erkennenden Intellekt einen Übergang von der Potenz zum Akt annehmen, was widersprüchlich sei. Das Beispiel der beseligenden Schau ist für Dietrich deshalb besonders instruktiv, weil Thomas den tätigen Intellekt für funktionslos erklärt, indem er sage, der tätige Intellekt erkenne nichts, er stärke nur

[37] Dietrich, vis. 3.2.4 (12) I 76.
[38] Dietrich, vis. 3.2.3 (2) I 72.
[39] Dietrich, an. 7 (4) III 18.
[40] Dietrich, vis. 1.1.3 (4) I 26.
[41] Dietrich, vis. 1.1.2.1 (2) I 23 und 3.1 (7) I 69.
[42] Dietrich, vis. 1.1.2.2 I 24.
[43] Dietrich, vis. 1.1.2.3 I 24.

den möglichen Intellekt bei dessen Erkenntnis.[44] Thomas kann nicht erklären, was diese Stärkung bedeute. Bei Thomas übernehme Gott mit Hilfe von Zusatzausstattungen die Vermittlungsaufgabe, die Sache des tätigen Intellekts, nachdem er ihn – bei der Schau der Seligen – funktionslos gemacht hat, weil er keine sinnlichen Erkenntnisbilder mehr zu bearbeiten habe.

Sein lumen gloriae ist eine überflüssige Ersatzkonstruktion.[45] Thomas verdingliche auch den *möglichen* Verstand. Dieser ist nach Aristoteles nichts, bevor er nicht erkennt, aber Thomas mache aus ihm ein aktual Seiendes, auch bevor er erkennt.[46] Er braucht ihn als Subjekt zusätzlicher Ausstattung.

3. Thomas hatte gelehrt, ein Intellekt könne nur dann alles durch *seine eigene Wesenheit* erkennen, wenn er alles Seiende immateriell in sich trage. Er hatte daraus geschlossen, der menschliche Intellekt erkenne nicht durch sein Wesen, per essentiam. Dietrich anerkennt den Obersatz des Thomas, findet aber seine Folgerung falsch. Bei Dietrich kann der tätige Intellekt sich selbst und alles andere durch die eigene Wesenheit erkennen, weil er Urbild alles Seienden als Seienden ist.[47] Natürlich kann er dann nicht mehr, wie bei Thomas, eine Potenz sein, die sich akzidentell zur Seelensubstanz verhält. Der Intellekt ist bei Dietrich nicht länger eine potentia modum accidentis habens in subiecta anima.[48] Charakteristisch an Dietrichs Intellekttheorie ist die methodisch reflektierte Herauslösung des tätigen Intellekts aus dem Gefüge der Potenzen der Seelensubstanz. Damit hat Dietrich ein ganzes System der Selbstauslegung des Menschen, das sich nicht allein bei Thomas fand und das Mittlalter lange überdauert hat, gesprengt und ein neues Paradigma der Theorie des Geistes eingeführt, von dem er zeigen konnte, daß es bei Aristoteles, Augustin und Averroes präformiert war. Er setzte die tradierte Prädikamentenlehre für den tätigen Intellekt außer Kraft: convenit omni intellectui, ut sit extra genus praedicamenti et non sit in aliquo genere praedicamenti.[49] Das hatte er schon in *De origine* erwogen,

[44] Thomas von Aquino, In 3 Sent. 14 art. 1 sol. 3 n. 50 Mandonnet 3, 439; Quaest. disp. De anima a. 15 et ad 9, dazu Dietrich 3.1 (1)–(10) I 68–69.
[45] Thomas, Sth I 12, 5 wird kritisiert bei Dietrich, vis. 3.2.3 I 72–73.
[46] Dietrich, vis. 3.2.4 (12) I 76.
[47] Thomas von Aquino, Sth I 84, 2, dazu Dietrich, vis. 1.1.5 I 30–31.
[48] Dietrich, vis 1.1.8.6 I 34.
[49] Dietrich, vis. 4.3.4 (6) I 123.

aber nur hypothetisch, nur für die von den Philosophen behaupteten getrennten Geistwesen.

4. Dietrich führt in *De visione* einen neuen Begriff ein, den des ens conceptionale.[50] Der Ausdruck kam weder in *De origine* noch in *De animatione caeli* vor.[51] Das war eine Neuerung von ähnlichem Gewicht wie die Einführung von causa essentialis und relatio essentialis in *De animatione*. Darin lag der Sache nach eine Kritik an Thomas. Für diesen war die Einteilung des Seienden in Naturseiendes einerseits, das in zehn Kategorien untergeteilt wird, und bloßes Gedankending andererseits, ens rationis, vollständig. Dietrichs neues Konzept unterläuft diese Einteilung. Denn Dietrichs ens conceptionale oder „Gedanken-Sein" ist kein bloßes Gedankending im Sinne des Thomas. Dietrich verstand darunter intellektuelle Seiende, die im Universum vorkommen.[52] Das hieß vor allem: Es gibt Realitäten, und zwar die besten im Menschen, die mit dem System der zehn Kategorien nicht erfaßbar sind, und die wir doch philosophisch analysieren können.

Um die Eigenart des tätigen Intellekts herauszuarbeiten, forciert Dietrich die Unterscheidung von Wesen und Substanz, von essentia und substantia.[53] „Wesen" ist bei Dietrich kein abstraktes, existenzneutrales Muster, sondern das Seiende, sofern es ganz bestimmt ist von seinen forma-haften Prinzipien. Sofern es absieht vom Hier und Jetzt und von aller Individualität. Der tätige Intellekt verhalte sich zum möglichen wie das Wesen zur Substanz. Auf diese Unterscheidung, die hier erst einmal nur genannt sei, komme ich zurück.

5. Thomas zufolge waren die Wesenheiten der körperlichen Dinge für uns Menschen das Ersterkannte. Dietrich zufolge erkennen wir Gott als das Prinzip des Intellekts und der Natur „früher" als alles andere.[54] „Früher" hat hier nicht zeitliche Bedeutung. Der tätige Intellekt Dietrichs konstituiert mit der Erkenntnis seines Prinzips sein eigenes Wesen. Das Prinzip des Intellekts, also Gott, sein eigenes Wesen und die Gesamtheit

[50] Dietrich, vis. 3.2.9.6. bis 3.2.9.8 I 96–100, vgl. Kurt Flasch, 2006, S. 96–99.

[51] Wohl aber in: utrum 1.4.2.2 (8) III 301 und öfter, doch dürfte diese Quaestio nicht früher verfaßt sein als vis., nämlich um 1296/1297. Dazu Maria Rita Pagnoni-Sturlese in III 289.

[52] Dietrich, vis. 4.3.1 (1) I 111.

[53] Dietrich, vis. 3.2.9.2. I 88–89.

[54] Thomas von Aquino, Sth I 88, 3; Dietrich, vis. 1.3.3 (11) I 58–59.

des Seienden als Seiendes, sie sind das *eine* Objekt des Geistes, sie *sind* der Intellekt, auf dessen, nämlich intellektuelle Weise.

6. Bei Thomas ist der tätige Intellekt nicht Gegenstand der Erkenntnis des möglichen Intellekts, obwohl der mögliche Intellekt das wirkliche geistige Erkenntnisvermögen sein soll. Der tätige Intellekt ist bei Thomas das, was Objekte intelligibel macht, also nicht selbst Objekt.[55] Das muß bei Dietrich anders sein. Der mögliche Intellekt, sofern er Intellekt ist, bekommt sein Sein in der Erkenntnis seines Grundes, nämlich des tätigen Intellekts. Er bekommt sein Sein nur durch den tätigen Intellekt; er ist keine Naturausstattung der Seelensubstanz als Potenz. Dietrich hat die ausführliche Analyse des intellectus possibilis auf die Schrift *De intellectu* verschoben. Doch macht der große Abschnitt vis. 3 klar: Die These des Thomas, die beseligende Schau erfolge durch den möglichen Intellekt, ist unhaltbar.[56] Über die Ansicht des Thomas, der tätige Intellekt habe in der seligen Anschauung nichts zu erkennen, müsse man sich mehr wundern als sie widerlegen, sei doch der tätige Intellekt die Vernunft, sofern sie durch ihr Wesen immer actu erkennt.[57] Aber auch der mögliche Intellekt ist Intellekt, also von solcher Einfachheit, daß er keine Zusatzbestimmung von außen aufnehmen kann; er kann also das Herrlichkeitslicht, das Thomas für ihn zusätzlich fordere, gar nicht in sich aufnehmen.[58]

Diese Zusammenstellung antithomistischer Thesen der Intellekttheorie Dietrichs ist weder vollständig noch erschöpft sie das Gesamtverhältnis Dietrichs zu Thomas. Es blieben wichtige Gemeinsamkeiten, z. B. in der Abwehr der Lehre des Averroes, daß der Intellekt nicht dem Menschen immanent sei. Bestimmte Grundsätze des Thomas hat Dietrich eher weitergetrieben, z. B. den, daß die Gnade die Natur nicht zerstört, sondern vollendet,[59] vor allem das Axiom, daß jedes Wesen um seiner Tätigkeit willen da ist.[60] Schließlich knüpft Dietrichs Schrift über die beseligende Anschauung unverkennbar, sogar bis in die Formulierung hinein, an den sog. „Intellektualismus“ des Thomas an: Die Vernunft ist beiden Denkern das Beste, das supremum, im Menschen, nur hat Tho-

[55] Thomas von Aquino, Sth I 79, 4 ad 3.
[56] Thomas von Aquino, ScG 3, 53 und Quaest, disp. de anima a. 15 c. a, et ad 9.
[57] Dietrich, vis. 3.1 (7) I 69.
[58] Dietrich, vis. 3.2.4 (12) I 76.
[59] Dietrich, vis. 3.2.9 (3) I 85.
[60] Dietrich, vis. 3.2.9.3 (1) I 89.

mas dieses Beste mißverstanden. In anderen wichtigen Lehrpunkten hat sich der Gegensatz zu Thomas im Vergleich zu *De origine* verschärft: Jetzt lehnt Dietrich die Wahrnehmungslehre des Thomas ab; jetzt teilt Dietrich gegen Thomas offen die These Augustins, daß die Seele auch in der Wahrnehmung selbständig tätig ist.[61]

5. *Aristoteles – Augustin – Averroes*

Dietrichs Schrift über die Gottesschau ist ein hochspekulatives kompliziertes Konstrukt. Ich habe sie seither auf ihr philosophisches Grundmotiv hin beschrieben, muß aber nun einige Präzisierungen nachtragen, die etwas mehr technischen Charakter annehmen können:

Dietrichs Traktat könnte auch den Titel tragen: Über die tätige und die mögliche Vernunft. Aber de facto heißt er *De visione beatifica*. Dies gibt Anlaß, über Dietrichs Themenwahl nachzudenken. Eine Debatte über die Frage, wie der menschliche Geist Gott seinem Wesen nach erfassen könne, existierte *vor* Dietrich. Er griff in sie ein, um durch eine verbesserte Theorie der tätigen Vernunft eine unzureichende Ansicht, die sich durchzusetzen begann, abzulösen und damit die Verbindung des Menschen zu Gott auf einen weniger mirakulöses, auf ein intimeres und selbsttätiges Verhältnis zu gründen. Dietrich beansprucht für seine Theorie keine strikte Notwendigkeit, sondern sofern sie das *tatsächliche* Jenseitsschicksal der Geistseele betrifft, nur Plausibilität. Was er behauptet, soll weder in sich widersprüchlich sein noch in sich notwendig, denn wie die tatsächlichen jenseitigen Verhältnisse sind, das unterliegt der Willensvorsehung, nicht der Naturvorsehung – im Sinne der Unterscheidung Augustins aus *De Genesi ad litteram* VIII 24, 45, deren schroffe Auslegung wir seit Dietrichs an. 20 III 30–31 kennen. Damit schiebt Dietrich nicht die ganze Frage ins Feld der Offenbarungstheologie. Schließlich hatte Averroes einen langen Abschnitt seines Kommentars zu *De anima* der Frage gewidmet, wie unser Intellekt sich den reinen Geistwesen verbinden könnte; er hatte sie abgehandelt unter dem Titel der vollende-

[61] Dietrich, vis. 1.2.1.1.6 (4) I 42. Schwieg Dietrich in or. noch bezüglich der Differenz von Dasein und Wesen bei Thomas, so identifiziert er nun esse mit essentia, vis. 3.2.9.4 (4) I 91.

ten Vernunft, des intellectus adeptus, im Abschnitt 36 zum dritten Buch über die Seele.[62] Er hatte berichtet, der Philosoph Avempace († 1138) habe über der Frage, wie der Mensch die continuatio mit dem reinen Geist erreichen könne, nie, weder tags noch nachts, auch nur für einen Augenblick Ruhe gefunden.[63] Er hatte als Lösung formuliert: Wenn der reine Geist uns zur aktualen Wesensform wird, efficietur forma nobis in actu, werden wir durch ihn *alles* erkennen, und *wir selbst* werden das für *ihn* charakteristische Werk wirken (III 36, Z. 530–539). Albert hatte über die vollendete Vernunft, die ihre volle Aktualität erreicht hätte, mit Berufung auf Platon und Alfarabi gelehrt, in ihr vollende sich der Sinn von Philosophie, da die Seele sich selbst finde. Der menschliche Intellekt in seiner doppelten Rolle – als Bild (imago) des Weltgrundes und als mit dem Zeitlichen verwoben – sucht und erreicht in der Philosophie des Intellekts sich selbst. Denn die menschliche Vernunft sei eine Ähnlichkeit der ersten Wahrheit. Der Intellekt sei das erste Bild des Lichtes des ersten Grundes, prima imago lucis primae causae. Deshalb sei die Betrachtung der Wahrheit unsere größte Lust. Diese finde sich im Intellekt, aber der Mensch ist, so Albert, sofern er Mensch ist, nichts als Intellekt, homo inquantum homo solus est intellectus.[64]

Albert bejahte diesen „Intellektualismus" als Erbe der griechischen und arabischen Philosophie. Er legte ihn zugrunde, wenn er den möglichen Vollendungszustand der menschlichen Vernunft bedachte, wie Averroes unter dem Titel des intellectus adeptus.[65] Alberts *De intellectu et intelligibili* verband bereits intellectus-agens-Lehre, imago-Spekulation und glückseligen Endzustand als Formung durch den Urgeist. Der mögliche Intellekt erkennt alles, auch sich selbst, im Lichte der tätigen Vernunft. Das, *wodurch* er alles erkennt, erkennt er *in allem* Erkannten (II c. 5 Borgnet 9, 511 a). Er sieht also in allem die tätige Vernunft. Diese hat alle Inhalte des Intellekts in sich, praehabet in seipso omnia intellecta (II c. 3 Borgnet 9, 508 a). Sie gibt allem Erkannten die aktuale Form

[62] Averroes, In De an. III 36 Crawford, S. 479–502. Der auch von Dietrich gebrauchte Terminus des intellectus adeptus hat eine lange arabische Tradition. Die Quellen zitiert Loris Sturlese zu dot. 24,1 II 286 Anm. 29. Zur intellektuellen beatitudo vgl. Loris Sturlese, Vernunft und Glück, Die Lehre vom intellectus adeptus bei Albert dem Großen. Lectio Albertina 7, Münster 2005; zur arabischen und lateinischen Tradition: Flasch 2006, S. 65–66; 84–85 und 117–118.

[63] Averroes, In De an. III 36 Crawford Z. 221–227.

[64] Albertus Magnus, De intellectu et intelligibili II c. 8 Borgnet 9, 315.

[65] Bei Dietrich vis. 4.3.2 (5) I 114; vgl. vis. 1.1.4 (5) I 29.

des Erkanntseins; sie existiert nicht wie ein Akzidens in einem Träger, non sicut accidens est in subiecto (I tr. 3 c.1 Borgnet 9, 499 a). Sie ist in allumfassender Weise und immer tätig, und zwar *ihrem Wesen* nach, per essentiam, also nicht außenabhängig und zufällig. Und das sage die Lehre der „alten Philosophen“, wenn sie behaupteten, die Vernunft sei „einfach, wirkt wesenhaft, alle Intelligenzen sind ungeteilt in ihr, und alle sind in ihr als ihre Substanz, als ihr Leben und ihr Licht“ (II c. 3 Borgnet 9, 506 a). Albert arbeitet das Bildsein der Vernunft, ihre Nicht-Akzidentalität und Glückseligkeit hier heraus – nicht im Anschluß an Augustin, sondern mit Berufung auf die griechische und die arabische Philosophie. Aber wer ihm hatte folgen können, fand die Einheit von geistiger Substanz, intellektuellem Licht und Leben auch in Augustins *De Trinitate.* Die Lektüre Augustins wie die des Aristoteles hatte durch die intellektuellen Kämpfe seit 1270 einen höheren Grad an Genauigkeit erreicht. Damit wurde die Frage dringlicher: Wie verhält sich diese intellectus-agens-Lehre zu Augustins imago-Spekulation?

Vom Intellekt als Akzidens in einem Subjekt oder als Potenz in einer Seelensubstanz gab es keinen sachbegründeten Übergang zur *substantialen* imago der Gottheit bei Augustin. Genau einen solchen Weg suchte Heinrich von Gent, in dem *Quodlibet* IX 15 von 1286[66] und in der 8. *Quaestio* seines XIII. *Quodlibet,* das 1289/1290 entstanden sein dürfte.[67] Er fragte: Gehört die tätige Vernunft zum Bildsein im Menschen, utrum intellectus agens pertineat ad imaginem in homine. Er antwortete bejahend: Der tätige Intellekt steht höher im Rang als die mögliche Vernunft; der Rang der geistigen Naturen beruht auf ihrem Bildsein, also macht der tätige Intellekt mehr als der mögliche das Bildsein im Sinne Augustins aus. Die tätige Vernunft ist das innere Licht, in dem unsere Vernunft erkennt.[68] Er hat zwar eine wesentliche Funktion in der Verallgemeinerung der Vorstellungsbilder, aber er leuchtet darüber hinaus als das pure Licht im möglichen Intellekt und disponiert ihn, Einsichten des ungeschaffenen Lichts aufzunehmen: Per hoc enim quod lucet ut

[66] Heinrich von Gent, Quodl. IX 15, in: Henrici de Gandavo, Quodlibet IX, ed. R. Macken, Leuven 1983, S. 258–269. Dieses Quodlibet stammt aus der Zeit um Ostern 1286, zur Chronologie vgl. Jean Paulus, Henri de Gand, Paris 1938, S. XVI.

[67] Nach R. Macken in seiner Introduction zu Heinrich von Gent, Quodlibet I, Leuven – Leiden 1979, p. XVII.

[68] Heinrich von Gent, Quodlibet XIII Quaestio 8, ed. J. Decorte, Leuven 1985 (Opera omnia XVIII), 49–56, von 1289/1290, und Summa (Quaestiones ordinariae) art. 1 qu. 3, Paris 1520, I fol. 99 vE – 100 rF.

pura lux in intellectu possibili, disponit ipsum ut sit receptivus notitiae de luce increata (ib. Decorte 55). Heinrich sagt nicht wie Dietrich, der tätige Intellekt könne die Aufgabe erfüllen, die bei Thomas das lumen gloriae hatte. Aber er gibt dem tätigen Intellekt eine Tätigkeit über das Verallgemeinern von Vorstellungsbildern hinaus und verbindet diese Licht-Funktion mit der imago-Lehre Augustins, ohne allerdings mit der Installierung des tätigen Intellekts als Seelenpotenz zu brechen: (intellectus) agens vero qui est potentia animae.[69]

Dietrich hat aller Wahrscheinlichkeit nach Heinrichs Text gekannt. Er konnte auch nicht zufrieden sein mit der glatten Wendung des Aegidius Romanus, der tätige Intellekt werde in der seligen Schau zwar nicht mehr gebraucht zum Durchleuchten der phantasmata, aber er erleuchte weiterhin den möglichen Intellekt mit einem besonderen Licht seiner Art.[70] Seltsam mußte ihm vorkommen, was Ägidius zur Funktion des tätigen Intellekts in der ewigen Schau schrieb, daß er nämlich den menschlichen Geist, der sich dabei stoffartig passiv (materialiter) verhalte, die Eignung (aptitudo) verschaffe, das übernatürliche Licht (lumen supernaturale) aufzunehmen.[71] Solche theoriearmen Sprüche, die nach 1285 selbst in Paris zu hören waren, könnten Dietrich gereizt haben, ein Programm der Aufwertung des intellectus agens gegen die communiter loquentes im Sinne des Averroes und Alberts zu entwickeln. Er berief sich auf Aristoteles und Averroes für die Lösung der Frage nach der visio beatifica: Der intellectus per essentiam wird sich uns als unsere Wesensform vereinen, während er uns in diesem irdischen Leben nur als Grund unserer Einsichten vereint ist (ut principium intellectorum in nobis).[72] Die Frage hatte durch die Pariser Debatten neue Aktualität erhalten.[73] In dieser Situation und auf diesem Hintergrund konnte Dietrich den Plan fassen, die Übereinstimmung der intellectus agens-Lehre des Aristoteles und Averroes mit der imago-Spekulation Augustins detailliert zu beweisen, also zu zeigen, alles, was

[69] Heinrich von Gent, Quodl. IX 15, Opera omnia XIII, Leuven 1983, S. 265 Zeile 8–9.

[70] Aegidius Romanus, Quodlibet II 22, Quodlibeta, Louvain 1646, S. 107 b. Dieses Quodlibet stammt aus dem Jahr 1287. Chronologie der Schriften nach Robert Wielockx, Aegidii Romani Opera omnia, III 1 Apologia, Florenz 1985, und nach Silvia Donati, Studi per una cronologia delle opere di Egidio Romano, in: Documenti e studi sulla tradizione filosofica medievale 1 (1990), S. 1–111 und 2 (1991), S. 1–74.

[71] Aegidius Romanus, Quodl. V 8, Quodlibeta, Louvain 1646, S. 288 a–b.

[72] vis. 1.1.4 (3)–(5) I 29 und vis. 4.2.1 (2) I 106 sowie 4.2.1 (4) I 107.

[73] Dazu auch Matthias Laarmann, Deus, primum cognitum. Die Lehre von Gott als dem Ersterkannten des menschlichen Intellekts bei Heinrich von Gent (†1293). Beiträge NF 52, Münster 1999, S. 327–333.

Aristoteles je über den tätigen und den möglichen Intellekt geschrieben habe, biete die einzig sachgemäße Erklärung von Augustins abditum entis und der exterior cogitativa.[74] In eandem autem peripateticorum sententiam concordat Augustinus.[75] Für *diesen* Beweis und für die Widerlegung der thomistischen, aber, wie gezeigt, nicht nur thomistischen Theorie, die den intellectus possibilis, ausgestattet mit dem akzidentellen lumen gloriae, zum Subjekt der Erkenntnis Gottes seinem Wesen nach machte, hat Dietrich keineswegs nur Plausibilität beansprucht. Er hielt die These des Thomas für nachweisbar faktisch falsch und in sich widersprüchlich. Sie erreiche nicht, was sie leisten soll, abgesehen von ihrer lächerlichen Auslegung sowohl des Aristoteles wie Augustins.

Dietrich schlägt gegen Thomas einen scharfen Ton an. Seine Theorie, wonach der tätige Intellekt nicht erkenne, sondern nur die Erkenntnis des möglichen Intellekts vorbereite, verdiene mehr Verwunderung als Widerlegung.[76] Er beschuldigt ihn der verächtlich rohen Auslegung Augustins.[77] Für die antithomistische Polemik gelten die Vorbehalte nicht, die Dietrich bezüglich der Gewißheit von Gottesentscheidungen in Jenseitstatsachen äußert. Er macht sie auch nicht bezüglich seiner eigenen Bibelauslegungen, bei denen er aus der Bibel, wenn sie vom Menschen als Bild und Gleichnis, imago und similitudo, spricht (*Genesis* 1, 26), herausliest, imago sei der tätige Intellekt, similitudo der mögliche Intellekt und nur dieser sei für Zusatzgaben wie Gnade empfänglich.[78] Wie andere Autoren seiner Zeit auch bog er die Nase der Bibelautorität dorthin, wo er sie haben wollte, und er sagte dies offen, indem er bemerkte, er gehe von der Wahrheit der Heiligen Schrift und ihrer „gesunden" Auslegung aus und folgere: Was formaliter den Bildcharakter ausmache, müsse substantia sein.[79] Die imago müsse unsere *Natur* sein, nicht Begnadung.[80] Diese Eigenständigkeit hatte Grenzen. So erklärt Dietrich ausdrücklich, *ob* wir Gott in seinem Wesen schauen werden, das könne er nicht mit bloßer Vernunft ermitteln; dies ver-

[74] vis. Proemium (5) I 14.
[75] vis. 1.1.4 (6) I 29.
[76] Dietrich, vis. 3.1 (7) I 69.
[77] Dietrich, vis. 1.1.3.2 I 19–20; 1.1.2.4 I 25; 1.1.10 I 35–36 und die expositio der Theorie Augustins vom höheren Rang des Aktiven, vis. 1.1.2.2 (1) I 24. Die Augustin-Auslegung des Thomas nennt Dietrich omnino ridiculosa, 1.1.1.3.1 (3) I 19; 1.1.2.3 (1) I 24; 3.1 (7) I 69.
[78] Dietrich, vis. 1.1.1 (2) I 15.
[79] Dietrich, vis. 1.1.1 (6) I 16.
[80] Dietrich, vis. 1.2.2.2 (2) I 48.

spreche die Heilige Schrift.[81] Er zweifelte so wenig wie seine arabischen Kollegen an der Tatsache der Prophetie und suchte zu erklären, wie sie philosophisch zu denken wäre.[82] Dies möge bis zur ausführlichen Erörterung von Dietrichs Konzept der theologia genügen zum „theologischen“ Charakter von *De visione beatifica,* Dietrich war Theologe, aber er dachte nicht, seine Profession als Magister der theologia entbinde ihn von der Pflicht zu strikt-philosophischer Argumentation. Schließlich war er überzeugt, wesentliche Wahrheiten des Christentum seien überlagert durch die Dominanz einer banalisierenden Philosophie und müssten jetzt durch Kritik dieser unphilosophischen Philosophie wieder freigelegt werden. Dies zeigt sich besonders im folgenden Abschnitt.

6. Bewußt-Sein als Sein

Zu präzisieren ist Dietrichs Theorie des ens conceptionale, die den Traktat *De visione* durchzieht und in der wahrscheinlich gleichzeitigen Quaestio *utrum in deo sit aliqua vis cognititva*, bes. 1.4.2.2 (8)–(10) III 301–303, auftaucht, für die Argumentation von *De intellectu* unentbehrlich sein wird und noch in der Spätschrift *De substantiis spiritualibus* 4–6, II 305 bis 308 eine wichtige Rolle spielt, also zu den bleibenden Erwerbungen Dietrichs gehört. Ich möchte zunächst in etwas mehr technischer Form diesen Begriff erklären, um dann seine Funktion zu beschreiben.[83]

Wieder einmal stellt Dietrich die Frage nach der Einteilung des Seienden als Seienden. Er antwortet, das reale Seiende in der Natur (ens reale repertum apud naturam) sei zu unterscheiden von dem Sein in der Seele oder dem Erkenntnis-Sein, dem ens conceptionale. Die letztere Formulierung ist ungewöhnlich; sie kommt um 1300 kaum vor. Eine solche Rarität reizt zu genetischen Ableitungen, aber Dietrich stellt ihre Herkunft klar. Er sagt, diese Einteilung stamme von Averroes, ut habetur a Commentatore.[84] Wieder einmal steht Averroes am Ursprung einer

[81] Dietrich, vis. 4.3 (1) I 111.
[82] Dietrich, vis. 4.3.2.1 (5) I 117.
[83] Vgl. Burkhard Mojsisch, Sein als Bewußt-Sein. Die Bedeutung des ens conceptionale bei Dietrich von Freiberg, in: Flasch 1984, 106–114.
[84] Dietrich, vis. 3.2. 9.1 (6) I 86 und vis. 3.2.9.6 (1) I 96.

charakteristischen Lehre Dietrichs, und nicht, wie seit Engelbert Krebs immer wieder gesagt worden ist, eine neuplatonische Quelle. Damit bestreite ich nicht die Bedeutung neuplatonischer Texte für das Denken Dietrichs; sie rücken nur an eine andere argumentative Stelle. Dietrich hat den Zugang zu ihnen durch die harte Arbeit der Auseinandersetzung mit Aristoteles und Averroes argumentativ gewonnen.

Was also ist, Dietrich zufolge, das ens conceptionale? Es verdankt sich nicht einer untergeordneten, peripheren Einteilung des Seienden, sondern ist eine der beiden Seiten der *ersten* Einteilung des Seienden. In seiner Allgemeinheit umfaßt es alle Weisen des Auffassens und Erkennens. Ens conceptionale – das sind alle Formen des Inseins der Sachen im Erkennenden. Es hat einen *wesentlichen* Bezug zur Realität; es *ist* dieser Bezug, und zwar im doppelten Sinne: Es bezieht sich auf die Gesamtheit des Seins, ausnahmslos. Denn es gibt keine Sonderart von Seiend, die nicht erkennbar wäre. Es gibt keine Seinsart, die – als Seinsart – erkennbarer wäre als eine andere, weil das Erkenntnis-Sein oder das Begriffen-Sein seinem Wesen nach, von sich aus, *per se,* sich auf das Seiende und seine Einteilungen bezieht. Das sagt keineswegs, das Erkenntnis-Sein bilde das Natur-Sein ab oder von diesem gehe eine Kausalität aus. Die allgemeinsten Bestimmungen – das Seiende und was diesem zukommt – finden sich im Natursein wie im Erkenntnis-Sein. Der *All*-Bezug des Erkenntnis-Seins ist festzuhalten; Dietrich bemerkt, Aristoles formuliere ihn dahin, der tätige Intellekt *mache alles* intelligibel, der mögliche Intellekt *werde* alle Dinge. Die zweite Seite dieses Wesensbezugs ist diese: Nicht nur das Seiend-Sein, sondern mit ihm die Grundbestimmungen von Seiend, seine allgemeinen Modi, finden sich ebenmäßig im Natursein wie im Erkenntnis-Sein, zum Beispiel Möglichkeit und Wirklichkeit, Grund und Begründetes. Die Natur-Seienden haben als Wesen eine Rangordnung; sie haben sie per se, aus ihrem Seinscharakter; dieser bestimmt ihre Abfolge und die Weise, auseinander hervorzugehen. Ihre allgemeinste und grundlegende Bestimmung ist es, Seiende zu sein. Dessen wesenhafte Modi konkretisieren sich. „Sie steigen herab“, schreibt Dietrich begriffsrealistisch; in ihrer ursprünglichen Bestimmtheit als Seiende (primo) treten sie wesenhaft, nicht zufällig (per se) sowohl in der Naturwelt wie in der Wissenswelt (et re et intellectu) auf, ausnahmslos alle, weil es außerhalb dieser Modi kein Seiendes geben kann.

Welches sind die ursprünglichen Modi des Seienden? Dietrich greift auf kein vorhandenes ontologisches Schema zurück, um diese Frage zu beantworten. Er nennt nicht Schöpfer – Geschöpf oder die neuplatonische Abfolge von Unum – Geist – Seele – Körper. Dietrich umgeht solche Vorgaben. Er unterscheidet:

Das Seiende, das ist das Wesen, essentia. Durch das Wesen unterscheidet es sich vom Nichts. Das Seiende hat zweitens den Modus der substantia. Im strengen Sinn von substantia bedeutet dies: Es hat sein Sein erhalten aus zusammengesetzten Entstehungsgründen der Natur, durch Eduktion der Wesensform aus dem Stoff. Es hat drittens dynamische Voraussetzungen seiner Aktivitäten, virtuelle Qualitäten des Seienden, die nicht wahrnehmbar sind, aber ihren wahrnehmbaren Tätigkeiten zugrunde liegen, zum Beispiel die Vitalwärme der Lebewesen. Wir würden heute vielleicht sagen: ihre biochemische Struktur oder ihre Genome. Die Vitalwärme, bemerkt Dietrich, ermöglicht den Tieren die Assimilation der Nahrung und damit die Erzeugung artgleicher Wesen. Dabei wirken verborgene, virtuelle Qualitäten: Ein solches Lebewesen kann sich zuweilen kalt anfühlen und besitzt doch Lebenswärme. An vierter und letzter Stelle finden sich eigenschaftliche Qualitäten wie warm und kalt. Sie sind Extreme der Natur, äußerste Ausläufer der herabsteigenden Natur des Seienden. Sie lösen Naturprozesse aus und halten sie in Gang. Zugleich wirken sie als spezifische Sinnesobjekte auf unsere Sinne. So wirkt zum Beispiel Warm auf unser Tastgefühl.

Diese Modi des Seienden nun, als allgemeine ratio entis in Naturdingen beschrieben, finden sich proportional – d.h. unter den Bedingungen des Erkenntnisseins – auch in diesem, d.h. sie konkretisieren sich; sie „steigen herab", wesenhaft und ursprünglich in die Erkenntnisseienden, die wie alle Seienden um ihres Wirkens willen da sind und durch Wirken ihre Art anzeigen. Sie stammen aus derselben allgemeinen Wesensart des Seienden.[85]

Damit hat Dietrich die Unterscheidung von ens naturae und ens conceptionale gewonnen. Dabei faßt er „Natur" in dem seit *De origine* definierten engeren Sinn. Er sieht in der Unterscheidung von Natursein und Erkenntnissein die erste Unterscheidung, die ursprüngliche Gabelbildung des Seienden. Es gibt keine Einteilung, bei der sie nicht mit vorausgesetzt wäre, und es gibt, von der ratio entis her gedacht, keinen Vorrang unter den beiden Einteilungsgliedern Natur und Bewußtsein. Sie ist ursprünglicher als die Einteilung des Seienden in die zehn Prädikamente.

[85] vis. 3.2.9.6 I 96–97: ex eadem generali entis ratione per se et primo descendunt in haec entia conceptionalia, zu lesen auf dem Hintergrund von 3.2.9 I 85–97.

Schon dadurch unterscheidet sie sich von der Distinktion, die spätestens seit Averroes die maßgebenden Kommentatoren *von Metaphysik* V 7 vorgenommen haben: ens naturae gegen ens in anima.[86] In dieser Traditionslinie bedeutete das „Sein in der Seele“ die Copula, also die logische Operation der Verknüpfung, etwa wenn jemand sagt, die Wand *ist* weiß.

Dietrich baut die tradierte Distinktion zu einer Analyse der gegenüber der Natur selbständiger werdenden Bewußtseinswelt und ihrer spezifischen Tätigkeiten aus. Da er geschöpfliche wesenhafte Intellekte kennt, deren Wesen mit ihrer Tätigkeit und ihrem Wissensinhalt identisch ist, zählen real existierende Intellekte zu seinem ens conceptionale. Deswegen muß Dietrich unterscheiden zwischen einem ens conceptionale im weiteren und im engeren Sinn. Im weiteren Sinn ist ens conceptionale alles, was erkennend oder erkannt ist. In diesem Sinne sind konzeptionelle Seiende auch reale, erkennende Intellekte, bei denen das Wesen des Erkennenden identisch ist mit dem Wesen des Erkannten (per indifferentiam essentiae concipientis et concepti). Hier meint er nicht die logische Verknüpfung mit Hilfe des „ist“, sondern hohe Geistwesen mit Identität von Substanz, Wirken und Objekt. Bei den entia conceptionalia im engeren Sinn steht die konzipierende Tätigkeit im Vordergrund, bei der ein Erkennendes intentional ein von ihm Verschiedenes aufnimmt. Concipere ist hier mit einem Anklang an das biologische Empfangen zu lesen: Ein Lebewesen empfängt in sich ein anderes, von seiner Substanz verschiedenes Wesen. So nimmt ein Mensch mit seinen Sinnen sinnlich Wahrnehmbares auf und durch den Intellekt Vernunftinhalte. Auch diese Vorgänge sind entia conceptionalia. Zu ihnen gehören auch Erkenntnisweisen, bei denen das Erkennende nicht mit dem Erkannten identisch ist. Erst recht kann der tätige Intellekt so heißen, dessen erkennende Tätigkeit sein Wesen ist, und der vom Menschen empfangen, konzipiert werden kann – im irdischen Leben mit den *Wirkungen* des tätigen Intel-

[86] Averroes, in Met. V 14, fol. 117 v G: Et intendebat distinguere inter hoc nomen ens, quod significat copulationem in intellectu et quod significat essentiam, quae est extra intellectum. Dazu Albert, In Met. l. 4 tr. 1 c. 3, Ed. Colon. XVI, 1, S. 164 Zeile 44–52 und In Met. l. 5, tr. 1 c. 11, Ed. Colon. XVI, S. 235 Zeile 28–30; Thomas Aquinas, In Met. V lectio 9, n. 889–895, Cathala 285–286. Thomas Sth I 3,4 ad 2: esse dupliciter dicitur. Uno modo significat actum essendi, alio modo significat compositionem propositionis, quam anima adinvenit conjungens praedicatum subjecto. Sth I 48, 2 ad 2: sicut dicitur in V Metaph. ens dupliciter dicitur. Uno modo secundum quod significat entitatem rei, prout dividitur per decem praedicamenta, et sic convertitur cum re … Alio modo dicitur ens quod significat veritatem propositionis, quae in compositione consistit.

lekts, in der seligen Schau, wenn er, wie die Philosophen sagen, unsere *Wesensform* wird.[87]

Damit klärt sich die Funktion der terminologischen Neuerung Dietrichs: Zunächst löst seine Analyse der entia conceptionalia die Frage nach der Möglichkeit einer Wesensschau Gottes durch den menschlichen Intellekt nicht von Seite der Naturdinge. Wie schon gesagt, gilt die Kategorientafel des Aristoteles für die entia conceptionalia nicht. Dietrichs Distinktion hält die substantialen Prozesse des tätigen Intellekts, seine Identität mit den Inhalten und sein Empfangenwerden im Menschen von Naturkategorien frei. Um Wissen-Sein zu begreifen und dann auch die Möglichkeit einer menschlichen Erkenntnis des Wesens Gottes zu ermitteln, bedarf es einer Umkehr der Denkweise, zu der schon Albert aufgefordert hatte mit der Bemerkung, der Intellekt sei nicht wie ein Akzidens in einem Träger (De int. I tr. 3 c. 1, 9 Borgnet 9, 499 a). Dietrich systematisiert diesen Wink. Er setzt ein mit einer Reform des Seinsbegriffs, deren Grundriß er in *De visione beatifica* zeichnet und in anderen Werken ausführen wird: Die ratio entis findet sich nicht primär bei den Naturdingen und wird dann im Denken und Wahrnehmen rezipiert, sondern sie gabelt sich ursprünglich in Natur und Erkennen-Sein. Zwischen beiden besteht Ähnlichkeit, nicht unilaterale Dependenz. Dietrichs Distinktion beendet die Asymmetrie, die zwischen dem ens naturae und dem ens in anima bei den bisherigen Kommentatoren der *Metaphysik* bestand. Dies wollte Dietrich nicht nur behaupten, sondern im Detail vorführen. Dazu mußte er – über Aristoteles und Averroes hinausgehend – den Seinscharakter des Erkenntnis-Seins genauer untersuchen, um den Erkenntnischarakter des Erkennens angemessen zu analysieren. Die Wesensart des Seienden, die ratio entis, argumentierte er, unterscheidet primär das Seiende vom Nicht-Sein. Seine essentia sagt, daß es *ist.* Dies setzt voraus, daß Wesen (essentia) nicht real unterschieden wird von Dasein (esse). Diese antithomistische Position konnte Dietrich in *De visione beatifica* nicht auch noch durchfechten; er verschob die unerläßliche Polemik auf einen eigenen Traktat über Dasein und Wesen, meldete aber seine These, essentia bedeute esse, unmißverständlich an und stellte sie unter den Schutz zweier mächtiger Autoritäten; er zitierte dafür Augustin und Boethius.[88] „Wesen" bedeutet die fundamentale Verwirklichung und ist, wie gesagt, zu unterscheiden von „Substanz". Diese bezeichnet das

[87] Dietrich, vis. 3.2.9.8 I 99–100.

[88] Dietrich, vis. 3.2.9.4 (4) I 91.

Seiende als Ergebnis der Zusammensetzung konstituierender Elemente. Um als Naturfaktor wirken zu können, braucht die „Substanz" virtuelle Qualitäten und außerdem sinnlich wahrnehmbare Eigenschaften. Diese vier Modi des Naturseienden als Seienden finden ihre Parallele – nicht ihr Abbild – im Erkenntnisseienden, und zwar auf folgende Weise:

Erkenntnis als Wesen, nicht bloß als Eigenschaft, Erkenntnis aus dem eigenen Wesen, nicht durch Außeneinwirkung, das ist das Charakteristikum des tätigen Intellekts: Erster Modus der ratio entis im ens conceptionale.

Dann steigt die ratio entis aus der unbewegten Sphäre der Identität herab in die Prozesse intellektueller Identifikation. Seiende werden konstituiert aus ihren Prinzipien. Dies ist der Tätigkeitsbereich des möglichen Intellekts, wie er in *De origine* beschrieben ist. Die dort erörterte Seinsbegründung war nicht dem tätigen, sondern dem möglichen Intellekt zuzuschreiben, der als Intellekt innen liest, d. h. durch Zusammensehen der Formgründe das Wesen erfaßt (intus legit).[89] Er baut – in Korrespondenz zu Außennatur, nicht in kausaler Abhängigkeit – die Sache auf, aus Elementen, die dem Ganzen vorhergehen, die also nicht wie zufällige Eigenschaften zu der konstituierten Substanz hinzukommen. Wie sich die Substanz der Naturdinge zusammensetzt aus Prinzipien, so bildet der mögliche Intellekt aus vorgängigen, nicht-empirischen Formelementen seine Inhalte: Zweiter Modus der ratio entis im ens conceptionale; er bildet nach der Wesensstufe die Substanzstufe.

Die Seinsart des ens conceptionale partikularisiert und dynamisiert sich weiter. Sie tritt heraus aus dem Insichsein und der Vollendung, die dem Wesen als Wesen zukam. Jetzt entfaltet sie sich dynamisch in rationale Schritte; jetzt tritt Erkenntnis auf als Einteilen, Unterscheiden, Ordnen, Zuteilen. Es handelt sich um die reinen Formelemente, aber jetzt werden sie angewendet, kombiniert oder getrennt in geistigen Prozessen des Auffassens und Untersuchens. Auf dieser dritten Stufe des Erkennens werden Einzeldinge begrifflich bestimmt; man könnte sie die der virtuellen Dynamik nennen oder die der partikularisierten Vernunft. Dietrich nennt sie cogitativum nostrum, unsere Kraft des Zusammendenkens und zugleich Auseinanderlegens einfacher Bestimmungen, auch Unterscheidungskraft (vis distinctiva) oder Vernunft im Prozeß der Besonderung (ratio particularis). Die interne Lebenskraft der Naturwesen setzt das

[89] Dietrich, or. 2 (15) III 148; 5 (26) III 188; 5 (56) III 198.

Wesen und die Substanz als innewohnend voraus, entsprechend hängt die sich besondernde Vernunft von den reinen Bestimmungen des tätigen Intellekts und den Formalelementen der möglichen Vernunft ab. Die Frage, wieweit die Vorstellungskraft, die vis imaginativa, in diesen Prozessen mitspielt, bedarf, Dietrich zufolge, genauerer Untersuchung. Für die erste Analyse sei festzuhalten, daß die sich besondernde Vernunft es mit Begriffen, nicht mit Bildern zu tun hat. Sie trennt ihr Allgemeines von den Bildern (abstrahendo a suis idolis), auch wenn sie Bilder, also die imaginativa, zu Hilfe nimmt und Dinge mit Bildvorstellungen beschreibend verknüpft (res secundum sua idola describuntur). Die sich besondernde Vernunft bewegt sich in einem Umhof der Vorstellungen, so wie die Lebenskraft der Tiere sich in einem Raum und in Zeit verwirklicht: Dritter Modus der ratio entis im Erkenntnis-Sein.

Die vierte Art des Erkennens oder des Erkenntnis-Seins tritt noch weiter aus der Innen-Konzentriertheit heraus. Die Sinneserkenntnis bildet die Außenseite des Erkenntnisseins, so wie die wirkenden Qualitäten bei Naturvorgängen. In ihr steht Veränderung im Vordergrund; hier vor allem hat Erkennen den Charakter des Übergangs vom Möglichen zum Wirklichen. Dies ist der letzte Modus der ratio entis im ens conceptionale. Es fragt sich aber noch, wo der Gemeinsinn (sensus communis) und die Vorstellungskraft (imaginativa) ihren Ort haben. Der Gemeinsinn macht weniger Schwierigkeiten; er wirkt zusammen mit Einzelwahrnehmungen; er beginnt und endet mit ihnen, gehört also in den Bereich der Sinneserkenntnis. Die Vorstellungskraft (imaginativa) beschreibt Dinge gemäß ihrer bildhaften Erscheinung und in ihren körperlichen Gestalten, bezieht also auch ihren Stoff aus der Wahrnehmung. Insofern sind die vorgestellten und die wahrgenommenen Dinge dieselben und gehört das Vorstellen zur Sinneserkenntnis. Aber sofern es eine kombinierende und trennende Tätigkeit ist, sofern es den Sinnenstoff umbaut oder sofern es mit der sich partikularisierenden Vernunft zusammenwirkt, gehört es zur geistigen Erkenntnis auf der Stufe der Denkkraft, dem cogitativum.[90]

Diese Untersuchung der Abwandlung der ratio entis in den vier modi des ens conceptionale bildet eine Metaphysik des Erkennens von innen nach außen. Jetzt läßt sich die Rolle des ens conceptionale im Denken Dietrichs präzisieren: Die traditionellen Formen des Erkennens – tätiger

[90] Dietrich, vis. 3.2.9.4 I 97–99. Die in anderen Zusammenhängen unentbehrliche Unterscheidung zwischen Phantasie und Vorstellungkraft berücksichtigt Dietrich hier nicht.

und möglicher Intellekt, Partikularvernunft, Vorstellungskraft und Sinneswahrnehmung – erhalten einen neuen, nun eigentlich metaphysischen Ort als Modi des Seins im Erkenntnisseins. Sie erweisen sich als Formen der ersten und ursprünglichen Einteilung des Seienden, die parallel – in Strukturgleichheit ohne Dependenz – neben den Naturrängen stehen, ohne sich diesen zu verdanken. Das Erkennen ist nicht von außen nach innen zu erklären, sondern durch den intimen Abstieg der ratio entis bis zu ihrem Randphänomen, der Sinneserkenntnis, die aber deswegen für uns keineswegs entbehrlich oder abgewertet wird. Das „Sein in der Seele" bleibt nicht länger ein bloß logisches Gedankending, sondern wird als ursprünglicher Modus des Seienden ontologisch aufgewertet.

Etwas freier umschrieben: Nennen wir das ens conceptionale die Erkenntniswelt. Zunächst erscheint sie vielen als die Gesamtheit der Bilder, die wir vom naturhaft Seienden haben. Auch Dietrich betont ihre Entsprechung, ihr Ähnlich-Sein. Aber zu dieser Bilderwelt gehört auch das *Haben* von Bildern, also die Akte der Erkenntnis. Dann haben wir es schon mit eigener Realität zu tun, mit tätiger Wirklichkeit, die Dietrich analysiert, aufsteigend von der Sinneserkenntnis zum Intellekt. Dann zeigt sich: Zur Konzeptualwelt gehören nicht nur Bilder, sondern das Bilden von Bildern. Untersuchen wir dies näher, dann treffen wir beim möglichen Intellekt dessen konstitutive Rolle. Sie besteht darin, daß der mögliche Intellekt als Substanz der Konzeptual-Welt die Prinzipien der Dinge konstituiert, aus denen die Sachen bestehen, non solum naturaliter, sed etiam conceptionaliter.[91] Sie nimmt der Natur an Wirksamkeit nichts, aber zugleich bedeutet sie, daß es für uns kein Naturding gibt, das nicht ebenso ganz vom Intellekt konstituiert ist. Das ens conceptionale, die Denk-Welt oder auch Begriffs-Welt, ist alles andere als ein blasses Nach-Modell der Naturwelt. Zumal der mögliche Intellekt, der in Simultankausalität mit Gott und der Natur reale Weltdinge begründet, kein Seelenvermögen und keine intellektuelle Greifhand ist, die dinghaft vorhanden wäre, auch bevor sie greift. Bevor er denkt, ist er gar nichts. Er gehört nicht zu einer Art psychischer Naturausstattung, sondern ist Wirkung des tätigen Intellekts, der als die Identität von Substanz, Tätigkeit und Erkenntnisobjekt aus seinem göttlichen Grund hervorgeht, indem er diesen erkennt. Die Anfangsbetrachtung der Welt, die von der Selbständigkeit der Naturdinge ausging und die Erkenntnis als deren

[91] Dietrich, int. III 8 (7) I 284.

Abbild begreifen wollte, kehrt sich damit in sich selbst um. Die Naturdinge verschwinden nicht; sie lassen sich sogar nüchterner objektivieren und empirisch untersuchen. Aber die Denkwelt braucht sich nicht länger sagen zu lassen, ihre Inhalte seien „nur gedacht". Sie sagt von den Naturdingen, sie seien konstituiert, und zwar als „nur Natur". Es wird demnächst eine französisch geschriebene Dietrich- und Eckhartstudie des portugiesischen Forschers Luis M. Augusto erscheinen, die dafür plädiert, den soeben beschriebenen Theorieaufbau ohne Einschränkung als „idealistisch" zu beschreiben. Er tadelt mich dafür, daß ich aus historistischer Bedenklichkeit, um nicht geschichtliche Welten ineinander zu schieben, diesen Ausdruck in Bezug auf Dietrich vermeide. Ich gebe seinen Einspruch zu bedenken.

7. Die geschichtliche Stellung von De visione beatifica

Was den Scharfsinn und das Interesse an präzisen Definitionen angeht, erinnert Dietrich an Duns Scotus; er war darüber wie dieser ein ungewöhnlich genauer Leser. Er machte dabei eine Entdeckung, wohl einer Anregung Heinrichs von Gent folgend: Nimmt man Aristoteles genau – namentlich das vierte und fünfte Kapitel des dritten Buches *Über die Seele* – und vergleicht seine Lehre von der tätigen Vernunft mit bestimmten Stellen bei Augustin zur Philosophie des Geistes, dann zeigt sich Übereinstimmung in dem Sinne: Was Aristoteles über den tätigen Intellekt sagt, vor allem daß er immer denkt, eine usia und seinem Wesen nach Aktivität ist – eignet sich zur Erklärung der Theoreme Augustins über den Geist, mens. Dietrich hat sich aus dem Riesenwerk Augustins ein Dossier angelegt, das diese Konvergenz dokumentiert. Er hat aus Augustins Werk *Über die Dreieinigkeit* die Stellen markiert, die den Geist als Substanz und die drei Grundfunktionen des Geistes – memoria, intellegentia und voluntas – als jeweils *eine* Substanz beschreiben, die zusammen gleichwohl nur *ein* Leben und *eine* Substanz bilden.[92]

[92] Das sind vor allem die Kernsätze aus De Trin. X 11, 18 CC 50, S. 330–331, bes. S. 330 Zeile 29–32: Haec igitur tria, memoria, intellegentia, voluntas, quoniam non sunt tres vitae

Dietrich hat keinen Zweifel gelassen, wie die Begründungsabfolge auszusehen hat: Was Augustin über den verborgenen Grund des Geistes, das abditum mentis, schreibt, das kommt für Philosophen der Zeit um 1300 zum Sprechen, wenn man es mit Hilfe der unabgeschwächten Lehre des Aristoteles über den tätigen Intellekt und auf dem Hintergrund seiner *Metaphysik* liest. Ohne einen solchen philosophischen Schlüssel verlieren sich die Sätze Augustins in einem Gestrüpp von Reflexionen, Polemiken und Bibeldiskussionen. Um wiederum Aristoteles mit seiner Lehre vom Nus vor Abschwächungen zu bewahren, braucht man die Tradition der griechischen und arabischen Aristoteleserklärer. Dietrich hat diese Ahnenreihe in *De visione beatifica* 1.1.9 I 35 zusammengestellt, um sich selbst in sie einzureihen: Aristoteles, Alexander, Alfarabi, Avicenna, Averroes. Sie läuft auf die Übereinstimmung dieser Aristoteliker

sed una vita, nec tres mentes sed una mens, consequenter utique nec tres substantiae sunt sed una substantia.

Augustinus, De Trinitate XIV 7, 9–10 CC 50, S. 433–435 über das abditum mentis, besonders S. 433, Zeile 19–22: Hinc admonemur esse nobis in abdito mentis quarundam rerum quasdam notitias, et tunc quodam modo procedere in medium atque in conspectu mentis velut apertius constitui quando cogitantur.

Zu Dietrichs Dossier aus Augustins De Trinitate gehört weiterhin: VII 1, 2 CC 50, S. 249 Zeile 163–165 über die Identität von esse und essentia: Quod enim est sapientiae sapere et potentiae posse, aeternitati aeternam esse, iustitiae iustam esse, magnitudini magnam esse, hoc est essentiae ipsum esse.

IX 4–8 CC 50, S. 297–301 gegen die Theorie von Vernunft und Wille als Seelenvermögen, bes. IX 4, 4, S. 297 Zeile 1–4: Sicut autem duo quaedam sunt, mens et amor eius, cum se amat; ita quaedam duo sunt, mens et notitia eius, cum se novit. Ipsa igitur mens et amor et notitia eius tria quaedam sunt, et haec tria unum sunt.

IX 12, 18 CC 50, S. 309–310, bes. S. 309 Zeile 28–31: Unde liquido tenendum est quod omnis res quaecumque cognoscimus congenerat in nobis notitiam sui; ab utroque enim notitia paritur, a cognoscente et cognito.

XII 15, 24 CC 50, S. 377–378: Augustins Interpretation des platonischen Menon, Illuminationstheorie, bes. S. 378 Zeile 12–17: Sed potius credendum est mentis intellectualis ita conditam esse naturam ut rebus intelligibilibus naturali ordine disponente conditore subiuncta sic ista videat in quadam luce generis incorporea quemadmodum oculus carnis videt quae in hac corporea luce circumadiacent, cuius lucis capax eique congruens est creatus.

Zur Trinität der mens besonders

XIII 20, 26 CC 50, S. 418–419;

XIV 4, 6–4, 7 CC 50, S. 428–429;

XIV 10, 13–12, 15 CC 50, S. 440–443;

XV 20, 39–21, 40 CC 50, S. 516–518, besonders S. 516 Zeile 45 bis S. 517 Zeile 51: De creatura etiam quam fecit deus quantum valuimus admonuimus eos qui rationem de rebus talibus poscunt ut invisibilia eius per ea quae facta sunt sicut possent intellecta conspicerent, et maxime per rationalem vel intellectualem creaturam quae facta est ad imaginem dei, per quod velut speculum quantum possent, si possent, cernerent trinitatem deum in nostra memoria, intellegentia, voluntate.

mit Augustins Lehre vom Geist hinaus. Diese Konvergenz läßt sich aus heutiger philosophiehistorischer Sicht durchaus bestätigen, da Plotin die Nus-Theorie des Aristoteles rezipiert und weiterentwickelt hat; davon konnten, abgeschwächt und abgewandelt, sowohl die neoplatonisierenden Aristoteleskommentatoren, ihre arabischen Nachfolger wie Augustin profitieren. Die begrifflich schärferen Darlegungen der Aristoteliker konnten dazu dienen, die mens-Theorie Augustins auf einem Niveau zu explizieren, das dem ausgehenden 13. Jahrhundert angemessen war.

Dies gab Dietrichs Polemik gegen Thomas eine besondere Pointe: Dietrich konnte zeigen, daß Thomas sowohl Aristoteles, *De anima* III 4–5 wie Augustins *De Trinitate* lächerlich flach ausgelegt hat. Nicht er, Dietrich, ist der Neuerer; Thomas hat die Tradition verbogen. Vor allem habe Thomas die Einsicht Augustins verspielt, der verborgene Grund der mens sei Substanz, keine bloße Potenz der Seele.[93] Unter diesem Gesichtspunkt bestand die Aufgabe der Schrift *De visione beatifica* darin, sowohl die Nus-Lehre des Aristoteles wie die mens-Theorie Augustins von den Einschränkungen zu befreien, die das dingorientierte Denken ihnen mit dem Substanz-Akzidens-Schema, gegen das schon Albert den intellectus verteidigt hatte, angetan hatte, und nachzuweisen, daß die Nus-Theoreme des Aristoteles nach dieser Freilegung geeignet sind, die Lehre Augustins in ihrer sachlichen Bedeutung zu explizieren.[94] Das heißt nicht, der inhaltliche Beitrag Augustins sei für Dietrich nebensächlich gewesen. Hier konnte er die Anregung bekommen, den tätigen Intellekt als Selbsterkenntnis und als *willentliche Selbstzuwendung* zugleich zu denken. Das Moment des Strebens, Wollens oder Liebens wurde ihm dadurch *gleichwesentlich*. Dies eröffnete für die Theorie des Geistes als Liebe eine neue Dimension.[95] Ferner gab es der alten Lehre, der Mensch sei nach dem Bilde Gottes geschaffen, eine trinitätsphilosophische Wendung: Die Dreieinigkeit war nicht mehr bloßes Glaubensgeheimnis wie bei Thomas; sie wurde genuin wißbar. Der tätige Intellekt weiß sich als Bild des dreieinigen Gottes gerade in seiner Drei-Einheit.[96] Das Univer-

[93] Dietrich, vis. 1.1.10 I 35–36 kritisiert, wie Thomas, Sth I 93, 7 ad 2, Augustin malträtiert, besonders De Trin. X 11, 18 CC 50, S. 330 Zeile 29–32: Haec igitur tria, memoria, intellegentia, voluntas, quoniam non sunt tres vitae sed una vita, nec tres mentes sed una mens, consequenter utique nec tres substantiae sunt, sed una substantia.

[94] Dietrich, vis. Prooemium (5) I 14 und 1.1.1.3.4 I 19–20.

[95] Dietrichs Theorie von amor/dilectio findet sich, wenn ich nicht irre, ausschließlich – unter dem Einfluß Augustins – in De visione Dei.

[96] Dietrich, vis. 1.1.1 (3) I 15s. und 1.1.1.2 (1) I 18.

sum wie die Wissenswelt des ens conceptionale waren durch wesentliche Relationen (relationes essentiales) wesentlicher Begründungsverhältnisse (causae essentiales) zur dynamischen Einheit verknüpft. Wenn man der von Thomas geteilten Tendenz des Denkens zu per-se-Verbindungen konsequent folgte, brauchte Gott weder Engel zum Schieben der Sternenschalen abzuordnen noch den menschlichen Intellekt mit einer übernatürlichen Zusatzausstattung für die beseligende Schau auszurüsten. Diese göttlichen Eingriffe waren unnötig; sie waren nur die Folge einer halbherzigen Aneignung sowohl des Aristoteles wie Augustins.

Außer aus *De Trinitate* ist mindestens noch *eine* Argumentationsreihe Dietrichs in *De visione beatifica* zu erwähnen, die einen philosophischen Gedanken Augustins auf neue Weise zur Geltung bringt, nämlich seine Verteidigung zweier Unsterblichkeitsbeweise aus der Frühschrift *De immortalitate animae.* Sie argumentieren, schreibt Dietrich zusammenfassend, mit der Anwesenheit der Wissenschaften in der Seele. Zu diesen Wissenschaften gehören einige unveränderliche logische, mathematische und ethische Wahrheiten. Daher müsse die Seele, die Ewiges aufzufassen imstande sei, unzerstörbar sein. Zweitens sehe Augustin die menschliche Seele in wesenhafter Verbindung mit der unveränderlichen göttlichen Vernunft, von der sie, wenn sie denkt und liebt, nicht abgelöst werden kann und die ihrerseits sich nie von ihr trennt. Diese Vernunft prägt die Geistseele so sehr, daß sie ihr das Sein verleiht durch ihre Anwesenheit. Wegen dieser Untrennbarkeit müsse die Menschenseele unzerstörbar sein.[97]

Dietrich argumentiert nun: Diese Beweise Augustins ergäben keinen Sinn, wenn man sie auf den möglichen Intellekt bezieht. Denn dieser ist zuweilen tätig und zuweilen nicht. Bevor er erkennt und nachdem er erkannt hat, verschwinden die bleibenden Wahrheiten wieder aus seinem Sinn. Wenn es keinen tätigen Intellekt gäbe, der immer sein Sein aus immerwährenden Wahrheiten empfängt, wären Augustins Argumente zirkulär. Dann müßte man gegen sie einwenden, sie setzten die Existenz eines bleibenden Subjekts bereits voraus, die erst bewiesen werden soll. Die zeitüberlegenen Prinzipien wären dann nur so lange in der Seele, wie es die Seele als ihren Träger gibt. Mit dem Hinweis auf sie ist nur dann etwas gewonnen, wenn man sie als dynamische, seinsvermittelnde Präsenz im substantialen tätigen Intellekt deutet, der, wie Aristoteles, immer denkt und kein Akzidens an einer Substanz ist.

97 vis. 1.1.8 I 33–35. Dort in den Anm. der Seite 33 die Belege aus Augustin.

Es bleiben immer noch Fragen offen, die geschichtliche Stellung von Dietrichs Intellekttheorie betreffend. Ihre Beziehung zu Aristoteles und Averroes, zu Augustin und Thomas zeichnet sich eindeutig ab. Ihr Verhältnis zu Albert ist dank der Hinweise von Burkhard Mojsisch, Alain de Libera und Anne-Sophie Robin gut, aber wohl noch nicht im vollen Umfang erforscht. Dietrichs Beziehungen zu seinen Zeitgenossen kennen wir nur unvollkommen. Anne-Sophie Robin macht einige frühe Thomisten namhaft; dies erklärt teilweise, warum Dietrich von seinen Gegnern im Plural spricht; sie zeigt gleichzeitig, daß Dietrich keineswegs nur Thomasschüler angreift, sondern dessen Philosophie selbst. Welche Verbindung oder welcher Kontrast bestand zu den gleichzeitig lehrenden Professoren in Paris? Die *Quodlibeta* XIII 8 und VIII 12 des Heinrich von Gent gehören zur Konstellation von Dietrichs *De visione beatifica.* Diese Schrift scheint allerdings speziell auf Thomaskritik hin angelegt zu sein, so daß andere Autoren, selbst Albert – der die Substantialität des Intellekts und gleichzeitig das lumen gloriae gelehrt hat, also als Bundesgenosse gegen Thomas nur teilweise in Frage kam – weniger beteiligt sein dürften als in anderen Schriften Dietrichs. Die Trilogie der schwierigen Fragen sollte an drastischen Beispielen die Schwächen der Philosophie des Thomas vorführen, um vielleicht doch noch die drohende thomistische Uniformierung des Ordens und der Kirche zu verhindern. Darauf hat sich Dietrich konzentriert. Er konnte, wenn er knapp und klar bleiben wollte, nicht noch Nebenschauplätze eröffnen, wie er es in *De origine* mit der Polemik gegen die Pluralität der substantiellen Formen getan hatte. Der Konflikt spitzte sich zu. Dies zeigt seine nächste Schrift, die Abhandlung über die Akzidenzien, der dritte Teil seiner Trilogie. Doch bevor ich mich dieser zuwende, noch ein Wort zur zeitgenössischen Reaktion auf Dietrichs *De visione beatifica.* Martin Grabmann hat in der Baseler Handschrift B III 22 einen Traktat über den tätigen Intellekt gefunden, den er auf die Jahre 1308 bis 1323 datiert. Verfaßt hat ihn vermutlich ein deutscher Dominikaner, der gegen Dietrichanhänger unter seinen Ordensbrüdern polemisiert. Der Traktat beweist, daß Dietrichs intellectus-Spekulation von Zeitgenossen diskutiert und als *philosophische* Position aufgefaßt worden ist. Der Verfasser berichtet von sechzehn verschiedenen Deutungen des intellectus agens; er charakterisiert und kritisiert jede einzelne von ihnen, geht am ausführlichsten von allen auf Dietrich ein und schließt mit einer knappen Darlegung der Theorie des Thomas von Aquino, dem er der Sache nach allein recht gibt. Der unbekannte Verfasser verwandelt – wie schon Dietrich – die zunächst theologische Frage nach der ewigen Seligkeit in die philosophische Untersuchung, ob der tätige Intellekt erkennt oder ob er Erkenntnis nur vorbereitet; auch er sagte, er wolle entscheiden, was das Höchste im Menschen sei. Von den sechzehn Positionen, die er entgegen der allgemeinen Gewohnheit namentlich genannten Autoren zuschreibt und kritisch diskutiert, gehören die ersten sieben nicht-christlichen Philosophen; die Kontroverse ergab sich aus der griechisch-arabischen Philosophie. Der Traktat ist gegen Leute (im Plural) gerichtet, die in dieser Frage wie Dietrich denken; es gab sie offenbar. Er stellt Dietrich die thomistische Auffassung entgegen, der tätige Intellekt sei ein habitus, vergleichbar dem Können eines Musikers, der nicht immer musiziert. Dietrichs Auffassung vom intellectus per essentiam und als imago nähere den Menschengeist zu sehr an den göttlichen an. Die Behauptung eines immerdenkenden tätigen Intellekts sei erfahrungsfremd. Einen verborgenen Grund der Erkenntnis anzunehmen, das abditum mentis, der im höchsten Maße Erkenntnis sei und gleichzeitig verborgen, sei in sich widersprüchlich; Erkennen bedeute Aufdecken oder Entbergen. Dietrich interpretiere Augustins Äußerungen falsch; Augustin spreche von habituellem Erkennen, nicht von immerwährenden substantialen Akten.[98] Während Thomas zu schwanken schien, ob der intellectus possibilis höher stehe als der agens, behauptet der Verfasser des Baseler Traktats, Thomas stelle den intellectus possibilis höher als den tätigen Intellekt, der agens stehe im Dienst des possibilis (c. 16 S. 238). Dessen Tätigkeit, „getrennte Inhalte" (separata et abstracta) geistig zu erkennen, stehe höher als das vorbereitende Abtrennen und Abstrahieren. Die intelligiblen Inhalte seien im tätigen Intellekt nicht virtualiter ut in intelligente; er *mache* vielmehr die intelligiblen Inhalte durch Abstraktion. Der Traktat löst aus dem in Anm. 2 gegebenen Aristotelestext das sicut habitus et lumen heraus, übergeht den dort klar ausgesprochenen höheren Rang des tätigen Intellekts und bestreitet, daß er substantia actu ist. Der tätige Intellekt könne nicht substantia sein, da er dann entweder eine abgetrennte substantia oder eine substantia in der Seelensubstanz wäre, was beides absurd sei. Dietrich schreibe dem tätigen Intellekt eine solche Vollkommenheit zu, daß nicht mehr einzusehen sei, wozu er einen Leib brauche.

[98] Der Text in den gesammelten Akademieabhandlungen: Martin Grabmann, S. 1105–1122, jetzt herausgegeben von Alessandra Beccarisi, CPTMA Band VII 2, Hamburg 2004. Ich zitiere nach Kapitel und Seiten dieser Edition.

Alle unsere Erkenntnis beginne mit den Sinnen, nicht mit der angeblich immerwährenden wesenhaften Tätigkeit des Intellekts. Dietrich habe den Ausdruck „intellectus per essentiam" falsch aufgefaßt, denn zwar sei der tätige Intellekt seinem Wesen nach tätig, aber er sei kein intellectus per essentiam, denn er erkenne und existiere nicht per essentiam, sondern nur durch Teilhabe (c. 15 S. 233–235). Die Baseler Abhandlung läuft als ganze auf die Widerlegung Dietrichs hinaus; dessen Intellectus-Theorie erscheint als spekulativ überzogen und als Anmaßung göttlicher Attribute. Der Verfasser schaut sich unter den zeitgenössischen Dominikanerphilosophen um und findet unter den neuesten Ansichten einerseits die des Durandus, der den tätigen Intellekt für überflüssig erklärt habe (c. 12 S. 231), andererseits dessen maßlose Überhöhung bei Dietrich und folgert aus dieser Lage, es sei besser, zu Thomas zurückzukehren, für den der intellectus agens ein Seelenvermögen sei, real verschieden vom möglichen Intellekt, est aliquid ipsius anime realiter differens a possibili (c. 16 S. 236). Für die Interpretationsweise des unbekannten Autors ist charakteristisch, daß er sich auf Dietrichs Finessen des ens conceptionale mit keinem Wort einläßt, er ignoriert, daß Dietrichs tätiger Intellekt als Prinzip der Prinzipien in keiner empirischen Einzelerkenntnis vorkommen kann; er beweist relativ gute historische Übersicht, aber in dieser Hinsicht fällt auf, daß er Albert gar nicht mehr erwähnt. Auch Albert hatte den tätigen Intellekt als incessanter agens beschrieben, hatte in ihm alle Erkenntnisinhalte ungeteilt gefunden und ihn als semen omnis intelligibilitatis bezeichnet.[99] Hätte unser Dominikaner bei seinem geschichtlichen Rückblick Albert erwähnt, hätte dies die averroes-nahe Position Dietrichs gestärkt; hätte er in c. 9 S. 229 die Augustinerklärung Heinrichs von Gent sorgfältiger untersucht, stünde Dietrichs imago-Lehre nicht so isoliert da. Philosophische Vorentscheidungen und institutionsgeleitete Interessen prägen auch den historischen Rückblick. Bei der um 1310 durchzusetzenden einheitlichen Ordensdoktrin konnten Alberts Intellektlehre und die Augustinkenntnis Heinrichs von Gent nur stören.

[99] Albertus, De int. et intelligibili II tr. un. c. 3 Borgnet 9, 506 b–507 b. Dazu Flasch, 2006, S. 75–85.

IV. DING UND EIGENSCHAFT

1. Verfahrensfragen

Philosophie und Naturwissen, Theologie und Philosophie waren um 1300 merkwürdig verschränkt, obwohl einige Autoren dieser Zeit sie methodisch auseinander zu halten wußten. Wer sie heute getrennt behandelt, begeht fast immer Unrecht. Oft enthielten theologische Werke, wie die Summen der Theologie, philosophische Innovationen; oft wurden philosophische Schriften, wie so mancher Aristoteleskommentar, in theologischer Absicht geschrieben, wobei die Autoren wußten, daß sie streng philosophisch verfahren mußten, wollten sie Erfolg haben. Eine Schrift wie Dietrichs Traktat über die beseligende Anschauung war Theologie und wurde doch zu einer Abhandlung über den tätigen und den möglichen Intellekt; der dritte Teil seiner Trilogie hieß *Von den Eigenschaften, De accidentibus* (abgekürzt: acc.), er erörterte philosophisch das Verhältnis von Ding und Eigenschaften und enthielt doch eine theologische Revolution, denn er unterminierte, ohne ein Wort darüber zu verlieren, aber für jeden Leser erkennbar, die philosophische Abstützung der seit 1215 kirchlich dogmatisierten Abendmahlslehre.

Die Schrift Dietrichs über die Eigenschaften ist der dritte Akt eines Kampfspiels gegen das intellektuelle Prestige und den wachsenden Einfluß des Thomas von Aquino in Paris und im Orden. Es ist ein kurzes, elegantes Florettgefecht, nicht ohne einen Schuß Ironie. Der Gegensatz zu den Thomisten ist schneidend scharf. Gleich im Vorwort heißt es von den communiter loquentes, zu denen, wie sich zeigen wird, in diesem Falle nicht nur Thomisten zählten, sie siegten durch ihre Masse, nicht durch Argumente. Nun war Dietrich auch vorher schon nicht zärtlich mit Thomisten und Ähnlichen umgegangen; in *De visione beatifica* nannte er ihre Position verachtenswert roh.[1] Aber ihre Schulmeinung über die

[1] Dietrich, vis. 1.1.2.2 (1) I 24: Contemnenda est autem aliquorum rudis expositio. Zum Verständnis der Schrift über die Akzidenzien: Meine Einleitung zu Dietrich, Opera omnia, Band III, p. XXXVIII–LX; Imbach 1996, S. 251–296; ders., Pourquoi Thierry de Freiberg a-t-il critiqué Thomas d'Aquin. Remarques sur le De accidentibus, in: Francis Che-

Akzidenzien fand Dietrich nicht nur unangemessen und banal, sondern widersprüchlich und einfach unmöglich, simpliciter et omnibus modis impossibile.[2] Denn sie selbst *definieren* die Eigenschaft, das accidens, als etwas an der Substanz und behaupten dann, es könne durch göttlichen Eingriff auch ohne die zugehörige Substanz existieren, und dabei teilten sie doch die Lehre, die sich seit den Allmachtsdiskussionen des 11. Jahrhunderts im Westen durchgesetzt hatte, Gottes Allmacht könne nichts bewirken, was einen Widerspruch einschließe. Was ihnen, Dietrich zufolge, vor allem fehlt, würde man heute „Methodenbewußtsein" nennen; sie wissen nicht, wie sie ihre Untersuchung zu führen haben. Zunächst stärken sie ihre Position mit philosophischen Argumenten, die aus der Natur der Dinge hergenommen seien, aber wenn ihnen jemand auf diesem Feld überlegen entgegentritt, nehmen sie ihre Zuflucht zum Mirakel.[3] Sie verdecken ihre mangelnde Einsicht mit einem Deus ex machina. Sie treiben Philosophie, aber nur bis zu dem Punkt, der ihnen paßt. Diese Halbherzigkeit in der Anerkennung der Vernunft zurückzuweisen, das ist der rote Faden, der durch die drei Teile von Dietrichs *Schwierigen Fragen* geht: Zuerst will Thomas aufgrund von Mängeln seiner Kosmos-Philosophie Engel zum Bewegen der Sternenschalen abgeordnet sehen (so an.), dann verlangt er eine übernatürliche Zusatzausrüstung für die selige Schau, weil er die Natur des Intellekts weder bei Aristoteles noch bei Augustin richtig aufgefaßt hat und mit seiner Theorie des tätigen

neval – Ruedi Imbach – Thomas Ricklin (Hg.), Albert le Grand et sa réception au moyen age. Hommage à Zénon Kaluza, Fribourg 1998, S. 116–129; P. J. J. M. Bakker, La raison et le miracle. Les doctrines eucharistiques (c. 1250–c. 1400), 2 Bände, Nijmwegen 1999, bes. I 331–340. M. Mc Cord Adams, Aristotle and the Sacrament of the Altar: a Crisis in Medieval Aristotelism, in: R. Bosley – M. Tweedale (Hg.), Aristotle and his Medieval Interpreters. Canadian Journal of Philosophy, Supplementary Volume, 17 (1991), S. 195–249; É.-H. Wéber, L'incidence du traité de l'eucharistie sur la métaphysique de S. Thomas d'Aquin, in: Revue des sciences philosophiques et théologiques 77 (1993), S. 195–218; Silvia Donati, „Utrum accidens possit subsistere sine subiecto". Aristotelische Metaphysik und christliche Theologie in einigen ungedruckten Physikkommentaren des ausgehenden 13. Jahrhunderts, in: MM 28, S. 577–617; Ph. P. Reynolds, Per se Accidents, Accidental Being and the Theology of the Eucharist in Thomas Aquinas, in: Documenti e studi sulla tradizione filosofica medievale 13 (2002), S. 193–230.

Es gibt eine deutsche Übersetzung durch B. Mojsisch: Dietrich von Freiberg, Abhandlung über die Akzidenzien, mit einer Einleitung von K.-H.Kandler, Hamburg 1994.

[2] Dietrich, acc. 6 (1) III 61.

[3] Dietrich, acc. 23 (22) III 90: Ad unam enim partem muniunt suam intentionem per rationes a natura et proprietatibus rerum sumptas; si autem aliquis pro alia parte etiam efficacius arguatur, recurrunt ad miraculum, scilicet dicentes, quod miraculose, virtute supernaturali, fiat hoc, quod in sua positione defendunt.

Intellekts nicht zurecht kam (so vis.), und zuletzt (so acc.) läßt er Gott Wunder wirken, weil er keine andere Lösung fand, als daß beim Abendmahl die Brotsubstanz verschwindet, aber die Eigenschaften des Brotes zurückbleiben. Das widersprach sowohl seiner, des Thomas, Definition des Akzidens als auch seinem Grundsatz, daß Gottes Allmacht dort ende, wo der Widerspruch beginne, gleichwohl ließ er substanzlose Eigenschaften oder jedenfalls Eigenschaften ohne die ihnen zugehörige Substanz zu und setzte seinen Gott an die Stelle der Brotsubstanz. Zudem verdeckte er diese Inkonsequenzen durch einfallsreiche Zusatzhypothesen, deren Nichtigkeit zu beweisen Dietrich sich anheischig macht. Thomas hat spitzfindige Ausreden in die Welt gebracht; sie zerstören die Fundamente der Natur und der Wissenschaft; sie sind Kinder der Roheit und der Ignoranz.[4] Sie vernichten den Begriff der Substanz und des Akzidens; sie lassen deren Bestimmungen unscharf ineinander übergehen; sie machen aus dem Akzidens fast eine Substanz; sie *spielen* nur mit der Philosophie. Die Philosophie, das ist hier die des Aristoteles. Wenn man sie schon rezipiert, muß man konsequent verfahren. Das war bereits die These von *De animatione caeli,* wo es um das Konzept der forma und des per se ging; das war der Mittelpunkt des Kampfs um den tätigen Intellekt, der als intellectus per se eigenschaftslos sein muß. So liegt es auch in der Definition der Eigenschaft, daß sie nicht ohne etwas sein kann, dessen Eigenschaft sie ist. Der tätige Intellekt ist ein Wesen ohne Eigenschaften; Eigenschaften fordern per se eine Substanz.

2. *Vorgeschichte*

Albert und Thomas hatten bei der Frage der Sternbewegung ausdrücklich erklärt, sie sei keine Glaubensfrage. Daß der menschliche Intellekt einer Zusatzgabe bedürfe, um Gottes Wesen zu schauen, war bis 1311 eine verbreitete, nicht nur thomistische Schulmeinung, kein Kirchendogma; erst das Konzil von Vienne hat 1311/1312 die Lehre Dietrichs der Sache nach verurteilt und die des Thomas sanktioniert. Es dekretierte,

[4] Dietrich, acc. 22 (4) III 84: haec cavillatoria instantia, ruditatis et ignorantiae filia, eradicat fundamenta et naturae et scientiae: destruit enim propriam rationem substantiarum et accidentium.

jede Seele bedürfe, um Gottes Wesen zu sehen, des lumen gloriae, also genau das, was Dietrich bekämpft hatte. Aber das war eine spätere Entwicklung; sie ergab sich aus dem Siegeszug des Thomismus, gegen den Dietrich sich gestemmt hatte. In der Frage des Abendmahls war die Lage anders. Die Würfel waren gefallen. Im Unterschied zu den beiden ersten schwierigen Fragen lagen hierüber kirchenamtliche Entscheidungen vor. Schon im 11. Jahrhundert war Berengar von Tours mehrfach verurteilt worden, weil auch er es für widersprüchlich, also auch der göttlichen Allmacht unmöglich, gehalten hatte, daß Broteigenschaften fortexistieren, wenn keine Brotsubstanz besteht. Von da an waren Christen des lateinischen Westens gehalten zu glauben, unter den Erscheinungen des Brotes verberge sich die Substanz des verklärten Leibes Christi.[5] Unzählige Debatten darüber, wie das möglich sei, ohne den einfachsten Regeln der Dialektik zu widersprechen, waren die Folge. Seit der Mitte des 12. Jahrhunderts hatte sich der Terminus „Substanzwandel“, transsubstantiatio, eingebürgert, um das Verschwinden der Brotsubstanz bei Fortbestand der Broteigenschaften zu bezeichnen. Etwa seit 1100 galt als Kirchenlehre, die Brotsubstanz verschwinde bei der Wandlung und durch ein weiteres Wunder erhalte Gott die Broteigenschaften ohne die Brotsubstanz am Dasein. Die Allmacht Gottes bewirke, schrieb Alger von Lüttich zwischen 1210 und 1220, daß die akzidentellen Qualitäten von Brot und Wein ohne Brotsubstanz selbständig weiterbestehen, accidentales qualitates existere per se.

Durch sich selbst, per se, zu existieren, das war aber die herkömmliche Kurzumschreibung der Substanz. Das vierte Laterankonzil von 1215 hatte den Begriff „Transsubstantiation“ in diesem Sinne kirchenamtlich festgeschrieben. Philosophisch gebildeten Theologen verschaffte diese Theorie Magenkrümmen. Denn sie behauptete, Akzidenzien, die definiert waren als das, was nicht durch sich bestehen kann, existierten in diesem Falle doch durch sich, per se. Das war kaum zu verkraften: Die Bestreitung der Abtrennbarkeit der Akzidenzien taucht daher in der Liste der Philosophenirrlehren als Irrtum des Aristoteles ebenso auf wie bei den 1277 verurteilten Thesen (Nr. 138–141); sie provozierte die

[5] Zur Berengar-Debatte, ihren geschichtlichen Umständen und philosophischen Hintergründen: Kurt Flasch, 1998b, S. 108–128. Vgl. auch Hans Jorissen, Die Entfaltung der Transsubstantiationslehre bis zum Beginn der Hochscholastik, Münster 1965; Matthias Laarmann, Transsubstantiation. Begriffsgeschichtliche Materialien und bibliographische Notizen. In: Archiv für Begriffsgeschichte 41 (1999), S. 119–150.

quodlibetalen Diskussionen, von denen einige oben (Kap. 2) genannt sind. Dennoch setzte diese Ansicht sich durch. Sie paßte zu dem neuen Selbstverständnis von Kirche und von der überlegenen Würde des Klerus gegenüber den Laien. Der neue Anspruch der Priester auf Teilhabe an der Allmacht Gottes stellte neue Konzepte von Allmacht, Kirchenamt und Wunderkraft über die vom Zeichencharakter der Sakramente. Die Transsubstantiationstheorie war seit dem 11. Jahrhundert zu kirchenpraktisch, um mit dem Verweis auf logische Argumente verabschiedet zu werden. Berengar hat spektakulär verloren, noch Luther hat den Papst dafür gelobt, daß er Berengar verurteilt hatte. Das Konzil von Trient hat die Transsubstantiationstheorie noch einmal festgeschrieben. Wo ein Wille war, da waren auch Argumente. Als Petrus Lombardus in seinem Lehrbuch der Theologie zu der Frage der Broteigenschaften kam, antwortete er, es schiene ihm besser, man behaupte, diese Eigenschaften existieren ohne substantiellen Träger. Der Geschmack und das Gewicht des Brotes seien nun einmal nicht die des Leibes Christi. Deswegen behaupte man am besten, diese Eigenschaften existierten ohne Substanz, mihi videtur fatendum existere sine subiecto quam esse in subiecto.[6]

Diese Sätze standen im maßgeblichen Lehrbuch der mittelalterlichen Theologie. Jeder, der sie las, kannte aus der Kategorienschrift des Aristoteles, die seit dem 11. Jahrhundert eifrig studiert worden ist, die Definitionen von Substanz und Akzidens. Albert gab zu verstehen, daß ihm nicht wohl war bei dem Satz des Lombarden. Er hielt fest, da handle es sich um eine sehr schwerwiegende Frage (quaestio gravissima de accidentibus), weil Petrus Lombardus von den Eigenschaften behaupte, sie existierten ohne Substanz. Und dagegen gebe es viele Einwände (objicitur multipliciter), so gut wie die gesamte Philosophie stehe ihr entgegen (tota philosophia videtur contra).[7]

Albert suchte hier keine Vermittlung; er stellte schlicht den Glauben über die Philosophie. Sein „Rationalismus" (Loris Sturlese) ließ immer noch Raum für Widersprüche und göttliche Allmacht. Aber wenn selbst Albert diesen Konflikt einfach stehenließ, der sich aus den Grundlagen der Zivilisation des 13. Jahrhunderts ergab, dann war von den anderen Autoren der Zeit nicht viel mehr zu erwarten. Albert berichtet denn

[6] Petrus Lombardus, Sententiae in IV libros distinctae. Liber IV dist. 12 c. 1, Band 2, Grottaferrata 1981, S. 304.

[7] Albertus Magnus, In 4 Sent 12, 16: An in sacramento Eucharistiae maneant accidentia sine subjecto, Opera omnia, Borgnet 29, S. 323–331.

auch, es gebe seines Wissens niemanden mehr, der lehre, in der Eucharistie bleibe die Brotsubstanz zurück.[8] Die Transsubstantiationslehre galt inzwischen als die einzig glaubenskonforme Theorie. Sie wurde mit Gewalt verteidigt. Als der Dominikaner Jean Quidort von Paris, der als Theoretiker des frühen Nationalstaats einen berühmten Namen hat, eine Eucharistielehre vorlegte, die den Widerspruch für sich existierender Eigenschaften vermeiden sollte, wurde er 1305 von der Universität Paris ausgeschlossen.[9] Dabei hatte der französische Autor sich elegant und diplomatisch ausgedrückt, anders als wenige Jahre vor ihm Dietrich. Jean hatte versichert, er vertrete unbeschadet seines neuen Vorschlags außer diesem auch die offizielle Transsubstantiationslehre; schließlich habe ein römisches Konzil Berengars Lehre verurteilt, daher sei es niemandem gestattet, diese Beschlüsse so auszulegen, als *bleibe* die Substanz des Brotes. Folgenreicher hat Duns Scotus an der herrschenden Lehre gerüttelt; er bestritt ihre neutestamentliche Grundlage. Thomas habe sie aus der Bibel hergeleitet. Er habe argumentiert: Wenn die Brotsubstanz bleibe, dann habe Jesus zu dem Brot nicht sagen können: „Das ist mein Leib." Aber das Neue Testament erzwinge nicht die Transsubstantiationslehre. An dieser müsse man allerdings festhalten, auch wenn sie sich nur aus der nachbiblischen Tradition ergebe.[10]

Damit war eine komplizierte spätmittelalterliche Verlegenheit formuliert: Die Transsubstantiationslehre war weder widerspruchsfrei noch biblisch begründet. Das wußte man jetzt. Aber man konnte sie nicht aufgeben, denn die Kirche hatte sie sanktioniert. Das Moment der unbegreiflichen Allmacht und des Glaubensgehorsams drängte sich bei den Zeitgenossen Dietrichs vor. Auch Wilhelm von Ockham bestritt die neutestamentliche Grundlage. Er machte das Dilemma noch deutlicher: Er hielt fest, daß *frühere* Theologen gelehrt hätten, die Brotsubstanz bleibe. Aber *jetzt* spreche die allgemeine Ansicht aller(!) Theologen gegen sie. Er, Ockham, halte an dem allgemeinen Theologenkonsens fest, nicht, weil er dafür einen Vernunftgrund fände oder weil die Bibel jene Ansicht enthalte, sondern nur wegen der Anordnung der Kirche. Jene frühere Ansicht sei recht vernünftig gewesen. Sie vermeide die Schwierigkei-

[8] Albertus Magnus, In 4 Sent. 11, 8. Opera omnia, Borgnet 29, S. 287.

[9] Heinrich Denifle, Chartularium Universitatis Parisiensis, Band 2, Paris 1891, 120 n. 656. – Der Text Jeans: Joannis Parisiensis Determinatio de modo existendi Corpus Christi in Sacramento Altaris, London 1686.

[10] Duns Scotus, In 4 Sent. 11, 3, 5.

ten, die dem Denken aus der selbständigen Existenz der Eigenschaften erwachsen. Sie stehe nicht im Widerspruch zum Neuen Testament. Die Transsubstantiationstheorie schien Ockham wenig kohärent. Er fragte: Wenn diese Lehre behauptet, die Substanz des Leibes Christi koexistiere mit den abgetrennten Broteigenschaften, warum soll sie dann nicht auch mit der Brotsubstanz koexistieren können?[11] Wie Dietrich bestritt Ockham die thomistische Nachbesserung der Transsubstantiation mit Hilfe neuer Privilegien für die Quantität. Darauf komme ich mit Dietrich noch zu sprechen.

Von Berengar bis Ockham wurde die Vernunftwidrigkeit der Transsubstantiationstheorie immer wieder ausgesprochen. Nachdem sie auch noch ihre biblische Berechtigung verloren hatte, ruhte sie nur noch auf der Schulter der institutionellen kirchlichen Autorität. Diese erlitt aber im 14. Jahrhundert schwerste Verluste. Daraus ergaben sich zunächst Seelendramen von Intellektuellen, bald wurden diese Tragödien politische, sogar militärische Realität: John Wyclif berichtet, er habe sich zunächst gequält zur Transsubstantiationstheorie bekannt. Dann aber hätten bei ihm die exegetischen und die philosophischen Einwände gesiegt. Sein späteres Stadium belegt sein *Tractatus maior De Eucharistia*.[12] Wyclif sagte zur logischen Schwäche der Kirchendoktrin nur das, was schon bei Ockham steht; aber er hob darüber hinaus die religiöse und die kirchenpolitische Verkehrtheit dieser Lehre hervor. Dadurch wurde sein Werk bestimmend für Johannes Hus. Damit traten die Fragen der Eucharistielehre auf die politische Bühne und bald auch auf das militärische Kampffeld; die böhmischen Heere drangen bis in die Gegend von Berlin vor. Dies ist der Kontext, aufs knappste skizziert, in dem Dietrichs Abhandlung über die Eigenschaften steht.[13]

[11] Wilhelm von Ockham, Quodlibet IV, quaest. 29, conclusio 1. Opera philosophica et theologica IX, St. Bonaventure N.Y. 1980, 446 und ib. qu. 30, Opera IX, 450.

[12] Johannes Wyclif, De Eucharistia tractatus maior, ed. Joh. Loserth, London 1892.

[13] Vgl. dazu meine Einleitung zu Band III der Opera omnia Dietrichs, Hamburg 1983, XXXVIII–LX , die oben in Anm. 1 und 5 genannte neuere Literatur.

3. Ontologie der Substanz, Ontologie des Akzidens

Dietrich war Polemiker, aber vor allem war er Metaphysiker. Er war ein Metaphysiker in der Defensive; er sah sich durch die Situation, durch die zunehmende Masse der communiter loquentes zur Polemik gezwungen. Aber was ihn interessierte, war das Seiende als Seiendes. Dieser Frage ging er von *De origine* an nach; seine sorgfältigen Untersuchungen zum Kategorienproblem insgesamt und zu einzelnen Kategorien stellte er stets in diesen Rahmen: Was ist das Seiende als Seiendes? Andererseits wollte er diese Frage nicht in ihrer Abstraktheit isolieren; er wollte vom Rahmen zum Bild der konkreten Welt kommen; dazu verwandelte er die Ausgangsfrage der aristotelischen Metaphysik, Aristoteles folgend, in die detaillierteren Fragen: Was ist das Wesen? Was ist die Substanz? Was ist das Akzidens?

In die Kampfschrift *De accidentibus* hat er nicht alle Analysen mit aufgenommen, die er zu diesen Fragen schon vorgenommen hatte; doch sei stichwortartig an diese erinnert. Er hatte die Schrift *De origine* begonnen mit einer Analyse des Seienden als Seienden; dabei war er zu dem Ergebnis gekommen, das Seiende als solches, also, wie er sich scholastisch ausdrückte, sofern es formaliter die ratio entis habe, sei charakterisiert durch das Innesein der Prinzipien, also von Stoff und Form, primär durch die Form.[14] Dietrich unterschied: Wesen, Natur und Substanz. Damit war der Anfang gemacht zur Interiorisierung des Wesensbegriffs, wie sie vor allem *De visione beatifica* herausarbeitet, und zur Präzisierung und Dynamisierung des Naturbegriffs, also zur Untersuchung von dessen Zweideutigkeit: „Natur“ bezeichnete das Seiende in seinem Wirkzusammenhang, in seinem Kontext von Herkunft und Zielbestimmung; „Wesen“ war das Seiende, sofern es in sich seine Gestalt hatte, bestimmt durch innere Prinzipien. „Natur“ bezeichnete ein Seiendes im Blick auf seine Außengründe, als Wirkendes und Bewirktes; in diesem Sinne gehörten auch reine Geistwesen zur Natur, zur „Natur im weiteren Sinne“. Auch wenn Dietrich in *De visione beatifica* die allgemeinere Bedeutung von ens naturae zuweilen beibehielt, so kam es ihm doch darauf an, davon „Natur im engeren Sinne“ zu unterscheiden; ihm ging es um die Kom-

[14] Dietrich, or. 1 (7) III 129.

paktheit der physischen Natur, der Natur, wie er mit Aristoteles sagte, als Prinzip von Veränderung. Das war die Welt körperlicher Prozesse, bestimmt durch Außengründe wie Bewegungsursache und Zielgrund.[15]

Die Termini „Wesen“, „Natur“ und „Substanz“ sprechen je einen anderen Aspekt des Seienden als Seienden aus. Dies hat Folgen auch für die Ontologie des Akzidens. Von diesen gibt es zwei Hauptarten: Auch ein mathematischer Gegenstand wie ein Dreieck hat ein *Wesen*, aus dem etwas folgt, nämlich die Winkelsumme. Die Winkelsumme kann man ein „Akzidens“ des Dreiecks nennen, denn sie ist nicht sein in der Definition ausgedrücktes Wesen, aber besser spricht man bei der Winkelsumme von Wesenseigentümlichkeit, von rei proprietas. Dabei handelt es sich um eine andere Art des Inseins als beim Insein der Farbe des Baums. Das Wesen des Dreiecks und was aus diesem folgt definieren wir ohne Rücksicht auf Außengründe, aber eine konkrete Substanz wie ein Baum steht mit ihren Eigenschaften eingefügt in Prozesse des Werdens und Vergehens, des Veränderns und des Verändertwerdens. Hier handelt es sich um eine zweite Hauptgruppe von Akzidenzien, um Eigenschaften im eigentlichen Sinne des Wortes. Indem Dietrich hervorhebt, daß sie im Dienst von Prozessen stehen, dynamisiert er das Konzept des Akzidens und naturalisiert, sektorenweise, das Konzept der Natur. Ein gelungenes Naturding hat Prozesse des Verändertwerdens hinter sich; es hat Prozesse vor sich, und solche Veränderungen setzen physische Eigenschaften voraus. Das Akzidens im eigentlichen Sinne ist eine Zusatzbestimmung der Substanz, die dieser zur Erreichung ihres Zieles auf dem Wege von Veränderung dient. Es ist eine Disposition in zielgerichteten Naturvorgängen.

„Sein“ im Ursinn ist das Innen-Sein einer Wesensgestalt, das Abgeschlossensein eines Werdens. Akzidenzien gehören auf die Seite der Veränderung, des motus. Bei ihrer Betrachtung hält Dietrich die Dynamisierung ebenso streng fest wie die Finalisierung. Das heißt: Eigenschaften haben alle und nur *die* Wesen, die sie *brauchen*. Sofern Wesen in sich selbst stehen, ihr spezifisches Ziel schon erreicht haben, brauchen sie keine Eigenschaften, denn diese sind Instrumente zu Naturveränderungen. Ein Seiendes, das seinem Wesen nach Tätigkeit ist, braucht keine Zusatzbestimmungen; es ist ohne Eigenschaften, weil es sie nicht benötigt, um sich mit ihrer Hilfe auf den Weg zur Verbesserung seiner Lage

15 Dietrich, or. 1(10)–1 (13) III 140–141.

zu machen. Es hat sein Ziel, das in ihm selbst liegt, immer schon erreicht. Deswegen sind reine Intellekte der Aufnahme von Akzidenzien weder bedürftig noch fähig. Die Vorstellung von Eigenschaften als Veränderungsinstrumenten ist wesentlich für Dietrichs Physik, eben deswegen eliminiert er sie aus der Intellekttheorie. Diese Unterscheidung ist ein wesentliches Charakteristikum der Philosophie Dietrichs; er stützt sich dabei auf Aristoteles in der Auslegung des Averroes; er führt den knappen Hinweis Alberts aus *De intellectu et intelligibili* I 3, 1, der Intellekt sei kein Akzidens in einem Träger, systematisch aus.[16] Alles Seiende ist um seiner Wirkung willen da. Wo das Wesen das Wirken ist, bedarf es keiner Eigenschaften; kein Naturvorgang ist ohne Eigenschaften möglich. Physikalische Prozesse verlaufen im Raum; deshalb bedürfen sie der Quantität als der grundlegenden Eigenschaft; man könnte sie das erste der Akzidenzien nennen.[17] Nicht alle neun Akzidenzien der aristotelischen Tradition gehören, wie Dietrich in *De origine* gezeigt hat, zum Naturbestand. Aber unerläßlich sind Quantitäten und Qualitäten, damit ein Naturding wirkt und verändert werden kann.

Hier handelt es sich um *eigenschaftliche* Verursachungen. Im Kontrast zu Wesensursachen, causae essentiales, bestimmen sie nicht von Grund auf das Wesen anderer Seiender, sondern setzen diese voraus, indem sie deren Eigenschaften verändern.[18]

Die Untersuchungen zur Metaphysik der Substanz und des Akzidens hat Dietrich nicht primär im Blick auf die Akzidenstheorie des Thomas von Aquino unternommen; sie gehörten zu seiner prinzipiellen Neuorientierung in der Ontologie, die er schon früher im Anschluß an Aristoteles – Averroes vorgenommen hatte, in *De origine* und in *De animatione caeli*;[19] in *De accidentibus* aktualisierte er sie polemisch. Sie brachte noch andere Resultate: die kritische Betrachtung der aristotelischen Kategorientafel, schon in *De origine,* und vor allem die Zurückdrängung der Inhärenzvorstellung im Substanzbegriff. Für die antithomistische Diskussion zog Dietrich seine Forschungen dahin kurz zusammen: Es gibt Akzidenzien im weiteren Sinne, die proprietates rei. Beispiel: Winkelsumme. Und es

[16] Dietrich, or. 1 (14) III 141 mit Verweis auf Averroes, In Met. XII 25, Venedig 1562, fol. 310 r B. Das ist das Wesentliche bei der imago-Spekulation Dietrichs, dazu vgl. vis. 1.1.1.1 (4) I 17; ib. 3.2.4 (12) I 76 und öfter.

[17] Dietrich, or. 1 (17) III 142. Doch vgl. andererseits vis. 3.2.8.2 (8) I 85.

[18] Dietrich, an. 8 (2) – 8 (3) III 19–20 und ib. 15 (2) III 26.

[19] Dietrich, an. 37 (4) III 46, Verweis auf Averroes, In Met. IV 2 fol.65 vI.

gibt zweitens Eigenschaften als Vorbedingung der Prozesse der physischen Welt, Akzidenzien im eigentlichen Sinne. Beide sind nicht ablösbar von der Substanz. Beide sind – wenn auch in verschiedener Weise – Bestimmungen der Substanz. Daher ist die Frage, ob Akzidenzien durch irgendeine Einwirkung, und sei's die Gottes, abgetrennt werden könnten von ihrer Substanz, schlicht und ohne Abstriche zu verneinen.[20]

Ein substanzloses Akzidens ist auf alle Weise unmöglich, denn es schlösse einen Widerspruch ein. Daß Gott nichts Widersprüchliches bewirken kann, das galt seit Anselm von Canterbury und war von allen zugestanden. Dies Nichtkönnen des Allmächtigen ist kein Zeichen von Ohnmacht, sondern von Geist und Macht.

4. Kritik an Thomas von Aquino

Akzidenzien sind nicht zufällig die der Substanz. Ihre Beziehung zur Substanz ist ihnen wesentlich, nicht akzidentell. Wiederum, wie in *De animatione caeli* und in *De visione beatifica,* hebt Dietrich die Bedeutung einer per-se-Bestimmung hervor: Das Akzidens gehört per se zur Substanz. Das Zufällige ist nicht zufällig an den Dingen. Wer diese Wesensbeziehung aufheben will, begeht einen Widerspruch. Damit ist über die Akzidenstheorie des Aquinaten entschieden: Sie ist unhaltbar. Sie behandelt die Wesensbeziehung des Zufälligen auf das Nichtzufällige als zufällig. Würde dies konsequent durchgeführt, wäre es das Ende allen Wissens, vor allem des Wissens der Metaphysik, das, gerade auch Thomas zufolge, in der Reduktion des Vielen auf das Eine, des Zufälligen auf das per se besteht.

Nun war es unter Aristotelikern eine Selbstverständlichkeit, daß die Winkelsumme aus dem Wesen des Dreiecks folgt und daß die grüne Farbe des Blattes als Eigenschaft des Baums bestimmt ist. Doch sah Dietrich schon in der Definition des Akzidens eine Differenz zwischen sich und den massenhaft auftretenden Vertretern der Schulphilosophie. *Er* definierte das Akzidens als das, was aufgrund eines anderen seiend ist und was gemäß einem anderen bestimmt ist, ens per aliud seu secundum

[20] Dietrich, acc. 19 (1) III 80.

aliud. Seine Gegner, beobachtete Dietrich scharf, sagten, das Akzidens sei ein Seiendes „*in* einem anderen“, in alio.[21] Es waren nicht nur Thomisten, die das Akzidens als *In*-einem-anderen-seiend definierten; hier hatte Dietrich die allgemeine Schulmeinung der communiter loquentes gegen sich.

Ihm fiel auf, daß seine Kontrahenten, schon bevor die Diskussion begann, das Akzidens als Insein beschrieben, nicht als: Gemäß-einem-anderen-Sein. Wo sah er den Unterschied zwischen seinem ens *per* aliud und dem thomistischen ens *in* alio? Dietrich wollte, daß Vorstellen dem Denken diene, es aber nicht überwuchere; ihn störte es, wenn die räumliche Vorstellung des Inseins sich vordrängte. Wer dieser Vorstellung nicht bewußt Widerstand entgegensetzt, erliegt ihr; er macht, gegen seine Intention, das als unselbständig Definierte zu einem Selbständigen, nur eben *in* einem anderen. Er denkt das Akzidens nach dem Modell einer russischen Puppe in einer anderen. Eine solche Puppe kann man herausnehmen, ohne das Puppenwesen zu zerstören; ein ens secundum aliud kann man vom ens per se nicht trennen.

Dietrich hatte schon früher bei Thomas eine Tendenz zur Verräumlichung bemerkt und kritisiert. Damals, in *De visione beatifica,* ging es um den menschlichen Geist als Bild der Trinität. Dietrich bestand – mit historischem Recht – darauf: Bei Augustin sind memoria, intellegentia und voluntas *ein* Leben, *ein* Geist und *eine* Substanz. Aber, kritisiert Dietrich, Thomas lege das so aus, als seien Erkennen und Liebe *in* einem einzigen Geist, *in* einer einzigen Substanz.[22] Bei Augustin waren sie tiefsinnigerweise je eine Substanz, je ein Wesen in einem einzigen Wesen. In diesem nur zu denkenden, nicht aber vorzustellenden Ineinander hebt sich die räumliche Vorstellung auf, und um diese Korrektur ist es zu tun. Augustin dachte essentielle Interdependenz; Thomas macht daraus einseitige Inhärenz. Er ersetzt die von keiner Vorstellung einholbare Augustinische Theorie lebendigen Ineinanderseins durch die Vorstellung quasi-lokalen Inseins. Augustin wollte Einheit und Vielheit als Einheit denken; Thomas setzte die monarchistische Vorstellung eines Trägers von Fähigkeiten durch. Er kommt, anders als Augustin in diesem Fall, von der Vorstellung eines Substrats nicht los. In moderner Diktion: Tho-

[21] Dietrich, acc. 9 (1) III 65.

[22] Dietrich, vis. 1.1.10 (1) I 36: Augustin sage: sunt una vita, aber Thomas lege das so aus, als heiße das: id est sunt in una vita, sunt una mens, id est in una mens, sunt una substantia, id est in una substantia, quae est anima.

mas verdinglichte die bedeutendsten Ansätze der Augustinischen Philosophie. Natürlich liegt der Fall bei den Akzidenzien anders als beim drei-einen Geist. Aber hier wie dort zeigt sich im thomistischen Konzept dieselbe Tendenz zur Verräumlichung; in beiden Fällen fehlt der Widerstand gegen die Vorstellung einer *Grundlage*, auf der etwas anderes liegt. Wenn Thomas die Substanz bzw. das Akzidens definiert, rückt er die Vorstellung des Tragens bzw. Getragenwerdens in den Vordergrund. Diese Differenz von Tragen und Getragenwerden mag, Dietrich zufolge, zuweilen vorliegen, aber sie ist nicht das erste und entscheidende Unterscheidungsmerkmal zwischen Ding und Eigenschaft.[23]

Als Erste Philosophen wollen wir wissen, was wirklich ist. Wir untersuchen das Seiende in seinen primären Differenzierungen; wir erforschen das Wesen von Substanz und Akzidens als Seiender, das heißt unter dem Gesichtspunkt ihrer Differenz zum Nichtsein. Daher definiert Dietrich die Substanz als das, was sein Wesen, also nach Dietrich: sein Sein, durch sich selbst, per se, hat. Dietrich sagt es noch genauer: Substanz ist das, was das Sein durch sich und gemäß seiner ihm immanenten und spezifischen Washeit hat. Das Akzidens definiert er als das, was sein Wesen und damit sein Sein durch ein anderes und nach dem Maß eines anderen hat. Das Akzidens hat sein Sein nicht nach der Begriffsbestimmung seiner eigenen inneren Washeit. Die Washeit des Akzidens liegt in der Substanz und ist ihm in diesem Sinne äußerlich.[24] Substanzsein bedeutet bei Dietrich: die ratio, die Wesensbestimmung der *Washeit in sich selbst* haben; Akzidenssein charakterisiert Dietrich als: die ratio seiner Washeit in einem anderen haben. Deswegen ist die Substanz per se, durch sich selbst; sie hat die Elemente ihres Wesens, die in der Definition zum Ausdruck kommen, in sich selbst;[25] das Akzidens ist durch ein anderes, per aliud. Es hat die Bestimmung seines Wesens von einem anderen, von einer Substanz her. Dietrich unterscheidet Substanz und Akzidens vor allem danach, auf wie verschiedene Weise sie vom Nichtsein unterschieden sind; er betrachtet sie im Rahmen seiner Untersuchung des Seienden als Seienden. Die Substanz hat, Dietrich zufolge, in einem qualitativ

[23] Dietrich, acc. 9 (3) III 65: Sed iste modus differentiae nec re nec intellectu est primus, quo differant substantia et accidens, inquantum sunt entia.

[24] Dietrich, acc. 9 (6) III 65: Prima autem ratio dividendi ens secundum hoc est vel habere essentiam per se et secundum se et secundum rationem suae propriae et intraneae quiditatis vel habere essentiam per aliud et secundum aliud et non secundum rationem intraneae quiditatis, sed magis, ut ita dicamus, extraneae.

[25] Averroes, In Met. IV 2, Venedig 1562, fol. 65 vI, bei Dietrich acc. 10 (3) III 67.

höheren Maße die Wesensart des Seienden in sich; sie unterscheidet sich in einem ursprünglicheren Sinne vom Nichts als eine Eigenschaft, die ihr Was durch ein anderes empfängt. Die Substanz hat im primären Sinn, nämlich durch sich selbst, ihr Sein und ihr Wesen: Eigenschaften heißen nur „seiend" im Hinblick auf die Substanz.

Dieses Verhältnis beschreibt die Attributionsanalogie näher, die Aristoteles zu Beginn des vierten Buches seiner *Metaphysik* entwickelt hat. Das Wesen des Akzidens liegt in seiner Zuordnung zur Substanz. Dietrich zitiert dafür Averroes: Eigenschaften heißen überhaupt nur „seiend", weil sie Dispositionen des Seienden sind. Das Akzidens hat im genauen Wortsinn weder ein Wesen noch eine Definition. Natürlich können wir definieren, was z.B. die Eigenschaften Gewicht oder Farbe sind. Aber das sind abgeschwächte Definitionen. Sie werden im sprachlichen Umgang gebraucht; sie müssen aber ontologisch korrigiert werden. Das war die Lehre des Aristoteles; Averroes hatte sie dem Westen erklärt. Auch Thomas hatte an ihr festgehalten, nur wollte er für Gott Ausnahmen zulassen.[26] Doch was er als Ausnahmen vorsah, zerstörte die Definition des Akzidens; es war in sich ein Widerspruch. Dem Zufälligen muß Notwendiges der Sache, nicht der Zeit nach, vorausgehen. Das Gebäude der Metaphysik und generell der aristotelisch definierten Wissenschaft bricht zusammen, wenn es keine realen per-se-Strukturen gibt. Diese dürfen nicht wiederum vom Zufall abhängig gemacht werden.

Metaphysik war seit Aristoteles Kontingenzbeseitigung, und dies bildet den Zusammenhang der drei Traktate gegen Thomas: In *De animatione caeli* zeigte Dietrich, daß die Gesamtbewegung des Kosmos mit ihren wesentlichen Begründungsverhältnissen nicht dem Zufall der Abordnung von Engeln zu bloßer Anstoßkausalität ausgesetzt sein darf; in *De visione beatifica* bewies er, daß wir, sofern wir dem Wesen nach Intellekte sind, dem Zufall entzogen bleiben, auch dem Zufall von Begnadung und Verwerfung durch Gott; in *De accidentibus* weitete er die Perspektive aus: Das Seiende als Seiendes muß als zufallsenthoben gedacht werden. Das Zufällige hat sein Wesen darin, vom primär Seienden her, per aliud, bestimmt zu werden. Daher kam Dietrich auf die Definition des Akzidens bei Averroes zurück: Es ist seinem Wesen nach die Disposition einer Substanz.

26 Aristoteles, Metaphysik Z 1–5, 1028 a 35–1031 a 1; Thomas von Aquino, In VII Met. l. 9 nn. 1467–1469 Cathala 432.

5. Der theologische Ausnahmezustand

Thomas wußte, was er tat, als er Ausnahmen zuließ zu Bestimmungen, die er zuvor als ausnahmslos erklärt hatte.

Es ist geradezu dramatisch zuzusehen, wie Thomas die soeben entwickelte aristotelisch-averroistische Sichtweise geteilt hat, einschließlich der Einsicht, daß diese Behauptungen definitionsbedingt sind, also keine Ausnahme zulassen können, und daß er dann doch mit Petrus Lombardus lehrte, beim Abendmahl existierten die Eigenschaften des Brotes getrennt von ihrer Substanz. Gott verleiht diesen Eigenschaften die ausnahmsweise Sonderstellung, daß sie durch sich selbst, per se, subsistieren und agieren.[27] Wenn diese Akzidenzien durch sich, per se, subsistieren und handeln, dann sind sie Substanzen. Thomas sah diesen Widerspruch; er wollte ihn überbrücken. Offenlassen konnte er diese Frage nicht. Stimmenthaltung mochte bei dem Problem der Bewegung der Himmelskörper zulässig sein; in der Frage der Broteigenschaften war das kirchenpolitisch und religiös unmöglich. Also machte Thomas sich daran, Hilfskonstruktionen zu ersinnen. Dietrich hat diese Notbrücken zerstört; das gab seiner Abhandlung über die Eigenschaften den aktuellen Bezug.

Sehen wir uns die Verlegenheitslösungen des Thomas von Aquino näher an. Zunächst brachte er einen politischen Vergleich, der die Sonderstellung der Broteigenschaften ohne Brotsubstanz plausibel machen sollte: Gott, der die Welt nach Gesetzen regiert, kann, ohne daß Unordnung daraus entsteht, wie ein Herrscher begründete Ausnahmen machen.[28] Es sei nur der gewohnte Lauf der Dinge, daß Akzidenzien in der Substanz existieren. Gott, der Tote auferwecken könne, könne auch Eigenschaften ohne ihre Substanz im Dasein erhalten.

Es wäre ungerecht, von Thomas den Newton'schen Begriff des strengen Naturgesetzes zu verlangen. Das „gewöhnliche Naturgesetz“, secundum communem legem naturae, der aristotelischen Physik ließ in der sublunarischen Sphäre Ausnahmen zu. Daran erinnert Thomas, zugleich mit dem Appell an die Erfahrung des mittelalterlichen Privilegienwesens. Thomas schob zwischen die Beziehung von Eigenschaft und Ding spezielle Gnadenprivilegien des Weltenherrschers. Er setzte

[27] Thomas von Aquino, Quodlibet 9, 3 art. un. ad 3: illis accidentibus sicut datum est per se subsistere divina virtute, similiter datum est eis ut agant.

[28] Thomas von Aquino, In 4 Sent. 12, 1 ad secundam quaestionem ad 1 und Sth III 77, 1 ad 1.

die ontologische Fundiertheit der Eigenschaft durch die Substanz auf dieselbe Stufe wie bestimmte regelmäßige, aber nicht ausnahmslos wiederkehrende Naturvorgänge; er verglich den Weltlauf mit dem normalen Geschäftsbetrieb von Statthaltern kurz vor dem Besuch des Königs: Sie wissen, daß mit der Ankunft des Königs der gewohnte Verwaltungsablauf aufhört. Thomas behandelte eine ontologische Struktur, deren innere Notwendigkeit er als Aristoteliker betonte, als sei sie nur ein faktisch gegebener Zusammenhang. Er wollte nicht mit dem Grundsatz brechen, daß Gott das Widersprüchliche nicht wollen könne. Aber er entleerte den Realitätsgehalt dieses Grundsatzes, indem er das definitionsgemäße Enthaltensein der Substanz im Akzidens auflöste und es zu einem kontingenten Verhältnis umdeutete, das nur mit Wahrscheinlichkeit und in der Mehrzahl der Fälle zutreffe.

Das war eine Depotenzierung der Vernunft von großer Tragweite. Wer dieser Theorie zustimmte und wußte, was er tat, verlor die Gewißheit seiner denkenden Weltorientierung. Nicht einmal der für die gesamte aristotelisierende Philosophie paradigmatische Zusammenhalt von Substanz und Akzidens war dann als notwendig gesichert. Gott konnte ihn, ohne das Widerspruchsprinzip zu verletzen, jederzeit aus einem „speziellen Privileg" aufheben. Er tat es, Thomas zufolge, recht häufig, zumindest bei jeder katholischen Messe. Dann aber konnte man nie wissen, wann wir in der Welt nur akzidentellen Schein sehen, der keiner Substanz mehr entsprach. Dann konnte man nicht mehr mit Sicherheit von Eigenschaften auf das Wesen schließen; darin bestand aber doch seit Aristoteles das Verfahren der Wissenschaft. Hier war die spätmittelalterliche Problematisierung der Gewißheit unserer Welterkenntnis der Sache nach vorhanden; sie war nur verdeckt. Woher sollte man von da an wissen, welche andere ontologische Verknüpfung, z. B. das der Wirkung mit ihrer Ursache, der Weltenherr aus „speziellem Privileg" außer Kraft gesetzt hat? Die Verbindung der Eigenschaft mit ihrem Wesen war, Thomas zufolge, enger als die der Wirkung mit ihrer Ursache, sollte doch das Akzidens ohne die Substanz weder sein noch definiert werden können. War aber sogar diese Beziehung vom Zufall bedroht, dann stand es schlecht um unsere Gewißheit von der Ordnung der Welt. Wurde das Grund-Folge-Verhältnis von Substanz und Akzidens umgedeutet zu einer bloß empirisch-faktischen Abfolge, die Ausnahmen zuließ, dann mußte unser Wissen sich auf den Augenschein beschränken, dann gab es keine Metaphysik mehr. Aber Thomas dachte nicht daran, Humesche

Konsequenzen aus seinem Zugeständnis zu ziehen. Er fuhr fort, die Notwendigkeit ontologischer Grund-Folge-Verhältnisse und damit die Rationalität der Welt zu unterstellen. Nur sollte der Weltenherrscher bei kirchlichen Zeremonien davon dispensieren können. Einen Willkürgott wollte Thomas damit nicht installieren, nur sollte sein Gott souverän sein, den Ausnahmezustand ausrufen zu dürfen. War es gedanklich durchführbar, diese Notstandsgesetzgebung auf den Augenblick einzuschränken, in dem der Priester über das Brot sagte: „Das ist mein Leib.“? So hat es Thomas wohl gemeint, einige zusätzliche Wunder ausgenommen. Aber er hat, um die Rationalität dieser göttlichen Intervention nachzuweisen, die Lockerung metaphysischer Ordnungsvorstellungen in Kauf genommen. Das hätte ein Schritt zu größerer Erfahrungsnähe werden können; bisher verborgene Voraussetzungen der europäischen Wissenschaft, besonders der Metaphysik, wären damit kenntlich und kritisierbar geworden. Aber Thomas wollte Ausnahmen zugestehen und dennoch weiter aristotelische Ontologie treiben. Diesen Ausweg verlegte ihm Dietrich von Freiberg.

Thomas hatte sich nicht auf den Vergleich mit dem Privilegienwesen beschränkt. Er blieb nicht stehen bei diesem damals suggestiven Bild, obwohl er nicht verschmähte, es mehrfach zu wiederholen. Er war Philosoph; er ging die Sache gründlich an; er änderte die Definition des Akzidens. Dazu machte er drei verschiedene Vorschläge:

Erster Versuch: Das Akzidens ist definiert durch sein Insein in der Substanz. Es behält den Charakter des Inseins auch dann, wenn Gott die Erstursache, die Zweitursache, also die Substanz, beseitigt und durch sich selbst ersetzt. Das sei ein Grundsatz des *Liber de causis*: Was die Zweitursache kann, vermag die Erstursache noch besser. So kann Gott machen, daß das Akzidens bestehen bleibt und doch nicht in einer Substanz ist: ideo potest Deus facere quod sit accidens et non insit. Gott beseitige bei einem solchen Eingriff nicht das Sein des Akzidens, sondern lediglich seine Seinsweise, seinen modus essendi.[29]

Zweiter Versuch: Auch Gott kann nicht die Definition einer Sache von der definierten Sache trennen, denn das wäre ein Widerspruch. Aber ändern wir mit Avicenna die Definition des Akzidens ein wenig ab. Statt es zu definieren als das, dessen Sein ein Insein ist, sagen wir besser:

[29] Thomas von Aquino, In 4 Sent. 12, 1 ad primam quaestionem ad 1. Der Text bei Flasch 1983, S. LIV. Da ich dort auch die übrigen einschlägigen Texte des Thomas im Wortlaut zitiert habe, verzichte ich hier auf weitere Belege.

Akzidens ist jede Sache, der es *zukommt*, in einem anderen zu sein, res cui debetur esse in alio. Ob diese Sache de facto das besitzt, was ihr der Definition nach geschuldet ist, ist eine andere Frage. Auch wenn sie das definitionsgemäße Insein nicht ausübt, weil Gott sie substanzfrei trägt, verändert sich damit nicht ihre Definition. Gott begeht also durch seinen Eingriff keinen Widerspruch.

Dasselbe Argument konnte Thomas auch so formulieren: Tritt Gott an die Stelle der Substanz, die ihre Eigenschaften trägt, dann ändert das nicht die Definition des Akzidens, *wenn* wir sie dahin umändern: Ein Akzidens ist das, was dazu *geeignet* ist, in einem anderen zu sein. Nicht das tatsächliche Inhärieren der Eigenschaft zählt. Dieses bloß faktische Insein kann Gott aufheben. Das Akzidens behält dann immer noch seine Geeignetheit, seine aptitudo, einer Substanz zu inhärieren, auch wenn es ihr in diesem Sonderfall nicht inhäriert.[30]

Dritter Anlauf: Die Akzidenzien hängen nicht in der Luft, wenn die zugehörige Substanz verschwindet oder durch göttliche Kraft ersetzt wird. Denn die Eigenschaften von Körperdingen haben als ihr Fundament die Quantität. Wenn sie nicht der *Substanz* inhärieren können, weil Gott ihre Substanz aufhebt, dann behalten sie doch ihr Insein in der *Quantität*.[31] Gott verstößt also, indem er den Eigenschaften ihre Substanz entzieht, mindestens in acht Fällen nicht gegen das Gesetz vom zu vermeidenden Widerspruch: Denn acht Akzidenzien behalten ihr Sein als Insein, nur ist es halt nicht das Insein in einer Substanz, sondern das Inhärieren in der *Quantität*, die von allen Eigenschaften die grundlegende ist.

Thomas sagt klar, was er mit allen drei Argumenten erreichen will: Es soll durch Gottes Allmacht substanzlose Eigenschaften geben, ohne daß dies ihre Definition zerstört. Denn Gott kann zwar alles Mögliche, aber nicht das Unmögliche, das in sich Widersprüchliche. Indem wir bei der Eigenschaft unterscheiden zwischen ihrem Wesen und ihrer *Seinsweise* – erstes Argument – oder indem wir das Akzidens neu definieren als das, was *geeignet* ist in einem anderen zu inhärieren – zweites Argument – oder indem wir die *Quantität* an die Stelle der Substanz setzen – drittes Argument – beseitigen wir den Widerspruch. Die Broteigenschaften bleiben Eigenschaften, wenn wir das Eigenschaftsein auf die angegebene Weise

[30] Thomas von Aquino, In 4 Sent. 12, 1, 1 ad primam qu. 2; Quodlibet IX 3 ad 2 und Sth III 77, 1 ad 2.

[31] Thomas von Aquino, ScG 4, 65 und Sth III 77, 2.

neu definieren. Denn auch Gott kann nicht machen, daß Eigenschaften keine Eigenschaften sind; das wäre ein Widerspruch. Alle drei Anläufe haben eines gemeinsam: Sie unterscheiden eine Wesensabfolge von einem faktischen Zustand. Die ontologisch-logische Struktur von der Substanz zum Akzidens soll unantastbar bleiben, auch wenn sie bei einzelnen Dingen wie dem Brot aufgehoben ist. Dann bleibt die Definition der Eigenschaft unversehrt; sie ist das, was normalerweise in einem Ding ist. Bei allen drei Versuchen blieb Thomas bei der Definition des Akzidens als des Inseienden; bei allen hielt er sich an die Vorstellung, etwas werde von etwas getragen. Das, was getragen wird, behält seine Eigenheit, auch wenn es von einem anderen getragen wird, zumal wenn das Tragende die göttliche Erstursache ist, die alles kann, was irgendeine Zweitursache vermag. Aus der per-se-Bestimmung der Substanz – daß sie das ist, das per se existiert – kann man für die wirkliche Welt nur dann etwas folgern, wenn man die Zusatzannahme macht, es handle sich um den Normalfall. Ob nicht vielleicht ein Sonderereignis vorliegt, kann man nicht wissen. Dies ist die Depotenzierung der Vernunft, von der ich sprach.

Dietrich nahm sich jedes dieser drei Argumente sorgfältig vor. In allen drei Fällen beschreibt er die Theorien des Thomas korrekt. Thomas hat tatsächlich das gelehrt, was Dietrich in diesen drei Fällen als die Doktrin des Thomas beschreibt und folgendermaßen kritisiert:

Dietrich stellt zunächst fest: Thomas argumentiert zweigleisig. Als Naturphilosoph und als aristotelisierender Metaphysiker lehrt er, es sei völlig unmöglich, daß eine Eigenschaft ohne Träger existiere. Wenn er aber gefragt werde, ob eine übernatürliche Kraft bewirken könne, daß eine Eigenschaft ohne Träger bestehen könne, dann gibt er nicht nur zu, daß das möglich sei; er behauptet sogar, daß dies tatsächlich vorkomme.[32] Dagegen stellt Dietrich seine bereits besprochene These: Wenn es auch möglich ist, rein sprachlich Eigenschaften zu definieren ohne ihre Substanz, so gilt dies doch nicht für die realphilosophische Analyse; in dieser kommt die Eigenschaft nur vor als etwas, das durch ein anderes bestimmt ist, in dessen Definition die Substanz eingeschlossen bleibt; die Beziehung des Zufälligen auf das Wesentliche ist der Eigenschaft nicht zufällig, sondern wesentlich. Diese per-se-Verbindung anzutasten, bedeutet einen Widerspruch, den auch der Gott des Thomas nicht bewirken kann.[33] Eine Eigenschaft ist eine Disposition der Substanz, und das ist ihr Wesen;

[32] Dietrich, acc. 19 (2) III 80.
[33] Dietrich, acc. 21 (4) und 22 (1) III 82–83.

sie hat durch sich selbst keine wesenhafte Bestimmtheit.[34] Wenn Thomas mit dem *Liber de causis* argumentiert, die Erstursache könne alles, was die Zweitursache kann, so übersieht er erstens die Aussageabsicht dieses Grundsatzes und verkennt zweitens, daß, wenn die Substanz beseitigt wird, auch das Akzidens beseitigt wird, weil es die Disposition der Substanz ist, also in Sein und Definition mit ihr wesensverbunden bleibt.[35] Eine dinglose Eigenschaft ist so widersprüchlich wie ein Dreieck, dessen Winkelsumme nicht 180 Grad wäre.[36] Dem entgeht man nicht, indem man eine Unterscheidung erfindet zwischen Wesen und Seinsweise einer Eigenschaft.

Soviel zum ersten Ausweichmanöver des Thomas von Aquino. Auch sein zweiter Versuch ist untauglich. Ändert er die Definition des Akzidens dahin um, daß es seiner Natur nach *geeignet* sei, in einer Substanz zu sein, dann übersieht er die entscheidende Regel, daß philosophische Definitionen nicht definieren, was möglich, sondern was wirklich ist. Wenn wir den Menschen definieren als „vernunftbegabtes Lebewesen“, dann meinen wir doch nicht, daß er die *Möglichkeit* habe, ein vernünftiges Lebewesen zu sein; wir gehen davon aus, daß er es wirklich ist. Was nur *geeignet* ist, lebendig zu sein, ist nicht wirklich lebendig; es *kann* nur lebendig sein. Philosophische Definitionen beziehen sich auf etwas, das aktual existiert in Entsprechung zur begrifflichen Bestimmtheit seines Wesens. Wenn wir „Eigenschaft“ definieren, bezieht sich das auf wirkliche Eigenschaften, nicht auf bloß mögliche. Das heißt: Wenn wir eine Eigenschaft definieren, dann definieren wir etwas, das mit Notwendigkeit die Disposition einer aktualen Substanz ist.[37] Wenn Realphilosophen von der Natur reden, dann von der wirklichen, nicht nur von der möglichen Natur. Das aptitudo-Argument des Thomas für die Abtrennbarkeit der Eigenschaften zerstört den Begriff von Natur und von Wissenschaft. Dietrich fertigt es höhnisch ab; es ist eine Ausgeburt der Roheit und der Ignoranz.[38] Es ruiniert alle Wissenschaften und verdient eigentlich keine Widerlegung; nur weil uns der Apostel ermahnt, wir sollten den Weisen ebenso antworten wie den Toren (Römer 1, 14), würdige, er, Dietrich, es einer Widerlegung.

[34] Dietrich, acc. 16 (1)–(2) III 75 und 17 (9) III 77.
[35] Dietrich, acc. 23 (3)–(10) III 86–87.
[36] Dietrich, acc. 23 (15) III 88.
[37] Dietrich, acc. 22 (3)–(6) III 84–85.
[38] Dietrich, acc. 22 (4) III 84.

Nicht besser geht es Thomas mit seinem dritten Argument. Ihm zufolge erteilt der Weltenherrscher der Quantität ein Privileg. Es macht die Quantität als das erste der Akzidenzien zu einer Quasi-Substanz, der die übrigen Akzidenzien inhärieren. Zwar gesteht auch Dietrich der Quantität eine gewisse Sonderrolle zu; sie ist die Voraussetzung aller Naturprozesse. Aber auch sie hat eine wesenhafte Beziehung auf ihre Substanz. Was Thomas da vorbringt, schreibt Dietrich, ist ein wunderliches Argument (admirandum est). Er fragt nicht ohne ironisches Lächeln: Wieso soll die Quantität ein Privileg vor allen anderen Eigenschaften bekommen? Alle Eigenschaften haben den Wesensbezug auf ihre Substanz. Thomas führt das Privileg der Quantität nur ein, um die souveräne Anordnung des ontologischen Ausnahmezustandes innerhalb der Kategorientafel regional zu begrenzen; acht Kategorien sollen außerhalb der Notstandsgesetzgebung liegen. Aber, erwidert Dietrich, das ist absurd: Dann sollen diese acht akzidentellen Bestimmungen der Quantität inhärieren; sie sind dann nicht etwas an dem wahrhaft Seienden, nämlich der Substanz, sondern etwas an der Quantität. Absurd ist es ferner, die Quantität von der Substanz abzutrennen und ihr dann substantiale Funktionen zuzuweisen.[39] Das ist nicht weniger mirakulös, als alle Akzidenzien gemeinsam in der Luft hängen zu lassen.

6. Rückblick

Dietrich redet in *De accidentibus* mit Thomas wie Lessing mit dem Hauptpastor Goetze: Souverän lächelnd und von oben herab belehrend. Er ist die Kompromisse leid. Er kann sich nur wundern über eine so inkonsequente Philosophie: Thomas fängt als Aristoteliker an und hört als Theoretiker des theologischen Absolutismus auf, aber er will das nicht wahrhaben und erfindet wortreich scheinphilosophische Ausreden. Der Gott des Thomas ist souverän; er entscheidet über den ontologischen Notstand.

Dietrich deutet nicht einmal an, wie er sich eine rational erträgliche Abendmahlslehre denken könnte; er begnügt sich mit der Feststellung,

[39] Dietrich, acc. 23 (16)–(22) III 89–90.

daß die Theorien des Thomas darüber unerträglich falsch sind. Dietrich sagt es mit aller nur wünschenswerten Schroffheit: Diese Einfälle des Thomas sind eines Philosophen nicht würdig. Dietrich ruft aber nicht nur die Grundbegriffe des Aristoteles in Erinnerung, die man nicht halbieren kann, vor allem den aus *Metaphysik* Z 1, das Akzidens sei ein ens entis. Er präsentiert seine eigene Theorie des Akzidens, die ontologische Zerstückung vermeidet und Intellekte von ihnen freihält, aber den Intellekten eine eigene Art sekundärer Differenzierung aufgrund des verschiedenen Intensitätsgrades ihrer Aktivität zuspricht. Das Akzidens, hatte Dietrich in vis. 3.2.9.2 (4) I 88 definiert, ist die Disposition einer Substanz, die Teile posteriores toto hat, Bestimmungen also, die in der Wesensdefinition nicht enthalten sind. Dietrich stellte die Theorie des Akzidens in den Zusammenhang der Abfolge von essentia-substantia-Akzidenzien, wobei essentia das Innesein des Seins und die Ausschließung von Außenbedingtheiten besagt, während substantia die Akzidenzien braucht für ihre Verwirklichungsprozesse im Naturlauf. Der Sinn der Akzidenzien (im engeren Sinn dieses Wortes) ist es, der Substanz Veränderung zu ermöglichen, die geprägt ist vom Innensein des Wesens und vom Vollendungsstreben der substantia. Dietrich stellt seine Theorie des Von-innen-her-Bestimmtseins und der Dynamisierung des Akzidens gegen die ontologische Vorstellung nach Art eines Baukästchens. Das Akzidenz wird gebraucht für die letzte Phase im Selbstdarstellungsprozeß der substantia als essentia; es ist die letzte Partikularisierung ihres Insichseins und ihrer Produktivität, ihre Äußerung und ihre Erscheinung. Mit ihm endet der Mitteilungsstrom, der aus der Wesensform entspringt: nullum accidens excedit subiectum suum.[40] Dietrich hat angefangen, die Entverbalisierung der Sätze und des Denkens zurückzudrängen, die lange Jahrhunderte das europäische Denken behindert hat, indem Aristoteliker sprachwidrig darauf bestanden, der Satz: *Sokrates sitzt*, sei inhaltsgleich mit: *Sokrates ist sitzend*.[41] Der Unterschied in der Auffassung des Akzidens läßt sich sprachlich durch verbale Beschreibung gut ausdrükken: Nach Dietrichs Philosophie der Eigenschaften ist es angemessener zu sagen: *Der Baum grünt*, statt zu sagen: Die Farbe Grün befindet sich am oder im Baum. Sagen wir also: *Der Vogel fliegt*, statt: Die Eigenschaft des Fliegens befindet sich am Vogel oder im Vogel.

[40] Dietrich, vis. 1.1.1. 3.2 (2) I 19.

[41] Diesen Vorgang habe ich ausführlich dokumentiert und analysiert in: K. Flasch, Die Metaphysik des Einen bei Nikolaus von Kues, Leiden 1973.

Die Ansicht von der Abtrennbarkeit des Akzidens zerstört diesen per-se-Zusammenhang. Über sie will Dietrich offenbar eine Debatte neu eröffnen. Sollen jetzt nostri venerabiles doctores theologiae[42] bezüglich des Abendmahls sich etwas Neues einfallen lassen; die bisherige Heerstraße ist als ungangbar erwiesen.

Dietrichs detaillierte Thomaskritik aktualisiert Aristoteles-Averroes. Was an ihr „vorthomistisch" sein soll, ist nicht einzusehen; dem widersprechen die Chronologie und die Art der Argumentation. Die Ansicht von Engelbert Krebs, Dietrich kehre zum Neuplatonismus zurück, trifft hier so wenig zu wie in *De origine.* Der ideenhistorische Standort von *De accidentibus* ist klar bezeichnet: Der Verfasser hat das siebte Buch der *Metaphysik* des Aristoteles studiert; er hat es gelesen nach den wissenstheoretischen Anweisungen und den Differenzierungen im Begriff des per se der *Analytica posteriora,* besonders in I 4; er kennt den Metaphysikkommentar des Averroes und Albert; dann geht er seine eigenen Wege. Es gibt in dieser Schrift kein Prokloszitat. Der *Liber de causis* wird einmal behandelt, aber nur, weil ihn Thomas für sich in Anspruch genommen und falsch ausgelegt hat. Augustin wird dreimal als Zeuge aufgerufen, aber hier wie sonst kommt es darauf an, nachzusehen, wofür. Dietrich läßt sich nämlich von ihm bestätigen, daß Definitionen Wahrheiten sind „vor Gott", daß Gott nichts Widersprüchliches tun und folglich die Wesensbeziehung der Eigenschaft auf ihr Ding nicht zerstören kann.[43] Ansonsten läßt er Augustin nur noch einmal zu Wort kommen, und zwar mit einer mächtigen Philippika gegen Theologen, die mit Berufung auf die Bibel urteilend und verurteilend in philosophische und theologische Fragen besserwissend eingreifen und damit bei Fachleuten nur Lachen hervorrufen. Sie machen die christliche Wissenschaft insgesamt unglaubwürdig; denn jeder, ob Gläubiger oder Ungläubiger, fragt sich doch, warum der christliche Glaube so törichte Verteidiger nötig hat. Diese dreisten Behaupter (temerarii praesumptores) verwickeln weiterblickende christliche Mitbrüder in Scherereien (molestiae); sie versetzen sie in Trauer (tristitia) über den beklagenswerten intellektuellen Notzustand der Kirche. Mit diesem Augustinzitat kehrt Dietrich nicht zurück zum Augustinismus; er macht aus Augustin den Patron unbelästigten Forschens in Dingen der Natur und der Philosophie. Man soll von

[42] Dietrich, or. 2 (40) III 154.
[43] Dietrich, acc. 22 (5) III 84 und 23 (10) III 87.

Augustin lernen, in philosophischen Fragen bescheiden und vorsichtig zu urteilen. Insbesondere sei davor zu warnen, etwas als Glaubenswahrheit auszugeben, was es vielleicht doch nicht sei, oder etwas als häretisch zu verdammen, weil es vermeintlichen, aber nicht wirklichen Glaubenswahrheiten widerspreche.[44] Das klingt, als habe Dietrich den Fall Galilei im voraus bedacht. Hinter dem Rücken des großen Augustinus versteckt, konnte Dietrich andeuten, wie sehr die communiter loquentes ihn belästigt haben; schließlich haben sie, wie er im Vorwort mitteilt, seine philosophische Schriftstellerei blockiert. Trauer erfaßt ihn, wenn er das niedrige intellektuelle Niveau angesehener Theologen bedenkt, die meinen, sie sollten mit sophistischen Mätzchen den christlichen Glauben verteidigen. Mit bewunderungswürdiger Kunst des Zitierens macht Dietrich aus Augustin einen Befürworter der von der Theologie nicht gegängelten Erforschung der Welt: ein Bravourstück mittelalterlicher Autoritätsbenutzung. Es gibt Christen, sagt der Augustin Dietrichs, die ihr Gefasel über Sonne, Mond und Sterne, nicht zuletzt über neutrale Gegenstände wie die Definition des Akzidens und die Aufgabe der tätigen Vernunft mit Berufung auf die Heilige Schrift vortragen und damit dem Christentum einen Bärendienst erweisen. Allerdings bewegte Dietrich sich hart am Rande der Häresie. Nur indem er nicht aussprach, daß die herrschende Abendmahlslehre widersinnig sei, ersparte er sich die Verurteilung. Er wußte, daß zwischen 1100 und 1300 so gut wie alle Theologen davon überzeugt waren, die Heilige Schrift selbst erzwinge die Transsubstantiationslehre. Er anerkannte die Kompetenz des Papstes, Glaubensartikel festzusetzen;[45] er wußte, daß das vierte Laterankonzil die Transsubstantiationslehre als Glaubenswahrheit definiert hatte. Er hatte den Spielraum nicht, den er zu haben glauben machte. Denn von der Transsubstantiationslehre war die Vorstellung freischwebender Akzidenzien so wenig ablösbar wie der Substanzbegriff aus der Definition von Eigenschaften.

[44] Augustinus, De Genesi ad lit. I 19 CSEL 28, S. 27–29; bei Dietrich, acc. 7 (2)–(3) III 62–63.

[45] Dietrich, acc. 7 (3) III 63.

V. FRAGEN AN EINE QUAESTIO

1. Historie als Konstruktion – Fixpunkte als Dezision

Selbst schlichte Geschichtserzählungen beruhen mehr auf Konstruktion, als der normale Leser wahrnimmt. Wer die Geschichte eines Ereignisses, etwa einer Schlacht, oder einer Institution, etwa der englischen Monarchie, darstellt, hat eine Reihe von Entscheidungen getroffen, die er in seinem Bericht nicht oder nur andeutungsweise rechtfertigt. Er kann seine Darstellung nicht ständig unterbrechen und begründen, warum er eine bestimmte Seite seines Themas in den Vordergrund rückt, warum er welcher Quelle und wie weit er ihr folgt. Er muß die Fiktion aufrecht erhalten, er sähe – quasi mit den Augen Gottes – den Prozeß ablaufen, den er selbst konstruiert hat. Er hat seine Methode gewählt und sein Thema bestimmt; er hat sich eine Vorstellung von den Menschen mit ihren Urteilen und Vorurteilen gemacht, die seinen Artikel studieren oder sein Buch lesen könnten. Er schreibt darüber in *seiner* Sprache, die meist nicht die Sprache der Quellen sein kann; er hat seine persönlichen sachlichen Interessen und seine individuelle Sichtweise. Er hat, wenn es gut geht, seinen Stil.

Der Anteil subjektiver Zutat ist erheblich, und zwar in der Darstellung wie in der Erforschung. Das beginnt mit der Zuschneidung des Themas, von dem man normalerweise unterstellt, es sei relevant, finde Interesse und sei beim augenblicklichen Stand des Wissens an der Zeit. Wer forscht und dabei auf Schwierigkeiten stößt, die unüberwindlich scheinen, muß das Maß der Widrigkeiten festsetzen, bei dem er sein Vorhaben aufgibt. Bleibt er bei seinem Projekt, muß er entscheiden, wie lange er bei einer bestimmten Quelle verweilt, welchen Grad der Vorbereitung zu ihrer Interpretation er für nötig hält, wie weit er die Aufmerksamkeit auf andere Forscher treiben und wieviel Zeit er für die Beschaffung abgelegener Publikationen verwenden will. Von all dem wird er aber nicht reden, wenn er die Kaiserkrönung Karls des Großen beschreibt oder die Zweifel an der Seelenunsterblichkeit im 16. Jahrhundert darstellt.

Das Gesagte gilt auch für den Historiker des Denkens. Jedem Kapitel des vorliegenden Buches über Dietrich liegen subkutane Überlegungen zugrunde; die einzelnen Kapitel treffen aus einem umfangreicheren und dicht geschriebenen Text Dietrichs eine Auswahl von Gedankenmotiven, die tauglich scheinen, heutigen Lesern und künftigen Bearbeitern dieses Themas einen Ausgangspunkt zu schaffen, den sie erweitern oder ablehnen, jedenfalls aber verändern werden. Was wie die objektive Wiedergabe eines realen Geschehens stilisiert ist, kann kaum mehr sein als eine Handreichung für weitere Forschung. Wenigstens gilt das für Arbeiten zur Wissenschaft des ausgehenden 13. Jahrhunderts, das so viel Unbekanntes noch enthält, daß die Frage sich aufdrängt, ob es nicht zu früh sei, ein zusammenfassendes Werk über Dietrich von Freiberg zu schreiben. Die Gesamtausgabe seiner Werke konnte 1985 abgeschlossen werden; sie wurde und wird beachtet, die Forschungen sind weitergegangen, dennoch empfinde ich mein Unternehmen als riskant; die Kontexte zu Dietrichs Texten sind zu vielfältig und wenig erforscht. Hinzu kommt, daß unsere Disziplinentrennungen für ihn nicht zutreffen: War er Aristoteleserklärer oder Systematiker, war er Theologe oder Naturforscher?

Ich setze mein Lamento über die Schwierigkeiten des Themas, das ich mir schließlich selbst ausgesucht habe, nicht fort; ich schiebe aber hier ein Kapitel ein, das an einem kürzeren Text Dietrichs etwas von dem sonst verborgenen Räderwerk des Bearbeitens und Entscheidens sichtbar machen soll. Ich wähle dazu die *Quaestio, utrum in Deo sit aliqua vis cognitiva inferior intellectu* (abgekürzt: utrum), Opera omnia III 283–315. Schon beim Übersetzen des ersten Worts des Titels tauchen Fragen auf, denn *Quaestio* heißt nicht einfach „Frage“, sondern bezieht sich auf einen formellen akademischen Akt, in dem ein Magister der Universität Paris ein Problem erörtert. Die Form war besonders geeignet, um strittige Fragen in Auseinandersetzung zu entscheiden. Die Sitzung konnte sich über zwei Tage hinziehen; wir haben *Quaestiones disputatae* der Zeit um 1300, die zu umfangreich sind, um in einer einzigen Sitzung abgehandelt worden zu sein. Die Texte sind freilich keine Protokolle, sondern entweder Zusammenfassungen durch jüngere Mitarbeiter oder Ausarbeitungen des Professors. Sie haben also einen verschiedenen Grad an Authentizität. Aber die Sorge, ob der Text in genau dieser Form von Dietrich stammt, brauchen wir diesmal nicht zu haben, denn Dietrich selbst zitiert diesen Text in seiner späteren Schrift *De intellectu* I 7 (4) I 141. Er nennt seine Schrift einen „Traktat“ und deutet damit an, daß er die *Quaestio* nachträglich zu einer Abhandlung ausgearbeitet hat. Unser

Text könnte ebenso gut als „tractatus“ bezeichnet werden. Ihn eine Quaestio zu nennen, ist bereits eine Entscheidung, die freilich gestützt wird durch die einzige Handschrift, die diesen Text enthält – sie liegt in Erfurt, in der Bibliothek des Amplonius mit der Signatur F 72 und wurde uns in der DDR-Zeit freundlicherweise als Mikrofilm mitgeteilt – und ihn als eine *Quaestio* bezeichnet, obwohl Dietrich ihn auch „Traktat“ nennt. Da ich mir vorgenommen habe, in diesem Kapitel möglichst wenige Zwischenentscheidungen zu verschweigen, muß ich hinzufügen: Der Schreiber des Erfurter Codex hat eine Menge Fehler stehen lassen, und er gibt den Titel des Textes an als *De intellectu.* Nun gibt es aber ein anderes Buch Dietrichs mit diesem Titel, so hat die Herausgeberin, Maria Rita Pagnoni-Sturlese, sich dafür entschieden, die von Dietrich selbst stammende kurze Zusammenfassung als Titel zu wählen. Er heißt also wie oben angegeben: *Quaestio, utrum* etc.

Das Wort „Quaestio“ ist nur ein harmloses Beispiel für die Übersetzungsschwierigkeiten, mit denen eine Arbeit wie die vorliegende zu kämpfen hat, ohne sie ständig erörtern zu können. Komplizierter wird es bei griechischen und lateinischen Bezeichnungen der Farben, die in Dietrichs Traktat über die Farben und in seinem Regenbogenbuch reichlich vorkommen. Wenn vom „Gelb“ gesagt wird, es sei dunkler als „Rot“, stimmt etwas nicht mit der Übersetzung. Nur haben Philologen, Übersetzungswissenschaftler und Sprachtheoretiker seit Schleiermacher und Wilhelm von Humboldt diese Art von Unstimmigkeit oft genug beschrieben, so daß wohl kaum noch ein Leser es für bare Münze nimmt, wenn er zu der Stelle kommt, wo ich unten (S. 632) übersetze:

Gelb: *Citrinus sive glaucus sive caeruleus, quem xanthon vocant.*

Schon daß Dietrich für dieselbe Farbe vier Wörter gebraucht und das entsprechende griechische Wort anführt, für das unsere Wörterbücher „gelb, goldgelb, rötlich oder bräunlich, auch blond“ anbieten, legt nahe, daß die Übersetzung mit „Gelb“ nicht das letzte Wort zu sein beanspruchen kann. Ich habe mir hier und in vergleichbaren Fällen damit zu helfen gesucht, daß ich neben das deutsche auch das griechische oder lateinische Wort in Klammern hinzugefügt habe, nicht in der Annahme, es handle sich um komplette Entsprechung oder gar Gleichsetzung, sondern um den Leser aufzufordern, den Übersetzungsspielraum offen zu halten oder selbständig zu verändern.

Die vielerörterte Relativität der Farbbezeichnungen ist nur ein harmloser Fall von Nicht-Entsprechung im Vergleich zu philosophischen Grundbegriffen, die ihren Weg aus dem Griechischen über das Arabische ins mittelalterliche Latein gemacht haben. Ich fand mich bei der vorliegenden Arbeit fast bei jedem Theorem Dietrichs zurückverwiesen auf den griechischen Aristoteles und den lateinischen Averroes, aber auch dort, wo ich der Kürze halber die jeweiligen sprachlichen Äquivalente angegeben habe, wollte ich nicht Gleichsetzung suggerieren, sondern zur Erforschung der geschichtlichen und semantischen Differenzen auffordern.[1] Diese Suche hier im Text zu explizieren, hätte definitiv den Rahmen des Buches gesprengt; ich konnte hier nicht die Unterschiede entwickeln, die zwischen der aristotelischen usia und der mittelalterlichen substantia bestehen; ich erwähne bei den Termini „intellectus", „motus" und bei „essentia" im Unterschied zu „quiditas" die Übersetzungsprobleme; ich diskutiere, was das aristotelische dynamei in der Elemententheorie Alberts, Thomas' und Dietrichs bedeutet, ob es mit virtute oder mit potentia übersetzt worden ist. Bei Untersuchungen dieser Art, die das vorliegende Buch nur streifen konnte, werden die mittelalterlichen Aristotelesübersetzungen unentbehrlich, die das von Lorenzo Minio-Paluello geführte Unternehmen des *Aristoteles latinus* publiziert. In dessen Rahmen wurde 1995 als Band XXV 3, 2 die *Metaphysica*-Übersetzung zugänglich; *De anima* in der Translatio Iacobi steht in Band VII 1 der Kölner Ausgabe Alberts, in der Paul Hoßfeld auch die wichtigen Übersetzungen der *Physik*, von *De caelo* und *De generatione*

[1] Die Übersetzungsprobleme sind kompliziert. Manche Autoren des lateinischen Westens wechselten die Übersetzung, wenn es vom griechischen Text mehrere gab. Dies ist der Fall bei *De anima* des Aristoteles. Davon gab es im 13. Jahrhundert folgende Versionen: 1. Die des Jakob von Venedig aus der Mitte des 12. Jahrhunderts. Sie ist abgedruckt im Band VII der Opera omnia Alberts, Münster 1968. Nach ihr zitiere ich in der Regel. 2. Deren verbesserte Fassung durch Wilhelm von Moerbeke, um 1260–1270. 3. Neuübersetzung durch Wilhelm von Moerbeke der Kapitel 4 bis 8 des 3. Buches, 1268. Diese findet sich in den meisten Drucken der Werke des Averroes und des Thomas von Aquino. Älteste Drucke: Gesamtkatalog der Wiegendrucke Nr. 2336–7, 2339–41, 2343–5, 2347–49. Vgl. Martin Grabmann, Forschungen über die lateinischen Aristoteles-Übersetzungen des 13. Jahrhunderts. Beiträge XVII 5–6, Münster 1916; Lorenzo Minio-Paluello, Le texte du De anima d'Aristote: La tradition latine avant 1500, in: Autour d'Aristote. FS für A. Mansion, Louvain 1955, S. 217–243, bes. S. 218; ders., Opuscula. The Latin Aristotle, Amsterdam 1972; G. Vuillemin – Diem (Hg.), Aristoteles Latinus XXV 1–1 a: Metaphysica I–IV 4, Leiden 1970, Einleitung; Bernard G. Dod, Aristoteles latinus in: The Cambridge History of Later Medieval Philosophy, Cambridge 1982, S. 58–60 und 74–79; R. A. Gauthier, Sentencia libri de anima. Sancti Thomae de Aquino Opera omnia, Editio Leonina, Band XLV, 1, Rom 1984, S. 201*–218*.

et corruptione zugänglich gemacht hat.[2] Ich erwähne dies alles als Hinweis auf eine Art Lesehilfe: Überall, wo der Leser griechische, mittelalterlich-lateinische und deutsche Termini dicht nebeneinander gestellt findet, sind die Zwischenräume mitzudenken und mit dem auszufüllen, was ich an anderer Stelle als „das Nicht-Übersetzbare" philosophischer Texte beschrieben habe.[3] Jedes Schlüsselwort – wie ens oder forma, materia oder actus, ratio oder anima, deus oder intelligentia – fordert umfangreiche Kommentare zur Aufarbeitung der geschichtlichen Transformationen, selbst bei gleichbleibenden Termini. Aber da es im vorliegenden Buch um die erstmalige Gesamtdarstellung der Argumentationen Dietrichs und ihrer intellektuell-geschichtlichen Konstellation ging, mußte ich mich zur Terminologieentwicklung mit gelegentlichen abkürzenden Hinweisen begnügen.

Kehren wir zurück zur *Quaestio utrum in Deo sit aliqua vis cognitiva inferior intellectu.* Ihr Titel überrascht. Vielleicht stand er nicht im Handexemplar Dietrichs. Denn unter den Denkvoraussetzungen des 13. Jahrhunderts war Gott reiner Geist; er war im vollkommensten Sinn „Intellekt"; er war körperlos, und es hatte wenig Sinn zu untersuchen, ob der reine Gottesgeist eine niedere Erkenntnisform besitzt, die körpergebunden wäre. Niemand nahm an, er brauche körperliche Augen, um uns zu sehen.

Wir können aus der Überschrift nicht viel folgern. Buchtitel knüpften damals wie heute an Bekanntes und Erörtertes an. Zuweilen enthielten sie einen durch Gräzisierung verfremdenden Effekt, wie z.B. Anselms *Monologion* oder Boccccios *Decameron.* Die Überschrift stimmte oft nur ungefähr und peripher. Wer eine Abhandlung über die Ontologie toter menschlicher Körper schreiben wollte, konnte den Titel wählen: Über

[2] Einen kurzen klaren Überblick über die verschiedenen lateinischen Aristotelesübersetzungen geben Ruedi Imbach – Peter Schulthess, Die Philosophie im lateinischen Mittelalter. Ein Handbuch mit einem bio-bibliographischen Repertorium, Zürich-Düsseldorf 1996, S. 297–299. Ausführlicher: Bernard D. Dod, Aristoteles latinus, in: Norman Kretzmann, Anthony Kenny, Jan Pinborg (Hg.), The Cambridge History of Later Medieval Philosophy, Cambridge 1982, S. 45–79.

Die für Dietrichstudien wichtigen Bände des Aristoteles latinus, (zuerst Paris, Brügge 1953ff., jetzt auch im Nachdruck: Leiden), habe ich unten unter den Bibliographischen Hinweisen einzeln verzeichnet.

[3] Flasch 2005, S. 38–40, auch 296, 305 und 311–318. Dazu: Barabara Cassin (Hg.), Vocabulaire européen des philosophies. Dictionaire des intraduisibles, Paris 2004; Umberto Eco, Quasi dasselbe mit anderen Worten. Über das Übersetzen, deutsch, München 2006.

den Leib des toten Christus, *De corpore Christi mortuo.* Anders bei Dietrichs Erstlingsschrift *De origine rerum praedicamentalium.* Hier war der Titel genau gesetzt. Die neuklingende Formulierung kündigte eine neue Untersuchung an. Bei *De tribus difficilibus quaestionibus* haben wir wieder den Bezug auf die akademische Veranstaltung der *Quaestio*; „diffizil" heißen diese drei Traktate, nicht weil sie besonders „schwierig" wären, sondern weil sie Umstrittenes behandeln, ohne dies im Titel gleich zu sagen.

2. *Versuch, den „Inhalt" der* Quaestio utrum *in* Deo *wiederzugeben*

Wir müssen den Titel unserer *Quaestio* von deren Inhalt her interpretieren und übersetzen, nicht umgekehrt. Aber die Feststellung des Inhalts ist nicht ohne Tücken. Jemand könnte es damit bewenden lassen, es handle sich um theologische Subtilitäten. Die Überschrift der Erfurter Handschrift weist in eine philosophische Richtung; es gehe um den Intellekt, sagt sie. Es nutzt alles nichts; die Arbeit muß beginnen mit einer kurzen *provisorischen* Zusammenfassung des Inhalts; sie muß die Art der Fragestellung klarlegen und die Gliederung des Textes plausibel machen. Eine solche Inhaltsangabe kann nur als vorläufig gemeint sein; sie hat Behelfscharakter aus mindestens zwei Gründen: Erstens, sie setzt Übersetzung voraus, aber die Übersetzung der tragenden Termini ist fast unmöglich. Was heißt in der Überschrift der Erfurter Handschrift *De intellectu*? Vernunft? Verstand? Ich sage: Intellekt, um das Fremdartige anklingen zu lassen, aber „Intellekt" führt heute andere, kältere, bürokratische oder erziehungstechnische Assoziationen mit sich. Man müßte jeden der einzelnen Grundbegriffe wie „obiectum", „rationale" und „universale" historisch-philosophisch kommentieren, um die Übersetzung zu begründen. Dabei ergäbe sich: Bei tieferem Eindringen in den historisch fremdsprachigen Text vergrößert der Unterschied zur heutigen Sprache sich eher. Zweiter Grund: Philosophische Texte lassen sich nicht zusammenfassen wie eine einfache Handlung, die man erzählen kann. Hier handelt es sich um Argumente, manchmal um kleinliche Polemiken, manchmal um Anspielungen auf Zeitgenossen. Ohne zu wissen, was man für den philosophischen Ertrag hält, läßt sich nicht korrekt zusammenfassen. Dennoch muß man es versuchen. Diesmal hilft uns der Autor selbst; er schickt eine gliedernde Ankündigung voraus und erklärt einleitend, er werde diese Frage zunächst bezüglich Gottes behandeln, dann aber das Thema ausweiten auf die Frage, ob Engel und Seelen, die vom Leib getrennt sind, eine solche Erkenntniskraft haben, die unterhalb des Intellekts steht (*Prooemium* 1–3 III 293). Dies läßt eine Zweiteilung des Traktats erwarten. Tatsächlich beantwortet Dietrich zunächst die erste Frage (1.1 bis 1.3 III 293–296), widmet sich dann den substantiae spirituales (1.4.1 bis 1.4.2.2 III 296–302), eröffnet aber danach einen neuen Abschnitt, den er mit der Erklärung beginnt, bei der Gelegenheit – occasione autem eorum, quae dicta sunt – wolle er einen Irrtum widerlegen, der den intellectus possibilis betrifft (2 ganz, III 303–315). Der Text zerfällt also nicht in zwei, sondern in drei Abschnitte:

> Der erste, der den Titel abgibt, also 1.1 bis 1.3, handelt vom Erkennen Gottes und ist der kürzeste Teil, vier Seiten im Druck,
> der zweite (1.4 ganz) erörtert die Erkenntnis reiner Geistwesen, sieben Seiten,
> der dritte, „okkasionell hinzugefügte" über falsche Ansichten von der möglichen Vernunft (2 ganz) ist der weitaus umfangreichste (13 Druckseiten). Sollte sich zeigen, daß diese ausführlichen Darlegungen über die mögliche Vernunft in einem *inneren* Zusammenhang stehen mit Teil 1 und 2, wäre der Gesamttitel der Erfurter Handschrift erklärt: *De intellectu,* speziell über die mögliche Vernunft.

Dietrich beginnt mit der Darstellung von drei Erkenntnisweisen.

Erstens die sinnliche Erkenntnis des äußeren wie des inneren Sinns, sensitivum: Sie erfaßt das Einzelne, erreicht nicht das Allgemeine.

Zweitens die erste Stufe geistiger Erkenntnis, rationale, die vom Einzelnen abstrahiert. Hier handelt es sich um einfache Wesenserfassung und um die rationale Konstruktion von Sätzen, um Verstandesgrundsätze und Folgerungen. Dieses Wissen zielt auf Definitionen, in denen die „Teile der Wesensform", partes formae, angezeigt sind, wie z. B. animal und rationale. Das Einzelne als Einzelnes kommt in dieser abstrakten Einstellung nicht in den Blick.

Drittens die eigentlich intellektuelle Erkenntnis durch Erkennende, die aus sich heraus, durch ihr Wesen, folglich *immer* erkennen. Die Welt kommt nicht von außen in sie hinein, sondern ist ursprünglicher in ihnen. Diese Erkenntnisweise steht über der Alternative von Individuum und Universale. Gott ist ein solcher Intellekt, also bedarf er keiner weiteren, niederen Erkenntnisweise. Bei ihm gibt es keinen Übergang von der Erkenntnis*möglichkeit* zur *wirklichen* Erkenntnis. Damit ist die Titelfrage beantwortet. Doch Dietrich beschließt diesen Abschnitt (1.3 (4) III 296) mit der Erklärung, auf eben *dieselbe göttliche* Erkenntnisweise, eodem modo, erkenne jedes Wesen, das ein intellectus per essentiam ist, auch ein Geschöpf. Man kann sich den Widerspruch frommer Zeitgenossen ausmalen anläßlich der These Dietrichs, ein Geschöpf erkenne eodem modo wie Gott. Seine Begründung: Als intellectus per essentiam *ist* es die Entsprechung zur Gesamtheit aller Seienden, similitudo totius entis inquantum ens. Ich unterdrücke, um abzukürzen, meine Zweifel wegen der Übersetzung von similitudo, erinnere aber an vis. 1.1.4 I 28–29, wo Dietrich den intellectus agens das exemplar omnis entis nennt.

Dietrich denkt dabei an reine Geistwesen, nicht an Engel, sondern an sternschalenbewegende Intelligenzen. Er fügt hinzu: wenn es solche gibt (si sunt, 1.1 (4) III 294 Zeile 32). Immer gilt dieser Vorbehalt si essent, den wir seit *De origine* hören,[4] der sich aber ausdrücklich nicht auf unseren intellectus agens bezieht (utrum 1.3 (4) III 296 Zeile 23), von dem also gilt, daß er erkennt wie Gott. Die reinen Intelligenzen dienen als hypothetisches Modell für den tätigen Intellekt. Dieser erkennt *in sich selbst* die Gesamtheit aller Seienden; er erfaßt *immer* alle Dinge; er vereinigt in sich die Wirksamkeit, die sonst auf sinnliche und rationale Erkenntnis verteilt ist, die entweder sinnlich-individuell *oder* abstrakt-universal erkennt. Er ist der Alternative von Individualität *oder* Universalität seiner Gegenstände enthoben. Er *ist* sie in gewisser Weise alle.

Damit ist die Frage nach der Erkenntnisweise reiner Geistwesen – Engeln oder leiblosen Seelen – nicht beantwortet; Dietrich analysiert im zweiten großen Abschnitt (1.4 ganz, III 296–302) deren Erkenntnisweise, sofern ihr Erkennen ein Übergang von Möglichkeit zur Wirklichkeit ist, sofern sie einen intellectus possibilis haben, der aktuiert werden muß und der als das Haben allgemeiner Erkenntnisse nicht das Individuum als solches erreicht. Thomas von Aquino hatte dem natürlichen Erkennen der Engel jeden Prozeßcharakter genommen und deshalb bestritten, daß sie einen intellectus possibilis brauchen.[5] Dietrich erörtert ihr Wissen

[4] Dietrich, or. 3 (37) III 168; an. 7 (5) III 18; vis. 3.2.9.8 (1) I 99; acc. 8 (2) III 63, auch mens. 8 (3) III 238 und cog. 5 (3) II 172.

[5] Thomas von Aquino, Sth I 54, 4.

als das Wissen von Wesen, deren Erkenntnis ein *Prozeß* ist und deren rationale Erkenntnis nur das Allgemeine erkennt. Solche Wesen bedürfen einer zusätzlichen Erkenntnisweise, die *über* der sinnlichen, aber *unter* der rationalen Erkenntnis steht und die zur ratio-Erkenntnis des Individuellen führt. Aegidius Romanus, seit 1285 Magister in Paris, hatte in seinem ersten *Quodlibet* diese Ansicht bestritten: Die Engel erhalten ihm zufolge ihre Einsichten direkt von Gott und aus Gottes Ideen, die das ganze Dinge, nicht nur seine allgemeine Wesenheit, konstituieren.[6] Dietrich sah in dieser These, die Ägidius neuerdings im Anschluß an Thomas vortrug, ein Überspringen der natürlichen Grenzen geschaffener Intellekte, die nicht intellectus per essentiam sind; insofern steht seine *Quaestio* im Zusammenhang aktueller Debatten in Paris. Ägidius hatte soeben die Veränderlichkeit der Engel betont und in ihnen sogar eine Art Sterblichkeit entdeckt: Angeli ex natura sua sunt mutabiles, quandam in se mortalitatem habent.[7] Solche Intellekte, argumentiert Dietrich, befinden sich auch dann im Zustand der Möglichkeit, wenn man sagt, sie seien durch göttliche Einstrahlung voll von Formen.[8] Auch bei Engeln, nehmen wir an, gibt es Themenauswahl und Wechsel des Gegenstands, insofern Potentialität. Wer rational erkennt, also das abstrakte Universale erfaßt, bedarf eines determinierenden Elements. Dieses kann kein Naturding oder eine naturhafte Eigenschaft sein; es muß ein ens conceptionale sein. Diesen Begriff erklärt Dietrich hier nicht näher, wir kennen ihn aus *De visione beatifica.* Dietrich geht schnell zu der These über, es sei die Einbildungskraft, die vis cogitativa, welche die notwendige Determination der abstrakt-allgemeinen Erkenntnis erbringe. Der sinnlichen Erkenntnis präsentieren sich sinnliche Dinge von sich aus; die rationale Erkenntnis muß ihr Objekt erst zum allgemeinen *machen.* Warum sie aber gerade jetzt ein bestimmtes Objekt sich zum Gegenstand macht, bedarf einer weiteren Bestimmung. Sie kann nicht alles zugleich denken, selbst ein Engel in der Fülle göttlicher Erleuchtungen könnte dies nicht. Ohne ein einschränkendes Element gibt es keine tatsächliche Neuerwerbung von Einsicht, keinen Übergang von der Möglichkeit zur Wirklichkeit. Ohne einen Begriff von der Enge des Bewußtseins begreifen wir seine Erweiterungsschritte nicht. Wir dürfen uns den möglichen Verstand

[6] Aegidius Romanus, Quodlibet I 9, Aegidius Romanus, Quodlibeta, Louvain 1646, S. 19 a bis 21 a.

[7] Aegidius Romanus, Quodlibet II 8, Quodlibeta, Louvain 1646, S. 71 b.

[8] Dietrich, utrum 1.4.2.2 (3) III 300.

nicht wie ein Lebewesen vorstellen, das ein Organ zur Ergreifung seiner Inhalte hätte.

Die Determination, die Dietrich fordert, spielt eine doppelte Rolle: Sie füllt den Rahmen des rational-Allgemeinen mit Individuen. Und sie bringt im Erkennenden, also im möglichen Verstand, die faktische Festlegung hervor, jetzt den Inhalt A und nicht den Gegenstand B zu denken. Die Rangfolge der Erkenntnisformen ist fest definiert, sie ist ein ordo per se. Als aktuierender Faktor kommt nur ein Erkenntnisseiendes in Frage, und zwar das, was dem möglichen Verstand am nächsten steht. Die vis cogitativa ist das höchste der niederen Vermögen. Die Abfolge ist diese:

Der spezifische Sinn, sensus proprius, bedingt den Gemeinsinn, den sensus communis. Dieses Ensemble ernährt die Phantasie, das imaginativum, und aus diesem Erkenntnisstoff zieht das Vorstellungsvermögen, cogitativum, einfache, bereits gedankliche Bestimmtheiten heraus, indem es sie von Bildern befreit. Eine Erkenntnisform, erfaßt in der vis cogitativa, ist das Grenzergebnis der körpergebundenen Erkenntniskräfte; als größte Annäherung an den Intellekt kann sie die mögliche Vernunft determinieren. Also muß es in jedem Wesen, das einen möglichen Intellekt hat, die vis cogitativa als nächst niedere Erkenntnisweise geben (1.4.2.2 (11)–(13) III 302). Das Ergebnis formuliert Dietrich auch so:

Wenn ein reines Geistwesen wie ein Engel oder eine leiblose Seele ein einzelnes Individuum erkennen soll, *dann* muß es die nächstniedere Erkenntnisweise besitzen (1.4.1 (3) III 297 Zeile 54–56). Sollen also – wie in Dantes *Inferno* – die Sünder nach dem leiblichen Tod einzelne Mitbürger erkennen, dann brauchen sie dazu nicht nur die rein-geistige mögliche Vernunft, sondern auch die determinierende Vorstellungskraft.

Die *Quaestio* war eine für den akademischen Betrieb zugeschnittene Kurzform; sie konnte nicht alle Voraussetzungen ihres zugespitzten Themas nennen oder gar begründen. *Daß* Gott das Einzelne erkennt, war unbestritten; Dietrich argumentiert dafür kurz: Gott ist dessen causa essentialis und hält es in „vornehmerer" und „einfacherer" Weise in sich selbst (1.3 III 296–297). Daß Engel reine Geister sind, das stand fest, seit Gregor I. die Engellehre des Dionysius Areopagita übernommen hatte. Seit der Aristotelesrezeption sagte man dafür, daß sie Intellekt sind. Einen Intellekt haben, das hieß seitdem, daß zu fragen ist, ob sie einen intellectus agens und einen intellectus possibilis haben. Das war seit 1250 ein allgemeines Thema, erörtert bei Albert, *Summa de creaturis* I 4, 24, a wie bei Bonaventura, In 2 *Sent.* 3, 2, 2 1 Opera omnia II 119 b. Umstritten blieb die Frage, welche Funktion der intellectus agens bei ihnen haben könne, da ihre intellektuelle Erkenntnis nicht von sinnlicher Erfahrung ausgehe. Aber dies ist hier nicht Dietrichs Thema. Er hat hier folgende Frage zu entscheiden: Genügt zur Entstehung geistiger Erkenntnis die Tätigkeit des tätigen Intellekts, das Vorhandensein eines Objekts und die Rezeptivität der möglichen Vernunft? Dietrich verneint diese allgemeine Ansicht. Er begründet sein Nein aus der Natur der möglichen Vernunft, die er am Modell der Engel in ihrer Reinform studiert. Es gibt, streng aristotelisch, auch für sie keine Erkenntnis ohne phantasma: impossibile est sine phantasmate intelligere secundum Philosophum (1.4.2. 1 (7) III 299). Er fordert Konsequenz bei der Rezeption des Aristoteles, den er auslegt im Anschluß an Averroes. Sein Rückgriff auf den arabischen Philosophen wird besonders deutlich bei der Analyse der Einbildungskraft, der vis cogitativa. Als höchste Stufe körpergebundener Erkenntnis löst sie die Bestimmtheit einer Sache ab von deren sinnlichen, individuellen Bedingungen. Sie ist ratio particularis, sie *ist* der partikularisierte, noch nicht zur strikten Allgemeinheit gelangte Vernunftgehalt der Sachen. Sie kondensiert und reinigt den rationalen Gehalt sinnlicher Vorstellungen und phantasiehafter Bilder. Sie gibt dem Allgemeinen einen Anhalt; sie bestimmt, wo es appliziert werden kann. Der mögliche Intellekt braucht diese Determination, und dies verdeutlicht das Beispiel der Engel am besten, wenn man annimmt, sie seien – wie es der *Liber de causis* von den Intelligenzen behauptet – voller göttlicher Erleuchtungen.[9] In ihrer Lichtfülle beweisen sie uns, daß ohne einschränkende Festlegung geistige Erkenntnis nicht zustande kommt.

Die Untersuchung der Erkenntnisweise von Engeln und armer Seelen ist nicht Selbstzweck; sie dient der Erkenntnis des möglichen Intellekts. Sie dient dazu, die Natur der möglichen Vernunft zu ermitteln und Fehldeutungen abzuweisen. Mißverständnisse von ihr abzuwehren, ist die Aufgabe des ausführlichen dritten Teils unserer *Quaestio*. Dietrich nennt nicht die Namen seiner Kontrahenten, aber er bezeichnet klar, welche Fehldeutungen der möglichen Vernunft er widerlegen will:

Es gibt Leute, sagt er, die von ihr behaupten (dicunt), sie und auch der tätige Intellekt seien zwei Seelenvermögen, die aus dem Wesen der Seele fließen, und der mögliche Intellekt sei Empfänger und Träger (subiectum) der intelligiblen Formen (2 (1) III 303). Von Engeln ist nicht mehr

[9] Liber de causis, Prop. 10 Pattin 158; Dietrich, utrum 1.4.2.2 (2) III 300.

die Rede, auch nicht weiter vom tätigen Intellekt; es geht allein um den möglichen Intellekt und um die Zurückweisung der Ansicht, er sei nicht Substanz, sondern Akzidens oder Quasi-Akzidens an der Seelensubstanz. Dietrich weist darauf hin, diese Ansicht sei unvereinbar mit der Behauptung derselben Leute, der Intellekt sei „getrennt", separatus, denn darin liege, daß er selbständig existiert: Entweder ist er ein Akzidens an der Seelensubstanz oder ein „getrennt" seiendes Wesen. Dietrichs Gegner überbetonen das Potentielle am intellectus possibilis; sie vergleichen ihn mit der ersten Materie und stellen sich vor, er existiere, ohne schon intellektuelle Formen aufgenommen zu haben, als reine Möglichkeit im Bereich der intelligiblen Welt. Sie halten ihn für ein Seelenvermögen, das *vor* dem Erkennen etwas Positives, wenn auch nur Mögliches ist. Oder sie gestehen ihm doch aktuales Sein zu und beschreiben ihn dann so, daß man ihn vom tätigen Intellekt nicht unterscheiden kann. Sie können den Übergang des möglichen Intellekts zur aktualen Erkenntnis nicht erklären; Dietrich untersucht drei Möglichkeiten, dies durch naturphilosophische Vergleiche plausibel zu machen. Alle seien unhaltbar. Der Text endet wie *De accidentibus* negativ; er bietet keine eigene Lösung der Frage, was der mögliche Intellekt eigentlich sei. Ihm genügt der Nachweis: Alle Versuche, ihn als etwas Reales zu beschreiben, bevor er erkennt, scheitern.

3. Möglichkeiten der Interpretation

Da es in diesem Kapitel darum geht, das Prekäre ideengeschichtlicher Darstellungen anzuzeigen, mache ich zunächst darauf aufmerksam, wieviel sie in der Regel weglassen. Sie unterstellen ein Kriterium der Wichtigkeit und lassen dementsprechend das „Unwichtige" weg. Die soeben vorgelegte Inhaltsangabe von Dietrichs *Quaestio* belegt dies: Der umfangreiche dritte Teil läßt sich nicht knapp zusammenfassen; seine subtilen Diskussionen mit naturphilosophischen Erklärungen des Aktualisierens von Potentiellem enden ohnehin ergebnislos und liegen für unser Verständnis von geistiger Erkenntnis weit ab. Dietrich aber mußte sich durch deren Kritik erst den Weg freikämpfen zu einer adäquateren Theorie des Erkennens, die er teils in *De visione beatifica* entfaltet, vielleicht schon entfaltet hat, teils in dem späteren Traktat *De intellectu* vorlegen wird. Unsere *Quaestio* ist ein polemischer Zusatz zu *De visione beatifica;* wahrscheinlich auch im ungefähr gleichen Zeitraum verfaßt, also um 1296/1297. Denkbar wäre auch, daß Dietrich sie zur Vorbereitung auf *De visione* schrieb, denn dort im dritten Teil braucht Dietrich eine Theorie des möglichen Intellekts, die es ausschließt, die selige Schau mit Thomas dem möglichen Intellekt aufzutragen. Dürfen wir das dort Geklärte zur Interpretation der *Quaestio* heranziehen? Ich denke, schon. Denn dort besteht Dietrich darauf, den intellectus possibilis in seinem Erkenntnis-Sein zu betrachten, unabhängig von Zusammenhängen mit Seelensubstanz oder Vorstellungsvermögen, und dann zeigt sich, daß er nichts anderes ist als eine mögliche species intelligibilis. Er ist nichts, bevor er erkennt; vorher ist er kein ens actu.[10]

Die *Quaestio* wiederholt nicht die intellectus-Lehre von *De visione*. Als literarisches Produkt, aus dem Schulbetrieb erwachsen, enthält sie gegenüber anderen Schriften Dietrichs ihre eigene Aussage. Sie entwikkelt – vom tätigen Intellekt absehend – die Unentbehrlichkeit der vis cogitativa aus der Eigenart des intellectus possibilis. Die Stoßrichtung ist klar: Die Erkenntnisweise des möglichen Intellekts ist aufs Abstrakt-Allgemeine beschränkt; ihr fehlt das determinierende Moment, das nur die Einbildungskraft bringen kann; die Annahme, der mögliche Intellekt sei ein Seelenvermögen, das vorhanden sei bevor er denkt, erweist sich als unhaltbar. Sie kann die Aktuierung des Möglichen in einem Geistwesen nicht plausibel machen. Sie verliert sich in einem Gestrüpp naturphilosophischer Parallelen, die alle nicht zum gewünschten Ergebnis führen.

Wir kennen nicht die zeitliche Abfolge der Entstehung der *Quaestio* im Verhältnis zu *De visione* und überhaupt zu *De tribus difficilibus quaestionibus*. *De visione* zeigt wie die *Quaestio* die Schwachseite der *möglichen* Vernunft, deren konstitutive Effizienz Dietrich in *De origine,* besonders or. 2 (15) III 148, ausspricht, aber unter die Bedingung stellt, daß die mögliche Vernunft aktuiert worden ist, factus in actu. Hier geht es darum, ob die mögliche Vernunft überhaupt etwas ist, bevor sie erkennt. Die beiden Schriften zeigen also einen sachlichen Zusammenhang. Hingegen konnte ich mich, anders als M. R. Pagnoni-Sturlese, nicht entschließen, diese beiden Texte von *De intellectu et intelligibili* oder gar von *De cognitione entium separatorum* aus zu interpretieren.

[10] vis. 3.2.3 (4)–(5) I 73. Doch ist der große Abschnitt vis. 3.1 bis 3, 2, 8 I 68 bis 82 zu beachten.

Diese Schriften sind deutlich später – Dietrich zitiert die *Quaestio* in *De intellectu et intelligibili* I 7 (4) I 141 –, auch wenn Dietrich das Buch *De intellectu* schon in *De origine* 5 (68) III 201 angekündigt hat. Man kann argumentieren, daß Dietrich schon eine präzise Intellekttheorie besessen haben muß, als er den Traktat ankündigte. Es ist vertretbar, die beiden späteren Bücher zusammen mit der *Quaestio* zu behandeln, nur meine ich, der Historiker des Denkens müsse warten, bis eine Theorie *ausgesprochen* wird, er dürfe also das später Ausgesprochene dem früheren Text nicht unterstellen, auch wenn *ihm* diese Zurückzuweisung noch so logisch erscheint. Freilich bringt auch die getrennte Erörterung von *De intellectu* Nachteile mit sich, zum Beispiel wiederholen sich einige Argumente. Die *Quaestio* gehört aller Wahrscheinlichkeit nach ebenso wie *De tribus difficilibus quaestionibus* in die Zeit des Pariser Magisteriums; in beiden Schriften *sucht* Dietrich geradezu den Konflikt über den möglichen Intellekt. Er verfügt über die Konzepte der causa essentialis, das er in *De animatione caeli* 4 III 15–16 entwickelt, und des ens conceptionale, das in *De visione* breit entfaltet vorliegt, die in *De origine* noch fehlten. Alle vier genannten Schriften haben dieselben Gegner, nämlich Thomas von Aquino und die ersten Thomisten. Dies hat die gelehrte Herausgeberin der *Quaestio*, Maria Rita Pagnioni-Sturlese, aus dem Text der *Quaestio,* in welcher der Name des Thomas nicht fällt, bewiesen, Opera omnia III 303. Die Prädikate des möglichen Intellekts, die Dietrich in der *Quaestio* seinen Gegnern in den Mund legt, besonders in 2.1 III 303, finden sich bei Thomas von Aquino. Und zwar:

> Intellectus agens und possibilis als fluentes ex essentia animae bei Thomas, In 1 Sent. 3, 4, 2 Mandonnet-Moos I 116; Sth I 77, 6 und 79, 1;
> als subiectum receptivum formarum intelligibilium bei Thomas, In 2 Sent. 17, 2, 1, Mandonnet-Moos II 422–423; ScG II 62; Sth I 79, 4 ad 4;
> Non est substantia, sed accidens et quasi quaedam qualitas animae, bei Thomas in 1 Sent. 3, 4, 2; Sth I 77, 1 ad 3.

Zu diesen Nachweisen läßt sich hinzufügen: Nach der *Sentencia de anima* III 10 n. 6 teilt der intellectus possibilis drei der vier charakteristischen Eigenschaften des intellectus agens; er ist abtrennbar, separabilis, zweitens ist er leidenslos, impassibilis, und drittens ist er unvermischt, immixtus, non compositus ex naturis corporalibus. Er gehört nicht zur Natur. Nur ist er nicht immer in actu, wie es der intellectus agens ist. Thomas insistiert auf dem aristotelischen Nus-Charakter des möglichen

Intellekts. Er erinnert an dessen hohe Prädikate in *De anima* III 4 und 5. Dietrich bezieht sich genau und korrekt auf Thomas, weist ihm nach, daß er diesen Gedanken nicht konsequent festhält, sondern den Intellekt naturalisiert. Thomas bedenkt zu wenig die Intellekthaftigkeit des möglichen Intellekts. In der *Quaestio* schlägt Dietrich gegen Thomas nicht den verächtlichen Ton an, den er sich in *De visione* erlaubt. Das läßt sich erklären: Er spricht von seinen Gegnern im Plural, und das ist hier gewiß mehr als eine rhetorische Floskel. Zwar bezieht er sich nachweisbar auf die Schriften des Thomas, aber diesmal sind die Gegner besonders zahlreich. Die Tendenz, den intellectus possibilis als Seelenvermögen zu deuten, das etwas Potentielles ist, bevor es erkennt, war weit verbreitet. Es war seit der Aristotelesrezeption die Normallehre. Sie findet sich auch bei Albert, bei Aegidius Romanus und Heinrich von Gent. Dietrich stellt sich hier gegen fast alle Zeitgenossen, nicht allein gegen Thomas und frühe Thomisten. Die Lebhaftigkeit des Tons – si dicis, si dicatur, si autem dicas – läßt den Stil tatsächlicher Debatten anklingen. Ich sagte, gegen fast alle Zeitgenossen. Diese Einschränkung ist bei der Unübersichtlichkeit des historischen Geländes der Zeit um 1300 immer angebracht; es schickt sich nicht, sie ständig zu wiederholen. Doch hat M. R. Pagnoni-Sturlese schon 1978 an Dietrichs jüngeren Zeitgenossen Johannes von Jandun (um 1280/85 bis 1328) erinnert, der, wegen seiner politischen Theorie berühmt, der Phantasie eine ähnlich starke Rolle zuerteilt hat, in seinen *Quaestiones super libros Aristotelis de Anima,* die ich nach der Ausgabe von Venedig 1587 (mein Nachdruck: Frankfurt/M. 1966) zitiere. Johannes forciert in *De anima* III *Quaestio* 15 (p. 298–303) und in *Quaestio* 34 (p. 400–403) die Rolle des phantasma, das ganz unentbehrlich sei vor allem für den Erwerb neuen Wissens; in der *Quaestio* 26 (p. 370–372) untersucht auch er die Erkenntnis der Engel und die Rolle des intellectus possibilis bei ihnen. Diese Thesen des Johannes sind später entstanden als die Schriften Dietrichs; ich erwähne sie nicht, um einen „Einfluß" Dietrichs zu behaupten, sondern um auf die Präsenz des Averroes bei beiden hinzuweisen.

Das vorliegende Kapitel soll skeptische Einreden zu Wort bringen, ohne die Skepsis zu weit zu treiben. Behauptungen über die Struktur des Textes und über Bezüge des Textes auf andere Autoren lassen sich überprüfen und mit Gewißheit entscheiden. Man kann überprüfbar zusammenstellen, wen Dietrich namentlich zitiert. Aristoteles und Averroes nennt

Dietrich am meisten, einmal den Porphyrius (1.4.2.2 (7) III 301), einmal spielt er an auf den *Liber de causis* (1.4.2.2 (3) III 300); er nennt Boethius (1.1 (6) III 294) und diesen noch einmal zusammen mit Anselm als Autorität für die Differenz zwischen sinnlicher und geistiger Erkenntnis (1.4.1 (2) III 297). Boethius zitiert er für die These, daß ein Seiendes ohne Einheit zugrunde geht (2.1. (17) III 307). Augustinus zieht er einmal heran, für die Lehre von den rationes seminales und den incohationes formarum in der Natur (2.2.2 (4) III 309). Solche Nachweise von Zitaten sind kaum bezweifelbar, und sie sind für die Interpretation nicht ohne Wert. Sie zeigen zum Beispiel, daß Dietrich bei seiner Antwort auf die „theologische" Frage nach der Erkenntnisweise Gottes eine strikt philosophische Atmosphäre schafft. Die Untersuchung, welche Erkenntnisarten es gibt und wie sie sich zueinander verhalten, will er unter Philosophen führen. Die für Gottes Erkennen charakteristische Überlegenheit über den Gegensatz von individuell und universal überwindet, Dietrich zufolge, jeder intellectus per essentiam. Es gibt in der *Quaestio* ein einziges Bibelzitat, und zwar aus dem Johannesprolog den Vers: Omnia enim in ipso vita sunt (1.3. (4) III 296). Bei Zitaten kommt es darauf an, in welchen argumentativen Zusammenhang der zitierende Autor sie einfügt: Dietrich hat zuvor die Erkenntnisweise eines intellectus per essentiam erklärt. Dieser sieht sein Objekt in sich selbst, in seiner eigenen essentia, denn er hat das Erkannte in sich und erkennt es aus seinem eigenen Wesen in sich selbst. Deswegen verstehen wir die Wahrheit der Bibelstelle. Dietrich gibt ein Beispiel, wie die Bibel per rationes naturales philosophorum auszulegen ist.

Die Erforschung des Traditionsbezugs erspart nicht die Prüfung der Argumente, aber sie kann eine Richtung weisen. Sie ersetzt nicht die theoretische Erörterung, aber sie schließt bestimmte Interpretationen definitiv aus. Sie widerlegt die Annahme, Dietrich sei vorthomistischer Augustinist. Zumindest in unserer *Quaestio* kommt Augustin nur beiläufig und zwar mit der stoischen Lehre von den rationes seminales vor. Die Quellenanalyse widerspricht der Tendenz, Dietrich in den Schoß der „neuplatonisch-scholastischen" Denkweise zurückzuholen. Gegen diese ungenaue Diktion – was heißt schon „neuplatonisch-scholastisch"? – spricht allein schon, daß sie die Gewohnheit Denifles repristiniert, unter „Scholastik" den Thomismus zu verstehen. Die *Quaestio* läuft auf die These hinaus, jedes Erkennen, das nicht in einem intellectus per essentiam statthat, bedürfe einer niederen als der intellektuellen Erkenntnisweise zur Determinierung, und das gelte insbesondere für den möglichen Intellekt. Fragt man den Autor, was denn diese niedere Erkenntnisweise sei, so antwortet Dietrich, es sei die vis cogitativa und verweist auf Averroes (1.4.2.2 (11) III 301). Dietrich beschreibt deren Funktion mit den Worten des Averroes (*In De an.* III 6 Crawford 415, 62–64). Bei Averroes hatte die vis cogitativa die zentrale Aufgabe, die sinnlichen Vorstellungsbilder so weit zu „entkleiden", daß mit ihrer Hilfe der Mensch in Verbindung treten konnte mit dem als getrennte Substanz gedachten möglichen Intellekt. Bei Dietrich, der den möglichen wie den tätigen Intellekt im vereinzelten Menschen installierte, kann die cogitativa nicht genau dieselbe Funktion haben wie bei Averroes, der nur mit ihrer Hilfe die Individualität des geistig Erkennenden sichern konnte. Indem Dietrich die individualisierende und determinierende vis cogitativa in die Erkenntnisweise von Engeln und Menschen setzt, schafft er eine Theorie der Individualität sowohl des Erkenntnisinhalts wie der Erkenntnisweise. Man könnte sagen, die *Quaestio* sei geschrieben, um zu zeigen, wie die abstrakte Welt des möglichen Verstandes individualisiert gedacht werden muß und mit Hilfe des korrigierten Averroes auch gedacht werden kann. Es geht um denkende, argumentierende Integration des Averroes, die dann, wenn sie philosophisch und philologisch korrekt durchgeführt ist, auch die Wahrheit des Bibelwortes beweist, daß alles im Logos Leben ist.

Das ist jetzt eine persönliche Interpretation, die Dietrichs Intention aus der Art erschließt, wie er die Lehre des Averroes in die eigene Philosophie einfügt. Sie könnte sich darauf stützen, daß Dietrich – in anderen Texten, auf die er selbst verweist und auf die ich noch zu sprechen kommen werde – die beiden bei Averroes „getrennten" Intellekte im Menschen integriert und wie er die Abgetrenntheit der Definitionen, die der intellectus possibilis denkt, durch hochgradige Individualisierung ergänzt, deren Theorie Averroes aus anderen Motiven entwickelt hat. Dietrich lehrt, das Intellektsein des Intellekts zu denken; er sieht ab von Seelenvermögen und kann in der reinen Welt des Erkanntseins, im ens conceptionale, den intellectus possibilis auch „Substanz" nennen. Er braucht die Einbildungskraft als Erkenntnissein, nicht als Naturbewegung, in einem gegenüber Averroes veränderten Zusammenhang. Ohne sie sind Determinierung und Temporalisierung einzelner Erkenntnisakte nicht erklärbar.

Eine solche Interpretationsthese müßte nun im einzelnen und in Auseinandersetzung mit der in unserem Fall spärlichen Literatur durchgeführt werden.[11] Dies würde eine eigene größere Arbeit erfordern. Ich beschränke mich mit Dietrich auf den Vorverweis auf *De intellectu* und auf wenige Bemerkungen zur *Quaestio.*

Philosophische Entscheidungen fallen meist auf den ersten Seiten, und so ist es auch hier. Dietrich setzt ein mit der Unterscheidung dreier Erkenntnisweisen; er beginnt nicht mit der metaphysischen Stufenfolge: Gott – Intelligenzen – Engel – leiblose Seelen – Menschen – Tiere. Die Frage, wo, in welchen Wesen sich diese Erkenntnisweisen finden, beantwortet er später. Indem er allen, die ein intellectus per essentiam sind, eine gleichartige Erkenntnisweise zuerkennt – eodem modo erkennen sie –, drängt er die Hierarchievorstellung für Intellekte zurück. Wesenhafte Intellekte erkennen auf die Weise Gottes. Allerdings besteht zwischen den Erkenntnisstufen strikte Abgrenzung; sie sind, wie Dietrich hervorhebt, mit der Ausnahme der intellektualen Erkenntnis gegeneinander definiert cum quadem alterius ab altero exclusione (1.4.1 (2) III 296); die Zuordnung der Sinne zu Individuen, der möglichen Vernunft zum Universale ist jeweils ein per-se-Verhältnis (1.4.1 (3) III 297). Daher braucht die sich auf das Universale festgelegende Vernunft eine Vermittlungsinstanz zu dem Erkenntnisprozeß, der mit den Sinnen beginnend über das imaginativum nur durch das cogitativum zum intellectivum führt (1.4.2.2 (10)–(13) III 302). Die spezifische Festgelegtheit der Erkenntnisformen schließt Vermittlungen nicht aus. Die höheren Stufen ruhen auf den niederen. Es besteht eine Wesensbeziehung, ein ordo essentialis, und daher gegliederter Ursprung, eine origo ordinata: Es gibt keinen Gemeinsinn ohne spezifische Sinneserkenntnisse, keinen Phantasieinhalt ohne Sinneserkenntnis, keine Vorstellungskraft ohne Phantasie und keine geistige Erkenntnis des möglichen Verstandes ohne Vorstellungskraft (1.4.2.2 (13) III 302). Das von der vis cogitativa präparierte phantasma verknüpft die an Körperorgane gebundenen Erkenntnisweisen mit der intellektualen Erkenntnis; phantasma bedeutet hier nicht ein Produkt der imaginativa, sondern der cogitativa, nicht eine Eigenschaft in der Seelensubstanz, sondern ein ens conceptionale (1.4.2.2 (10) III 302). Die

[11] Maria Rita Pagnoni-Sturlese, La „Quaestio utrum in Deo sit aliqua vis cognitiva inferior intellectu“ di Teodorico di Freiberg, in: Xenia Medii Aevi historiam illustrantia oblata Thomae Kaeppeli O. P., Rom 1978, S. 101–139; B. Mojsisch, Die Theorie des Intellekts bei Dietrich von Freiberg, Hamburg 1977; ders., Sein als Bewußt-sein. Die Bedeutung des ens conceptionale bei Dietrich von Freiberg, in: Flasch 1984, S. 95–105; Dominik Perler, Theorien der Intentionalität im Mittelalter, Frankfurt/M. 2002, S. 146–176, besonders S. 146–147.

Überzeugung, das ens conceptionale bringe die Lösung der Probleme, die Thomas, aber auch andere, darunter Albert, ungelöst gelassen haben, bestimmt die inhaltliche Nähe der *Quaestio* zu *De visione.*

Es ist nicht allein die definitorisch festgelegte per-se-Verbindung der Vernunft mit dem Universale, die eine Mitwirkung der cogitativa erforderlich macht; es kommt als Argument hinzu, die vom möglichen Verstand aufzunehmende Erkenntnisform brauche ein subiectum. Der Intellekt selbst kann es nicht sein. Denn er ist seiner Natur nach nichts von allem, um alles werden zu können. Er ist und bleibt in diesem Sinn separatus und immixtus (1.4.2.1 (1) III 298). Nur das phantasma als ens conceptionale kann diese Funktion ausüben; es verortet sozusagen in Raum und Zeit den geistigen Erkenntnisakt; es macht begreiflich, daß es orts- und zeitgebundene Ausgangspunkte geistiger Erkenntnis gibt, daß Wissen im Prozeß geschieht und sich auf raum- und zeitgebundene Wirklichkeiten beziehen kann. Diese zusätzliche Determination der rein abstrakten Erkenntnis sah Thomas unangemessenerweise – die Natur des Intellekts vernachlässigend – durch seine Lehre von den Seelenvermögen geleistet. Aber naturhafte Dispositionen ergeben nicht die für die geistige Erkenntnis erforderliche Determinierung, die wir annehmen müssen, um zu begreifen, daß *neue* Erkenntnisse entwickelt werden (1.4.2.1 (6) III 299). Gegenstände der Sinneserkenntnis präsentieren sich von sich aus den Sinnen; intellektuelle Gegenstände müssen dazu erst gemacht werden. Der mögliche Verstand als Möglichkeit zu allem muß sich zu einem bestimmten intellektuellen Gegenstand determinieren, und das ist nur durch die cogitativa möglich (1.4.2.2 (2) III 300). Während Dietrich sonst die Wirkmacht der möglichen Vernunft hervorhebt, betont er in der *Quaestio* ihre Grenze und bindet sie an die Vorstellungskraft, ohne ihre Eigenheit als Intellekt und ihre Produktivität zu vergessen. Er geht dabei weit. Fast könnte man sagen, bei ihm bleibe die mögliche Vernunft, selbst die der Engel, ohne phantasma leer.

Das vorliegende Kapitel hält Bedenken nicht zurück, die Ideenhistoriker bei ihren Recherchen und historische Schriftsteller bei ihren Darstellungen normalerweise zurückdrängen, um einen zusammenhängenden, planen Text des Erzählens und Analysierens zustande zu bringen. Wer historisch forscht und seine Ergebnisse darstellt, muß Fixpunkte setzen, auf die er seinen Gegenstand – ein Theorem oder einen philosophischen Text – bezieht. Ideen, Theorien, gesellschaftliche Leitmotive und Entwicklungen haben in ihrer komplexen Entstehung Knotenpunkte gebildet, ohne deren Herausarbeitung sie nicht oder nicht zureichend analysiert werden können. Wir bringen die Evolutionstheorie mit Darwin und seiner wissenschaftsgeschichtlichen Situation in Verbindung, mit Recht, aber zu den Entstehungsbedingungen seiner Theorie gehörte, daß Geologen *vor* ihm den Zeithorizont über die fünf- oder sechstausend Jahre der Bibel hinaus ausgeweitet haben. Die Vorstellung eines einfachen Ursprungs der Evolutionstheorie löst sich bei näherem Hinsehen also auf. Die Verdichtungsstellen der Theoriehistorie, die wir mit Namen bezeichnen, hatten immer schon Vorarbeiter und komplexere Kontexte; die Fixpunkte, die wir für Recherche und Darstellung setzen müssen, erweisen sich als subjektive oder gewohnheitsgebundene Entscheidungen. Sie haben zwar einen objektiven Anhalt, beruhen aber auf der Auswahl unter mehreren Möglichkeiten. Der Historiker, auch der Historiker von Theorien, kann nicht alles Dazugehörende erforschen und nicht alles Erforschte in seinem Text unterbringen. Er bricht die Reihe der Zusammenhänge ab und hat, wenn er vor uns tritt, immer schon entschieden, wo er Anfang, Mitte und Ende setzt.

Nehmen wir als Beispiel den Umgang des Thomas von Aquino mit der mens-Theorie Augustins. Dietrich bekämpfte die reduktive Auslegung der substantialen Dreieinheit der Seelentätigkeiten; ihm zufolge ist der Intellekt substantia und entzieht sich der Unterbringung im Schema der Seelenpotenzen. Thomas war aber nicht der einzige Autor, der Augustin korrigierte oder, um sich der großen Autorität nicht direkt entgegenzusetzen, korrigierend auslegte. Thomas hat die Lehre von den Seelenvermögen nicht erfunden, allerdings hat Dietrich sie in der Form kritisiert, die er bei Thomas angetroffen hat und die dabei war, Ordensdoktrin zu werden.[12] Petrus Lombardus hatte den Satz Augustins, memoria, intellectus und voluntas seien una mens, una essentia, in sein Lehrbuch auf-

[12] Bei den Adressaten der Polemiken Dietrichs ist immer auch an Thomas zu denken, aber nicht nur an ihn, sondern auch an spätere Autoren. Dafür ein Indiz aus der Quaestio Utrum. Sie polemisiert 1.4.2.1 (1) III 298 gegen die Vorstellung, der intellectus possibilis sei ein organum spirituale. Dieser Ausdruck kommt int. III 1 (2) und 3 (1) I 179, sowie int. III 4 (1) I 180 und III 6 (3) in so gehäufter und spezifischer Form vor, int. III 4 (1) I 180: dicunt esse quoddam organum spirituale, daß viel dafür spricht, daß er tatsächlich von Dietrichs Gegnern gebraucht worden ist. Aber bei Thomas findet er sich nicht, soweit ich sehe. Wer nachweisen könnte, wo diese Wendung für den möglichen Intellekt gebraucht worden ist, würde einen wertvollen Beitrag leisten zur Aufhellung der intellektuellen Umgebung Dietrichs.

genommen und dahin bestätigt, daß die drei Vermögen nicht in der Seele sind wie Akzidenzien im Subjekt.[13] Wilhelm von Auxerre widersprach in der *Summa aurea* (um 1220) der Einheitsthese und versuchte, die Lehre von den drei Seelenvermögen ebenfalls aus Augustin zu belegen. Der Satz Augustins bedeute, die drei Seelenvermögen vollendeten und vervollständigten die *eine* Seele.[14] Damit wurde die Frage zu einem Dauerthema. Dietrich konnte auch hier sagen, *er*, nicht Thomas, bleibe der älteren Tradition treu, die noch beim Lombarden vorlag. Andererseits könnte Thomas sich auf die Kategorienlehre des Aristoteles berufen, von der Augustin bezüglich der mens abgewichen sei, wodurch er ein Geheimnis geschaffen habe, das sich mit der Lehre von den Seelenvermögen vermeiden lasse. So lösen sich Fixpunkte der Analyse und der Darstellung auf, wenn man sie näher betrachtet. Diese Zerkrümelung stört den glatten Fortgang sowohl der Untersuchung wie des Textes; der Forscher wie der Autor kann ihr nur bis zu einem gewissen Punkt nachgeben, der theoretisch schwer zu bestimmen ist. Es kann immer noch jemand kommen und sagen, man habe zu früh aufgehört.

In der historischen Arbeit liegt eine weitere, kaum vermeidbare Gefahr: Sie kommt nicht aus ohne Bezugnahmen auf etwas anderes als das, womit sie es zunächst zu tun hat. Sie macht ihren Text oder ein Theorem verständlich, indem sie vergleicht, wenn auch nicht kausal erklärt. Sie geht von ihrem Gegenstand immer auch weg, und in welchem Ausmaß sie das tut, läßt sich abstrakt nicht festlegen. Die Frage ist, ob sie wieder auf ihr Erstgegebenes zurückkommt und dessen Besonderheit in seiner Andersheit ausreichend charakterisiert. Das Individuelle eines theoretischen Einfalls, einer neuen Themenstellung, die Verschiedenheit der Intentionen in verschiedenen Texten desselben Philosophen entgeht dabei leicht. Es bleibt denkwürdig, daß Hans-Georg Gadamer, als er 1963 die *Philosophischen Untersuchungen* Wittgensteins rezensierte, sie für einen nicht sonderlich originellen Nachklang der Phänomenologischen Bewegung erklärte. Dies ist der ins Groteske gesteigerte Fall der Einebnung, zu der in jeder historischen Haltung eine gewisse Tendenz besteht. Die Pose des Einordnenkönnens läßt die besondere Nuance eines neuen Textes und einer neuen Wendung des Denkers verfehlen, zumal wenn historisches

[13] Petrus Lombardus, 1 Sent. 3, 2 1–8, Ed. Quaracchi 1971, I S. 71–74.

[14] Informativ dazu: Niklaus Wicki, Die Philosophie Philipps des Kanzlers, Fribourg 2005, S. 137–144.

Arbeiten verwechselt wird mit der Etikettierung von „Strömungen“, „Bewegungen“ oder „Traditionen“.[15]

Dietrich hatte im 20. Jahrhundert unter dieser Unart genug zu leiden; Historiker nannten ihn einen Neuplatoniker, einen Augustinisten oder einen Präthomisten. Daran war nur so viel richtig, als Dietrich sowohl die Intention Augustins wie vor allem die des Aristoteles gegen Thomas klarstellen wollte. Nicht er, sondern Thomas sollte als Zerstörer der Tradition dastehen. Auch die Einordnung in die Albertschule bringt diese Gefahr mit sich; sie könnte dazu führen, die Distanz zu übersehen, die Dietrich auch zu Albert einnahm. Wäre er mit Albert in allem zufrieden gewesen, hätte er nicht zu schreiben begonnen. Er wich in der *Quaestio* von Albert ab, der nicht zugegeben hätte, daß der mögliche Verstand der Engel auf das phantasma angewiesen ist. Dietrich verabschiedete sich von Albert auch in der Frage des lumen gloriae, und er entwickelte eine neue, eine verschärfte methodische Grundposition. Dietrichs Denkarbeit ist von hoher individueller Eigenart; er will nicht einer der communiter loquentes sein und er will seinen Dissens als philosophische Argumentation, nicht als bloß individuelle Eigenheit, verstanden wissen. Wer Dietrichs Denken beschreibt, kann nicht nur registrieren; er muß mitdenken. Er muß dieses Mitdenken zu erkennen geben, ohne seinem Autor, der unter anderen Prämissen und in anderer Konstellation gedacht hat, ständig dreinzureden. Er muß sich einfinden in Theorien, die durch Vorgeschichte, Methodenkonzept und Verwicklung mit kontingenten Umständen, auch durch Zufälle der Überlieferung äußerst komplex erscheinen, ohne sich von ihnen aufsaugen zu lassen. Dies erfordert die Doppelbewegung, sich auf das Fremde genau einzulassen und doch, Abstand wahrend, in die eigene Gegenwart zurückzukehren. Welches Gewicht der Historiker jeweils einer dieser beiden Denkhaltungen zuerteilt, hängt von vielen Faktoren ab, unter anderem vom Forschungsstand. Im vorliegenden Buch geht es um die erste Gesamtdarstellung des philosophischen Denkens Dietrichs; daher mußten distanzierende Bewertungen zurücktreten, durften aber auch nicht unterbleiben. Denn es soll die argumentative Ästhetik sichtbar werden, die diesem Gesamtentwurf einer neuen theoretischen Philoso-

[15] Krebs 1906, S. 62, gab dafür ein Musterbeispiel. Gleich im ersten Satz, den er über Dietrichs Philosophie schreibt, benennt er drei Strömungen oder „Grundelemente“, aus denen Dietrichs Denken sich zusammensetze: Aristotelismus, arabischer Neuplatonismus und Augustin.

phie eigen ist. Andrerseits muß ausgesprochen werden, wie abgelegen, wie fremd Dietrichs Denkanlässe sind, besonders in den *Drei diffizilen Problemen* und in der *Quaestio, utrum:* Da ist von Sternenschalen die Rede, die niemand je gesehen oder gehört hat; Dietrich denkt nach über Himmelsseelen und die Gottesschau der Seligen im Jenseits, er analysiert die Widersprüchlichkeit eines mittelalterlich-theologischen Kunstprodukts wie der Transsubstantiationstheorie; er bestimmt den Phantasieanteil in der Erkenntnis der Engel. Das alles sind gewesene, im Abgrund der Geschichte verschwundene Gegenstände. Wie der Einspruch des Durandus und des Nicolaus von Autrecourt beweist, war auch damals, zu Beginn des 14. Jahrhunderts, erkennbar, daß es sich um bloß *ausgedachte Dinge* handelte. Aber auch die platonische Philosophie, die aristotelische Metaphysik und Augustins Erlösungslehre bestanden aus „nur ausgedachten Dingen“, und Dietrichs Arbeit an ihnen bestand darin nachzuweisen, welchen Unterschied es macht, ob man innerhalb ihrer kohärent verfährt. Nicht um die Ausgangsstoffe, sondern um die philosophische Arbeit an ihnen geht es, so wie es beim Lesen von Dantes *Purgatorio* nicht darum geht, ob es so etwas „gibt“, sondern was Dantes poetisch-politische Arbeit daraus gemacht hat.

So gesehen, kommt es bei Dietrich durchaus zu Ergebnissen. *De origine* bewies: *Wenn* ihr das Seiende als Seiendes für eidetisch geformt und definitionsaffin erklärt, *dann* müßt ihr zugeben, daß ihr es als ganzes mit eurem Intellekt konstituiert.

Die Schrift *De tribus difficilibus quaestionibus,* zusammen gesehen mit der *Quaestio,* zeitigt folgende Resultate:

Wenn es Intelligenzen gibt, *si* sunt (utrum 1.1 (4) III 294), dann müssen sie als Himmelsseelen gedacht werden, nicht als bloße motores (an.).

Wenn es eine endgültige Seligkeit des Menschen gibt, die in der unmittelbaren Anschauung von Gottes Wesen besteht, dann kann sie nur durch den intellectus agens geschehen, nicht durch den intellectus possibilis (vis.).

Wenn es im Abendmahl eine Wandlung gibt, dann kann sie nicht durch Ablösung der Akzidenzien von der Substanz gedacht werden (acc.).

Wenn Engel und leiblose Seelen sich um Sterbliche kümmern sollen können, wenn sie Einblick haben sollen in unsere Welt, dann braucht ihr möglicher Intellekt die Vorstellungskraft (*Quaestio*). Modellhaft ist Dietrichs Satz, der ex ungue leonem erkennen läßt:

Si substantia spiritualis, puta anima separata sive angelus, cognoscit aliquod singulare individuum, *necesse* est ipsam habere vim cognitivam inferiorem, aliam a potentia intellectiva (utrum 1.4.1 (3) III 297).

Dieses vorangestellte „Wenn" bekommt dadurch eine geradezu dramatische Härte, daß Dietrich kurz darauf (utrum 1.4.2.2 (13) III 302) lehrt, die cogitativa sei eine leibgebundene Erkenntnisform. Wissen also Engel und arme Seelen nichts von uns Sterblichen? Das bleibt als Frage.

Immer haben wir ein Wenn-Dann-Verhältnis, das nur in abstracto geklärt werden kann, aber auch geklärt werden muß. Ob es Intelligenzen gibt, bleibt offen. Ob Menschen die Anschauung des Wesens Gottes erreichen, bleibt offen. Wie das Abendmahl gedacht werden muß, darüber verliert Dietrich kein Wort. Ob Engel einem Menschenkind den richtigen Weg zeigen können, weiß Dietrich nicht. Dieses markante Wenn – Dann ist eine schwer übertragbare, individuelle Denkfigur Dietrichs, Signum der Leidenschaft der hypothetischen Klärung, die es selten gibt. Dennoch mag es abschließend erlaubt sein, an einen Liebesroman zu erinnern, der mit dem Tod der Liebenden und ihrer Beisetzung in der Familiengruft endet und dessen letzte Sätze lauten:

So ruhen die Liebenden neben einander. Friede schwebt über ihrer Stätte, heitere verwandte Engelsbilder schauen vom Gewölbe auf sie herab, und welch ein freundlicher Augenblick wird es sein, wenn sie dereinst wieder zusammen erwachen.

Wenn, dann. Es sind gemalte Engel, die herabschauen. Ob wirkliche Engel uns sehen? Wenn, dann nur mit der cogitativa. Wenn, dann.

VI. INTELLEKT

1. Offene Fragen

Die bisher besprochenen Schriften Dietrichs umreißen sein Projekt der philosophischen Reform auf aristotelisch-averroistischer, jedenfalls antithomistischer Grundlage. Doch noch ist eine Reihe von Fragen offen. Von seiner Naturforschung war noch nicht die Rede; sein Verhältnis zur Theologie bleibt zu präzisieren. Deutlich wurde, daß Dietrich an der Revision philosophischer Grundbegriffe gearbeitet hat. Was „Seiendes" heißt, „Kausalität", „Substanz und Akzidens", „Form" und Finalität war neu zu durchdenken. Was hieß unter neuen theoretischen Umständen „Seiendes als Seiendes" oder „Wesen"? Viele Linien liefen auf Dietrichs Konzept von „Intellekt" zu. Engelbert Krebs erklärte „Intellekt" für Dietrichs „Zentralbegriff", um den Dietrich vom Anfang seiner Schriftstellerei an bemüht gewesen sei. „Zentralbegriff" suggeriert, Dietrichs Denken habe ein einziges Zentrum gehabt, es sei, wie man damals sagte, ein „System" gewesen, aber Dietrichs Denken war polyzentrisch angelegt. Als Metaphysiker wollte er wissen, was ens qua ens bedeutet, in allen Untersuchungen drängte er auf per-se-Verbindungen; er untersuchte, wie natura funktioniert, er forschte nach, was ein „Element" ist und wie der Regenbogen entsteht. Man könnte ebenso gut ens qua ens, die per-se-Verknüpfung, forma oder natura zu „Zentralbegriffen" erheben. Das Bild des Zentrums löst sich bei näherer Betrachtung auf. Dennoch bleibt intellectus ein wesentliches Thema im Denken Dietrichs. Er hat im möglichen Intellekt die konstitutive Funktion des menschlichen Denkens entdeckt (*De origine*); er hat dessen Abhängigkeit vom phantasma hervorgehoben (*Quaestio utrum*); er hat den tätigen Intellekt für das Beste im Menschen erklärt und als widersprüchlich nachgewiesen, diesen Intellekt bei der endgültigen Beseligung des Menschen für überflüssig oder nebensächlich zu halten (*De visione*). Dabei wußte Dietrich, daß er, während er die genannten Theoreme entwickelte, das Problem des Intellekts nur punktuell angeschnitten hatte. Schon in der Schlußpassage von *De origine,* 5, 68, hatte er eine Abhandlung über den Intellekt und seinen Inhalt (*De intellectu et intelligibili*) angekündigt; in *De visione beatifica* verwies er zweimal, 3.2.4.4 I 74 und 4.2.1 (5) I 107, auf das noch abzufassende Buch. Die Art, wie er davon sprach, deutete darauf hin, daß er schon recht genau wußte, was darin zu stehen hätte. Nachdem er den tätigen Intellekt zur substantia erklärt hatte, mußte er sagen, wie dieser im konkreten Menschen zu denken sei: Sollte etwa eine substantia in der substantia existieren? Vermutlich wollte er das Buch über den Intellekt bald schreiben, sah dann aber Anlässe, erst die drei polemischen Traktate herauszugeben, um sich danach wieder einer ruhigeren Analyse zuzuwenden, ohne seine antithomistische Position aufzugeben. Ich stelle mir vor, Dietrich habe sich Notate über den Intellekt angelegt, um nach der Abfassung von *De accidentibus* an ihre zusammenhängende Ausarbeitung zu gehen. Das dürfte zwischen 1297 und 1300 geschehen sein, vielleicht etwas später. Wie immer sind Angaben zur absoluten Chronologie mit Vorbehalt aufzunehmen.[1]

Dietrich hat seinen Traktat in 94 kleine Kapitel untergliedert und damit die Übersicht eher erschwert als erleichtert. Ich gebe daher einleitend eine vereinfachte Übersicht, nicht schon eine Analyse der Argumente, sondern eine mehr technische Lesehilfe, die, wer sie nicht braucht, leicht überschlagen kann.

Teil I begründet Dietrichs Metaphysik der Aktivität, zeichnet im Anschluß an Proklos und den *Liber de causis* ein Universum, das auf überströmende Mitteilung und Produktivität angelegt ist. Reine Passivität paßt nicht zu Intellekten; selbst Rezeption ist Tätigkeit. Der Intellekt ist ein aktives Prinzip (I cc. 1–11 I 137–144). Der Intellekt gehört einer anderen Ordnung an als die Engel der christlichen Offenbarung (c. 12 I 144–145).

Der zweite Teil handelt vom *tätigen* Intellekt. Er beschreibt ihn zunächst als similitudo totius entis und erklärt, eine solche Ähnlichkeit

[1] Zur Theorie des Intellekts bei Dietrich vgl. Krebs 1906, S. 100–115; Richard D. Tétreau, The Agent Intellect in Meister Dietrich of Freiberg. Study and Text (Diss.), Toronto 1966; Burkhard Mojsisch, Die Theorie des Intellekts bei Dietrich von Freiberg, Hamburg 1977; Alain de Libera, Introduction à la Mystique Rhénane d'Albert le Grand à Maitre Eckhart, Paris 1984, S. 179–230; Sturlese 1996, S. 232–243; Jens Halbfassen, Gibt es eine Philosophie der Subjektivität im Mittelalter? Zur Theorie des Intellekts bei Meister Eckhart und Dietrich von Freiberg, in: Theologie und Philosophie 72 (1997), S. 337–359; Dominik Perler, Theorien der Intentionalität im Mittelalter, Frankfurt/M. 2002, S. 146–183. – Es gibt eine deutsche Übersetzung mit Einleitung von Burkhard Mojsisch, Dietrich von Freiberg, Abhandlung über den Intellekt und den Erkenntnisinhalt, Hamburg 1980.

bedeute bei Substanzen Identität, deren genauer Sinn näher zu bestimmen sei (c. 1 I 146). Ein großer Abschnitt (cc. 2–12, I 147–155) klärt das Verhältnis des tätigen Intellekt zur Seele; er sei das kausale Prinzip der Seele, vergleichbar dem Herzen im Organismus. Dietrich geht dann über zu der Frage nach der Individualität tätiger Intellekte. Sind sie gleich, sind sie ungleich? Er bespricht das Problem der Hierarchie bei Intellekten (cc. 13–30 I 155–169). Er vertieft die Frage nach dem Prinzip der Individuation. In c. 31 I 169–170 gibt Dietrich einen Rückblick auf das argumentativ Erreichte und faßt seine Schrift *De visione beatifica* zusammen. Der zweite Teil endet mit einer Untersuchung, wie der tätige Intellekt ins Dasein tritt (cc. 32–36 I 170–175) und zieht Folgerungen daraus für das Objekt des *tätigen* Intellekts (cc. 37–42 I 175–178).

Der dritte Teil handelt vom möglichen Intellekt. Es lassen sich fünf Abschnitte unterscheiden. Erstens: Ontologische Analyse des möglichen Intellekts. Ist er ein ens actu, ist er eine real gegebene Potenz, eine Art geistiges Instrument zur Entgegennahme von Erkenntnisbildern? Dietrich differenziert in III 8 die Antwort: als Naturwirklichkeit ist er ein Akzidens, als ens conceptionale ist er wesenkonstituierende substantia, aber, je nach Erkenntnisinhalt, auch Akzidens (III cc. 1–8 I 179–184). Zweitens: Die Individualität des möglichen Intellekts. Kritik an Averroes (cc. 9–15 I 184–189). Dritter Abschnitt: Das Objekt des möglichen Intellekts ist die quiditas. Ihr Verhältnis zur forma. Sie kommt in Urteilen zum Ausdruck. Der intellectus possibilis, dessen Inhalte satzhaft, keine incomplexa sind, ist Prinzip wissenschaftlicher Argumentationen (cc. 16–25 I 189–199). Viertens: Wie der mögliche Intellekt zur tatsächlichen Erkenntnis übergeht. Allgemeine und partikuläre Vernunft (cc. 26–33 I 199–205). Dietrich resümiert in c. 34 I 205–207; er nennt dabei zwölf Bedingungen dafür, daß etwas Gegenstand des möglichen Intellekts wird. Fünfter und letzter Abschnitt: Wie der mögliche Intellekt erkennt. Was heißt es, die Sachen in ihrer ratio zu erfassen? Was heißt es, sie im Licht der ersten Wahrheit zu sehen. Ist das Erkannte ewig? Ist es im Intellekt oder außen (cc. 35–40 I 207–210)?

2. Umkehr der Blickrichtung

Wer gegen 1300 einen Traktat über den Intellekt und seinen Inhalt ankündigte, beschritt einen ausgetretenen Weg. Es hatte sich eine Literaturgattung dieses Titels gebildet, in der es um die Auslegung des vierten und fünften Kapitels des dritten Buches von Aristoteles *Über die Seele* ging. Dieser extrem schwierige Text hatte schon in der Antike und in der arabischen Welt Kommentatoren herausgefordert. Dietrich kannte entsprechende Schriften von Alexander von Aphrodisias und von Alfarabi.[2] Und natürlich lag Alberts Schrift über den Intellekt auf Dietrichs Arbeitstisch,[3] ebenso die *De anima*-Kommentare von Averroes und Albert.[4] Zwei Probleme aus diesem Umkreis hatte Dietrich schon behandelt: Erstens, wieso die Prinzipien des Seins und des Denkens dieselben sein können,[5] zweitens, das der natürlichen Verbindung des Menschen mit Gott aufgrund der Natur des Intellekts, quia per huiusmodi intellectum conjungitur Deo.[6] Aber es blieben andere Fragen – nach dem Verhältnis von Intellekt und Seele, nach der Möglichkeit *allgemeiner* Erkenntnis, wenn der Intellekt doch individuell sein soll. Zu klären war die genaue Beziehung von möglichem und tätigem Intellekt. Und wenn der Intellekt der eigentliche Mensch war, wie verhielt er sich zum sinnlichen und sterblichen Menschen?

Bevor ich mit Dietrich auf diese Fragen eingehe, möchte ich die Art charakterisieren, in der Dietrich über sie spricht. Ein Unterton der Bewunderung spielt herein, wenn er über etwas so Außerordentliches wie den Intellekt spricht. Averroes und Albert hatten diesen Ton vorgegeben: Der Intellekt hat etwas Göttliches. Es ist ein Wunder über allen Wundern, wie Gott durch den Intellekt sich der Seele verbindet: quoddam omnibus

[2] Alexander von Aphrodisias, De intellectu et intellecto, ed. G. Théry, in: ders., Autour du décret 1210. Bibliothèque thomiste 7, Paris 1926, S. 74–83; Alfarabi, De intellectu et intellecto, ed. E. Gilson, in: Archives d'hist. doctrinale et litt. du Moyen Age 4, 1929, S. 115–141.

[3] Albertus Magnus, De intellectu et intelligibili, in: Opera omnia, ed. A. Borgnet, Band 9, Paris 1890, S. 477–525.

[4] Averroes, Commentarium magnum in Aristotelis de anima libros, ed. F. St. Crawford, Cambridge/Mass. 1953; Albertus Magnus, De anima, ed. Cl. Stroick, Editio Colon. VII 1, Münster 1968.

[5] Albert, De int. et int., lib. I tr. 2 c. 1, Opera omnia Borgnet 9, 492 a: secundum rei veritatem eadem sunt principia esse rei, et principia intelligendi et sciendi rem.

[6] Albert, De int. et int., lib. II tr. un. c. 9, Opera omnia Borgnet 9, 517 b.

mirabilibus mirabilius.[7] Albert warb für das Studium der Intellekttheorie: Nur durch sie lerne der Mensch sich kennen. Er wiederholte das Dictum des Aristoteles, der Mensch sei im Grunde nichts anderes als Intellekt, nur durch dessen Studium erfahre der Mensch, was er eigentlich ist: homo scit quid proprie ipse est, cum sit solus intellectus, sicut dixit Aristoteles in X Ethicorum.[8] Dietrich drückt sich nicht so rhetorisch aus wie Albert; er verteidigt in strengerem Stil diese Konzeption der Würde des Intellekts, von der er zeigen wird, es sei die Würde des Menschen. Er wehrt sich gegen Vergleiche, wie sie bei Thomas vorkamen,[9] der zwar auch den Intellekt für das Beste im Menschen gehalten hatte, aber schreiben konnte, der menschliche Intellekt sei in der Sphäre der Intelligibilia so formenleer wie die materia prima, er sei ein „Vermögen" der Seele, vergleichbar darin den Sinnesorganen. Solche Reden führen nach Dietrich ab vom Charakteristischen des Intellekts: Auch der mögliche Intellekt ist unstofflich und auf seine Weise aktiv; er bedarf nicht, wie die Sinneswahrnehmung, eines ihn tragenden Organs. Wer vom Intellekt spricht, muß aufgehört haben, sich selbst mit einem Stück Natur zu verwechseln; er muß eine Umkehr des Denkens vollziehen; er muß bewußt und methodisch konsequent der Gefahr widerstehen, vom Intellekt zu sprechen, als handle es sich um eine Art unsichtbares Naturding. Dietrich illustriert das an einem Beispiel: In der Welt werdender und vergehender Dinge sind *universale* Bestimmungen schwach und blaß; fast sind sie nur Möglichkeiten, und um zum Wirklichen zu kommen, muß man von der Allgemeinheit – im Sinne von begrifflicher Universalität – weggehen. Bei intellektuellen Prozessen ist es umgekehrt, modo converso: Hier ist größere Universalität das Signum höherer Kraft. Wer sich bei ihnen von der Allgemeinheit entfernt, entfernt sich vom Wirklichen und gleitet ab ins nur Mögliche.[10] Dietrich war überzeugt, er sei im Besitz begrifflicher Bestimmungen, die *alle* Weltbereiche betreffen. Dazu gehörte zum Beispiel, daß nichts, weder Geist noch Natur, zugleich möglich und wirklich sein könne. Aber noch indem er so etwas aussprach, drängte er darauf, die Eigenart der höheren Stufe zu respektieren und sich schlichter Übertragungen zu enthalten. Er erfand die Unterscheidung von Natursein einerseits, das aus Substanzen und neun Prädikamenten bestehen sollte, und dem Erkennen-Sein

[7] Albert, De int. et int., lib. II tr. un. c 12, Opera omnia Borgnet 9, 520 b.
[8] Albert, De int. et int., lib. I, tr. 1 c. 1, Opera omnia Borgnet 9, 478 b.
[9] Thomas, De ver. 8, 6.
[10] Dietrich, int. II 15, 2 I 156.

andererseits, dem ens conceptionale, das sich diesen Kategorien entzieht, aber als Erkenntnissein in Strukturanalogie zur Natur steht, jedoch nicht, weil es sie abbildete.[11] Dietrich wollte intellektuelle Vorgänge nicht jeder Beschreibung entziehen; er wollte auf ihre charakteristische Dynamik hinweisen. Die Abhandlung über den Intellekt beginnt daher mit der Unterscheidung von vier Regionen: Körperdinge, Lebewesen, Intellekte, die erste Ursache. Es geht Dietrich aber weniger um die Feststellung dieser Hierarchie, die manche Autoren „neuplatonisch" nennen, die sich aber jedem Aristotelesleser aufdrängte, als um die Herausarbeitung der je eigenen Dynamik dieser Stufen. Was der Intellekt ist, muß auf dem Hintergrund der universalen Regel gesehen werden, daß alles Wirkliche um des Wirkens willen da ist. Deswegen seien Intellekte um ihrer selbst willen da, denn sie seien ihrem *Wesen* nach Wirken. Bei Dingen, deren Wirken nicht ihr Wesen ausmacht, bei denen also das Wirken eigenschaftlich zum Wesen hinzutritt, kann die Natur nicht Halt machen; sie begnügt sich nicht damit, daß Dinge eine Wesensprägung tragen; sie drängt zur Aktivität.[12] In der Natur herrschen aktive Kräfte und laufen passive Prozesse; es gibt die Verbindung beider. Aber im Bereich der Intellekte herrschen andere Modalitäten. Auch hier gibt es Aktivität und Passivität. Ein Schulspruch sagte, Aristoteles folgend, die geistige Erkenntnis sei ein gewisses Erleiden, intelligere pati quoddam est. Das bezieht sich auf den möglichen Intellekt. Aber bei ihm, schreibt Dietrich, sei zu unterscheiden: Einerseits ist er, nachdem er aktuiert ist, ein faktischer psychischer Zustand, eine Eigenschaft der Seele. Insofern gehört er zur Natur und erfährt Einwirkung. Übrigens nicht von der Außenwelt – dagegen hatten sich schon Albert und Thomas ausgesprochen –, sondern vom tätigen Intellekt. Aber das ist als Naturgeschehen ein reales Beeinflußtwerden. Doch derselbe mögliche Intellekt gehört auch zum Bereich des Erkenntnis-Seins, des ens conceptionale. Und da ist es sein Wesen, aktiver Ursprung zu sein. Denn er bestimmt begrifflich die Gründe der Sachen und konstituiert insofern die Sachen selbst. Das geschieht, hebt Dietrich hervor, in einem so hohen Maße, daß der mögliche Verstand auch dort, wo ein Nichts an Natur gegeben ist, durch sein Wirken primäre Realität bewirkt, also eine Wirklichkeit, die in eines der zehn Prädikamente eingereiht werden kann. Dietrich selbst erinnert dran: Das war seine Theo-

[11] Dietrich, vis. 3.2.9.1 (6) I 86; bes. vis. 3.2.9.6 I 96–97; 3.2.9.8 (2) I 99; 3.2.9.7 bis 3.2.9.8 I 97–99.

[12] Dietrich, int. I 1, 1 I 137.

rie schon in *De origine*.[13] Das Beispiel zeigt die Umwertung, die Dietrich vorgenommen hat: Wo die Tradition vom Erkennen des möglichen Intellekts als einem gewissen Erleiden sprach, gesteht Dietrich dies als untergeordneten Gesichtspunkt zu und beschreibt dann die mögliche Vernunft als tätigen Ursprung sogar naturhafter Wirklichkeit. Dies setzt er an den Anfang seines Traktats über den Intellekt; das ist die Propädeutik zu seiner Intellekttheorie. Dietrich fährt dann fort zu erklären: Intellekte als solche können nicht passiv sein. Solche Intellekte sind nicht Gott. Sie empfangen ihr Wesen. Aber alles kommt darauf an, dieses Empfangen auf intellekt-gemäße Weise zu denken. Das Empfangen ihres Wesens kann nur darin bestehen, daß sie intellektuell tätig sind, d. h. ihren Seinsgrund *erkennen*. Er *wird* ihr Seinsgrund, indem sie ihn erkennen. Sie sind nicht zuerst mit ihrem Wesen beschenkt worden und beginnen dann sich zu regen. Sie gehen nicht erst aus dem Weltgrund hervor und wenden sich dann sekundär auf ihn zurück. Ihr Hervorgehen, ihre Rezeptivität – von Leiden im engen Sinn ist ohnehin nicht die Rede – ist ihre Aktion. Non recipiunt ut passiones, sed ut actiones.[14] Diese Theorie verletzt bewußt unsere Vorstellung von einem Ding, von dem wir annehmen, es müsse zunächst einmal existieren, um dann und wann zu wirken. Nicht so der Intellekt. Seine Existenzgründung ist seine Tat. Dagegen kann der gesunde Menschenverstand nur protestieren; er müßte sich sonst aufgeben. Der Intellekttheoretiker Dietrich argumentiert, um diese Selbstaufgabe sanft einzuleiten. Mag es in der Dingwelt richtig sein, daß das Wirken sekundär dem Sein folgt, agere sequitur esse, bei Geistwesen ist es e converso. Auf die Umkehr der Blickrichtung kommt es an.

Dietrich tritt in die inhaltliche Erörterung über das Wesen des Intellekts ein, indem er hervorhebt, alles Wirkliche sei unter dem Gesichtspunkt des Wirkens zu sehen. Wie also wirkt der Intellekt? Er wirkt von innen, aus seinem eigenen Wesen heraus, denn er ist Intellekt durch sein Wesen. Sein Wirken *ist* sein Wesen. Auch wenn Dietrich dann sofort die aristotelische Unterscheidung wiederholt, es gebe zwei Arten von Intellekt, den aktiven und den passiven, bleibt er bei seiner Betonung der Dynamik. Selbst die Rezeptivität (passio) des Intellekts ist noch seine Tätigkeit (operatio). In Dietrichs Terminologie: Es gibt beim Intellekt actio und passio, aber beim Intellekt ist *beides* sein Wirken, seine opera-

[13] Dietrich, int. I 2, 3 I 137.
[14] Dietrich, int. I 3, 1 I 138.

tio. Die operative passio, also die Rezeptivität, ist charakteristisch für die mögliche Vernunft, sofern sie aktuiert wird. Von heute aus gesehen, eilt Dietrich etwas zu rasch dem Unterschied von wirkender und möglicher Vernunft zu; er hätte länger bei der Analyse des Intellekts als solchen verweilen können, aber die Tradition hatte das Thema auf diese Doppelung konzentriert. Es gab die Tendenz, die Einheit des Intellekts aus dem Auge zu verlieren. Thomas von Aquino konnte so sprechen, als gebe es in der Seele drei Potenzen: den tätigen Intellekt, den passiven Intellekt und den Willen.[15] Das klang, als sei der passive Intellekt vom tätigen so verschieden wie der Wille von beiden. Die Differenz von wirkender und möglicher Vernunft war jedenfalls ein Dauerthema der Kommentatoren. Dietrich erklärt sie auf seine Weise:

Der tätige Intellekt ist in keiner Weise in passiver Möglichkeit; er ist seinem Wesen nach, nicht-zufällig, aktual erkennende Vernunft. Intellekte dieser Art sind Substanzen. Aber der Begriff der Substanz muß dabei so gedacht werden, daß er der Natur des Intellekts angemessen ist. Man darf nicht an einen Baum oder sonst ein Ding als Modell der Substanzialität denken, wenn man den Intellekt „Substanz" nennt. Gewöhnliche Substanzen haben Eigenschaften, aber der Intellekt ist keiner eigenschaftlichen Bestimmung zugänglich. Intellekte sind reine Wesen. Ihr Wesen bestimmt vollständig und allein ihr Dasein; in Naturdingen überlagern sich die verschiedenen Bestimmungen. Das Wesen eines Intellekts ist reine Aktivität. „Rein" heißt hier: in begrifflicher Hinsicht nur durch sich selbst bestimmt, von außen nicht bestimmbar. „Unvermischt" vollzieht er sein Wesen. Sein Wesen ist Vollzug, ist nie bloßes Vorhandensein plus Eigenschaften.

Dietrich nennt dann zwei Gruppen solcher Intellekte. Die erste sind die „Intelligenzen", die zweite bilden die aktiven Intellekte der Menschen. Beginnen wir mit der ersten Gruppe: Intelligenzen sind Zwischenwesen zwischen dem transzendenten Einen und der Erfahrungswelt, von denen der *Liber de causis* und Proklos in seiner *Elementatio* als Weltgründen sprechen. Das hierarchische Bild der neuplatonischen universitas rerum – ein Begriff, der vor allem in *De visione* und hier in *De intellectu* oft vorkommt und der das göttliche Eine einschließt[16] – steht im Hintergrund von Dietrichs Analysen des Intellekts, ohne daß Diet-

[15] Thomas von Aquino, Quaest. disp. De spiritualibus creaturis a. 11 ad 20.

[16] Dietrich, vis. Proem. (1) I 13; 1.2.1.1.4 (1) I 39; 3.2.9.6 (3) I 96; 4.2.1 (11) I 109; int. II 37 (4) I 175; int. II 38 (1) I 176; int. III 1 (2) I 179; en. I 2 (2) II 28; I 6 (7) II 32; I 7 (8) II 35 u. ö.

rich die Einzelargumentation durch Appelle an das *Bild* der Ordnung des Universums ersetzt. In der universitas rerum bilden nach dem Einen die intellektuellen Substanzen die höchste Stufe; Proklos und der *Liber de causis* haben ihnen den Namen „Intelligenzen" gegeben. Bei Aristoteles kamen sie vor als Oberinstanzen der Sternbewegung. Avicenna und Averroes haben ihre hohe Stellung analysiert. Dietrich spricht von ihnen in merkwürdiger Unentschiedenheit. Wie gezeigt, läßt er es offen, ob solche Zwischenwesen existieren. Er verschweigt nicht, daß er Sympathie für diese Spekulation hegt; sie entspräche seinem Konzept von einem Universum, in dem die Extreme durch Mittelwesen verbunden sind. Aber er spricht von ihnen in der Art eines Berichts: Die Philosophen haben so gedacht. Er kennt die theologischen Bedenken gegen diese Wesen. Theologen neigten dazu, sie, wie es Thomas von Aquino tat, mit den Engeln zu identifizieren oder sie als falsche Götter zu verwerfen. Dietrich verteidigt die antiken Philosophen selbst darin, daß sie diese Intelligenzen „Götter" genannt haben. Sie hätten das Wort „Gott" in einem bewußt abgeschwächten Sinn gebraucht; sie hätten das Vorrecht des höchsten Einen damit nicht verletzt. Auch Aristoteles spreche im 12. Buch der *Metaphysik* in diesem weiten Sinn von Prinzipien der Himmelsbewegung. Er habe sie „Götter" nennen können, ohne deswegen seinen Monotheismus aufzugeben. Denn Aristoteles habe unter dem einen Gott das verstanden, über das hinaus es nichts Höheres gibt, ein völlig autarkes Wesen, das weder für sein Sein noch für sein Handeln auf irgend etwas anderes angewiesen ist.

In moderner Sprache heißt diese Einlassung Dietrichs zugunsten der philosophischen Intelligenzenlehre: In dieser Frage stimmen Aristoteles und die Neuplatoniker überein. Auch wenn sie großzügig waren mit der Vokabel „Gott", waren sie keine Polytheisten oder Pantheisten; sie hatten einen philosophisch-strengen Begriff vom Ersten Beweger oder vom einzigen Einen. Dietrich hielt ihn für vereinbar mit einer liberaleren Bewertung der Vielheit der „Götter"; eine neue Würdigung des antiken Polytheismus kündigt sich hier an. Die antiken Denker, insbesondere der *Liber de causis,* hatten, Dietrich zufolge, selbst wenn sie die Seinsvermittlung durch Intelligenzen lehrten, einen strengen Begriff der Erschaffung, creatio. Das Verleihen von Sein hielten sie für das Vorrecht der prima causa, auch wenn es durch Zwischeninstanzen vermittelt war. Dennoch legte Dietrich sich auf die Existenz solcher Intelligenzen nicht fest, obwohl auch Albert von ihnen gesprochen und die Identifikation mit Engeln abgewiesen hatte. Immer wieder einmal ließ Dietrich seine Zweifel und sein Wissen von theologischen Bedenken durchblicken; er redet auch jetzt, in *De intellectu*, wieder von *Intelligenzen, wenn es welche gibt,* si quae sunt.[17] Er erklärte die theologischen Befürchtungen für unbegründet, und oft vergaß er sie, denn sie hatten nach seinem Urteil kein Gewicht. In dieser Frage verhielt er sich nachlässig; Engelbert Krebs hat vermutet, Dietrich sei von den Intelligenzen überzeugt gewesen und habe nur wegen der theologischen Aufpasser salvatorische Klauseln eingebaut. Wie dem auch sei: Dietrich kam es nicht auf korrektes neuplatonisches Systemdenken an; er wollte zeigen, daß Gott und die menschliche Vernunft (genauer der tätige Intellekt) Intellekte der beschriebenen Art waren; die Abhandlung über den Intellekt sollte dies im einzelnen zeigen: Der Intellekt ist kein Seelenvermögen, sondern Substanz, dem Wesen nach Tätigkeit, eigenschaftslos, in keiner Weise eine passive Potenz.[18] Diese Bewertung der menschlichen Vernunft war im Sinne Alberts und klang um 1300 um so eindrücklicher, als Dietrich mit Albert die Engel aus der hohen Klasse *kosmologischer* Prinzipien herausnahm. Er insistierte mit Albert: Die Philosophen, die von Intelligenzen sprachen, taten dies im Zusammenhang ihrer kosmologischen Theorien; Engel gehören in die Schrift und in die Theologie, nicht in die philosophische Prinzipienlehre.[19] Aber dem Menschen sprach Dietrich eben diese außerordentliche dynamische Vernunft zu. Damit schuf er sich eine Reihe philosophischer Probleme.

3. Mensch und Intellekt

Es ist *unser* Intellekt, dem die hohen Prädikate zukommen, die arabische Denker den „Intelligenzen“ zugesprochen haben. Aber wie kann er *unser* sein? Diese Frage, die Dietrich sich in *De visione beatifica* 4.2.1 (6) I 107 gestellt und auf *De intellectu* verschoben hatte, hat zunächst ein-

[17] Dietrich, int. II 3 1, I 172. Vgl. or. 1, 14 III 140; vis. 3.2.9.2 (4) I 88.

[18] Dietrich, int. I 7, 2 I 140: Ad istud genus intellectuum pertinet intellectus agens noster, qui ad similitudinem substantiarum separatarum nullo modo est in potentia passiva secundum modum illarum substantiarum et est substantia, nulli accidenti substratus vel substernibilis, sed quidquid est in eo, pure substantia sua est.

[19] Dietrich, int. I 12, 1 I 144s.

mal einen rein theoretischen Aspekt: Wie kann er, wenn er Substanz sein soll, zu *uns* gehören? Der *Mensch* ist eine Substanz. Ist dann der Intellekt *etwas am Menschen* oder ein Teil seiner Seele? Dann ist der Intellekt doch wohl nicht Substanz. Kann eine Substanz in einer Substanz sein? Oder sollen wir, angesichts dieser Schwierigkeit, zum Inhärenzmodell und zur anschaulicheren Lehre von Seelenvermögen zurückkehren? Dietrich blieb dabei, diese Vorstellungen für den Intellekt abzulehnen. Er entwarf ein eigenes Konzept der Einheit von Mensch und Intellekt. Dabei griff er zurück auf seinen Grundsatz der Dynamisierung der Welt: Intellekte sind Substanzen, das heißt: substantielle Wirkmächte; sie agieren mit ihrem Wesen in einem Universum, das als fluxus beschrieben wird; sie begründen anderes, nicht durch zufällig beschlossene Aktivitäten, sondern ihrem Wesen nach; sie sind causae essentiales. Es ist ihre Natur, andere Wesen zum Sein zu führen, die göttliche Erstverursachung voraussetzend.[20] Dietrich kommt noch einmal auf die Frage der Erschaffung durch Mittelwesen zu sprechen: Vieles spricht für eine geordnete, stufenweise Emanation, wie Proklos und der *Liber De causis* sie beschreiben. Sie liegt nahe, wenn das Universum eine perfekte Ordnung darstellt. Sie würde die Ordnung der Welt und die richtig verstandene Allmacht Gottes ehren, denn seine Allmacht beweist sich, wie Thomas gezeigt hat, in der Ermächtigung von Zweitursachen. Danach müßten Intellekte aus oberen Intellekten hervorgehen. Aber diese Lehre wage er nicht fest zu behaupten, sie sei auch nicht in der Bibel enthalten.[21] Aber substantielle Aktivität sind wesenhafte Intellekte allemal, und zu ihnen gehört unsere tätige Vernunft. Daher ist unsere tätige Vernunft der bewirkende Grund (causale principium) des möglichen Intellekts. Sie erzeugt im Menschen die intelligible Erkenntnisform. Bevor der tätige Intellekt diese Wesensform erzeugt, ist der mögliche Intellekt rein nichts. Diese These war 1277 kirchlich verboten worden,[22] aber Dietrich insistiert: Der mögliche Intellekt ist, bevor er aktuiert wird, die bloße Möglichkeit, die pura possibilitas, also abstrakte Denkbarkeit, keine positive Bestimmtheit, keine konkrete Möglichkeit. Hat die tätige Vernunft in ihm die Erkenntnisform hervorgebracht, wird er eine Disposition des Menschen.[23] Das Verhält-

[20] Dietrich, int. II 1, 4 I 146.
[21] Dietrich, int. II 1, 4 I 147.
[22] Satz 126, bei Kurt Flasch, Aufklärung im Mittelalter? Die Verurteilung von 1277, Mainz 1989, S. 201.
[23] Dietrich, int. II 2, 2 I 147.

nis von Intellekt und Mensch beschreibt Dietrich mit der weitgehenden These, der tätige Intellekt sei bewirkender Grund der Substanz der Seele, principium causale ipsius substantiae animae.[24] Der tätige Intellekt ist der Seinsordnung, nicht der Zeit nach „früher" als die Substanz der Seele. Er ist, bevor er in ihr Erkenntnisformen erzeugen kann, eine Wesenseinheit mit ihr, die er begründet hat: Ista autem intraneitas non est nisi identitas substantialis.[25] Er ist der die Seele erzeugende innewohnende Grund der Seele; er ist ihr Daseinsantrieb, wie das Herz für den Körper. Der tätige Intellekt ist eins mit der Seele, aber so, daß er sie erwirkt und in ihr Begriffe erzeugt.[26]

Tätiger Intellekt und Mensch sind eng, geradezu intim verbunden, aber nicht total identisch. Zwar besteht identitas substantialis, aber doch auch Unterschied. Während Dietrich sonst die Vorstellung effizienter Kausalität von Intellekten fernhält, läßt er das Verhältnis von Intellekt und Seelensubstanz ganz auf ihr beruhen und wirft doch gleichzeitig Averroes vor, sein tätiger Intellekt sei nicht der Substanz nach dem Menschen innerlich, sondern nur seiner Wirkung nach, also nicht intrinsecum secundum substantiam, sed solum secundum effectum,[27] und dabei ist seine Wirkung in uns, nicht sein Wesen. Er wirkt in uns, er überformt nicht unser ganzes Wesen, non est causa secundum formam.[28] Dies wäre der gänzliche Übergang des Menschen in die Intellektualwelt. Es bleibt Differenz; wir erkennen in diesem irdischen Leben nicht mit derselben Erkenntnis, mit der er erkennt. Würde er ganz zu unserer Wesensform – das wäre das ewige Leben. Zumal von ihm gilt, daß er sein göttliches Prinzip erkennt, in diesem Prinzip sich und alles erkennt – und dies sogar

[24] Dietrich, int. II 2, 1 I 147.

[25] Dietrich, int. II 7 (3) I 151. Dietrich erklärt die Art der Identität bei verschiedener Seinsweise, int. II 10 (3) I 154: sic intellectus agens non solum virtute et potestate praecontinet essentiam animae, immo ipse est idem cum essentia animae secundum causam praehabens eam in se nobiliore modo et existens ei principium causale.

Vgl. die Untersuchung int. III 19 (1) I 191 über Identität von sensus und sensatum, aber in anderer Seinsweise. Holz und Auge sind idem, sed secundum aliud esse. Ferner int. II 18 (1) I 158: ex intellectu agente et substantia animae aggregatur unum ens, quod est unum per essentiam. Gleichwohl wird der tätige Intellekt nur im äquivoken Sinne individuiert, int. II 17 (4) I 158. Man kann also gleichzeitig von ihm sagen, er sei nicht individuiert und sei doch vere individuum, int. II 19 (4) I 159, freilich im nicht-thomistischen Sinn von Individualität, also nicht durch Stoff, sondern durch qualitative substantiale modi seiner Aktivität, int. II 26 (3) I 165.

[26] Dietrich, int. II 2 (3) I 147–148.

[27] Dietrich, int. II 13 (3) I 155.

[28] Dietrich, int. II 8 (2) I 151.

in der Erkenntnisweise Gottes, in suo principio secundum modum ipsius principii.[29]

Wir erreichen hier einen Extrempunkt der Philosophie Dietrichs, und man kann einwenden, dies sei reine Spekulation, sei der auf die Spitze getriebene Intellektualismus, die Selbstvergöttlichung des Philosophen: Der Intellekt als Urbild aller Seienden, erkennend wie Gott erkennt, bewirkender Grund der Menschenseele und also des Menschen. Dietrich könnte erwidern: Ich ziehe nur die Konsequenz aus Überzeugungen, die seit der Aristotelesrezeption fast alle teilen. Was bleibt euch sonst übrig, wenn ihr mit Aristoteles zugebt, daß der tätige Intellekt seinem *Wesen* nach Tätigkeit ist? Wie anders wollt ihr eine solche Geistphilosophie, die in der Tat Außerweltliches erörtert, mit Anthropologie zusammenbringen? Immerhin vermeide ich eure Konstruktion der Seelenvermögen, nach der es so aussieht, als wüchsen Vernunft und Wille aus der Seelensubstanz wie zwei Arme am Körper. Auch spricht die Autorität Augustins gegen eine solche Aufteilung, sind doch nach Augustin geistiger Selbstbesitz, Einsicht und Wille, memoria, intellegentia und voluntas, nur *ein* Leben, *eine* Substanz, *ein* Geist. Die Einheit des Geistseins schließt eure Annahme aus, Einsicht und Wille seien wie Organe einer dunklen Seelensubstanz. Der Geist *ist* die Seelensubstanz, und Einsicht wie Wollen sind substantielle, qualitative Modi dieser einen Geistsubstanz. Ich ersetze euren Begriff des Seelenvermögens durch den der substantiellen, qualitativen Modi, von denen jeder die ganze Geistsubstanz ist, ohne daß sie deswegen drei Substanzen ergeben.[30] Diese Trinitätsphilosophie hat Augustin skizziert, und ich entwickle sie mit Hilfe des Aristoteles zu einer Philosophie, die euch die Einsicht verschafft, daß ihr Bild, imago, der Gottheit seid, nämlich tätiger Intellekt in drei substantialen Modi, deren Einheit ihr seid, ohne deren Unterschied zu beseitigen. Wenn ihr einwendet, meine Lehre von den drei-einen substantialen Modi sei reine Spekulation, so frage ich zurück: Was ist dann eure Lehre vom intellectus agens und eure Theorie der Selenvermögen? Wenn schon Spekulation, dann besser eine kohärente als eine halbherzige. Außerdem erinnere ich an die menschliche Erfahrung, daß wir als Seele zwar eng mit dem Körper verbunden sind, aber nicht in ihm aufgehen, daß die Seele einen gewissen Innenraum, eine intraneitas, sich bewahrt, in dem sie wirkt, zwar nicht ohne den Körper, aber doch unterschieden von ihm.

[29] Dietrich, int. II 40, 3 I 177. Wir kennen dies aus der Quaestio, utrum 1.3 (4) III 296.
[30] Dietrich, int. II 5, 2 I 149–150.

Ein Hauptargument Dietrichs für seine Theorie von der seelenbegründenden Tätigkeit des substantiellen tätigen Intellekts beruht auf dem aristotelischen Konzept des Lebens, das er schon in *De origine* 3 (24) III 164 herausgearbeitet hat: Danach ist lebendig, was Ursprung und Ziel seiner Bewegung in sich selbst hat. Das immanente Ziel des Lebendigen ist nicht bloßes Vorhandensein auf höherer Stufe als der Stein, sondern wesenseigene Tätigkeit. Die höchste Form des Lebens, argumentiert Dietrich weiter, sei das intellektuelle. Es wäre höchst unangemessen, wenn diese Höchstform von Leben nicht ihr *Prinzip in sich selbst* hätte. Das Prinzip des intellektuellen Lebens ist der tätige Intellekt. Also muß der tätige Intellekt wesenhaft identisch sein mit der menschlichen Seele, aber so, daß er sie begründet, vergleichbar dem Herzen im menschlichen Körper.[31] Ein ähnliches Verhältnis finde sich bei den Bewegungsprinzipien der Himmelskörper. Der tätige Intellekt ist die immanente Wesensursache der ganzen Substanz der Seele, aber unter dem Gesichtspunkt der Intellektualität; er ist ihre immanente Ursache von Wesen zu Wesen, per modum causae essentialis.[32] Deshalb erwirbt der Mensch seine spezifische Vollkommenheit durch intellektuelle Tätigkeit.[33]

4. *Universalität und Individualität*

Der Intellekt ist universal, denn er denkt das Allgemeine. Diese platonistische Prämisse hatte Aristoteles ausgebaut; Averroes und Albert haben sie eingeschärft. Beim Intellekt war daher nicht die Universalität, sondern seine Individualität das Problem. Denn der Intellekt ist definiert durch die Ausrichtung auf das ens simpliciter, auf das allgemeine Wesen, nicht auf Einzeldinge als solche, nicht auf Dieses und Jenes, auf hoc et hoc.[34] Der Intellekt erzeugt die allgemeinen Bestimmungen; er ist tätiges Haben des Bleibenden und Notwendigen, folglich Allgemeinen. Dann ist er selbst von der Art des Allgemeinen, das sein spezifischer Inhalt ist. Daß er der Intellekt dieses oder jenes Menschen ist, ist ihm gegen-

[31] Dietrich, int. II 7 I 150–151.
[32] Dietrich, int. II 9 3–4, I 153.
[33] Dietrich, or. 5, 45 III 194.
[34] Dietrich, or. 5, 33 III 190.

über zufällig, sofern er Intellekt ist, hoc tamen sibi accidit inquantum intellectus. Und er behält auch im einzelnen Individuum diesen Charakter des „schlechthin Seienden", ens simpliciter.[35] Dietrich war immer der Ansicht, das Denken des Allgemeinen finde im einzelnen Menschen statt, aber der Zusammenhang von Intellekt und Individuum war problematisch, fast nur akzidentell, jedenfalls ungeklärt. In *De origine* 5, 18 verschob Dietrich dieses Problem auf die abzufassende Schrift *De intellectu.* Hier nun beginnt Dietrich die Untersuchung mit einer Neubestimmung der Individualität. Bei Geistwesen müssen wir die Bestimmungen genus, species, individuum prinzipiell anders fassen als bei Körperdingen. „Gattung", genus, heißt bei ihnen soviel wie: Sein überhaupt; „Art", species, heißt bei ihnen: Lebendigsein; Individualität heißt bei ihnen rationale Diskursivität. Diese wird konkret; sie vollzieht die weitestgehende Vereinzelung. Dietrich sagt sofort hinzu: Das Wort „Individuum" wird in einem solchen Zusammenhang äquivok gebraucht. Den tätigen Intellekt können wir wegen seiner Begründung des rationalen Hin- und Hergehens ein „Individuum" nennen; aber im gewöhnlichen Wortsinn ist er es nicht. Er heißt nur so. Allerdings ist er vereinzelt, sofern er das begründende immanente Prinzip der je einzelnen Menschenseele ist. Von diesem Ausgangspunkt her macht Dietrich einen weiteren Anlauf zu einem Konzept geistiger Individualität. Könnte man die wirkende Vernunft nicht doch in einem näherliegenden Sinn ein „Individuum" nennen? Dietrich fragt: Was ist eigentlich ein Individuum? Er antwortet: Ein Individuum ist eine wesenhafte Einheit mit Teilbestimmungen, die gegenüber dem Ganzen ontologisch nachträglich oder „später" sind. Das heißt: Wenn in der Definition eines Wesens formale „Teile" vorkommen, wie „Lebewesen" und „vernunftbegabt", animal und rationale, beim Menschen, dann sind dies Teile *vor* dem Ganzen; sie bestimmen dessen Wesen. Sie bilden eine form-hafte Einheit, die das Einzelwesen prägt. Anders die Einzeldinge der sinnlichen Erfahrung: Sie haben außer den ihr Wesen bestimmenden form-haften „Teilen" noch Teile, die auseinandertreten, d.h. die hinzukommen, die begrifflich nicht vorhersehbar sind und die sich im Raum ausdehnen. Bei ihnen liegen Teile neben Teilen. Wir sind in der Welt der unübersichtlichen Akzidenzien und quantitativer Dimensionen. Ein Individuum im engeren Sinne ist ein Ganzes, das zu seiner Wesenseinheit noch Bestimmungen trägt, die in seiner Definition nicht

[35] Dietrich, or. 5, 18 III 185.

enthalten sind, also ihr gegenüber „später" (im Sinne von: zusätzlich und zufällig) sind. Dietrich definiert Individualität von der Metaphysik der Wesensform her. Individuum ist demnach ein Seiendes, dessen Wirklichkeit nicht allein durch seine Wesensform bestimmt ist. Gibt es in der wirkenden Vernunft eine entsprechende Individualität? Zweifellos ist das Ganze, das der tätige Intellekt in Wesenseinheit mit der menschlichen Seele bildet, ein solches Individuum, denn es ist eine Einheit und trägt Zusatzbestimmungen, nicht zwar solche von materieller Ausdehnung, wohl aber solche der qualitativen substantialen Modi des Intellekts. Ferner gibt es eine Wechselwirkung zwischen Grund und Begründetem, wenn beide eine Wesenseinheit bilden wie Intellekt und Seele. Dann liegt Individuation beim Intellekt als der Grundlage des Ganzen vor. Das Ganze, das er begründet, entfaltet sich individuell. Dieses Ganze ist geprägt als Individualität. Diese allesdurchdringende Individualität müssen wir uns etwa denken wie bei einem der vier Temperamente. Nehmen wir die Melancholie. Sie hat ihre Grundlage in der Seele; ein ihr entsprechender Körper bietet ihr die eigenschaftlichen, ausgedehnten Voraussetzungen des Wirkens, und schließlich bestimmt sie den Menschen als ganzen. So ist der Intellekt aufgrund der verschiedenen Intensität seiner qualitativen substantialen Modi die Grundlage der Individuation; die Kräfte der Seele bieten ihm die unentbehrlichen eigenschaftlichen Voraussetzungen des Wirkens; er zeigt seine volle Individuation in der Wesenseinheit von Intellekt und Seele. Daher ist der tätige Intellekt der Geist einzelner Menschen. Wir können also sagen: Es gibt viele tätige Intellekte. Denn die wirkende Vernunft nimmt Zählbarkeit an aufgrund der Vielzahl einzelner Menschen.[36]

Liegt darin eine Aufwertung der Individualität? Zunächst nicht. Das Universum ist vollkommen. Alles, was von ihm aufgrund richtigen Denkens gesagt werden kann, von dem muß man thetisch, setzend, behaupten, daß Gott es tatsächlich bewirkt hat. Dietrich bestätigt sich wieder einmal diese lex melioris mit Hilfe eines Augustinzitats.[37] Und zur Vollkommenheit des Universums gehört seine gestufte Abgeschlosenheit oder Endlichkeit, und diese wird durch die Stufenleiter der Arten, spe-

[36] Dietrich, int. II 19, 2–4, I 159.

[37] Dietrich zitiert int. II 20, 2 I 160 wie schon an. Prooemium 1 (2) III 13 Augustinus, De lib. arb. III 5, 13: Quidquid recta ratione ponendum est, Deum fecisse fatendum est. Vgl. Augustinus, CC 29, S. 282 Zeile 21–22: Quidquid enim tibi vera ratione melius occurrerit scias fecisse deum tamquam bonorum omnium conditorem. Dietrich zitiert dies öfter frei, z. B. cog. 9 (3) II 176: subst. 28 (11) II 329.

cies, gebildet, nicht durch die Individuen. Individuen gehören nur sekundär, mitfolgenderweise zum Weltbestand, sie sind accidentaliter in natura. Das heißt: Die Natur intendiert das Bleibende, und das sind die Arten. Nur mitfolgenderweise, weil Körperwesen nicht ewig dauern, regenerieren die Arten sich in der Abfolge der Individuen. Außerdem sind sie wechselnde, austauschbare Repräsentanten des Universalen, auf das der Intellekt allein aus ist.[38] Individualitäten sind in diesem Universum eher Beiläufigkeiten. Das tangiert auch die wirkende Vernunft, sofern sie die eines einzelnen Menschen ist; sie ist sekundär, accidentaliter, individuell. Sie gehört als solche nicht zum per-se-Bestand des Kosmos.[39] Auch ihre Beziehung zu anderen Intellekten ist entsprechend ontologisch beiläufig. Sowohl Individualität wie Sozialität gehören zum tätigen Intellekt in einem herabgestuften, sekundären Sinn, accidentaliter. Doch Dietrich treibt die Analyse weiter: Es kann individuelle Intellekte geben, die einander über- und untergeordnet sind, die also eine klassisch geschlossene Ordnung bilden, wie sie dem finiten Universum am ehesten entspricht. Es kann auch Intellekte geben, die prinzipiell gleichgeordnet sind und die insofern ins Infinite vermehrt werden könnten, bei denen sich also die Frage nach der Ewigkeit der Welt stellt. Mit dieser Überlegung will Dietrich es als rational begründen, daß Gott Engel und Menschengeister erschaffen hat: Engel in schön gestufter Harmonie, Menschen in prinzipieller Gleichordnung in einem unschönen Unendlichen, infinitum. Dieses Gleichgestelltsein bewertete Dietrich nicht als Vorzugsstellung der Menschen im Kosmos, sondern eher als Defekt. Das Infinite war ihm Signum der Unvollkommenheit. Gleichwohl hatte seine Spekulation über die Absicht des Schöpfers bei der Erschaffung der Welt, der Engel und der Menschen einen auffälligen Nebeneffekt: Die Menschen sind prinzipiell einander gleich, so wie die Engel prinzipiell einander ungleich sind. Die Engel sind in dionysischen Ordnungen aufgestellt. Die Vielzahl gleichgestellter menschlicher Individuen hingegen gibt dem unteren Ende der metaphysischen Weltskala eher amorphen Charakter. Der tätige Intellekt der Engel bringt eine höhere, eine einheitlichere Grundlegung zustande als der des Menschen: Der Intellekt des Engels ist hervorbringender Ursprung einer edleren Substanz und daher selbst edler. Insofern sind die Engel individueller als die Menschen: Jeder ver-

[38] Dietrich, int. II 22 ganz I 160–161.

[39] Diese Theorie teilt Dietrich mit Thomas, der schreibt 2 Sent. 3, 1, 4 ad 3: perfectio universi essentialis non attenditur in individuis.

einigt in sich substantiell die Qualitäten, die keinem anderen Individuum angehören; er ist konzentrierte Fülle, der Mensch ist ausgegossene oder zerstreute, auf Vielzahl angewiesene Fülle. Dietrich wirft dann die Frage auf, von der er einleitend vermerkt, sie werde von den Gelehrten seiner Zeit viel diskutiert: Ob mehrere Engel *einer* „Art", *einer* species, angehören. Oder bildet jeder individuelle Engel eine eigene species? Bekanntlich hat Thomas die letzte These vertreten, und zwar mit der Begründung, im Wesen der Engel gebe es keinen Stoff, der Stoff sei aber das Prinzip der Individuation; er determiniere innerhalb einer species zu Diesem-Ding-da. Bei Geistwesen gebe es keinen Stoff als Grund der Individuation, also bilde jeder Engel je seine eigene species.[40] Indem Dietrich dieses Theorem angriff, gab er seiner Theorie der Individualität eine erneute Wendung. Er argumentierte: Zwar finde sich in allem Materiellen auch Individualität, aber Individuen gebe es nicht nur, wo es Stoff gibt. Die Stoffgrundlage ist nicht der formelle Grund der Individualität.

Die Vorstellung, der Stoff individuiere, kommt aus der handwerklichen Erfahrung: Der Teig für Weihnachtsplätzchen hat noch keine sichtbare Form; mit kleinen Metallformen stechen wir ihn aus und erhalten Bäume, Sterne und Herzen. Mit jeder Form kann ich viele Sterne ausstechen. Zwei Sterne aus derselben Form unterscheiden sich nur durch eine determinierte Menge von Stoff. Das ist der technomorphe Vorstellungskreis, in den die Lehre vom Stoff als der Grundlage der Individualität gehört. Dietrich widerspricht dieser Position, die Aegidius Romanus soeben im Anschluß an Thomas mit seinem ersten *Quodlibet* I 11[41] erneuert hatte: Mag der Stoff – nicht der völlig ungeformte, sondern der quantitativ bestimmte Stoff, der es ermöglicht, daß ein Ding Teile außer Teilen hat – eine fundamentale Rolle spielen; der formelle Grund der Individuation ist er nicht. Schon vorher hatte Dietrich die Individualität anders definiert: Individuum ist, was Teile hat, die ontologisch unvorhergesehen sind. „Teil" heißt hier soviel wie: inhaltliche, gedanklich-reale Bestimmtheit. Solche „Teile" sind sekundär gegenüber dem Ganzen und gehen folglich nicht in die Definition ein. Reine Geister haben keine „Teile", aber doch individuelle Differenzen, partes posteriores toto. Das sind Zusatzbestimmungen, die nicht in ihrer Definition liegen. Natürlich sind es nicht stoffliche Besonderheiten, sondern Modifizierungen, indivi-

[40] Thomas von Aquino, 2 Sent. 3, 1, 4; Sth I 50, 4.

[41] Aegidius Romanus, Quodl. I 11, Aegidius Romanus, Quodlibeta, Louvain 1646, S. 23 b–25 a.

duelle Rhythmisierung und Intensivierung der qualitativen substantialen Modi ihrer wesenhaften Tätigkeit, also ihrer Einsicht und ihres Willens. Da läßt ihnen ihre Definition individuellen Gestaltungsspielraum. Dies und nicht die Stoffgrundlage zeigt, nach Dietrich, den wahren Begriff der Individualität. Vielleicht, bemerkt Dietrich, sei jemand geneigt, diese individuellen Differenzen zwischen Engeln auf verschiedene Grade der Aktuierung seiner Potenzen zurückzuführen. Doch selbst wenn wir dies annähmen, gingen bei einem substantiellen Intellekt die verschiedenen Zustände zurück auf Modi seiner Aktivität. Seine Individualität stammt aus der von ihm *gesetzten* Verschiedenheit seiner substantiellen Handlungen.[42]

Was heißt das? Es gibt Individualität ohne Stoffgrundlage, denn Geistwesen geben sich in ihren aktiven, substantiellen Relationen – zum Beispiel der Begründung anderer Wesen durch Erkenntnis – Zusatzbestimmungen nicht akzidenteller Art, die zu ihrem Wesen ähnlich hinzukommen wie Hände oder Füße zum Wesen des Menschen. Der tätige Intellekt ist wesenhafte Beziehung zu der Seelensubstanz, die er begründet. Diese ist individuell, also ist *er* es auch. Doch gibt es einen charakteristischen Unterschied in der Art der Individualität: Ein körperliches Individuum individuiert nur dann die ganze Wesenheit seiner species, wenn es alle wesentlichen Teile zusammenhat. Das ganze Wesen ist nicht in seinen einzelnen Teilen, sondern nur in ihrer Zusammenfassung. Anders bei Geistwesen: Bei ihnen ist die ganze Wesenheit in jedem der „Teile". Diese „Teile" sind substantielle Modi der wesenhaften Operation, die ein Geistwesen ist. Deswegen findet sich hier die Wesenheit in jedem der „Teile", die eben keine „Teile", sondern substantielle Modi oder wesenhafte und selbstgetätigte Relationen sind. Solche Relationen sind weder akzidenteller noch bloß subjektiver Natur; sie machen als reale, substantielle Beziehungen den Geist aus, der sich durch sie modifiziert, individualisiert. Er bestimmt sich über das hinaus, was in seiner Wesensdefinition liegt. Insofern *macht* er sich individuell.

[42] Dietrich, int. II 26, 3 I 165. Zur Theorie der Individualität bei Dietrich:
vis. 1.2.1.1.3 (1) I 38: Individuen gehen auf Ideen Gottes zurück.
int. II 26 I 164–165: Die ungenügende Ansicht der communiter loquentes, nach denen die Materie Prinzip der Individuation ist.
int. II 27 (2) I 165: Die Individuation fügt etwas zur essentia hinzu, betrifft aber die ganze essentia.
De luce 11–13 IV 18–20: genauere Analyse der partes, die hinzukommen können, Konzept der partes perfectionales. Dazu siehe unten S. 461 und 624.

5. Streit um den möglichen Intellekt

Dietrich hat seine Theorie geistiger Individualität vorgetragen. Der tätige Intellekt bewirkt jede einzelne Seele. Er ist ihr substantiell-tätiger Grund und wirkt in ihr wie das Herz im menschlichen Leib. Menschliche Intellekte sind untereinander – göttliche Sondergaben einmal ausgenommen – prinzipiell gleich und unterscheiden sich doch individuell voneinander, nicht aufgrund ihrer Stoffbasis. Sie könnten – theoretisch – in unendlicher Anzahl vorkommen.

Dietrich blickt noch einmal auf diese „scholastischen" Kapitel zurück und erinnert daran, daß er noch mehr vom tätigen Intellekt zu sagen hätte, wie beschaffen oder *wer* er ist, qualis seu quis sit per suam essentiam. Jetzt wechselt er plötzlich den Ton und spricht von ihm wie von einer Person, nicht wie von einem Seelenvermögen. In diesem quis sit? läuft seine theoretische Bemühung zur knappsten sprachlichen Einheit zusammen. Der tätige Intellekt ist ein Wer. Er ist individuell; er lehrt einen neuen Begriff von Individualität. Er ist Substanz und in keiner Weise passive Potenz; alles, was in ihm ist, nimmt in ihm die Weise tätiger Substanz an; er hat keine Eigenschaften. Alles, was in ihm ist, ist in ihm auf die Weise wesenhafter Tätigkeit. Er ist das Gottförmige, das Gott in unsere geistige Natur gelegt hat. Indem Dietrich ihn „gottförmig", deiforme, nennt, spielt er auf eine Wendung bei Thomas an. Thomas hatte davon gesprochen, kein Intellekt könne Gottes Wesen ohne zusätzliche Gnadenausstattung sehen, eine weitere Gnadengabe, das sogenannte lumen gloriae, müsse erst den Intellekt gottförmig, deiformis, machen.[43] Dietrich zufolge ist der tätige Intellekt immer schon „gottförmig"; er stellt seinem Wesen nach die ausdrücklichste Gottförmigkeit in der Welt dar; er braucht nicht durch weitere Zusätze erst gottförmig zu werden. Es könnte akzidentelle Zugaben auch nicht in sich aufnehmen. Die Gottförmigkeit ist sein Wesen und seine substantielle Tätigkeit. Sie ist seine Natur; sie wird ihm nicht nachträglich verliehen. Ihm einen Zusatz beizulegen, widerspräche der substantialen Aktivität des Intellekts; das wäre ein Widerspruch, den auch Gottes Allmacht nicht überbrücken könnte. Der tätige Intellekt ist Gottes Bild, und Dietrich deutet die Worte der *Genesis* 1, 26 von der Gottebenbildlichkeit dahin: Nach Gottes

[43] Thomas von Aquino, Sth I 12, 5 ad 3. Bei Dietrich: int. II 32, 7 I 170.

Gleichnis, ad similitudinem, sind wir geschaffen aufgrund des möglichen Intellekts. Aber wenn die Schrift sagt, wir seien nach dem *Bilde* Gottes geschaffen, dann meint sie den tätigen Geist. Das imago-Sein ist unsere Natur, auch nach Thomas, wie sollte sie nicht gottförmig sein?

Dietrich baut diese imago-Lehre aus: Das Bild Gottes geht nicht aus einer speziellen, einer spezifisch einschränkenden Schöpfungsidee hervor wie alle anderen Dinge; es repräsentiert unmittelbar die ganze Seinsfülle Gottes, während alle anderen Geschöpfe nur ein spezifisch determiniertes Wesen darstellen. Das Bild geht charakteristisch anders als die Dinge aus Gott hervor. Es wird nicht passiv erschaffen. Das Empfangen seines Wesens ist seine Aktivität. Es *ist* nur, weil es sich aktiv entgegennimmt. Es tritt ins Dasein, indem es seinen Grund, sein göttliches Urbild, geistig erkennt.[44] Sein erster Erkenntnisakt ist das Entgegennehmen seines Wesens. Diese Erkenntnis ist in einem und demselben Akt die Erkenntnis seiner *selbst und* die Erfassung der Wesensgründe der Dinge, der rationes aeternae, von denen Augustin gesprochen hat.

Man kann hier sehen, wie zwei Philosophien auseinandergehen: Thomas hatte den tätigen Intellekt auf das Durchleuchten der Vorstellungsbilder im Blick auf allgemeine Begriffe beschränkt. Er sollte nicht selbst erkennen. Er sollte ein Vermögen an der Seele sein. Das war gegen die These gerichtet, der tätige (und bei Averroes auch) der mögliche Intellekt seien separate Geistwesen. Diese These verwirft auch Dietrich: Was als Prinzip des Lebens fungiert, muß *im* Lebendigen sein. Aber sonst, welch ein Kontrast: Der intellectus agens Dietrichs ist Substanz, ist substantielle Tätigkeit, erkennt Gott und sich selbst durch sein Wesen; er *ist* diese Erkenntnis und begründet mit ihr sein Sein. Er kann als wesenhafte, absolut einfache Tätigkeit keine akzidentelle Gnade und kein Himmelslicht aufnehmen; er ist von Gott als gottförmig gegründet. Die Gottförmigkeit ist seine gottebenbildliche immertätige Natur.

Genau so stark ist der Kontrast beider Autoren bezüglich des *möglichen* Intellekts. Ihm ist der dritte Teil der Schrift *De intellectu* gewidmet. Dietrich nimmt hier die antithomistische Polemik aus *De visione beatifica* wieder auf. Dort war es ihm um den Nachweis gegangen, daß die beseligende Schau nicht, wie Thomas gelehrt hatte, allein durch die mögliche Vernunft vollzogen werden kann. Jetzt geht es um das *Wesen* der möglichen Vernunft. Dazu hatte Dietrich sich schon zuvor geäußert,

[44] Dietrich, int. II 32–36 I 170–175.

in einer *Quaestio utrum in Deo*, auf die er verweist (int. III 4, 3) und die mit dem dritten Teil von *De intellectu* thematisch zusammengehört.[45] Dietrich hätte das Thema der *Quaestio*, ob es in Gott auch Erkenntnisformen niederer Art gibt, wie oben gezeigt, erörtern können, ohne auf den intellectus possibilis einzugehen. Die Frage wäre kurz und mit Nein zu beantworten gewesen. Aber Dietrich suchte die Konfrontation. Er sagt selbst, er nehme die Gelegenheit wahr, auf ein anderes Thema zu kommen, nämlich auf die Frage, ob es in Engeln und körperlosen Seelen geistige Erkenntnis ohne Hilfe einer niederen Erkenntnisform geben kann. Auf diese Frage hatte Thomas geantwortet, dazu genüge der mögliche Intellekt. Damit war für Dietrich ein Kampffeld eröffnet: Thomas hat, von Dietrich her gesehen, die Theorie des möglichen Intellekts verfehlt; er hat ihn, in der Gegenstellung gegen Averroes befangen, naturalisiert und zur Sinneserkenntnis parallelisiert. Da Thomas gleichzeitig lehre, die mögliche Vernunft sei geistiger Natur, habe er sich in Widersprüche verwickelt. Dietrich zufolge ist die Theorie des Thomas nicht nur de facto unzutreffend, sie ist widersprüchlich, also unmöglich. Dies ist der rote Faden, der Dietrichs *Quaestio* sowohl mit dem dritten Teil von *De visione beatifica* wie mit dem dritten Teil von *De intellectu* verbindet.

Das philosophische Programm Dietrichs war wesentlich bestimmt durch die Entgegensetzung zur Theorie des Thomas über den möglichen Intellekt. Zugleich knüpfte seine Kritik an Thomas an; sie setzte dessen Gegensatz zu Averroes in neuer Weise fort. Dietrichs möglicher Intellekt kann so wenig wie der tätige ein vom Menschen substantiell unterschiedenes Wesen sein, denn wenn er ein selbständiges Geistwesen wäre, wie Averroes will, dann wäre er nicht geeignet, intellektuelle Erkenntnisformen *aufzunehmen*. Das soll aber doch seine primäre Funktion sein.[46] Aber, von Dietrich her gesehen, hat Thomas bei der berechtigten Ablehnung dieser Theorie die philosophische Contenance verloren. Der Intellekt, auch der mögliche, war für Aristoteles, Averroes, Thomas und Dietrich ein choriston, ein separatum; er war Geist, keine bloße Funktion weder des menschlichen Organismus noch der Seelensubstanz. Thomas machte ihn gegen Averroes zu einem Seelenvermögen, das aus der Seelensubstanz fließe, insofern akzidentellen Charakter hat.[47] Er sollte so etwas

[45] Dietrich, utrum III 283–315. Vgl. dazu oben S. 283 und 303.

[46] Dietrich, int. III 11–13 I 185–188.

[47] Thomas, Sth I 77, 6.

sein wie eine Qualität der Seele.[48] Seine Aufgabe war, die tragende Instanz der empfangenen intelligiblen Formen zu sein.[49] Er sollte reales Seelenvermögen sein, das sich zu den Erkenntnisinhalten zunächst verhält wie eine Tafel, auf der nichts geschrieben steht. Er sollte in der intelligiblen Welt so potentiell sein wie in der Körperwelt der erste Stoff, die materia prima, völlig formenleer, bestimmungslos, zu allem Bestimmtwerden erst fähig. Thomas liebte den Vergleich der möglichen Vernunft mit der ersten Materie;[50] Dietrich verwarf ihn. Bei einem sorgfältigen Leser des Thomas blieb der Eindruck zurück: Der mögliche Intellekt ist diejenige Zurüstung der Seele, mit der sie universale Erkenntnisinhalte entgegennehmen kann. Fast so etwas wie eine intellektuelle Hand, welche die Seele aufhält, um Produkte der tätigen Vernunft aufzunehmen und sich dann rezeptiv-tätig anzueignen. Oder wie ein geistiges Ohr, das die Sprache der wirkenden Vernunft vernimmt. Aber mit solchen Vergleichen, dachte Dietrich, beschlappert man seinen Philosophenmantel. Weder der Vergleich mit der ersten Materie noch die Parallele mit Sinneswahrnehmungen kann erklären, was der mögliche Intellekt ist. Was also ist, nach Dietrich, die mögliche Vernunft? Ich gebe zunächst Dietrichs wichtigste Beschreibungen wieder und versuche dann, ihre Bedeutung zu analysieren.

Schon in *De origine* war klar: Der mögliche Intellekt ist keine passive Potenz. Wenn er sich rezeptiv verhält, dann nicht gegenüber Körperdingen, sondern gegenüber dem tätigen Intellekt. Hat die wirkende Vernunft ihn aktuiert, dann wird er selbst das Prinzip intellektueller Operation; er prägt aus Eigenem die Wesenheiten der von ihm erkannten Dinge; er quidifiziert die Welt, sagt Dietrich.[51] Die konstitutive Tätigkeit des menschlichen Erkennens ist die Tat des aktuierten möglichen Intellekts. Er gibt den in *De origine* genauer angegebenen kategorial bestimmten Dingen die Seiendheit, agit entitatem in eis.

In *De animatione caeli* erläuterte Dietrich: Die geistige Erkenntnisform ist es, durch die der tätige Intellekt den möglichen aktuiert. Statt „geistiger Erkenntnisform" könnten wir auch sagen: der allgemeine Begriff. Dieser wird mit dem Denkenden eins, aber das ist nur möglich aufgrund der Vermittlung der Vorstellungsbilder.[52] Das war die These

[48] Thomas, I 77, 1 ad 5.
[49] Thomas, Sth I 79, 4 ad 4.
[50] Thomas, De ver. 8, 6 und öfter.
[51] Dietrich, or. 5, 56 III 198 und 2, 25 III 150.
[52] Dietrich, an. 35, 5 III 41.

von Dietrichs *Quaestio utrum in Deo. De visione beatifica* entfaltet dann gegen Thomas die Theorie der möglichen Vernunft: In ihr besteht nicht die Gleichrangigkeit der drei Wesensbeziehungen wie im tätigen Intellekt; deswegen ist sie nicht Bild, sondern nur Ähnlichkeit zu Gott.[53] Zwar besteht auch in ihr eine Abfolge von geistigem Selbstbesitz (memoria), Einsicht und Wollen;[54] aber die mögliche Vernunft ist nicht Substanz, sondern wird erst aktual durch das geistige Erkenntnisbild, die species intelligibilis.[55] Ihre Selbsterkenntnis erfolgt indirekt, über erkannte Dinge; sie sieht sich selbst in ihrer zeitlichen Ausdehnung; sie erkennt daher jetzt, was sie früher erkannt hat; sie beginnt und beendet ihre Erkenntnisakte; sie vergißt auch.[56] Wenn sie zeitüberlegene Wahrheiten erfaßt, kann sie doch von dieser Erkenntnis lassen;[57] sie ist nicht die vollständige Selbstdurchdringung aller ihrer Akte;[58] sie wird, wenn aktuiert, das Prinzip des Nach-Außen-Denkens, der cogitatio exterior; sie bringt das geistige „Wort" hervor, den artikulierten, abgrenzenden Begriff.[59] Sie kann zu allem werden, wie Aristoteles sagt, und setzt voraus, daß sie der Möglichkeit nach alles Seiende ist, so wie der tätige Intellekt alles Seiende auf die Weise des Aktes ist:[60] Sie bezieht sich ihrem Wesen nach, essentialiter, auf sinnliche Vorstellungsbilder. Sie ist überhaupt nichts, bevor sie aktuiert wird und folglich denkt: nihil est eorum quae sunt, antequam intelligat.[61] Sie wird erst etwas durch den tätigen Intellekt. Nur durch den tätigen Intellekt tritt der mögliche ins Sein; er geht durch ihn aus dem göttlichen Grund hervor und kehrt durch ihn dahin zurück.[62] Der mögliche Intellekt ist keine Substanz wie der tätige; er ist die Form, in der der Mensch an der Intellektualität teilhat, denn nicht der mögliche Intellekt erkennt, sondern der Mensch durch ihn.[63] Der mögliche Intellekt ist demnach die reine Möglichkeit, possibilitas, geistiger Erkenntnis. Er wird erst Intellekt durch die Vereinigung mit einem geistigen Erkenntnisbild, einer species intelligibilis. Man kann auch sagen: Dieser

[53] Dietrich, vis. 1.1.1 (4) I 16.
[54] Dietrich, vis. 1.1.7 I 31–33.
[55] Dietrich, vis. 1.1.1.3.3 I 20.
[56] Dietrich, vis. 1.1.8 (2) I 33.
[57] Dietrich, vis. 1.1.8 (6) I 35.
[58] Dietrich, vis. 1.1.1.3.4 (2) I 21.
[59] Dietrich, vis. 1.1.2.4 (2) I 25.
[60] Dietrich, vis. 1.1.4 (3) I 29.
[61] Dietrich, vis. 1.2.2 I 46–53.
[62] Dietrich, vis. 2.1 I 63–64.
[63] Dietrich, vis. 2.3 (10) I 67.

Intellekt wird erst Intellekt durch die species intelligibilis; er *wird* dabei diese species intelligibilis.[64]

Was Dietrich verwirft, ist die thomistische Zwischenlösung: Der mögliche Intellekt als Seelenvermögen. Dann wäre er eine faktische, eine „positive" Gegebenheit in der Natur der Dinge, vergleichbar einem Sinnesorgan. Aber der mögliche Intellekt ist entweder nichts oder er wird erst actu, wenn der tätige Intellekt ihn aktuiert.[65] Wenn er erkennt, hat er den ontologischen status eines Akzidens. Aber um das nicht mißzuverstehen, brauchen wir, sagt Dietrich, die Unterscheidung von Natursein und Erkenntnis-Sein, ens conceptionale. Als Erkenntnis-Sein ist der mögliche Intellekt Substanz. Denn konzeptionell konstituiert er die Sachen selbst.[66] Denkt man den möglichen Intellekt als ens conceptionale, dann hatte Averroes Recht mit seiner Lehre vom intellectus possibilis als Substanz.

Die Unterscheidung von akzidentellem Natursein und substantiellem Erkenntnis-Sein bedeutete um 1300 zunächst einmal, sich das Wahre anzueignen, das in der Philosophie des Averroes enthalten war; sie stellt dabei das Verhältnis von Intellekt und Individualität in neues Licht: Denn als Erkenntnis-Seiendes ist der mögliche Intellekt nur universal, nicht individuell. Genauer: Er *gibt* sich selbst diesen Modus; er ist substantielle Universalisierung.[67] In dieser Hinsicht gibt es nicht viele, abzählbare mögliche Intellekte. Nur als Eigenschaft secundum esse naturae ist der mögliche Intellekt individuell.[68] Es bleibt bei einem gewissen Gegensatz zu Averroes: Die mögliche Vernunft ist individuell. Aber ihre Individualität prägt sie nicht ganz. Als Denken der Washeit ist sie das Allgemeine. Die Einführung des Konzeptes des ens conceptionale hat unter anderem auch diesen Sinn: Die mögliche Vernunft als konzeptionale ist Substanz und ist allgemein; als psychischer Vorgang ist sie kein „Seelenvermögen", sondern ontologisch ein Akzidens.

Das ist eine relativ komplizierte Konstruktion. Was mag Dietrich sich von ihr versprochen haben?

Sie wahrt den von Thomas geminderten höheren Rang der tätigen Vernunft. Diese ist ein „Meer des Seins", Vorbild des Seienden als Seienden

[64] Dietrich, vis. 3.2.3 (4) I 73.
[65] Dietrich, utrum 2.1 (8) III 305.
[66] Dietrich, int. III 8 I 183–184.
[67] Dietrich, int. III 9 (2) I 184: Ipsa etiam conceptio talem modum habet et sibi ipsi imponit.
[68] Dietrich, int. III 9 I 184.

und wirkliche Erkenntnis, nicht bloß deren Vorbereitung. Was sie erkennt, ist ihr göttliches Prinzip. Indem sie es erkennt, nimmt sie aktiv ihr Sein entgegen. Sie ist, wie ihr Name sagt, im höchsten Maße Aktivität. Wer die menschliche Erkenntnis studiert, kann an zwei Befunden nicht achtlos vorbeigehen: Erstens, wir denken nicht immer. Wir entdecken zuweilen Neues; anderes vergessen wir. Woher kommt solche Veränderung? Sie muß erklärt werden, zumal wenn man es gegen Thomas' abschwächende Auslegung im vollen Sinn real nimmt, daß der tätige Intellekt *immer* denkt. Dann muß auch die Erfahrung des Beginnens und Endens, des Unterbrechens und Vergessens ihren theoretischen Ort haben. Dieser Ort ist der mögliche Intellekt. Doch wenn er Intellekt, Geist, ist, muß er – zweitens – unter den Bedingungen des Intellekt-Seins gedacht werden. Die Theorie vom möglichen Intellekt als einem Seelenvermögen an der Substanz hatte den Vorzug, die Defizite des möglichen Intellekts theoretisch zu erfassen; nur nahm sie ihn nicht als Intellekt; sie verließ nicht die Vorstellung von einem Träger plus dinghafter Eigenschaft. Schon gar nicht erfaßte sie die konstitutive Funktion des menschlichen Denkens. Diese ist aber die vorzügliche Leistung des aktuierten möglichen Intellektes. Die Aktuierung geschieht, wie bei Thomas, nicht direkt durch Sinnesdinge und ihre Einwirkung. Eine solche wäre mit der wesenhaften Intellektualität und Substanzialität nicht vereinbar. Sie geschieht allein durch den tätigen Intellekt. Aber dieser Vorgang ist nicht die Kommunikation zweier Seelenvermögen, wie bei Thomas. *Vor* diesem Prozeß ist die mögliche Vernunft eine abstrakte Möglichkeit, ein bloßes Nichts. Die tätige Vernunft setzt sie. In sich selbst, in ihrem reinen Substanzcharakter, kann sie keine Eigenschaft setzen oder aufnehmen. Die mögliche Vernunft entsteht, wenn der tätige Intellekt anhand von Vorstellungsbildern wirkt. Das war bei Thomas ähnlich; nur hat er es theoretisch anders gefaßt, eben durch das Bild zweier dauerhafter, aktions- bzw. aufnahmefähiger Seelenvermögen. Demgegenüber wertet Dietrich den möglichen Verstand *ontologisch* ab: *Vor* der Aktuierung ist er gar nichts; mit der Setzung des geistigen Erkenntnisbildes *wird* er als Akzidens. Aber in der konzeptualen Ordnung wertet Dietrich den möglichen Verstand auf, als Substanz und als Prinzip der Konstitution realer Dinge, nicht nur von Abstraktionen.

6. Der „Zentralbegriff"

Es war keine willkürliche Entscheidung der Bochumer Forschergruppe, Dietrichs Intellekttheorie in Edition und Interpretation voranzustellen. Was Dietrich über den Intellekt geschrieben hat, gehört zum Charakteristischsten der mittelalterlichen Philosophie und prägt sein Denken insgesamt. Es ist auch als Textcorpus imposant, reicht es doch von *De origine* über die *Quaestio utrum in Deo* zu *De visione beatifica* und zu *De intellectu et intelligibili.* Diese Theorie ist komplex, aber sie ist es aus einsehbaren Gründen:

Dietrich wollte die hohen, quasi-göttlichen Prädikate des Nus bei Aristoteles, Averroes und Albert in ihrer Großartigkeit gegen Thomas wiederherstellen, aber sie gerade in ihrer Fast-Überweltlichkeit dem Menschen zugute kommen lassen. Er wollte sie außerdem integrieren in ein erneuertes Konzept von der Erschaffung, das als kohärente Fortsetzung der thomistischen Lehre von den Zweitursachen auftreten konnte. Dietrich fand eine bereits verwickelte Problemsituation vor; er hat sie vereinfacht und neu strukturiert. Andere Autoren, Albert zum Beispiel, haben viel distinktionsreicher und unübersichtlicher vom Intellekt gesprochen. Bei Dietrich läuft alles auf die Neubestimmung des Verhältnisses von tätiger und möglicher Vernunft hinaus. Dabei kam es auch bei ihm zu terminologischen Turbulenzen, die freilich in sorgfältiger Einzelinterpretation beruhigt werden könnten.[69] Aber deren philosophischer Ertrag ist beträchtlich. Ich hebe rückblickend in freier, verkürzender Form folgende Motive hervor:

1. Die wirkende Vernunft, lehrt Dietrich, sei die Gesamtheit des Seins.

[69] Man sehe schwierige, aber wichtige Passagen wie die folgenden:

int. II 2 (2) I 147: Constat enim quod ipse intellectus agens est activum principium et per se formae intelligibilis in intellectu possibili, sicut habemus ab Alpharabio et Alexandro in suis libris De intellectu et intelligibili. Ipse autem intellectus possibilis, secundum quod est in potentia, non est nisi pura possibilitas sine omni natura positiva ... Manifestum est autem quod huiusmodi forma intelligibilis est quoddam accidens sive quaedam dispositio accidentalis.

Als ens conceptionale ist der intellectus possibilis eine substantia, aber: int. II 3 (2) I 148: in ordine entium conceptionalium fit unum ex specie intelligibili et phantasmate ... Sed inquantum hoc unum sic compositum habet aliquid naturalitatis et entitatis, simpliciter manet in genere accidentalis dispositionis.

Int. III 8 (5) I 183: Et sic secundum intellectum possibilem, qui est universaliter omne ens secundum potentiam, invenitur modus substantiae et accidentis conceptionaliter.

Sie sei deren Urbild, exemplar. Zuweilen drückt Dietrich sich vorsichtiger aus. Dann schreibt er, sie sei die Ähnlichkeit, similitudo, mit der Gesamtheit des Seins. Aber dann meint er keine *nachträgliche* Ähnlichkeit. Die tätige Vernunft ist die einsehende Gewißheit, daß es nichts geben kann, nicht nur de facto nichts gibt, was der Intellekt nicht denken kann. Es gibt das Andere der Vernunft, aber in der Vernunft ist das Andere die Vernunft selbst. Denn das heißt Denken: Das Andere seiner selbst in sich haben, ohne daß das Andere die Vernunft verdrängt. Entscheidend ist in dieser Hinsicht die Begründung Dietrichs, die er, angelehnt an Augustin, gibt: Die Vernunft ist substantiell, weil sie nicht wie eine Dingeigenschaft auf ein Subjekt beschränkt ist. Sie geht ihrem Wesen nach über ein subiectum hinaus.[70]

2. Dietrichs Philosophie ist post-thomistisch, aber vor-nominalistisch. Sie beansprucht ein Konzept des Seienden als Seienden, das seine Gegner ultra-realistisch nennen würden, weil ihm zufolge das Seiende selbst herabsteigt in die beiden unabhängigen Felder des Naturseins und des Bewußt-Seins. Seine Metaphysik ist geprägt durch einen emphatischen Begriff des Allgemeinen und entwickelt gleichzeitig einen neuen Begriff von Individualität. Das Allgemeine ist ihr keine bloße Abstraktion, sondern das Baugesetz der Arten, das in deren Definition zum Ausdruck kommt. Die Arten sind das, was die Natur intendiert; in ihrer allgemeinen Bestimmung sind sie der Inhalt des Vernunftdenkens, aber in dem Sinne, das sie das schlechthin Seiende, ens simpliciter, sind. Vernunft ist das Sichherauslösen aus der Vereinzelung des Dieses und Jenes, des hoc et hoc; sie ist die substantiale Bewegung zum Bleibenden und Notwendigen. Dies zu behaupten, war keine partikulare Erfindung Dietrichs; es war eine Prämisse fast des gesamten alteuropäischen Vernunftbegriffs. Dessen Grundsatz hat Boethius dahin definiert: Was sinnlich wahrgenommen wird, ist das Singuläre; was intellektuell erfaßt wird, ist das Allgemeine. Nur hat Dietrich das mit partikularer Deutlichkeit herausgearbeitet und in seinen Konsequenzen beschrieben. Er hat in seiner Pariser *Quaestio utrum in Deo* zudem dieses Schema überstiegen. Dort unterschied er rationale und intellektive Erkenntnis und behauptete von der rationalen, sie beziehe sich auf das Universale, die intellektive Erkenntnis, also die Erkenntnis der wirkenden Vernunft von sich selbst, lasse den Gegensatz von sinnlicher und rationaler Erkenntnis

[70] Dietrich, vis. 1.1.1.3.1 (2) I 19.

hinter sich; sie sei in sich weder singulär noch universal.[71] Der Grund geistiger Erkenntnis ist nicht ein verharrendes und bleibendes Subjekt. Unser tätiger Intellekt ist kein postulierter abstrakter Identitätspunkt, sondern Leben und substantielle Tätigkeit; er ist die inhaltsreiche Selbstbewegung, die sich weiß als das Gleichsein mit dem gesamten Seienden als Seienden. Er ist kein isolierter Punkt, kein abstrakter Begriff. Er ist, wie Dietrich mit einem schönen Bild sagt, das bewegte „Meer der Intellektualität".[72] Er ist intellectualiter totum ens.[73] Das Gesamtsein ist er selbst. Die Pointe des Intellektseins liegt darin, nicht so sehr, daß er erfaßt, sondern daß er sich als die Gesamtheit alles Seienden geistig erkennt.[74]

3. Oft war gesagt worden, Körperdinge könnten nicht direkt auf die Vernunft einwirken. Aber Dietrich machte aus dieser Überzeugung eine genaue Analyse, wie etwas zum Objekt wird. Das Objekt präsentiert sich dem Intellekt nicht selbst. Es ist überhaupt nicht Objekt, wenn es der Intellekt nicht dazu macht. Ein Geräusch präsentiert sich dem Ohr, eine Farbe dem Auge. Aber diese Art der Gegenwart haben Vernunftinhalte nicht. Sie sind als Tätigkeit der Vernunft, oder sie sind überhaupt nicht Objekt. Gewiß determiniert auch das Objekt den Intellekt, aber nicht, ohne daß zuvor der Intellekt sich das Objekt gegeben und sich zur Tätigkeit bestimmt hat.[75]

4. In Dietrichs Intellekttheorie herrscht das Pathos der Tätigkeit. Der Intellekt ist seiner usia nach energeia. Gleichwohl gibt es das Moment der Rezeptivität. Doch bei ihr arbeitet Dietrich heraus: Auch Empfangen ist Tätigkeit. Durchgängige Passivität kann es beim Intellekt nicht geben. Er bringt sich selbst hervor, indem er seinen Grund denkend erfaßt. Er sieht den ersten Ursprung und konstituiert dadurch sich selbst, einschließlich seiner Gottförmigkeit.

5. Diese Intellekttheorie zeichnet die Umrisse einer neuen Philosophie

[71] Dietrich, utrum. 1.1 (9) III 294.

[72] Dietrich, vis. 2.3 (4) I 66: in ipso est radix et fons, immo quoddam pelagus totius intellectualitatis , eo quod est intellectus per essentiam.

[73] Dietrich, vis. 1.1.5 (1) I 30.

[74] Dietrich, vis. 1.1.7 (3) I 32.

[75] Dietrich, utrum 1.4.2.2 (2) III 300: Obiectum autem intellectus non est praesens intellectui nisi opere intelligentis per actum intelligendi, et ideo oportet prius natura determinari actum intelligendi, quo tendit in obiectum determinatum; et sic, quamvis obiectum intellectus determinet actum intelligendi secundum rationem finis et termini, quantum ad operationem et actum intelligendi talis intellectualis operatio determinat sibi obiectum et obiecti praesentiam.

des Christentums: Der Intellekt ist gottförmig in dem genauen Sinn, daß er drei substantiale Modi geistiger Aktivität in sich als einem einzigen Wesen vereint. Das ist Philosophie der Trinität. Dietrich entwickelt aus Augustins Vorlagen mit Hilfe des Aristoteles-Averroes eine philosophische Metaphysik des drei-einen Geistes, der als solcher das Bild des ersten Grundes ist. Er braucht keine eigenschaftliche Vervollkommung, um dadurch erst deiformis zu werden; er könnte eine solche akzidentelle Gabe auch nicht als solche aufnehmen.

6. Dietrich hat sich terminologische Instrumente geschaffen, um den Intellekt aus der dingorientierten Denkart herauszuhalten. Er eliminiert die Schemata von Substanz – Akzidens und Seelensubstanz – Seelenvermögen aus der Theorie des Intellekts. Er suspendiert die Anwendung der traditionellen Kategorienlehre auf den Geist. Er ersetzt die Vorstellung des Inhärierens im Intellekt durch das Konzept der Wesenhaftigkeit seines Tuns. Im wesenhaft tätigen Intellekt ist selbst das Andere seiner selbst sein eigenes Wesen, also seine eigene Tätigkeit. Dietrich markiert scharf die Differenz von Vorstellen und geistigem Erkennen als intus legere. Als Schlüsselbegriffe dienen ihm: substantiale Tätigkeit, essenzielle Aktualität, nicht-eigenschaftliche Beziehung (relatio essentialis) und Erkenntnis-Sein, ens conceptionale.

Die Theorie des Intellekts erfordert es, auch die Theorie der Relation aus dem aristotelischen Kategorienschema herauszunehmen. Danach mußte eine Relation entweder eine bloß subjektive Betrachtung sein oder auf anderen akzidentellen Dispositionen, zum Beispiel der Quantität oder der Qualität, beruhen, um als real zu gelten. Dietrich bestreitet nicht, daß es akzidentelle Relationen gibt; aber den Intellekt denkt er als wesenhafte Dynamik und wesenhafte Beziehung. Dies verändert die Beziehung von Grund und Begründetem. Das von einem wesenhaft Tätigen Begründete ist im Grund als dessen Wesen. Es ist in ihm Leben und Geist.[76] Der wesenhafte Grund bleibt in seinem Begründeten als er selbst. Er bleibt auch im Anderen identisch mit sich. Dies macht die These Dietrichs begreiflich, der tätige Intellekt sei der Grund der Substanz der Seele.[77] Er ist in ihr als er selbst; er verliert sich nicht in ihr und läßt ihr doch die Eigenart. Er ist in ihr individuiert,[78] aber in sich betrachtet hat er keine bestimmte Natur, sonst könnte er nicht alles zum Objekt

[76] Vgl. or. 2, 34 bis 2, 40 III 152–154.
[77] Dietrich, int. II 2 I 147–148.
[78] Dietrich, int. II 17– II 19 I 157–159.

machen, also alles bestimmen.[79] Das war bei Dietrich intellekttheoretisch gemeint. Später ließ es sich auch dahin wenden, daß der Mensch sich durch Selbstgestaltung und Weltkultur seine eigene Bestimmung erst gibt, so bei Cusanus und bei Pico della Mirandola.

7. Dietrich hat alles getan, um den Intellekt als reinen, abgetrennten (separatum) Geist zu denken und ihn gleichzeitig in das empirische menschliche Leben zu integrieren, gegen Averroes. Diese Bindung ans humane Fleisch beschreibt er als wesentliche Relation des Intellekts auf die Substanz der Seele. Dietrich hebt hervor: Wegen seiner überragenden Akthaftigkeit umfaßt und integriert der Intellekt in sich alle anderen menschlichen Erkenntnisarten.[80] Er ist die aktive Einheit des Bewußtseins. Auch die Getrenntheit des Intellekts ist auf die Weise des Intellekts zu denken; er ist abgetrennt, um alles sein und alles erkennen zu können.

8. Drei intellekttheoretische Thesen Dietrichs machen seinem Leser besondere Schwierigkeiten. Jeder kommt in Versuchung, sie abzuschwächen.

Die erste lautet: Der Intellekt tritt ins Dasein, indem er seinen Grund erkennt. Der Intellekt denkt nicht, weil er *ist*, sondern er *ist*, weil er seinen Grund und sein eigenes Hervorgehen aus dem Grund *denkt*. Der Intellekt *ist* sein Denken wie sein Sein; er *denkt* sein Denken wie sein Sein. Wenn Dietrich dennoch innerhalb dieser Gleichheit dem Denken einen Vorrang einräumt, dann deswegen, weil der Begriff „Sein" die Dingvorstellung mit sich schleppt und damit das Denken des Intellekts eher verhindert als klärt. Es ist das Abschütteln einer jahrhundertealten Traditionslast.

Die zweite besonders schwierige These Dietrichs lautet: Der tätige Intellekt ist alle Dinge. Er ist *Urbild* des Seienden als Seienden. Was kann das heißen? Sagen wir zuerst, was es nicht heißen kann. Es nimmt der Erkenntnis nicht den Prozeßcharakter; es soll ihn begründen. Der Intellekt – das ist *auch* der *mögliche* Intellekt, der nichts ist, bevor er aktuiert wird und der, nachdem er aktuiert ist, ein Akzidens im Menschen ist. Er soll erst noch zu allem werden. Der tätige Intellekt ist das Wissen, daß der mögliche Intellekt alles werden kann. Das heißt auch: Daß ihm prinzipiell nichts entgehen kann. Woher sollten wir diese Erkenntnis haben? Wir könnten aus der Erfahrung höchstens argumentieren, daß uns bisher

[79] Dietrich, vis. 2.1.2 I 63: Intellectus autem agens potens est omnia facere intellecta.

[80] Dietrich, utrum. 1.2 (4) III 295.

nichts entgangen ist. Aber diese Behauptung wäre falsch; den Denkern des 13. Jahrhunderts ist z. B. die Mikrobiologie entgangen. Daß der tätige Intellekt immer denkt und daß er die Gesamtheit des Seins denkt, das kommt nicht in unserer Erfahrung vor. Das ist eine Voraussetzung, die derjenige annehmen muß, der behaupten will, unser Denken könne prinzipiell alles zu seinem Objekt machen, auch dann, wenn er schließlich zu dem Ergebnis kommt, er begreife nicht, was er da vor sich habe. Diese Voraussetzung ist ihrer Natur nach dem gewöhnlichen Denken verborgen. Das Verborgene heißt daher auch der versteckte Grund des Denkens, mit Augustin: das abditum mentis. Dieser Grund ist aber nichts „Unbewußtes" im Sinne irgendeiner Art von Psychoanalyse. Der tätige Intellekt ist sich selbst nicht verborgen. Die philosophische Arbeit führt zu ihm hin. Er steht immer im Licht seiner aktualen Erkenntnis: semper stat in lumine suae actualis intelligentiae.[81]

Die dritte problematische These Dietrichs lautet: Der Intellekt als solcher ist irrtumsfrei, intellectus semper verorum est.[82] Dieser Satz bestreitet nicht, daß Menschen sich irren können. Zum Teil handelt es sich um eine Definitionsfrage: Wenn ich „Intellekt" definiere als das Haben von wirklichen Einsichten, dann sind diese Einsichten auch wahr. Diese These Dietrichs geht auf Aussprüche Augustins zurück, der „Intellekt" in diesem qualifizierten Sinn verstanden hat. Bei Dietrich bedeutet der Satz aber mehr: Die einfache Selbsterfassung, die der tätige Intellekt seinem Wesen nach ist, zerlegt sich nicht in die Urteilsform und kann insofern nicht falsch, d. h. die falsche Verknüpfung von Teilen eines Urteils sein.

7. Theorie des Erkennens

Worin genau besteht Dietrich zufolge menschliche Erkenntnis? Dietrich wiederholt in *De intellectu* III 31 I 202 aus *De visione* 3.2.9.7 I 97–99 die Rang- und Reihenfolge der Erkenntnisvermögen. Dabei wird uns der Ausdruck Dietrichs, er rede von virtutes cognoscitivae oder auch potentiae nicht stören; wenn es um genauere Angaben geht, befreit er den

[81] Dietrich, vis. 1.1.2.1 (1) I 22.

[82] Dietrich, acc. 23 (10) und (11) III 87. Vgl. hab. 9. 2 II 14 und cogn. 52 (11) bis 53 (2) III 217.

intellectus agens wie den possibilis von dieser Einordnung. Aber zum Zweck des Überblicks kann er sie als „Kräfte" mit aufreihen:

Wir haben

Sinneserkenntnis, sensus,
die Phantasie oder Einbildungskraft, imaginativa,
die Erinnerungs- oder Gedächtniskraft, memorativa,
die Vorstellungs- oder Denkkraft, cogitativa oder ratio particularis,
intellektuelle Einsicht, ratio universalis.

Dabei sind zwei Abgrenzungen besonders wichtig: Die Differenz zwischen Phantasie und Vorstellungskraft, sodann der Unterschied von Vorstellungskraft und intellektueller Einsicht.

Die cogitativa, die ich „Vorstellungs- oder Denkkraft" nenne, bleibt, obwohl ein körpergebundenes Vermögen, im Unterschied zur imaginatio, die ich „Phantasie" nenne, dem Menschen vorbehalten. Es ist also wichtig, sie als Denkkraft von der Phantasie abzusetzen. Sie löst die Bilder einzelner Dinge von ihren sinnlichen Bedingungen ab, die in der Phantasie eine große Rolle spielen, und nähert sich dem Universale. Sie ist ratio particularis; sie ist das Erfassen des partikularisierten Vernunftinhaltes. Insofern ist sie Denken, aber vorstellendes Denken; sie identifiziert den Hund als Hund, ohne dessen allgemeine Bestimmung zu erreichen. Sie unterscheidet, sie verbindet Zusammengehöriges und hält das Verschiedene auseinander. Dietrich sagt von ihr, daß sie zusammensetzt und trennt, componit et dividit, was soviel bedeutet, daß sie urteilt. Sie bestimmt etwas im Hinblick auf dessen Bestimmtsein, versatur circa intentiones rerum. Dietrich beschreibt die cogitativa oder ratio particularis regelmäßig mit den Worten des Averroes, sie sei das Vermögen, die Sache ihrer eigenschaftlichen Bedingungen und Bilder zu entkleiden, denudat rem a suo idolo.[83] Sie arbeitet die charakteristische Bestimmtheit des Erkannten heraus, ohne es definieren zu können. Sie entfernt die individuellen Merkmale und nähert sich insofern dem Allgemeinen.

Einen eigenen Akzent setzt Dietrich in diesem Zusammenhang, indem er mit Hilfe der Unterscheidung von ratio particularis und universalis die Logik charakterisiert: Sie hat es nicht mit dem Universale im strengen Sinn zu tun. Sie versteht „Individuum" als das, von dem als einzigem etwas prädiziert werden kann. Ihr genügt die vorläufige, die

[83] Averroes, In De an. III 6 Crawford, S. 415, Zeile 78.

unechte Allgemeinheit, also der erste Begriff von Mensch oder Pferd, um ein Allgemeines zu finden, daß sie von allen aussagen kann. Die logische Betrachtung kümmert sich nicht um die Differenz von ratio particularis und universalis und verbleibt insofern im Wirkfeld der cogitativa.[84]

Die intellektuelle Einsicht oder ratio universalis sieht die Dinge in ihrem allgemeinen Charakter im strengen Sinne von Universale. Sie kooperiert mit der ratio particularis, wenn zum Beispiel aus einer intellektuellen Einsicht Schlußfolgerungen gezogen werden. Aber sie ist von ihr zu unterscheiden. Sie erkennt die Bestimmtheit der Sache, aufgrund derer diese definiert wird. Sie kann diese Einsicht als Prämisse weiterer Konklusionen zur Verfügung stellen, um wirklich bewiesene Erkenntnisse zu ermöglichen. Und sie hat die strenge Universalität im Blick, wenn sie urteilt, dieses Universale sei in Vordersätzen und im Schlußsatz dasselbe wie in der Definition und sei das Urbild der Sache draußen, rei extra.[85]

Damit ist der Begriff der intellektuellen Einsicht sehr weit gefaßt. So, daß er auch Gott und den Intelligenzen zukommt. Dietrich arbeitet die spezifisch menschliche Weise heraus, allgemeine Einsichten zu haben. Damit geht er über zur Theorie des Beweises und der Wissenschaft. Er läßt sich seine rigorose Bestimmung des Allgemeinen und des Allgemeinwissens (ratio universalis) bestätigen durch Aristoteles in dessen *Analytica posteriora* I 2–4: Nicht die syllogistische Form macht die Wissenschaft aus, sondern daß sie von wahren, von ersten Einsichten ausgeht, von deren Inhalt sie erkennt, daß er anders nicht sein kann. Die intellektuelle Einsicht erfaßt das Allgemeine als das, was immer und überall so ist, wie es ist; sie sieht das Notwendige. Beweis läßt sich definieren als Schlußfolgerung aus Notwendigem.[86] Wissen im strengen Sinne ist das Haben von Erkenntnissen, die aus sich selbst bekannt, also unbeweisbar sind, die an sich, per se, von jedem Einzelfall und immer gelten oder die aus solchen Ersterkenntnissen korrekt gefolgert sind.

Wir Menschen haben allerdings oft nur Erkenntnisse, die durch Sinneserfahrung und Erinnerung, also durch „Induktion“ gewonnen sind. Sie ergeben Beweise im abgeschwächten Sinn. Sie sind nicht Gegenstand der intellektuellen Einsicht, sondern der Denk- und Abschätzungskraft, der ratio particularis. Alles also, was nicht durch sich selbst bekannt und

[84] Dietrich, int. III 27 (3) I 200.
[85] Dietrich, int. III 29 (3) I 201.
[86] Dietrich, int. III 32 (1) und (2) I 203.

notwendig ist oder nicht aus solchen Erkenntnissen gewonnen wird, gehört nicht zum Intellekt und zur beweisenden Wissenschaft im strengen Sinn.[87]

Daraus ergeben sich eine Reihe von Folgerungen über das, was ursprünglich und an sich, primo et per se, Inhalt des Intellekts ist: Es muß *sein.* Was nicht ist, hat keine allgemeine Bestimmtheit. Es muß *wahr* sein, und das bedeutet: Die Sache gleicht sich dem Intellekt an. Ein Intellekt, der falsch denkt, also nicht einsieht, ist kein Intellekt. Dieses Prinzip, daß der Intellekt immer wahr ist, habe ich oben als Grundsatz Augustins erwähnt. Gegenstand des Intellekts ist ein Ersterkanntes. Erstes ist das, dem kein anderer Satz vorausgeht. Intellektuelle Erkenntnis ist auch das, was aus Ersterkanntem gewonnen ist. Was der Intellekt erkennt, ist Grund der Sache und geht ihr voraus. Es ist die ratio der Sache, Prinzip des Seins wie des Erkennens. Ratio der Sache ist das, was sich unmöglich anders verhalten kann, was also notwendig, zeitenthoben und ewig ist. Zusammengefaßt: Was der Intellekt erkennt, ist das Ansich der Sachen, das per se ihnen Zukommende, das sich nicht anders verhalten kann, weder in der Sache selbst noch im Intellekt. Der Intellekt im eigentlichen Sinn ist das Haben von per-se-Verbindungen.[88]

Dies ist ein ganzer Block von Theoremen des Vernunftvertrauens. Es ist immer noch die Rede vom intellectus possibilis, und Dietrich fragt, wie er zu dieser Erkenntnis des Grundlegenden und Begründenden, des Notwendigen und Ewigen kommen kann. Die Empirie kann es nicht geben, sie bringt nur schwache Beweise zustande und gehört zur ratio particularis. Dietrich antwortet: Die ratio rei – verstanden als Seins- und Erkenntnisgrund der Sache, als Ersterkanntes und Notwendiges – erhält die intellektuelle mögliche Vernunft von ihrem intellektuellen Grund, dem intellectus agens. Und weil – nach dem *Liber de causis* – die Erstursache intensiver gegenwärtig wirkt als die Zweitursache, ist mit Augustinus zu sagen: Die mögliche Vernunft, die eine Sache von ihrem Grund her sieht, die innen liest, wie das Wort „Intellekt" sagt, sieht die Sachen im Licht der ersten Wahrheit, die Gott ist, aber sie sieht sie im Licht des tätigen Intellekts als ihrem unmittelbaren Grund.[89]

Der mögliche Intellekt ist *wirklich* nur, wenn er erkennt, sofern ihn der aktive Intellekt aktuiert hat. Dann aber erfaßt er im Licht des tätigen

87 Dietrich, int. III 33 I 204.
88 Dietrich, int. III 34 I 205–206.
89 Dietrich, int. III 35 I 207.

Intellekts alles Seiende. Sein Verhältnis zum aktuierenden tätigen Intellekt bestimmt auch die metaphysische, nicht psychologische Abfolge seinen Erkennens: Er geht aus dem tätigen Intellekt hervor, wie Intellekte allein aus Intellekten hervorgehen können, nämlich indem er ihn erkennt. Er wird erst etwas durch sein Erkennen. Sein Hervorgehen durch Erkennen ist zugleich seine Rückwendung durch Einsicht: Er sieht also zuerst – nicht in einem zeitlichen Sinn verstanden – seinen Grund, den tätigen Intellekt, dann sieht er sein eigenes Wesen, also sein Erkennen, in einem Zugleich, wie wir das Dreieck zusammen mit seiner Definition erkennen. Drittens erkennt der mögliche Intellekt die Außenwelt, deren Urbild (exemplar) er ist.[90]

Ich bin seither Dietrichs Argumentation im dritten Teil von De *intellectu* gefolgt und möchte nun diese eigentümliche Erkenntnismetaphysik noch einmal rückblickend charakterisieren:

Die rationes rerum, die Seins- und Erkenntnisgründe der Dinge, sind im Denken Gottes. Der tätige Intellekt, der sein Sein empfängt, indem er seinen Grund erkennt, erkennt in diesem sich selbst und die Wesensgründe der Dinge. Er strahlt sie ein in den möglichen Intellekt, der keine Seelenpotenz ist, bevor er erkennt, sondern der erst im Erkennen sein Sein erhält, das als Naturbestand ein Akzidens der Seele, aber als Bestimmender und Konstitutiver selbst Substanz ist in der Reihe des Erkenntnisseienden, des ens conceptionale. Als solcher ist auch er Urbild, exemplar, der Außendinge. Aber die unbestimmte Fülle der Einstrahlungen muß determiniert und appliziert werden. Deswegen braucht der mögliche Intellekt die phantasmata. Diese sind nicht zu verwechseln mit Phantasiebildern, sondern sind das Ergebnis eines Ablösungsprozesses, der die ratio particularis *ist*. Aus der Vereinigung der determinierenden Vorstellungsform mit dem noch offenen, aber bestimmbaren, konkretisierbaren Allgemeinen des möglichen Intellekts entsteht der Erkenntnisakt. Nur das Zusammen von intellegibler Erkenntnisform und Vorstellungsinhalt löst Einsicht aus.[91] Die intelligible Erkenntnisform braucht die Vorstellungsform als ihren realen, determinierenden Anhalt, subiectum.[92] Aber wenn der mögliche Intellekt erkennt, dann entsteht er als Akzidens der Seele, zugleich konstituiert er die erkannte Sache von sich her aus deren

90 Dietrich, int. III 37 (3) I 209.
91 Dietrich, int. II 3 (29 I 148.
92 Dietrich, int. III 6 (49 I 181–182.

Prinzipien, die ihre Gründe nicht nur des Erkennens, sondern des Seins sind.[93] Dietrich bestätigt ausdrücklich seine Lehre von der konstitutiven Funktion des menschlichen Erkennens aus *De origine.*[94] Die Erkenntnisse der aktuierten möglichen Vernunft dürfen nicht verwechselt werden mit induktiven Abstraktionsergebnissen, die allerdings schon eine gewisse Allgemeinheit erreichen; diese sind Sache der ratio particularis, die eines der Seelenvermögen ist; denn Dietrich verneint nicht das Konzept der Seelenpotenzen, sondern nimmt den Intellekt von ihm aus, auch die mögliche Vernunft. Diese geht im Unterschied zum Vorstellungsvermögen in allem auf per-se-Verbindungen aus, auf die Prinzipien der Dinge. Sie liest die Wahrheit der Dinge innen, in deren Gründen. Dies alles im Licht der tätigen Vernunft und im Licht der ersten Wahrheit. Diese verdrängt nicht das Licht der Vernunft; sie tritt nicht in Konkurrenz zu ihr. Sie ermöglicht es.

8. *Traditionsbezüge*

Dietrichs *De intellectu* ist ein systematisch angelegtes intellekttheoretisches Hauptwerk, das nicht von einer Einzelfrage wie der visio beatifica ausgeht, sondern in drei Schritten grundlegende Fragen klärt. Gleichwohl entstand es nicht im zeitlosen Geistergespräch Dietrichs mit Aristoteles, Augustin und Averroes, sondern gehört in die Debatte, die seit 1285 in Paris über die Frage im Gange war, wie sich der Sache nach Augustins mens zum Nus des Aristoteles verhalte und von der ich im Zusammenhang mit Dietrichs *De visione beatifica* (oben S. 235) berichtet habe. Die Struktur ist nicht durch die Absicht polemischer Abgrenzung bestimmt. Dietrich gliedert sein Werk lehrbuchartig in drei Teile: Der Intellekt im allgemeinen, der tätige Intellekt, der mögliche Intellekt. Da es einsetzt mit dem allgemeinen ontologischen Dynamismus und der Unterscheidung von rezeptiver und aktiver *Handlung,* drängt sich die Differenzierung zwischen möglicher und wirklicher Vernunft von Anfang an vor. Dietrich klärt Voraussetzungen seiner früheren Arbeiten, erwähnt und bestätigt ausdrücklich *De origine,* die *Quaestio utrum* und *De visione*

[93] Dietrich, int. III 8 (7) I 184.
[94] Dietrich, int. I 2 (3) I 137.

beatifica. Der dritte Teil gilt der Abwehr einer falschen Doktrin vom möglichen Intellekt; er setzt die Polemik gegen eine Theorie fort, die den möglichen Intellekt als geistiges Organ deutet, das aus der Seele „fließe“ wie ein Akzidens aus der Substanz und/oder von ihm behauptet, er sei reine Möglichkeit, vergleichbar der ersten Materie. Beide Äußerungen finden sich bei Thomas von Aquino;[95] Dietrich greift also weiter die thomistische Theorie des Intellekts an, weniger heftig als in der *Quaestio utrum* und in *De visione*, aber doch entschieden, mit dem Eindruck ruhiger Überlegenheit. Der Sache nach antithomistisch ist seine Verteidigung der Lehre Augustins von der Seelenaktivität bei der Sinneswahrnehmung, int. II 3 (3) I 148; schroffer fällt die Ablehnung der thomistischen Lehre von der Materie als dem Prinzip der Individuation aus, int. II 26 (1) I 164. Antithomistisch ist die Anspielung: Einige Leute werden sich wundern über seine Theorie von der Substanz als der quiditas des Akzidens, aber wenn sie seine Begründung studieren, werden sie aufhören, sich zu wundern, int. III 16 (4) I 189.

Kann man deswegen sagen, Dietrich sei gegen Thomas zu Augustin zurückgekehrt? Für einige Theoreme sieht es so aus – in der schon erwähnten Wahrnehmungstheorie, in der Lehre von der Erkenntnis in den rationes aeternae, vor allem in der Fortführung der imago-Lehre aus *De visione:* Dietrich stellt gegen Thomas die These Augustins wieder her, memoria, intellectus und voluntas seien *ein* Leben, *ein* Geist, *eine* Substanz, una mens, una vita, una substantia.[96] Mit Augustin, *De Genesi ad litteram* II 6 Zycha 39–42 CSEL 28, 1 interpretiert Dietrich den Johannesprolog*: Alles ist durch das Wort geworden,* int. I 9 (1) I 142; er findet bei ihm eine Andeutung, innuit, der vermittelten Erschaffung, int. II 34 (3) I 172–173; er sieht mit Augustin die wahren Gründe aller Dinge in der Seele im Licht der ersten Wahrheit, int. II 37 (4) bis (6) I 175–176: Er entnimmt Augustin die Zuversicht, daß wir die erste Wahrheit nicht erst am Jüngsten Tag in ihrem Ansich erkennen: cognoscimus primam veritatem in seipsa, int. III 20 (3) 193. Augustin bestätigt ihm auch die These, daß es im Intellekt als Intellekt keinen Irrtum geben könne, int.

[95] Thomas von Aquino, Sth I 77, 6: potentiae animae fluunt ab essentia anima; vgl. Sth I 79, 1–4. De veritate 8, 6: Es gibt unter den intelligibila reine Akte wie Gott und reine Möglichkeiten, aliquid ut potentia tantum, ut intellectus possibilis; quod hoc modo se habet in genere intelligibilium sicut materia prima in ordine sensibilium.

[96] Dietrich, int. I 8 (2) I 142 und II 5 (2) I 149, bei Augustin diese für Dietrich so wichtige Stelle in De Trin. X 11, 18 Mountain, S. 330 CC SL 50. Imago-Theorie auch int. II 31 (7) I 170.

III 4 (3) I 180. Mit Augustin hebt Dietrich das Insichsein, intraneitas, der Geistseele, als für sie charakteristisch hervor, int. II 4 (1) I 149.

Diese Präsenz Augustins in *De intellectu* hat die Ansicht entstehen lassen, Dietrich sei „Augustinist". Aber Dietrich hat nicht unvermittelt über Jahrhunderte hinweg auf Augustin zurückgegriffen, sondern hatte Heinrich von Gent vor sich, der von Augustins abditum mentis lehrte, seine Erkenntnis sei die der anima naturalis, ut est intelligentia quaedam naturalis.[97] Heinrichs Bild von Aristoteles war sehr viel mehr als bei Dietrich das eines empiristischen Denkers, der in vielem schwankte.[98] Schon um auf Heinrichs hohem Niveau der Augustinkenntnisse seine andersgeartete Sicht zu behaupten, mußte Dietrich Augustin interpretieren. Aber wichtiger ist bei Dietrichs Augustinzitaten ihr *argumentativer Zusammenhang:* Sie dienen regelmäßig der Bestätigung einer *vorausgehenden philosophischen* Argumentation und eignen sich nur *eine bestimmte Seite* des Denken Augustins an, nämlich die Seite der Erkenntniszuversicht und der Substantialität des Geistes; es ist das Bewußtsein, im Licht der ewigen Wahrheit zu leben. Dietrich nimmt von Augustin auf, was an Plotinischem bei Augustin noch zu finden war, er konnte bei seiner kulturpolitischen Polemik nicht auf die Autorität des großen Kirchenvaters verzichten. Das alles heißt nicht, Dietrich nehme, wie ein laientheologischer Zensor gemeint hat, dem abditum mentis das „fundamentale Signum des Kreatürlichen"; er hatte nur ein anderes, ein nicht-verdinglichtes Konzept von der besonderen Kreatürlichkeit des Geistes, der als imago aus seinem Grund hervorgeht, nicht wie ein Ding „gemacht" wird.

Den systematischen Grundriß und auch die Gliederung des Traktats *De intellectu* bestimmt nicht Augustin, sondern Aristoteles und Proklos, Alexander und Alfarabi, Avicenna und Averroes. Mit Aristoteles begründet Dietrich den Dynamismus seiner Gesamtkonzeption, int. I 1 (1) I 137; von ihm, aus *De anima* III 4–5, hat er die Intellekttheorie, ins-

[97] Heinrich von Gent, Quodl. IX 15 Opera omnia XIII, Leuven 1983, S. 266 Zeile 45–46. Dazu Kent Emery Jr., The Image of God Deep in the Mind: The Continuity of Cognition according to Henry of Ghent, in: Jan A. Aertsen, Kent Emery Jr., Andreas Speer (Hg.), Nach der Verurteilung von 1277. Philosophie und Theologie an der Universität von Paris im letzten Viertel des 13. Jahrhunderts. Studien und Texte, MM 28, Berlin 2001, S. 59–124, bes. S. 63–65.

[98] Heinrich von Gent, Quodl. IX 15 Opera omnia XIII, Leuven 1983, S. 269 Zeile 18–19: nihil posuit nisi quod ex motu et sensibilibus posset conici. Vom Schwanken des Aristoteles handelt die Quaestio 14 des IX. Quodlibet, Opera omnia XIII, S. 246–257.

besondere die Unterscheidung von möglicher und wirklicher Vernunft; aus den *Analytica posteriora* I 2–4 entnimmt er seine Theorie von Wissen und Beweis. Es ist nicht möglich, hier alle Aristotelesanspielungen und -zitate aus *De intellectu* aufzuführen und sie in den argumentativen Gang Dietrichs zu integrieren, schließlich kündigt Dietrich in *De intellectu* nicht wie in *De origine* an, er trage die Lehre der Peripatetiker vor. Sein Traditionsbezug ist hier breiter und vielfältiger; er läßt sich seine Theorien sekundär bestätigen durch die „ersten und vorzüglichsten" Philosophen, die er dann in folgender Reihenfolge nennt: Aristoteles und Platon, der Platoniker Proklos und der *Liber de causis,* Avicenna, int. I 11 (1) I 144. Mit einer biblischen Wendung verteidigt er seine Zuwendung zu Griechen und Arabern: Wir sollen Zeugnis für die Wahrheit „auch von denen annehmen, die draußen sind", int. II 29 (2) I 168. Jeder, der seit der Mitte des 13. Jahrhunderts über den Intellekt sprach, hatte es zunächst mit der Meinungsvielfalt des Aristoteles, des Avicenna und des Averroes zu tun. Wenn Albert in einer frühen Quaestio *De intellectu animae* das Thema angeht, geht er sofort auf die Unterscheidung von tätiger und möglicher Vernunft ein, stellt fest, es gebe multae opiniones darüber und gibt einen Überblick vor allem über die *arabischen* Theorien.[99] In seiner Erklärung des dritten Buchs von *De anima* berichtete er ausführlich über die Theorien der Griechen und Araber zum Intellekt.[100] Diese Diskussionen und nicht Augustinus bestimmten Dietrichs Abhandlung. Avicenna tritt hervor, weil er am deutlichsten die Lehre von der vermittelten Erschaffung vortrage, die Augustin nur andeute: Die Weltdinge strömen aus dem göttlichen Grund in einer bestimmten Abfolge, int. I 11 (1) I 144. Auffällig ist die Zahl der Zitate aus Proklos und dem *Liber de causis.* Dietrich lobt Avicenna, weil er wie Proklos lehre, die Intelligenzen begründeten durch ihr Erkennen die ihnen nachgeordneten Wesen: intelligendo causant ea quae sunt post, int. I 8 (2) I 142. Ganze Kapitel Dietrichs bestehen aus einer Montage aus Zitaten von Proklos und dem *Liber de causis,* z.B. I 3 (2) I 138. Das gab es auch schon in *De visione* 1.5 (4) I 62, aber mit dem Weltgerüst der vier Stufen, maneries, bekommen Proklos und der *Liber de causis* größeres Gewicht. Dietrichs Blick weitet sich jetzt mehr als in *De origine* auf die Gesamtheit der Realität, auf die universitas.[101] Im Licht dieser Plotinismen liest Dietrich auch Augustin.

[99] Albert, Quaestio De intellectu animae, Ed. Colon. XXV 2, Münster 1993, S. 269–270.
[100] Albert, De anima III 2, 4, Ed. Colon. VII 1, Münster 1968, S. 182–192.
[101] Dietrich, vis. Proem. (1) I 13; 3.2.9.6 (3) I 96; int. II 37 (4) I 175; II 37 (6) I 175 u.ö.

Und diese Traditionsvielfalt synthetisiert Dietrich, immer nahe an Aristoteles argumentierend, den er mit den Augen des Averroes liest.

9. Theologisches in De intellectu

Dietrichs *Quaestio utrum* und sein Traktat *De visione beatifica* behandeln ein theologisches Thema mit Argumenten der Philosophie. Auch *De accidentibus* verläuft vor unausgesprochenem theologischen Hintergrund. Welche Rolle spielt die Theologie in *De intellectu?*

Hier erklärt Dietrich von vornherein, was er will: Erstens, die Natur von Intellekten im allgemeinen erforschen, zweitens den intellectus agens, drittens den intellectus possibilis behandeln (Prooemium, I 138). Das klingt von vornherein nach einem philosophischen Untersuchungsziel. Gott kommt als oberstes Glied der vier maneries rerum des Proklos vor. Das ist griechische Theologik, nicht Offenbarungsauslegung. Von diesem Gott wird – spannungsreich genug – sowohl behauptet, er sei das namenlose Unum, das der Grund von allem ist, int. I 4 (2) I 138, als auch, der nur negativ bestimmbare Gott sei als Intellekt in sich bewegt und fruchtbar, intellectualiter fecundus, int. I 9 (1) I 142. Das bedeutet, daß er Wort ist, in dem alle rationes rerum beschlossen sind und das als erste Wahrheit jeden Menschen erleuchtet, int. III 17 (3) I 191. Auch wenn die Welt ewig wäre, wäre er ihr Grund, int. II 28 I 167. Er ist, wie der *Liber de causis* lehrt, auch dann allein Schöpfer, wenn die Erschaffung, wie Avicenna denkt, über Zwischenglieder erfolgt, int. I 11 (2) I 144 und II 1 (4) 146–147. Diese Thesen sind allesamt nicht Offenbarungstheologie, sondern neoplatonisierende Logosphilosophie, an deren außerchristlichen Ursprung Dietrich durch die Nennung der Namen von Aristoteles und Platon, Proklos und *Liber de causis* erinnert. Dietrich entwickelt eine antithomistische Theorie der Individualität, die auch der Individualität des Intellekts zugute kommt, aber die Folgerung, die Seele sei unsterblich, zieht er nicht. Als ens conceptionale ist der Intellekt ohnehin universal, er ist weder einer noch viele. Von Lohn und Strafe im Jenseits ist hier nicht die Rede. Marginal kommen offenbarungstheologische Inhalte zur Sprache, deren philosophische Theorie zu entwickeln ist: Engel stellen das Problem der geistigen Individualität und geben Anlaß zur Distanzierung vom Thomismus, int. II 23–26 I 162–165; bei der Erörterung der Gleichheit der Menschenseelen reserviert Dietrich eine besondere Stellung für die Seelen Christi und Mariae, II 22 (2) I 162. Die Allmacht Gottes ist die Allwirksamkeit des ersten Grundes und der ersten Wahrheit, aber Dietrich will ihr nicht vorgreifen, nur bestreitet er willkürliche Interventionen der Gottheit, die den per-se-Verbindungen widersprächen, die sie selbst intellektuell fundiert hat, II 29 (1) I 167; II 29 (4) I 168. Sie ist wirksam in allen Wirkungen, aber dieser Grundsatz des *Liber de causis* darf nicht, wie Thomas dies tut, zur Rechtfertigung von Wundern mißbraucht werden, denn die erste Ursache konkurriert mit nichts. Das Rationalitätspostulat gilt auch für Aussagen über sie. Dietrich spielt in II 8 (2) I 151 an auf Augustins Unterscheidung einer Ordnung der naturgemäßen Providenz; die bei Augustin in *De Genesi ad litteram* VIII 9, 17 dazu gehörende Willensprovidenz erwähnt er hier nicht. Er erörtert die Naturordnung, übrigens auch mit immer wieder auftretendem Interesse an Naturphilosophie im engeren Sinne. Die Erörterungen über den Intellekt und seine Inhalte gehörten im 13. Jahrhundert zu den Themen der naturalis philosophia. So war es bei Albert, bei dem es mehr ein äußeres Arrangement blieb; so ist es nicht mehr bei Dietrich, der den Intellekt außerhalb des kategorial Beschreibbaren stellt[102] und dafür andererseits seine naturforschenden Arbeiten separat ausbaut. Johannes von Jandun erörtert zu Beginn seiner *Quaestionen* zum dritten Buch über die Seele, ob die Theorie des Intellekts zur Naturphilosophie gehöre. Er bejaht diese Frage im Blick auf Aristoteles, *De anima* III und den Kommentator.[103]

[102] Dietrich, vis. 4.3.4 (6) I 123: convenit omni intellectui, ut sit extra genus praedicament et non sit in aliquo genere praedicamenti, tum quia simplicia sunt extra coordinationem generum praedicamentalium, tum etiam quia genera praedicamentorum distincta sunt secundum naturas et naturales modos entium,secundum quod naturale distinguitur contra conceptionale.

[103] Johannes von Jandun, Questiones super libros Aristotelis De anima, Venedig 1587 (mein Nachdruck: Frankfurt/M. 1966), Spalte 220–222.

DRITTER TEIL:
AUSBAU

ONTOLOGIE – THEOLOGIE – NATURFORSCHUNG

I. DASEIN UND WESEN

1. Das Seiende als Seiendes

Dietrichs Theorie des Intellekts war Teil seiner Revision der Grundbegriffe der allgemeinen Metaphysik. Diese Arbeitsfelder standen in Wechselwirkung; sie waren nicht zu trennen. Dietrich eröffnete seine Untersuchung über den Ursprung der prädikamental bestimmten Realität mit der Erklärung, es gehe um die allgemeinste Bestimmung, nämlich die des Seienden als solchen, ens et ea, quae sunt entis per se.[1] Untersuchungen zum Kategorienproblem waren im Selbstverständnis Dietrichs metaphysische Forschungen, nicht primär logische; die Definition der Metaphysik war für ihn die des Aristoteles-Averroes: Metaphysik betrachtet das Seiende als Seiendes und das, was ihm als solchem zukommt, also seine per-se-Verknüpfungen.[2] Die Kategorien seien, so hieß es, die ursprünglichen Einteilungen des real Seienden als solchen. Die neue Sicht der Kategorien hatte in mehrfacher Hinsicht Konsequenzen für das Wissen vom Seienden als Seienden, also für die Ontologie im Sinne der aristotelischen Tradition:

Die herkömmliche Zehnzahl der Kategorien war, Dietrich zufolge, nicht aus der Natur der Dinge gewonnen. Sie verdeckte die Vorrangstellung der Substanz, deren Dispositionen die übrigen Akzidenzien sind. Und die neun herkömmlichen Akzidenzien waren nach ihrem Ursprung zu sortieren, je nachdem, ob sie ihren Grund in der „Natur" oder im Intellekt haben. Anzuknüpfen war dabei an die traditionelle Unterscheidung der drei ersten Kategorien von allen folgenden, doch hatten Metaphysiker bisher nicht oder nicht konsequent ins Auge gefaßt, daß unser Intellekt reales Seiendes konstituiert. Daher setzten sie Zeit und Relation in eine Reihe mit Quantität und Qualität oder hielten sie für bloße Gedankendinge. Diese Kritik an der bisherigen Metaphysik steht schon in Dietrichs *De origine.*

[1] Dietrich, or. Proemium 1 III 137.
[2] Dietrich, or. 5, 61 III 199 und 5, 66 III 201.

Noch schärfer schnitt in das Gefüge der Ontologie Dietrichs These ein, unser Intellekt sei dem Kategorienschema entzogen, weil im Intellekt alles zugleich Substanz, alles Tätigkeit und alles substantiale Relation sei. Dietrich kritisierte die von Albert verworfene, aber von Thomas, Ägidius Romanus, Heinrich von Gent und vielen anderen vollzogene Einordnung des Intellekts in das Gefüge der Seelenvermögen; er hielt sie für die unberechtigte Anwendung der Kategorien auf den Intellekt. Nicht alle Tätigkeit gehöre in die akzidentelle Kategorie der Aktion. Auch das hatte Rückwirkungen auf das Konzept des Seienden als Seienden.

Ferner: Dietrich hat in mehreren Einzeluntersuchungen die Bedeutung der per-se-Bestimmungen hervorgehoben. Dann mußte er diesen Gesichtspunkt, genuin aristotelisch, gerade auf die allgemeinste aller Bestimmungen, die des Seienden, anwenden und fragen: Was gehört per se zum Seienden? Und dies ist, gut aristotelisch platonisierend, das Allgemeine, Bleibende und Notwendige. So akzentuierte Dietrich die Differenz zwischen dem „Seienden schlechthin" (ens simpliciter) und dem Dies-und-Jenes-Sein (ens hoc et hoc).[3] Dies ergab einen qualifizierten Begriff des schlechthin Seienden. Dieses wurde zum Abbild des Intellekts; es ist wie dieser nur durch seine eigene bleibende Bestimmung geprägt. Es hatte für das Konzept des Seienden als Seienden Konsequenzen, wenn der Intellekt das Urbild, exemplar, des Seienden als solchen war.[4] Man wird gut daran tun, in diesem Satz den Ausdruck „Urbild" nicht zu pressen. Dietrich selbst hat ihn auch als Entsprechung, Ähnlichkeit, similitudo, interpretiert, ohne ihn abzuschwächen zur Abbildtheorie des Erkennens. Der Naturforscher Dietrich blickt nicht mehr primär auf Naturdinge, wenn er sagt, was „seiend" und was „Substanz" heißt; das Seiende als Seiendes gliederte sich nicht mehr nur in die zehn Kategorien des Aristoteles, sondern seit *De visione beatifica* in das ens naturae und das ens conceptionale. Das Seiende als Seiendes hat etwas von der Art des Intellekts an sich, etwas von seiner Setzungskraft, von seiner Konzentriertheit, Absolutheit in sich, von seiner substantialen Dynamik, von seiner Bestimmung als forma-Vermittlung in einem Universum des fluxus. Der Intellekt ist in exemplarischer Gestalt das, was das Seiende als solches ist. Das Seiende als solches ist aufgrund der Seiendheit, entitate, bestimmt, wie der Intellekt durch Intellektualität bestimmt ist.

[3] Dietrich, vis. 1.1.4 (2) I 28; int. III 8, 6 I 183; III 25, 6 und 25, 10 I 198; III 37 (3) I 209.

[4] Dietrich, vis. 1.1.1.3.6 (2) I 22.

Ein Seiendes als solches betrachten heißt daher, es

a) in seiner Distanz zum Nichtseienden
b) als Eines
c) als innenbestimmt, als eidetisch geformt denken.[5]

Zu a: Dietrich sah die Distanz des Seienden zum Nichts als fundamentale Bestimmung des Seienden an. Daraus folgerte er seine philosophische Konzeption der Erschaffung, die auch bei neuplatonischen Philosophen zu finden sei. Er beruft sich, wenn von der Distanz des Seienden zum Nichts die Rede ist, regelmäßig auf die Propositio 4 des *Liber de causis*, das Erste der geschaffenen Wesen sei ihr Sein, prima rerum creatarum est esse.[6] Das Sein, esse, ist in jedem Seienden das Grundlegende, das es vom Nichtsein unterscheidet. Es ist das Formhafteste und Prägendste. Es hat am meisten Aktcharakter.

Zu b: Seiend ist nur, was ein Unum ist. Was von der Einheit abfällt, fällt aus dem Sein. Dietrich hat sich, soviel ich sehe, nicht zu der vieldisku-

[5] Zu a) Dietrich, or. 1, 3 III 139; 1, 25 III 144; 3, 8 III 159s., 4, 1 III 169; 4, 20 III 174; 4, 4 III 181; vis. 3.2.9.1 (3) I 86; 3.2.9.4 (4) I 91; en. I 2,2 II 28; I 4, 2 II 31; I 6,2 II 32; quid. 1, 3 II 99.

Zu b) Dietrich, an. 2,2 III 14; utrum 2,1, 17 III 307.

Zu c) Dietrich, or. 1, 30 III 145.

Die Literatur zum Problem Seiendes und Wesen ist umfangreich. Ich nenne nur:

Franz Ehrle, Der Kampf um die Lehre des hl. Thomas von Aquin in den ersten fünfzig Jahren nach seinem Tod, in: Zeitschrift für katholische Theologie 37 (1913) S. 266–318; Martin Grabmann, Doctrina S. Thomae de distinctione reali inter essentiam et esse ex documentis ineditis saeculi XIII illustratur, in: Acta Hebdomadae Thomisticae, Rom 1924, S. 131–190; M.D. Roland-Gosselin, Le „De esse et essentia" de S. Thomas d'Aquin, Paris 1925; Edgar Hocedez, Introduction, in: Aegidius Romanus, Theoremata de esse et essentia, Louvain 1930, S. (1) bis (127); Etienne Gilson, L'être et l'essence, Paris 1949; Armand Maurer. The De quiditatibus entium of Dietrich of Freiberg and his Criticism of Thomistic Metaphysics, in: Medieval Studies 18 (1956) S. 173–203; Pasquale Mazzarella, Metafisica e gnoseologia nel pensiero di Teodorico di Vriberg, Neapel 1967; Ruedi Imbach, Quodlibeta, Fribourg 1996; Alain de Libera – Cyrille Michon, L Être et l'Essence. Le vocabulaire médiévale de l'ontologie. Deux traités De ente et essentia de Thomas d'Aquin et Dietrich de Freiberg, Paris 1996; Jan A. Aertsen, Die Transzendentalienlehre bei Dietrich von Freiberg, in: K.-H. Kandler, B. Moijsisch, F.-B. Stammkötter (Hg.), Dietrich von Freiberg. Neue Perspektiven seiner Philosophie, Theologie und Naturwissenschaft, Amsterdam 1999, S. 23–47; Giorgio Pini, Being and Creation in Giles of Rom, in: MM 28 (2001), S. 390–409; Alain de Libera, Métaphysique et noétique. Albert le Grand, Paris 2005; König-Pralong 2005, S. 35–127; Dies., Être, essence et contingence. Henri de Gand, Gilles de Rome, Godefroid de Fontaines, Paris 2006.

[6] Dietrich, vis. 3.2.9.1 (3) I 86; 3.2.9.4 (4) und (5) I 91; int. II 15, 1 I 156; en. I 6, 5 und 7 II 32–33.

tierten Frage geäußert, ob „Seiend" oder „Eines-Sein" die vorrangige Bestimmung ist; jedenfalls sind sie unlösbar miteinander verbunden. Was *ist,* ist *eines.* Der grundlegende Text zu dieser These war Aristoteles, *Metaphysik* IV 2 mit dem Kommentar des Averroes zu dieser Stelle, aber Dietrich zitiert dafür auch Boethius, *Consolatio* III prosa 11, 13: *Was aufhört ein Eines zu sein, hört auf zu sein.*[7] Daraus könnte man den Primat der Einheit vor dem Dasein folgern, doch spricht Dietrich mit Aristoteles-Averroes und Thomas dem Sein den Vorrang zu, es sei das Grundlegendste. Seine Untersuchung in *De ente et essentia* (abgekürzt: en.) geht von ens als der ersten aller Bestimmungen aus. Danach gibt das Sein dem Seienden die Einheit. Auch diese aristotetelisierende Option in der Frage des Vorrangs des unum oder des ens spricht dagegen, den veralteten Forschungsstand zu wiederholen und Dietrich umstandslos der neuplatonischen Richtung zuzuordnen.

Zu c: Daß „seiend" die grundlegendste aller Bestimmungen sei, dafür gab es seit Aristoteles, Avicenna, Averroes und Thomas von Aquino Zeugen. Daß Einssein die *Bedingung* für Sein sei, diese neoplatonisierende Ansicht vom Vorrang des unum vor dem ens, stand bei Augustin und Boethius zu lesen. Das waren rivalisierende Traditionsbestände. Aber daß „seiend" soviel bedeutet wie: Insichsein, nicht von außen her bestimmbar sein, das bildet einen eigenen Akzent in Dietrichs Ontologie. Dafür boten die Entelechie des Aristoteles, die Wesensphilosophie des Avicenna und die Formmetaphysik des Averroes Anregungen, aber Dietrichs Nachdruck darauf war wohl neu. Metaphysik war seit Aristoteles das Wissen von den *Gründen* des Seienden als solchen, und unter den vier Gründen, die Aristoteles aufgestellt hatte, bekam die äußerlichste, die Bewegungsursache oder causa efficiens, in einer religiös bestimmten Zivilisation den vorstellungsmäßigen Vorrang, denn Gott sollte weder Stoff- noch Formgrund der Dinge sein, wohl aber ihr effizienter Begründer. Demgegenüber setzte Dietrich bei der Analyse des Seinscharakters des Seienden die Betonung auf die *inneren* Prinzipien. Das Seiende als solches denken, das heißt bei ihm, es in seinem Eigenbestand und seiner inhaltlichen Bestimmtheit sehen. Mochte es aus Ursachen hervorgegangen sein und irgendwelchen Zwecken zugeordnet werden, sofern wir es als „seiend" denken, sehen wir es in seinem Selbststand. Sein Existieren bedeutet nicht nur das fac-

[7] Dietrich, an. 2,2 III 13s.; utrum 2, 1, 17 III 307.

tum brutum seiner Existenz, also seiner Distanz vom Nichtsein. Wenn es geworden ist, ist es ein Eigenwesen. Mochte es aus Veränderungen hervorgegangen sein, nachdem es existiert, hat die Veränderung ein wenn auch zeitlich befristetes Ende. Es *west* nun. Es hat sein Eigen*wesen.* Um es als seiend zu denken, sollen wir von seinem Herkommen – und sei es aus den höchsten Ursachen – *absehen* und es in seinem Eigenbestand denken, alle Außengründe einklammernd, circumscripta omni causa extrinseca. Jetzt ist es Eigengestalt, aus inneren Gründen erwachsen und erhalten.[8] Es entfaltet charakteristische Dynamik; sein Eigen*wirken* ist sein Eigen*wesen.* „Seiend" meint seine innere, seine anwesende Eigenbestimmung, seinen dynamischen Selbstvollzug; das Wirkliche ist Wirken. Dietrich konnte die Formel bilden: homo hominat.[9] Der Mensch ist nicht einfach vorhanden, sondern er vollzieht substantiell sich selbst, und diese Dynamisierung liegt im Begriff des Wesens als des Seienden. Das Woher und das Wohin treten zurück gegenüber dem Was als Wirken. Das Sein ist das Wesen. Das Wesen korrespondiert der Natur des Intellekts; es bildet ab dessen wesenhafte Tätigkeit, Unverwechselbarkeit, Unvermischtheit und Gegensatzfreiheit. In formell-scholastischer Sprache ließ sich ein solches immanenzmetaphysisches Projekt umschreiben als Metaphysik der forma, als Reduktion des Akzidens auf eine Disposition der substantia, die es ontologisch und definitorisch begründet, und als Restitution des aristotelischen usia-Begriffs gegen dessen Depotenzierung durch Thomas von Aquino. Das sind jetzt nur Andeutungen; ich komme darauf zurück.

2. *Metaphysik, Logik, Physik*

Aristoteles hat bei der Präsentation seiner vier Prinzipien der Veränderung – also Beweger, Form, Stoff und Ziel – zu Beginn seiner *Physik* und in der *Metaphysik* darauf hingewiesen, daß er seine Gründe der griechischen Sprache entnommen hat. Die vier sog. „Ursachen" des Aristoteles waren die vier Arten, wie man damals in Athen auf die Frage „Warum?"

[8] Dietrich, or. 1, 9 bis 1, 30 III 140–145.
[9] Dietrich, en. II 1 (8) II 39.

antwortete. Als der linguistic turn die Bundesrepublik erreichte, haben deutsche Philosophen diese Sprachbezogenheit der Prinzipienlehre des Aristoteles als deren Vorzug gesehen.[10] Dietrich von Freiberg beachtete die entsprechenden Hinweise des Aristoteles, aber er bewertete sie als Anzeichen der Vorläufigkeit und der Verbesserungsbedürftigkeit. Dies betraf insbesondere die Aristotelische Tafel der Kategorien. Sie konnte nach Dietrichs Urteil nicht das letzte Wort behalten bei der Analyse der Stammbegriffe.

Ausgerechnet Averroes war es, der Dietrich auf diese Spur der Aristoteleskorrektur gebracht hat. Denn Averroes, dem eine bestimmte Art von Historiographie sterile Aristotelesphilologie nachgesagt hat, war ein zu genauer Leser des Aristoteles, als daß ihm nicht gewisse Unstimmigkeiten zwischen der *Kategorienschrift* und der *Metaphysik* aufgefallen wären. Zum Beispiel, sagte Averroes, Aristoteles rede in der *Kategorienschrift* nicht von bestimmten Arten der Quantität, die er in der *Metaphysik* behandle; offenbar beschränke Aristoteles in der *Kategorienschrift* sich auf solche Arten der Quantität, die in der gewöhnlichen Rede vorkommen.[11] Dietrich zitiert Aristoteles selbst, der bei der Liste der Arten der Qualität bemerke, er habe die Arten aufgezählt, die in der gewöhnlichen Rede vorkommen, qui consueverunt dici.[12] Dietrich folgert daraus, die Kategorientafel des Aristoteles habe nur eingeschränkte Autorität; sie beziehe sich allein auf den logischen Gesichtspunkt und entwickle diesen vom allgemeinen Sprachgebrauch, nicht von den Sachen selbst her. Diese Liste der Stammbegriffe sei – das sind die Ausdrücke Dietrichs – logice et secundum famositatem zusammengestellt. Famositas, das heißt: Aristoteles redete in der *Kategorienschrift* von dem, was allgemein bekannt war und was die Alltagsrede enthielt. Dietrich sah sich nach Autoritäten um, die ihn bei der Korrektur der aristotelischen Kategorienlehre unterstützen konnten; er fand sie bei Boethius, *De Trinitate* IV und im *Liber sex principiorum* I 14. Dort waren die sechs letzten Kategorien der Zehnertafel als äußerliche Umstände charakterisiert; sie seien nicht res, sondern rerum circumstantiae.[13] Dietrich nutzte diese Einschränkung,

[10] Wolfgang Wieland, Die Physik des Aristoteles, Göttingen 1962.

[11] Averroes, In Phys. V 18, vol. VIII fol. 125 vK: illic (sc. in der Kategorienschrift) solummodo intendit numerare species famosas quantitatis.

[12] Dietrich, or. 3, 12 III 161 zitiert Categ. 8, 10 a 25–26.

[13] Dietrich, or. 3 (7) III 159; contrar. 65 (2) II 129 bezieht sich auf den Liber sex principiorum, ed. L. Minio-Paluello – B. G. Dod, Aristoteles latinus I fasc. 6–7, Brügge – Paris 1966, S. 38.

um den Kategorien der Substanz, der Quantität und Qualität eine Sonderstellung einzuräumen und nahm dies zum Anlaß einer wissenschaftstheoretischen Erörterung über das Verhältnis von Realphilosophie und Logik. Die Logik, sagte er, orientiere sich an der ratio particularis, sie biete keine Wesensdefinitionen und könne daher Dinge zu einer Gattung zusammenfassen, die verschiedenen Seinsbereichen angehören und untereinander keine reale Gemeinsamkeit aufweisen. Der Logiker mag sie zusammenfassen zu einer einzigen Kategorie, z. B. „Substanz". Aber wenn er darunter sowohl irdische Körper wie Himmelskörper versteht, muß ihm der Realphilosoph – Dietrich spricht von philosophus realis und meint Physiker wie Metaphysiker im Unterschied zum Logiker – sagen, daß er sich für seine gemeinsame Bestimmung auf eine vage Proportionalität stützt: Terrestrische Dinge verhalten sich zu *ihren* Wesensbestimmungen wie Himmelskörper zu den ihren. Damit ist wenig an Einsicht gewonnen. Das ist kaum mehr als eine Metapher. Der Logiker mag sich mit seinem untergeordneten Gesichtspunkt begnügen, wenn er nur weiß, daß die von ihm katalogisierten Redeformen nicht den Aufbau des Kosmos – nach der alten qualitativen Physik – real wiedergeben.[14] Unter logischem Gesichtspunkt lassen sich z. B. geometrische Gebilde unter die Kategorie der Quantität bringen; aber ihre Eigenart, wie sie der Realphilosoph sieht, wird damit vernachlässigt.[15] Was für die Prädikamente des Aristoteles gilt, trifft auch für die sog. Postprädikamente zu, also für Bestimmungen wie „Gegensatz" „Früher", „Bewegung", die nicht die Ehre erfuhren, in die Tafel der Kategorien aufgenommen worden zu sein.[16] Ähnliches gilt für die Definition von Eigenschaften. Man kann von ihnen reden, als seien sie Dinge. Sie lassen sich definieren; man kann sie in Gattungen und Arten unterbringen. Aber damit gerät ihr ontologischer Status, daß sie nichts sind als Dispositionen der Substanzen, aus dem Blick. Die Konzentration auf den logischen Gesichtspunkt verstärkt die Tendenz zur Verselbständigung von Akzidenzien.[17] Die Befangenheit in der bloß logischen Betrachtung führt weiterhin dazu, die wahre Natur des Universale zu verkennen. Sie läßt damit zufrieden sein, ein Wort gefunden zu haben, mit dem wir, an äußeren Erscheinungen entlang gehend, eine Gruppe von Wesen zusammenfassen und z. B. das

[14] Dietrich, or. 3, 12 ganz III 161.
[15] Dietrich, or. 5, 51 III 196.
[16] Dietrich, or. 3, 15 III 162.
[17] Dietrich, acc. 12, 6 III 70. Vgl. ib. 13, 2 III 71.

Wort „Pferd" als Ordnungsschema verwenden. Diese bloß „logische" Allgemeinheit täuscht darüber hinweg, daß uns der Wesensaufbau unbekannt bleibt, daß wir das wahre Universale oft nicht wissen. Vom wahren Universale können wir uns einen satzhaften Begriff verschaffen, indem wir analysieren, daß wir beim Menschen die Vereinigung von Lebendigkeit und Vernunftfähigkeit als Definitionselemente bilden.[18]

Dietrich war kein Nominalist und wird auch nicht zu einem gemacht, wenn man hervorhebt, daß die Weigerung, aus Sprachformen auf Sachstrukturen zu schließen, sein Werk durchzieht. Er deckt Mängel in der Analyse von Begründungsverhältnissen auf, die sich daraus erklären, daß ein wesentlicher Modus der Abfolge bisher unbenannt geblieben ist.[19] Er beginnt seine Ontologie der Gegensätze damit, daß er die entsprechende Lehre des Aristoteles für unzureichend erklärt, halte sie sich doch mehr an Wahrscheinlichkeit und Sprachgebrauch als an die Wahrheit.[20] Immer wieder erinnert Dietrich an die Differenz von Realphilosophie und bloß „dialektischer" Behandlung von Sachfragen. Die leichte Handhabung dialektischer, d. h. logischer und probabler Gliederungen der Welt, täuscht über unseren Mangel an wirklichem Wissen.[21] Die Realphilosophie, d. h. Metaphysik und die Physik, widersetzt sich dem Trug scheinallgemeiner Schemata. Sie denunziert das Ungenügen der bloß verbalen Weltorientierung. Metaphysik muß differenzierendes Sachwissen sein, sie darf sich nicht mit Worterklärungen begnügen. Ihre Differenz zum Naturwissen wurde bereits klar: Sie betrachtet das Seiende als solches, d. h. unter dem Gesichtspunkt seiner per-se-Verbindungen; sie handelt von den allgemeinsten Bestimmungen, wie „seiend", eines-vieles, Möglichkeit und Wirklichkeit, während das Naturwissen die Welt des Werdens und Vergehens, also den Zusammenhang von Naturvorgängen mit der eigenschaftlichen Disposition der Naturdinge studiert. Naturwissen und Metaphysik, das war für Dietrich Realphilosophie. Um so besorgter mußte er sein, den Begriff des Seienden als Seienden und das Konzept des Wesens von bloß verbalen Konstruktionen freizuhalten. Dies brachte ihn wiederum in Konflikt mit Thomas von Aquino.

[18] Dietrich, int. III 27, 3 I 200.

[19] Dietrich, or. 1, 5 III 138.

[20] Dietrich, contrar. 10, 3 II 91. Vgl. auch ib. 43, 3 II 113; 46, 3, II 114; 63, 2 II 127.

[21] Dietrich, contrar. 56, 2 II 123–124.

3. Das Wesen ist das Sein

Platon hat die philosophische Überzeugung begründet, Husserl hat sie noch einmal erneuert, das Wissen des Allgemeinen *fundiere* jedes spezielle Wissen. Aristoteles hatte diese Ansicht abgewandelt und gelehrt, man müsse erst Metaphysik getrieben, also das Seiende als Seiendes richtig gedacht haben, bevor man *fundiertes* Wissen in Einzelwissenschaften begründen könne. Mittelalterliche Aristoteliker wie Averroes, Albert und Thomas teilten dieses Programm. Sie trieben Metaphysik mit dem Anspruch, die Prinzipien jedes anderen Wissens klarzustellen und zu sichern. Diese Überzeugung teilte Dietrich. Man müsse, schrieb er, Klarheit über die allgemeinsten Bestimmungen gewinnen, um Irrtümer in spezifischen Fragen zu vermeiden.[22] Die allgemeinste Bestimmung aber sei „seiend", denn sowohl von Substanzen wie von Eigenschaften sagen wir, daß sie *sind.* Eine Bestimmung von entsprechender Allgemeinheit sei Wesen, essentia, denn Substanzen wie Eigenschaften hätten je ihr Wesen, wenn auch auf spezifisch verschiedene Weise. Im Deutschen ist der sprachliche Zusammenhang von Sein, esse, und Wesen, essentia, fast verloren gegangen; nur das Partizip Perfekt „gewesen" erinnert noch an ihn. Im Lateinischen stehen esse und essentia dicht beieinander. Dietrich hob deren Zusammenhang durch ein Augustinzitat hervor: Jedes Wesen ist nur deshalb ein Wesen, weil es ist, non ob aliud essentia est, nisi quia est.[23]

Vor dem Bekanntwerden der aristotelisch-arabischen Metaphysik im Westen gab es zwar einige schwerverständliche Formeln des Boethius, aber keine breiten Debatten über das Sein und das Wesen, so wenig wie über den möglichen und den wirklichen Intellekt. Seit der Mitte des 13. Jahrhunderts hatte sich eine üppige ontologische Terminologie angesammelt: ens, esse, essentia, entitas, existentia, quiditas; daneben gab es die alte, die boethianische Unterscheidung von quod est und quo est.

[22] Dietrich, en. Prooemium 1 II 25, schon or. Prooemium (1) III 137 mit Berufung auf Aristoteles, Soph. El. I 1, 164 a 21–22. – Die Traktate De ente et essentia (= en.) in: Opera omnia II 17–42 und De quiditatitibus entium (= quid.) in: Opera omnia III 91–118 gehören thematisch zusammen. Das dürfte auch ihrer Stellung in der relativen Chronologie entsprechen. Beide sind *nach* acc. entstanden, wie aus quid. 13, 4 III 118 und en. I 1, 6 II 28 hervorgeht. Von quid. wissen wir, daß es *vor* De intellectu et intelligibili entstanden ist; Dietrich zitiert es: int. III 16 (4) I 189.

[23] Dietrich, en. I 1, 2 II 27.

Dietrichs Traktat *De ente et essentia* sichtet in seiner ersten Hälfte (1 bis 9, II 27–37) dieses terminologische Überangebot; in der zweiten Hälfte (Secunda pars 1–4, II 38–42) widerlegt er vier Argumente für die sog. Realdistinktion. Dietrich setzt ein, indem er fragt: Was meinen wir, wenn wir von etwas sagen, daß es *ist*? Er antwortet in zwei Schritten: Zunächst heben wir damit hervor, daß es sich vom Nichts radikal abhebt. Dies sei die erste und grundlegendste aller Begriffsbestimmungen und Aussageabsichten, prima omnium intentionum.[24] Zweitens beginnen wir zu differenzieren zwischen Substanzen und ihren Eigenschaften. Ihnen kommt das Sein in verschiedener Weise zu. Die Substanz ist seiend. Damit sagen wir, Dietrich zufolge: Sie hat ihre Gestalt in sich, und sie ist das, was wirkt. Wir meinen sie in ihrem Ansich, ohne Beimischung einer fremden Bestimmung. Wir nehmen sie wahr in ihrer Unvermischtheit. Man könnte auch sagen: In ihrer Ähnlichkeit mit dem Intellekt, der par excellence „unvermischt" ist. Selbst zusammengesetzte Substanzen haben diesen Ganzheitscharakter oder diese Innenbestimmtheit.[25] Etwas heißt „seiend", weil es es selbst ist. Selbst wenn es einen komplexen Wesensaufbau hat, nimmt alles an ihm seine Gestalt oder seine Qualität an. Dietrich entwickelt eine gewisse philosophierende Rhetorik, um diese Sichselbst-Gleichheit und diesen Ausschluß des Fremden hervorzuheben. Ein Seiendes, wenn es Substanz ist, hat Eigen-Sinn und Eigenprägung. Eigenschaften hingegen werden geprägt und begrifflich bestimmt von der Substanz; sie haben nicht deren absolute Innenbestimmtheit; sie sind, wie Averroes sagt, Dispositionen der Substanz.[26] Auch Eigenschaften *sind* und haben ein Wesen, nur ist ihr Wesen wesentlich, essentialiter, ihre Substanz. Um die beiden wichtigsten Bedeutungsnuancen von „seiend" im Sinne Dietrichs noch einmal zusammenzufassen: Was *ist*, ist vom Nichts abgehoben als Eigengestalt.

Wir sagen von *etwas*, daß es ist. Alles, was *ist*, hat ein *Was* oder ist ein *Wesen*. Wenn wir so reden, unterscheiden wir an diesem Etwas es selbst und seine Bestimmtheit als seiend; zugleich verbinden wir, was wir unterschieden haben. Denn wir sagen von dem Etwas, daß es *ist*. Aristoteles

[24] Dietrich, en. I 2, 2 II 28s.; I 4, 2 II 31; I 6, 1 II 32.

[25] Dietrich, en. I 1, 3 II 27: Substantiae enim convenit esse secundum propriam naturae suae quiditatem absolute non concernens aliquam extraneam naturam, qua formaliter seu qualitative sit id, quod est secundum suam substantialem existentiam. Quod patet non modo in simplicibus substantiis, verum etiam in compositis, quae, inquantum substantiae sunt, nihil habent sibi admixtum, quo formaliter seu qualitative substantiae sint.

[26] Dietrich, en. I 1, 6 II 27s.

hatte diese Unterscheidungen beschrieben. Er war davon ausgegangen, daß wir zwei verschiedene Arten von Fragen stellen können: Erstens: *Ist* etwas? Zweitens: *Was* ist das?[27] Dies war ein einfacher Ansatz, aber er ließ sich ausbauen. Mußte man nicht weiter unterscheiden zwischen dem Seienden, das ein konkretes Etwas war, und dem Seiendsein oder der Seiendheit, entitas, die auf andere Weise auch anderen Seienden zukam? Jedes Seiende hat ein Was, ein quid. Konnte man davon nicht abheben die Washeit, quiditas, die in jeweils anderer Weise auch anderen Seienden zukam? Dietrich hielt dazu an, auf unsere Art des Bezeichnens, die modi significandi, zu achten. Die These Dietrichs war, wie schon bei Averroes, Siger und Gottfried von Fontaines: „Seiend" bedeutet dasselbe wie „Seiendheit", nur in der Bezeichnungsweise seien sie verschieden, „Seiend" bezeichne das konkrete Wesen, Seiendheit bezeichne abstrakt die Qualität des Seins. Ähnlich stünden das Etwas, das quid, und seine Washeit, seine quiditas, zueinander.

Humanisten wie Petrarca haben über solche Unterscheidungen die Nase gerümpft. Sie hielten sie für arabischen Import, der dem Geist der lateinischen Sprache und Kultur zuwiderlaufe und die typisch „scholastischen" Debatten über ens und entitas, über quid und quiditas hervorgerufen habe. In der Tat hat sich diese Art von philosophischer Untersuchung unter dem Einfluß der lateinischen Übersetzungen arabischer Philosophen gebildet und hat sprachliche Ungetüme hervorgebracht. Andererseits gehörten sie zu dem ererbten Konzept von Philosophie als Erster Philosophie, d. h. als vom Allgemeinsten zum Besonderen führende Fundierungswissenschaft, das schwerlich abzuschütteln oder zu korrigieren war, ohne sich auf diese Terminologie einzulassen. Was insbesondere Dietrich betrifft, so bilden die entsprechenden Untersuchungen ohnehin nur einen schmalen Teil seiner literarischen Produktion. Wenn je einer gesehen hat, daß man bei solchen Allgemeinheiten nicht stehen bleiben darf, dann war er es. Aber er fand, diese Untersuchungsart habe sich sich in Sackgassen verrannt und bedürfe der Korrektur. In einer solchen Situation nutzt generelle Distanzierung wenig; er mußte in das Boot der Allerweltsdenker, der communiter loquentes, steigen und dort Ordnung schaffen. Bevor ich zeige, wie Dietrich sich diese Korrektur gedacht hat, halte ich folgende Einzelbemerkung Dietrichs aus diesen Debatten fest: Man unterschied das weiße Ding von seinem

[27] Aristoteles, Analytica posteriora II 1, 89 b 24–25.

Weißsein, lateinisch: album von albedo. Dabei betonte Dietrich mit Aristoteles: Wenn man so unterscheidet, muß man sich im klaren bleiben, daß dies nicht verschiedene Sachverhalte sind. Der bezeichneten Sache nach sind das Weiße und das Weißsein dasselbe.[28] Diese einfache Überlegung bekam im Denken Meister Eckharts grundlegende Bedeutung. Spätestens dann wurde klar, daß es sich nicht um nur terminologische Finessen handelte, mit denen Dietrich sich allerdings aufhalten mußte. Denn er wollte auch die Möglichkeit sichern, zwischen album und albedo einen Unterschied zu sehen, denn er behauptete gegen Thomas, die quiditas sei nicht die essentia; dazu brauchte er zwischen quid und quiditas die Differenz .

Dietrich sah, daß ein terminologisches Gestrüpp entstanden war. Er versuchte, zu sortieren: Da gab es die Ausdrücke „seiend" und „Seiendheit", „Wesen" und „Washeit". Um sich zu orientieren, erinnerte Dietrich an den einfachen sprachlichen Ursprung dieser Begriffe. Sie kamen alle von: *Ich bin, du bist, er ist.* „Sein" oder esse war das Verb, das keiner bestimmten Person zugeordnet ist. Es verhielt sich zu „seiend", ens, wie das Verb „laufen" zu „laufend" oder „der Laufende". „Laufen" ist der Akt, die prägende Bestimmtheit dessen, der läuft. So ist „Sein", esse, der Akt, die prägende Bestimmtheit dessen, was nicht nichts ist. Wenn ich etwas „seiend" nenne oder von seiner Seinsheit, entitas, rede, meine ich dasselbe wie mit dem Wort „sein", esse, nur bezeichne ich dasselbe auf die Weise eines ruhigen Bestandes. Aus den konjugierten Formen des Verbs wie „ich bin, du bist, er ist" haben wir die abstrakte und unbestimmte Form „sein", also den Infinitiv gewonnen. Der Infinitiv bezeichnet – wie im Beispiel „laufen" – den reinen Vollzug, in der scholastischen Sprache: den Akt, actus. Auch nach Dietrichs Analyse bezeichnet „Sein" den „Akt des Seins"; esse bedeutet auch bei Dietrich den actus essendi. Dietrich bestreitet nur, daß dieser actus vom Wesen real verschieden ist. Von esse, Sein, kommt „Wesen", essentia. Zunächst wurde der Infinitiv „sein" gebildet, dann wurde er substantiviert zu „dem Sein", esse und daraus „essentia", das Wesen abgeleitet. Die These Dietrichs lautet nun: Mit „Sein" meinen wir nichts anderes als das ganze Wesen einer Sache. esse significat totam essentiam rei. Das Wesen ist nichts anderes als das Sein. Damit verließ er den Konsens der Allerweltsleute. Er argumentierte dafür wie folgt:

[28] Dietrich, en. I 3, 2 II 29–30.

Erstens: Wenn wir sagen „der Mensch *ist*“, dann hat das „ist“ eine andere Funktion als wenn wir sagen: „Der Mensch ist weiß“. Das Sein, das wir im ersten Satz behaupten, meint den Menschen in seiner Gesamtheit, sein ganzes Wesen. Wir wollen sagen: Er, als ganzer, unterscheidet sich grundlegend vom Nichts. Wenn wir von ihm sagen, er sei weiß, bezeichnen wir damit etwas, was zu seinem Wesen dazukommt, denn das Weißsein ist im Wesen des Menschen nicht eingeschlossen.

Zweitens: Es besteht enge Verbindung zwischen esse und essentia, zwischen Sein und Wesen. Nichts ist dem Wesen näher als das Sein. Das Wesen *ist* das Seiende. Wer annimmt, das Sein komme zum Wesen hinzu, gerät in zwei Schwierigkeiten: Er muß erstens sagen, wie dem Wesen, das noch kein Sein hat, irgend etwas zukommen kann. Zweitens: Er muß sich entscheiden, ob es ihm als Substanz oder als Eigenschaft hinzukommt. Käme es als Substanz, dann träte eine Substanz in eine Substanz ein, aber das Wesen ist bereits die Substanz. Käme das Sein als Akzidens, dann müßte man annehmen, eine Eigenschaft sei grundlegender und innerlicher als das Wesen. Beides ist absurd.

Drittens: Das Grundlegende, das Prinzipiierende einer Sache und das, was ihren Wert ausmacht, ist, daß sie *ist.* Deswegen sage der *Liber de causis,* die erste und grundlegende Wirkung der göttlichen Erschaffung sei das Sein, prima rerum creatarum est esse.[29] Daher heiße es, Gott allein könne Sein begründen. Aber das Grundlegende an einer Sache ist ihr Wesen. Es ist das, was ihren Wert bestimmt. Wenn das Sein zum Wesen der Sache hinzukommen müßte, dann wäre nicht die Sache selbst in ihrem Wesen das Ziel der göttlichen Weltbegründung.

Das Ergebnis dieser Überlegungen ist: Das Sein ist nichts, was zum Wesen hinzuträte. Man kann vom Sein sagen, daß es das Wesen begründe. Das ist vergleichbar der Aussage, das Menschsein verursache es, daß dieses Wesen da ein Mensch ist. Aber das kann nicht bedeuten, das Menschsein trete zum Einzelmenschen hinzu. Das Menschsein bezeichnet die Wesensform dieses einzelnen Menschen. So begründet das Sein den Abstand eines Wesens vom Nichts. Aber deswegen tritt es nicht wie eine Eigenschaft zu ihm hinzu. Es ist der Mensch selbst. Außerdem lassen Intellekte keine akzidentellen Zusatzbestimmungen zu. Dann könnten gerade sie, die im hohen Maße „seiend“ sind, kein Sein bekommen.

Im Anschluß an diese Argumentation breitet Dietrich seine historische

[29] Dietrich, en. I 6 (5) II 33; vis. 3.2.9.4. (4) I 91; int. II 15 (1) I 156 und öfter.

Gelehrsamkeit aus. Er gibt Autoritätsbeweise für seine These, daß Sein das Wesen bezeichnet, esse significat essentiam. Die Belege, die Dietrich beibringt, reichen von Aristoteles bis Boethius, dem zufolge das Sein aus der Wesensform folgt, und zum *Liber de causis*; Augustin hatte er zuvor schon zitiert, aber er kommt noch einmal zu Wort mit dem Dictum, ein Wesen heiße Wesen, weil es ist: Omnis essentia non ob aliud essentia est, nisi quia est.[30]

4. *Situationsbezug*

Die Diskussionen über das Seiende und das Wesen behandelten, so abstrakt sie formuliert worden sind, kein „Problem", das um die Mitte des 13. Jahrhunderts aus zeitlosem Himmel herabgestürzt wäre. Sie hatten ihre Stunde, ihren konkreten Zeit- und Gesellschaftsbezug. Wie die Theorie des Intellekts und Diskussionen über die Rolle des intellectus possibilis bei der Glückseligkeit von einem bestimmten Grad der Irritation durch den arabisch interpretierten Aristoteles bestimmt waren, so war auch die Ontologie umstritten aufgrund ungelöster Fragen zwischen Aristoteles, Avicenna und Averroes. Dietrich hat wohl von 1272 bis 1274 und vielleicht länger in Paris studiert; er hat wahrscheinlich in den achtziger Jahren längere Zeit in Paris gearbeitet und 1296/1297 als Magister gelehrt. Dort bestand eine intellektuell aufgewühlte Situation; ein Streit um das Seiende und das Wesen war im Gange. Thomas von Aquino hatte seine Lehre vom realen Unterschied schon in *De ente et essentia* (1252–1256) vorgetragen; er hatte am Beispiel der reinen Geistwesen dargelegt, selbst bei ihnen, die nicht aus Stoff und Form zusammengesetzt seien, müsse unterschieden werden zwischen Substanz und ihrem Sein, esse aliud ipsam substantiam et esse eius, *Summa contra Gentiles* II 52 (verfaßt 1259–1264/65).[31] Siger von Brabant hatte den Unterschied von Dasein und Wesen als bloß semantische Differenz erklärt. Ägidius hatte den realen Charakter dieser Distinktion forciert, Gottfried von Fon-

[30] Augustin, De immortalitate animae XII 19 PL 32/ 1031, bei Dietrich, en. I 7 II 36, doch vgl. den Abschnitt ganz, II 33–36.

[31] Thomas über das Verhältnis von esse und essentia: 1 Sent. 8, 1, 1; 1 Sent. 8, 4, 1–4; De ente et essentia, bes. c.4; De potentia 7, 2; Sth I 3, 4 und 50, 2; Quodlibet 2,2, 1–2.

taines ihn wie Siger aufgelöst. In die dadurch entfachten Debatten hinein schrieb Dietrich sein *De ente et essentia* (abgekürzt: en.).

Diese Pariser Diskussionen zwischen 1270 und 1300 waren von außerordentlicher Kompliziertheit und sind noch nicht in allen Einzelheiten erforscht. Das Thema „das Seiende und das Wesen" weitete sich aus. Es implizierte den Disput über Realität oder Nicht-Realität des Allgemeinen, es tangierte den Begriff des Unterschieds – war die distinctio real, virtuell, intentional oder bloß gedanklich? –, es berührte die ontologische Rolle der Wesensform, ferner das Verhältnis von Denken und Sein, von Notwendigkeit und Kontingenz, von Seiendem und Einheit. Theologische Fragen kamen ins Spiel. Bestand die Erschaffung der Dinge in der Realisierung von Wesenheiten aufgrund göttlichen Beschlusses? Zu diesen Fragen gab es eine Mehrzahl hochdifferenzierter Positionen. Ich gehe hier nur so weit darauf ein, als sie den Zeitbezug von Dietrichs Ontologie beleuchten. Ich schicke der Erörterung einzelner Texte eine Skizze voraus, um einen Einblick zu geben, worum es bei diesen „scholastischen" Erörterungen ging und beginne mit der Frage: Was konnte man um 1300 denken, wenn man das Wort „Wesen" hörte?

Fast jeder Gebildete hatte die *Kategorienschrift* des Aristoteles studiert und hatte gelesen, ein „Wesen", das sei zum Beispiel ein Baum oder ein Tier. Das sagte der gesunde Menschenverstand, das wurde bestärkt durch die Autorität des Aristoteles. Dort las man seit vielen Generationen, die usia, das Wesen oder die Substanz, das sei zum Beispiel ein Mensch oder ein Pferd (*Kategorienschrift* c. 5, 1 b 11–13). Unter „Wesen" verstand man dann eine einzelne Sache, eine res, wobei res ein allgemeinerer Begriff war als unsere „Sache" oder „Ding". Hatte jemand bei dieser Anfangsüberlegung ein einzelnes Pferd als „Wesen" oder „Substanz" anerkannt, dann mußte er zugeben, daß andere Pferde existierten, konnte fragen: *Hatten* sie dasselbe „Wesen" oder *waren* sie dasselbe Wesen? Weiter: Hatten oder waren nicht auch die Eigenschaften eines Pferdes, etwa seine Größe oder Schnelligkeit, ein Wesen? Das Wesen, sofern es *gehabt* wurde, war offenbar zu unterscheiden von dem Wesen, das ein x *war.* Von dem allgemeinen Wesen, das sich in allen Pferden fand, sprach man verdeutlichend von Wesenheit oder quiditas. Wer das einzelne Wesen unterschied von der allgemeinen Wesenheit, mußte sagen, um welche Art von Unterschied es sich handelte und welche Art von Realität der allgemeinen Wesenheit zukomme. War letztere nur eine Abstraktion, ein bloßes Gedankenprodukt oder stand sie als Ursprung und Norm über dem Einzelwesen? Schließlich mußte man wissen, was ein wirkliches oder ein „richtiges" Pferd war, um es von einem Maulesel oder einer Skulptur zu unterscheiden. So kam in das Konzept vom „Wesen" ein Moment von Idealität, von „Wahrheit" oder Echtheit der Sache. Wer das „Wesen" des Goldes wußte, konnte entscheiden, ob der Gegenstand x „echtes", „wahres" Gold war oder ein Imitat.

Dieser normative Charakter des Wesens kam auf zwei verschiedene Weisen zum Ausdruck. Man konnte entweder sagen, die Wesenheiten bildeten eine eigene Sphäre, die den Einzeldingen vorgeordnet sei und auf die wir blicken, wenn wir den Gegenstand x ein „wirkliches" Pferd nennen. Diese Ansicht galt als die Ansicht Platons; so verstand man meistens seine sogenannte Ideenlehre. Es ist fraglich, ob der historische Platon seine „Ideen" wirklich so verstanden hat; jedenfalls verband sich mit dem Begriff des Wesens oft die Vorstellung selbständiger Urbilder, denen es nichts ausmachte, wenn sie in der sichtbaren Welt nur unvollkommen oder nur zeitweise realisiert wurden. Dann stellte sich die Frage, wie sich das einzelne Wesen zum Idealwesen verhalte. Manche sprachen von „Teilhabe", andere verwarfen diese Vorstellung als leeres Gerede.

Seit Augustin die Ideenlehre zum Bestandteil des christlichen Glaubensverständnisses gemacht hatte, versuchten philosophierende Theologen, die Sphäre idealer Wesenheiten in ihr Konzept von Gott zu integrieren. Das schuf neue Probleme: War sie Gott vorgeordnet? Blickte Gott bei der Erschaffung der Welt auf sie als auf ein Reich von Normen und Mustern, an die er gebunden war, wenn er etwas Gutes und Richtiges hervorbringen wollte? Christliche Platoniker wie Augustin und Johannes Eriugena deuteten das Ideenreich als Gedanken Gottes vor Erschaffung der Welt; der antik-philosophische Begriff des Logos, der auch im Johannesprolog vorkam, bot dazu die Möglichkeit. Ein Pferd war dann ein gutes oder ein „richtiges" Pferd, wenn es dem Wesensbild des Pferdes im Geist Gottes entsprach. Aber waren diese Wesensbilder mit Gott völlig identisch? Was wurde aus ihnen, wenn ein Theologe auf der absoluten Einfachheit Gottes bestand? Schließlich waren sie *viele* und waren *unterschieden.*

Im Lateinischen hieß „Wesen" essentia. Das Wort kam offenbar von esse, sein. Das legte die Annahme nahe, das Wesen sei das Seiende. Faßte man hingegen „Wesen" als ideales Muster, das der Schöpferwille erst verwirklicht, dann kam die Vorstellung auf, das Sein, esse, müsse zum Wesen hinzukommen. Dann war die essentia noch nicht das Seiende, sondern wurde erst dazu gemacht, indem Gott das Dasein, esse, zur essentia hinzufügte. Sah man Gottes Schöpfertat darin, daß er Wesen ins Sein versetzt hat, entstand ein starker Begriff von Allmacht und Schöpfergröße; dann hing die wirkliche Welt weniger vom Reich der Wesensmuster ab als vom Willen Gottes. Alle Weltdinge erschienen in erhöhtem Maße als kontingent; Normativität und Notwendigkeit, die mit „Wesen" verbunden waren, traten unter neue Bedingungen. Sie hatten hypothetische Geltung; konnte es doch Wesenheiten geben, denen Gott das Dasein nicht verliehen hatte oder deren letzte existierende Abbilder verschwunden waren. Ob eine Wesenheit ein einzelnes Seiendes prägen konnte, hing dann nicht primär von dieser Wesenheit ab, sondern von Gottes unvordenklicher Entscheidung. Der Ursinn von „Wesen" und von „wesenhaft Seienden" war dann nicht mehr der einzelne Baum oder das Pferd als das wirkliche Wesen, mit dem die Überlegung begonnen hatte. Konnte man zu der schlichten Ausgangsannahme, das Wirkliche sei das Wesen, zurückkehren?

Dies war der Problemhintergrund der Debatten, in die Dietrich eingriff.

Seit etwa 1250 war die Diskussion über dieses Thema wie bei fast jedem philosophischen Problem bestimmt durch die neu erschlossenen Schriften des Aristoteles und seiner arabischen Ausleger. Das waren vor allem seine *Physik* und *Metaphysik*, seine Bücher *Über die Seele* und zur Wissenschaftstheorie. In seinen *Zweiten Analytiken* hatte Aristoteles versucht, das Vorgehen beweisender Wissenschaft zu beschreiben und zu normieren. Er stellte klar, welche Art von Fragen ein Forscher zu stellen habe. Er unterschied in seinen *Analytica Posteriora* II 1 vier Typen von Fragen und traf die Unterscheidung zwischen Fragen nach dem „Daß" eines Gegenstandes und nach dem „Weshalb". Welche genaue Funktion diese Unterscheidung in der Wissenstheorie des Aristoteles hatte, ist hier nicht zu entscheiden.[32] Vermutlich hatte sie mit den späteren Fragen nach Dasein und Wassein wenig zu tun und besagte, daß die Sichtung der Fakten der Ursachenforschung voranzugehen habe. Wann ein Daß als gesichtet gelten konnte, blieb offen. Denker des 13. Jahrhunderts entnahmen der Analyse des Aristoteles, es bestehe ein Unterschied zwischen dem Daß und dem Was einer Sache, zwischen Dasein und Wesen. Damit

[32] Dazu die Diskussionsübersicht bei Wolfgang Detel, Aristoteles, Analytica Posteriora, übersetzt und erläutert, 2. Halbband, Berlin 1993, S. 542–552. Vgl. Wolfgang Kullmann, Aristoteles und die moderne Wissenschaft, Stuttgart 1998, bes. S. 55–81.

war die wissenstheoretische Analyse des Aristoteles ontologisiert. Jetzt waren Dasein und Wesen zu Prinzipien der Dinge geworden. Sie hatten jetzt die Form von Substantiven, und man fragte, wie sie sich im realisierten Einzelwesen unterschieden.

Aristoteles selbst schien diese Fragerichtung vorzugeben. In seiner *Metaphysik* IV 2, 1003 b 26–27 stellte er fest: Es bedeute dasselbe, ob man von einem Menschen sage, daß er *ist* oder daß er *einer* oder daß er ein *Mensch* ist. Das war zunächst eine schlichte Feststellung des Sprachgebrauchs. Wer etwas ein Pferd nannte, wußte dann auch, daß das Pferd *existierte*, daß es *ein* Pferd und daß es *Pferd* war.[33] Unter zwei Bedingungen konnte aus diesem Satz des Aristoteles eine große Debatte erwachsen: Man mußte erstens annehmen, es gebe in dem Pferd ein Prinzip, das es zu einem seienden Pferd mache. Dabei war nicht an die Elterntiere gedacht, sondern an einen immanenten Sachgrund. Das Wassein des Pferdes, seine ganzheitliche Struktur, sollte dann ebenfalls auf einen inneren Bestimmungsgrund zurückgehen, eben auf das „Wesen". Damit entstand die Frage, wie sich diese beiden internen Prinzipien zueinander verhalten und welche Art von Unterschied zwischen ihnen bestehe. Eine zweite Komplikation trat durch theologische Motive hinzu: Der gesuchte Unterschied von Dasein und Wesen vergrößerte sich bei der Annahme, die Welterschaffung bestehe darin, daß ein Wesen ins Dasein gesetzt werde. Dieser Eingriff verband sich mit dem Namen des Avicenna. Was der historische Ibn Sina über diese Frage gedacht hat, mag hier auf sich beruhen; hier geht es darum, wie ihn der lateinische Westen verstanden hat. Darüber gab der Kommentar des Thomas von Aquino zur *Metaphysik* des Aristoteles folgende Auskunft:

Aristoteles behaupte, ob jemand von einem Menschen sage, er sei *ein* Mensch oder er sei ein seiender Mensch, das sei der Sache nach dasselbe, nur die Hinsichten unterschieden sich. Der Name „Mensch" beziehe sich auf seine Wesenheit (quiditas); bezeichnen wir ihn als „Seiendes", dann beziehe sich das auf sein aktuales Dasein, auf den actus essendi.[34] Jedes Seiende ist, Aristoteles zufolge, durch sich selbst, per se, ein Eines. Das Einssein wird ihm nicht durch etwas anderes hinzugefügt, non per

[33] Aristoteles, Met. IV 2, 1003 b 26–27; Ar. lat. XXV 3, 2 (1995) S. 68, 45–69, 49.

[34] Thomas von Aquino, In Metaphysicam IV 2 n. 553 Cathala S. 186. Zu Diskussionen über das Eine und die Eins vgl. Alain de Libera, D'Avicenna à Averroès, et retour. Sur les sources arabes de la théorie scolastique de l'Un transcendantal, in: Arabic Sciences and Philosophy 4 (1994) S. 141–179.

aliquid additum. Denn das Hinzugefügte müßte seinerseits ein Seiendes und Eines sein, das ergäbe einen unendlichen Regreß. Doch darüber, fährt Thomas fort, habe Avicenna anders gedacht. Dieser behaupte, „Einssein" und „Seiendsein" bezeichne nicht die Substanz der Sache, nicht die substantia rei, sondern etwas, das ihr hinzugefügt werde. Denn bei jedem Seienden, das sein Sein von einem anderen habe, das ab alio sei, also bei jedem Geschöpf, sei das Sein etwas anderes als dessen Substanz oder Wesen.[35] Thomas kritisiert diese These insofern, als Avicenna die Natur des Einsseins verkenne, er verwechsle das Einssein mit der Zahl Eins. Doch stimmt Thomas, was das Sein, das esse, angeht, ihm teilweise zu: Das Sein des Seienden sei etwas anderes als sein Wesen, aliud ab eius essentia. Das esse komme aber nicht als ein Akzidens zur Substanz hinzu, sondern werde gewissermaßen konstituiert von den Prinzipien des Wesens.[36] Die Stelle bei Thomas ist dunkel und umstritten: Thomas wollte vermutlich eine zu dinghaft gedachte Vorstellung vom Hinzutreten des Daseins, des actus essendi, zum Wesen vermeiden, auch wenn er an anderer Stelle von einer realen, nicht bloß gedanklichen Unterscheidung gesprochen und das Hinzutreten des Daseins mit dem Hinzukommen eines Akzidens *verglichen* hat. Thomas sah wie Avicenna den charakteristischen Unterschied zwischen Schöpfer und Geschöpf darin, daß bei keinem erschaffenen Wesen seine Substanz das esse ist, *Summa contra Gentiles* II 52. Das war ein halber Sieg des Avicenna über Aristoteles. Diese Position ließ sich

[35] Thomas von Aquino, In Metaphys. IV 2, n. 556 Cathala S. 186–187: Sciendum est autem quod circa hoc Avicenna aliud sensit. Dixit enim quod unum et ens non significant substantiam rei, sed significant aliquid additum. Et de ente quidem hoc dicebat, quia in qualibet re quae habet esse ab alio, aliud est esse rei, et substantia sive essentia eius: hoc autem nomen ens significat ipsum esse. Significat igitur (ut videtur) aliquid additum essentiae.

Zur Unterscheidung von Dasein und Wesen bei Thomas von Aquino vgl. oben Anm. 5. Zur Metaphysik Avicennas und ihre Einwirkung: John F. Wippel, The Latin Avicenna as a Source for Thomas Aquinas's Metaphysics, in: Freiburger Zeitschrift für Philosophie und Theologie 37 (1990) S. 51–90; Jean Jolivet, Philosophie médiévale arabe et latine, Paris 1995, S. 221–236; Alain de Libera, L'art des généralités. Théories de l'abstraction, Paris 1999; Pasquale Porro, Universaux et esse essentiae: Avicenne, Henri de Gand et le „Troisième Reich", in: Cahiers de philosophie de l'Université de Caen, 38/39 (2002) S. 9–51; ders. (Hg.), Avicenna, Metafisica, Mailand 2002; Giorgio Pini, Absoluta consideratio naturae. Tommaso d'Aquino e la dottrina avicenniana dell'essenza, in: Documenti e studi sulla tradizione filosofica medievale 15 (2004) S. 387–438; Jean Jolivet, Le vocabulaire de l'être et de la création dans la Philosophia prima de l'Avicenna latinus, in: ders., Perspectives médiévales et arabes, Paris 2005, S. 217–227.

[36] Thomas von Aquino, In Metaphys. IV 2, n. 558 Cathala S. 187: Esse enim rei quamvis sit aliud ab eius essentia, non tamen est intelligendum quod sit aliquod superadditum ad modum accidentis, sed quasi constituitur per principia essentiae.

in der zweiten Hälfte des 13. Jahrhunderts weiter ausbauen, indem ihre Verteidiger auf den Satz des Boethius zurückkamen, bei jeder Sache sei zu unterscheiden zwischen dem, was sie ist (quod est) und dem, wodurch sie ist (quo est). Die unter Avicennas Einfluß geschaffene Neuerung erhielt dadurch alt-ehrwürdiges Aussehen. Die Unterscheidung von Dasein und Wesen wurde weiter gestärkt durch Untersuchungen zum Problem des Universale. Konnte nicht das allgemeine Wesen, zum Beispiel das Pferdsein, nur durch *zusätzliche* Bestimmungen das Wesen des einzelnen Pferdes werden? Dafür hatte auch Albert plädiert, Avicenna folgend, der gelehrt hatte, das Pferdsein sei dasselbe, ob es als allgemeine Bestimmtheit oder als das Wesen des einzelnen Pferdes gedacht wird. Equinitas est equinitas tantum: Das Pferdsein ist in allen seinen Seinsweisen dasselbe. Diese Bestimmung enthält nichts als „Pferdsein",[37] sie bedarf also zusätzlicher Bestimmungen, um ein einzelnes Pferd zu konstituieren. Dies stützte die Theorie, das esse sei etwas anderes als die essentia.[38] In diesem Zusammenhang gebrauchte auch Albert den Ausdruck, die individuellen Bestimmungen träten zum Universale hinzu, accidit enim ei esse in hoc et in illo.[39] Albert teilte den Grundsatz Avicennas, es bestehe im Wesen Indifferenz gegenüber seinen verschiedenen Seinsweisen, seinen modi essendi.[40] Albert präzisierte dies dahin, es bestehe in der essentia eine Eignung (aptitudo), entweder in vielen zu existieren, also ein Universale zu sein, oder nur in *einem* Wesen vorzukommen.[41]

Averroes hat Avicenna und seinen Nachfolgern widersprochen. Avicenna habe unter dem Einfluß islamischer Theologen den Sinn der Aussagen des Aristoteles umgebogen. Averroes argumentiert in seinem Kommentar zur *Metaphysik* IV 2 fol. 67 rB–rC, Avicenna habe fälschlich angenommen, kämen Dasein und Einheit nicht real zur Sache hinzu, dann hätte Aristoteles nur eine Tautologie ausgesprochen, als er lehrte, „Mensch" zu sagen sei dasselbe wie *„ein* Mensch" und *„seiender* Mensch". Dagegen argumentiert Averroes, diese Aussagen betreffen

[37] Avicenna, Metaphysica V 1, Riet S. 227–228. besonders Zeile 33.

[38] Avicenna Logica, Venedig 1508, fol. 2 rb: Metaphysica I 5 Riet S. 35, Zeile 64–68, auch Metaphysica I 5–7; IV 1, 2–3; VIII 3–6; IX 1, 4.

[39] Albert, Metaphysica V 7, Ed. Colon. XVI 1, Münster 1960, S. 287 a.

[40] Albert, De praedicabilibus II 8 Borgnet 1 S. 38 a–b: Et ideo dicit Avicenna, quod esse et existentia accidit ei quod est: verum est enim hominem esse animal, sive aliquod animal sit sive non sit: et accidit ei esse vel non esse. Vgl. Albert, Metaphysica, Ed. Colon. XVI 2 S. 250 a–b.

[41] Albert, De intellectu et intelligibili I 2,2 Borgnet 9, 493 a–b.

ein und dasselbe Wesen, aber ens und unum bezeichneten verschiedene begriffliche Bestimmtheiten (intentiones) des Menschen. Er, Averroes, behaupte, diese Bestimmungen bezeichneten dieselbe essentia, nur auf *verschiedene Weise* (modis diversis), sie seien nicht *gedanklich* inhaltsgleich, aber seien auch keine eigenschaftlichen Dispositionen, die zum Wesen hinzuträten.

5. *Zwischen Thomas von Aquino und Siger von Brabant*

Dieser Dissens der großen arabischen Philosophen war in Paris Diskussionsthema, als Dietrich dort von etwa 1272 bis mindestens 1274 studierte. Thomas hatte seinen Kommentar zur *Metaphysik* wohl 1271 abgeschlossen. Siger von Brabant trug in Dietrichs Studienjahren seine Erklärung der *Metaphysik* des Aristoteles vor.[42] Sein Text liegt nur in Mitschriften vor, aber seine Argumentation ist klar erkennbar: Avicenna sei dadurch irregeführt worden, daß er, weil res und ens zwei verschiedene Namen sind, annahm, sie seien real verschieden. Siger berichtet von der Kritik des Averroes an Avicenna und stellt sich auf die Seite des Averroes: Er fügt hinzu, auch Albert habe den Irrtum des Avicenna geteilt; auch Albert lehre, das Sein komme zusätzlich zum Wesen hinzu, quod esse est aliquid additum essentiae.[43] Diese Denker hätten befürchtet, der Vorrang des Schöpfers gehe verloren, wenn man von einem erschaffenen Wesen sage, es sei sein Sein. Sie hätten angenommen, nur wenn im Geschöpf Wesen und Dasein eine Zusammensetzung bildeten, die vom Willen Gottes abhänge, unterscheide es sich hinreichend von der absoluten Einfachheit Gottes, der allein das Sein sei. Doch diese Sorge sei unbegründet; der Abstand zur ersten Ursache sei dadurch gewahrt, daß sie allein reiner Akt ist, während jedem Geschöpf Möglichkeit innewohne. Wenn jedes Wesen per se sein Sein ist, existiere es in der forma-Hinsicht durch sich selbst, aber das schließe die effiziente Erstursächlichkeit

[42] Es gibt mehrere Reportationen. Sie sind ediert von W. Dunphy, Louvain 1981 und A. Maurer, Louvain 1983. Die Quaestio 7 der Introductio bei Dunphy, S. 141–142 und Maurer, S. 136–139. Vgl. auch Dunphy, S. 43 und Maurer, S. 31–32.

[43] Albert, De causis I 1, 8, Ed. Colon. 16, 2, Münster 1993, S. 16–17.

Gottes nicht aus, sondern ein. Damit falle das theologische Motiv für die Realdistinktion. Dies bezieht sich wohl auf Thomas, der dies als seine Motivation ausgesprochen hatte. Doch weist Siger nicht nur die Besorgtheit um den Vorrang Gottes zurück; er argumentiert inhaltlich:

Erstens: Würde das Sein durch ein Hinzukommendes dem Wesen erst gegeben, müßte das Sein auch diesem Hinzukommenden erst gegeben werden. Das ginge ins Unendliche weiter. Also muß der Gedanke beim Ersten, beim seienden Wesen, stehen bleiben. Dies, der regressus in infinitum, war schon ein Argument des Averroes gegen Avicenna.

Zweitens: Es sind Weisen des Bezeichnens zu unterscheiden, modi significandi. Synonyme Ausdrücke ergeben bei Verschiedenheit der Vokabeln tautologische Sätze. Da hat Avicenna recht. Aber die Wörter „Mensch", „Eines" und „seiend" haben verschiedene Bedeutung. Sie lassen sich inhaltlich unterscheiden. Aber nicht so, wie wir „Mensch" und „des Lachens fähiges Wesen" unterscheiden. Denn dabei handle es sich um eine Differenz der Begriffsbestimmtheiten (intentiones), die am selben Wesen eine sachbegründete Differenz benennen. Hingegen beziehen sich „Mensch" und „seiend" auf dieselbe inhaltliche Bestimmtheit (intentio), nämlich darauf, daß das Wesen durch sich selbst, per se, seiend ist, nur auf je verschiedene Weise. Denn wenn ich sage, das Wesen *ist*, dann bezeichne ich es als aktual seiend, als actus. Nenne ich es „Wesen", dann bezeichne ich es als das, was diesen actus in sich hat.

Wir treffen hier eine dreifache Unterscheidung der Aussageweisen an, die im letzten Drittel des 13. Jahrhunderts diskutiert worden ist. Danach gibt es erstens synonyme Ausdrücke, es gibt zweitens intentional-verschiedene Ausdrücke, und es gibt drittens verschiedene modi, denselben intentionalen Gehalt auszudrücken. Allein diese letzte Unterscheidung, behauptet Siger, liege vor, wenn wir vom Wesen und vom Seienden sprechen.

Drittens: Siger zitiert die Stelle aus dem Metaphysikkommentar des Thomas IV 2 n. 558 und erklärt, sie enthalte einen Widerspruch. Entweder ist das zum Wesen hinzutretende Dasein ein Akzidens oder nicht. Wenn nicht, dann wäre es eine Substanz, und eine Substanz träte zu einer Substanz hinzu, was widersinnig sei. Es gibt zwischen Substanz und Akzidens kein Mittleres, wie Thomas anzunehmen scheine.

Damit leugnet Siger nicht die Geschöpflichkeit, nur betont er: Das Geschöpf als ganzes ist erschaffen, sein Wesen wie sein Dasein. Es gibt kein Wesen, dem das Dasein erst hinzugefügt werden könnte. Die existierende Substanz ist das Wesen, dem das Dasein an ihr selbst und durch sie selbst zukommt, und deren Dasein wir begrifflich von ihr unterscheiden können. „Wesen“ hat hier nicht die Bedeutung von: Muster im Geist Gottes. Das konkrete Wesen – dieses Pferd da – mußte nicht sein. Es hätte auch nicht sein können. Aber da es da ist, ist es an ihm selbst ein Wesen und als solches, in dieser forma-Betrachtung, stammt es nicht von einem anderen, ab alio, sondern von sich selbst her. Anders steht das Geschöpf da unter dem Gesichtspunkt der Effizienzkausalität. In dieser Hinsicht ist es, Siger zufolge, durchaus ab alio. Siger hat in seinem späteren Kommentar zum *Liber de causis*, 1275–1276, noch eine andere, für Aristoteliker schwer nachvollziehbare Signatur der Geschöpflichkeit anerkannt: Selbst bei reinen Geistwesen – Engeln oder Intelligenzen – sei das Erkennen nicht ihre Substanz. Geschaffene Geistwesen sind demnach nicht in ihrem Wesen identisch mit ihrer Tätigkeit.[44] Danach wäre es das Privileg Gottes, ein intellectus per essentiam zu sein, in dem Sein und Erkennen identisch sind.

6. *Wesen als Idee*

Dietrich arbeitete zwischen 1272 und 1297 nicht ständig in Paris, aber er war in diesen 25 Jahren dort mindestens zweimal, wahrscheinlich mehrmals für längere Zeit, und auch wenn er nicht dort lebte, blieb die Universität Paris ein Orientierungspunkt. Wenn hier ein Magister der Theologie unübersehbar war, dann Heinrich von Gent, der von 1276 bis 1293 dort lehrte. Heinrich wurde im selben Jahr Magister, in dem Siger aus Paris fliehen mußte. Doch als ihm gleich im ersten Amtsjahr die Frage vorgelegt wurde, ob das Wesen eines Geschöpfs sein Sein sei, utrum ipsa essentia creaturae sit suum esse, antwortete er im Sinne und mit Wendungen Sigers: Er unterschied wie Siger zwischen einer bloß gedanklichen und einer intentionalen Distinktion. Er wiederholte den Tadel des Averroes an Avicenna: Et peccavit Avicenna multum, er wiederholte die Argumente, die auch bei Siger standen: Wäre das Sein etwas, das zum Wesen hinzufügt würde, dann wäre auch dieses Zugefügte ein Seiendes

[44] Siger von Brabant, Quaestiones super librum de causis, qu. 22, ed. A. Marlasca, Louvain 1972, S. 93 und qu. 38 Marlasca S. 146–147.

und die Untersuchung ginge ins Unendliche; er fragte wie Siger, ob dieses Hinzugefügte Substanz oder Akzidens sein solle, beides sei absurd. So stand für Heinrich fest: Jede Sache hat ihr Dasein durch ihr Wesen, und das Dasein ist nichts, was zum Wesen hinzugefügt wäre.[45]

Heinrich beschränkte sich nicht darauf, Argumente Sigers zu wiederholen; er fügte eigene Reflexionen hinzu. Zunächst drückt er sein Erstaunen aus, daß Theologen nicht einsehen, was Philosophen mit klarer Argumentation begründet haben (S. 51, Zeile 9–10). Die Theologen fürchten etwas, was nicht zu fürchten ist: Die Grenze zwischen Geschöpf und Schöpfer stehe fest auch ohne Realdistinktion (S. 55, Zeile 18–20). Einige Theologen seien der Phantasievorstellung aufgesessen, das Wesen sei wie die Luft, die ohne Sonnenlicht dunkel sei, und hätten das Dasein als das Sonnenlicht gedacht, an dem alles, was hell ist, teilhaben muß. Sie haben die Teilhabe zu bildlich genommen in ihrer phantastica imaginatio.[46]

In einer zweiten Gedankenbewegung nähert Heinrich sich wieder Avicenna. Die essentia ist indifferent gegenüber ihren Seinsweisen. Sie existiert als Idee im Geist Gottes, sie ist in Einzeldingen und in unserer abstrakten Erkenntnis. Sie ist indifferent gegenüber Sein oder Nichtsein, indifferens ad esse et non esse; sie braucht eine Wirkursache, die ihr einen bestimmten Modus des Existierens verleiht. Sofern das Wesen existiert, ist es Wirkung und Ähnlichkeit Gottes, Wirkung qua Dasein, Ähnlichkeit qua Wesen. Dasein und Wesen müssen also unterschieden werden, nur nicht wie zwei Sachen. Ihre Differenz sei die der intentio (S. 55, Zeile 8–9). Was hier intentio heißt, ist nicht ganz klar. Ein bloßes Gedankending ist diese Distinktion nicht; gemeint ist wohl – wie zuvor bei Siger – eine Unterscheidung mit Sachgehalt, die keine Sachdifferenz sein darf, sondern so wie homo und risibile in der Sache identisch sind,

[45] Heinrich von Gent, Quodlibet I 9, ed. R. Macken, Louvain 1979, S. 47–62, besonders S. 53, Zeile 60: Esse eius non est aliud re ab ipsa. Ferner: S. 52, Zeile 49–51: Et sic omnibus modis oportebit dare quod res quaelibet habet esse per suam essentiam, ut esse non sit res aliqua, additum essentiae.

[46] Heinrich von Gent, Quodlibet I 9, ed. R. Macken S. 49, Zeile 69: phantastica imaginatio. Der Herausgeber verweist auf Thomas von Aquino Sth I 104, 1. Doch denken neuere Forscher vorwiegend an Aegidius Romanus, dessen Theoremata de esse et essentia, ediert von Edgar Hocedez, Louvain 1930, vermutlich den Ausgangspunkt der Debatte und den Anlaß für die Polemik Heinrichs geboten haben. Dort die charakteristische Akzentuierung der Argumente, die schon bei Thomas standen: Erstens, das Nichtsein jedes Geschöpfs ist denkbar; ich kann das Nichtsein der Rose denken, aber doch Sicheres von ihr wissen. Zweitens: Das Geschöpf hat am Dasein teil. Das Teilhabende ist etwas anderes als das, woran es teilhat. Vgl. Ruedi Imbach, Quodlibeta S. 161, bes. Anm. 31.

aber die *eine* Sache von verschiedenen gegründeten Hinsichten verschieden benennen.

Im Zuge dieser Überlegung kann Heinrich die Vorstellung akzeptieren, das Dasein komme wie ein Akzidens zum Wesen hinzu. Das Wort „Akzidens“ habe dann aber eine weite Bedeutung, ist eher eine Metapher. Das esse existentiae hat das Geschöpf nicht aus seinem Wesen, sondern als Wirkung des göttlichen Willens und als Ähnlichkeit mit seinem Urbild im Geist Gottes. Insofern hat das Wesen am Sein teil ähnlich wie ein Akzidens, modum accidentis habet quasi superveniens essentiae (S. 54, Zeile 76–80). Mit dieser Formulierung näherte Heinrich sich dem Text des Thomas im Metaphysikkommentar. Nur die Vorstellung einer res-zu-res-Ergänzung wollte er fernhalten.

Man sieht, wie aufgewühlt das intellektuelle Gelände war. Es gab die Befürchtung, das Privileg Gottes, er allein sei das Sein, werde angetastet. Es gab die autoritativen Texte: Boethius, Avicenna und Averroes in ihrem Konflikt. Es gab – bei Heinrich wie bei Siger – die Vorstellung, die göttliche Effizienzkausalität setze das Wesen erst ins Sein. Von allen war anerkannt, zwischen Substanz und Akzidens könne es kein Mittleres geben. Bei Heinrich gab es auch das Interesse, das Wesen nicht zu entleeren zugunsten der Vorstellung bloßer Möglichkeit, das Dasein zu empfangen. Heinrich hielt am Wesen als realer Ganzheit fest; er sah darin einen Identitätspunkt oder eine Struktur, die sich auf allen ihren drei Ebenen durchhielt: Der Inhalt „Pferd“ als solcher konnte im Denken Gottes nicht anders sein als in einem einzelnen Pferd und in unserem Begriff des Pferdes. Die Lösung Heinrichs hatte den Charakter eines Kompromisses. Oder, sagen wir es ein wenig mehr historistisch: Sie spiegelte die Kompliziertheiten der Position Avicennas.[47] Jedenfalls ging die Diskussion weiter. Auch als er zwei oder drei Jahre später, im *Quodlibet* III 9 noch einmal seine Position vortrug und dabei besonders hervorhob, das Wort vom Dasein als Quasi-Akzidens sei nicht im Sinn der Kategorienlehre des Aristoteles zu verstehen, sondern in einem „überaus weiten“ Sinn und er unterscheide Wesen und Dasein nicht als zwei Sachen, sondern als zwei intentiones bezüglich derselben Sache,[48] sprach er nicht das letzte Wort in dieser Frage.

[47] Dazu Jean Jolivet, Aux origines de l'ontologie d'Ibn Sina, in: Ders., Philosophie médiévale arabe et latine, Paris 1995, S. 221–236.

[48] Heinrich, Quodlibet II 8, ed. R. Wielockx, Leuven 1983, S. 48 und Quodlibet III 9, ed. I. Badius, Paris 1518, fol 61 r.

Nach 1285 nahm die Diskussion dramatische Formen an. Denn in diesem Jahr kehrte Aegidius Romanus an die Universität Paris zurück und wurde Magister der Theologie. Im selben Jahr wurde Gottfried von Fontaines Magister der Theologie; er hatte Philosophie bei Siger von Brabant und Theologie bei Heinrich von Gent studiert. Aegidius und Gottfried attackierten von entgegengesetzten Ausgangspunkten her die Position Heinrichs; sie nahmen seine Theorie von esse und essentia gewissermaßen in die Zange, was nicht ausschloß, daß Gottfried auch Aegidius angriff, allerdings taten sie dies in vornehm-akademischer Art, in der Gemeinsamkeit des wissenschaftlichen Standards und mit dem Blick auf einen gemeinsamen Vorrat an Texten und Topoi. Zu den autoritativen Texten zählten Aristoteles, *Metaphysik* IV 2, Boethius *De hebdomadibus* mit der Unterscheidung von id quod est und id quo est, die Theorie des Wesens bei Avicenna, die Kritik des Averroes an dieser Wesensphilosophie (*In Metaphysicam* IV 3 fol 67 rB) und der Bericht des Thomas von Aquino über diese Kontroverse in seinem Kommentar zur *Metaphysik, In Metaphys. IV 2 n. 556–558.* Aus Augustin suchte sich jede Partei heraus, was zu ihrem Konzept paßte; gängige Zitate waren die Identifikation des Einen mit dem Seienden aus *De vera religione* und aus *De Trinitate* die Bezeichnung Gottes als ipsum esse mit der Berufung auf *Genesis* 3, 14. Die Debatte der letzten dreißig Jahre des Jahrhunderts zeigt bei Thomas, Siger, Heinrich von Gent, Aegidius Romanus und Gottfried von Fontaines wiederkehrende Motive und Attituden, darunter auch die Anlehnung an die gesprochene Sprache. Mancher Autor begann damit, zu konjugieren: sum, es, est und folgerte, bei esse handle es sich um einen substantivierten Infinitiv. Immer wieder tauchten die Beispiele auf: essentia, ens und esse verhielten sich wie cursus, currens und currere; man berief sich auch auf Anselms Vergleich mit lux, lucere, lucens.

Streng ontologisch denkende Philosophen dachten bei ens und essentia an „Pferd" und „Pferdsein", nicht an Urbilder im Geist Gottes; sie konzipierten essentia als substantia. Theologische Interessen spielten in die Debatte herein, aber die Theologie war noch nicht vollständig fixiert und entwickelte mehrere Varianten. „Wesen" als göttliche Idee lag nahe; einige Autoren bestanden auf der realen Unterscheidung von essentia und esse, weil nur sie den Vorrang Gottes als des einzigen ens per se wahre. Andere widersprachen und sicherten den Abstand zum Welterschaffer lieber in anderer Begrifflichkeit. Fast immer verwickelte die Debatte sich in Fragen der Partizipation und der Relation des Geschaffenen zum

Unerschaffenen; manche Autoren verherrlichten die Allmacht Gottes, indem sie von den geschaffenen Wesen sagten, sie seien von sich aus nichts und falsch, nur die Anwesenheit des Wesens im Geist Gotte mache sie wirklich und wahr. Wurde unterschieden zwischen Wesen und Einzelding, erwuchs ein neues Interesse an Konkretheit, Individualität und Kontingenz. Außerdem verband sich die Untersuchung mit der Diskussion über Universalien und Einzeldinge. Wer das Zufällige, Vereinzelte, Unvorhersehbare aus dem Formalismus der Wesenshierarchie retten und es dem Wirklichkeitsanspruch der Logiker entziehen wollte, entwickelte die aristotelische Substanzontologie in fast empiristischer Richtung und/oder stellte alles Reale, alles Nicht-bloß-Formale dem unergründlichen Willen Gottes anheim. Soviel zum *generellen* Charakter der Erörterungen über das Seiende und das Wesen zwischen 1270 und 1300. Sie waren kompliziert und vielfältig; wenn ich jetzt etwas mehr ins einzelne gehe, beschränke ich mich auf einfache Striche zu wenigen Autoren der Umgebung Dietrichs.

7. Pariser Debatten

Aegidius Romanus, Heinrich von Gent und Gottfried von Fontaines traten sich, wie schon angedeutet, seit 1285 geradezu dramatisch auf der Pariser Bühne entgegen: Heinrich von Gent trug 1276 im *Quodlibet* I 9 und 1278 oder 1279 im *Quodlibet* III 9 seine Ansicht zu Sein und Wesen vor. Damals waren Siger von Brabant und Aegidius aus der Universität Paris vertrieben, doch wenn Aegidius seine *Theoremata de esse et essentia* um 1285 verfaßt hat, wofür es neue Gründe gibt, dann hat wohl er damit erneut die Debatte entfacht.[49] Diese Schrift, die dem formalen Muster des *Liber de causis* beziehungsweise der *Elementatio* des Proklos folgt, entwarf Grundbegriffe der späteren Debatte: Gott als das einzige „reine Dasein", esse purum, unterschied sich von den Geschöpfen als den teilhabenden Seienden, bei denen Wesen und Dasein real unterschieden waren, was die Bedingung ihrer Erschaffbarkeit war. Aegidius dürfte die Terminologie der späteren Pariser Debatte geprägt haben, indem er,

[49] Zur neuen Datierung: R. Wielockx, in: Aegidius Romanus, Opera omnia, Band 3, 1 Apologia S. 240; Imbach 1996, S. 161, bes. Anm. 31.

weitgehend Thomas folgend, das Verhältnis von Dasein und Wesen dem naturphilosophischen Begriffspaar von Wesensform und Stoff anglich und angab, was er bei diesen theoretischen Voraussetzungen unter Dasein (esse) verstand:

Das Dasein ist eine gewisse Akthaftigkeit und ist die Vervollkommnung des Wesens, so wie die Wesensform eine gewisse Akthaftigkeit und Vervollkommung des Stoffs ist. Wie der Stoff sich real von der Wesensform unterscheidet, so real unterscheiden sich Wesen und Dasein. Wie die Erzeugung von Naturdingen darin besteht, daß das erzeugende Wesen eine Wesensform dem Stoff einprägt, so besteht die Erschaffung darin, daß der Erschaffende dem Wesen das Dasein einprägt. Wie die Erzeugung von Naturdingen uns darüber belehrt, daß Stoff und Wesensform real verschieden sind, so beweist die Erschaffung, daß Wesen und Dasein in Geschöpfen real verschieden sind.[50]

Damit band Aegidius das kirchlich-korrekte Verständnis von Erschaffung an die Realdistinktion, und das war die Position, gegen die Heinrich von Gent sein *Quodlibet* I 9 richtete. Nun kehrte Aegidius 1285 aufgrund einer Intervention des Papstes als Magister zurück und nahm sofort in der Quaestio IX von *De esse et essentia,* Gelegenheit, die essentia-Lehre Heinrichs in dessen *Quodlibet* I 9 zu kritisieren. Heinrich reagierte auf die Verteidigung des Aegidius mit seinem *Quodlibe*t X 7, vor Weihnachten 1286 oder doch Ostern 1287. Dagegen setzte Aegidius sich in seinen *Quaestiones* 11, 12 und 13 von *De esse et essentia* zur Wehr, Heinrich wiederum kritisierte vor Weihnachten 1287 mit seinem *Quodlibet* XI 3 diese Replik. Gottfried von Fontaines, soeben auch Magister der Theologie, meldete sich mit seinem *Quodlibet* III 1 zu Wort. Für die einzelnen Phasen und die Details, auch für die Datierungen, verweise ich auf die wertvolle Einleitung von Edgar Hocedez zu seiner Ausgabe der *Theoremata,* auf die Studien von Jean Paulus über Heinrich von Gent und von John Wippel über Gottfried, auf den weiterführenden Artikel von Ruedi Imbach, *Gravis iactura verae doctrinae* in seinen *Quodlibeta,* auf die mikrohistorische Studie von Catherine König-Pralong, *L'avènement*

[50] Aegidius Romanus, Theoremata de esse et essentia, Theorema 5, ed. Edgar Hocedez, Louvain 1930, S. 20–21: Ex his enim apparere potest quod est esse. Nam esse est quaedam actualitas et quaedam perfectio essentiae, sicut forma est quaedam actualitas et perfectio materiae, et sicut realiter differt materia a forma, sic realiter differt essentia ab esse. … Sicut fit generatio prout a generante imprimitur forma materiae, sic fit creatio prout a creante ipsi essentiae imprimitur esse.

von 2005 und auf ihre kommentierte Textauswahl: *Être, essence et contingence,* Paris 2006; ich halte nur wenige Motive fest:

Aegidius erklärt einleitend, in der Frage von esse und essentia seien die großen Gelehrten uneinig; er denkt wohl an den Gegensatz des Heinrich von Gent zu Thomas von Aquino. Er hebt hervor, der Konflikt sei neueren Datums; in der Tat war er nur durch die Averroesrezeption möglich. Aegidius wirft Heinrich vor, er habe die Texte der Autoritäten falsch ausgelegt und seine Position mit unhaltbaren Argumenten begründet. Seine Dreiteilung der distinctio in eine solche der Sache, der intentio und der bloßen Betrachtungsweise sei ein unhaltbarer Kompromiß. Die intentio werde vom menschlichen Denken gebildet und sei eine Unterscheidung des Verstandes. Aegidius weist die Kritik Heinrichs an der Lehre von der Realdistinktion zurück; sie führe weder zu einem regressus in infinitum noch sei sie durch die Fangfrage zu widerlegen, ob das Hinzutretende eine Substanz oder ein Akzidens sein solle, denn der Vergleich des Daseins mit dem Akzidens wolle nicht das Dasein in die Kategorientafel des Aristoteles einordnen.

Aegidius inszeniert über diese Einzeleinwände hinaus einen großen Konflikt, aber das darf nicht über gemeinsame Prämissen hinwegtäuschen. Aegidius unterscheidet wie Heinrich *(Quodlibet* I 9 Macken S. 53, Zeile 64–68) das esse essentiae vom esse existentiae; beide durchdenken das essentia-Problem unter dem Gesichtspunkt der Idee im Geist Gottes. Sie sind beide philosophierende Theologen. Dennoch oder gerade deswegen ist der Gegensatz schroff. Was Aegidius gegen Heinrich setzt, ist erstens ein anderer Seinsbegriff, zweitens eine andere Weltauffassung und drittens ein anderes Verständnis vom Verhältnis Gottes zur Kreatur.

Zum Seinsbegriff: Natürlich kennt Aegidius die traditionelle Definition der Substanz als eines ens per se, dem das Dasein nicht sekundär zukommt. Aber darauf könne man sich gegen die Realdistinktion von Substanz und Dasein nicht berufen, denn bei dem Seienden, ens, sei zu unterscheiden zwischen dem Seienden als Wesen und dem Seienden als Dasein. Aegidius baut diese Unterscheidung zur realen Differenz aus und erläutert: Gott ist das einzige reine esse, das durch sich existiert. Das Dasein der Geschöpfe ist nicht reines Sein, sondern ein Sein, das in einem anderen empfangen ist (19 ra). Man fragt, was dieses andere sein kann, in dem die Kreatur ihr Dasein empfängt. Aegidius antwortet: Es ist die essentia. Es liegt nicht in der Natur der essentia, das Dasein zu haben, dazu muß ihr die actualitas hinzugefügt werden, die wir esse nennen (19va). Ens habe zwei Bedeutungen: Erstens besage es das Schema der Kategorien (figuras praedicamentorum). „Seiend" bedeutet dann: das, was in zehn Kategorien vorkommt. In diesem Sinne ist jedes Seiende durch sein Wesen ein Seiendes, est ens per essentiam suam. „Seiend" heißt hier: Jede Sache gehört aufgrund ihres Wesens zu einer Gattung und zu einer Kategorie. Sie gibt von sich her einen Grund, sie in übergeordnete Bestimmungen einzuordnen. Zweitens aber bedeute „seiend" das, was selbst existiert. Dies sei nie die essentia allein, sondern die essentia plus esse. Aufgrund der essentia steht jedes Seiende per se in einer Kategorie, aber ein Wirkliches in der Welt ist es nur durch Teilhabe am esse. Aegidius erläutert das am Beispiel der Rose: Das Was der Rose ist nicht identisch mit ihrem Dasein, non est idem quid est rosa et rosam esse. Die Rose ist „seiend" in dem angeführten doppelten Sinn: Sie hat eine Washeit, eine quiditas, und in dieser Betrachtung ist der Rose nichts hinzugefügt, sie ist das reine Rose-Sein. Das Wesen der Rose. Behaupte man aber die reale Existenz der Rose, dann füge man zum Wesen das Dasein hinzu. Wenn die Rose nicht existiert, kann man von ihr sowohl behaupten, daß sie ist wie daß sie nicht ist. Sie ist auch dann ein Seiendes, weil sie eine res praedicamentorum ist, denn auch die nichtexistierende Rose ist aufgrund ihres Wesens kategorial bestimmbar. Wenn es auf der Welt keine Rose gibt, kann man doch von ihr behaupten, sie sei eine Blume und sie sei die schönste aller Blumen. Im Winter, wenn es keine Rosen gibt, wissen wir trotzdem, daß die Rose eine Blume ist. In der ersten Bedeutung von „seiend" reden wir nicht von der realen Existenz, sondern von der begrifflichen Bestimmbarkeit. Auch als nicht-existierende ist die Rose eine res praedicamentorum, eine Sache, die per se, von sich her und mit Wesensnotwendigkeit begrifflich bestimmbar ist, bestimmbar im Sinne der zehn Kategorien wie nach genus und species. Aegidius behauptet, auch sein Gegner gestehe zu, eine nicht-existierende Rose sei eine res praedicamenti (20 ra).

Der Ausdruck „res praedicamenti" läßt Dietrichleser aufhorchen. Hätte Dietrich eine nicht-existierende Rose als res praedicamenti angesehen, hätte er seine Abhandlung vom Ursprung der res praedicamentales nicht zu schreiben brauchen. Aber da er sie geschrieben hat, sah er sich auch verpflichtet, das Konzept von res und ens zu erklären, das er zugrundegelegt hatte, als er vermutlich um 1286, also fast gleichzeitig mit der *Quaestio* 9 des Aegidius, sein erstes Buch schrieb.

Aegidius fährt fort: Wenn die Rose nicht existiert, kann man zwar von ihr nicht sagen, daß sie existiere, wohl aber daß sie ein Seiendes sei, eine Sache (res), die nach dem Schema der zehn Kategorien bestimmt wird. Dies zeige den zweifachen Sinn von „Sein": Entweder als res praedicamenti oder als Existieren. Eine res praedicamenti sein, bedeutet, per se, von sich her, generisch bestimmbar zu sein. Es ist das reine Rosesein, ihre innere Struktur; Aegidius nennt das auch ihre certitudo, also das, was sie per se begrifflich festlegt. Und das gelte nicht für Substanzen, sondern auch für Eigenschaften. Sie haben eine Washeit; das Weißsein ist per se Weißsein, d. h. es sagt etwas genau Bestimmtes, es hat seine eigene Washeit, seine quiditas (20 rb). In dieser Hinsicht, also gemäß der reinen Wesenheit, kommt zum Wesen nichts hinzu. Deswegen habe Avicenna sich sehr geirrt, wenn er vom Seienden, das nach den zehn Kategorien eingeteilt wird, behauptet hat, es erfahre einen Zusatz. In dieser Hinsicht habe Averroes recht, der Avicenna deshalb getadelt habe. Kämen zur Wesensbestimmung Zusätze hinzu, dann entstünde in der Tat das Problem des unendlichen Regresses. Averroes und Aristoteles hätten recht, sofern sie von der Washeit oder von der res praedicamenti behaupten, sie sei von sich her Seiendes und Eines.

Dieses Lob des Averroes gilt nur eingeschränkt, bezogen auf das esse essentiae. Die Wesen bilden ein Reich strenger Bestimmtheit, deren Abgegrenztheit keine Zusätze duldet. Wesen sind in sich vollständig bestimmt. Was Aristoteles und Averroes vom real Existierenden, zum Beispiel vom wirklichen Pferd behauptet haben, bezieht Aegidius allein auf die Wesensseite, die einerseits eine gewisse Selbständigkeit erhält – wie unser Wissen von der Rose im Winter –, andererseits nur unter kontingenten Bedingungen in der wirklichen Welt vorkommt.

Damit verändert sich der Weltbegriff. Die reale Welt ist nicht nur das Reich reiner Wesenheiten mit ihrer inneren Notwendigkeit und Bestimmtheit. Die Washeiten müssen faktisch gesetzt sein, damit Welt wird. Für sich genommen sind sie nur Möglichkeiten. Sie müssen aktuiert werden. Von sich her schließen sie das Nichtsein nicht aus. Die species der Rose könnte aussterben. Dann wäre unser Wissen von der Rose immer noch wahr, aber es gäbe keine Rosen mehr. Daß das Wesen das Dasein erst empfangen müsse, das sei nicht, wie Heinrich behauptet hatte, eine falsche Phantasievorstellung, sondern die richtige Beschreibung der Weltdinge, die nur existieren, wenn sie am Dasein teilhaben. Aegidius vergleicht die Washeit in ihrem Möglichkeitscharakter mit der Materie und mit dem logischen genus: Sie alle bedürfen des weiteren faktischen Bestimmtwerdens, um in der Realität vorzukommen.

Aegidius verschärft seine essentia-Analyse durch Theologisierung: Die Erschaffung besteht in der Hinzufügung des Seins zum Wesen, genau genommen in der gleichzeitigen Setzung von Wesen und Dasein. Weil die Washeit das Dasein nicht enthält, kann das wesenhaft Bestimmte auch *nicht* sein. Natürlich wußten auch Aristoteles und Averroes, daß ein Pferd sterben kann. Aber solange es Pferd war, war es durch sich selbst existent und besaß sein Wesen unabhängig von seinen Erzeugern. Der Stoff galt als Ermöglichung dieses Werdens und Vergehens. Bei stofflosen Wesen wie den rein geistigen Intelligenzen war weder Werden noch Vergehen denkbar. Aegidius hebt dies als die Ansicht des Aristoteles hervor und widerspricht ihm: Gott kann auch reine Geistwesen vernichten; dies stellt keinen Widerspruch dar, denn sie haben nur das Wassein per se, nicht das Dasein. Aufgrund bloßer Möglichkeit existiert nichts actu. Weil das Dasein zur Wesensform hinzugefügt werden muß, kann es auch von ihr genommen werden. Und so beweist, Aegidius zufolge, die Erschaffung und die für Aristoteles ausgeschlossene Vernichtungsmöglichkeit selbst reiner Geistwesen, die allein durch ihre Wesensgestalt bestimmt sind, den realen Unterschied von Wassein und Dasein. Das reine Formsein gibt ihnen nicht das Dasein (20 vb).

Metaphysik und Physik des Aristoteles – Averroes gelten nur unter Vorbehalt. Das Verhältnis Gottes zur Welt hat sich verändert: Gott kann reine Geistwesen vernichten, denn auch sie sind nicht ihr Dasein. Die seinslos gewordenen Wesenheiten setzen der Allmacht Gottes keine Grenzen mehr. Er könnte, wenn er wollte, selbst den Erzengel Michael vernichten, ohne einen Widerspruch zu begehen. Denn die Wesenheit reiner Geistwesen muß vollendet werden (perficitur), indem ihr Gott das Dasein verleiht; seine Allmacht kann das Dasein vernichten. Gottes Erschaffung und die Möglichkeit der Vernichtung, die creatio und die annihilatio, beweisen, Aegidius zufolge, den realen Unterschied von Wesen und Dasein (21 rb). In jedem Geschöpf finden wir Formlosigkeit, die gestaltet werden muß. Dies läßt sich bei reinen Geistwesen am deutlichsten zeigen: Ein gewisser forma-Mangel liegt schon darin, daß selbst reine Geistwesen nicht mit ihrer Tätigkeit identisch sind. Das intelligere ist nicht das Wesen der intelligentia. Bei allen Geschöpfen besteht reale Differenz zwischen Substanz und Tätigkeit.

Hier tritt der Zusammenhang zwischen Intellekttheorie und den

Wesen/Dasein-Debatten zutage. Wenn der Intellekt qua Intellekt seinem Wesen nach Tätigkeit ist – wie bei Aristoteles und Dietrich – gerät auch das Verhältnis von Wesen und Dasein in ein verändertes Licht.

Aegidius sieht eine zweite, grundlegendere Formlosigkeit selbst reiner Geistwesen in der realen Differenz zwischen der Substanz des Geistwesens und seinem Dasein (21 ra). Er beschreibt Erschaffung und Vernichtung als Veränderung, als mutatio des Wesens: Die Wesenheit empfängt, wird vervollkommnet, wird real gesetzt oder vernichtet. Dies alles geschieht mit der Wesenheit, denn sie hat als geschöpfliche nicht von sich her das Sein, sondern das Nichtsein. Auch Heinrich müsse zugestehen, daß das Wesen der Kreatur von sich aus das Nichtsein ist und daß sie das Sein nur durch Gottes Schöpfungsakt besitze (21 va). „Wesen" bedeutet nur, daß etwas machbar und zerstörbar ist, daß es verwirklicht und vernichtet werden kann (21 vb). Was real aus diesem Seinkönnen wird, bestimmt die göttliche Allmacht. Die Welt der Wesenheiten ist nicht unwirklich, sie garantiert begriffliche Bestimmtheit (certitudo) der Sachen, aber sie ist von sich aus ohnmächtig, sie hängt jeweils ab von faktischem Vorkommen – im Geist Gottes, in der Dingwelt, in unserer Erkenntnis.

Diese forcierte Herausarbeitung der Realdistinktion, die in den Formulierungen über Thomas von Aquino hinausging, aber Aspekte seiner Position verdeutlichte, konnte im Paris des letzten Jahrhundertdrittels nicht unwidersprochen bleiben. War diese Allmachtsvorstellung nicht maßlos? Ließ sich Heinrichs Unterschied zwischen realer, intentionaler und bloß begrifflicher Differenz nicht verteidigen? Konnte Gott wirklich reine Geistwesen vernichten, weil ihr Wesen das Dasein nicht einschloß? War bei ihnen nicht das Wesen die Tätigkeit? War diese Konzeption des Wesens als bloßer Möglichkeit kohärent zu denken? Brach nicht die Abschiebung der aristotelischen Substanzontologie ins Hypothetische, also in den Bereich bloßer Möglichkeit, mit der soeben vollzogenen Aristoteleskonzeption? Es hagelte Kritiken, zunächst von Seiten des angegriffenen Heinrich selbst, dann kam Gottfried von Fontaines, danach kam Dietrich von Freiberg.

8. Realdistinktion und Erschaffung

Es gab bis ins hohe 20. Jahrhundert hinein Thomisten, die behaupteten, wer die Realdistinktion ablehne, könne dem Pantheismus nicht entgehen. Gegner der Realdistinktion näherten sich demnach der Häresie. So weit war Aegidius in seiner Kritik an Heinrich nicht gegangen, den Kollegen der Häresie zu verdächtigen, aber immerhin hatte er erklärt, unter den theoretischen Bedingungen der Philosophie Heinrichs verliere die christliche Schöpfungslehre ihren Sinn. Denn es sei die Erschaffung, die den realen Unterschied von Wesen und Dasein beweise, creatio facit nos scire essentiam esse aliud ab esse (20 vb). Diesen Vorwurf konnte Heinrich, der Theologe, nicht auf sich sitzen lassen. Sein *Quodlibet* X 7 antwortet umgehend, noch 1286/1287, und läßt schon in der Fragestellung erkennen, daß jetzt die theologische Perspektive dominiert, denn die Frage, die Heinrich beantwortet, lautet, ob die Erschaffung leugne, wer die reale Identität von Wesen und Dasein behauptet.[51] Aegidius hatte Heinrich vorgeworfen, da er Dasein und Wesen für real identisch erkläre, könne er das Nichtsein des Wesens nicht denken und also die Erschaffung als Realisierung und Vollendung des Wesens nicht begreifen. Die Entgegnung Heinrichs ist kompliziert und ausführlich. Kurz zusammengefaßt: Sie dreht den Spieß um und wirft Aegidius vor, *er* könne Erschaffung nicht denken, weil ihm zufolge die Erschaffung nicht aus dem Nichts erfolge, sondern das Wesen voraussetze. Er verwechsle den alltäglichen Vorgang einer Veränderung mit dem radikalen Vorgang der Erschaffung. In den Augen Heinrichs hat Aegidius die Sphäre der Wesen verselbständigt und die Erschaffung zu deren Ergänzung herabgewürdigt. Veränderungen in der Natur beweisen, daß Stoff und Form real verschieden sind, darin habe Aegidius recht; aber die Erschaffung sei keine Veränderung und dürfe nicht nach dem Muster von Naturvorgängen ausgelegt werden. Daher beweist sie nicht, wie Aegidius will, die reale Differenz von Wesen und Dasein. Der Erschaffung geht nicht – wie beim Naturvorgang – das Mögliche dem Wirklichen voraus, sondern es wird mit ihm zugleich gesetzt, unterscheidet sich also nicht real von ihm. Das Geschöpf ist zugleich Dasein und Wesen; es ist Wesen, sofern es dem göttlichen Wesen als seiner forma-Ursache ähnelt; es ist zugleich Dasein,

[51] Heinrich, Quodlibet X 7, ed. R. Macken, Louvain 1981, S. 145: Utrum ponens essentiam creaturae esse idem re cum suo esse potest salvare creationem.

weil es, ohne daß ihm etwas hinzugefügt wird, als ganzes die Wirkung der göttlichen Effizienzursache ist (S. 151, Zeile 51–56). Der *Liber de causis* lehre, die erste Wirkung der Erschaffung ist das Sein, dem Sein komme ein Vorrang vor dem Wesen zu, das die Determination und Einschränkung des Daseins sei, denn etwas müsse erschaffen sein, damit es sei und dann auch etwas sei, aber Aegidius kehre die Reihenfolge zugunsten des Wesens um; er lasse bei der Erschaffung das Wesen vorausgehen und stelle sich vor, es werde durch das hinzugefügte Dasein ergänzt.

Dies ist Heinrichs Beweisziel im *Quodlibet* X 7. Auf dem Weg dahin stellt er seine philosophischen Voraussetzungen gegen Aegidius klar:

Er teilt nicht dessen Auslegung von esse und essentia bzw. von esse essentiae und esse existentiae. Aegidius habe sie dahin vergröbert, daß er die zehn Kategorien nur für das esse essentiae gelten lassen wolle. Dann wäre die erschaffene Substanz nur eine Möglichkeit, keine Wirklichkeit. Sie ist wirklich, da sie bewirkt ist von der göttlichen Effizienzursache, und dies ist ein anderer sachbegründeter, aber gedanklicher Unterschied zu der Betrachtung derselben Substanz als eines Abbildes der göttlichen Urform. In diesem Zusammenhang erklärt Heinrich noch einmal seinen Begriff der intentio, den Aegidius für unverständlich erklärt hatte. Es ist je eine eigene intentio, in dem Erschaffenen die Beziehung zur göttlichen Urform oder zur göttlichen Wirkursächlichkeit zu sehen. Das Dasein ist nichts anderes als das Wesen, sofern dieses die Wirkung Gottes ist (S. 162, Zeile 94–95). Von einer bloß gedanklichen Distinktion unterscheide sich die intentionale dadurch, daß ihre Glieder zwar in der Sache identisch sind, aber jeweils die gegensätzliche Bestimmung tragen können, unum eorum bene potest intelligi sub contrario alterius (S. 164, Zeile 44–45). Wie man diese Art der Unterscheidung nenne, sei gleichgültig, worauf es ankomme, sei, zu sehen: Das Wesen kann gedacht werden mit Verneinung der Existenz, ist aber real mit seinem Dasein identisch (S. 166, Zeile 99–106).

Die Erschaffung besteht nicht darin, daß Gott das Dasein in ein Subjekt gibt, das es aufnimmt. Dies ist eine bloße Phantasievorstellung. Die Erschaffung gründet das esse existentiae und in diesem als dessen Determination das esse essentiae (S. 176, Zeile 25–30). Nicht die Verteidiger der intentionalen Differenz von Wesen und Dasein gefährden die Erschaffung, sondern die Anhänger der Realdistinktion.

Diese Replik Heinrichs, also sein *Quodlibet* X 7, ist vor Weihnachten 1286 oder spätestens Osten 1287 entstanden. Aegidius sah sich angegriffen. Er erfaßte, daß Heinrich ihm dieselben Vorwürfe zurückgegeben hat, die er zuvor gegen Heinrich gerichtet hatte und hängte noch im Jahr 1287 seinen Quaestionen *De esse et essentia* die *Quaestiones* 11 bis 13 an. Sie wollen die Unentbehrlichkeit der Realdistinktion für die theologischen Grundfragen beweisen: Können wir ohne Realdistinktion die Welt als erschaffen denken (*Quaestio* 11)? Können wir die Welt als vernichtbar denken, wenn Wesen und Dasein nicht real verschieden sind (*Quaestio* 12)? Kann Gott die Welt frei und in der Zeit, de novo, erschaffen haben, wenn es keinen realen Unterschied zwischen Wesen und Dasein gibt (*Quaestio* 13)? Aegidius beantwortet diese Fragen mit dem zu erwartenden Nein, um seine Theorie über Wesen und Dasein noch einmal vorzutragen und die theologische Bedenklichkeit der Position Heinrichs zu belegen. Er kritisiert, Heinrich formuliere alles viel zu umständlich; er, Aegidius, wolle dessen Lehre klarer und kürzer darstellen, allerdings zieht auch er die Diskussion in die Länge. Immerhin bringt sie einige Klarstellungen:

Aegidius spricht auch jetzt davon, das Wesen werde verändert und vervollkommnet durch den Akt des Daseins, es könne Dasein erwerben und verlieren, aber er mildert die Tendenz zur Verselbständigung der essentia. Das Wesen ist Möglichkeit, die vom Dasein aktuiert werden muß. Das primäre Ziel der göttlichen Erschaffung ist nicht das Wesen, sondern das Sein. Die Erschaffung setze das Wesen der Sache nicht voraus (28 va). Ausführlich erörtert Aegidius den Satz des *Liber de causis*, das erste aller geschaffenen Dinge sei das Dasein. Er legt diese These gegen Heinrich gewendet in seinem Sinne aus: Das Dasein ist die Setzung des Wesens; das Wesen ist die Spezifikation und damit Eingrenzung des Daseins. Ohne reale Differenz zwischen Wesen und Dasein lasse sich daher die Ordnung der Welt, ihre Gliederung nach Gattungen und Species nicht erklären. Ohne sie seien Geschöpfe nicht als Teilhabende am Sein zu verstehen: Die essentia rezipiert das Sein und hat, real von ihm verschieden, daran ihren eingegrenzten Anteil. Was teilhat am Dasein, ist nicht essentialiter das Dasein. Aegidius wiederholt seinen Vergleich mit der Teilhabe der Materie an der Wesensform, aber er legt den Akzent darauf, das Dasein könne weder entstehen noch verstanden werden ohne die essentia (25 vb). Die Erschaffung bestehe darin, daß Gott die Möglichkeit unter der Wirklichkeit hervorbringt, die Wesenheit unter dem Dasein (sub esse). Gott teilt jeder Kreatur das Dasein zu nach dem Maß ihres Wesens: die durch das Wesen bestimmte Verschiedenheit in der

Rezeption des Daseins bringt die Verschiedenheit der Dinge hervor (26 ra). Geschöpfliches Wesen ist die Möglichkeit, dazusein. Gottes Wesen ist nicht die *Möglichkeit* zum Dasein; er *ist* das Dasein. Aegidius illustriert sein Konzept vom Wesen als der Möglichkeit durch folgende Darstellung, von der er zugibt, daß sie etwas zu schlicht gehalten ist, ut sensibiliter loquamur: Nehmen wir an, Gott wolle jetzt ein Geschöpf neu erschaffen, also ihm das Dasein geben. Dies setzt voraus, daß das Wesen dieses Geschöpfes nicht notwendiges Dasein besagt, denn dann könnte Gott es nicht erst noch erschaffen. Das Wesen des zu Erschaffenden muß also mögliches Dasein darstellen, das aktuiert werden muß. Gott kann nicht durch sein eigenes Dasein dessen Aktuierung bilden, also gibt er dem Wesen das Dasein als dessen Aktuierung (27 va). Das klingt nun doch wieder, als schaue Gott vor der Erschaffung auf eine Karte von Wesensstrukturen, die er, wenn er sie als widerspruchsfrei erkennt, frei wählend auch ins Dasein setzen kann. Wäre das Wesen der Kreatur identisch mit ihrem Dasein, dann könnte sie das Dasein weder bekommen noch verlieren; deswegen fordert die korrekte Lehre von der Erschaffung die Realdistinktion. Aegidius erklärt noch einmal den Unterschied von esse essentiae und esse existentiae: Das Wesen jedes Seienden ordnet es ein in Kategorien, in genus und species. In dieser Hinsicht ist jedes Ding durch sein Wesen, was es ist, aber es ist deswegen nicht durch sein Wesen sein Dasein. Dasein ist eine hinzugefügte Akthaftigkeit und Vollkommenheit (28 ra). Wäre diese Differenz keine reale, dann wären die Wesen ewig, jedem Zufall enthoben, sie wären nicht mehr möglicher Gegenstand freier göttlicher Entscheidung, die in der Zeit Neues ins Dasein setzen kann. Aegidius zeigt, wie die Realdistinktion die Souveränität Gottes steigern kann. Er hat daher keine Schwierigkeit, im Abendmahl die Eigenschaften des Brotes kraft göttlicher Allmacht ohne Substanz fortbestehen zu lassen (qu. 12 fol. 31 rb). Gott wird bei Aegidius allmächtiger, die Wirklichkeit wird kontingenter. Sie wird, scheint es, deswegen nicht zeitlicher. Denn eine Untersuchung von Giorgio Pini kommt zu dem Ergebnis, Aegidius habe die Theorie der Realdistinktion im Gegensatz zu Heinrich von Gent entwickelt, in order to give an account of the creatures' contingency without mentioning their temporality.[52]

[52] Giorgio Pini, Being and Creation in Gilles of Rome, in: J. A. Aerten, K. Amery, A. Speer (Hg.), Nach der Verurteilung von 1277. Philosophie und Theologie an der Universität von Paris im letzten Viertel des 13. Jahrhunderts, MM 28, Berlin 2001, S. 390–409, bes. S. 409.

Beachtenswert sind die Ausführungen des Aegidius zur Theorie der Relation. Sie würden eine eigne Untersuchung fordern; hier nur so viel: Aegidius zufolge versteht Heinrich das Wesen als per se daseiend, Dasein unterscheide sich von Wesen dadurch, daß Dasein den Bezug zur göttlichen Wirkursache intentional hinzufügt. Dasein heißt dann: Gesetztsein, und statt der hinzugefügten Akthaftigkeit des Aegidius versteht Heinrich die Geschöpflichkeit des daseienden Wesens als dessen Relation zur Ursache. Aegidius muß nun zeigen, daß damit die Relation überfordert ist. Er setzt den Daseinsakt an die Stelle, die bei Heinrich die Relation zur Wirkursache einnimmt. Er begründet das damit, daß eine Relation, um nicht eine rein gedankliche zu sein, eines realen Fundaments bedarf.

Damit war das Ende der Debatte immer noch nicht erreicht. Heinrich ergriff noch einmal das Wort, und zwar in seinem *Quodlibet* XI 3, das vor Weihnachten 1287 oder spätestens vor Ostern 1288 fertiggestellt war. Ich gehe auf diese Phase nicht näher ein, denn es war hier darum zu tun, die Begriffe, Themen und autoritativen Texte vorzustellen, mit denen Dietrich zu tun hatte, als er seine eigene Ontologie entwickelte. Es ging um die Alternativen und um thematische Zusammenhänge. Es zeigen sich Zeitbezüge der scheinbar zeitüberlegenen Diskussion über das Seiende und das Wesen. Doch bevor ich zu Dietrich zurückkomme, muß noch eine andere Stimme in der Pariser Debatte zu Wort kommen, die des Gottfried von Fontaines, der noch 1286 mit *Quodlibet* II 2 und *Quodlibet* III 1 zu dem dort tobenden Streit Stellung nahm.

Es ging um die Rose im Winter. Aegidius hatte argumentiert, unser Wissen von der Rose sei auch wahr, wenn keine Rose existiere. Die Rose, die kein Dasein besitzt, läßt sich doch in eine Kategorie einordnen, sie befindet sich in genus und species. Sie ist, Aegidius zufolge, eine kategorial bestimmte Realität, eine res praedicamentalis. Gottfried unternimmt nun den Versuch, das reale Wissen von nicht-seienden Gegenständen zu erklären und dieses Wissen an die Erfahrung existierender Dinge zurückzubinden. Gottfried hatte Philosophie bei Siger von Brabant und Theologie bei Heinrich von Gent studiert. Er war mit der Diskussionslage gut vertraut. Er stellte sich auf die Seite seines vertriebenen ersten Lehrers gegen Aegidius Romanus, aber durch Ablehnung der intentionalen Differenz wandte er sich auch gegen seinen zweiten Lehrer, der als sein Magisterkollege noch amtierte. Er formulierte die offene Frage so: Ist das Wesen eines Geschöpfs indifferent zu dessen Dasein und Nichtsein?[53] Bevor er diese Frage verneint – er wird zeigen: Das Dasein ist das Wesen –, formuliert er einen Einwand. Ausnahmsweise ist es nur ein einziger, nämlich der des Aegidius, es gebe Wissen von nicht-seienden Gegenständen, zum Beispiel von einer Sonnenfinsternis, die in Zukunft stattfinden wird. Wissen, so werde argumentiert, beziehe sich doch auf eine wahre Wesenheit, ein wirkliches Wesen und eine Sache, die prädikamental bestimmbar ist, vera quiditas et essentia sive vera res praedicamentalis. Solche Wissensinhalte, die deren Dasein nicht einschließen, sind reale Wesen, indifferent gegenüber Dasein oder Nicht-Dasein. Mit der Vernichtung einer Rose geht unser Wissen von der Rose nicht verloren. Wir können die nicht-existierende Rose prädikamental bestimmen und sie nach Gattung und Art einordnen.

Gottfried nimmt im Verlauf seines Textes mehrfach Bezug auf diesen anfangs zitierten Einwand. Er sah die entgegenstehende These – die der Indifferenz des Wesens – nicht als Nachweis der triumphierenden Allmacht Gottes oder als Entdeckung der Kontingenz, sondern als den Versuch, sicheres Wissen als möglich zu erweisen, ein Wissen, das von den Zufällen der Einzeldinge unabhängig ist. Daran war auch er interessiert; deswegen bemüht er sich, an der These der Avicennisten einen wahren Kern zu finden. Das Wissen geht auf die wahre Washeit (vera quiditas) der Sachen. Daher ist es wichtig, den Unterschied genau zu bestimmen zwischen der nicht-existierenden Rose und einer Chimäre. Gottfrieds Gegner erklären ihn so: Die Inhalte wirklichen Wissens entsprechen Urbildursachen im Geist Gottes, die Gottes Wille auch wirklich setzen kann; die Chimäre ist eine Fiktion, weil sie nicht realisierbar ist. Dieser Unterschied zwischen realisierbaren Inhalten des göttlichen Denkens und reinen Fiktionen beweise, daß das Wesen unabhängig sei vom Dasein, das esse essentiae unabhängig vom esse existentiae. Es gibt demnach Wesen, die nicht existieren und die doch Seiende heißen; es seien, sagen die Kontrahenten, wirkliche Sachen, die prädikamental bestimmbar sind, res vere praedicamentales (S. 53–54). Sie haben eine ganzheitliche Struktur, die sich beschreiben läßt, ohne auf ihre Existenz zu sehen; Avicenna nenne dies ihre Identität, ihre certitudo. Sie ist ihre Washeit (quiditas) und bewirkt, daß bestimmte, aber nicht alle Prädikate zu einem Subjekt passen, daß sie also wißbar sind, ohne deswegen in

[53] Gottfried von Fontaines, Quodlibet II 2: Utrum essentia creaturae sit aliquid indifferens ad esse et non esse. Les quatres premiers Quodlibets, ed. M. de Wulf et A. Pelzer, Louvain 1904, S. 53–68.

der äußeren Natur vorkommen zu müssen. Mit Berufung auf Avicenna behaupten einige, es gebe eine dreifache Betrachtungsweise des Wesens: man kann es erstens rein als solches betrachten, ohne Bezug auf Dasein; zweitens kann man es in Einzeldingen verwirklicht sehen, und drittens, wie es im Intellekt vorkommt (S. 59).[54]

Solche Aussagen, urteilt Gottfried, scheinen eine gewisse Wahrscheinlichkeit mit sich zu führen; man kann ihnen einen wahren Sinn unterlegen, aber sie überzeugen nicht. Es ist nicht möglich, daß das Wesen einer Sache als wirkliches Sache-Sein, als esse reale und actuale bleibe, wenn die Sache zerstört ist – die Rose im Winter. Das hieße doch, das Wesen könne nacheinander dasselbe Wesen für verschiedene Wesen sein. Damit fällt die These der Indifferenz, doch macht Gottfried den Avicennisten ein Angebot und fährt fort: Der Betrachtungsweise nach, secundum considerationem, können wir Wesen und Dasein unterscheiden und können in unseren Gedanken die gemeinsame Struktur herausheben. Wir können bei der Betrachtung der Identität oder certitudo einer Sache von ihrem Dasein absehen. In diesem eingeschränkten Sinn könnte man sagen, das Wesen eines Geschöpfs sei indifferent gegenüber Sein und Nichtsein (S. 60). Aber als ontologische Aussage sei dies falsch. Denn wenn ein Wesen entsteht, also das esse existentiae erhält, dann bekommt es eo ipso auch sein Wesensein, sein esse essentiae, und wenn ein Existierendes zugrunde geht, geht ein Wesen zugrunde. Dasein und Wesen sind nicht zwei Sachen, sondern eine einzige; das Wesen einer Sache wird nicht unabhängig von ihrem Dasein erkannt: Wir erfassen ihr Wesen nur soweit, als wir auch ihr Dasein erfassen. Welchen Status bekommt dann die gewußte, aber nicht-existierende Rose im Winter? Gottfried antwortet: Sie wird gewußt als mögliche. Wir wissen, daß sie in ihren Ursachen und Lebensbedingungen der Möglichkeit nach existiert und ebenso der Möglichkeit nach ein Wesen ist (S. 61). Von der Erkenntnis der wirklichen Rose *bleibt* etwas in unserem Denken, und wir sehen jetzt die wirklichen Gründe der möglichen Rose – ihren Samen und die physischen Voraussetzungen ihres Wachstums. Die mögliche Rose ist ein mögliches Wesen und ebenso ein mögliches Seiendes, und das unterscheidet sie von der Chimäre. Daher können wir das Rosesein der aktualen und der potentiellen Rosen zu unserem Thema machen, ohne jeweils an Existenz dieser Rosen zu denken. *Wir* sind es, welche die Scheinselbständigkeit der

[54] Zur Theorie des Wesens bei Avicenna vgl. oben Anmerkung 34.

Wesenssphäre durch unsere Betrachtungsweise erzeugen, indem wir zeitübergreifend die Erkenntnis aktualer Rosen festhalten. Wir erinnern ihr faktisches Gewesensein (S. 63). Im Erkanntsein bleibt die Rose eine Rose, auch wenn sie aktual nicht mehr oder noch nicht existiert. Sie kann aber existieren, ihre Naturbedingen, z. B. Samen, Wärme und Feuchtigkeit, bestehen fort, ebenso wie unser Wissen früherer aktualer Rosen (S. 64). Dies und nichts sonst ist die Wahrheit der Wesenslehre des Avicenna. Eine nicht existierende Rose hat auch nicht das Wesen einer Rose. Jedenfalls hat sie es nicht aktual und wirklich; sie *kann* es haben. Sie hat es der Möglichkeit und den fortexistierenden Ursachen ihrer Existenz nach. Sie ist eine Rose der Möglichkeit nach, und alle Prädikate, die wir ihr beilegen, gelten der Möglichkeit nach. Sie ist der Möglichkeit nach eine Substanz und eine Blume (S. 65). Damit ist die These von der Indifferenz des Wesens gegenüber Sein oder Nichtsein zurückgewiesen bzw. auf eine gedankliche Operation eingeschränkt. Ein gegenüber dem Dasein indifferentes Wesen ist kein Seiendes und daher auch kein Wesen.

Gottfrieds erste *Quaestio* des dritten *Quodlibet* vertieft die Ablehnung der Realdistinktion.[55] Die Frage nach dem Dasein der nicht-existierenden Rose erhält hier die „scholastische" Formulierung, ob man ein Geschöpf aufgrund seines Wesens ein Seiendes nennen kann, wenn es in Bezug auf das esse existentiae ein Nichtseiendes ist. Er beschäftigt sich ausführlich mit zwei theologischen Abstützungen der Realdistinktion. Die erste besteht in der Annahme, das Wesen entspreche den ideenhaften Urbildern im Geist Gottes und bestehe daher in einer realen Beziehung zu Gott als der Urform, und das tatsächliche Dasein bestehe in der Realbeziehung auf die göttliche Wirkursache. Die zweite theologisch motivierte Argumentation behauptet, die Entstehung einer Sache, also vor allem ihre Erschaffung, könne nur so gedeutet werden, daß dem Wesen das Dasein hinzugefügt werde. Das Wesen werde durch das Dasein verändert, verwandelt und vervollkommnet. Gottfried bemerkt, diese Überlegung sei „fast" das einzige Motiv, das die Anhänger der Realdistinktion bewege (S. 160). Gegen die erste Theorie wendet Gottfried ein, ein Wesen müsse existieren, um eine reale Beziehung zur göttlichen Wirkursache zu haben oder zu sein. Eine Beziehung sei nur dann eine reale, wenn sie ein reales Fundament hat, im esse existentiae.

[55] Gottfried von Fontaines, Quodlibet III 1: Utrum creatura possit dici ens ratione suae essentiae, cum ipsa non est ens quantum ad esse existentiae. Les quatres premiers Quodlibets, ed. M. Wulf et A. Pelzer, Louvain 1904, S. 156–177.

Die Verselbständigung der Wesenssphäre im Namen der Kreationslehre, die vor allem Aegidius betrieben hat, beruhe auf einer falschen Vergleichung mit Naturvorgängen, bei denen aus etwas bereits Vorhandenem ein neues Wesen entsteht. Gottfried korrigiert die ebenfalls für Aegidius wesentliche Begründung aufgrund der Partizipation der Geschöpfe am Dasein. Das Sein, von dem man sagt, daß sie an ihm teilhaben, ist nicht ein einziges Sein, sondern ist ursprünglich aufgeteilt auf die verschiedenen Wesen, denn das Sein, an dem sie teilhaben, ist nicht unmittelbar das esse purum der Gottheit. Auch unser Konzept von Sein ist nicht einheitlich, sondern gliedert sich aus nach der Verschiedenheit der Dinge.[56] Die Vorstellung schließlich, es gebe etwas, das ohne zu existieren, das Dasein empfange, ist schlechte Phantasie.

Ernster ist das Argument, im Wesen des Geschöpfs sei das Dasein nicht eingeschlossen. Wenn von zwei Elementen das erste mit der Verneinung des zweiten zusammen besteht, dann, sagen die Verfechter der Realdistinktion, liege eine reale Differenz vor (S. 158). Damit sind wir wieder bei der nichtexistierenden Rose; es liegt nicht in ihrer Definition, daß sie existiert. Gottfried fängt dieses Argument auf mit einer sprachphilosophischen Unterscheidung: Wir haben Wortbedeutungen, die wir für sich betrachten können, die also nicht zum Satz verbunden sind, sogenannte incomplexa. Wir sind diesem Ausdruck in Dietrichs *De intellectu et intelligibili* III 16 (8) I 190 begegnet, wo er bestreitet, incomplexa könnten Gegenstand der Erkenntnis des möglichen Intellekts sein. Wir können, argumentiert Gottfried, die „Rose" isoliert betrachten, als incomplexum, ohne Existenzbehauptung, die erst im vollständigen Satz bejaht oder verneint wird (S. 171). Daraus folgt nicht, daß der im isolierten Nomen bezeichnete Gegenstand als Wesen eine eigene Realität besitzt. Die Allgemeinheit – sei es des Roseseins, sei es des Daseins überhaupt – ist Resultat unserer gedanklichen Operation, die freilich immer möglich ist und die Wißbarkeit nichtexistierender Sachen sichert: Universale est conditio intellectus sic intelligentis et non rei sic existentis (S. 160). Behauptungen über Dasein oder Nichtsein einer Sache erfordern über die Seinsbehauptung hinaus das Hinzufügen eines determinierenden und einschränkenden Seinsgrundes (S. 161). Diese unsere Operation erklärt die falsche Annahme, dem realen Wesenssein werde das Dasein real hinzugefügt. Wenn wir von der Sache sagen, daß sie der Möglichkeit

[56] Gottfried, Quodl. III 1 S. 162: intellectus entis est mentis conceptus divisus per se statim in omnes rationes entium.

nach ist, meinen wir: Sie bildet in sich keinen Widerspruch, und sie kann verwirklicht werden, wenn ein Tätiges sie bei geeigneten Bedingungen ins Dasein setzt. Bis dahin befindet sie sich sowohl im Bezug auf ihr Wesen wie auf ihr Dasein in demselben Stand der Möglichkeit. Um noch ein letztes Mal auf die nichtexistierende Rose zurückzukommen: Was nicht actu Dasein hat, ist auch in sich selbst actu nichts und besitzt keine eigene Realität als Wesensein; es ist höchstens virtuell enthalten in seiner Ursache (S. 174).

Im *Quodlibet* II 2 ging es Gottfried darum, die Argumente für die Realdistinktion, die sich aus Avicenna gewinnen ließen, in ihrem vernünftigen Kern zu bewahren. Dazu mußte er sie umdeuten zu Phasen der gedanklichen Operation. Im *Quodlibet* III 1 ist der Traditionsbezug ein anderer. Jetzt bringt Gottfried die Autoritäten ins Spiel, die gegen die Realdistinktion verwendet werden können, und dabei deutet er eine Koalition an zwischen Augustinus, Aristoteles und Averroes: Aus Augustin zitiert er schon in II 1 den lapidaren Satz, die essentia heiße so, weil sie ist: ab eo quod est esse dicta est essentia.[57] Damit war gegen die Indifferenz des Wesens zum Dasein das Wesentliche gesagt. Aber in *Quodlibet* III 1 erreicht Gottfried dasselbe Resultat mit Hilfe des Aristoteles, *Metaphysik* IV 2: Es ist dasselbe, ob man sagt: Mensch oder: ein Mensch oder der seiende Mensch (S. 163). Aus Aristoteles gewinnt er den Gedanken, Kategorien seien keine bloßen Gedankendinge, sondern Weisen wirklichen, aktualen Seins.[58] Aus Averroes entnimmt er dessen Argument gegen die Realdistinktion Avicennas, man müsse unterscheiden zwischen dem satzlosem Terminus und dem Satz. Nur der Satz spreche Dasein oder Nichtsein aus.[59] „Dasein" und „Wesen" seien zwei verschiedene Weisen der Bezeichnung, nicht zwei Weisen des Seins. Das war die These Sigers. Aus der ontologischen Unterscheidung wird eine semantische. Gottfried hat sie unter den erschwerten und komplizierten Bedingungen der achtziger Jahre wiederhergestellt. Darin ist Dietrich ihm gefolgt.

[57] Gottfried, Quodl. II 1 S. 54 zitiert Augustinus, De Trinitate V 2, 3 CC 50, S. 207, 47–208, 1.

[58] Gottfried, Quodl. III 1 S. 165 zitiert Aristoteles, Metaphysik IV 7.

[59] Gottfried, Quodlibet III 1 S. 171 zitiert Averroes, In Met. IV 2 fol. 31 vA.

9. *Antithomistische Ontologie*

Dietrich eröffnet seine Abhandlung über das Seiende und das Wesen mit der Bemerkung, es erwachse großer Schaden, wenn die grundlegendsten Bestimmungen verkannt oder mißverstanden werden. Dieser Schaden sei bereits eingetreten. Weil man die Bedeutung der Wörter „sein“ „seiend“ und „Wesen“ verkannte, wurde die ontologische Verfassung der Geschöpfe falsch bestimmt; daraus hätten sich religionsphilosophische Irrtümer über den Hervorgang der Kreaturen aus Gott und ihre Rückkehr zu ihm ergeben.[60] Mein Überblick über die Pariser Debatten nach 1285 belegt, daß auch das Konzept von Erschaffung auf dem Spiel stand. War nicht Aegidius stolz darauf, daß sein Gott den Erzengel Michael vernichten konnte, ohne einen Widerspruch zu begehen? Daher müsse er, Dietrich, den Kampf mit seinen Widersachern in der Frage des Seienden und des Wesens aufnehmen, denn diese bestritten mit sophistischen Argumenten seine These von der Identität von Seiendem und Wesen und verursachten großen Schaden (gravis iactura) an der wahren Lehre.[61] Nun hat der Herausgeber dieses Textes, Ruedi Imbach, mit Quellennachweisen zeigen können, daß sich die Polemik Dietrichs zunächst gegen Thomas von Aquino richtet, aber auch auf frühe Thomisten bezieht, die ebenfalls die Realdistinktion von Wesen und Dasein behauptet haben. Dietrich setzt die Kritik Sigers an Thomas, Heinrichs an Aegidius und vor allem die Gottfrieds an Heinrich und Aegidius fort, ohne die Theorie der intentionalen Unterscheidung zu übernehmen; er klammert methodisch die Theologisierung der Debatte bei Aegidius wie bei Heinrich aus, betont aber, die Anhänger der Realdistinktion hätten dem christlichen Selbstverständnis bereits schweren Schaden zugefügt. Die Realdistinktion hatte inzwischen Anhänger auch außerhalb des Ordens gefunden, wie das Beispiel des Aegidius Romanus beweist, von dem Edgar Hocedez sagte, er habe sie „ein wenig übertrieben“, indem er das Hinzutreten des Daseinsakts als Hinzufügen einer res zu einer res beschrieb, und habe zusammen mit seinem Kontrahenten Heinrich die große Debatte ab 1276 überhaupt erst ausgelöst. Im Dominikanerorden war die Realdistinktion noch nicht Bestandteil der hauseigenen Philosophie. Edgar Hocedez faßte seinen Überblick

[60] Dietrich, en. Prooemium 2 II 25.
[61] Dietrich, en. II 1,1 II 38.

über die ordensinternen Diskussionen dahin zusammen: Ein Drittel der Dominikanerautoren schrieb die Realdistinktion Thomas von Aquino zu und verteidigte sie; ein anderes Drittel verwarf sie und bestritt, daß Thomas sie gelehrt hatte, ein letztes Drittel war unentschieden sowohl über die Wahrheit dieser Lehre wie über ihre Zuschreibung an Thomas und gab diese Unentschiedenheit auch zu.[62] Dies mag für das Anfangsjahrzehnt der Debatte zutreffen, aber Dietrichs Traktat ist vermutlich um 1297 in Paris geschrieben.[63] Thomas war seit fast 25 Jahren tot, Aegidius und Heinrich hatten in Paris lange die akademische Szene beherrscht. Im Orden war die thomistische Orthodoxie auf dem Vormarsch, und dagegen stemmte sich Dietrich. Das konnte er nur, indem er Aegidius, Heinrich und frühe Thomisten beachtete, aber auch – wie *in De visione beatifica* und *De accidentibus* – Thomas selbst angriff.

Dietrich geht in zwei Schritten vor: Zunächst klärt er ohne direkten Bezug auf die Streitfrage die ontologischen Grundbegriffe: Seiendes oder seiend (ens), Wesen (essentia), Seiendheit (entitas) und Sein, auch Dasein (esse). Wenn wir etwas „Seiendes" oder „seiend" nennen, bezeichnen wir das ganze Wesen, sowohl die Substanz wie die Akzidenzien. „Seiendes" bezeichnet dasselbe wie Dasein, esse, nur die Bezeichnungsweise, der modus significandi, ist verschieden. Wenn wir von etwas das Dasein behaupten, bezeichnen wir das ganze Wesen, nur hebt „Dasein" den tatsächlichen Vollzug, das Aktuiertsein oder den actus des Seienden hervor, während „Wesen" den ruhigen Besitz, das Haben des Daseins betont. Das von ens abgeleitete Substantiv entitas bezeichnet das Daseiende in abstrakter Form. Während ens, essentia, entitas und esse das real Identische bezeichnen, liegt die Sache bei „Was" (quid) und „Washeit" (quiditas) anders: Wenn wir von etwas angeben, was es ist, nehmen wir eine Einschränkung des allesumgreifenden Seins vor. Wir bezeichnen damit die Determiniertheit oder das Abgegrenztsein des Seienden. Das Seiende als *Was* ist das näher Bestimmte, die „Washeit" (quiditas) ist der Determinationsfaktor, der reale Grund des Andersseins. Das liegt in unserem deutschen Kunstwort „Washeit" nicht beschlossen; wir denken eher an eine abstrakte Bezeichnung des allgemeinen Wesens, und in dieser Bedeutung habe ich es hier auch bisher zuweilen gebraucht. Aber das lateinische „quiditas" ist das Äquivalent für das aristotelische to ti

[62] Edgar Hocedez, Introduction, in: Aegidius Romanus, Theoremata de esse et essentia, Louvain 1930, S. 106.

[63] Dazu Imbach 1996, S. 179–180.

en einai, quod quid erat esse, und wir sollen es bei Dietrich nicht mit „Wesen“ oder „Washeit“ übersetzen, sondern als „Wesensgrund“. Der Wesensgrund ist nicht ganz identisch mit dem von ihm begründeten Wesen, während „Seiendes“ und „Wesen“ real identisch sind, nur sich verschiedener Bezeichnungsweise verdanken. Auf diese Finesse, hinter der sich ein zweiter wichtiger Streitpunkt verbirgt, gehe ich anläßlich von Dietrichs Schrift *De quiditatibus entium* ein; hier geht es um die Frage, ob Wesen und Dasein real verschieden oder zwei verschiedene Bezeichnungsweisen sind. Dietrich argumentiert in *De ente et essentia* I 6, II 32–33:

Dasein (esse) bedeutet dasselbe wie „Seiendes“ (ens), denn wenn ich von einer Sache sage sie *sei,* dann bezeichne ich die grundlegendste aller Bestimmungen, ich sage nämlich, daß die Sache nicht nicht sei. Dies gilt für sie mit ihrem ganzen Wesen. Diese Grundbestimmtheit kommt ihr *wesentlich* zu, wesentlicher als jede der folgenden Determinationen. Das Dasein wird von der Sache nicht ausgesagt wie eine Eigenschaft von einer Substanz. Wenn ich sage: „Der Mensch“ ist das nicht vergleichbar mit einer akzidentellen Aussage wie: „Der Mensch ist weiß“.

Daß der Mensch *ist* und nicht eher nicht ist, das ist vorausgesetzt bei allen weiteren Aussagen, z.B. daß er ein Lebewesen und sterblich ist. Diese Aussage trifft ihn als ganzen; sie trifft ihn vor allen Unterscheidungen, die anschließend noch möglich sind.

Daß ein Wesen *ist,* bestimmt es in seinem Innersten; es ist die erste aller seiner Bestimmungen. Nur dadurch kann das Wesen identisch sein mit sich selbst; nur indem es ist, ist das Wesen bei sich und von seinem eigenen Wesen durchgängig geprägt.

Dietrich widerlegt die Vorstellung, das Dasein komme zum Wesen hinzu, sei's akzidentell sei's quasi-akzidentell, mit dem Argument des Averroes, ohne ihn hier zu nennen: Kommt es wie eine Substanz zu einer Substanz, dann verdoppeln wir die Substanz. Das ist unsinnig. Käme es als Akzidens, dann wäre dieses Akzidens dem Wesen innerlicher als es sich selbst ist.

Dasein ist die absolut *einfache* Bestimmung. Es faßt auf die einfachste Weise alle anderen Bestimmungen in sich zusammen. Deswegen kommt es den einfachsten Wesen, den geistigen Wesen, am meisten zu, den Intelligenzen, „wenn es sie gibt“; und vor allem dem ersten Grund aller Dinge, dessen vornehmste Wirkung darin besteht, daseiende Wesen zu begründen. Die Erschaffung ist auf Wesen gerichtet, sofern sie sind.

Also ist Dasein die vornehmste Grundlegung von allem. Die entgegenstehende Ansicht muß die Erschaffung anders erklären; sie muß sagen, Gott erschaffe alle Wesen kraft eines Hinzukommenden. Das war, füge ich hinzu, die Lehre des Aegidius.

Dietrich zeigt den theoretischen Zusammenhang seiner ontologischen These mit der Philosophie des Geistes, indem er weiter argumentiert: Wäre das Dasein wie ein Akzidens, dann könnten rein geistige Wesen nicht sein, denn sie nehmen ihrem Wesen nach keine zusätzliche Bestimmungen auf.

Dietrich stützt diese Position mit Autoritätsbeweisen aus Aristoteles – dem oft gebrauchten Kapitel IV 2 der *Metaphysik,* aus Augustin, *De immortalitate animae* XII 19, aus Boethius und dem *Liber de causis.* Diese Beweisführung fällt ihm leicht und ist historisch insofern korrekt, als vor Avicenna noch niemand an eine reale Unterscheidung zwischen Wesen und Dasein gedacht hat: In der vor-arabischen Philosophie waren alle der Überzeugung Augustins: Das Wesen ist nur dadurch Wesen, daß es ist.[64]

Dietrichs knappe Argumentation für die reale Identität von Wesen und Dasein in *De ente et essentia* I 6 liegt seiner Einzelbeweisführung im folgenden zugrunde und fordert zu Bewertungen heraus. Sie ist ein Beitrag zu der Frage, die seit Kants Kritik des ontologischen Arguments diskutiert wurde, ob Dasein ein Prädikat ist. Aber zunächst war sie ein Beitrag zur Klärung der intellektuellen Prämissen *ihrer* Zeit. Daß Dasein die grundlegendste aller Bestimmungen darstelle, daß es zwischen Substanz und Akzidens kein Mittleres geben könne, daß Sein das „Einfachste" sei und daß Erschaffung die Gewährung von Dasein sei – das waren Gewißheiten, die seit der Aristotelesrezeption fast alle Diskutanten teilten. Und Dietrich insistiert auf diesen Voraussetzungen. Seine Beweisführung läuft darauf hinaus, daß *unter diesen Prämissen* die Realdistinktion unvernünftig ist. Dietrich verweist dann auch gleich zu Beginn seiner Schrift, en. I 1 (6) II 27, auf seine Theorie der Akzidenzien, die auf der ontologischen Unselbständigkeit von Eigenschaften besteht. Sie ließ nicht zu, das Dasein als akzidentell oder quasi-akzidentell Hinzukommendes zu beschreiben.

De ente et essentia ist eine kurze, programmatische Streitschrift und stellt, wie Ruedi Imbach betont hat, die Frage, gegen welche Theorie sie

[64] Dietrich, en. I 7 II 33–36, dort Aristoteles I 7 (10) II 35–36 und Augustin I 7 (11) II 36.

sich wendet. Daß Thomas direkt involviert war, zeigt sich schon daran, daß Dietrich aus dessen Schrift *De ente et essentia* ein längeres Zitat aus dem vierten Kapitel bringt.[65] Doch gilt das nicht für alle Beweisgänge Dietrichs in gleichem Maße. Sie sind einzeln zu charakterisieren. Dietrich bringt vier Argumente gegen die Realdistinktion:

Erstes Argument: Thomas und Aegidius argumentierten: Alles, was ohne etwas anderes begriffen (intellektuell erkannt) werden kann, ist von diesem real verschieden. Aber das Wesen einer Sache kann intellektuell erfaßt werden, ohne dabei die Existenz eines Wesens dieser Art geistig zu erkennen. Also sind Sein und Wesen verschieden.

Auf dieses Argument des Thomas, das auch moderne Thomisten unzureichend gefunden haben, erwidert Dietrich:

Wenn ich geistig erfasse, was ein Mensch in der Wirklichkeit ist, dann erkenne ich diesen Menschen in seinem realen aktualen Sein. Dann gilt, was Augustin sagt: Er heißt ein Wesen, weil er *ist.* Freilich kann ich einen abstrakten Begriff des Menschen bilden und dabei bewußt davon absehen, ob er existiert oder nicht. Ich kann vom Wesen einer Sache sprechen, ohne ein Existenzurteil oder überhaupt einen Satz darüber zu bilden. Das kann man sogar mit dem Begriff „Gott". Man weiß, wovon man redet, auch wenn man keine Behauptung aufstellt, ob ein Wesen dieser Art existiert oder nicht. In dieser Art sprechend, kann man risikolos Sätze bilden, etwa von der Art „Der Mensch ist ein Mensch". Dabei nehmen wir einen Begriffsinhalt rein für sich, ohne ihn durch ein Verb mit einem Prädikat zu verknüpfen.[66] Wieder gibt die semantische Betrachtung den entscheidenden Hinweis: Die Anhänger der Realdistinktion unterscheiden nicht hinreichend zwischen dem losgelösten Begriff und dem Satz. Der aus dem Satz herausgenommene Begriff, das incomplexum, enthält keine Existenzbehauptung. Daraus folgt, daß Urteile zusammengesetzt sind, nicht aber, daß Geschöpfe realiter verschiedene Komponenten enthalten.

Zweites Argument: Kein Geschöpf *ist* sein Sein; es hat am Sein nur teil. Doch etwas, das teilhat, ist von dem zu unterscheiden, woran es teil hat. Also besteht ein realer Unterschied zwischen dem Sein und dem Wesen einer Sache.

[65] Dietrich, en. II 1,2 II 38.
[66] Dietrich, en. II 1 II 38–39.

Dieses Argument findet sich auch bei Thomas,[67] aber Aegidius gab ihm, wie gezeigt, besonderes Gewicht.[68]

Dietrich erwidert, erst sei die Wortbedeutung von „teilhaben" zu klären. Wenn „teilhaben" soviel bedeutet wie „empfangen", dann ist es richtig, daß jedes Geschöpf sein Sein von Gott, dem reinen und unbegrenzten Sein, erhält. Aber dann muß man sagen, daß es genau so auch sein Wesen erhält. Es erhält Wesen und Sein von Gott, und beides ist dasselbe. Verstünde man unter „teilhaben", daß ein in sich fertiges Wesen etwas von woanders her erhält, dann muß man antworten, daß kein Geschöpf auf diese Weise sein Sein erhält.

Versteht man aber „teilhaben" im Sinne von: einen Ausschnitt aus einer Fülle bekommen, dann ist es richtig, daß jedes Geschöpf nur einen Teil der Seinsfülle des reinen Seins darstellt. Aber daraus folgt nicht, daß Wesen und Sein real verschieden wären. Es ist vielmehr gerade die spezifische Wesensstruktur, welche die Fülle des göttlichen Seins kontrahiert, einschränkt und determiniert.[69]

Von diesem Argument hatte Heinrich geurteilt, es beruhe auf einer falschen Phantasievorstellung, betrachte es doch das Wesen wie ein Gefäß, dem Gott das Dasein eingieße. Dabei soll dieses Wesen noch kein Dasein haben. Es ist also nichts. Es ist nichts da, das empfangen und teilhaben könnte. Dem Teilhabe-Argument kam Aegidius dadurch zu Hilfe, daß er an die Ideen im Geist Gottes erinnerte, denen Gott je nachdem Dasein verleihe. Aber dann ergab sich zwar eine Differenz zwischen göttlicher Idee und ihrem Abbild, aber keine reale Zusammensetzung im Teilhabenden.

Drittes Argument: Das Sein der Geschöpfe ist zufällig, also ist es nicht ihr Wesen.

Darauf antwortet Dietrich: Der Ausspruch des Hilarius, den die Gegner, auch Thomas,[70] für ihre These in Anspruch nehmen, ist wahr, sofern kein Geschöpf notwendigerweise existiert, sondern dem frei-

[67] Thomas von Aquino, Quodlibet II 2, 1: Quandocumque autem aliquid praedicatur de altero per participationem, oportet ibi aliquid esse praeter id quod participatur. Etr ideo in qualibet creatura est aliud ipsa creatura, quae habet esse, et ipsum esse.

[68] Aegidius, Quaestiones de esse et essentia, qu. 9, Venedig 1503, fol. 19 ra und qu. 12 ad 8, fol. 32 va.

[69] Dietrich, en. II 2 II 40–41.

[70] Thomas von Aquino, Quodlibet II 2, 1 und Quodlibet XII 5, 1. Doch vgl. dazu Imbach 1996, S. 176–177.

en Schöpferwillen entspringt. Aber das bedeutet nicht, daß „Sein" ein Akzidens zur Substanz des Geschöpfes sei. Hier werden verschiedene Bedeutungen des Wortes „Akzidens" verwechselt. Jedem substantialen Geschöpf, dessen Wesen gesetzt ist, kommt das Sein per se zu. Aber dieses per-se-Sein bedeutet nicht, dem existierenden Wesen ein absolut notwendiges und zufallsfreies Dasein zuzuschreiben, wie es allein Gott zukommt.[71]

Die Befürchtung, ohne die Realdistinktion werde die Grenze zwischen Schöpfer und Geschöpf fallen, ist, Dietrich zufolge, unbegründet. Es gibt eine Differenz zwischen dem absolut notwendigen Sein Gottes und dem aus Notwendigkeit und Zufall gemischten Dasein der Weltdinge.

Man kann das Wort „accidens" auch in einem weiteren Sinn gebrauchen, eben um etwas zu charakterisieren, das nicht absolut notwendig ist. Auf die Fangfrage der Gegner der Realdistinktion, ob das Hinzukommende eine Substanz oder ein Akzidens sei, hatte schon Thomas klargestellt, daß „accidens" in diesem Zusammenhang eine weitere, nicht auf die Kategorienlehre des Aristoteles gegründete Bedeutung habe. Das Dasein ist kein Akzidens: non est tamen intelligendum quod sit superadditum ad modum accidentis, sed quasi constituitur per principia essentiae.[72] Auch Aegidius hatte dies gegen Heinrich herausgearbeitet. Gegen diese metaphorische Verwendung hat Dietrich nichts einzuwenden, damit ist der Ausspruch des Hilarius erklärt und korrigiert, nur ergibt sich aus ihm nicht die Realdistinktion. Die Ansprüche des theologischen Denkens sind damit befriedigt: Gott unterscheidet sich hinlänglich von den Geschöpfen, auch ohne Realdistinktion. Dies hatte bereits Siger gegen Thomas und Gottfried gegen Aegidius gezeigt: Gott ist reiner Akt, die Geschöpfe nicht.

Viertes Argument der Thomisten, das sich bei Thomas selbst in *De ente et essenta* IV angedeutet findet, aber, wie gezeigt, bei Aegidius Romanus[73] eine große Rolle spielte: Wo Identität vorliegt, kann man nicht zwei Elemente gedanklich trennen und das eine ohne das andere denken. Wir können das Wesen jedes Geschöpfes als nicht-seiend denken. Also unterscheidet sich das Wesen jedes Geschaffenen von seinem Sein.

[71] Dietrich, en. II 3 II 41.

[72] Thomas von Aquino, In Met. IV 2 n. 558 Cathala S. 186 b.

[73] Aegidius, Quaestiones de esse et essentia qu. 11, Venedig 1503 fol. 24 vb und qu. 12 fol. 27 va–vb.

Antwort Dietrichs: Ist das Wesen erschaffen, dann hat es auch sein Sein. Dann *ist* es sein Sein. Wahr ist, daß ich sein Wesen als nichtexistent denken kann. Aber das gilt genauso für sein Sein, von dem ich weiß, daß es dies verlieren kann, aber nur zusammen mit seinem Wesen. Ich kann sein Sein als aufgehoben, als nichtseiend denken. Dann unterschiede sich also auch sein Sein, das ich als aufgehoben denken kann, von seinem wirklichen Sein. Dann ginge die Verweisung auf sein Sein ins Unendliche.[74]

Überblicken wir noch einmal diese antithomistische Argumentation Dietrichs. Sie ist zusammenzusehen mit der Kritik an der Tendenz zur Verselbständigung des Akzidens in *De accidentibus*, die in *De quiditatibus entium* wiederkehrt. Gott gibt das Dasein so wenig zusätzlich, so wenig er das lumen gloriae zur Natur des Intellekts hinzufügen könnte. Die Lehre des Thomas vom Daseinsakt, der mit dem Wesen nicht identisch wäre, entleert mit einem Gedankenspiel, das rein abstrakt immer möglich ist, indem man die Satzform des Denkens eliminiert, die geprägte Eigenform der Geschöpfe, die kein abstraktes Muster, sondern ein konkret verwirklichtes Baugesetz oder eine Wesensform darstellt. Die Metaphysik des Thomas ist, von Dietrich her gesehen, die Depotenzierung der Zweitursachen und der Vernunft. Seine Philosophie der Geschöpfe entleert diese zunächst und läßt sie dann durch souveräne Zuwendung Gottes wieder – teilweise – gefüllt werden. Sie ist eine Metaphysik der Zusatzausstattung – mit dem Dasein, mit der Gnade, mit dem Himmelslicht, mit Engelsabordnungen – und der autoritären Beauftragung, nicht der Wesensordnungen. Dietrich erinnert daran: Träte das Dasein wie ein Akzidens zum Wesen hinzu, dann könnten Intellekte gar nicht existieren, weil sie keiner zusätzlichen Bestimmung zugänglich sind.[75] Käme das Dasein quasi-akzidentell zum Wesen hinzu, verlören alle konkreten Wesen die intellektkonforme Eigen- und Innengestalt, die das Wort „Wesen“ besagt. Dann überwöge die Außenabhängigkeit. Die Intimität und Formmacht des Selbstseins wäre den Geschöpfen nicht wirklich gegeben; die Lehre des Thomas von den Zweitursachen bliebe an entscheidenden Stellen außer kraft. Insofern treibt Dietrich ein Gedankenmotiv des Thomas über diesen hinaus, indem er die Metaphysik der forma wieder herstellt, wie sie Aristoteles und Averroes, aber auch

[74] Dietrich, en. II 4 II 41–42.
[75] Dietrich, en. I 6, 8 II 33.

Boethius entwickelt hatten. Thomas hatte sie mit seiner Realdistinktion abgeschwächt und wollte gleichzeitig an der Metaphysik der Formen festhalten.

Auf den ersten Blick leuchtet kaum ein, daß Dietrich seine Schrift mit ihren abstrakten ontologischen Theorien im Ton ernster Besorgnis einleitet: Die „wahre Lehre" sei gefährdet; der Schaden sei bereits angerichtet und liege zutage. In Dietrichs *Prooemium* ist jedes Wort genau zu nehmen:

Aus der Ignoranz der Erstbestimmungen wie Dasein und Wesen entstanden Irrtümer in vielen Einzelfragen, besonders was Einfachheit oder Zusammensetzung der Geschöpfe angeht. Die Realdistinktion zerstört die Einfachheit der Wesensgestalt, sie behauptet Zusammengesetztheit, wo sie sinnlos ist, nämlich bei Geistwesen; sie zerstückelt konkrete Einheiten und per-se-Verbindungen und läßt sie durch den Allmächtigen wieder zusammensetzen; sie verfälscht die Theorie des Akzidens durch ungenauen und überschwenglichen Gebrauch dieses Terminus. Sie verselbständigt die Wesenssphäre zu einem Musterbuch, dem Gott in unvordenklicher Weise auswählend hie und da Dasein zuteilt. Sie erliegt Phantasievorstellungen, die Gottes Allmacht überwältigend und unbegreiflich machen. Dietrich fährt fort: Die Mängel in der allgemeinen Ontologie erzeugen Irrtümer bezüglich des Hervorgehens besonderer Geschöpfe aus Gott und ihre Rückkehr zu ihm. Was das heißt, steht in *De visione beatifica:* Die aktive Art, wie Geistwesen aus Gott hervorgehen – sie treten ins Dasein, indem sie ihr Prinzip erkennen; ihr Empfangen ist ihre Tätigkeit – wird verkannt. Dann wird auch die conversio falsch gedeutet; sie wird zu einer göttlichen Sonderausstattung, wo sie doch in der Natur der Geistwesen liege und mit ihrem Hervorgehen identisch sei. Ein verdüstertes, ein voluntaristisches und anthropomorphes Konzept von Gott wäre die Folge, der menschliche Geist als imago würde dinghaft aufgefaßt und degradiert, wenn die Kontrahenten mit ihren sophistischen Aufstellungen über Wesen und Dasein konsequent verführen.

10. Sein und Etwas

In seiner Schrift *De quiditatibus entium*, die später verfaßt ist als *De accidentibus* und diesen Text auch in c. 13 III 118 zitiert, setzt Dietrich seine Revision der metaphysischen Grundbegriffe fort und stellt klar, was er unter einer unabgeschwächten Philosophie der Wesensgestalt, forma, versteht.

Dietrich hat diese Schrift in 13 Kapitel eingeteilt, die ich einleitend, nur als Lesehilfe, so zusammenfassen möchte:

Alles was ist, ist ein Etwas, ein quid. Das Etwassein fügt dem Dasein inhaltliche, formhafte Bestimmtheit hinzu; der Grund dieser inneren Wesensbestimmtheit ist die quiditas. Alles, was ein Etwas ist, ist es auf Grund seiner quiditas. Den genauen Sinn von quiditas zu bestimmen, ist die Aufgabe dieser Schrift. In einem allgemeineren Sinn ist quiditas gleichbedeutend mit „Wesen“; in diesem Sinn haben auch Geistwesen (Intelligenzen) und Eigenschaften eine quiditas. Im strengen Sinn gibt es quiditas nur bei zusammengesetzten Substanzen (c. 1–3). Nachdem in genereller Form gezeigt ist, wie sich ens, quid und quiditas zueinander verhalten, untersucht Dietrich die Abwandlungen des quid, die den Einteilungen des Seienden als solchen folgen, zuerst der Einteilung in naturhafte, reale Sachen, res primae intentionis, und bloße Gedankendinge, res secundae intentionis. Dietrich untersucht zunächst, in welchem Sinn bei *Gedankendingen*, also bei Gattungs- und Artbegriffen, bei logischen und sprachlichen Gebilden von quiditas gesprochen werden kann (c. 4–6). Er zeigt: Das für die quiditas charakteristische Zugleich von Mehrteiligkeit, also Vielheit und Einheit, liegt auch bei Gedankendingen vor. Fasse ich „Mensch“ als Artbegriff, also als logisches Gebilde unter Absehung realer Individuen, dann kann ich sagen, Menschsein, humanitas, sei seine quiditas. Betrachte ich hingegen als Realphilosoph oder Metaphysiker den einzelnen Menschen, dann muß quiditas anders bestimmt werden. Dies zeigt der folgende Abschnitt (c. 7 und 8). Er untergliedert *das naturhaft Seiende*, das sich aus der ersten Einteilung in res primae oder secundae intentionis ergeben hatte, weiter in substantielles und eigenschaftliches Seiendes. Dieser Aufteilung folgt der Traktat: Er behandelt zunächst die quiditas bei zusammengesetzten Substanzen und findet allein hier die quiditas im strengen und eigentlichen Sinn (c. 7 und 8). Dann wendet Dietrich sich der Frage nach der quiditas bei Akzidenzien zu. Er spricht ihnen eine quiditas im eigentlichen Sinn ab; ihre quiditas sei ihre Substanz. Er argumentiert gegen diejenigen, die dem Akzidens eine quiditas mit der Begründung zubilligen, eine Eigenschaft sei auch ein Etwas, habe ein Wesen, und das zeige sich daran, daß wir sie definieren können (c. 9–13). Der Traktat vollzieht den Weg von der Frage, *was etwas ist,* zu der Wesensform.

Nun zu Dietrichs Argumentationsgang im einzelnen. Er begründet zwei Thesen. Erstens: Obwohl ens und essentia real identisch sind, sind es quid und quiditas nicht. Hierbei kommt es darauf an, quiditas genau zu definieren. Quiditas im strengen Sinn determiniert das Seiende dazu, ein Etwas zu sein; durch sie wird das Seiende zu einem bestimmten Wesen, zu einer determinierten Natur. Sie *ist* das von ihr Geformte, ist es aber als sein Prinzip und ist insofern bei stoffgebundenen Ganzheiten nicht mit ihm identisch. Zweitens: Akzidenzien haben ein eigenes Wesen, eine essentia; sie sind auch ein Etwas, haben insofern eine quiditas, aber nicht quiditas im strengen Sinne. Ihr Wesen, ihre essentia ist es, Disposition der Substanz zu sein. Dies bestätigt Dietrichs Theorie, daß Akzidenzien nicht einmal durch göttliche Allmacht von ihrer Substanz getrennt werden können. Denn essentia wie quiditas sind Prinzipien der Innenbestimmtheit, also des Ausschlusses von Zufälligkeit. Für das Akzidens bedeutet das, daß es sich nicht zufällig auf die Substanz bezieht, sondern wesentlich.

Ausgangspunkt der Überlegung: Es geht darum, die ersten und grundlegenden Bestimmungen zu entwickeln. Die erste Bestimmung ist, daß eine Sache *ist.* Wir nennen sie das Seiende, und dies ist ihr Wesen, wobei wir, wenn wir sagen, daß es *ist,* den tatsächlichen Daseinsakt hervorheben, also das, wodurch die Sache sich vom Nichtsein unterscheidet. Wir nennen die Sache „Wesen“, essentia, weil ihr wesentlich das Dasein durch sich selbst zukommt. Aber das Seiende hat auch jeweils eine bestimmte Natur. Darin liegt eine Einschränkung, eine Bestimmung, genauer: ein Geprägt- oder Bestimmtwordensein zu diesem oder jenem Wesen. Dafür ist das Prinzip zu suchen.

Um den Unterschied zwischen Wesen (essentia) und quiditas (Washeit, jetzt als: Wesensgrund) zu ermitteln, stellt Dietrich die Frage: Wodurch ist der Mensch ein Mensch? Diese Frage hat man verschieden beantwortet. Und Dietrich will zeigen, daß Thomas von Aquino sie falsch beantwortet hat, indem er lehrte, der Mensch sei Mensch aufgrund des in ihm anwesenden Menschseins, der humanitas. Thomas hat dieses Menschsein seine Washeit (quiditas) genannt und behauptet, zu ihr gehörten Leib und Seele. Aber das ist, kritisiert Dietrich, eine abstrakte Betrachtung. Das reale Gestaltungsprinzip, das in der Wirklichkeit einen Menschen zum Menschen prägt, ist nicht diese Abstraktion „humanitas“, sondern die menschliche Seele als die Wesensgestalt, forma, des Leibes. Thomas hat, Dietrich zufolge, die metaphysische Stellung der Wesensgestalt, forma, im zweifachen Sinne ruiniert: Einmal, indem er sie zum Gefäß des aufzunehmenden quasi-akzidentell hinzukommenden Daseinsaktes machte; zweitens, indem er eine abstrakte Wesensbestimmung wie „humanitas“ auf dieselbe Ebene wie den Wesensgrund, nämlich die reale forma, also die menschliche Seele stellte.[76] Thomas wollte von realen Dingen sprechen, fiel aber zurück in eine Betrachtungsweise bloß von Abstraktionen, von entia rationis.[77]

Dietrich hielt nichts von Begriffsverfeinerungen, die um ihrer selbst willen betrieben werden. Mit leichtem Spott sprach er einmal davon, das könne machen, wer will, er selbst habe anderes im Sinn. Dennoch hatte er teil an der „scholastischen“ Kultur, d. h. er begnügte sich nicht mit rhetorischen Wendungen; er wollte genau reden. Er sah das beste Erbe der Philosophie und das Selbstverständnis des Christentums bedroht durch eine rohe Denkweise, die den Eigenstand der Weltwesen annullierte und die Vernunft entleerte, um Platz für göttliche Allmachtsinterventionen zu bekommen. Er wollte die Grundbegriffe der Metaphysik so weit klarstellen, als nötig war, um dieser Tendenz begründeten Widerstand entgegenzusetzen. Er wollte kein Lexikon philosophischer Begriffe, er wollte Neubesinnung und Sicherung der besten Tradition – gegen Thomas von Aquino. Genauer: Gegen eine bestimmte Schwäche im Werk des Thomas, der andere, starke Seiten entgegenstanden, an die Dietrich nicht nur anknüpfte, sondern die er konsequenter als Thomas auszuführen gedachte.

Das Motiv der Liberalität Gottes, der seine Allmacht erweist, nicht, indem er ab und zu – und zwar ziemlich oft, nämlich in jeder christlichen Messe – den Ausnahmezustand verhängt, sondern indem er selbständige, in sich standfeste Wesen begründet,
die Hochschätzung der Vernunft als des Besten im Menschen,
die möglichst konsequente Aufnahme der Philosophie des Aristoteles,

[76] Dietrich, quid. 3, 3 III 103 gegen Thomas, In Metaphysicam VII lectio 9, n. 1469.
[77] Dietrich, quid. 6, 3 III 107. Vgl. besonders 8, 3 III 111.

für deren Verständnis Averroes unentbehrlich war und die in nicht-kompromißlerischer Weise mit Augustin, Boethius und Proklos/*Liber de causis* auszugleichen war.
Dazu brauchte Dietrich Klarheit in den Grundbegriffen, die nach seinem Urteil Thomas verwirrt hatte. Darin sah Dietrich den Nutzen seiner kritischen Untersuchungen zu „seiend", „Etwas" und „Substanz". Auf diesem Weg möchte ich noch etwas folgen.

Alles, was ist, ist ein Etwas. Damit ist gesagt: Was ist, unterscheidet sich grundlegend vom Nichts und hat eine inhaltliche Bestimmtheit. Es ist ein „Seiendes", ens, und es hat ein Was, es ist ein quid. Es ist ein Was aufgrund seiner Washeit, quiditas. Auch dieser Begriff war genauer zu fassen und gegen Mißdeutungen zu schützen. Wiederum knüpfte Dietrich an die Bemerkung des Aristoteles an, es gebe zwei grundverschiedene Arten von Fragen: Erstens, *ob* etwas überhaupt sei, zweitens, *was* es sei.[78] *Ob* etwas ist, darüber entscheidet das Sein, d. h. das Wesen der Sache: esse als essentia, essentia als esse. Zwischen beiden kann der Philosoph keine bloß zufällige Beziehung zulassen. Er darf das Sein des Wesens nicht als etwas ihm Äußerliches abwerten oder in die Disposition eines höheren Wesens stellen; es handelt sich um sein Eigenstes. Das Sein der Dinge ist zugleich ihr Was. Die Washeit bringt einen besonderen Gesichtspunkt des Seienden zum Ausdruck: Am Seienden ist nicht nur zu bedenken, daß es überhaupt ist, sondern auch, daß es ein Dieses oder Jenes ist. Washeit, quiditas, versteht Dietrich terminologisch als den Grund dafür, daß das Seiende Wesensgestalt ist, inhaltliches Geprägtsein. Es hat ein Wesen, eine bestimmte Natur. Daher ist die Washeit die Sache selbst, aber als ihr inneres Gesetz, als internes Maß ihrer Wirklichkeit. Von der Washeit als dem innewohnenden Wesensgrund nehmen wir unsere Wesensbestimmung der Sache, die ratio rei. Dietrich definiert Washeit (quiditas) als den innewohnenden Grund einer Sache (principium intrinsecum rei), der die tatsächliche Wirklichkeit prägt (secundum actum). „Washeit", quiditas, ist der forma-hafte Realgrund der Sachen, keine bloß abstrakte Begriffsbestimmung, obwohl wir von ihr die Begriffsbestimmung der Sache (ratio rei) hernehmen, die uns beide Fragen beantwortet, nämlich ob etwas ist und was es ist.[79]

[78] Aristoteles, Analytica posteriora II 1, 89 b 24–25.
[79] Dietrich, quid. 2 (2) III 100: Quiditas ... vult esse aliquod principium intrinsecum rei secundum actum, a quo sumitur ratio rei et secundum rationem essendi et secundum rationem notificandi seu innotescendi.

Im Begriff der Washeit, quiditas, liegt die Gefahr des Abgleitens in bloße Abstraktionen. Denn wenn wir fragen: „*Was* ist der Mensch", läßt sich antworten, er sei die Einheit von Leib und Seele, und da der Leib zum Wesen des Menschen dazugehöre, sei das Menschsein, die humanitas als diese Einheit seine Washeit. Aber Dietrich zeigt, daß diese Antwort der Wahrheit und den Grundbegriffen der Metaphysik des Aristoteles zuwiderläuft; sie betrachtet nämlich reale Weltdinge als wären sie Begriffsgebilde. Er gibt dazu eine Interpretation des siebten Buches der *Metaphysik* mit dem Ergebnis, daß nur die substantiale Wesensform der Wesensgrund sein könne.

Der lateinische Begriff der quiditas – auch im Unterschied zur essentia – entspricht dem to ti en einai der aristotelischen *Metaphysik.* Dietrich denkt quiditas mit Aristoteles-Averroes als die tatsächlich prägende Kraft in der Sache selbst; als Aktualitätsgrund, secundum actum. Was außerhalb der Sache liegt oder was in ihr nur ermöglichend, nicht actu prägend wirkt, scheidet als reale Washeit aus. Sein ist primär Insichsein: Nicht Wirk- oder Zielursache konstituieren das washeitlich geprägte Seiende, auch nicht der Stoff. Dieser ist zwar innerer Wesensgrund der Sache, aber er ist es nur als ermöglichender. Also ist allein die Wesensgestalt oder die forma im vollen aristotelischen Sinn dieses Wortes die Washeit. Dies ist der Grund, weshalb es „unerträglich" falsch ist, wenn Thomas die abstrakte Begriffsbestimmung mit der aktualen Wesensform verwechselt und als Washeit ansieht.[80] Zugleich geht es hier darum, die Metaphysik zu unterscheiden sowohl von der Logik wie von der Naturphilosophie. Bleiben wir bei ihrer Grenze zur Naturbetrachtung: Die Metaphysik denkt das Seiende als Seiendes, d.h. als in sich stehendes Wesen und Wassein; sie wird daher wesentlich forma-Analyse. Die

Ib. 2 (3) III 100: Quiditas enim vult esse aliquod principium intrinsecum rei secundum suam essentiam absolute secundum se, inquantum est ens, a quo circumscribuntur omnes causae extrinsecae, quibus constituitur res non inquantum ens, sed inquantum ens naturae.

Ib. 2 (4) III 100: Quiditas igitur est aliquid formale intrinsecum rei quantum ad actum rei.

Ib. 8 (2) III 111: Quiditas, quae vere et simpliciter quiditas est, est aliquod principium intrinsecum secundum actum, a quo sumitur ratio rei et secundum rationem essendi et secundum rationem notificandi, ratio, inquam, rei importantis in sua substantia aliquam multitudinem cum unitate eorum multorum ad invicem essentiali.

Ib. 8 (4) III 112: Hoc principium intrinsecum secundum actum, quod est forma rei et quiditas substantiae compositae, ex cuius formali actualitate et essentiali unitate tota entitas et unitas essenntentialis substantiae compositae dependet et secundum rationem essendi et secundum rationem notificandi, investigat Philosophus in VII.

[80] Dietrich, quid. 4, 3 III 103.

Naturphilosophie betrachtet die Sachen als außenbestimmt in Veränderung, d. h. sie konzentriert sich auf Wirk- und Zielgrund der Sache; sie hat es auch mit der das Naturding ermöglichenden Stoffgrundlage zu tun.[81] Die Metaphysik leugnet nicht die Stoffgrundlage der Dinge; sie hält aber fest: Das Naturding erhält von der Stoffgrundlage her weder die Wesensprägung noch wird es von daher definiert. Deswegen gehört es zur Definition der quiditas oder der Washeit im strengen Sinn, daß sie der innere Wesensgrund der Sache selbst ist, von dem her wir sie als seiend denken, ihre Wesenselemente erfassen und in der Definition zum Ausdruck bringen. Dietrich sagt das so: Wir nehmen von der Washeit sowohl die ratio essendi als auch die ratio notificandi. Das heißt, wir bestimmen im Blick auf die Wesensform, ob und als was eine Sache existiert; wir bilden im Blick auf sie die Definitionselemente. Indem Dietrich klarstellt, daß die Wesensform die Sache quidifiziert und definierbar macht, definiert er Metaphysik als Wesenswissen[82] und beantwortet eine Frage, die in *De origine* entstanden, aber dort nicht gelöst war: Dort erklärte Dietrich die Washeit der Sachen als von unserem Intellekt konstituiert; nun erklärt er, wie diese Konstitution mit dem Sein der Dinge zusammengehen kann. Die Wesensform ist es, die das Seiende als Wesen prägt und im Blick auf die wir die Definitionselemente bilden.

Daran schließt Dietrich folgende Überlegung an: Was definiert werden kann, muß innere Vielheit besitzen. Ich muß die Frage, was es ist, mit einer neuen Bestimmung beantworten. Zu fragen, warum der Mensch Mensch ist, hat, wie Aristoteles sagt, keinen Sinn. Ich muß inhaltlich verschiedene Elemente zur Definition zusammenfügen können. Ich muß von *etwas* sagen, *was* es ist. Ich muß diese Doppelung zusammenführen, sonst kann ich nicht definieren. Daraus ergibt sich: Schlechthin einfache Wesen, in denen keine Wesensform eine Vielheit von Elementen gestaltet, haben keinen Wesensgrund (im strengen Wortsinn) und sind nicht zu definieren. In diesem Sinne sind Gott und sind Intellekte schlechthin „einfach" und keiner Definition zugänglich. Das heißt: So scharf Dietrich die Grenze zwischen Metaphysik und Naturwissen gezogen hat, so sehr konzentriert er die Metaphysik auf die sichtbare Welt, nur eben unter einem anderen Gesichtspunkt als im Naturwissen. Schlechthin „einfache" Wesen wie Gott und der Intellekt kommen in ihr, als nicht-

[81] Dietrich, quid. 2, 3 III 100.

[82] Dietrich, quid. 3, 2 III 102: secundum considerationem primi philosophi, qui proprie de quiditatibus et essentiis rerum inquantum huiusmodi considerare habet.

definierbar, nur als Grenzfälle vor, die eine eigene Art philosophischer Analyse fordern.

11. Sein als In-sich-Sein

Sein ist In-sich-Sein, ist In-sich-selbst-Bestimmtsein. Das ist ein Hauptmotiv der Metaphysik Dietrichs. Zu ihm bleibt zumindest *eine* Konsequenz noch nachzutragen, nämlich eine neue Akzentsetzung im Konzept der Substanz.

Beginnen wir noch einmal mit Dietrich wie von vorn: Das Seiende ist ein Was. Wassein und Seiendsein sind wesenhaft identisch. Was wahrhaft und an ihm selbst (per se) ein Seiendes ist, hat ein Wesen oder vielmehr: Es *ist* ein Wesen. Das heißt, es hat eine vollkommene Wesentlichkeit in sich selbst, perfectam quandam essentialitatem in se.[83] Dietrich hat den Terminus Wesentlichkeit, essentialitas, nicht geprägt; er fehlt bei Thomas, bei Albert kommt er gelegentlich vor. Dietrich bezeichnet damit die intellekt-analoge Innenbestimmtheit des Seienden als solchen, das in seinem Wesen eindeutig bestimmt ist. Nicht, als gebe es keine Außeneinwirkungen, von denen zufällige Eigenschaften die Folge sind. Aber *als Wesen* sind sie von jeder Zufälligkeit (accidentalitas) frei, und dieses ihr Wesen durchdringt auch das an ihnen, was zufällig ist. Sie sind, wenn man sie im Ganzen betrachtet, also auch mit ihren eigenschaftlichen Dispositionen, kein bloßes Konglomerat von Eigenschaften, sondern sie haben per-se-Bestimmungen; wir können unterscheiden, was für sie wesentlich und was zufällig an ihnen ist. Sein als Innen-Sein denken, bedeutet also nicht nur, die Wirk- und Zielursache aus der Metaphysik auszuschließen; es schließt auch alle Zufälligkeit in den Sachen selbst aus. Als Wesen sind sie pur sie selbst; sie sind nicht gleichzeitig etwas anderes. Zwischen der Sache und ihrem Wesen besteht strikte Identität; jede Akzidentalität und Diversität ist – unter diesem Gesichtspunkt – ausgeschlossen.[84] Und das verändert das Verständnis von „Substanz". Das Wort kommt von substare und bringt die Assoziation mit sich, wir sprächen vom Träger von Eigenschaften. Aber wenn Dietrichs Überlegung vom Sein als Innen-Sein und vom Ausschluß aller Akzidentalität in der Washeit richtig ist, dann

[83] Dietrich, quid. 7, 3 III 109.
[84] Dietrich, quid. 7, 3 und 4 III 109.

entfernt diese Überlegung den Gesichtspunkt des Tragens von Eigenschaften von seiner bisherigen ersten Stelle. Denn dann ist die Substanz primär bestimmt durch ihr In-sich-Sein, nicht durch ihre Trägerrolle. Gewiß gibt es Eigenschaften; sie sind Dispositionen der Substanz zur Ermöglichung von Naturprozessen. Aber dies ist der Gesichtspunkt der Naturphilosophen. Als Metaphysiker sehen wir die Substanz primär als In-sich-selbst-Sein, als intellekt-analoges Innesein in sich selbst. Dietrich war besorgt um die sprachliche Sicherung seiner Analyse, er griff eine in der Trinitätslehre gebräuchliche Unterscheidung auf und unterschied bei der substantia zwischen ihrem In-sich-Sein, ihrem subsistere, und ihrem Träger-Sein, ihrem substare. Die Vorstellung vom Trägersein wehrte er ab, indem er das Akzidens nur als Disposition der Substanz gelten ließ, die eine Washeit habe, wobei aber deren Washeit nur die Substanz sei. Die primäre Bedeutung von per-se-Sein und In-sich-Sein, vom Ausschluß aller Akzidentalität und Diversität im Konzept des Wesens fixierte Dietrich mit dem Terminus: In-sich-Subsistieren. Daher gehöre „Subsistenz" zu den Grundbegriffen der Metaphysik. Das Wort sei nicht schwer zu erklären: Wie essentia von esse kommt und „Existenz" von existieren, so komme „Subsistenz" von subsistieren.[85] Bei der Analyse der Substanz ist der Gesichtspunkt des Subsistierens ist der entscheidende. In scholastischer Sprache heißt das, er ist formalior. Er ist der, der vor allem und eigentlich im Auge zu behalten ist, wenn man von „Substanzen" spricht. Denn er bedeutet, daß sie primär als Seiende, d.h. als Wesen und unter dem Gesichtspunkt ihres In-sich-Seins zu denken sind. Daß Substanzen auch in Naturprozessen stehen und dazu Dispositionen haben, also Akzidenzien tragen, ist unleugbar wahr, aber es ist in der Ontologie der Substanz ein sekundärer Gesichtspunkt.[86]

12. Sein als Bezüglich-Sein

Sein heißt In-sich-Sein. Aber das bedeutet nicht: beschränkt sein auf ein Subjekt. Es gibt Seiende, die auf ihren Träger eingeengt sind; das sind die

[85] Dietrich, en. I 9 II 37.

[86] Dietrich, or. 2, 26 und 27 III 150, vgl. auch or. 22, 19 III 149 und 3, 12 III 161. Dazu auch Dietrich, mag. 19, 4 II 61.

Eigenschaften. Aber je wirklicher ein Seiendes ist, um so dynamischer ist es; um so mehr geht es, wenn es zu sich zurückgeht, über sich hinaus. Je mehr etwas in sich selbst steht, um so bezüglicher ist es. Je mehr es Substanz ist, um so mehr ist es Beziehung. Deswegen ist die herkömmliche Kategorie der Relation[87] zu revidieren.

Was das Sein der Beziehung bei Thomas angeht, so hat Krempel unwidersprechlich bewiesen:

Bei Thomas ist die Relation immer ein Akzidens. Nur eine einzige Ausnahme gestattet Thomas: In Gott, sofern er dreieinig ist, ist das *Wesen* selbst in sich bezüglich. Bei allen irdischen Beziehungen kommt die Relation eigenschaftlich, akzidentell, hinzu, oder sie ist ein reines Gedankending. Die menschliche Vernunft kann Relationen herstellen, aber das sind gedankliche Konstruktionen, also ontologisch gesehen bloße entia rationis.

Dietrich weicht charakteristisch ab von der thomistischen Theorie der Beziehungen in folgenden Hinsichten:

1. Nicht alle von der theoretischen Vernunft des Menschen gebildeten Beziehungen sind bloße Gedankendinge. Die konstitutive Kraft des Denkens ist so bedeutend, daß sie in theoretischem Verhalten Beziehungen herstellen kann, die primäre Realität darstellen, also in das Prädikament der Relation gehören. Das war die These von Dietrichs *De origine*.[88]

2. Substantiale Relationen sollte es, Thomas zufolge, nur in einem einzigen Ausnahmefall geben: bei der Trinität. Dietrichs Theorie des Intellekts widerspricht dieser Auffassung und beruft sich dafür historisch zu Recht auf Augustin. Unser Intellekt ist aufgrund seines gesteigerten In-sich-Seins zugleich wesenhafte Beziehung, subsistierende Relation. Gerade darin ist er gottförmig und Bild des drei-einen Gottes.[89]

Nachdem einmal das göttliche Privileg gefallen ist, allein wesenhafte Beziehungen zu sein, machte Dietrich sich auf den Weg, auch andere wesenhafte Beziehungen in Geschöpfen zu entdecken.[90] Seine Theorie

[87] Zum Problem der Relation bei Thomas von Aquino besitzen wir die exakte und perspektivenreiche Untersuchung von Anton Krempel, *La doctrine de la relation chez S. Thomas d'Aquin*, Paris 1952. Hätten wir zu allen wichtigen Lehrpunkten des Aquinaten eine entsprechende Darstellung, wäre es leichter, die ideengeschichtliche Stellung Dietrichs zu bestimmen.

[88] Dietrich, or. 1, 18 III 142; ib. 3, 6 III 159; 5, 57 III 198.

[89] Dietrich, vis. 1.1.1.3.1 (1) I 18; ib. 1.3.3 (12) I 60; ib. 3.2.6 (6) I 80.

[90] Dietrich, or. 2, 10 III 147. Zur Theorie der Relation bei Dietrich vgl. insbesondere or. 2, 34 bis 2, 40 III 151–154 und or. 2, 56–2, 58 III 157; cog. 34, 2 und 34, 5 II 197; ib. 69, 2 II 232.

der universitas als fluxus, eines ordo essentialis und der causae essentiales wäre ohne eine Reform der Philosophie der Beziehungen nicht möglich gewesen. Während Thomas von Aquino die aristotelische Kategorienlehre rigoros durchführte, also keine wesenhaften Beziehungen zulassen konnte, aber für die Trinität eine Ausnahme konstatierte, revidierte Dietrich das gesamte Schema und skizzierte eine neue Philosophie des Seins als Bezüglichsein.

Hat Dietrich, aufs Ganze gesehen, eine neue Metaphysik entwickelt? Man könnte es bestreiten, denn Dietrich hat keine Gesamtdarstellung seiner Metaphysik geschrieben, auch keinen Kommentar zur *Metaphysik*. Er hat sich auf Einzelerörterungen beschränkt, die allerdings zeigen, daß eine neue Metaphysik an der Zeit war, eine Revision der Abschwächungen, die Thomas an der Metaphysik des Aristoteles – Averroes vorgenommen hatte, obwohl auch für Augustin die essentia ihren Namen vom esse hat.[91] Nimmt man Dietrichs Metaphysik der forma in *De origine* IV zusammen mit den Schriften *De accidentibus, De ente et essentia* und *De quiditatibus entium,* dann zeigt sich die Kohärenz der einzeln vorgetragenen Anläufe und der einheitliche Grund seiner Polemiken: Dietrich untersucht, was das Seiende als Seiendes ist, er zeigt seine Identität mit der essentia, verfolgt weiter die Einschränkung des Seienden zum Etwas-Seienden und kommt auf die substantiale Wesensform als quiditas. Eine Folge dieser Untersuchungen ist die Bestimmung des Seienden als Substanz, die wiederum eine Revision der Theorie des Akzidens fordert und dem Bezüglichsein neue Bedeutung verschafft. Man könnte den Grad des theoretischen Zusammenhangs der auf einzelne Schriften verteilten metaphysischen Konstruktion fast schon „systematisch“ nennen, würde man dadurch nicht die intellektuelle Situation am Jahrhundertende verkennen. Sie mußte durch punktuelle, aber theoretisch kohärente Revisionen der ersten Grundlagen – also nicht nur der Nebensachen – erst ein Bewußtsein davon schaffen, wie wenig mit den großen Summen der Jahrhundertmitte gewonnen war.

Zum Traditionsbezug von *De quiditatibus entium* ist nachzutragen: Augustinus kommt ein einziges Mal vor, mit der gegen die Verteidiger der Realdistinktion gut verwendbaren Formel aus *De Trinitate* VII 1, essentia komme von esse. Proklos fehlt ganz. Avicenna wird einmal zustimmend zitiert mit der trefflichen Formel aus dessen *Metaphysik* V 5,

[91] Dietrich, quid. 1 (3) III 99 zitiert wieder einmal Augustin, De immortalitate animae 12, 19 und De Trinitate VII 1, 2.

die quiditas der einfachen Wesen sei dieses einfache Wesen selbst (2 (5) p. 101). Wo Averroes dem Avicenna widerspricht und wo Thomas gegen Averroes dem Avicenna folgt, stellt Dietrich sich gegen Avicenna und Thomas. Durchgehend beruht die Argumentation auf der *Metaphysik* des Aristoteles, vor allem auf Buch Z in der Interpretation des Averroes. *De quiditatibus entium* ist eine antithomistische Schrift auf aristotelisch-averroistischer Grundlage. Sie beseitigt in aller Kürze die Verwirrtheit der ontologischen Grundbegriffe, die in den seit 1285 in Paris hin und her wogenden Debatten zutage getreten war. In einem zu präzisierenden Sinne ist *De quiditatibus entium* ein theologischer Traktat, geschrieben zur Sicherung eines Identitätskerns, nicht von abstrakten Ideenmustern, sondern von actu existierenden Geschöpfen, eines stabilen Selbstbezugs, den als solchen mitten in der kontingenten Welt weder Naturzufälle noch göttliche Allmacht zerstören können und der in seiner unangreifbaren Wesentlichkeit (essentialitas) und Zufallsentzogenheit die Freigiebigkeit des göttlichen Weltgrundes zeigt.

13. Albertschule. Albertschule?

An dieser Stelle dürfte ein Rückblick angebracht sein. Von der Wut des Einteilens und von der Vergröberung des historischen Denkens durch das Konzept von „Strömungen“ und „Schulen“ war schon die Rede. Für die erste Annäherung und die grobe Übersicht mögen solche Etiketten nützlich sein. Sie zeigen dem Fachfremden, was es alles gab. Nur müssen sie modifiziert, differenziert und durch Nahbetrachtung aufgelöst werden. Die Charakterisierung Dietrichs als Neuplatoniker oder als präthomistischen Augustinisten war zeitbedingt und ist nicht zu halten, aber daß Dietrich der deutschen Dominikanerschule zuzuordnen ist, ließ sich vertreten. Nur hat das CORPUS PHILOSOPHORUM TEUTONICORUM MEDII AEVI gezeigt, wie uneinheitlich diese „Schule“ war und wie wenig mit diesem Titel gesagt ist. Er weist auf ein Netzwerk und leidenschaftlich-kontroverse Diskussionen, auf einen geographischen und institutionellen Ermöglichungsgrund individueller Abweichungen. Ähnlich ist es, wenn von „Albertschule“ gesprochen und Dietrich ihr zugeordnet wird. Unverkennbar hat Albert Dietrich den Weg gebahnt.

Ohne Albert hätte er die Aristotelestexte kaum verstehen können; ohne ihn wäre seine Konzeption methodischer Selbständigkeit der Philosophie und wohl auch das Interesse an Naturwissen nicht zu formulieren gewesen. Alberts Werke konnten ihm zeigen, wie ein Denker aristotelische und neuplatonische Ideen zu verbinden gesucht hat und wie weit er dabei gekommen war. Vor allem konnten sie ihm die Bedeutung der arabischen Philosophen erschließen, Averroes und die Theorie des Intellekts voran. Sie lehrten Verständnis für das Konzept der Emanation bei Avicenna und für viele Details bei ihm wie bei Averroes. Sie lehrten, wie die philosophische Betrachtung durch Unterscheidungen die Offenbarungslehren gelten, aber sich in ihrem Gang nicht stören ließ. Charakteristischer Fall war die Weigerung Alberts, die Intelligenzenlehre der Philosophen mit der Engellehre der Theologen zu verschmelzen. Dies alles und manches mehr läßt sich bei Dietrich als Symptom der „Albertschule" verbuchen. Aber es darf nicht darüber hinwegtäuschen, wie sehr Dietrich seinen eigenen Weg gegangen ist und sich auch von Albert entfernt hat. Soweit ich sehe, erwähnt Dietrich in allen seinen Schriften Albert nur zweimal: Er berichtet, daß es secundum Albertum illum famosum zehn Himmelspären gebe, aber er schließt sich dieser Ansicht nicht an, *De intelligentiis et motoribus caelorum* 3 (3) und wiederholend 3 (7) III 357. Er nennt ihn neben den arabischen Philosophen und Thomas von Aquino wegen seiner Ansicht zu chemischen Verbindungen, *De miscibilibus in mixtis* IV 29. Beide Erwähnungen erfolgen aus kühler Distanz, nur in naturkundlicher Hinsicht, ohne Zustimmung. Bei der animatio caeli konnte Dietrich noch glauben, er stehe Albert nahe, aber als er das lumen gloriae kompromißlos verwarf, traf das indirekt auch Albert, unmittelbar Thomas von Aquino. Was die Selbständigkeit der Akzidenzien angeht, die Dietrich bestritt, hatte Albert zugegeben, daß praktisch die gesamte Philosophie dieser Lehre widersprach,[92] aber er fand dann doch, der Glaube verlange die Annahme abtrennbarer Akzidenzien und wir dürften den Lehren der Philosophen nur so weit folgen, als der Glaube gestattet.[93] In diesem Punkt hat Dietrich sich mit großer Härte getrennt. Er hat nicht wie Albert zugelassen, daß man beim Akzidens zwischen seinem Wesen und Dasein vermittelnde Unterscheidungen ersinnt. Er hat das akziden-

[92] Albert, In 4 Sent. 12, 116 S. 323 a–b: Haec est quaestio gravissima de accidentibus, quia dicit (sc. Petrus Lombardus) accidentiae hic esse sine subiecto. Et contra hoc obicitur multipliciter eo quod tota philosophia videatur esse contra.

[93] Albert, In 4 Sent. 12, 16 S. 328 a.

telle oder quasi-akzidentelle Hinzutreten des Daseins zum Wesen strikt verworfen, auf das Albert sich nicht nur in der Abendmahlslehre stützte, ganz abgesehen davon, daß dieser berühmte Mann dabei die Berufung auf Gottes Allmacht nicht scheute. Siger hatte Alberts Namen genannt, als er in seiner Metaphysikvorlesung die Theorie vom Dasein als Akzidens angriff,[94] und in dieser Frage stand Dietrich mit Siger und Gottfried, *Quodlibet* III 1, gegen Albert, freilich ohne wie Siger den Namen Alberts zu nennen. Albert hatte es abgelehnt, uns Menschen einen intellectus per essentiam zuzugestehen: Non habemus intellectum, qui per essentiam intellectus sit,[95] während Dietrich genau dies behauptet.[96] Dietrich hat sich in grundlegenden Fragen der allgemeinen Metaphysik und der Intellekttheorie deutlich von Albert abgesetzt. Dietrichs Schriften *De visione beatifica, De accidentibus* und *De ente et essentia* lassen sich auch als gegen Albert gerichtet lesen, ohne den unmittelbaren Bezug auf Thomas und frühe Thomisten zu übersehen. Jedenfalls zeigen sie einen individuellen Denker, zu dessen Verständnis es wenig beiträgt, ihn als einen der Schüler Alberts zu bezeichnen. Davon gab es viele, und Dietrich unterschied sich von ihnen allen.

[94] Siger von Brabant, Quaestiones in Metaphysicam, Introductio qu. 7, ed. A. Maurer, Louvain 1983, 32: Fuit etiam opinio Alberti.
[95] Albert, De causis II 1, 7, Ed. Colon. XVII 2, S. 69, 16–20
[96] Dietrich, vis. 1.1.2.2., 1–2 I 24, 44–53.

II. INTENSIVE GRÖSSE

1. „Regionale Ontologie“

Der Ausdruck „regionale Ontologie“, klingt zu sehr nach Nicolai Hartmann, um für einen Autor der Zeit um 1300 adäquat zu sein. Und doch mag er hier aushilfsweise dazu dienen, einige philosophische Untersuchungen Dietrichs zusammenzufassen, die bisher – mit der Ausnahme des Zeitproblems – zu wenig Aufmerksamkeit gefunden haben und die für ihn charakteristisch sind: Es sind ontologische, fast kategorialanalytische Einzeluntersuchungen im Übergang zur Philosophie der Natur mit zugespitzter Fragestellung. Dietrich hat ihnen eine Reihe von Traktaten gewidmet, die zu der Gruppe seiner „theologischen“ Schriften, von denen im nächsten Kapitel die Rede sein wird, einen eigentümlichen Kontrast bilden. Sie intendieren – anders als *De intellectu et intelligili,* das deswegen im 20. Jahrhundert das Bild des Philosophen Dietrich dominieren konnte – keinen an Proklos orientierten Überblick über die Weltkreise, sondern betreten philosophisches Neuland, indem sie folgende Themen erörtern: Qualitative Steigerung und substantiales Nachlassen von Substanzen, die metaphysische Deduktion der Kontrarietät, die Theorie der Dauer, die Philosophie der Zeit und ihre Konstitution durch die Seele. Sie suchen im Anschluß an Aristoteles-Averroes Schwierigkeiten zu lösen, in die ein Leser der *Kategorienschrift*, der *Physik* und der *Metaphysik* des Aristoteles gerät. Sie präzisieren die Konzeption des Seienden als Seienden, sie suchen per-se-Beziehungen, ausgehend von der philosophischen Fassung von Sachverhalten der folgenden Art, die Dietrich bei den großen Lehrern des 13. Jahrhunderts nicht befriedigend erörtert fand:

Intensivierung und Remission von Qualitäten, die qualitative Steigerung und Minderung bei Substanzen, untersucht im *Traktat De magis et minus* (II 43–68),
Theorie der Gegensätze, ihre Ableitung aus übergeordneten Stammbegriffen und ihr genauer Ort im Universum, behandelt in der Schrift *De natura contrariorum* (II 69–135),

Philosophie der Dauer und der Zeit, entwickelt in den beiden Traktaten *De mensuris* (III 203–239) und *De natura et proprietate continuorum* (III 241–275).

Untersuchungen zur allgemeinen Ontologie, die ihrer Natur nach in regionale Ontologie übergehen, finden sich bei Dietrich auch sonst. Erinnert sei an seine Untersuchungen:

1. Zur allgemeinen Theorie der Akzidenzien (*De accidentibus*). Dieses Problem hat Dietrich von Anfang an verfolgt, mit dem aristotelisch-averroistischen Akzent auf der ontologischen Unselbständigkeit des Akzidens (or. 2 (25) III 144; or. 2 (45) III 155; vis. 1.1.1.2 (2) I 18; en. 1 (6) II 27; mag 10 (3) II 55). Er zog die Konsequenzen dieser Theorie für die Konzeption des engeren Begriffs von Natur und für die Theorie des Intellekts, auch für die Philosophie der analogen Prädikation.
2. Zur Reduktion der zehn Kategorien auf drei reale Naturkategorien (or. 2 (13)–(18) III 141–142; or. 3 (3)–(6) III 158–159; contrar. 65 (2) II 129).
3. Zur verbesserten Definition des Individuums, dessen Individualität nicht, wie Thomas lehre, auf seiner Stofflichkeit gründe (acc. 3 (1) III 56; int. 28 (1)–(3) II 164–165; 27 (2) I 165s.; mag. 11 (4) II 55; luce 9–13 IV 16–20).
4. Zur Theorie der Relation, mit der Doppelthese, daß a) einige Relationen als res primae intentionis nicht von der Natur, sondern ganz vom Intellekt konstituiert werden, b) daß es *wesenhafte* Beziehungen gebe, die in der substantia selbst liegen (or. 2 (34)–(41) III 152–154; or. 2 (48)–(53) II 155–156; vis. 1.3.3. (12)–(14) I 59–60; hab. 2 II 9–10; cog. 69 II 231–232).
5. Zur Kategorie des Ortes, zu seiner Rolle in der Physik und zu seiner metaphorischen Bedeutung (subst. 14–15 II 313–314). Diese Untersuchungen leiten über zur Theorie des situs, insbesondere zu der Frage, ob es eine Umgebung, eine Art Räumlichkeit der spiritualia gebe, also einen denkerischen Weg von der Kategorialanalyse zur verräumlichten Inferno-Vorstellung Dantes (cog. 70 II 232–233).
6. Die Schrift *De habitibus* handelt zwar nicht, wie der Titel nahelegen könnte, kategorialanalytisch generell vom habitus, sondern von den habitus der rationalen Natur, also von Wissen und Tugend, aber Dietrich hat in die kurze Schrift – sieben Druckseiten – knappe ontologische Untersuchungen eingebaut. So erklärt er die „berühmte Unterscheidung" (illa famosa distinctio) zwischen wesenhafter und

akzidenteller Möglichkeit im Anschluß an Aristoteles (*Physik* VIII 5, 256 b 4–7 (hab. 1 (2) II 9 und hab. 6–7 II 11–12)), die er vor allem für seine Theorie des Sehens ausbauen wird, und er gibt einen kurzen Abriß seiner Theorie der Relation (hab. 2 II 9–10).

Diese Recherchen hat Dietrich über sein Gesamtwerk verteilt, aber einigen regionalontologischen Untersuchungen hat er eigene Schriften gewidmet, deren Argumentation und philosophische Bedeutung eine eigene Erörterung verdient. Ich beginne mit der Schrift *De magis et minus* II 45–68, die das Problem behandelt, ob es Intensivierung und Remission nur bei Qualitäten oder auch bei Substanzen gibt.

2. Die Herkunft des Problems

Es geht um die Frage, wo und wovon es in der realen Welt ein Mehr oder Weniger gibt. Dietrich leitet seine Untersuchung mit der scherzhaften Bemerkung ein, seine Fragestellung klinge verächtlich kleinlich, aber mancher Mensch sei schon zu Tode gekommen, weil er kleine Wunden nicht beachten wollte. Die banal klingende Frage nach der Bedeutung von Mehr und Minder enthalte viele und große Schwierigkeiten, und wer diese Aporien auflöse, heile kleine Wunden und verhindere, daß einer Schaden leide bei Haupt-Fragen der Wissenschaft von großen Dingen. Dietrichs Leser soll sich darauf einstellen, durch kleinteilige Untersuchungen zu Hintergrundfragen geführt zu werden. Es geht um Anderswerden durch Steigerung oder Minderung: Wie tief reicht die Ver-Änderung? Betrifft sie nur Eigenschaften oder das Wesen selbst? Wir sagen: „Du bist ein anderer Mensch geworden!", aber was kann das heißen, wenn wir dabei überzeugt sind, er gehöre dann immer noch zur Species „Mensch"? Es verändern sich nicht nur sichtbare Eigenschaften, sondern es entwickeln sich auch bislang latente Fähigkeiten, wenn z. B. jemand ein Boxer wird; dieses Beispiel kommt bei Dietrich vor. Die Untersuchung verwickelt sich, indem gefragt wird: Was genau kann ein Mehr oder Weniger annehmen? Es sind zunächst Qualitäten, aber sind es alle Qualitäten oder nur eine bestimmte Art von Qualitäten? Gehört Wissen zu den Qualitäten, bei denen es ein Mehr und Weniger gibt? Und sind es nur die Qualitäten?

Auch was unter „Qualität“ zu verstehen ist, wirft Fragen auf, denn Ontologen definieren „Qualität“ anders als Naturforscher oder Logiker. Und was heißt „Wesen“, wenn wir fragen, ob das Wesen bleibt, wenn Eigenschaften stärker oder schwächer werden? Wann reden wir von Mehr und Weniger, wann von Größer und Kleiner, wobei im Lateinischen sowohl das Weniger wie das Kleiner durch dasselbe Wort *minus* ausgedrückt wird?

Dietrich verstand seine philosophische Schriftstellerei nicht als Wiedergabe dessen, was die Wissenschaft schon erreicht hat, sondern als Suche nach dem, was sie ungelöst hinterlassen hat. Er suchte „Schwierigkeiten“. Er hatte selbst den Eindruck, er verliere sich leicht im Unwegsamen. Deswegen stellte er seinen Schriften gern eine Inhaltsangabe voran. Doch bezieht sie sich in unserem Fall minuziös auf jedes einzelne der 31 Kapitel; sie informiert nicht über den argumentativen Gang. Deswegen versuche ich zunächst eine an den Argumentationen orientierte Grobgliederung vorzulegen; sie soll einen Eindruck vom Gesamtaufbau einer Schrift verschaffen, zu der es keine sekundäre Literatur gibt. Sie könnte künftigen Lesern den Zugang erleichtern oder sie zu Korrekturen anregen. Dietrichs Schriften sind schwierig. Klar ist: Ein Überblicksschema kann Probleme auflisten, nicht lösen.

Einleitung. Erste Begriffsklärung: Was heißt: Mehr und Weniger? Diese Ausdrücke bezeichnen nicht die Qualitäten selbst, sondern deren Modi. Aber es sind qualitative Modi einer Substanz; daraus ergeben sich Probleme, cc. 1–4 II 49–50.

I. Erster Problemkreis: Quantität und Qualität in ihrer Beziehung zur Substanz, cc. 5–7 II 51–53.

II. Zweiter Problemkreis: Gibt es ein Mehr oder Weniger am Wesen selbst? Vier Bedingungen dafür, daß von Mehr oder Weniger die Rede sein kann. Nachweis, daß von diesen Bedingungen die dritte und vierte bei der Substanz gegeben sind, nicht aber die zweite, cc. 8–17 II 53–59.

III. Vertiefte Untersuchung zum zweiten Problemkreis: Ist die zweite Bedingung für ein Mehr oder Weniger bei substantiae nicht doch gegeben? Dietrich diskutiert Argumente für die Verneinung dieser Frage, cc. 18–22 II 60–63. Im zentralen c. 20 II 61 arbeitet Dietrich eine theoretische Möglichkeit aus, der Substanz aufgrund ihrer Innenstruktur ein Mehr oder Weniger zuzugestehen.

IV. Dritter Problemkreis: Was genau verändert sich, wenn die Qualität gesteigert oder gemindert wird? Fünf Argumente dafür, daß in diesem Fall die gesteigerte oder geminderte Qualität nicht numerisch dieselbe bleibt, cc. 23–28 II 63–66.

V. Vierter Problemkreis: Es ist zu unterscheiden: essentia, substantia und individuum. Dietrich gibt seine Definition der Individualität und prüft, ob durch qualitative Veränderungen auch das Individuum, wie er es definiert, ein anderes wird. Er erklärt, warum Steigerung und Minderung bei *Qualitäten* eine jeweils neue forma fordert, *nicht* aber bei der Steigerung oder Minderung der individuellen *Substanz*, cc. 29–31 II 66–68.

Diese elementare Übersicht kann nicht zeigen, wie Dietrichs Problem entstanden ist. Sie muß unverständlich scheinen und führt vor Augen, daß ein Text der Zeit um 1300 sich nicht durch unmittelbare Intuition erschließt und der Leser nichts an Einsicht gewinnt, wenn Dietrichs Theorie einer der aus den Handbüchern bekannten „Strömungen“ zugeordnet wird. Es sind vielmehr die Voraussetzungen zu erforschen, unter denen sein Problem und seine Lösungsverfahren entstanden sind. Wie konnte die scheinbar geringfügige Wendung „Mehr und Weniger“ eine Verlegenheit auslösen, die, wenn sie nicht argumentativ überwunden würde, nach Dietrichs Urteil die Wissenschaft insgesamt gefährdet? Die Antwort lautet zweistufig: Zunächst: Die bisherige Philosophie kannte keine qualitative Steigerung und Abnahme bei Substanzen. Es bestand aber ein philosophisches und darüber hinaus um 1300 ein gesellschaftliches Interesse daran, individuelle qualitative Wesenssteigerung auf den Begriff zu bringen. Infolgedessen ergab sich im Paris des letzten Drittels des Jahrhunderts eine lebhafte Debatte, in der Dietrich Position bezog. Sodann: Dietrichs Leser hatten Philosophie studiert, indem sie die Schriften des Aristoteles erklärt bekamen und/oder selbst durcharbeiteten. Diese Texte gaben auf die Fragen nach Steigerung und Minderung keine einhellige Antwort. Dietrich wollte das zeigen und eine kohärente Lösung anbieten, die imstande war, die laufenden Diskussionen zu entscheiden. Es ging um aktuelle Fragen, doch beginnen wir mit Aristoteles.

Aristoteles handelt von der Qualität im achten Kapitel seiner Schrift über die Kategorien, 8 b 25–11 b 38. Er beginnt mit der Erklärung: „Qualität“ nenne ich das, aufgrund dessen ich bestimmten Wesen bestimmte Eigenschaften zuspreche. „Qualität“ wird im vielfachen Sinne ausgesagt.

Dann unterscheidet Aristoteles verschiedene Arten der Qualität: Erstens hexis und diathesis, in der Terminologie der lateinischen Übersetzungen: habitus und dispositio. Der habitus, zum Beispiel Wissen oder Gerechtigkeit, sei von größerer Dauer und nicht leicht zerstörbar; eine dispositio, zum Beispiel gesund oder krank, sei weniger resistent und weniger dauernd. Eine zweite Gruppe von Qualitäten bestehe aus latenten Fähigkeiten oder Unfähigkeiten, dynamis oder adynamia, aufgrund deren einer die Fähigkeit hat, Faustkämpfer oder Läufer zu werden. Hier handelt es sich nicht um bereits entwickelte Eigenschaften (wie beim habitus), sondern um Kapazität oder Nicht-Kapazität, zu etwas zu werden. Eine dritte Art von Qualitäten bilden Eigenschaften wie Süß und Sauer, Warm und Kalt, Weiß und Schwarz, die bewirken, daß wir einem Wesen, dem sie zukommen, genau diese Beschaffenheiten zusprechen. Aristoteles nennt sie „pathetische Qualitäten", „Sinnesqualitäten", weil solche Eigenschaften Dingen anhängen, fühlbar und sichtbar sind, oder pathe, weil sie Wirkungen in uns auslösen oder aus Gefühlszuständen hervorgehen wie die Blässe aus Furcht. Qualitates passibiles heißen sie oder passiones in der Sprache der Scholastiker. Eine vierte Gruppe von Qualitäten bilden äußere Gestalten, schema oder äußere morphe, figura oder circa unumquodque constans forma, wie Gerade oder Krumm, Dreieckig oder Quadratisch.

Ich entschuldige mich bei meinen Lesern für diese zweite trockene Auflistung, aber es ist die des Aristoteles selbst.[1] Einige Bemerkungen mögen ihren Problemgehalt andeuten und zu Dietrichs Erörterung gradweisen Ansteigens oder Abfallens hinführen:

1. Gleich in der ersten Zeile seines Kapitels über die Qualität (*Categ.* 8, 8 b 25) beruft Aristoteles sich auf den Sprachgebrauch: „Aufgrund der Qualität heißen (legontai) bestimmte Dinge oder Wesen (tines) so beschaffen (poioi)." Es geht also um Seinsformen in ihrer Entsprechung zu Sprachformen oder auch um die Einteilung von Sachgehalten im Ausgang von Sprachgestalten. Das heißt nicht, Aristoteles folge kritiklos den Sprachgewohnheiten; er weist im Gegenteil gerade im Qualitätskapitel (*Categ.* 8, 10 a 27–10 b 11) auf Divergenzen zwischen Sprachgewohnheiten und ontologischen Befunden hin. Wir bezeichnen meist, aber keineswegs ausnahmslos, die durch eine Qualität Bestimmten mit den Namen eben dieser Qualität. Aber immer wieder nimmt die Untersu-

[1] Vgl. Klaus Oehler, Aristoteles. Kategorien, übersetzt und erläutert, Berlin 1997[3], S. 314–325.

chung der *Kategorienschrift* ihren Ausgang von dem, was man sagt und kehrt auch dahin zurück. Dietrich setzt diese Untersuchungsweise, dem Sprachgebrauch entlang zu gehen, fort (besonders magis 5 (2) II 51–6 (4) II 52), aber redimensioniert diese Art des Vorgehens; sie argumentiere – was Aristoteles andeutungsweise zugebe und Averroes deutlich ausspreche – nach Redensarten und allgemeinen Ansichten, secundum famositatem (4 (2) II 50).

2. Die Untersuchung des Aristoteles besteht darin, die Fälle einzuteilen, in denen wir aufgrund einer Qualität bestimmte Wesen als so oder so beschaffen bezeichnen; sie führt zu einer viergliedrigen Einteilung, von der Aristoteles zu verstehen gibt, daß er sie nicht für erschöpfend hält und daß die Abgrenzungen zwischen den vier Gruppen der Qualität nicht die letzte Trennschärfe haben. Die Untersuchung setzt insgesamt voraus, daß Qualitäten in die Reihe der Akzidenzien gehören. Akzidenzien sind Dispositionen der Substanzen, insofern besteht ein Bezug der Qualitäten zu Substanzen, die sprachlich schon in den tines der ersten Zeile enthalten sein mögen, aber die Analyse des Aristoteles geht diesem Bezug nicht nach; sie läßt im Qualitätskapitel die Substanzen draußen vor. Das hat erhebliche systematische Folgen. Denn:

3. Aristoteles verbindet im Schlußteil des Kapitels mit der als Akzidens eingeordneten Qualität folgende ontologische Grundbestände:

Zuerst das Phänomen der Kontrarietät. Gegensätze, lehrt er, finden sich im Feld der Qualität, nicht zwar in allen ihren Arten, aber doch in einigen. Aristoteles geht der Frage nicht weiter nach, in welchen Formen der Qualität sich Gegensätze finden, er beschränkt sich auf den Hinweis, wenn in einem Gegensatzpaar das eine Glied durch eine Qualität gebildet wird, dann ist auch das entgegensetzte Glied eine Qualität; er fragt hier nicht, ob es Kontrarietät auch in Substanzen als solchen gibt.

Sodann das Phänomen der gradweisen Steigerung und Minderung, also das Phänomen des Mehr oder Minder. Aristoteles untersucht nicht, ob es etwas Entsprechendes in Substanzen als Substanzen gibt; er legt sich nicht förmlich fest, in welchen Species oder Genera der Qualität es ein Mehr oder Minder gibt; er schließt lediglich die vierte Species aus, bei der es um die Qualität von Quantität geht: Ein Dreieck kann nicht mehr oder minder dreieckig sein. Allerdings legen bereits seine Beispiele für die dritte Art der Qualität – Warm und Kalt, Weiß und Schwarz – es liegt nahe, daß Intensivierung und Remission vor allem auf diesem Feld vorkommen. Ein Holz kann weißer sein als das andere; es kann zu einem anderen Zeitpunkt weniger weiß sein als jetzt. Die Erfahrung der Zeit taucht auf. Die Frage bleibt offen, ob die Restriktion eines Mehr oder Minder auf solche Eigenschaften nur für die augenblickliche Untersuchung gilt oder ob sie ontologisch ein Mehr oder Minder bei Substanzen definitiv ausschließt.

Aristoteles macht in diesem Zusammenhang (*Categ.* 8, 10 b 32–11 a 5) eine aufschlußreiche Bemerkung, die wie ein Leitfossil die archäologische Schicht anzeigt, aus der die Magis et Minus-Untersuchung stammt: Einige Leute (enioi) zweifelten, ob es bei der Gerechtigkeit ein Mehr oder Weniger geben könne. Es ist leicht zu erraten, wer diese Leute sind, die von einer reinen Bestimmung wie „Gerechtigkeit" jede gradweise Mehrung oder Minderung fernhalten, weil sie eine Intensivierung oder eine Remission zwar im einzelnen Gerechten, nicht aber in der Gerechtigkeit selbst zulassen können. Aristoteles schließt eine weitere Diskussion dieser platonisierenden Position hier aus. Er notiert, jedermann gebe zu, daß ein einzelner Mensch mehr oder weniger gerecht sein kann als ein anderer. Dadurch wird begreiflich, daß er auch Ähnlich–Unähnlich in die Kategorie der Qualität versetzen will. Er schließt mit der Bemerkung, daß bei der Erörterung der Qualität immer wieder Relationen auftreten.

Dies alles heißt: Ein aufmerksamer Leser des achten Kapitels der *Kategorienschrift* mußte sich vor allem fragen: Gehört die Qualität und die mit ihr verbundene Erfahrung des Mehr oder Minder wirklich nur in die Gruppe der Akzidenzien? Diese Frage stellte sich um so dringlicher, als Aristoteles selbst in seiner *Metaphysik* V 14 behauptete, die erste und ursprüngliche Bedeutung des Wortes „Qualität" sei der Unterschied des Wesens oder der Substanz, diaphora tes usias, 1020 a 33, differentia substantiae.[2] Die knappe Wendung besagt wohl, die spezifische Differenz qualifiziere ein Wesen im Unterschied zu spezifisch anderen Wesen derselben Gattung. Dann war „Qualität" im Ursinne nicht die Eigenschaft, von der die *Kategorienschrift* allein sprach, sondern eine substantielle Bestimmung, eben die spezifische Differenz, die allen eigenschaftlichen Qualitäten zugrunde lag. Albert faßte diese Theorie dahin zusammen:

Prima enim qualitas et constituens esse et causa omnis alterius qualitatis est differentia substantiae, quae facit quale quid.[3] Auch Thomas von Aquino resümierte als Kommentator der *Metaphysik* diese Lehre; ihm fiel auf, daß Aristoteles in der *Kategorienschrift* von der primären

[2] Aristoteles, Met. V 14, 1020 a 33, Ar. lat. XXV 3, 2 (1995) S. 111, 545–546.

[3] Albert, In Met. Lib.5. tr. 3 cap. 6, Ed. Colon. XVI 1, S. 265 b, 60–62.

Bedeutung des Wortes „Qualität" überhaupt nicht gesprochen hatte. Er erklärte dies damit, dort sei eben nur von den *akzidentellen* Qualitäten die Rede.[4] Aber hatte Aristoteles dort nicht die verschiedenen Bedeutungen von poiotes ermitteln wollen? Woran sollte man sich bei der Analyse der Qualität halten, an Kapitel 8 der *Kategorienschrift* oder an *Metaphysik* V 14? Und wenn Qualitäten und Gegensätze untrennbar sein sollen, wohin gehören dann ontologisch die konträren Gegensätze? Sind sie wie das Mehr und Minder auf Akzidenzien beschränkt oder nicht? Und wenn, wie Aristoteles behauptete, die Theorie der Relationen eng verbunden war mit der Philosophie der Qualität, war erneut nachzudenken über die Verwachsung von Substanzen, Qualitäten und Relationen.

Mit all diesen Fragen sehen wir Dietrich von Freiberg beschäftigt. Er erörtert die Philosophie der Qualität in *De magis et minus*, die Theorie der konträren Gegensätze in *De natura contrariorum*; die Reflexion über Relationen durchzieht, wie gesagt, sein gesamtes Werk. In *De magis et minus* zeichnen sich, wie schon der Überblick über den Aufbau des Traktates ankündigte, folgende Hauptfragen ab:

Erstens, eine Art Vorfrage: Wie verhalten sich qualitative und quantitative Veränderung?

Zweitens, die Hauptfrage: Gibt es qualitative Veränderungen der Substanz als Substanz, oder betreffen sie nur die akzidentellen Qualitäten?

Drittens: Ist die intensivierte oder remittierte Qualität eine numerisch andere?

Ich versuche, die subtile Argumentation Dietrichs zu diesen Fragen in den Grundzügen wiederzugeben.

3. Qualitative und quantitative Veränderungen

Schau an, da entsteht ein Problem, ecce, surgit hic quaestio (mag. 5 (1) II 51). Es entzündet sich an einer einfachen sprachlichen Beobachtung: Wir reden anders von Steigerung oder Minderung bei Quantitäten als bei Qualitäten. Wir sagen, ein Mensch sei größer oder kleiner, maior vel minor, als ein anderer; wir sagen aber nicht, ein Mensch sei „mehr oder

[4] Thomas von Aquino, In Met. Lib. 5, lectio 16 n. 988 Cathala S. 313.

weniger", magis vel minus, als ein anderer. In diesem Fall müssen wir hinzusetzen, wovon er mehr oder weniger hat. Wie kommt das? Auf diese Frage gebe es viele Antworten, bemerkt Dietrich, und er beginne zunächst mit einer weniger tiefgehenden Lösung, nämlich der: Der Sprachgebrauch sei ohnehin ungenau, schließlich könne man beide Wendungen tolerieren. Wenn man einen Menschen „größer" nenne als einen anderen, könne genau so der Anschein entstehen, dies beziehe sich auf sein Wesen und nicht nur auf die Ausdehnung, wie wenn ich von einem Menschen eine qualitative Steigerung oder Minderung behaupte. Mißverständlich wären beide Wendungen; das Wesen des Menschen, seine Natur als solche, wird weder größer im Raum noch erfährt sie Steigerung oder Minderung.

Dietrich ist mit dieser ersten Antwort nicht zufrieden; er will die Wendung „Größer und Kleiner", die sich auf Quantitäten bezieht, schärfer gegen das „Mehr oder Weniger" von Qualitäten absetzen, indem er das Wesen der Quantität genauer bestimmt. Quantität ist entweder die abgesetzte, distinkte Quantität der Zahl, oder sie ist die kontinuierliche Ausdehnung in Linie, Oberfläche und Körper. Dies ist der strenge Begriff von Quantität. Aber das Wort werde, wie Aristoteles in *Metaphysik* V 13 bemerke, auch im weiteren Sinne gebraucht. Und so können auch „groß" und „klein" als Quantitäten bezeichnet werden, obwohl sie im strengen Sinne keine Quantitäten, sondern Modi der Quantitäten sind. Hingegen ist „mehr" keine Qualität und kann auch nicht so heißen. Magis und minus sind Modi von Qualitäten und verlangen eine sprachliche Ergänzung, um welche Qualität es sich jeweils handelt. „Größer" hingegen braucht eine solche Ergänzung nicht; es bezieht sich von sich aus auf Ausdehnung. Wenn wir also sagen, ein Mensch sei kleiner als ein anderer, verstehen wir das in dem weiteren Sinne von Quantität und meinen, er habe weniger an Quantität, während wir bei der Qualität angeben müssen, von welcher Qualität er mehr habe, ob er zum Beispiel im höheren Maße weiß ist als ein anderer (mag. 6 II 51–52).

Dietrich legt ein weiteres Argument nach und berührt damit die Frage, die ihn vor allem interessiert, nämlich ob es ein Mehr oder Weniger bei substantialen Formen gebe. Das Wort „Qualität", argumentiert er, stehe der Bezeichnung „Substanz" näher als das Wort „Quantität". Wenn wir sagen, ein Mensch sei „größer" als ein anderer, beziehen wir das ohnehin nur auf die Quantität. Bei einem „Mehr" verlangt die Sprache Zusatzangaben, um auszuschließen, daß wir ein Mehr in der Substanz selbst behaupten wollen (mag. 7 II 52s.). In diesem Zusammenhang kommt Dietrich auf die Ambiguität im Qualitätsbegriff des Aristoteles zu sprechen: Der Begriff der Qualität spiele – im Gegensatz zum Begriff der Quantität – hinüber auf das Gebiet des Wesens, schließlich lehre Aristoteles in *Metaphysik* V 14, der ursprüngliche und eigentliche Sinn des Wortes „Qualität" sei: substantiale Form (mag. 7 (1) II 52 und mag. 4 II 50). Dietrich erklärt die Divergenz zwischen dem achten Kapitel der *Kategorienschrift*, das keine substantialen Qualitäten kennt, und der Identifikation der Qualität mit der substantialen Form aus der Verschiedenheit der Betrachtungsweisen des Metaphysikers und des Naturphilosophen: Der „erste Philosoph" erforscht das Seiende als Seiendes und achtet auf das, was im höheren Wirklichkeitsgrad (realius) und entsprechend dem Seinscharakter des Seienden dieses qualitativ prägt. Und das ist die substantiale Form. Daher lehrt der Metaphysiker, alle nachgeordneten Aussagen über qualitative Bestimmtheiten seien von der Wesensform her zu denken. Anders sehe es der Naturphilosoph: Er muß Veränderungen erklären; er hat es mit Umwandlungen zu tun. Daher achtet er primär auf das, worin physische Prozesse begründet sind. Und das sind vor allem akzidentelle Qualitäten von der dritten Art, wie sie die *Kategorienschrift* aufzählt: Warm und Kalt, Feucht und Trocken, Flüssig und Fest. Das sind Auslöser von Naturveränderungen, und daher verstehe der Naturphilosoph unter „Qualitäten" vor allem diese dritte Species der Qualität und betrachte die anderen Formen von Qualitäten als deren Folge (mag. 3 II 49–50). Dietrich legt sich so wenig wie Aristoteles allein auf die dritte Art von Qualitäten fest; aber für den Naturforscher hat sie den Vorrang. Und in ihrem Feld sucht er den Sinn von „Mehr oder Weniger", denn diese Ausdrücke bezeichnen qualitative Modi, und zwar der Steigerung und der Minderung bestimmter eigenschaftlicher Qualitäten.

Hatte Thomas von Aquino die Divergenz damit erklärt, in der *Kategorienschrift* erforsche Aristoteles allein die Akzidenzien (*In Met.* V 16 n. 988, Cathala p. 313), sieht Dietrich darin eine Folge der Differenz von Metaphysik und Naturforschung. Er redet hier nicht von dem Unterschied von „Erster Philosophie" und Logik; in der *Kategorienschrift* kommen gerade im Qualitätskapitel viele naturphilosophische Motive vor, zu denen Aristoteles auch psychologische oder anthropologische Qualitäten wie die passiones gezählt hat. Naturwissen ist weniger gewiß als Metaphysik, es stützt sich mehr auf wahrscheinliche und plausible Argumente als die Metaphysik, die aus gewisseren Gründen hervorgehen müsse. Die *Kategorienschrift* insbesondere halte sich mehr an Redeweisen und Anerkanntes als an die mühsam ermittelte, sorgfältig geprüfte Wahrheit, exquisita veritas (mag. 4 (2) II 50).

Was hat Dietrich mit diesem ersten Arbeitsgang erreicht? Er hat zunächst den vorhandenen Gegensatz in den Schriften des Aristoteles scharf benannt und auf seine Weise erklärt. Er hat ferner für die an *Naturveränderung* interessierte Forschung klargestellt, daß *für sie* ein Mehr oder Weniger nur auf dem Gebiet der akzidentellen Qualitäten zu suchen ist. Er hat der dritten Species der akzidentellen Qualitäten einen Vorrang, aber keine Ausschließlichkeit zugestanden, weil es vor allem die Eigenschaften veränderlicher Körper wie Warm und Kalt sind, die Körper verändern. Er hat vor allem die Notwendigkeit einer neuen Untersuchung des Mehr oder Weniger bei Substanzen plausibel gemacht, eine Untersuchung, die sich nicht an die *Kategorienschrift* bindet und die über die Betrachtungsweise von Naturforschern hinausgeht.

4. Qualitative Veränderung der Substanz

Dietrich beantwortet die Frage nicht mit einem harschen Ja oder Nein. Er wird sie bejahen, aber vorher ist viel zu erwägen. Intensivierung, um die es geht, ist nichts anderes als immanentes Erstarken des Wesens (vigoratio intranea essentiae). Dessen Gegenteil, die remissio, ist Nachlassen der Lebenskraft. Die Erfahrung zeigt: Einige Substanzen sind lebenskräftiger als andere, und das gilt für verschiedene Arten, auch für verschiedene Individuen derselben Art und für dasselbe Individuum zu verschiedenen Zeiten. Für ein Mehr oder Weniger der Substanzen spricht die platonisierende Logik der Teilhabe, die eine gesteigerte oder verminderte Partizipation an einem Maximum beschreibt. So sind innerhalb eines Genus die einzelnen Arten nach einem Mehr oder Weniger angeordnet. Ein Zeichen dafür ist, daß wir die spezifische Differenz innerhalb eines Genus bei dem höherstehenden Wesen mit einem positiven Ausdruck bezeichnen, bei dem niederen Wesen aber privativ. Wir wiederholen in der Wesensreihe den Gegensatz von Haben und Fehlen. Wir unterscheiden die belebte von der unbelebten Natur, und fassen dabei alles Unbelebte unter dem Gesichtspunkt des Fehlens des Lebens, also privativ, zusammen. Es sprechen also einige Gründe dafür, die Qualität als Wesensform zu denken und in ihr ein Mehr oder Minder anzuerkennen (mag. 9 II 54). Dietrich versucht, die Frage zu entscheiden, indem er zunächst die Begriffe essentia, substantia und accidens definiert (mag. 10–11 II 54–55), sodann vier Bedingungen für ein Magis-und-Minus-Verhältnis ermittelt (mag. 12 II 56–57), um dann zu prüfen, wo diese Bedingungen erfüllt sind. Er kommt zu dem Ergebnis: Es gibt bei Substanzen einen entsprechenden Modus der Differenz, also eine eigene Art von Steigerung und Schwinden im Substanzcharakter, aber ihnen fehlt die zweite der vier Voraussetzungen, während sie die dritte und die vierte erfüllen (mag. 13–17 II 57–59). Er untersucht in einem zweiten Arbeitsgang, ob Substanzen nicht auch die zweite Voraussetzung erfüllen (mag. 18–22 II 60–62). Durch Unterscheidung von essentia, substantia und individuum, die real identisch, aber semantisch verschieden seien, kommt Dietrich zu dem Ergebnis, es gebe substantielles Erstarken und Schwächerwerden im Individuum, das doch auch sich gleich bleibt:

Et ita fit talis variatio in substantia seu essentia substantiae salva unitate et essentiae et substantiae in eodem individuo secundum processum eius de statu in statum, mag. 20 (1) II 61.

Dieser Kernsatz bricht mit dem Schularistotelismus. Wichtig ist der Gang der Argumentation: Das Interesse Dietrichs an einer strengeren Fassung der Begriffe essentia, substantia und accidens kennen wir bereits aus *De origine, De accidentibus* und *De quiditatibus entium.* Aber Dietrich setzt erneut ein, seine Definitionen zu entwickeln, diesmal, um die Paradoxie aufzufangen, daß das Wesen sich gleich bleibt *und* sich verändert:

Das Wesen des Substanz-Seins besteht darin: Sie hat ihr seiendes Wesen (essentia seu quiditas) der eigenen Art gemäß, abgelöst, in sich stehend, ohne Bezug auf eine andere, äußere Wesenheit, die sie irgendwie modifizierte oder gar ihr Wesen ausmachte. Sie steht in sich gemäß ihrem eigenen inneren Wesen, sie ist in dem Sinne absolut, als sie bestimmt ist durch ihre eigenen immanenten Prinzipien. Das Akzidens ist ein Modus oder eine Disposition der Substanz, und dies ist sein Wesen. Akzidenzien sind Seiende, sofern sie einem Seienden zugehören, nämlich der Substanz (mag. 10 II 54–55). Dietrich beruft sich für diese Fassung der Begriffe von Substanz und Akzidens auf Aristoteles und Averroes, und hebt mit ihnen hervor: Die Substanz ist ein Seiendes, das für sich selbst und durch sich selbst steht, ens per se stans. Sie hängt in ihrem Formcharakter von nichts anderem ab, sondern ist das, was sie ist, entsprechend dem Wesensgrund ihrer eigenen Prinzipien, d.h. ihrer Definitionselemente. Das Wesen des Akzidens besteht darin, ein Modus oder eine Disposition der Substanz zu sein (mag. 19 (2) II 60).

Dietrich klärt das Wesen der Substanz weiter, indem er unterscheidet zwischen essentia und substantia:

Die strikte Bedeutung von essentia sagt: Das Wesen einer Sache als Wesen, das ist die Sache, sofern sie gemäß ihren eigenen Formprinzipien existiert; ex primis et propriis et formalibus principiis suis. Das Wort „Formprinzipien" bedeutet: Definitionselemente. Beim Menschen sind dies die Gattung „animal" und die Differenz „rationale". Das Wesen als Wesen besagt: Diese Bestimmtheit ganz für sich genommen, als etwas völlig Abgelöstes, das absieht von allem weiteren, sogar von so grundlegenden Modi der Substanz wie potentiell oder aktual gegeben zu sein.

Substanz als Substanz, im Unterschied zur essentia, bedeutet, daß dieser Definitionsgehalt kontrahiert ist auf sein Gegebensein als Möglichkeit oder Wirklichkeit. Der Ausdruck „Substanz" hält fest: Es ist alles eingetreten, was dazu führt, daß die substantia aktual existiert; die Sache hat eine aktuale Subsistenz. Die Unterscheidung von Essenz und Substanz erlaubt uns zu sagen: Eine Sache kann *als* Substanz sich verändern; es gibt an ihr eine substantiale Variation, ohne daß ihre essentia sich ändert. Das heißt für unseren Fragezusammenhang: Die substantia kann als solche Steigerung oder Minderung erfahren, ohne daß ihre essentia sich ändert. Der Kernsatz lautet:

Res secundum substantiam et substantialiter variari potest manente eadem essentia invariata (mag. 11 (3) II 55).

Es gibt also nicht nur akzidentelle Steigerung und akzidentellen Abbau. Darauf komme ich zurück. Doch Dietrich geht über seine neuen Bestimmungen von essentia und substantia hinaus und erläutert, um zur einzelnen Substanz zu kommen, was sie zu einer individuellen macht. Das Individuum ist dadurch charakterisiert, daß es Teile hat, die zu seiner formalen, definitionsaffinen Ganzheit hinzukommen, also in dieser nicht schon enthalten sind. Mit Berufung auf Aristoteles, *Metaphysik* VII 10 definiert Dietrich das Individuum als das, was Bestimmungen („Teile") hat, die zu seiner definitorischen Ganzheit hinzukommen. Individualität besteht im Haben solcher Bestandteile, consistit in habendo partes posteriores toto (mag. 10–11 II 54–55). Dies können entweder Teile sein, die wie Herz oder Kopf zur Existenz des Individuums unentbehrlich sind, oder es sind Teile, ohne die das Individuum zwar weiterleben kann, aber „verstümmelt“, kolobon, wie Aristoteles in der *Metaphysik* V 27 sagt (mag. 11 (6) II 56 und 29 (3) II 66–67). Die recensio Guillelmi hat diesen Ausdruck als Fremdwort übernommen (Ar. Lat. XXV 3,2 S. 120 Zeile 810).

Nur auf der Grundlage dieser Begriffsbestimmungen sind, Dietrich zufolge, die Bedingungen von Magis-und-Minus-Verhältnissen zu ermitteln, vorausgesetzt, folgende abstrakte Gedankenbestimmungen werden festgehalten: Die essentia sieht ab von den Bedingungen der substantia, die substantia ist unabhängig zu denken von den Bedingungen der Individualität (mag. 11 (7) II 56).

Dies sind die Prämissen, unter denen Dietrich in c. 12 II 56–57 die vier Voraussetzungen für Mehr-und-Weniger-Verhältnisse feststellt: Es muß erstens eine einheitliche und bleibende Wesensgestalt, forma, gegeben sein, an der in verschiedener Weise partizipiert wird. Gemäß der Intensivierung oder Remission dieser Grundgestalt, forma, ergeben sich Steigerung oder Minderung als Varianten dieser Form.

Zweitens muß diese Grundgestalt wesentlich, essentialiter sive secundum essentiam, variiert werden, sie darf aber ihren artbestimmenden Charakter nicht verlieren. Das veränderte Wesen muß noch derselben Species angehören. Diese Bedingung fehlt bei Substanzen, wenn wir sie strikt als Substanzen denken und sie nicht unterscheiden von ihrer Essenz. Sie können sich substantial verändern; sie können substantial vollkommener sein als andere der gleichen Art, sie können zu einer Zeit substantial vollkommener oder weniger vollkommen sein als zu einer anderen, aber da ihre essentia von diesem substantialen Zustand absieht, bleibt ihre Wesenheit, die in den Definitionselementen Gattung und Art zum Ausdruck kommt, unverändert dieselbe. Strikt von den Definitionselementen her gedacht, gilt: Ein Mensch ist nicht mehr Mensch als ein anderer; er ist als Kind nicht weniger Mensch denn als Erwachsener. Dennoch gibt es substantiale, nicht nur eigenschaftliche Veränderung.

Drittens muß diese Veränderung innerhalb dieses Wesens selbst stattfinden, als seine Wesensstärkung im Falle der Steigerung, als seine Wesensschwächung im Falle der Remission. Es muß sich um internes qualitatives Anwachsen bzw. um internen qualitativen Abbau handeln. Diese Stärkung des Wesens darf – viertens – nicht durch äußerliche Hinzufügung erfolgen, so wie man ein Feuer vermehrt, indem man ein brennendes Holzstück dazu legt. Das Anwachsen muß innerhalb des eigenen Wesens und nach dessen Gesetzen erfolgen (mag. 12 und 13 II 56–57).

Das Ergebnis dieser dreistufigen Betrachtung nach essentia, substantia und individuum lautet für das Individuum: In einzelnen Individuen kann die essentia und die allgemeine substantia variieren, so daß man von verschiedenen Wesenheiten und einer wesenhaften Variation sprechen kann, aber dabei ändert sich nicht die essentia als essentia. Solche substantiell veränderten Individuen fallen nicht aus ihrer Species oder ihrem Genus, wenn wir essentia und substantia abstrakt je für sich nehmen. Individuen können in verschiedenen Zeitabschnitten substantial verschieden vollkommen sein. Es gibt also eine charakteristische Art der Steigerung und des Rückgangs bei Substanzen; aber das Magis-und-Minus-Schema der *Kategorienschrift* erfüllen sie nicht, weil sie die zweite der dazu nötigen Bedingungen nicht erfüllen. Da die Quantität und die übrigen Prädikamente ohnehin nicht diesen Konditionen entsprechen, bleibt nur die Qualität, nicht alle Arten der Qualität, sondern vornehmlich deren dritte Art, aber nicht diese allein (mag. 15–16 II 58–59).

Dietrich schließt diese Überlegungsreihe mit der unwillig klingenden Bemerkung, es sei nicht nötig, weiter herumzusuchen, wo, in welchen Kategorien sich sonst noch Magis-und-Minus-Strukturen fänden; schließlich genüge die Autorität des Aristoteles, dessen Kategorienlehre, wie Boethius berichte, auf eine verbreitete ältere Tradition zurückgehe (mag. 16 und 17 II 59). Die breit angelegte Untersuchung endet aber nicht mit einer modifizierenden Rückkehr zur aristotelischen Standardlehre, sondern Dietrich nimmt den Faden noch einmal auf: Gibt es eine innere qualitative Wesens-Steigerung oder -Minderung bei Substanzen? Essentia, substantia und individuum sind begrifflich verschiedene Bestimmungen, welche die Substanz als ganze bezeichnen; daher kann es auch bei Substanzen eine Änderung der Substanz geben, welche die Einheit des Wesens wahrt. Solche wesenhaften Beziehungen, die ein einheitliches Ganzes zusammen mit internen Differenzierungen ermöglichen, brauchten Christen nicht lange zu suchen; sie kennen sie von der Trinität. Die Menschwerdung Gottes werde ja auch der Gottheit als ganzer zugeschrieben, ohne deswegen zu behaupten, auch Gott Vater oder der Heilige Geist seien Mensch geworden (mag. 20 II 61). So könne die Substanz ein wesentliches inneres qualitatives Wachstum haben, ohne die für Mehr-oder-Weniger-Verhältnisse unerläßliche Wesenseinheit zu verlieren. War schon die Anerkennung, die partielle, der *Kategorienschrift* nach so viel Distanzierung von ihr verwunderlich, so überrascht Dietrich noch mehr damit, daß er nun aus der Orthodoxie der Aristoteliker ausbricht. Er legt nacheinander zwei Theorien vor, die erste cc. 8–17, die zweite cc. 18–22. Die erste besteht auf dem Realitätsgehalt von Definitionen. Sie soll verhindern, daß ein Wesen aufgrund innerer qualitativer und substantieller Dynamik den Rahmen seiner Species sprengt. Die zweite besteht ebenfalls anti-nominalistisch auf der Wirklichkeit von Wesensstrukturen und begründet damit eine wesenhafte qualitative Steigerung im Innern der Substanz, was die *Kategorienschrift* der Sache nach ausschließt. Dietrich denkt die Wesensverfassung als in sich wesenhaft korrelativ, so daß sie wesentlich betroffen sein kann durch Stärker- oder Schwächerwerden des Individuums, ohne darüber ihre Einheit zu verlieren, so wie die Gottheit ihre Einheit nicht verloren hat, als Gott Mensch wurde, ohne daß Gott-Vater Mensch wurde wie der Sohn. Diese interne Differenzierung im Wesensbegriff macht substantiale Mehr-oder-Weniger-Strukturen philosophisch denkbar. Das Lob der *Kategorienschrift*, die de facto substantiales Mehr oder Minder ausschloß, als einer uralten Weisheit, mit der die erste Argumentationsrunde (mag. 17 (1) II 59) abschloss, braucht darum nicht ironisch zu klingen. Sie formuliert einen begrenzten Gesichtspunkt, den es bei Gelegenheit – hier: der erreichten Differenzierung und gleichzeitigen Identität von essentia, substantia und individuum – zu überschreiten gilt, ähnlich wie in dem bald zu erörternden Fall, daß Dietrich Violenz bei Himmelskörpern vorübergehend erwägt und sie schließlich zugunsten einer harmonischeren Lösung überschreitet (cog. 38 II 202–203).

5. Die numerische Identität der intensivierten Qualität

Dietrich kehrt mit c. 23 II 63 zu einer beschränkteren Fragestellung zurück, zu der Qualitätsveränderung akzidenteller Qualitäten. Da die Akzidenzien ihre Einheit von der Substanz erhalten, deren Disposition sie ihrem Wesen nach sind, stellt sich die Frage nach der Einheit, die den Prozeß der Veränderung übergreift, nicht in der gleichen Dringlichkeit und Kompliziertheit wie bei der Wesenssteigerung der Substanz. Dagegen stellt sich naturphilosophisch die Frage, ob die gesteigerte oder geminderte Qualität dieselbe sei wie die Ausgangsqualität. Genauer: Wenn ein Gegenstand weißer ist als der andere, dann ist sein Weißsein numerisch ein anderes als das Weißsein in dem anderen Körper, aber wie ist es bei Qualität 1 und Qualität 2 innerhalb eines Naturprozesses im oder am selben Individuum? So abhängig, ontologisch gesehen, das Akzidens von seiner Substanz ist, so unterscheidet es sich doch von ihr in seiner real-begrifflichen Struktur; in dieser Hinsicht ist es der Substanz weniger nahe. Als Disposition der Substanz ist die Qualität 2 eine andere als Qualität 1: Weißer oder weniger weiß zu sein ist je ein anderer Zustand, je eine andere Qualität, je ein anderes akzidentelles Wesen (mag. 25 II 64). Warum?

Die Qualitäten 1 und 2 verhalten sich zueinander wie Haben und Fehlen, wie Privation und Habitus. Mehr und Weniger bezeichnen modi privativi, beziehen sich wesentlich aufeinander, sind aber auch wesentlich verschieden. Wird also ein Gegenstand, der zuvor weniger weiß war, weißer, dann verändert sich nicht eine numerisch identische Weißheit, albedo, sondern ein Gegenstand erwirbt mehr oder minder einen anderen Grad von Weißsein. Das intensivere Weiß ist ein numerisch anderes Weißsein als das weniger intensive Weiß, das zuvor am Gegenstand war (mag. 27 II 65s.). Zu einer gegebenen einzelnen Qualität, etwa der Farbe Weiß, gehört wesentlich ihr Intensitätsgrad. Dieser ist ihr nicht zufällig. Es wird also die Qualität eine andere, wenn sie ihren Intensitätsgrad ändert. Das heißt nicht, daß die numerisch identische Substanz verschwindet, wenn die Qualität 1 bei Intensivierung der Qualität 2 weicht. Zwar ist das Individuum als solches definiert durch die Teile, die *nach* seiner Wesenskonstitution an ihm vorkommen. Aber damit sind nicht einzelne Teile gemeint, etwa seine Farbnuancen, sondern die Totalität seiner Teile, und deren Gesamtcharakter bleibt, auch wenn einzelne Qualitäten verschwinden und durch neue ersetzt werden (mag. 30 II 67).

Blicken wir noch einmal auf den Traktat *De magis et minus* zurück. Dietrich selbst hebt einleitend hervor, das Thema enthalte viele und große Schwierigkeiten, die gelöst werden müßten, wenn sie nicht die Wissenschaft als ganze zerstören sollen (mag. 1 (2) II 49). Die Schwierigkeit bestand darin, gleichzeitig zwei Extreme – theoretisch begründet, nicht bloß verbal – zu vermeiden: Erstens darf die genus-species-Ordnung nicht aufgegeben werden. Um ihre nicht-nominalistische Interpretation ist es Dietrich seit *De origine rerum praedicamentalium* gegangen. Sie war der Anlaß der These von der konstitutiven Tätigkeit des menschlichen Intellekts; von ihr hing der Wissenschaftsbegriff, die Philosophie der Individualität und vieles mehr ab. Sie aufzugeben, hätte den radikalen Bruch mit der aristotelisch-averroistischen Philosophie bedeutet. Andererseits: Wenn ein Kind zum Erwachsenen wird, ändern sich nicht nur einzelne Eigenschaften. Es ändert sich auch mehr als die Gesamtheit der Eigenschaften, denn die Gesamtheit der Eigenschaft verändert die Substanz. Lebewesen erstarken und bauen ab. Das war zu denken. Es gibt de facto ein substantiales Mehr oder Weniger. Aristoteles und mittelalterliche Aristoteliker bestritten das, um die Wesensordnungen nicht aufgeben zu müssen. Sie drängten das Problem der individuellen substantialen Intensivierung und Remission zur Seite. Anneliese Maier, die Überblick besaß über die Geschichte des Problems und insbesondere über die Diskussionen des 14. Jahrhunderts, resümierte: „Im allgemeinen beschränkt man sich auf die Feststellung, daß intensive Steigerung und Abnahme für substantiale Formen nicht in Betracht komme".[5] Aus diesem Konsens bricht Dietrich mit *De magis et minus* aus. Es kommt darauf an, zu sehen, mit welchen philosophischen Gründen er dies getan hat.

Er appelliert zunächst an die Erfahrung: es gibt bei Substanzen, besonders bei lebendigen Substanzen, Stärkung und Schwächung. Ein Kind wird zum Mann. Die Ausdrücke, mit denen Dietrich diese Erfahrung beschreibt, lauten zum Beispiel:

> Vigoratio intra essentiam oder qualitatives incrementum (mag. 12 (4) II 56; 20 (1) II 61; 21 (2) II 62; 26 (1) II 64),
> substantialiter variari (mag. 11 (3) II 55).

Dabei hebt Dietrich zweierlei hervor: Die Änderung von Eigenschaften verändert die Substanz. Denn so sehr die Eigenschaften von der Substanz abhängen, so prägen sie diese doch, vor allem, wenn wir sie als Individuum denken. Zweitens akzentuiert Dietrich in auffälliger Weise die Rolle der Zeit. Er sucht eine theoretische Lösung dafür, daß eine Substanz im Laufe der Zeit eine andere wird: mag. 9 (2) und 9 (4) und 9 (6) II 54; 13 (2) II 57; 14 (1)–(2) II 58; 19 (1) II 60. Dadurch verschärft sich sein Problem: Wie läßt sich die genus-species-Ordnung retten, wenn die

[5] Anneliese Maier, Das Problem der intensiven Grösse in der Scholastik (De intensione et remissione formarum), Leipzig 1939, S. 6. Wieder aufgenommen in: Dies., Zwei Grundprobleme der scholastischen Naturphilosophie, 3. Aufl. Rom 1968, S. 4.

Zeit die Substanzen verändert? Dietrich hat in 11 (9) II 56 erklärt, worin er den Schlüssel zur Lösung dieser Frage sah: In der Substanz ist die ratio essentiae zu unterscheiden von der ratio substantiae und von der ratio individui (mag. 11 (1)–(4) II 55). Essentia, substantia, individuum sind real identisch, aber ihre ratio ist zu unterscheiden. Diese ratio ist nicht bloß ein subjektiver Rahmen, sondern es handelt sich, wie Dietrich schreibt, bei diesen rationalen Unterscheidungen um reales intentiones (mag. 19 (4) II 61). Die Substanz hat eine Tiefenstruktur oder eine real-begriffliche Innendimension. Dietrich spricht immer wieder von ihrer intimitas: 19 (3) II 60; 20 (1)–(3) I 61; 22 (1)–(2) II 62; 24 (1)–(2) II 63; 30 (1) II 67. Die intimitas der Substanz hat nichts zu tun mit „Innerlichkeit" oder Intimität; sie ist ihre real-begriffliche Innengliederung, die zu denken erlaubt, daß sie sich als ganze verändert, ohne ihr Wesen zu verleiren. Die konkrete Substanz ist sowohl real-existierende Wesenheit als auch in sich, absolut für sich bestehende Substanz als auch Individuum mit einer Fülle Bestimmungen, die nicht in ihrer Definition enthalten sind. Auf diese Drei-Einheit ontologischer Elemente – Dietrich nennt sie intentiones essentiales – kommt es an, und darauf, daß jedes von ihnen die *ganze* Substanz *ganz* betrifft und daß doch eine einzelne dieser Essentialbestimmungen (intentio essentialis) verändert werden kann, ohne daß die anderen in Mitleidenschaft gezogen werden (mag. 30 (1) II 67 und 24 (1) II 63). Diese Tiefenstruktur ist das Privileg der Substanz. Sie erlaubt es, der Substanz substantielle Veränderung zuzuschreiben, ohne die Wesensordnung anzugreifen. Daß sie bei der Substanz gegeben ist und daß sie dem Akzidens fehlt, dies ist *das einheitliche Thema* der Schrift *De magis et minus.* Es gibt in ihr nicht zwei Fragen, sondern nur eine, nämlich: Welche neu zu formulierende Eigenart der Substanz erlaubt es – im Unterschied zum Akzidens – daß die Zeit die Substanz wesentlich verändert, ohne daß sie deswegen aus ihrer Species fällt? Die Antwort: Es ist die beschriebene intimitas, die dem Akzidens fehlt. Deshalb bedeutet qualitative Zu- oder Abnahme bei Akzidenzien das Verlieren der Qualität 1 zugunsten der Qualität 2. Dies ist Dietrichs Begründung der Sukzessionstheorie akzidenteller Intensivierung und Remission. Sie ergibt sich aus demselben philosophischen Grund, der ein Mehr oder Minder der Substanz ermöglicht. Dietrichs Zeitgenossen diskutierten so gut wie ausschließlich die *akzidentelle* Steigerung und Minderung. Wer Dietrich liest, um vor allem seinen Beitrag zu diesen Debatten, von denen gleich die Rede sein wird, zu ermitteln, wird sagen, das zentrale Thema von *De magis et minus* sei die These, eine gesteigerte oder verminderte Qualität sei eine numerisch andere. Aber das heißt, an Dietrichs Originalität gelehrt vorbeigehen.

Dietrich hatte angekündigt, die Wissenschaft als ganze sei in Gefahr, wenn das scheinbar „kleine" Problem des magis et minus nicht geklärt werde. Welche Schäden deuten sich an?

1. Der Unterschied von Substanz und Akzidens wird nicht scharf aufgefaßt. Die Substanz kann in wesentlicher Hinsicht in der Zeit gestärkt und geschwächt werden, das einzelne Akzidens fällt ihr zum Opfer. Die intimitas der Substanz ermöglicht ihr eine Zeitdimension, die dem Akzidens abgeht, mag. 24 (1) II 63; 27 (3) II 65; 30 (1) II 67.
2. Die Erfahrung, daß ein Kind erwachsen wird, daß Tiere und Menschen altern und daß dabei nicht nur Eigenschaften sich verändern, wird auf den Begriff gebracht. Ohne die genus-species-Koordinaten außer Kraft zu setzen, gibt es individuelle Entwicklung. Der Mensch ändert sich substantiell, ohne sein Wesen – strikt als essentia – zu verändern.
3. Es erübrigt sich, individuelle Zunahme und Abnahme etwa dadurch sichern zu wollen, daß man Wesen und Dasein real unterscheidet, und die Variation dem Dasein, die Konstanz dem Wesen zuschreibt. Ein Argument zugunsten der Realdistinktion verschwindet. Essentia, substantia, individuum sind real identisch, die substantia schließt den actus essendi ein, aber es handelt sich um fruchtbare realitätshaltige Unterscheidungen, 11 (1)–(4) II 55; 19 (4) II 61; 24 (2) II 63.

5. Die geschichtliche Konstellation

Dietrich wollte die Möglichkeit von Wissenschaft retten und doch individuelle substantiale Perfektibilität und Auflösung denken. Aber er wollte auch eine Schwierigkeit lösen, auf die jeder Aristotelesleser stoßen konnte. Er beseitigt die Unausgeglichenheit, die unter antiken wie mittelalterlichen Aristotelikern fortbestanden hatte zwischen platonisierenden Teilhabemotiven und detaillierter Regionalontologie. Er stellt den Zusammenhang her zwischen Substanzanalyse, Kategorienlehre, Theorie der Qualitäten, Philosophie der Privation und Reflexion über

Relationen. In seiner *Argumentationsweise* bewegt Dietrich sich als Aristoteliker unter Aristotelikern. Wie diese arbeitet er seine Regionalontologie aus mit besonderer Rücksicht auf die Art, wie wir von Dingen und Eigenschaften sprechen. Doch treibt Dietrich den Aristotelismus, für den feststand, die Substanz kenne kein Mehr oder Weniger, argumentierend über sich hinaus. Er löst, im ständigen Umgang mit Aristoteles und Averroes, die Zweideutigkeit der aristotelischen usia auf, die sowohl essentia wie substantia war. Außer Aristoteles und Averroes zitiert Dietrich nur je einmal die Arithmetik des Boethius und die Isagoge des Porphyrius. Kein Prokloszitat taucht auf; Augustinus fehlt ebenso wie Avicenna und der *Liber de causis*. Die Anspielung auf die subsistenten Relationen in der Trinität (mag. 16 (4) II 59) hat illustrierenden, nicht argumentativen Charakter; sie macht die innere Gliederung, also die intimitas jeder Gestalteinheit plausibel, die ein Tertium datur erlaubt. Die Theologie bleibt diesem Traktat fern; Dietrich erwähnt nicht einmal das seit Petrus Lombardus[6] klassisch-theologische Problem der Qualitätssteigerung, nämlich das der Vermehrung der caritas in uns, das für Bonaventura, Thomas von Aquino und viele andere der Anlaß war, zum Problem von magis und minus Position zu beziehen (Thomas, In 1 *Sent.* 17, 2, 2). *Nach* Thomas war magis et minus als selbständiges philosophisches Problem etabliert.

Zur Frage der Abfassungszeit von Dietrichs *De magis et minus* ergibt sich kaum ein Anhaltspunkt. Gewiß steht der Traktat nicht am Anfang der philosophischen Schriftstellerei Dietrichs; er zitiert dreimal sich selbst mit einem ungenauen „alibi". Diese Rückverweise (10 (2); 11 (4); 22 (2)) könnten sich alle auf *De origine* beziehen, der letzte wohl auch auf *De accidentibus*, kaum auf *De luce*. Mit *De origine* hat der Traktat gemeinsam das Verbleiben im Umkreis von Aristoteles-Averroes, das Fehlen von Prokloszitaten, die Abwesenheit polemischer Bezüge auf Thomas und seine Anhänger. Der Traktat zeigt in Thema, Argumentationsweise und Zitatenpolitik ein ähnliches Bild wie *De origine*, dürfte aber, da er mehrfach auf eigene frühere Schriften verweist, deutlich später entstanden sein. Er erwähnt keinen Zeitgenossen. Er setzt voraus, weder Aristoteles noch seine großen Kommentatoren hätten das Problem befriedigend gelöst und dadurch sei die Wissenschaft insgesamt bedroht.

[6] Petrus Lombardus, Sententiae, Liber 1 dist. 17 c. 5, Grottaferrata 1971, S. 146–147.

Es war nicht erst Dietrich, der diese gravierende Lücke entdeckt hat. Das Problem wurde in Paris von 1285 (Wiederkehr des Aegidius Romanus, Magisterium Gottfrieds von Fontaines) bis 1293 (Tod Heinrichs von Gent) lebhaft diskutiert. Die Debatten darüber sind relativ gut erforscht. Pierre Duhem hat sie bereits 1913 dokumentiert; Anneliese Maier hat 1939 die wichtigsten Texte[7] abgedruckt und besprochen. Sie hat die Zugehörigkeit der Schrift Dietrichs *De magis et minus* zu dieser Diskussion erkannt, hat sich allerdings in Bezug auf Dietrich mit einer einzigen Fußnote begnügt, in der sie nur zweierlei festhält: Dietrich hat für die akzidentelle qualitative Veränderung die Sukzessionstheorie gelehrt, die sich bei Albert nur angedeutet findet, und er hat in der anstehenden Frage die Individualität akzentuiert.[8] Neuerdings haben Jean Celeyrette

[7] AEGIDIUS ROMANUS, Quodlibet II qu. 4 quodl. 14; Quodlibet VI qu. 9 und 10, S. 385 b 389 a. Ich benutze die von mir nachgedruckte Ausgabe Quodlibeta Louvain 1646, ND Frankfurt/M. 1966, S. 86–89;

Zweierlei steht für Aegidius fest: Erstens, S. 86 b in contrarium: formae secundum gradus in essentia, sunt sicut numeri. Ein magis et minus ist nur bei Akzidenzien denkbar. Zweitens: Gradunterschiede betreffen das esse, nicht die essentia, die eine feststehende Norm ist. S. 87 a: Secundum essentiam certificatur quaelibet forma, ut sit illud quod est. Daraus folgt, S. 87 b: Forma igitur intenditur et remittitur secundum subjecti dispositionem et secundum gradus in esse, non autem secundum gradus in essentia.

HEINRICH VON GENT, Weihnachten 1279 oder Ostern 1280 (Datierungen nach J. Paulus, Henri de Gand, Paris 1938, S. XVII): IV 15, Paris 1518, fol. 123 vH–130 rS;

- Weihnachten 1280 oder Ostern 1281: Quodlibet V 19, Paris 1518, fol. 195 r–v, kritisiert von Duns Scotus, 1 Sent 17, 2, 1, Opera Omnia 5, Città del Vaticano 1959, S. 234.
- Ostern 1286: Quodlibet IX 4, ed. R. Macken, Quodlibet IX, Opera omnia XIII, Leuven 1983, S. 90. Besonders: Magis enim et minus in formis numquam differunt specie, sed numero tantum.

GOTTFRIED VON FONTAINES, Ostern 1286 (Datierung nach J.F. Wippel, The Metaphysical Thought of Godfrey of Fontaines, Washington 1981, S. XXVII): Quodlibet II 10. Les quatres premiers Quodlibets de Godefroid de Fontaines, ed. M. de Wulf – A. Pelzer, Louvain – Paris 1904, S. 139–146;

Zwischen 1286 und 1294/1294, eher gegen Ende dieses Zeitraums: Quaestio ordinaria 18, ausführlich zitiert bei Anneliese Maier; 1292 (nach Glorieux), 1293/1294 (nach Wippel): Quodlibet IX 4, ed. J. Hoffmanns, Les Philosophes Belges, IV 2, Louvain 1928, S. 216–222.

[8] Anneliese Maier, Das Problem der intensiven Grösse in der Scholastik, Leipzig 1939, S. 53, Anmerkung 130. Die genannten Texte und die Gesamtdiskussion dort bes. S. 25–45, in der dritten und erweiterten Auflage mit dem Titel: Zwei Grundprobleme der scholastischen Naturphilosophie, Rom 1968, Storia e Letteratura 37, S. 28–45. Diese bringt Erweiterungen nur für die Jahrzehnte nach Dietrich, besonders zu Walter Burley, De intensione et remissione formarum. Daher zitiere ich nach der Erstausgabe. Vgl. Pierre Duhem, Études sur Léonard de Vinci, Band 3, Paris 1913, S. 314–346. Dort zur latitudo bei Heinrich, S. 320.

und Jean-Luc Solère die Positionen Heinrichs von Gent und Gottfrieds von Fontaines präzisiert.[9] Folgende zeitgenössische Diskussionsthemen liegen der Schrift Dietrichs voraus:

1. Aegidius Romanus hat die Frage der qualitativen Steigerung und Minderung verknüpft mit der Behauptung der Realdistinktion von esse und essentia. Er unterschied Seinsgrade, um die Annahme von Wesensgraden zu vermeiden. Gradunterschiede, die wir beobachten, erklärte er mit dem verschiedenen Grad der Teilhabe an derselben Essenz bzw. mit dem verschiedenen Grad der Inhärenz der Qualität in ihrem Träger. Heinrich von Gent und Gottfried von Fontaines haben die Realdistinktion abgelehnt und mußten die Frage beantworten, ob sie eine andere Theorie der Intensivierung und Remission hätten. Auch Dietrich sah sich zu einer neuen Antwort verpflichtet, da er wie sie die Realdistinktion ablehnt und auch in unserem Zusammenhang insistiert: Die essentia *ist* der actus essendi (mag. 22 (1) II 62).

2. Heinrich von Gent hat gegen Aegidius die Realdistinktion abgelehnt und behauptet: Wenn es Wesensgrade gibt, sind dies auch Seinsgrade. Er hat die Theorie kritisiert, Steigerung der Formen geschehe nicht ex natura essentiae earum, sed ex dispositione et modo essendi in subiecto (Quodl. V 19 fol. 195 rR). Damit hat Heinrich die Magis-und-Minus-Frage herausgelöst aus der Einengung auf die Theorie der akzidentellen Qualitäten und der Naturveränderungen, er brauchte für seine gradualistische Konzeption des Universums ein Mehr und Minder substantialer Formen; anders lasse die Hierarchie der Wesen sich nicht denken (*Quodl.* IV 15 fol. 124 rK). Als Theologe fragte er: War Jesus nicht „mehr Mensch" als Judas? Schließlich hatte der Bischof von Paris 1277 die These 124 verworfen, die Seele Christi sei als solche nicht höheren Ranges gewesen als die des Judas. Es gibt also Stufen sowohl im Dasein wie im Wesen (ib. 124 rL). Gradunterschiede bei Qualitäten gehen auf ein Mehr oder Weniger der Wesen selbst zurück. Heinrich hat eine Gratwanderung unternommen: Einerseits fordert er ein Mehr und Weniger bei substantia-

[9] Jean-Luc Solère, Plus ou moins: le vocabulaire de la latitude des formes, in: J. Hamesse – Carlos Steel (Hg.), L'élaboration du vocabulaire philosophique au Moyen Age, Turnhout 2000, S. 437–488; ders., Les degrés de forme selon Henri de Gand (Quodl. IV q.15), in: Guy Guldentops – Carlos Steel (Hg.), Henry of Ghent and the Transformation of Scholastic Thought. Studies in Memory of Jos Decorte, Leuven 2003, S. 127–155; Jean Celeyrette – Jean-Luc Solère, Godefroid de Fontaines et la théorie de la succession dans l'intensification des formes, in: Paul J. J. M. Bakker (Hg.), Chemins de la pensée médiévale. Études offertes à Zénon Kaluza, Turnhout 2002, S. 79–112.

len Formen in Dasein und Wesen. Gegen Aegidius und wohl auch gegen Thomas von Aquino verwarf er Theorien, die solche Differenzierungen nur aus dem Stoff ableiten oder nur am individuellen Träger festmachen wollten (fol. 126 vB). Andererseits konnte er nicht zugeben, der Mensch sei „mehr Lebewesen" als ein Esel. Bei der Wesensbestimmung substantialer Formen gibt es bei ihm so wenig wie bei Aristoteles, *Categ.* 5, 3 b 33–4 a 9, ein Mehr oder Weniger (fol. 127 vI). Seine Theorie der substantialen Abstufung und Veränderung rückt den folgenreichen Begriff der latitudo formarum in den Vordergrund:

natura et essentia rei non consistit in termino definito seu determinato magnitudinis sibi debitae, sed in latitudine quadam (fol. 125 rS).[10]

Heinrich hat den Begriff der latitudo nicht erfunden; er stammt aus der lateinischen Übersetzung des Kommentars des Simplicius zur *Kategorienschrift* und kommt auch bei Thomas von Aquino (*De virtutibus in communi* 11 ad 16) vor. Dietrich hat ihn in *De magis et minus* nicht gebraucht. Er benutzte ihn in *De natura contrariorum* 48 (4) II 116 und 51 (3) II 119, sah aber darin nicht die Lösung des Problems der Steigerung und Abnahme bei *substantialen* Formen.

Heinrichs ausführliche Erörterung des magis et minus in *Quodlibet* IV 15 und deren Zusammenfassung in *Quodlibet* V 19 zeigt, wie durchfurcht das Problemfeld gegen 1290 war und führt nahe an Dietrichs Traktat heran. Schon Heinrich hatte erklärt, er wolle die Erörterung der Frage „ein wenig weiter oben" anfangen (paulo altius, IV 15 fol. 123vI), nur verstand er darunter den Beginn mit der Trinität, in der es Differenzen ohne Gradunterschiede gebe, während Geschöpfe sich nach ihrem Wesensrang unterschieden, also ein Mehr oder Minder an Sein und Vollkommenheit aufwiesen, seien sie doch ihrem Wesen nach stufenweise angeordnet: ordine naturali gradatim se habent (fol. 124 rK). Diese Unterschiede, insistiert Heinrich gegen Aegidius, müssen im Wesen der Dinge selbst begründet sein (fol. 124 vO). Andererseits hielt Heinrich fest an dem Satz des Aristoteles, daß die Wesen wie die Zahlen sind; man zerstört ihr Wesen, wenn man etwas hinzufügt oder wegnimmt. Heinrich bemerkte, Aristoteles sei in der Frage substantialer Steigerung und Minderung unentschieden geblieben; er habe geschwankt oder die Sache bewußt offen gelassen (fol. 127 rE).

[10] Siehe auch: Heinrich von Gent, Quodl. IV 15 fol. 124 vR und öfter, z. B. 127 vL; Quodl. V 19 fol. 195 rR.

Heinrichs umfangreiches *Quodlibet* IV 15 bot für Dietrich noch andere Anregungen: Heinrich forderte, es sei *generell* zu untersuchen, bei welchen Seienden es ein Mehr und Weniger gebe und bei welchen nicht (fol. 125 vX).

Heinrich lieferte in der Manier Alberts eine umfassende Doxographie; er zitierte nicht nur Aristoteles, Augustin, Avicenna und Averroes, sondern auch Porphyrius und Jamblich; insbesondere stützte er sich auf Simplicius. Er erinnerte an die Zusammenhänge, in denen die Frage des magis et minus stehe: Die Philosophie der Trinität (fol. 123vI), die Theorie der contraria (fol. 125 rS), das Verhältnis von Substanz und Akzidens (fol. 125 vZ), von determinatio und indeterminatio der Dinge (fol. 128 rL–rM). Heinrich illustrierte das Problem von magis et minus am Beispiel von Licht und Farben (fol.128 rM–128vM), wobei er die Ansicht vertrat, alle Farben entstünden durch Mischung von Weiß und Schwarz. Farbe sei, wie Aristoteles sage, die Außenseite des Durchsichtigen in einem begrenzten Körper (extremitas perspicui in corpore terminato), und Steigerung im Begrenztsein (quanto magis terminatur) konstituiere die verschiedenen Farben, wie man am Regenbogen sehe (fol. 128 vM). Dies alles waren oder wurden durch Heinrich auch Themen Dietrichs, nur daß Dietrich sich jeweils in je einer Abhandlung auf ein einziges Thema konzentrierte und nicht mehr wie Albert und Heinrich an Einzelheiten der Doxographie interessiert war. Aber wie Heinrich trennte er die Magis-und-Minus-Debatte ab von esse/essentia-Diskussionen und hielt seine Untersuchung methodisch separat von dem seit Petrus Lombardus klassisch-theologischen Problem der Steigerung und Abnahme der caritas. Vor allem stand er auf der Seite Heinrichs mit der Zulassung *substantialer* Steigerung und Minderung, also in der Überschreitung der Grenzen des Schularistotelismus – nur war seine Erklärung der substantialen Variation durch die variable Dreieinheit von essentia, substantia und individuum eine ganz andere.

3. Gottfried von Fontaines behandelt in *Quodlibet* II 10 ausschließlich die Frage, ob die caritas oder andere habitus ihrem Wesen nach gesteigert und vermindert werden können. Von substantialer Steigerung und Minderung ist nicht die Rede. Bei dieser rigoros-aristotelischen Position ist Gottfried geblieben, auch als er sich in späteren Texten mehr von Thomas von Aquino entfernte. Er hat sie in der *Quaestio ordinaria* 18 wiederholt. Er formuliert seine Frage so: Nimmt die essentia, also die species, in sich

selbst ein Mehr und Minder auf oder handelt es sich um verschiedengradige Partizipation des subiectum (de Wulf–Pelzer, S. 141)? Seine Antwort: Spezifische Formen können kein magis et minus aufnehmen; es kann sich nur um Veränderung am Individuum handeln (de Wulf–Pelzer, S. 145). Die Begründung: Die Form der species ist ganzheitlich und einheitlich; jede Steigerung oder Minderung wäre der Übergang zu einer anderen species.[11] Wohl kann ein habitus in seiner Wirkkraft gesteigert oder vermindert werden, aber dieser Kraftgrad bildet einen akzidentellen Modus.[12] Gottfried wendet sich gegen den Versuch des Aegidius Romanus, das magis et minus aus der Realdistinktion von essentia und esse zu erklären (Quodl. II 10 p. 144). Den Anlauf Heinrichs zu einer Theorie der *substantialen* Steigerung und Minderung hat er nicht fortgesetzt, sondern im Namen eines konsequenteren Aristotelismus kritisiert, auf der These insistierend, bei der Substanz gebe es kein magis et minus. Für diese Position sprachen außer den genannten Gründen auch starke Autoritäten: Aristoteles zufolge sind die substantialen Formen übergangslose Ganzheiten wie die Zahlen (*Metaphysik* VII 3, 1043 b 33–1044 a 9). Mit dieser Standardlehre begann der Gilbertus Porretanus zugeschriebene *Liber sex principiorum*, dessen erster Satz lautet: Forma est simplici ... et invariabili essentia consistens.[13] Das war auch, mehr oder weniger klar, die Lehre des Thomas von Aquino, Sth I–II, 52, 2. Gottfried begnügte sich damit, sie zweifach zu ergänzen: Erstens, indem er zunehmend schärfer betonte, sie gelte für die Form, sofern sie abstrakt betrachtet werde, secundum se et absolute sive abstracte considerata, zweitens durch die Überlegung, die in anderer Form auch bei Dietrich vorkommt: Wenn es keine Steigerung in der essentia gibt, so gibt es doch

[11] Gottfried von Fontaines, Quodlibet II 10, ed. de Wulf–Pelzer, S. 140: Quia ergo quaelibet forma specifica est forma secundum se una secundum aliquid fixum et stans et indivisibile, sortitur huiusmodi unitatem specificam et quaecumque ad illud attingunt sub illa specie continentur. Quae autem recedunt ab illo vel in plus vel in minus ad aliam speciem pertinent perfectiorem vel imperfectiorem. Et ideo nulla forma specifica secundum se potest recipere magis et minus.

[12] Gottfried von Fontaines, Quodlibet II 10, de Wulf–Pelzer, S. 146: Cum ergo quaeritur utrum forma aliquid potest minui vel augeri secundum magis et minus per essentiam, si intelligatur sic quod ipsa essentia augeatur et minuitur secundum se sive secundum rationem suae essentiae vel secundum ea quae ad ipsam essentiam pertinent, dicendum quod non; quia species secundum se consistit in aliquo complemento indivisibili ut dictum est, ita quod ubicumque est species, ipsa est tota secundum id quod ad eius essentiam pertinet.

[13] Liber sex principiorum, ed. L. Minio-Paluello – B. G. Dod, Ar. Lat. I 6–7, Brügge – Paris 1966, S. 35, 1–2.

eine Steigerung und Minderung beim Individuum, das dabei allerdings in seiner species verbleibt.

Dietrich greift das von Heinrich aufgeworfene weitergehende Problem der *substantialen* Steigerung und Minderung auf und will mit Hilfe des Aristoteles das Beharren Gottfrieds auf der aristotelischen Schulmeinung überwinden, indem er die drei-einigen Aspekte essentia, substantia, individuum in der beschriebenen Weise koordiniert. Er verlagert die Wesenssteigerung nicht allein auf das Individuum. Jean Celeyrette und Jean-Luc Solère konnten gegen Anneliese Maier zeigen, daß Gottfried – wie Albert vor ihm, *Liber de sex principiis,* tr. 1 c. 3, Borgnet I S. 310– für die akzidentelle Steigerung und Minderung die Sukzessionstheorie vertreten hat. In dieser Hinsicht blieb Dietrich auf ihrer Linie, aber dies war nicht das primäre Beweisziel seines Traktats.

3. Anneliese Maier macht auf die Folgen aufmerksam, die in der Debatte die Konzeption der qualitativen Zunahme und Minderung als motus gespielt hat. Sie sieht darin den Grund, warum „die Scholastik", wie sie sagt, an diesem Problem gescheitert ist.

Dietrich hat die motus-Theorie als Erklärung qualitativer Veränderung abgelehnt. Seine Analyse der akzidentellen Qualitätsveränderung versteht magis et minus als modi privativi et respectivi, mag. 26 (1) – (2) II 64–65.

Insgesamt ergibt sich: Dietrich interessierte sich für das Problem des magis et minus nicht allein deshalb, weil er die Antwort der großen Autoritäten – Aristoteles, Averroes, Albert, Thomas – unbefriedigend fand, sondern weil er eingreifen wollte in zeitgenössische Pariser Debatten, die das Chaos der Meinungen vermehrten – Petrus Joannis Olivi zählte sieben verschiedene Theorien zu unserem Thema auf – und dadurch Skepsis erzeugend die Wissenschaft in Gefahr brachten. Alte aristotelische Textzusammenhänge bestanden, auch in folgender Hinsicht: Aristoteles hatte in *Categ.* 8 auf den inneren Zusammenhang der Themen: Qualitäten, konträrer Gegensatz, Privation und Relation hingewiesen. Aristoteles hatte in der *Physik* V 2, 226 b 7–8 und öfter das Problem des magis et minus mit der Analyse der contraria verknüpft, wie Heinrich von Gent hervorhob, weil er die Erklärung der intensio aus der Kontrarietät kritisierte. (*Quodl.* IV 15, fol. 125 rS). Damit war die Liste der regionalontologischen Studien Dietrichs vorgegeben. Wir gehen mit ihm von den Qualitäten zu den konträren Gegensätzen.

III. KONTRARIETÄT

1. Die Herkunft des Problems

Zwei verschiedene Gedankenreihen haben Dietrich auf das Problem konträrer Gegensätze gelenkt. Da war zunächst sein Interesse an der Erforschung der Natur. Die ältere Naturphilosophie, insbesondere die aristotelische, beruhte auf der Annahme, Naturprozesse verliefen von Gegensatz zu Gegensatz, nicht von allen Gegensätzen zu allen, sondern von bestimmten Gegensätzen zu bestimmten.[1] Es ging darum, Naturvorgänge (motus) – ich will nicht sagen, zu „erklären", sondern – in ein um 1300 plausibles Konzept von vernunftentsprechender Wirklichkeit zu integrieren und sie in diesem Sinn zu rationalisieren. Es war begreiflich zu machen, daß Naturvorgänge nach einem Ja-Nein-Schema ablaufen. Über diese Gedankenartigkeit der Natur hatten manche Philosophen sich nicht einmal gewundert, aber Dietrich entwarf dazu eine metaphysische Ontologie der Gegensätze, die als fundierende Erkenntnis den Weg zum Naturwissen frei mache.

Es war leicht zu sehen, daß Gegensätze Verschiedenheit voraussetzen, aber daß nicht jede Art von Verschiedenheit Gegensatz bedeutet. Gegensätze müssen etwas gemeinsam haben, um einander entgegengesetzt zu sein, müssen aber innerhalb dieses Gemeinsamen differieren. So verwikkelt sich, wer das Wesen der Gegensätze gemäß dem Wissenschaftskonzept der Zeit um 1300 erforscht, in prinzipiellere Fragen, in die Analyse von „Verschiedenheit" und Differenz" und damit von Einheit und

[1] Theorie des Gegensatzes bei Aristoteles: Physik I ganz, lateinische Textvorlage Alberts, Translatio graeco-latina, translatio vetus mit Korrekturen, in: Albertus Magnus, Opera omnia, Ed. Colon. IV 1, S. 8–75, besonders I 7, 189 b 30–191 a 22, lateinisch: Albert, Ed. Colon. IV 1, S. 50; Physik V 2, 226 b 2–31, VII 7, 261 a 32– b1; Kategorienschrift 5, 3 b 24 und c. 6 ganz, Metaphysik V 10, Ar. lat. XXV 3, 2 (1995) S. 105–106 und X 4, Ar. lat. XXV 3, 2 S. 203–206.- Dazu: John P. Anton, Aristotles Theory of Contrariety, London 1957; Wolfgang Wieland, Die aristotelische Physik, Göttingen 1962, [3]1992; Martin Hohelüchter, Kontrarietät. Explikation in Auseinandersetzung mit Aristoteles, Münster 1988; Fabio Morales, Antikeimena. Untersuchungen zur aristotelischen Auffassung der Gegensätze, Frankfurt/M. 1991.

Vielheit. Nicht nur das Interesse an Naturforschung, sondern auch das Programm der metaphysischen Reduktion auf Erstbestimmungen führte zum Problem der konträren Gegensätze. Unter begriffsrealistischen Voraussetzungen ließ sich nicht sagen, was ein konträrer Gegensatz ist, ohne ontologische Untersuchung der Erstgegensätze von Seiend – Nichtseiend, Eines – Vieles. Diese Urgegensätze, nahm man an, gehen ein in die Gegensätze von Gleich – Ungleich, Ähnlich – Unähnlich, Identisch – Verschieden. Für Dietrich war die Theorie des Seienden als Seiendes die Grundlagenwissenschaft, folglich war eine vom Konzept des Seienden ausgehende Ontologie der Kontrarietäten zu entwickeln. Sie verfolgte, sozusagen von oben ansetzend, die allgemeinsten Erstgegensätze bis in ihre Konkretion, also in die Verschiedenheit naturhafter Gegensatzpaare wie Heiß und Kalt. Sie suchte Differenz abzuleiten, ausgehend vom Urgegensatz innerhalb eines Gemeinsamen. Daher erscheint Dietrichs Abhandlung zunächst als umwegig. Sie geht nicht direkt auf die Begriffsbestimmung von „Konträr" zu, sondern erreicht diese erst im 48. Kapitel, und erörtert vorher die Bestimmungen:

Seiend – Nicht-Seiend
Eines – Vieles

schränkt sie ein zu

Andersheit (alietas) oder Verschiedenheit (diversitas),

weiterhin zu:

Unterschied (differentia), bis herunter zum
konträren Gegensatz (contrarietas).

Dies gibt Dietrichs Schrift über das Wesen konträrer Gegensätze, *De natura contrariorum* (abgekürzt: contrar., II 69–135) den intendierten einheitlichen Doppelcharakter als Naturphilosophie und allgemeine Ontologie. Ihre historischen Koeffizienten deuten sich an, vor allem die Erörterungen des Aristoteles über die Gegensätze, im ersten Buch von dessen *Physik* und in der *Metaphysik* Buch V 10, Buch VIII 5 und Buch X 4 bis 5, zusammen mit den Kommentaren des Averroes, Alberts und Thomas'.

Autoren des lateinischen Westens unterschieden im Anschluß an Aristoteles vier Arten von Gegensätzen:

Erstens der Widerspruch (contradictio): Daß jemand sitzt, wird bejaht oder verneint.

Zweitens das Haben (habitus, auch forma) im Gegensatz zum Fehlen, zum Mangel (privatio): Jemand ist blind oder kann sehen.

Drittens der konträre Gegensatz (contrarietas) wie der zwischen Weiß und Schwarz, um dessen ontologische Fassung es in Dietrichs Schrift geht.

Viertens der relative Gegensatz von Vater und Sohn.

Diese Aufstellung der Gegensätze (oppositiones) erlernte um 1300 jeder Student, aber sie enthielt eine Reihe von Problemen, von denen Dietrich fand, die Kommentatoren hätten sie entweder nicht beachtet oder nicht befriedigend gelöst. Man konnte fragen: Wie gehören diese vier Gruppen zusammen? Was haben sie gemeinsam? Wie wird aus dem Widerspruch, also aus *unserem* Bejahen und Verneinen, aus einer mentalen und sprachlichen Operation ein Gegensatz in der Natur? Was fügt der konträre Gegensatz zum Widerspruch hinzu? Wie grenzt sich die zweite von der dritten Art der Gegensätze ab? Der Schwarz-Weiß-Kontrast, Musterfall des konträren Gegensatzes, konnte wie der privative Beispielgegensatz von blind und sehend auch als privativ aufgefaßt werden. In der Aufzählung des Aristoteles treten Privation und Relation als je eigene Gegensatzart auf, dadurch verbindet sich das Problem der Kontrarietät mit Untersuchungen zu Privation und Relation, mit denen Dietrich, wie gezeigt, oft beschäftigt war, von *De origine* an, auch in den Schriften *De corpore Christi mortuo* und *De magis et minus*.

Dietrichs Abhandlung über das Wesen der konträren Gegensätze ist umfangreich und komplex. Um ihren sachlichen und historischen Ausgangspunkt zu präzisieren, stelle ich die wichtigsten Thesen des Aristoteles über die contraria aus *Metaphysik* X 4 in der lateinischen Terminologie des 13. Jahrhunderts vor, wie wir sie z. B. bei Thomas von Aquino finden:

Kontrarietät ist eine Art von Unterschied, Differenz. Contrarietas est differentia quaedam.[2] Unterschied ist etwas anderes als Verschiedenheit. Verschiedenheit oder Andersheit (griechisch: heterotes, lateinisch: diversitas) verlangt im Unterschied zur Differenz (griechisch: diaphora, latei-

[2] Ar. lat. XXV 3, 2 S. 203–205; Thomas von Aquino, In Met. X lectio 4 n. 2021 Cathala S. 574.

nisch: differentia) keinen gemeinsamen Bestand. Die Untersuchung des Unterschieds erfolgt im Hinblick auf Naturprozesse der Umwandlung. Aus Tönen werden keine Farben, wohl wird aus einem tiefen Ton ein hoher, aus Weiß wird Schwarz. Prozeßstadien fordern eine übergeordnete, eine generische Gemeinsamkeit. Nur innerhalb ihrer gibt es ein Mehr oder Minder und damit auch ein Maximum an Abstand. Die enantiotes oder contrarietas ist die größte diaphora oder die maxima differentia innerhalb des übergeordneten gemeinsamen genus. Wesen, die außerhalb einer solchen Gemeinsamkeit stehen, heißen „verschieden", nicht „unterschieden"; sie zeigen diversitas, nicht differentia. Der konträre Gegensatz ist nichts anderes als die größte innergenerische Differenz. Das Maximum an Differenz findet sich nicht bei Zwischenstadien von Naturvorgängen, sondern bei ihren Extremen, also nicht zwischen Weiß und Grün, sondern zwischen Weiß und Schwarz. Die Vorstellung war die, Naturvorgänge machten an solchen qualitativ bestimmten Eckpunkten Halt. Alles, was in der Natur entsteht, geht aus konträr Entgegengesetztem wie aus zwei Extremen hervor.[3] Diese äußersten Umschlagpunkte des Werdens stehen in einer einlinigen Beziehung; im konträren Gegensatz hat ein Gegensatzglied nicht mehr als einen einzigen Gegenpol.[4] Ein Abstand hat zwei Endpunkte, keinen mehr. Diese Endpunkte stehen aber nicht in abstrakter Betrachtung gegenüber, sondern sie verdrängen einander am Naturding. Daher fordert der konträre Gegensatz im Unterschied zum Widerspruch (contradictio) einen konkreten Träger wechselnder Bestimmungen, ein subiectum. Dieser steht zwischen den beiden unvereinbaren Gegensätzen; er ist ein Mittleres (medium). In der Sprache des 13. Jahrhunderts: contraria sunt quae plurimum differunt in eodem susceptibili.[5] (Thomas, In Met. X lectio 5 n. 2034 Cathala 578).

Es bleibt noch, den privativen Gegensatz vom konträren abzugrenzen. Zunächst scheint sich alles zu verwischen, wenn Aristoteles sagt, der privative Gegensatz liege dem konträren zugrunde. Der Gegensatz von Haben und Nicht-Haben, von habitus und privatio, sei das Prinzip der Kontrarietät. Doch die Abgrenzung zwischen der zweiten und der dritten Gegensatzart geht nicht verloren, weil nicht jedes Fehlen

[3] Thomas von Aquino, In Met. X lectio 5 n. 2025 Cathala S.577: generationes fiunt ex contrariis sicut ex ultimis.

[4] Thomas von Aquino, In Met. X 5 n. 2030 Cathala S. 577: non convenit plura esse contraria uni.

[5] Thomas, In Met. X lectio 5 n. 2034 Cathala 578.

von etwas einen konträren Gegensatz schafft. Der Farbe Grün „fehlt“ das Weiß ebenso wie der Farbe Schwarz, aber nur Schwarz ist der konträre Gegenpol zu Weiß. Nur Schwarz bildet die äußerste Differenz zu Weiß im gemeinsamen Bereich der Farbe. So enthält zwar jeder konträre Gegensatz eine Privation, denn eines der beiden Gegensatzglieder ist bestimmt durch das Fehlen von etwas, aber nicht jede Privation bildet einen konträren Gegensatz.[6]

Der konträre Gegensatz ergibt sich aus einer vollzogenen Umwandlung von einer äußersten Bestimmung zur entgegengesetzten, genauer: aus der dabei immer entstehenden „Beraubung“.

Dies ist das feine Spinnennetz aristotelisierender Terminologie, mit dem es jeder Philosoph zu tun hatte, der gegen 1300 über das Wesen des Gegensatzes sprach.

Daraus ergab sich eine Festlegung auf bestimmte Standardfragen und typische Ausdrucksweisen; dahinter stand auch ein bestimmtes Bild von der Welt: Kontrarietäten zerreißen die irdische Welt, aber die Himmelskörper – diese größere und geordnetere Welt – sind frei davon. Die Seele und die reinen Geister, dachte man, seien gegensatzfrei und deswegen unsterblich. Viele Autoren waren wie Albert und Thomas der Ansicht, die Himmelskörper seien mit Ausnahme der Ortsbewegung unveränderlich, weil sie dem Bereich der Kontrarietäten entzogen seien. Sie gaben von der Kontrarietät die Standarddefinition, sie sei die maximale Distanz zweier Wesen innerhalb eines gemeinsamen genus.[7] Innerhalb dieser Lehrtradition zeigte Albert besonderes Interesse am Phänomen der *räumlichen* Distanz: Abstand haben voneinander, sich an verschiedenen Orten gegenüberstehen, das schien Albert ein Wesenselement jeder Entgegensetzung. Er hielt das Sichgegenüberstehen im Raum für die Urform des Gegensatzes, für die per-se-Gestalt, von der her alle anderen Formen von Kontrarietät hergenommen seien.[8]

[6] Thomas von Aquino, In Met. X lectio 6 n. 2049–2050 Cathala S. 581: Omnis contrarietas est aliqua privatio […], aber andererseits: Non omnis privatio est contrarietas.

[7] Albertus Magnus, In Met. X. tr. 2 c. 3 Geyer 444 b linea 56–57: contrarietas: duorum sub uno genere differentium maxima distantia.

[8] Albertus Magnus, ib. linea 58–62: Quia vero distantia in spatio loci per se est contrarietas, propter hoc contrarietas in loco causa est contrarietatis in aliis, et ideo ponitur distantia ut causa in diffinitione contrariorum universaliter.

In de Caelo et Mundo, I tr. 3 c. 6 Hossfeld 68 linea 41–44: Cum enim omnia contraria maxime a se distent, prima distantia et propria est in contrariis in loco, a quibus distantia transumitur ad omnia alia contraria.

2. Argumentationsgang

Dietrichs Buch *De natura contrariorum*, mit 56 Druckeiten relativ umfangreich, ist von der Forschung noch in keiner Weise erschlossen. Daher gebe ich zunächst einen Überblick über den Gang der Argumentation. Dietrich selbst hat ihm zwar eine Gliederung vorangestellt, aber die ist – wie bei *De magis et minus* – zu kleinteilig, um den Beweisgang klarzustellen. Daher skizziere ich im Anschluß an Hinweise des Herausgebers des Traktats, Ruedi Imbach (II 77), schematisch den argumentativen Aufbau:

Vorläufige Definition der contraria	cc. 2–3 II 83–85

Ontologie der Erstbestimmungen als Vorfragen

zur Definition der contraria	cc. 4–45 II 85–114
Das Wesen der contrarietas	cc. 46–48 II 114–117

Daraus folgt, wo es contrarietas geben kann und wo nicht, nämlich

nicht bei generisch Verschiedenen	c. 47 II 117
nicht bei Quantitäten	c. 50 II 117–119
nicht in Substanzen als Substanzen	cc. 51–52 II 119–120
nicht in der 2. Species der Qualität	cc. 55–59 II 122–126
nicht in der 4. Species der Qualität	cc. 60–64 II 126–129
nur in der 3. Species von Qualität	c. 65 II 129
Räumliche Distanz und Kontrarietät	cc. 66–71 II 129–133.

Die Struktur der Abhandlung zeigt den Gang der Argumentation. Dietrich entwickelt zunächst auf dem Hintergrund von höchster Allgemeinheit eine möglichst scharfe Begriffsbestimmung von contrarietas, um dann aufgrund dieses Kriteriums zu entscheiden, wo es Kontrarietät geben kann und wo nicht. Ähnlich war Dietrich auch in *De magis et minus* verfahren. Nur zeigt bereits die Inhaltsübersicht, daß er sich hier, in der umfangreicheren Abhandlung, ungewöhnlich lange (cc. 4–45 II 85–114) mit der ontologischen Untersuchung aufhält. Von außen sieht es so aus, als bestimme allein das tradierte Schema von Definition und Einteilung sein Vorgehen. Diesem zufolge galt etwas als erkannt, wenn es eingetragen war auf einer Tafel der metaphysischen bzw. der kategorialen Möglichkeiten. Die Ausarbeitung einer universalen Übersicht ist hier wie in *De corpore Christi mortuo, De cognitione entium separatoum* und *De magis et minus* Dietrichs erster Schritt. Nur sticht hier die Grundlegung so sehr durch philosophische Originalität und Umfang hervor, daß ich mich primär mit ihr befassen werde, also mit Dietrichs Ontologie der Kontrarietät, um mit Dietrichs Definition der Kontrarietät und seiner Bewertung der Kandidaten der Kontrarietät zu schließen.

3. Das Konzept: Ontologie der Kontrarietät

Bekanntlich kommt das Wort „Ontologie“ in mittelalterlichen Texten nicht vor. Man verfügte seit dem 13. Jahrhundert über die Ausdrücke „Erste Philosophie“ oder „Metaphysik“. Diese „Metaphysik“ enthielt wie die des Aristoteles zwei deutlich unterschiedene Arbeitsfelder, über deren Zusammenhang es Kontroversen gab und heute noch gibt. Sie war einerseits Theorie des Seienden als Seienden und dessen, was ihm als solchem oder per se zukam. In diesem Sinne war sie Ontologie. Andererseits war sie Wissen vom Ersten Grund oder philosophische Theologie. Dietrichs Abhandlung versucht, bevor sie ab c. 29 erklärtermaßen zur Physik übergeht, den konträren Gegensatz vom Seienden als Seienden her zu begreifen. Daher spreche ich hier in der zugegebenermaßen späteren Terminologie von „Ontologie“; kein Historiker der Ideen kommt mit der Sprache seiner Texte allein aus. Ganz ungestraft begehe ich diesen allerdings nur terminologischen Anachronismus vermutlich nicht; er könnte das Mißverständnis begünstigen, es handle sich um wertfreie, metaphysiklose Weltbetrachtung.

Dietrich kommt zwar in diesem Traktat ohne philosophische Theologie aus, braucht aber die Unterscheidung zwischen Naturursachen und Wesensursachen (causae essentiales), wobei er unter „Wesensursachen“ nicht nur die Geisterhierarchie des *Liber de causis* versteht, sondern beispielsweise auch das Verhältnis von Sonne und Pflanze. Er teilte die teleologische Auffassung mittelalterlicher Aristoteliker von der „Natur“, nahm also an, die „Natur“ besitze zur Erreichung ihrer „Ziele“ bestimmte „Instrumente“, eben die Kontrarietät aktiver und passiver Qualitäten. Wertvorstellungen klingen an, wenn er die Farbe Weiß für „vollkommener“ hält als die Farbe Schwarz; Licht war für ihn eine „Vollkommenheit". Dies sind „metaphysische" Elemente in einer Untersuchung, die sich insgesamt in der Nähe der *Kategorienschrift* des Aristoteles und der ontologischen Partien von dessen *Metaphysik* mitsamt den Kommentaren des Averroes aufhält. Ich halte sie für ein Meisterstück der mittelalterlichen Philosophie. Sie leistet etwas, was man ohne Übertreibung als ontologische Deduktion der Kontrarietät bezeichnen kann oder auch als metaphysische Grundlegung der Naturbetrachtung.

Dietrich beginnt, indem er erklärt, er suche die Prinzipien der Naturveränderungen (transmutationes physicae), doch wolle er dabei ein wenig von Grundsätzlicherem den Ausgang nehmen (aliquantulum ex prioribus sumendum initium, contrar. 1 prol., II 83). Mit leichtem Anflug von Humor bemerkt er, er wolle bei dem naturphilosophischen Thema „ein bißchen weiter oben" anfangen. Dietrich zitiert die konventionell-aristotelische Definition konträrer Gegensätze – maximale Distanz innerhalb eines genus – und folgert, die Aufgabe bestehe darin, sie aus der Wesensart der Differenz und ihrer Modi begreiflich zu machen. Was also ist der ontologische Grund des Sich-Unterscheidens innerhalb der vorgeordneten Gemeinsamkeit des genus? Dies, daß ein Wesen nicht das andere ist. Unum eorum non est aliud. A ist *nicht* B. Damit treten Affirmation und Negation vor den Blick, nicht abstrakt, als werde jede für sich betrachtet, auch nicht nur in der Form affirmativer und negativer Sätze, sondern so, daß sie sich auf Dinge beziehen, die sich innerhalb einer Gemeinsamkeit unterscheiden. Wir haben es mit Affirmation und Negation an einem *Zugrundeliegenden* zu tun; dies Zugrundeliegende ist entweder die Stoffbasis natürlichen Werdens oder die Gattungsgemeinsamkeit. Affirmation und Negation an einem Zugrundeliegenden bedeutet: Wir haben einerseits eine Wesensgestalt, den Besitz einer forma und auf der anderen Seite deren Fehlen oder ihre Privation. Es geht um Naturprozesse. In der Natur wird nicht aus allem alles und wird nicht alles zu allem. Die Umwandlungen bleiben innerhalb des ontologischen Feldes ihrer Gattung. Sie vollziehen sich vom Mangel zum Formbesitz und vom Haben zum Nicht-mehr-Haben, und zwar an einer Stoffbasis, die beiden Stadien zur Verfügung steht. Sie wird von ihnen gegensätzlich bestimmt, so daß Dietrich sagen kann, sie werde in gegensätzliche Bestimmungen auseinandergezogen (distrahitur) und vervielfältigt, ohne daß deswegen die Stoffbasis oder auch die generische begriffliche Bestimmtheit zerstört würde. Sie unterscheiden sich, sind aber nicht total verschieden. Hier zeigt sich der Unterschied von Verschiedenheit (diversitas) und Unterschied (differentia). Wesen, die völlig fremden Seinsbereichen angehören, sind nur anders, nur *verschieden* oder divers. *Unterschieden* oder different sind Dinge oder Eigenschaften innerhalb einer Gemeinsamkeit, innerhalb deren sie mehr oder minder weit voneinander abstehen können und innerhalb derer es auch die maximale Distanz gibt, die für konträre Gegensätze charakteristisch ist. Distanziert können sie nur sein, wenn sie getrennt, distinkt und abgeteilt sind. Der Wesensgrund des Unterschiedenseins (prima ratio distinctionis) sind Affirmation und Negation, aufgrund deren sie durch sich selbst und mit ihrem ganzen Wesen (se ipsis et se totis) auseinander stehen. Das *eine* ist in seiner Gesamtgestalt, formaliter, die Verneinung oder die Beseitigung (remotio) des anderen, immer auf der Basis gemeinsamer Stoffgrundlage oder generischer begrifflicher Bestimmtheit. Affirmatio in einem subiectum, das ist Wesensgestalt, das ist forma; Negation in subiecto, das ist Formfehlen oder Formbeseitigung, also remotio und damit privatio. Dietrich sieht also im Naturprozeß den Gegensatz von Ja und Nein und in diesem den Gegensatz von Seiend und Nicht-Seiend. Formhaben und Formverlust, habitus und privatio, stehen innerhalb eines übergeordneten Ganzen in maximaler Distanz. Diese geht hervor aus der Differenz, diese aus affirmatio und negatio, zuletzt aus dem Gegensatz von Seiend und Nicht-Seiend (cc. 2–3 II 83–85). Deshalb wird Dietrichs Untersuchung des Wesens der contraria zur Ontologie der Erstbestimmungen.

Dietrich ermittelt intellektuelle Entstehungsbedingungen der aristotelisierenden Ontologie: Was sie affirmiert, ist das Seiende; was sie negiert, ist das Nicht-Seiende. Nur diese Voraussetzung macht begreiflich, daß Naturprozesse eine Ja-Nein-Struktur haben. Nur so wird plausibel, daß das Seiende als solches allgemeinen und bleibenden Charakter hat. Seiendes als solches, durch Affirmation konstituiert, ist nicht primär vereinzeltes Dieses-Da, sondern, wie Dietrich sagt, ens simpliciter, nicht nur ein hoc et hoc (contrar. 5 (3) II 88). Der Intellekt, hatte Dietrich früher schon gesagt, ist kein hoc ut hoc, sondern ein ens simpliciter (or. 5 (33) III 191; int. III 10 I 198)); das Seiende als Seiendes, dessen exemplar er ist, hat daher etwas vom ens simpliciter, das freilich, Dietrich zufolge, nicht außerhalb der Individuen existiert, sondern in ihnen ist (or. 5 (18) III 186).

4. Seiend – Nicht-Seiend, Affirmation und Negation

Die genaue Verbindung des Erstgegensatzes von Seiend und Nicht-Seiend mit den konträren Naturgegensätzen wirft eine Reihe von ontologischen Problemen auf, mit denen Dietrich sich in den cc. 5–28 II 87–103 befaßt. Sie bilden seinen Hauptbeitrag zum Problem der Kontrarietät. Ich folge den Grundlinien seiner Argumentation:

Zunächst ist klarzustellen: Die Wiederkehr des Gegensatzes von Seiend und Nicht-Seiend in den konträren Gegensätzen bedeutet nicht, daß der negative Pol ein Nicht-Seiendes wäre. Beide Gegensatzglieder sind Seiende, aber sie sind Seiende, an denen der Erstgegensatz von Seiend und Nicht-Seiend sich konkretisiert hat. Dies macht die ontologische Komplikation der contraria aus; sie wird auf folgendem Weg aufgelöst:

Kontrarietät ist eine Unterform der Differenz. Differenz ist eine Unterform von Vielheit. Das Eine und das Viele unterteilen das Seiende. Das Seiende denken, heißt – im Doppelspiel von Affirmation und Negation – zugleich das Nicht-Seiende denken. Der Weg von Seiend – Nicht-Seiend über das Eine und das Viele zur Kontrarietät erfolgt daher nicht wie der des Seienden im allgemeinen in die einzelnen Seienden oder wie die Teilung der Bestimmung „res" in einzelne Sachen, sondern es handelt sich um die Einteilung von Seiend – Nicht-Seiend in Modi, bei denen die übergeordnete Doppelbestimmung immer mitgeht. Daher sind die Vielen (multi) Seiende und sind je Eines, auch wenn die Bestimmung „Viele" einen Mangel an Einheit anzeigt. Die Bestimmung „Eines" klingt rein positiv, ist aber selbst durch Negation bestimmt: Das Eine ist das, was nicht geteilt, was nicht vervielfältigt ist. Da sich die Bestimmung „Seiend" in beiden Polen der durch Negation Getrennten findet, sind sie sowohl verbunden wie getrennt.

Dieses Verhältnis steht am Ursprung (origo): Die übergeordnete Einheit von Seiend – Nicht-Seiend umgreift das Eine und das Viele, und dies Verhältnis kehrt wieder bei den Unterschiedenen, die als solche auf die Seite der Vielen zu stehen kommen. Es setzt sich fort bei konträren Gegensätzen, die zur Gruppe der Unterschiedenen gehören. Die auseinander getretenen, verzweigten Formen – das Eine und das Viele, die Unterschiedenen, die Entgegengesetzten – verlassen das Übergeordnete nicht; sie modifizieren es und enthalten in sich seinen Wesensgehalt.

Dieser gehört zu ihrem Begriff. Daher kommt „Seiend“ in den ausdifferenzierten Bestimmungen „Eines – Vieles“, „Unterschiedene“ und „Entgegengesetzte, contraria“ vor. Der erste und wurzelhafte Grund dieser Modi des Seienden ist das Eine, dessen Wesensbestimmung bereits das Fehlen einschließt, nämlich das Fehlen jedweder Teilung. So konstituieren Affirmation und Negation das Viele. Das Viele ist Dieses und Jenes, und dabei ist Dieses nicht Jenes. Weil, wie gesagt, der Wesensgehalt des übergeordneten Genus in den ihm zugeordneten, aber ausgegliederten Species gewahrt bleibt, sind die Entgegengesetzten beide Seiende; Affirmation und Negation entwickeln aus Seiend – Nicht-Seiend den Wesensgehalt von Form, also Haben *oder* Fehlen, also Beraubtsein (contrar. 5 (3) – 5 (5) II 87). Die Extreme des konträren Gegensatzes sind durch den Gegensatz von Seiend und Nicht-Seiend konstituierte Seiende; ihr negativer Pol ist seiend, aber relativ als nicht-seiend durch das Fehlen der Wesensform definiert. Forma-Haben einerseits, forma-Entbehren andererseits – dies ist der grundlegende und in diesem Sinne der „erste“ konträre Gegensatz. Nach der Art dieses Gegensatzes sind die spezifischen Differenzen beschaffen. Das eine Glied besitzt den forma-Gehalt, das andere ist geprägt durch dessen Fehlen. Deswegen teilen wir die reale Welt ein nach der Gedankenoperation von Ja und Nein. Daher unterscheiden wir:

körperliche Wesen – unkörperliche Wesen,
belebte Wesen – unbelebte Wesen.

Damit sind wir allerdings nicht schon beim spezifisch Bestimmten angekommen, wohl aber bildet dieses Unterscheiden die Wesensart oder den Bestimmungsgrund des Artverschieden-Seins (ratio entis specifici) (contrar. 6 (3) II 88). Die Welt als ganze hat Ja-Nein-Struktur.

5. Sein und Verschiedensein

Der Wesensgrund des Seins und der Wesensgrund der Verschiedenheit sind verschieden. Die Differenzen sind in einem je anderen Sinn Wesensgrund von Sein und von Verschiedensein. Grund des Unterschiedenseins sind sie, sofern sie charakterisiert sind durch den Gegensatz von forma-Haben und forma-Mangel; Wesensgrund des Seins (ratio essendi) sind sie, sofern sie einen positiv gegebenen Seinsgehalt darstellen. Daher erfassen wir positiven Seinsgehalt nicht nur in dem Gegensatzglied, das eine positive Bezeichnung trägt, sondern auch in dem entgegengesetzten Extrem, das durch Fehlbestand charakterisiert ist. Neben die Betrachtung der Sache unter dem Gesichtspunkt des Wesensgrundes des *Seins*, der ratio essendi, tritt die Betrachtung unter dem Gesichtspunkt des Wesensgrundes des *Sich-Unterscheidens*, der ratio differendi. Der Unterscheidungsgrund *folgt* dem Seinsgrund; er ist diesem gegenüber sekundär. Von daher gesehen müßten die beiden primären Differenzglieder eher einen jeweils positiven Namen tragen, statt nach dem Gegensatz von Haben und Fehlen, von habitus und privatio, benannt zu werden. Doch hat diese sprachliche Eigentümlichkeit einen guten Grund: Der Wesensgehalt „seiend", für sich genommen, losgelöst, sofern er zum Naturbestand gehört, ist gegenüber dem Wesensgehalt von Differenz primär, grundlegend, weil Sich-Unterscheiden voraussetzt, daß Dinge existieren, und zwar als Seiende, die eine allgemeine Wesenscharakteristik tragen, also einem Genus angehören. Denn die spezifisch verschiedenen Seienden fassen wir notwendigerweise zusammen und unterscheiden sie nach ihrer spezifischen Art durch Unterteilung des übergeordneten Gemeinsamen, des Genus. Dadurch erhält das Spezifisch-*Sein* für unsere Erkenntnis den Vorrang. Bei „Differenz" setzen wir Formbesitz dem Formmangel gegenüber und konstituieren Differenzen weiter zu Arten. Daher fungieren diese nicht nur im Plus-Minus-Verhältnis von forma und Privation, sondern sind gemeinsam als Seiende konstituiert (contrar. 7 (4) II 88). Die spezifischen Differenzen haben an ihnen selbst, bevor es zu konträren Gegensätzen von Qualitäten an Naturdingen kommt, das Doppelverhältnis von Einschluß und Negation. Es gibt bereits *vor* der sichtbaren Kontrarietät von Eigenschaften, welche die Naturprozesse antreiben, eine Kontrarietät von Wesensdifferenzen. Forma-Besitz und forma-Mangel bestimmen als die ursprünglich Entgegengesetzten die Wesensstruktur aller folgenden Kontrarietäten. Dietrich bestätigt sich dieses Resultat durch ein Averroeszitat[9] und weist zugleich auf die Bewertungsimplikationen seiner Ontologie hin, indem er zitiert: Haben und Privation sind der Grund aller Kontrarietäten, und dabei ist das weniger Wertvolle die Privation des Vollkommeneren (contrar. 8 (2) II 89). Von diesem Zwischenergebnis aus wirft Dietrich einen Blick auf Naturprozesse: Formbesitz und

[9] Averroes, In Met. X 15 fol. 263 rA.

Gestaltmangel sind die Voraussetzung von Veränderung. Diese vertreibt bei einem Träger anwesende Formen; sie nutzt sozusagen die lockere Verbindung von Zugrundeliegendem und Gestalt aus. Daher ergeben sich Entstehen und Vergehen aus Gegensätzen, die an einem Träger ausgetragen werden (contrar. 9 (1) II 90). Privative Gegensätzlichkeit ermöglicht Naturveränderung; das ist das erste naturphilosophisch wichtige Ergebnis der Ontologie der Kontrarietät. Dabei gewinnt Dietrich eine Einteilung der verschiedenen Arten von Naturveränderung, motus:

Es gibt – erstens – einen Naturprozeß von der Privation zur Seinsgestalt oder forma, der zurückgenommen werden kann: Das Kalte wird warm und kann wieder kalt werden.

Es gibt – zweitens – Naturveränderungen, die keinen Rückweg zulassen vom Fehlen zur vollkommenen Form: Der Blinde, der nicht wieder sehend werden kann. Essig läßt sich nicht wieder zurückverwandeln in Wein.

Es gibt – drittens – ein Naturwerden ohne Rückkehrmöglichkeit von der Endgestalt zum vorhergehenden Mangel, dem Ausgangspunkt: Der Erwachsene kann nicht wieder zum Embryo werden (contrar. 10 (1) II 91). Dabei handelt es sich um die zweite Art der soeben aufgeführten Naturprozesse, die zu der Frage nach der Identität von Leiche und lebendigem Leib führt, die Dietrich in *De corpore Christi mortuo* abhandelt. In allen drei Prozeßarten geht es um das Verhältnis der Privation zur forma. Dietrich zeigt sich an dieser Stelle wieder einmal unzufrieden mit Aristoteles und der von ihm bestimmten Ontologie bei Albert und Thomas. Er kritisiert, sie hätten die drei genannten Formen von Veränderung nicht unterschieden, Aristoteles erörtere nur die zweite der drei Arten von motus. Vor allem hätten sie übersehen, daß auch bei der dritten Art ein Verhältnis von Mangel und forma besteht. Überhaupt sei die *Kategorienschrift* des Aristoteles in metaphysischer Hinsicht unbefriedigend; sie behandle Redeformen, nicht ontologische Verhältnisse.

Es ist nicht leicht, die philosophische Absicht dieser Differenzierung der Naturvorgänge zu ermitteln. Es geht zunächst einmal um Klärung von Aussageweisen. Wir nennen nicht jedes Wesen „blind“, das nicht sehen kann, hatte Thomas mit Recht bemerkt und gefolgert, die Privation sei mit bestimmt durch eine vorgeprägte Natur.[10] „Blind“ nennen wir ein Wesen nur, wenn es seiner Natur nach zum Sehen geeignet ist, wenn es

[10] Thomas von Aquino, In Met. IV 3 n. 565 Cathala 190.

„eigentlich“ sehen sollte. Wir müssen unterscheiden zwischen Möglichkeit (potentia) und Geeignetsein (aptitudo). Blicken wir nun noch einmal zurück auf die drei Werdeformen, so ist zu sagen: Die erste Verlaufsform zeigt Geeignetsein und Möglichkeit, die zweite zeigt Geeignetsein ohne Möglichkeit, die dritte zeigt wieder Möglichkeit *und* Geeignetsein. In allen drei Prozeßarten geht es, wie gesagt, um das Verhältnis von Privation und forma. Die Untersuchung dient zunächst der Verbesserung der Ontologie toter Lebewesen. Aus Gründen, die noch zu besprechen sind, hatte die Philosophie um 1300 ein vorzügliches Interesse an Leichen. Eine Leiche ist nach den vorigen Klärungen ontologisch einzuordnen als sola aptitudo absque potentia. Es fehlt das Leben einem Wesen, das seiner Natur nach zum Leben geeignet ist, aber keine Möglichkeit hat, zum Leben zurückzukehren.

Aber Dietrichs Untersuchung zielt nicht nur auf Begriffsklärung, sondern sucht das Wesen der Privation. Thomas von Aquino hatte schon die Bemerkung gemacht, der Begriff des Einen (unum) enthalte eine Negation, und zwar eine Verneinung, die sich auf ein Etwas, auf ein Zugrundeliegendes beziehe. Dies sei eine negatio in subiecto und habe insofern den Charakter einer Privation. Dietrich macht nun aus dieser mehr beiläufigen Bemerkung eine systematische Erörterung des Zusammenhangs von ens und non ens, um dadurch die mehrfache Bedeutung von forma einerseits und Mangel andererseits und damit von Kontrarietät präzis darzulegen.

6. *Die zwei Reihen*

Wie hängen die oft genannten Bestimmungen – Seiend – Nicht-Seiend, Eines – Vieles, Verschiedenheit – Unterschied, Form und Mangel – untereinander zusammen? Dietrich stellt in (contrar. 11 (3) II 92) eine doppelte Reihung auf. Er nennt diese doppelte Abfolge die zwei Reihen oder coordinationes von Bestimmungen:

Der erste interne Verknüpfungszusammenhang geht aus von

ens

und konstituiert kraft Affirmation und Negation das Verhältnis

ens – non-ens,
das sich weiter einschränkt zu
unum – multa,

das sich weiter determiniert zu

diversitas und differentia,
aus denen sich ergeben
genera und species.

Die zweite Reihung geht ebenfalls aus von

ens,

kommt durch Affirmation und Negation zu

Haben, also forma einerseits – Nicht-Haben, Mangel, also Privation andererseits.

Aus dieser Koordination ergeben sich die konträren Gegensätze.

Dietrich hat in den Folgekapiteln 12–28 alles getan, um diese beiden Reihungen nicht nebeneinander stehen zu lassen und sie nicht als bloße Aufzählung zu präsentieren. Er wollte zeigen, wie sich die Stammbegriffe, die wir bei der Beschreibung von Gegensätzen gebrauchen, auseinander entwickeln. Die konträren Gegensätze, dachte er, konstituieren sich aus ihren ontologischen Prämissen, zuletzt aus dem Seienden als Seienden auf dem Weg über Seiend–Nicht-Seiend und seine Modi. Dietrichs Untersuchung hat manche Ähnlichkeit mit seinem Buch *De origine*, auf das er mindestens viermal verweist. In beiden Büchern geht es um origo, nur ist hier von der *immanenten* Konstitution der Erstbestimmungen die Rede, nicht von der Konstituierung durch den menschlichen Intellekt. Die Stammbegriffe sind Bestimmungen produktiver Unbestimmtheit und erzeugen die Folgebestimmungen. Sie sind deren Ursprung und ihr kausales Prinzip, aber wenn hier von „Kausalität“ die Rede ist, mahnt Dietrich, ist die Art dieser Kausalität nicht von der Dingwelt her zu erläutern; ihr Modell kann einzig die causa essentialis sein (contrar. 13 (4) II 94). Sachhaltige Erstbegriffe sind Grund und Ursprung (principium et origo) nachgeordneter Konzepte von hoher Allgemeinheit. Das belebende Element in dieser Dynamik von Begriffsbeziehungen, oder, wenn ich so sagen darf: die Unruhe in diesem Uhrwerk von Real-Intentionen ist das Zugleich von Affirmation und Negation.

Dietrich sah, daß er dies erläutern müsse. Zunächst nennt er als seine Voraussetzung: Affirmation und Negation bedeuten hier etwas anderes als in einer logischen Untersuchung, die in ihnen Satzformen, also bloße Gedankendinge sehe. Affirmation und Negation seien hier nicht affirmative oder negative Behauptungen, sondern einfache reale Bestimmungen am Seienden selbst, simplices intentiones reales circa ens. Affirmation bedeutet hier Setzung; Negation heißt: Beseitigung derselben gesetzten Sache. Sie sind reale Bewegungen, aktive Entgegensetzungen; anders könnten sie nicht das Prinzip und der Ursprung realer Modi des Seienden sein, wie etwa des Einen und Vielen mit ihren Unterarten. Damit spricht Dietrich die reale Macht von Affirmation und Negation unter den nicht-nominalistischen Voraussetzungen seiner Philosophie aus. Die gemeinsame Natur, die kraft Affirmation und Negation die beiden Pole der Kontrarietät verbindet, ist Realität, kein bloßes Wort. Sonst wäre Dietrichs Theorie der contraria hinfällig. Er spricht von realen Erstbestimmungen, die real kontrahiert werden. Diese Erstbestimmungen, sagt er, sind unbestimmt, aber dies sei im Unterschied zum Logisch-Allgemeinen nicht ihr Nachteil, sondern zeige ihre virtuelle Fruchtbarkeit, determiniert, partikularisiert und kontrahiert werden zu können (contrar. 13 (2) II 93).

Dietrichs Formulierungen deuten an, daß in dieser Position Schwierigkeiten liegen. Sowohl die logischen Verallgemeinerungen wie die metaphysischen Erstbestimmungen heißen „Begriffe", intentiones, und so sehr Dietrich den Sachgehalt der metaphysischen Stammbegriffe hervorhebt, so nennt er sie doch simplices intentiones reales c i r c a ens; er redet, als bildeten sie nicht den Kernbestand der Realität, sondern als schüfen sie einen Rahmen um sie herum. Von ersten und von zweiten Intentionen zu reden, war üblicher Sprachgebrauch. „Erste Intentionen" sollten die Sachen selbst in ihrer begrifflichen Bestimmtheit sein; „zweite Intentionen" waren logische Einteilungen, bloße Gedankendinge. Dietrich definierte in or. 3 (53) III 197 die zweiten Intentionen als Gedankenformen, unter denen Dinge begrifflich-vernünftig faßbar werden, formae quaedam habentes se ex parte rationis, sub quibus res fiunt rationabiles. Die Dinge kommen durch die Zweitintentionen in eine logische Rahmenordnung. Die Erstintentionen hingegen betreffen sie in ihnen selbst. Aber Dietrich sagt von ihnen, sie seien *circa res*. Doch läßt sich das erklären. Wenn es von Affirmation und Negation heißt, sie seien keine bloßen Gedankendinge, sondern bestimmten die Dinge in ihrem Ansich, so bedeutet das: Wenn ich sage „Sokrates sitzt" oder sage „Sokrates sitzt nicht", so bezieht sich meine Bejahung bzw. Verneinung auf Sokrates selbst, nicht auf meine Gedankenoperation bei der Urteilsbildung. Dietrichs *circa res* heißt: bezüglich der Sachen selbst. Es handelt sich dann zwar um Begriffe, aber um erstphilosophische oder metaphysische Bestimmungen im Unterschied zu logischen. Metaphysische Untersuchungen schroff abzugrenzen von der bloß logischen Betrachtung der Dinge, dies bildet ein durchgängiges Motiv in Dietrichs Denken, von *De origine* an.[11] Logiker bauen einheitliche Begriffsrahmen über Dinge, die real verschieden sind. Sie durchforschen nicht tief genug die wirkliche Welt in ihrer Eigenart: Non enim logicus tantum rimatur naturas rerum (contrar. 46 (3) II 114). Die *Kategorienschrift* kann daher, Dietrich zufolge, kein verläßlicher Führer sein bei der Analyse der verschiedenen Gegensätze, denn Aristoteles registriere dort, was die Menschen über die Dinge sagen, er begnüge sich mit Wahrscheinlichkeiten und Redeweisen, secundum quandam probabilitatem et famositatem (contrar. 10 (3) II 91). Der Realphilosoph darf sich nicht binden an Sprechgewohnheiten; er muß sie beachten, aber auch korrigieren. Er muß über die famositas hinaus zu den Sachen kommen. Mit solchen Bewertungen intendierte Dietrich von Anfang an eine Delegitimierung der ontologischen Prätentionen der *Kategorienschrift* (seit or. 3 (129 III 161; 3 (15) III 162; auch acc. 12 (6) III 70 und 13 (2) III 71). Er konnte sich dafür auf Averroes berufen. Auf diese Weise schuf er sich freie Bahn für seine philosophischen und naturwissenschaftlichen Innovationen. Zum Beispiel für seine metaphysische Deduktion der Kontrarietät.

[11] Dietrich, or. 4 (22) III 174s.; ib. 5 (51) III 196, worauf Dietrich contrar. 46 (3) II 114 zurückverweist.

7. Metaphysische Deduktion der Kontrarietät

Sie setzt ein mit dem Primat der Bestimmung „seiend", ens. Bei diesem aristotelischen, nicht proklischen Ausgangspunkt gilt die Bestimmung das Eine (unum) als abgeleitet, nicht als erster Ursprung. Für den Vorrang von ens bietet Dietrich eine bemerkenswerte Formulierung, indem er schreibt, „seiend" sei die erste aller realen und intellektualen Bestimmungen: prima realium et intellectualium intentionum est ens (contrar. 15 (1) II 94). An diesem Satz ist jedes Wort genau zu bedenken: „ens" ist hier eine intentio, eine subjektiv-objektive Bestimmtheit, keine willkürliche und keine abstrakt bleibende. Sie ist real, aber kein vorstellbares Ding, sondern sie ist ursprünglich (prima). Mit dem Wort „intellektual" markiert Dietrich die Differenz zu bloß rationalen Operationen und ihren nur logischen Rahmen; er hält damit (im Sinne von contrar. 13 (4) II 94) die Vorstellung dinghafter Verursachung fern und erinnert an die Konstitutionstheorie von *De origine*. Philosophisch entscheidend ist, wie Dietrich von der Erstbestimmung „seiend" weiterkommt, nämlich durch die Negation von ens. Er kommt durch das ens selbst, es konstitutiv negierend, zum non ens. Damit gewinnt er den ersten und grundlegenden Gegensatz. Die Verneinung, schreibt er mit einer Häufung von Superlativen, ist die „einfachste, absoluteste, weitergehende Wegnahme" einer Bestimmung. Sie ist das radikale, das dynamisch-primäre Fehlen-Machen: magis removet sive privat. Das Verneinen ist tätiges Berauben, privare, durch das es überhaupt erst zur privatio kommen kann (contrar. 13 (4) II 92). Für Dietrich „gibt es" nicht einfach Privationen, sondern sie *entstehen*, durch Berauben.

„Seiend" ist die grundlegende Bestimmung; keine andere geht ihr voraus. Welche könnte dies auch sein? Wäre es die eines einzelnen Seienden, dann wäre dieses schon in „seiend" enthalten. Außerdem müßte jene andere vom Seienden unterschieden werden. Unterscheiden setzt Nichtsein, also Negation voraus. Ohne Affirmation und Negation gibt es keine Andersheit (alietas), weil es keine Distinktion gäbe. Indem das Distinguieren Seiende unterscheidet, macht es das Nicht-Seiende im Bereich des Seienden selbst sichtbar. Indem es sagt, das *eine* Seiende sei *nicht* das andere, konstituiert es den Urgegensatz von seiend und nicht-seiend und schränkt ihn weiter ein; es determiniert das Indeterminierte. Andersheit (alietas) ist ein seltener Ausdruck, den Dietrich nicht gebraucht, ohne ihn mit einem ut ita loquar einzuführen (z. B. an. 36 (4) III 43). Das üblichere Wort dafür ist Verschiedenheit, diversitas. Mit ihr betreten wir, von Seiend – Nicht-Seiend herabsteigend, die zweite Stufe der Gegensätzlichkeit (contrar. 15 II 94–95). Sie ist das Nicht-Seiende in dem noch nicht weiter eingeschränkten Reich des Seienden. Was A hat, besitzt B nicht. Dies bildet die Urform von Besitz und Mangel, von Form und Formabwesenheit, von Haben und Fehlen, von habitus und privatio. Schränken wir durch weiteres Negieren und Distinguieren das Feld des Seienden ein, dann betreten wir die abgegrenzten Gebiete der generischen Gemeinsamkeiten und treffen auf die einzelnen Species. Dann stellt sich der Gegensatz innerhalb desselben genus ein, dann hat B nicht die Wesensgestalt (forma) von A. Damit sind wir angekommen bei der dritten, bei der eingeschränktesten Art von Opposition, eben bei der Kontrarietät (contrar. 14 II 94).

Damit hat Dietrich die erste Bestimmungsreihe (ordinatio) dynamisch entwickelt. Er muß nun noch zeigen, wie das andere Netz von Stammbegriffen, also seine zweite coordinatio, entsteht, die vom Seienden über den Gegensatz Eines – Vieles zu den Genera und Species führt und von der er behauptet, diese sei *Prinzip der ersten Reihe* (12 (2) II 92). Wieder beginnt er mit der ersten und abgelöstesten aller Bestimmungen und deren Negierung, also mit „seiend" gemeinsam mit „nicht-seiend", das die Erstbeseitigung (remotio) der Erstbestimmung darstellt. Damit gewinnt er den Erstgegensatz, aber jetzt kommt es ihm darauf an, daß darin der Grund allen Unterscheidens *und* alles Unterschiedenen liegt. Dietrich formuliert dies mit Sorgfalt: Der Erstgegensatz von seiend und nicht-seiend fundiert ursprunghaft (primo) die Wesensart (ratio) sowohl des aktiven Unterscheidens (distinctio) wie aller denkbaren, unterscheidbaren Inhalte (quorumcumque distingibilium, (16 (2) II 95)). Hier kehrt das charakteristische Zugleich von Real und Intellektual wieder, das Dietrich in 15 (1) zur Charakteristik des ens gebrauchte. Der Sache nach heißt das: Es ist nicht so, als stünden die unterschiedenen Dinge in der Welt herum und wir fänden sie unterschieden vor. Ihr Unterschiedensein ist ihre zugleich reale und intellektuale Bestimmtheit, kein bloß empirischer Befund. Nur indem wir negieren, entsteht das Distinguieren und mit ihm *entsteht* die weitere Stammbestimmung, die des Einen, des unum. Sie entsteht, indem wir Distinktsein negieren, es vom Seienden fernhalten. Hatten die großen Autoritäten des 13. Jahrhunderts – Averroes, Albert und Thomas – das Eine definiert als das Seiende, das ungeteilt ist – unum est ens indivisum –, so verbessert Dietrich ihre Lehre dahin: Das Eine ist das Seiende, insofern in ihm noch keine Unterscheidung und noch keine Beseitigung (remotio) vorkommt. Die Vorstellung des Teilens und des unum als Ungeteiltsein, die Dietrich als traditionelle Lehre vorfand, gehöre, insistiert er, in die Welt der Quantitäten und habe höchstens metaphorische Bedeutung. Wer genau auf die Bedeutung der Sache, die ratio rei, achte, müsse das unum bestimmen als das, von dem Distinktsein und Negation negiert sind (contrar. 16 (2) II 95). Auch Dietrich bestimmt das Eine negativ, durch Privation, und hebt hervor, „Privation" habe hier keinen naturphilosophischen, sondern einen allgemeinen Sinn. Genau genommen ist das Seiende, das wir als „eines" bezeichnen, im doppelten Sinn negativ bestimmt: An diesem Seienden ist erstens das Nicht-Seiende negiert, das mit ihm in der Ur-Opposition zusammensteht, zweitens aber auch der gesamte Urgegensatz von Seiend und Nicht-Seiend. Dietrich arbeitet diesen doppelten Aspekt von Privation im unum heraus: Einmal negiert sie das *eine* Extrem des Gegensatzpaares, sodann das Gegensatzpaar in seiner Gesamtheit. Diese Art von Genauigkeit ist für Dietrichs Denkart so charakteristisch, daß ich seinen Satz im Original anführe:

Duplex enim in ratione unius privatio invenitur, ut etiam large intelligatur privatio, una, quae est altera pars sive extremum oppositionis, quae est entis et non entis, qua per non ens solum removetur ens. Alia est privatio totius talis oppositionis ab ente, quod dicitur unum, et in hac formaliter completur ratio unius (contrar. 16 (3) II 96).

Eine solche Satzfolge beweist zunächst einmal, wie wenig zum Verständnis Dietrichs gewinnt, wer ihn mit Etiketten wie „neuplatonisch-scholastische Tradition" oder „Theologie" beklebt. Man muß schon mit ihm zur philosophischen Sache kommen. Vor allem aber: der Sache nach tritt Dietrich mit diesen Sätzen ins Vorfeld eines folgenreichen Konzepts, nämlich in das der Negation der Negation. Dietrich definiert im Anschluß an die zitierten Sätze das Eine als Privation der Privation und fragt, ob die Privation der Privation nicht eher „Position" als „Privation" heißen müsse. Er antwortet: Der erste Aspekt dieser Privation habe inhaltlichen Charakter, er sei materialiter zu verstehen; er beziehe sich auf das Seiende als auf *ein* Extrem des Gegensatzes von seiend und nichtseiend. Aber auch der Gegensatz, der als ganzer negiert wird, habe im gewissen Sinn den Charakter des Seienden. Er liegt nicht außerhalb des Seienden. Daher habe die doppelte Privation doch eher den Charakter der Privation als der Position (contrar. 16 (5) II 96).

Diese filigranen Erklärungen verhindern, daß der Leser die Rolle des Negierens minimiert oder den Gegensatz Seiend–Nicht-Seiend außerhalb des Seienden verlegt, weil er sich ens als Ding vorstellt und nicht mit Dietrich als prima realium et intellectualim intentionum denkt. Der Weg doppelter Verneinung muß als solcher vollzogen werden. Wer das Eine denken will, darf nicht glauben, diese doppelte Negation überspringen zu können mit der Begründung, es sei ein Positives, ein Seiendes gemeint. Auf diese Weise würde überdies der Gegensatz des Einen zum Vielen verschwinden, der für den weiteren Gang der Deduktion der Kontrarietät unentbehrlich ist: Wie der Urgegensatz von Seiend und Nicht-Seiend die Wesensbestimmung des Einen erzeugt, so entsteht, immanent, aus der Wesensbestimmung des Einen selbst, auf dem Weg derselben Entgegensetzung das Viele. Denn das Viele ist ein Eines und noch ein Eines. Diese vielen Eine sind nicht identisch. Hierbei sind Affirmation und Negation am Werk, sonst könnten wir nicht sagen, das Eine sei nicht das Andere. Während im Konzept des Einen der Erstgegensatz von Ja und Nein negiert ist – das Eine ist das, von dem die Unterscheidung von Seiend und Nicht-Seiend ferngehalten ist –, so tritt er nun wieder, beim Vielen, gewissermaßen vergegenständlicht (quasi modo positivo) wieder auf. Das Viele hat also etwas, was dem Einen fehlt. Deswegen sage Aristoteles, *Metaphysik* X 4, das Eine verhalte sich zum Vielen wie die Privation zum Habitus. Nicht als sei das Eine die Privation des Vielen, denn schließlich enthält das Viele in seiner Wesensbestimmung seinerseits das Eine. Das Eine heißt nur insofern die Privation des Vielen, als die Negation des Gegensatzes von Einem–Vielem, insgesamt und für sich genommen, si accipiatur absolute, also nicht, sofern er im Einen selbst vorkommt, die Privation dieses Gesamtgegensatzes darstellt (contrar. 17 (3) II 96).

Der Urgegensatz von Affirmieren und Negieren begründet den Gegensatz des Einen und Vielen. Dieser Gegensatz ist ein Modus des Seienden selbst; das heißt: Er spielt nicht außerhalb des Seienden und ist nicht restringiert auf irgendeinen Teilbereich. Er kehrt in jedem Begriff jedes Seienden wieder. Er konstituiert die intentio jedweden Inhalts. Das Eine ist nicht das Andere, mehrere Eine bilden das Viele, und dazu bedarf es keiner weiteren inhaltlichen Differenzierung. Daher können gleichartige Eine einfach aufgezählt werden und sind eo ipso Viele (c. 18 II 97). Es gibt aber auch Viele, die zusätzlich qualifiziert, d.h. inhaltlich differenziert sind nach Genus und Species. Dann kehren Affirmation und Negation innerhalb spezifischer Felder wieder. Dabei sind zwei Arten von Fällen möglich: Entweder überwiegt im abgegrenzten Bereich die Verschiedenheit. Dann weist er zwar Namensähnlichkeiten auf oder erlaubt metaphorische Namensübertragungen von der Art, daß Urin „gesund" heißt, weil der *Mensch* gesund ist, ohne daß reale Gemeinsamkeit vorliegt. In diesem Fall konstituieren Affirmation und Negation die Andersheit oder die Verschiedenheit, diversitas. Auch dann hat das Wesen A etwas, was dem Wesen B fehlt. Es kehrt das Verhältnis wieder von Haben und Fehlen, von forma und Mangel, von Habitus und Privation. Im zweiten der denkbaren Fälle besteht eine generische oder spezifische Gemeinsamkeit. Hier finden wir Unterschied vor, Differenz, nicht nur Verschiedenheit, Diversität. Hier treten Haben und Fehlen, Besitz und Mangel in einem engeren Sinne, nämlich als bestimmende Wirklichkeit auf. Hier bedeutet Mangel die Abwesenheit oder die Beseitigung eines realen Gemeinsamen (c. 20–21 II 98). Sowohl bei generisch Verbundenen, aber Verschiedenen wie bei spezifisch Geeinten, aber Unterschiedenen haben wir es mit real verschiedenen Seienden zu tun. Haben und Nichthaben, Ja und Nein sind dann auf getrennte Instanzen verteilt. Diese stehen allerdings in dem Verhältnis von Habitus und Privation. Daher teilen wir die Weltbereiche auf nach Ja und Nein. Wir teilen zum Beispiel die beseelten Wesen ein in wahrnehmende Wesen, also Tiere, und in nicht-wahrnehmende Wesen, also Pflanzen. Wenn wir allerdings die Pflanze auf diese Weise negativ bestimmen – als nicht-wahrnehmend –, dann trifft diese Bestimmung zwar zu, aber sie ersetzt nicht die immanente Wesenserfassung der Pflanzen. Die Privation, die wir zum Ausdruck bringen, liegt zwar vor, dringt aber nicht bis in die Definition der Pflanze; sie bleibt außerhalb der Wesensart der spezifisch oder generisch bestimmten Seienden (c. 23 II 99).

Auf diesem Weg kommt Dietrich vom Urgegensatz Seiend–Nicht-Seiend kraft der ständig wirksamen Affirmation und Negation auf dem Weg über Eines–Vieles, über Diversität und Differenzierung zum spezifisch Bestimmten. Auch hier schaffen Affirmation und Negation die Unterschiede, nur liegen sie innerhalb derselben Art. Die Privation hat hier einen anderen Charakter als zum Beispiel bei der Unterscheidung von Pflanze und Tier, in der Privation zwar vorkam, aber ohne in die Wesensbestimmung vorzudringen. Bei Unterschiedenen derselben Species tritt hingegen das Fehlen innerhalb derselben Wesensart auf; hier fehlt dem einen Gegensatzpol spezifisch das, was der andere hat. Auf dieser ontologischen Grundlage baut die qualitative Naturbetrachtung auf, denn die Naturprozesse beruhen, Dietrich zufolge, auf den qualitativen Gegensätzen von Warm und Kalt, von Flüssig und Fest. Ähnliches gilt in der Farbenlehre: die Farbe Weiß ist bei Farben das Vollkommene, das Maß und das Haben; Schwarz ist ihr zugeordnet als Nicht-Haben, als Mangel und Privation.

Damit ist Dietrich bei den konträren Gegensätzen im engeren Sinn angelangt. Eine gewisse Kontrarietät, einen *Gegensatz im weiteren Sinn* fand er bereits bei den Erstgegensätzen. Aber konträre Verhältnisse *im terminologischen Sinn* des Wortes sind allein die Ja-Nein-Verhältnisse zwischen den Extremen einer Species, in unserem Beispiel der Farbe (c. 24 (4)–(5) II 100).

Nachdem Dietrich auf einem langen und schwierigen Weg diese Wesensbestimmung der Kontrarietät erreicht hat, verteilt er die genera, die sich kraft Affirmation und Negation aus dem Gegensatz des Einen zum Vielen ergeben haben, wie folgt auf die verschiedenen Weltstufen:

Reine Geistwesen sind geprägt nur durch die Aufteilung in Eines und Vieles;
die Wesen, die auf die zehn aristotelischen Kategorien verteilt sind, sind charakterisiert durch ihre Verschiedenheit (diversitas);
bei den noch weiter determinierten, spezifisch bestimmten Dingen finden wir erstmals den Unterschied (differentia) innerhalb der gemeinsamen Natur. Dieser modifiziert sich innerhalb der species-charakteristischen Extreme zum konträren Gegensatz (contrar. 27 II 102).

Dietrich bleibt nicht stehen bei der Betrachtung dieser Hierarchie; er ist bei der Natur im engeren Sinne, bei der körperlichen Natur angekommen. Er fügt nun eine Untersuchungsreihe ein über das, was er formae perfectionales nennt. Er braucht sie, um Phänomene wie Licht oder aktuale Sinneserkenntnis als Vollkommenheiten gegen die im buchstäblichen Sinne physikalischen Prozesse abzusetzen (c. 36–47 II 108–115). Ich werde auf diese Theorie im Zusammenhang von Dietrichs Analyse des Lichtes und des Sehens zurückkommen. Nach dieser Einlage von 9 Kapiteln kann Dietrichs ans Zusammenfassen gehen, um dann eine präzise, für den Naturforscher der Zeit um 1300 brauchbare Definition der konträren Gegensätze zu gewinnen (c. 48 II 116–117). Er stellt noch einmal die Bedingungen konträrer Gegensätze zusammen. Es gibt sie

erstens, wo es eine reale gemeinsame univoke Artnatur gibt,
zweitens, wo diese Natur einen gestalthaften, „formalen", d. h. definitionsaffinen Charakter hat,
drittens, wo diese Artnatur ein Mehr und Minder aufweist. Stufenweise Steigerung und/oder Minderung muß vorliegen, also eine Magis-et-Minus-Struktur, weil es ohne sie auch kein Maximum und keinen extremen Gegenpol gibt, innerhalb deren Naturprozesse verlaufen,
viertens, wo der Abstand der Verwirklichungsstufen begrenzt ist. Wäre er unendlich, gäbe es kein formgesetztes Maximum, was die Natur der konträren Gegensätze fordert,
fünftens müssen die konträr Entgegengesetzten real verschiedene Wesen sein. Sie dürfen nicht ineinander enthalten sein, wie das von einer Wesensursache (causa essentialis) Begründete in seinem Grund enthalten ist. Zwischen dem metaphysischen Grund und seinem Begründeten besteht bei aller Verschiedenheit kein konträrer Gegensatz. Eine Pflanze steht daher nicht im konträren Gegensatz zur Sonne.

Anschließend gibt Dietrich seine verbesserte, scholastisch-formelle Definition des konträren Gegensatzes: Kontrarietät ist formhafte, d. h. definitionsfähige Entgegensetzung unterschiedener Seiender innerhalb einer Species, entstanden durch ein Fehlen, eine Privation. Diese ist die Wurzel eines solchen Gegensatzes, der in den Wesensbereich einer spezifischen Artgestalt (forma) fällt, die eines der Extreme dieser Entgegensetzung bildet.

In der Sprache Dietrichs lautet das:

Contrarietas enim est
entium differentium
ad invicem formalis contrapositio
secundum rationem suae essentiae
privatione, quae est radix talis oppositionis,
cadente intra naturam formae,
quae est extremum talis contrapositionis (48 (7) II 117).

Ein konträrer Gegensatz liegt vor, wo das *eine* Extrem die begrifflich bestimmte, forma-hafte Beseitigung oder Negation des anderen Extrems ist. Daraus zieht Dietrich abschließend die oben bei der Inhaltsübersicht aufgeführten Folgerungen bezüglich der Frage, wo es konträre Gegensätze geben kann und wo nicht (contrar. 49–73, II 117–135). So schwierig die vorausgehenden Argumentationen waren, so leicht fällt es nun, aus der gewonnenen Definition Kriterien zu gewinnen und auf die verschiedenen Kandidaten für contraria anzuwenden. Dabei kommt es zu keinen Überraschungen. Auffällig allerdings ist Dietrichs ausführliche Erörterung der Bestimmungen Oben und Unten; sie scheint eine ablehnende Replik auf die Ansichten Alberts zu sein, der räumliche Distanz zum Kern des Kontrarietätsproblems gemacht hatte, wovon der Ontologe Dietrich weit entfernt ist.

8. Die philosophische Bedeutung

Bis hierhin bin ich dem Weg von Dietrichs Argumentation gefolgt, möchte nun aber aus größerem Abstand zurückblickend einige Bemerkungen machen, zuerst zur philosophischen Bedeutung dieser Schrift, danach zu ihrem historischen Ort.

I. Die Lehre von den Gegensätzen hatte eine starke antike Tradition hinter sich und war seit der Aristotelesrezeption im lateinischen Westen präsent, nicht nur in der Philosophie der Natur. Es bestand eine generelle Neigung, die Welt stärker noch als in der dualen Prinzipienlehre aus *Metaphysik* A in polaren Strukturen zu denken: Form und Stoff, Welt und Gott, Gut und Böse, Tugend und Laster, Oben und Unten, Regierende und Regierte, Hirten und Schafe. Dies forderte die Denkform der Hierarchie und diente deren Bestätigung.[12] Im Universum herrschte – wie schon bei Aristoteles – der Gegensatz zwischen der gegensatzfreien supralunarischen Welt und der von Gegensätzen zerrissenen sublunarischen Zone.[13] Irdische Naturvorgänge sollten wenigstens soweit rationalisiert werden, daß sie als Bewegung zwischen einem Ja und einem Nein interpretiert werden konnten. Das sagte die aristotelisierende Theorie der contraria. Diese hatte aber eine Achillesferse: Aristoteles hatte behauptet,

[12] Vgl. Kurt Flasch, Hierarchie und Enthierarchisierung im Denken des 13. Jahrhunderts, in: Flasch 2005, S. 136–160.

[13] Zur Andersheit der sublunaren und der supralunaren Welt: contrar. 29 (3) II 103–104. Die dazu vom Herausgeber II 104 Anm. 45 beigebrachten Belege rekonstruieren die ganze Tradition.

der Widerspruch, die antiphasis, also der intellektuelle Prozeß des Auseinanderhaltens, sei die Urform aller Gegensätze und die contraria, also Naturbestände, seien eine abgeschwächte Form des Widerspruchs. Sie sind der Widerspruch, sofern er durch gemeinsame Stoffbasis moderiert ist.[14] Demzufolge sind die Gegensätze von Warm und Kalt, von Blind und Sehfähig, also naturhafte Gegebenheiten, konstituiert durch Affirmation und Negation. Dies wurde de facto unterstellt, aber nicht theoretisch entwickelt; es stand im Widerspruch zu anderen Grundannahmen. Hier stellt Dietrichs Schrift Konsequenz her, indem er die konstitutive Funktion von Affirmation und Negation nicht nur in abstracto behauptet, sondern konkret am Werk zeigt.

Wie ist Dietrich zu seinem Resultat gekommen? Sein Verfahren bestand nicht einfach im gemeinscholastischen Vorgehen des Definierens und Einteilens; er begnügte sich nicht damit, die konträren Gegensätze in einer Art Topographie der Subsumtionsverhältnisse unterzubringen. Er hat das Wesen der contraria aus der Interaktion der zweifachen Koordination der cc. 10–15 entwickelt:

ens – non ens
affirmatio – negatio

Erste Reihe:	Zweite Reihe:
unum – multa	habitus – privatio
diversitas – differentia	
genera – species	contraria.

Von diesen Bestimmungen sagt er, sie würden aus den Erstbegriffen durch Affirmation und Negation „konstituiert“, und er führt vor, was er darunter versteht: Die Abfolge dieser Bestimmungen ist nicht nur die einer zunehmenden Einschränkung, Kontraktion und Determination. Eine solche wäre noch graphisch darstellbar und mit einem Wissenschaftsmodell topographischer Unterbringung vereinbar. Wir hätten es mit vorstellbaren Stufen der Einschränkung zu tun. Aber Dietrich erklärt, er analysiere den Ursprung (origo), also das immanente Hervorgehen aus dem Urgegensatz und aus der fortwährenden Affirmation und Negation. Er zeigt, wie die Bestimmungen der beiden Reihen *erzeugt* werden und wie bei dieser Entwicklung die beiden Reihen sich *vereinigen*. Daß

[14] Belege aus Aristoteles und Thomas von Aquino bei Kurt Flasch, Nikolaus von Kues. Geschichte einer Entwicklung, Frankfurt/M. 1998, S. 58–59.

die contraria Seiende im Modus der Vielheit sind, genauer der Differenz bei maximaler Distanz innerhalb einer Species, das war herkömmliche Lehre. Aber Dietrich verschafft ihr den Ableitungszusammenhang. Seine Forschungen in den cc. 10 bis 28 bestehen nicht primär im Definieren und Einteilen, sondern in der Analyse der von der Dynamik des Affirmierens und Negierens angetriebenen immanenten Abfolge der Bestimmungen. Man kann dieses Verfahren „Deduktion" nennen, wenn man es nicht verwechselt mit der Gewinnung von Artbestimmungen aus übergeordneten Genera, also wiederum mit dem topographie-analogen Wissenskonzept. Dietrich, Denker der origo, verfolgte das Entstehen der Reihe der Bestimmungen auseinander, kraft Affirmierens und Negierens. Er beschrieb das Bewirktwerden der einschränkenden Determinationen durch ein Spiel von Bejahen und Verneinen, dessen Kausalitäten er nicht mit bloß logischen Operationen und schon gar nicht mit der Wirkung von Naturdingen verwechselt sehen wollte; daher verglich er es mit der Wirkung von Wesensursachen (causae essentiales). Dies ist das philosophisch Substantielle an Dietrichs Buch; die Präzisierung des Begriffe der contraria und die darauf aufbauende Sichtung der Kandidaten für Kontrarietät sind nur die Konsequenz dieser Gedankenarbeit, die in ihrer Eigenart rein aufgefaßt und nicht mit einem logischen Formalismus verwechselt werden will.

II. Dietrich zeigt die forttreibende, die wühlende Arbeit von Affirmation und Negation in den Stammbegriffen. Er gebraucht des Wort privare, Wegnehmen, also die Verbform, und benennt so die Aktivität, aus der die privatio hervorgeht. Dieser eigentümliche Sprachgebrauch, zusammen mit Dietrichs Vorliebe für die Ausdrücke constituere und origo, ist eine bewußt gesetzte Markierung: Wenn man schon behauptet, die mentale Operation von Affirmation und Negation liege den Naturgegensätzen von Warm und Kalt zugrunde, dann muß man in dieser objektiv-idealistischen Manier auch fortfahren. Dann muß man auf neue Art sagen, was man unter ens versteht. Und genau dies tut Dietrich in *De natura contrariorum,* indem er ens bestimmt als prima realium et intellectualium intentionum (15 (1) II 94). Deutlicher kann man nicht sagen, daß ens nicht als ein Ding vorgestellt werden darf, das man nur auf Intellekt und Willen zu beziehen braucht, um die Erstbestimmungen zu gewinnen, wie es bei Thomas von Aquino in *De veritate* I 1 der Fall ist. Ens ist hier als intentio genommen. Das macht begreiflich, daß es durch Affirmation und

Negation auch als non ens konstituiert wird und damit origo der beiden Reihen ist. Dies war der Sache nach vorausgesetzt, wenn Aristoteles und viele andere den Widerspruch, diese mentale Operation, zum Ursprung von Naturkontrarietäten erklärten. Argumentativ entwickelt wurde das nie. Dietrichs Abhandlung *De natura contrariorum* holte das nach und reizte Zeitgenossen zu der Frage, ob sie nicht lieber nominalistisch von gegebenen Einzeldingen ausgehen wollten statt diese hypertrophe Konstruktion zu teilen, die nötig war, um das alte Gebäude der Theorie der contraria vor dem Zusammenbruch zu retten.

III. Eine entscheidende Rolle spielt im ganzen Traktat Dietrichs Theorie von affirmatio und negatio. Gesucht ist eine nicht-dinghaft konzipierte Kausalität, eine origo-Funktion, die ausgeht von ens und über unum und multa sich weiter bis zu Naturgegensätzen kontrahiert, also ein wirklicher Prozeß, eine logisch-reale Abfolge. Es geht nicht um einen Oberbegriff, den es auch nicht gibt, sondern um das primum radicale principium (5 (3) II 87) der Reihen der Bestimmungen. Dann müssen Bejahung und Verneinung an der Wurzel stehen, und zwar aufgrund folgender Überlegung:

Die erste Bestimmung ist „seiend“, ens. Wir sagen vom Seienden, es sei eines, unum. Aber in dieser Bestimmung liegt schon Unterschied, also Negation. Das Eine ist nicht das Viele. Bei den Vielen ist das eine nicht das andere, und dies gilt auch, wenn wir von der Einheit des genus herabsteigen zu den in ihm sich gegenüberstehenden species. Es geht um Konstitution der Erstbestimmungen, nicht um ihre bloße Registrierung. Dann aber gilt: Das Seiende als das Eine kann die Vielen und Entgegengesetzten nur konstituieren, wenn wir in ihm selbst den Urgegensatz von Affirmation und Negation mitdenken,

cointellecta oppositione, quae est secundum affirmationem et negationem (5 (3) II 87).

Das Ja und Nein liegt im Seienden als dem unum selbst. Das Seiende läßt sich nicht denken ohne Verneinung, remotio, und dieser Urgegensatz, sagt Dietrich, geht der Natur und dem Intellekt nach als Ursprung (natura et intellectu et causaliter) allen modi des Seienden, zum Beispiel dem Einen und dem Vielen, voraus (12 (2) II 92). Dies begründet erst die Metaphysik der forma, ersetzt sie nicht. Die forma bleibt Prinzip des Seienden, aufgrund dessen es Abstand hält vom Nichts (30 (1) II 104–105).

Natürlich wußte Dietrich, daß Bejahen und Verneinen logische und sprachliche Operationen sind. Als solche sind sie Gedankendinge.[15] Das war gegen 1300 Normallehre. Aber kaum hat Dietrich von Affirmation und Negation behauptet, sie seien „Prinzip und Ursprung“ von habitus und privatio und damit von Kontrarietät (12 (1) II 92), beeilt er sich klarzustellen, daß er hier in einem anderen Sinn von Affirmation und Negation rede, nämlich nicht von bejahenden und verneinenden Sätzen, nicht von Dingen der zweiten Intention (res secundae intentionis), denn diese könnten niemals Prinzip und Wesensgrund realer Modi des Seienden (principium et ratio realium modorum entis), wie des Einen und Vielen sein (13 (1) 93). Sie sind noch unbestimmt, aber das ist nicht wie bei Gattungsbegriffen ein Mangel, sondern weist sie als einfache Zusammenfassung alles dessen aus, was aus ihnen folgt (13 (3) II 93). Sie enthalten auf einfache und einheitliche Weise die Vollkommenheiten, die wir sonst zusammengezogen und vermischt antreffen. Sie sind keine Gedankendinge, sondern die logisch-realen Ursprünge der sichtbaren Welt und ihrer Gegensätze. Man könnte sie „Ideen“ nennen, aber nicht im Sinne des mittleren, sondern des späten Platon. Dietrich hatte die aristotelische Definition der contraria als affirmatio et negatio in subiecto vor Augen (2 (2) II 83–84; 3 (4) II 85) und dachte so lange über deren Voraussetzungen nach, bis etwas Nicht-Aristotelisches herauskam.

IV. Dietrichs Theorie der Kontrarietät eignet sich für Untersuchungen zu der Frage, ob seine Philosophie den Charakter eines Systems hat. Einerseits zeigt sie, daß er die letzten ontologischen Voraussetzungen sucht; er fängt bei dem naturphilosophischen Thema „ein wenig weiter oben an“. Er präzisiert den Begriff des unum und der distinctio und findet deren ratio in Affirmation und Negation fundiert (3 (4) II 85). Er stellt die beiden coordinationes auf, erklärt deren Zusammenhang und deren Stiftungsrolle für die contraria (11 (3) II 92); er fängt „ganz oben“ an beim ens als der prima realium et intellectualium intentionum, findet in der ratio entis die ratio non entis, von der er behauptet, ihr gehe keine andere voran (15 (1) II 94–95). Weiter läßt die Kontrarietät sich nicht zurückverfolgen, und insofern hat Dietrichs Denken systematischen Charakter. Jedoch gilt dies nur eingeschränkt, denn Dietrich parzelliert seine Arbeitsfelder. Sein generelles Tableau der Transzendentalien sind

[15] Dietrich, De corpore Christi mortuo 1 (1) – (6) II 143–144.

seine beiden coordinationes nicht. Sie wollen es auch nicht sein. Dietrich hat in *De quiditatibus entium* die Verknüpfung von Erstbegriffen in einer anderen Richtung verfolgt und das Seiende als Etwas und als Anderes analysiert. Aber er fügt diese Reihe in *De natura contrariorum* nicht ein; er braucht sie hier nicht für sein scharf zugeschnittenes Thema. Er wiederholt auch nicht die Argumente von *De origine*, denn in *De natura contrariorum* verfolgt er einen anderen, den objektiven Aspekt der Konstitution. Eine systematische Darstellung aller Erstbegriffe hat der Schriftsteller Dietrich nicht gewollt. Mit jeder seiner Schriften schlug er eine einzelne Schneise in den Wald der Realität. Nicht, als suche er nicht einen Begriff vom Ganzen des Universums. So verteilt er in 27 II 102 die modi unius et multi auf die Stufen des Kosmos: Bei den reinen Geistwesen gibt es nur die Opposition von unum und multum, bei Wesen von analoger Gemeinsamkeit beginnt diversitas aufzutreten, die bei Intellekten keinen Platz hat; bei den univok Gemeinsamen kontrahiert die diversitas sich zur differentia, und beim Vorkommen von Affirmation und Negation an Stoff entsteht contrarietas. Dies ist eine Gesamtcharakteristik des Universums, was den Begriff „Regionalontologie" relativiert, aber sie erfolgt unter dem Gesichtspunkt des Abstiegs von ens – non ens zu empirischen Gegensätzen wie Schwarz und Weiß. Daher ist das neuzeitliche Konzept des „Systems" zur Beschreibung von Dietrichs Philosophie kaum angebracht.

9. Der historische Ort

De natura contrariorum ist ein außerordentliches, ein hochspekulatives und philosophiehistorisch noch unentdecktes Buch. Der Denker Dietrich geht hier über das abgeerntete Feld der Philosophie des 13. Jahrhundert und findet, daß die Kleinigkeit übersehen worden war, wie es möglich sei, daß die erste Art der Tafel der aristotelischen Gegensätze, das Ja und Nein unserer Vernunft, die anderen Arten von Gegensätzen allesamt und bis hinunter zu den Farben Weiß und Schwarz begründen könne. Vielleicht tönt in keinem seiner Werke die erhabene und „groteske Felsenmelodie" des reinen Denkens wie in diesem; es werden wohl bald Forscher auftreten, die es mit Fichtes *Wissenschaftslehre* und mit

Hegels *Logik* in Beziehung setzen. Es stellt auch philologisch-historisch noch ungelöste Fragen. Ruedi Imbach, sein Herausgeber, hat hinsichtlich der Abfassungszeit des Traktats eine Reihe von Beobachtungen mitgeteilt, die darauf hinauslaufen, der Traktat setze die großen Schriften Dietrichs *De origine, De tribus difficilibus quaestionibus* voraus und dürfte deshalb „der mittleren, vielleicht sogar späteren Schaffensperiode" angehören (II 76). Imbach hob gleichzeitig Gemeinsamkeiten mit *De origine* hervor; dies hat die vorliegende Analyse bestätigt. Imbach stellte weiter fest, *De natura contrariorum* behandle in den Kapiteln 50 bis 65 die Fragen von Intensivierung und Remission von Qualitäten, die Gegenstand von *De magis et minus* sind, ohne daß Dietrich diesen Traktat erwähnt. Imbach schloß daraus, *De natura contrariorum* sei wahrscheinlich *vor De magis et minus* geschrieben, zumal erstere Schrift nicht über die subtile Begrifflichkeit von jener verfüge (II 76). Diese Folgerung bleibt einleuchtend, aber die Schlußkapitel von *De natura contrariorum* bieten folgende Schwierigkeit: Dietrich schließt dort Kontrarietät nicht nur aus den Kategorien der Substanz und der Quantität aus, sondern auch aus der ersten, der zweiten und der vierten Species von Qualität (55–60 II 122–126). Er legt sich fest: Kontrarietät im strengen Sinne gibt es nur bei der dritten der von Aristoteles aufgeführten Unterarten der Qualität (65 II 129). Das hatte er in *De magis et minus* mit dieser Entschiedenheit nicht getan. Natürlich wäre es denkbar, daß er in einer späteren Arbeit eine solche rigorose Ausschließung vermeiden wollte. Aber die Erörterung in *De natura contrariorum* ist ausführlicher und nachdrücklicher als in *De magis et minus*, und man kann fragen: Wäre Dietrich von dieser Festlegung *abgekommen,* hätte er dann nicht in *De magis et minus* ausführlicher argumentiert? Mir scheint, beide Untersuchungen seien beide relativ reife Schriften, aber *De natura contrariorum* könnte auch später verfaßt sein als *De magis et minus*. Ich habe diese Vermutung meiner Kapiteleinteilung zugrunde gelegt und *De magis et minus* zuerst erörtert, bin in dieser Sache aber unsicher, zumal *De natura contrariorum* in manchen Passagen wirkt wie eine Fortführung von *De origine*, also von Dietrichs frühester Schrift. *De natura contrariorum* führt die „objektive" Seite dessen vor, was *De origine* von der „subjektiven" Seite untersucht hat, nämlich daß menschliches Denken Naturdinge ganz konstituiert. Wie in *De origine* fehlen in *De natura contrariorum* die Prokloszitate; die antithomistische Polemik betrifft nur die Definition des unum, sie schließt Albert mit ein und fällt verhalten aus. Andererseits hat Dietrich in späten Schriften seine Konstitutionstheorie aus *De origine*, und die intellectus-agens-Lehre aus *De visione beatifica* ausdrücklich bestätigt. *De natura contrariorum* ist zusammen zu denken mit *De origine*; es zeigt, wie die konstitutive Funktion des menschlichen Intellekts durch Affirmation und Negation die Erstbestimmungen dahin treibt, daß der intellektentsprungene Ja-Nein-Charakter von Naturprozessen plausibel wird. Daher könnte *De natura contrariorum* trotz der Nähe zu *De origine* zu den späten Schriften gehören und später sein auch als *De magis et minus*. Wir wissen es nicht. Es genüge, die Frage für weitere Forschungen aufgeworfen zu haben.

IV. DAUER UND ZEIT

1. Interesse am Zeitproblem

Die Zeit ist nichts in der Natur. Sie stammt ganz aus der Seele und ist *als solche* ein reales Prädikament, kein bloßes Gedankending.

Die Theorie der Zeit gehört in die Metaphysik, nicht in die Physik.

Die Theorie der Zeit ist traditionell unterbestimmt. Es fehlt die ontologische Begründung von Zeitlichkeit und Dauer. Die Zeit wird kategorial falsch eingeordnet; es dominiert die phantasiegeleitete Verräumlichung der Zeit.

Die sachgemäße Theorie der Zeit führt textnah die Zeittheorien des Aristoteles, des Averroes und Augustins zusammen.

Dies sind, kurz gefaßt, die zeittheoretischen Thesen Dietrichs. Sie gehören zum Markantesten, was die Philosophie des Mittelalters hervorgebracht hat. Sie haben durch die argumentative Sorgfalt ihrer systematischen Begründung und historischen Textarbeit im 14. wie im 20. Jahrhundert Aufsehen erregt. Anders als seine Theorie der Intensivierung und Remission von Qualitäten, anders auch als seine Philosophie der Gegensätze haben sie bei Gelehrten der letzten Jahrzehnte rege Beachtung gefunden, nachdem ich sie 1972 und 1977 als Belegstück der Verbindung Dietrichs zu Meister Eckhart vorgestellt habe (Dietrich, Opera omnia, 1977, I p. XXI–XXII). Der Herausgeber der beiden einschlägigen Traktate, Rudolf Rehn, hat der Zeittheorie Dietrichs einen informativen Artikel gewidmet: *Quomodo tempus sit? Zur Frage nach dem Sein der Zeit bei Aristoteles und Dietrich von Freiberg*, in: K. Flasch (Hg.), *Von Meister Dietrich zu Meister Eckhart*. Hamburg 1984, S. 1–11; Nikolaus Largier hat dann das Verhältnis von Zeit und Ewigkeit bei Dietrich und Meister Eckhart verglichen in der Studie: *Zeit, Zeitlichkeit, Ewigkeit. Ein Aufriß des Zeitproblems bei Dietrich von Freiberg und Meister Eckhart*, Bern – Frankfurt/M. – New York 1989; Tiziana Suarez-Nani hat 1989 ein innovatives Buch über *Tempo ed essere nell'autunno del medioevo* (Amsterdam 1989) veröffentlicht und gezeigt, welch lebhaften Widerspruch Dietrich mit seiner Zeittheorie bei zeitgenössischen Thomisten ausgelöst hat; sie hat den wichtigsten Text der Polemik gegen Dietrichs Zeittheorie, den gegen Dietrich gerichteten Zeittraktat des Nikolaus von Straßburg im Rahmen des CORPUS PHILOSOPHORUM TEUTONICORUM MEDII AEVI (Band V 2 (3), Hamburg 1990) ediert. Udo R. Jeck hat die Zeittheorie Dietrichs in ihrem geschichtlichen und systematischen Zusammenhang dargestellt: *Aristoteles contra Augustinum. Zur Frage nach dem Verhältnis von Zeit und Seele bei den antiken Aristoteleskommentatoren, im arabischen Aristotelismus und im 13. Jahrhundert,* Amsterdam 1994; ich habe, an ihn wiederum anknüpfend, Dietrichs Stellung in der Geschichte des Zeitproblems skizziert in dem Buch: *Was ist Zeit? Augustinus von Hippo, Das XI. Buch der Confessiones. Historisch-philosophische Studie,* Frankfurt/M. 1993.[1] Udo R. Jeck hat Dietrich mit der Zeittheorie Heinrichs von Gent in Beziehung gesetzt; Pasquale Porro hat sie in einer Reihe von Studien erforscht.[2]

Diese ausnahmsweise günstige Forschungssituation erlaubt es, mich hier auf wenige Grundzüge zu beschränken. Ich möchte das überwiegende Interesse an Dietrichs Theorie vom Ursprung der Zeit aufnehmen und gleichzeitig zeigen, daß Dietrichs *Metaphysik der Dauer* dieselbe Beachtung verdient.

Dietrich hat das Thema „Zeit" in zwei Abhandlungen erörtert, in *De mensuris* (III 214–239), die genauer *De mensuris durationis entium* hieße, denn es geht um das Maß des Dauerns (abgekürzt: mens.) und *in De natura et proprietate continuorum* (III 248–273), die auch als *De tempore*

[1] Hinzu kommen Forschungen zur Zeittheorie des Aristoteles, beginnend mit dem Physikkommentar von Hans Wagner, Darmstadt[2] 1972 und mit Friedrich Solmsen, Aristotle's System of the Physical World, Ithaca–New York 1960. Ferner: Wolfgang Wieland, Die aristotelische Physik. Untersuchungen über die Grundlegung der Naturwissenschaft und die sprachlichen Bedingungen der Prinzipienforschung bei Aristoteles, Göttingen 1962. Jeck 1994 macht reiche Literaturangaben. Ich hebe hervor: Richard Sorabji, Time, Creation and the Continuum. Theories in Antiquity and Early Middle Ages, London 1983; Udo Marquardt, Die Einheit der Zeit bei Aristoteles, Würzburg 1993; Horst Seidl, Beiträge zu Aristoteles' Naturphilosophie, Amsterdam – Atlanta 1995; Serge Margel, Le concept du temps. Étude sur la détermination temporelle de l'être chez Aristote, Paris 1999; Walter Mesch, Reflektierte Gegenwart. Eine Studie über Zeit und Ewigkeit bei Platon, Aristoteles, Plotin und Augustinus, Frankfurt 2003.

[2] Pasquale Porro, Ancora sulle polemiche tra Egidio Romano e Enrico di Gand: due questioni sul tempo angelico, in: Medioevo 14 (1988) S. 107–148: ders., Enrico di Gand sul problema della realtà del tempo in Agostino, in: M. Fabris (Hg.), L'humanesimo di S. Agostino, Bari 1988, S. 589–611; ders. (Hg.), The Medieval Concept of Time: Studies on the Scholastic Debate and its Reception in Early Modern Philosophy, Leiden 2001.

zitiert worden ist, weil sie untersucht, inwieweit die Zeit als Kontinuum beschrieben werden kann (abgekürzt: cont.). Der Herausgeber dieser Texte, Rudolf Rehn, hat *De mensuris* als die zeitlich frühere und philosophisch weniger bedeutende Schrift mit eingeschränkter Themenstellung bezeichnet, weil in ihr die Frage des subjektiven Ursprungs der Zeit nur gestreift werde (III 210). Aber so zentral diese Frage uns heute auch sein mag und eine wie wichtige Rolle Dietrich in dem Prozeß gespielt hat, den Anneliese Maier als „Subjektivierung der Zeit" beschrieben hat, so hatte Dietrich doch *auch* andere zeittheoretische Interessen, und zuerst, scheint mir, sind *die* Fragen zu ermitteln, die, sofern dies erkennbar ist, einem früheren Philosophen *selbst* wichtig waren. Ich behandle also beide Schriften als gleichberechtigte Äußerungen. Was ihre Abfassungszeit angeht, hat Rudolf Rehn argumentiert, *De mensuris* sei wahrscheinlich *vor De natura contrariorum* verfaßt, da in ersterer jeder Hinweis auf letztere fehle (III 210). Aber auch diese Argumentation setzt voraus, das zentrale Thema von Dietrichs Zeittheorie sei der subjektive Ursprung der Zeit gewesen. Da ich dessen nicht sicher bin, enthalte ich mich einer chronologischen Festlegung, weise aber darauf hin: *De mensuris* ist an den großen Stufen des Aufbaus des Universums orientiert und steht damit den späten Traktaten wie *De cognitione entium separatorum* näher, während *De natura et proprietate continuorum* als Metaphysik der Zeit in Argumentationsweise und Quellenbenutzung den Analysen von *De origine* oder *De natura et proprietate continuorum* ähnlicher ist. In *De mensuris* wirken theologische Themen und Quellen ein: in 1 (1) III 215; 2 (8) III 218; 2 (13) III 219; 2 (16) III 220 2 (23) III 221; 2 (39) III 223); 2 (48) III 225; 4 (3) III 229), die man in *De natura et proprietate continuorum* vergebens suchen würde, wo die Untersuchung sich strikt regionalontologisch im Umkreis von Aristoteles und Averroes hält. Die beiden Schriften sind in ihrer theoretischen Position kompatibel, aber unterscheiden sich stark in Themenstellung, Autoritätenbezug und Untersuchungsart. De facto zitiert keiner der beiden Traktate einen anderen Text Dietrichs; beide werden in keiner anderen Schrift Dietrichs zitiert. Ich messe *De mensuris* nicht am Maß von *De natura et proprietate continuorum*, sondern beschreibe beide in ihrer Eigenart.

2. Kritik bisheriger Philosophien der Dauer

Wie fast alle Schriften Dietrichs beseitigt auch *De mensuris* theoretische Defizite der bisherigen Philosophie. Er will tiefer graben und vorhandene Entwürfe verbessern. Er nennt im Detail die Mängel der bisherigen Theorien über die Maße von Dauer. Er spricht hier von „Dauer“, nicht sofort von „Zeit“, weil der Titel „Zeit“ für die Naturprozesse reserviert war, Dietrich aber alle Formen von Zeitanalogem analysieren will. Es versteht sich, daß die Ausdrücke „Messen“ und „Maß“ nicht im Sinne neuzeitlicher Maßeinheiten und Meßverfahren zu verstehen sind. Dietrich analysiert das Variieren ihrer Bedeutung auf den verschiedenen Stufen der Realität: Deus – Intelligenzen – Engel und Seelen – Himmelskörper – Naturdinge. Die Stunde ist „Maß“ für den Tag, die Elle ist Maß für zehn Ellen (mens. 1 (2) III 216); auf anderer Stufe ist Gott das Maß der Dinge, ein Gedanke, der zeittheoretisch nicht ausgenutzt, sondern flüchtig gestreift wird. Dietrich erinnert zunächst an zwei traditionelle Stufenschemata der Dauer (mens. 2 (1)–(2) III 216):

Schema I:	aeternitas	Schema II:	aeternitas als mensura Dei
	aevum		sempiternitas als mensura universi
	tempus		perpetuitas als mensura von Geistwesen
			temporalitas als mensura von Naturprozessen.

Diese Einteilungen waren vorgegeben. Dietrich setzt ein, indem er die herkömmlichen Begründungen für diese Stufungen kritisiert: Während die philosophische Aufgabe darin bestanden hätte, die Art der Dauer aus der Eigenart der je verschiedenen Wesensstufen zu begründen und dabei auch die Zeit aus der Seinsweise einer bestimmten Art von Weltdingen zu begreifen, habe die philosophische Analyse der Dauer sich bisher verengt auf zwei Gesichtspunkte: Sie nahm Ausgangs- und Endpunkt zum Maß der Dauer und kam zum Schema I, indem sie festsetzte, „ewig“ sei, was keinen Anfangs- und keinen Endpunkt habe, die aevum-Dauer habe einen Anfang, aber kein Ende, während die Zeit sowohl einen Anfang wie ein Ende habe. Sie näherte sich der Dauer von deren Rändern her, teilte die Wesen nach ihrer Dauer ein und definierte zudem ihre Dauer von außen.

Ob diese Charakteristik der bisherigen Zeittheorien lückenlos zutrifft, bedürfte genauerer Untersuchung; sie könnte beginnen mit der Kritik, die Thomas von Aquino an unzulänglichen Definitionen der Zeit, des aevum und der aeternitas geübt hat (Sth. I 10, 5). Thomas betrachtete es als eine per-accidens-Definition, wenn „einige" die Ewigkeit durch ihre Anfangs- und Endlosigkeit definierten, das aevum dadurch, daß es einen Anfang, aber kein Ende habe und die Zeit dadurch, daß sie Anfang und Ende habe. Thomas wandte dagegen ein, daß, selbst wenn es ein anfangs- und endeloses Geschöpf gäbe, es dennoch nicht die Ewigkeit Gottes erreichen könnte. Thomas hat in knapper Form dargelegt, das Maß der Dauer eines Seienden bestimme sich nach dem Grad seiner Akthaftigkeit (1 Sent. 8, 2,2 Mandonnet S. 205). Diese Argumentation hat Dietrich weiter ausgebaut. Andererseits hatte Thomas von Aquino aber die Ewigkeit als Maß des Unwandelbaren definiert, die Zeit als das Maß der Veränderung (Sth. I 10, 4 ad 3). Er konnte schreiben, zeitlich sei, was anfange und ende (1 Sent. 8, 2, 2, Mandonnet S. 204). Er war, von Dietrich her gelesen, nicht ganz entschieden in seinen Theorien über das Maß der Dauer.

Andere, fährt Dietrich fort, waren schon etwas gründlicher und bezogen die Dauer eines Wesens auf seine Beziehung zu anderen Wesen: Sie erklärten also die Ewigkeit als das Maß für Gott, weil Gott auf überzeitliche Weise dem Universum vorangehe, die sempiternitas als das Maß für das Universum, das einen Anfang, aber kein Ende habe und dessen Anfang Priorität besitze, sozusagen gleich nach der Ewigkeit komme und sich in dieser Weise auf sie beziehe. Damit kommen wir zum obigen Schema II, auf dessen dritter Stufe Wesen stehen, die irgendwann entstanden sind, aber immer fortdauern; ihnen kommt perpetuitas zu, weil sie für immer im Universum vorkommen werden. Was wird bei dieser Betrachtungsweise aus der Zeitlichkeit der Dinge? Die bisherigen Theoretiker, fährt Dietrich fort, bestimmten deren Dauer danach, daß sie mit bestimmten Dingen koexistierten, ihnen vorangingen oder nachfolgten. Aus der *Koexistenz* erklärten sie die Gegenwart, aus dem *Vorausgehen* anderer Dinge begriffen sie Vergangenheit, aus dem *Nachfolgen* die Zukünftigkeit. Immer ergeben die drei Zeitdimensionen sich aus dem Verhältnis eines Dinges zu anderen vergangenen, koexistierenden oder nachfolgenden Dingen.

Soviel zu Dietrichs Charakteristik bisheriger Philosophien der Dauer. Er kritisiert an ihnen, sie hätten entweder die Dauer wie eine Art Ausdehnung gefaßt und diese von den äußeren Enden her bestimmt oder sie hätten die Dauer der verschiedenen Wesen von deren Mitwesen her, nicht von ihrer eigenen Seinsart und Vollkommenheitsstufe her begriffen. Die Aufgabe bestehe aber darin, die Weise des Dauerns als Signatur der Seinsart zu denken, also über die Endpunkte des Dauerns hinaus ihre Erstreckung als intime Eigenart dieser Wesen zu begreifen. Sie dauern auf spezifische Weise, je nachdem, wie sie in sich selbst stehen und welche internen, eigenständigen Seinsweisen und substantiellen Vollkommenheiten (absolutos modos et perfectiones substantiales) sie haben. Dietrich will bisherige Analysen des Dauerns nicht aufgeben, sondern integrieren in eine Betrachtung der Eigenexistenz der Dauernden. Er will ihre Grenzen von ihnen selbst her, nicht sie von ihren Grenzen her denken. Das Maß ihrer Dauer bestimmt sich nicht nach ihrer Beziehung zu anderen Dingen, sondern von ihnen selbst aus. Dietrichs Projekt der Revision: Er will Dauer nicht nur quasi-extensiv zwischen ihrem Ausgangs- und Endpunkt, sondern aus der Wesens- und Seinsart des Dauernden quasi-intensiv begreifen. Die Zeitlichkeit von Naturprozessen ist nicht primär als Geschehen zwischen zwei Außenpunkten zu sehen, das sich sozusagen zwischen ihnen ausdehne, sondern aus der Wesensart der jeweiligen Seienden in ihrer qualitativen Eigenheit zu erfassen (mens. 2 (3)–(5) III 217).

3. Eine neue Metaphysik der Dauer

Dietrich ändert die Blickrichtung: Statt der Extension rückt er die Quasi-Intension in den Mittelpunkt, statt der Außenpunkte das Innenwesen. Er fordert statt der quantitativen Analyse eine quasi-qualitative Erforschung des Dauerns, die auch die äußeren Dimensionen oder die Extension neu erfaßt, sie also nicht ausschließt, sondern einbezieht. Er entwickelt ein Integrationsprogramm, das bei der Analyse des Dauerns folgende Schritte umfaßt: Erstens ist das Seiende nach seiner substantiellen Eigenart zu beschreiben. Zweitens sind Formen der Veränderung zu studieren, um sie ihm entweder zuzuschreiben oder abzusprechen. Drittens sind Anfangs- und Endpunkte eines Prozesses, also Ausgangslage und Ergebnis, zu beachten, einem Wesen zuzuschreiben oder abzusprechen. Dies ist die Integration der Ausdehnungs-Perspektive. Viertens ist seine Gegenwärtigkeit und die Art seines Gegenwärtigseins zu untersuchen, praesentialitas et modus praesentialitatis suae (mens. 2 (6) III 218).

Dies sind Forschungsanweisungen für das Studium der verschiedenen Weisen des Dauerns. Sie setzen die Korrektur in der Betrachtung der Veränderung, also die Erweiterung des Blicks auf ihre qualitative Seite voraus. Wenn dabei von motus die Rede ist, bezieht sich dies nicht nur und nicht zuerst auf Ortsbewegung, sondern auf qualitative und quantitative Veränderungen, also z. B. auf Wachsen und Abnehmen, auf Warmwerden oder Kaltwerden. Die vier Fragegesichtspunkte gelten für alle Etagen des Weltbaus; sie sehen daher sowohl das Absprechen wie das Zuschreiben bestimmter oder aller Arten von Veränderung vor. Besondere Aufmerksamkeit verdient der vierte Punkt, die Gegenwärtigkeit und die Art des Gegenwärtigseins. Zur Untersuchung der Dauer gehört die Frage nach der Art, wie etwas da ist, wie etwas sich selbst gegenwärtig ist, wie anderes in ihm vorkommt, z. B. auf die Weise des Erkanntseins. In *wesenhaften* Ursachen ist das Verursachte präsent und zwar auf dauerhaftere Weise als es in sich selbst ist. Diese Art des Anwesens gehört zur konkreten Art des Dauerns nicht aller, aber doch bestimmter Naturen; es bestimmt die substantiale Qualität des Dauerns und ist in einer Metaphysik der Dauer unentbehrlich. Untersuchungen dieser Art fordern auch terminologisch zu unterscheiden zwischen dem Gegenwärtigen und seiner Gegenwärtigkeit, also zwischen dem materiellen Inhalt des Präsenten und seinem Vorkommen in der Jetztdimension.

Nachdem Dietrich diese vier Bedingungen des Dauerns klargestellt hat (mens. 2 (6) III 218), geht er mit diesen Kriterien den Weltbau durch, beginnend bei der substantia divina (mens. (2 (6)–(12) III 218–219) über die Intelligenzen (2 (11), III 219), Engel und Geistseelen (2 (13)–(19) III 219–221) zu Himmelskörpern (2 (20)–(25) III 221) bis zu irdischen Körperdingen (2 (26)–(31) III 221–222). Er fügt an: Auch anderes dauert, insbesondere die Veränderung, der motus, zu der außer der Ortsbewegung jede Art qualitativer und quantitativer Veränderung zählt. Der motus verändert alles, ohne sich selbst zu verändern. Für seine Dauer bildet die Zeit das entsprechende Maß; seine spezifische Art der Gegenwärtigkeit ist die Aufeinanderfolge: Seine einzelnen Teile koexistieren nicht gleichzeitig, sondern folgen einander. Sie sind in die Zeit eingeschlossen, und die Zeit geht über sie hinaus; es gibt sie vor ihnen und nach ihnen (mens. 2 (26) III 221).

Mit besonderer Intensität erforscht Dietrich die Dauer individueller

Geistwesen, substantiae spirituales – mit diesem wohlbedachten Ausdruck bezeichnet er Engel und Geistseelen (mens. 2 (13) III 219) –, ferner die Dauer von Naturprozessen, also die Natur der Zeit.

Die Frage, wie menschliche Seelen (und Engel) in der Zeit sind, gibt Dietrich Gelegenheit, die Eigenheit seiner qualitativen Betrachtungsweise des Dauerns herauszuarbeiten. Es handelt sich, Dietrich zufolge, um zwei verschiedene Arten von Zeit, die einiges gemeinsam haben – es sind sukzessive Kontinua –, aber sich so grundlegend unterscheiden, daß Dietrich für die Seelenzeit einen eigenen Namen vermißt. Die Seelenzeit ist es insbesondere, die unter dem traditionellen Vorrang des extensio-Gesichtspunktes und unter der Äußerlichkeit des bisherigen zeitphilosophischen Herangehens gelitten hat. Sie zwingt Dietrich zur kritischen Auseinandersetzung mit der aristotelischen *Kategorienschrift*. Deren sechstes Kapitel beginnt mit folgenden Erklärungen:

Das Quantum ist entweder getrennt (discretum) oder zusammenhängend (continuum). Getrennt ist es zum Beispiel bei der Zahl oder bei der Rede; Beispiele für ein zusammenhängendes Quantum sind eine Linie, eine Oberfläche oder ein Körper. Auch Zeit und Ort gehören zu ihnen. Die Bestandteile einer Zahl haben keine gemeinsame Grenze. So gibt zum Beispiel zweimal fünf zehn. Diese beiden Fünf bleiben aber abgetrennt, haben keine gemeinsame Grenze. So ist die Zahl ein abgetrenntes Quantum, kein kontinuierliches. Ähnlich ist es bei der gesprochenen Rede; sie ist ein Quantum, sofern bei ihr kurze und lange Silben gemessen werden können. Ihre Silben bleiben abgetrennt voneinander. Sie ist ein Beispiel für ein abgesetztes, ein diskretes Quantum.

Anders ist es bei einer Linie. Hier finden wir die Grenze, die wir beim diskreten Quantum vermißt haben; es ist der Punkt. Bei der Fläche ist es die Linie. Und zu dieser Art Quanten gehören Zeit und Ort. Die augenblickliche Zeit ist verknüpft mit der vergangenen und der zukünftigen. Der Ort ist ebenso ein Quantum von dieser Art. Seine Teile treffen zusammen an einer gemeinsamen Grenze (Aristoteles, *Kategorienschrift* VI, 4 b 20–5 a 14, meine Paraphrase).

Vorauszuschicken ist: Dies ist nicht alles, was Aristoteles zur Zeit zu sagen hatte. Aber *hier* ordnet er sie umstandslos den kontinuierlichen Quanten zu. Und das hat den Widerspruch Dietrichs herausgefordert, schon im Blick auf die Zeit der Naturdinge, erst recht für die Dauer geistiger Wesen. Denn Aristoteles betrachtet die Dauer hier von ihren Grenzen her; er ordnet das Jetzt ein in einen kontinuierlichen Abschnitt, verknüpft es zurück mit Gewesenen und voraus mit Zukünftigen. Das ist genau die Äußerlichkeit der Betrachtungsweise, gegen die Dietrichs Traktat geschrieben ist, der zwar gut aristotelisch einsetzt mit der Untersuchung der continua, aber dann einen Haken schlägt und die Veränderungen geistiger Wesen und ihre Art der Dauer von den Kontinua scharf absetzt: Ihre Substanz als geistige Substanz unterliegt keinen Änderungen, und ihre wechselnden Eigenschaften oder Dispositionen sind von anderer Art als der Wechsel körperlicher Dinge. Sie haben mit diesen nichts gemeinsam. Alle diesbezüglichen Bestimmungen gelten nur aequivok, mögen die Logiker sie auch subsumieren unter ihre schematisierenden Allgemeinbegriffe, mit denen sie auch Körperdinge und Geistwesen unter die gemeinsame Bestimmung „Substanz" bringen oder ihre Zahlbestimmungen unter die Kategorie der Quantität. Die Veränderungen geistiger Wesen gehören nicht unter die Bestimmung „Veränderung", motus. Das ändert alle Aussagen über ihre Zeitlichkeit. Mögen in ihr einzelne Phasen aufeinanderfolgen, so finden sie sich doch in einem Wesen, in dem sie alle zugleich sind. In der einfachen Konzentriertheit eines geistigen Wesens in sich hat das Kontinuum keinen Platz, omnis natura continui ab ea remota est (mens. 2 (41) III 224). Wenn eine geistige Substanz sich verändert, dann hat der Wandel ihrer Eigenschaften teil an der Unteilbarkeit, Einfachheit, Nicht-Kontinuität ihres Wesens. Dieser interne Wechsel ist nicht zu vergleichen mit dem sukzessiven Fluß von Dingveränderungen. Eine verbesserte Philosophie der verschiedenen Weisen des Dauerns muß sich vor allem klarwerden über die Differenz zwischen geistigen Prozessen und Naturvorgängen. Die Prädikamente der gewöhnlichen Kategorienlehre gelten weder für Gott noch für Intellekte; daher muß Dietrich den Disput vor allem im Blick auf individuelle Geistwesen und ihre spezifische Art durchfechten. Für sie sei charakteristisch, ein Nicht-Kontinuum zu sein; Dietrich spricht von ihrer incontinuitas, was vermutlich eine terminologische Neuerung darstellt. Wandlungen geistiger Wesen haben ihre eigene Art von Ablauf und Grenzen, ihre eigene Art von Maß der Dauer. Dietrich stellt fest: Wir haben für diese Art von Dauer keinen eigenen Namen, aber wir können sie beschreiben. Nennen wir sie: Zeit aus unteilbaren Momenten. Wir nennen sie „Zeit", weil sie eine gewisse Ähnlichkeit zur Zeit aufweist, die das Maß von Dingveränderungen nach deren früheren und späteren Phasen ist, aber Dietrich insistiert auf der Differenz: Sie besteht aus unteilbaren Einheiten; alle Veränderung in ihr ist aufgenommen in ihre Einfachheit und Unteilbarkeit, in das Alles-Zugleich ihrer aktualen Gegenwartsexistenz, in das für sie charakteristische tota simul secundum actum praesentialis existentiae (mens. 2 (48) III 225). Geistige Wesen sind aktuale Gegenwartsexistenz; noch die Sukzessionen geistiger Prozesse haben teil an dieser Unteilbarkeit. Sie kennen allerdings auch Dauer als das Ausgespanntsein zwischen zwei vorgestellten oder realen Grenzpunkten, aber Dietrich begreift diese nach deren Eigenwesen, nicht nach der Erstreckung zeitlicher Kontinuitäten der Dinge. Dies könnte einen Begriff von Seelenzeit ergeben. Während die eigentliche Zeit, die Zeit der Naturvorgänge, das Maß einer zusammenhängenden Veränderung teilbarer Elemente besagt, ist diese Innen-Zeit nur „Zeit" im übertragenen Sinne, nämlich als Maß von Wandlungen unteilbarer und in sich einfacher Bestimmungen, von denen jede in sich als ganze zugleich ist, tota simul. Aber wegen der herrschenden Sprachgewohnheit verzichtet Dietrich darauf, sie „Zeit" zu nennen; lieber nennt er sie aevum currens, ein laufendes Bleiben oder einfach: das Maß der Dauer geistiger Wesen (mens. 3 (14)–(15) III 227).

Verweilen wir für einen Augenblick bei der Wendung „als ganze zugleich", tota simul. Sie spielt an auf die Definition der Ewigkeit, die Boethius im fünften Buch seiner *Consolatio* gegeben hatte und die im Mittelalter oft wiederholt worden ist.[3] Aber Dietrich bezieht diese Formel, die für Gottes Ewigkeit geprägt und in diesem Sinne weitergegeben worden war, auf Engel und Geistwesen. Geistige Wesen haben als solche eine Art von Alles-Zugleich-Besitz, der es ihnen erst ermöglicht, im Entwicklungsfluß Zeitgrenzen, also Jetzt-Punkte zu setzen. Dietrich zitiert die Formel tota simul auffallend oft und bezieht sie auf Geistseelen.[4]

Dietrich transformiert die traditionelle boethianische Formel; er gebraucht sie nicht, wo von aeternitas die Rede ist, sondern wo er die Dauer spiritualer Substanzen beschreibt. Dabei denkt er nicht, wie Thomas gelegentlich (1 Sent. 8, 2, 2 Mandonnet I S. 204) nur an Engel, sondern an menschliche Seelen. Was dies für die Zeitanalyse bedeutet, wird noch zu zeigen sein.

Dietrich hält an diesem Ergebnis fest; aber er verfeinert es in mehreren Schritten, bevor er Konsequenzen für die Naturzeit ausspricht.

[3] Thomas, 1 Sent. 8, 2, 1 Mandonnet I S. 201–203; Sth. I 10, 4.

[4] mens. 2 (12) III 219; 2 (41) III 224; 2 (48) III 225; 3 (9) III 226; 3 (13) III 227; 3 (14) III 227; 4 (2) III 228; 4 (4) III 229; 4 (17) III 231; 4 (25) III 235; 5 (2) III 235, vgl. cont. 32 (3) III 253.

4. Die Dauer geistiger Wesen

Das Charakteristische der geistigen Substanz ist das Als-Ganze-Zugleich-sein, aber deswegen ist sie nicht ewig. In einem gewissen Sinne ist sie *auch nicht* tota simul, denn sie hat einen wesentlichen Bezug, einen respectus substantialis, auf Wandelbarkeit; sie dauert auf ihre spezifische Weise, nämlich indem sie zugleich sich aufs Vergangene und Zukünftige bezieht, und zwar nicht gelegentlich und willkürlich, sondern ihrem Wesen nach. Dieser Bezug aufs Frühere und Spätere ist ihr wesentlich, aber ist individuell verschieden; er bezieht sich aus einem je verschiedenen Jetzt heraus auf ein je verschiedenes Gewesenes und ein je verschiedenes Zukünftiges (mens. 5 (2) III 235). In diesem Zusammenhang wirkt es sich aus, daß Dietrich die Zeitlichkeit aus der Konstitution der jeweiligen Wesen gewinnen will, daher muß er die Gegenwärtigkeit, die Dauer und das Maß für die Dauer individueller Geistwesen als solcher erforschen. Er entwickelt eine Regionalontologie geistiger Individuen, die ausgeht von ihrer Partikularität: Sie sind kein schlechthin Seiendes, sondern ein Dieses-Seiendes, kein simpliciter ens, sondern ein ens ut hoc (mens. 2 (13) III 219). Dietrich redet hier nicht von den sog. Intelligenzen, auch nicht von Intellekten, sondern von Menschenseelen und Engeln. Bei diesen treten zu ihren *spezifischen* Bestimmungen, also zu ihrer Wesensart, species, die er platonistisch als das „schlechthin Seiende" ansah, individuelle Eigenschaften hinzu, die Wesen dieser Art ins Spiel von Vorfällen, Ereignissen, Handlungen und Leiden verwickeln. Ihnen ist nicht die Gesamtheit aller Seienden gegenwärtig; dies bestimmt die Weise ihres Dauerns. Sie sind nicht ens simpliciter, sondern ein Individuum, dem es zukommt, wechselnde Eigenschaften, Dispositionen des Wirkens und Erleidens zu haben. Sie haben, wie Dietrich sich originell ausdrückt, auch eine individualisierte Art der Dauer, eine duratio ut haec, die geprägt ist durch die Gegenwartsart ihres Seins, eine existentiae praesentialitas, zu der wesentlich der Bezug auf Gewesenes und Kommendes gehört: Manches existiert mit ihnen gleichzeitig, anderes vor ihnen, wieder anderes nach ihnen. Sie beziehen sich nicht nur auf Vergangenes und Kommendes, das im Lauf der Dinge, im decursus rerum, geschieht, sondern auch auf das, was *ihrer* Gegenwartsexistenz vergangen oder zukünftig ist. Sie haben eine individuelle Jetzt-Gegenwart oder Jetzt-Existenz, eine praesentialitas oder existentia ut nunc (mens. 2 (17)–(18) III 220). Sie grenzen sich dadurch nach beiden Seiten ab, nach der Seite der Ewigkeit, also einer All-Gegenwart und Immer-Dauer, und nach der Seite der Zeitdinge. Dietrich insistiert: Individuellen Substanzen ist der Bezug auf Früher und Später wesentlich, nicht akzidentell. Der Bezug auf Zeitdimensionen ist dem Individuum nicht nur wesentlich; er ist mit ihm identisch: est ipsa substantia individua (mens. 4 (22) III 233). Als Substanz *dauert* das individuelle Geistwesen und existiert als individuelles doch ut nunc; es *bleibt* und fließt doch aus dem Vergangenen durch das Gegenwärtige in das Zukünftige (mens. 4 (22) III 233). Daher hat an ihr die Betrachtungsweise nach Anfangs- und Endpunkt einen realen Anhalt. Eine solche Substanz existiert nicht im Unteilbaren; ihre Dauer ist kürzer oder länger; hier tritt sie in den Bereich des Quasi-Quantitativen. Und das erfahren wir in uns selbst, schreibt Dietrich, in unserer Einbildungskraft (phantasticum nostrum). Sie erfaßt verschiedene, auseinanderliegende Augenblicke, welche die Zeit kontinuierlich verknüpft, und so entsteht ursprünglich die Zeit in der Seele. Unsere Einbildungskraft erfährt, daß sie nicht im Unteilbaren, sondern im Teilhaften existiert, und so dehnt sie, wie Averroes beschreibe, die Zeit mehr oder minder aus. Eine individuelle Substanz ist nicht ganz und gar unteilbar, aber als Substanz besitzt sie sich in einem Zugleich und verbleibt von der Vergangenheit über die Gegenwart bis in die Zukunft. Individuelle Substanzen, die körperlichen Veränderungen unterliegen, haben wegen dieser eigenartigen Permanenz als spezifisches Maß das Jetzt, das verbleibt und das nicht vorübergeht mit der Zeit. Wir haben es mit einer Substanz zu tun, die in diesem Sinne immer bleibt, deren Sein aber ständig fließt.

Muß man deswegen, fragt Dietrich, auf die thomistische Realdistinktion zwischen der Substanz und ihrem Dasein zurückkommen? Wenn das Wesen bleibt, aber sein Sein fließt, besteht dann nicht, wie Thomas und Aegidius Romanus lehren, ein realer Unterschied zwischen beiden? Aegidius hatte gegen die von Heinrich von Gent betonte Zeitlichkeit der Geschöpfe die Realdistinktion von esse und essentia zur Signatur des Geschaffenen gemacht. Mußte man ihm darin folgen? Dietrich antwortet: Das Sein, ist die volle Wirklichkeit des Seienden, est actus entis. Seine volle Wirklichkeit umfaßt alles, was an ihm ist, nicht nur das substanzhafte Sein, sondern auch das, was zu ihm gehört. Zur individuellen Substanz gehört der Bezug auf Gewesenes und Zukünftiges. Sie *ist* dieser Bezug. Und damit gehört zu ihrem realen Sein auch Zufälligkeit und Variabilität, auf welche die individuelle Substanz *wesentlichen* Bezug hat.

Und insofern unterscheidet sich ihr *vollständiges* Sein von der Substanz, sofern wir sie für sich betrachten, absolute accepta. Und in diesem Sinne, gestattet Dietrich großzügig, könnte man auch sagen, das Sein selbst, ipsum esse, komme wie eine Eigenschaft zum Wesen oder zur Substanz hinzu, „wie viele sagen". Aber das beziehe sich nur auf als individuell gedachte Substanzen, und die Differenz zeige unser Spiel begrifflicher Unterscheidungen. Dietrich registriert die Zunahme der Anhänger der Realdistinktion und bleibt bei seiner semantischen Reduktion von essentia und esse. Wir betrachten einmal die Substanz isoliert in ihrer Wesensstruktur, dann wieder in ihren konkreten Ereignisbezügen und wissen, daß der Bezug auf Zufall, Ereignis und Außen ihr wesentlich ist (mens. 4 (27– (29) III 234).

5. *Dauer der Naturdinge*

Diese Überlegungsreihe verbindet die Theorie der Geistseelen mit der Philosophie der Natur; denn in beiden Bereichen geht es um die Begründung des Zugleich von Bleiben und Wechsel. Eigenschaftliche Dispositionen dienen den Veränderungen, die sie aktiv oder passiv ermöglichen. Dieser Bezug auf Handlung und Leiden, auf Zufall und Wandel liegt im Wesen der Individualität, und er bedeutet wesentlich Bezug auf das Jetzt. Sie ist als Dieses-Sein eingeschränkt. Es wäre nicht einmal richtig zu sagen, sie sei dem Äußeren und dem Wandel *ausgesetzt*; der Bezug auf Außen und Wandel ist ihr Wesen. Dies gilt, Dietrich zufolge, für Seelen und Dinge, sogar für Engel. Es gilt für Individuen, aber es gilt für Individuen körperlicher und geistiger Art in einem wesentlich verschiedenen Sinne. Damit kehrt Dietrich zur Haupttendenz seines Traktats zurück, die Seelenzeit von der Zeit der Naturdinge zu unterscheiden; sie ist kein Kontinuum im Sinne der *Kategorienschrift*. Ihre Dauer weist höchstens eine gewisse Ähnlichkeit auf mit dem sukzessiven Kontinuum, aber dies läßt sich erst sinnvoll sagen, wenn zuvor die Differenz zum quantitativen Kontinuum klargestellt ist: Die Substanz, selbst die körperliche Substanz, ist kein Quantum, und danach ist auch ihre Dauer zu beschreiben. Die Quanta der *Kategorienschrift* sind nach einer gewissen Wahrscheinlichkeit und Allgemeinbekanntheit aufgestellt, nicht nach der Wahrheit. Sie geben die Denkgewohnheiten der Logiker wieder, die an Körperdingen orientiert sind und geistige Wirklichkeiten nicht in ihrer Eigenart bedenken (mens. 5 83) III 235). Die zeittheoretischen Elemente der *Kategorienschrift* sind im höchsten Maße unzureichend.

Dietrich geht über zu der aus *Physik* IV stammenden Analyse der Zeit als Maß körperlicher Veränderung, als Dauer des motus. Jetzt geht es um Zeit im engeren, im herkömmlichen Sinne. Sie ist das Maß der Veränderungen, die aus unterteilbaren Phasen bestehen (mens. 3 (14) III 227), im Unterschied zu psychischen Entwicklungen, die in sich immer *auch* unteilbar sind. motus ist nicht nur als Ausdehnung, sondern primär in seiner qualitativen Bestimmtheit zu denken (mens. 2(5), III 218). Zeit ist die spezifische Art von Dauer bei Wesen, deren Akzidentalität sie so sehr bestimmt, daß sich nicht nur ihre Eigenschaften ändern, sondern daß auch ihre Substanz dem Werden und Vergehen unterworfen ist. Bei prädikamental bestimmten Wirklichkeiten, d.h. bei Körperdingen, hat die Zeit den Charakter kontinuierlichen Fließens (mens. 2 (41) III 224). Diese Dinge befinden sich nicht als ganze zugleich im Sein; etwas von ihrem Wesen gehört der Vergangenheit an, etwas anderes der Zukunft. Ihre Art der Gegenwärtigkeit ist das Jetzt, und zwar in dem doppelten Sinne, daß sie jetzt einen bestimmten Entwicklungsstand erreicht haben und daß ihrer Veränderung selbst das Jetzt als ihr Maß innewohnt. Dieses Jetzt oder der Augenblick bleibt in der ganzen Zeit mit seiner eigenen Ganzheit, manet in toto tempore semper se toto praesens (mens. 3 (12) III 227). Das Jetzt oder der Augenblick ist ein Unteilbares, auch beim Messen des Teilbaren, also auch in der Zeit, die sich ausdehnt ins Vergangene und Zukünftige, weil die Dinge, deren Veränderung sie mißt, sich in ihrer Dauer ins Vergangene und Zukünftige ausdehnen (mens. 7 (3) III 237).

Dietrich beschließt den Traktat *De mensuris* mit einem kurzen statement: Wenn schon das Maß körperlicher Veränderung, also die mensura motus, von der Vernunft dem motus zubestimmt wird, wie sowohl Aristoteles *(Physik* IV 14, 223 a 21), Averroes (*In Phys.* IV 131, fol 202 rC–H) als auch Augustinus *(Conf.* XI 20, 26) lehren, dann ist das jeweilige Maß der rein geistigen Wesen erst recht ein Werk der Vernunft. Und so gilt allgemein: Schlechthin bei keinem Maß der Dauer handelt es sich um realen Bestand der Natur außerhalb der Seele. Alles Maß aller Dauer kommt nicht aus der Natur, sondern aus dem Denken (mens. 8 (5) III 239). Diese These, mit der *De mensuris* endet, bedarf der Begründung und Erläuterung. Dietrich gibt sie in *De natura et proprietate continuorum* (III 248–273). Er führt dort seine Ontologie der Zeit fort, die in *De mensuris* folgendes erreicht hat:

1. Ein Zurückdrängen des traditionell bevorzugten Aspektes der extensio zugunsten der intensio,
2. eine Analyse des motus nach seinen qualitativen Momenten,
3. die Verbindung von Zeittheorie mit der Ontologie zeitlichen Seins, und zwar in einem doppelten Sinne: Als individuelle Substanz ist das zeitlich Seiende wesentlicher Bezug auf Vergangenes und Zukünftiges; als körperliches Naturding ist es auf Wirken und Erleiden im Jetzt hin konstruiert. Deswegen ist es der Akzidentalität und Außenbestimmtheit wesentlich zugeordnet; es vollzieht sein Sein nach und nach im Reich des Teilbaren,
4. die Naturvorgänge haben im Jetzt oder im Augenblick ein mitgehendes Moment der Unteilbarkeit. Dieses bleibt im Fluß der Zeit,
5. ein Geistwesen als solches ist unteilbar. Aber kraft des Vorstellungsvermögens können wir uns als teilbare erleben und dadurch Zeit erfahren. Wir können Anfangs- und Endpunkte der Naturveränderungen markieren. In der Unteilbarkeit der geistigen Wesen gestattet das phantasticum, dem Dietrich übrigens auch beim Empfang göttlicher Offenbarungen eine besondere Rolle zugesteht (cog. 58 (1) II 220), die Verbindung von Teilbarem mit Unteilbarem. Bei genauerer Analyse erweist sich dies als Zugang zur Konstitution der Zeit.

6. Ursprung und Realität der Zeit

Hat die Zeit ihr Sein nur *in* der Seele? Oder hat sie es *von* der Seele? Diese beiden Möglichkeiten, oft nicht hinreichend unterschieden, fassen differierende Philosophien der Zeit zusammen: Ist die Zeit nur *in* der Seele, dann stellt sich dem Nachdenken über sie die Aufgabe, den Schein zu beseitigen, sie sei ein objektiver Tatbestand, die Naturdinge seien an ihnen selbst zeitlich. Das Ergebnis einer solchen Theorie könnte man „Subjektivierung der Zeit" (Anneliese Maier) nennen. Im zweiten Fall, ist also die Zeit *von* der Seele, gewinnt die Zeit objektives Sein, aber durch die Seele. Eine solche Philosophie der Zeit hätte nicht den Schein der Objektivität zu entlarven, sondern als Realität zu begründen. Sie hätte die schwierigere Aufgabe, zu zeigen, wie die menschliche Seele das objektive Sein der Zeit konstituiert.

Wir wissen nicht, wann *De natura et proprietate continuorum* (abgekürzt: cont.) geschrieben ist. Wenn dieser Traktat später verfaßt ist als *De origine,* was wegen dessen früher Abfassungszeit wahrscheinlich ist, so verweist Dietrich jedenfalls nicht auf ihn; er zitiert hier keine einzige seiner früheren Schriften; er setzt neu ein. Er formuliert die soeben referierte Frage, ob die Zeit *in* der Seele, *von* der Seele oder reiner Naturbestand sei und beginnt seine Untersuchung mit der Feststellung, die Zeit gehöre zu den Kontinua. Deswegen will er das Wesen der Kontinua untersuchen, um das Wesen der Zeit zu bestimmen. Er kündigt nicht an, die Zeit als einen Spezialfall der Kontinua zu erweisen; er will die Differenz der Zeit, sofern sie überhaupt ein Kontinuum ist, zu den Naturcontinua zeigen, an denen bisher die Theorie der Kontinua allein orientiert war. Es geht ihm um die Differenz der Zeit zu diesen Kontinua, nicht um Unterordnung der Zeit unter die aristotelische Kategorie der Kontinua. Doch diese ist der Ausgangspunkt: Die Zeit ist ein Kontinuum. Denn ihre Teile hängen unter sich zusammen und haben eine gemeinsame Grenze. Ein Kontinuum hat eine gewisse Ausdehnung, also Distanz zwischen den äußersten Punkten. Sofern das Kontinuum Teile hat, läßt es sich zählen; sofern es eine gewisse Ausdehnung hat, läßt es sich messen. Als Zählbares sagt man von ihm, es sei viel oder wenig; als Meßbares nennen wir es groß oder klein. Dietrich beginnt dann eine genauere Untersuchung der Natur der Kontinua. Sie könnte beim ersten Lesen den Anschein erwecken, diese Kontinua seien die Gattung, zu der die Zeit als eine ihrer species gehört. Aber dieser Eindruck täuscht. Die Beschreibung der Naturkontinua dient dazu, die Andersartigkeit der Zeit zu demonstrieren. Das Beweisziel ist: Die Zeit gehört nicht zu ihnen. Dies will ich an zwei Beispielen illustrieren.

Erstens: Die *Grenzen* der Kontinua erhalten ihr Wesen vom Wesen des Kontinuums, nicht umgekehrt geben *sie* dem Kontinuum erst das Wesen.

Zweitens: Wenn in einem Kontinuum die Teile nicht aktual gegeben sind, existieren auch die Grenzen des Kontinuums nicht. Sind andererseits die Grenzen gegeben, ist auch das Kontinuum als ganzes gegeben.

Diese Beschreibung der Natur der Kontinua in cont. 1 (5) III 252 und 1 (7) III 252 enthält noch keinen Bezug zur Zeit. Erst der Fortgang des

Traktats zeigt, daß wir die Zeit auf der Basis dieser Beschreibung der Kontinua *nicht* erfassen können, sondern nur als deren *Kontrast*. In cont. 4 (6) und 4 (7) III 260 wird das klar: Bei Naturkontinua bestimmt deren Wesen das Wesen der Grenzen, also der äußersten Punkte (termini). Bei der Zeit aber existiert nichts als der unteilbare Jetztpunkt, der Augenblick. Er verknüpft die „Teile" der Zeit, also die Vergangenheit mit der Zukunft. Hier, bei der Zeit, liegt das Wesen im Endpunkt, und dieser bestimmt Wesen und Sein der Zeit. Ferner: Während bei Naturkontinua das Ganze existieren muß, damit seine Grenzen existieren, ist es bei der Zeit nicht so. Von der Zeit existiert nichts als der Augenblick; alle anderen Teile waren entweder oder werden sein. Eher bestimmt der allein existierende Augenblick das Wesen von Vergangenheit und Zukunft als umgekehrt. Im Rückblick auf den Abschnitt über die Kontinua wiederholt Dietrich, daß sich bei der Zeit die entgegengesetzten Bedingungen finden, inveniuntur conditiones contrariae.[5] Dietrich braucht den Nachweis, daß die Zeit im Verhältnis zu den bisher allein als Kontinua erörterten Naturkontinua die entgegengesetzten Charaktere hat, um zu folgern, die Zeit sei nichts, was die Natur selbst konstituiere. Die Analyse der Kontinua ergibt, daß die Zeit in der Seele ist oder von der Seele stammt. Um die Stoßrichtung von Dietrichs These zu begreifen, ist an die oben zitierte Stelle aus dem sechsten Kapitel der *Kategorienschrift* zu erinnern. Dort wird die Zeit als kontinuierliches Quantum beschrieben. Genau dies ist, Dietrich zufolge, die Zeit *nicht*. Er hat *De mensuris* geschrieben, um die je spezifischen ontologischen Bedingungen des Dauerns zu ermitteln und das Maß der Dauer der Dinge von deren eigenen Wesen her zu begreifen. Er untersucht nun die Natur der Kontinua, um die Zeit aus der Enge der Betrachtung als Quantum herauszunehmen. Die Zeit ist ein Kontinuum, genauer ein Kontinuum der Abfolge (cont. 4 (1) III 259), aber sie muß aus ihren eigenen Ermöglichungsgründen begriffen werden, nicht aus einem an den Naturkontinua gewonnen Allgemeinbegriff von Kontinua. Folglich führt die Behandlung der Zeit, wie Aristoteles sie in der *Kategorienschrift* betreibt, in die Irre. Dietrich sah einen Kontrast zwischen der *Kategorienschrift* und der *Metaphysik* des Aristoteles: Die *Kategorienschrift* rechnet die Zeit zum Prädikament der Quantität; die *Metaphysik* erwähne im Kapitel über die Quantität (V 13) die Zeit nicht (cont. 4 (20) III 263).

[5] cont. 4 (9) und 4 (10) III 261. Ferner 4 (15) III 262.

Ausbaufähig hingegen ist die Erörterung der Zeit in der *Physik* des Aristoteles. Die dort gegebene Definition der Zeit führt in die richtige Richtung: Aristoteles definiert die Zeit als Zahl der Veränderung gemäß dem Früher und Später, numerus motus secundum prius et posterius (*Phys.* IV 11, 219 b 1–2). Dietrich erläutert die drei Elemente dieser Definition: Zahl, Veränderung, Früher und Später; also zunächst: die Zahl.

Zahlen sind kein Naturbestand. Das gilt schon in Bezug auf alle Naturkontinua: Sie bekommen Zahlcharakter aufgrund der Bestimmung der Vernunft. Es gilt aber insbesondere für die Zeit. Denn: Die Zeit gliedert Phasen der Veränderung, indem sie diese zahlenmäßig bestimmt. Gezählt werden die Veränderungsabschnitte gemäß der Dauer der Veränderung. An dem Naturprozeß ist nichts actu gegeben als dessen augenblickliches Resultat, das Verändertsein, das eine Verbindung darstellt zwischen der vorausgehenden und der nachfolgenden Phase, aber die frühere wie die folgende Phase existiert nicht in der Natur. Sie sind früher oder später nur, weil die Seele sie als solche bestimmt. Die frühere Phase hat kein Sein mehr, also auch nicht ihr Frühersein. Deswegen zeige Augustinus im 11. Buch der *Confessiones*, daß die Zeit ihr Sein nur in und von der Seele habe (*Conf.* XI 20, 26 und 26, 33). Dies stimme mit Aristoteles überein, wenn er lehre, die Zeit sei Zahl, zählen könne aber nur eine Seele, folglich gebe es keine Zeit ohne Seele (*Phys.* IV 14, 223 a 21–29). Dietrich läßt sich dann auf eine philologische Untersuchung dieser Aristotelesstelle ein[6] und kommt zu dem Ergebnis, daß, gleichgültig, welche Textvariante authentisch sei, die Zeit weder aktual noch potentiell existiert, wenn keine Seele zählt (cont. 3 (4) – (5) III 257).

Gleichwohl bestehe eine wesentliche Beziehung zur Veränderung. Damit erläutert Dietrich den zweiten Bestandteil der Zeitdefinition des Aristoteles: kinesis, motus, Veränderung. Aristoteles gibt ausdrücklich zu verstehen, daß er kinesis nicht nur als Ortsbewegung verstanden haben will; er spricht von kinesis und/oder metabole (*Phys.* IV 10, 218 b 19–20). Die Verengung des Begriffs motus auf Ortsbewegung ist ein Produkt der frühneuzeitlichen Physik; sie ist von Aristoteles und Dietrich fernzuhalten, selbst wenn Aristoteles (*Phys.* IV 11, 219 a 10–18) erklärt, die kinesis folge der (Raum-)Größe. Er kann nicht gemeint haben, wir würden das Früher und Später der Bewegung an den Veränderungen im

[6] Jeck 1994, S. 434–444 hat Dietrichs lateinische Textvorlagen und seine Aristotelesauslegung eingehend analysiert; für die philologischen Fragen verweise ich auf diese Arbeit.

Raum abmessen, denn er spricht ausdrücklich davon, daß auch innere Vorgänge in der Zeit verlaufen. Er kann nur meinen, die Ausdrücke „davor“ und „danach“ hätten ursprünglich einmal räumliche Bedeutung gehabt. Die ursprüngliche kinesis ist, Aristoteles und Dietrich zufolge, auch heute noch die Ortsbewegung, die Kreisbewegung des Himmels sei die Grundlage aller Zeiterfahrung. Aber das bedeutet nicht, Aristoteles und mit ihm Dietrich hätten die Zeitmessung dahingehend verräumlicht, daß sie behaupteten, wir blickten auf Ortsveränderungen, um die Dauer einer Veränderung zu bestimmen, so wie wir heute auf das Vorrücken der Uhrzeiger blicken, um Zeiträume zu messen. Wie hätten sonst innerseelische Vorgänge eine Dauer? Die Jetztpunkte, die wir den Veränderungen einsetzen, um Dauer messen zu können, verdanken sich nicht der Beobachtung von räumlichen Verschiebungen; sie sind nicht Sache der Wahrnehmung, sondern des Denkens. „Wenn wir mit der Noesis erfassen, daß die Enden von dem Dazwischenliegenden (meson) verschieden sind, wenn also die Seele zwei verschiedene Jetzt ausspricht, das eine davor, das andere danach, dann nennen wir dies: die Zeit“ (*Phys.* IV 11, 219 a 27–29).[7] Auf die Bestimmungen „Früher und Später“ komme ich zurück; hier ist nur festzuhalten: Wir erfassen sie mit der Vernunft zwar mit einem Rückbezug auf die Himmelsbewegung, nicht aber im Blick auf Ortsverschiebung bei einzelnen Veränderungen. Die kinesis gibt sie nicht als räumliche Markierungen vor, die wir nur zu beobachten hätten.

Man kann die Veränderung „Träger“ (subiectum) der Zeit nennen; die Zeit findet sich in jedem Prozeß wie in ihrem Fundament. Ohne Naturveränderungen gäbe es keine Zeit, so wenig wie es ohne Seele Zeit gäbe. So ergibt sich, Dietrich zufolge, allein schon aus der Zeitdefinition des Aristoteles, daß die Zeit aus der Seele kommt. Die entscheidenden Formulierungen lauten:

Tempus non existit in realitate naturae extra (cont. 4 (2) III 259),
tempus non est realitate naturae extra animam (cont. 4 (8) III 260).

Gleichwohl bezieht Zeit sich auf Natur, auf ihre Veränderungen. Sie ist sogar etwas an der Natur und insofern auch *in* der Natur, nur stammt sie

[7] In der lateinischen Übersetzung, die Albert vorlag, Albert, In Physicam IV tr. 3 c. 5, Ed. Colon. IV 1 S. 267, 75–77: Determinamus autem in accipiendo aliud et aliud ipsum et medium ipsorum alterum; cum enim altera extrema medii intelligimus et dicat anima ipsa nunc duo, hoc quidem prius, illud vero posterius, tunc et hoc dicimus esse tempus.

nicht *aus* der Natur. In diesem Sinne interpretiert Dietrich auch das Früher und Später, also das dritte Element der Zeitdefinition des Aristoteles: Die Definition wäre zirkulär, wäre das Früher und Später vorgegeben, so daß wir es nur zu beobachten brauchten. Dietrich wird klarstellen, es gebe Zeit nur, wenn die Seele Prozesse durch Jetzt-Einschnitte begrenzt; es sei im Sinne des Aristoteles nicht möglich, dem Naturvorgang *potentielle* Jetztpunkte zuzuschreiben, die von der Seele nur aktualisiert würden. Im Sinne Dietrichs bedeutet das Früher und Später die von der Seele gesetzten Markierungen in Naturvorgängen. Ohne die Seele gibt es nicht nur keine Zeit, sondern auch kein dem Messen vorgeordnetes Früher oder Später. Prozeßphasen heißen „früher" oder „später" aufgrund der Tätigkeit der Seele: nec prior pars (sc. variationis) nec posterior secundum id quod sunt, nec inquantum prior et posterior sunt nisi per acceptionem et determinationem animae (cont. 3 (4) III 257).

Die Zeitrelationen (Früher, Später) werden wie die Zeit selbst unter Voraussetzung der Himmelsbewegung konstituiert von der Seele, dennoch ist die Zeit primärer Seinsbestand, eine res primae intentionis (cont. 4 (12) III 263). Wie sie von der Seele konstituiert und gleichwohl primärer Seinsbestand sein kann, das erörtert Dietrich hier nicht. Diese Frage wird (oder: wurde) in *De origine* entschieden.

Dietrich hat sich nicht damit begnügt, die Zeitdefinition des Aristoteles aus der *Physik* IV in seinem Sinne zu klären. Zunächst hat er ihren Kontrast zu der Unterordnung der Zeit unter die Kategorie der Quantität sichtbar gemacht und mit Gründen hinter sich gelassen. Er stellte sich auf die Seite des Averroes, der geschrieben habe, das Problem der Zeit gehöre nicht in die Logik und nicht in die Physik, sondern in die Metaphysik *(In Phys.* IV 131, fol. 202 vH). Deutlicher konnte Dietrich nicht sagen, daß der Mainstream der bisherigen Zeittheorie auf falschem Weg gewesen war. Sodann aber ging Dietrich mindestens in dreifacher Hinsicht über Aristoteles hinaus: Er gab erstens eine detaillierte Kritik an der Tendenz zur Verräumlichung der Zeit; er beschrieb zweitens genauer, wie Zeit entsteht, und er konstruierte drittens eine am Text orientierte Versöhnung zwischen den Zeittheoretikern Aristoteles, Averroes und Augustinus, die bis dahin bei vielen, allerdings nicht bei Heinrich von Gent, als Widersacher gegolten hatten. Diesen dritten Komplex hat Udo R. Jeck so genau beschrieben, so daß ich mich auf die beiden anderen Themen beschränken kann, also zunächst auf Dietrichs Kritik an der Verräumlichung der Zeit.

Dieses Thema hat Bergson zu einem Standardthema der Philosophie des 20. Jahrhunderts gemacht. Meist verband es sich mit der Unterscheidung einer ursprünglicheren Erfahrungs- oder Erlebniszeit von der mathematisierten Zeit der Zeitmessung der modernen Technik und Verwaltung. Solche Assoziationen sind von Dietrichs Zeittraktat fernzuhalten. Für ihn war wie für Aristoteles die Zeit Zahl. Aber „Zählen" und „Messen" bedeuteten einen einfachen, alltäglichen Vorgang: Man nimmt den Tag, also die Himmelsbewegung, als Maß und „mißt", d.h. schätzt ab, wie lange ein Vorgang gedauert hat. Dietrich kannte so wenig wie Aristoteles einen Gegensatz zwischen exakt gemessener Zeit und Erlebniszeit. Aber er entwickelte eine konzise Kritik an der Tendenz zur Verräumlichung der Zeit. Seine Argumentation erwuchs aus einem Disput unter Aristotelesauslegern. Dietrich hatte mit Aristoteles (*Phys.* IV) argumentiert, bei der Zeit sei im Unterschied zu den Naturkontinua der Augenblick, also die Grenze, das allein Wirkliche, von dem her wir Vergangenheit und Zukunft begreifen. Könnte dann nicht ein Ausleger der *Physik* einwenden, Aristoteles bewege sich bei dieser Betrachtung von dem, was uns zuerst bekannt ist, zu dem, was seiner Natur das Erstbekannte, das Bestimmende also ist? Dann könnte man weiterhin im Anschluß an Aristoteles die Zeit als quantitatives Kontinuum betrachten und die scharfe Entgegensetzung, die Dietrich zwischen Zeit und quantitativen Kontinua betrieben hat, wäre dann, Aristoteles zufolge, nur der erste Schritt zur Theorie der Zeit, nicht, wie bei Dietrich, ihr Ergebnis. Darauf antwortet Dietrich: Aristoteles hat nirgendwo eine andere, in diesem Sinne weitergehende Zeittheorie vorgelegt. Außerdem entspricht seine Zeitanalyse dem Ergebnis Augustins, der ja auch das Wesen der Zeit von unserer Auffassungsweise her bestimme und die Zeitdimensionen auf das augenblickliche Jetzt beziehe. Vor allem aber, um aus der Sache, nicht nur mit Autoritäten zu argumentieren: Bei den Kontinua in der Natur kennen wir zuerst diese selbst und dann erst ihre Grenzen. Wäre die Zeit ein Naturbestand, begründet von und in der Natur, dann erkennten wir zuerst die Zeitstrecken, nicht das Jetzt. Dies ist aber offensichtlich nicht der Fall; wir erschließen uns das Vergangene und das Zukünftige aus dem Gegenwärtigen. Dann bringt Dietrich das Argument des Aristoteles mit den sardischen Schläfern (*Phys.* IV 11, 218 b 21–29), die, weil sie schlafen, die Zeit nicht erfassen, weil sie nicht zwei Augenblicke bestimmen können, zwischen denen die Zeit gedauert habe. Also seien Augenblicke die Bedingung für Sein und Erkenntnis von Zeit (cont. (16)–(18) III 262).

In diesem Zusammenhang beschreibt und kritisiert Dietrich die Tendenz zur Verräumlichung der Zeit: Unsere Phantasie stellt uns die Zeit vor, als sei sie ein Naturkontinuum. Wir stellen uns vor, sie sei ausgedehnt im Raum, wir sähen ihre Teile, Vergangenheit und Zukunft, wie eine Strecke vor uns, die, weil sie kontinuierlich verlaufen, eine gemeinsame Grenze hätten. Wenn wir uns diesen Phantasiebildern überlassen, stellen wir uns die Zeit als ein Kontinuum vor, dessen Teile erst das Ganze ausmachen und auch die Grenzpunkte in ihrem Wesen bestimmen. Wir meinen dann, wir könnten die Augenblicke auf die Dimensionen und diese wiederum auf eine der zehn bekannten Kategorien zurückführen. Auf diesem Weg, also phantastice seu imaginarie, kam die Zeit in die Kategorie der Quantität. Wieder einmal legt Dietrich sich mit der *Kategorienschrift* an. Sie gebe, wie Boethius berichte, eine uralte Ansicht wieder, sie sei an gewohnten Redeweisen, nicht an der Wahrheit der Sachen orientiert. Sie sperre geistige Wesen und Körperdinge in die *eine* Kategorie der Substanz; sie stelle die diskrete und die kontinuierliche Quantität unter die *eine* Kategorie der Quantität und setze die Zeit zu den quantitativen Kontinua. Gegen alle diese Voraussetzungen spreche Aristoteles selbst sich klar aus, und daher unterlasse er es, in der *Metaphysik* die Zeit unter die Quantitäten zu subsumieren (cont. 4 (20) III 263). Wir müssen metaphysisch, nicht nach der Art der Logiker die Zeit erforschen. Wir müssen die Zeit intellektuell analysieren und dem Sog der Imagination widerstehen, der sie uns räumlich vorstellt. Dietrich betreibt Selbstkorrektur des Aristotelismus; er zeigt, wie man seine stärkeren Seiten gegen seine schwächeren ausspielen muß. Die Abhandlung insgesamt ist ein Prozeß der Reinigung, der uns dahin führt, durch die Analyse der Kontinua die Zeit als anders denn die Naturkontinua zu begreifen. Sie ist ein Lehrgang, die Tendenz zum Physikalismus in der Zeitanalyse zu überwinden. Die Zeit ist vernunftgesetzt, vergleichbar dem Geld, dessen Wert auch nicht naturgegeben, sondern durch die Festsetzung der praktischen Vernunft bestimmt ist (cont. 4 (12) III 261). Das Geld als Modell der Zeitanalyse – das ist bei einem mittelalterlichen Mönch und Naturforscher eine überraschende Wendung, die uns anleiten soll, dem Drang zur Verräumlichung zu widerstehen. Die Zeit wird konstituiert von der Vernunft. Sie hat das Maß in ihr. Wir können die Ausdehnung, also das Wesen oder die Quantität der Zeit nur erfassen, indem wir Ausgangs- und Endpunkte setzen. Wir legen Schnitte in den Naturvorgang. Wir legen einen oder mehrere Jetztpunkte fest und bestimmen daraufhin die Dauer eines Vorgangs. Averroes, bemerkt Dietrich, erkläre das: Wir können die Eckpunkte nur deshalb als verschieden auffassen, weil wir durch unser Vorstellungsvermögen selbst im Bereich der Teilbarkeit leben. Dadurch können wir Anfang und Ende einer Dauer als distinkt ansehen und nach Vorausgehen oder Nachfolgen ordnen. Wir verbinden sie, continuamus, d.h. wir stellen die Kontinuität zwischen ihnen her gemäß dem Früher und Später in unserem Vorstellungsvermögen, d.h. nach *dessen* Zeit. Diese unteilbaren Zeit-Punkte existieren nur im Akt unseres Auffassens; sie existieren actu allein dank ihrer Auszeichnung und Bezeichnung durch die Vernunft, aufgrund deren sich zwischen ihnen eine Art von Abstand oder eine gewisse Ausdehnung ergibt. Die unteilbaren Punkte sind also primär; die anderen Zeitdimensionen entstehen erst durch ihre Festsetzung (cont. 4 (13) III 261–262).

Dies sind die Grundbedingungen der Entstehung der Zeit, sie entsteht aus dem Zusammenspiel von Vorstellen und Vernunft. Aber die Zeit hat noch weitere Voraussetzungen, bezieht sie sich doch auf Veränderungen. Diese hängen in letzter Instanz ab von der Bewegung des Himmels. Sie ist die letzte Ermöglichung von Zeit, aber nicht ihre direkte und unmittelbare Ursache. Sie wirkt auf unser Vorstellungsvermögen (phantasticum) ein, das affiziert wird von der uns rings umgebenden Veränderung. Dadurch fühlen wir uns selbst im Fluß. Wir erkennen uns als zum Bereich des Teilbaren gehörig, percipimus nos esse in quodam esse divisibili. Als halte unsere Phantasie das Amorphe der Werdewelt nicht aus, springt sie plötzlich hervor und markiert in dem Werdefluß, der sie ist, einzelne Punkte. Sie signiert sie zunächst in sich selbst, indem sie den Augenblick, in dem sie ist, unterscheidet von dem Augenblick, in dem sie war. So entsteht Abstand zwischen diesen Punkten. Die Seele erfaßt deren Abstand im Blick auf den Übergang vom einen zum anderen, und diese Tätigkeit der Seele ist die nähere Ursache der Entstehung der Zeit. Aber die Seele, von der die Rede ist, ist die Seele eines Menschen, der als ein geistiges Wesen ein ganzes Zugleich, tota simul, ist. Daher bestimmt die Vernunft die genannten Eckpunkte unseres teilbaren Seins zu zwei oder auch mehreren Fixpunkten und injiziert, wie Dietrich sich ausdrückt, zwischen sie eine Art Ausdehnungsdauer, die wir Zeit nennen, *inicit* quandam durationis extensionem, quam dicimus tempus.

Es zeigt sich demnach ein dreifacher Grund der Zeit: Die Himmelsbewegung als ihr erster Grund, sodann unser Vorstellungsvermögen, durch das wir uns selbst im unterteilbaren Werden erfahren, und zuletzt die Vernunft, die einzelne Punkte signiert und zwischen ihnen eine Ausdehnungsdauer, genauer: eine quasi-extensio durationis, determiniert, aufgrund deren wir die Veränderung messen, nach ihren Teilen (Phasen) zählen und in der Quantität bestimmen können (cont. 5, 1 III 264 und 5, 3 (6) III 267).

Daß die Welt sich verändert, daß der Himmel sich dreht, bleibt die Voraussetzung von Zeit. Dietrich nennt die Himmelsbewegung, also die Ortsbewegung der äußersten Sternenschale, die „erste Ursache", ohne den ersten, den ewigen Beweger zu erwähnen. Nicht, als leugne er die Existenz des aristotelisch gedachten Gottes; er braucht ihn nur nicht in seiner regionalontologischen Recherche. Dietrich hat sich darüber gewundert, daß *alles* Werden sich zeitlich bestimmen läßt. Woher kommt das? Die Zeit ist in *jeder* Veränderung als in ihrem Subjekt, weil wir jede Veränderung nach ihren früheren und späteren Phasen einteilen und messen können. Die Zeit ist das Produkt der Simultankausalität von Naturlauf, Vorstellungskraft und Vernunft.

Dietrich beschließt seine Abhandlung, indem er seinen zeitrealistischen Gegnern einen Ausweg versperrt. Sie fragen: Wie kann es an der Seele liegen, daß es Zeit gibt? Was war, als es Naturvorgänge gab, aber keine Seele? Genügt es nicht, die aristotelische Theorie der Zeit so zu verstehen, daß die Zeit potentiell in den Naturvorgängen selbst liegt, daß also die Seele die Zeit nur aktuiert, aber nicht von Grund auf konstituiert? Dietrich antwortet mit dem aristotelischen Grundsatz, daß das Potentielle nur im Hinblick auf das Aktuale bestimmbar ist. Wenn nie eine Seele die Zeit aktuieren würde, wäre sie auch nicht potentiell vorhanden. Die vergangene Zeit bezieht sich daher von sich her auf die gegenwärtige Zeit. Zu welchem Zeitpunkt auch immer die Seele auftritt, sie konstituiert die Zeit für jede, auch noch so weit zurückliegende Weltveränderung. Insofern ist die Zeit immer aktual wirklich (cont. 6, 3 III 272–273).

7. Rückblick

Dietrichs Argumentation ist akribisch, detailliert und scholastisch-technisch. Wer sie wiedergibt, verliert sich leicht im Detail. Daher schließe ich mit drei zusammenfassenden Bemerkungen, rückblickend auf seine

Schriften über die Dauer (*De mensuris*) und die Zeit (*De natura et proprietate continuorum*).

1. Dietrich hat Sorge getragen, daß seine Option für den Ursprung der Zeit in der Seele nicht als willkürliche Entscheidung oder „weltanschauliche" Überzeugung erschien. Er hat aus der Argumentationsmasse der *Physik* des Aristoteles drei Motive herausgestellt, die es für jeden, der den Ansatz der Zeittheorie des Aristoteles teilt, ausschließen sollte, zum Zeitrealismus zurückzukehren:

Erstens würde die Zeitdefinition zirkulär, wenn wir das Früher oder Später nur vorfinden, nicht von uns aus setzen würden, genau so, wie wir die Zeitpunkte setzen, die nur in uns existieren.

Zweitens würde das potentielle Sein aus seinem Wesensbezug zum aktualen Sein entlassen, wenn wir die Naturvorgänge als potentiell zeitlich beschreiben würden, so daß die Seele das Potentielle nur aktuieren würde.

Drittens treibt die Verräumlichung auf die Spitze, wer die sinnliche Wahrnehmung von Ortsbewegungen zum Maß unserer Jetzt-Zäsuren erheben würde. Er würde in Widerspruch geraten zu Aristoteles, der ausdrücklich von der Zeitlichkeit von Vorgängen gesprochen hat, die im Dunkeln oder im Innern der Seele ablaufen.

2. Damit es Zeit geben kann, muß der Himmel sich drehen. Es muß die körperliche Natur aufgrund eigenschaftlicher Dispositionen wirken und leiden; es muß Naturprozesse geben. Aber der Blick auf diese Voraussetzungen genügt nicht; er hat eine Reihe von Denkern zu ausschließlich beschäftigt. Denn Zeit wäre nicht möglich, wenn es nicht tota-simul-Existenzen gäbe, geistige Wesen also, die sich im Zeitfluß nicht mitverströmen. Sie allein können Zeitpunkte markieren und die Kontinuitätslinie zwischen ihnen ziehen. Sie allein können Dauer bestimmen. Sie allein können zählen und messen.

Aber auch diese Betrachtung genügt nicht. Sie muß mindestens in drei Hinsichten überstiegen werden:

Zunächst ist noch einmal zur Naturseite zurückzukehren. Körperdinge sind in ihrer ontologischen Struktur nicht nur generell als wandelbar zu beschreiben, sondern so, daß ihr Wirken und Leiden als Zeitvoraussetzung einsichtig wird. Sie haben ihre Vollkommenheit nicht schon durch ihr Wesen. Sie sind so konstruiert, daß sie wirken und leiden, also in die Außenseite mit ihren Zufällen hineingebaut sind. Wirken und Leiden geschehen im Jetzt. Daher ist ein „Teil“ von ihnen immer schon gewesen, ein anderer steht noch aus. Daher sind sie nicht zufällig, sondern wesenhaft zeitlich.

Auch die mentalen Voraussetzungen von Zeit sind in wesentlicher Hinsicht zu ergänzen. Es genügt nicht, auf die Natur geistiger Wesen als tota-simul-Existenzen zu achten. Man muß begreifen, daß sie individualisiert sind. Sie sind Seiende in Einschränkung, in Begrenzung. Sie sind an ihnen selbst Seiende ut nunc, sie haben eine Dauer ut haec. Sie sind Da-Sein; sie sind Jetzt-Sein. Sie sind in die Welt des Wirkens und Leidens verflochten; sie gehören zur Welt der Ereignisse und der Zufälle, allerdings nicht ganz. Sie brauchen, um sich mit der Welt des Werdens tätig zu verbinden, in sich selbst eine körpernahe vermittelnde Fähigkeit, das phantasticum. Damit begeben sie sich ins Meer des Werdens, das sie erst gliedern und messen können, wenn sie sich hineinbegeben haben. Sie müssen erst spüren, sentire, daß sie zum Reich des Teilbaren gehören, bevor sie dem Fließen ihr Maß injizieren können.

Das sind erhebliche Vertiefungen der Zeitanalyse. Zwei Thesen Dietrichs geben ihnen verschärftes Profil: Erstens die Abwertung der *Kategorienschrift* des Aristoteles. Sie steht nicht auf dem Niveau des Stagiriten selbst; ihre Aufstellungen mögen als Ausgangspunkt dienlich sein, aber sie reicht nicht aus. Sie vereinheitlicht, was in sich völlig verschieden ist. Sie orientiert sich an Körperdingen, extrapoliert aber ihre Kategorien. Sie muß im Blick auf die Sachen und auf die anderen Schriften des Aristoteles korrigiert werden. Ihre Zuordnung der Zeit zur Kategorie der Quantität verstellt eine gründliche Erforschung der Zeit. Die Theorie der Zeit muß Metaphysik sein, nicht Kategorienlehre in der Art der bisherigen Logik. Sie muß Dauer und Zeit aus der jeweiligen ontologischen Eigenheit der verschiedenen Wesen begreiflich machen; sie muß Theorie der tota-simul-Existenzen und zugleich ihrer Individualität und Akzidentalität werden. Sie muß Naturveränderungen nicht nur als Ausdehnung, sondern vor allem als Intensität, als qualitative Veränderung denken. Dies sind Neuerungen, die nicht ausschließen, daß Dietrich von der Zeitdefinition des Aristoteles ausgeht und nach getaner Arbeit wieder zu ihr zurückkehrt; nur versetzt er sie in *seinen* Zusammenhang. Gleichzeitig benutzt er Beschreibungen des Aristoteles, wie die der Kontinua, um zu zeigen, daß die Zeit nicht zu diesen Kontinua gehören kann, obwohl die *Kategorienschrift* sie dazu zählt.

3. U.R. Jeck konnte zeigen, mit welch argumentativer Schärfe Diet-

rich die Zeittheorien des Aristoteles, des Averroes und Augustins verbunden hat. Ich verweise auf seine Analysen und hebe lediglich hervor: Dietrich hat durch intern-philosophische Arbeit auf dem Feld der mensura-Theorie die griechische, die arabische und die christliche Tradition des Zeitdenkens verknüpft. Das war über die theoretische Arbeit hinaus kulturpolitisch eine außerordentliche Tat. Sie setzte freilich voraus, daß Dietrich die Kritik des Thomas von Aquino an früheren Zeit- und Ewigkeitstheorien (Sth. I 10. 5) aufnahm und verschärfte. Insbesondere mußte er die boethianische Definition der Ewigkeit als interminabilis vitae tota simul et perfecta possessio aus der Diskussion fernhalten und das tota simul auf die Eigenheit geistiger Wesen, auch der Menschenseele, beziehen. Ihre Zeitüberlegenheit beschreibt nicht ihr Wesen vollständig, sie genügt aber, um das zeitlich Verfließende zu markieren, also intellektuell zu bestimmen.

V. THEOLOGIA

1. Was war Theologia?

Die Handschriften, die Dietrichs Werke überliefern, fügen seinem Namen regelmäßig die Bezeichnung *Magister* hinzu. Diese Berufsbezeichnung entspricht dem deutschen Wort *Meister;* im Fall Eckharts ist sie zur festen Wortverbindung geronnen. Meister Dietrich hat auf sie denselben Anspruch, denn er hat wie Eckhart die Ämterlaufbahn der berühmtesten Universität der Christenheit, der von Paris, bis zu deren Höhepunkt, dem magisterium, durchlaufen. Er war Professor der Theologie auf dem für Dominikaner reservierten Lehrstuhl, den vor ihm Albert der Große und nach ihm Eckhart innehatten. Doch wenn wir heute Dietrich einen „Theologen“ nennen, fordert dies eine Reihe von Erläuterungen. Es wäre unhistorisch, ihn je nach Belieben einem heute geschätzten Theologiekonzept zuzuordnen. Ahistorisch argumentierende Theologen sind nicht gewohnt, „Theologie“ im Plural zu denken und übertragen *ihren* biographisch beschränkten Einheitsbegriff von Theologie auf einen früheren Autor und bedienen sich dabei der Begründung, er sei schließlich „Theologe“ gewesen. Hier ist historische Umsicht geboten; zunächst ist die spezifische Prägung des Begriffs von „Theologie“ einer früheren Zeit zu ermitteln. Für das ausgehende 13. Jahrhundert sind mindestens folgende das Theologiekonzept modifizierende Momente zu berücksichtigen. Sie ergeben zu jedem heute beanspruchten Theologiebegriff eine spezifische historische Differenz:

- Die Abwesenheit der historisch-kritischen Bibelauslegung. Sie war keineswegs nur ein Mangel, sondern ermöglichte einem Theologen, der von sich sagte, er lege nur die Heilige Schrift aus, die eigensinnigsten und originellsten Deutungen, die seiner individuellen Weltauslegung autoritative Form verliehen oder doch verleihen konnten; man denke nur an die Apokalypse-Deutung des Joachim von Fiore.
- Es gab schon in der antiken Christenheit die Überzeugung, die Bibel enthalte alle Wahrheit, auch wenn sie in ihr nicht explizit ausgesprochen sei. Dann bekam der Theologe die Aufgabe, alles, was er auf sei-

nem Bildungsstand für wahr hielt, auch allgemein ethische, philosophische und naturkundliche Ansichten, in der Bibel wiederzufinden. Unter dieser Bedingung gab es keine Trennung von Bibelauslegung, Philosophie und Naturwissen. Diese ist ein spätes Produkt der Auseinandersetzungen um Kopernikus, um Galilei und noch um Darwin. Bis dahin haben Theologen aus der Bibel naturkundliche „Wahrheiten" über die geographische Lage des irdischen Paradieses oder über die „Wasser über dem Firmament" als Glaubenswahrheit herausgelesen. Sie sahen sich aber auch verpflichtet, die Naturforschung in ihr Denken zu integrieren.

– Über diese historischen Vorgaben hinaus hat die Aristotelesrezeption des 13. Jahrhunderts das Konzept der theologischen Argumentation verändert, und zwar mindestens in zweifacher Hinsicht: Erstens erkannten fast alle Autoren nun die Metaphysik als Leitwissenschaft in dem Sinne an, daß die Bestimmungen des Seienden als Seienden für alle Aussagen, auch für die theologischen, grundlegend seien und daß je nach deren Interpretation auch die Theologie jeweils eine andere werde. Sie glaubten nicht, sie könnten theologische Aussagen entwickeln, ohne zuvor über die genaue Bedeutung von ens und esse, von essentia und substantia entschieden zu haben. Zweitens wurde „Theologie" zur „Wissenschaft". Der Theologe mußte nun versuchen, biblische Sätze, aber auch die Aufstellungen der Kirchenlehre, z.B. über das Abendmahl, in ihrer Wahrheit zu erweisen, also sie in aristotelische Terminologie umzuformulieren. Unter dem Einfluß des aristotelischen Wissenschaftskonzepts veränderten sich sowohl die Thematik wie die Argumentationsweise der Theologen. Ein Magister der Theologie mußte rationale Argumente für die überlieferten Wahrheiten bringen; er durfte sich nicht mit Autoritätsbeweisen begnügen. Dies weitete das Feld dessen, was als „Theologie" galt, erneut aus. Thomas von Aquino behauptete, wenn ein Theologieprofessor sich mit Argumenten aus Schrift und Kirchenlehre begnüge, dann gehe sein Hörer „leer" aus.[1] Der Auftrag, das Gesamtwissen der Zeit auf methodisch strenge, d.h. aristotelisierende Weise in das christliche Weltverständnis zu integrieren, machte aus Theologen des 13. Jahrhunderts gerade als Theologen auch Philosophen und Naturforscher;

[1] Thomas von Aquino, Quodlibet 4, qu. 9, a. 3, Ed. Leonina 25, 2 S. 340 a: si nudis auctoritatibus magister questionem determinet, certificabitur quidem auditor quod ita est, set nichil scientie vel intellectus acquiret, set vacuus abscedet.

dies belegen die Naturstudien Alberts, die Experimente des Roger Bacon, die Aristoteleskommentare Alberts und seiner Schüler. Wer diese Denker „Theologen“ nennt, muß die allgemeinen historischen Bedingungen ihres Theologieverständnisses mit bedenken. Er muß diese geschichtlichen Prämissen in den individuellen Abwandlungen einzelner Schriften eines individuellen Denkers erforschen, so wie ich es auf den folgenden Seiten für Dietrich von Freiberg versuche. Dietrich war „Theologe“, aber er war es auf seine eigene Art, die sich aus keinem modernen Vorbegriff ergibt, auch nicht aus einem generellen Bild von „Scholastik“ oder „christlicher Philosophie“; es ist nur aus seinen Texten zu ermitteln. Das vorliegende Buch beruht auf dem methodischen Prinzip des Querlesens, quer durch alle Textsorten einer Zeit. In diesem Sinn, aber auch *nur* in diesem Sinn, sind alle Schriften Dietrichs „theologische“ Bücher, denn er war der Ansicht, falsche Theorien über die Sternbewegung, den möglichen Intellekt oder die Realdistinktion hätten bereits das christliche Selbstverständnis schwer beschädigt. Gleichwohl läßt sich eine Gruppe von Dietrichtexten der Theologie im engeren Sinn zuordnen. Es handelt sich um folgende Schriften Dietrichs:

De subiecto theologiae, entdeckt und hg. von Loris Sturlese, in: Dietrich von Freiberg, Opera omnia, Band 3, S. 277–282,

De corpore Christi mortuo, hg. von Maria Rita Pagnoni-Sturlese, in: Dietrich von Freiberg, Opera omnia, Band 2, S. 137–150,

De cognitione entium separatorum, hg. von Hartmut Steffan, in: Dietrich von Freiberg, Opera omnia, Band 2, S. 151–260,

De dotibus corporum gloriosorum, hg. von Loris Sturlese, in: Dietrich von Freiberg, Opera omnia, Band 2, S. 261–290,

De substantiis spiritualibus et corporibus futurae resurrectionis, hg. von Maria Rita Pagnoni-Sturlese, in: Dietrich von Freiberg, Opera omnia, Band 2, S. 291–342.

Diese fünf Schriften zu einer „theologischen“ Gruppe zusammenzufassen, um an ihnen den Theologiebegriff Dietrichs zu erörtern, ist durch ihre Titel gerechtfertigt, dispensiert aber nicht von der Einzelanalyse und impliziert auch nicht, dies seien die einzigen „theologischen“ Schriften unseres Autors, denn, wie gezeigt, gehörte nicht nur die Trilogie der *Schwierigen Fragen* zum Programm der Revision der Theologie des 13. Jahrhunderts. Was die Abfolge dieser Schriften betrifft, so verfügen wir über keine absolute Chronologie. Es schien nur angebracht, mit dem Fragment über den Theologiebegriff zu beginnen, das zeitlich schwer oder gar nicht einzuordnen ist, sodann aber die relative Chronologie zu berücksichtigen und zuerst den zeitlich wahrscheinlich recht frühen Traktat über den toten Christus zu behandeln, um danach die drei späten Schriften zusammenhängend zu besprechen.

2. *Die Einheit der Theologia*

Loris Sturlese hat in der Basler Handschrift F IC 31, fol. 69 va–vb das Ende eines Traktats entdeckt, das ohne Titel und Verfassername überliefert ist, das er mit guten Gründen als Teil der durch den Stamser Katalog bezeugten Schrift Dietrichs *De subiecto theologiae* (hinfort abgekürzt: sub.) identifiziert hat.[2] Ich konnte mit weiteren Argumenten diese Zuschreibung stützen;[3] da kein Widerspruch laut geworden ist, betrachte ich mit Loris Sturlese die Verfasserschaft Dietrichs als vorläufig gesichert und widme mich hier ausschließlich dem argumentativen Gehalt dieses Fragments und seiner geschichtlichen Stellung.

Ich habe sein Thema umschrieben als die „Einheit der theologia", Dietrich spricht vom subiectum der theologia. Der Fortgang des Textes erklärt die Bedeutung des Wortes subiectum, das in der Wissenschaftssprache der Zeit um 1300 divergierende Bedeutungen annehmen konnte: subiectum meint hier den einheitlichen Träger aller Aussagen einer Wissenschaft.[4] Eine Wissenschaft mag eine Vielfalt von Themen oder Stoffen (materiae) haben, muß aber einen einheitlichen Bezugspunkt ihrer Aussagen besitzen, auf den sich ihre Sätze stützen wie vergleichsweise die vielen Eigenschaften eines Dings einem einzelnen Träger zukommen. Einzelne Traktate können Spezialthemen erörtern, aber die Wissenschaft

[2] L. Sturlese, in: Bertoldo di Moosburg, Expositio super Elementationem theologicam Procli, 184–211 De animabus, Rom 1974, S. 26–34; ders., Il „De animatione caeli" di Teodorico di Freiberg, in: Xenia Medii Aevi historiam illustrantia, oblata Thomae Kaeppeli O. P., Rom 1978, S. 185–201, ders., Einleitung, in: Dietrich von Freiberg, Opera omnia, III S. 277–278.

[3] K. Flasch, Einleitung zu: Dietrich von Freiberg, Opera omnia II S. XXII–XXV.

[4] Vgl. Albert, Summa theologiae, Quaestio 3 c. 1: De subiecto theologiae, Ed. Colon. XXXIV 1 (1978) S. 9–11.

als solche braucht einen einheitlichen Gegenstand, eben das subiectum. Daß Dietrich hier das Wort subiectum gebraucht, entsprach der Tradition;[5] es hat nichts mit dem neuzeitlichen Begriff des „Subjekts" zu tun, aber daraus folgt nicht, daß Dietrich „noch nicht" den Begriff von obiectum für den Erkenntnisgegenstand gehabt oder als mittelalterlicher Autor gar keine Theorie der Subjektivität habe entwickeln können. Es steht vielmehr fest, daß er immer wieder den Inhalt des Erkennens als obiectum bezeichnet hat. Seine seit *De origine rerum praedicamentatium* entwickelte Theorie des konstitutiven Charakters menschlicher Erkenntnis hat auch etwas mit dem Problem der Subjektivität zu tun, auch wenn ich sie nicht als „Vorwegnahme" und Dietrich nicht als „Vorläufer" oder seine Philosophie als „kopernikanische Wende im Mittelalter" bezeichne. Solche bombastischen Titel verdecken das anstehende Problem. Indem Dietrich forderte, jede Wissenschaft brauche ein einheitliches subiectum, das ihren Inhalten als deren gemeinsame Wesensbestimmung (ratio) gemeinsam sei, machte er sich die Forderung der aristotelischen Wissenschaftstheorie nach dem gemeinsamen hypokeimenon jeder Wissenschaft zu eigen.[6] Damit postuliert Dietrich mit Aristoteles genau genommen nicht das, was man später eine einheitliche *Methode* nennen wird; er verlangt vielmehr ein real seiendes Subjekt, das alle Aussagen trägt. Dietrich wendet die allgemeinen Bedingungen jeder Wissenschaft auf die

[5] Vgl. Engelbert Krebs, Theologie und Wissenschaft nach der Lehre der Hochscholastik. Beiträge XI 3–4, Münster 1912; Martin Grabmann, Die theologische Erkenntnis- und Einleitungslehre des hl. Thomas von Aquin, Fribourg 1948; Yves M.J. Congar, Théologie, in: Dictionaire de la Théologie Catholique XV, 1 (1946) S. 341–502; Albert Lang, Die theologische Prinzipienlehre der mittelalterlichen Scholastik, Freiburg 1964; Marie-Dominique Chenu, La théologie comme science au XIII siècle, Paris 1969³; Ulrich Köpf, Die Anfänge der theologischen Wissenschaftstheorie im 13. Jahrhundert, Tübingen 1974; Leonardo Sileo, Teoria della scienza teologica. Quaestio de scientia theologiae di Odo Rigaldi e altri testi inediti (1230–1250), 2 Bände, Rom 1984; Concetta Luna, Una nuova questione di Egidio Romano De subiecto theologiae, In: Freiburger Zeitschrift für Philosophie und Theologie 37 (1990) S. 397–439 und 38 (1991) S. 129–173; dies., Theologie und menschliche Wissenschaften in den principia des Aegidius Romanus, in: Scientia und ars im Spätmittelalter, MM 28, Berlin 1994, S. 528–547; Giulio d'Onofrio (Hg.), Storia della teologia nel medioevo, Band 3: La teologia delle scuole, Casale Monferrato 1996, passim, dort besonders Éduard-Henri Wéber, S. 407–408; Andres Speer, Zum Verhältnis von philosophischer und theologischer Weisheit, in: MM 28, 2001, S. 248–275, bes. S. 271; Christian Trottmann, Théologie et Noétique au XIII siécle., A la recherche d'un statut, Paris 1999; Adriano Oliva, Les débuts de l'enseignement de Thomas d'Aquin et sa conception de la sacra doctrina. Avec l'édition du Prologue de son Commentaire des Sentences, Paris 2006, mit umfangreicher Bibliographie zur Konzeption der Theologie im 13. Jahrhundert, S. 352–386.

[6] Aristoteles, Analytica posteriora I 28, 87 a 38–39.

theologia an und erklärt zu Beginn seines Fragments diese Forderung am Beispiel der Naturbetrachtung: Die Physik hat nur im eingeschränkten Sinn einen einheitlichen Gegenstand. Das veränderliche Seiende, das ens mobile, ist ihr subiectum, aber die bewegten Dinge heißen nur im äquivoken Sinn „Körper". Denn Himmelskörper und irdische Körper sind wesensverschieden, auch wenn Logiker beide in dieselbe Kategorie der substantia einordnen. Diese Zuordnung erfolgt nur aufgrund von Gewohnheit, nicht aufgrund von Einsicht in die Wahrheit. In Wahrheit bestehen irdische und himmlische Körper nicht aus denselben Prinzipien und gehören nicht in dieselbe Kategorie. Dietrich geht in der Abwehr eines nur logischen Subsumtionsverfahrens realer Wesen so weit, daß die Physik ihre Einheit zu verlieren droht. Die Physik muß sich begnügen mit einer Proportionalitätsanalogie: Die Himmelskörper setzen sich aus ihren spezifischen Prinzipien zusammen wie die irdischen Körper aus ihren. Aber während Dietrich sich bei der Physik mit der nur äußerlichen Proportionalität begnügt, fordert er für Metaphysik und theologia eine stärkere Einheitssetzung. Er erläutert diese Notwendigkeit am Beispiel einer körperlichen Substanz: Untersuchungen, die Bestandteile und Entstehungsbedingungen einer Substanz betreffen, um deren besonderes Wesen (ratio) zu ermitteln, spielen im Wissen von der Natur nur die Rolle des Stoffes, der materia. Was gesucht wird, ist das Endprodukt des Naturvorgangs, ist das Ganze eines zusammengesetzten Wesens, das aktual existiert, und zwar gemäß einer einheitlichen begrifflichen Bestimmtheit, also ein completum existens in actu secundum unam formalem rationem, das allen irdischen Naturvorgängen zugrundeliegt und in diesem Sinne ihr reales einheitliches Subjekt ist (subi. 3 (2) II 280).

Dann blickt Dietrich von diesem allgemeinen wissenschaftstheoretischen Maßstab aus auf die Theologie. Er kann seine Enttäuschung nicht verhehlen: Der *eine* Autor nennt dies, der *andere* jenes als Gegenstand (subiectum) der theologia. Dietrich nennt nicht die Namen der Autoren, denen er vorwirft, sie hätten die Einheit der theologia in wenig überlegter Weise (minus considerate) bestimmt, sie hätten Stoff und Einheitspunkt, materia und subiectum, verwechselt. Aber er nennt ihre inhaltlichen Vorschläge. Da sage der eine Autor, „Subjekt" der Theologie sei der ganze Christus an Haupt und Gliedern, der andere, es seien die Sachen und die Zeichen (res et signa), ein dritter sagt, es seien die Werke der Erschaffung und Erlösung, ein vierter: Gott selbst. Dietrichs Leser erkannten die Autoren solcher Vorstellungen; sie konnten darunter die

Formeln Augustins und Cassiodors, des Hugo von St. Viktor und des Petrus Lombardus erkennen. Diese Klassiker der Theologie hatten nach Dietrichs Urteil die Aufgabe nicht gelöst, vor die sich ein Theoretiker am Ende des Jahrhunderts der Aristotelesrezeption gestellt sah. Sie waren herumgetappt unter lauter Stoffen, wobei überrascht, daß Dietrich auch die Lösung „Gott selbst“ als zu stofflich ansah. Dies erklärt sich wohl als Replik auf die Debatte des Aegidius Romanus mit Heinrich von Gent, die Aegidius mit seinem *Quodlibet* III 1 über Gott als Subjekt der theologia ausgelöst hatte.[7] Daher sah Dietrich sich vor einer neuen Aufgabe; er suchte sie auf folgendem Wege zu lösen:

Er unterscheidet die viergliedrige Entsprechung, die er proportionalitas nennt und die darin besteht, daß sich a zu b verhält wie c zu d, von der direkten Beziehung von A zu B, die er als proportio bezeichnet. Dietrich verliert sich nicht in den Finessen der Geschichte des analogia-Begriffs, die vor allem dadurch entstanden sind, daß das griechische Wort analogia ursprünglich und bei Aristoteles nur die viergliedrige Entsprechung bezeichnet hat, daß aber für die metaphysische Analyse die einfache Proportion als Pros-hen-Beziehung die sehr viel wichtigere Rolle spielte: Die Akzidenzien hatten zur Substanz, die vielen Substanzen hatten zum ersten Grund eine Pros-hen-Beziehung oder eine Proportion. Dietrich argumentiert nun: Mag in der Theologie auch die viergliedrige Entsprechung eine Rolle spielen, z. B. wenn gesagt wird, Gott vergelte den Guten nach deren Taten wie den Bösen nach ihren Taten, also a zu b wie c zu d, so muß doch zuletzt jedes viergliedrige Aussageverhältnis auf eine einfache Relation reduziert werden können, weil jede vielteilige Übereinstimmung eine Einheit voraussetzt. Für diese Notwendigkeit der Reduktion jeder Vielheit auf eine Einheit zitiert Dietrich den Satz 21 aus der *Elementatio theologica* des Proklos, um dann weiter zu argumentieren:

Die theologia handelt von der Gesamtheit aller Dinge, braucht aber einen einheitlichen Bezugspunkt, und der könne kein anderer sein als das ens divinum, denn dies sei die Bestimmung, die ursprünglich und schlechthin und wesentlich (primo et simpliciter et essentialiter) dem ersten Grund aller Dinge zukomme, allen übrigen Dingen aber nur im abgeleiteten Sinne. Dies ist der alle Aussagen tragende Einheitsgrund, in dem Weltgrund und Weltdinge zusammenkommen. Allen Weltinhalten

[7] Aegidius Romanus, Quodlibet III 1, Quodlibeta, Louvain 1646, S. 127 a–133 b. Dazu die oben in Anm. 5 zitierten Studien von Concetta Luna.

kommen die gemeinsamen Bestimmungen auf eine der beiden Weisen der Attribution zu, also entweder aufgrund viergliedriger Entsprechung, d. h. durch proportionalitas oder aufgrund direkter Zuordnung, also in proportio. Bevor Dietrich die Art dieser Zuordnungen genauer untersucht, hält er sein Resultat fest: Die theologia handelt vom göttlichen Seienden und von der Gesamtheit aller Dinge, aber so, daß sie den Hervorgang aller Dinge aus Gott, ihre Zuordnung zu ihm und ihre ihnen eingegebenen Eigentümlichkeiten untersucht, und dies alles unter dem doppelten Gesichtspunkt, den Augustin mit seiner Lehre von der doppelten Vorsehung bezeichne, der zufolge es außer dem ordo naturalis providentiae den ordo voluntariae providentiae gebe.[8]

Diese augustinische Lehre von der doppelten Vorsehung war für Dietrich außerordentlich wichtig. Bei Augustin hatte sie etwa den Sinn, daß Gott der Natur einige Regeln eingegeben hat, z. B. daß schwere Körper fallen, und Gottes Weltumgang normalerweise die Welt nach diesen Regeln verwaltet, daß er sie aber willentlich unterbrechen kann, um durch besondere Eingriffe seine Pläne zu verwirklichen, indem er zum Beispiel den verklärten Leib Jesu in den Himmel aufnimmt. Da Augustin gelehrt hatte, alles, was der Schöpfer der Natur bezüglich einer Kreatur bestimme, sei diesem Geschöpf „natürlich", entspreche seiner wahren „Natur" als Kreatur, gewann die Natur unter diesen Voraussetzungen keine Konsistenz. Augustin hatte immer häufiger auf Eingriffe der Willensvorsehung entgegen den Regeln der Naturvorsehung rekurrieren müssen. Im Laufe des 12. und 13. Jahrhunderts hatte aber „Natur" an Gewicht und relativer Selbständigkeit gewonnen; die Aristotelesrezeption war Folge und zugleich Ursache dieser Entwicklung gewesen. Die augustinische Unterscheidung nahm infolgedessen im Werk Dietrichs eine andere Bedeutung an als bei Augustin. Wie weit die Gewichtsverschiebung bei ihm gegangen ist, zeigt sich in *De animatione caeli* und in *De accidentibus* als strikte *Trennung* beider Ordnungen. Das kurze Fragment sagt darüber nichts. Es gibt aber Auskunft über die Zuordnung der Gesamtheit aller Dinge zum „göttlichen Seienden", also über seine Theorie der analogia. In ausdrücklichem Anschluß an Averroes und an das vierte Buch der *Metaphysik* des Aristoteles erklärt Dietrich seine Theorie der attributio: Das Wort „seiend" habe verschiedene Bedeutungen. Fast in jeder seiner Abhandlungen begann Dietrich seine Analyse mit der Erörterung

[8] Augustinus, De Genesi ad litteram VIII 9 CSEL 28 S. 244.

der mannigfachen Bedeutungen des Seienden. Er vergleicht sie mit den Wortbedeutungen von „gesund“: Es könne etwas „gesund“ heißen, wie wir eine Medizin „gesund“ nennen, weil sie im Menschen Gesundheit bewirke; ihre Beziehung zur wirklichen Gesundheit im Menschen ist die der *Wirkursache*. Wir können sportliche Übungen „gesund“ nennen, weil sie Gesundheit fördern, weil Gesundheit ihre *Zielursache* ist; wir können vom Urin sagen, er sei „gesund“, weil er das *Zeichen* für die Gesundheit des Körpers ist. Aber im primären Sinne „gesund“ heißt der menschliche Körper. Er ist das eigentliche Subjekt der Eigenschaft „gesund“ und der wirkliche Träger aller Aussagen über Gesundheit. Ähnlich kann „seiend“ heißen, was das Seiende bewirkt, also seine Effizienzursache, oder alles, was Seiendes zum Zweck hat, also seine Finalursache; aber im eigentlichen Sinne werde Sein der Substanz zugesprochen. Ihr allein, der Substanz, kommt das Wesen des Seienden, die ratio entis, im eigentlichen Sinne zu. Nur in der substantia ist das Wesen des Seienden schlechthin und wahrhaft und wesentlich (formaliter et simpliciter et essentialiter et vere) gegeben. Alle anderen Aussagen über Seiendes beziehen sich auf sie. Seiend-Ausagen bezeichnen entweder die Substanz als das eigentlich Seiende oder deren Dispositionen.[9] Dieses Modell der Einheit divergierender Aussagen bedeutet für die Theologie: Wie die verschiedenen Aussagen über Gesundheit ihre Einheit durch die Zuordnung zum gesunden Körper, so finden die verschiedenartigen Aussagen der Theologie ihren einheitlichen Bezugspunkt im ens divinum. Zu ihm setzen wir Seiende als zu ihrer Ursache oder ihrem Ziel in Beziehung. Das ens divinum ist ähnlich wie die substantia als Träger aller Dispositionen; es ist der eigentliche Akteur der Werke der Erlösung. Hatte Dietrich zuvor es als wenig bedacht bezeichnet, Gott selbst als das subiectum aller theologischen Aussagen zu bezeichnen, so nennt er nun selbst das göttliche Seiende als den Träger aller theologischen Bedeutungen, bringt aber das göttliche Seiende dank der aristotelisch-averroistischen analogia-Lehre in einsehbare Beziehung zu den vielfältigen Stoffaussagen der theologia, deren Vereinigungspunkt um so schärfer hervortritt, als in dieser analogia-Theorie der Akzent auf der Unselbständigkeit der Akzidenzien liegt, die nicht selbst Seiende sind, sondern Zustände eines Seienden.

Die Analogie-Theorie unseres Fragments ist knapp umrissen. Dietrich exemplifiziert sie an der Bedeutungsvielfalt der Physik, die mit der

[9] Dietrich, subi. 3 (6) III 281 und Averroes, In Aristotelis Met. IV 2; Venedig 1562, 65 rF–vI.

Wesensverschiedenheit irdischer und himmlischer Körper sprachlogisch fertig werden mußte (subi. 2 (2) III 279). Der Text endet mit einer Reflexion über die göttliche Wissenschaft der Philosophen und die der eigentlich so genannten Theologen: Die Metaphysik handelt von der Beziehung aller Seienden auf ihren ersten Grund und heißt deswegen eher noch als „Metaphysik“ scientia divina oder theologia. Die theologia der Heiligen unterscheide sich von ihr: Die philosophische Theologie betrachtet die Gesamtheit der Seienden gemäß der providentia naturalis; sie untersucht die Seienden wie sie in ihrem Wesen stehen und wie der Fürst des Weltalls sie aufgrund ihrer natürlichen Eigenschaften regiert. Der Text hebt hervor, die philosophische Theologie verfolge keinen weiteren höheren Zweck: nec ultra hunc naturae ordinem aliquem ulteriorem finem attendit (3 (9) III 281s. Zeile 104–105). Sie ordnet sich also nicht der Theologie als Magd unter. Anders ist „unsere“, die christliche Theologie: Sie betrachtet die Gesamtheit der Seienden, wie die Vorsehung sie lenkt durch Willensakte der Geschöpfe, der providentia voluntaria. In ihr gehe es um Verdienst und Lohn, um die Erreichung eines höheren Lebensziels, das über das Ende der irdischen Welt für Gute wie Böse Bestand haben werde, dann, wenn die Theologie der Weisen dieser Welt vergeht. Das einheitsgebende subiectum der christlichen Theologie ist „das göttliche Seiende gemäß der Ordnung der Willensvorsehung“, ens divinum secundum ordinem voluntariae providentiae (subi. 3 (10) III 282).

An der theoretischen Position dieses Textes fallen mehrere Eigentümlichkeiten auf:

1. Dietrich unterscheidet scharf, fast pathetisch, die christliche theologia von der divina scientia der Philosophen: *Nostra* autem divina *sanctorum* scientia. Das Fragment endet mit recht schroffer Entgegensetzung von sancti einerseits, philosophi andererseits.

2. Die am Ende als Resultat gewonnene subiectum-Definition der christlichen Theologie (subi. 3 (9) III 281s.) scheint schwer zu vereinbaren mit der kurz zuvor gegebenen Erklärung, diese Wissenschaft handle im Blick auf das ens divinum von der Gesamtheit des Seins *sowohl* gemäß dem ordo providentiae naturalis wie gemäß dem ordo voluntariae providentiae (subi. 3 (5) III 281). Gilt diese Erklärung, dann besteht die *wahre* Theologia in der Synthese der metaphysischen Gotteslehre mit der christlichen Betrachtung der Welt unter dem Gesichtspunkt göttlicher Willenslenkung. Doch der Autor bricht die Überlegungen ab, die in die

Richtung einer harmonischen Vereinigung der beiden theologia-Formen weisen, die beide das ens divinum zum formalen Inhalt haben. Er hebt im Gegenteil hervor, die philosophische Theologie habe kein höheres Ziel, während er die theologia der Heiligen auf das jenseitige Leben konzentriert und ihr das göttliche Seiende unter dem Gesichtspunkt seiner Anordnungen für Willensakte von Geschöpfen zum Leitgedanken macht.

3.Während die theologia der Philosophen keine ethischen Aspekte aufweist, wohl aber die Betrachtung der Natur bis ins Detail integriert, ist die theologia der Heiligen auf Willensakte konzentriert, die das jenseitige Schicksal der Guten und der Bösen betreffen. Der Gesichtspunkt der Offenbarung besonderer Glaubenslehren fehlt, ebenso jeder Hinweis auf Bibel oder Kirche. Der Theologe mit der Leitidee der Willensleitung achtet primär auf das „gute und heilige Leben". Die christliche Theologia wird eminent ethisch gefaßt, nicht offenbarungstheologisch-faktisch-positiv. Die ethische Welt in ihrer Jenseitsbedeutung als Lohn oder Strafe bildet den einheitsgebenden Gedanken dieser christlichen Theologie. Die metaphysische Theologie wird in ihrer Selbständigkeit gesichert; ihr Anschluß an die Naturphilosophie ist betont, da die philosophische theologia die Dinge untersucht, wie sie in ihrem naturhaften Wesen stehen und sich aufgrund ihrer Natureigenschaften verändern; ihre theologische Überdehnung wird abgewehrt. Die Einheit beider Theologien, einmal in 3 (5) flüchtig ins Auge gefaßt, wird 3 (9) als Programm verlassen.

Es sieht so aus, als habe der Verfasser des Fragments diese Inkonsistenz nicht bemerkt. Noch befremdlicher: Er stellt nicht die naheliegende Frage, wohin nach dieser Wissenschaftstheorie der theologia die Argumentation des Fragments selbst gehört. Ist diese Untersuchung der Theologie der Willensvorsehung zuzuordnen? Gehört sie in die metaphysische Theologie? Oder bildet sie eine dritte Wissensart, die keinen Namen bekommt? Oder wäre die übergeordnete Wissenschaftslehre jene Super-theologia von 3 (5), die das Wissen nach der Naturordnung *und* das Wissen von den göttlichen Willenslenkungen koordiniert? Wäre es vorstellbar, daß ein Denker wie Dietrich selbst in einem knappen und fragmentarischen Text jeden Hinweis auf diese Frage unterläßt?

Der Text wirft weitere Fragen auf, indem er die christliche Theologie als die „wahre und eigentliche theologia" von der theologia der Philosophen mit dem Unterton triumphaler Überlegenheit absetzt:

nostra scientia, quam vere et simpliciter theologiam dicimus (3 (8) III 281); *nostra autem divina sanctorum scientia* (3 (9) III 382).

Der Text verschärft diese Entgegensetzung, indem er bemerkt, die Gotteseinsichten der „Weisen dieser Welt" werden mit dem Jüngsten Tag vergehen, während die Weisheit der Willenstheologen fortbestehe nach dem Ende der sichtbaren Welt (3 (9) III 282). Diese These und diese Tonart nehmen sich im Werk Dietrichs fremdartig aus, und zwar aus zwei Gründen:

In den übrigen Schriften, bei denen die Autorschaft keinerlei Zweifel unterliegt, kommt das Wort theologia und theologus sehr selten und in anderer Bewertung vor. Zwar bezeichnet Dietrich sich einmal selbst als theologiae facultatis qualiscumque professor (ir. prolog. epist. IV 121), aber sonst sind bei ihm theologi die anderen, nicht er selbst. Während das Fragment die theologi zu einem kräftigen Wir-Bewußtsein mit überlegenem Wahrheitsbesitz zusammenschließt, herrscht bei Dietrich sonst eher der Ton feiner Distanzierung. Da heißt es, nachdem Dietrich auf der inneren Konsequenz einer philosophischen Theorie bestanden hat:

Nullum inconveniens concluditur nostris theologis (cog. Prolog. 15 II 161 und cog. 15 (1) II 180).

Oder, nachdem er die genaue Wortbedeutung eines Terminus herausgearbeitet hat, erwähnt er den laxeren Gebrauch durch Theologen:

sicut nostri venerabiles doctores theologiae utuntur isto modo (or. 2 (40) III 154, vgl. 2 (38) III 153).

Oder, in einem Zusammenhang, der an Thomas von Aquino und Bonaventura denken läßt, bemerkt Dietrich: Unsere berühmten Theologieprofessoren fürchten Dinge, die man nicht zu fürchten braucht,

sed nostri doctores verentur et timent non timenda (subst. 20 (1) II 318).

Es ginge zu weit, bei den ungenau redenden nostri venerabiles doctores theologiae von einem spöttischen Unterton zu sprechen, aber gewiß charakterisiert Dietrich an diesen Stellen die Theologen nicht durch ewigkeitlichen Wahrheitsbesitz, sondern durch ungenauen Wortgebrauch und unbegründet-defensive Einstellung. Offensichtlich zählt er sich nicht zu ihnen. Übrigens sind die angeführten Stellen insgesamt die einzigen Texte, an denen Dietrich außerhalb von *De subiecto theologiae* von theologia und theologi spricht, mit Ausnahme von *De cognitione entium separatorum* 17 (3) wo Dionysius als einer der theologi bezeichnet wird.

Es gibt weitere Auffälligkeiten: *De subiecto theologiae* 3 (9) III 282 spricht vom Privileg der Willenstheologen, ihr Wissen werde den Weltzusammenbruch überstehen, während das Wissen der Weltweisen zugrunde gehe: scientia divina sapientium huius mundi destruetur, 1 Cor. 13 (subi. 3 (10) III 282). Dieser Behauptung hat Dietrich an anderer Stelle in strikter und ausführlicher Form widersprochen:

Anima separata expeditius et perfectius intelliget quam coniuncta (cog. 94 (5) II 258),
anima rationalis portat secum omnes artes, (cog. 94 (6) II 258).

In *De cognitium entium separatorum* 95 II 259–260 begründet Dietrich seine These, die körperlose Seele werde die Wissenschaften zur Verfügung haben, die sie in diesem Leben erworben habe, vielleicht nicht alle empirischen Erkenntnisse, die sie nicht mehr brauche, wohl aber die rein intellektuellen Wissenschaften wie Arithmetik und Geometrie. Dietrich zufolge dürfen wir uns vorstellen, seine körperlose Seele bespreche sich mit der armen Seele des Cartesius im Himmel über die Berechenbarkeit des Regenbogens. Er dachte nicht, die Einsichten der divina scientia der Philosophen seien im Jenseits verloren. Also zumindest in der Tonlage, in der Bewertung des Sonderbewußtseins christlicher Theologie und in dem für Dietrich wichtigen Lehrpunkt des Fortbesitzes wohlerworbener nicht-empirischer Wissenschaft besteht ein Mißklang zwischen *De subiecto theologiae* und anderen Schriften Dietrichs. Daraus kann man entweder folgern, daß die Verfasserfrage neu aufzuwerfen ist oder daß eine erhebliche Lehrverschiebung stattgefunden hat. Mir scheint, daß die Argumente, die Loris Sturlese und Kurt Flasch für die Verfasserschaft Dietrichs von *De subiecto theologiae* vorgebracht haben, in kraft bleiben. Das Fragment enthält mindestens vier Lehrpunkte, die für Dietrich charakteristisch sind:

1. die These von der Äquivokation im Begriff der substantia und des Körpers (subi. 2 (2)), die im Anschluß an Averroes vorgetragen wird,
2. die Auflösung der verworrenen analogia-Debatten durch die Unterscheidung von univocatio, proportio und proportionalitas mit dem einheitsphilosophisch im Anschluß an Proklos begründeten Vorrang der proportio (subi. 2 (5)),

3. die genaue Erklärung der Attributionsanalogie im Anschluß an das vierte Buch der *Metaphysik* und den Kommentator mit dem Akzent auf der ontologischen Unselbständigkeit des Akzidens (subi. 3 (6)),
4. die spezifische Rezeption der Unterscheidung Augustins zwischen der providentia voluntaria und der providentia naturalis (subi. 3 (6)).

Aus diesen Gründen kann Dietrich weiterhin als Verfasser gelten; aber dann müssen die Divergenzen um so genauer bezeichnet werden, die zu seinem gesicherten Werk bestehen. Auf keinen Fall darf der viel zu kurze und fragmentarische Text von *De subiecto theologiae* ohne weitere Prüfung zum Schlüsseltext für das Gesamtwerk Dietrichs gemacht werden, wie dies Karl-Hermann Kandler vorgeschlagen hat. Kandler hat, offenbar in dem Glauben, denselben Theologiebegriff sein eigen nennen zu dürfen wie den des Fragments, die anderen „theologischen" Schriften Dietrichs abgewertet. Sie seien „ziemlich blaß, kaum innovativ". Gleichzeitig setzt er seine ancilla-Vorstellung durch mit dem Dictum, es seien Dietrichs „philosophische Schriften offensichtlich nur Vorarbeiten für diese nostra scientia". Das ist weder „offensichtlich" noch wahrscheinlich im Blick auf subi. 3 (5) III 281. Das Basler Fragment gibt Fragen vor, keine Leitlinie der Interpretation im Sinne „heilsgeschichtlicher" Vorlieben moderner Theologen.[10] Für den vorliegenden Zweck eines Durchgangs durch die „theologischen" Werke Dietrichs, erfüllt *De subiecto theologiae* seine Funktion; es hilft, konkrete Fragen zu stellen, die bei der Lektüre dieser Schriften zu beantworten sind. Es sind vor allem diese:

– In welchem genauen Sinne war Dietrich in diesen „theologischen" Schriften „Theologe"?
– Sind sie wirklich „ziemlich blaß, kaum innovativ"? Und wenn sie es sind, waren dann langweilige Durchschnittsprodukte der Zielpunkt von Dietrichs Arbeit? Was sollen Ideenhistoriker von Dietrich halten, wenn er sein Hauptarbeitsziel nur „blaß, kaum innovativ" erreicht hat? Sie würden ihn mit Recht ignorieren.
– Halten Dietrichs „theologische" Schriften sich an die Vorgaben von *De subiecto theologiae*? Behandeln sie die Gesamtheit der Dinge, wie sie den Willensanordnungen der göttlichen Vorsehung entsprechen, im Gegensatz zur philosophischen Theologie, die sich mit der Ord-

[10] Einen Versuch in dieser Richtung macht Karl-Hermann Kandler, Theologie und Philosophie nach Dietrichs von Freiberg Traktat De subiecto theologiae, in: Was ist Philosophie im Mittelalter? Hg. von Jan A. Aertsen und Andreas Speer, Berlin – New York, MM 26, 1998, S. 642–647.

nung der naturhaften Vorsehung befaßt? Dann wäre Dietrich primär ein heilsgeschichtlich orientierter Moraltheologe, aber war er das? Schließlich sind wir Dietrichs Konzept der aus Augustin entwickelten doppelten Vorsehung in den zuvor besprochenen Schriften schon mehrfach begegnet, besonders in *De visione beatifica* 4.3.2 (4) I 114 und *De intellectu et intelligibili* II 8 (2) I 151. Daraus ging hervor, daß diese Unterscheidung die Souveränität des Allmächtigen zu Sonderbegnadungen und Engelsmissionen wahren, aber zugleich theologische Interventionen bei philosophischen Fragen abwehren sollte. Dietrich betonte in *De animatione coeli* 20 III 30 die Erhabenheit der Willensprovidenz so, daß er sie als penitus aliena fernhielt von seinem Forschungsfeld.
- Führen sie den Gesichtspunkt der göttlichen Sanktionen guten oder bösen Lebens als bestimmende Charakteristik im einzelnen durch? Dies soll ja nach *De subiecto theologiae* 3 (9) das Unterscheidungsmerkmal der „wahren" Theologie sein.
- Bestätigen die „theologischen" Schriften die These Kandlers, *De subiecto theologiae* spreche eine „heilsgeschichtliche Dimension" aus, um die es Dietrich „zuletzt" in allen seinen Werken gegangen sei?
- Paßt die Konzeption „Theologie als Heilsgeschichte" in den gedanklichen Gesamtrahmen Dietrichs?
- Waren Dietrichs „philosophische Schriften", wie Karl-Hermann Kandler behauptet, für ihn nur „Vorarbeiten" für eine theologia im Sinne der „nostra scientia" von *De subiecto theologiae* 3 (8) III 281?
- Kann *De subiecto theologiae* als Schlüssel zum Gesamtwerk Dietrichs gelten? Ist es ihm insgesamt darum gegangen, die Überlegenheit der nostra scientia über alle philosophische theologia zu beweisen?

Klar ist aus dem Text: Selbst wenn die „theologischen" Schriften Dietrich sich daran hielten, im Sinne von *De subiecto theologiae* 3 (9) die Welt nur unter dem Gesichtspunkt des ordo voluntariae providentiae zu betrachten, wäre das nicht „Offenbarungstheologie" in irgendeinem lutherischen oder nachtridentinischen Sinn. *De subiecto theologiae* behauptet den Vorrang göttlicher Willensdispositionen im Hinblick auf Lohn und Strafe für gutes oder schlechtes Leben vor dem Wissen von der göttlichen Natureinrichtung, nicht den Primat einer positiven Satzung; es spricht mit keinem Wort von Bibel, Glaubensbekenntnis oder Lehramt. Der Text ist kurz und fragmentarisch, legt aber eher nahe, die „Theologie der Heiligen" handle – unlutheranisch – von Verdienst und Belohnung, von der ratio meriti et praemii, sie diene der Leitung und Bewertung menschlicher Willensakte; ihr Hauptgesichtspunkt sei, ähnlich wie bei Averroes, die irdische Regulierung und die jenseitige Honorierung beziehungsweise Bestrafung ethischen Verhaltens.

Die genaue Antwort auf die Fragen, die dieses Fragment nahelegt, können nur Dietrichs eigene Texte geben. Ich gehe sie daraufhin im einzelnen durch.

3. Christologie oder Ontologie des aptitudinalen Seienden

Wenn es *einen* Traktat Dietrichs gibt, den man auf den ersten Blick zu den „theologischen" im engeren Sinne zählen möchte, dann wohl derjenige, der seit dem Stamser Katalog und auch in unserer kritischen Ausgabe den Titel trägt: *De corpore Christi mortuo* (abgekürzt: corp.).[11] Die Geschichte der Malerei kennt das Andachtsbild vom Leichnam Jesu, dem insbesondere Grünewald, Mantegna und der jüngere Holbein eine über die Geschichte der Frömmigkeit wie der Kunst weit hinausgehende Bedeutung gegeben haben. Wer mit einer ähnlichen Erwartung an Dietrichs Traktat herangeht, wird enttäuscht. Auf die einfachste Form gebracht, behandelt der Text die Frage: Ein Baum kann nicht sehen. Ein Blinder kann nicht sehen. Was genau ist die Differenz zwischen diesen beiden Arten des Fehlens des Sehens?

Der Traktat ist in zwei Handschriften überliefert; die vatikanische Handschrift Cod. Vat. Lat. 2183 gibt unserem Text irrtümlich den Titel der darauffolgenden Schrift; der Maihinger Codex kommt der Sache schon näher und gibt ihm den Titel: Vom Wesen des privativen Gegensatzes und seinen Unterschied zum kontradiktorischen Gegensatz, *De proprietate et natura privativae oppositionis et differentia eius ad oppositionem contradictionis.* Danach enthielte der Traktat eine Untersuchung zur Ontologie der beiden wichtigsten Arten des Gegensatzes. Aber auch diese Umschreibung ist nicht zufriedenstellend, denn im vierten und

[11] Zum kulturellen Hintergrund vgl. Agostino Paravicini-Bagliani (Hg.), Micrologus VII: Il cadavere, Florenz 1999.

letzten, ziemlich knappen Teil erklärt Dietrich, er wolle die quaestio entscheiden, ob der Leib des toten Christus mit dessen lebendigem Leib identisch war oder nicht (corp. 4 (1) II 150). Das war eine von den Theologen des 13. Jahrhunderts viel diskutierte Frage.[12] Der Text bezieht sich also auf eine damals aktuelle Universitätsdiskussion, die durch die Verurteilung der unitas formae-These durch den Erzbischof von Canterbury, Johannes Peckham, 1284 und 1286 erneut Aktualität gewann und in den Quodlibeta der Zeit immer wieder erörtert worden ist, zum Beispiel in den *Quodlibeta* I 4 (ed. R. Macken S. 13–22), II 3 und 4 (ed. Wielockx S. 21–28) Heinrichs von Gent und in den *Quodlibeta* II 1 und II 7 des Gottfried von Fontaines.[13] Die Frage war nur eine an die religiösen Vorstellungen der Zeit anknüpfende Formulierung für Untersuchungen zur Einheit der substantialen Form beim Menschen; Dietrich hat sie in *De origine* und in *De natura contrariorum* berührt. Insofern ist der Herausgeberin des Traktats, Maria Rita Pagnoni-Sturlese, zuzustimmen, daß wir keinen Grund haben, den Titel des Textes, wie ihn der Katalog von Stams nennt, zu ändern. Aber wer nun glauben würde, damit sei der im engeren Sinne „theologische" Charakter dieses Textes bewiesen, erlitte beim Lesen eine herbe Enttäuschung, denn Dietrich erklärt mehrfach, er rede hier von der Leiche Christi wie von jeder anderen menschlichen Leiche:

Sic est de Christo sicut de quocumque alio homine (corp. 4 (6) II 150).

Wenn Christus wirklicher Mensch und wahrhaft tot war, dann sind Diskussionen über seine Leiche dieselben wie über jede andere Leiche; das sagt Dietrich gegen Albert;[14] aber das hatte auch Gottfried von Fontaines im *Quodlibet* II 7 erklärt; dann blieben seine Gottheit und Erlöserrolle und die ganze Heilsgeschichte außer Betracht. Die zu behandelnde Frage lautete: Welchen philosophischen Grund haben wir für die Annahme, der Körper eines toten Menschen sei identisch mit dem Körper desselben

[12] Franz Ehrle, J. Peckham über den Kampf des Augustinismus und Aristotelismus in der zweiten Hälfte des 13. Jahrhunderts, in: Zeitschrift für katholische Theologie 13 (1889) S. 172–193; Theodor Schneider, Die Einheit des Menschen. Die anthropologische Formel „anima forma corporis" im sogenannten Korrektorienstreit und bei Petrus Johannis Olivi. Ein Beitrag zur Vorgeschichte des Konzils von Vienne, Münster 1973.

[13] Artur Michael Landgraf, Dogmengeschichte der Frühscholastik, Teil 2, Band 1, Regensburg 1953, S. 273–319; Alain Boureau, Théologie, science et censure au XIIIe siècle. Le cas de Jean Peckham, Paris 1999.

[14] Vgl. S. 160, Anmerkung 57.

lebendigen Menschen? Diese Frage wird in dem weitaus größeren Teil des Textes erörtert. Dabei erwähnt Dietrich nicht einmal die Möglichkeit, die Albert vorgeschwebt hatte, ein göttlicher Eingriff sichere den Identitätserhalt; er denkt nicht daran, einen Schriftbeweis zu nennen. Er fragt, was ein toter Körper ist, definiert ihn als des Lebens beraubt und untersucht dann, was privatio, „Beraubung" ist, strikt im Anschluß an Aristoteles, auf sieben von acht Druckseiten ohne jeden Bezug auf den toten Christus. Kurz: Der tote Christus dient ausschließlich als Exempel für eine Leiche. Dietrich führt die Untersuchung mit ontologischer Trokkenheit; er sucht die Differenz zwischen einem lebendigen und einem toten Körper, und die Argumente im Hauptteil der Untersuchung gelten für jeden Tierkadaver wie für den toten Leib Jesu.

Die Fragestellung war abstrakt, aber sie hatte in der mittelalterlichen Lebenswelt hohe Bedeutung. Es war üblich, die Leiche eines Fürsten konservatorisch zu behandeln, um ihn, der oft auf Reisen war, in der geforderten Grabstätte beizusetzen. Man trennte dabei die weichen Bestandteile des toten Leibes von den Knochen, die man abkochte, um sie für den Transport zu präparieren: Wie weit konnte man bei solchen Eingriffen gehen, ohne die Identität des Fürsten zu zerstören? Für ein modernes Empfinden gestaltete sich der Umgang mit Leichen von Heiligen oder von Personen noch roher, die „im Geruch der Heiligkeit" verstorben waren. Man zerlegte sie rücksichtslos, um Reliquien in großer Zahl zu bekommen, aber dann stellte sich die Frage, ob, wenn man die Vorhaut Jesu oder einen Finger des heiligen Petrus verehrte, den identischen Jesus anbetete oder den wirklichen Petrus verehrte. Es bestand ein kirchliches Interesse an der Reliquienverehrung, aber auch an Bestattungskultur überhaupt. Hatte Jesus gesagt, die Toten sollten ihre Toten begraben, dann hieß das: Sorgt euch nicht, wie und wo ihr begraben werdet. Aber die mittelalterliche Kirche monopolisierte das Bestattungswesen und verbot 1277 die jesuanische These, man solle sich um das Begräbnis nicht kümmern. Dann mußte zwischen Leiche und dem Objekt religiös-politischer Administration eine gewisse Identität bestehen. Aber welche?

Das Problem spitzte sich zu, wenn man erklären sollte, was eine Leiche von einem beliebigen Stück Materie unterschied. Wenn christliche Aristoteliker die Geistseele zur einzigen Wesensform des menschlichen Leibes machten und den Tod als die Trennung der Geistseele vom Leib definierten, dann war der Leib eines Toten von dem Element verlassen, das den Menschen zum Menschen machte, dann war er toter Stoff. Dem widersprach aber das einfache Empfinden, das dazu neigte, den toten Leib mit der Persson zu identifizieren und z.B. von einem Grab zu sagen, in ihm liege der heilige Jakobus. Der tote Leib sah dem lebendigen für einige Zeit recht ähnlich; wie konnte man von ihm behaupten, alles, was den Toten zu einem Menschen gemacht habe, sei aus ihm verschwunden? Scholastisch ausgedrückt: Mußte man nicht eine eigene Wesensform des Körpers annehmen, die nach dem Tod, also nach dem Weggang der Geistseele, im toten Körper verbleibt und die Identität der Leiche mit dem Lebewesen sichert? Wenn das heilige Grab religiös-politische Bedeutung hatte und wenn die Reliquienverehrung auf Wahrheit beruhte, mußte jeder, der von der Geistseele behauptete, sie sei die einzige Wesensform des Menschen, in Schwierigkeiten kommen, wenn er sagen sollte, worauf die Identität des toten Körpers mit dem lebenden beruhe. Führende Franziskanertheologen wie Johannes Peckham und Matthäus von Aquasparta hatten sich dieses Problems in der Form angenommen, daß sie die Geistseele nicht zur einzigen forma des Menschen machen wollten, sondern eine eigene forma seines Körpers annahmen, die den Tod überstehe und die Identität der Person mit der Leiche partiell sichere. Auf den Theologendisput über diese Frage der Einzigkeit der substantialen forma bezieht sich Dietrichs Untersuchung, und in diesem Sinne behandelt er eine *theologische* Frage. Doch die Argumentation des Traktats besteht aus einer philosophischen Analyse der privativen Opposition und ihrer Arten (corp. 1 und 2 II 143–147), sodann der Differenz von „tot" und „lebendig" (corp. 3 II 148–149) und entscheidet schließlich in einem knappen Schlußteil (corp. 4 II 150) aus den gewonnenen Einsichten die bekannte Streitfrage von der Einheit der Form und der Identität des toten und des lebendigen Leibs Christi und jedes Menschen.

Die Untersuchung beginnt auf aristotelischem Boden. Sie setzt ein mit den Grundbegriffen aus *De interpretatione*, mit den Vorgaben aus der *Metaphysik*, besonders IV 2, IV 6 und X 4, und aus dem Handbuch der mittelalterlichen Logik, dem Tractatus, der später den Titel *Summule logicales* erhalten hat. Die Einzelnachweise sind der kritischen Ausgabe von Maria Rita Pagnoni-Sturlese zu entnehmen. Der theoretische Kern ist der folgende: Die aristotelische Theorie des Gegensatzes (oppositio) unterscheidet mehrere Formen der Entgegensetzung; sie differenziert vor allem zwischen Widerspruch (negatio simpliciter) und dem Fehlen von etwas am konkreten Wesen, also dem Beraubtsein, das griechisch steresis und lateinisch privatio heißt. Widerspruch, erläutert Dietrich, bezieht sich auf eine Behauptung, die er schlechthin negiert, also auf einen Gedankenzusammenhang oder einen Satz. Er bezieht sich auf eine logisch-sprachliche Zusammensetzung, auf eine Behauptung, nicht auf ein konkretes Wesen, sondern auf ein Gedankenwesen (res rationis); zwischen seinen beiden Extremen gibt es kein Mittleres. Die Privation ist ebenfalls eine Verneinung, aber eine Verneinung an einem konkreten Wesen; sie negiert das Vorhandensein der dem Fehlen entgegengesetzten Seinsbestimmtheit (forma).

Dietrich arbeitet dann das Gemeinsame und die Verschiedenheit dieser Gegensatzarten heraus. Er insistiert, der Widerspruch sei eine logische Operation, das konkrete Beraubtsein aber eine Naturbestimmtheit. Der moderne Leser wundert sich ohnehin, daß Aristoteles derart verschiedene Dinge, wie die Verneinung einer Behauptung und das Fehlen eines Organs als Unterarten des Gegensatzes aufzählt; er erwartet die Lehre vom Widerspruch in der Logik, die Theorie der Privation aber in der Naturphilosophie. Er wird Aristoteles einer Logifizierung empirischer Vorgänge verdächtigen, wenn dieser das Fehlen eines Arms und die Negierung einer Behauptung als Unterarten des Gegensatzes aufführt, sie also ontologisch in eine gemeinsame Reihe stellt, nur weil in beiden Fällen etwas negiert wird. Dietrich insistiert auf der Differenz: Das Beraubtsein hat ein konkretes Subjekt, das als solches nicht negiert wird, sondern als ein Mittleres zwischen dem Haben und dem Nicht-Haben einer Einzel-Bestimmtheit steht, in unserem Fall einen Menschen, der einen zweiten Arm haben sollte, dem aber ein Arm fehlt. Der Widerspruch hingegen negiere eine Aussage, auch wenn er auf einem sachgegebenen Fundament ruhe, nämlich dem, daß wir es als Wirklichkeitsbedingung ansehen, daß in der Realität etwas nicht zugleich sein und nicht sein kann.

Stellt die zuletzt gebrauchte Formulierung, daß wir „es als Wirklichkeitsbedingung ansehen“ nicht eine Modernisierung der Theorien in Dietrichs Analyse dar? War es nicht im Mittelalter die Wirklichkeit selbst, die dem Gesetz unterstand, entweder zu sein oder nicht zu sein, entweder eine Seinsbestimmtheit (forma) aufzuweisen oder nicht? Doch was hier allein zählt, sind nicht allgemeine Ansichten über die Struktur der mittelalterlichen Ontologie, sondern Dietrichs Text. Und dieser sagt, der Widerspruch sei das oberste Prinzip der Wissenschaft, demzufolge in jedem Fall entweder die Bejahung oder die Verneinung wahr ist, und dieses sei begründet (radicatur) in primo principio considerato apud naturam, daß nämlich nichts zugleich sein und nicht sein könne (corp. 1 (3) II 144). Es ist eine der philosophischen Finessen Dietrichs, der dabei ist, Gedankenverhältnisse wie die Verneinung zu unterscheiden von Naturbeständen wie dem Fehlen eines Arms, daß er nicht sagt, das Widerspruchsgesetz sei in der Natur begründet, sondern daß er von diesem Prinzip sagt, daß wir es als Naturbestimmtheit denken, considerato apud naturam. In unseren Begriff von Wirklichkeit oder natura gehen Gedankenbestimmungen ein, aber unter Philosophen kommt es darauf an, hierbei die nötigen Unterscheidungen zu treffen, also Widerspruch als Gedankenoperation vom Negieren einer Naturgegebenheit, also von faktischem Fehlen zu unterscheiden. Jedoch: So groß die Differenz von Widerspruch und Abwesenheit einer Natureigenschaft auch ist, eines haben sie, Dietrich zufolge, gemeinsam: Sofern sie beide eine Negation sind, negieren sie den Inhalt der Affirmation. In beiden so verschiedenen Arten des Gegensatzes dominiert die Affirmation die Negation, insofern sie deren materialen Inhalt angibt. Die Verneinung eines Urteils bezieht sich auf den Inhalt der Affirmation; das reale Fehlen eines Armes bezieht sich auf einen Arm am menschlichen Leib. Eine bestimmte Negation entspricht einer vorgegebenen Affirmation, und auf ähnliche Weise ist die Privation inhaltlich bestimmt von der möglichen oder erwünschten Anwesenheit einer Naturbestimmtheit.

Dietrichs Untersuchung kompliziert sich: So sehr er die Verschiedenheit von Widerspruch und Verstümmeltsein betont, die bloß logische Operation einer Verneinung und das physische Abwesendsein eines Arms haben dies gemeinsam: Das Negierte bezieht sich inhaltlich auf das Affirmierte, erhält von diesem seine ratio, wie Dietrich sagt, nicht ohne noch einmal die *realis* ratio der Privation von der bloß logischen Gemeinsamkeit widersprechender Sätze zu unterscheiden (corp. 1 (5) II 144). Der entscheidende Punkt ist: Die inhaltliche Struktur des Fehlens wird von dem bestimmt, was fehlt. Das Affirmierte prägt die ratio des Negierten.

Dietrich fährt fort, indem er drei allgemeine Formen des privativen Gegensatzes unterscheidet (corp. 2 (1)–(6) II 145–146). Wenn wir zum Beispiel die Gesamtheit der Seienden unterscheiden in: Körper und Nicht-Körper, dann liegt darin eine erste allgemeine Form des privativen Gegensatzes. Der übergeordnete Begriff „Seiendes“ wird nach Körper und Nicht-Körper differenziert. In den Differenzen ist jeweils der Wesensgehalt der entgegengesetzten Wirklichkeit enthalten, aber dabei handelt es sich um einen Namensgemeinsamkeit, keine Sachgemeinsamkeit, um eine ratio nominis, non rei. Es findet sich hierbei kein reales gemeinsames Subjekt, und wenn wir die „Nicht-Körper" privativ bestimmen, handelt es sich in einem abgeschwächt-übertragenen Sinn um ein Subjekt, dem etwas fehlt, nämlich die Körperlichkeit. Die Gegensätze Körper und Nicht-Körper treten dadurch nicht in reale Wirksamkeit an einem realen Naturding.

Etwas anderes ist es, wenn ein Sehender zu einem Blinden wird. Dann wird das Fehlen ein realer Mangel an einem konkreten Wesen. Die Blindheit hat mit der Sehkraft nicht eine bloße Namensgemeinsamkeit, sondern einen gemeinsamen Realgehalt, eine ratio rei. Aber diese ihre negative Bestimmtheit ist von der Sehkraft bestimmt, ähnlich wie in einem negierenden Satz der Inhalt der Affirmation vorkommt. Im Unterschied zu dem ersten allgemeinen Modus privativen Seins handelt es sich jetzt um einen Naturvorgang. Bei Naturprozessen geht es immer um forma und privatio; daher die philosophische Bedeutung der Theorie des privativen Gegensatzes. Doch können Naturvorgänge reversibel sein oder irreversibel. In der Sprache der Gegensatztheorie heißt das: Bei einer bestimmten Art von Naturprozessen, den reversiblen, führt der Weg von der Seinsbestimmtheit zu deren Fehlen und zur Seinsbestimmtheit zurück, also von forma zu privatio und wieder zur forma; Wasser wird zu Eis und wieder zu Wasser. Dies könnte man das reziproke Beraubungsgeschehen nennen. Bei irreversiblen Prozessen kann die verlorene Form nicht zurückgebracht werden: Der Wein, der zu Essig geworden ist, kann nicht wieder Wein werden. Dieses Beispiel bringt Dietrich im Anschluß an Aristoteles-Averroes *Metaphysik* VIII 5 für die irreversible Beraubung, die er im Fortgang genauer analysiert, denn sie bestimmt den Unterschied von tot und lebendig.

Die aristotelische Naturanschauung ist orientiert am Vorrang der lebendigen Form. Sie theoretisiert noch den Untergang lebendiger Formen von diesem Primat her und sagt: Die Natur bestimmt nicht den Wein zur Materie des Essigs; die Korruptionsform „Essig" ist nicht die intendierte Zielmarke des Naturprozesses. Die Natur intendiert nicht den Kadaver, sondern die lebendige Form, und wenn diese lebendige Form im Tod des Lebewesens sich auflöst, intendiert die Natur nicht die Leichenform, sondern die Auflösung der Lebe-Form. Zwischen Naturvorgängen und ihren Forma-Ergebnissen besteht, in der aristotelisierenden Sprache

Dietrichs gesprochen, eine per-se-Beziehung, die sich im Untergang der lebendigen Form in dem Sinne erhält, daß die Wesensgestalt des toten Leibs nicht per se intendiert ist, sondern sich per accidens aus der naturgemäßen Auflösung der Lebe-Form ergibt (corp. 2 (9)–(11) II 147).

Werden heißt, dieser Naturphilosophie zufolge, das Entstehen einer forma und damit eines Seienden, aber Werden ist mit Vergehen verbunden, und dies führt zu Nicht-Seiendem und dem Fehlen der forma, also zur privatio. Die Rede ist von reversiblen Naturvorgängen. Bei einem solchen Naturvorgang erhält ein Zugrundeliegendes, ein subiectum, eine neue forma und verliert die bislang besessene Seinsgestalt. Es entsteht also gleichzeitig eine neue Seinsgestalt und eine privatio, die im Gegensatz steht zur früheren Gestalt, nicht im Sinne einer äußeren Gestalt, sondern einer Wesensform. Forma und privatio treten gleichzeitig auf, aber, insistiert Dietrich, die Intention der Natur ist primär auf die Herausarbeitung der neuen Gestalt gerichtet. Die neue Gestalt bedingt die privatio der vorhergehenden und entgegengesetzten forma. Das ist de facto so, aber es geschieht nicht per se, sondern per accidens (corp. 2 (7) II 146).

Anders bei irreversiblen Prozessen, die hier besonders interessieren, weil sie den Weg vom Lebewesen zur Leiche charakterisieren, vom Wein zum Essig. Selbstverständlich haben auch Leiche und Essig eine substantiale forma. Aber die Neuentstehung *dieser* forma ist Nebenwirkung der Zerstörung der primären früheren Wesensform. In diesem Fall ist die Zerstörung des Lebewesens oder des Weins principalior et per se intenta a natura (corp. 2 (9) II 147). Aristoteliker trauten sich zu, zu wissen, daß die Physis nichts zwecklos tue und daß sie bestimmte Intentionen verfolge. Sie zogen Naturvorgängen ein logisch-ästhetisches Gerüst ein, verknüpften es mit Bewertungen und stützten damit die für ihr Wissenschaftskonzept maßgebende Rolle der Definition; die Definition brachte die Wesensstruktur der von Natur intendierten Wesensform zum Ausdruck. Sie konnten die Schere ihrer Distinktion zwischen per-se- und per-accidens-Intendiertem auch bei Naturprozessen anwenden. Leben galt als besser, naturgewollter denn Todsein, Wein als besser und allein intendiert im Vergleich zum Essig. Der moderne Leser hat gelernt, solche qualitativen Urteile aus der Chemie und Biochemie fernzuhalten; er kann gleichwohl anerkennen, daß sich Dietrich innerhalb der aristotelisierenden Naturphilosophie mit Umsicht und Konsequenz bewegt hat. Bei der Zerstörung eines Lebewesens ist demnach die Beraubung der Lebe-Form „mehr intendiert" als die Entstehung der Leichen-Form. Das

Fehlen der Lebe-Form steht zur Leichenform in der Beziehung eines per-se-Bestimmten zu einem per-accidens-Bestimmten. Denn die Leichenform entsteht durch die Zerstörung der Lebeform als Folgeerscheinung oder per accidens. Das Lebendige verhält sich, wie Aristoteles, *Metaphysik* VIII 5, Ar. lat. XXV 3, 2 S. 176 Zeile 216–229, sagt, bei seiner Zerstörung nicht als das Aufnehmende einer neuen Form, obwohl es eine neue forma bekommt. Noch im Fall ihrer Zerstörung behält die Lebe-Form einen gewissen Primat über die Leichen-forma; noch ihr Fehlen ist logisch-ästhetisch primär gegenüber der per accidens entstandenen Leichen-forma. Da für die Frage, in welche Kategorie ein Seiendes gehört, die per se-Bestimmung maßgebend ist, nicht die per-accidens-Intention und da die Privation der Lebeform das per-se-Bestimmende der Zerstörung des Lebewesens ist, gehört die Leiche per se in die Kategorie des Lebewesens, nicht in die Kategorie der substantialen Leichenform, die ihr jetzt innewohnt. Ein totes Lebewesen gehört daher in die Kategorie der Lebewesen, nicht in die Kategorie des Leblosen wie ein Stein. Für es ist das Fehlen der Lebe-Form ontologisch und logisch primär, nicht die Anwesenheit der Leichenform. Zwischen dieser privatio und der früheren substantialen Form des Lebenden besteht eine per-se-Beziehung; die Abwesenheit der Form des Lebendigen bestimmt die Wesensart der Leiche, gibt ihr immer noch die spezifische Bestimmung. Was ihr fehlt, ist wichtiger als was sie hat, weil es das biologisch-logisch-ästhetisch und wertmäßig Höhere war (corp. 2 (10) II 147).

Davon wird keine Leiche wieder lebendig. Aber darum geht es nicht, sondern um die Kategorialanalyse des Fehlens, der privatio, um den normativ-ästhetischen Charakter der aristotelischen forma, die selbst noch dominiert, wo sie zerstört ist, und um die Definierbarkeit eines toten Leibs. Er wird definiert von der Wesensform des Lebewesens her, zu der er in seinem Beraubtsein eine per-se-Beziehung behält. Aber was unterscheidet ontologisch einen toten Körper von einem prinzipiell Unbelebten, etwa einem Stein? Dietrich setzt mit seiner Untersuchung erneut ein und entwickelt seine Theorie des aptitudinalen Seienden (corp. 3 II 148–149). Wieder einmal gibt er zunächst eine Gesamtübersicht über die verschiedenen Bedeutungen des Seienden, also einen Aufriß seiner Ontologie; er unterscheidet:

- ens, das secundum substantiam ausgesagt wird, insofern das Seiende unterschieden wird nach den zehn Kategorien;

- ens, das in bezug auf seine ersten und allgemeinsten Eigentümlichkeiten, proprietates, unterschieden wird. Solche sind: Eines – Vieles und ähnliche Erstbestimmungen;
- ens, das unterschieden wird nach seinen substantialen Modi, wie potentiell oder aktual Seiendes.

Auf diesem dritten ontologischen Feld ist die Analyse des naturhaften Werdens und also auch der Privation zu führen: Im Prozeß seiner Erzeugung geht das Lebewesen vom potentiellen zum aktualen Zustand über. Umgekehrt geht es bei seiner Auflösung vom aktualen Status in einen potentiellen Status besonderer Art über, den Dietrich aptitudinal nennt und dahin erklärt, daß eine naturhafte, also prinzipielle Geeignetheit zum Lebendigsein einem solchen Wesen zukommt, das allerdings durch den irreversiblen Prozeß der Zersetzung nicht mehr in den schlicht potentiellen Zustand von zuvor zurücktritt. Es hat eine Potentialität eigener Art. Es ist eine Möglichkeit, die seinem Wesen nach bestand und den privativen Status noch mitbestimmt, die aber nicht mehr aktuiert werden kann. Es handelt sich um eine besondere Art des Fehlens. Nähme man nicht eine solche spezifische aptitudo an, dann bestünde zwischen der Leiche des Lebewesens und einem Stein kein ontologischer Unterschied. Sie sind aber in einem je verschiedenen Sinne tot. Um diesen genauen Sinn zu beschreiben, schreitet Dietrich, wie auch sonst, zu einer terminologischen Neuerung; er nennt das Tote, das von einem Lebewesen bleibt, ein ens, ut ita loquar, *aptitudinatum* privatum (corp. 3 (3) II 148), und erklärt, diese aptitudo sei faktisch nach abgelaufenem Naturprozeß nicht aktuierbar, wohl aber in dem des Lebens Beraubtem dessen Wesen nach angelegt. Er nennt es das aptum natum und unterscheidet es von dem faktisch Geeigneten, dem im üblichen Sinn Potentiellen (corp. 3 (5) II 149). Das Aptitudinale ist ein Modus der Potentialität; das Potentielle ist ein substantialer Modus des Seienden überhaupt. Damit ist die Ontologie des Leichnams grundsätzlich abgeschlossen; Dietrich braucht nur noch zu insistieren, daß das potentiell Seiende in derselben Wesenheit gründet wie das nachher Aktuierte. Es gäbe keine Erzeugung, wenn Ausgangspunkt und Ergebnis völlig disparat wären. Die gemeinsame Wesenheit des Lebewesens hält den potentiellen und den aktualen Status identifizierend zusammen. Ähnlich ist die aptitudinale privatio in demselben Wesen des Lebendigen fundiert, das zuvor aktual lebendig war. Auch hier kann zwischen Ausgangspunkt und Endpunkt des Naturvorgangs keine völlige Disparatheit bestehen, sonst könnte man überhaupt nicht von der Zerstörung eines lebenden Wesens sprechen (corp. 3 (5) II 149).

Dies sind die ontologischen Untersuchungen, die sieben Achtel des Traktats einnehmen, in denen von Wein und Essig, von lebenden und toten Lebewesen, aber nicht von Christus die Rede war. Im letzten Achtel des Textes zeigt Dietrich, daß seine Theorie des aptitudinalen Seienden die Theorie führender Franziskaner von einer eigenen Körper-Wesensform überflüssig macht, ja daß diese, weil sie im lebenden wie im toten Lebewesen *identisch* sein sollte, es nahezu ausschlösse, von wirklichem Tod zu sprechen. Aber daß Christus wirklich tot war, das sei Bestandteil des Glaubensbekenntnisses. Dietrich unterläßt nicht, auf diese Stärkung seiner Position durch die Glaubenslehre hinzuweisen, hebt aber abschließend noch einmal hervor, seine Theorie vom toten Christus gelte von jedem anderen toten Menschen, de Christo sicut de quocumque alio homine (corp. 4 II 150). Um seine Theorie zu verifizieren, bedurfte es keiner Offenbarungstatsache; dazu genügte der Tod eines einzigen Lebewesens. Ob man seine Arbeit, die vom toten Christus wie von jeder anderen Leiche spricht, deswegen als „Offenbarungstheologie" bezeichnen sollte, das hängt davon ab, welchen Begriff von „Offenbarungstheologie" jemand hat.

Ich bin bisher der Argumentation Dietrichs artig gefolgt, um dem Leser einen Eindruck von seinem Traktat zu geben; möchte ihn aber nun noch einmal aus dem Abstand des Historikers charakterisieren und auf die Frage zurückkommen, in welchem Sinne es sich hier um eine „theologische" Schrift handelt. Ich sagte schon, daß ich mit der Herausgeberin keinen Anlaß sehe, den Titel des Traktats zu ändern. Wer immer dem Text diesen Titel gab, hat wahrgenommen, daß Dietrich damit in die Universitätsdebatte der Theologen über die Einzigkeit der substantialen forma eingegriffen hat. Ich habe auch keine Bedenken, von einem „theologischen" Text zu sprechen, möchte dann aber hinzufügen, daß es sich um einen historisch-spezifischen Typus von theologia handelt, in dem kein Bibelzitat, keine Kirchenentscheidung und kein Kirchenvater vorkommt, von dessen Gegenstand mehrfach betont wird, daß vom toten Christus wie von irgendeiner Leiche die Rede ist. Dietrich verschiebt die Frage nach der Einzigkeit der substantialen Form auf das Feld der ontologischen Analyse der privatio, die ihre Wesensart (ratio) von der forma habe und zielt darauf ab, die besondere Art der privatio von Leichen in einem Tableau der verschiedenen Bedeutungen von „seiend" unterzubringen.

Die grundlegende Argumentation der ersten sieben Achtel des Traktats stützt sich auf Aristoteles, Averroes und das Logikhandbuch des Petrus Hispanus; sie erstrebt die Durchsetzung aristotelischer Konsequenz, das heißt der Herausarbeitung einer per-se-Beziehung zwischen der Form und ihrem Fehlen. Aufgrund dieser per-se-Beziehung sieht der denkende Betrachter eine Leiche im Rückbezug auf das lebende Wesen, nicht als beliebigen anorganischen Stoff. Aristoteles hatte die Nicht-Identität von Leiche und lebendigem Leib schroff betont; sie haben, ihm zufolge, nur den Namen gemeinsam.[15] Mit der Erfindung der ontologischen Bestimmung der aptitudo geht Dietrich aristotelisierend über Aristoteles hinaus, mildert dessen schroffe Bevorzugung des Lebendigen und hält damit fest: Die aptitudinale Privation der Leiche bezeichnet eine prinzipielle, aber durch den Naturablauf zerstörte und irreversible Geeignetheit für die Wesensform dieses individuellen und spezifischen Lebewesens, dessen Zeit abgelaufen ist. Dietrich sagt in *De corpore Christi mortuo* 4 (1) II 150 selbst, daß er die Frage nach dem toten Christus vorgefunden habe und daß er sie auf seine Weise beantworte; die gelehrte Herausgeberin hat die Franziskanerautoren namhaft gemacht, deren Theorie von einer eigenen Form der Körperlichkeit durch seine Analyse entbehrlich werde. Ein Text, der durch eine Theologendebatte ausgelöst worden ist, kann ein „theologischer" heißen, wenn man sich der geschichtlichen Eigenheit dieser Art von „Theologie" bewußt bleibt. Von „Heilsgeschichte" ist nicht die Rede. Zu fragen ist, ob dies theologia im Sinne der Schlußerklärung von *De subiecto theologiae* 3 (9) III 282 ist. Was Dietrich treibt, ist Kategorialanalyse im Hinblick auf einen theologischen Streitfall des ausgehenden 13. Jahrhunderts; ohne die innertheologische Applikation im kurzen Schlußabschnitt würde es sich um einen rein philosophischen Text handeln, noch nicht einmal im engeren Sinne von philosophischer theologia. Er entspricht allerdings insofern dem Programm der philosophischen theologia von *De subiecto theologicae* 3 (9) III 281, als es dieser darum zu tun ist, zu erforschen wie die Dinge in ihrer Wesensart stehen und wie sie aufgrund naturhafter Modi und Proprietäten den Weltlauf vollführen. Die aptitudinale privatio ist ein naturhafter substantialer Modus des Seienden. Der Text ist „theologische" Wissenschaft im Sinne des Pariser Stils der Zeit um 1300; weder ein Bibelzitat noch die fromme Betrachtung des toten Christus spielen irgendeine Rolle; auch das theo-

[15] Aristoteles, De interpretatione 11, 21 a 21; Metaphysik VII 10, 1035 b 24–25, Ar. lat. XXV 3,2 S. 151, 532–534.

logische Retributionssystem, das nach *De subiecto theologiae* 3 (9) III 282 für die „theologische" theologia charakteristisch sein soll, kommt mit keinem Wort vor. Der Text ist der knapp gehaltene Eingriff in eine Theologendebatte, er brauchte nicht seinen wissenschaftstheoretischen Ort zu erklären. Wer heute den Text und nicht nur den Titel des Stamser Katalogs liest, sieht, daß es diese Art von theologia weder im 4. Jahrhundert gegeben hat noch im 21. Jahrhundert geben kann.

Noch eine Bemerkung zum geschichtlichen Ort: Der Text enthält keine Polemik gegen Thomas von Aquino, kein Prokloszitat und keinen Hinweis auf den *Liber de causis.* Man konnte ihn lesen als eine neuartige, streng aristotelische Verteidigung der thomistischen These von der Einheit der substantialen Form gegen die Franziskanertheologen. In dieser Eigenart unterscheidet er sich deutlich von späteren Schriften Dietrichs. Er zitiert keinen anderen Traktat Dietrichs, obwohl in diesen die Ontologie der privatio eine große Rolle spielt, vor allem in *De natura contrariorum.* Das alles heißt: Es bestätigt sich die Ansicht von Maria Rita Pagnoni-Sturlese, daß es sich wohl um eine relativ frühe Pariser Schrift, vermutlich um eine punktuell argumentierende universitäre quaestio handelt. Das intellektuelle Umfeld, die Aktualität der Frage nach der Einheit der substantialen forma und das Übergewicht der zitierten Autoren Aristoteles, Averroes, Petrus Hispanus erinnern an *De origine.* Dort, *De origine rerum praedicamentatium* 3 (35) I 167–168, hatte Dietrich die Ontologie der Privation bereits skizziert und zu einer schroffen Polemik gegen einige Franziskaner und Heinrich von Gent getrieben. Die Abfassungszeit von *De corpore Christi mortuo* liegt wahrscheinlich recht früh, allerdings, scheint es, später als *De origine,* wo Dietrich die aristotelisch-averroistische Lehre verteidigt, daß das Fleisch des lebenden Tieres und das Fleisch des toten Tieres nur im äquivoken Sinn „Fleisch" heiße, ohne diese These durch seine Theorie der aptitudinalen Privation zu verändern, auch im Sinne kirchlicher Verwertbarkeit.[16] Hier liegt eine deutliche Differenz vor. Die Radikalität, mit der Dietrich in *De origine* 4 die Einheit der Wesensform vorträgt, ist mit der Zusatzannahme der aptitudinalen Privation kaum vereinbar. Ein gewisser Zeitabstand dürfte bestehen. *De corpore Christi mortuo* ist jedenfalls vor *De miscibilibus in mixto* 17 (5) IV 44 geschrieben, wo die-

[16] Aristoteles, Metaphysik VII 10, 1035 b 24–25, Ar. lat. XXV 3,2 S. 151, 532–534; Averroes, In Met. VII 35 fol. 187 rD – F; Dietrich, or. 4 (12) III 171.

se Schrift zitiert wird, und wohl vor *De tribus difficilibus quaestionibus*, also vor 1296/1297.[17] Um die theologia Dietrichs kennenzulernen, müssen wir die späteren Texte durchgehen, vor allem *De cognitione entium separatorum*.

4. Das Erkennen reiner Geister

In Dietrichs Buch *De cognitione entium separatorum* (abgekürzt: cog.) geht es nicht um die Frage, wie es möglich ist, daß Menschen „abgetrennte“, das heißt: körperlose Wesen erkennen, sondern um die Erkenntnisweise der nicht-körperlichen Wesen.[18] Dietrich untersucht, wie Gott, die Intelligenzen, die Engel und die Seelen der Verstorbenen erkennen. Das ist ein schwieriges, kaum aussichtsreiches, jedenfalls ein theologisches Unterfangen, das Dietrich auch nicht mit seinen sonstigen Deklarationen der Erkenntniszuversicht eröffnet, sondern mit frommen Formeln der Demut: Es handle sich um verborgene Dinge und um Weisheit, die von Geheimem spricht. Dietrich präzisiert im Prolog sein Thema: Er will das Wesen und die charakteristischen Tätigkeiten reiner Geister untersuchen, quoad substantiam et proprias suas operationes. Er fragt nach ihren Tätigkeiten, wie sie sich aus ihrem Wesen ergeben, secundum statum naturae suae, wie sie also sowohl zum Gnadenstand wie zur Naturordnung gehören. Es geht um ihre geistigen Interaktionen, die Dietrich in der Terminologie des Dionysius ihre Tätigkeit des Reinigens, Erleuchtens, Vervollkommnens nennt; er stellt uns Erkenntnisse über die Sprache der Engel in Aussicht und beendet den Prolog mit folgender Bemerkung:

Was er vortrage, werde wohl manchem absurd erscheinen, videbuntur alicui absurda. Das ergebe sich wegen der Seltenheit seiner Lehren, propter raritatem eorum, weil sie nicht zusammenstimmten mit der gewöhn-

[17] Zur Datierung vgl. vor allem M. R. Pagnoni-Sturlese, La Quaestio utrum in Deo sit aliqua vis cognitiva inferior intellectu di Teodorico di Freiberg, in: Xenia Medii Aevi historiam illustrantia, oblatae Thomae Kaeppeli O. P., Rom 1978, S. 102–105.

[18] Dietrichs De cognitione entium separatorum ist eine einer umfangreichsten Schriften. Es gibt, soweit ich sehe, dazu keine Sekundärliteratur mit Ausnahme der ungedrucktem Bochumer Dissertation von Hartmut Steffan, Dietrich von Freibergs Traktat De cognitione entium separatorum. Studie und Text, Bochum 1978.

lichen Ansicht, die sich auf die handgreiflichen Dinge stütze. Aber wie der *Ecclesiastes* sage, habe, wer Himmel und Erde durchforscht habe, nur wenig von Gottes Werken gesehen; es gebe Größeres und Verborgenes als diese sichtbaren Dinge (*Eccl.* 43, 36). Dann der erstaunliche Schlußsatz: Daher sei es nicht zu verwundern, wenn etwas Verborgenes, Seltenes durch Vernunft erschlossen werden könne, non est mirandum, si aliquid occultum rarum ratione patefiat (cog. (4) II 167). Zuletzt siegt nach frommen Wendungen das Vernunftvertrauen selbst auf schwierigstem Gelände.

Ich mußte den Prolog zu *De cognitione entium separatorum* ausführlich zu Wort kommen lassen. Es handelt sich um die Vorrede zu einem umfangreichen Werk, das am ehesten als „theologisch" einzustufen ist. Es führt ein in den historisch-spezifischen Charakter von Dietrichs theologia. Mit einer Reihe alttestamentlicher Wendungen betont Dietrich die Dunkelheit dieser Inhalte, denen man sich durch Studium, aber mehr noch im Gebet nähern müsse. Es gehe um geheime Weisheit, die uns überliefert sei. Dietrich sagt nicht, wo sie überliefert ist; man kann dabei an die Bibel denken, mehr noch an Dionysius Areopagita, auf den er anspielt. Das alles paßt zur Ankündigung eines „theologischen" Buches, nur fragt es sich, um welche Art von theologia es sich handeln soll. Der Prolog gibt dazu drei Hinweise:

1. Die Argumentation soll aus der je eigenen Natur und den Eigentümlichkeiten körperloser Wesen erfolgen, wie sie sich sowohl in ihrem naturhaften wie in ihrem gnadenhaften Wirken zeigen.
2. Dietrich rechnet nicht mit leichter Zustimmung durch seine Leser. Er gibt zu verstehen, daß es einer denkenden Umkehr bedarf, um aus der gewohnten Betrachtung sichtbarer Dinge zu der Einsicht in die spezifische Eigenheit geistiger Wesen aufzusteigen. Er erklärt nicht den vorhandenen Wahrheitsschatz seiner Kirche, sondern nennt, was er vorträgt: rara, occulta, nicht der gewohnten Betrachtungssart entsprechend, usitatae considerationi. Er sieht sich als Außenseiter; er wird nicht bringen, was in der Bibel steht oder was man an den Universitäten ohnehin hört. Übrigens kommen die Kernworte dieser Selbstcharakteristik eines Theologen, der sich außerhalb des mainstream sieht, dessen Werke absurd erscheinen, außerhalb der usitata consideratio stehen, dafür Neues und Seltenes bringen, in Eckharts Prolog zum *Opus tripartitum* n. 2 und n. 7 vor (LW I 2 S. 21 und S. 25).

3. Dietrich kündigt an, er wolle schwierige tradierte Inhalte mit der Vernunft, ratione, aufschließen.

Blicken wir zurück auf die Alternativen von *De subiecto theologiae*, dann erklärt Dietrich jetzt, seine Leitidee sei die Natur und jeweilige Eigentümlichkeit reiner Geister; er betreibt keineswegs theologia im Sinne der in *De subiecto theologiae* 3 (9) III 282 allein als die wahre theologia qualifizierten Betrachtung der Gnadenordnung, sondern eher als die dort (3 (5) III 281) erwähnte, aber nicht festgehaltene Vereinigung von Naturstudium und Gnadenordnung. Er verstärkt diesen Akzent durch die Ankündigung, er werde die Geheimnisse mit der Vernunft aufschließen. Dietrich kündigt seine große „theologische" Schrift in Begriffen an, die denen des wissenschaftstheoretischen Fragments nicht entsprechen. Sehen wir zu, ob und wie er seine Ankündigung einlöst.

Er beginnt, indem er die Architektonik des neuplatonischen Universums beschreibt, um Natur und Eigentümlichkeiten der Geistwesen der jeweiligen Stufe zu ermitteln. Er unterscheidet fünf Grade:

1. Der erste Grund, Gott, der alle Dinge aus dem Nichts erschaffen hat. Er ist seinem Wesen nach Intellekt, intellectus per essentiam, aber so, daß er allein Grund von allem ist, nicht nur der intellektuellen, sondern auch der körperlichen Dinge.

Das Erste, was wir in diesem Buch über Dietrichs Gott erfahren: Er ist seinem Wesen nach Intellekt, seine intellektuelle Tätigkeit *ist* seine Natur, sie tritt nicht akzidentell zu seiner Substanz hinzu, und als wesenhafter Intellekt begründet er alles, ist er Grund aller Gründe.

2. Den zweiten Rang im Aufbau der Wesen nehmen reine Geistwesen ein, die sog. Intelligenzen. Auch sie sind ihrem Wesen nach Intellekt, und das bedeutet, daß in ihnen die Gesamtheit aller Dinge widerscheint, und zwar nicht nachträglich und zufällig, sondern im Wesen dieser hohen Geistwesen selbst, essentialiter. Sie sind die unmittelbaren, die ersten und vornehmsten Wirkungen des göttlichen Grundes. Die spezifische Wirksamkeit der ersten Ursache vorausgesetzt, gehen sie jeweils aus der anderen hervor. Nicht als erschüfe eine dieser Intelligenzen die nächste, sondern der Hervorgang der jeweils niederen Stufe erfolgt zwar aus dem Nichts, ex nihilo, aber auf eine im Vergleich zur göttlichen Erschaffung niederen Begründungsweise. Sie gehen auf die Art einer intellektuell-dynamischen Begründungskette auseinander hervor, als Forma-Miteilung, kraft der Wirkungsmacht, die Gott ihnen verliehen hat, um seine

Allmacht auch dadurch zu beweisen, daß er ihnen Anteil an seiner Weltbegründung gegeben hat.

Wenn Dietrich von den Intelligenzen spricht, hebt er dreierlei hervor: 1) Sie sind wesenhaft Intellekt wie Gott; sie begründen auf eine solchen Intellekten angemessene Weise, nämlich erkennend, die nächsten Intelligenzen. 2) Sie kommen nicht in der Bibel vor. Man kann an ihrer Existenz zweifeln, aber sie sind, der Lehre der Philosophen zufolge, die oberste Stufe des Universums. Manchmal redet Dietrich von ihnen nur hypothetisch: „falls es sie gibt", aber dann warnt er vor Geringschätzung der Argumente der Philosophen und beschreibt assertorisch ihren hohen Rang. 3) Er läßt sie am Hervorgang der Welt aus dem ersten Grund aktiv mitwirken, hebt aber hervor, diese Seins- oder besser: Intellektseins-Vermittlung bedeute keine Konkurrenz zum Vorrang der Erstbegründung durch Gott. Gott allein sei creator. Dietrich wiederholt bis zur Ermüdung: Auch nach der Lehre der Philosophen heiße Gott allein „Erschaffer", die Philosophen bedürften in dieser Hinsicht keiner nachträglichen Korrektur durch Theologen.

3. Aus den Intelligenzen geht die dritte kosmische Gruppe hervor, die Himmelsseelen. Auch sie kennen wir nur aus der Philosophie; auch sie sind ihrem Wesen nach Intellekt, intellectus per essentiam, aber sie unterscheiden sich von den reinen Intelligenzen dadurch, daß sie einen Wesensbezug zu Körpern haben, eben zu Himmelskörpern. Sie gehen unter Voraussetzung der göttlichen Erstbegründung, die auch bei den Philosophen allein „Erschaffung", creatio heiße, ähnlich wie die niederen Intelligenzen, aber abgewandelt auf ihre Weise aus Intelligenzen hervor.

4. Die vierte Art geistiger Wesen bilden die Engel. Ihre Natur bleibt die gleiche, ob im Stande der Gnade oder der Schuld. Ihr Wesen ist bei Engeln und Dämonen das gleiche. Ihre charakteristische Tätigkeit ist geistiges Erkennen und Wollen. Aber sie sind nicht Intellekte per essentiam, folglich liegt bei ihnen eine Differenz vor zwischen Wesen und Tätigkeit. Sie *sind* nicht ihr Tun.

5. Als fünfte und letzte Gruppe körperfreier, also in diesem antiken Sinne „abgetrennter" Wesen fungieren die menschlichen Seelen, und zwar ist ihre Natur unabhängig davon, ob sie in Körpern existieren oder von ihnen abgelöst sind. Das überrascht bei einem Traktat über reine Geistwesen. Der Ausdruck „separatus" bezieht sich nicht auf das faktische Abgetrenntsein, also bei Seelen auf ihren Zustand nach dem Tod, sondern auf die eigentümliche Art ihrer Geistigkeit, die Dietrich näher

analysieren wird. Bei dieser ersten Charakteristik hebt Dietrich hervor: 1) Sie leben nicht mehr im reinen Naturzustand, im status naturae, sondern nach Adams Schuld entweder im Zustand der Gnade oder der Schuld. 2) Sie zeigen noch deutlicher als die Engel die Nicht-Identität von Sein und Wirken; bei ihnen gibt es die Differenz von Substanz, Vermögen und Tätigkeit, differunt substantia, virtus et operatio (cog. 1 II 168–169).

Mit dieser Charakteristik der fünf Stufen geistiger Wesen zeichnet Dietrich den Grundriß seines Buches. Der Leser, der von den kleineren „theologischen“ Traktaten Dietrichs herkommt, tritt in eine veränderte intellektuelle Atmosphäre. Nicht mehr Aristoteles-Averroes bestimmen das Bild, sondern die ungenannten philosophi, die von Emanation, von Intelligenzen und Himmelsseelen gesprochen haben, an deren Lehren zwar Zweifel erlaubt sind, die aber einen so wertvollen Beitrag zum Gesamtbild der Welt leisten, daß Dietrich seine Hypothetisierung ihrer Aufstellungen immer wieder vergißt. Dietrich spricht einmal (cog. 1 (4) II 169) von den Philosophen *und* vom *Liber de causis*; er wird bei den Philosophen an Proklos und Avicenna gedacht haben. Mit einem kurzen Hinweis stellt er klar, daß der *Liber de causis* von Proklos abhängt (cog. 8 (1) II 174). Die Orientierung an diesen neoplatonisierenden Philosophen schließt die Benutzung von Aristoteles und Averroes nicht aus, vor allem nicht, wenn zu bestimmen ist, was ein Intellekt ist, auch nicht bei der Beschreibung der niederen Weltetagen, von deren Hervorgang die neoplatonischen Texte sprechen – vom ersten Weltgrund, der reiner Intellekt und einziger Erschaffer ist, bis herab zu immer größerer Differenzierung bei Engeln bzw. Dämonen und menschlichen Seelen. Nur bei beiden letzten Stufen der Hierarchie spielt Dietrich an auf die Geschichte von Engelsturz und Sündenfall, drängt sie aber für die ontologische Betrachtung zurück zugunsten einer Analyse zunehmender Differenzierung bis herunter zur Unterscheidung von Substanz, Wirkvermögen und Tätigkeit.

Dietrichs *De corpore Christi mortuo* ließ sich noch als originelle Verteidigung der thomistischen Schullinie gegen die Franziskanertheologie deuten, obwohl es sich dabei um die Durchsetzung des konsequenten Peripatetismus handelt, wie Dietrich ihn bei Averroes, Siger und Gottfried von Fontaines fand. Aber in *De cognitione* verstößt Dietrich bereits im ersten Anlauf mehrfach gegen die thomistische Ordenstheologie:

Er bestimmt Deus nicht primär als oberstes Seiendes oder reines Sein, wie nach der Bedeutung des ens divinum in *De subiecto theologiae* zu

erwarten wäre, sondern als intellectus per essentiam. Er wahrt Gottes unvergleichliche Sonderstellung an der Spitze des Universums, aber er läßt ihn die Eigenschaft, intellectus per essentiam zu sein mit einer Reihe anderer Wesen teilen.
Er läßt Intelligenzen und Himmelsseelen auf dem Weg der Emanation auseinander hervorgehen, fügt aber immer hinzu, dies störe nicht den einzigartigen Begründungsakt der ersten Ursache, sondern beweise deren Allmacht, die Begründer begründe. Dies war eine Radikalisierung der Argumentation des Thomas zugunsten der Zweitursachen.
Er läßt die Himmelsseelen nicht bloße Beweger sein, sondern Akt und Wesensform der Himmelskörper.
Er weigert sich, der thomistischen Identifizierung der Engel der Bibel mit den Intelligenzen der Philosophen zu folgen.

Die Engel stehen bei ihm zusammen mit den Dämonen auf metaphysisch wesentlich niedrigerer Stufe. Erst bei ihnen tritt wie bei Menschenseelen die Differenzierung in Wesen, Wirkvermögen und Tätigkeit auf, die Thomas von Aquino für *alle* Geschöpfe als charakteristisch angesehen hatte. Die drei obersten Stockwerke von Dietrichs Welt verbinden die ewigen Lichtkaskaden der intellectus per essentiam, nur in die beiden untersten Stockwerke spielt die Unheilsgeschichte von Teufeln und Erbsünde hinein. Vom Menschen war noch gar nicht die Rede, sondern nur von menschlichen Seelen. Es wird sich zeigen, daß der Mensch, sofern seine Seele aus einem *innewohnenden intellectus per essentiam* hervorgeht, den drei oberen Genera zugehört.

Dietrichs Buch *De cognitione entium separatorum* ist ein „theologischer" Traktat im engeren Sinne, schließlich ist in ihm vom einzigartigen Vorrang des Weltenschöpfers bei gleichzeitiger Emanation, von Satan und Sündenfall die Rede. Dieser Traktat, Dietrichs zweitgrößtes theologisches Buch – 100 Druckseiten, nach *De visione beatifica* mit 111 Seiten –, beruht auf einem eigenen Konzept von theologia, dessen Eigenart ich zu ermitteln suche, indem ich seinem Gedankengang folge, zunächst in den Kapiteln 2 bis 6 II 169–173.

Dietrich beschreibt die metaphysische Eigenheit der vier Gruppen von Geschöpfen, indem er eine Ähnlichkeit der Proportion, also eine viergliedrige proportionalitas zwischen ihnen feststellt: Die Intelligenzen verhalten sich zu den Himmelsseelen ähnlich wie die Engel zu den Menschenseelen. Er hebt hervor, die Himmelsseelen, wesenhafte Intellekte, hätten eine wesentlichere Beziehung zu ihren Körpern, den Sternen, als menschliche Seelen zu ihren Leibern; sie hingen von ihnen ab gleichsam als von ihren Subjekten (cog. 2 (3) II 170). Sie sind Wesensgestalt eines Körpers, und dieser bedingt sie als conditio sine qua non mit, während menschliche Seelen ohne Körper auskommen können. Dies stört die elegante Konstruktion zweier Proportionsgruppen, doch ist die schematisierende Anordnung ohnehin nicht das Wesentliche; sie gibt Dietrich Gelegenheit, einige Grundbegriffe seines Weltentwurfs zu erklären, vor allem sein Konzept der Wesensbegründung, der causa essentialis. Die Essentialkausalität ist, Dietrich zufolge, die für metaphysische Abfolgen charakteristische Verursachungsweise, wie die Akzidentalkausalität physische Vorgänge kennzeichnet. Letztere sind begründet in akzidentellen Veränderungen, und sie bewirken akzidentelle Veränderungen, also motus. Die Essentialkausalität ist die Bewirkungsweise der intelligiblen Welt. Eine causa essentialis ist nicht dasselbe wie eine Ursache, die nicht per accidens, sondern durch sich selbst bewegt, wie sie Aristoteles in der *Physik* VIII 4, 254 b 6–19 beschreibt; Aristoteles dachte dabei an Lebewesen, die den Ursprung ihrer Bewegung in sich selbst haben.

Die Grundthese lautet: Jeder intellectus per essentiam ist per se eine causa essentialis (cog. 3 (1) II 170). Intellekt-Sein bedeutet tätig zu sein, bedeutet die Aktion des Erkennens. Ein Intellekt, der es seinem Wesen nach *ist,* erkennt nicht nur gelegentlich, sondern immer. Seine Tätigkeit hängt nicht von zufälligem Zusammentreffen ab, sondern ist seine Natur, non agunt nisi per suam naturam (cog. 6 (2) II 172). Sein Wirken kommt ihm per se, durch ihn selbst zu, nicht durch Einwirkung von außen. Wenn er verursacht, verursacht er erkennend; sein erkennendes Begründen anderer Wesen ist sein bleibendes Wesen, nicht ein Zusatz zu seinem Wesen. Essentielle Kausalität ist Begründen durch substantielle intellektuelle Tätigkeit; sie hat das zu Begründende in zeitlosem Voraus ganz in sich. Der Gegenbegriff zur causa essentialis ist die akzidentelle oder bloß instrumentelle Verursachung, auch die bloße Beseitigung eines Wirkhindernisses. Die causa essentialis wirkt unmittelbar, aufgrund ihres Wesens; sie ist per se Ursache. Dietrich faßt diese Bestimmungen in dem Satz zusammen:

Est autem proprium et per se causae essentialis per suam essentiam causare (cog. 6 (3) II 173).

Von dieser Kausalität sind sinnliche Vorstellungen fernzuhalten. „Wirken“ hat hier einen abstrakteren Sinn; es bedeutet: etwas intellectualiter und aufgrund des eigenen Wesens begründen. Die Tätigkeit des Begründens gehört in die Kategorie der substantia (cog. 6 (4) II 173). Kein Körper kann causa essentialis sein; es handelt sich um einen intellektuellen Prozeß, bei dem aufgrund substantialer Tätigkeit eine substantia entsteht, keine bloß akzidentelle Veränderung (cog. 75 (1) II 237). Wenn es ein Bild gäbe für seine Eigenart, dann wäre es das des Ausfließens eines Wesens, das weitergibt, was es substantiell in sich hat (cog. 21 (1) – (2) II 185). Die Beziehung des essential Bewirkten zu seinem Grund ist eine prinzipiell andere als die eines physisch Bewirkten zu seiner Ursache: Das essential Begründete *bleibt* im Begründeten, auch nachdem es begründet ist. Seine Beziehung ist sein Sein, sie prägt nicht nur sein Entstehen, sondern sein Sein (cog. 76 (6) II 239). Auch sein Hervorgehen oder sein Entstehen muß prinzipiell anders gedacht werden als das Werden eines Naturdings. Das essential Begründete wird nicht einfach ins Dasein gesetzt. Es tritt aufgrund eigener Tätigkeit ins Dasein, indem es seinen Grund erkennt. Dieser Grund bleibt in ihm, und es bleibt in seinem Grund. Der Grund verliert nichts an Rang und Begründungsfunktion; er verwirklicht das Begründen in seiner vornehmsten, in seiner intellektuellen Form; er begründet, indem er sich erkennen läßt; das Begründete begründet sich selbst, indem es seinen Grund als seinen intim anwesenden Ursprung intellektuell erfaßt (cog. 24 (3) II 187).

Dietrich verfügte nicht schon am Anfang seiner Schriftstellerei über das Konzept der causa essentialis; es fehlt noch in *De origine*; es war unentbehrlich in der Schrift über die Beseeltheit der Himmelskörper (an. 14 (2) – (3) III 25; an. 15, 2, III 26). Dietrich hat an ihm bis in seine letzten Schriften festgehalten (subst. 19 (3) II 316; intellig. 1 (3) II 354). Die Art, wie er ihn in seiner „theologischen“ Hauptschrift präsentiert, zeigt, daß er in ihm einen Schlüssel zu seiner Gesamtauffassung der Wirklichkeit sah. Der Weltprozeß spielte sich demnach im wesentlichen unter Intellekten ab, die per essentiam Tätigkeit sind und deren charakteristische Dynamik der Begriff der causa essentialis als Forma-Ursache beschreibt. Indem Dietrich an den Anfang seines „theologischen“ Grundrisses die Begriffe des intellectus per essentiam stellt, dem per se eine eigene Art der Verursachung, eben die Wesenskausalität, entspricht, leitet er an zur Korrektur eines Denkens, das sich an sinnlichen Substanzen und ihren akzidentellen Kausalitätsformen orientiert und dem daher seine Theorien „absurd“

vorkommen müssen: Wer nicht die Orientierung am anschaulichen Substanzbegriff und an empirischen Verursachungsweisen aufgibt, wer nicht die Eigenart eines wesenhaften Intellekts und seiner per-se-Verbindung zur Wesenskausalität denkt, begreift weder den Erstursprung der Welt, also die creatio, noch das Verhältnis der Intelligenzen zu den Himmelskörpern, noch das Verhältnis zwischen Engeln und Menschenseelen. Er wird den Worten der Bibel und den Vorstellungen der Glaubensformeln ihren sinnlichen Mantel belassen, aber nicht ihre zwar unvorstellbare, aber einsehbare Wahrheit erfassen. Er wird, wenn er Dietrich von Freiberg liest, ihn nach inhaltlichen Lehrpunkten abfragen, aber nicht mit ihm den Weg denkender Korrektur sinnlicher Vorgaben gehen. Dietrich setzt die Begriffe: intellectus per essentiam – per-se – causa essentialis an den Anfang seines Reflexionswegs durch die mittelalterlich-christliche Bilderwelt und bezeichnet damit das Kriterium, nach dem er ihre Wahrheit durch Vernunft zu ermitteln hofft.

Man kann einwenden, er selbst habe mit der Lehre von Himmelsseelen und Intelligenzen, überhaupt mit seiner hierarchisierten Architektonik des Universums der Phantasie einen zu großen Raum gelassen. Aber abgesehen davon, daß er unermüdlich auf den hypothetischen Charakter seiner Aussagen über diese Weltstufen hingewiesen und sich damit doch nur nachdenklich, auf theologische Zensuren verzichtend, dem gewaltigen Gewicht einer großen philosophischen Tradition gebeugt hat, worin ihm kein Geringerer als Albertus Magnus mit seiner Schrift *De causis et processu universitatis* vorangegangen war, abgesehen auch von dem Plausibilitätsgewinn, den seine Auffassung vom Kosmos daraus ziehen konnte – die Lehre vom intellectus per essentiam, die Orientierung des Denkens an per-se-Beziehungen und die Theorie von der causa essentialis setzten vor allem Gott und den Menschen in eine qualitativ neue Betrachtung. Denn Dietrich stellt an den Anfang seines philosophisch-theologischen Kompendiums noch eine zweite These. Gleich zu Beginn erklärt er: Der tätige Intellekt ist in uns Menschen; *unser* intellectus agens ist ein intellectus in actu per essentiam; er ist auf die Weise essentieller Kausalität der Grund der Seele; er verleiht ihr, die Priorität göttlicher Erstbegründung voraussetzend, durch seine substantiale Aktivität erst das Sein (cog. 3 (1) II 170). Diese Erklärung, die Dietrich, man möchte sagen, unnötig früh einführt und die er mit Verweis auf seine frühere Schrift *De intellectu* hier nicht noch einmal begründet, stellt das gesamte Werk und sein Bild der Hierarchie des Universums unter Dietrichs intellekttheoretische Bedingungen: Was der Mensch ist, das sagt nicht der sinnliche Anschein, sondern die Theorie des intellectus agens in uns, der wie Gott ein intellectus per essentiam ist, der sich auf die Weise essentieller Kausalität als seiend bewirkt und der zugleich, indem er sich tätig, erkennend, entgegennimmt, als Grund der Menschenseele wirkt. Wollte ein Leser für einen Augenblick die Intelligenzen und die Himmelsseelen auf sich beruhen lassen, wozu ihm Dietrich das Recht gibt, dann würde er sich zwar von Dietrichs Interesse an Kosmologie entfernen, aber er würde das Wesentliche festhalten: Die neue Konzeption von Deus und intellectus agens noster, deren Differenz *und* deren Gemeinsamkeit. Gott und Mensch wirken nicht wie Dinge der Außenwelt, die einander verdrängen, aufeinander ein; sie wirken nicht äußerlich aufeinander; sie stehen nicht getrennt in ihr da. Sie bilden eine Einheit, eine abgestufte Intellektualwirklichkeit, eine wesenhafte intellektuelle Tätigkeit von je verschiedener Rhythmik. Ohne Einsicht in diese Wesensbeziehung kann man, Dietrich zufolge, weder sinnvoll von Gott noch vom Menschen reden; dann kann man zwar den Buchstaben der Philosophen und der Glaubenslehre hersagen, aber man versteht nichts. Vor allem muß der von Dietrich belehrte Theologe sich darüber im klaren sein: Gegenüber der unvergleichlich engen, ja intimen Beziehung der wesenhaften Intellekte untereinander, spielen Ereignisse in der physischen Welt, so wunderhaft und großartig sie sein mögen, wie etwa die Erweckung eines Toten, auf einer vergleichbar niedrigen Wahrheits- und Wirklichkeitsstufe; sollen sie uns, die wir wesenhafte Intellekte sind, etwas sagen, dann müssen sie in eine der Intellektualwelt angemessene Sprache übersetzt werden. Dies erlaubt eine erste Annäherung an den theologia-Begriff Dietrichs: Die wahre theologia überträgt alle religiös relevanten Vorgänge der sinnlichen und der spirituellen Welt in Intellektualsprache. Das könnte so aussehen: Wir hören etwas von der Geburt Gottes als Mensch. Der Intellektualtheologe im Sinne Dietrich würde wissen, daß er einen solchen Vorgang empirisch nicht nachprüfen könnte. Er würde nicht insistieren, ein solcher Vorgang sei faktisch vorgekommen und historisch glaubhaft bezeugt. Er würde fragen: Was würde es mir als wesenhafter Intellekt bedeuten können, daß Gott vor 1300 Jahren in Bethlehem geboren sein soll? Ich mache mir die Botschaft intellectualiter, nicht faktisch-sinnlich zu eigen, indem ich bedenke, ob Deus in mir als wesenhafter Intellekt geboren wird. Die Lehre von den causae essentiales gibt darauf die Antwort. Man wende nicht ein, eine solche Verinnerlichung der Offenbarungsfakten sei modern und sei im Mittelalter undenkbar. Sie ist um 1300 historisch faktisch nachweisbar; ich habe ja nur einen Ausspruch Meister Eckharts variiert; sie liegt auf der Linie der Präliminarien von Dietrichs theologia.

Dietrich war ein wortsparender und genauer Autor. Wenn er eingangs sagte, seine Theorien lägen außerhalb der gewohnten Bahnen und würden manchem Leser absurd vorkommen, dann hatte er für diese Befürchtung gute Gründe. Vor allem folgende eigensinnige Lehren forderten damals zum Widerspruch heraus:

- die Teilhabe der Intellekte am Schöpfungsvorgang, von der Dietrich mit auffallender Sorgfalt und mit bis zum Überdruß führender Wiederholung immer wieder zu zeigen sucht, daß sie den Primat der göttlichen Weltbegründung nicht mindere, sondern erhöhe;
- die hohe Rangstellung der Intelligenzen, die Himmelsseelen erzeugen;
- die Funktion der Himmelsseelen als Wesensform, nicht nur als Bewegungsgrund des Himmelskörpers, die bedeutet, daß sie ohne die Sternenkörper nicht existieren können;
- die außerordentliche Rangerhöhung des Menschen, dessen tätiger Intellekt ein wesenhafter Intellekt sei, bei dem es keine Differenz von Wesen, Wirkvermögen und Wirken gibt, während Theologen und kirchliche Zensurbehörden diese Differenzen zur Signatur alle Geschöpflichen deklariert hatten. Unser tätiger Intellekt sei Tätigkeit in der Kategorie der substantia und zudem die Ursache des Wesens der Menschenseele; nach 1277, nach den Debatten um die Einzigkeit der Seele mit den sog. Averroisten, durfte er theologisch korrekt nur ein Etwas an der substantialen Seele sein.

Die viergliedrige Proportionalität, die Dietrich als Grundriß seinem theologischen Buch voranstellt, hatte noch eine weitere ungewöhnliche Konsequenz: Sie unterschied rigoros zwischen intellektualer und spiritualer Welt und ordnete die spirituale Welt konsequent der intellektualen Welt nach.

Ich muß den Ausdruck spiritualis erklären, übrigens hier nur in erster Annäherung, denn der Terminus erhält in Dietrichs Theorie der Elemente der Natur ebenfalls zentrale Bedeutung. Dietrich kann unter „spiritualia“ generell die Gesamtheit geistiger Wesen verstehen (z. B. cog. Prol (3) II 167). Aber auch in dieser allgemeinen Fassung bedeutet „spiritualis“ nicht, was das Modewort „spirituell“ im neueren Deutsch meint. Er bezieht sich bei Dietrich keineswegs auf religiöse Akte oder auf außerdogmatische seelische Erfahrungen „höherer“ Art, sondern auf alle geistigen Wesen. Darüber hinausgehend unterscheidet Dietrich intellectus und spiritus. In dieser engeren Fassung bedeutet spiritus die Engel- und Seelenwelt, im Unterschied zur Intellektualwelt, also zu Gott, den Intelligenzen, den Himmelsseelen und den menschlichen intellectus agentes. „Spiritus“ in diesem engeren Sinn bezeichnet durchgehend die im Vergleich zum intellectus nächstniedere Wirklichkeitsstufe. Bei „spiritualen“ Wesen tritt erstmals die Differenz von Substanz und Tätigkeit auf, die es bei Gott, bei Intelligenzen, bei Himmelsseelen und dem intellectus agens nicht gibt. Engel, Dämonen und menschliche körperlose Seelen sind in der Sprache Dietrichs „spiritus“ (cog. 4 (1)–(2) II 170s.); sie sind körperlos, aber sie „Geist“ zu nennen, bringt im Deutschen Unklarheit hervor, weil Dietrich sie absetzt gegen die höheren Intellekte, die vorzüglich „Geist“ heißen müssen. „Spiritual“, das ist bei Dietrich die, von oben gesehen, vierte Wirklichkeitsstufe, zu der Engel und als fünfte, letzte Stufe die armen Seelen, nicht aber Intelligenzen, Sternbeweger und tätige Intellekte zählen. Das war ein Eingriff in sanktionierte Hierarchiebilder, eine ungewohnte Rangerhöhung des Menschen, sofern der tätige Intellekt in ihm wirkte und das Wesen seiner Seele begründete. Überhaupt wird man Dietrichs Aufriß des Universums nicht mit allgemeinen ordo-Vorstellungen des Mittelalters verwechseln. Er unterscheidet sich von ihnen:

1. Durch die *Liber de causis*-Hierarchie, deren drei oberste Stufen alle intellectus per essentiam sind. Dadurch ist der augustinische Kontrast von Schöpfer und Geschöpf gemildert, zumal diesen Intellekten eine seinsbegründende Rolle zufällt.

2. Durch Dietrichs Relationstheorie; Dietrich kennt nicht nur rein gedankliche und daneben akzidentell-reale Relationen, sondern anerkennt *substantiale* Beziehungen unter Geschöpfen; nach Thomas von Aquino waren sie das Privileg der Trinität. Intellekte nehmen, Dietrich zufolge, keine Akzidenzien auf. Wenn sie auf etwas bezogen sind, dann als substantiale Tätigkeit des Sich-Beziehens.[19]

[19] Zur Relationstheorie Dietrichs vgl. außer cog. 34 (2)–(9) II 197–198 noch or. 2 (33) bis 2 (40) III 151 bis 154; hab. 2 (4) – (9) II 9–10; vis. 3.2.6 (2)–(7) I 79–80. Zur Relationstheorie bei Heinrich von Gent vgl. dessen Quodl. VII 1 + 2 , bes. S. 30–31; Quodl. IX 1 S. 3–25 und IX 3, S. 46–89.

3. Dietrich dachte das Universum als dynamische explicatio, auch contractio der complicatio, die der eine Weltgrund ist (cog. 19 (2) (6) II 183–184 und 25 (1) II 188).

4. Der Mensch kam in dieser metaphysischen Ordnung gleich dreimal vor: Als tätiger Intellekt war er wesenhafte Tätigkeit wie Gott und die Intelligenzen; seine Seele, vom tätigen Intellekt verursacht, war, als rationale Seele auch „spiritual", hatte aber eine Wesensbeziehung zum Körper, der in der gegenwärtigen Betrachtung nicht als eigene Wirklichkeitsstufe beachtet werden muß.

Das heißt nicht, Dietrich unterbewerte den Leibbezug der Menschenseele; er hebt im Gegenteil mit Aristoteles, Averroes, Thomas von Aquino und Siger die Einzigkeit der Menschenseele als Form seines Körpers hervor. Die Menschenseele, lehrt Dietrich, sei ihrem Wesen nach dem Körper proportioniert und habe nach der Disposition des Schöpfers die Zuordnung zum Leib, mit dem sie auf immer nach der Auferstehung, vereint sein werde, so daß sie *in* Körpern und *mit* Körpern leben werde (cog. 4 (2) II 171). Menschenseelen, heißt es fast materialistisch, bedürften des Leibes als ihres „Subjekts"; freilich fährt Dietrich korrekt fort, sie könnten zwar ohne ihn sein, aber nicht ohne ihn vollkommen sein (cog. 5 (5) II 172). Nun hat Dietrich, angeregt von einer Paulusstelle, der zufolge wir als „spirituale" Leiber auferstehen werden, diesen spiritualen Charakter des Auferstehungsleibes – Jesus' und dann auch aller Menschen – im Sinne seiner Stufenfolge von intellektual–spiritual ausgelegt. Er unterwarf damit den Bilderreichtum der christlich-mittelalterlichen Glaubensvorstellungen einer theoretischen Disziplinierung. Von dieser Interpretationsarbeit kündigte er an, sie widerspreche herkömmlichen Ansichten; um so schärfer betonte er ihre Übereinstimmung mit der Bibel (cog. 73 (4) II 236 und cog. 74 (1) II 237).

Soviel zu den Grundsatzartikeln, mit denen Dietrichs Buch beginnt (c. 1–6 II 167–173). Er behandelt dann in absteigender Hierarchie

Gott, sein Wesen und seine Erkenntnis (c. 7–13 II 173–179),
Wesen und Erkenntnisweise der Intelligenzen (c. 14–18 II 179–182),
der Himmelsseelen (c. 19–38 II 182–204, auch c. 52 (3) II 215),
der Engel (c. 39–65) und Dämonen (c. 66–84 II 204–245),
der vom Leib getrennten Seelen (c. 85–95 II 245–260).

Man beachte Abfolge und Umfang der einzelnen Kapitel dieser merkwürdigen theologia: Gott und die Intelligenzen werden knapp abgehandelt. Bei Himmelsseelen und Engeln weitet sich die Untersuchung aus auf deren Wesen und, sozusagen, ihre Welt; hier kommen die kosmologischen Interessen Dietrichs zur Geltung. Bei Engeln und Dämonen versucht er gegenüber einer überwuchernden Phantasmagorie die Strenge der ontologischen Zuordnung zu den spiritualia im terminologischen Sinn durchzusetzen. Da ich diese Kapitel nicht mit der Ausführlichkeit behandeln kann, mit der ich die Grundsatzpassagen besprochen habe, wähle ich folgende drei Themen aus: Erstens: Gottes Erkennen; zweitens: die Himmelsseelen und Astrotheologisches; schließlich: Engel, Dämonen und Menschenseelen im physischen Höllenfeuer.

5. Deus

Von Deus hatte Dietrich in den Eingangspartien gesagt, er sei wesenhafter Intellekt und Grund der Gründe. Causa causarum ist er bei Dietrich in dem präzisen Sinne, daß er in substantialer erkennender Tätigkeit den Intelligenzen ermöglicht, ihn zu erkennen und somit tätig ihr Sein entgegenzunehmen. Wie sonst oft ist Dietrich bemüht, den orthodoxen Begriff der Erschaffung zu wahren und nachzuweisen, daß ihn die Philosophen, speziell der *Liber de causis*, korrekt erfaßt hätten.[20] Er rechnete in dieser Frage mit Einspruch. Die Erschaffung als Kraftakt göttlicher Willensenergie kommt bei Dietrich nicht vor; die Begründungsweise eines wesenhaften Intellekts besteht schlicht im substantialen Überströmen einer substantialen Begründungsfunktion auf ein anderes Wesen; sie ist nichts als die defluxio virtutis substantialis substantialiter fluentis in aliud (cog. 6 (4) II 173). Die generellen Bedingungen des göttlichen Intellekts präzisiert Dietrich (c. 7), indem er sich ausschließlich zwei „schwierigen Fragen" widmet. Am Anfang seiner Schrift konnte der Leser eine Art kleiner Summe der theologia erwarten, zugespitzt auf die Frage der Erkenntnis körperloser Wesen, aber jetzt kehrt Dietrich zu seinem gewohnten Stil zurück; er behandelt punktuell bisher nicht befriedigend gelöste Fragen. Der Abschnitt über Deus handelt weder von der Trinität noch von der Inkarnation; er greift auch nicht auf die Spekulationen zum

[20] Cog. 1 (3) II 170; 9 (1) II 175; 9 (4) II 176; 15 (2) II 180; 37 (1) II 200; 90 (18) II 253.

menschlichen Geist als Bild der Drei-Einheit zurück, die Dietrich in *De visione beatifica* (bes. I 16–18, I 49 und 51, auch I 61) und in *De intellectu et intelligibili* (I 8 (2) I 141) entwickelt hatte. *De cognitione entium separatorum* ist, wie Hartmut Steffan einsichtig machen konnte, eine recht späte Schrift (II 159); sie spart früher Behandeltes aus, ohne sich davon zu distanzieren.

Zur Erkenntnisweise Gottes trägt Dietrich zwei Thesen vor: Sie ist weder universal noch partikulär in der logischen Bedeutung dieser Ausdrücke. Zweitens: Sie enthält kein zeitliches Moment, auch wenn wir von Vorherwissen, Vorsehung und Vorherbestimmung reden (cog. 7–11 II 173–176). Die zweite These berührt das aristotelische Problem der Seeschlacht aus *Peri hermeneias* 9. Die Frage ist in theologischer Form seit Augustin und Boethius immer wieder erörtert worden: Das göttliche Wissen erlegt dem Erkannten keine Notwendigkeit auf, es zerstört nicht die menschliche Verantwortlichkeit. Dietrich bringt die prägnante Formel: Es gibt eine Notwendigkeit der Abfolge, die keine Notwendigkeit des Abfolgenden bedeutet. Necessitas consequentiae non est necessitas consequentis. Wenn etwas ist, sagen wir notwendigerweise von ihm, daß es ist, ohne daß es deswegen notwendigerweise existiert. Diese These ist nicht substantiell neu; sie steht schon im berühmten neunten Kapitel von *Peri hermeneias,* das Dietrich auch *De cognitione entium separatorum* 13 (1) II 178 zitiert; aber Dietrich bringt sie vor gegen die „Vielen“, die aus ihr falsche Folgerungen ziehen für ihr ewiges Heil oder Unheil (cog. 7 (1) II 173). Er spricht nicht gegen einzelne Theologen, sondern gegen eine allgemeine Neigung zum prädestinationistischen Quietismus, der, wie wir von Dante wissen, gegen 1300 auch die Form annehmen konnte, die Lebensregeln der kirchlichen Moral mit der Begründung abzuwerfen, Gott habe ohnehin unser Heil oder Unheil vorherbestimmt. Aber Dietrich kann es nicht lassen, originell zu argumentieren. Er spricht nicht nur gegen den religiösen oder ethischen Indifferentismus, der sich auf das göttliche Vorherwissen fälschlich beruft, sondern formuliert ein menschliches Selbstverständnis, das mit Zufall und offenen Situationen rechnet und das von Sorge geprägt ist. Wäre alles schon festgelegt, schreibt er, dann wäre alle menschliche Vorsorge unnütz. Aber die menschliche Lebensführung bestehe hauptsächlich darin, das Notwendige für das morgige Leben zu besorgen. Wenn die Berufung auf göttliche Providenz richtig wäre, dann wäre ein großer Teil menschlicher Gedanken nichtig (cog. 12 (4) II 178).

Diese Polemik ist kulturhistorisch bemerkenswert, aber theoretisch ambitionierter ist Dietrichs These über das Erkennen Gottes: Gottes Erkennen ist, Dietrich zufolge, allumfassend und dringt bis ins Einzelne vor, aber es ist weder universal noch partikulär im logischen Sinne dieser Begriffe. Die Universalia der Logiker sind bloße Gedankendinge: Universal ist, was von vielen prädiziert wird, partikulär, was von einem einzigen ausgesagt wird. Logisches Erkennen ordnet sich ein in genus und species; nur die unvollkommene intellektuelle Erkenntnis ist zur Erfassung von Einzelwesen auf die Sinne angewiesen. In Gott gibt es weder die Unvollkommenheit bloßer Abstraktion noch die Notwendigkeit sinnlicher Erfahrung. Deswegen gibt es in Gott weder eine universale noch eine partikuläre Erkenntnis im strengen Sinne dieser Ausdrücke, wie schon Averroes erkannt habe (cog. 7 ganz, II 173–174, zitiert Averroes, Met. XII 51, 337 cB).

Dietrichs Werk ist durchzogen von der Tendenz, logische Schemata fernzuhalten von der Wirklichkeit. Dies gilt nicht nur in der philosophischen Theologie; darauf zielt allgemein seine detaillierte Kritik der Zehntafel der Kategorien. So bemerkt er, actio und passio gehörten zwar zu verschiedenen Kategorien in logischer Betrachtung, bildeten aber real nur einen einzigen motus (cog. 29 (2) II 193). Er beruft sich auf Averroes für die Einsicht, daß Gottes Erkennen nicht der Alternative von universal oder partikular (im logischen Sinn dieser Ausdrücke) unterliegt. Hier gilt in der Wirklichkeit ein Tertium datur, das die Logik nicht kennt. Aber indem Dietrich das göttliche Wissen den logischen Konzepten entzieht, wendet er sich keineswegs an den Glauben oder die Glaubenswissenschaft, sondern ausdrücklich an die philosophi, die von jedem wesenhaften Intellekt behaupten, er sei die Gleichheit mit der Gesamtheit des Seins, und zwar seinem Wesen nach, so daß es keinen Inhalt gibt, den er zufälligerweise und in zeitlicher Abfolge kennenlernen würde. Wenn dies für jeden wesenhaften Intellekt gilt – auch für den tätigen Intellekt des Menschen (cog. 23 (6) II 187) –, dann hat die Eigenart der allumfassenden Erkenntnis Gottes einen anderen Grund. Dietrich entwickelt dann theoretisch in philosophischer Begrifflichkeit, was es heißt, daß das göttliche Wissen weder universal noch partikular ist. Das erste und eigentliche Objekt des göttlichen Wissens ist das göttlich-intellektuelle Wesen in seiner allumfassenden Wirksamkeit, die keinem Geschöpf möglich wäre. Hier nennt Dietrich übrigens den Erkenntnisgegenstand „obiectum“ und erforscht die per se-Verbindung zwischen Wissen und allwirkendem

Wesen Gottes. Sein Wissen ist das Wissen eines einzigartigen Intellekt-Wesens, dem auch die philosophi die Prärogative des Erschaffens aller Dinge zuschreiben (cog. 9 (1) II 175). Es ist Wirksamkeit, die *alles* erfaßt, nicht nur, wie Dietrich hervorhebt, das, wovon die Bibel spricht. Dietrichs theologia will sich ausdrücklich nicht auf die Schrift beschränken oder gar allein auf sie gründen; sie ist Universal-Theologie, nicht Offenbarungstheologie. Nicht nur von dem, was es de facto gibt, nicht nur von dem, was in der Bibel steht, sondern von allem, was vernünftigerweise als real angenommen werden kann, muß man behaupten, daß Gott es gemacht hat. Dietrich war ein hervorragender Kenner Augustins; unter Umgehung entgegenstehender Sprüche des Kirchenvaters zitiert Dietrich noch einmal für seine Vernunfttheologie den Grundsatz des frühen Augustin:

Quidquid rationabiliter ponendum occurrit, Deum fecisse fatendum est.[21]

Dieser Grundsatz hält zunächst die Real-Universalität des göttlichen Wissens fest; aber statuiert zugleich den Anspruch der Vernunft, die Werke Gottes – *alle* seine Werke – in Korrespondenz zwar nicht zu logischen Einteilungen, wohl aber zur Vernunft selbst zu denken. Die Universalität göttlichen Wissens besteht nicht primär im allumfassenden Charakter des Objektbereiches – das ist das Proprium jeden wesenhaften Intellekts –, sondern in der kreativen Art des Anschauens: Logische Abstraktionen erfassen die Dinge nicht in ihrem aktualen Sein, sondern in einer gewissen Entferntheit; sie betrachten das Einzelne, Wirkliche, sofern es eingeordnet werden *kann,* also nach seiner *Möglichkeit,* nicht nach seiner aktualen Realität. Ferner *trennen* logische Zuordnungen das Einzelne, Wirkliche, während das göttliche Erkennen es in seiner aktualen Einzelheit und Eigenheit beläßt, aber zu einer höheren Einheit zusammenfaßt. Diese Einheit ist keine bloß logische, zu der die vielen Subsumierten sich potentiell verhalten, sondern es ist eine Erkenntnis in höherer Einheit und Realität, als die Dinge in sich selbst haben. Die aktualen Dinge sind im göttlichen, im produktiven Wissen als in ihrer causa essentialis, und das bedeutet, daß sie in ihm identisch sie selbst sind, nur in einem edleren, lebendigeren Modus. Das sage das Johannesevangelium, wenn es im Prolog heißt: „Was geworden ist, das war in ihm Leben" (Joh. 1, 3–4; cog. 10, bes. (4) II 177).

[21] Augustinus, De libero arbitrio III 5, 13.

Diese Argumentation zeigt, was für Dietrich theologia war: Sie setzt ein mit einer philosophischen Kritik, die auf der Differenz von Wirklichkeit und logischen Formen besteht; sie greift das Konzept des wesenhaften Intellekts auf und modifiziert es für den von den Philosophen (konkret: dem *Liber de causis*) erfaßten Sonderstatus des Grundes aller Gründe und zeigt mit ihrer Argumentation die Wahrheit, die in der Schrift verborgen liegt, die es zu erheben gilt. Beim Nachdenken über das Wissen Gottes, bei seiner philosophierenden Befreiung vom logischen Formalismus, bei klarer Ferne zu Fideismus und Biblizismus öffnet sich, Dietrich zufolge, die Wahrheit der Schrift, vor allem des Johannesprologs: Im Wissen Gottes sind die Dinge nicht potentielles Material zur Subsumtion, sie sind dort identisch sie selbst, als Leben.

Dietrichs Buch *De cognitione entium separatorum* ist eine späte Schrift, „wahrscheinlich eines der letzten Werke Dietrichs“ (H. Steffan, II 159). Früh hatte er angekündigt, er habe die Absicht, über den *Liber de causis* zu schreiben; das Vorbild Alberts mochte dazu anregen, gerade auch dadurch, daß dessen Buch *De causis et processu universitatis* mehr war als ein Kommentar. Dietrichs Schrift ist nicht wieder aufgefunden worden; vielleicht wurde sie nie geschrieben. Vielleicht ist die späte Schrift *De cognitione* eine Einlösung des Versprechens, ebenfalls nicht in Kommentarform, sondern als Skizze der Auseinandersetzung mit der Gesamtheit der mittelalterlichen Glaubensvorstellungen. Da es einem Historiker des Denkens nicht verboten ist, Phantasie zu haben, stelle ich mir einmal vor, Dietrich habe, als er dieses Buch zwischen 1300 und 1310 verfaßte, zwei begabte Leser, befreundete Schüler gar, gehabt, die dabei wären, ihren intellektuellen Lebensweg zu durchdenken. Einer von ihnen hätte begriffen, daß man mit Hilfe von Dietrichs theologia der Bibel Wahrheiten entreißen könnte, die bisher selten oder nie gedacht worden waren. Bewies nicht *De cognitione entium separatorum* 10 II 176–177, daß man mit Hilfe der Lehre von der causa essentialis das Insein aller Dinge im Wissen Gottes als Leben erweisen konnte? Mußte das nicht zu dem Versuch anregen, einmal den ganzen Johannesprolog, vielleicht gar das ganze Evangelium wenigstens passagenweise neu zu interpretieren, um mit philosophischen Argumenten seine Wahrheit zu zeigen? Ich bestehe nicht auf meiner phantasievollen Kombination, wohl aber darauf, daß Meister Eckhart wenig später einen Kommentar zu Johannes verfaßt hat, der mit philosophischen Argumenten die darin enthaltene Wahrheit zeigen wollte.

Man gestatte mir noch einmal, mich meiner Phantasie zu überlassen. Ich stelle mir vor, ein produktiver Leser, vielleicht Schüler und Freund Eckharts, durchdenke Dietrichs späte Schrift. Er sähe die überragende Rolle, die der *Liber de causis* darin spielt, ohne den Anschluß an die aristotelisch-averroistische Philosophie zu behindern. Dieser Leser würde erkennen: Dietrich zitiert viermal so oft den *Liber de causis* als die *Elementatio theologica* des Proklos, sagt aber selbst, der *Liber de causis* bilde einen Auszug aus Proklos (cog. 8 (1) II 174). Würde unser intelligenter Leser nicht auf die Idee kommen, einen Kommentar zu verfassen, nun nicht zum abgeleiteten *Liber de causis*, sondern zur *Elementatio* des Proklos selbst? Ich bestehe auch hier nicht auf meiner Imagination, wohl aber darauf, daß Berthold von Moosburg nicht lange danach einen Kommentar zur *Elementatio theologica* begonnen hat, dessen Abhängigkeit von Dietrich durch Loris Sturlese bewiesen ist und den ich im vorliegenden Buch nur deswegen nicht ständig heranziehe, um die Fertigstellung der kritischen Ausgabe durch Loris Sturlese und seine Mitarbeiter/innen abzuwarten.

Der kurze Abschnitt über die Erkenntnisweise Gottes bildet ein wichtiges Kapitel in Dietrichs umfangreichem Werk. Hier legt er mit Hilfe seiner causa essentialis-Spekulation den Johannesprolog aus (cog. 10 (4) II 177), und genau mit diesem Thema setzt eine Serie von 18 Prokloszitaten aus der *Elementatio theologica* ein, die bis zum Ende des Traktats nicht abreißt (ab c. 8). Hinzu tritt ein Strom von etwa 80 Berufungen auf den *Liber de causis*. Diese Orientierung führt hier, bei der Erörterung der Erkenntnis Gottes, zur Namenlosigkeit des Grundes aller Gründe. Proklos genügten die Bezeichnungen Gottes als „Intellekt“ oder „Gott“ nicht. Gott habe keinen positiven Namen und heiße deswegen *Unum* (cog. 9 (2) II 175). Der erste Grund aller Dinge steht jenseits menschlicher Rede, sagt Dietrich mit Proklos (cog. 19 (3) II 183). Wollen Menschen Gott betrachten, wie er in sich ist, gilt die strenge Form der negativen Theologie. Doch bleibt Gott nicht der Unbekannte. Es kommt zur stufenweise Bestimmung des Unbestimmten, des Einen. Das Immense bekommt im Weltprozeß „Maß“.

6. Himmelsseelen und Astrotheologisches

Dietrichs Abschnitt in *De cognitione entium separatorum* über die Erkenntnisweise der Intelligenzen brauche ich nur zu streifen, um zur dritten metaphysischen Stufe, den Himmelsseelen, überzugehen, denn diese werfen für Dietrich zahlreiche Fragen auf. Nicht, als zweifle Dietrich ernsthaft an der Existenz der Intelligenzen. Die Harmonie des Weltsystems fordert ihre Existenz. Die Philosophen – das ist hier vor allem der *Liber de causis* – beschreiben ihr Wesen und ihre Funktion; sie sind Modelle reinen Intellekt-Seins, während Himmelsseelen und menschliche Intellekte ontologisch an ihre Träger, Sterne und Menschenleiber, gebunden sind. Dietrich schiebt, wenn er von ihnen spricht, wieder ein relativierendes „Wenn es sie gibt" ein (cog. 86 (6) II 247), aber zu Beginn des kurzen Abschnitts (cog. 14–18 II 179–182), erinnert er daran, die Philosophen hätten unverächtliche Gründe, von ihnen zu reden (cog. 14 (1) II 179). Sie bieten den theoretischen Vorteil, das Muster für wesenhafte Intellekte zu sein; an ihnen kann man klarmachen, was deren Natur ist und worin ihre Tätigkeit besteht. Ihre Tätigkeit, auch ihre kausale Funktion im Aufbau des Universums ist in exemplarischer Weise die geistige Erkenntnis. Da Gott und der tätige Intellekt des Menschen auch wesenhafte Intellekte und causae essentiales sind, muß Dietrich hier von ihnen reden.

Die entscheidende Bestimmung ist schon genannt: Sie sind intellectus in actu per essentiam und causae essentiales. Sie produzieren nachfolgende Geistwesen durch reines Erkennen und illustrieren mehr als andere Geschöpfe die Großzügigkeit der göttlichen Allmacht. Unsere Theologen sind ängstlich besorgt, Gottes Erschaffer-Rolle würde dadurch beeinträchtigt, aber diese Ängstlichkeit ist unbegründet. Zwar erzeugen Intelligenzen, der Lehre der Philosophen zufolge, aus dem Nichts, ex nihilo, aber sie setzen dabei die ursprüngliche Wirksamkeit des Grundes aller Gründe voraus (cog. 15 II 180). Als wesenhafte Intellekte sind sie substantiales, aktuales Erkennen; ihnen ist in ihrem Wesen die Vernunftbestimmtheit alles Wirklichen gegenwärtig, die ratio totius entis inquantum ens; sie sind substantiale Gegenwart des gesamten Seienden. Vor allem ist ihnen ihr eigenes Prinzip, Gott, wesenhaft gegenwärtig; sie fließen aus ihm, indem sie ihn als ihren immanenten Grund erkennen. Sie nehmen ihr Wesen entgegen, indem sie ihn erkennen; intelligendo enim ipsum fluunt ab ipso essentialiter capiendo essentiam suam (cog. 16 (1) II 181). Wie sollte Gott ihnen unbekannt bleiben, wenn sie ihre Existenz entgegennehmen, indem sie ihn erkennen? Dietrich verwirft die Vorstellung, sie seien zuerst Substanz und hielten in sekundärer Tätigkeit nach Gott Ausschau. Jede Zeitbestimmung ist von ihnen fernzuhalten; sie erkennen immer, denn ihr Erkennen ist ihr Wesen; sie können nichts vergessen und nichts hinzulernen; sie sind substantielle, unveränderliche Durchsichtigkeit, für sich selbst und für andere Intelligenzen. Die Intelligenzen sind total kommunikativ; was die eine denkt, denken alle anderen. Sie sind das Muster restlos gelingenden Austauschs. Sie sind ewig, und da, den Theologen zufolge, die Ewigkeit das Maß Gottes ist, sind sie das Maß Gottes. Indem die Intelligenz Gott begreift nach dem Maß ihres eigenen Seins, *mißt* sie Gott gewissermaßen. Der Begriff, womit sie Gott begreift nach dem Maß ihres eigenen Wesens, ist das Maß, mit dem Gott gemessen wird. Es ist Ewigkeit (cog. 17 (3) II 182). Nicht Gott ist das Maß der Intelligenz, sondern die Intelligenz ist das Maß Gottes. Gott ist unermeßlich; in der Intelligenz bekommt er erstmals Maß, er bekommt die Bestimmungen „Gesamtheit des Seins" und „Ewigkeit". Er selbst ist *vor* der Ewigkeit; die Intelligenz *ist* Ewigkeit; die Weltseele ist *nach* der Ewigkeit und *vor* der Zeit (cog. 19 (2) II 183). Gott ist ihr Grund, indem sie erkennend aus ihm entspringt und indem sie ihm durch ihren Begriff, der sie ist, das Maß der Ewigkeit gibt.

Bevor ich die hohe Sphäre der Intelligenzen verlasse, in der Dietrich sich nur kurz aufhält, und zu der verwickelteren Situation der Himmelsseelen übergehe, deren causae essentiales die Intelligenzen sind, komme ich, vorläufig resümierend, auf meine Ausgangsfrage zurück: Was heißt bei Dietrich theologia? Schon ist klargeworden: Dietrich zufolge, kann niemand sagen, was bei dem Wort „Gott" zu denken ist, wenn er nicht weiß, was ein wesenhafter Intellekt ist. Niemand kann, Dietrich zufolge, sagen, was wir bei dem Wort „Welterschaffung" denken sollen, wenn er nicht weiß, was eine wesenhafte Ursache ist. Auch wenn wir die Lehre von den Intelligenzen als Mythologie spätantiker Philosophengruppen belächeln, bleibt Dietrichs Lehre vom tätigen Intellekt des Menschen als eines wesenhaften Intellekts und einer Wesensursache als religionsphilosophisches Apriori für alle geschichtlichen Vorgänge. Die Gottesbeziehung ist wesenhaften Intellekten unverlierbar und zeitlos vorgegeben. Vielmehr: Sie geben sie sich selbst mit ihrem Wesen; wesenhafte Intellekte konstituieren sich im Dasein, indem sie diese Beziehung als ihr Wesen begreifend als wirklich setzen. Das geschieht *vor* aller Geschichte, vor allen Offenbarungstaten. Ich wage nicht zu entscheiden, ob diese Lehre sich in jüdischen oder christlichen Offenbarungstexten findet; ich vermute eher nicht. Aber das wäre zu beweisen, bevor man Dietrichs an Proklos orientierte Spekulation als „Offenbarungstheologie" bezeichnet. Wer hier „heilsgeschichtliche", gar „eschatologische" Theologie findet, muß hinzusagen, welchen Ort sie bei ihm haben kann. Sie hat ihren Ort, und ich komme bei den Himmelsseelen mit Dietrich auf sie zu sprechen. Aber zuerst ist festzuhalten: Dietrich hat alles darangesetzt, einen zeitüberlegenen metaphysischen Rahmen zu schaffen. Nur wer ihn denkt, kann, Dietrich zufolge, Gott und Schöpfung, Seele und Engel denken. Wer sich zu dieser Betrachtung nicht erhebt, sagt nur leere Worte, wenn er von „Gott" und „Seele" redet, so fromm sie klingen mögen; er bleibt bei der usitata consideratio rerum valde manifestarum (cog. prol. (4) II 167). Dietrichs metaphysischer Rahmen ist real existierender Äternismus; kein Zeitereignis schafft, kein Geschichtsvorgang berührt ihn. Bevor von Engeln und Himmelskörpern die Rede ist, hat die Menschenseele aufgrund des tätigen Intellekts, der sie in wesenhafter Produktion hervorbringt, in dieser Ewigkeitskonstruktion ihren Ort.

Gleichwohl müssen wir mit Dietrich absteigen zur Zeit und im gewissen Sinn auch zur Geschichte. Der lange Abschnitt über die Himmelsseelen (c. 19–39 II 182–204) gibt dazu Anlaß. Zunächst fängt alles metaphysisch-zeitfrei an: Die Intelligenzen erzeugen die anima nobilis, die Himmelsseele; so beginnt der Weg vom Einen zum Vielen. Die Seele ist aufgestellt auf der Grenzlinie zwischen Ewigkeit und Zeit, unterhalb der Ewigkeit der Intelligenzen, aber oberhalb der Zeit; sie ist die Ursache von Zeit, denn sie bewegt den „ersten Körper", das primum mobile, und alle übrigen Körperdinge.

Die Himmelsseelen geben der göttlichen Unendlichkeit engere Bestimmungen als die Intelligenzen; sie führen die Bestimmungen, die sie als einheitliche und intellektuelle Inhalte in sich tragen, in die empirische Welt ein. Wegen ihres wesentlichen Bezugs zu Körpern heißen sie „Seelen"; ihr Wesen umschließt also außer der Intellektualität auch die Animalität; sie sind die Wesensgestalt, forma, des „ersten Körpers", des Himmels. Sie explizieren – dies ist Dietrichs Ausdruck (cog. 19 (6) II 184) – in Raum und Zeit hinein, was sie auf einheitlichere Weise in sich selbst vom Wesen der Raum- und Zeitdinge enthalten. Es geht im Weltprozeß um Determination des Immensen durch Konstituierung von Wesen, nicht nur von Eigenschaften – die allerdings als Instrumentalursachen von dieser Sphäre an abwärts mit zu bedenken sind. Also, folgert Dietrich, müssen die Himmelsseelen wesenhafte Intellekte sein, die in essentieller Kausalität die Himmelskörper bewegen und damit die Weltbewegung nach den Maßen der Intellektualwelt regulieren und im gleichmäßigen Gang halten. Dietrich, der sich immer wieder auf den *Liber de causis* beruft, unterläßt es nicht, hervorzuheben, daß auch Aristoteles die Himmel für beseelt hielt; *De cognitione entium separatorum* 21 (1) II 185 verweist auf *De caelo* II 12, 292 a 18–21. Begründung: Körper wirken auf Körper nur mittels Eigenschaften. Feuer und Wasser treten in Naturprozesse nicht als solche, sondern sofern sie heiß oder kalt sind, also aufgrund ihrer Akzidenzien. Die Himmelsbewegung begründet die Wesensformen der Naturdinge. Daß solche in ihrer Wesenstruktur allein aus Naturdingen auf dem Weg akzidenteller Prozesse hervorgehen könnten, hielt Dietrich mit Aristoteles für unmöglich. Wesensgestalten kommen aus Wesensgestalten. Den Naturformen muß ein wesenhafter Intellekt vorhergehen, der sie auf dem Weg der wesenhaften Verursachung erzeugt. Anders wäre die Identität des irdischen Wesens mit seinem eigenen Idealwesen nicht zu sichern. Dietrich liebt provokativ klingende Formulierungen und schreibt: nur so, aus einer Wesensursache kommend, entsteht das Naturding in seinem Wesen gewissermaßen *aus sich selbst*, quasi ex se ipso. Die Himmelsseele ist das Naturding auf edlere Weise; das Naturding ist die Himmelsseele auf seine Weise und geht sozusagen *aus sich selbst* hervor (cog. 19 (2) II 185). Die Himmelskörper müssen an einer Himmelsseele teilhaben und aus ihr in der Art essentialer Gründe hervorgehen. Himmelskörper wiederum begründen auf dem Weg wesenhafter Begründung das Werden und Vergehen in der Natur. Dietrich erklärt noch einmal die wesenhafte Begründung, causa essentialis: Sie hat das Begründete im voraus in sich; sie muß daher substantia sein, wesenhaft belebte und intellektuelle Substanz, von wesenhafter Intellektualität (cog. 23 II 186–187). Der körperliche Himmel kann, kraft der Vereinigung mit der Himmelsseele, auch causa essentialis heißen (cog. 22 (2) und (3) II 184). Das intellektuelle In-sich-voraus-Haben des Weltinhaltes ermöglicht die metaphysische Kaskade der Wesensbegründung und darf nicht mit dem gewöhnlichen Vorstellungsbild des Weltenmachers verwechselt werden. Denn die gewöhnlichen Begriffe, erläutert Dietrich, setzen das Wesen des Begreifenden in eine akzidentelle Beziehung zu etwas, das in der Weise des Objekts begriffen wird, und zwar aufgrund einer eigenschaftlichen

Disposition des Begreifenden. Sie bringen die Zufälligkeiten des Begreifenden in den Bezug zum Objekt. Das begriffene Objekt existiert dann auch im Begriff, aber auf bloß intentionale, nicht auf reale Weise, habet esse intentionale et non reale, si proprie loquamur (cog. 24, 2 II 187). Was auf diese Weise begriffen wird, verleiht nicht dem Begreifenden dessen Wesen; eher ist es umgekehrt, da der Intellekt aktuale Substanz ist.

Dietrich philosophiert dann über den Terminus „impressio", Eindruck. Man könne das Wort im doppelten Sinn verstehen: Ein wesenhafter Intellekt wendet sich seinem innewohnenden Grund und sich selbst zu, denn aus ihm geht er erkennend hervor; durch Erkenntnis seines Wesens wird er Grund für Naturdinge. Hier sei mit impressio nicht der „Eindruck" gemeint, den sinnliche Dinge auf uns ausüben; solche Impressionen würden nur ein intentionales Innesein im Intellekt begründen. Aber bei Himmelsseelen handelt es sich um Realimpressionen, um Forma-Mitteilung in einem Universum, das fluxus ist. Sie sind in dem Sinne real, daß sie aufgrund ihrer Realität die sinnlichen Dinge begründen (cog. 24 (4) II 187s.). Merkwürdigerweise vermeidet Dietrich für diese produktiven intellektualen Realimpressionen den naheliegenden Ausdruck „Idee"; er wollte das Gemeinte von seiner Intellekttheorie her entwickeln.

Bis hierhin bewegte Dietrich sich in der erhabenen Intellektualwelt, zu der auch Himmelsseelen gehören. Als wesenhafte Intellekte sind sie zeitüberlegen. Sie wissen Zeitliches, aber der Erkenntnisgrund ist dabei weder vergangen noch zukünftig, sondern gegenwärtig. Sie bewegen Himmelskörper und die gesamte Natur; sie begründen alle Veränderung, aber sie sind als wesenhafte Intellekte unveränderlich. Dies kann in der sichtbaren Welt nur in der Form zum Ausdruck kommen, daß sie eine gleichmäßige und bleibende Bewegung begründen, haben sie doch eine per-se-Beziehung als Form des Himmelskörpers auf dessen Bewegung.

Veränderung hat immer den Charakter der Vielheit und der zeitlichen Erstreckung, aber wie können zeitüberhobene Einheitsstifter, wie Himmelsseelen es sind, dieses bewirken? Dringlicher noch: Wie können per-se-bewegende Intellekte Unterbrechungen, Störungen, Änderungen in der Bewegungsrichtung am Sternenhimmel hinnehmen, dulden oder erleiden (cog. 25 (1) – (3) II 188)? Wie kann etwas geschehen, das gegen den intellekt-geführten Gang der Natur verläuft? Die Bibel berichtet von solchen Vorfällen. Wie sind sie denkbar? Noch genauer im Sinne Dietrichs formuliert: Wie können diese Berichte wahr sein und wie läßt sich die Gleichförmigkeit und Stabilität der Intellektualität der sternbewegenden Seelen vernünftig *verteidigen,* ad defendendum uniformitatem et fixionem intellectualitatis eorum (cog. 25 (1) II 188)? Dietrich will nicht die Wunderberichte der Bibel verteidigen, die den Sternengang betreffen; *er verteidigt,* diese Berichte voraussetzend, ihnen gegenüber *seinen Kosmosentwurf.* Er stellt zunächst die biblischen Vorgänge zusammen, die seine Intellektual- und Himmelsseelenwelt mit ihrer per-se-Beziehung zum Lauf der Himmelskörper in Bedrängnis bringen:

> Nach *Josua* 10, 12–13 unterbrachen Mond und Sonne ihren Lauf, bis das auserwählte Volk sich an seinen Feinden gerächt hatte,
> nach *Isaias* 38, 8 ging die Sonne um zehn Grad rückwärts.

„Was soll man sagen zu der Sonnenfinsternis beim Tod des Herrn?" Der große Dionysius – wie wir wissen, ein Schriftsteller der Zeit um 500 nach Christus – berichtet im 7. *Brief an Polykarp,* er und ein Philosoph namens Apollophanes hätten von Heliopolis aus gesehen, wie bei der Kreuzigung Jesu der Mond die Sonne verfinstert habe, zu einem Zeitpunkt, zu dem Mond und Sonne natürlicherweise in Opposition gestanden hätten. Das sei zur neunten Stunde geschehen und danach sei der Mond mit übernatürlicher Geschwindigkeit wieder zu seiner Stelle der Sonne gegenüber zurückgekehrt. Dionysius berichte noch mehr wunderbare und übernatürliche Dinge von dieser Sonnenfinsternis.[22]

In der Lebensbeschreibung der Wüstenväter lese man, ein heiliger Einsiedler sei auf dem Weg zu einem kranken Mitbruder gewesen. Als die Sonne sich ihrem Untergang näherte, bemerkte er, daß es anfing, dunkel zu werden. Da befahl er der Sonne, nicht unterzugehen, bevor er bei dem Kranken ankäme. Darauf blieb die Sonne stehen, und alle wunderten sich.[23]

Dietrich resümiert: Solche Vorfälle sprechen objektiv gegen die gleichmäßige Wirkung der Himmelsseelen; man kann ihnen einen Beweisgrund gegen die Astrometaphysik entnehmen. Wie können bei solchen Vorfällen die Himmelsseelen wesentlich mit Himmelskörpern vereint sein, wo es ihnen doch per se zukommt, die Himmelskörper auf ihrem natürlichen Gang zu bewegen? Per-se-Verhältnisse sind unveränderlich,

[22] Dionysius Areopagita, Epistola VII 2. Corpus Dionysiacum II, Pseudo-Dionysius Areopagita, De coelesti hierarchia. De ecclesiastica hierarchia. De mystica theologia. Epistulae, ed. Günter Heil – Adolf Martin Ritter, Berlin 1991, S. 168, 12–169, 13.

[23] Vitae Patrum VI 2, 3 PL 73, 1000.

es sei denn, das Wesen werde verändert. Oberhalb der Mondsphäre kann es keine widernatürlich-gewaltsame Einwirkung geben. Was dort bewegt wird, muß der Natur des Bewegten entsprechen.

Dietrich liefert darüber eine lange, überaus komplizierte Diskussion (c. 26 II 190 – c. 38 II 204). Von zwei Grundsätzen rückt er nicht ab. Erstens: Oberhalb der Mondsphäre gibt es keine widernatürlich-gewaltsame Einwirkung. Zweitens: Per-se-Verbindungen sind unabänderlich und einförmig. Dann gibt Dietrich die Lösung, die im 13. Jahrhundert auch bei anderen Gelegenheiten zu hören war: Die Weltursachen sind hierarchisch angeordnet; wenn die obere Ursache die niedere außer Kraft setzt, geschieht dieser keine Gewalt. Die übergeordnete Wirkinstanz blickt auf den übergeordneten Zweck; der Zweck des Universums ist das künftige jenseitige Leben; was diesem Zweck entspricht, ist vom höheren Gesichtspunkt aus gesehen den niederen Ursachen natürlich. In origineller Diktion: sic tota universitas mundi naturatur et natura est ad altiorem finem (cog. 27 (5) II 192). Mit dieser Antwort könnte man sich zufrieden geben, bemerkt Dietrich und macht sich auf den mühsamen Weg zu einer besseren Antwort. Er arbeitet in naturphilosophischer Terminologie einen Vergleich aus: Wenn ein Magnet Eisenteile anzieht, seiner Natur nach, dann leidet er keine widernatürlich-gewaltsame Störung, wenn die Eisenteile aufgrund einer anderen Einwirkung gehindert werden, sich auf den Magnet hin zu bewegen. Diese Erklärung kompliziert sich, sollen doch die Himmelsseelen nicht effiziente, sondern innewohnende formale Ursachen der Bewegung der Himmelskörper sein. Die Himmelskörper müßten also eine innere qualitative Disposition für höhere Eingriffe haben, aufgrund deren ihnen eine andere Ortzuweisung als die normale natürlich wäre. Dietrichs Erklärung schleppt sich mühsam hin, kehrt über detaillierte Analysen von motus und finis zu der früheren Erklärung zurück, die Gesamtheit der Welt sei auf das jenseitige Leben hingeordnet und wenn die erste Ursache im Blick auf dieses einer niederen Ursache die Wirkung entziehe, könne dies nicht als widernatürlich gelten. Was die Zweitursache bewirke, das könne die Erstursache ohnehin. Sie ist im höheren Sinne „Ursache“ (causalior) als jede Zweitursache. Das war in neuer Formulierung die damalige Normalerklärung, mit der Dietrich sich zunächst nicht zufrieden geben wollte. Die lange Erörterung (von c. 29 II 193 bis c. 38 II 204) zeigt einen zerquält-grüblerischen Denker, dem keine neue Lösung einfällt. Vielleicht nimmt sich einmal ein Theologe dieser Wundererklärung an, von der ich gestehe, daß ich sie nicht recht würdigen kann. Ich beschränke mich auf zwei Bemerkungen:

Erstens: Dietrich hat in c. 25 die anormalen Bewegungen von Sonne und Mond aus der Bibel und den Heiligenlegenden sorgfältig erfaßt. Es ist auffällig, daß er dabei die im Neuen Testament vorausgesagten heftigsten Eingriffe in den Sternenlauf nicht erwähnt. Denn nach Matthäus 22 sollen Sonne und Mond am Jüngsten Tag vom Himmel fallen. Was wird bei diesem Sternensturz aus den Himmelsseelen? Sie, die zeitlos sein sollen, würden einem zeitlichen Ereignis zum Opfer fallen, denn ohne Sternenkörper können Sternenseelen, Dietrich zufolge, nicht überleben. Es ist fast undenkbar, daß Dietrich an den Weltuntergang nicht gedacht haben sollte. Dietrich, der die Wüstenväterlegende gegen sich anführt, statt dem Wüstenvater den Rat zu geben, er habe sich früher auf seinen Weg machen sollen – wo kämen wir hin, wenn jeder, der sich verspätet, so unbescheiden wäre, der Sonne Befehle zu erteilen, auf die Gefahr hin, daß die Sonne zugunsten eines besonders frommen Mannes sie sogar ausführt? –, Dietrich also erwähnt den stärksten Grund für den Zusammenbruch seiner Astrotheologie mit keinem Wort. Dies kann man entweder damit erklären, daß er diesen Fall nicht ins Auge fassen konnte, ohne seine gesamte Weltbildkonstruktion aufzugeben, zumal er sich in diesem Zusammenhang nie auf den bloß hypothetischen Charakter der Existenz von Intelligenzen und Himmelsseelen zurückzieht. Die intensive Beschäftigung Dietrichs mit Proklos und dem *Liber de causis* hat die Tendenz zur Divinisierung des Kosmos und insbesondere der Sterne verstärkt. Wollte er seine Astrotheologie nicht durch das Neue Testament in Gefahr bringen lassen? Hätte er die Sternenseelen nur als Beweger gedacht, die ihren Stern wie von außen leiten und ohne ihn sinnvoll existieren könnten, wäre der Schaden für die Sternenseelen begrenzt. So hatte Thomas von Aquino gedacht und gelehrt, die Sternbeweger würden ihren Antrieb einstellen, sobald sie sähen, der Zweck der Weltveranstaltung, die Erfüllung der Zahl der Auserwählten, sei erreicht. Sie könnten dann zurücktreten in den normalen himmlischen Jubelchor. Aber Dietrich bestand darauf, die Sternseelen von den Engeln zu unterscheiden und als Wesensform von Himmelskörpern zu denken; daher war für seine Himmelsseelen der Fortbestand der Himmelskörper eine Lebensbedingung. Es gibt eine zweite Möglichkeit, Dietrichs auffälliges Schweigen über den biblisch vorhergesagten Weltuntergang zu erklären: Seit Augustin ist die Tendenz nachweisbar, den Sternensturz am Jüngsten Tag nicht ganz so zerstörerisch auszulegen, wie der apokalyptische Text ihn beschreibt. Diese Rettung des Kosmos hatte sich seit der Aristotelesrezeption wohl inzwischen so weit durchgesetzt, daß Dietrich den Sturz von Sonne und Mond nicht mehr als Einwand wahrnahm. Für ihn spielten die „Heilsgeschichte" und die apokalyptische Unheilsgeschichte nur in den unteren Etagen des Weltbaus. Wer Dietrichs theologia „heilsgeschichtlich" nennen möchte, kommt bei dessen Ignorierung des Weltendes in Argumentationsnot. Seine theologia stand der spekulativen Astrophilosophie näher als apokalyptischen Prophezeiungen. Nachdem er die verschiedenen Berichte über die theologisch motivierten Extratouren der Sonne wiedergegeben hat, resümiert er: Diese Ereignisse stehen *entweder* im Widerspruch zu meiner Himmelsseelenlehre *oder* es könnte aus ihnen ein Beweisgrund gegen sie gezogen werden (cog. 25 (9) II 190). Was bedeutet dieses Entweder-Oder? Dietrich wird geglaubt haben, die Sonne habe auf Josuas Bitte hin wirklich stillgestanden, aber er scheint mit einer mildernden Auslegung sympathisiert zu haben, sonst gäbe es hier für ihn kein Entweder-Oder. Es ist ohnehin auffällig, welches Gewicht er dieser Frage gab, die noch in den Diskussionen um Kopernikus und um Galilei eine große Rolle spielen sollte. Sein Ergebnis war: Diese übernatürlichen Eingriffe, von denen die Scriptura veritatis berichtet, waren schlechthin naturgemäß, simpliciter naturalis (cog. 38 (5) II 204). Dieses Ergebnis hat Dietrich mit merkwürdig-tiefsinnigem Schwanken erreicht. Kurz bevor er zu der genannten Konklusion kommt, überlegt er: Wenn die Himmelskörper entgegen ihrer Natur stillstanden oder sich in Gegenrichtung bewegten wie bei Ezechias, sollen wir dann nicht doch sagen, den Sternen sei Gewalt und Widernatürliches angetan worden? Vielleicht könnte man doch so sagen, fährt Dietrich grübelnd fort, dici forsitan posset, wenn Gott im Hinblick auf das höhere Ziel des Universums diese widernatürliche Gewalt, violentia, ausgeübt hat. Dies dürfe uns nicht wundern, denn Gott habe zu demselben höheren Weltzweck noch größere Ausnahmen verfügt oder zugelassen, vor allem die, daß der Sohn Gottes Fleisch angenommen hat und gegen alle Gerechtigkeit und trotz seines Rangs Schmähungen, Leiden, Kreuzigung und einen solchen Tod erdulden mußte (cog. 38 (1) II 202). Können wir auf unseren Harmonievorstellungen bestehen, wenn der gerechteste Mensch hingerichtet worden ist? Müssen wir nicht, wenn es zu *dieser* Gewalteinwirkung kam, widernatürliche Gewalt einfach hinnehmen? Zwingt uns nicht der Kreuzestod des Gottessohnes zu einer neuen Weltbetrachtung, in der Brüche und Zusammenbrüche, violentia und innaturalitas, vom Gott Abrahams, Isaaks und Jakobs ausgehen? Mit einer im Gesamtwerk Dietrichs singulären Wendung, hält er fest, daß man das wohl sagen könnte, dici forsitan posset, fährt dann aber fort: Si autem placet, sei es doch besser, Violenz und Widernatürlichkeit von der Himmelsregion fernzuhalten, mit der schon genannten und nochmals auf Proklos gestützten Begründung, die Erstursache sei im höheren Maße Grund als die Zweitursache, in unserem Fall als die Himmelsseele, der Gott den Einfluß auf ihren Körper vorübergehend entziehe (cog. 38 (2) II 203). Dieses Ergebnis hätte Dietrich einfacher haben können; ein ungeheurer Argumentationsaufwand hat zu einem Resultat geführt, das jeder, der das Ziel der Abhandlung Dietrichs aus den Augen verloren hat, in vielen gleichzeitigen Büchern gelesen zu haben glauben wird. Aber es galt, die Erkenntnisweise der Himmelsseelen zu erforschen und die Einförmigkeit und Gewaltlosigkeit des Weltlaufs wenigstens in den oberen Regionen zu erklären, um die haltgebende Kraft ihrer Intellektualität zu verteidigen, ad defendendum uniformitatem et fixionem intellectualitatis eorum. Die Erde geht, aber der Himmel hält.

Dietrich nennt mit knappen bewegenden Worten den Kreuzestod als Anlaß, gedanklich neue Wege zu beschreiten, theoretisch über die griechische Kosmosfrömmigkeit hinauszukommen und sich über violentia im Weltlauf weniger zu wundern. Es sind schon ganz andere, unerwartbarere Regelwidrigkeiten in der Welt vorgekommen als ein Sonnenstillstand. Ist das Kreuzestheologie, ist das Offenbarungstheologie? Dici forsitan posset ... Si autem placet: Diese Zitate bilden einen Augenblick des Zögerns, des dubitativen Innehaltens vor einer erneuten Zuwendung zu Proklos. Am Ende siegt die Harmonisierung, die sich freilich nur auf die Himmelsregion bezieht, nicht auf das irdische Treiben. Am Ende hat Dietrich sein Ziel erreicht: Die Heilige Schrift sagt die Wahrheit, aber die von ihr bezeugten göttlichen Eingriffe bilden keinen Anlaß, am Gleichmaß und an der Kraft wesenhafter Intellekte zu zweifeln, dem Weltlauf Halt zu verschaffen. Ist das „Offenbarungstheologie"? Ist das der Nachweis der Überlegenheit der Allmachtstheologie über die Naturaltheologie im Sinne von *De subiecto theologiae* 3 (10)? Man könnte so sagen, wenn man übersähe, daß es die Naturaltheologie selbst ist, der Dietrich seine Argumente zur Rettung der kosmischen Stabilität entnimmt. Er demonstriert: Die Offenbarung setzt die Naturaltheologie nicht außer Kraft.

7. Engel. Dämonen und Menschenseelen im physischen Höllenfeuer

Wir steigen jetzt mit Dietrich von der Sphäre wesenhafter Intellekte herunter zu der Welt der spiritualen Wesen – in der terminologischen Bedeutung von spiritus, die oben klargestellt worden ist. Engel, Dämonen, die Menschenseele (als solche, abgesehen von ihrem immanenten Grund, dem intellectus agens) sind keine wesenhafte Intellekte. Mit ihnen beginnt die Differenzierung von Wesen und Wirken; mit ihnen nähern wir uns Raum und Zeit.

Die Engel im Werk Dietrichs hat Tiziana Suarez-Nani sorgfältig untersucht.[24] Das Problem, wie geistige Wesen unter physischem Höllenfeuer leiden können, wurde von mir 1989 bei dem Kongreß der CORPUS-Mitarbeiter in Straßburg aufgeworfen und von Gianfranco Fioravanti und Pasquale Porro kundig vertieft, so daß ich mich hier auf Grundzüge beschränken kann, die Dietrichs Konzept von theologia illustrieren.[25]

Die Gliederung des Abschnitts ist folgende:

c. 39–84	Erkenntnisweise der Engel und Dämonen	II 204–245
c. 39–44	„Orte“ der Engel	II 204–210
c. 45–65	Erkenntnisweise der Engel	II 211–228
c. 66–84	Orte und Erkenntnisweise der Dämonen	II 228–245
c. 85–95	Orte und Erkenntnisweise körperloser Seelen	II 245–260

Wie diese Übersicht zeigt, weist Dietrich Engeln, Dämonen und körperlosen Seelen eine Art Aufenthalt, situs, zu.[26] Engel, Dämonen,

[24] Tiziana Suarez-Nani, Les anges et la philosophie. Subjectivité et fonction cosmologique des substances séparées à la fin du XIIIe siècle, Paris 2002.

[25] Kurt Flasch, Die Seele im Feuer. Aristotelische Seelenlehre und augustinisch-gregorianische Eschatologie bei Albert von Köln, Thomas von Aquino, Siger von Brabant und Dietrich von Freiberg, in: M. J. F. M. Hoenen – Alain de Libera (Hg.), Albertus Magnus und der Albertismus. Deutsche Philosophische Kultur des Mittelalters. Kongreßakten Straßburg 1989, Leiden 1995, S. 107–131; Gianfranco Fioravanti, Le Quaestiones de anima separata di Matteo d'Acquasparta, in: Matteo d' Acquasparta francescano filosofo politico. Atti del XXIX Convegno storico internazionale, Todi ottobre 1992. Centro Italiano di Studi sull'Alto Medioevo, Spoleto 1993, S. 197–215; F. X. Putallaz, L'âme et le feu. Notes franciscaines sur le feu de l'enfer après 1277, in: MM 28, S. 889–901; Pasquale Porro, Fisica aristotelica e eschatologia cristiana. Il dolore dell'anima nel dibattito scolastico del XIII secolo, in: Maria Barbanti – Giovanna R. Giardina – Paolo Manganaro (Hg.), Henosis kai philia. Unione e amicizia. Omaggio a Francesco Romano, Catania 2002, S. 603–616.

[26] Vgl. dazu generell Edward Grant 1994, S. 535–538.

körperlose Menschenseelen sind, Dietrich zufolge, nicht intellectus, sondern spiritus, und zwar in der terminologischen, von ihm definierten Bedeutung von „spiritus". Bei dieser Einstufung ist der tätige Intellekt des Menschen, der wesenhafte Grund der Menschenseele, immer ausgenommen; er gehört in die Region der Intellekte. Dies ergibt, anthropologisch gesehen, einen seltsam changierenden Effekt: Der Mensch, sofern er tätiger Intellekt ist, gehört zu den Geistwesen, denen zeitüberlegen die Gesamtheit des Seins unveränderlich gegenwärtig ist. Die Menschenseele, die der tätige Intellekt produziert, gehört wie die Engel und Dämonen in das Reich der spiritus. Dietrichs theologia der Engel und Dämonen besteht nun darin, die strenge Bestimmung von spiritus, im Unterschied zum intellectus, die im Deutschen schwer oder gar nicht übersetzbar ist, bei einer Fülle von Einzelbestimmungen durchzusetzen. Doch bevor ich ihm darin folge, eine methodologische Zwischenbemerkung:

Dietrich ist ein philosophischer Denker, der aus dem um 1300 vorliegenden Traditionsmaterial so originelle Theoreme entwickelt hat, daß ein heutiger Ideenhistoriker geneigt sein könnte, nur das an ihnen hervorzuheben, was unter gegenwärtigen philosophischen Bedingungen assimilierbar ist oder Plausibilität besitzt. Ein solches auswählendes Verfahren zerschneidet aber die historisch vorliegende argumentative Ganzheit; es provoziert den intellektuell ärmlichen Einwand von Traditionalisten, diese oder jene tradierte Ansicht sei doch bei Dietrich *auch* vorhanden. Dies wiederum begünstigt die Unart, stoffliche Fossilien hervorzukehren, ohne die individuelle Denkarbeit Dietrichs, die sich gerade an Traditionsstücken beweist, als solche in den Blick zu rücken. Auf diese Weise entsteht leicht die Ansicht, Dietrichs theologische Schriften seien „blaß, wenig innovativ". Dieses Bild ergibt sich, wenn man sie nur dem Titel nach kennt oder in ihnen die Perennitätsware einer einzigen Theologie aufsucht. Demgegenüber gilt es, sowohl die stoffliche Vielfalt wie die formale Denkarbeit eines individuellen Schriftstellers zu verfolgen. Je mehr wir mit Dietrich von den obersten Weltgründen – Gott, Intelligenzen, Himmelsseelen – herabsteigen, um so mehr begegnen wir Vorstellungsbildern der mittelalterlichen Christenheit. Wir werden sie weder einem abstrakten Philosophiebegriff opfern noch sie zugunsten der intellekttheoretischen und naturphilosophischen Originalität Dietrichs übergehen. Noch weniger werden wir sie zu einem Arsenal philosophiefremder Bestandstücke zusammenstellen, um die Superiorität der „Offenbarungstheologie“ gegenüber aller Metaphysik bei Dietrich zu demonstrieren. Um Verkürzungen vorzubeugen und die Frage am historischen Stoff untersuchen zu können, gebe ich zunächst eine Liste solcher tradierter Elemente, um dann an ausgewählten Punkten zu zeigen, wie der Denker Dietrich an ihnen gearbeitet hat. Es wäre seltsam, wenn ein Denker von Bedeutung nicht an den Vorstellungsstoffen und Lebensinhalten seiner Zeit versucht hätte, die Kraft des Denkens für sich und seine Zeitgenossen in concreto zu erweisen.

Hier also die Liste mittelalterlicher Traditionselemente:

- Debatten über den Sinn der Inkarnation: Wäre Gott auch ohne den Sündenfall Mensch geworden?
- Weltgericht im Sinne von *De subiecto theologiae* 3 (9): Die göttliche Gerechtigkeit, die Verdienste belohnt und Untaten bestraft, setzt freie Wahl voraus (cog. 12 (3) II 178)
- Göttliche Eingriffe in den Sternenlauf, Sonnenfinsternis auf Bitten frommer Männer und beim Tode Jesu (cog. 25–38 II 188–204)
- Das jenseitige Leben ist Ziel des Universums (cog. 27 (5)–(6) II 192,
- Interesse am status futurae vitae: cog. 37 (2) II 202)
- Aufenthalt der Engel im caelum empyreum, der Seelen im limbus patrum, der Dämonen und der verdammten Seelen im Inferno (cog. 40 (1)–(4) II 205)
- Christi Höllenfahrt. Der Unterschied von Fegefeuer und Hölle. Der Wortsinn von infernus. Die genaue Lage von: Schoß Abrahams – großem Chaos – Inferno (cog. 40 (6)–(7) II 206)
- Engel befinden sich im caelum empyreum (cog. 41 (1) II 207)
- Engel verteidigen arme Seelen gegen Teufel (cog. 41 (3) II 207)
- Dämonen schwirren in der Luft als in ihrem Kerker (cog. 42 (1) II 208)
- Bittgebete für arme Seelen im Fegefeuer (cog. 43 (2) II 208)
- Die Eigenart verklärter Leiber, die Privilegien einiger heiliger Personen, die Differenz von Himmel und Abrahams Schoß (cog. 44 (1)–(6) II 209)
- Erkenntnis der Engel am Morgen, Erkenntnis der Engel am Abend (cog. 45 (1)–(2) II 211)
- Die sechs Schöpfungstage sind bei Augustinus ein einziger Augenblick (cog. 46 (2) II 212)

- Wie Engel miteinander reden (cog. 51 II 215)
- Engel brauchen eine Erkenntniskraft, die niedriger steht als ein Intellekt (cog. 52 II 215–216)
- Die Engel, die zu Teufeln wurden, sind ihrer Phantasie zum Opfer gefallen (cog. 53 (2) II 217)
- Adams Wissen, als er den Tieren Namen gab (cog. 59 (3), II 221 und 62 (4) II 224)
- Engel reisen. Sie nehmen Körper an (cog. 68 (2) II 231)
- In der Hölle brennt körperliches Feuer (cog. 72–80 II 234–243)
- Engel vermitteln Visionen (cog. 89 (2) II 251)
- Nur wenige Menschen werden gerettet (cog. 90 (6) II 251)
- Ewige Schau für den, der sie verdient (cog. 91 (1) II 253)
- Prärogativen der Begnadung (cog. 94 (2) II 257)

Dies alles kommt bei Dietrich vor. Ob man ihn deswegen einen „Offenbarungstheologen" nennen will, hängt davon ab, was man in der Bibel oder in der Kirchentradition zu entdecken glaubt. Hier genügt zu sehen: Dietrich erwähnt in seinem „theologischen" Traktat eine große Anzahl mittelalterlicher Glaubensvorstellungen, was nicht verwundert, denn er kannte die Bibel gut, las sie aber nicht philologisch, sondern im Licht der Sentenzen des Petrus Lombardus.

Nachdem solche Anlehnungen vorurteilslos nach Historikerart registriert sind, sehen wir zu, was Dietrich mit ihnen angefangen hat. Er hat sie nicht einfach aufgezählt. Er hat sie nicht im triumphalen Gestus der Überlegenheit der Offenbarung über die Vernunft als Gelegenheiten angeboten, Glaubensgehorsam zu üben. Er hat sie nicht als Mysterien gefeiert. Er hat ihnen einen theoretischen „Ort" zugewiesen. Schon die Aufstellung zeigt: Sie kommen von der Himmelsseele abwärts vor. Sie zerstören nicht die limpide Systematik der abgestuften Schöpfung. Sie gehören in die Zone der spiritualia, und „spiritualis", das sei wiederholt, heißt hier weder „nur bildlich" noch „bloß symbolisch" noch gar „spirituell", sondern: im Weltenraum zwischen wesenhaften Intellekten und Körpern stehend. Alle Wesen dieser Reihe dürfen weder mit den Prärogativen substantieller Intellekte gedacht noch in der Art von Körperdingen *vorgestellt* werden. Weil sie sich der Körperzone nähern, an die wir gewöhnt sind, sind sie mehr noch Mißverständnissen und Kategorienverwechslungen ausgesetzt als die substantiellen Intellekte. Dietrich *interpretiert* die occulta der Glaubensvorstellungen. Sie beweisen e contrario die Überlegenheit der substantialen Intellekte und zugleich ihr Entferntsein von unseren körperorientierten Bildern. Sie illustrieren die merkwürdige Zwitterstellung des Menschen: Dieser steht aufgrund seines tätigen Intellekts hoch bei den Intellekten, aber mit seiner körperorientierten Seele ist er ins Vielfältige und Zufällige verstrickt. Dietrich will, wie er es zu Beginn programmatisch formuliert hat, diese verborgenen Dinge durch Vernunftarbeit aufschließen: occultum ... ratione patefiat. Sehen wir zu, wie. Ich kann nicht alle von ihm aufgeworfenen Themen behandeln und beschränke mich daher auf die Natur der Engel und auf das physische Höllenfeuer.

Die Engel der ersten christlichen Jahrhunderte waren ätherische körperliche Wesen. Bis zur Reform durch Dionysius Areopagita, also bis zum 6. Jahrhundert, erfreuten sie sich eines höchst beweglichen Luftkörpers, der sich bei Gelegenheit auf höheren Befehl verdichten konnte. Obwohl sich einige Augustinus-Spezialisten schwer davon überzeugen lassen: Auch die Engel Augustins waren Körperwesen, allerdings aus feinerem Material. Dietrich von Freiberg war ein genauer Leser Augustins; er nahm dessen Abweichung von der Kirchenlehre des 13. Jahrhunderts wahr: in pluribus locis assertive dicit daemones habere corpora aeria (cog. 72 (2) II 234). Er suchte für diese um 1300 auffällig gewordene Sonderlehre Augustins eine Erklärung und gab gleich mehrere Auslegungen: Augustin rede hier in der gewöhnlichen Redeweise der Platoniker. Zweite Lesart: Augustin habe einen scharfen Sinn für die Schwierigkeit, daß Engel an bestimmte Orte geschickt werden und Einwirkungen von äußeren Dingen erleiden, da ihm zufolge kein Geist sich passiv zu Stofflichem verhalte, aber schließlich erwähne die Bibel mehrfach Ortsveränderung von Engeln und behaupte von Dämonen, sie seien in finstere Luftkerker eingeschlossen worden, und daraus ergebe sich in der Tat bei reinen Geistern eine fast unlösbare Schwierigkeit. Die Aussagen Augustins über die Engel, bemerkt Dietrich mit gewohnter Offenheit, widersprächen den Lehren des Dionysius.[27] Dietrich zufolge sind Engel reine Geister; sie sind Intellekte, aber bei ihnen tritt die Differenz von Wesen und Aktivität auf. Dies sagt die terminologisch genaue Bedeutung von spiritualis: es sind zeitbezogene geistige Naturen, denen nicht, wie den wesenhaften Intellekten, die Gesamtheit des Seins gegenwärtig ist, wenigstens nicht

[27] cog. 72 (3) II 235, doch vgl. die gesamte Abfolge von c. 67 II 229 – c. 73 II 236.

in der abendlichen Erkenntnis, die sie nicht aus der Anschauung Gottes gewinnen. Dietrich identifizierte gegen Thomas von Aquino die Engel nicht mit den Intelligenzen; darin blieb er auf der Linie Alberts des Großen, der offenbarungstheologische Akteure nicht mit Naturursachen verwechselt sehen wollte. Dies hat zur Folge, daß Engel, wie wir schon aus der *Quaestio utrum* wissen, bei Dietrich auf zusätzliche Vervollkommnung angewiesen sind und einer niederen Erkenntnisfähigkeit bedürfen, als es ihr Intellekt ist, einer Art Phantasie. Sie haben eine tätige und eine mögliche Vernunft; ihre tätige Vernunft vollzieht ihre direkte Erkenntnis Gottes, die matutine Schau, in der sie den Grundbestand des Kosmos erblicken, die Wesensbilder und die individuell unvergänglichen Wesen, also die Intelligenzen, die Engel und die Sterne (cog. 47 (1) II 212 und 52 II 215–216). Ihre mögliche Vernunft vollzieht ihren direkten Weltkontakt bezüglich der Einzelheiten. Schon diese Doppelung zeigt ihren niederen Rang gegenüber den Intelligenzen, die allen übrigen Wesen vorgeordnet sind allein kraft der providentia naturalis, während Engel ihre Welterkenntnis im Rahmen von Aufträgen der *Willensvorsehung* haben. Sie sind eine providentielle Eingreiftruppe, während Intelligenzen in erhabener Ruhe ihr Leben führen und als Sternseelen die Harmonie des sichtbaren Himmels garantieren. Dietrichs Engel sind bewegter, aber auch bedürftiger als seine Intelligenzen; eindeutig mahnt er die Überordnung der philosophischen Mythologie der Intelligenzen über das theologische Dienstpersonal von Engeln und Dämonen an. Sie sind nicht wesenhafte Intellekte. Ihnen ist nicht – wie den wesenhaften Intellekten – die Gesamtheit der Seienden allein durch sich selbst gegenwärtig; sie erkennen das actu Gegebene im Rahmen eines begrenzten Weltauftrags aufgrund von Erkenntnisbildern, von species (cog. 47 (5) II 213).

Die Engellehre Dietrichs grenzt sich polemisch gegen mehrere Seiten ab: Sie ordnet mit Albert gegen Thomas die Engel den Intelligenzen unter. Sie wehrt allzu hochgreifende Ansichten über ihre Erkenntnisausstattung ab. Engel brauchen – gegen Thomas gesagt – einen intellectus possibilis und Vorstellungskraft; ihre Erkenntnis verläuft in der Zeit – im Gegensatz zur unbeweglichen Weltgegenwart in wesenhaften Intellekten. Dabei verläßt Dietrich die scholastische Manier, mit logischen Begriffen den realen Lebensvollzug von Engeln zu beschreiben. Nehmen wir ein Beispiel: Unzählige Male ist von den Engeln behauptet worden, ihr Wesen und ihre Erkenntnis seien „einfach“, und sie seien „unkörperliche

Substanzen". Aber Dietrich untersucht: Was heißt hier „Substanz", was heißt hier „einfach"? Mit diesen Worten, insistiert Dietrich, ist gar nichts oder fast nichts gewonnen, denn entgegen der logischen Betrachtung, die körperliche wie reingeistige Wesen als „Substanzen" zusammenfaßt, sieht der Realphilosoph, daß der Ausdruck „Substanz" in diesen Fällen äquivok gebraucht wird. Diese haben nichts miteinander gemein: nihil commune habent ad invicem (cog. 65 (2) II 227). Wir gewinnen also keine Erkenntnis, wenn wir die Engel als „substantia" bezeichnen. Dasselbe gilt, wenn wir Eigenschaften übertragen von der sichtbaren Welt auf die Engelsphäre. Weil wir keine anderen Worte haben, können wir die Engel auch als „einfach" bezeichnen, aber wir müssen uns klarwerden, was wir dabei tun. Ein solcher Ausdruck hat rein negative Funktion; er hält die Weisen der Zusammensetzung von den Engeln fern, die wir bei Körperdingen kennen (cog. 65 (4) II 227). Es ist nur eine Sprachgewohnheit, sie „einfach" zu nennen. Dabei haben sie auf ihre Art eine Zusammensetzung, zum Beispiel aus aktiven und passiven Wesensbestandteilen, denn sie sind im Unterschied zu wesenhaften Intellekten keine reinen Aktualitäten. Dietrichs Reflexion beendet die Naivität, aus bloßen Begriffen Erkenntnis von unbekannten Realitäten gewinnen zu können. Die Welt der spiritualen Wesen ist dem Übermut logischer Klassifizierungen zu entziehen und rein zu halten von Übergriffen sinnlicher Anschauung, an die uns wir ebenso fälschlich anlehnen wie an den Wortgebrauch. Für Dietrichs „theologia" ist nicht das Vorhandensein biblischer oder volksfrommer Elemente charakteristisch – die finden sich bei fast jedem Autor der Zeit –, sondern die Überprüfung der Formen unseres Wissens von ihnen und ihre Einordnung in ein kosmisches Orientierungssystem, also in die Abstufung: Wesenhafte Intellekte = Intellektualwelt, Engel und Dämonen = spiritualia, zuletzt Körperdinge. Man wird nicht sagen können, Dietrich sei diese reinigende Zuordnung bei allen Bestandstücken der mittelalterlichen frommen Phantasie gelungen, aber mit der bloßen Anerkennung solcher Elemente hat er sich so wenig begnügt wie sein Zeitgenosse Dante. Wer in der *Commedia* nur fände, daß sie das Purgatorio und den Limbus treulich als Wirklichkeit voraussetzt, daß Dante dies alles „auch" „glaubt", liest dieses Buch umsonst, denn wir reden nur noch von Dante, weil er diesen dogmatischen Versatzstücken *seine* philosophisch-poetische Form gegeben hat. So hat Dietrich sie in seine philosophisch-theologische Form inseriert und damit transformiert. Er unterwarf durch rigorose Zuordnung zur Region der spiritualia sowohl

Engel wie Dämonen, Menschenseelen wie Auferstehungsleiber einer einheitlichen, aber offenbleibenden Normierung.

Dämonen, Menschenseelen und Auferstehungsleiber zählt Dietrich zu den spiritualia. Er hat zwei intellektuelle Operationen vorgenommen, um das Konzept der spiritualia zu präzisieren: Er beruft sich auf die proklische Abstufung unum–Intellekte–anima, um den Bereich der anima im weitesten Sinne mit dem der spiritualia zu identifizieren. Indem er sich auf Paulus, 1 *Korinther* 15, 44 beruft, dem zufolge ein corpus spirituale auferstehen wird, hat er sowohl die neutestamentlichen Berichte über den auferstandenen Jesus wie die Theologenreden von der zukünftigen Auferstehung einer, wenn ich so sagen darf, metaphysischen Regulierung unterworfen. Dies hat konkrete Entscheidungen zur Folge. Wenn etwa Theologen fragen, wo der auferstandene Leib Jesu vor der Himmelfahrt war, dann lautet die Antwort, daß spirituale Wesen keinen eigentlichen Ortsbezug haben. Solche Regulierungen suspendieren die üblichen Übergriffe aus der Anschauungswelt auf die Spiritualwelt. Dietrich bringt sie zur Geltung, wenn er vom caelum empyreum als dem Aufenthalt der Engel oder vom limbus als dem Aufenthalt – nicht der antiken und arabischen Denker oder der ungetauften Kinder wie bei Dante –, sondern der zum ewigen Heil bestimmten Väter des Alten Bundes spricht.[28] In diesem Teil von Dietrichs Traktat geht ein reinigendes Gewitter religionsphilosophischer Korrektur auf naive Anschauungen nieder, auf die usitata consideratio, der Dietrich, wie im Prolog angekündigt, seine Einsichten entgegensetzt, auch wenn seine philosophische Transposition bei der Fülle des Stoffs nicht alles lückenlos erfassen kann. Er leitet seinen Leser an zur metaphysischen Sublimierung volkstümlicher Stoffe. Er gibt Proben. Sapienti sat.

Dietrichs Philosophie der spiritualia weist, wie gesagt, dem Menschen eine merkwürdige Doppelstellung zu. Augustinus hatte gelehrt, die Engel stünden, unbeschadet ihrer Körperlichkeit, über den Menschen wie die Menschen über den Tieren. Dietrich kannte diesen Text, *De cognitione entium separatorum* 87 (2) II 248 zitiert *De civitate Dei* XI 16. Dietrich widerspricht Augustin nicht, aber er ordnet seine Ansicht folgendermaßen in die metaphysische Abfolge von wesenhaften Intellekten

[28] Zur Geschichte des Empyreum, dem die neueste Ausgabe des Lexikons für Theologie und Kirche, Band 3, Freiburg 1995, nicht einmal mehr einen Artikel gönnt, vgl. Bruno Nardi, Saggi di filosofia dantesca, Florenz[2] 1967, S. 167–214; Gregor Maurach, Coelum Empyreum. Versuch einer Begriffsgeschichte, Wiesbaden 1968.

zu körperfreien spiritus ein: Der Engel ist Intellekt, auch wenn er kein wesenhafter Intellekt ist; seine Intellektualität ist von größerer Konzentration in sich selbst als das rationale Verfahren unseres intellectus possibilis und verhält sich vergleichsweise zu unserem Denken, wie unsere rationalen Folgerungen zur Abschätzungskraft höherer Tiere (cog. 87 (3) II 248). Die Natur der Engel ist feiner, subtiler und innerlicher, und bei erkennenden Wesen bedeutet größere Innerlichkeit größere Nähe zu Erkenntnisinhalten; insofern haben die Engel einen klaren Vorrang. Sie sind erkennender als Menschenseelen (cog. 86 (5) II 247). Auch sie haben einen tätigen Intellekt, der Grund aller Erkenntnistätigkeit ist (cog. 57 (2) II 220). Aber dies ist nur die eine Seite der Analyse. Die andere besteht darin, daß Dietrich seine früheren Forschungen zum menschlichen intellectus agens ausdrücklich bestätigt (cog. 23 (6) II 187; 52 (6) II 216); und in diesem Zusammenhang zur Geltung bringt:

Der tätige Intellekt ist das aktive Prinzip in der Seele, kraft seiner Substantialität ist er etwas an der Substanz der Seele (cog. 90 (17) II 253). Man kann – mit Thomas – sagen, er sei aliquid animae, aber das heißt nicht, er sei ein Seelenvermögen: er ist das Höchste in der menschlichen Natur (cog. 90 (14) II 252) und begründet als tätiger und wesenhafter Intellekt, als causa essentialis das Wesen der Seele:

> *est intellectus in actu per essentiam, de quo alibi ostensum est, quod habet rationem principii causalis etiam respectu essentiae animae* (cog. 3 (1) II 170).

Von unserem tätigen Intellekt gelten alle Prärogativen der causa essentialis; er gehört als solcher einer höheren Ordnung als die spiritualia an, und zwar wesenhaft, in der Ordnung der providentia naturalis, an der menschliche Schuld und göttliche Sühne nichts ändern.

Bevor ich mich aus der Sphäre von Dietrichs spiritualia hinab begebe in sein Inferno, noch eine allgemeine Überlegung zu diesem Traktat und zu Dietrichs Konzept von theologia: Ein Buch schreiben zu wollen über die Erkenntnisweise körperloser Wesen ist für Menschen ein riskantes Unternehmen: Woher will man darüber etwas wissen? Dietrich hat dieses Risiko gesehen und ausgesprochen. Er hat sich zu helfen versucht, indem er die Linien der *Liber de causis*-Hierarchie scharf auszog, sie mit Aristoteles-Averroes synthetisierte, wo es möglich war, und indem er die bunte Pracht mittelalterlicher Glaubensvorstellungen in harter Detailarbeit aus den Eigentümlichkeiten dieser Weltstufen vernünftig aufschloß und vom Zugriff bloß logischer oder nur sinnlicher, folglich entstellender Sichtweisen zu befreien suchte. Er gab einen Gesamtaufriß des Universums; er nahm den Weg vom Himmel über die Erde zur Hölle. Dietrichs Untersuchung hat den Charakter eines philosophischen Experiments: Wie wäre Erkenntnis zu denken, wenn die Körperbasis wegfällt? Die Elemente der irdischen menschlichen Erkenntnis sortieren sich, wenn man nach der Erkenntnisweise „abgetrennter" Wesen fragt. Untersucht man, ob abgetrennte Seelen noch eine Erinnerung an ihr irdisches Leben haben können, dann erforscht man etwas, was heute unter den Titeln „persönliche Identität" oder „Gehirn und Geist" diskutiert wird. Nicht, als habe Dietrich allein aus anthropologischem Interesse seine Untersuchung unternommen. Er wollte seine philosophische Gesamtkonzeption vorstellen und zeigen, daß sie, wenn nicht alle, so doch viele occulta des christlichen Glaubensbewußtseins mit der Vernunft aufzuschließen imstande sei. Er wollte die Formkraft und Stabilität reiner Intellektualität im Bau des Kosmos und selbst in den Turbulenzen göttlicher Wundereingriffe verteidigen, die dem heißen Flehen verspäteter Wüstenväter gnädig entsprachen, aber die hohe Ordnung der Sternführer-Intellekte störten. So hat er selbst seine Intention ausgesprochen; der Text gibt Anlaß, ihm zu bestätigen, daß er sein Vorhaben auch ausgeführt hat, keineswegs immer mit Erfolg. Doch war ihm auch der sekundäre Gewinn willkommen, der sich für die Analyse menschlichen Erkennens ergibt, wenn man sie im Blick auf die großen überirdischen Erkennens-Modelle durchführt. Er entnahm dieser Untersuchung eine Bestätigung seiner frühen intellectus agens-Lehre; er urgierte die Dependenz des intellectus possibilis vom phantasma. Er vollzog eine Doppelbewegung, die einerseits die zeitüberlegene Welt-Gegenwart in der tätigen Vernunft forderte und ihre Aktivität als substantialen Grund der Menschenseele erkannte, aber andererseits die mögliche Vernunft als bloßes Akzidens diagnostizierte und für sie einen „Träger" forderte, der nicht nur in der Seelensubstanz bestehen durfte, sondern mit ihm eine generische Gemeinsamkeit aufwies, also einen akzidentellen und aktualen Außenbezug realisierte. Während Dietrich dem tätigen Intellekt eine Außenbeziehung im strengen Sinn nicht zuerkennen konnte, weil es für die tätige Vernunft kein „Außen" gibt, und während er von der tätigen Vernunft als dem produktiven Seelengrund die Vorstellung der Differenz von Seelensubstanz, Seelenvermögen und Seelenaktivität fernhielt, installierte er für die empirische Seite der menschlichen Erkenntnis eine Serie von Dependenzen, bei denen auch die Vorstellung von „Seelenkräften" eine Rolle spielen durfte: Unsere Sinneswahrnehmung hat eine per-se-Beziehung auf aktual gegebene Sinnesdaten; unsere Phantasie bedarf, um ein Phantasiebild zu bilden, gut aristotelisch, vorgängiger Sinneswahrnehmungen aktual gegebener Eindrücke; unsere mögliche Vernunft bedarf, gut aristotelisch, eines Phantasiebildes, um, aktuiert, darin das Wesensbild der Sache zu sehen, sie also quiditativ und dann auch in ihren Folgebestimmungen zu erkennen (cog. 52 (8) II 216).

9. Geister in physischem Höllenfeuer

Der Widerspruch war zu schreiend, er mußte zu Diskussionen führen: Seit dem 6. Jahrhundert wurden im Westen Dämonen und Menschenseelen aus luftartig-subtilen Körperwesen zu reinen Geistern. Dadurch entstand folgendes Dilemma: Menschenseelen sollten kraft ihrer Geistigkeit den physischen Zusammenbruch des Todes überstehen, also unsterblich sein und dennoch strafweise unter physischem Höllen- und Fegefeuer leiden können. Solange Dämonen und Menschenseelen noch nicht philosophisch sublimiert waren, mochte diese Vorstellung durchgehen, aber schon Origenes nahm an ihr Anstoß, vor allem, weil eine ewige Höllenstrafe keinen pädagogischen Sinn, sondern reinen Vergeltungscharakter hatte. Für einen platonisierenden Christen wie Origenes oder Dionysius Areopagita war die Vorstellung ätherisch-feiner Stofflichkeit von Menschenseelen unerträglich: Mochten die Dämonen Luftkörper besitzen und nach dem Jüngsten Gericht in der Feuerhölle leiden, nachdem sie bis dahin in den Lüften gehaust und die Menschen in Versuchung geführt hatten – die Menschenseele galt als unsterblich aufgrund ihrer intellektuellen Natur, nicht nur kraft göttlichen Allmachtsspruchs, war sie doch fähig, die ewigen Normen der Mathematik und der Ethik einzusehen. Die aristotelische Philosophie des Nus führte fromme Christen in dasselbe Dilemma: Der Nus war unsterblich, weil er leidenslos, apathes, war; aber die Geistseele sollte, wenn sie mit schwerer Schuld beladen war, den Tod überstehen und dann im ewigen Feuer körperlich gequält werden; trug sie nur leichte Schuld, sollte körperliches Reinigungsfeuer auf Zeit sie läutern. Das Dilemma blieb, ob man fand, die Bibel bezeuge das Fegefeuer als eine separate Strafanstalt oder ob man Hölle und Purgatorio für denselben Feuerpfuhl ansah. Philosophisch geschulte Köpfe mußten den Widerspruch unweigerlich bemerken; daher die philosophischen Debatten um 1300. Wie stellte sich Dietrich zu dieser Verlegenheit?

Bevor ich dies beschreibe, eine Zwischenbemerkung: Das historisch Auffällige ist nicht, daß Dietrich an die Hölle und das physische Feuer in ihr „geglaubt" hat. Millionen mittelalterlicher Christen teilten diesen Glauben. Das Charakteristische ist: Dietrich hat darin einen Widerspruch zu seiner Konstruktion einer Sphäre der spiritualia im terminologisch genauen Sinn dieses Wortes gesehen. „spiritus" bei Dietrich war, wie gesagt, ein Intellekt, der nicht wesenhaft, aber doch substantiell Intellekt war, auf den die proklische Theorie der dem intellectus untergeordneten anima-Sphäre zutraf und die erweitert wurde durch die im Sinne des Areopagiten interpretierte spirituale Eigentümlichkeit von Auferstehungsleibern. Das historisch Bemerkenswerte an Dietrichs theologia ist, daß er den Widerspruch ausgesprochen und denkerisch bearbeitet hat. Seine Untersuchung verwickelte sich; denn die Frage der Höllenfeuerqualen reiner Geister verband sich mit der Schwierigkeit, wie reine Geister, die keinen körperlichen Ortsbezug haben, in Orte eingesperrt werden können, die Dämonen in die dunklen Lufträume – in Gewitterwolken? – und nach dem Jüngsten Tag zusammen mit bösen Menschenseeelen in der Hölle. Dietrich kam nach diffizilen metaphysischen und naturphilosophischen Untersuchungen zu einem eindeutigen Ergebnis: Er zog die Grenzlinie der spiritualia genau so streng, wie er die gegen die wesenhaften Intellekte gezogen hatte: Ein spiritus ist kein Körper; Bestimmungen, die auf Leiber zutreffen, kommen dem spiritus nicht zu; ein intellectus ist kein spiritus und dessen Bestimmungen sind von ihm fernzuhalten (cog. 79 (1) II 241). Das ist die Grundregel, nach ihr versucht Dietrich die Offenbarungsbilder in rationale Ordnung zu bringen. Ein spiritus hat keine Bindung an einen körperlichen Ort: abstrahit ab omni loco inquantum spiritus (cog. 82 (1) II 244). Irdisches Feuer kann ihm keine Schmerzen bereiten; unwürdige sinnliche Vorstellungen sind von Himmel und Hölle fernzuhalten. *Wenn* wir sagen dürften, das Höllenfeuer sei spiritualen Wesens und die Heilige Schrift nehme dieses Wort zwar vom Körperfeuer her, gebrauche es aber im spiritualen Sinn, um die Härte der gerechten Strafe zu bezeichnen, dann *läge die Sache klar*. Dann verschwänden alle Schwierigkeiten (cog. 80 (6) II 243). Aber so *dürfen* wir nicht sagen, denn die Kirche hat sich durch die Verurteilung des Origenes in dieser Frage für körperliches Höllenfeuer entschieden; Augustinus hat in *De civitate Dei* XXI 10 CC 48 S. 775–776 autoritativ und ausdrücklich erklärt, das Höllenfeuer sei körperliches Feuer; die großen Theologen des 13. Jahrhunderts haben diese Lehre festgeschrieben. Wie behilft sich ein Denker um 1300? Nachdem Dietrich klar gesagt hat, was ihm einleuchtet – kein körperliches Feuer in der Hölle –, sucht er rationale Annäherungen an die Kirchenlehre, in der Form vernünftigen Vermutens, rationabiliter conicitur (cog. 81 (4) II 243). Er holt Rat bei Proklos: So unterschiedlich die Regionen des Universums sind, so gehören sie doch zu einer Ganzheit und tragen in sich die reale Signatur dieser Ganzheit, dessen Teil sie sind; wir dürfen die Grenzen zwischen ihnen nicht zu scharf ausziehen (cog. 74 II 237). In Wirkungen und Gegenwirkungen zeigt sich diese Zugehörigkeit zum Weltganzen, und damit dies naturphilosophisch denkbar wird, müssen wir zwischen konträren Wesen eine interne, qualitative Disposition zur Wechselwirkung annehmen (cog. 76 (3) II 239). Ferner: Man könnte unterscheiden zwischen dem körperlichen Wesen und seinen spiritualen Eigentümlichkeiten. Auch die Auferstehungsleiber sollen ja in ihrem Wesen Körper sein, aber mit spiritualen Proprietäten (cog. 80 (5) II 243). Wenn also körperliches Feuer in der Hölle brennt, dann könnte dies mit Hilfe solcher Zusatzunterscheidungen denkbar werden, ohne Widersprüche. Es müßte aber ein Feuer sein, das nicht zu den vier Elementen zählt, aus denen diese Welt besteht (cog. 81 (3) II 243). Wenn dort körperliches Feuer brennt, ist diese Art von Feuer uns unbekannt. Es ist transformiertes körperliches Feuer mit spiritualen Sondereigenschaften. Aber ist es denn nicht doch ein metaphorisches oder genauer: ein spirituales Feuer? Selbst indem Dietrich zugesteht, es könnte, wie Augustinus will, ein körperliches Feuer sein, setzt er seine Philosophie der Abtrennungen metaphysischer Regionen durch: Nennen wir es ruhig „körperliches" Feuer. Dann ist es ein Feuer, von dem der Naturphilosoph nichts weiß und das ihn nicht stört, wenn er die Theorie der Elemente entwirft, woran Dietrich interessiert ist.

10. Dietrichs theologia-Konzept

Es wird Zeit, sich von inhaltlichen Verwicklungen zu verabschieden und auf die Frage zurückzukommen: Wie hat Dietrich seine im engeren Sinne „theologischen" Traktate verstanden? Ich antworte mit folgenden Thesen:

I. Keineswegs bestätigen *De cognitione entium separatorum* und *De corpore Christi mortuo* die Vorstellung, die sich ein flüchtiger Leser von *De subiecto theologiae* machen konnte, als wolle Dietrich die Überlegenheit der „Offenbarungstheologie" über die theologia der Metaphysiker herausarbeiten.

II. Selbst wenn wir theologia fassen im Sinne der synthetisierenden Passage in sub. 3 (5) III 281, gelesen *gegen* das theologia-Konzept von nostra autem divina sanctorum scientia (in *De subiecto theologiae* 3 (9) III 282), das Dietrich im *De subiecto*-Fragment nicht weiter verfolgt, gibt dies nicht sein faktisches Vorgehen wieder, wenigstens nicht das seiner großen Schrift *De cognitione entium separatorum*. Dieses läßt sich am ehesten beschreiben als die Korrektur naiv-gegenständlicher Auffassungen der mittelalterlichen Glaubenswelt mit Hilfe einer an Proklos orientierten Regionalmetaphysik. Diese theologia arbeitet an der interpretierenden Zuordnung nicht nur der Bibel, sondern der gesamten zeitgenössischen theologischen Bilderwelt zu einer der fünf Stufen und weist Übergriffe zurück, die das fromme, aber unkorrigierte Denken durch Übertragung von Vorstellungen der niederen Stufen auf die höheren begeht.

Dietrich wollte, wie er gesagt hat, das Verborgene mit der Vernunft aufschließen, occulta ratione patefacere. Nicht alle Inhalte der Glaubenslehre des 13. Jahrhunderts duldeten diese religionsphilosophisch-purgierende Auslegung; in diesen Fällen ließ er secreta stehen, anerkannte das Recht der göttlichen Allmacht und machte Vorschläge, durch ein rationabiliter conicere den Bruch so gering wie möglich zu halten.

III. Es besteht Kontrast zwischen dem auftrumpfenden Überlegenheitsgestus in *De subiecto theologiae* 3 (9): nostra autem divina sanctorum scientia zu dem theologia-Begriff in *De cognitione*: Jetzt, in der späten Schrift, sind die theologi die schwer belehrbaren, die defensiv erstarrten Anderen. Wenn wir Dietrich als „Theologen" bezeichnen, muß klar sein: Dietrich sah sich selbst, jedenfalls in der großen späten Schrift, als Außenseiter seiner Gilde. Ich stelle einige Belege dafür zusammen:

> cog. prol. (4) II 167: videbuntur alicui absurda.
> cog. 15 (1) II 180: Nec concluditur nostris theologis inconveniens, quod vane timent.
> cog. 59 (2) II 221: vulgatum est apud scholasticos maxime moderni temporis, apud quos nonnulli alia minus rationabilia phantasmata sunt.
> cog. 62 (3) II 224: … ne nimis videamus abhorrere communiter dicta.
> cog. 70 (5) II 233: Habet enim istud quasi inattingibilem difficultatem, ut patet diligenter et subtiliter considerantibus. Hoc enim, quod quidam moderni scholastici dicunt, scilicet quod spiritus etiam secundum substantiam suam est in loco definitive, quamvis non circumscriptive, non evadit dictam difficultatem.

Das ist eine andere Sprache als das selbstsichere Gruppenbewußtsein von *De subiecto theologiae* 3 (9). Dietrich führt seine frühere Polemik gegen die communiter loquentes in entspannter Form fort, gegen die Universitätstheologie im allgemeinen.

IV. Dietrich stellt sich außerhalb der Zunft, indem er die Neigung zu bloß verbalen Lösungen schwieriger Fragen kritisiert. Er gibt zu verstehen, die Klassiker würden nicht genau gelesen. Er insistiert immer wieder: Der *Liber de causis* schreibt der prima causa allein die creatio zu; er hebt trotz emanativer Seinsbegründung auch durch nachgeordnete Stufen den Kreationismus nicht auf (cog. 9 (1) II 175; 37 (1) II 200 und öfter). Insbesondere hat Dietrich Augustin genau studiert, *De Trinitate* für die Theorie des Intellekts und der imago, *De Genesi ad litteram* für die Lehre von der doppelten Providenz, die Dietrich systematisch weiter entwickelt und auch in *De cognitione entium separatorum* 56 (2) II 219) beibehält. Dietrich arbeitet Augustins Ansicht auch dann sorgfältig heraus, wenn sie ihm widersprach – wie in der Frage der Luftkörper der Engel (cog. 72 II 234–235) und des körperlichen Höllenfeuers (cog. 80 (5) II 243), in der Augustin, wie Dietrich hervorhebt, selbst in *De Genesi ad litteram* noch ein gewisses Schwanken zeigt. An eine Entwicklungshypothese zum Denken Augustins, etwa an eine zunehmende Distanzierung von Origenes, hat Dietrich nie gedacht: Ein so großer Lehrer, meinte Dietrich, werde sich doch nicht selbst widersprochen haben (cog. 73 (2) II 236). Dennoch hat Dietrich die Thesen Augustins, auch ihren Kontrast zu Dionysius Areopagita, genau registriert. Zu seinem Konzept von theologia gehörte ein unerwarteter Zug zur präzisen Rezeption der Klassiker.

V. Dietrichs große theologische Schrift wollte die Verlegenheiten beseitigen, in der die bisherige Theologie den nachdenklichen Betrachter der Welt und der mittelalterlichen Glaubenslehre zurückgelassen hatte. Er suchte die schwierigen Punkte auf, um die Knoten mit Vernunft aufzulösen, die auch die großen Scholastiker ungelöst zurückgelassen hatten. Das Okkulte mit Vernunft aufzuschließen, war seine erklärte Absicht: ratione. Durch das Werk *De cognitione entium separatorum* weht ein Hauch von Vergeblichkeit, Angestrengtheit und Unsicherheit. Es vermeidet das Längstgesagte und beruht auf einem neuen Konzept; aber der Stoff, den Dietrich sich aussuchte, zwang ihn zu Schwankungen. Dafür nur ein Beispiel: Die Lehre von den Engeln war zu reformieren durch die Anwendung und Stärkung der proklischen Theorie der anima-Sphäre bzw. der spiritus. In vielen Details konnte Dietrich dadurch größere Klarheit gewinnen, Widersprüche vermeiden und allzu naive Vorstellungen zurückweisen. Aber dann, mitten in der Arbeit am Mythos, wiederholt er nur, was alle Christen um 1300 ohnehin dachten: die körperliche Natur folgt gehorsam jedem Wink der Engel: ad nutum est subiecta corporalis creatura mirabiliter et nobis incomprehensibiliter (cog. 58 (1) II 220). So verweist dieses Buch immer wieder einmal auf Geheimnisse der göttlichen Ratschlüsse, denen niemand gewagt widersprechen darf (cog. 91 (4) II 254). Wenn das so ist, wozu denn dann der ganze ungeheure Aufwand an Argumentation, der für Dietrich charakteristischer ist als die Floskel demütiger Ergebenheit?

11. Klarstellungen

Hier sei noch ein Blick geworfen auf die Schrift *De substantiis spiritualibus et corporibus futurae resurrectionis* (abgekürzt: subst.). Sie bietet eine Reihe von Klarstellungen und Vertiefungen. Sie ist wie *De cognitio-*

ne entium separatorum eine relativ späte Schrift Dietrichs; *De cognitione entium separatorum* 39 (3) II 204 dürfte auf *De cognitione entium separatorum* 17 II 315 zurückverweisen; die beiden Traktate zeigen engen thematischen und theoretischen Zusammenhang. Gleich der erste Satz setzt ein wie mit einem Paukenschlag: Dietrich bringt ein Augustinus-Zitat, wiederum aus *De Genesi ad litteram* zum Stichwort occulta vor, das unfruchtbare Theologenstreitigkeiten verwirft: Melius est dubitare de ocultis quam litigare de incertis (VIII 5 CSEL 28 S. 237 Zeile 16–17). Dietrichs erster Satz bezeugt noch einmal sein Außenseiterbewußtsein: Dieser Traktat, schreibt er, wird mir mehr als alle meine anderen Schriften üble Nachrede (calumnia) eintragen. Dietrich rechnete mit Polemik, mit unfreundlicher Aufnahme seiner Schriften, wohl auch mit Anklage[29] was kaum begreiflich wäre, wenn er, wie K.-H. Kandler behauptet, nur die Überlegenheit der Offenbarungstheologie über die Theologie der Metaphysiker behauptet hätte und wenn, wie ebenfalls Kandler lehrt, Dietrichs theologische Schriften „blaß, kaum innovativ" gewesen wären. „Blaß, kaum innovativ" sind sie nur in Kandlers Interpretation. Dietrich läßt wieder durchblicken, daß er weder im Pariser Universitätsmilieu noch im eigenen Orden mit Sympathie rechnen konnte. Er trägt noch einmal seine Theorie der vermittelten Erschaffung mit Berufung auf den *Liber de causis* vor und schiebt ein: salva pace et gratia doctorum nostrorum non est absonum nec alienum a ratione (subst. 19 (1) II 316). Und wiederum im Zusammenhang der vermittelten Erschaffung: nostri doctores verentur et timent non timenda (subst. 20 (1) II 318). So erwirbt man keine neuen Freunde. Die Fronten waren abgesteckt.

Der Gesamtaufbau des Traktats zeigt Dietrichs Absicht: Im grundlegenden ersten Drittel (c. 1–13) zeichnet Dietrich in eigenwilligem Anschluß an Proklos den Grundriß des Universums; es folgt ein Abschnitt über physikalischen und metaphorischen Ortsbegriff und die Möglichkeit seiner Verwendung, differenziert nach den Stufen der Weltordnung (c. 14–24), ein kleiner Abschnitt zieht Konsequenzen zur Charakteristik der regio spiritualis (c. 28–30). Dann geht Dietrich daran, auf dieser Grundlage einige Perplexitäten, wie er im Prooemium II 300, 65 sagt, aufzulösen, welche die mittelalterliche Glaubenslehre in denkenden Menschen auslöst (c. 31–37). Die erste dieser Verlegenheiten, die beseitigt werden sollen auf metaphysischer Grundlage, bildet wiederum die

[29] Zur Wortbedeutung von calumnia siehe Krebs 1906, S. 3 A. 4.

Frage, wie Dämonen, also spirituale Wesen, unter körperlichem Feuer leiden können (c. 31).

Wenn wir Gott hinzuzählen dürfen und wenn wir die Intelligenzenlehre der Philosophen akzeptieren, gibt es vier Wirklichkeitsstufen, vier maneries rerum:

Gott
Intelligenzen
Entia spiritualia, also Engel, Dämonen, körperlose Menschenseelen
Körper (subst. 1 II 303).

Die proklische Stufenfolge erscheint etwas anders als in *De cognitione entium separatorum*, wo die Körper nicht als eigene Stufe auftreten, weil es dort um die Erkenntnisweisen körperloser Wesen geht. Die Himmelsseelen sind zunächst nicht erwähnt, weil sie wesenhafte Intellekte wie die Intelligenzen sind; Dietrich kommt später (19 (4) II 317) auf sie zu sprechen. Das spezielle Thema von *De substantiis* sind die entia spiritualia, und die Argumentationslinie läuft so: Wenn wir die spiritualia sorgfältig abgrenzen gegen wesenhafte Intellekte wie gegen Körper, dann vermeiden wir Kategorienverwechslungen und können die Knoten auflösen, in die uns einige Glaubenslehren verstricken. Dietrich spricht hier nicht von theologia; er geht auf Sachen zu, nicht auf Wissenschaftstheorie. Aber was den theologia-Begriff in diesem Traktat angeht, ist der Vorrang der metaphysischen Spekulation eindeutig; schon die Struktur des Traktats erinnert an die schöne Metapher Kants, gewiß sei die Theologie die Königin aller Wissenschaften, aber die Philosophie gehe ihr als ihre Dienerin mit dem Licht voraus und zeige ihr, wohin der Weg geht. Nur mit ihrer Hilfe sind die Verwirrtheiten (perplexitates) des mittelalterlichen Glaubensbewußtseins lösbar.

Noch bevor Dietrich seine Vier-Bereiche-Metaphysik begründet, stellt er ein augustinisches Motiv klar, das er immer wieder in Anspruch nimmt, die Lehre von der doppelten Providenz. Es gibt nur *einen* Gott und in ihm nur eine Providenz, nur die Mittel der Ausführung unterscheiden sich, ob durch Naturvorgänge oder durch Willensakte. In Gott ist sowohl Natur wie Wille; die Differenz betrifft nicht Gott, sondern die Geschöpfe (subst. 2 und 3 (1) II 304). Der „Wille“, auf den die Willensprovidenz sich bezieht, ist nicht der allmächtige Wille Gottes, sondern der Wille von Wesen, durch die sich die einheitliche Providenz realisiert. Augustins Lehre von der doppelten Providenz ist nicht zu verwechseln mit der Theologie von Natur und Übernatur; sie betrifft nicht den Konflikt von Naturgesetzen und göttlicher Willensallmacht; sie regelt nicht das Verhältnis von Naturphilosophie und Offenbarungstheologie, jedenfalls nicht im Sinne einer Überordnung der Willensprovidenz über die Naturprovidenz. Eher ist es, Dietrich zufolge, umgekehrt: In manchen Hinsichten dient die Willensprovidenz der Naturprovidenz, deren Ordnung sie voraussetzt (subst. 22 (5) II 319s.).[30] Alle Weltvorgänge regelt die Vorsehung, sie bedient sich einerseits der Natur und ihrer Regeln, andererseits der Willen von Menschen und Engeln. Da die Engel Sonderaufträge erhalten können, spielt das Problem der Erlösungsveranstaltungen in die Unterscheidung der doppelten Providenz hinein, aber darin liegt nicht die Intention dieser Distinktion. Die Willen von Engeln, Dämonen und Menschen haben ihrerseits eine regionentypische Natur, denn „Natur" heißt hier nicht nur „Körperwelt"; insofern sind die beiden Providenzen nicht trennbar oder gegeneinander ausspielbar, zumal wenn die göttliche Gnade die Natur nicht zerstört, sondern vollendet.

Im Anschluß an diese Klarstellung liefert Dietrich eine originelle Argumentation für die proklische Vier-Stufen-Metaphysik: Er geht daran, die Natur dieser Hierarchie und die *Vollständigkeit* dieser Aufzählung zu beweisen. Dies ist möglich, indem wir die entia conceptionalia studieren. Sie geben den Schlüssel zum Weltaufbau, wir nehmen den Beweis für die Vollständigkeit und das Modell für die Viergliedrigkeit des Universums von ihnen. Dietrich hat sich offenbar die Frage vorgelegt, wie wir, die wir auf einer dieser Weltetagen stehen, wissen können, welche und wieviele Stufen es außer der eigenen gibt und wie wir der Vollständigkeit (sufficientia) unseres Hierarchien-Bildes gewiß sein können. Er beantwortet die Frage auf folgendem Wege:

„Ens conceptionale" bedeutet: Ein begreifendes Seiendes hat ein von ihm verschiedenes Seiendes in sich. Das geschieht in der Wahrnehmung und in der Phantasie eines Menschen, anders wiederum in seinem Intellekt, wiederum anders in wahrnehmungsfähigen Tieren. Es gibt, Dietrich zufolge, folgende vier Formen des Erkenntnis-Seienden:

I. Etwas wird in den Prinzipien erfaßt, die sein Wesen konstituieren. Diese Erkenntnisart erfaßt ein Seiendes in seinen inneren Strukturen,

[30] Die sekundäre Rolle der Willensprovidenz auch in *De visione beatifica* 4.3.2 (4) I 114, wo sie complementum et consumatio ordinis providentiae naturalis heißt.

etwa, indem wir den Menschen als animal rationale definieren. Dies ist die Erkenntnisart des intellectus possibilis.

II. Die Erkenntnis dringt tiefer in das Erkannte ein und erfaßt die Prinzipien dieser Prinzipien einer Sache. Das Prinzip der Prinzipien der erkannten Sachen ist der tätige Intellekt. Er ist nicht nur ein Erkannt-Sein, sondern seinerseits etwas von substantieller Realität; er ist per se der Grund der Begriffsbildung im Menschen; er ist etwas am Menschen, aber da er nicht nur die Ermöglichung ist von Begriffen, sondern selbst actu geistig erkennt, gehört er in die Reihe der entia conceptionalia.

III. War bisher vom Erkannten die Rede, sofern es seinen inneren Gründen nach im Erkennenden ist, so ist doch auch die Außenseite der erkannten Sachen Gegenstand unserer Erkenntnis. Zu dieser Erkenntnis-Außenseite der Dinge, die im Erkennenden sind, gehört zunächst einmal das erkannte Wesen, sofern wir es in Vorstellungsbildern in uns haben, also die substantia mit ihren idola. Damit ist das Vorstellen im Unterschied zum Denken gemeint, das in der aristotelisch-averroistischen Schule vis cogitativa heißt und das die substantia von ihren Vorstellungsbildern ablöst, ohne sie in ihren allgemeinen Prinzipien, in den Definitionselementen und im Prinzip dieser Prinzipien, zu erfassen wie dies die intellektuelle Erkenntnis tut.

IV. Die sinnliche Wahrnehmung: Die substantia hat äußere Dispositionen. Es sind *die* Bestandteile einer sinnlich erkennbaren Sache, die *nicht* in den rationalen Prinzipien erfaßt sind, die in der Definition zum Ausdruck kommen, partes posteriores toto, individuelle Charakteristika, die wir nur mit den Sinnen auffassen können.

Überblicken wir diese vier Formen des Seienden, sofern es in unserer Erkenntnis vorkommt: Ihre elementarste Form, die unterste Stufe, ist die Erkenntnis unserer Sinne. Sie ist an körperliche Organe gebunden und richtet sich auf körperliche Gegenstände. Wir haben sodann eine spirituale Erkenntnisform, die Phantasie/Vorstellungskraft (imaginaria), die das sinnlich Erfaßte auf Vorstellungsbilder reduziert und es in einer spiritualen Seinsweise erfaßt. „Spiritual" heißt hier: vorstellungshaft, imaginaria. Und wir haben zwei Formen intellektueller Gegenwart des Erkannten. Beide Erkenntnisarten sind von der Vorstellungskraft streng zu unterscheiden, auch von deren Funktion, die substantia von ihren idola abzulösen. De*r* mögliche Intellekt erfaßt die inneren Aufbauprinzipien der Sache, die sie konstituierenden Elemente ihrer Definition; der tätige Intellekt faßt sie in dem Prinzip dieser Prinzipien.

Wir haben also vier Weisen der Gegenwart des Erkannten im Erkennenden. Diese sind gegen einander so definiert, daß die Vollständigkeit der Aufzählung gesichert ist. Sie sind so angeordnet, daß sie von außen nach innen gehen, und daß es kein Mittleres zwischen diesen Formen gibt. Sie stehen unmittelbar nebeneinander; sie reichen von der Körperlichkeit über das spirituale, das heißt: das Imaginative (bei dem Dietrich hier zwischen Phantasie und Vorstellungskraft nicht unterscheidet) bis zur Intellektualität und zum Prinzip der Intellektualität (subst. 4 II 305–306). Es ergibt sich nun eine Ähnlichkeit der Proportionen, wenn wir diese vier Weisen des Erkenntnis-Seienden in Bezug setzen auf die vier Stufen der Realität wie Proklos sie in der *Propositio* 20 beschreibt. Der entscheidende Hinweis ist dabei dieser: Es besteht nicht nur zweimal eine viergliedrige Proportionalität von Erkenntnisseienden hier, Weltstufen dort, sondern wir können die vier Formen der entia conceptionalia bei uns selbst betrachten und daraus einen Entwurf der vier Realitätsstufen bilden, gestützt auf Ähnlichkeiten. Wir können uns aus uns selbst, aus Zahl und Art der Erkenntnisstufen der Vollständigkeit unserer Ansicht von den vier Weltstufen vergewissern. Das ergibt die vier folgenden Parallelen:

1. Das göttliche Unum. Es ist primum universitatis principium, innominabile, von höchster „Einfachheit“, das heißt: Intellektualität, Prinzip der Prinzipien der Realwelt, reines Sein ohne Realkomposition, wie der tätige Intellekt Prinzip der Prinzipien der Konzeptionalwelt ist.

2. Intellectuales naturae, causae essentiales, sie konstituieren die nachfolgenden Seienden ex nihilo, ohne im strengen Sinne Erschaffer zu sein, ihre Tätigkeit und ihre Eigenschaften sind ihr Wesen. Sie haben keine interne Zusammensetzung. Keiner ihrer Wesensbestandteile wird durch Komposition zu einem Element in einem von diesem verschiedenen Wesen, wie Stoff und Wesensform in einem Zusammengesetzten zu einem Dritten werden oder wie genus und spezifische Differenz zu einem Dritten, zur species werden.

3. Anima oder Sphäre der spiritualia. Ihre Tätigkeiten und Eigenschaften sind nicht ihr Wesen. Sie haben „Teile“, die in ihrer Definition nicht vorkommen, partes posteriores toto, und sind daher Individuen. In diesem Sinne sind sie „zusammengesetzt“, nicht „einfach“. Dies teilen sie mit den Körperdingen, im Gegensatz zu den Intellekten, die ihr Wesen sind. Ihnen korrespondiert die imaginatio, aus deren Eigenart, die wir bei uns Menschen kennen, wir uns einen Begriff von den spiritualia machen

können. Sie sind nicht auseinandergelegt in quantitativ bestimmte Naturdinge; sie sind einheitlich und intellektuell, aber nicht wie wesenhafte Intellekte, sondern so, wie die Einbildungskraft die Einheit eines Dings festhält, das sie einmal in seiner Gestalt, ein andermal in seiner Farbigkeit oder Ausdehnung auffaßt. Die spiritualia haben im Unterschied zu wesenhaften Intellekten Teile, die zu ihrem Gesamtwesen hinzutreten, also interne Differenzen und Unterschiede, allerdings nicht-körperlicher Art.

4. Die Körperwelt, corporalia, von körperlichen Sinnesorganen wahrgenommen. Körper haben Teile, die sich aus ihrem Wesen nicht ergeben, etwa Quantitäten homogener Teile wie bei einer Wassermenge oder strukturierte, heterogene Teile wie die Organe eines Lebewesens. Die Körperwelt ist eine Welt der Übergänge vom real Möglichen zum Aktualen. Körper haben Prinzipien, die nicht-körperlicher Natur sind. Prinzipien sind allgemein spiritueller Natur. Sie determinieren sich bei Körpern weiter zu Individuen, die auch zufällige Eigenschaften haben. Körperdinge sind sozusagen ein Übergang aus der spiritualen in die stoffliche Reihe, und dem entspricht es auf der Seite der entia conceptionalia, daß wir die Körperdinge nicht der Zeit, aber der Sache nach zuerst mit dem sensus communis auffassen, also auf eine noch spirituale Weise, die sich dann zu den einzelnen Wahrnehmungsarten differenziert (subst. 5 bis 13 II 307–312). Diese Einsicht entfaltet Dietrich in anderen Schriften; sie prägt sowohl seine Philosophie der Wahrnehmung wie seine Metaphysik der Elemente.

Überblicken wir noch einmal die Argumentation, die Dietrich zur philosophischen Charakterisierung der entia spiritualia entwirft. Er will sie einordnen in die vier maneries entium, will aber zugleich dieses Ordnungsschema nicht einfach bei Proklos abschreiben, sondern aus einer Analyse der vier Stufen der entia conceptionalia theoretisch neu gewinnen. Den Schlüsselbegriff, den des ens conceptionale, hat Dietrich nicht ad hoc geschaffen; er hatte ihn schon früher, als ens in anima, und übrigens mit Berufung auf Averroes, präsentiert.[31] Aber hier benutzt er ihn zur *Begründung* und Erklärung der vier proklischen Realitätsstufen. Die Argumentation nimmt der Sache, nicht dem Buchstaben nach den Ausgang von den entia conceptionalia; von ihr ist die Zahl, die Anordnung und die *Vollständigkeit* des proklischen Schemas zu sichern, cuius

[31] Dietrich, vis. 3.2.9.1 (6) I 86; vis. 3.2.9.2. (1) I 88; vis. 3.2.9.6 I 96–97; vis. 4.3.4 (4)–(8) I 123; int. II 3 (2) I 148.

sufficientiae ratio et exemplum sumitur secundum proportionalem similitudinem in entibus conceptionalibus (subst. 4 (1) II 305). So gewinnt er ein System proportionaler Ähnlichkeiten Es verhalten sich:

> Deus zu den Intelligenzen wie intellectus agens zu intellectus possibilis,
> spiritualia zu Körpern wie imaginatio zur sinnlichen Wahrnehmung.

Dietrich nimmt Gelegenheit, seine frühere Lehre vom intellectus agens zu bestätigen: Der menschliche intellectus agens ist Prinzip der Prinzipien im Reich der entia conceptionalia, auch wenn er im Menschen von substantialer Realität ist.

Er ist intellectus per essentiam; ihm ist die Gesamtheit der Seienden gegenwärtig; sein Tun ist sein Sein und verläuft außerhalb der Zeit (subst. 18 (1) II 315). Er ermöglicht nicht nur Erkenntnis, sondern er erkennt actu, und zwar auf einheitlichere und „vornehmere" Weise als die mögliche Vernunft; er ist das Innerste – im Menschen wie im Erkenntnisaufbau.

Die gesamte Untersuchung läuft darauf hinaus, für beide Viererstufen das *Bild der Stufe* der Sache nach zurückzunehmen, denn wir sollen sie denken als Modi des Inne-Seins. Der Blick des mitdenkenden Lesers wird so geführt, daß er nicht von oben nach unten, sondern vom Innersten zum Äußeren geht. Damit bereitet Dietrich den zweiten Teil seiner Abhandlung vor, bei der es um metaphorische und physische Örtlichkeit geht, also gefragt wird: Welche Wesen sind wie in welchen Wesen?

Wohin geraten bei dieser intellektuellen Operation Dietrichs, die weder bei Proklos noch in der Bibel steht, die spiritualia, also Engel, Dämonen, Menschenseelen, diese letzteren ohne den tätigen Intellekt betrachtet? Sie stehen auf der proklischen Stufe der anima, nicht des intellectus und nicht der Körper; ihnen entspricht die Erkenntnisweise der Vorstellungskraft oder die imaginatio, nicht die mögliche Vernunft und nicht die sinnliche Wahrnehmung. Also müssen wir unseren Begriff von den spiritualia von der Einbildungskraft her entwickeln, de eis conicere tamquam a simili ex tertia manerie entium conceptionalium (subst. 11 (1) II 311). Damit stellt Dietrich zwei Eigentümlichkeiten klar, die in *De cognitione entium separatorum* auffällig waren: erstens eine gewisse Herabstufung der Engel. Dietrich identifiziert sie nicht wie Thomas von Aquino mit den Intelligenzen; er hält darüber hinaus dazu an, die Engel nicht von den Intelligenzen, sondern von der menschlichen Einbildungskraft her zu konzipieren. Zweitens, eine dreischichtige Anthropologie: Der Mensch gehört kraft seines intellectus agens zu den wesenhaften Intellekten, kraft seiner Seele zu den spiritualia, kraft seines Leibes zur Körperwelt.

Dietrich setzt seine Untersuchung fort mit einer am vierten Buch der *Physik* und am Kommentar des Averroes orientierten Untersuchung des Wesens des Ortes: Wenn ein Körper an einem Ort ist, dann hat sein Ort den Charakter des Umgebens, der Ort umfaßt wie mit einer Oberfläche das Äußerste des Lokalisierten. Der Ort „enthält" den Körper, aber nicht irgendwie, sondern so, daß er ihn umfaßt. Das Umfassen des Lokalisierten durch den Ort hat den Charakter einer „gewissen Gleichzeitigkeit der Totalität"; zudem konsolidiert, umfängt, fixiert der Ort das Lokalisierte; er gibt dem Körper eine Zeitlang eine bleibende Statt. Dies wirft allerdings die Frage auf, ob der äußerste Himmel, den kein Körper mehr umgibt, selbst noch einen Ort habe.

Räumliches Inne-Sein dieser streng-aristotelischen Art kommt nur Körpern zu. Aber der Ort bietet Anhaltspunkte zu seiner Metaphorisierung. Dem kommen folgende Merkmale der vier Seinsbereiche entgegen:

Die vier maneries rerum umfassen die gesamte Realität. Es kann keine prinzipiell andere Wirklichkeit geben; metaphorische Übertragbarkeit setzt Einheit voraus.

Die vier Weltkreise unterscheiden sich je nach ihrer Kraft innerer Präsenz (intimitas); Dietrich bestand auf der Erhabenheit der Intellektualität gegenüber der Vorstellungskraft, aber hier rechtfertigt, ja provoziert er Bilder, aber Bilder nicht des räumlichen Abstands oder der soziomorphen Ranghöhe, sondern Bilder des Innen-Seins und des Inne-Werdens, Bilder des Ausflusses und des Aufquellens, nicht der Leiter oder Stufen, sondern eher von konzentrischen Weltkreisen, Bilder des Heimischseins, auch in verschiedenen Wohnungen, Metaphern des Dazugehörens, allein schon dadurch, daß jedes Seiende einem der Weltkreise, viele Dinge darüber hinaus auch einem genus und einer species zugehören und in ihr sozusagen ihren „Ort" haben (subst. 23 (2) II 320).

Zwischen ihnen herrscht eine Art von Unmittelbarkeit (immediatio); kein Wesen mittlerer Artung kann zwischen sie treten. Sie sind also irgendwie ineinander, und dieses Ineinandersein beruht auf einem Ersten, das wir in einer Ähnlichkeit der Proportionen, also in einer Analogia zum Ort als ein Äußerstes ansehen können: Gott. In zweiter Linie umfassen auch die Intelligenzen formend, fördernd und bergend alle Realität; diese ist in ihnen „enthalten", wird von ihnen umfangen und gehalten; auch daraus ergeben sich Analogien zum Ort. Das Ineinander-Sein der vier Bereiche wird noch deutlicher, indem Dietrich seine frühe Theorie der Simultankausalität aus *De origine* aufnimmt: Die erste Ursache und die Intelligenzen begründen beide das Nachgeordnete ganz, Gott auf die Weise der Erschaffung, die Intelligenz auf die nachgeordnete Weise ihres produktiven Erkennens, ut scilicet per suum intellectum immediate producat essentiam rei (subst. 19 (4) II 317). Beide begründen das Begründete *ganz*, nur auf verschiedene Weise. Und sie umfassen das von ihnen Begründete, ähnlich wie der Ort das Lokalisierte umfaßt. Ähnliches gilt auf ihre Weise von den spiritualia, die Körperdinge sind in ihnen; die spiritualia umfassen sie, weil, was sich in der begründeten Sphäre findet, auf vollkommenere Weise in dem tieferen, innerlicheren Grundkreis präexistiert (subst. 22 (1) II 319).

Dietrich hat spiritualia scharf gegen die übergeordneten wesenhaften Intellekte abgegrenzt. Er versuchte, sie zu schützen gegen die Übergriffe naiver Übertragung aus dem gewohnten Umgang mit Körperdingen. Zugleich wollte er die Sphären nicht gegeneinander isolieren. Sie sollten Welten in Welten sein, Teile einer Gesamtheit. Er wollte ihr Ineinander und ihre Analogie zu den vier modi der Erkenntnis-Seienden zeigen. Dabei gerieten die spiritualia in die Gefahr, zu nahe an die Welt der Vorstellungskraft oder der Phantasie zu geraten; mehrfach mußte Dietrich betonen, die spiritualia und ihre Aktivitäten seien nicht bloß imaginiert, sondern real. Und dies sollte nicht bloß für die lebendigen spiritualia gelten, sondern auch noch für reale, aber spirituelle Umgebungen, „Orte" oder „Lagen", in denen die spiritualia sich aufhalten sollten. Solange man sich Engel oder Dämonen als Luftkörper dachte, brauchte man für sie körperliche Räume oder Behältnisse; nachdem sie reine Geister geworden waren, mußten bei einem Denker, der wie Dietrich die Übertragung von körperorientierten Kategorien heftig abwehrte, auch ihre Lokalitäten spirituell werden, so schwer es zu denken war, daß es nicht nur lebendige spirituelle Substanzen, sondern auch noch reale, nicht-lebendige spirituelle Welten, sozusagen spirituale Anstalten wie das Fegefeuer oder die Hölle gab.

Dietrich wich vor dieser Konsequenz nicht zurück: Alles an und um die spiritus muß spiritual gedacht werden, auch die Qualen der Geister in Hölle und Fegefeuer. Schroffer als in *De cognitione entium separatorum*, verwirft Dietrich in *De substantiis* die Vorstellung körperlichen

Höllenfeuers; völlig verwirft er die Vorstellung, Engel oder Menschenseelen oder auch Dämonen seien im Jenseits damit beschäftigt, ihre Leidensgenossen zu quälen. Spirituale Wesen als Folterknechte, das ist mit Dietrichs Sublimierungsversuch nicht zu vereinbaren. Zwar betont er das Motiv von Belohnung und Strafe für Verdienste bzw. für Schuld, diesmal in Übereinstimmung mit *De subiecto theologiae* 3 (9) III 282, aber die Leiden der zu Recht Verurteilten gehen von ihrer spiritualen Lokalität und auf spirituale Weise aus. Dietrich wußte, daß er damit der Lehre Augustins in *De civitate Dei* widersprach. Er sprach das Problem offen an: Zunächst versuchte er, die Sätze Augustins über den körperlichen Charakter des Höllenfeuers abzuschwächen. Sie seien entweder Berichte über die Ansichten anderer oder hypothetische Erwägungen, keine definitive Erklärung. Dietrich konnte damit argumentieren, daß Augustin in *De Genesi ad litteram* XII 32, 61 die Hölle als spiritualis, non corporalis bezeichnet hatte; er konnte ein Zitat von Johannes Damascenus vorbringen, das den nicht-körperlichen Charakter der Hölle behauptete (subst. 27 (7) II 326). Er nutzte es aus, daß die Kirchenlehrer in dieser Frage geschwankt hatten, oder vielmehr, daß sich die ostkirchliche, spirituellere Auffassung im Westen erst im Laufe des 6. Jahrhunderts durchgesetzt hatte. Aber Dietrich sah, daß er damit um 1300 nicht mehr durchkam und schlug eine „vielleicht bessere" Lösung vor: Das Höllenfeuer könnte eine körperliche Substanz, aber mit spiritualen Proprietäten sein – also doch ein Kompromiß. Er sah so aus: Das Höllenfeuer, das nicht nur Körper, sondern Geistwesen quälen sollte, wüte aufgrund einer göttlichen Zusatzgabe an spiritualitas auch gegen böse Geistwesen. Zufrieden war Dietrich mit diesem Verbalismus nicht; er endete damit, daß er sich noch einmal auf Johannes Damascenus berief, das Höllenfeuer sei nicht so materiell wie das Feuer bei uns auf der Erde. Hier handle es sich um eine Art von Feuer, wie Gott allein sie kenne (subst. 35 (4)–(5) II 338).

Dietrich hatte angefangen, spiritualia von Körperdingen scharf abzugrenzen, aber bei seinen Versuchen, die mittelalterliche Glaubenswelt begrifflich zu fassen, geriet er ins Schwanken und erfand etwas, das körperlich war, aber nicht wie ein irdisches Element, spiritual, aber als Zusatz zu einer materiellen Substanz. Insgesamt geht die Gedankenführung im letzten Teil von subst. in die Richtung, die spiritualia nicht-körperorientierten Begriffen oder Vorstellungen zu unterwerfen. Der Körper des auferstandenen Christus war spiritual – auf die Frage, wo er in den vierzig Tagen zwischen Auferstehung und Himmelfahrt war, brauchen wir nicht zu antworten, denn spirituale Wesen haben keinen physischen Ort (subst. 33 (4) II 336).

Dietrich bleibt also bei seiner Tendenz zur Spiritualisierung der spiritualia. Dem verdanken wir eine Klarstellung, nach der jeder Leser von Dietrichs Attacke gegen die Transsubstantiationstheorie in *De accidentibus* verlangt. Die Abhandlung über die Akzidenzien war rein negativ gehalten: Es war widersprüchlich, hieß es, daher auch Gott unmöglich, die Substanz von ihren Eigenschaften zu trennen, wie es die Transsubstantiationstheorie behauptete. Wie sollten wir dann das Abendmahl denken, wenn nicht in der Kategorie der Transsubstantiationslehre? Spiritualiter, antwortet Dietrich in subst. 31 (5) II 334), und erklärt das näher so: Als Jesus mit den Jüngern beim letzten Abendmahl saß, da saß er vor ihnen als körperliche Substanz. Er nahm aber, um den Jüngern sich mitzuteilen, dispensativ, Spiritualität an, die er dann gleich wieder aufgab, um dann nach der Auferstehung, ganz spiritual geworden, zuweilen wieder Körperlichkeit anzunehmen.

12. Dietrichs theologia

Es kann kein Zweifel sein: Dietrich wollte den christlichen Glauben begrifflich fassen. Dies war der Sinn seiner theologia. Doch sind dem zwei Erklärungen hinzuzufügen:

Erstens: Er verstand unter dem christlichen Glauben nicht die Bibel im heutigen philologischen Sinne und schon gar nicht eine heute als überzeitlich imaginierte und durch halbherzige „Aufklärung“ abgespeckte Lehre, sondern die Glaubensvorstellungen der Zeit um 1300. Auch wenn er sie zusammenfaßte unter dem Titel der Scriptura veritatis, war er kein Bibeltheologe; er nahm die mittelalterliche Glaubenswelt mit Fegefeuer und Heiligen, mit Ablaß und armen Seelen, die sich zuweilen, wie vom heiligen Vincenz berichtet, sinnlich zeigen. Er nahm das Sonnenwunder, von dem die Wüstenväterlegende erzählte, gläubig auf, wie den biblisch bezeugten Sonnenstillstand Josuas. Er erklärte allerdings, diese bunte Glaubenswelt schaffe im denkenden Betrachter perplexitates. Er empfand sie als okkult; er wollte so viel wie möglich von ihr durch Vernunft offenlegen, aliquid occultum rarum ratione patefiat (cog. prol. (4) II 167).

Etwas davon, aliquid, nicht alles. Er sah, daß es Reste gab, die allein der göttlichen Allmacht zuzuschreiben waren, die keiner Spiritualisierung, keiner metaphysischen Einordnung zugänglich waren.

Zweitens: Er hatte einen historisch-spezifischen Begriff von begrifflichem Erfassen. Er setzte den Begriff von „Vernunft" ein, den er sich gegen Ende des 13. Jahrhunderts hatte bilden können. Dazu gehörten ein gesteigerter Argumentationsstandard und die kritische Durchsicht der bisher vorgelegten Theorien. Er sah sich in einem geschichtlichen Arbeitsvorgang, fast an dessen Ende, wie Ruth hinter den Schnittern hergehend. Die großen Vorgänger hatten die Irrationalitäten (perplexitas) der mittelalterlichen Glaubenswelt auflösen wollen, aber neue geschaffen. In dieser Situation eine vernünftige Revision vorzunehmen, war das Ziel von Dietrichs theologia. Aber was hieß dabei „vernünftig"? Diese Frage zu beantworten, heißt die spezifische historische Differenz in Dietrichs Vernunftbegriff angeben. Dies kann nicht mit wenigen Worten geschehen; die vorliegende Arbeit in ihrer Gesamtheit ist die Antwort auf diese Frage. Aber drei Elemente seien noch einmal genannt:

I. Alles, was die Naturbetrachtung und was die logische und die ontologische Begriffsarbeit angeht, war auf streng aristotelisch-averroistischen Niveau zu leisten. Auch in „theologischen" Schriften war die Ontologie der Privation oder die Definition des „Ortes" zu klären. Vor allem mußte ein „Theologe" bei Aristoteles und Proklos lernen, was intellectus, was spiritus, was corpus real bedeuteten. Dabei war die aristotelische Begrifflichkeit ohne theologische Kompromisse festzuhalten; dafür war die Orientierung an Averroes und an Alberts Aristotelesstudien unerläßlich.

II. Die Perplexitäten, die christliche Vorstellungen bereiteten, waren nur aufzulösen, indem man vier verschiedene Weltstufen oder besser: Weltkreise unterschied. Dafür boten der *Liber de causis* und die *Elementatio theologica* des Proklos den Leitfaden. „Vernunft" war die Fähigkeit, in streng aristotelischer Argumentationsmanier die Weltregionen zu differenzieren, die einzelne Verlegenheit, die der Glaubensstoff bot, begrifflich klar zu beschreiben und durch Zuordnung zu den Weltsphären und ihren je besonderen Gesetzen aufzuklären. Dabei waren sowohl die Eigengesetzlichkeit jeder Stufe wie der Zusammenhang des Ganzen zu bedenken. Dies war für Dietrich „theologia". Um ihre Eigenart zu erfassen und den in ihr beanspruchten Vernunftbegriff zu beschreiben, gibt es vielleicht keinen besseren Ausgangspunkt als ein Augustinuszitat, das

Dietrich besonders lieb war und das ich deshalb schon mehrfach genannt habe. Es stammt vom frühen Augustinus und drückt dessen ungebrochen-antikes Vernunftvertrauen auch in theologicis aus. Es lautet:

Quidquid rationabiliter ponendum est, fatendum est Deum fecisse, De libero arbitrio III 5, bei Dietrich cog. 9 (3), II 176; subst. 28 (10) II 329.

Dies ist ein merkwürdiges, heute gänzlich fremd gewordenes „theologisches" Axiom. Wer fragt, wovon wir behaupten dürfen und sollen, was Gott getan hat, muß zuerst untersuchen, was „vernünftigerweise" zu tun war. Er fragt nicht zuerst nach in biblischen Schriften oder bei kirchlichen Instanzen, nicht bei „Theologen". Er fragt, was vernünftigerweise gesetzt werden muß. Hat er diese Frage beantwortet, dann darf er auch sagen, daß Gott dies bewirkt hat. Theologen konnten immer auch sagen, es sei vernünftig anzunehmen, daß Gott so gehandelt hat, daß er den Vernunftstolz breche. Aber dagegen sprach bei Dietrich der Vernunftstandard der Theologen vor ihm, von Anselm bis Albert; es sprach dagegen die normative Präsenz von Aristoteles-Averroes einerseits, *Liber de causis* und Proklos andererseits.

III. Ein drittes Element war die in der zweiten Jahrhunderthälfte angewachsene Präsenz antiker und arabischer Texte, der Autoren der christlichen Spätantike, und dies alles bei einem erhöhten Grad der Lesegenauigkeit. „Vernünftig" war es, diese Autoren sorgfältiger zu lesen als bisher, ihre Banalisierung und Instrumentalisierung zum Zweck didaktisch gut gebauter „Synthesen" im Detail quasi-philologisch zu kritisieren. Dietrichs „theologia" war Einheitsspekulation und Intellekttheorie, sie war metaphysische Kosmologie und Philosophie des Christentums, sie war die Unterbringung „heilsgeschichtlicher" Turbulenzen auf den unteren Etagen des Welt- und Erkenntnisbaus; sie war immer auch Textarbeit.

VI. NATUR

1. Formen des Naturwissens

Es ist schwer, Dietrichs Bedeutung für die Geschichte des Naturwissens zu überschätzen, jedenfalls dann, wenn man die Bedeutung eines Denkers nach sachlichem Gehalt seiner Ergebnisse und methodischem Niveau bemißt und nicht nach der Größe seiner unmittelbaren Wirkung auf nachfolgende Forscher, denn letztere, scheint es, war bei dem Naturforscher Dietrich eher gering. Aber er hat als erster die heute als „richtig" geltende Theorie des Regenbogens entwickelt. Es war kein Philosoph oder Theologe, sondern ein Spezialist für Geschichte der Naturwissenschaften und der Technik, Giovanni Battista Venturi, Professor in Pavia, der zu Beginn des 19. Jahrhunderts die historisch-wissenschaftliche Beschäftigung mit Dietrich eröffnet hat. Auch im 20. Jahrhundert lag bis zum Erscheinen der *Opera omnia* (1977–1985) die Dietrich-Forschung weitgehend in den Händen der Historiker der Naturwissenschaft. Sie haben die Entwicklung der Perspectiva, die Rolle der griechisch-arabischen Übersetzungen seit dem 12. Jahrhundert und die Originalität der Entdeckung Dietrichs klargestellt. Einzelfragen der Wissenschaftsgeschichte erörtern die kompetenten Darstellungen von William A. Wallace, Graziella Federici-Vescovini, Carl B. Boyer, Alistair C. Crombie, Edward Grant, David C. Lindberg, die mit der Einleitung von Loris Sturlese zu seiner Neuausgabe von Dietrichs Schrift über den Regenbogen, *De iride* (abgekürzt: ir.) einige Korrekturen und einen gewissen Abschluß erfahren haben (Band IV, XIII–XLV).[1] Hier kann es nur darum

[1] Dort S. LI – LVII ein gutes Literaturverzeichnis. Besonders hervorzuheben sind: Krebs 1906, S. 27–62; Carl B. Boyer, The Rainbow. From myth to mathematics, New York – London 1959; William A. Wallace, The scientific Methodology of Theodoric of Freiberg. A Case Study of the Relationship between Science and Philosophy, Fribourg 1959; Graziella Federici-Vescovini, Studi sulla prospettiva medievale, Turin 1965; Alistair C. Crombie, Robert Grosseteste and the Origins of Experimental Science 1100–1700, Oxford 1971; ders. (Hg.), Science, Optics and Music in Medieval and Early Modern Thought, London 1990; Edward Grant (Hg.), A Source Book in Medieval Science, Cambridge/Mass., 1974; ders., Studies in Medieval Science and Natural Philosophy, London 1981; ders. zusammen mit

gehen, den theoretischen Ort der naturwissenschaftlichen Schriften und Entdeckungen Dietrichs zu bezeichnen, also ihre Stelle im Gesamtwerk des Denkers zu beschreiben, ohne die Kompetenz eines Fachhistorikers der Naturwissenschaften zu beanspruchen. Dietrichs Regenbogenbuch ist von großer sachlicher und historischer Bedeutung; es sichert Dietrich den Rang eines der größten Naturforscher der älteren Zeit, aber es steht weder isoliert da noch sollte es andere Arbeiten Dietrichs über die Natur verdrängen. Deswegen beginne ich mit seinen Schriften über den Urstoff, die Elemente, ihre Verbindungen und Bewegungen, also mit *De miscibilibus in mixto* (abgekürzt: misc., IV 29–47) und *De elementis corporum naturalium* (abgekürzt: el., IV 55–93), und charakterisiere sodann seine Theorien über Licht und Farben, also die Schriften *De luce* (abgekürzt: luce, IV 7–24) und *De coloribus* (abgekürzt: col., IV 275–288). Danach wende ich mich – im eingeschränkten Rahmen meines Projekts – dem Regenbogen zu und ende mit Hinweisen zu Dietrichs vermutlich letzten Schriften über Sternseelen und Sternkörper, *De intelligentiis et motoribus caelorum* (abgekürzt: intellig., II 343–369) und *De corporibus caelestibus* (abgekürzt: cael., II 371–385). Doch zuvor ein Wort über Naturwissen um 1300.

Von der Antike bis ins hohe 18. Jahrhundert gab es nicht die heutige Trennung zwischen Philosophie und Naturwissenschaft. Physik und Biologie, auch Metereologie waren seit Aristoteles philosophische Disziplinen. Dietrichs Schriften über die Natur bringen die gegenwärtige Terminologie in Verlegenheit: Sie sind nicht „naturwissenschaftlich" in unserem Sinn. Sie bewegen sich im Rahmen der Philosophie von Stoff und Wesensform, die aus der *Physik* des Aristoteles stammt, aber metaphysischen Charakters ist; sie argumentieren „naturphilosophisch", zuweilen metaphysisch. Immerhin unterscheidet Dietrich, wann er Metaphysik, wann er „Physik" und wann er „Perspectiva" treibt. Er

John E. Murdoch (Hg.), Mathematics and its Applications to Science and Natural Philosophy in the Middle ages. Essays in Honor of Marshall Clagett, Cambridge 1987; David C. Lindberg, Studies in the History of Medieval Optics, London 1983; ders., Auge und Licht im Mittelalter. Die Entwicklung der Optik von Alkindi bis Kepler, Frankfurt/M. 1987; Edward Grant, Planets, Stars and Orbs. The Medieval Cosmos, Cambridge 1994; ders., God and Reason in the Middle Ages, Cambridge 2001. Grundlegend bleiben die klassischen Arbeiten von Pierre Duhem, Le système du monde, 10 Bände, Paris 1913–1959 und Anneliese Maier, Studien zur Naturphilosophie der Spätscholastik, 5 Bände, Rom 1949–1958. Vgl. auch J.M.M.H. Thijssen, Late-Medieval Natural Philosophy: Some Recent Trends in Scholarship, In: Recherches de Théol. et Philos. Médiévales 57, 1 (2000) S. 158–190.

will die sichtbare Welt sowohl aus ihren ersten metaphysischen Gründen erforschen wie aus ihren physischen Ursachen, vom Regenbogen bis zu Ebbe und Flut. Gleich im ersten Satz seines Traktats über die Verbindung der Elemente (misc. Prooemium (1) IV 29), stellt er klar, diese Erörterung habe ihren Ort in der Physik, wie sie Aristoteles in seiner Schrift *De generatione et corruptione* betreibe. Er wird „empirisch", bringt die Sinneserfahrung auch gegen Aristoteles ins Spiel und argumentiert, von ihr ausgehend, mit einer begrifflichen Schärfe, die jeden überrascht, der unter „Naturphilosophie" etwas romantisch Verschwommenes verstünde. Die Lektüre der Regenbogenschrift widerlegt weiche Assoziationen; sie ist charakterisiert durch Nüchternheit, Desinteresse an Symbolik, empirische Präzision und Verwendung graphischer Hilfsmittel. Dietrich unterschied methodisch zwischen Metaphysik (inklusiv regionaler Ontologie und Kategorialanalyse), Physik und Perspectiva. Seine metaphysischen Traktate handeln von *De origine* an auch von der Natur; sie sind um deren Eigengesetzlichkeit besorgt und um ihre Kooperation mit den anderen Prinzipien der Welt, mit Gott und Intellekt. Schriften zur Regionalontologie wie der Traktat zur Natur der Gegensätze (*De natura contrariorum*, II 69–135) vollziehen den Übergang zur „Physik". Unsere wissenschaftstheoretischen Einteilungen sind zu historisieren. Das heißt nicht, Dietrich hätte Optik oder Theorie der Elemente vermengt mit Metaphysik oder Theologie. Wenn es zum Beispiel um die Theorie der Gezeiten ging wie in *De elementibus corporum naturalium* 24 IV 75–76, versuchte er, bei empirischen Argumenten zu bleiben, auch wenn er sah, daß er damit nicht durchkam und am Ende die Einzelheiten „Stärkeren" überließ: *hoc fortioribus dimittatur.* Es ist für jeden einzelnen Traktat zu untersuchen, ob der Interpret besser von „Metaphysik der natura", von „regionaler Ontologie", von „Physik" oder von „Perspectiva" spricht. Dietrichs tatsächliches Verfahren ist aus den Texten zu ermitteln und in seinem Kontext zu beschreiben. Immer vorauszusetzen ist seine Kenntnis der „naturwissenschaftlichen" Schriften des Aristoteles sowie die von deren arabischen Kommentatoren, besonders Averroes und natürlich Albert. Von Aristoteles sind es außer der *Physik* vor allem *De caelo, De generatione et corruptione* und die *Meteorologie;*[2] die biologischen Texte des Aristoteles bleiben bei

[2] Die hier wichtigen naturwissenschaftlichen Schriften des Aristoteles:
De caelo: On the Heavens, griechisch-englisch, übersetzt von W. K. C. Guthrie, zuerst London 1939, viele Nachdrucke; Du ciel, griechisch-französisch, übersetzt von Paul

Dietrich im Hintergrund, jedenfalls haben sie nicht wie die genannten Schriften einen eigenen Traktat Dietrichs hervorgerufen. Hingegen hat Dietrich die Gesamttendenz des aristotelischen Denkens zur „ontologie biologisante des substances sensibles"[3] produktiv fortgeführt, indem er Insichsein, Selbstbezogenheit, Entelechie-Charakter und Aktivität der Dinge über Aristoteles hinaus thematisierte und gegen extrinsezistische Abschwächungen verteidigte. Nie will Dietrich nur Aristoteles kommentieren und die alte Philosophie wiederherstellen; immer entscheidet er bislang ungelöste Fragen.

Alberts Einteilung der Schriften über die Natur wirkt bei Dietrich nach; sie bestimmt aber nicht seine Themenwahl. Er drängt auf Erörterung des *Unerledigten*. Er sucht schwierige Fragen. Doch werfen wir einen Blick auf Alberts Wissenschaftseinteilung:

Die *Physik,* sagt Albert, untersucht die allgemeine Natur der Körperdinge im Hinblick auf die Gründe ihrer Veränderlichkeit, ohne diese nach species bzw. nach sublunarischer oder supralunarischer Welt zu unterscheiden. Sie betrachtet das corpus mobile in sich, simpliciter et absolute. Sie ist der erste Teil der scientia naturalis. Der zweite Teil ist zweigliedrig; in der ersten Hälfte werden Körper untersucht, die ausschließlich

Moreaux, Paris 1965; lat. Übersetzung: Translatio Gerhardi, in: Albertus Magnus, De caelo et mundo, Ed. Colon. V 1. – Deutsche Übersetzung von Olof Gigon, Vom Himmel. Von der Seele. Von der Dichtkunst, Zürich 1950, auch als Taschenbuch München 1983.

De generatione et corruptione: Griechischer Text mit Kommentar von H. H. Joachim, Oxford 1926, mehrere Nachdrucke; griechisch-englisch von C. J. F. Williams, Oxford 1982; La generazione e la corruzione, griechisch-italienisch von M. Migliori, Neapel 1976; De la génération et la corruption, griechisch-französischer Text mit ausgezeichnetem Kommentar von Marwan Rashed, Paris 2005; Ar. lat. IX 1: De generatione et corruptione. Translatio vetus, ed. Joanna Judycka, Leiden 1986.

Meteorologie: griechisch-englisch, übersetzt von H.D.P. Lee, London, zuerst 1952, mehrere Nachdrucke. Deutsche Übersetzung von Hans Strohm, Berlin [3]1984 mit gutem Kommentar.

Für das Studium Dietrichs unentbehrlich dazu die Kommentare von

Avicenna (Sufficientia und De caelo in: Opera, Venedig 1508, fol. 13–42 v);

Averroes (Venedig 1562, ND Frankfurt 1962), zu De gen. et corr., ed. F. J. Fobes, Cambridge, Maß. 1956; Commentum magnum super libro „De celo et mundo Aristotelis". Ex recognitione Francis James Carmody in lucem ed. Rüdiger Arnzen, Leiden 2003;

von Albert (Editio Coloniensis, Bd, 5, 1 (Münster 1971) und 5, 2 (Münster 1980) und 6 (Münster 2003) ed. Paul Hossfeld, dort auch die lateinischen Aristotelesübersetzungen, die Albert vorlagen und die ich, wenn nicht anders vermerkt, zitiere;

von Thomas von Aquino, ed. R.M. Spiazzi, Turin 1952. Der Kommentar des Thomas zu De gen. et corr. bricht mit Buch 1 lectio 17 ab, der zur Meteorologie mit Buch II lectio 10.

[3] Formulierung von Marwan Rashed, De la génération (wie in der vorhergehenden Anmerkung), S. LV.

dem Ort nach bewegt werden, in der zweiten Hälfte geht es um Körper, deren Wesensform sich ändert. *De caelo* erörtert die Himmelskörper, die keinen Formenwandel kennen und nur der Ortsbewegung unterworfen sind. *De generatione et corruptione* erforscht die einfachen Körper, die substantiellem Wandel und akzidenteller Veränderung unterliegen. Diese Untersuchung bildet bei Albert den ersten Teil der speziellen Naturphilosophie. Deren zweiten Teil bildet die Meteorologie. Dieses Wort bezeichnet ein weiteres Feld als der entsprechende moderne Ausdruck, denn die *Meteorologie* des Aristoteles behandelt erstens – in den Büchern I bis III – die Veränderungen einfacher Körper in den Regionen anderer Elemente, also Erdbeben, Meere, Luftphänomene und Himmelserscheinungen unterhalb der Mondsphäre; sie untersucht zweitens in Buch IV die Verbindung der Elemente. Albert erkannte die Sonderstellung von Buch IV der *Meteorologie,* des „chemischen Traktats", wie Ingmar Düring ihn genannt hat. Ein dritter abschließender Teil der speziellen Naturwissenschaft behandelt Mineralien, dann das vegetative und animalische Leben. Diese letzteren Aristotelesschriften und Albertkommentare waren für Dietrich weniger wichtig; er hat sich auf die Elemente, auf Licht, Farbe und den Regenbogen konzentriert.[4]

Um 1300 hatte das Naturwissen des Westens einen Stand erreicht, der es ermöglichte, die Wissenschaft von den sichtbaren Dingen hinauszutreiben über die Zusammenstellung des anerkannten Wissens aus den klassischen Textcorpora, aus Aristoteles, Seneca, Avicenna, Averroes und Albert. Es gab immer noch Autoren, die nur diese Tradition kommentierend verwalteten, Dietrich gehörte nicht zu ihnen. Er suchte Lösungen, an denen die bisherigen Forscher vorbeigegangen waren. Er verstand sich nicht als Erklärer der Tradition, sondern als deren auswählenden Wiederhersteller, der herrschende Auslegungen korrigiert und auf neuen Wegen einlöst, was die Klassiker gewollt, aber nicht erreicht haben. Ein Kenner der Optikgeschichte, David C. Lindberg, hat einmal geschrieben, der mittelalterliche Naturforscher habe immer mehr Geschick bewiesen, die entgegenstehende Theorie zu widerlegen als die eigene zu verifizieren.[5] Das ist zu gut formuliert, um ganz korrekt zu sein, zumal im Fall

4 Albertus Magnus, Meteora, I 1,1 ed. Paulus Hossfeld, Ed. Colon. VI, Münster 2003, S. 1–2 und Albert, Physica I 1, 4, ed. Paulus Hossfeld, Ed. Colon. IV 1, Münster 1987, S. 6a–8a.

5 David C. Lindberg, Studies (wie Anm. 1), S. 243.

Dietrichs, der sich nicht darauf beschränkt hat, ältere Regenbogentheorien zu widerlegen. Doch gegenüber einer Historiographie, die Differenzen einebnet, Traditionen vereinheitlicht und Polemiken übergeht, behält Lindberg recht, auch im Fall Dietrichs, der eine seiner „naturwissenschaftlichen" Schriften mit dem Sprichwort eröffnet hat, wer ausgetretene Pfade gehe, finde schwerlich den neuen Weg, der direkt und sicher zum Ziel führe (col. Prooem. (1) IV 277). Dietrich wollte neue Wege gehen und bezog sich sichtend und kritisierend auf den augenblicklichen Stand des Wissens seiner Zeitgenossen. Er verstand auch seine Naturforschung als „Nachlese".

2. *Urstoff, Elemente, Verbindungen*

Dietrich behandelt den Themenkomplex „Urstoff, Elemente, deren Verbindungen und Bewegungen" in den beiden Traktaten *De miscibilibus* und in *De elementis*. Diese lassen sich nicht genau datieren. Aber gewiß gehört *De miscibilibus* nicht an den Anfang der Schriftstellerei Dietrichs (IV 28) und ist *De elementis*, das diese Schrift vier- oder fünfmal zitiert, nach *De miscibilibus* verfaßt, es gehört in Dietrichs späte Schaffenszeit (IV 53). Die beiden Schriften zeigen thematischen Zusammenhang und dürften zeitlich nicht zu weit auseinander liegen. Beide behandeln die irdische Natur, nicht die Sterne. Beide haben einen klaren polemischen Bezug; beide widerlegen entgegenstehende Theorien; sie sollen eine von Aristoteles und seinen Kommentatoren nicht gelöste naturphilosophische Frage entscheiden. Beide setzen voraus, daß Dietrich die mit der Elementenverbindung eng verknüpfte Frage der Einzigkeit der Wesensform bereits erörtert und im Sinne der Einzigkeit der substantialen Form gelöst hat, besonders in *De origine* 3 und 4 und im Traktat *De corpore Christi mortuo*.

Für die Himmelskörper galt eine andere Physik, aber daß *irdische* Körper aus vier Elementen – Wasser, Feuer, Luft und Erde – bestünden, das war seit Empedokles, Platon und Aristoteles fast ein Dogma der älteren Philosophie der Natur.[6] Damit ergab sich eine Reihe von Fragen.

[6] Die wichtigsten Texte zur Geschichte der Elemente: Empedokles B 17 und B 26, in B 8 auch der Begriff der mixis, mixtio; Platon, Timaios, bes. 31 b–32 b und 69 b; Sophistes

Diese Erststoffe bildeten Gegensätze; wie konnten sie zusammentreten und ein neues Naturding werden, z.B. Marmor? Und wenn sie in eine Verbindung eintraten, kamen dann alle vier zusammen? Was wurde bei dieser mixtio aus ihnen? Mixtio bedeutet „Verbindung", also die Entstehung eines einheitlichen Körpers aus den Elementen, im Unterschied zum bloßen Gemisch. Verschwinden die Elemente darin völlig, oder werden sie nur verändert? Wie tief reicht diese Veränderung? Elemente sollten in jedem Körperding enthalten sein. Würden sie vollständig darin verschwinden, wäre die Einführung des Begriffs „Element" sinnlos. Aber wie weit bleiben sie erhalten? Und wenn sie erhalten bleiben, bestehen dann in dem neuen Körper verschiedene Wesensformen gleichzeitig? Geht ihr Wesen in ihn ein und darin unter? Bleibt dann von ihnen nur ihre wirksame Eigenschaft, z.B. das Heißsein?

Es gab noch grundlegendere Fragen zur Philosophie der Natur. Ich nenne einleitend zwei:

Erstens: Dietrich untersucht hier die sublunare Welt. Sie ist charakterisiert durch Werden und Vergehen, durch Veränderung. Wie sind Naturvorgänge möglich? Dietrich sagt, er suche deren „Ursprung" (origo, el. 6 (2) IV 64). Er setzt seine origo-Untersuchungen fort, nun bezüglich der irdischen körperlichen Natur. Er erklärt, er suche den *Anfang* von Gegensätzlichkeit, Naturvorgang und Individuation (misc. 5 (1) IV 34). Er untersucht, welche philosophische Reform nötig ist, um die Nicht-Dinghaftigkeit der Prinzipien der stofflichen Grundlagen der Welt korrekt zu beschreiben. Zunächst unterscheidet er das bloße Gemisch (confusio) von der substantialen Verbindung der vier Elemente (mixtio) (misc. 8 IV 37). In der mixtio müssen die Elemente substantiell bleiben. Sie *sind* in der Verbindung, aber verändert, nicht nur äußerlich, nicht nur akzidentell. Dietrich beschreibt die besondere Art, wie Elemente verändert werden müssen, als modi substantiales (misc. 8 IV 37). Würden die Elemente nicht bleiben, wären sie nicht ursprüngliche Bestandteile der Dinge. Würden sie nicht verändert, hätte das Mixtum (hier immer im definierten Sinn, nicht das bloße Gemisch) kein einheitliches Sein, keine einheitliche substantiale Form. Damit verwickelt Dietrich sich in Fragen der allgemeinen Kategorienlehre. Denn die Elemente müssen einen mittleren ontologischen status haben zwischen bloßer Möglichkeit (potentia, nicht possibilitas ist gemeint) und aktualem Sein (misc.

242 c–d; Aristoteles, De caelo III, 3–7, bes. c. 3, 302 a 10–19; Metaphysik I 3–4; V 3 und XII 4; De gen. et corr. I 10, II 2–3, ferner II 1 und II 7.

9 (1) IV 37). Es genügt nicht zu sagen, sie seien der Möglichkeit nach im Mixtum; es geht darum, daß sie einen bestimmten gradus potentiae haben müssen, der zwischen bloßer Möglichkeit und letztem Akt liegt (misc. 17 (5) IV 44). Wer sich starr an das Schema hält, daß alles Wirkliche entweder Substanz oder Akzidens sein muß, verfehlt die Ontologie der Elemente und ihrer modi substantiales. Die irdischen Dinge tragen nicht-dinghafte Ursprünge in sich selbst. Wie wäre es sonst möglich, daß die vier Elemente – nach der alten Physik – alle in jedem Körper vorkommen, nur in je verschiedenem Mischungsgrad? Diese Verbindung muß als Durchdringung gedacht werden, nicht als Juxtaposition. Sie dürfen sich nicht nur durch ihre Lage unterscheiden. Wer sich Körper und ihre Bestandteile nur als *Dinge* vorstellen kann, macht aus jedem Ding ein bloßes Aggregat und verfehlt die besondere Art, wie Elemente sich durchdringen, um Körper zu bilden, sollen sie doch *ganz* in *jedem* seiner Teile vorkommen (misc. 7 IV 36).

Zweitens: Die Theorie von den vier Elementen war entstanden, indem antike Denker die Vielheit der in der Natur vorkommenden Stoffe auf vier Grundstoffe zurückführten. Diese sollten *allen* Naturprozessen zugrunde liegen; sie verdankten sich einer hochgradigen Vereinheitlichung der Erfahrung. Aber Philosophen waren weiter gegangen und hatten einen einzigen Urstoff aller vier Grundstoffe gefordert, ein Ur-Element aller Elemente. Sie hatten ihm unterschiedliche Funktionen und Namen zugeteilt. Platon hatte es chora genannt, Aristoteles „erste Hyle", Thomas von Aquino sprach von materia prima. Das waren drei verschiedene Philosophien, aber die Annahme eines Urstoffs lag in der Konsequenz des metaphysisch-reduktiven Vorgehens, auch wenn der anzunehmende Urstoff nicht in der Erfahrung vorkam; er sollte immer schon umgeformt und überformt, also nie als er selbst, auftreten. War er überhaupt *etwas*? Jedenfalls sollte er nichts Bestimmtes sein, sondern die unbestimmt bleibende Grundlage aller bestimmten Naturdinge. Dann war er fast nichts oder nahe dem Nichts; er war, wie Aristoteliker sagten, die reine Möglichkeit. Aber was taugte ein so unbestimmter Urgrund für die Erklärung von Naturvorgängen? Und wie konnten aus diesem ersten, völlig ungeprägten und ungegliederten Stoff die vier Elemente entstehen? Bestand bei dieser Ur-Prägung keine Proportion zwischen Stoff und Form?

Thomas von Aquino zufolge beruht die Argumentation zugunsten der Urmaterie (materia prima) auf folgender Analogie: Wir sehen, daß aus Holz sowohl ein Schemel wie ein Bett werden kann. Wir sehen, daß beide aus Holz sind. Wir sehen auch, daß etwas, das jetzt Luft ist, zu Wasser wird. Wie das Holz die Voraussetzung ist für Schemel und Bett, so muß auch den verschiedenen Elementen ein gemeinsamer Urstoff zugrunde liegen.[7] Thomas beginnt damit, daß wir das Holz als gemeinsamen Stoff *sehen*, aber er konnte nicht fortfahren, ebenso sehen wir, daß Wasser und Luft aus demselben Urstoff sind. *Sah* er wirklich, wie Luft zu Wasser wird? Jedenfalls *sehen* wir den Urstoff nicht. Wir kennen nicht die Proportion, die zwischen Urstoff und Wasser besteht, während wir das Verhältnis des Holzes zum Bett kennen. Wie aus Holz ein Bett wird, das sehen wir; wie aus Urstoff Wasser wird, das sehen wir weder noch wissen wir es. Der Urstoff ist ein angenommenes letztes Prinzip aller substantialen Umwandlungen; er ist reine Möglichkeit; er ist nur der Möglichkeit nach – wegen seiner Zuordnung zur Wesensform – ein Seiendes und ein Eines.[8]

Genau an dieser Stelle setzt Dietrichs Abhandlung *De miscibilibus* ein. Der Traktat ist schwierig, daher gebe ich zunächst eine vereinfachende Inhaltsübersicht:

Das *Prooemium* erklärt, die Frage des Verbleibens der Elemente in den Naturdingen sei dunkel, die Urteile darüber seien kontrovers. Wieder einmal hat Dietrich eine Frage von „nicht geringer Schwierigkeit“, non mediocris difficultatis, entdeckt. Diesmal geht es um den ersten inneren Ursprung der körperlichen Welt, um ihren Urstoff und ihre Elemente. Dietrich bezieht sich nicht direkt auf die Vorzeit, sondern auf zeitgenössische Debatten. Er nennt die Namen der um 1300 noch einflußreichen Elemententheoretiker: Avicenna, Averroes, Albert und Thomas. Diese Vordenker, allesamt Aristoteleserklärer, hebt er hervor, haben auch heute noch ihre Vertreter (sequaces). Dies ist übrigens außer der beiläufigen Erwähnung in der *Quaestio, Utrum Christus ascenderit* (III 367) die einzige Stelle, an der Dietrich den Namen des Thomas nennt.

[7] Thomas von Aquino, In Physicam I lectio 13 n. 118 Maggiolo 59: Cum igitur videamus hoc quod est aer quandoque fieri aquam, oportet dicere quod aliquid existens sub forma aeris, quandoque sit sub forma aequae: et sic illud est aliquid praeter formam aquae et praeter formam aeris, sicut lignum est aliquid praeter formam scamni et praeter formam lecti. Quod igitur sic se habet ad ipsas substantias naturales, sicut se habet aes ad statuam et lignum ad lectum, et quodlibet materiale et informe ad formam, hoc dicimus esse materiam primam.

[8] Thomas von Aquino, wie Anm. 7, Maggiolo 59.

Er selbst, fährt er fort, hätte lieber davon Abstand genommen, in dieser umstrittenen Frage das Wort zu ergreifen, aber das Drängen einiger Interessierter habe ihn gehindert, zu schweigen. Er sehe die Perplexität der genannten großen Denker und gehe daher mit zitternder Hand an die Arbeit (Prooemium (1) IV 29). Beachten wir Dietrichs „zitternde Hand". Die zu lösende Frage war schwer: Wie konnte die Einheit der substantialen Form zusammen bestehen mit der Fortdauer der vier Elemente in jedem Körper? Er geriet zwischen die Fronten; er wußte, daß er sich zunehmend zum Außenseiter machte, denn diesmal ging er sogar zu den Verteidigern der Einzigkeit der substantialen Form auf Distanz. Freilich benutzt er gängige Demutsformeln, traut sich aber zu, sowohl die Wahrheit wie die Intention des Aristoteles herauszufinden und es besser zu machen als die vier Bezugsautoren, die, wie er findet, das Problem nicht haben lösen können.

Im Anschluß an Alfredus Anglicus – das ist der Alfred Sarchel oder Serechel unserer Philosophiegeschichten – beschreibt Dietrich vier Stufen körperlicher Dinge (quattuor sunt maneries corporum). Erstens: Bloße Vermischungen, confusa. Sie kommen zustande durch Zusammenfließen der Qualitäten. Sie sind Feuer und Wasser, Luft und Erde, wie sie in der gewöhnlichen Erfahrung vermischt vorkommen. Sie sind von der Reinform der Urqualitäten weit entfernt. Zweitens feste Verbindungen (mixta) wie etwa Mineralien. Um sie gehe es in der vorliegenden Abhandlung, weshalb er von der dritten und der vierten Stufe, den Pflanzen und Tieren, nicht weiter spreche (misc. 1 IV 30–31).

Dietrich beschließt das erste Kapitel mit einem Hinweis: Die Theorie der Elemente sucht deren *Prinzipien.* Dies müssen einfachere und ursprünglichere Körper sein; sie sind nicht gleichzusetzen mit den *sichtbaren* Elementen Feuer, Wasser, Luft und Erde. Von diesen physikalischen *Gründen* der Elemente haben wir keine sinnliche Erfahrung; die philosophische Tradition, soweit sie uns zugekommen sei, schweige gänzlich von ihnen. Was es mit ihnen auf sich habe, sei neu zu entwikkeln, und zwar mangels sinnlicher Erfahrung und mangels philosophischer Tradition aus reiner Vernunft (ratione) (misc. 1 (4) IV 31).

Dietrich stellt sich aus zwei Gründen gegen die Tradition der Elemententheorie. Sie hat die Urqualitäten von den empirischen Stoffen Feuer, Wasser, Luft und Erde nicht hinreichend unterschieden, und sie hat nicht befriedigend erklärt, in welchem status die Elemente in ihren Verbindungen fortexistieren. Er beginnt daher zu unterscheiden:

Von Elementen kann im doppelten Sinn die Rede sein – einmal als von reinen Qualitäten, die als solche in der Welt nicht vorkommen, und zweitens als von aktualen Substanzen, die wir in der niederen Welt antreffen und in denen die reinen Qualitäten immer schon gebrochen, eingeschränkt und vermischt auftreten (misc. 2 IV 31–32). Doch läßt sich die Frage nach den Gründen der Körper weitertreiben: Gibt es nicht *vor* den bekannten Erstkörpern, den vier Elementen, noch grundlegendere physikalische Prinzipien der Umwandlungsprozesse, die bei den Elementen nicht aufgezählt werden, weil sie rein potentiellen Charakter haben? Er meine damit das, was die Naturphilosophen materia prima nennen. Über deren Charakter täuschten sich viele (multi), indem sie von ihr behaupten, sie sei *eine* und einfach. Das Letztzugrundeliegende der Naturvorgänge müsse aber in sich vielheitlich und wesensverschieden sein, um substantielles Werden und Vergehen begreiflich zu machen. Was sukzessiv verschiedene Wesensformen tragen soll, könne nicht *einfach* und dem Wesen nach einheitlich sein, weil sonst keine Proportion zwischen Urstoff und Wesensform bestünde. Es müsse Teile haben, deren in der Zeit verlaufende Umschichtung die Wesenswandlungen zur Folge haben (misc. 3 IV 32–33).

Dietrich teilt das spekulative Hauptmotiv, das der Annahme einer „ersten Materie" zugrunde lag: Die Prozesse der Veränderung müssen einen unvergänglichen Grund haben. Wo es ein Vieles gebe, das nicht ganz ungeordnet sei, sondern per-se-Strukturen aufweise, müsse es ein bleibendes Erstes geben. Was alles Werden und Vergehen ermöglicht, muß dem Werden und Vergehen entzogen sein. Es darf nicht individuiert sein und keine innere Gegensätzlichkeit aufweisen, es muß daher unvergänglich sein (misc. 3 und 4, IV 32–33). Diese Argumentation hat eine den Gottesbeweisen vergleichbare Struktur, aber hier ist von einer letzten Stoffbasis der Natur die Rede, vom Ur-Element der Elemente. Die vier Elemente können nicht das letzte materielle Werdeprinzip sein, doch insistiert Dietrich gegen eine starke Tradition: das letzte Stoffprinzip darf nicht, „wie viele glauben" einheitlich sein (misc. 3 (1) IV 32). Das war jedenfalls auch eine Spitze gegen Thomas und die Thomisten. Denn Thomas hatte ausdrücklich gelehrt, die materia prima sei der Zahl nach *eine* in allen Körperdingen. Allerdings hatte er hinzugefügt, diese Einheit sei nicht eine Einheit wie die eines Individuums; sie sei eine *numerische* Einheit aufgrund der völligen Bestimmungslosigkeit des Urstoffs. Sie sei numerisch *eine,* weil ihr alles fehle, was Individuen numerisch unterscheide.[9] Sie ist bei Thomas *negativ numerisch eine*, aber es fragt sich, was „numerisch eine“ heißen kann.[10] Vor allem kritisiert Dietrich, es bestehe zwischen ihr und den vier Erstkörpern keinerlei Verhältnis, aufgrund dessen aus ihr eher Feuer als Wasser werden könnte. Die Vielgestaltigkeit tritt, dieser Theorie zufolge, zum völlig Gestaltlosen zufällig hinzu, von außen zugefügt. Thomas redet von ihr wie von einem Ding, und bestreitet doch dessen Dingcharakter. Er kann keine konkrete Funktion seiner Einheitsmaterie bei der Entstehung der vier Elemente angeben. Dietrich hat dafür auch keine Lösung, aber er hält die Lücke in der Erklärung fest. Er sagt der Sache nach: Wir kommen zur Vierzahl der Elemente auf dem Weg philosophischer Reduktion, müssen aber diesen Weg konsequent fortsetzen, nicht auf die unfruchtbare Weise der Spekulation von einer einheitlichen und in sich einfachen Urmaterie, sondern indem wir eine Stoffbasis suchen, die unvergänglich ist, aber zu den Vorgängen des Werdens und Vergehens eine innere, gleich-ursprüngliche Beziehung aufweist und folglich schon in sich vielfältig ist. Die Elementarstruktur muß ursprünglich wesensprägend schon in der materia prima sein.[11] Dietrich deutet weder in *De miscilibus in mixto* 4 IV 33 noch in 1 (4) IV 31 an, wie er sich das genau denkt. Eine Korpuskulartheorie der Elemente wäre damals durchaus formulierbar gewesen; es gab Vorlagen dafür. Aber sie hätte ihn von seinen aristotelisierenden Voraussetzungen weit entfernt. Dietrich hat in seiner *Quaestio, Utrum in Deo* 2.2.2 (4) III 309 gezeigt, wie er sich die Vielgliedrigkeit des Ur-Elements denkt; er hatte auf die stoische Lehre von den rationes seminales und Augustins incohationes

[9] Thomas von Aquino, De principiis naturae § 2 Ed. Leonina Band XLII, Rom 1976, 41 b l. 98–108: materia prima dicitur una numero in omnibus. Sed unum numero dicitur duobus modis, scilicet quod habet unam formam determinatam in numero, sicut Sortes: et hoc modo materia prima non dicitur unum numero, cum in se non habeat aliquam formam. Dicitur etiam aliquid unum numero quia est sine dispositionibus que faciunt differre quia intelligitur sine omnibus dispositionibus quae faciunt differe secundum numerum.: et hoc modo dicitur materia prima unum numero, quia intelligitur sine omnibus dispositionibus a quibus est differentia in numero. Ähnlich gewunden: Thomas, De veritate 1, 5 ad 15: unitas per se attribuitur materiae primae, non per positionem alicuius formae unitatis, sed per remotionem formarum diversificantium.

[10] Numerisch eine ist sie auch bei Averroes, In Phys. I 63 fol. 38 r B–D, dazu Dietrich schon (oder muß es heißen: noch?) in De origine rerum praedicamentalium 4 (39) III 180.

[11] Dietrich, misc. 4 (3) IV 33: Elemente sind entia ut simpliciter, non ut haec et individua, und von ihnen gilt: Ipsa enim aeque prima essentiant totum illud, quod dicunt materiam primam. Hier ist zu beachten: Dietrich bezeichnet die körperlichen Ur-Elemente als entia ut simpliciter. Als Voraussetzung von Werden und Vergehen können sie weder werden noch vergehen.

formarum verwiesen.[12] Hier begnügt er sich damit zu zeigen, daß seine Vorgänger etwas übersehen haben und wendet sich ab c. 5 IV 34 den vier Elementen zu.

Mit ihnen *beginnt* unsere bekannte physische Welt, von hier ab erst gibt es aktual existierende Dinge und ihre Wechselwirkungen mit Gegensätzlichkeit, Individualität und substantieller Veränderung. Diese Merkmale der physischen Welt *beginnen* ausgehend von den Elementen; diese sollen unverändert bleiben. Sie verlören als Prinzipien des Naturwerdens ihren Sinn, wenn sie wie ein Ding zugrunde gingen. Sie müssen sowohl prozeßfähig, also alterabel sein, wie in ihrem Wesen konstant. Ferner entsteht bei ihnen das schon bei der materia prima auftauchende Problem, wie sie aufgrund ihrer inneren Struktur zu einzelnen Wesensformen passen. Wie können sie, ohne in ihrer Substanz verändert zu werden, sowohl im Stein wie im Eisen gegenwärtig sein? Wie werden aus ihrer immer noch allgemeinen, aber ontologisch stabilen Stofflichkeit je besondere Stoffe, die dem Werden und Vergehen unterliegen?

Die Antwort gibt Dietrich in den Kapiteln 5 und 6 IV 34–36: Gegensatz (contrarietas), Veränderlichkeit und Individuation treten ein in die Körperwelt, indem von vier Elementen eines in einem Körper dominiert. Bei einfachen Wesenheiten wie den Elementen, die als solche jeden Gegensatzes und physischer Veränderung bar sind, ergibt sich Veränderung erst, wenn in einem Subjekt vier Faktoren zusammen existieren. Naturprozesse entstehen nur in einem Körper, in dem ihre jeweilige Dominanz angegriffen und abgelöst werden kann.

Die rationale Ableitung der Vierzahl der Elemente setzt voraus, daß sie im selben Raumpunkt existieren. Wo eines von ihnen aktual existiert, finden sich alle, nur in verschiedener Dominanzstufe. Deswegen schreibe Averroes den Elementen eine Art spirituellen Charakter zu.[13] Es han-

[12] Zur Frage der Materie grundlegend: Heinz Happ, Hyle. Studien zum aristotelischen Materie-Begriff, Berlin 1971. Vgl. Ernan McMullin (Hg.), The Concept of Matter in Ancient Greek and Medieval Philosophy, Notre Dame/Ind. 1965; Raymond Macken, Le statut de la matière première dans la philosophie de Henri de Gand, in: Recherches de théologie ancienne et médiévale 46 (1979) 130–182; Claus Wagner, Materie im Mittelalter. Edition und Untersuchungen zur Summa (II 1) des Nikolaus von Straßburg, Fribourg 1986; Silvia Donati, La dottrina di Egidio Romano sulla materia dei corpi celesti, in: Medioevo 14 (1988) 229–280; Joseph Bobik, Aquinas on Matter and Form and the Elements: A Translation and Interpretation of the De principiis naturae and the De mixtione elementorum of St. Thomas Aquinas, Notre Dame, Ind. 1998; Anna Rodolfi, Il concetto di materia nell'opera di Alberto Magno, Florenz 2004; König-Pralong 2005.

[13] Averroes, In Physicam VIII 82, Opera IV, fol. 430 v I–K.

delt sich um körperliche Prinzipien von Körpern, aber als Prinzipien haben sie insofern nicht-stofflichen Charakter, als sie zugleich verbunden und voneinander getrennt sind (misc. 7 IV 36). Sie haben nicht die Ausschließlichkeit von Körperdingen. Sie sind nicht wie diese situs-verschieden, sondern durchdringen einander. Bei dieser Gelegenheit definiert Dietrich, was er unter spiritualis versteht. „Spirituell" bedeutet: nicht der Lage nach verschieden zu sein, non distingui secundum situm (misc. 7 (1) IV 36).

Daraus folgert Dietrich im nächsten Kapitel (misc. 8 IV 37) den Begriff der wahren Verbindung, mixtio: Die Urbestandteile, die aufgrund ihres quasi-spirituellen Charakters einander durchdringen können, gehen in eine substantiale Einheit ein. Die Verbindung ist etwas anderes als ein Gemisch wie von Wasser und Wein, bei dem wir die Ingredienzien auch nicht mehr getrennt wahrnehmen, aber die Bestandteile substantiell erhalten bleiben und technisch getrennt werden können. Die Nicht-Dingartigkeit oder Spiritualität der Ursprünge der Dingwelt ermöglicht die wesenhafte Verbindung der Elemente, gibt ihnen eine eigentümliche Zwischenstellung zwischen möglich und wirklich, so daß sie sich im konstituierten Ding nicht der Lage nach unterscheiden, sondern sich wechselseitig durchdringen (misc. 9 (1) IV 37s.).

Aristoteles definiere die Verbindung (mixtio) als „unio miscibilium alteratorum",[14] denn die Urelemente müssen substantiell, das heißt: in substantialen modi *verändert* sein. Blieben sie in ihrer ursprünglichen Reinheit erhalten, könnten sie sich nicht vereinigen, und doch müssen sie in ihrem Wesen erhalten bleiben, sonst wären sie kein Element. Denn ein Element muß als dessen immanenter Ursprung im aktualen Körper sein, und bei der Aufteilung des Körpers darf nichts anderes entstehen als ein Körper von seiner Art, wie Averroes sage, auf der Elementum-Definition des Aristoteles aufbauend (misc. 8 IV 37). Die Elemente befinden sich im aktual existierenden Körper – zwischen reiner Potentialität und voller Aktualität – im substanzialen Modus verändert, aber im Wesen erhalten. Diese Sonderstellung ist nur möglich aufgrund ihrer wechselseitigen Durchdringung, befinden sie sich doch bei einer *wahren mixtio* ganz in jedem Bestandteil der aktualen Substanz. Diese Nicht-Dinghaf-

[14] Aristoteles, De gen. et corr. I 10, 328 b 22, nach der translatio graeco-latina (vetustior) bei Albert, In De gen. et corr. I tr. 6 c. 11, Ed. Colon. V 2 S. 176 Zeile 33: Mixtio autem miscibilium alteratorum unio.

tigkeit oder Vor-Räumlichkeit meinte Averroes, wenn er von ihrer „Spiritualität“ sprach (misc. 9 IV 37–38).[15]

Die Kapitel 10 bis 15 IV 38–42 erklären im Detail, wie es möglich ist, daß die Urelemente sich gegenseitig „brechen“, so daß sie in verändertem substantialem Modus bei Wesenserhalt einander durchdringen können. Auf diese Analyse komme ich zurück. Ihr Grundgedanke: Die Elemente müssen, um aufeinander einwirken zu können, aufgrund der Gegensätzlichkeit ihrer *Qualitäten* verändert werden können. Ihr Wesen können sie dabei erhalten, weil es etwas gibt, das die Gegensätzlichen real *verbindet*. Dieser zentrale Abschnitt versucht einen rationalen Beweis für die Vierzahl der Elemente und für die verbindende Funktion ihrer Qualitäten. Jetzt ist nicht mehr von reinen Urqualitäten die Rede, sondern von ihrer Interaktion in den Elementen als ersten, aktual vorhandenen Körpern (prima corpora in actu), von denen Dietrich behauptet, sie seien in jenen Qualitäten fundiert (necesse est ipsa primo fundari in talibus qualitatibus, misc. 11 (1) IV 39). Qualitäten, die Substanzen begründen, kommen in der Kategorienlehre des Aristoteles nicht vor. Sie können keine Akzidenzien sein, deren Abhängigkeit von der Substanz Dietrich immer wieder betont hat. Aber es handelt sich nicht um individuelle Dinge, sondern um entia ut simpliciter.

Der Schlußteil prüft drei herrschende Ansichten über das Insein der Elemente in der Verbindung (misc. 16–20 IV 42–46). Er verwirft die Theorien des Avicenna, dann die des Albert und des Thomas von Aquino und entwickelt seine eigene Theorie im ausdrücklichen Anschluß an Averroes. Im letzten Kapitel zeigt er, seine Theorie verstoße nicht gegen die aristotelische Lehre von der Einheit der substantialen Form (misc. 21 IV 46–47) – soviel zur ersten Inhaltsübersicht.

Das Konzept der vier Elemente hat der älteren Naturphilosophie große Schwierigkeiten eingehandelt.[16] Es war metaphysisch konstruiert und

[15] Averroes, In Phys. VIII 82, fol. 430 vI–vK.

[16] Während es über die Elementenlehre der antiken Philosophie informative Studien gibt, kenne ich generell für das Mittelalter nur W. Ganzenmüller, Die Alchemie im Mittelalter, 1938. Philosophiehistorisch unbedarft ist der Artikel „Elemente“ im LMA 3 (München-Zürich 1986), Sp. 1800–1802. Zur Antike vgl. Hermann Diels, Elementum, Leipzig 1899; Friedrich Solmsen, Aristotle's System of the Physical World, Ithaca/N.Y. 1960; Gustav Adolf Seeck, Über die Elemente in der Kosmologie des Aristoteles, München 1964; Pierre Souffrin (Hg.), La physique d'Aristote et les conditions d'une science de la nature, Paris 1991; Jochen Althoff, Warm, kalt, flüssig und fest bei Aristoteles. Die Elementarqualitäten

sollte physische Vorgänge erklären. Es steckte voller traditioneller Vorgaben und bestand mehr aus historischen Gründen darauf, daß es vier und nur vier Elemente gebe – mit dem Äther als fünftem Element – und daß jedes der vier Elemente zwei und nur zwei Urqualitäten habe. Warum gehörte nicht Leicht–Schwer oder Weich–Hart dazu? Aristoteles hatte in der *Metaphysik* V 3 definiert: Element, stoicheion, ist das Erste, Ursprüngliche, aus dem etwas besteht und das *in* ihm existiert. Es ist Urbestandteil, der sich nicht in ungleichartige Bestandteile zerlegen läßt. Der kleinste Bestandteil von Wasser ist immer Wasser.[17] Aristoteles vergleicht das Element mit dem Laut der Sprache, der im Unterschied zur Silbe in keine unter sich ungleichartige Laute geteilt werden kann. Aristoteles kennt auch „Elemente" bei Beweisen und geometrischen Figuren. Aber die Elemente Feuer, Wasser, Luft und Erde sollen die Naturvorgänge erklären. Sie sind Prinzipien, nicht Dinge. Daher ist das Element „Feuer" nicht identisch mit dem einzelnen sinnenhaften Feuer.[18] Während die Materie der Himmelskörper aus einem einzigen, gegensatzfreien Element besteht, müssen die vier Elemente das Werden und Vergehen auf Erden erklären; sie müssen also Gegensätze aufweisen. Sie müssen sowohl ihre Gegensätze beibehalten, als auch, um aufeinander und miteinander reagieren zu können, gemeinsame Qualitäten aufweisen. So verbindet die Wärme das Feuer mit der Luft, die Feuchtigkeit verbindet Luft und Wasser. Dietrich entwirft im Anschluß an Aristoteles folgendes Kreisbild der Elemente, ihrer Verbindungen und Wirkmöglichkeiten:

in den zoologischen Schriften, Stuttgart 1992; Gernot Böhme – Hartmut Böhme, Feuer, Wasser, Erde Luft. Eine Kulturgeschichte der Elemente, München 1996; Helen S. Lang, The Order of Nature in Aristotle's Physics. Place and the Elements, Cambridge 1998. Zur frühen Neuzeit: Pierre Duhem, Le mixte et la combinaison chimique, Paris 1902, ND Paris 1985. Zu Dietrich speziell: William A. Wallace, The Scientific Methodology (wie oben Anm. 1); ders., Gravitational Motion According to Theodoric of Freiberg, in: The Thomist 24 (1961) S. 327–352; ders., Theodoric of Freiberg and the Structure of Matter, in: Proceedings of the Tenth International Congress of History of Science, Paris 1964, Band 1, S. 591–597; ders., Elementarity and Reality in Particle Physics, in: Boston Studies in the Philosophy of Science, Dordrecht 1968, Band 3, S. 236–263.

[17] Aristoteles, De generatione et corruptione II 7, 334 a 26–334 b 2; die translatio graecolatina (vetustior) bei Albert, In De gen. et corr., II tr. 2 c. 14, Ed. Colon. V 2 S. 197.

[18] Aristoteles, Metaphysik V 3, 1014 a 23–1014 b 15; De caelo III 3–4, 302 a–b, De generatione et corruptione I 10. 328 a 18–31; II 1, 328 b 26–329 a 24; II 7, 334 b 8–30. Dietrich las diese Texte im Zusammenhang mit den Kommentaren des Averroes zu De gen. et corr., ed. Francis Howard Fobes, Cambridge, Mass. 1956, zu De caelo: Commentum magnum super libro „De celo et mundo Aristotelis". Ex recognitione Francis James Carmody in lucem ed. Rüdiger Arnzen, Leiden 2003 und Albert, In De caelo, Ed. Colon. V 1, Münster 1971, zu De gen., Ed. Colon. V 2, Münster 1980.

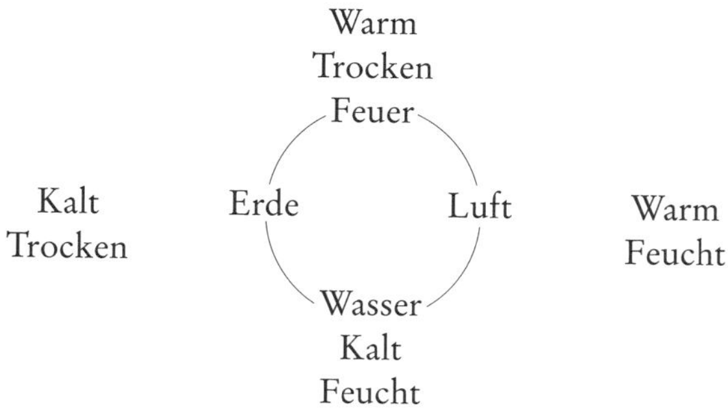

Die benachbarten Elemente haben jeweils nur *einen* Gegensatz zueinander. Die gegenüberstehenden Elemente haben je zwei entgegengesetzte Urqualitäten, was den Übergang ineinander erschwert. Diese vier Elemente und ihre Urqualitäten aus Aristoteles, *De gen. et corr.* II 3, 330 a 30 – b 7, zeigen zwischen je zwei Elementen ein Übereinkommen (convenientia, symbolum)[19] und ermöglichen so substantielles Werden und Vergehen. Doch wichtiger als das tradierte Kreisbild (Aristoteles, *De gen.* II 4, 331 b 2–4) ist Dietrichs neue strenge Fassung von Element und Verbindung (mixtio) und sein Insistieren auf deren nicht-dinglichen Charakteristika. Wir stehen, sagt er, mit ihnen am Ursprung der gesamten irdischen Natur, um so wichtiger ist ihre sorgfältige philosophische Analyse:

Die vier Elemente treten im Verbund auf. Wo das eine von ihnen ist, sind die anderen auch, ununterschieden. „Ununterschieden" bedeutet hier: Sie sind gleichzeitig am selben Ort; sie verdrängen einander nicht, sondern durchdringen sich wechselseitig an jedem Raumpunkt. Daß sie sowohl verschieden sind wie auch ineinander existieren, nähert die Elemente, die stofflicher Natur sind, an die Welt der spiritualia an, wobei, wie gesagt, das Wort spiritualis in dem terminologischen Sinn zu verstehen ist, den Dietrich *De miscibilibus in mixto* 7 (1) IV 36 definiert hat. Ihr spiritueller, d. h. nicht-dinghafter Charakter zeigt sich besonders darin: Sie bilden eine Einheit und sind doch getrennt (misc. 7 IV 36). Dies bestimmt Dietrichs Definition der mixtio, die er unterscheidet von bloßer Zusammenschüttung, confusio. Die Apotheker, vermerkt Diet-

[19] Dietrich nennt diese convenientia auch symbolum, zum Beispiel misc. 10 (1), IV 38. Bei Aristoteles, De gen. et corr. II 3 331 a 34, war symbole, im klassischen Latein war symbolum das Erkennungszeichen, das auseinandergebrochen war und beim Zusammenlegen anzeigte, daß die Teile und ihre Träger zusammengehörten.

rich, gebrauchen das Wort mixtio fälschlich für das, was sie zusammenrühren (misc. 8 (1) IV 37 und 9 (1) IV 38). Die Unterscheidung von mixtio und confusio erklärt den Titel des Traktats: *De miscibilibus in mixto.* Es geht um Verbleiben und Verhalten der vier Elemente in einer mixtio im präzis definierten Sinn einer „wahren", einer den Begriff erfüllenden vera mixtio (misc. 9 (2) IV 38). Übrigens hatten auch Albert und Thomas von einer vera mixtio der Elemente gesprochen.[20]

Der Ausdruck war vorhanden. Er war bei der Kommentierung von Aristoteles' *De generatione et corruptione* unentbehrlich; er bezeichnete im Unterschied zum bloßen Gemisch eine „Verbindung", also allein jene „Mischung", aufgrund deren die vier Elemente die spezielle Stofflichkeit spezieller Wesensgestalten der Naturdinge ermöglichen. In sie geht die Gegensätzlichkeit der Grundstoffe genau so ein wie das Verbindende, das je zwei von ihnen zusammenschließt. Nur so treten aktive und passive Seiten zu einer neuen, substantialen Einheit zusammen. Die Gegensätze verlieren in ihnen ihre äußerste Zuspitzung, damit sie sich vereinigen können. Als Substanzen liegen sie den Gegensätzen zugrunde; ihre gegensätzlichen Qualitäten sind die Bedingung ihrer Interaktion. Das Verbindende kann man als Sein, die Gegensätzlichkeit als Nichtsein bezeichnen. Aber innerhalb der verbindenden Qualität, dem symbolum oder der convenientia, tritt der Gegensatz erneut auf, so daß man auch von ihnen sagen kann, in ihnen träten Sein und Nichtsein zusammen. Dies ergibt die Ableitung der Vierzahl der Elemente: Die verbindende Qualität, z. B. die Wärme, setzt zwei verschiedene Körper voraus, die aber nicht in bezug auf dieselbe Qualität gegensätzlich sein können, sondern ein weiteres Paar mit entgegengesetzten Qualitäten fordern (misc. 14 IV 41).

Zurückblickend erklärt Dietrich, er habe das Ergebnis seiner Forschungen vorgetragen, soweit er es aus Aristoteles und seinen besseren Erklärern habe ermitteln können. Aristoteles hatte die Frage des Verbleibs der Elemente in den aktualen Körperdingen mehrfach behandelt, z. B. in *De caelo* III 3–8; in *De generatione et corruptione* I 10, 327 b 23–31 hatte er gesagt, ihre *dynamis* bleibe bewahrt. Aber was hieß *dynamis* auf Lateinisch? War es potentia, die Möglichkeit, oder virtus, die wirksame Eigenschaft, die Wirkkraft?[21] Aristoteles war zu keinem ein-

[20] Thomas von Aquino, De mixtione elementorum, Ed. Leonina Band XLII Rom 1976, 155 b l.50.

[21] Auf dieses Übersetzungsproblem komme ich mehrfach zurück, siehe unten die Anm. 32, 37 und 38.

deutigen Resultat gekommen, was den ontologischen status der vier Elemente *in* den aktualen Körperdingen angeht. Sie mußten *in* diesen sein, mußten aber zurücktreten gegenüber der neuen Wesensform. Waren also nur ihre Qualitäten, nicht sie als substantielle Wesen präsent? Mit dieser Frage geht Dietrich ab c. 16 zur Polemik über. Die großen Autoren widersprechen sich. Während Albert gefunden hatte, der Streit sei nur verbaler Natur, will Dietrich eine Entscheidung herbeiführen und unterscheidet dazu drei widersprechende hochoffizielle Theorien (solemnes positiones):

Dietrich nennt keine Namen ihrer Urheber. Der Herausgeber des Traktates im Rahmen der *Opera omnia*, William A. Wallace, hat die erste Position als die des Avicenna identifiziert (IV 20 Anm. 2 und IV 42 Anm. 17), die zweite als die des Thomas von Aquino, die dritte als die mit Hilfe des Averroes formulierte eigene Theorie Dietrichs. Diese drei Theorien stimmen darin überein, daß die Elemente als die Grundkörper im Universum ihre eigenen Regionen haben und dort aktual und distinkt existieren. Strittig ist nur die Art ihrer Präsenz in konkreten Naturdingen, also im mixtum. Dazu behaupte die erste Position, die vier Elemente seien nicht mit ihrem Wesen, sondern nur mit ihren *eigenschaftlichen Qualitäten* im Naturding vereinigt; ihr Wesen bleibe voll erhalten, sei aber *in der Auswirkung* vermindert. Ihr Wesen selbst könne, Aristoteles zufolge, nicht vermindert werden. Ihre volle und aktuale Existenz hätten sie nur jeweils in ihrer Weltregion, also existiere z. B. das Feuer als Substanz nur oben.

Die *zweite* Theorie lehrt das Gegenteil. Ihr zufolge *gehen* die Elemente als solche *zugrunde,* wenn sie in ein Mixtum eintreten, also eine chemische Verbindung eingehen. Weder als Substanzen noch als Qualitäten existieren sie in ihr fort. Allerdings bewahre die Wesensform des neubegründeten Naturdings etwas von ihnen, substantiell wie akzidentell. Aber das, was sie behalte von den Elementen, sei rein potentiell. Dietrich bestimmt genauer, welchen Sinn das Wort „potentiell“ hier annimmt: Es bedeutet beim Autor der zweiten Position: pure Potentialität. Dietrich selbst wird den Elementen auch eine potentielle Präsenz zuschreiben, aber eine, die zwischen der puren Möglichkeit und der vollen Aktualität steht. Hingegen reduziert die zweite von ihm kritisierte Theorie die Elemente im Naturding auf die reine Möglichkeit.

Die dritte Theorie halte die Mitte zwischen den beiden ersten: Danach bleibt die Substanz der Elemente im Naturding erhalten, und zwar in ihrem substantialen Sein. Aber dieses substantiale Sein der im Ding erhaltenen Elemente habe eine mittlere Seinsweise zwischen der puren Potentialität und der definitiven Wirklichkeit, dem actus completus. Averroes hatte den substantialen Formen der Elemente einen verminderten ontologischen status zugewiesen, so daß für sie die aristotelische Regel nicht gelte, daß substantiale Formen kein Mehr oder Minder zulassen. Averroes richtet sich gegen Avicenna, der in Naturforschung wenig Erfahrung gehabt und zu sehr auf sein Talent vertraut habe. Er, Averroes antworte auf den Einwand, daß substantiale Formen nicht vermindert werden können. Quod formae istorum elementorum substantiales sunt diminutae a formis substantialibus perfectis et quasi suum esse est medium inter formas et accidentia.[22]

3. Dietrichs historische Selbsteinordnung

Nach diesem Überblick über die drei angesehensten Theorien der Elemente legt Dietrich seine Position fest: Die beiden ersten Theorien verfehlten das Wesen des Zusammentretens der Elemente, also der mixtio, nur die dritte sei der Sache nach wahr und sie allein entspreche dem Geist und dem Buchstaben des Aristoteles. Dieser Richtung sei er bislang gefolgt, und von ihr her widerlege er die beiden entgegenstehenden Ansichten (misc. 16 (4) IV 43). Der Schlußteil des Traktats (c. 17 IV 43 – c. 21 IV 47) ist dieser Widerlegung gewidmet. Bevor ich auf Dietrichs Argumente eingehe, verdient seine ideengeschichtliche Selbsteinordnung Interesse: Er erklärt, er wolle die Wahrheit, und die finde er in Position und Wortlaut des Aristoteles. Aber in einer so wichtigen Frage wie dem Ursprung der Körperlichkeit der Naturdinge verfehlen zwei herrschende Ansichten, Dietrich zufolge, die Wahrheit *und* die Position des Aristoteles. Beide verdunkeln das Insein der Grundstoffe, auf je entgegengesetzte Weise: Die erste Theorie läßt die Elemente unverändert präsent sein und reduziert die Vereinigung auf die *Qualitäten* der Elemente, die zweite reduziert substantiales und qualitatives Insein auf

[22] Averroes, In De caelo III 67 Opera V, fol 227 rC – rF, ed. Arnzen, S. 634–635. Dort die Polemik gegen Avicenna und die Verknüpfung der Theorie der Elemente mit der Lehre, daß substantiale Formen kein Mehr oder Weniger dulden.

die pure *Möglichkeit*, um die Pluralität substantialer Formen zu vermeiden, gesteht aber Wechselwirkung der Wirkkräfte der Elemente zu. Die erste Theorie ist die des Avicenna.[23] Wer ist der ungenannte Urheber der zweiten Position? Der Herausgeber, William A. Wallace, belegt sie bei Thomas von Aquino (IV 29 Anm. 5 und IV 43 Anm. 18). Auch Thomas hatte die Frage der mixtio der Elemente wichtig gefunden; er hatte ihr ein eigenes kleines Werk gewidmet und hatte die Abfassung dieses Traktats damit begründet, „viele" hätten in dieser Frage Zweifel: *De mixtione elementorum.* Darin hatte auch er zwischen bloßen Vermengungen und der wahren mixtio, also dem Zusammentreten der vier Elemente unterschieden. Aber er wollte nur die Kräfte (virtutes) der Grundkörper in den Naturdingen bewahren; die Elemente seien in den Dingen non actu, sed virtute.[24] Das ist tatsächlich, wie Wallace bemerkt hat, die Antwort des Thomas. Aber vorher war es auch die Antwort Alberts. Im Proemium zu *De miscibilibus* hat Dietrich *vier* Autoren genannt, die bis zur Gegenwart maßgebend geworden sind für die Theorie der Elemente, aber im Schlußteil (c. 16–20, IV 42 bis 46) kennt er nur *drei* Positionen. Dies erklärt sich dadurch, daß Albert und Thomas dasselbe lehren. In seinem Kommentar zu *De generatione et corruptione* widmet Albert eine digressio der Frage, wie die Elemente im Mixtum bleiben.[25] Er antwortet: virtute manent.[26]

Die Selbsterklärung Dietrichs bedeutet also: Ich stelle den Ursprung der Körperdinge, ihr Hervorgehen aus den Elementen der Sache nach richtig; ich expliziere die Elementenphilosophie des Aristoteles, die er nicht entschieden genug formuliert hat, so daß bei den Kommentatoren Unsicherheit entstanden ist. Ich widerspreche den „hochoffiziellen" Auffassungen sowohl des Avicenna wie des Albert/Thomas und teile die eingangs genannte dritte Position, die des Averroes, der die reale, nicht bloß virtuelle Gegenwart der Elemente im Mixtum festhält und gleichzeitig die Lehre von der Einzigkeit der substantialen forma zur Geltung bringt.[27] Proklos oder der *Liber de causis* spielen in diesem Text keine

[23] Avicenna latinus. Liber tertius naturalium: De generatione et corruptione, ed. S. van Riet, Leiden 1987, S. 64–65.
[24] Thomas von Aquino, De mixtione elementorum, Ed. Leonina XLII, Rom 1976, 157 a l.149.
[25] Albert, In De gen. et corr. Lib. I tr. 6 c. 5, Ed. Colon. V 2 S. 171, 70–172, 19.
[26] Albert (wie Anm. 25) S. 172, 17. Dazu auch Sturlese 2007, S. 7.
[27] Averroes, In De Caelo III 67 fol. 227 rD, ed. Arnzen S. 635, 118–120: Gegen Avicenna, sofern er nur die Qualitäten, nicht die Substanzen vereinigt sein läßt: Et ex hoc contingit

Rolle; Augustin wird ein einziges Mal zitiert, und zwar der frühe Augustin aus *De immortalitate animae* für die antithomistisch verwertbare These, die essentia heiße so, weil sie *ist* (misc. 4 (4) IV 34). Zumindest bei dem damals wichtigen Thema nach der Verbindung von Elementen stellte sich Dietrich gar nicht die Frage, ob er Aristoteliker oder Neuplatoniker sei, sondern er focht mit Averroes gegen Avicenna und Thomas, und – vergessen wir sie nicht – deren Nachfolger. Er wollte auch nicht zu den sequaces Alberts gehören. Er erklärt, in dieser Sache trete er auf die Seite des Averroes (misc. 20 IV 46), doch habe auch der sich nur summarisch, nicht explizit geäußert. Auf Averroes berief er sich insbesondere an der am ehesten „neuplatonisch" klingenden Stelle, wo er vom Ursprung der Körperwelt sprach und in den Beziehungen der Elemente einen nichtdinghaften, einen spiritualen Zug beschrieb. Das stand nicht bei Aristoteles, Ähnliches wurde allerdings von antiken Stoikern und Neuplatonikern diskutiert.[28] Und das hatte Averroes behauptet mit der Begründung, wenn man einen Stein ins Wasser werfe, bewege er sowohl die Luft in gerader Richtung wie das Wasser zu kreisenden Wellen.[29] Dietrich sah sich als nachbessernden Wiederhersteller der aristotelischen Lehre, die er dahin zusammenfaßte: Im Naturding sind die Elemente bewahrt, je in abgestufter Dominanz, aber immer alle, sich wechselseitig durchdringend, und zwar sowohl als substantiale wie als akzidentelle Formen, aber in einem ontologischen Zwischenstatus; sie sind im Stoff der Naturdinge weder als vollständig aktuale noch, wie Albert/Thomas wollten, als bloß potentielle, bloß virtute Anwesende. Gegen die erste Position, die des Avicenna, wendet Dietrich ein, sie reduziere das Zusammentreten der Elemente auf die akzidentelle Seite; sie übersehe, daß es dabei um *substantiale* Modi geht. Sie rede zwar noch von mixtio, reduziere sie aber der Sache nach auf ein Gemisch, auf Zusammenrühren von Akzidenzien; sie verwechsle mixtio mit confusio (misc. 17 IV 43). Gegen die zweite Position, die des Albert und Thomas, argumentiert Dietrich, sie zerstöre sowohl das Konzept der mixtio wie das des Elements: Verschwänden die Elemente als ganze und blieben die Elemente nur ihrer Wirkkraft nach, solum virtute, erhalten, dann ginge der Begriff der mixtio verloren, denn

magnum impossibile, scilicet ut elementa sint in composito in actu propter quod compositum non habebit unam formam substantialem. Vgl. Wallace in IV 29 Anm. 3 und IV 43 Anm. 19.

[28] Dazu Richard Sorabji, Matter, Space and Motion, Ithaka/N.Y. 1982.

[29] Dietrich (misc. 7 (2) IV 36) verweist auf Averroes, In Phys. VIII 82, fol. 430 vI–vK.

die mixtio sei in der Sache und Aristoteles zufolge, die Vereinigung der ad hoc veränderten Elemente (miscibilium alteratorum unio) (misc. 16 (3) IV 43 und 19 (1) IV 45). Im Begriff des Elements war enthalten, daß es *in* dem konstituierten Körper sei. Wie bei ihrer substantialen Anwesenheit Veränderung möglich ist, erklärt das Kreismodell. Es macht einsichtig, daß bei der Vereinigung der Elemente diese nicht zerstört, sondern modifiziert erhalten bleiben und – durch Wechselwirkung ausgeglichen, moderiert – aufeinander wirken.

Dietrich schickt dieser abschließenden Positionsbestimmung die Feststellung nach: „Viele“ schreckten vor dieser Lösung zurück, weil sie befürchteten, diese Lösung begünstige die Theorie von der Mehrheit der substantialen Formen. Aber wir reden von der potentiellen Präsenz der Elementarfomen und vermeiden die Vielheit substantialer Formen bei den vollständig konstituierten aktualen Dingen.[30] Diese Bemerkung klärt den polemischen Bezug des Traktats: Nicht gegen den ehrwürdigen Abwesenden, gegen Avicenna, ist die Schrift gerichtet, sondern gegen Thomas und die Thomisten, wohl auch Aegidius, mit denen Dietrich die Theorie von der Vielheit substantialer Formen ablehnt, denen er aber vorwirft, aus unbegründeter Besorgnis die innere Konsequenz des Denkens des Aristoteles abzuschwächen. Dagegen hilft nur Averroes.[31] Dessen Andeutungen zu entfalten ist die Aufgabe der Schrift *De miscibilibus in mixto.* Schon Averroes war über Aristoteles hinausgegangen, Dietrich mußte in einer neuen Problemsituation über beide hinausgehen, und er deutet an, daß er das wußte.

Das theoriegeschichtliche Panorama verlangt noch ein Wort zur Elementenlehre Alberts. Wie gesagt, konnte er als Kommentator von *De generatione et corruptione* der Frage nicht aus dem Weg gehen, ob die Elemente im Naturding enthalten sind oder in ihm verschwinden. Die antiken Aristoteleskommentatoren hatten davon gehandelt und für das Verbleiben der Elemente in ihrem Zusammenkommen votiert; Avicenna und Averroes hatten davon gesprochen; der Einfluß des Avicebron hatte die Frage verknüpft mit der These von der Mehrheit der substantialen Formen; die Frage war schon deshalb hochaktuell. Albert mußte sich

[30] Dietrich, misc. 21 (1) IV 46: nec verendum est inconveniens de pluralitate formarum, quod multi horrent et timent, sed sine ratione.

[31] Averroes, In De caelo III 67 Opera V, fol 227 rC – rF, ed. Arnzen, S. 634–635. Dort die Polemik gegen Avicenna und die Verknüpfung der Theorie der Elemente mit der Lehre, daß substantiale Formen kein Mehr oder Weniger dulden.

entscheiden. Ausführlicher spricht er im Kommentar zu *De caelo* III 2 zur Sache. Hier entfernt er sich weiter als früher von Avicenna[32] und faßt die Lehre des Averroes dahin zusammen: Ein numerisch vereinzelter Stoff kann nur eine einzige substantiale Form aufnehmen. Bleiben also die substantialen Formen der Elemente, dann nicht als abschließender Akt (non completae sunt sicut formae substantiarum perfectarum); bei ihnen könnte es ein Mehr und Weniger – folglich auch die mehr oder minder durchgesetzte Dominanz eines der Elemente – geben, weil sie zwischen Substanz und Akzidens stünden. Sie bilden ein mittleres Stadium, sunt mediae inter formas substantiales et accidentia. Von dieser Theorie des Averroes, die de facto gegen Avicenna entwickelt worden war, sagt Albert diplomatisch, er mißbillige sie nicht (hanc responsionem ego non improbo), nur treffe er eine Unterscheidung zwischen der ursprünglichen, der primären substantialen Form der Elemente, die noch ohne Kontrarietät sei. Diese Formen seien im Naturding erhalten, sonst könnte dieses nicht wieder in die Elemente aufgelöst werden. Die substantialen Formen in ihrem zweiten status hingegen blieben nicht der Wirklichkeit, sondern nur der Möglichkeit nach im Produkt, jeweils in einem Stadium der Steigerung oder der Remission. Daher könne man von den Elementen behaupten, sie seien sowohl actu wie nur der Möglichkeit nach im Naturding. Actu seien sie es in ihrer ersten Form, potentiell in der zweiten. Der Streit zwischen Averroes und Avicenna in dieser Sache sei ein Zank um Worte.[33]

Diese Lösung hatte der Albertschüler Thomas schroff kritisiert. Er argumentiert gegen Averroes und Albert: Ein Mittleres zwischen Substanz und Akzidens könne es nicht geben. Das sei ein Widerspruch. Es gebe ferner bei substantialen Formen kein Mehr oder Weniger. Wäre dies möglich, wäre die spezifische Identität der Elemente aufgehoben und bestünden die Naturvorgänge aus ständiger, kontinuierlicher Veränderung.[34] Dieses Dogma der aristotelischen Orthodoxie, mit dem Dietrich in *De magis et minus* gebrochen hat, gilt bei Albert wie bei Thomas.

[32] Albertus Magnus, In De gen. et corr. I tr. 6 c. 5, Ed. Colon. V 2, S. 171–172, wo Albert das virtute manent des Aristoteles eher, aber nicht ganz scharf im Sinne des Avicenna erklärt.

[33] Albertus Magnus, In De caelo et mundo lib. 3 tr. 2 c. 1, Ed. Colon. V 1 Hossfeld, S. 220 b–221 a.

[34] Thomas von Aquino, De mixtione elementorum, Ed. Leonina Band XLII, Rom 1976, 156 a l.62–73, bes. Si igitur forme elementorum suscipiunt magis et minus, tam generatio quam corruptio elementorum erit motus continuus: quod est impossibile.

Thomas folgert: Die substantialen Formen der Elemente verbleiben nicht aktual, sondern virtuell. Die Wirkkräfte, virtutes, der substantialen Formen der Elemente bleiben. Dies ist die Position des Thomas im Streit um die Deutung des dynamei in *De generatione et corruptione* I10, 327 b 31: Non manent igitur elementa ... nec corrumpuntur ... Salvantur enim virtus eorum. Sie bleiben virtuell präsent, und das heißt: Sie sind weder aktual mit Substanz und Wirkkraft, noch sind sie bloß potentiell präsent, denn ihre Wirkkraft ist da. Für das Verständnis der weiteren Debatte ist es wichtig zu sehen: Nur „mit den Wirkkräften", virtute, präsent zu sein bedeutet nicht dasselbe wie eine mittlere Seinsweise zwischen Wirklich und Möglich für die substantialen Formen der Elemente.

Dieser Disput verdeutlicht die Position Dietrichs: Als strenger Aristoteliker kennt er kein Mittleres zwischen Substanz und Akzidens, so wenig wie Thomas. Er denkt nicht wie Albert, der Streit gehe nur um Worte. Er weiß, daß Averroes das anders gesehen hatte als Albert. Schließlich hatte Averroes gegen Avicenna für die substantialen Formen der Elemente einen ontologischen Sonderstatus erfunden. Während Albert die Position des Averroes nicht mißbilligte, baut Dietrich sie aus. Aber er nutzt die Unterscheidung Alberts zwischen einem primären, noch gegensatzfreien Modus der substantialen Formen der Elemente und einem sekundären. In seinem Kreismodell kehrt diese Unterscheidung Alberts verwandelt wieder. Die Elemente bleiben substantial als solche erhalten; sie durchdringen einander, ohne ihre Distinktheit zu verlieren; die Qualitäten wirken aufeinander ein und treten in abgestufte, intensivierte oder remittierte „Mischungen", also Verbindungen, bei denen die Extreme abgebaut werden. Die Lösung des Thomas präsentiert sich Albert wie Dietrich gegenüber einfacher, aber sie zerstört das Konzept des Elements. Sie ist dominiert von der Furcht vor der Vielzahl substantialer Formen. Dietrich zeigt, wie diese Gefahr vermieden werden kann. Dietrich teilt die averroistisch-thomistische Auffassung von der Einheit der substantialen Form, wehrt aber ihre Übersteigerung ab, indem er seine modi substantiales ins Spiel bringt. Er kann nicht bei der grandseigneurhaften Offenheit Alberts stehen bleiben; dafür hatte Thomas ihre Schwächen zu stark herausgestellt. Während Albert nichts gegen Averroes einwenden wollte, gab es jetzt viele (multi), die einen Horror vor dieser Lösung hatten. Gegen diese Vielen richtet sich Dietrichs Traktat. Diese „Vielen" sind jetzt nicht die Gegner der aristotelisch-averroistischen Lehre von der

Einheit der Wesensform, sondern ihre vermutlich ordensinternen Verteidiger, die aus unbegründeter Besorgnis die richtige Theorie der Elemente verfehlen.

4. Leichte und schwere Elemente. Grund ihrer Bewegungen

Dietrich hat über Elemente unter zwei verschiedenen Hinsichten philosophiert. Zunächst in der Schrift *De miscibilibus in mixto* über den Grund ihrer chemischen Verbindung, ihrer mixtio. Dabei war von Feucht und Trocken, Warm und Kalt die Rede, nicht von Leicht und Schwer. Hier ging es, könnte man fast sagen, um die Chemie der Elemente. Aber die Elemente sind nicht nur stoffliche Prinzipien der Naturkörper; sie sind auch selbständig existierende Teile der Welt. Als solche untersuchte Dietrich sie „für sich" (absolute), nach Wesen und charakteristischen Eigenschaften (proprietates) in seinem Traktat *De elementis corporum naturalium* (abgekürzt: el.). Dieses zweite Thema könnte man die Physik der Elemente nennen.

Ein einleitender Teil erörtert die Definition des Elements. Er wiederholt die schon genannten aristotelischen Bestimmungen der Elemente aus *Metaphysik* V 3 und *De caelo* III 3: Ein Element ist das, woraus eine Sache ursprünglich (primo) zusammengesetzt ist, ihr immanent bleibt und nicht weiter in verschiedene Wesensgestalten zerlegbar ist (non dividitur secundum formam). Alles, was zugrunde geht bei der Erzeugung eines anderen Wesens kann daher kein Element sein (el. 1 IV 59). Doch geht es in diesem Traktat um die Elemente als Grund von Bewegung: Jedes von ihnen strebt seinen ihm eigentümlichen Ort an, für sich selbst und für den Körper, in dem es dominiert (el. 8 (3) IV 64). Zwar gebe es außer der Physik der Elemente auch deren metaphysische Analyse, die sie in ihrer Substanz, betrachte, sofern sie Seiende als Seiende sind, aber hier gehe er zu ihrer Physik über (el. 7 (1) IV 63). Hier untersucht er die *Bewegung* der Elemente. Der Ausgangspunkt ist schlicht aristotelisch: Die Qualitäten der Elemente Leicht und Schwer bewirken, daß schwere Körper wie Erde oder leichte wie Feuer zu den äußersten Enden einer geradlinigen Bewegung tendieren.

Die Gliederung des relativ umfangreichen Traktats läßt sich zum Zweck der ersten Annäherung folgendermaßen zusammenfassen: Dietrich beginnt mit der allgemeinen Bestimmung von elementum, jetzt nicht als pars mixti, sondern als pars mundi, als aktual in der Welt vorkommend (el. 1–8 IV 59–65). Er geht über zur allgemeinen Bewegungslehre (el. 10–15 IV 64–71) und erörtert eine Reihe von Sonderfällen der Bewegung des Leichten und des Schweren (el. 16–24 IV 71–76). Er kehrt zurück zur allgemeinen Theorie des motus bei Aristoteles (el. 25–27 IV 76–79). Der letzte Teil bringt die Kritik an einer Bewegungslehre, die den Grund von Bewegung ausschließlich im Erzeuger der Wesensform sieht (el. 28–47 IV 79–93).

Soviel zum Aufbau des Traktats. Doch Dietrich geht ins Detail, ähnlich wie Alberts Kommentar zur *Metereologie.* Er erforscht die Bewegungen von Magneten (c. 16), gewundene und kreisförmige Bewegungen (c. 17), die Bewegungen der Nahrung in Lebewesen[35] (c. 19) und die Bewegungen der Flüsse und Meere (c. 20–24). Die Einzelheiten gehören in die Geschichte der mittelalterlichen Physik, der physikalischen Geographie, der Biologie und der Meteorologie, doch verdient die Diskussion über den Ort der Galaxie allgemeineres Interesse: Dietrich erklärt, in dieser wichtigen Frage dürfe man sich nicht durch die Autorität eines so berühmten Mannes wie Aristoteles beirren lassen zum Schaden der Wahrheit und der untrüglichen, auf Sinneserfahrung gegründeten Beweise der Vernunft (el. 9 (1) IV 65). Aristoteles hatte die Milchstraße in den sublunarischen Bereich verlegt *(Metereologie* I 8). Dietrich widerspricht ihm mit Berufung auf Ptolemäus und Geber; er erwähnt dabei eigene Himmelsbeobachtungen, die gegen Aristoteles sprächen: Die Galaxie zeige die charakteristische Unveränderlichkeit der supralunarischen Phänomene (el. 9 (2) IV 66). In astronomischen Fragen stellte Dietrich sich lieber auf die Seite des Ptolemäus und des Geber, qui fuit maximus considerator (el. 9 (3) IV 66), als auf die des Aristoteles und Averroes. Er beharrte auf dem Recht zu seiner auf Erfahrung und Vernunft gegründeten eigenen Ansicht. Die Frage der Lage der Milchstraße und der diesbezügliche Irrtum des Aristoteles hat Dietrich nicht losgelassen; er hat sie in seinem vermutlich letzten Text, in *De intelligentiis et motoribus caelorum* (c. 9–10 IV 362 und 363) noch einmal ausführlich behandelt. Albert hatte der Lage der Milchstraße einen ganzen Traktat gewidmet

[35] Das war ein Thema Alberts in De caelo lib. 4 tr. 2 c. 3 Opera Ed. Colon. V 1, p. 260 b–261 a.

(*Meteora* I tr. 2, Ed. Colon. VI 19–24), hatte sich zu der Erkenntnis durchgearbeitet, daß sie aus vielen kleinen Sternen besteht, hatte aber den Konflikt mit Aristoteles abgeschwächt zu einem: *Was Aristoteles dazu sagt, ist nicht zwingend* (tr. 2 c. 2, VI 23 b). Dietrich hingegen kehrt hier den Konflikt mit Aristoteles hervor. Er hat in fast allen Schriften gegen Abschwächungen der inneren Logik des Aristotelismus gekämpft und sich in dieser Absicht oft auf die Seite des Averroes gestellt, aber hier betont er gegen Aristoteles und Averroes sein Recht auf Überprüfung der Tatsachen und auf Ausweitung des Quellenhorizontes. Zu diesem Zweck zieht er, bevor er die Rolle des Mondes bei der Entstehung von Ebbe und Flut bespricht, auch Proklos heran und beschreibt mit dessen Hilfe das Universum als Hierarchie der Intelligenzen und Sternenschalen, als zunehmende Einschränkung der Wirksamkeit der getrennten Substanzen auf die körperliche Welt. Zwischenursachen determinieren die allgemeinere Kausalität der oberen Wesen. Die Bewegung des obersten Himmels teilt sich den unteren Himmelsschalen mit und erreicht zuletzt Sonne und Mond, die wiederum in hierarchischer Abstufung die irdischen Prozesse begründen (el. 23 (1) IV 73–74). Dietrich untermauert seine Physik der Meeresbewegungen durch eine neoplatonisierende Metaphysik des Mondes; er verdeutlicht die vermittelnde Seinsabstufung und betont gleichzeitig abgrenzend die Eigenheit der physikalischen Analyse, um die es ihm in diesem Traktat gehe.

Nachdem Dietrich im Mittelteil des Traktates (el. 16–24 IV 71–76) auf die verschiedensten physikalischen und astronomischen Fragen eingegangen war, konzentriert er sich im großen Schlußabschnitt (el. 25–47 IV 76–93) erneut auf philosophische Grundsatzfragen der allgemeinen Bewegungslehre. Dabei geht es um die Wahrheit der Sache, aber zugleich um korrekte Aristotelesauslegung und aktuelle Polemik. Er beweist die Notwendigkeit einer Klärung der Naturtheorie Alberts und der Korrektur der Naturphilosophie des Thomas von Aquino. Der genaue Zusammenhang ist die Theorie des Aristoteles von den Gründen der Bewegung im achten Buch seiner *Physik*. Aristoteles nenne dort als Grund der Bewegung schwerer und leichter Körper einen doppelten Beweger (motor). Erstens denjenigen, der bewegt, indem er etwas aus dem Stoff in die Wirklichkeit herausführt. Dies ist das Wesen, welches das zu Bewegende erzeugt (generans). Das Wort „erzeugen" hat hier allgemeine Bedeutung; es ist nicht auf Lebewesen eingeschränkt, sondern meint jedes Verursachen des substantialen Werdens eines Körpers. In einem zweiten Sinne nennt Aristoteles denjenigen Faktor einen „Beweger", der ein Bewegungshindernis wegräumt. „Beweger" ist also in der ersten Bedeutung ein Mensch, der einen Menschen zeugt, und in der zweiten Bedeutung ein Mensch, der einem Balken die Stütze wegnimmt, so daß das Holz zur Erde fällt. Dies waren unstrittige Grundbegriffe der aristotelischen Philosophie. Aber auf die Details kam es Dietrich an: Läßt sich die Bewegung der schweren und leichten Körper erklären, indem man behauptet, der Grund ihrer Bewegung sei das generans, denn dieses gebe die Wesensform und schaffe damit die Grundlage aller spezifischen Veränderungen? Genau genommen geht die Diskussion nicht darum, ob man so sagen kann – man kann so sagen, schließlich hat Aristoteles selbst so gesagt –, sondern ob diese Antwort ausreicht. Dies ist, Dietrich zufolge, nicht der Fall. Die Bewegung eines Tieres wird nicht damit befriedigend erklärt, daß man auf seinen Erzeuger verweist. Dazu müßte beim aktualen Vollzug der Bewegung der Erzeuger als Beweger mitwirken. Aber dann wären alle Bewegungen außengeleitet; dann hätte kein irdisches Wesen, das sich bewegt, den Ursprung seiner Bewegung in sich selbst. Dann gäbe es kein Leben, denn lebendig ist, was sich selbst bewegt. Schon die Tiere sind bei ihren Bewegungen nicht nur Getane, sondern Täter (non solum sunt passa, sed etiam sunt facientia sui ipsius motum (el. 32 (1) IV 81)). Lebensbewegungen und anorganische Vorgänge laufen oft weiter, wenn das generans, das sie ausgelöst hat, nicht mehr existiert, also muß selbst in der toten Natur bei bewegten Gegenständen eine immanente Bewegungsursache wirken. Ohne die Rolle des generans zu bestreiten, insistiert Dietrich darauf: Nicht nur Lebewesen, auch schwere und leichte Körper müssen die Ursache ihrer Bewegung *in sich* haben. Wer auf die Frage nach dem Grund der Veränderungen der Naturdinge nur auf das generans verweist, entleert die Natur, er nimmt den Naturdingen die Eigendynamik; er verlegt den Werdeimpuls jedes Naturvorgangs auf einen vorhergehenden Verursacher; er macht jedes natürliche Wesen zu einem bloßen Bewegungsempfänger, was schon daran scheitert, daß viele Erzeugte ihre Erzeuger überleben und sich dennoch bewegen. Er verkennt, daß actio und passio real identisch, nur gedanklich unterschieden sind (el. 32 (3) IV 82). Dietrich bricht mit der Dominanz der forma-Analyse in der Physik des motus. Einfach formuliert: Auch das, was von einem anderen bewegt wird, bewegt *sich*. Dietrich bekämpft die von Aristoteles mitverursachte Reduktion des Werdens auf das forma-gebende generans, denn diese beugt den Naturprozeß unter das Joch der formahaft-eidetischen Bestimmtheit der Dinge. Dietrich moniert, „viele" mißverstünden den Grundsatz, omne quod movetur, ab alio movetur. Dietrich bestreitet ihn nicht, aber er legt ihn so aus, daß er den Immanentismus und Dynamismus seiner Philosophie nicht unterläuft (el. 15 (2) IV 70; 17 (1) IV 71; 26–27 IV 77–79).

Gegen wen richtet sich diese Kritik? Wer hat sich einer solchen Mißachtung des faktischen Charakters von Werden und Vergehen schuldig gemacht? Wer hat die forma-Metaphysik des Aristoteles so mißverstanden, daß er den Werde-Charakter des Werdens zugunsten der eidetischen Struktur unterbelichtet? Wer hat die Wirkmacht natürlicher Dinge unterbewertet? Thomas von Aquino hatte die Eigeninitiative der Zweitursachen gegen jeden theologischen Absolutismus gesichert. Er hat gewußt, daß lebendig ist, was sich aus sich selbst bewegt. Dietrich nennt nicht den Namen des Thomas. Aber er bezieht sich zweifellos auch auf dessen Texte. Das ist der eigentliche Anlaß der ausführlichen Polemik, die den Schlußteil (el. 28–47 IV 79–93) mit seinen 19 Kapiteln bestimmt. Es ist eine subtile Differenz, die zu Thomas besteht. Denn auch Dietrich leugnet nicht, daß das formbegründende generans die Bewegung mitbestimmt, indem es die Wesensform erzeugt. Er insistiert auf der Wahrheit dieses Satzes, der von Aristoteles stammt und für den er sogar eine neue Begründung zu liefern sich anschickt (el. 36ss. IV 84ss.). Er bestreitet aber, daß für die Analyse der Bewegung leichter und schwerer Körper genug getan ist, wenn wir nur auf das generans als auf die per-se-Ursache blicken, denn dann entleeren wir das Naturkonzept, auf das Aristoteles gerade in *Physik* VIII 4 setzt. Wer die Formel des Aristoteles: *Alles, was bewegt wird, wird von einem anderen bewegt,* nur nachspricht, ohne sie zu korrigieren, verliert das Beste des Aristoteles, das Insein der Bewegungsantriebe. Die zurechtrückende Formel könnte lauten: Zwar stammt das Prinzip der Bewegung vom generans, aber es ist nicht im eigentlichen Sinne wahr, daß das generans die Dinge bewegt: res non proprie dicuntur moveri a generante … quamvis principium talis motus sit a generante (el. 40 (2) IV 87).

Blicken wir hier noch einmal zurück auf *De miscibilibus* und *De elementis*. Die beiden Traktate gehören zusammen, aber Dietrich hat sie nicht behandelt wie zwei aufeinander folgende Kapitel eines Lehrbuchs. *De miscibilibus* erörtert aus der intellektuellen Situation um 1300 die offenen Fragen aus Aristoteles *De generatione,* Dietrichs *De elementis* bezieht sich auf Aristoteles, *De caelo* (el. 4 IV 61). Sie bringen je selbständige Argumentationsreihen, haben es aber nicht mit einem zweiteiligen „Problem an sich“ zu tun, sondern erörtern zwei Fragen, die zu ihrer Abfassungszeit „viele“ gelöst haben wollten. Die intellektuelle Atmosphäre beider Traktate wird bestimmt von Aristoteles und Averroes: *De miscibilibus* zitiert Aristoteles dreizehnmal, Averroes viermal, *De elementis* zitiert Aristoteles 34mal und Averroes elfmal.[36] Dietrich zitiert in beiden Traktaten weder seine Schrift *De natura contrariorum* noch sein *De magis et minus,* aber es besteht thematischer Zusammenhang mit seinen Theorien über Gegensätzlichkeit und über Intensivierung bei Substanzen und Qualitäten. Beide setzen die aristotelisch-averroistischen Begründungen für die Einheit der Wesensform voraus, denen Dietrich wie Thomas folgt. Beide beruhen auf der generellen Überzeugung Dietrichs, die philosophische Untersuchung bestehe in der Aufdeckung von per se-Verbindungen, daher gehe es hier um Leicht und Schwer als per se-Prinzipien des motus (7 (3) IV 63) und um Konkretisierung des ordo providentiae naturalis (18 (2) IV 72; 22 (1) IV 73 und 23 (1) IV 73s.). Beide reden von physikalischen Prinzipien der Elemente, die in der empirischen Welt als solche nicht vorkommen und deren Theorie von der *physikalischen* motus-Analyse sie streng unterscheiden (misc. 1 (4) IV 31; 2 (2) IV 31–32; 7 (3) IV 36, bestätigt in el. 7 (4) IV 63). Beide sehen in der wechselseitigen Durchdringung der Elemente eine gewisse spiritualitas und definieren diese als Nicht-Distinktheit (misc. 7 (2) IV 36). Aber dies trägt Dietrich – anfangs zaghaft, dann mit gewohnter Selbstsicherheit – nicht vor als Teil eines bleibenden „Systems“, sondern polemisch als Wahrheit in folgenden aktuellen Streitfragen:

Erstens: Erzwingt die Lehre von der Einheit der Wesensform die Annahme einer bloß *potentiellen* Fortexistenz der Elemente in der Verbindung? Aristoteles hatte in *De generatione et corruptione* I 10, 328 b 31 und in II 1, 329 a 33 erklärt, sie blieben der *dynamis* nach erhalten. Noch einmal stellt sich die Frage: Was hieß *dynamei*? Die lateinische Übersetzung, die Albert vorlag, die translatio Gerardi, gab dynamis mit potentia wieder.[37] Bedeutete das „aktual anwesende wirkende Eigenschaft“ oder „Möglichkeit“? Auch wenn man in Richtung „potentia“ interpretierte, blieben Möglichkeiten offen. Sowohl Albert wie Thomas hatten „in potentia“ gelesen und den Elementen nur eine in-virtute-Fortexistenz

[36] Zählung nach W. Wallace, The Scientific Methodology, S. 106 Anm. 1.

[37] Herausgegeben von Paul Hoßfeld, Albert, De natura loci; De causis elementorum; De generatione et corruptione, Ed. Colon. V 2, Münster 1980, S. 179.

zuerkannt.[38] War das vereinbar mit der Annahme, die Albert und Thomas teilten, Elemente seien *intern* anwesende Prinzipien?[39]

Zweitens: Sind Elementarveränderungen befriedigend erklärt durch Hinweis auf das generans, den erzeugenden Vor-Träger der forma, als den Grund der Bewegung bzw. in einigen Fällen auf den Beseitiger eines Hindernisses? Aristoteles hatte sich, wie Dietrich fand, in *De caelo* IV 3, 311 a 10–13, auch in *Physik* VIII 4, 254 b 33–256 a 3 darüber nicht mit befriedigender Klarheit geäußert. Bei Albert (*In De caelo* Lib. IV tr. 2. c. 3) und bei Thomas (*In Phys.* II 1 n. 144 Maggiolo 74) hatte sich die Lehre festgesetzt: nicht die substantiale forma, sondern das Erzeugende sei Ursprung der Veränderung: motor est generans, quod dat talem formam, ad quam talis motus consequitur. Der schwere Körper bewegt sich nicht von selbst nach unten, ihn bewegt das generans, das ihm die Forma gegeben hat (Thomas, ScG II 47 n. 2). Das generans ist, Thomas zufolge, der eigentliche Beweger, motor (ScG II 23 n. 5 und III 82 n. 7).

Dietrich verneint beide Fragen. Er zeigt, daß die Bejahung beider Fragen durch Albert und Thomas von Aquino und ihre fortes defensores (misc. 16 (19 IV 42), deren aufdringliche zeitgenössische Schüler, der Sache nach unhaltbar ist und der inneren Logik der aristotelischen Philosophie widerspricht. Deren innere Kohärenz arbeitet er heraus und fordert Konsequenz bei der Rezeption des Aristoteles. Daher die intensive Präsenz des Averroes in beiden Schriften. Von Befangenheit in schulmäßigem Aristotelismus kann keine Rede sein. Dies beweist der starke Zug zur Analyse von Einzelbewegungen in *De elementis* (c. 16 bis 24) und insbesondere die Kritik an der Theorie des Aristoteles über die Milchstraße (el. 9). Von beiden Traktaten wird man nicht sagen können, sie bildeten eine Vorbereitung zur Analyse des Regenbogens; beide positionieren sich in naturphilosophischen Streitfragen des ausgehenden Jahrhunderts, die weder Aristoteles noch seine Kommentatoren gelöst hatten. Allerdings: Dietrich behandelt in *De elementis* eine Reihe von Einzelfragen, die Albert in den *Meteora* ausführlich erörtert hatte, z. B. die Lage der Galaxie (I tr. 2) oder die Bewegungen des Meeres (II tr. 3), auf die Albert eine außerordentlich umfangreiche Analyse des Regen-

[38] Albert, In De gen. et corr. Lib. 1 tr. 6 c. 5 Ed. Colon. V 2 p. 171, 70–172, 19: virtute manent. Vgl. Albert, In De caelo III 2, 1 Ed. Colon. V 1 p. 220 a –221 b. Nach Thomas sind sie der Möglichkeit nach, potentia (In De caelo III 8 n. 6), nicht actu in der Verbindung (Thomas, Sentencia De anima II 8 n. 5).

[39] Thomas von Aquino, In Metaphysicam V 4 n. 795–800 Cathala S. 262–263 und VII 17 n. 1675–1680 Cathala S. 482–483.

bogens hatte folgen lassen; Alberts *De iride* umfaßt 30 Seiten der zweispaltigen Ausgabe von Paul Hossfeld, Ed. Colon. VI 175–205. Auch zu diesem Thema war eine Revision angezeigt.

Dietrichs Theorie der Elemente verdient noch aus einem philologisch-historischen Grund Interesse: Sie präludiert der Behandlung des Themas in Eckharts Pariser *Quaestio: Utrum in corpore Christi morientis in cruce remanserint formae elementorum* (LW 5, 77–83). Dieser wenig beachtete Text Eckharts aus seinem zweiten Pariser Lehraufenthalt spricht vom toten Christus, entgegen dem Rat Alberts, aber ähnlich wie Gottfried und Dietrich, als einem Beispielfall für die Diskussion um die Einzigkeit der Wesensform und konzentriert sie wie Dietrich auf die Frage nach dem Verbleib der vier Elemente. Wie Dietrich analysiert auch Eckhart den Leib des toten Christus wie jede andere Leiche. Der Leichnam Jesu ist ihm ein Fall von mixtum, und er fragt, auf den Augenblick des Wechsels konzentriert: Die Elemente sind definiert als das Bleibende, bleiben also in einem Mixtum wie dem Leib Jesu vier Wesensformen? Eckhart verneint – genau wie Dietrich – die Frage, die in Paris auch noch im *zweiten* Jahrzehnt des 14. Jahrhunderts aktuell war. Eckhart erwähnt wie Dietrich die drei herrschenden Theorien: Avicenna, dem zufolge die Elemente in actu bleiben, nur bei remittierten Qualitäten, anders Averroes, anders Thomas. Eckhart legt den Akzent auf die Einheit der Form und erklärt sich darin, wie Dietrich, mit Thomas einverstanden, nur zeigt er kein Interesse an der Theorie elementarer Veränderungen und braucht deswegen nicht wie Dietrich Thomas zu kritisieren (Eckhart, *Utrum in corpore Christi morientis* n. 8 LW 5, 83).

Eckhart lehrt nicht „dasselbe" wie Dietrich: Auch Dietrich hatte nicht nur die Physik, sondern auch die Metaphysik der Elemente skizziert und in den mixta eine Koexistenz von Sein und Nicht-Sein konstatiert (misc. 15 (2) IV 42), aber er hatte dann das Interesse verlagert auf die Physik der Elemente, ihrer Qualitäten und Bewegungen. Er wurde zunehmend empirischer. Eckhart hingegen ignoriert das physikalische Problem, spart sich die Polemik gegen Thomas und betont den Vorrang von forma, Sein, Einheit und Ganzheit vor den Teilen (n. 5 LW 5, 80 und n. 7 LW 5, 82). Eckhart macht zwar wie Dietrich die Permanenz der Elemente zum Problemmittelpunkt, aber dazu sagt sein viel kürzerer Text nur, daß die *eine* Wesensform des mixtum die Qualität mit umfaßt, die es zu einer bestimmten Endform disponiert, so daß es in ihm zu keiner inneren Aufteilung auf verschiedene Wesensformen kommt. In diesem Ergebnis stimmen Thomas, Dietrich und Eckhart überein. Eckhart setzt die elementarphilosophischen Untersuchungen Dietrichs nicht fort, behält nur deren Ergebnis bei: Die Einheit dominiert.

5. Licht

In der irdischen Welt erhalten Sünder selten ihre gerechte Strafe. Daher sollte jeder Wohlgesinnte, darunter auch ich, neue diesbezügliche Vorschläge nicht aus falscher Bescheidenheit verschweigen. So votiere ich: Wenn in Zukunft ein Germanist, ein Kunsthistoriker oder irgend ein Kulturwissenschaftler das Wort „Lichtmetaphysik" in den Mund nimmt, dann soll er zur Strafe Dietrichs Traktat *De luce et eius origine* (abgekürzt: luce, IV 8–24) ins Deutsche übersetzen. Als Clemens Baeumker in seinem großen *Witelo*-Buch (Münster 1908) diesen Ausdruck prägte, hatte er konkrete Texte vor sich. Aber davon hat das Wort sich inzwischen abgelöst; die „Lichtmetaphysik" ist zu einem medievalistischen Phantom geworden. Dietrich jedenfalls war ein mittelalterlicher Lichttheoretiker, der mit ihr nichts zu tun hatte.[40] Sein Interesse in diesem relativ kurzen Traktat, den man kaum einen „optischen" nennen wird, richtet sich auf die Verbesserung der Kategorialanalyse. Er präsentiert anläßlich der Diskussionen über das Licht seine Theorie der formae perfectionales, die ich gleich erklären werde. Kein Wort über Gott als Licht oder über den Logos, der jeden Menschen erleuchtet, der in diese Welt kommt. Es fehlen die Standardtheorien christlicher Neuplatoniker; es gibt keine Andeutung kunsttheoretischer Fragen, wohl aber Hinweise auf Gottes Allmachtsvorbehalte, doch nur, um diese als Störfaktoren abzuweisen: Sie beeinträchtigen Dietrichs Untersuchung nicht, da er sich an den ordo naturae halte, der in Gott selbst begründet sei (luce 3 (1) IV 10s.).[41]

[40] Natürlich gab es Lichtmetaphysik. Vgl. Robert Grosseteste, De luce, in: Ludwig Baur (Hg.), Die philosophischen Werke des Robert Grosseteste, Beitrage IX Münster 1912, S. 56–57; James J. Evoy, The Philosophy of Robert Grosseteste, Oxford 1982.

[41] Zu Dietrichs Traktaten über die Natur immer zu beachten: William A. Wallace, The Scientific Methodology of Dietrich von Freiberg, Fribourg 1959, hier S. 152–162. Zu De luce vgl. Barbara Faes de Mottoni, Il problema della luce nel commento di Bertoldo di Moosburg all' Elementatio Theologica di Proclo, in: Studi Medievali 16 (1975) S. 325–352. – Zu Albert: Sturlese 2007, S. 7.

Lichttheorie als Kategorialanalyse aufzufassen, das war keine Neuerung Dietrichs. Jeder Lehrer der Theologie, der die Erschaffung des Lichtes zu kommentieren hatte, traf auf den Ausspruch des Johannes Damascenus, Licht sei eine qualitas. Er mußte zu der Frage Stellung nehmen, ob Licht ein Akzidens oder eine Substanz und ob es ein Körper sei. Die *Genesis* berichtet, Gott habe gesagt: *Fiat lux*, und Petrus Lombardus hatte es in der 1. *Distinctio* des zweiten *Sentenzenbuches* bei dem Ausdruck *lux* belassen. Aber im 13. Jahrhundert traf jeder Erklärer der Sentenzen auf die Standardunterscheidung von lux und lumen, für die Avicenna zitiert wurde: Lux war die Lichtquelle, lumen war die von ihr verbreitete Helligkeit.[42] Diese Unterscheidung wurde allgemeiner Bildungsstoff, den Bartholomaeus Anglicus so formulierte:

Lumen est defluxus quidam a substantia lucis in aere vel in alio diaphano corpore recepto.[43] Wissenschaftlich denken hieß im 13. Jahrhundert: Ein Ding oder eine Eigenschaft unterbringen in einer der großen Einteilungen, wie sie insbesondere die Kategorientafel vorgab. Die Frage lautete dann, in welchem genauen Sinn Licht ein Akzidens war.

Licht sei die energeia des diaphanes, hatte Aristoteles definiert (*De anima* II 7, 418 b 9–10). Licht, hieß das, war eine besondere Geprägtheit, die Aktualität des Durchscheinenden, lateinisch der actus des diaphanum.[44] Dabei formuliert Dietrich in seinem Traktat nicht ausdrücklich den terminologischen Unterschied zwischen lux und lumen, nimmt aber auf die Unterscheidung Bezug und definiert sein Thema als sparsio lucis in diaphano (1 (2) IV 9), die Ausbreitung des aktiv strahlenden Lichtes im Durchsichtigen. Dietrich folgt der aristotelischen Vorlage, konzentriert sich auf das Verhältnis zwischen Lichthelle und Durchscheinendem, handelt also vom verströmten Licht, nicht von Lichterzeugung an der Lichtquelle. Die Handschrift der Amploniana gibt dem Traktat den Titel: *De causa luminis in diaphano* und trifft damit ihren tatsächlichen

[42] Thomas von Aquino behandelt die Frage, ob lux ein accidens sei, in 2 Sent. 13, 1, 3 Mandonnet 2, 331–337. Dort auch die Definitionen aus Avicenna: lux est qualitas corporis lucidi inquantum huiusmodi ... lumen est qualitas quam mutuatur corpus diaphanum a corpore lucido. Thomas definiert im eigenen Namen: Lux enim dicitur secundum quod est in aliquo corpore lucido in actu, a quo alia illuminantur, ut in sole. Lumen autem dicitur secundum quod est receptum in corpore diaphano illuminato (Mandonnet 2, 332). Vgl. Thomas, Sth I 67, 3.

[43] Bartholomaeus Anglicus, De rerum proprietatibus, VIII 42, Frankfurt 1601, S. 430.

[44] Lateinisch nach Iacobus Venetus, der Textvorlage Alberts, In De an. II tr. 3 c. 8 Ed. Colon. VII 1 S. 110, 87–88: Lumen autem est actus lucidi, secundum quod est lucidum.

Inhalt besser als die Überschrift *De luce* (vgl. luce 1 (2) und 2 (1) IV 9). Es geht Dietrich um die Ontologie der verbreiteten Helligkeit oder des Beleuchtetseins. Nach einer philosophischen Einleitung über Formen der Kausalität (cc. 1–7 IV 9–15)) erörtert Dietrich drei Fragen: Erstens das Wesen des Lichtes, die natura luminis (cc. 8–13 IV 15–20), zweitens die Wirkursache des Beleuchtetseins (die causa efficiens luminis in diaphano) (cc. 14–16 IV 20–21), drittens die Wirkungen des Lichts (de effectu luminis) oder das Wesen des Beleuchteten, die natura luminosi (cc. 17–19 IV 22–24).). Er erklärt seine Definition des luminosum als conculcatio partium diaphani in actu lucidi und schließt mit einer Bemerkung über Schatten und Hellwerden am Himmel (19 IV 23–24).

Dietrich sucht den Grund von lumen, also der Lichthelle, im Durchsichtigen. Er gibt die aristotelische Definition des Lichtes (lumen) als spezifische Form des Durchsichtigen (propria forma diaphani).[45] Und wie er sich in *De miscibilibus* die anstehende Aufgabe durch Kritik der herrschenden Lehre von der Einheit der materia prima erschwert hatte, so mutet er sich hier zuerst eine Untersuchung zu, was „Grund“ (causa) heiße. „Grund“ sei der Weg, auf dem eine Sache ins Sein hervorgeht, via, per quam res procedit ad esse. Man sage, es gebe vier Arten des Grundseins, aber sofort schränkt Dietrich diese aristotelische Standardlehre ein, indem er behauptet, sie gelte nur für quantitative und qualitative Umwandlungen. Bei mathematischen Gegenständen und reinen Geistwesen gebe es im strengen Sinn weder eine Wirk- noch eine Zielursache, höchstens im übertragenen Sinn. Dietrich beruft sich für diese charakteristische Sonderlehre, die Martin Grabmann bei Eckhart als seltsam aufgefallen ist,[46] auf Averroes (*In Met.* III 3 und *De caelo* IV 1) und stellt folgende Tafel der verschiedenen Weisen von Kausalität auf:

1. Getrennte Substanzen, also reine Geistwesen wie Gott oder die Intelligenzen, begründen nicht durch allmähliche Umwandlung, sondern bewirken instantan und ohne etwas von der zu begründenden Sache vorauszusetzen.

2. Ein zweiter Modus des Begründens, nämlich durch Naturwesen im engeren Sinn, erfolge durch ein agens physicum corporale. Dietrich denkt zunächst an den körperlichen Himmel, dem er zugesteht, beseelt von reinen Geistwesen, eine Wesensursache, eine causa essentialis zu sein.

[45] Aristoteles, De anima II 7, 418 b 9–13, die lateinische Fassung in der vorigen Anmerkung.
[46] Dazu Flasch 2006, S. 86–87.

3. Wesensursachen brauchen, um körperliche Umwandlungen zu erzeugen, aktive und passive Qualitäten als Instrumente. Diese ermöglichen einen dritten Modus des Begründens. Solche Qualitäten sind Wesensausstattungen der Substanzen, sie haben zu diesen eine per-se-Verbindung. Wer sie erforscht, hat diese per-se-Verbindung zu ermitteln. Daher sind auch beim Licht als einer forma des Durchsichtigen die per-se-Gründe und die causae essentiales zu ermitteln (luce 2 IV 9–10). Dietrich kündigt in 2 (4) IV 10 an, er werde die Untersuchung über das Licht und das Beleuchtete als Suche nach der per-se-Verbindung führen.

4. In der natürlichen Ordnung der Dinge werden Lichteffekte nicht durch reine Geistwesen erzeugt; wir müssen Naturursachen im engeren Sinne, per motum et transmutationem, finden (luce 3 IV 11). Natursachen gibt es in verschiedenen Bedeutungen:

4a Es gibt die Wesensbegründung durch das generans, beim Licht ist dies die Sonne, und es gibt zwei Arten akzidenteller Begründung. Eine erste Art akzidenteller Verursachung liegt vor, wenn ein Hindernis beseitigt wird, damit ein Ding seine naturgemäße Wirkung auslösen kann. Ich verursache akzidentell den Fall des Steines, indem ich die Stütze beseitige, die ihn bislang gehalten hat. Diese Art der Verursachung durch Beseitigung des Hindernisses der elementspezifischen und daher „natürlichen" Bewegung spielte in *De miscibilibus* bei der Diskussion der genauen Funktion des generans eine Rolle, aber hier kommt es Dietrich auf eine zweite Art akzidenteller Verursachung an:

4b Diese Form der per-accidens-Verursachung fordert per se das faktische Vorkommen des veranlassenden Faktors (4 (2) IV 11). Als Beispiel des zweiten Typs der per-accidens-Kausalität dient das Sehen. Die Sehkraft ist eine Möglichkeit, die zur Wirklichkeit nur werden kann, wenn etwas Sichtbares da ist. Ohne ein Objekt kann sie nicht akzidentell aktuiert werden. Ihre akzidentelle Möglichkeit zu sehen ist von anderer Art als die akzidentelle Möglichkeit des Steines zu fallen, während er noch gestützt wird. Die Sehkraft ist eine potentia accidentalis, sie hat eine Wesensbeziehung auf Sichtbares. Dietrich spricht von einer das Wesen der Sehkraft ausmachenden Relation, von einem per se respectus. Dies ist die Einheit von Auge und Holz, von der Eckhart sprechen wird. Diese ist wesenhaft, wird aber nur realisiert, per accidens sozusagen, indem etwas Sichtbares vor die Sehkraft tritt. Dietrich untersucht diese Art der Verursachung genauer, da sie mit der Ausbreitung des Lichtes große Ähnlichkeit aufweise. Er fragt also: Was bringt das Sichtbare vor die Sehkraft, die ohne es nicht aktuiert wird? Schon bei der Analyse der Bewegung der Elemente in *De miscibilibus* stritt Dietrich mit Albert und Thomas über die genaue Tragweite der Kausalität des generans – und gab zu: In einem gewissen Sinn ist der Erzeuger des Lebewesens die Ursache dafür, daß ein Lebewesen *sieht.* Vom Erzeuger stammt das Lebewesen mitsamt seiner Sehkraft. Von ihm stammt auch der wesenhafte Bezug dieser Sehkraft auf Sichtbares. Aber dadurch allein kommt Sehen nicht zustande; es braucht die Gegenwart eines Sichtbaren.

Wie wirkt das Sichtbare auf die Sehkraft? Diese Frage reizt Dietrich zu einem längeren polemischen Exkurs (luce 5–7 IV 12–15). Er bestreitet, daß unsere Sinneserkenntnis durch direkte Einwirkung sinnlicher Dinge auf unsere sinnliche Erkenntniskraft aktuiert werde. Wenn er „nach Menschenart rede" – das ist die paulinische Formel für ermäßigte Eintrittsbedingungen für das Verständnis seiner Rede – und den communiter loquentes, den gewöhnlichen Schulsprüchen folge, dann könne er zwar zugestehen, daß Sinnesdinge auf Erkenntnis*organe wirken.* Aber die communiter loquentes gehen weiter und behaupten, das Objekt *erzeuge* im Sinnesorgan das Erkenntnis*bild.* Das sei falsch, weil kein Niederes ein Höheres erzeugen könne. Der Name der Thomisten fällt nicht, aber die Richtung der Polemik ist eindeutig. Dietrich widerspricht ihnen in zwei Hinsichten: 1) Das Sinnesding erzeugt nicht das sinnliche Erkenntnisbild. Das Körperding ist dem psychischen Vorgang nicht proportioniert. Und er behauptet 2) gegen Thomas und seine Schüler, daß es *wesenhafte* Relationen gibt. Vor allem die zweite These braucht er für die Theorie des Lichtes, denn er macht sich daran, das lumen in diaphano zu erklären mit Hilfe der Parallele zur Aktualisierung der Sinneswahrnehmung, denn zwischen beiden Vorgängen bestehe große Ähnlichkeit (luce 7 (3) IV 15). Dietrich verschafft sich zunächst Schutz durch Autoritäten: Augustinus lehre, die Sinneserkenntnis komme dadurch zustande, daß die Seele, nicht das Sinnesorgan, die Wahrnehmung *aktiv tätige* anläßlich der Gegenwart des sinnlichen Dings.[47] Auch Averroes lehre, die Aktuierung der Sinneswahrnehmung hänge ab von einem *inneren* Prinzip.[48] Aristoteles allerdings schweige darüber, weil die Sache im Verborgenen liege: Aristoteles tacuit hoc, quia latet (luce 5 IV 12–13). Dieser Satz belegt eine ideengeschichtliche Konstellation, die für Dietrich charakteristisch ist: Er ergänzt, verbessert oder interpretiert zuspitzend

[47] Augustinus, De Genesi ad litteram XII 16 CSEL 28 S. 401–403.
[48] Averroes, In De anima II 60 Crawford 221 Zeile 40–55.

Aristoteles, drängt ihn und seine Ausleger zur Kohärenz und stellt eine Koalition her zwischen Averroes und Augustinus, die gegen die comuniter loquentes verwendet werden kann.

Nach diesen Präliminarien, die darauf hinauslaufen, es bestehe große Ähnlichkeit zwischen der Entstehung von Lichtschein (lumen) und Sinneserkenntnis (7 (3) IV 15), untersucht Dietrich ab c. 8 das Wesen des Lichtes (luminis). Dietrich geht aus von einer sprachlichen Beobachtung: Wir nennen das erleuchtete Durchsichtige „hell". Sehen wir hingegen in einem Medium, zum Beispiel in einem Spiegel, Farbe, dann sagen wir von dem Durchsichtigen nicht, es sei „farbig". Dietrich fragt, wie vor ihm Thomas (Sth I 67, 3): Woher kommt das? Die Farbe, die wir in der Luft sehen, schreiben wir nicht der Luft als reale Eigenschaft zu. Anders ihr Beleuchtetsein. Licht tritt als Qualität zum Medium hinzu, als reale Eigenschaft, oder, wie Aristoteles schreibt, als seine Form. Im Durchsichtigen könnte auch Dunkelheit herrschen; Licht hebt die Finsternis real auf. Es steht in einem kosmischen Zusammenhang, nämlich dem der Licht- und Wärmespendung durch die Sonne (luce 8 (2) IV 16). Die Lichthelle ist daher kategorial einzuordnen als reale, akzidentelle forma im Diaphanum, und zwar ist es eine forma von der bezüglichen, wesenhaft-relationalen Art sinnlicher Erkenntnisbilder als seelischer Akte; es fordert wesenhaft einen erleuchtenden Körper, eine physische Quelle des Lichts (luce 9 (3) IV 16–17).

Dietrichs Ontologie des erleuchteten Transparenten bestimmt lumen als Akzidens. Dies hat eine Reihe von Konsequenzen. Die erste: Licht ist keine Substanz, was um 1300 eine ernsthaft vertretene Ansicht war. Die zweite: Das Akzidens ist die Disposition einer Substanz, die Teile hat, die nicht in seiner Definition vorkommen, es sind partes post totum, die zur Um-Disposition geeignet sind. Es gibt, fährt Dietrich fort, zwei Arten von Dispositionen: Die erste Art kommt einer Sache in sich zu, unabhängig von anderen. Zweitens gibt es akzidentelle Formen, die ihrem Wesen nach auf anderes bezüglich sind. Dies ist bei der Sinneserkenntnis der Fall und bei den Dispositionen der transparenten Körper. Die Aktuierung des Durchsichtigen, also seine Erhellung, fordert wesenhaft und notwendig die Präsenz eines lichtverströmenden Körpers (8 (3)–9 (4) IV 16–17). Aber wie sollen wir, genau genommen, die Verursachung der Helligkeit im erleuchteten Diaphanum denken? Was ist Ursache dafür, daß es hell ist? So wie ein Lebewesen von einem Erzeuger stammt, der es in seinem Wesen und in seiner Erkenntniskraft begründet hat, ohne ihm aber die Gegenstände seiner Erkenntnis mitzugeben, so hat das Diaphane ein generans, das ihm Wesen und Eigenschaften gibt, es aber in bezug auf die Lichtquelle im *potentiellen* Zustand beläßt. Erst durch die Präsenz der Lichtquelle wird es als erhelltes aktuiert.

Das Licht muß faktisch zur akzidentellen Potenz hinzukommen; es gehört deshalb zu den „vervollkommnenden Formen", formae perfectionales. Darunter versteht Dietrich Formen, die einem bereits konstituierten Wesen eine immanente Vollkommenheit geben, die ihm sein generans nicht actu, sondern nur der Möglichkeit nach hat geben können. Durch die Lichtform geht bei Anwesenheit einer Lichtquelle ein Diaphanum von der Möglichkeit, die sein generans begründet hat, zur letzten aktualen Gegebenheit der Lichthelle über, ad actum luminis ultimum completum (luce 14 (1) IV 20).

Dietrich arbeitet am Licht den Charakter einer forma perfectionalis heraus. Das Thema der formae perfectionales hat ihn lange beschäftigt, spätestens seit der *Quaestio utrum in Deo*. Obwohl es dort um die Philosophie des intellectus possibilis ging, illustrierte er damals schon seine Theorie an der Verbreitung des Lichts, betonte die Parallele zur Wahrnehmungstheorie, nannte den Zusammenhang von Lichttheorie und Farbtheorie (utrum 2.2.3 (9) III 314) und zitierte Perspektivisten. Das Thema der formae perfectionales kehrt wieder in Dietrichs Untersuchung der Gegensätze, (*De natura contrariorum*, die *De luce* zitiert, also später geschrieben scheint), denn die formae perfectionales haben im Unterschied zu Qualitäten keinen Gegensatz.[49] Der Traktat *De luce* spitzt die Theorie der formae perfectionales zu im Hinblick auf die Natur des Lichtes und gibt durch die Gewichtung des Themas zu verstehen, daß es darum geht, anläßlich der Lichttheorie die Philosophie akzidenteller Formen zu verbessern. Sie ist zu erweitern um die Theorie der formae perfectionales. Dietrich demonstriert seine Revision der herkömmlichen Kategorienlehre diesmal an der Ursache der Lichthelle im Diaphanum.[50] Der Traktat ist vor oder kurz nach 1304 geschrieben, also zu einer Zeit,

[49] Dietrich, contrar. 36–47 II 108–115; Quaestio utrum in Deo 2.2.3 (7)–(13) III 313–314.

[50] Zur Vorgeschichte: Charles Mugler, Dictionaire historique de la terminologie optique des Grecs. Douze siècles de dialogues avec la lumière, Paris 1964; Gérard Simon, Le regard, l'être et l'apparence dans l'optique de l'Antiquité, Paris 1988, deutsch München 1992; Anca Vasiliu, Du diaphane. Image, milieu, lumière dans la pensée antique et médiévale, Paris 1997.

als Dietrich sich intensiv mit Fragen der Optik befaßte. Aber optische Fragen behandelt er hier nicht. Er demonstriert einen Aspekt seiner Reform der Kategorienlehre, die es auf den Begriff bringt, daß es kategorial etwas anderes ist, ob aus Kupfer eine Kugel gemacht wird oder ob ein Lichtschein eine Mauer verändert, nämlich erhellt. Formae perfectionales haben einen höheren Grad von Akzidentalität als andere, gewöhnliche Akzidenzien etwa der Qualität oder Quantität, sind aber doch reale Vervollkommnungen einer vorhandenen akzidentellen Disposition: Die Luft bleibt die Luft mit ihren Eigenschaften, ob die Sonne sie erhellt oder nicht, aber die Luft erfährt eine vervollkommnende Aktuierung durch das Licht; dieses ist ein complementum actus inquantum actus (contrar. 37 (2) II 109). Dies gibt Anlaß zu weiteren ontologischen Untersuchungen, nicht nur, wie angedeutet, über wesenhafte Beziehungen, sondern auch über die Art der Potentialität, die einem Wesen im Hinblick auf solche Vervollkommnungen zukommt.

Dietrichs Schriften über das Licht und über die Farben sind relativ späte Arbeiten.[51] Sie belegen aber nicht, wie man erwarten könnte, einen genetischen Übergang von der Metaphysik zur Optik, vom Kategorialanalytiker zum Theoretiker des Regenbogens, sondern sie präzisieren bereits erarbeitete Theorien. Sie gehören in den Zusammenhang einer Revision der Philosophie, die Aristoteles genau liest, auch seine Schwachstellen bezeichnet und mit der Koalition Augustinus-Averroes die communiter loquentes über ihr Schulwissen hinaustreibt, hier insbesondere durch Reform der Wahrnehmungslehre, der Relationstheorie und der Kategorientafel. Naturphilosophen müssen den Unterschied beschreiben können zwischen dem Vorgang, der die Luft erwärmt und dem, der sie erhellt. Es genügt nicht zu sagen, in beiden Fällen werde die Luft akzidentell verändert. Man kann auch nicht sagen, die Lichtquelle eduziere die Helligkeit aus der Potentialität des Diaphanum.

Abschließend ermittelt Dietrich die besondere Art des Lichtes als forma perfectionalis. Er erklärt, Lichthelle sei eine conculcatio partium diaphani (luce 16 (2) IV 21). Akzidentelle Veränderungen setzten, sagt er, Unterteiltheit voraus. Worin genau besteht die Einwirkung

[51] Es besteht aber erheblicher zeitlicher Abstand zwischen De luce einerseits und De iride sowie De coloribus andererseits. Denn Dietrich zitiert De luce in den relativ großen Schriften De natura contrariorum 40 (4) II 111 und in De cognitione entium separatorum 60 (6) II 223. Auch die intellektuelle Atmosphäre ist in De luce anders, weniger spezialistisch, theologische Nebenmotive werden diskutiert.

der Lichtquelle auf diese Teile? Dietrich scheint sich vorzustellen, sie würden enger zusammengeführt, also in sich dichter konzentriert durch ihre wechselseitige qualitative, nicht quantitative Durchdringung (luce 17 IV 22). Sein Beweisziel erfordert eine Präzisierung dieser Art, denn er will das Spezifische des Lichtes als forma perfectionalis definieren. Er schließt diesen Anlauf ab mit der Formel: luminositas est conculcatio partium diaphani.[52] Er erläutert diesen Satz: Von „Teilen" des Transparenten, erläutert Dietrich, ist hier nicht im quantitativen, sondern im qualitativen Sinn die Rede, etwa im Sinne von Helligkeitsstufen. Das Wort „pars" im qualitativen Sinn zu verstehen, ist ein eigentümlicher Sprachgebrauch, den Dietrich in *De elementis* 2 (1) IV 60 auf Averroes zurückführt und in *De luce* 17 (2) IV 22 und 18 (2) IV 23 genau erklärt. Lichthelle sei die conculcatio qualitativer Teile im Transparenten, sagt Dietrich, aber was heißt conculcatio? Conculcare heißt zusammenpressen, niedertreten, auch im übertragenen Sinn: niedertrampeln. Die conculcatio – ein im scholastischen Latein seltener Ausdruck – bedeutet: Konzentration, Zusammenführung, Zusammenpressen. Das Gegenteil von conculcatum ist sparsum, verstreut, auseinanderliegend, aber Dietrich sah, daß er es näher erklären müsse, wenn er Lichthelle als conculcatio, als Zusammengepressen von qualitativen Lichtteilen definierte, und fügte hinzu, er verstehe darunter einen qualitativen Vorgang, eine qualitativ verstandene wechselseitige Durchdringung qualitativer Teile (qualitativa partium penetratio, luce 17 (2) IV 22. „Licht" wäre demnach „qualitative Dichte" und „qualitative Selbstdurchdringung" im Transparenten.

Ich versuche, diese spekulative, fast nur metaphorische Beschreibung von Licht zu erklären. Sie erinnert an die Wechseldurchdringung der Ur-Elemente und ihre „Spiritualität" in *De miscibilibus.* Licht ist Intensität, ist aktive Intensivierung. Diese besteht darin, daß das Licht unter Wahrung des Vorrangs seiner Einheit das andere seiner selbst, das begrenzte Durchsichtige mit seinem unerläßlichen Anteil von Trübung, aber auch von Unbegrenztheit, durchdringt. Lumen als Lichthelle läßt sich begrenzen, zusammendrücken in Mischverhältnissen von Begrenzt und Unbegrenzt. Die conculcatio bedeutet: qualitative wechselseitige Durchdringung von qualitativen Teilen des Transparenten (17 (2)–(3) IV 22 und 18 (2) IV 23).

[52] Dietrich, luce 16 (2) IV 21; 17 (2) IV 22; 18 IV 23, auch in contrar. 72 (2) II 133, dot. 9 (3) II 276 und ir. 4 (5) IV 153.

Noch ein Wort zum Zusammenhang zwischen Licht und Farbe. Licht macht das ganze Wesen der Farbe aus, lumen formaliter est tota substantia coloris (luce 16 (1) IV 21). Das Begründungsverhältnis geht vom Licht zur Farbe, nicht von der Farbe zum Licht. Das Licht, akzidenteller Natur, heißt hier substantia, weil es das Wesen der Farbe bestimmt. Was die Lichtquelle bestrahlt, zeigt sie nicht ohne Farbe. Non enim luminosum radiat sine ea proprietate, qua est coloratum, sicut nec color radiat, nisi sit illuminatus, sicut dicitur in *Perspectiva (*utrum 2.2.3 (9) III 314). Wie dies zu denken sei, untersucht Dietrich in dem Traktat *De coloribus,* der nach *De luce* entstanden ist, und zwar spät, nach 1304 (IV 273).

6. Farbe

„Die Farben sind Taten des Lichts, Taten und Leiden". So hat Goethe den Zusammenhang von Licht und Farbe ausgesprochen, der seit der griechischen Antike, insbesondere bei Aristoteles (*De anima* II 7), formuliert war und der Dietrichs Traktate über das Licht und über die Farben thematisch verbindet.

Aristoteles, las man im lateinischen Westen, habe Farbe definiert als extremitas perspicui in corpore terminato.[53] Sie ist ein Phänomen begrenzter Außenseiten, im Unterschied zu Licht, das unbegrenzt ist. Die Aristoteleskommentatoren hatten die Verbindung von Licht und Farbe zum Schulstoff gemacht und Definitionen bereitgestellt. Der latinisierte Text des Averroes definierte Farbe als ultimum diaphani terminati, Licht als complementum diaphani non terminati.[54] Farbe ist demnach das Außen einer begrenzten Fläche, ihrem Wesen nach sichtbar, aber sichtbar nur im Licht.[55] Licht, Diaphanum, Farbe und Auge waren also im Zusammenhang zu analysieren. Thomas beschrieb dieses Problemfeld mit den Worten: Das Licht, sofern wir es an der Außenseite eines Begrenzten sehen, heiße „Farbe", das tragende Wesen (hypostasis) der Farbe sei Licht, Farbe sei nichts anderes als verkörpertes Licht.[56] Licht sei der Wesensgrund

[53] Aristoteles, De sensu et sensato 3, 439 b 11–12.
[54] Averroes, In De anima II 67 Crawford 230–234
[55] Averroes, In De an. II 72 Crawford 239–240.
[56] Thomas von Aquino, In 1 Sent. 17, 1, 1 Mandonnet 1, 394.

(ratio) der Farbe, das Licht verhalte sich zur Farbe wie das Bestimmende (formale) zum Bestimmten (materiale), die Wahrnehmung sehe die Farbe kraft des Lichtes. Das Licht (lumen) können wir sehen ohne Farben, aber nicht Farben ohne Licht (*De malo* 2,2 ad 5). Da in der Farbe Weiß der Lichtanteil am größten sei, stelle diese Farbe das Maß aller Farben dar. Das gelte jedoch nur, sofern wir auf das Bestimmende in der Farbe achten, sie sei aber auch unter dem Gesichtspunkt des Bestimmtwerdens und Stoffartigen in ihr zu bedenken.

Als solche begrenze sie ein Durchsichtiges. Die terminatio diaphani ergebe die Vielheit von Farben, von der wir nichts wüßten, kennten wir nur die Farbe Weiß (*De veritate* 2,4 ad 4). Dies mag daran erinnern, daß Goethe in den Farben nicht nur die Taten, sondern auch das Leiden des Lichts gesehen hat. Nicht Licht allein, sondern sein Rezipiertwerden und die Begrenzung des Lichts auf Flächen erzeugen die Farbe.

Die Geschichte der Farbenlehre schuf noch weitere Vorgaben für Dietrichs Traktat. Sie alle zu ermitteln, wäre Sache einer Spezialstudie, doch seien hier noch drei benannt, auf die Dietrich ausdrücklich zu sprechen kommt. Da war einmal die Alltagserfahrung zu durchdenken, daß wir die Farben der Gegenstände anders sehen, wenn wir sie durch gefärbtes Glas betrachten. Dieses schlichte Experiment enthielt ein gewisses skeptisches Potential, während Aristoteliker lehrten, die Sinneserkenntnis könne in bezug auf ihr spezifisches Objekt – beim Auge war dies die Farbe – nicht irren. Abgesehen von den erkenntnistheoretischen Fragen, die sich damit stellten, ergab sich für die Ontologie der Farbe das Problem: Welches ist in diesem Fall die tragende Instanz, das subiectum, der Farbe, die wir wirklich sehen? Ist es das farbige Glas oder ist es die Hauswand? Eine zweite Diskussionsrunde, die Dietrich antraf, erörterte die Farben im Dunkeln. Averroes kritisierte Avempace, daß er den Farben im Dunkeln jede Existenz abgesprochen hatte.[57] Averroes hatte diese Diskussion zu beenden gesucht durch die gut aristotelische Unterscheidung von Akt und Potenz. Dietrich, der die Theorie von der Nichtexistenz von Farben bei Abwesenheit des Lichtes Avicenna zuschreibt, schließt sich Averroes an, untersucht aber genauer die Art der Potentialität solcher nicht gesehenen Farben, erwähnt Tiere mit bestem Gesichtssinn bei Nacht (col. 3 IV 279) und präzisiert die Potentialität der Farben mit Hilfe der Unterscheidung von potentia essentialis und potentia accidentalis, die er

[57] Averroes, In De an. II 67 Crawford 232.

aus Aristoteles, *Physik* VIII 5 gewonnen hat und die sein ganzes Werk durchzieht.[58] Drittens gab es die Texte der Perspektivisten und Regenbogentheoretiker. Für sie waren Entstehung und Anordnung der Farben ein Hauptproblem. Auch Averroes hatte, wie Dietrich erwähnt (col. 3 (1) IV 279), in seinem Kommentar zu *De sensu et sensato* über das Entstehen der verschiedenen Farben durch die verschiedenen Grade von Helligkeit und Lichtdurchlässigkeit philosophiert. Insbesondere war zu erklären, wie normalerweise, noch ohne Rücksicht auf den Regenbogen, die mittleren Farben entstehen, also die Farben zwischen Weiß und Schwarz. Die Perspektivisten hatten noch kompliziertere Fragen, mit denen Dietrich sich konfrontiert sah. In Bezug auf Alhazen bemerkte er, dieser Forscher gewinne seine Resultate nur aus Erfahrung, ohne philosophische Beweisführung aus der Vernunft, per experimentum, quia extra facultatem suam est probare cum ratione (col. 15 (1) IV 288). Dietrich hat immer scharf die Grenzen herausgearbeitet zwischen Logik und Metaphysik sowie zwischen Physik und Metaphysik; er zeigte auch Methodenbewußtsein in seinem Urteil über die Perspektivistik. Sie war ihm unentbehrlich; sie beschrieb Erfahrungen; die rein rationale Erörterung lag außerhalb ihrer Profession, während Dietrichs Farbentheorie nicht ohne experimentum vorgehen, aber sich nicht auf es beschränken sollte.

Dietrich bleibt in seiner Philosophie der Farbe bei seinem Begriff von Philosophie als Erforschung der per-se-Gründe und erklärt, das Licht sei das per-se-Prinzip der Farbe (per se formaliter principium coloris). Dabei greift er zurück auf seine in *De luce* entwickelte Unterscheidung von zwei Arten akzidenteller Potenz. Dies ergibt eine verfeinerte Definition der Farbe: Licht ist die tragende Substanz (hypostasis) der Farbe, nicht nur, indem es sie bewirkt, sondern indem es ihr als seine Wesensgestalt (forma) innewohnt. Das anwesende Licht eduziert aus der akzidentellen Möglichkeit des Körpers die Farbe (col. 1 IV 277/278): Das Licht, das einen transparenten oder durchscheinenden Körper als dessen Akt und Form in seiner Tiefe erhellt, existiert als Farbe in einem begrenzten transparenten Körper. Wie die Gegenwart eines lichtgebenden Körpers das Licht aus der akzidentellen Potenz eines begrenzten durchscheinenden Körpers eduziert, der dadurch erhellt wird, so entsteht durch die Anwesenheit einer solchen Lichtquelle die wirkliche Farbe aus der akzidentellen Potenz. Das eigentlich Bestimmende, der per-se-Bestimmungsgrund

[58] Dietrich, luce 4 IV 11–12; int. I 7 I 140; int. II 31 (6) I 170 und III 25 (6) I 198.

der Farbe ist die Lichthelle an der Oberfläche eines begrenzten Körpers (lumen in corpore terminato circa suam superficiem, col. 1 (2) IV 278).

Farbe ist also ein Phänomen der Oberfläche. Sie findet sich am begrenzten Körper, dessen Begrenzung durch die Oberfläche erfolgt. Aber „Oberfläche" ist keine mathematische Größe; eine solche könnte keine Qualitäten aufnehmen. Es muß sich um eine reale, nicht nur geometrische Oberfläche handeln, um eine Oberfläche mit Tiefenstruktur. Anders ausgedrückt: Das Licht braucht, um Farbe zu erzeugen, nicht nur eine Oberfläche im geometrischen Sinn, sondern einen Körper (col. 2 IV 278).

Weil Licht der per-se-Grund der Farben ist, kann es keine Farbe geben, wo das Licht fehlt. Aber das Nichtsein der Farbe im Dunkeln betrifft ihr aktuelles, nicht ihr potentielles Dasein. Damit entwickelt Dietrich einen mittleren Weg zwischen Avicenna, der die Existenz der Farben im Dunkeln leugnet, und Averroes, der sie behauptet. Beide haben unter verschiedenen Gesichtspunkten recht: Das Licht muß die Farben aus der akzidentellen Möglichkeit herausführen, deswegen sind sie ohne Licht nicht voll verwirklicht. Aber die Natur – genauer: das generans als causa essentialis – hat sie bis zu dem Grad realer Möglichkeit hervorgebracht, daß es nur eines akzidentellen Bewegers bedarf, sie voll zu realisieren (col. 3 IV 279). Averroes hat recht, wenn er behauptet, es gebe im Dunkeln wirkliche Farben, nur sind sie *potentiell* wirklich. Die Lichtquelle erzeugt als agens per accidens, indem es transparente Körper und Lichthelle verbindet, Farbe, und zwar in abgestuften Mischungen von transparenter Körperlichkeit und Licht. Die Farbe Weiß entsteht auf diese Weise aus der Verbindung hochgradig durchsichtiger Körper mit großer Lichtfülle (col. 3 (19 IV 279).

Aber wieso kann das *eine* Licht die *vielen* Farben hervorbringen, wenn Licht die substantia coloris ist und sogar die Differenzen von Weiß und Schwarz umgreift? Dietrich, daran interessiert, daß es auch bei Farben feste species-Grenzen gibt und nicht die gleitenden Übergänge einer einzigen Qualität, antwortet, bei Akzidenzien sei die Form nicht so mit dem Stoff verbunden wie bei Substanzen. Daher kann dieselbe species von Eigenschaften in spezifisch verschiedenen Dingen auftreten, also z. B. die spezifisch unterschiedene Farbe Gelb an wesensverschiedenen Substanzen. Dietrich setzt voraus, die Differenzierung des Lichts in die verschiedenen Farben entstehe durch die Verschiedenheit im Verbindungsmodus transparenter Rezipienten mit bestimmten Graden von Helligkeit.

Averroes hatte in *De sensu et sensato* die Farbunterschiede durch Mischung von vier Faktoren erklärt: Große Lichtdurchlässigkeit, Große Helligkeit, Geringe Lichtdurchlässigkeit, Geringe Helligkeit. Daher definiert Dietrich Farbe als Verbindung von durchsichtigen und beleuchteten Körpern, mixtio ex corporibus diaphanis et luminosis (col. 8 (2) IV 283). Die genannten vier Faktoren ergeben in einer speziellen Art von Verbindung, die Dietrich anschließend erklärt, die Farben, die *spezifisch* verschieden seien, also kein gleitendes Mehr und Minder auf einer innerspezifischen Skala bilden (col. 5 IV 280). Die besondere Art der Vereinigung farbgebender Faktoren nennt Dietrich mixtio complexionalis, im Unterschied zur einfachen mixtio, der chemischen Verbindung der Elemente, von der *De miscibilibus* handelt. Hier geht es um hochkomplexe Verbindungen, die nicht einfache Stoffe entstehen lassen, sondern gegliederte, differenziert bleibende Einheiten bis hinauf zu Lebewesen. Sie sind zu unterscheiden sowohl von Verbindungen der Elemente wie von bloßen Aggregaten wie Heuhaufen und bloßen Gemischen (col. 7 IV 281–282).

Die mixtio complexionalis der vier farberzeugenden Faktoren ergibt zwischen Weiß und Schwarz folgende Hauptfarben, die colores principales, die ich auch mit ihren lateinischen Bezeichnungen nenne, weil deren Übersetzung bekanntlich sprachwissenschaftliche und sprachgeschichtliche Probleme aufwirft:

	Rot (rubrum)	Grün (viride)	
Weiß			Schwarz
	Gelb (glaucum)	Blau (lazulum)	

Je nach der Dominanz von Weiß oder Schwarz entstehen aufgrund der vier genannten Mischfaktoren die Grundfarben. Diese sollen sich, Dietrich zufolge, spezifisch, also nicht durch ein Mehr oder Weniger an Weiß und Schwarz unterscheiden. Experimente mit einem sechseckigen durchsichtigen Stein, dem Prisma, zeigten, wie der weiße Lichtstrahl zerlegt wird in diese Hauptfarben. Vorsichtig behauptet Dietrich, damit lege uns die Natur auf ihre Weise nahe (videtur natura suo modo insinuare), dies seien die Hauptfarben, die vermischt, verstärkt und vermindert als *andere* Farben erscheinen, es aber in Wahrheit nicht sind (col. 6 IV 281).

Den Unterschied zwischen den beiden Extremfarben (Weiß – Schwarz) und den vier Hauptfarben Rot, Gelb, Grün und Blau (rubrum, glaucum, viride, lazulum) hat Dietrich schon in der Abhandlung über die contraria vorgetragen (contrar. 6 (9) II 86 und 73 (9) II 134). Im Regenbogenbuch beschreibt er seine Farbskala genauer. Offenbar hatte er bei Gelb, glaucus, besondere Schwierigkeiten, den genauen Ausdruck zu treffen, denn er vermehrt in diesem Fall auffällig die Namen und unterscheidet:

Rot: Rubeus sive purpureus
Gelb: Citrinus sive glaucus sive caeruleus, quem xanthon vocant
Grün: Viridis
Blau: Lazulius sive halurgus (ir. I 6 (2) IV 131 und ir. II 1 (2) IV 145).

Licht erzeugt also die spezifisch verschiedenen Farben aufgrund der jeweiligen Mischung von Transparenzgrad und Lichtfülle im beleuchteten Körper. Die Farbe existiert an und in diesem Körper. Aber wenn wir eine weiße Wand durch ein Prisma oder durch eine rote Glasscheibe sehen – wo haben diese Farben, die wir sehen, ihren Träger? Die Sinneswahrnehmung, sagte man, könne sich über ihr je eigenes Objekt nicht täuschen. Dietrich interpretiert ihre Irrtumsfreiheit dahin, daß sie sich nicht täusche in Bezug auf die *Gattung* ihres Gegenstandes; er läßt also in Einzelfragen dem Zweifel Spielraum. Auf die Frage nach dem ontologischen Träger der zerlegten oder veränderten Farben antwortet er, sie existierten in dem dazwischengeschalteten Objekt, also im Prisma oder in der roten Glasscheibe (col. 8 IV 283).

Dietrichs Untersuchung bleibt auf weite Strecken kategorialanalytisch. Sie fragt zuerst ontologisch: was ist das Wesen der Farbe, und wo existiert sie wirklich? Sodann wird sie physikalisch (in seinem Sinn von Physik) und fragt: Wie wird Farbe aus der akzidentellen Potenz eduziert? Zuletzt geht sie zur Optik (im frühneuzeitlichen Sinn) über, indem sie ab c. 10 selbst erzeugte Farbphänomene und mit einfachen Instrumenten hergestellte Veränderungen im Weg der Lichtstrahlen beschreibt, dabei zunehmend Fragen und Antworten der Perspektivisten berücksichtigt, mit ihrer Hilfe die Natur von Spiegeln untersucht und Zerlegung, Reflexion und Brechung von Lichtstrahlen erörtert. Eine derartige Untersuchung des Gangs des Lichtstrahls gab es in *De luce* noch nicht. Diese Ausweitung des Themas ergibt sich, weil Dietrich ab c. 9 IV 284 den Weg des Lichtstrahls durch verschiedenartige Medien erforscht und sich der Wirkung von Spiegeln zuwendet. Dabei geht es zunächst um die Frage: Wo sind in diesem Falle die Farben wirklich (col. 10 IV 285)? Die Antwortet lautet: Sie sind im Prisma. Es geht weiter um das unterschiedliche Sichtbarwerden von realen Gegenständen in Spiegeln, Prismen und Linsen (col. 13–16 IV 287–289). Dietrich zeigt sich lernbereit gegenüber Alhazen, der sich allerdings nur an die Erfahrung gehalten habe, ohne deren Gründe zu erforschen (15 (1) IV 288). Dietrich versucht dies, gibt aber zu, dabei nur Mutmaßungen vorbringen, aliquid conicere, zu können (16 (1) IV 288). Das heißt nicht, daß er in den eigentlich optischen Fragen nur plausible Ansichten, keine notwendigen Einsichten erwartet hat; jedenfalls spricht er im Regenbogenbuch mit großer Zuversicht.

Noch ein Wort zur Charakteristik dieses Traktates: Es ist eine späte Schrift von ruhiger Gelassenheit. Sie weist in 10 (3) IV 285 zurück auf *De iride.* Keine Spur von Polemik. Über Farben kann man frei philosophieren; sie sind nicht weltanschaulich oder von Philosophenschulen okkupiert. Dietrich sagt, er habe den Traktat der Übung halber (ratione exercitii, col. Proem. (2) IV 277) verfaßt. Er wollte zeigen, daß die Großen der Farbtheorie, Aristoteles und Alhazen, Avicenna und Averroes sich nur dem Wortlaut nach widersprechen. Dies gehört auch zu Dietrichs Projekt der Nachlese. Er war der Letzte, der jeden zeitgenössischen Zank hätte versöhnen wollen. Aber er wollte, des Streitens müde, auch einmal an einem Beispiel vorführen, wie die Konkordanz der Großen zu erreichen sei.

7. Regenbogen

I. Die Schönheit des Regenbogens hat Dietrich angezogen. Die Iris und die anderen atmosphärischen Himmelserscheinungen, von denen sein Buch *De iride et de radialibus impressionibus* (abgekürzt: ir., IV 115–268) handelt, seien soviel schöner als viele andere sinnliche Dinge; sie seien von bewunderungswürdigerer Konsistenz als diese und um so staunenswerter, je verborgener ihre Gründe seien. Es mag überraschen, daß Dietrich an einem so zarten, so luftigen und flüchtigen Gebilde wie dem Regenbogen ausgerechnet die größere Konsistenz rühmt. Ist er nicht schwerer faßbar als etwa ein Baum? Aber Dietrich war ebenso wie von seiner Pracht beeindruckt von seiner Regelmäßigkeit und unfehlbaren Vorhersagbarkeit. Das Wort „unfehlbar“ in diesem Zusammenhang stammt von ihm; er schreibt mit einem Unterton der Bewunderung, die strenge Farbenfolge – von außen nach innen: Rot, Gelb, Grün und Blau – trete „immer und auf unfehlbare Weise“ (semper et infallibiliter) auf (ir. II 12 (1) IV 165). In „unverletzlicher Abfolge“ (inviolabili ordine) kommt (von außen nach innen) immer zuerst Rot, dann Gelb, dann Grün und zuletzt Blau (ir. II 16 (2) IV 172). Es ist mehr Ordnung in den Himmelsstrahlungen als unsere Erdendinge erwarten lassen. Sie erlauben größere Gewißheit als diese. Sie gestatten evidentere Erfahrungen und strengere Argumentationen. Und auf beiden Wegen will Dietrich – so erklärt er im Prolog – die gestellte Aufgabe lösen, „aufgrund mannigfaltiger und untrüglicher Erfahrungen“ (variis et infallibilibus experientiis) sowie mit strengen Vernunftgründen (cum efficacia rationum) (ir. Prol. (5) IV 122). Sein Ziel sei, die wesentlichen Ursachen der Entstehung der Regenbogenfarben zu ermitteln, ihre spezifische Differenz, ihre Zahl, Abfolge und Lage. Er wolle die Ursachen der Gestalten finden, die wir als Strahlenerscheinungen am Himmel wahrnehmen (ir. Prol. (6) IV 122). Dietrich macht sich mit großer Zuversicht an die Aufgabe, die ihm sein Ordensmeister Aimericus beim Generalkapitel in Toulouse 1304 aufgetragen hat, nämlich seine Ansichten über die Ursachen und Erscheinungsformen des Regenbogens und anderer optischer Himmelserscheinungen schriftlich niederzulegen (ir. Prol. (2) IV 121). Das Buch *De iride* ist umfangreich und kompliziert; seine Abfassung wird Jahre gedauert haben. Dietrich hat es irgendwann zwischen 1304 und 1311 abgeschlossen.

II. Einleitend bestimmt Dietrich den methodologischen Ort seiner Untersuchung. Er will die Strahlenerscheinungen studieren, ihren Ursprung in Lichtquellen und ihre Aufnahme im Medium. Deren Wesensgestalt (forma seu species) sei das Licht, das mit bestimmten Einfallswinkeln und Brechungen einstrahle und in der Folge bestimmte Gestalten annehme (ir. I 1 (3) IV 124). Um seine Verfahrensweise zu charakterisieren, bedient Dietrich sich der Unterscheidung zweier Wissensformen aus den *Zweiten Analytiken* (I 13 und II 10) des Aristoteles. Die erste erforscht das Wesen einer Sache (quid est); sie sucht deren Definition. Die zweite ermittelt die Gründe der charakteristischen Eigenschaften dieser Sache; sie erklärt deren propter quid. Für die Erforschung des Regenbogens bedeutet das: Sein Wesen erforscht die Physik, die Gründe seiner spezifischen Eigenschaften ermittelt die Optik (Perspectiva). Beide Disziplinen gehörten übrigens, Dietrich zufolge, zur Philosophie. Man kann „Perspectiva“ mit

„Optik" übersetzen, müßte aber ein Wort zu ihrer Herkunft hinzufügen: Aristoteles hatte seine Theorie des Sehens, vor allem in *De anima* II 7, in *De sensu et sensato* 3 und in der *Metereologie* III 4 entwickelt; er hatte in der *Metereologie* von den atmosphärischen Lichterscheinungen gesprochen. Euklid und Ptolemäus, deren *Optica* im 12. Jahrhundert ins Lateinische übersetzt worden waren, hatten den Weg des Sehstrahls erforscht, die Gleichheit des Einfalls- und Reflexionswinkels entdeckt und die Brechung des Lichtstrahls in verschiedenen Medien untersucht. Arabische Forscher haben diese Untersuchungsweise fortgeführt; insbesondere hatte Alhazen (Ibn al-Haitam, ca. 965–1040) die physikalisch-geometrische Untersuchung des Lichtstrahls, seiner Reflexion und Brechung weiterentwickelt. Sein Werk *De aspectibus* lag Ende des 12. Jahrhunderts dem Westen vor; es hieß auch einfach: *Perspectiva.* Es löste im Westen eine Forschungsrichtung aus, die sich die Literaturgattung der *Perspectiva* schuf, zu der Robert Grosseteste, Roger Bacon, Johannes Peckham und Witelo beitrugen. Wer zu Beginn des 14. Jahrhunderts „Perspectiva" sagte, bezog sich auf diese Tradition der Untersuchung des Lichts und der Strahlen.[59]

Wie konzipierte Dietrich bei dieser Untersuchung programmatisch das Verhältnis von „Physik" und „Perspektiva"? Beide Wissenschaften zielen auf Definition; die „Physik" als Wesenswissenschaft (sie beantwortet die Frage: quid est?) erbringt die Wesensbeschreibung ihres Gegenstandes, des subiectums. Der Naturphilosoph gibt eine Definition des Regenbogens ohne die Ursachen seiner Erscheinungsweisen. Die Perspectiva definiert das Wesen des Gegenstands (subiectum) *und* die Eigenschaften (passiones); sie sagt quid est *et* propter quid. Die Perspectiva weiß das Wesen des Regenbogens *und* dessen charakteristische Eigenschaften. Sie fügt der Wesensdefinition des Regenbogens durch den Physicus die Angabe der Ursachen seiner Eigenschaften hinzu, indem sie Lichtquelle, Art und Ort der Wolke, Brechungen und Reflexionen des Lichtstrahls und seinen Weg zum Auge verfolgt.

Die Wesensdefinition des Naturphilosophen sagt, was ein Regenbogen ist. Wer sie kennt, kann verbal den Regenbogen von anderen Himmelserscheinungen abgrenzen. Schon diese Beschreibung der quid-est-Definition der Physiker zeigt, daß Dietrich sich nicht mit ihr zufrieden geben wird, daß er vielmehr eine umfassende Definition anstrebt,

[59] Loris Sturlese, Optik, in: LMA 6 (1993) Sp. – 1419–1422. Dort weitere Literatur.

die Wesen und Ursachen zusammenfaßt. Er will beide Wissensformen miteinander verbinden. Er versteht die Perspectiva als die Vereinigung beider Verfahren. *Seine* Perspectiva hat sich die Physica integriert, oder, wie er sagt, subalterniert (ir. 2 IV 124–125). „Subalternation" – mit diesem Ausdruck beschrieben Theologen des 13. Jahrhunderts das Verhältnis der übrigen Wissenschaften zur Theologie und der Theologie zum Wissen Gottes. Der Ausdruck besagte strikte Unterordnung. Konkret sagt Dietrich damit: Bei meiner Untersuchung des Regenbogens sind mir die Grundbegriffe der Naturphilosophie des Aristoteles unentbehrlich, wie sie in seiner *Physica,* in *De anima*, in *De generatione et corruptione, De sensu et sensato* und in seiner *Metereologie* vorliegen, ich werde ihre Erkenntnisse über Wolke und Luft, Wasser und Wind benutzen, aber die leitenden Gesichtspunkte geben nicht sie, sondern die Perspektivisten, besonders Euklid, Ptolemäus, Alhazen. Ich muß den genauen Weg der Strahlen untersuchen. Ich werde ihn optisch erforschen, nicht nur aus Büchern, sondern aus eigener Erfahrung. Mathematische Erkenntnisse, vor allem aus Euklid, werde ich heranziehen, aber ich werde nicht, wie vielfach üblich, von naturphilosophischen Thesen über Wolkenform und Luftverhältnisse ausgehen. Ich treibe hier weder Metaphysik noch Theologie, strebe aber am Ende eine Definition an, die auch die naturphilosophischen Aspekte integriert

Genau so setzt Dietrich an: Er unterscheidet zunächst drei Arten von Lichtstrahlen, gradlinige, reflektierte und gebrochene und verfolgt ihren Weg zum Auge (I 3–5 IV 125–131). Er hebt hervor, er schließe sich damit Alhazen an, dessen Ergebnisse seien durch sinnliche Erfahrung bewiesen. Von Alhazens *Perspectiva* benutzt Dietrich vor allem die Bücher IV und VII, die zwar nicht den Regenbogen zum Thema haben, denen er aber Grundregeln der Optik verdankt: Einfalls- und Reflexionswinkel des einfallenden Strahls sind gleich; der einfallende Strahl und der reflektierte Strahl liegen in *einer* Ebene. Dietrich las Alhazen als den Meister der Geometrisierung der Lichtstrahlen, aber vor allem als Anreger zu eigner sinnlicher Überprüfung (I 3–5 IV 125–131). Auf diesem Weg geht er weiter, indem er 15 Arten atmosphärischer Lichterscheinungen aufzählt. Damit gibt er einen Überblick über sein Forschungsfeld; es sind die Themen aus der *Metereologie* des Aristoteles (I 6 IV 131–133).

Zwei Ergebnisse des ersten Buches sind insbesondere festzuhalten: Dietrich stellt hier zum ersten Mal die Vierergruppe der Regenbogenfarben vor: Rot (rubeus), Gelb (citrinus sive glaucus), Grün (viridis) und

Blau (lazulius seu halurgus) (I 6 (1) IV 131). Wichtiger für den Fortgang der Untersuchung ist Dietrichs Unterscheidung von fünf Arten von Strahlung, denn mit ihrer Hilfe wird er in Buch II (ab II 25 (5) IV 190) den Strahlengang im Haupt- und im Nebenregenbogen unterscheiden:

1. Art der Strahlung: Einfache Reflexion, wie wir sie bei einem gewöhnlichen Spiegel beobachten, auch an Pfauenfedern, am Hals von Enten und am Spinnengewebe (I 7 IV 134).
2. Art: Der Lichtstrahl tritt in ein dichteres, aber lichtdurchlässiges Medium. Bei schiefem Einfallswinkel tritt zweifache Brechung ein, wie wir sie beim sechseckigen Prisma beobachten (I 8 IV 134–135).
3. Art: Lichtstrahlen treten ein in einen durchsichtigen Kugelkörper, z.B. einen Tropfen oder eine kleine Kristallkugel. Wir beobachten zweifache Brechung, innere Reflexion und Ablenkung des Strahls. Der eintretende und der austretende Strahl kreuzen sich nicht. Nach dieser dritten Art des Strahlengangs wird Dietrich den Hauptregenbogen beschreiben (I 9 IV 135–136).
4. Art: Strahlengang wie in der dritten Art, nur ist der kugelförmige Körper weiter vom Auge entfernt, und der Lichtstrahl fällt schräger ein. Eintretender und austretender Strahl kreuzen sich. Es kommt zu zweimaliger Brechung und zu zwei oder mehr Reflexionen. Die Regenbogenfarben treten in umgekehrter Reihenfolge auf: veniunt ad visum modo converso (I 10 IV 136).
5. Der Lichtstrahl in einer Dunstschicht wird zweimal gebrochen und reflektiert (I 11 IV 137).

Dietrich erklärt, er gebe hier zur Einführung zunächst nur einen elementaren Optikkurs im Anschluß an Alhazen (I 8 (4) IV 135). Er stütze sich dabei sowohl auf eigene Beobachtungen (per propriam experiendi diligentiam) wie auf Lektüren (I 6 (1) IV 131 und (17) IV 133); er sehe Lichtstrahlen an Pfauenfedern und Spinnennetzen (I 7 (4) IV 134) sowie am sechseckigen Bergkristall (I 8 (2) IV 134), er beobachte Lichtbrechung an Tau- oder Regentropfen (I 9 (2) IV 135). Er erwähnt die Beobachtung, daß Sterne unter verschiedenen atmosphärischen Bedingungen zu verschiedenen Zeiten verschiedene Farben zeigen (I 12 IV 138)

Das alles heißt nicht, Dietrich sei zur philosophiefreien Naturbeobachtung oder zur bloßen Optik übergegangen. Er gebraucht Begriffe der aristotelischen Naturphilosophie, um die Lichterscheinungen zu ordnen; zum Beispiel nutzt er die Unterscheidungen von Gegenstand und

Wesenserscheinungen, subiectum und passiones (I 17 (4) IV 141), von continua und discontinua (I 12 (1) IV 138). Er hat sich von der aristotelischen Physik nicht verabschiedet; er hat sie „subalterniert". Und da die Physik des Aristoteles von der Metaphysik nicht abgetrennt werden kann, machen sich auch deren metaphysische Hintergründe bemerkbar; ich werde auf sie zu sprechen kommen. Allerdings hat Dietrich keine Zeile geschrieben über den Regenbogen als ens qua ens. Als einen Fall der allgemeinen Ontologie erörtert er ihn nie.

III. Der entscheidende Durchbruch, den Dietrichs Regenbogentheorie darstellt, vollzieht sich im zweiten Buch. Das erste Buch (IV 123–141) gab einen Überblick über Strahlen und ihre Ablenkungen, über die verschiedenen Himmelserscheinungen und die Körper, an denen sie sich finden. Das umfangreichere zweite Buch (IV 142–220) behandelt den Hauptregenbogen, das dritte Buch (IV 221–243) den Nebenregenbogen, das vierte Buch (IV 244–268) andere Lichtphänomene, besonders den Hof um Sonne und Mond, den sog. Halo.

Wegen der zentralen Bedeutung des *zweiten* Buches und wegen seiner Schwierigkeit gebe ich eine vereinfachende Inhaltsübersicht:

Erster Abschnitt II cc. 1–11: Vier Prinzipien der Farbenbildung

Dietrich erklärt die Prinzipien der Farbenbildung beim Regenbogen. Er schafft sich den Weg frei für seine eigene Theorie zuerst durch Zurückweisung der Lehre des Aristoteles, es gebe nur drei Farben im Regenbogen (II 1 IV 145–146), zweitens durch Kritik an der Zurückführung der Farbenvielzahl auf die vier Elemente (II 2 und 3). Ausgangspunkt der eigenen Farbentheorie ist die Unterscheidung des Averroes von zwei Prinzipien der Farben: Erstens die Doppelung von größerer oder geringerer Leuchtkraft, zweitens die Doppelung von größerer oder geringerer Durchsichtigkeit. Bei schief einfallendem Strahl treten diese vier Prinzipien in Wechselwirkung und erzeugen die Regenbogenfarben. Diese vier Prinzipien weisen eine gewisse Analogie auf zu den vier Elementen, lassen sich aber nicht von ihnen ableiten.

Zweiter Abschnitt II 12–23: Abfolge und der Lage der vier Farben

Dietrich erklärt aus dem Strahlengang Anordnung und Ort der helleren und der dunkleren Farben. Er unterscheidet Licht- und Farbstrahlen. Lichtstrahlen sind vor allem die der Sonne, Farbstrahlen sind die Emissionen beleuchteter farbiger Gegenstände (II 14). Bei Zerlegung dieser Strahlen treten die Farben in umgekehrter Abfolge auf. Er vergleicht den Strahlengang in größeren und in kleineren durchsichtigen Kugeln, zum Beispiel zwischen den Strahlen im Tautropfen oder einer größeren Kristallkugel (II 20–23).

Dritter Abschnitt II 24–30: Entstehungsort und Entstehungsart der Farben

Dietrich beginnt diesen Abschnitt wie den ersten mit einer Polemik, diesmal gegen die meteorologische Erklärung der vier Farben. Er setzt ihr seine aus dem Strahlengang begründete Erklärung entgegen und zeigt: Die Farben des Hauptregenbogens entstehen durch die im ersten Buch erklärte *dritte* Art des Strahlengangs. Der Lichtstrahl dringt in den Tropfen ein, wird beim Eintritt in das dichtere Medium gebrochen, von der inneren Mantelfläche reflektiert und beim Austritt ein zweites Mal gebrochen.

Da Dietrich die Entfernung der Sonne von der Erde nicht kannte, behandelte er die Sonnenstrahlen nicht als praktisch parallel.

Dietrich faßt sein Ergebnis in 29 (1) und 30 (1) zusammen.

Vierter Abschnitt II 31–37: Höhe des Regenbogens

Hier begeht Dietrich einen gravierenden Fehler, oder handelt es sich um ein Versehen der Abschreiber? Er gibt die Höhe des Bogens mit 22 Grad statt mit 42 Grad an. Dietrich betont, daß die Farbstrahlen nicht mathematische Linien sind, sondern eine Ausdehnung haben und erklärt damit die Breite des Farbphänomens.

Fünfter Abschnitt II 38: Zusammenfassung

Erklärung des Vorgangs im einzelnen Tropfen: Der Sonnenstrahl wird beim Eintritt in den Tropfen gebrochen, in dessen Inneren einmal (oder mehrfach) reflektiert, beim Austritt gebrochen und von uns wahrgenommen. Dietrich erklärt, wieso wir die vier Farben gleichzeitig sehen können.

Sechster Abschnitt II 39–44: Die Gestalt des Hauptregenbogens

Dietrich erklärt die Halbkreisform und warum sie je nach Lage der Sonne nicht immer vollständig zustande kommt.

Siebter Abschnitt II 53–54: Regenbogen und Wolken
Dietrich beschreibt die Wolken unter und über dem Bogen.

Dies ist, wie gesagt, eine vereinfachende Übersicht. Sie soll die Lektüre des komplizierten Textes erleichtern. Dazu hebt sie die einleitenden Polemiken (II 1–3 und II 24) und Dietrichs eigene Zusammenfassungen hervor, also II 29 (1) und 30 (1), besonders das Resümee in fünf Punkten in II 38 IV 207–208. Für die detailliertere Textanalyse sei auf Loris Sturlese verwiesen (IV p. XVIII–XXX), der auch Dietrichs erläuternde Zeichnungen erklärt. Seine magistrale Einleitung zu Band IV der Opera omnia bildet den Ausgangspunkt jeder weiteren Forschung. Loris Sturlese hat nicht nur erstmals einen zuverlässigen Text erstellt, sondern er hat beim Studium der Handschriften entdeckt, daß Dietrich seinen ersten Entwurf zweimal revidiert hat. Dabei habe sich Dietrichs ursprüngliches Programm, die aristotelisch-averroistische Physik mit der Perspectiva zu vereinen, verschoben zugunsten empirischer Studien mit Hilfe des sechseckigen Bergkristalls, einer kleinen und einer größeren Kristallkugel sowie durch Beobachtungen an Tautropfen am Gras. Die Bedeutung des optisch-geometrisierenden Verfahrens trat im Laufe der Arbeit zurück. Loris Sturlese hat mit der Legende aufgeräumt, Dietrich habe die „richtige" Theorie des Regenbogens dadurch gefunden, daß er eine mit Wasser gefüllte Flasche als einen vergrößerten Regentropfen aufgefaßt und den Weg des Lichtstrahls darin verfolgt habe. Dietrichs entscheidender Gedanke war: Der Lichtstrahl wird beim Eintreten in den einzelnen Tropfen gebrochen, an dessen Wand reflektiert und beim Austreten wieder gebrochen. Er folgt beim Hauptregenbogen dem Strahlengang der beschriebenen dritten Art; beim Nebenregenbogen folgt er der vierten Art. Auch in dieser Hinsicht hat Loris Sturlese eine wichtige Beobachtung gemacht: Dietrich sah die Differenz zwischen der dritten und der vierten Art von Strahlengang nicht darin, daß bei der dritten Art, also beim Hauptregenbogen, eine einfache Reflexion und bei der vierten Art, also beim Nebenregenbogen, eine doppelte Reflexion auftritt. Dietrich hat die Differenz zwischen dritter und vierter Art des Strahlengangs von der Zahl der Reflexionen abgelöst; er führte sie zurück auf die Weite des Ablenkungswinkels und die Entfernung vom Auge. Diesen Prozeß hat die ältere Forschung zur Geschichte der Optik nicht erkannt, weil ihr die Theorieentwicklung Dietrichs unbekannt war und weil sie seit Giovanni Battista Venturi

Dietrichs Regenbogentheorie als Vorwegnahme der Theorie des Descartes beschrieben hat.

Freilich bleibt es dabei: Dietrichs Entdeckung war nur möglich, weil er nicht mehr von Vermutungen über atmosphärische Bedingungen ausging, sondern von der Analyse des Strahlengangs. Er erklärte die Entstehung des Regenbogens nicht mehr von der Regenwolke und den Luft-Wasserverhältnissen ihrer Umgebung her, sondern aus den optischen Vorgängen im einzelnen Tropfen, beim Hauptregenbogen: zweifache Brechung und einfache Reflexion. Während Albert und Roger Bacon berichten, sie hätten mit wassergefüllten Flaschen im Sonnenlicht experimentiert, erwähnt Dietrich solche Experimente nicht. Das heißt nicht, er habe nur auf apriorischem oder „philosophischem" Weg geforscht. Er gibt die Erfahrungen an, die er gesammelt hat: Er studierte die Farbzerlegung an Tautropfen in Spinnengeweben und an Grashalmen und mit Hilfe des Prismas; er beobachtete Regenbogen, die beim Sprühen des Wassers bei Mühlenrädern entstehen.[60] Er sah, wie sich die Farbfolge veränderte, wenn der beleuchtete Tropfen sich bewegte oder wenn der Betrachter bei unveränderter Lage des Tropfens seinen Standort veränderte (II 22 (6) IV 182–183). Doch folgen wir Dietrichs Argumentation, also dem Gedankenbogen von II 1 bis II 26 (IV 145–192), genauer.

Der feste Ausgangspunkt der gesamten Theorie ist die unverbrüchliche Abfolge folgender Farben: Rot (rubeus sive purpureus), Gelb (caeruleus, quem xanthon vocant), Grün (viridis), Blau (lazulius, quem halurgum nominant).

Die Reihenfolge ist immer dieselbe, nur ihre Lage im Raum unterscheidet sich: Beim Hauptregenbogen finden wir von innen nach außen oder von unten nach oben die Farbfolge Blau, Grün, Gelb, Rot, beim Nebenregenbogen umgekehrt: Rot, Gelb, Grün, Blau (II 1 (2) IV 145). Dietrich sah auch die Zwischentöne, doch stellte er sie zurück – aus theoretischen Gründen, die ich noch erwähnen werde. Während man heute von sieben Regenbogenfarben spricht und damit von innen nach außen die Farben Violett, Indigo, Blau, Grün, Gelb, Orange, Rot meint, brauchte Dietrich, wiederum aus theoretischen Gründen, von denen bald die Rede sein muß, *vier* Farben. Daraus erwuchs ihm, wie es seinem Projekt der Nachlese oder Revision entsprach, seine erste Polemik. Es gebe einige Leute, die

[60] Dietrich, ir. I 6 (1) IV 131; I 8 (2) IV 134; I 9 (2) IV 135; II 8 (1) IV 158; II 9 (8) IV 160; II 30 (3) IV 196; II 31 (1) IV 198 und öfter.

behaupteten, es gebe nur drei Regenbogenfarben, das Gelb (caeruleus seu citrinus, quem xanthon vocant), das zwischen Rot und Grün erscheine, sei keine wirkliche Farbe, sondern eher eine Sinnestäuschung. Sie argumentieren, das Rot erscheine, wenn es sich dem Grün nähere, als Gelb, und das Grün erscheine, wenn es sich dem Rot nähere als Gelb (citrinus sive glaucus). Aristoteles meine offenbar in der *Metereologie* III 4 etwas Derartiges, er halte es überhaupt mit der Zahl Drei, das zeige sich auch bei seiner Begründung der drei Dimensionen zu Beginn von *De caelo,* wo Aristoteles – auch zum Erstaunen heutiger Leser – mit pythagoreischen Spekulationen über die Zahl Drei die Bewegungsarten der Körper beschreibt. Aber, erwidert Dietrich, bei allem Respekt vor Aristoteles, sein Ausspruch ist zu „interpretieren". Jeder legt ihn aus wie er es versteht. Wenn er denkt, aller guten Dinge seien drei (*Meteorologie* III 4, 374 b 34–35), dann sei eine solche Argumentation in der Naturphilosophie lächerlich; aus ihr könnte einer folgern, wir hätten drei Zähne oder drei Augen. Vor allem aber: Haben wir nicht von demselben Aristoteles gelernt, niemals von offenbaren Sinnesgegebenheiten abzuweichen? Und das Gelb sehen wir mit aller Deutlichkeit, deutlicher sogar als das Blau. Außerdem: Wenn schon mit Zwischentönen argumentiert wird, dann könnte man auch das Grün als Phantasieprodukt bezeichnen, das auf dem Weg des Gelb zum Blau entsteht. Außerdem: Der Gesichtssinn kann sich täuschen, vor allem bei großen Entfernungen, aber die Zerlegung des Lichts in die vier Regenbogenfarben zeigt die tägliche Erfahrung (cottidiana experientia) in nächster Nähe beim Spinnengewebe. Auch dabei tritt Gelb auf. Ich kann sogar, vermerkt Dietrich, das Gelb für mein Auge isolieren, indem ich mich bei sonnenbeglänzten Regentropfen, nachdem ich das Rot gesehen habe, ein wenig bewege, bis das Gelb deutlich unterschieden erscheint. Ähnliches beobachte ich am Prisma (II 1 IV 145–147).

Der polemische Bezug gehört zu Dietrichs Projekt der Nachlese, auch beim Regenbogen. Denn soeben hat er, schroff selbst gegen Aristoteles, die Vierzahl der Farben verteidigt, schon wirft er sich in eine Polemik gegen eine damals verbreitete Theorie der Entstehung des Regenbogens. Es ist die traditionelle Regenbogentheorie, welche die vier Farben von den vier Elementen ableitet. Sie ist antiken Ursprungs und läßt sich im Mittelalter bei verschiedenen Autoren nachweisen. Ich wähle, um einen Einblick in die Normalwissenschaft des 13. Jahrhunderts zu geben, die Enzyklopädie des Franziskaners Bartolomaeus Anglicus *De rerum proprietatibus,* etwa ab 1235 geschrieben. Der Artikel über den Regenbogen, setzt ein – übrigens ohne Etymologie nach der Art Isidors von Sevilla – mit einer an Aristoteles orientierten naturkundlichen Beschreibung: Der Regenbogen ist eine Lichteinwirkung (impressio) in der Regenwolke, die mit ihren unendlich vielen Tropfen das Sonnenlicht wie in Spiegeln zurückgibt (relucens), und es in Bogenform in verschiedenen Farben ausdrückt. Bartholomäus liefert eine weitere Definition: Die Iris ist ein Himmelsbogen, eine wasserhaltige Wolke, die in allen ihren Teilen von Sonnenstrahlen durchdrungen ist. Dann teilt er seinen Artikel in drei Teile: Erstens Entstehung, 2. Gestalt, 3. Wirkung oder Funktion des Regenbogens.

Entstehung: Sein Wesen, substantia, wird erzeugt durch das Gegenstrahlen und die Reflexion, refulgentia et reflexione, der Strahlen in der wasserhaltigen Wolke; deswegen stehen Regenbogen und Sonne sich stets direkt gegenüber.

Gestalt: Kreisförmig, durchsichtig, rückspiegelnd, vielfarbig. Er hat mehr Farben als wir wahrnehmen können; sein Farbenschema entspreche, wie Beda sage, den vier Elementen. In ihm leuchten wie in einem Spiegel die vier Elemente wieder: Im Rot, das oben auftritt, das Feuer, weiter unten im Grün die Erde; in der Mitte findet sich Gelb, welches das Wasser und zuletzt Blau, das die Luft präsentiert. Auch Aristoteles erkläre in seiner *Metereologie* die Farbenfolge aus der verschieden gelagerten Dominanz eines der Elemente in der Wolke. Die Ursache des Regenbogens sei nach Aristoteles eine Widerspiegelung, repercussio, ein Zurückschlagen, ein Widerschein, wie wenn Licht auf Wasser trifft und auf eine Wand zurückfällt.

Wirkung und Funktion: Er mäßigt die Sonnenhitze; bei Auflösung der Wolke bewässert er und macht er die Erde fruchtbar; durch seine Form und Farbenvielfalt verschönert er den Himmel; er zeigt die Vorherrschaft der Feuchtigkeit in der Luft an. Deswegen wird es vor dem Jüngsten Gericht, wie Beda lehre, vierzig Jahre lang keinen Regenbogen geben, als Zeichen der Austrocknung und der Unordnung der Elemente. Er bezeichnet die Eintracht und Aussöhnung zwischen Gott und der Welt, pacem et concordiam inter mundum et Deum, wie er auch indirekt anzeigt, wo die Sonne steht. Der Artikel endet mit der Erörterung, ob es einen Regenbogen auch im Mondlicht geben könne. Antwort: Sehr selten, nach Aristoteles nur alle 50 Jahre.[61]

[61] Ich zitiere Bartholomäus Anglicus nach der von mir nachgedruckten fehlerhaften Ausgabe Frankfurt 1601, ND Frankfurt 1964, 493–495.

Der Artikel gibt sich als Kompilation aus Isidor/Beda und Aristoteles. Allegorie und Bibelbezug füllen zweieinhalb von etwa 80 Zeilen; das formale, schulmäßige Verfahren des Einteilens in generatio, figura et species, causa und operatio dominiert den Gesamtaufbau. Der Vorgang der Widerspiegelung des Lichtstrahls wird nicht im einzelnen Tropfen untersucht, die Regenbogenfarben werden aus der Vier-Elementen-Lehre erklärt; der arabische Optiker Alhazen, dessen Theorie der Brechung und Reflexion des Lichts übersetzt vorlag, als Bartholomaeus gegen 1240 schrieb, fehlt noch. Aristoteles ist präsent, gut zehn Jahre bevor Albert und Roger Bacon ihre ersten Aristoteleskommentare verfaßten. Was Bartholomaeus von dessen Regenbogentheorie weiß, geht allerdings nicht über das hinaus, was Seneca in seinen *Naturales Quaestiones* I 3–8 davon berichtet.

Dietrich verwirft die Ableitung der vier Regenbogenfarben aus der Präsenz der vier Elemente in der reflektierenden Wolke, auch dann, wenn ihre Verteidiger die Reihenfolge der Farben in der Mitte etwas verändern und das Grün auf Wasser und Blau auf Erde zurückführen. Er hält diese Theorie nur unter einem einzigen Gesichtspunkt für richtig: Die Wirkursache (causa efficiens) des Regenbogens muß ein Körper von großer Leuchtkraft sein, der in einem geeigneten Körper die Farben erzeugt. Aber was die Ableitung aus den vier Elementen über die Verursachung durch die Wolke behauptet, ist offensichtlich falsch; es entspricht weder der Vernunft noch der Wahrnehmung. Um nur ein einziges von vielen Argumenten zu nennen: Wie wollen Anhänger dieser Theorie die umgekehrte Farbreihenfolge im Nebenregenbogen erklären? Schon der Ansatz dieser Elementartheorie der Regenbogenfarben ist falsch: Die Welt der Strahlen spielt sich zwar ab in der Höhe der Elementarwelt, hat aber ihre eigene Art und Gesetze (II 3 (1) IV 150). Farben gibt es auch bei Himmelskörpern, aber in deren Körpern kommen nach Aristoteles die vier Elemente nicht vor. Ohne Farbe wären sie überhaupt nicht sichtbar. Denn Licht (lux) als Licht ist nicht sichtbar ohne Farbe, so wenig wie Farbe ohne Licht (II 4 (2) IV 152). Der Regenbogen muß aus der Eigenart der Strahlung, aus Art, Zahl und Abfolge der Farben erklärt werden, nicht aus den vier Elementen.

IV. Dietrich verwirft nicht völlig die Parallele der vier Regenbogenfarben zu den vier Elementen. Aber es handelt sich um eine Analogie bei grundlegender Verschiedenheit, nicht um Kausalität. Um dies zu erklären, vertieft Dietrich sich in die Natur des Lichtes und der Farben; er studiert die Zerlegung des Lichts im allgemeinen, im Tau- und Regentropfen, um dann das Ergebnis auf die einzelnen Tropfen der sonnenbeglänzten Regenwolke anzuwenden. Die Gesetze der Strahlung bieten den Schlüssel, nicht die Lehre von den vier Elementen, nicht die Vermutungen über Luft- und Wetterverhältnisse in großen Höhen.

Dietrich erinnert an seine in *De natura contrariorum* entwickelte Ontologie der konträren Gegensätze, die auch den Wirkkreis der vier Elemente in *De miscibilibus* bestimmte. Er verläßt nicht seine Metaphysik und Regionalontologie, wenn er seine Farbenlehre entwickelt, sondern lehrt mit Berufung auf Aristoteles, *Metaphysik* X 4 und IV 2, daß konträre Gegensätze einen maximalen Abstand innerhalb desselben genus bilden und deshalb nicht direkt aufeinander einwirken. Daher entstehen die Farben nicht aus dem konträren Gegensatz von Weiß und Schwarz – bei deren Mischung entstünden immer nur verschiedene Grautöne –, sondern aus der verbundenen und damit überwundenen Polarität zweier konträrer Gruppen. Damit sich spezifisch verschiedene Farben bilden, reicht nicht *ein einziges* Prinzip aus. Auch *zwei* Prinzipien könnten dies Ergebnis nicht bringen; sie würden sich nach Mehr und Weniger unterscheiden und könnten sich, wie in Bezug auf Weiß und Schwarz gesagt, nicht produktiv durchdringen. Auch wenn wir *drei* Prinzipien annehmen, ergeben sich nicht vier Mittelglieder zwischen den Gegensätzen, die wir bei den vier Farben und den vier Elementen antreffen. Denn von den drei Ersteigenschaften Warm–Kalt–Trocken ist die Zusammenstellung Warm–Kalt unmöglich; wir kommen also nicht auf vier Elemente (II 3 150–151).

Weiter führt die Farbenlehre des Averroes. Dieser ging aus von der Definition der Farbe bei Aristoteles in *De sensu et sensato* 3, 439 b 11–12: color est extremitas perspicui in corpore terminato. Diese Formel, auf deren Übersetzung ich zurückkomme, beschreibt eine gewisse Dualität zwischen eindringendem Licht und begrenztem, begrenzendem Körper. Hier bei Averroes ist nicht von Strahlentheorie, sondern von der Farbe als Qualität natürlicher Körper die Rede. Averroes entwickelt dann weiter, wie die Farben entstehen aus der Vereinigung von Körpern größerer oder geringerer Helle (luminositas) mit Körpern größerer oder geringerer Lichtdurchlässigkeit (diaphaneitas). Statt vom *Entstehen* der Farben, kritisiert Dietrich, hätte Averroes besser von einer gewissen Analogie gesprochen, da Farben einer höheren Ordnung angehören als die Qualitäten, die naturhaftes Werden und Veränderung bewirken (II 4 (3) IV 152).

Immerhin kann man dieser Analyse entnehmen: Farben entstehen aus zwei ineinander übergehenden konträren Gegensatzgruppen, die jeweils aus einem Gegensatzpaar bestehen, also insgesamt vier Gegensätze umschließen. Von der prägenden, gestaltenden Seite her gesehen (im modus formae) wird die Farbe gebildet aus größerer oder geringerer Leuchtkraft und Helligkeit; von der stofflichen Seite her betrachtet (im modus materiae) wird die Farbe gebildet durch größere oder geringere Lichtdurchlässigkeit. Dies ergibt nach ir. II 4 und II 5 IV 152–155 folgendes Schema:

Erste Gegensatzgruppe im modus formae:	luminositas pauca – multa	colores
Zweite Gegensatzgruppe im modus materiae:	diaphaneitas pauca – multa	

Einfacher lassen sich, Dietrich zufolge, Licht und Farbe nicht erklären. Jedenfalls werde so die Definition der Farbe als extremitas perspicui in corpore terminato bei Aristoteles einleuchtend: Das Licht, mehr oder minder stark, von größerer oder geringerer Helle, durchdringt ein Transparentes (perspicuum) von größerer oder geringerer Lichtdurchlässigkeit. Wenn in der Definition von Begrenztheit, terminatio, die Rede sei, dann beziehe sich das auf die größere oder geringere Lichtdurchlässigkeit. Diese Begrenztheit sei nichts anderes als eine Art qualitativer Verdichtung (qualitativa spissatio) des lichtempfangenden Körpers, aufgrund deren er für unser Auge mehr oder weniger durchsichtig werde (II 4 (5)–(6) IV 153).

Nachdem er die schwer verständliche Farbdefinition des Aristoteles mit Hilfe des Averroes geklärt hat, kommt Dietrich auf die Regenbogenfarben zurück. Sie zeigen Analogie zu dem viergliedrigen Schema der zwei Gegensatzpaare der Elemente in *De miscibilibus:*

Dem Warm und Kalt im Mixtum von der Forma-Seite her und dem Trocken und Feucht von der Stoffseite her entspechen bei den Farben die Polaritäten Lichtheit (Transparenz) und Helligkeit (perspicuum seu lucidum) von größerer oder geringerer Kraft von der Forma-Seite sowie von der Stoffseite her magis terminatum und minus terminatum (im soeben erklärten Sinn von terminatio als qualitativer Verdichtung, die den Grad der Lichtdurchlässigkeit bestimmt), parallel zu Trocken und Feucht in der Physik (II 5 (2) IV 153).

In jedem Wassertropfen, auf den Dietrich seine Untersuchung konzentriert, in den die Sonne eindringt, auch in jedem Kristall, finden sich diese vier Prinzipien:

principia formalia:	principia materialia:
perspicuum magis clarum – minus clarum	natura terminati – interminati.

In Prosa übersetzt: Das Licht muß nicht nur etwas tun, in mehr oder minder großer Stärke, sondern es muß auch etwas erleiden, nämlich größeren oder kleineren Widerstand beim Eindringen, aufgrund größerer oder geringerer qualitativer Verdichtung. Das Lichtempfangende muß sowohl terminatum sein, um das Licht als seine eigene Form aufnehmen zu können – Licht ist nichts anderes die energeia des Durchsichtigen, actus diaphani, wie Aristoteles *De anima* II 7 schreibt[62] –, wie auch interminatum, denn nur dadurch läßt es die Farbstrahlen durch. Licht leuchtet nicht ohne Farbe, und Farbe leuchtet nicht ohne Licht; deswegen muß das Medium, das die Strahlung durchquert, teils terminatum, teils interminatum sein. Diese vier Gründe des Farbigseins müssen sich zur vollkommenen Einheit verbinden wie die Elemente zu einem Körper; jeder einzelne dieser vier Ermöglichungsgründe muß mit jedem einzelnen eine vollkommene Einheit bilden. Wenn die Sonne in Wassertropfen eindringt, erzeugt sie bei einem bestimmten Strahlengang, von dem noch die Rede sein wird, aus diesen vier sich durchdringenden Prinzipien, die den Wassertropfen nicht nur an seiner Oberfläche, sondern in seinem Wesen bestimmen, die vier Regenbogenfarben. Der Sonnenstrahl allein genügt nicht, ein einfacher Sonnenstrahl würde den Tropfen nur erhellen, nicht ihn in vier Farben erstrahlen lassen. Man muß die vera mixtio im Sinne von Dietrichs *De miscibilibus* vor Augen haben – also die vollkommene wechselseitige Durchdringung der vier Elemente –, um den Entstehungsgrund der vier Farben zu verstehen: Die zwei Extremelemente brauchen zwei mittlere, um sich wechselseitig völlig durchdringen zu können, um Reaktionen und Abstufungen zu ermöglichen. Dietrich treibt hier nicht nur Optik, studiert nicht nur Brechung und Reflexion der Strahlen, sondern findet Entsprechungen im Kosmos: Die

[62] Lateinisch bei Iacobus Venetus, der Textvorlage Alberts, In De an. II tr. 3 c. 8 Ed. Colon. VII 1 S. 110, 87–88: Lumen autem est actus lucidi, secundum quod est lucidum.

Strahlennatur *korrespondiert* mit der Elementenstruktur, ohne von dieser *ableitbar* zu sein. Jetzt wird deutlich, warum Dietrich zu Beginn des zweiten Buches, also dort, wo seine Regenbogenuntersuchung eigentlich einsetzt, zwei Theorien scharf zurückweisen mußte: Die Reduzierung der vier Farben auf drei und die direkte Ableitung der Regenbogenfarben aus der angeblichen Anwesenheit der vier Elemente in der angeblich reflektierenden Wolke. Auch sein geringes Interesse an den farblichen Zwischentönen ist damit erklärt; er kennt Übergänge, aber betont die festen Zentren der Farbgruppen; er braucht vier charakteristisch gegeneinander gesetzte Urfarben. Sie müssen je eine species bilden im streng aristotelischen Sinn. Sie gehen aus einer viergliedrigen, aber zusammenwirkenden Polarität im durchsichtigen Körper hervor und zeigen dies durch ihre Distinktheit an, die sichtbar vor Augen zu bringen die Aufgabe des erwähnten kleinen Experiments, des Wechsels des Standorts des Auges war. Als Übergang zur Ableitung der vier Grundfarben hält Dietrich sein Ergebnis fest:

„Das Licht ist im Durchscheinenden (diaphanum) irgendwie eingegrenzt (terminatum), aber nicht ohne Entgrenzung (non sine interminatione); die Farbe strahlt durch das Durchscheinende, insofern es entgrenzt ist, aber nicht ohne die Kraft des Begrenzten. Und so tragen beide, das Begrenztsein wie das Entgrenztsein, positiv dazu bei, daß Strahlung zur Auffassung der Sehkraft gelangt" (II 6 (6) IV 157).

V. Wir sind noch nicht bei der Begründung der Farben des Regenbogens; nur deren lichttheoretische und farbenphilosophische Grundlegung ist geleistet. Aber auch diese bedarf der Ergänzung. Dazu gibt Dietrich ein hinführendes Beispiel am sechseckigen Bergkristall: Lichtstrahlen, die senkrecht auftreffen, erzeugen keine Farbe. Sie mischen sich nicht. Fallen sie aber im schiefen Winkel ein, dann verlassen sie den Kristall entweder wieder oder sie werden an dessen Rückwand reflektiert, verlassen den durchsichtigen Körper in Richtung des Betrachters, und dabei entstehen Farben. Dies ist der Grundriß des Geschehens im einzelnen Tropfen (II 8 IV 158–160).

Doch nach diesem Abschnitt der Analyse des Strahlengangs im Stil der Perspektivisten, weitet Dietrich den Blick im Sinne seiner revidierten Regionalontologie der konträren Gegensätze. Wieder beginnt er mit einer anschaulichen Hinführung: Aus reinen Gegensätzen, aus ihren Extremen wird in der Natur nichts. Aus Feuer und Eis entsteht nichts; aus der Mischung von Schwarz und Weiß gehen keine Farben hervor. Die Extreme müssen abgebaut werden; sie müssen in Proportionen zueinander treten, sonst entsteht aus Elementen kein Naturding und aus Farbprinzipien keine Farbe. So wie aber in der Natur eine erste Kontrariengruppe wie Warm und Kalt in Verbindung tritt zu einer zweiten Kontrariengruppe wie Feucht und Trocken und wie sie beide, je nach Prädominanz, Körper konstituieren, so entstehen aus den schon genannten Polaritätspaaren (perspicuum clarum – obscurum; terminatum – interminatum) die Regenbogenfarben, wenn Lichtstrahlen auf die genannte Weise – also unter bestimmten Einfallswinkeln – in Regentropfen oder in die Kristallkugel eintreten, dort gebrochen und reflektiert werden. Jetzt beschreibt Dietrich, bevor er zur Einzelanalyse übergeht, sein Ergebnis in aristotelisierender Terminologie: causa efficiens essentialis ist bei Naturdingen die Bewegung des Himmels, bei der Farbentstehung sind es die Strahlen (formae radiantes); Stoffursache, causa materialis, sind bei den Regenbogenfarben Körper aus Wasser oder Kristall (II 11 (2) IV 163). Die Vierzahl hat er aus seiner contraria-Untersuchung gewonnen; aber er braucht noch den Weg zu den vier Farben. Er beschreibt die farbenerzeugende Interaktion von Polaritätspaaren parallel zur Begründung des Aristoteles für die vier Grundstoffe in *De generatione et corruptione* II 3 (II 11–13 IV 163–168):

Perspicuum clarum in terminato	} erzeugt Rot in Parallele zum Element Feuer
Perspicuum clarum in interminato	} erzeugt Gelb in Parallele zum Element Luft
Perspicuum obscurum in indeterminato	} erzeugt Grün in Parallele zum Element Wasser
Perspicuum obscurum in terminato.	} erzeugt Blau in Parallele zum Element Erde

Dabei muß zweierlei klar sein: „Feuer“ „Wasser“ „Luft“ und „Erde“ sind nicht das, was moderne Leser darunter verstehen, sondern die Grundstoffe des Aristoteles. Zweitens: Die Parallele zu den Elementen bedeutet ausdrücklich keine Ableitung, sondern eine Hinführung zur neuen Regenbogentheorie für Leser, die mit der Elementenlehre des Aristoteles vertraut waren. Dietrich setzt die Elementenlehre Bedas, die wir bei Bartholomäus Anglicus im Artikel über den Regenbogen antrafen, zu einem pädagogischen Verfahren herab, das die proportionale Harmonie zwischen Strahlenwelt und Dingwelt zusätzlich vor Augen führt. Denn die vier Grundfarben des Regenbogens bilden ein System. Voraussetzung dafür ist, daß sie je eine eigene species bilden und daß diese species immer und überall dieselbe Abfolge einhält: Rot, Gelb, Grün, Blau. Es sei eine allgemeingültige philosophische Regel, daß Seiende, die in ihrer generisch bestimmten Ganzheit alle Wesensgründe ihres Bereichs in sich tragen und doch aufgrund ihrer Eigenart in die Zusammenordnung eines genus treten, sich voneinander spezifisch unterscheiden.[63] Dieser Satz war Dietrich wichtig, auch wenn er kaum mehr sagt, als daß Wesen, die alle Merkmale ihres Genus tragen und sich doch wesentlich unterscheiden, je eine eigene species bilden. Dietrich holt zu einer weiteren ontologischen Begründung aus, die den, der bis hierher gelesen hat und immer noch glaubt, er habe eine nur „naturwissenschaftliche“ Schrift vor sich, endgültig überzeugen könnte, daß Dietrich seine Hintergrundsphilosophie zur Geltung bringt. Er argumentiert: Es sind dieselben Gründe, die das Sein der Dinge zum Artsein bestimmen, wie die, die es als Naturdinge konstituieren und ihre Unterscheidung voneinander begründen. Ihre Art des Unterschiedenseins bildet einen per-se-Zusammenhang. Er hat nichts Zufälliges an sich und hängt nicht von vagen Ereignissen ab. Denn er kommt diesen Seienden zu aufgrund der Wesensart ihrer Species. Und dann, mit Berufung auf Boethius, *Consolatio* IV 2: „Etwas existiert, insofern es die Ordnung der Natur in sich enthält und bewahrt. Was von dieser Voraussetzung abweicht, verläßt auch sein Sein, das eben in seiner Natur besteht.“ Dietrich fährt fort: „Das Unterschiedensein der Dinge ergibt sich aus ihrer Natur und Species, und ihr Zusammenhang untereinander (ordo ipsarum ad invicem) setzt das Unterschiedensein der Dinge voraus und folgt der Wesensart des Unterscheidens. Denn aus der Wesensart (unseres) Unterscheidens wird der Zusammenhang bestimmt und bedingt, der an sich selbst (per se) besteht“ (II 12 (1) IV 165). Der letzte Satz ist für Dietrich so charakteristisch, daß ich seinen Wortlaut hierher setzen muß.

[63] Der komplizierte Satz lautet, ir. II 12 (1) IV 165: [...] considerandum, quod in omni genere entium, quae secundum totalitatem sui generis ex tota sua causa constant quantum ad omnia sua causalia essentialia, sicut ex huiusmodi totis principiis causalibus constant in suis specificis formis in una coordinatione sui generis, ita ratione talium principiorum causalium ab invicem secundum suas species distinguuntur.

Sicut igitur distinctio rerum sequitur naturas et species rerum, sic et ordo ipsarum ad invicem praesupponit ipsarum rerum distinctionem et sequitur modum et rationem distinguendi, quia ex ipsa ratione distinguendi determinatur et condicionatur ipse ordo, qui est per se.

Der ordo der Wesen, der an ihm selbst und per se besteht, hängt ab von der Art des Unterscheidens, das ist – mitten im Regenbogenbuch, das man nicht den Historikern des Naturwissens allein überlassen sollte – ein Satz, wie ihn um 1300 nur Dietrich formulieren konnte. Denn er sagt: Die Unterscheidung besteht per se, aber der Unterschied hängt ab von der Art des Distinguierens. Dietrich fährt fort, über distinctio und divisio zu philosophieren: *Jede* Unterscheidung – auf die Ausnahmslosigkeit kommt es hier an –, die ein Gemeinsames nicht nach Zufällen, sondern per se einteilt, weist eine gewisse Dualität auf, weil jede distinctio oder divisio in der Unterscheidung von forma und Privation wurzelt. Das sehe man bei den Kategorien, bei denen immer ein Glied der Einteilung ein Nicht-Haben oder eine Privation darstelle: Die Akzidenzien sind charakterisiert durch ihr Nicht-Substanzsein. Das sei auch deutlich bei der Unterscheidung der konträr einander Entgegengesetzten, von denen immer eines mehr als das andere durch Nichthaben bestimmt sei. Der Grund von all dem sei: Alles, was ein Gemeinsames *per se* unterteilt – also nicht zufällig, nicht äußerlich, sondern nach realen Begriffsverhältnissen –, hat nicht im gleichen Maße am Reichtum der gemeinsamen Natur teil. Dadurch gehört es zum Wesen einer solchen Einteilung, daß dem *einen* Wesen eine Bestimmung zukommt, die dem anderen fehlt. So kommt Nichtsein ins Sein. Wir reden hier von Wesen, die per se verschieden sind und per se einen Zusammenhang bilden: sie stellen eine Naturabfolge innerhalb der Gemeinsamkeit dar. Ihr Unterschiedensein ergebe sich aus der Seinsart, die Seinsart werde primär von ihrer Wesensform geprägt. Folglich seien die Wesensformen der Hauptgrund des Unterschiedenseins. Nun hatte aber Dietrich zuvor die mehr formhaften Prinzipien der Farben (clarum – obscurum) unterschieden von den eher stofflichen (terminatum – interminatum, in der oben erklärten Bedeutung dieser Wörter). Daher erfolge die erste Einteilung der Farben in die Region der helleren und in die Region der dunkleren Farben. Zur Region der helleren Farben gehörten Rot und Gelb, zu der dunkleren Grün und Blau. Diese werden deutlich auch nach ihrer Lage in unserer Wahrnehmung unterschieden. So haben wir ein Verhältnis von zwei Farben zu zwei Farben, die je zu zweit unvermischt in ihren Regionen bestehen (II 13 (1) IV 166).

Darüber hinaus gibt es noch eine Unterteilung nach den eher stofflichen Prinzipien, also nach terminatum und interminatum. Dadurch ergeben sich:

clarum in terminato	– Rot
clarum in interminato	– Gelb
obscurum in interminato	– Grün
obscurum in terminato	– Blau.

Dietrich kommentiert die einzelnen Farben: Das Rot erhält durch Aufnahme des Lichtes im Terminatum eine gewisse Dichte; es bietet dem Anblick einen klaren Halt (bene terminet visum). Gelb habe eine gewisse Schwachheit oder Zartheit an sich. Merkwürdig – vor allem nach der Verteidigung der spezifischen Eigenart dieser Farbe zu Beginn von Buch II – klingt der Kommentar Dietrichs zur gelben Farbe: Gelb weiche ab von der Klarheit des Rot; es gehe über zur Dunkelheit der anderen Farbe und halte sich auf der Grenze zwischen den beiden Regionen. Ähnlich redet er von Grün als einer Übergangsform. Es stehe zwischen den beiden Regionen der helleren und der dunkleren Farben und nähere sich dem Gelb. Blau schließlich sei die am wenigsten glänzende Farbe, weil in seinem Fall das geringere Licht im Terminierten aufgenommen werde. Er faßt zusammen: „Nächst dem Rot leuchtet das Gelb aufgrund der gemeinsamen Helligkeit in ihnen, aber unmittelbar auf das Gelb folgt das Grün, mit dem es in der Natur der interminatio übereinkommt. Auf das Grün folgt das Blau, weil es mit ihm die Minderung der Helligkeit gemeinsam hat. So stehen diejenigen Farben, die ein gemeinsames Band haben – ein symbolum, wie wir es aus der Elementenlehre kennen – auch dem Ort nach beieinander, wie die Anschauung beweist“ (II 13 (4) IV 167).

VI. Dietrichs fester Ausgangspunkt ist die regelmäßige Abfolge der Regenbogenfarben, von außen nach innen: Rot, Gelb, Grün, Blau. Diese Reihenfolge beobachten wir bei den durch das Prisma gebrochenen Sonnenstrahlen, aber auch an den Sonnenstrahlen, die durch einen Wassertropfen oder durch eine kleine Kristallkugel hindurchgegangen sind. Nur gibt es diese Reihenfolge auch in der umgekehrten Richtung, von außen nach innen: Blau, Grün, Gelb und Rot. Dies ist beim Nebenregenbogen der Fall und erhält dadurch in Dietrichs Untersuchung besondere Wichtigkeit. Es kommt aber auch sonst vor, zum Beispiel, wenn wir den Blick durch das Prisma nicht auf die Lichtquelle (Sonne), sondern auf eine beleuchtete Farbfläche richten oder wenn wir bei der Beobachtung der Sonne durch ein Prisma mit dem Auge zu nahe an das Prisma herangehen.

Dietrich kehrt noch einmal zu einer grundlegenden Untersuchung über Licht und Farbe zurück, um die Umkehrung der Farbskala begreiflich zu machen (II 14–20 IV 168–180): Wasserkörper wie Tropfen oder auch durchsichtige Kristalle weisen eine abgestufte Mischung von innerer qualitativer Verdichtung (terminatio) und Nicht-Verdichtetsein (interminatio) oder Durchsichtigkeit auf. Scheint die Lichtquelle (lux) in einen solchen Körper, teilt sie ihm eine reale Eigenschaft mit, die Helligkeit oder den Lichtschein (lumen). Ein solcher Körper wird in seiner Tiefe hell. Er nimmt die Helligkeit in sich auf vor allem, weil er eine gewisse qualitative Verdichtung aufweist (per naturam terminati), freilich nicht ohne einen Anteil von Nicht-Verdichtetsein (non tamen sine natura et proprietate interminati). Ein gänzlich verdichteter Körper könnte keine Lichtstrahlen in sich aufnehmen. Lichtdurchlässige Körper müssen also teils terminiert, teils nicht-terminiert sein, leiten aber den Lichtstrahl kraft des Nicht-Verdichtetseins. Licht kann nicht ohne Farbe gesehen werden, ohne Licht kann Farbe nicht strahlen. Werden solche Körper erleuchtet oder erhellt, werden sie deswegen nicht real gefärbt, während sie real Licht aufnehmen. Helligkeit, Licht im Sinne von Lichtschein (lumen) ist ein Ausfluß der Lichtquelle (defluxio quaedam lucis), eine eigene Form des Durchscheinenden, propria forma diaphani, wie Aristoteles definiert. Diese reale Aufnahme begreift sich aus der inneren qualitativen Verdichtung (terminatio); die Durchleitung der Strahlen ist begründet in der interminatio. Die Farben, die durch das Medium sichtbar werden, haben in diesem kein reales, eigenschaftliches Sein, sondern ein intentionales Sein. Sie haben Erkenntnisform, keine Seinsform. Daher gibt es zwei Arten von Strahlen. Es ist etwas anderes, ob diese Strahlen aus der Lichtquelle (der Sonne) kommen, die freilich eine gewisse Farbe hat, oder ob die Strahlen von der Farbe kommen, die durch Licht erhellt ist. Im ersten Fall strahlt das Licht nicht ohne Farbe, im zweiten Fall strahlt die Farbe nicht ohne das Licht. Im zweiten Fall ist die Leuchtkraft schwächer; in beiden Fällen erfolgt die Dispersion des Lichtes in verschiedener, nämlich in umgekehrter Reihenfolge.

Auch die Größe der durchstrahlten Wasser- oder Kristallkörper spielt eine Rolle. Die Verdichtung nimmt zur Oberfläche hin zu. Treten die Oberflächen näher zueinander, wie dies im Regentropfen der Fall ist, fällt auch die Lichtbrechung anders aus. Die innere Verdichtung (terminatio) bietet den Strahlen mehr Widerstand; die nichtverdichteten Stoffe sind zur Durchleitung der Strahlen besser geeignet. Auch auf den Einfallswinkel kommt es ein. Bei senkrechtem Einfall des Strahls entstehen keine Farben; er ist zu stark, als daß die terminierte Natur des Aufnehmenden ihn verändern könnte. Unterscheiden wir also die Strahlung der Lichtquelle (lux) von dem Strahlen der beleuchteten Farben, dann erklärt sich die umgekehrte Lage der Regenbogenfarben. Die Lichtstrahlen sind reale Eigenschaften erleuchteter Körper; Farben strahlen intentional, werden in beleuchteten Körpern durchgeleitet kraft des Nicht-Verdichtetseins. Fällt der Sonnenstrahl mit schiefem Einfallswinkel in den Wassertropfen oder in die Kristallkugel und tritt der Lichtstrahl auf der gegenüberliegenden Seite aus, dann teilt er sich in die vier Farben und färbt Gegenstände derart in der räumlichen Abfolge, daß die helleren und strahlenderen Farben, also Rot und Gelb, näher zu der Seite des Lichteinfalls stehen und daß die weniger leuchtenden Farben, Grün und Blau, entfernter liegen. Beim Strahlen der Farben ist es umgekehrt, wie jeder leicht mit dem Prisma feststellen kann (II 16 (4) IV 172). Betrachten wir also den Eintritt des Sonnenstrahls in einen Regentropfen an einem Grashalm. Wegen des kleinen Radius eines solchen Körpers herrschen besondere Bedingungen der Brechung. Die strahlenderen Farben, Rot und Gelb, werden nach der Seite des Lichteinfalls gelenkt. Sie werden auch räumlich auseinander gelegt, wie jeder leicht feststellen kann, der Wassertropfen beobachtet, die ihre Lage verändern oder der bei stillstehenden Tropfen sein Auge bewegt: Es treten verschiedene Farben nacheinander vor den Blick, zuweilen auch keine (II 22 (4) – (6) IV 182–183). Dietrich resümiert: Strahlt die Sonne in einen Regentropfen, dann erscheinen immer Rot und Gelb an der Seite des Lichteinfalls zuerst, die dunkleren Farben folgen. Beim Nebenregenbogen ist es umgekehrt (II 22 (8) IV 183).

Dietrich wirft sich dann wieder in eine Polemik. Nachdem er die Drei-Farben-Theorie des Aristoteles lächerlich gemacht und die Ableitung der vier Farben aus den vier Elementen verworfen hat, kritisiert er nun eine Regenbogentheorie, deren Autor Dietrich nicht nennt, mit der er sich aber auffallend gründlich befaßt (II 24 IV 184–189). Einige (aliqui) stellen falsche Behauptungen auf über den Ort der Entstehung des Regenbogens, weil sie seinen Ursprung nicht verstehen. Sie behaupten, der Regenbogen entstehe, wenn eine tauartig austropfende Wolke zwischen Sonne und einer anderen dichten, konkaven Wolke stehe (inter solem et nubem aliquam concavam spissam vergentem ad nigredinem). Sie stellen sich vor, die Sonnenstrahlen würden von der ersten Wolke in die dichte, fast schwarze Wolke reflektiert und in ihr entstehe die Farbenskala des Regenbogens. Diese Zwei-Wolken-Theorie des Regenbogens scheitert, Dietrich zufolge, aus folgenden Gründen: Sie erklärt die Verschiedenheit der beiden Wolken aus verschiedengradiger Beimischung der vier Elemente; sie fällt also in die Elemententheorie des Regenbogens zurück, die bereits kritisiert ist. Außerdem könne die variable Gestalt der Wolken nicht die klare Regelmäßigkeit des Regenbogens erklären. Ferner: Würde die zweite Wolke die Lichtstrahlen wie ein Spiegel reflektieren, würden sie zur ersten Wolke zurückgelenkt, nicht auf den irdischen Betrachter. Und vor allem: Wir beobachten diese zwei Wolken nicht. Die Sonne und eine einzige Wolke genügen zur Erzeugung des Regenbogens auch bei ansonsten klarem Himmel. Dietrichs Polemik erfolgt überaus detailliert und klingt schroff. Und es sieht so aus, als sei sie gegen Albert gerichtet, der in seinen *Meteora* III 14–15, Ed. Colon. VI 190 a–192 a eine derartige Theorie vorzutragen scheint. Ich drücke mich unsicher aus; Dietrich hat die angelehnte Theorie klarer formuliert als Albert an der zitierten Stelle.

Abschließend formuliert Dietrich seine Theorie des Regenbogens folgendermaßen in aristotelischer Terminologie: Seine Wirkursache, causa efficiens, ist die Sonne, deren einfallende Strahlen nicht als geometrische Linien, sondern von einer gewissen Räumlichkeit zu denken sind. Deren Strahlen werden zweimal gebrochen und einmal reflektiert. Die Materialursache ist einmal die Regenwolke, sodann die Vielzahl fallender Tropfen, die sich zwar schnell bewegen, aber immer von nachfolgenden Tropfen ersetzt werden, so daß dem Auge die Lichtwirkung an derselben Stelle erscheint (II 25 IV 189–190). Die Analyse des Nebenregenbogens (Buch III) erfolgt nach denselben Prinzipien; es ergibt sich dieselbe Farbenfolge, nur in umgekehrter Richtung: Beim Hauptregenbogen erscheint Rot außen, beim Nebenregenbogen innen.

VII. Dietrichs Regenbogentheorie erfreut sich mit Recht einer gewissen Berühmtheit und hat infolgedessen zu einer Reihe von Thesen und

Debatten wissenschaftsgeschichtlicher, wissenschaftstheoretischer, natur- und geschichtsphilosophischer Art geführt. Loris Sturlese hat in seiner Einleitung, die für jede weitere Beschäftigung mit diesen Themen die verbindliche Grundlage bildet, eine Reihe von modernisierenden Annäherungen an Descartes abgebaut, andererseits auch sichergestellt, daß Dietrich die cartesianische Lösung des Problems insofern vorweggenommen hat, als er den Weg des Lichtstrahls im einzelnen Regentropfen verfolgt und die Farbenfolge aus dessen doppelter Brechung und einfacher Reflexion erklärt hat. Er hat die Legende von Dietrichs Experimenten mit der Wasserflasche aus der Welt geschafft und die bei Mediävisten noch beliebtere Legende von der Lichtmetaphysik, die schon William A. Wallace kritisiert hatte, aus der Dietrichforschung verwiesen. Dietrich kritisiert auch Aristoteles; er beruft sich auf dessen Pathos der Empirie, um ihm inhaltlich zu widersprechen. Er bleibt bei dessen philosophischem Gesamtentwurf in der Auslegung durch Averroes. Die früher übliche Zuordnung Dietrichs zum Neuplatonismus findet in *De iride* schwerlich einen Anhalt. Nicht als stünde Dietrichs Naturwissen gänzlich außerhalb dieser Richtung; in *De elementis* wird Proklos einmal erwähnt (el. 23 IV 73–75). Aber in dem viel umfangreicheren Buch *De iride* sucht man Proklos oder den *Liber de causis* vergebens; dessen intellektuelle Umgebung wird von Aristoteles-Averroes einerseits, von den Perspektivisten andererseits, insbesondere von Alhazen, bestimmt. Vor allem aber nimmt Dietrich sich heraus, mit Berufung auf Vernunft und Augenschein den größten Autoritäten zu widersprechen. Ich habe beim Durchgang durch die wichtigsten Passagen von *De iride* versucht, immer gleichmäßig auf drei theoretische Komponenten zu achten: Erstens auf die strahlentheoretische Analyse Alhazens, die nicht die gesamte Theorie Dietrichs erzeugt, aber doch deren Grundlage gebildet hat, was auch durch ihre Stellung in Buch I und durch den Rückbezug auf sie an der wichtigen Stelle (ir. II 25 (5) IV 190) ausgedrückt ist. Zweitens die durchgängig betonte Erfahrungsbasis durch den einfachen Augenschein, durch Experimente mit Glaskugeln und Prismen, durch die wiederholte Beobachtung von Wassertropfen an Grashalmen und Spinnennetzen. Drittens die ständige Präsenz von Dietrichs eigener Philosophie, die er im distanzierten Anschluß an Aristoteles-Averroes und als Revision der Ergebnisse der Denker des 13. Jahrhunderts entwickelt hat und die als Impuls zu empirischer Forschung und zur begrifflichen Klärung der Ergebnisse, zur methodologischen Orientierung wie zur spekulativen Unterfassung des Ganzen unentbehrlich war. Das beginnt mit den wissenschaftstheoretischen Reflexionen (I 2 IV 124–125; I 17 (4) IV 141; II 3 (1) IV 150) und endet mit der Unterbringung der schließlich erreichten Regenbogentheorie im Schema der vier Ursachen des Aristoteles (II 10 (6) IV 163; II 11 (2) IV 163; II 25 IV 189–190).Vor allem aber: Dietrich hat durchaus gesehen, daß es bei den Regenbogenfarben fließende Übergänge gibt, er hat sie selbst in II 13 nachträglich beschrieben, aber sein Hauptinteresse besteht darin, die vier Farben als je eigene species von großer Stabilität und als in einem per-se-Zusammenhang stehend darzustellen. Dazu entwirft er in II 12 eigens eine Metaphysik der distinctio und der species. Er sieht den Regenbogen mit den Augen eines Philosophen, der die species-Grenzen nicht verwischt haben will. Es gibt bei der Analyse des Regenbogens um per-se-Bestimmungen und per-se-Beziehungen. Diese aufzufinden war das Ziel Dietrichs in anderen Traktaten; es bildet auch den Impuls bei seinen Untersuchungen über den Regenbogen. Insofern war das Naturwissen Dietrichs in seine Philosophie nicht nur integriert, sondern bildete einen Teil von ihr. Von Theologie fällt hier kein Wort; die Rolle des Regenbogens als Zeichen der Aussöhnung Gottes mit den Menschen wird nicht erwähnt. Metaphysik ist durchaus im Spiel – wenn Dietrich auf der Distinktheit, Stabilität und Infallibilität der species insistiert und wenn er zwei Kreise viergliedriger Gegensatzpaare bei den Grundstoffen (Elementen) wie bei den Grundfarben in Parallele setzt, ohne sie voneinander abzuleiten.

VIII. Es kann hier nicht darum gehen, den historischen Ort von Dietrichs Regenbogenbuch in allen Einzelheiten zu diskutieren. Ich gebe nur einige ausgewählte Hinweise, zunächst zu Aristoteles. Die Perspektivisten, bei Dietrich präsent durch Alhazen und Robert Grosseteste, haben, wie gezeigt, die Untersuchung des Regenbogens aus dem Feld der Aristoteleskommentierung herausgenommen. Aristoteles spielte nicht mehr die dominierende Rolle. Dennoch blieb er präsent, sowohl durch die Gesamtheit seiner Naturphilosophie und seines Vokabulars wie durch seine ausführliche Erörterung des Regenbogens in der *Metereologie* II 2, 371 b 25–372 a 29 und III 4–5, 373 a 32–377 a 29. Ihr zufolge entsteht der Regenbogen durch Zurückwerfung, anaklasis (*Meteorologie* III 2, 372 a 17–18). Dies war schon die Erklärung bei Empedokles 31 A 56, B 44 und Anaxagoras 59 A 42 § 10 und A 86. Aber was wird zurückgeworfen? Nicht der Sonnenstrahl, sondern unser Sehstrahl. Die anaklasis des Aristoteles hat mit Lichtbrechung nichts zu tun. Unser Sehen wird zurückgeworfen. Der Regenbogen ist ein Reflexionsphänomen, das von einzelnen Tropfen ausgeht; die einzelnen Teilchen der Regenwolke setzen sich zu einem Kontinuum zusammen und erzeugen dadurch ein Ganzes. Wasser spiegelt besser als Luft.[64] Bemerkenswert: Aristoteles hat gesehen, daß wir Regenbogenfarben erzeugen, indem wir Wasser fein versprühen; er hat Regenbogenfarben beobachtet, wenn Wasser von Ruderblättern herabrinnt. Darüber hinaus bietet die Regenbogentheorie des Aristoteles nur noch zwei Thesen. Erstens: Der Regenbogen besteht aus drei Farben (*Meteorologie* III 4). Zweitens: Der Regenbogen wird nie größer als ein Halbkreis. Dies läßt sich durch eine Art mathematischer Analyse beweisen (III 5). Mit auffallender Energie besteht Aristoteles darauf, daß der Regenbogen dreifarbig sein muß. Er unterscheidet in III 4, besonders 374 b 31–34 und ab 375a, folgende drei Farben:

> Die äußerste Farbe ist phoinike, was soviel wie rot oder rot-orange heißt,
> die nächste, die mittlere Farbe ist prasinon, also etwa: lauchgrün, gelbgrün,
> die unterste Farbe ist alourgon, etwa: blau-violett.[65]

Auch Aristoteles sah einen Gelbstreifen, erklärte aber, das Gelb, to xanton, sei nur unser Eindruck, der durch den Kontrast von Rot und Grün entstehe. Das Gelb ist bloß Schein; damit rettete Aristoteles sein Dreierschema, – an dem Albert mit einigen Korrekturen festhielt, mit dem Dietrich brach. Dietrich untersucht den Sonnenstrahl, nicht den Sehstrahl; er leitet die Farben weder vom starken oder schwachen Sehen noch von den Luft-Wasser-Verhältnissen der Atmosphäre ab. Er hat die Regenbogentheorie als Optik behandelt, sie endgültig herausgenommen aus der Physiologie der Sinneserkenntnis und der Meteorologie.

Die ausführliche Behandlung des Regenbogens in Senecas *Naturales Quaestiones* I 3–8 war im Mittelalter durchweg zugänglich. Sie bot den

[64] Die verdienstvolle Übersetzung der Meteorologie von Hans Strohm übersetzt anaklasis abwechselnd mit „Reflexion" und mit „Strahlenbrechung", S. 77 und öfter. Für die Geschichte des Regenbogens ist es aber wichtig, Reflexion und Brechung zu unterscheiden. Aristoteles spricht nicht von „Brechung" des Strahls, sondern von anaklasis als Zurückwerfung oder von „Spiegelung, die von winzigen, miteinander zusammenhängenden Wassertropfen ausgeht", wie Strohm S. 82, 11–12 übersetzt.

[65] Über die Schwierigkeit bei der Übersetzung der Wörter für Farben vgl. oben S. 279 und 631/632.

Vorteil, eine reiche Auswahl antiker Regenbogendiskussionen zu referieren, bei denen es darum gegangen war, ob Regenbogenfarben nur Schein seien, was Aristoteles vom Gelbstreifen behauptet hatte. Vor allem war zu erklären, wie aus dem *einen* Sonnenlicht die Farbenvielfalt entsteht. Seneca ließ über seine Position keinen Zweifel: Der Regenbogen ist nichts anderes als „das Bild der Sonne, wie es eine austropfende, eine regennasse gekrümmte Wolke aufnimmt" (imago solis roscida et cava nube recepta). Er ergibt sich, wenn Sonnenlicht die Wolke umstrahlt; die Wolke muß, wie Poseidonius richtig bemerke, die Form eines runden, konkaven Spiegels haben (I 5). Er ist eine Spiegelung in einem ungleichförmigen, ungleichmäßigen Medium. Ungleichheiten zwischen größeren und kleineren, dichteren und weniger dichten Wolken haben zur Folge, daß die Sonnenstrahlen mehr oder weniger gut durchdringen, und so ergibt sich die wunderbare Vielfalt (mirabilis varietas) der Farben (I 3). Die Erklärung erfolgt meteorologisch; gleichzeitig hebt Seneca, stärker als Aristoteles, Alltagserfahrungen mit Regenbogenfarben hervor. Wir sehen sie beim Versprühen von Wasser, wir beobachten sie bei Tropfen an Blättern. Seneca berichtet – wohl als erster antiker Schriftsteller – von Erfahrungen mit dem Prisma, nur benutzt er diese nicht, um von der meteorologischen Erklärung aus der differierenden Luft- und Wolkenbeschaffenheit abzurücken, sondern um die Frage zu vertiefen, ob die Farben nur Schein sind. Sehen wir nur „das Erkenntnisbild einer falschen Farbe", also Farbeffekte, wie sie am Hals einer Taube entstehen, wenn sie sich bewegt (I 7)?

Was die Regenbogenfarben selbst angeht, betont Seneca die Feinheit der Übergänge. Er sieht unzählige Nuancen, bildet aber doch drei Farbgruppen, die er folgendermaßen beschreibt:

Die erste, oberste Gruppe hat „etwas Flammenartiges", aliquid flammei, also Feuerrotes. Daß die Sonne leicht die Farbe Rot erzeugt, das bewies jede Morgenröte und jedes Abendrot. Damit hatten die meteorologischen Erklärungen der Regenbogenfarben einen festen Ausgangspunkt in der täglichen Erfahrung. Seneca berichtet, Artemidor habe nur zwei Erstfarben anerkannt, Rot und Blau. Das Blau komme von der Wolke, das Rot von der Sonne, alles andere seien Mischungen (I 4). Seneca bleibt bei der von Aristoteles behaupteten Einteilung in drei Arten, insistiert aber auf der Bandbreite: Die erste, oberste Gruppe sei feuerrot, die mittlere Gruppe habe etwas Lehmfarbenes (aliquid lutei), erscheine goldgelb oder rötlich gelb, die dritte, unterste Gruppe habe etwas Bläuliches (aliquid caerulei) (I 3).

Dietrich hat Seneca nie erwähnt. Er war an moralischen Fragen wenig interessiert und hatte keine Gelegenheit, die *Epistolae ad Lucilium* zu zitieren. Und was Seneca zur Regenbogentheorie zu sagen hatte, das hatte Albert im umfangreichen Regenbogentraktat seines Kommentars zur *Meteorologie* des Aristoteles mit Erwähnung Senecas zitiert.[66] Albert erinnert an Senecas Diskussionen, ob Farben bloßer Schein seien. Er interessiert sich für dessen Erwähnung des Prismas; er zitiert dessen Definition des Regenbogens als imago solis in nube concava recepta (*Meteora* III 4, 8 Ed. Colon. VI p. 182 b), die er kurz darauf (*Meteora* III 4, 9 p. 184 a) ablehnt, mit dem Satz: iris non configuratur in concavo nubis. Ähnlich wie Seneca hebt Albert die Vielförmigkeit der Farbzonen hervor. Es gebe keine scharfen Trennungen, Maler könnten sie nicht distinkt darstellen, da sie ineinander übergingen. Zögernd bleibt Albert bei der Dreiteilung. Er unterscheidet eine obere Zone des Weinrot, dann folge Dunkelblau (caerularius), zuletzt komme eine Zone, die zum Grünen tendiere, aber auch robigo, die Farbe des Getreidebrands zeige (*Meterora* III 4, 7 p. 182; III 4, 14 p. 190; III 4, 21 S. 197 a). Alberts Angaben zur Farbfolge schwanken innerhalb dieses Schemas. Er neigt zu Kompromissen, fügt zwischen Blau und Grün eine Zone der citrinitas und der rubedo ein, worunter wohl rötliches Gelb zu verstehen ist; in III 4, 21 S. 197 a spricht er von einer Farbe zwischen Weiß und dem citrinum.

Albert veranstaltet in *Meteora* III 4, 9 mit dem Material Senecas eine kritische Durchsicht antiker Regenbogentheorien und wendet sich dabei gegen zwei Thesen: Erstens gegen Senecas oben zitierte Definition des Regenbogens, die viele antike Autoren und viele Zeitgenossen teilten, weil sie die Natur von Spiegeln mißverstünden (besonders *Meterora* III 4,9 p. 184 a 43–44), zweitens gegen antike Lehren, die in den Farben bloßen Schein gesehen haben; weil sie nicht zwischen dem Materialen und dem Formalen des Lichts unterschieden (III 4, 9 S. 184 b 54–66). Als Ergebnis dieser Diskussionen hält Albert fest:

Alle Philosophen – von denen Albert zwei Gruppen benennt, die Naturphilosophen und die Perspektivisten –, aber auch die Poeten stimmten darin überein: Der Regenbogen ist der Spiegel der Sonne in der austropfenden Wolke, quod iris sit speculum solis in aquosa nube (*Meteora* III 4, 8 S. 183, 72–76). Es stehe ohne jeden Zweifel fest: Jeder Tropfen, der aus der Wolke hervorkommt, ist ein Spiegel der Sonne, der

[66] Albert, III tr. 4 c. 6 Ed. Colon. VI p. 180 b – tr. 4 c. 26 Ed. Colon. VI p. 203 a.

ihr Licht in vermischter Form wiedergibt (*Meterora* III 4, 9 S. 184 a 2–5). Die These, im Regenbogen seien keine real existierenden Farben, erklärt Albert für absurd. Denn das Licht sei Grundlage und Substanz der Farben (hypostasis et substantia) und konstituiere die Farben, je nachdem seine Strahlen in einem dichten Durchsichtigen gefärbt würden. Daher existierten die Farben im Regenbogen in höchst wirklicher Form, verissime, denn das Licht erhalte offenbar seine Farben im transparenten Raum der feuchten Luft und der herabsinkenden Tropfen. Sie sind ein so hervorragendes Produkt der Natur, daß Maler sie nicht befriedigend wiedergeben können. Die Farben des Regenbogens seien nichts anderes als Sonnenstrahlen, die in der Feuchtigkeit von Dampf und Wolke farbig geworden sind (III 4, 9 S. 185, 79–81). Den Vorgang der Färbung müsse man sich vorstellen, wie wenn der Sonnenstrahl durch ein Fenster komme, auf ein Gefäß mit Wasser treffe und gebrochen an der gegenüber liegenden Wand erscheine. Genau so werde der Sonnenstrahl in den aus der Wolke herabsinkenden Tropfen gebrochen (refringitur). Die Iris ist also ein Spiegel der Sonne. Es sei die Natur aller durchsichtigen Dinge, daß ein Lichtstrahl, der sie durchquert, in ihnen Farbe bekommt, mit dieser Farbe austritt und diese Farbe auf die Gegenstände wirft, die sich hinter dem durchsichtigen Körper befinden. Die Regentropfen sind kleinste Spiegel mit ungerader Oberfläche, daher sind die Farben, die in ihnen entstehen, so unbestimmt. Die Vielheit ungleicher Tropfen und die Feuchtigkeit der sie umgebenden Luft bewirken, daß die Tropfen zwar den Sonnenstrahl durchlassen und einfärben, daß sie aber kein Bild der Sonne geben (III 4, 12 S.187 a–189 a).

Aber wie kommt es dann zur regelmäßigen Abfolge der Farben? Albert begründet in *Meteora* III 4, 14 und 15, S. 190 a–192 b den ordo colorum. Seine Darlegung ist kompliziert; ich fasse sie vereinfachend zusammen: Der *eine* Sonnenstrahl wird dreifach verändert, je nach der Beschaffenheit der Luftschicht, die er durchdringt. Das Austropfen der dunklen Regenwolke bildet eine Art Pyramide, deren Luft-Wasser-Verhältnisse nach unten hin immer gröber werden. Weiter oben findet eine feinere Austropfung (roratio subtilior) statt; die Sonne zieht den hier vorherrschenden Wasserdampf an; er steigt nach oben und erzeugt das Rot der obersten Farbschicht des Bogens. Es ist das Phänomen der Morgen- und Abendröte. In der mittleren Schicht wird die Luft immer feuchter (aer humidus abundat); der Sonnenstrahl, der sie durchdringt, wird dunkelblau/violett (caeruleus). In der unteren Schicht werden die Tropfen dikker, die Struktur immer gröber; es entsteht Grün. Albert ist sich nicht sicher, ob drei oder vier Farbgruppen entstehen (III 4, 14 S. 181 a 18–19); seine Anhänglichkeit an Aristoteles ist in der Metereologie nicht streng, und es ist nicht korrekt, seine *Meteora* als einen Kommentar zur *Meteorologie* des Aristoteles zu bezeichnen. Sein Buch ist eher eine Anzahl selbständiger Abhandlungen zu den bei Aristoteles erörterten Themen, darunter Galaxie, Meeresbewegungen und Regenbogen. Albert hebt hervor, seine Theorie stimme überein mit Algazel, Avicenna, Nikolaus dem Peripatetiker und *auch* mit Aristoteles (Met. III 4, 14 S. 190 a 12–14). Gelegentlich widerspricht er Aristoteles mit Berufung auf seine eigene Erfahrung, zum Beispiel in Bezug auf den Mondregenbogen, den er selbst beobachtet habe und der so selten nicht sei, wie Aristoteles meine und dabei wohl fremde Ansichten wiedergebe (Met. III 4, 11 S. 186 b–187 a. Vgl. 4, 16 S. 192, 78–81). Auch in Bezug auf die Farbpalette verbessert er ihn: Je nach Lichtverhältnissen erscheine das Rot bleich, es zeige sich ein weißer Streifen (Met. III 4, 14 S. 190 b 67–69).

Dietrich erwähnt Albert in *De iride* überhaupt nicht, doch bezieht sich seine Polemik in II 24 IV 184–189 wohl auf ihn. Daß er dessen *Meteora* nicht gelesen hätte, scheint mir unvorstellbar. Zwei Denkarten, auch zwei persönliche Stile gehen stillschweigend auseinander. Dietrich arbeitet härter, er argumentiert schärfer. Er distanziert sich entschiedener, auch von der Drei-Farben-Theorie des Aristoteles. Dessen Vorliebe für die Zahl Drei und dessen deduktiven Gestus bei der Naturbetrachtung macht er lächerlich. Während Albert gern erzählt – zu unserer Freude auch über den Regenbogen bei antiken Dichtern und bei antiqui pontifices (III 4, 6 S. 181 a 8) –, gibt Dietrich nur ein Minimum an Doxographie. Er löst seine Erörterung endgültig ab vom Text der *Meteorologie.* Albert konzentriert sich wie Seneca auf Luft und Feuchtigkeit in und unter der Regenwolke, als habe er vergessen, daß er die selben Farbverhältnisse auch am Prisma beobachtet hat, wo weder wechselnde Dichte noch wechselnde Tropfengröße eine Rolle spielt. Wem dies klar wurde, mußte die Forschungsrichtung ändern; er mußte von den Metereologen zu den Optikern überwechseln. Auch Albert hat die Perspektivisten studiert, aber er hat sie nur ergänzend und mehr dekorativ herangezogen. Albert hat die Elementenlehre bei der Erklärung der Farbenfolge nicht mehr gebraucht. Das konnte er schon deswegen nicht, weil er das Dreierschema des Aristoteles beibehielt, auch wenn er es großzügig auslegte. Wenn ich nichts übersehen habe, erwähnt er sie gar nicht. Dietrich war insofern konservativer, als er die Elementenlehre als *Begründung* zwar verwirft, aber als *Parallele* mit dem naturphilosophischen Viererschema ausbaut. Dietrich war radikaler, weil er den Kulturschutt wegräumte, der sich, wie man schon bei Seneca sieht, auf die Regenbogentheorie gelegt hatte, den meteorologischen Rahmen zurückschob und sich auf die genaue Analyse des Strahlenwegs im einzelnen Tropfen konzentrierte. Es werden ihm auch andere Mängel der von Albert konservierten Theorie aufgefallen sein. Zum Beispiel gab sie für die Farbe Rot und ihre Lage eine scheinbar plausible Erklärung mit dem vergleichenden Hinweis auf die Morgenröte im Frühdunst. Aber für die anderen Farben wußte sie noch nicht einmal eine solche Analogie vorzubringen. Es war Zeit, die ganze Richtung zu ändern.

IX. Dietrichs *De iride* ist seine umfangreichste Schrift (IV 115–268). Zwar umfaßt *De tribus difficilibus quaestionibus* in der Druckausgabe zusammen etwa 183 Seiten, aber es enthält drei deutlich voneinander abgesetzte Schriften, von denen *De visione beatifica* (I 13–124) mit 111 Druckseiten die umfangreichste ist. Was den Umfang angeht, ergibt sich folgende Reihung der Bücher Dietrichs:

De iride, IV 115–268:	153 Druckseiten,
De visione beatifica, I 13–124:	111 Druckseiten,
De cognitione entium separatorum II 161–260:	99 Druckseiten,
De origine rerum praedicamentalium III 135–201:	66 Druckseiten.

Dietrichs Argumentationsweise ist subtil, sein Stil ungewöhnlich dicht, und *De iride* zeigt eine sich mehrstufig entwickelnde Textgestalt, daher muß jede Darstellung von *De iride* entweder die Form einer umfangreichen Monographie annehmen oder viele Gesichtspunkte auslassen und subjektiv akzentuierend raffen. Um dieses rohe Verfahren, dem ich seither Raum gegeben habe, notdürftig auszugleichen, füge ich in loser Reihung einige Hinweise an, die meine einführende Analyse nicht unübersichtlich machen sollten.

Sie haben einen doppelten Zweck: Sie sollen die Betrachtung von Dietrichs *De iride* herausnehmen aus der seit Venturi vorgegebenen Fragestellung, wie weit Dietrichs Regenbogenanalyse an die Leistungen von Descartes oder Newton herangekommen ist. Sie hat als *philosophische* Theorie eine Eigengestalt, die als solche Aufmerksamkeit verdient. Diese möchte ich sichtbar machen. Wegen seiner „konservativen“ Physik bot Dietrich sich als „Vorläufer Galileis" nie an, wohl aber wegen seiner Regenbogenanalyse als Vorläufer des Descartes und Newtons. Dieses Schema mag für die Geschichte der neuzeitlich konstituierten Fachwissenschaften, also z. B. der Optik, unentbehrlich sein; für die Geschichte des philosophischen Denkens lenkt es ab. Es hat seinen Dienst getan, indem es die erste Aufmerksamkeit auf Dietrich gelenkt hat. Heute stehen weitergehende Aufgaben an.

Zweitens möchte ich Verbindungslinien zeigen, die zwischen Dietrichs *De luce, De coloribus* und *De iride* bestehen und die sein naturphilosophisches Gesamtkonzept beleuchten, das als philosophischer Entwurf nicht daran gebunden ist, welchen Fortschritt es in der Optikgeschichte gebracht hat.

1

Warum wurde der Regenbogen so wichtig, daß Dietrich ihm sein umfangreichstes Buch gewidmet hat?

Es kamen mehrere Motive zusammen: Zunächst der ästhetische Reiz, seine Ungreifbarkeit und große Ferne, die es zu erschweren schienen, sein Wesen zu erfassen. Dann waren da die mißlungenen Versuche seiner Vorgänger, das Schwanken Alberts in seinem Werk über die *Meteorologie*, der unausgetragene Konflikt in der Farbenlehre zwischen Avicenna und Averroes. Dietrich sah die Möglichkeit, am Regenbogen, diesem alle beeindruckenden Objekt, die Tradition einer Revision zu unterziehen, die sich nur auf Erfahrung und Vernunft gründete. Er sah die Möglichkeit, mit Hilfe des Prismas die Lichtzerlegung und die regelmäßige Farbenordnung *in die Nähe* zu bringen. Er realisierte, was schon bei Aristoteles stand: Das Hauptphänomen war keineswegs selten und nur in weiter Ferne zu sehen, sondern oft und in der Nähe, am Tautropfen, beim Wassersprühen, durch das Prisma.

2

Dietrich verstand seine Forschung als Suche nach per-se-Verknüpfungen. Es gab solche auch in der alltäglichen Welt des Werdens und Vergehens. Aber am Regenbogen waren sie sichtbar. Er hatte immer die gleiche

Struktur; er zeigte bleibend seine strenge Ordnung. Und Dietrich sah die Möglichkeit einer Erklärung der Farbenfolge – noch ohne die Theorie vom Wellencharakter des Lichtes, die Aristoteles in *De sensu et sensato* 3 mit dem Argument verbaut hatte, daß wenn die verschiedenfarbenen Farbstrahlen in der Art eines Fließens auf uns zukämen, bei ihrem Eintreffen Zeitintervalle zu beobachten sein müßten. Aber Licht- und Farbwirkungen entstünden, wie auch Dietrich – in dem Streben, die Strahlenwelt von der Welt der übrigen Natur abzusetzen – hervorhebt, instantan (col. 8 (3) IV 283).

3

Wer vom Regenbogen spricht, muß von Farbe sprechen. Wer von Farbe spricht, muß vom Licht reden. Dies hat Dietrich getan, indem er zuerst *De luce* schrieb, dann *De iride,* mit dem er seinen Traktat *De coloribus* so eng verknüpfte, wie er in seiner literarischen Laufbahn keine zwei anderen Schriften verbunden hatte. Er hat sich in *De coloribus* 3 (1) IV 279 zurückbezogen auf *De luce;* er hat *De iride* und *De coloribus* als parallele Arbeiten präsentiert, die einander ergänzen sollen.[67]

Dietrich empfiehlt, diese drei Texte rückblickend im Zusammenhang zu lesen.

4

Licht. Die Differenz von lux als Lichtquelle und lumen als Lichtschein, Lichthelle liegt auf der Hand. Das Interesse Dietrichs gilt dem lumen. Er definiert es mit Aristoteles, *De sensu et sensato* 3 als forma et perfectio diaphani, luce 2 (4) IV 10; 7 (3) IV 15. Es ist immer unter diesem Doppelaspekt zu denken: Als frei verströmend entgrenzt und zugleich gebunden als Prägung in einem begrenzten Durchsichtigen abgestufter Trübung wie Luft oder Wasser.

Es ist reale Qualität des Transparenten (luce 8 (1) IV 15); es ist eigenschaftliche Gestaltgebung, forma accidentalis (luce 4 (3) IV 16). Es ist nicht Substanz, sondern Disposition der Substanz, die als Disposition

[67] col. 10 (3) IV 285; ir. prologus (6) IV 122; ir. II 1 (20) IV 148, ferner ir. II 10 (1) IV 161.

„Teile" (in einem genauer zu definierenden Sinne) haben muß, die Um-Disposition und damit Veränderung ermöglichen. Damit ist Farbentstehung und Farbänderung möglich.

5

Dietrich sucht bei der Analyse des Lichts die causae per se et essentiales (luce 2 (4) IV 10), und findet dabei die doppelte Bedeutung von causa accidentalis: Das Durchsichtige, das diaphanes, ist in Potenz zum Licht, aber es ist nicht in der Art bloß der Möglichkeit nach, wie ein Balken in der Möglichkeit ist, zu stürzen, wenn ich ihm die stützende Wand wegnehme (das ist die causa accidentalis im ersten Sinn des Wortes), sondern wie etwas, das einen Wesensbezug, einen per-se-respectus auf das faktisch Begegnende hat, das ihm jetzt noch fehlt. Dies nennt Dietrich die causa accidentalis im zweiten Sinn. Das ist eine Abwesenheit eigener Art. Das Durchsichtige, dem im Finstern der Farbakt fehlt, ist am besten zu begreifen nach der Analogie des Auges im Dunkeln. Das Tier, das seinem Nachwuchs die Wesensform und damit die Sehkraft gab (das generans), verlieh ihm nicht auch die Gegenstände seines Gesichtssinns, ohne die das Jungtier nie actu sehen würde. Es entläßt sein Junges in die Welt der Zufälligkeiten, in denen es zufälliges Beleuchtetes antreffen muß, um seine per-se-Beziehung darauf einzulösen. Deswegen dürfen Philosophen – was ihnen de facto unterlaufen ist – die Rolle der Wesensursache, des generans, für die wirklichen Vorgänge des Sehens wie des Beleuchtetwerdens nicht falsch einschätzen: Das generans ersetzt nicht die Notwendigkeit kontingenten Antreffens.

6

Dietrich hat über die Unterscheidung einer doppelten causa accidentalis hinaus sein begriffliches Instrumentarium weiter zugespitzt, um das Gemeinsame von Sehen und Beleuchtetwerden ontologisch zu fassen, dabei die Rolle des generans genauer zu bestimmen und das Faktische wirklicher Licht- und Lebensvorgänge begrifflich zu bestimmen.[68]

[68] Die wichtigsten Stellen sind: luce 7 (3) IV 15; 9 (3) IV 16; 11 (2)–(3) IV 18; 13 (3) und 14 (1) IV 20, zur genauen Rolle des generans auch el. 28–47 IV 79–93.

Das terminologische Ergebnis ist die Fassung des Sehens und des Lichts als formae perfectionales. Deren Theorie hat Dietrich grundgelegt in der *Quaestio utrum in Deo* 22.2.3 (7) bis (9) III 313 bis 314 und in *De natura contrariorum* cc. 36–40, II 108 bis 111. Das Wuchern der Terminologie darf den Erfahrungsbezug nicht vergessen lassen: Der Ausdruck formae perfectionales erfaßt das Gemeinsame, das sich am aktualen Sehen und am Beleuchtetwerden zeigt: Was da vorgeht, steht zwischen Notwendigkeit und Zufälligkeit. Wenn die Katze einen Hund sieht, wenn die Sonne einen Stein bestrahlt, wird der Vorgang nicht allein von der Natur der Katze oder des Steins bestimmt. Es tritt de facto ein Hund vor das Auge der Katze und trifft ein Sonnenstrahl den Stein. Aber das Auge der Katze hat einen Wesensbezug auf das Sichtbare. Dieser Bezug macht das Auge als Auge aus; er ist ihm nicht zufällig, aber seine Realisierung ist mit dem Katzesein nicht gegeben, sondern wird, wenn überhaupt, durch kontingente Vorgänge eingelöst. Dieses faktische Einlösen vervollkommnet das Sehende oder das zu Beleuchtende und bringt ihm deswegen eine eigenschaftliche forma. Sie heißt perfectionalis, weil ein zufällig Hinzutretendes einen Wesensbezug erfüllt.

7

Dietrich arbeitet das Besondere der Lichtwelt heraus, indem er es absetzt von anderen Veränderungen in der Natur. Wird ein Stein beleuchtet, so ist das ein Vorgang von spezifisch anderer Art als wenn er erwärmt wird (luce 17 (3) IV 22). Terminologisch ausgedrückt: Beleuchtetwerden ist keine alteratio. Dietrich will Lichtvorgänge mit anderen Kategorien beschreiben als einfache Naturprozesse, nämlich als Hinzutreten einer forma perfectionalis. Prägnant bringt er diese Differenz zum Ausdruck, indem er wechselnde Beleuchtungsverhältnisse bei Himmelskörpern zuläßt, bei denen es kein Werden und Vergehen und außer der Ortsbewegung keine Veränderung geben soll. Allein schon die wechselnden Lichtphasen des Mondes machten diese Überlegung unvermeidlich (luce 19 IV 23–24).

Der Naturphilosoph Dietrich bringt in die Naturbetrachtung eine Differenzierung ein, die der Unterscheidung des Metaphysikers in ens naturae und ens conceptionale vergleichbar ist. Es bestehen Analogien, keine direkte Übertragbarkeiten zwischen diesen Bereichen. Für die

Lichtwelt heißt das: Wird ein Naturgegenstand bestrahlt und treten seine Farben hervor, dann ist diese Farbigkeit eine qualitativ andere als die Farbigkeit von Lichtstrahlen. In *De iride* II 4 (2) IV 152 und II 5 (1) IV 153 verschärft Dietrich den Unterschied zwischen colores naturales und colores radiales; er ist Voraussetzung seiner Analyse des Regenbogens.

8

Dietrich hat das ens conceptionale vom ens naturae unterschieden und zugleich Entsprechungen zwischen ihnen gesucht. Er hat die Lichtwelt von den Naturdingen abgesetzt und für das Licht, könnte man sagen, eine Ontologie sui generis gefordert, aber hat auch hier Zusammenhänge und Entsprechungen gezeigt. Er wußte, daß er vom Licht nicht reden konnte, ohne vom Auge zu sprechen, dessen forma perfectionalis es ist. Vom Sehen her erschloß er seine Optikphilosophie, weil wir es vom Auge her kennen, daß ihm etwas präsentiert werden muß, dessen Präsenz ihm per se notwendig ist. Wie das Auge, das seine Natur und Sehkraft, aber nicht seinen Gegenstand vom Erzeugenden erhalten hat – und deshalb von einer nicht ausgefüllten Wesensmöglichkeit zum Tätigsein angetrieben wird –, sich zum Sehen verhält, so verhält sich das Transparente zum Licht. Aber dies ist, Dietrich zufolge, eine Analogie; diese Entsprechung darf der ontologischen Sonderlage des Lichts nicht präjudizieren. Gleichzeitig aber gilt: Licht kommt in der Natur vor. Wie jedes Frühjahr vor Augen führt, ist es eine entscheidende Kraft in der Natur. Licht, sagt Dietrich, ist *auch* ein Vehikel der Kraft des Himmelslichtes (luce 8 (3) IV 16 und 16 (1) IV 21). Es erfüllt eine Aufgabe im Dynamismus des Naturganzen. Es ist nicht nur optisches Phänomen, sondern Instrument zur Lenkung der Naturvorgänge.

9

Licht ist ein Disponieren über die Teile des Transparenten, est dispositio diaphani secundum has partes (luce 9 (3) IV 17). Unter „Teilen" versteht Dietrich hier Bestimmtheiten, die im Wesensbegriff so wenig enthalten sind wie andere individuelle Charakteristika. Aber sie haben das Besondere, daß es *qualitative* Momente im Durchsichtigen sind, die eine *wesenhafte* Beziehung auf die Existenz einer anderen Sache haben (luce 9 (1) – (3) IV 16). Das Licht ist Prägekraft, forma, des Durchsichtigen (luce 2 (4) IV 10 und 7 (3) IV 15); es verfügt über dessen Farbmöglichkeiten und nimmt mit ihnen etwas vor, was Dietrich mit dem Ausdruck conculcatio beschreibt. Der metaphorische Ausdruck, den man mit „Zusammendrückung, Pressung, Intensivierung durch Gestaltgebung, Formung, Steigerung" übersetzen könnte, beschreibt die Farbentstehung aus dem Licht.

Die wichtigsten Stellen – contrar. 72 (2) II 133; dot. 9 (3) 276; luce 16 (2) –18 (3) IV 21–23, ir. II 4 (5) IV 153 – erklären, das Wort „Teile" beziehe sich auf Qualitäten des Transparenten, es geht um die conculcatio qualitativer Elemente des Durchsichtigen. Es handle sich um den qualitativen Sinn eines zunächst quantativen Vorgangs, conculcatio bedeute nichts anderes als wechselseitige qualitative Durchdringung, quandam qualitativam partium penetrationem, sicut in quantitatibus una dicitur penetrare aliam et ita conculcare (luce 17 (2) IV 22). Es geht um Lichtbestandteile, von denen Dietrich sich vorstellt, sie würden vom Licht, als der Gestalt, forma, des Durchsichtigen zusammengedrängt oder qualitativ konzentriert, so daß sie im Maße ihrer Wechseldurchdringung verschiedene Farben entstehen lassen.

10

Lumen, Lichthelle ist eine Zusammensetzung oder besser: ein Zusammentreten von Begrenztem und Unbegrenztem. Das einzelne Beleuchtete ist begrenzt als die Vereinigung von Licht und Nicht-Licht, von Licht und Finsternis. Wo Helle ist, muß auch Schatten sein. Technisch ausgedrückt: Das Licht hat keinen Gegensatz außer seiner privatio (luce 17 (3) IV 22).

11

Licht und Farbe. Licht macht gestaltgebend das ganze Wesen der Farbe aus: lumen formaliter est tota substantia coloris (luce 16 (1) IV 21). Das Wort „formaliter" heißt hier: Es prägt die Wesensart, es gewährt innerhalb seiner selbst Differenzen, es hält die verschiedenen Farben einheitlich in sich zusammen. Licht „zerfällt“ nicht in die Farben. Licht wird nicht „zerstreut“; es zeigt seine Gestaltungskraft als Vielfalt der Farben im einheitlichen Licht.

12

Licht und Farbe laden ein, die Trennung von Prinzip und Prinzipiiertem denkend zu unterwandern. Charakteristika des Grundes tauchen auf im Begründeten; Bestimmungen, die der Substanz zukommen, wandern herunter in die spezifischen Eigenschaften. So hebt das Licht die Hierarchie von oben und unten auf und verlangt modifizierten Gebrauch der Kategorien (luce 17 (1) – (2) IV 22 und col. 11 (1) IV 285).

13

Farbstrahlen haben Teil an der Eigenheit des Lichtes. Sie sind nicht mit einem gewöhnlichen Naturvorgang zu verwechseln, auch wenn sie mit Naturvorgängen zusammen auftreten und ein Instrument der Natur sind, so daß ein Mehr an Licht oft ein Mehr an Wärme und das Nachlassen des Lichtes ein Weniger an Wärme bedeutet. Aber diese Verbindung liegt nicht im Wesen von Licht und Farbe. Daß Licht und Farbe sui generis sind, beweist, Dietrich zufolge, der strahlende Sternenhimmel in kalten Winternächten. Ein weiterer Hinweis darauf: Farben gehen nicht als reale Eigenschaften durch das Medium, sie verändern es nicht in der Weise, wie Wärme die Luft verändert. Technisch ausgedrückt: Farben gehen intentionaliter durchs Medium (luce 8 (1) IV 15s).

14

Dietrich unterscheidet vier Arten von Farbigkeit: Erstens die Farbe eines Körpers, die *unmittelbar* gesehen wird, bei normalem Licht, ohne Dazwischentreten eines Mediums. Zweitens die Farbe, die wir durch ein *farbiges Medium* sehen, etwa durch gefärbtes Glas. Drittens die Farbe eines Körpers, wie wir sie nach Reflektion und Fraktion im *farblosen* Prisma sehen. Viertens die Farbe, wie wir sie durch ein *farbiges* Prisma sehen (col. 9 (2)–(5) IV 284).

Dietrich waren solche Einteilungen wichtig. Aber sie waren ihm ein Nebenthema der Farbenlehre. Hauptthemen waren:

a. Das Wesen der Farbe und ihr genaues Verhältnis zum Licht (col. 1 (2) IV 278). Wie kommt es bei Einheit des Lichts zur Vielheit der Farben (col. 4–7, IV 280–282)?

b. Die Art der Potentialität der Farbe im Dunkeln (col. 3 (1) IV 271).

Ob Farben ohne Licht existieren, klärt die parallele Untersuchung zum Sehen im Dunkeln. Dabei greift Dietrich auf seine Unterscheidung einer doppelten Art akzidenteller Kausalität zurück. Bei der zweiten Art akzidenteller Kausalität fehlt etwas, aliquid abest, auf das eine Wesensbeziehung besteht: des Gesichtssinns zum Sichtbaren, des Transparenten zur Lichtquelle (col. 1 (1) IV 277; 3 (1)–(2) IV 279).

c. Die Zuverlässigkeit der Farbwahrnehmung (col. 8 (3) IV 283 und 10 (1) IV 285).

15

Licht ist Grundlage (hypostasis) der Farbe. Es bringt sie nicht nur hervor, sondern es bleibt in ihr als seinsgebende und wesensprägende Kraft, als seine forma. Farbe entsteht, indem Licht in die Tiefe des transparenten Körpers eindringt. Es erhellt ihn, wird seine Wirklichkeit und seine Gestalt (actus et forma). Licht in einem begrenzten Durchsichtigen, das ist Farbe. Licht, das in begrenztes Transparentes einfällt, erfüllt die akzidentelle Möglichkeit der zweiten Art und erzeugt an der Oberfläche des beleuchteten Körpers die Farbe. Sie entsteht durch Kombination der freien Formkraft des Lichtes mit der Grenze im Körper. Sie ist das Sichtbarwerden dieser Polarität (col. 1 (2) IV 178).

16

Licht und Farbe sind zwar nicht von der Art der anderen Naturdinge, aber sie sind Körper. Der Strahlengang ist daher nicht zu verwechseln mit einer geometrischen Linie, obwohl unsere Zeichnungen des Lichtstrahls dies suggerieren. Vor dieser Verwechslung warnt Dietrich nachdrücklich (ir. II 22 (5) IV 182; II 35 (1) IV 202; II 37 (1) IV 206).

Die Oberfläche des beleuchteten Körpers ist etwas anderes als die

Fläche des Geometers. Auf der Oberfläche des Geometers gibt es keine Farbe. Zum Farbigsein gehört – wie zum Lichtstrahl – eine gewisse Tiefe, eine gewisse Körperlichkeit oder Dreidimensionalität (col. 2 IV 278).

17

Farbe ist die Grenze des in sich grenzenlosen Transparenten an einem begrenzten Körper. Diese Definition entnahm Dietrich dem dritten Kapitel von Aristoteles' *De sensu et sensato,* 439 b 11–12. Sie verschafft der Farbentheorie Dietrichs einen festen Ausgangspunkt: Die Farbe ist zu betrachten als die Wirkung der faktischen Lichtquelle an der Oberfläche eines begrenzten Körpers. Dietrich gibt zu verstehen, die Erklärung des Aristoteles sei ihm nicht explizit genug, – der Philosoph *deute an,* Philosophus innuit, col. 2 IV 278 –, besonders dort, wo es auf die *Notwendigkeit einer Tiefenstruktur* der Grenze des bestrahlten Körpers ankommt. Weiterführende Hilfe fand Dietrich bei Averroes in dessen Kommentar zu *De sensu et sensato* 3, fol. 14 rD. Danach entstehen die einzelnen Farben aus dem je anderen Verhältnis von Lichthelle und Durchsichtigkeit. Genau genommen sind vier Faktoren zu berücksichtigen: große oder kleine Lichtfülle – große oder geringe Durchsichtigkeit. Bei großer Lichtfülle und großer Transparenz entsteht die Farbe Weiß, bei wenig Licht und geringster Durchsichtigkeit sehen wir Schwarz (col. 3 (1) IV 279). Die Farbtheorie Dietrichs ruht auf einem aristotelisch-averroistischen Sockel. Averroes bekommt besondere Bedeutung bei Dietrichs Erklärung der Farbenordnung und damit bei der Entscheidung der Frage, wie aus dem *einen* Licht die vielen Farben entspringen. Sie ergeben sich, wie Averroes zeige, aus den prinzipiellen Kombinationsmöglichkeiten von vier Faktoren: mehr oder weniger hell, magis – minus clarum kombiniert mit mehr oder weniger dunkel, magis – minus obscurum. Überwiegt die kräftige Helle, entstehen die Farben Rot und Gelb; überwiegt das Dunkle, nähern wir uns dem Schwarz, und es entstehen die Farben Grün und Blau, wobei wir Grün als Dunkelgrün vorstellen müssen (col. 6 (1) IV 281 und 10 (3) IV 285).

18

Aus der Mischung von Schwarz und Weiß entstehen Grautöne, aber niemals die mittleren Farben. Dietrich weiß, daß seine erste Analyse den Eindruck erweckt, die Farben ließen sich auf einer Skala von Mehr oder Weniger von Licht–Dunkel eintragen. Dies korrigiert er: Zwar hat er die Spanne zwischen Weiß und Schwarz im Blick; es ist die Spannung zwischen Haben und Nicht-Haben, zwischen forma und privatio, zwischen Licht und Nicht-Licht, zwischen Sein und Nicht-Sein. Aber er wendet alle Energie daran zu zeigen, daß die Farben nicht Phänomene der Intensivierung und der Remission nach Art von Erwärmung oder Erkalten sind. Sie sind nicht Grade auf derselben Skala, sondern *spezifisch* verschiedene Formen des *einen* Lichts. Um dies plausibel zu machen, braucht er den Begriff der mixtio complexionalis. Es scheint, daß er diesen Ausdruck erfunden hat, jedenfalls war er selten und kommt z.B. bei Thomas von Aquino nicht vor. Er bezeichnet die besondere Art von Verbindung, die das Helle und das Dunkle in der Farbe eingehen. Dietrich beschreibt Grade der Einigung: Auf der untersten Stufe stehen Aggregate wie ein Haufen von Getreidekörnen. Einheitlicher sind bereits die Mischungen, confusa, wie die von Wein und Wasser. Einen weitaus höheren Grad stellt die mixtio, die Verbindung von Elementen dar. Das war das Thema von *De miscibilibus in mixto*. Die mixtio complexionalis, von der Dietrich wohl in *De natura contrariorum* 73 (10) II 134–135 zum ersten Mal gesprochen hat, steigert die Vereinheitlichung und erweitert zugleich deren Bandbreite. Complexio ist sonst ein medizinischer Terminus, der die je verschiedene Zusammensetzung der Säfte und Temperamente im Körper des Lebewesens bezeichnet. Dietrich, der ihn in *De elementis* 11 (3) mit dem Namen Galen assoziiert, gibt ihm hier die Wendung, er bedeute Aktivität und Drang zur steigernden Ausdifferenzierung im Innern einer höheren Einheit. Die complexionata, schreibt er, gehen über die mixta hinaus, indem sie super virtutem et motionem elementarem movent et agunt ad ulteriores formas et dispositiones rerum ex altioribus formis (col. 7 (5) IV 282). Die komplexionale Einheit drängt als Kraftzentrum zur Steigerung, sie bewegt und treibt zu höheren Formen. Mit leicht anachronistischem Einschlag ließe sie sich als eine Art Motor der Evolution bezeichnen. Jedenfalls ist sie keine statische Struktur, sondern Aktivität zu Erreichung höherer Formen, die zugleich einheitlicher und unterschiedsreicher sind. Movent et agunt ad altiores formas. Solche Kraftzentren liegen als Prinzipien den Hauptfarben zugrunde. Nur indem wir die Vereinigung von Hell und Dunkel, von Unbegrenzt und Begrenzt als von dieser Art *subtiler Dynamik* denken, verstehen wir, daß das *eine* Licht sich ausdifferenziert – nicht nach dem bloßen Mehr oder Minder, magis vel minus, sondern in den Formenreichtum *spezifisch* verschiedener Farben. Die spezifische Differenz der Hauptfarben Rot und Gelb, Grün und Blau beruht auf der je besonderen mixtio complexionalis verschieden durchsichtiger und verschieden leuchtkräftiger Körper.

19

Die Farben erscheinen, aber sie sind nicht Schein. In ihnen spricht die Natur zu uns. Die Natur selbst legt uns diese Farbenfolge vor, wie das Prisma beweist: Weiß – Rot – Gelb – Grün – Blau – Schwarz (col. 6 (2) IV 281). Dietrich zeigt sich als farbentheoretischer Objektivist: Sofern Farbe das spezifische Objekt des Sehsinns ist, täuschen wir uns nicht über sie. Im Einzelfall kann Irrtum vorkommen, aber nicht in Bezug auf das genus unseres Gesehenen (col. 8 (3) IV 283 und 10 (1) IV 285). Goethe drückte sich frommer aus als der Mönch zu Beginn des 14. Jahrhunderts und notierte: „Es ist eine Gotteslästerung zu sagen, daß es einen *optischen Betrug* gebe."[69]

20

Regenbogen. Der entscheidende Schritt Dietrichs bei der Lösung des Problems war: Nicht mehr von den vier Elementen, nicht mehr von den atmosphärischen Bedingungen der austropfenden Wolke, sondern allein von Wesen und Arten des Strahlengangs auszugehen. Dietrich beschrieb diese Wende mit folgenden Regeln: Von allen Phänomenen die Prinzipien hernehmen aus Wesen und Arten der Strahlung – principia sumere ex radiatione. Er brauchte nur zuzusehen, was per se der radiatio zukommt (ir. 3 (1) IV 150). Er dachte in erster Linie an die Strahlen der Sonne, hob aber hervor, zu berücksichtigen sei auch die Strahlung der Sonnenumgebung (ir. II 5 (6) IV 154).

[69] Paralipomena, Weimarer Ausgabe, Weimar 1906, II. Abt. Band 5/ 2 S. 21.

21

Die Erklärung der Farbenstehung kompliziert sich, wie gezeigt. Die Theorie der internen Kontrarietät der Farbprinzipien, welche die Vierzahl der Hauptfarben begründet und definitiv ausschließt, sie durch Mischung von Schwarz und Weiß entstanden zu denken, gibt Rechenschaft von einer doppelten Gegensätzlichkeit: Außer der Polarität im Verhältnis von größerer oder geringerer Lichthelle zu größerer oder kleinerer Transparenz, gibt es das spannungsreiche Zusammensein der Gegensätze von Begrenzt und Unbegrenzt.

Die Argumente für diese zentrale These, die überdies den Zusammenhang mit der Schrift *De coloribus* begründet (ir. II 1 (20) IV 148), stehen ir. II 3 bis II 5 IV 150–154, doch vgl. II 1 (17) IV 148. Dietrich erklärt in ir. II 4 (1) IV 152, diesen Kern der Argumentation habe er aus Aristoteles und Averroes entwickelt.

22

Nachdem Dietrich schroff klargestellt hat, daß die bisherigen Versuche, den Regenbogen zu erklären, vor allem durch die Orientierung an den vier Elementen gescheitert sind, konstruiert er selbst eine Theorie, die zwar ihre Unabhängigkeit von der Elemententheorie behauptet, aber zugleich analoge Entsprechungen zeigt zwischen den vier Elementen und den vier Hauptfarben, zwischen den Mischungen in der Natur und derjenigen in der andersgearteten Lichtwelt. Jeweils wird – auf prinzipiell verschiedene Weise – die Kontrarietät von vier Faktoren zu Einheit und Gestalt geführt. Bei aller prinzipiellen Andersheit zwischen res radiales und res naturae (II 4 und 5 (1) IV 153 und II 6 (2) IV 155), bedenkt Dietrich die Einheit der Gesamtnatur, also den allgemeinen Naturzusammenhang von Licht und Farbe (II 10 (5) IV 161). Die Strahlenwelt hat ihre eigenen Prinzipien, liegt aber nicht außerhalb der einen Welt. Schon gar nicht ist sie von der Art geometrischer Abstraktionen (ir. II 22 (5) IV 182; II 35 (1) IV 202; II 37 (1) IV 206).

23

Dietrich besteht darauf, daß die Farben nicht aus gradweiser Vermischung von Weiß und Schwarz entstehen (II 3 (2) IV 151), sondern daß sie vier verschiedene species bilden. Aber mehr noch zeigt er sich besorgt um die *Einheit* des Lichts. Seine Entdeckung beruht auch auf der Nutzung des Prismas, also auf der Zerlegung des Lichts, aber das Licht ist nicht nur *Wirkursache* der Farben, sondern bleibt ihre immanente Grundlage (hypostasis) und ist ihre forma (col. 2 (1) IV 278 und 3 (1) IV 379). Es verliert seine Gestaltungskraft nicht in den bunten Farben, sondern *zeigt* sie. Dietrich hätte nicht der Wendung zugestimmt, das Sonnenlicht *bestehe* aus diesen Farben; er hätte gesagt, es bringe sie hervor, bleibe in ihnen anwesend, gebe ihnen mit seiner gestaltenden Immanenz Dasein und Einheit. Ähnlich wie bei der mixtio der vier Momente der Elemente entsteht aus dem Zusammentreten der vier Komponenten der Farbe eine neue Einheit, ut sint omnino una et eadem qualitas (ir. II 6 (3) IV 156). Wovon die Strahlen ihre forma haben, davon, also vom Licht, empfangen sie zugleich ihre Einheit, capiunt formam et unitatem suae formae (l.c.). Die Prinzipien der Farben sind verschieden, aber sie treten als ein und derselbe Farbstrahl vor unser Auge. Schon wenn wir durch zwei verschieden gefärbte Glasscheiben blicken, die übereinander liegen, sehen wir nur *eine* Farbe, aber die Vereinigung der Farbgründe im Farbstrahl ist stärker und gehört einer höheren Ordnung an (ir. 7 (1) – (2) IV 157). Die Farbe, sei's im Regenbogen, sei's sonstwo, ist jeweils spezifisch einheitlich bestimmt. Die Farbe ist, wie Dietrich mit dem neugeschmiedeten Fachterminus sagt, *complexionaliter* unus secundum speciem (ir. II 7 (4) IV 158). Er betont die Gründlichkeit der Vereinigung der Farbprinzipien, perficitur autem ipsorum ad invicem permixtio seu unio (ir. II 8 (7) IV 159). Sie werden unter der formgebenden Leitung des *einen* Lichtes essentialiter idem (ir. 9 (1) IV 161). Dietrich hat sich ausdrücklich geweigert, entweder für die Einheit des Lichtes oder für die solide, spezifische Eigengestalt der in Regenbogen und Prisma ausdifferenzierten Grundfarben zu votieren. William A. Wallace hat in seiner verdienstvollen Studie zur naturwissenschaftlichen Methodologie Dietrich zum Vorläufer Newtons in der Farbtheorie gemacht. Aber wenn das Licht nicht nur Wirkursache, sondern bleibende Grundlage und Gestalt (hypostasis, forma) der Farben bleibt, dann ist diese Zuordnung neu zu diskutieren.

24

Zur geschichtlichen Stellung von Dietrichs Regenbogentheorie gibt es offene Fragen. Sein Ordensoberer hatte dafür Interesse gezeigt. Das dürfte dazu geführt haben, daß sie mehrfach abgeschrieben worden ist – es existieren noch vier Manuskripte –, scheint aber ihrer weiteren Verbreitung nicht genutzt zu haben. So viel wir heute wissen, blieb Dietrich auch mit ihr ein Außenseiter. Ihre Verbindung mit seiner eigenwilligen Philosophie war zu eng; ihre Präsentation in *De iride* war von ungewöhnlicher begrifflicher Strenge. Sie ließ sich schwerlich in einen der universitätsüblichen Kommentare zur *Metereologie* integrieren. Deren Vielzahl ist schwer zu überblicken. Vielleicht wird in einem dieser vielen Kommentare noch eine Nachwirkung von Dietrichs Regenbogentheorie entdeckt. Die theoretische und ideenpolitische Entwicklung seit dem zweiten Jahrzehnt des 14. Jahrhunderts war Dietrichs Wirkung nicht günstig. Wir kennen das späte Mittelalter zu schlecht, um Endgültiges zu sagen. A.C. Crombie zufolge hatte Regiomontanus (1436–1476) die Absicht, Dietrichs *De iride* zu publizieren. Es scheint, als sei Dietrichs Regenbogentheorie erst im Jahr 1514 zum ersten Mal erwähnt worden, und zwar von Jodocus Trutfetter, Professor in Erfurt, in seiner *Totius philosophiae naturalis summa* IV 2, Erfurt 1517, fol. 59 v –60 r.[70] Von da bis zu Descartes klafft wiederum eine häßliche Lücke. Ich schlage vor, jüngere Forscher sollten statt in Spekulationen über Kontinuität und Diskontinuität in der Wissenschaftsgeschichte auszuweichen, die Hinweise von William A. Wallace verfolgen und sich um diese geschichtlichen Räume kümmern, deren Leere mich erschreckt.

8. Sternenseelen. Sternenstoff

Wir kommen zu Dietrichs wahrscheinlich letzter Schrift. Es handelt sich um einen Doppeltraktat, verfaßt auf Bitten zweier südwestdeutscher Ordensgenossen, Heinrich von Freiburg und Heinrich von Ettlingen.

[70] Loris Sturlese, Einleitung, IV p. XLV; A. C. Crombie, Robert Grosseteste and the Origins of Experimental Science, Oxford 1953, S. 268–269.

Dietrich galt offenbar als Experte für Kosmologie. Die Doppelfrage, die man ihm vorgelegt hatte, betraf die Himmelskörper, ihre metaphysische Natur, ihre Bewegungsursachen und die Art ihrer Körperlichkeit. Er antwortete auf den ersten Teil der Frage mit der Schrift *De intelligentiis et motoribus caelorum* (abgekürzt: intellig. II 350–369), auf den zweiten Teil mit dem Traktat *De corporibus caelestibus* (abgekürzt: cael. II 378–385).

Im Prolog von *De intelligentiis* redet Dietrich die Fragesteller an: Gebete sollten sie von ihm erbitten, keine Problemerörterungen, zumal keine philosophischen, denn mit dem philosophischen Lehrbetrieb habe er schon lange nichts mehr zu tun. Aber er könne ihrem Eifer nichts abschlagen, und so blicke er denn noch einmal zurück und beantworte ihre Fragen. Er antworte nach den Verfahrensweisen der Philosophie, ohne in solch schwierigen Fragen einer besseren Lösung aus der Bibel und der Glaubenslehre vorgreifen zu wollen (intellig. Prologus, II 353).

Dieser Prolog ist kostbar – als Lebenszeugnis, das wie bei Dietrichs ersten Schriften seine Vorliebe für schwierige Fragen betont, und als methodisches Programm, das theologische Einsprüche vorsieht, aber darauf besteht, streng philosophisch zu argumentieren, also die methodische Selbständigkeit der Philosophie zu praktizieren. Ein weiter Begriff von Philosophie liegt zugrunde. Dietrich hielt es für die Aufgabe der Philosophie, den Aufbau des Kosmos und die besondere Körperlichkeit der Himmelskörper zu erforschen. Physik und Theorie der Himmelskörper waren für ihn Teile der Philosophie. Auch seine Studien über den Regenbogen waren in seinen Augen philosophische Untersuchungen. Wie gesagt, galt diese Sprachregelung bis ins hohe 18. Jahrhundert. Wenn Dietrich sagt, er habe schon lange nichts mehr beruflich mit der Philosophie zu tun, so ist genau auf seinen Wortlaut zu achten: Die Ordensgenossen, schreibt er, sollten keine quaestiones von ihm erbitten, extra quarum professionem iam dudum positum sum. Er sagt nicht, er habe schon lange nichts mehr mit der Philosophie zu tun; das quarum bezieht sich mit seinem Plural nicht auf die Philosophie, sondern auf die quaestiones, also auf die magistrale Entscheidung universitärer Streitfragen. Denn als philosophischer Schriftsteller hatte Dietrich vor gar nicht langer Zeit noch über das Licht und über den Regenbogen geschrieben.

Seine Kosmologie, erklärt er einleitend, beruhe auf dem System der Intelligenzen und der Himmelsseelen, deren Funktion und Unterschied er im Anschluß an die Philosophen darlegen werde, denn die Philosophen hätten diese Fragen mit großer Sorgfalt und anerkennenswerter Neugierde erforscht (intellig. 1 (1) II 353). Bekanntlich hat Augustinus jede von der Bibel abgelöste Naturforschung für Neugierde (curiositas) gehalten und als Sünde verurteilt. Und ebenso bekanntlich hat Hans Blumenberg die Überwindung des curiositas-Verbotes für ein Charakteristikum der beginnenden Neuzeit gehalten. Aber Dietrich sprach von empfehlenswerter curiositas, von commendabilis curiositas. Angesichts dieser unleugbaren Tatsache bleiben zwei Möglichkeiten: Entweder man verlegt den Beginn der Neuzeit in die Jahre um 1300, oder man verzichtet prinzipiell auf solche Epochenbilder. Ich habe an anderer Stelle für die zweite Möglichkeit argumentiert, gehe dem Problem hier nicht nach und folge den Überlegungen in Dietrichs letzter Schrift.[71] Er bekräftigt in ihr noch einmal drei metaphysische und methodische Konzepte, die sein ganzes Werk geprägt haben: Die letzten Gründe der Kosmologie sind intellectus in actu per essentiam und causae essentiales, deren Erkenntnis sich bei der Erforschung der per-se-Gründe der Welt ergibt. Denn Wesen dieser Art liegen der Weltentstehung und dem Weltaufbau zugrunde, in abgestufter Weise: Die Intelligenzen gehen als reine Geister aus dem göttlichen Erstgrund hervor und bewirken aus dem Nichts Geistwesen, die mit den Sternenschalen eine Einheit bilden, die wir deswegen Himmelsseelen nennen können und die durch die Himmelskörper alles Werden und Vergehen in der Welt bestimmen. Über die Art dieser absteigenden Produktion gibt Dietrich folgende Zusatzerklärungen:

Es handelt sich um die Kausalitätsform, die den causae essentiales vorbehalten ist. Von deren Begriff her, nicht aufgrund der sinnlichen Vorstellung des Ausfließens ist der Weltaufbau zu denken. Wenn von Bewirkung aus dem Nichts die Rede ist, so heißt dies: Die Intelligenzen wirken, ohne Materie vorauszusetzen. Aber sie treten nicht in Konkurrenz zum göttlichen Grund, dem sie auf die früher beschriebene Weise entspringen, indem sie ihn erkennen. Sie bewirken „Himmelsseelen", und darunter sind Geistwesen zu verstehen, die als reine Formprinzipien die Himmelskörper gestalten, so daß diese ihren Formenreichtum in die niedere Welt geben können. Es geht nicht um einen Angriff auf den Schöpfungsbegriff, sondern um seine Auslegung im Sinne der *Propositio* 3 des *Liber de causis*: Die erste Ursache erschuf die Seele vermittels der Intelligenz, und unter „Seele" ist die anima nobilis, also die Himmelsseele zu verste-

[71] Kurt Flasch, Philosophie hat Geschichte. Band I: Beschreibung einer Denkart, Frankfurt/M. 2003.

hen (intellig. 1 II 353–354). Dies ist die neuplatonische Hierarchie, für die Dietrich sich auf Proklos, den *Liber de causis* und Avicenna berufen kann, doch versäumt er es nicht, darauf hinzuweisen, auch Aristoteles halte die Himmelskörper für beseelt (intellig. 2 (2) II 354).

Ich gebe eine vereinfachende Inhaltsangabe des Traktats: Dietrich unterscheidet mit der philosophischen Tradition Intelligenzen und Himmelsseelen. Er beginnt mit einer Übersicht über Natur, Zahl und Entstehungsweisen der Intelligenzen (cc. 1–4 II 353–358), wendet sich dann der Zahl und Ordnung der Himmelsseelen zu. Diese hängt ab von Theorien über die Zahl der Sternenschalen (cc. 5–7 II 358–361). Die Himmelsbeobachtung muß den Maßstab bilden für Ansichten über die Anordnung insbesondere der Sonnen- und der Mondschale. Diese Art, empirisch vorzugehen, ist entscheidend für die negative Bewertung der Theorie des Aristoteles von der Milchstraße (cc. 8–9 II 361–361). Daher erklärt Dietrich, was diversitas aspectus heißt (c. 10 II 363). Die Schlußkapitel (cc. 11–19 II 363–369) kritisieren die Kritik des Averroes an den astronomischen Theorien des Ptolemäus, der die Kosmologie des Aristoteles korrigiert hatte durch seine Theorie der exzentrischen und epizyklischen Planetenbewegungen, ohne das Zwiebelschalensystem und die Sonderrolle der quinta essentia in Frage zu stellen. Dietrich erklärt sich für Ptolemäus und stellt sich gegen Averroes, dem er so viel verdankt, auf die Seite der arabischen Astronomen, gesteht der Kosmologie des Averroes aber einen Wahrheitskern zu wegen der Einheit des Universums (c. 19 II 369).

Die beiden Anfangskapitel von *De intelligentiis* geben eine Kurzfassung der Kosmologie Dietrichs. Dietrich blieb bis zuletzt bei seinen früheren Konzepten von intellectus per essentiam in actu und causae essentiales, ebenso bei der gleichmäßigen kritischen Berücksichtigung der neuplatonischen wie der aristotelischen Denker. Aber jetzt geht er das kosmologische Problem der Weltsphären in neuer Weise an. In *De animatione caeli* hatte er Theorien über die Beseelung des Himmels als Musterfall metaphysischer Reflexion vorgeführt, die Thomas theologisch durch die volkstümliche Rede von Engeln ruiniert habe. Jetzt stellt er den Aufbau des Schalensystems selbst in den Mittelpunkt. In *De animatione caeli* war von der Zahl der Sphären und von den Kontroversen über ihre Anzahl nicht die Rede; hier wird sie Hauptthema. Wie verschieden die intellektuelle Atmosphäre der beiden Schriften ist, zeigt folgendes

Detail: In *De animatione caeli* kam Ptolemäus nicht vor; jetzt wird der *Almagest* mindestens sieben Mal zitiert (intellig. 3 (8) II 356); 8 (3) II 362; 9 (2) II 362; 9 (5) II 363; 13 (1) II 365; 13 (2) II 365; 13 (3) II 365).[72] Immer noch – oder gar mehr als früher – muß er gegen das Theologenurteil ankämpfen, seine Metaphysik des hierarchischen Hervorgangs der Geistwesen und Himmelsschalen widerspreche der christlichen Kreationstheorie, da sie behaupte, die jeweils höhere Stufe begründe die Folgestufe aus dem Nichts. Mit c. 3 setzt eine neue Untersuchung ein; sie beginnt mit der Feststellung, in Bezug auf die Zahl der Intelligenzen seien die Philosophen verschiedener Ansichten. Sie hätten die Zahl der Intelligenzen nach der Zahl der Sternenschalen verschieden bestimmt, manche Autoren hätten für die Sphäre der Elemente eine eigene Intelligenz angenommen, daher schwankten ihre Angaben zwischen neun und elf Weltschalen.

Bis ins 17. Jahrhundert zählte man sieben Planeten, wozu Mond und Sonne gehörten, dann kam die Fixsternsphäre, die achte im Weltsystem. Da sie nach einigen Astronomen eine doppelte Bewegung aufweise, fährt Dietrich fort, hätten sie vernünftigerweise, ductu rationis, eine neunte Sternschale angenommen. Dietrich nennt als Autoren dieser divergierenden Ansichten Avicenna, Albert und Thebit. Er zitiert anerkennend über Thebit den Spruch, niemals hätten die Christen einen so subtilen und tiefsinnigen Philosophen besessen wie ihn. Dietrich hatte offenbar vom Verlauf der mittelalterlichen Denkgeschichte ein ganz anderes Bild als die neuscholastisch geprägten Handbücher der Geschichte der Philosophie des Mittelalters. Nach eingehender Diskussion kommt Dietrich zu dem Ergebnis, es gebe neun Himmelskreise und folglich neun Intelligenzen, die ihnen vorstehen (intellig. 3 II 355–357). Diese Entscheidung richtet sich gegen Averroes,[73] aber auch gegen Albert.[74]

[72] Ptolemaeus, Sytaxis mathematica, ed. J. L. Heiberg, 2 Bände, Leipzig 1893–1898; Ptolemaeus, Handbuch der Astronomie, übersetzt von Karl Manitius, Leipzig 1963². Dazu Franz Boll, Claudius Ptolemaeus als Philosoph, Leipzig 1874; Paul Kunitzsch, Der Almagest. Die Syntaxis mathematica des Claudius Ptolemaeus in arabisch-lateinischer Überlieferung, Wiesbaden 1974; John D. North, The Fontana History of Astronomy and Cosmology, London 1994, deutsch als Viewegs Geschichte der Astronomie und Kosmologie, Braunschweig 1997; Gerhard Endress, Averroes' De caelo. Ibn Rushd's Cosmology in his Commentary on Aristotle's „On the Heaven" in: Arabic Sciences and Philosophy 5 (1995) 9–49; Lerner 2000, S. 90–190.

[73] Averroes, Epitome in libros Metaphysicorum Aristotelis, tr. 4, Band VIII, fol. 387 rE–rF.

[74] Albert, In De caelo, lib. 2 tr. 3 c. 11, Ed. Colon. V 1 S. 165–169.

Außer einer bloßen Nennung (misc. Proemium (1) IV 29), ist dies die einzige Erwähnung Alberts im Werk Dietrichs. Er führt ihn distanziert anerkennend ein als jenen berühmten Albert (Secundum Albertum autem illum famosum), nennt ihn auch einmal, wohl im Hinblick auf die Bischofswürde, dominus Albertus, aber dann widerspricht er ihm. Albert habe sich an Ptolemäus gehalten, aber Thebit habe diesen widerlegt. Albert hat sich demnach an einer inzwischen überholten Astronomie orientiert. Wer sich daran gewöhnt hat, Dietrich zur Albertschule zu rechnen, muß hier sehen, daß Dietrich selbst kein Zeichen in dieser Richtung gibt; er vermerkt nur, Albert habe zwei Bewegungen angenommen, wo nur *eine* vorliege, und sei so zu einer höheren Zahl der Intelligenzen gekommen. In diesem Zusammenhang zitiert er das Lob des arabischen Denkers Thebit, das die gesamte christliche Wissenschaft als im Weltmaßstab zweitrangig erscheinen läßt. Das Ergebnis dieser astrophilosophischen Debatte ist die Beseitigung einer damals empfindlichen Divergenz der Autoritäten und folgender Aufriß der Kosmologie: Die erste Intelligenz bringt die zweite Intelligenz, die Seele der obersten Sternenschale und diesen orbis selbst hervor, die zweite Intelligenz erzeugt die dritte Intelligenz, die Seele der zweiten Himmelsschale und diese Schale selbst. So geht es weiter bis zur neunten Intelligenz, die dem neunten und letzten Himmelskreis vorsteht, und die wiederum die Seele des letzten Himmels und das Wesen des Himmels selbst produziert habe. Nach der Ansicht einiger Autoren, die Dietrich nicht teilt, folgt die zehnte Intelligenz, welche die Elementensphäre und alle Körper in ihr leite.

Dietrich hielt diese Aufstellung für vernünftig, aber nicht für definitiv bewiesen. Was er der Tradition entnimmt, nennt er nur magis rationale et probabile (intellig. 5 (7) II 359). Er wollte, wie seine Vorgänger in dieser Frage, die Zahl der Intelligenzen festsetzen aufgrund eines möglichst rationalen, also einfachen Bildes der Himmelsbewegungen. Er folgt darin den Philosophen, genau genommen: Thebit gegen Avicenna und gegen Albert, mit einem leisen Vorbehalt. Er stellt fest, die Argumente beruhten auf der Voraussetzung des Aristoteles aus *De caelo* I, daß ein in sich einfacher Körper auch eine einfache Bewegung vollziehe. Er untersucht im Detail, wieviel Mannigfaltigkeit die Sternenseele, die als Wesensgestalt oder forma Einheit bedeute, begründen könne und von wann ab die sichtbare Mannigfaltigkeit auch die Theorien über das kosmische System verändern müßte. Die Annahme der Sternenseelen beruhe darauf, daß Himmelskörper eine per-se-Einheit seien und daß dies nur durch ein formhaftes Wesensprinzip, nicht durch bloße Anstoßursächlichkeit von Seiten eines motor zu erreichen sei (intellig. 2 (2) II 354; 5 (8) II 359 und 5 (10) II 360). Dietrich gibt zu bedenken: Auch die Tierseele ist Einheitsgrund und ruft doch im Tier die verschiedensten Bewegungen hervor, daher können wir nicht aus dem Seelenbegriff auf die Einheit der Bewegungen schließen; wir müssen, um über Sternbewegungen urteilen zu können, mit der sinnlichen Anschauung und deren rationaler Durchdringung beginnen. Lag in *De animatione caeli* der Akzent auf der Forderung nach metaphysischer Kohärenz, die Dietrich auch jetzt, ohne ihn zu nennen, gegen Thomas einfordert, so ist hier der Appell an die Empirie unüberhörbar – mitten im Traktat über Intelligenzen und Sternenseelen (intellig. 5 (2) II 358 und 5 (7)–5 (9) II 359).

Dietrich verteidigt die Diversität gegen die Überzeichnung der Einheitlichkeit der Welt aus spekulativen Gründen, die er an Averroes kritisiert, auch an dessen Bild von den Bewegungen der Elemente (intellig. 16 (4) II 367). Andererseits leiten ihn – wie die gesamte ältere Philosophie – metaphysische Erstannahmen bei seiner Kosmologie, wie die, daß die jeweils höhere Sphäre einen geringeren Grad an Veränderlichkeit aufweise. Deswegen stehe der Mond, an dem die deutlichsten Änderungen wahrzunehmen seien, der irdischen Welt am nächsten. Da auch an der Sonne Veränderungen und Abweichungen zu beobachten seien, widerspricht er Ptolemäus, der die Sonne über die Venus gesetzt habe; er verteidigt mit Geber gegen Ptolemäus die Reihenfolge: Mond, Sonne, Venus (intellig. 8 II 361–362).

Mit derselben Begründung widerspricht Dietrich Aristoteles in der Frage nach der Lage der Milchstraße; sie gehöre nicht, wie Aristoteles behaupte, zum sublunarischen Bereich, da wir an ihr und in ihrem Verhältnis zu anderen Fixsternen keine Veränderung beobachten. Zu einem Hauptthema des Traktats weitet sich die Auseinandersetzung mit Averroes aus. Averroes hatte in seinem Kommentar zum XII. Buch der *Metaphysik* die astronomische Reform des Ptolemäus angegriffen, sie widerspreche der Physik: Excentricum aut epicyclum dicere est extra naturam.[75] Averroes erzählt, in seiner Jugend habe er diesen Fragen näher nachgehen wollen, jetzt im Alter resigniere er: in senectute iam despero (*In Met.* XII 45 fol 329 vL). Aber er bringt doch scharfe Kritik vor: Die Epizyklien seien ganz unmöglich, da sie für ihre Kreisbewegung einen

[75] Averroes, In Met. XII 45, vol. VIII, fol 329 vG und In De caelo II 35 vol. V fol. 118 vG–119 rA, ed. Rüdiger Arnzen, Leuven 2003, S. 332.

anderen Mittelpunkt als die Erde verlangen; die exzentrischen Bewegungen würden um mehrere Schwerpunkte kreisen, moniert Averroes. Das Zentrum der Welt wäre nicht *eines,* sondern würde multipliziert.[76] Die Averroesausgabe von 1562 veranschaulicht in Band VIII fol. 330 a die Kritik des Averroes durch folgende Skizze:

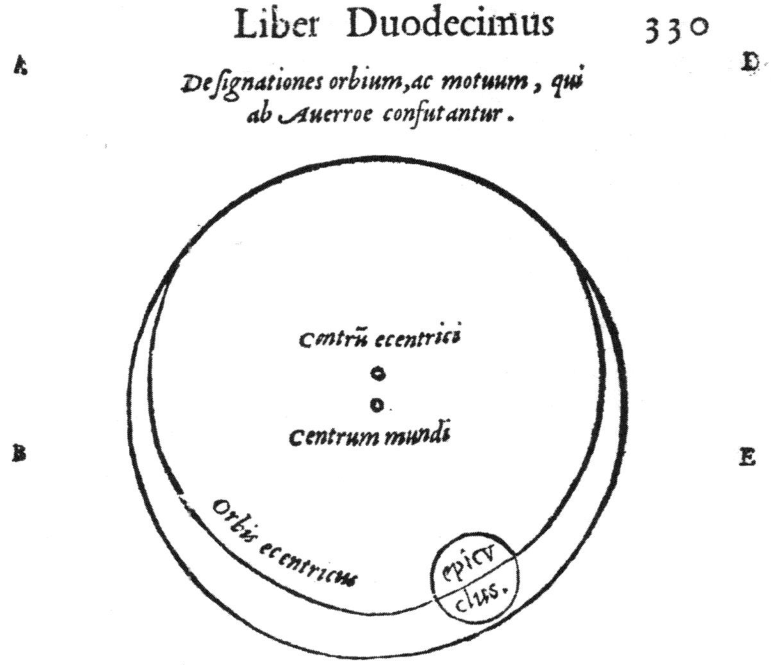

Das kosmologische Modell mit Exzentrien und Epizyklien, das Averroes ablehnt, das Dietrich verteidigt. Illustration zum Metaphysikkommentar des Averroes, Venedig 1562 Band 8 fol. 330 r.

Etwas vergröbert könnte man diese Kritik des Averroes an Ptolemäus dahingehend zusammenfassen: Die epizyklischen Bewegungen haben gar keinen realen Mittelpunkt, die exzentrischen haben mehrere falsche. Dietrich fragt dagegen: Kann man aus philosophischen Gründen und mit Berufung auf Aristoteles die Theorien der Astronomen über exzentri-

[76] Averroes, In Met. XII 45, fol. 329 vH–vI.

sche und epizyklische Sternbewegungen verwerfen? Könnte nicht die kompliziertere Theorie der Astronomen rationaler sein? Dietrich bejaht diese Frage gegen Averroes, der wie Aristoteles alle Himmelskörper in einfacher und gleichmäßiger Bewegung um die Erde als um das Zentrum der Welt kreisen lassen wollte. Die Theorie der Astronomen lasse sich mit Aristoteles vereinbaren, wenn man nur dessen These, jede Bewegung beziehe sich auf einen Mittelpunkt, nicht in jedem Fall auf den Mittelpunkt der Erde beziehe, sondern auf die je eigene Mitte eines Zyklus. Aristoteles habe an dieser Stelle nicht nach der strengen Sachlage geurteilt, sondern die allgemeine Ansicht wiedergegeben; er habe da summarisch und traditionell reden (communiter loqui) wollen (intellig. 11–19 II 363–369).

Diese Wendung (intellig. 17 (1) II 368) beleuchtet vom Spätwerk Dietrichs her noch einmal seine Polemik gegen die communiter loquentes. Damit hat er oft die Thomisten gemeint, aber auch alle Philosophen, die sich darauf beschränken, einer Sache nicht auf den Grund zu gehen, sondern es ad hoc oder immer bei geltenden Ansichten zu belassen. Dietrich polemisiert gegen Averroes, dessen einheitsphilosophische Abwehr der Astronomen sei unnötig, aber er verbindet diese Korrektur mit dem humanen Gestus eines alten Mannes gegenüber einem geschätzten anderen älteren Herren: Averroes sage ja selbst, er habe gehofft, diese Frage später einmal genauer erforschen zu können, „aber weil ich nun schon alt werde, gebe ich die Hoffnung auf“ (quia iam senui – ait, iam despero) (intellig. 14 (2) II 366). Aber der Sache nach ist die Sternentheorie des Averroes nicht zu retten; sie widerspricht der Sinneserfahrung, contradicit experientiae sensus.

Dietrichs letzter Traktat zeigt eigenwilligen Umgang mit Autoritäten. Von der Kritik an Albert war schon die Rede. Aber Dietrich argumentiert auch mit Ptolemäus gegen Aristoteles, mit Geber gegen Ptolemäus und mit Aristoteles gegen Averroes. Er hebt die höhere Autorität der Heiligen Schrift hervor. Wenn in ihr etwas gefunden würde, was gegen seine Theorien spreche, würde er sich ihr unterwerfen (intellig. 4 (2) II 358). Er diskutiert nicht mehr wie in *De animatione caeli* die These des Thomas, Engel bewegten die Sterne nicht als deren Wesensform, sondern als abgeordnete motores. Von Engeln ist einfach nicht die Rede. Zwar beharrt er auf der Notwendigkeit der Formalkausalität gegenüber der bloßen Anstoßursache, und das geht gegen die Engeltheorie des Thomas, doch bildet dies nicht mehr das Hauptthema. In diesem Traktat geht es material um die Zahl der Sternenschalen gegen Avicenna und Albert und formal oder methodisch um Erfahrungsnähe und Rationalität der Annahme epizyklischer Sternbewegungen gegen die Einwände des Averroes, der die ästhetisch-normative Poesie der aristotelischen Kreisbahnen um die Erde als Mittelpunkt gegen die Erfahrungen der arabischen Astronomen verteidigt hatte. Dietrich entscheidet sich für das exzentrisch-epizyklische Modell gegen die uni-zentrische Kosmologie des Aristoteles, während Thomas in dieser Frage unentschieden geblieben war.[77]

Die letzten Seiten, die Dietrich geschrieben hat, sein Traktat *De corporibus caelestibus* (II 377–385), untersuchen die Differenz der Körperlichkeit von Sternen und irdischen Körpern.[78] Die süddeutschen Mitbrüder hatten Dietrich danach gefragt. Zwei Gründe deuten sich an, weshalb sie auf diese Frage gekommen waren: Einmal war es schwierig, etwas Bestimmtes über die Körpernatur der Sterne zu sagen, wenn sie ausschließlich dadurch definiert war, daß sie *nicht* die der vier irdischen Elemente sein sollte. Zweitens waren die Autoritäten, besonders Averroes, Albert und Thomas, nicht einig bezüglich der Frage, in welchem Sinn die Himmelskörper Individuen genannt werden können. Was heißt bei ihnen „Individuum", was „species"?

Hatte Dietrich die Debatten um Intelligenzen und Himmelsseelen genutzt, um die Rechte der Beobachtung zu stärken und zwischen den konkurrierenden Astrophilosophen die plausibelste Ansicht zu ermitteln, so gibt er jetzt zunächst die Traditionslinie wieder, die vom ersten Buch des Aristoteles *De caelo,* über die Kommentare Alberts zu Averroes' *De substantia orbis* und zu Thomas von Aquino (Sth 67, 2) führt: Die Andersheit der Sternenkörper dient als Kontrastmodell zur Beschreibung terrestrischer Körper. Sie verdeutlicht die Physik der irdischen Welt. Physikalisch gesehen, gehören sie nicht demselben genus an, so auch Thomas (Sth I 67, 2 ad 2). Noch einmal, wie zu Beginn seiner literarischen Laufbahn, wehrt Dietrich die Vereinheitlichung

[77] Thomas Litt, Les corps célestes dans l'univers de Saint Thomas d'Aquin, Louvain 1963, S. 342–366.

[78] Die Schrift ist sehr kurz und gibt außer der Abwehr der Gleichsetzung von Stofflichkeit und Geschöpfsein, wohl bei Bonaventura, sowie den Verweisen auf Aristoteles und Averroes, vor allem auf De substantia orbis – Dietrich selbst nennt in 9 (7) II 385 ihr Thema analog de substantia corporis caelestis – keine weiteren Hinweise auf ihre historische Stellung. Sie reproduziert, scheint mir, in Kürze, was Albert in De caelo lib. 2 tr. 1 c. 2 Ed. Colon. V 1 S. 106a–106 b erörtert hat. Vgl. auch Thomas, Sth I 67, 2.

ab, welche die bloß logische Betrachtung der Welt vornimmt. Mag der Logiker die *eine* Kategorie der „Substanz“ auf himmlische und irdische Körper anwenden, der Realphilosoph insistiert auf deren Differenz, denn er sucht die Wahrheit und die Eigentümlichkeit der Sachen (cael. 1 (2) II 379). Wer auf Himmelskörper und irdische Dinge dieselben Kategorien anwendet – zum Beispiel „Substanz“ oder „Materie“ –, der erzeugt Äquivokationen. Der Himmelskörper setzt keinen Stoff voraus (cael. 1 (4) II 379); in dieser Frage steht Dietrich wie Thomas von Aquino gegen Avicenna und Avincebrol auf der Seite von Averroes und Moses Maimonides: Der Sternenkörper wird nicht aus einer vorliegenden Materie erzeugt.[79] Er besitzt Potentialität einzig im Blick auf seine räumliche Veränderung, auf Ortsbewegung (cael. 1 (8) II 380). Er ist seinem eigenen Wesen nach das subiectum; er wird nicht in ein Zugrundeliegendes hinein verwirklicht; er ist an ihm selbst das Zugrundeliegende (cael. 1 (5) II 380).[80] Mit schroffer Ablehnung quittiert Dietrich die Theorie einiger Franziskaner, die in allem Geschöpflichen Stoff finden wollen (cael. 1 (6) II 380). Die Schärfe dieser Polemik dürfte sich daraus erklären, daß Thomas (Sth I 66, 2) den Vertretern einer hylomorphen Struktur von Himmelskörpern ein Stück entgegengekommen war und daß Aegidius Romanus in den *Quaestiones II* und *III* zum *VIII. Buch der Metaphysik* diese Linie fortgeführt und damit das Thema zur Zeit Dietrichs erneuert hatte.[81]

Dietrich geht über den traditionell-aristotelischen Schulstoff hinaus, indem er untersucht, was unter dem Wort „Körper“ (corpus) zu verstehen sei. Es habe zwei Bedeutungen: Einmal das substanzbestimmende Wesen einer körperlichen Substanz (essentia substantialis corporeae substantiae (cael. 1 (1) II 379), zweitens die quantitativen Dimensionen (cael. 2 (1) II 381). In der ersten Bedeutung von „Körper“ bestehe pure Äquivokation; himmlische und irdische Körper haben nicht dieselben Wesensgründe; Sterne sind unvergänglich, weil sie schlechthin einfach sind, also nicht die Gegensätzlichkeit irdischer Elemente aufweisen. Nur in übertragener Bedeutung könne man bei Sternen von „Stoff“ reden.

[79] Thomas von Aquino, In 2 Sent., distincto 3, qu.1 a. 1 Mandonnet 2, 86. Einen guten Überblick über den Diskussionsstand vor Dietrich gibt Thomas, Sth I 67, 2.

[80] Zur Vorgeschichte bei den Kommentatoren vgl. Lerner 2000, S. 204–205.

[81] Aegidius Romanus, In Met. VIII 2 und 3, Metaphysicales quaestiones, Venedig 1501, fol. 34 ra–34 va. Dazu Silvia Donati, La dottrina di Egidio Romano sulla materia dei corpi celesti. Discussioni sulla natura die corpi celesti alla fine del tredicesimo secolo, in: Medioevo 12 (1986) S. 229–280.

Bei ihnen gebe es nicht die für irdische Stofflichkeit charakteristische Notwendigkeit, unbestimmte Ausgedehntheit durch auftretende Formkraft in bestimmte zu verwandeln. Sie waren und sind immer schon von *bestimmter* Ausdehnung (cael. 7 (1) II 383). In der zweiten Bedeutung von „Körper" als Dimension gebe es analoge Entsprechungen zwischen himmlischem und irdischem Stoff: Himmelskörper sind auf *ihre* Weise ausgedehnt wie irdische Dinge auf *ihre* Art. Also ist vor allem die Art des Ausgedehntseins zu untersuchen. Die quantitativen Dimensionen sind bei irdischen Dingen primär gegenüber dem Ding selbst. Sie sind Voraussetzung aller seiner Eigenschaften, und auch – im Unterschied zu Himmelskörpern – seiner substantialen Form. Denn zum Erzeugtwerden irdischer Körperdinge wird Stoff vorausgesetzt, und Stoff besage: unbestimmte Dimensionen (interminatae dimensiones). Dies bedeute es, wenn wir sagen, für das Entstehen körperlicher Dinge sei die materia prima die Voraussetzung, denn in ihr seien die Dimensionen der Möglichkeit nach, und diese gehen bei uns der substantialen Form voraus, die sie dann determiniert (cael. 6 (2) II 383). Irdische und himmlische Körper kommen darin überein, quantitative Dimensionen, eine quantitas continua, zu haben. Dies hat Konsequenzen: Zwei Körper können weder am Himmel noch auf der Erde zur gleichen Zeit am selben Ort sein. Eine besondere Untersuchung erfordern die Dimensionen der Körper, sofern durch sie der Körper im Raum ausgelegt, differenziert, zusätzlich bestimmt wird. „Zusätzlich" heißt hier: Er bekommt über die spezifische Bestimmtheit hinaus Eigenschaften. Sie sind das, was Dietrich partes posteriores toto nennt und worin er das Kennzeichen der Individualität sieht (cael. 3 (2) II 381). Daher endet der kurze Traktat Dietrichs mit einer Untersuchung der Individualität bei irdischen und himmlischen Körpern. Dabei geht es nicht, wie Dietrich hervorhebt, um deren zeitliche Entstehung, sondern um ihren metaphysischen Aufbau, der bezüglich der Individualität bei himmlischen und irdischen Körpern prinzipiell anders sei: Der Himmel ist Himmel, wesenhaft Himmel, bevor er *dieser* Himmel, dieser deiktisch erreichbare Mondhimmel ist. Erst durch die Dimensionen – und in diesem nicht-zeitlichen Sinne *später* oder nachträglich – wird der Himmel individuiert. Er ist der Sache nach früher oder zuerst „Himmel schlechthin". Bei irdischen Körpern liegt die Sache umgekehrt: Bei ihnen gehen der Sache nach die Dimensionen im Stoff der Wesensform voraus. Daher sind irdische Dinge primär Individuum und erst nachträglich – im Wesensaufbau – Artwesen. Wir sind erst *dieser* Mensch, Individuum, und dann erst *Mensch schlechthin*, homo simpliciter (cael. 8 II 384).[82]

Irdische Wesen sind in den Raum auseinandergelegt, sie sind in Zeitabläufe eingefügt, sie sind dem Zufall ausgesetzt, bevor sie ihr Wesen sind. Dietrich zählt hier den Menschen umstandslos zu den irdischen Körpern. Denn auch der Mensch ist erst Individuum, bevor er Mensch schlechthin, als Artwesen, wird. Dietrich faßt sich mit den letzten Sätzen kurz. Er sagt nicht hinzu, daß der Mensch als Intellekt den Weg vom Diesen-Da zum Allgemeinen immer schon zurückgelegt hat. Wenn die süddeutschen Empfänger seiner Antwort Dietrichs frühere Schriften gelesen haben, wußten sie, wie das Votum des Denkers zu ergänzen war.

[82] Averroes urteilt in der Frage, ob Sterne und Sphären jeweils ein Individuum unter anderen in einer species sind oder ob jedes Individuum eine eigene species darstellt, anders in De caelo II 42, Band V, fol. 125 v, ed. Arnzen S. 350–351 und 59 fol. 138 rF, ed. Arnzen S. 387, 58–67 als in De substantia orbis, Band 9, fol 10 L. – Albert, In De caelo Lib. II tr. 3 c. 4, digressio declarans, utrum stellae et orbes sint unius speciei vel diversarum, Ed. Colon. V 1 S. 148 a. 150 a entscheidet A. 150 a linea 12–13: stellae quae sunt in diversis orbibus, differunt specie. Thomas, In De caelo I lectio 10, Ed. Leonin. III S. 76 a–78 a, besonders n. 5 S. 77 a erklärt, wenn Averroes vom caelum behaupte, er sei ein einziges Individuum, meine er damit die Welt; in ScG II 93, Ed. Leonin. XIII S. 563 entscheidet er: Jeder Stern bildet eine eigene species. Zur Debatte vgl. Lerner, Il mondo delle sfere, Mailand 2000, S. 210–212.

NACHLESE

Seit 1977 der erste Band der Opera omnia Dietrichs von Freiberg erschienen ist, hat sein Bild sich durch Textausgaben und Interpretationsarbeiten ständig erweitert. Damals stand aufgrund eigener philosophischer Interesse und in Nachwirkung von Engelbert Krebs und Paul Vignaux Dietrichs Theorie des Intellekts im Vordergrund; die weiteren Bände präsentierten Themen der allgemeinen Ontologie (Wesen und Dasein, Substanz und Akzidens, Dauer und Zeit, Theorie der Gegensätze). Zugleich zeigte sich, daß Dietrich auch über Gegenstände geschrieben hat, auf die Metaphysikfreunde weniger gefaßt waren oder die bisher primär das Interesse der Historiker des Naturwissens gefunden hatten: Das Mehr und das Weniger, das Licht und die Farbe, vom Regenbogenbuch zu schweigen. Da waren aber auch Traktate über den Körper des toten Christus und die Gnadengaben verklärter Leiber; ein umfangreicher Text behandelt das Erkennen reiner Geister. Man kennt Dietrich nicht, wenn man nur seine Theorie des Intellekts und des Regenbogens studiert hat. Das vorliegende Buch zieht die Konsequenz aus dieser einfachen Einsicht. Es geht Traktat für Traktat durch.

Von der Konstitutionstheorie über die Gottesschau zum Regenbogen, ein weiter Weg liegt hinter uns. Ich will ihn nicht verlängern durch Reflexionen zur Methode. Die Aufgabe war, in Dietrichs Werk sowohl die polemische Brisanz aufzudecken als auch die argumentative Durchführung eines hochspekulativen Entwurfs zu durchdenken, die historische Konstellation ebenso herauszuarbeiten wie Dietrichs individuellen Eigensinn. Hinweise zur Verfahrensweise habe ich zwischendrin eingeschoben; sie sind in Kapitel VII, Fragen an eine Quaestio, konzentriert und an anderer Stelle ausführlich begründet.[1] Ich beklage auch nicht die Breite des Themas, von den Sternenseelen zur Farbenlehre, vom Engelsgesang zur Struktur der Elemente. Sie überfordert, glaube ich, die Kompetenz von jedermann. Ich beschreibe hier auch nicht die eigentümlich-zwiespältige Erfahrung, viele Hunderte von dichten Seiten mittelalterlichen philosophischen Textes vor mir zu haben, zu denen es über-

[1] Kurt Flasch, Philosophie hat Geschichte, Band 1, Frankfurt 2003, Band 2, Frankfurt 2005.

haupt keine frühere Interpretation gibt. Es haben wohl selten Historiker der Literatur und der Ideen Gelegenheit, derart unbetretenes Gelände zu begehen. Solche ambivalenten Entdeckerfreuden erlebt vielleicht am ehesten ein Archäologe, der eine Tonscheibe mit gänzlich unbekannten Schriftzeichen entdeckt. Sonst sind unsere Texte und Monumente oft umstellt, zuweilen zugedeckt von vielen Interpretationen. Doch ist die Sonderlage von Dietrichforschern mein Thema nicht. Es sollte nur klar werden, daß in dieser Forschungssituation jemand das Risiko auf sich nehmen mußte, das Gesamtwerk Dietrichs zu beschreiben und historisch-philosophierend zu analysieren. Die Vielfalt der Anwendungsgebiete einer Philosophie, weit davon entfernt, das Produkt postmoderner Diversifikation zu sein, liegt im Werk Dietrichs de facto vor. Ihm war zu folgen. Die offenen Ränder einer solchen Untersuchung wurden mehrfach erreicht und beschrieben; sie ergaben sich aus der Breite von Dietrichs Themen und der schwierigen Quellenlage zur Ideenwelt des ausgehenden 13. Jahrhunderts.

Dem philosophischen Autor Dietrich war die polemische Zurückweisung wichtig – er kämpfte; er schrieb opponendo –, aber seine Korrekturen herrschender Lehren waren weder punktuell-zufällig noch primär durch äußere Gelegenheiten bestimmt. Sie entsprangen einem einheitlichen philosophischen Wurf, den Dietrich scharf argumentierend begründete. Dietrich suchte sich seine Streitpunkte sehr bewußt. Seine detaillierten Untersuchungen zielten auf eine Reform der gesamten theoretischen Philosophie. Sie sollte der westlichen Christenheit ein erneuertes Selbst- und Weltverständnis ermöglichen das er jetzt durch Inkonsequenz und Banalisierungstendenz großer Lehrer bedroht sah. Dietrichs philosophische Nachlese sollte ein sublimeres Konzept von Gott, eine höhere Bewertung der Würde des Menschen und eine entdinglichte intellektuelle Konzeption von Erschaffung und Beseligung begründen. Dietrich hat einige Lehrpunkte angegriffen, in denen Petrus Lombardus und Bonaventura, Albert, Thomas und Heinrich von Gent übereinstimmten, zum Beispiel in der Frage der Akzidenzien und des lumen gloriae. In Dietrichs Sicht traten recht verschiedene Autoren des 13. Jahrhunderts, die untereinander alles andere als einig waren, zur Gruppe der communiter loquentes zusammen; in manchen Fällen stellte er sich so gut wie gegen alle, blieb aber immer darauf bedacht, die großen Denker der Vergangenheit – Aristoteles, Augustin, Proklos, Averroes – gegen Entstellungen zur Geltung zu bringen. Wie andere Rebellen wollte er zeigen, daß die Tradition auf seiner Seite stand. Dazu betrieb er einen beträchtlichen Aufwand auch der Erudition.

Nachdem ich die Vielfalt der Inhalte und Einfälle herausgearbeitet habe, die Dietrichs Werk ausmachen, seien noch einmal die intellektuellen Motive der Einheitsstiftung benannt: Dietrich sah die Christenheit bedroht durch inkonsequentes Denken, durch halbherzige Übernahme griechisch-arabischer Theoreme, durch Tendenzen defensiver Selbstabschließung der Orden und der Theologen; er führte im einzelnen vor, wie durch radikale Lernbereitschaft und kreative Einverwandlung ein neuer Bewußtseinsstand zu erreichen wäre. Illusionen über die Durchsetzbarkeit seiner Revision machte er sich zunehmend weniger, auch wenn es bis zuletzt, zumal in der deutschen Provinz, immer einzelne Personen gab, die seine Kompetenz kannten und anerkannten.[2]

Es braucht und es gibt keine Formel für Dietrichs Gesamtentwurf. Er besaß keinen „Zentralbegriff". Doch gebraucht er gern eine wandlungsfähige Wendung, die sein Denkziel bezeichnete, in Sachen der Ontologie, des Naturwissens und der Theologie: Er suchte per-se-Verhältnisse. Weltprozesse, Erkenntnisweisen und Dinge haben ein Ansich, zufallsenthoben, zeitüberlegen; er nannte es sogar „infallibel" wie die Farbenfolge beim Regenbogen. Fast alle Traktate Dietrich arbeiten die jeweilige per-se-Struktur heraus und verteidigen sie gegen ihre Unterminierung durch Allmachtsphantasien und schulmäßiges Gerede. Er wußte, daß es Zufälliges gibt; er wollte Raum lassen für die göttliche Allmacht; er sah, daß er die Engel- und Höllenvorstellungen der mittelalterlichen Christenheit nicht konsequent theoretisch durchdringen konnte, aber vom Theoretiker verlangte er Kohärenz, und seine Nachlese, die er so demütig zu formulieren wußte, bestand durchweg im Nachweis, daß die großen Lehrer des 13. Jahrhunderts nicht konsequent verfahren waren. Alles, was er anfaßte, erwies sich als ungelöstes, als „schwieriges" Problem. Zeitgenossen dürften den Eindruck gehabt haben, es sei alles neu zu machen. Dietrich traute sich die Lösung zu, nicht im triumphierenden Gestus, sondern forschend und zuweilen mit zitternder Hand (el. Proem. IV 29); er sah Anlaß, vor skeptischer Resignation zu warnen: ne omnino desperet homo in investigando huiusmodi arcana (cog. Prol (2) II 167). Dietrich dachte „Vernunft" als Kapazität für per se-Ensembles, zu denen definitionsgemäß das per accidens gehört; sie erreicht zumindest

[2] Dazu Sturlese 2007, S. 139–141; 144; 174.

den Nachweis verbindlicher Wenn-Dann-Bedingungen. Dietrich hat das Dunkle, das Zufällige und Unübersichtliche nicht geleugnet. Er hat darüber gegrübelt, ob, wenn Gott die Tötung des gerechtesten Menschen, seines Sohnes zuläßt, nicht sozusagen alles möglich ist. Aber Dietrich blieb dabei: Die Farbenfolge im Prisma ist verläßlich. Zwischen Winkelsumme und Dreiecksdefinition besteht eine notwendige Beziehung, ebenso zwischen der Definition des Akzidens und seiner Unabtrennbarkeit von einer substantia. Wir müssen per-se-Stabilitäten nur aufsuchen und gegen Einreden verteidigen.

Dietrich hat die Suche nach Ansich-Verbindlichem nicht zu erfinden brauchen. Überall, wo die platonisch-aristotelische Philosophie lebendig blieb, und sei's verkürzt und in Teilen, verstand man Wissen als Reduktion des Zufälligen auf das Ansich. Nicht nur für Metaphysiker des Mittelalters galt der Grundsatz, es sei nötig, das Zufällige zurückzuführen auf sein Ansich: Necesse est quod per accidens est in id reduci quod per se est.[3] Nur fand Dietrich bei seiner „Nachlese", daß allzu viele Autoren diesen Grundsatz sowohl verteidigten als auch verleugneten. Außerdem mißverstanden sie die metaphysische Reduktion als Zurückführung auf Wirkursache und Ziel. Damit wollte er aufhören.

Dietrich war Außenseiter, aber auch Außenseiter gehören ihrer Welt zu. Die Analyse der einzelnen Traktate Dietrichs macht deutlich: Seine Oppositionsstellung verband Dietrich mit dem status quo um 1300. Meine Aufgabe bestand darin, seine unleugbare Originalität in ihrer geschichtlichen Konstellation zu zeigen und diese Situation nicht auf die Beziehung zu Aristoteles oder Thomas von Aquino zu verkürzen, so wichtig beide Autoren für Dietrich waren. Seine Schriften sind Diskussionsbeiträge für seine Zeitgenossen, geschrieben perscrutatorio modo (or. Prooemium (3) III 137), keine einsamen Geistergespräche mit den „Großen".

Geschichtliche Darstellungen kommen nicht ohne Bewertungen aus. Historiker des mittelalterlichen Denkens haben immer auch bewertet. Daher kam es darauf an, Dietrichs Denkschritte nicht als Weg zur absoluten Wahrheit, sondern als Analyse, Fortführung und Kritik zeitgenössischer Erstannahmen zu lesen, also die Bewertung historisch-relativ zu halten oder die Schritte zu bezeichnen, wo er weiter gesehen hat und kohärenter verfahren ist als seine Vorredner. Diese Fälle sind reichlich

[3] Thomas von Aquino, De substantiis separatis c. 9, Ed. Leonina XL Pars D, Rom 1968, S. 57 l. 132–133.

genug, aber ebenso ist festzuhalten, daß Dietrich, der geniale Naturforscher, sowohl in seiner Kosmologie (Sternbeweger, quinta essentia) wie in seiner Ontologie extrem konservative Positionen erneuert hat, in einer Art von per-se-Nostalgie, von der er freilich beweisen konnte, daß sie den damals anerkannten Prinzipien des Wissens tendenziell zugrunde lagen. Er nahm härter als andere die metaphysische Reduktion beim Wort.

Werfen wir noch einmal einen Blick auf seine Lehre vom Seienden als Seienden, dessen per-se-Bestimmungen Dietrich in immer neuen Anläufen erforscht hat. Der Metaphysiker denkt das Seiende nicht, indem er es auf Wirk- und Zielgrund bezieht, sondern indem er seine Unabhängigkeit, Ganzheit, Vollkommenheit und Geformtheit erfaßt. Das Seiende als Seiendes ist Abbild unseres tätigen Intellekts; es ahmt dessen Ganzheit und Wirksamkeit nach. Seine Prinzipien sind Gott, der Intellekt und die Natur; es entspringt in einem Universum des Formenflusses und hat Halt und Stand in sich, sofern seine definitionsaffine forma es gestaltet. Die Realbedeutung der Definition beherrschte die Ontologie auch anderer Denker der Zeit, aber Dietrich hat über den Grund ihrer Realgeltung nachgedacht; er hat sie stabilisiert und zur Neudefinition der Individualität ausgenutzt. So intellekt-artig, so gedankengegründet ist das Seiende als Seiendes selten gedacht worden. Man könnte von rücksichtsloser Selbstdurchsetzung des Denkens sprechen, das als Wesen, quiditas, forma und Definition sich zum Kern der Wirklichkeit aufspielt, hätte Dietrich nicht das Verdienst, gesehen zu haben, daß diese Metaphysik ohne die Annahme der konstitutiven Funktion des menschlichen Denkens nicht zu halten ist. Er erneuerte, er radikalisierte sie; er machte sie zugleich als Hypertrophie der ontologischen Prätention der bisherigen Metaphysiker kritisierbar.

BIBLIOGRAPHISCHE HINWEISE[1]

Quellen

Acta Capitulorum Generalium Ordinis Praedicatorum, ed. Benedictus Maria Reichert, Band 1 und 2, Rom – Stuttgart 1898–1899

Aegidius Romanus
Theoremata de esse et essentia, ed. Edgar Hocedez, Löwen 1930
Questiones methaphisicales (sic), Venedig 1501, Nachdruck: Frankfurt/M. 1966.
Quaestiones de esse et essentia, De mensura angelorum et de cognitione angelorum, Venedig 1503
In primum librum sententiarum, Venedig 1521, Nachdruck: Frankfurt/M. 1968
In secundum librum sententiarum, 2 Bände, Venedig 1581, Nachdruck: Frankfurt/M. 1968
Super libros de Anima. De materia celi. De intellectu possibili. De gradibus formarum, Venedig 1500
Quodlibeta, Louvain 1646, Nachdruck: Frankfurt/M. 1966

Albertus Magnus
Opera omnia, ed. A. Borgnet, 38 Bände, Paris 1890–1899
Opera Omnia, Editio Coloniensis, Münster 1951ff.
Daraus für Dietrich besonders wichtig:
Band I Pars 1 A: Super Porphyrium de V universalibus, ed. Manuel Santos Noya, Münster 2004
Band IV 1: Physica. Libri I–IV, ed. Paul Hossfeld, Münster 1987

[1] Mein Buch: Meister Eckhart. Die Geburt der „Deutschen Mystik" aus dem Geist der arabischen Philosophie, München 2006 ist gleichzeitig mit dem vorliegenden entstanden und wurde so angelegt, daß es den bibliographischen Apparat des größeren Buchs entlastet. Daher findet sich dort die ausführliche Bibliographie der Forschungsliteratur zu Avicenna (S. 177–178), zu Averroes (S. 164), zu Albert (S. 169–170), zu Dietrich (S. 173–174) und zu Meister Eckhart (S. 162–163).

Band IV 2: Physica. Libri V–VIII, ed. Paul Hossfeld, Münster 1993
Band V 1: De caelo et mundo, ed. Paul Hossfeld, Münster 1971
Band V 2: De natura loci. De causis proprietatum elementorum. De generatione et corruptione, ed. Paul Hossfeld, Münster 1980
Band VI 1: Meteora, ed. Paul Hossfeld, Münster 2003
Band VII 1: De anima, ed. Clemens Stroick, Münster 1968
Band XII: Liber de natura et origine animae, ed. Bernhard Geyer, Münster 1955
Band XVI 1–2: Metaphyisca, ed. Bernhard Geyer, Münster 1960–1964
Band XVII 1: De unitate intellectus, ed. Alfons Hufnagel, Münster 1975
Band XVII 2: De causis et processu universitatis, ed. Winfrid Fauser, Münster 1993
Band XXV 2: Quaestiones, ed. Albert Fries, Münster 1993
Band XXXIV 1: Summa theologiae, ed. Dionys Siedler, Münster 1978
Band XXXVII 2: Super Dionysii Mysticam Theologiam et Epistolas, Epistola septima, ed. Paul Simon, Münster 1978

ARISTOTELES
Opera, ed. Immanuel Bekker, Berlin 1831
Categoriae et Liber de interpretatione, ed. W. D. Ross, L. Minio-Paluello, Oxford 1974[5]
Analytica priora et posteriora, ed. W.D.Ross, L. Minio-Paluello, Oxford 1964
De anima, ed. W. D. Ross, Oxford 1956
Physica, ed. W. D. Ross, Oxford 1936
Metaphysica, ed. Werner Jaeger, Oxford 1957
Deutsche Übersetzungen: Aristoteles, Werke in deutscher Übersetzung, begründet von Ernst Grumach, hg. von H. Flashar, Berlin 1956ff.

Für Dietrich besonders wichtig sind die naturwissenschaftlichen Schriften des Aristoteles, bibliographische Übersicht dazu oben S. 587 Anmerkung 2.

Aristoteles latinus
daraus für Dietrich folgende Bände:
I 1–5 Categoriae vel Praedicamenta, ed. L. Minio-Paluello, Brügge – Paris 1961
I 6–7 Categoriarum supplementa. Liber sex principiorum, ed. L. Minio-Paluello, Brügge – Paris 1966
II 1–2 De interpretatione vel Perihermeneias. Translatio Boethii. Specimina translationum recentiorum, ed. L. Minio-Paluello. – Translatio Guillelmi de Moerbeka, ed. Gerardus Verbeke, Brügge – Paris 1965
III 1–4 Analytica priora. Translatio Boethii. Translatio anonyma. Pseudo-Philoponi aliorumque scholia. Specimen Translationum recentiorum, ed. L. Minio-Paluello, Brügge – Paris 1962
IV 1, 1–4 Analytica posteriora. Translationes Iacobi, Anonymi sive ‚Ioannis', Gerhardi et recensio Guillelmi de Moerbeka, ed. L. Minio-Paluello, Brügge – Paris 1968
IV 2 Analytica posteriora. Translatio Anonyma, ed. L. Minio-Paluello, Brügge – Paris 1953
VII 1,1 Physica. Translatio vetus (Iacobi Veneti), ed. Fernand Bossier – Jozef Brams, Leiden-New York 1990
VII 1,2 Physica. Translatio Vaticana, ed. Augustinus Mansion, Leiden – New York 1990
IX 1 De generatione et corruptione. Translatio vetus, ed. Joanna Judycka, Leiden 1986
XXV 3, 2 Metaphysica. Recensio et translatio Guillelmi de Moerbeka, ed. Gudrun Vuillemin-Diem, Leiden – New York – Köln 1995

AUGUSTINUS
Opera omnia, Patrologia latina, ed. J.P.Migne, Band 32–47, Paris 1861–1862
Für Dietrich besonders wichtig:
De immortalitate animae, PL 32, 1021–1034
De libero arbitrio, ed. Green, CC 29, S. 205–321
Confessiones, ed. L. Verheijen, CC 27, Turnhout 1981

De Trinitate, d. A. Mountain, CC 50–50 A, Turnhout 1968
De Genesi ad litteram, ed. Zycha, CSEL 28, 1, Wien 1894

AVICENNA
Opera, Venedig 1508 (mein Nachdruck Frankfurt/M. 1961)
Avicenna latinus, Liber De anima seu sextus de naturalibus, ed. S. van Riet, Band 1, Louvain-Leiden 1972; Band 2, 1968
Liber de Philosophia prima sive Scientia divina, hg. von S. Van Riet, 2 Bände, Louvain 1977 und 1980
Avicenna latinus. Liber tertius naturalium: De generatione et corruptione, ed. S. van Riet, Leiden 1987
Avicenna, Metafisica, dreisprachige Ausgabe von Olga Lizzini mit Einleitung von Pasquale Porro, Mailand 2002

AVERROES
Aristotelis opera cum Averrois commentariis, 12 Bände, Venedig 1562, Nachdruck Frankfurt/M. 1962
Commentarium magnum in Aristotelis de anima libros, ed. F. St. Crawford, Cambridge/Mass. 1953
Averrois in librum V Metaphyicorum Aristotelis commentarius, ed. R. Ponzalli, Bern 1971
In De generatione et corruptione, ed. F. H. Fobes, Cambridge/Mass. 1956

BONAVENTURA
Opera omnia, 10 Bände, Quaracchi 1882–1902

DIETRICH VON FREIBERG
Opera omnia, hg. unter der Leitung von K. Flasch, Hamburg 1977–1985. CORPUS PHILOSOPHORUM TEUTONICORUM MEDII AEVI BAND II, 1–4

ECKHART
Die deutschen und lateinischen Werke, Stuttgart 1936ff.

GOTTFRIED VON FONTAINES
Quodlibeta I–XV, ed. M. de Wulf – A.Pelzer – J.Hoffmanns, 5 Bände, Les Philosophes Belges, Löwen 1904–1937

HEINRICH VON GENT
Opera omnia, ed. R. Macken, Löwen – Leiden 1979ff.
Quodlibeta, Paris 1518
Summa quaestionum ordinariarum, Paris 1520

LIBER DE CAUSIS, ed. A. Pattin, in: Tijdschrift Filos. 28 (1966) S. 90–203

PROKLOS
Elementatio theologica translata a Guilelmo de Moerbeke, ed. C. Vansteenkiste, in: Tijdschrift Filos. 13 (1951) S. 263–302, 491–531

SIGER VON BRABANT
In Metaphysicam, ed. W. Dunphy, Louvain-la-Neuve 1981
In Metaphysicam, Texte inédit de la reportation de Cambridge, ed. A. Maurer, Louvain – la Neuve, 1983
In tertium de anima, ed. B.Bazán, Löwen – Paris 1972
In de causis, ed. A. Marlasca, Löwen – Paris 1972

THOMAS VON AQUINO
Opera omnia. Editio Leonina, Rom 1882ff.
Opera, ed. R. Busa, 7 Bände, Stuttgart 1980

Zitierte Forschungsliteratur

FLASCH, KURT
Flasch 1972, Kennt die mittelalterliche Philosophie die konstitutive Funktion des menschlichen Denkens? Eine Untersuchung zu Dietrich von Freiberg, in: Kant-Studien 63 (1972) S. 182–206
Flasch 1977, Einleitung zu Band 1. Dietrich von Freiberg, Opera omnia, Hamburg, S. XIII–XXXI
Flasch 1980, Einleitung zu Band 2. Dietrich von Freiberg, Opera omnia, Hamburg, S. IX–XXVI
Flasch 1983, Einleitung zu Band 3. Dietrich von Freiberg, Opera omnia, Hamburg, S. XV–LXXXV
Flasch 1984, (Hg.), Von Meister Dietrich zu Meister Eckhart, Hamburg

Flasch 1986, Procedere ut imago – Das Hervorgehen des Intellekts aus seinem göttlichen Grund bei Meister Dietrich, Meister Eckhart und Berthold von Moosburg, in: Kurt Ruh (Hg.), Abendländische Mystik im Mittelalter. Symposion Kloster Engelberg 1984, Stuttgart 1986, S. 125–134

Flasch 1987, Einführung in die Philosophie des Mittelalters, Darmstadt

Flasch 1989, Aufklärung im Mittelalter? Die Verurteilung von 1277, Mainz

Flasch/Jeck 1997, Das Licht der Vernunft. Die Anfänge der Aufklärung im Mittelalter, München

Flasch 1998a, Converti ut imago – Rückkehr als Bild. Eine Studie zur Theorie des Intellekts bei Dietrich von Freiberg und Meister Eckhart, in: Francis Cheneval/Ruedi Imbach/Thomas Ricklin (Hg.): Albert le Grand et sa réception au moyen age. Hommage à Zénon Kaluza, Fribourg 1998, S. 130–150

Flasch 1998b, Berengar: Recriptum contra Lanfrancum, in: ders. (Hg.), Interpretationen. Hauptwerke der Philosophie: Mittelalter, Stuttgart 1998, S. 108–128

Flasch 1998c, Thomas von Aquino, De unitate intellectus contra Averroistas, in: ders. (Hg.), Interpretationen. Hauptwerke der Philosophie: Mittelalter, Stuttgart 1998, S. 245–269

Flasch 2000, Das philosophische Denken im Mittelalter. Zweite, erweiterte Auflage, Stuttgart

Flasch 2003, Philosophie hat Geschichte. Band 1: Beschreibung einer Denkart, Band 1, Frankfurt/M.

Flasch 2005, Philosophie hat Geschichte. Band 2: Theorie der Philosophiehistorie, Frankfurt/M.

Flasch 2006, Meister Eckhart. Die Geburt der „Deutschen Mystik“ aus dem Geist der arabischen Philosophie, München

Grant 1994, Grant, Edward, Planets, Stars and Orbs. The Medieval Cosmos, Cambridge 1994

Imbach 1996, Imbach, Ruedi, Quodlibeta, Ausgewählte Artikel, Fribourg

Jeck 1994, Udo Reinhold Jeck, Aristoteles contra Augustinum. Zur Frage nach dem Verhältnis von Zeit und Seele bei den antiken Aristoteleskommentatoren, im arabischen Aristotelismus und im 13. Jahrhundert. Bochumer Studien zur Philosophie Band 21, Amsterdam 1994

König-Pralong 2005, Catherine König-Pralong, L'Avènement de l'Aristotelisme en terre chrétienne, Entre Thomas d'Aquin et Guillaume d'Ockham, Paris

König-Pralong 2006, Catherine König-Pralong, Être, essence & contingence. Henri de Gand, Gilles de Rome, Godefroid de Fontaines, Paris

Krebs 1906, Krebs, Engelbert, Meister Dietrich. Sein Leben, seine Werke, seine Wissenschaft. Beiträge zur Geschichte der Philosophie des Mittelalters, hg. von Clemens Baeumker, Band 5, Heft 5–6, Münster

Lerner 2000, Lerner, Michel-Pierre, Il mondo delle sfere. Genesi e trionfo di una rappresentazione del cosmo, zuerst Paris 1996, erweitere italienische Ausgabe Mailand

STURLESE, LORIS

Sturlese 1984, Dokumente und Forschungen zu Leben und Werk Dietrichs von Freiberg, Hamburg

Sturlese 1985, Einleitung zu Band 4: Dietrich von Freiberg, Opera omnia, Hamburg

Sturlese 1993, Die deutsche Philosophie im Mittelalter. Von Bonifatius bis zu Albert dem Großen. 748–1280, München

Sturlese 1996, Storia della filosofia tedesca nel medioevo. Il secolo XIII, Florenz

Sturlese 2007, Homo divinus. Philosophische Projekte in Deutschland zwischen Meister Eckhart und Heinrich Seuse, Stuttgart

INDICES

I. Personen

Aufgenommen sind die Personen, deren Werk im Text erörtert wird, nicht die beiläufig erwähnten, nicht die der Fußnoten.

II. Sachen

DIE BÜCHER VON KURT FLASCH
IM VERLAG VITTORIO KLOSTERMANN

NIKOLAUS VON KUES

Geschichte einer Entwicklung.
Vorlesungen zur Einführung in seine Philosophie

Sonderausgabe 2001. 680 Seiten
ISBN 978-3-465-03140-6

PHILOSOPHIE HAT GESCHICHTE

BAND 1: HISTORISCHE PHILOSOPHIE.
BESCHREIBUNG EINER DENKART

2003. 374 Seiten, 1 Frontispiz
ISBN 978-3-465-03267-5

BAND 2: THEORIE DER
PHILOSOPHIEHISTORIE

2005. 456 Seiten
ISBN 978-3-465-03431-7

ÜBER DIE BRÜCKE

Mainzer Kindheit 1930 – 1949

2002. 144 Seiten, 44 Abbildungen
ISBN 978-3-465-03434-6

DIE BÜCHER VON KURT FLASCH
IM VERLAG VITTORIO KLOSTERMANN

WAS IST ZEIT?

Augustinus von Hippo.
Das XI. Buch der Confessiones.
Text – Übersetzung – Kommentar

2. Auflage 2004. 438 Seiten
ISBN 978-3-465-03374-5
Klostermann Seminar Band 13

TOMMASO CAMPANELLA

Philosophische Gedichte
Italienisch-deutsch
Ausgewählt, übersetzt und herausgegeben
von Thomas Flasch
Mit einem einleitenden Essay und
kommentiert von Kurt Flasch

1996. 292 Seiten, 1 Vierfarbtafel
ISBN 978-3-465-02870-3